역 주
소학집주 번역소학 소학언해

❸

역주 소학집주 번역소학 소학언해

3

김진식 역주

한국문화사

역주 소학집주·번역소학·소학언해 3

1판 1쇄 발행 2025년 8월 28일

역 주 자 | 김진식
펴 낸 이 | 김진수
펴 낸 곳 | 한국문화사
등 록 | 제1994-9호
주 소 | 서울시 성동구 아차산로49, 404호(성수동1가, 서울숲코오롱디지털타워3차)
전 화 | 02-464-7708
팩 스 | 02-499-0846
이 메 일 | hkm7708@daum.net
홈페이지 | http://hph.co.kr

ISBN 979-11-6919-334-4 94140
ISBN 979-11-6919-331-3 (세트)

머리말

《소학(小學)》은 주자학(朱子學)의 기초 학습서였다. 주지하다시피, 주자학은 안향(安珦)이 고려 말에 원나라로부터 전래하였다. 안향은 1289년(충렬왕 15년)에 왕을 호종하여 원나라에 들어가 《주자전서(朱子全書)》를 베끼고 공자(孔子)와 주자(朱子)의 화상(畫像)을 그려 다음해에 돌아왔다. 이어 공자 사당인 문묘 설치를 위한 준비와 인재 양성을 위한 재정적 기반으로 섬학전(贍學錢) 설치를 주도했다. 당시 고려 말의 시대 상황은 무신의 장기 집권, 불교의 부패, 무속의 성행, 몽골의 침탈 등으로 국내외적으로 위기가 가중되고 있을 때였다. 안향은 이러한 때에 민족주의, 명분주의, 주지주의적인 수양론(修養論)의 특성을 지닌 주자학을 적극적으로 수용하고자 하였다.

고려 말의 주자학은 성균관을 중심으로 안향・백이정(白頤正)・권부(權溥)・이색(李穡)・정몽주(鄭夢周)・길재(吉再) 등에 의해서 계승되었다. 고려가 망하고 조선이 성립하는 과정에서 사상적 전환의 계기가 된 배불숭유(排佛崇儒) 운동으로 주자학은 더욱 발전하게 되었다. 주자학은 조선시대에 이르러 크게 융성하였고, 그 기초적인 학습서에 《소학》이 있었다.

조선에서는 《소학》을 익히기 위해 두 가지 방안을 강구했다. 하나는 《소학》 이해에 필요한 주석서(註釋書)를 확보하는 일이었고, 다른 하나는 한문으로 된 《소학》을 당시 사람들이 쉽게 이해할 수 있도록 한글 번역서(飜譯書)를 만드는 일이었다. 《소학》의 주석서로는 《소학집성(小學集成)》・《소학집설(小學集說》・《소학집주(小學集註》 등이 주로 읽혔다. 《소학집성》과 《소학집설》은 모두 중국학자가 엮은 책이다. 하사신

(何士信)의 《소학집성》은 《소학》 이해에 어려움을 겪던 조선 조정이 1425년(세종 7년)에, 거금을 들여 중국으로부터 1백 권을 구입해 보급한 책이다. 그리고 정유(程愈)의 《소학집설》은 1491년(성종 22년), 북경 사행길에 김일손(金馹孫)이 저자로부터 편찬 5년만에 직접 구해 보급한 책이다. 특히 《소학집설》은 당시 조선 사회에서 많은 독자를 가졌던 것으로 추정된다. 《소학집설》이 도입된 지 6년 후인 1497년(연산군 3년) 12월에 단성훈도(丹城訓導) 송헌동(宋獻仝)은 상소문을 한 장 올린다. 송헌동은 재변(災變)을 극복하는 방안으로 17가지를 제언하는데, 그 중 제1조로 당시 조선에서 관행적으로 실시되고 있는 과부 재가 금지 규정을 특별한 조건 하에서 완화해야 한다고 주장하였다. 의정부와 육조를 중심으로 이루어진 논의는 소수의 찬성파와 다수의 반대파로 견해가 갈리었다. 이때 반대파인 정석견(鄭錫堅)은 《소학집설》 〈가언(嘉言) 제5〉 제44장을 들어 논리를 폈다. "남편을 잃은 부인이 개가하는 것은 실절(失節)하는 것과 같으며, 실절하지 않는 것이 생명을 지키는 것보다 더 중요하다."는 정이(程頤)의 견해를 주 내용으로 삼고 있었다(《연산군일기》 권28, 3년 12월 기묘). 물론 개가 금지라는 당시 관행이 현대와 맞지 않음은 분명하나, 《소학집설》이 당시 조정에서까지 논의의 준거로 이용될 만큼 그 영향력이 컸음을 알 수 있다. 결국 찬반 논쟁은 반대파의 승리로 끝났다.

중국학자들의 주석서는 또 다른 주석서인 이이(李珥)의 《소학집주》와 중앙정부 주도의 번역서인 《번역소학(飜譯小學)》·《소학언해(小學諺解)》에도 영향을 미쳤다. 1579년(선조 12년) 원고를 완성하고 1612년(광해군 4년)에 출간된 《소학집주》는 기존의 두 주석서가 갖는 문제점을 극복하고, 이들을 뛰어넘는 주석서를 독자적으로 만들겠다는 문제의식에서 출발하였다. 이이는 기존의 주석서를 그대로 활용하거나 변형시키며, 자신의 의견을 덧붙여 주자학에 대한 생각을 뚜렷이 부각시키려 하였다. 따라서 이 책을 읽는 사람들은 이이가 이끄는 방식으로 《소학》의 언어와 논리와 세계에 다다르게 되었다.

한편, 두 주석서를 바탕으로 하는 《소학》 공부는 한문이라는 절대적인 언어 장벽으로 인하여, 주자학의 심오한 내용을 온전히 이해하기에는 어려움이 있었다. 따라서 1518년(중종 13년)에 발간된 《번역소학》과 1588년(선조 21년)에 발간된 《소학언해》는 《소학》과 주자학을 이해하는 데 획기적인 전환점을 제공해 주었다. 이들이 발간됨으로 인하여, 조선의 문화 경계는 확장될 수 있었던 것이다. 그들의 번역 방식이 의역이든 직역이든 주석서보다는 조선에서 《소학》을 수용할 폭이 확장되었으며, 《소학》의 세계가 훨씬 친밀한 언어로 조선의 문화 속으로 들어올 수 있었다.

역주자(譯註者)는 43년여를 교육자로 살아오다가 정년퇴임을 하였다. 재직 중에는 혼자서 한문 전적(典籍)을 보다가, 퇴임 후에 본격적으로 서당 근독재(勤讀齋)에 나가 한문 공부를 하게 되었다. 한학 연구 외길을 걸어오신 석촌(石村) 이두희(李斗熙) 선생님을 모시고 《소미통감(少微通鑑)》, 《소학》, 《대학》, 《중용》 등을 공부하면서, 사서(史書)나 경서(經書)의 해석이 어렵다고 늘 생각하고 있었다. 고립어(孤立語)인 중국어는 교착어(膠着語)인 한국어와 달리, 문법 형태소가 없기 때문에 문장 구조를 정확히 이해하기가 어렵기 때문이었다. 더군다나 《소학》은 중국의 여러 경서·사서·성리서(性理書) 등에서 발췌한 문장으로 되어 있어, 독자들의 접근을 쉽게 허용하지 않는 어려움이 있었다.

역주자는 주석서인 《소학집주》에서 한문으로 대문(大文)과 주석을 보고, 16세기 번역서인 《번역소학》과 《소학언해》에서 중세국어로 된 번역 내용을 대조해 보는 방식으로 《소학》을 공부해 왔다. 이렇게 공부해 보니, 《소학》의 내용을 보다 정확히 이해할 수 있었다. 두 예를 들어본다. 〈명륜(明倫) 제2〉 제75장의 《소학》 대문은 "長者ㅣ與之提攜則兩手로奉長者之手ㅎ고負劒辟僻咡詔之則掩口而對니라."이다. 이는 "어른이 더불어 그를 끌고 가거든 두 손으로 어른의 손을 받들고, 칼 차듯이 하여 입가까지 기울여 그에게 말을 하거든 입을 가리고 대답한다."로 해석할 수 있다. 그러나 그 의미가 무엇인지 분명하지 않다. 이에 대한《번역소학》번역문은 "얼운이 내 소ᄂᆞᆯ 자ᄇᆞ시거든 두 소ᄂᆞ로 얼우신ᄂᆡ 소ᄂᆞᆯ 받ᄃᆞᅀᆞ오며 얼우니 갈 ᄎᆞᄃᆞ시 겨ᄐᆡ 셰시고 볼을 기우려 말ᄒᆞ시거든 입 ᄀᆞ리오고 ᄃᆡ답홀 디니라."이다. 이는 "어른이 내 손을 잡으시거든 두 손으로 어르신의 손을 받드오며, 어른이 칼 차듯이 곁에 세우시고 볼을 기울여 말하시거든 입을 가리고 대답할 것이니라."로 해석할 수 있다.《소학》대문만으로 해석할 때보다《번역소학》번역문과 비교하며 해석할 때 의미가 분명해짐을 알 수 있을 것이다. 이는 번역서가 문장의 본의(本義)를 정확히 파악함에 도움을 주는 예이다. 또〈가언(嘉言) 제5〉제10장의《소학》대문은 "范魯公質이爲宰相이러니從子杲稿ㅣ嘗求奏遷秩이어늘質이作詩曉之ᄒᆞ니라."이다. 이는 "范(범) 魯公(노공) 質(질)이 재상이 되었는데, 조카 고(杲)가 일찍이 벼슬 옮김을 구하여 아뢰거늘, 質(질)이 시를 지어 그를 깨우쳤다."로 해석할 수 있다. 이에 대한《소학언해》번역문은 "范범 魯로公공 質질[周쥬ㅅ나라 ᄌᆡ샹으로 宋송 님금 셤겨 魯로公공을 封봉ᄒᆞ니라]이 宰ᄌᆡ相샹이 되엿더니 아ᄎᆞᆫ아ᄃᆞᆯ 杲고ㅣ 일즉 엳ᄌᆞ와 <u>벼슬 올몸을</u> 求구ᄒᆞᆫ대 質질이 글을 지어 알외니라."이다. 이는 "범 노공 질[周나라 재상으로, 宋 임금 섬겨 魯公을 봉하니라.]이 재상이 되었더니, 조카 고(杲)가 일찍 여쭈어 벼슬 옮음[옮김]을 구하니까, 질(質)이 글을 지어 알리니라."로 해석할 수 있다. 그러나《번역소학》번역문은 한 단어의 번역에서 차이를 보인다. "范범 魯로公공 質질이 宰ᄌᆡ相샹이 ᄃᆞ외옛거ᄂᆞᆯ 아ᄎᆞᆫ아ᄃᆞᆯ 杲고ㅣ 엳ᄌᆞ와 <u>벼ᄉᆞᆯ 올오ᄆᆞᆯ</u> 求구ᄒᆞᆫ대 質질이 그ᄅᆞᆯ 지ᅀᅥ 알외니라."이다. 이는 "범 노공 질이 재상이 되어 있거늘, 조카 고(杲)가 여쭈어 벼슬 오름을 구하니까, 질이 글을 지어 알리니라."로 해석할 수 있다. 두 번역본에서 문제가 되는 부분은《소학》대문의 '遷秩'에 대한 번역이다. '遷'은 보통 '옮길 천'으로, '秩'은 '벼슬 질'로 새긴다. 따라서《소학언해》는 단어 의미에 충실하여 '벼슬 올몸을'로 번역하였다. '올몸을'은 '옮(어간)+옴(명사형 어미)+을(목적격 조사)'로 분석된다. 여기서 '옮다'는 '어떤 곳에서 다른 곳으로 움직여 자리를 바꾸다.'를 뜻한다. 따라서 '벼슬 올몸을'은 '벼슬 옮음[옮김]을'로 해석된다. 그러나 《번역소학》은 다르다. '遷秩'의 의미를 '벼ᄉᆞᆯ 올오ᄆᆞᆯ'로 번역하였다. '올오ᄆᆞᆯ'은 '올ㅇ(어간)+옴(명사형 어미)+ᄋᆞᆯ(목적격 조사)'이다. 현대국어 '오르다'의 옛말인 '오ᄅᆞ다'는 15세기 문헌에서부터 나타난다. '오ᄅᆞ다'는 자음이나 매개모음으로 시작하는 어미가 결합할 때에는 '오ᄅᆞ거늘', '오ᄅᆞ시고'와 같이 '오ᄅᆞ-'로, 모음으로 시작하는 어미가 결합할 때에는 'ᄋᆞ'가 줄고 대신 'ㄹ'이 앞 음절에 부착되고, 뒤의 음절에는 성문 마찰 유성음 'ㅇ'이 얹힌다. 즉 '올ㅇ+아', '올ㅇ+옴'과 같이 '올ㅇ-'으로 실현되어 '오ᄅᆞ-/올ㅇ-'의 교체를 보인다. 따라서 '벼ᄉᆞᆯ 올오ᄆᆞᆯ'은 '벼슬 오름을'로 해석된다. 《소학》 대문을 볼 때, 조카 범고(范杲)가 숙부인 범질(范質)에게 遷秩을 구한 것은 단지 벼슬을 바꿔가기를 구한 것이 아니라, 승진하기를 구한 것이다. 따라서 이 대목에 관한 한, 《번역소학》의 번역이 보다 정확한 것으로 판단된다. 이는 번역서가 단어의 본의를 정확히 파악함에 도움을 주는 예이다. 예를 들다 보니, 《번역소학》이 《소학》 해석에 도움이 되는 예만 들었다. 그러나 《소학언해》 또한 《소학》의 대문 386장을 해석함에 그 본의를 분명히 드러내는 예들이 상당히 많다.

역주자는 대학에서 오랫동안 국어사(國語史)를 강의하였다. 그러나 국어사를 전공하지 않은 사람들은 16세기 중세국어로 번역된 두 번역서를 옳게 이해하기는 매우 어려울 것이다. 역주자는 이 책에서, 《소학집주》·《번역소학》·《소학언해》 등 《소학》 세 권에서 같은 대목을 나란히 놓고, 주석서의 한문과 번역서의 중세국어를 현대국어로 해석하였다. 해석 과정에서 대문이나 주석에 나오는 어려운 한자나 출처, 관련 인물과 사건 등도 풀이하였다. 물론 중세국어 단어들도 어휘사의 측면에서 현대국어로 자세하게 풀이하였다. 따라서 이 책을 읽는 사람들은 일반인이든 국어사를 전공하는 대학(원)생이든, 모두 자기가 필요한 만큼의 깊이로 공부하고 이해할 수 있을 것이다. 우리는 중세국어 자료 강독 교재에서, 그 책 이름이 무엇이든, 《훈민정음언해》·《두시언해》·《용비어천가》 등과 함께 《번역소학》과 《소학언해》가 빠지지 않고 들어 있음을 알고 있다. 또 중등교사 국어과 임용시험에도 이 두 자료가 상당히 비중 있게 다루어지고 있음도 알고 있다. 이 책은 이런 면에서도 상당한 정도의 도움을 줄 수 있다고 생각한다.

역주자는 3년 전에 이 책 출판에 대한 계획을 세우고, 꾸준히 준비해 왔다. 고희(古稀) 기념으로, 재직 중에 냈던 대학 교재와는 다른, 무게감 있는 책을 한 권 내는 것이 전부터 가져온 바람이었다. 일을 시작하고는 이른 아침부터 밤 1~2시까지 대부분의 시간을 이 작업에 할애하였다. 그 결과 만 일흔 살이 되는 금년 전반기에 2,562쪽에 달하는 원고를 완성하였다. 그리고 그 내용이 많아 편의상 4권으로 나누어 출판하기로 하였다. 긴 세월을 기오재(寄傲齋)에 묻혀, 용잡(宂雜)한 일들을 잊고 살게 해 준 가족들에게 고마움을 표한다.

《소학》은 조선시대 우리 조상들이 가장 많이 보아 왔던 책이고, 현재도 많은 독자층을 가진 책이다. 아무쪼록 이 책이 《소학》에 관심 있는 사람들에게 조금이나마 도움이 되기를 바라면서 말을 줄인다. 집필 과정에서 조언을 아끼지 않으신, 망백(望百)을 한참 전에 넘기신 석촌 선생님께 감사를 드린다. 또한 대한민국미술대전 초대작가이신, 오랜 벗 동우(東愚) 김학길(金學吉) 선생의 제자(題字)에도 고마움을 표한다. 마지막으로 어려운 한자와 16세기 중세국어로 쓰인 원고를 훌륭한 책으로 만들어 주신 한국문화사 김진수 사장님과 한병순 부장님, 강인혜 과장님께도 고마운 인사를 드린다.

歲在 乙巳 螢月 哉生魄 寄傲齋主人 東谷 金眞植 謹書

일러두기

1. 텍스트 선정

본서는 《소학집주(小學集註)》, 《번역소학(飜譯小學)》, 《소학언해(小學諺解)》를 텍스트(text)로 선정하였다. 《소학집주》는 이이(李珥)의 《소학제가집주(小學諸家集註)》를 저본으로, 어제소학서(御製小學序, 肅宗)·소학집주고정(飜譯小學考訂, 金長生)이 첨가된 1694년(숙종 20년)의 《소학집주》를 텍스트로 사용하였다. 1990년 학민문화사(學民文化社)의 을해신간(乙亥新刊) 춘방장판(春坊藏板) 《小學》의 영인 자료를 사용하였다.

《번역소학》은 권3은 국립한글박물관의 디지털자료와 2020년 세종대왕기념사업회의 영인 자료를, 권4는 한국서지학회의 《서지학보》 제24집(2000. 12.)의 영인 자료를, 권6·7은 1984년 홍문각 영인 자료를, 권8, 9, 10은 1984년 홍문관 영인 자료를 사용하였다.

《소학언해》는 1588년(선조 21년)에 간행되어, 한국국학진흥원(韓國國學振興院)에 간직되어 있는 본을 사용하였다. 1985년 대제각(大提閣)의 영인 자료를 사용하였다.

2. 구성

본서는 《소학집주》의 차례를 따르되, 《번역소학》과 《소학언해》에만 있는 내용을 적절한 위치에 집어넣어 구성하였다. 숙종 대 《소학집주》의 차례는 다음과 같다. 〈어제소학서(御製小學序)〉, 〈소학편목(小學篇目)〉, 〈소학집주총목(小學集註總目)〉, 〈소학집주총론(小學集註總論)〉, 〈소학서제(小學書題)〉, 〈소학제사(小學題辭)〉, 〈소학집주고정(小學集註攷訂)〉, 본문[本文, 대문(大文)과 주석(註釋) 6권], 〈소학집주발(小學集註跋, 成渾)〉, 〈소학발(小學跋, 李恒福)〉. 이는 이이의 《소학제가집주》의 구성에 〈어제소학서(肅宗)〉와 〈소학집주고정(金長生)〉이 추가된 것이다.

《번역소학》은 권1이 발견되지 않아 본문[대문(大文)과 번역문(飜譯文)] 앞에 어떤 내용이 들어있는지 알 수가 없다. 다만 권10 뒤에 〈번역소학발(飜譯小學跋, 南袞)〉이 붙어 있음이 확인될 뿐이다.

《소학언해》는 〈소학언해범례(小學諺解凡例)〉, 〈소학서제(小學書題)〉, 〈소학제사(小學題辭)〉, 본문[대문(大文)과 번역문(飜譯文)], 〈소학언해발(小學諺解跋, 李山海)〉로 구성되어 있다.

따라서 본서는 이상 세 권의 《소학》을 〈어제소학서(御製小學序, 肅宗)〉, 〈소학편목(小學篇目)〉, 〈소학집주총목(小學集註總目)〉, 〈소학집주총론(小學集註總論)〉, 〈소학집주고정(小學集註攷訂, 金長生)〉, 〈소학언해범례(小學諺解凡例)〉, 〈소학서제(小學書題)〉, 〈소학제사(小學題辭)〉, 본문[本文, 대문(大文)과 번역문(飜譯文)], 〈소학집주발(小學集註跋, 成渾)〉, 〈소학발(小學跋, 李恒福)〉, 〈번역소학발(飜譯小學跋, 南袞)〉, 〈소학언해발(小學諺解跋, 李山海)〉의 순서로 구성하였다.

3. 대문과 주석

대문(大文)과 주석(註釋)은 《소학집주》의 한문을 대상으로 번역하였다. 또한 《소학집주》에는 대문과 주석에 구결(口訣)이 달려 있지 않으므로, 대문의 구결은 《소학언해》의 옛말 구결을 그대로 이용하였다. 그 이유는 《번역소학》은 권1, 2, 5가 현재 존재하지 않고, 또 의역 방식으로 번역되었다고 비판을 받았던 책이기 때문이다. 다만 주석의 구결은 문의(文意)에 맞추어 현대국어로 달되, 성백효(1996)와 춘방장판(1990, 2002) 《小學》을 참고하였다. 그리고 대문과 주석의 한자에 대해서는 자주 쓰이는 음훈을 복수로 달은 것이 있다. 이때 괄호 속 맨 앞에 제시된 것이 그 문장에 맞는 음훈이다.

4. 존칭 표현

《소학》에는 많은 인물들의 말이 인용되고 있다. 《소학집주》의 대문과 주석에는 '曰/云'이, 《번역소학》과 《소학언해》 번역문에는 'ᄀᆞ로ᄃᆡ/ᄀᆞᆯ오ᄃᆡ'나 'ᄀᆞᄅᆞ샤ᄃᆡ/ᄀᆞᆯᄋᆞ샤ᄃᆡ'가 이끌고 있다. 번역문의 'ᄀᆞ로ᄃᆡ/ᄀᆞᆯ오ᄃᆡ'나 'ᄀᆞᄅᆞ샤ᄃᆡ/ᄀᆞᆯᄋᆞ샤ᄃᆡ'는 글자 그대로 '말하되'나 '말씀하시되'로 해석하면 되는데, '曰/云'에 대해서는 인물에 따라 '말하되'나 '말씀하시되' 중 어느 표현을 써야 할지 구분이 어렵다. 본서는 공자(孔子) 한 분만 '말씀하시되'로 해석했고, 나머지 인물들은 모두 '말하되'로 해석하였다.

5. ≪소학집주≫·≪번역소학≫·≪소학언해≫ 체재 비교

《소학집주》는 모두 386장 760절의 분구(分句)를 갖추고 있다. 모든 구마다 주석이 붙어 있다. 그러나 《번역소학》과 《소학언해》는 대문 386장으로만 구성되어 있다. 특히 《번역소학》은 현재 권1, 2, 5가 발견되지 않고 있고, 권3·4는 낙장(落張) 부분이 있다. 즉 권3은 〈명륜 제2〉 제40장부터 〈명륜 제2〉 마지막 제108장까지 총 69장이다. 이 중 앞부분 제40장, 제41장, 제42장 제1~3구 대문까지가 낙장이고, 제42장 제3구 번역문부터 제108장까지 보존되어 있다. 권4는 〈경신 제3〉 제1장부터 〈경신 제3〉마지막 제46장까지 총 46장이다. 이 중 뒷부분 제43장 제4구 번역문까지 보존되어 있고, 제43장 제5~6구 대문과 번역문, 제44장, 제45장, 제46장이 낙장이다. 이상 세 권과 본서의 체재를 비교하면 〈표 1〉와 같다.

〈표 1〉 ≪소학집주≫·≪번역소학≫·≪소학언해≫의 체재 비교

<table>
<tr><th colspan="5"></th><th colspan="2">小學集註</th><th colspan="2">飜譯小學</th><th colspan="2">小學諺解</th><th>本書</th></tr>
<tr><td rowspan="10">内篇</td><td>立教第一(13章)</td><td>1~13章</td><td>사람을 가르치던 법</td><td rowspan="10">기본강령을 밝힘</td><td>卷一</td><td rowspan="8">第一冊</td><td>(卷一)</td><td></td><td>卷一</td><td rowspan="8">第一冊</td><td rowspan="8">卷一</td></tr>
<tr><td rowspan="7">明倫第二(108章)</td><td>明父子之親 1~39章</td><td>父子의 친함</td><td rowspan="7">卷二</td><td>(卷二)</td><td></td><td rowspan="7">卷二</td></tr>
<tr><td>明君臣之義 40~59章</td><td>君臣의 의리</td><td rowspan="6">卷三</td><td rowspan="8">一冊</td></tr>
<tr><td>明夫婦之別 60~68章</td><td>夫婦의 분별</td></tr>
<tr><td>明長幼之序 69~88章</td><td>長幼의 차례</td></tr>
<tr><td>明朋友之交 89~99章</td><td>朋友의 사귐</td></tr>
<tr><td>通論 100~108章</td><td>通論</td></tr>
<tr><td colspan="2"></td></tr>
<tr><td rowspan="2">敬身第三(46章)</td><td>明心術之要 1~12章</td><td>心術의 요점</td><td rowspan="2">卷三</td><td rowspan="2">第二冊</td><td rowspan="2">卷四</td><td rowspan="2">卷三</td><td rowspan="2">第二冊</td><td rowspan="2">卷二</td></tr>
<tr><td>明威儀之則 13~33章</td><td>威儀의 법칙</td></tr>
</table>

<table>
<tr><td rowspan="6"></td><td rowspan="2"></td><td>明衣服之制
34~40章</td><td>衣服의
제도</td><td rowspan="2"></td><td rowspan="6"></td><td rowspan="2" colspan="2"></td><td rowspan="2"></td><td rowspan="6"></td><td rowspan="6"></td></tr>
<tr><td>明飮食之節
41~46章</td><td>飮食의
예절</td></tr>
<tr><td rowspan="4">稽古
第四
(47章)</td><td>立教
1~4章</td><td rowspan="4">虞·夏·商·周 聖賢들의 행한 자취를 고찰하여, 입교·명륜·경신의 말을 증명.</td><td rowspan="4">卷四</td><td rowspan="4" colspan="2">(卷五)</td><td rowspan="4">卷四</td></tr>
<tr><td>明倫
5~35章</td></tr>
<tr><td>敬身
36~44章</td></tr>
<tr><td>通論
45~47章</td></tr>
<tr><td rowspan="6">外
篇</td><td rowspan="3">嘉言
第五
(91章)</td><td>廣立教
1~14章</td><td rowspan="3">漢나라 이래 賢者의 훌륭한 말을 기술하여, 입교·명륜·경신을 넓힘.</td><td rowspan="3">卷五</td><td rowspan="3">第
三
冊</td><td>卷六</td><td rowspan="2">一冊</td><td rowspan="3">卷五</td><td rowspan="3">第
三
冊</td><td rowspan="3">卷三</td></tr>
<tr><td>廣明倫
15~55章</td><td>卷七</td></tr>
<tr><td>廣敬身
56~91章</td><td>卷八</td><td>一冊</td></tr>
<tr><td rowspan="3">善行
第六
(81章)</td><td>實立教
1~8章</td><td rowspan="3">漢나라 이래 賢者의 선행을 기록하여, 입교·명륜·경신을 실증.</td><td rowspan="3">卷六</td><td rowspan="3">第
四
冊</td><td rowspan="2">卷九</td><td rowspan="2">一冊</td><td rowspan="3">卷六</td><td rowspan="3">第
四
冊</td><td rowspan="3">卷四</td></tr>
<tr><td>實明倫
9~53章</td></tr>
<tr><td>實敬身
54~81章</td><td>卷十</td><td>一冊</td></tr>
</table>

본서《역주 소학집주·번역소학·소학언해》는 내용이 방대하여 모두 4권으로 나누어 출간한다. 권1은 〈어제소학서〉로부터 시작하여 〈입교(立教) 제1〉(13장)과 〈명륜(明倫) 제2〉(108장)까지이다. 권2는 〈경신(敬身) 제3〉(46장)과 〈계고(稽古) 제4〉(47장)이다. 권3는 〈가언(嘉言) 제5〉(91장)이다. 권4는 〈선행(善行) 제6〉(81장)이다. 권1과 권2는 내편(内篇)이고, 권3과 권4는 외편(外篇)이다.

6. 장 표시

《소학》은 인용문의 출처에 따라 장(章)이 바뀐다. 각 장이 바뀔 때의 표시 방법에 있어,《소학집성》은 一, 二, 三…과 같은 일련번호를 붙였고,《소학집설》은 ○으로 표시하였다. 다만 각 편(編)의 제1장에는 ○표가 생략되어 있다. 굳이 표시하지 않아도 첫 장임을 알 수 있기 때문이다. 《소학집주》, 《번역소학》, 《소학언해》)은 모두 《소학집설》의 방식을 취했다. 《소학》은 모두 6편, 386장으로 되어 있으니, 세 책은 똑같이 ○가 380개 표시되어 있다. 다만 《번역소학》은 6편을 10권으로 나누어 편찬하였기 때문에 편 바뀜과 권 바뀜이 일치하지 않아 새로운 권의 제1장에 ○가 생략되는 것이 통일되어 있지 않다. 권3, 권7, 권8, 권10이 그러하다. 권1, 2는 발견되지 않았고, 권3은 시작 부분이 낙장이어서 확인할 수 없지만, 권1은 〈입교〉에 해당하고, 권2는 〈명륜〉 제1장에서 시작되며, 권3은 명륜 제40장부터 시작되니 추론하기에 어렵지 않다. 역주자는 대문(大文)의 각 장은 《소학집주》의 방식대로 ○로 표시하면서 장 번호도 함께 붙였고, 《번역소학》 내용은 번소로, 《소학언해》 내용은 소언으로 표시하여 참고하기에 편하게 하였다.

7. 공부법

대부분의 사람들이 《소학》을 공부하는 목적은 주희(朱熹)가 쓴 《소학》과 이이(李珥)가 덧붙인 【제가집주(諸家集註)】를 잘 이해함에 있다. 본서를 공부하는 방법도 다르지 않다. 한문으로 되어 있는 《소학》과 【제가집주】를 이해하면 된다. 그러나 그 부분이 혹 모호한 데가 있다면 《번역소학》과 《소학언해》의 현대역(現代譯) 부분을 읽고 비교해 보면 좋다. 이 두 권의 현대역 부분을 이해하기 위해서는, 역주자가 달아 놓은 단어에 대한 국어학적 설명까지 참고하면 좋은데, 이 작업은 굳이 거치지 않아도 된다. 단어에 대한 분석적 설명은 필요한 독자를 위한 참고용으로 정리해 본 것일 따름이다. 본서가 마치 수험 준비서처럼 보여 처음부터 당황할 필요는 없다. 자기가 필요한 부분까지만 공부해 가면 소기의 목적을 달성할 수 있을 것이기 때문이다.

總 目次

卷一

머리말
小學解題
일러두기

御製小學序
小學篇目
小學集註總目
小學集註總論
小學集註攷訂
小學諺解凡例
小學書題
小學題辭

立敎 第一

明倫 第二
明父子之親
明君臣之義
明夫婦之別
明長幼之序
明朋友之交
通論

참고 문헌
어절 색인

▮卷二

머리말
일러두기

敬身 第三
明心術之要
明威儀之則
明衣服之制
明飮食之節

稽古 第四
立教
明倫
敬身
通論

참고 문헌
어절 색인

▮卷三

머리말
일러두기

嘉言 第五
廣立教
廣明倫
廣敬身

참고 문헌
어절 색인

卷四

머리말
일러두기

善行 第六
實立敎
實明倫
實敬身

小學集註跋(成渾)
小學跋(李恒福)
飜譯小學跋(南袞)
小學諺解跋(李山海)

참고 문헌
어절 색인

卷三 目次

머리말 5
일러두기 11
總 目次 17

嘉言 第五 21
  廣立教 28
  廣明倫 197
  廣敬身 379

참고 문헌 553
어절 색인 555

小學諸家集註卷之五

飜번譯역小쇼學훅卷권之지六륙　外외篇편

《번역소학》 제6권은 《소학》 〈가언(嘉言) 제5〉 제1장~제14장에, 제7권은 《소학》 〈가언(嘉言) 제5〉 제15장~제55장에, 제8권은 《소학》 〈가언(嘉言) 제5〉 제56장~제91장[〈가언〉끝]에 해당한다.

小쇼學훅諺언解히卷권之지五오　外외篇편

詩曰天生烝民ᄒᆞ시니**有物有則**이로다**民之秉彝**라**好是懿德**이라ᄒᆞ야늘**孔子**ㅣ**曰爲此詩者**ㅣ여**其知道乎**ㄴ뎌**故**로**有物必有則**이니**民之秉彝也故**로**好是懿德**이라ᄒᆞ시니**歷傳記**ᄒᆞ며**接見聞**ᄒᆞ야**述嘉言**ᄒᆞ며**紀善行**ᄒᆞ야**爲小學外篇**ᄒᆞ노라

●《시경》에 이르기를, "하늘이 뭇사람을 내셨으니, 사물이 있으면 법칙이 있도다. 백성의 잡은 떳떳함이라. 이 아름다운 덕을 좋아한다." 하였는데, 공자께서, "이 시를 지은 자여, 아마도 도리를 알았을 것이다. 그러므로 사물이 있으면 반드시 법칙이 있으니, 백성의 잡은 떳떳함이라. 그러므로 이 아름다운 덕을 좋아한다."고 말씀하셨다. 전해 내려오는 기록을 지나며[다하며], 보고 들음을 접하여, 아름다운 말[嘉言]을 기술하며, 선한 행실[善行]을 적어, 《소학》의 외편을 만들었다.

漢字 烝(뭇 증, 김 오를 증, 찔 증, 많을 증, 겨울제사 증), 秉(잡을 병), 彝(떳떳할 이),

懿(아름다울 의), 歷(다할 력), 嘉(아름다울 가), 紀(적을 기, 벼리 기, 실마리 기)

詩曰天生烝民 有物有則 民之秉彝 好是懿德 孔子曰爲此詩者 其知道乎 故有物必有則 民之秉彝也故 好是懿德: 《맹자(孟子)》 〈고자상(告子上)〉 제6장에서 인용하였다.

번소 毛모詩시예 ᄀᆞ로ᄃᆡ 하ᄂᆞ리 모ᄃᆞᆫ ᄇᆡᆨ셩을 내샤 여러 가짓 이룰 두시고 일마다 ᄒᆞ욜 법을 두시니 ᄇᆡᆨ셩이 자뱃논 常샹性셩이라 어딘 德덕을 됴히 너겨 ᄒᆞᆫ다 ᄒᆞ야ᄂᆞᆯ 孔공子ᄌᆞㅣ ᄀᆞᄅᆞ샤ᄃᆡ 이 詩시 지은 사ᄅᆞᆷ이여 그 도리ᄅᆞᆯ 아ᄂᆞᆫ뎌 이런ᄃᆞ로 여러 가짓 이리 이시면 일마다 ᄒᆞ욜 법이 잇ᄂᆞ니 ᄇᆡᆨ셩이 자뱃논 常샹性셩이론ᄃᆞ로 이 어딘 德덕을 됴히 너겨 ᄒᆞᄂᆞ다 ᄒᆞ시니 녯 글월을 ᄌᆞ셰히 샹고ᄒᆞ며 내 드론 일 조차 브텨 됴ᄒᆞᆫ 말ᄉᆞᆷ을 올이며 어딘 ᄒᆡᆼ뎍을 긔록ᄒᆞ야 小쇼學ᄒᆞᆨ 外외篇편을 ᄆᆡᆼᄀᆞ노라

현대역 모시에 가로되, "하늘이 모든 백성을 내시어, 여러 가지의 일을 두시고 일마다 할 법을 두시니, 백성이 잡은 常性이라. 어진 덕을 좋게 여겨 한다." 하거늘 공자가 말씀하시되, "이 시 지은 사람이여, 그 도리를 아는구나. 이런 까닭으로 여러 가지의 일이 있으면 일마다 할 법이 있으니, 백성이 잡은 常性이므로 이 어진 덕을 좋게 여겨 한다." 하시니, 옛 글월을 자세히 詳考하며, 내 듣고 본 일 좇아 부쳐, 좋은 말씀을 올리며, 어진 행적을 기록하여, 《소학》 외편을 만든다.

1 여러 가짓: 여러 가지의. '여러(관형사)+가지(의존명사)+ㅅ(관형격 조사)'이다. ㅅ은 'ㄱ, ㅋ, ㅇ, ㄷ, ㅌ, ㄴ, ㄹ, ㅂ, ㅍ, ㅁ, ㅸ'으로 끝나는 체언류나 받침 없는 체언류 뒤에 붙어, 무정 체언과 존칭 체언류 뒤에 붙어, '의'를 뜻하는 조사이다. 龍鬼 위ᄒᆞ야 說法ᄒᆞ샤미 부텻 나히 셜흔둘히러시니 穆王 여슷찻 ᄒᆡ 乙酉ㅣ라.《석상 6:1》, 狄人ㅅ 서리예 가샤 狄人이 ᄀᆞᆯ외어늘 岐山 올ᄆᆞ샴도 하ᄂᆞᇙ ᄠᅳ디시니(狄人與處 狄人于侵 岐山之遷 實維天心).《용가 4장》

2 ᄒᆞ욜: 할. 'ᄒᆞ(어간)+요(대상 표시법 선어말어미)+ㄹ(관형사형 어미)'이다. '-요-'

는 '-오-'의 이형태로, 모음 충돌을 회피하기 위해 반모음 j를 삽입한 것이다. 중세국어에서는 같은 뜻의 말로, 'ᄒᆞ욜'과 '홀'이 공존한다. 둘은 모음 충돌을 회피하는 방법이 다르다. '홀'은 'ㆍ'를 탈락시킨 것이다. 명사형 'ᄒᆞ욤'과 '홈'도 마찬가지이다. 해 ᄠᅳ디 文字 語言에 이셔 몸 셰욜 事業 ᄆᆡᆼᄀᆞᆯ오 理ᄅᆞᆯ 비취며 ᄆᆞᅀᆞᄆᆞᆯ 비취여 여희여 나ᄆᆞᆯ 求ᄒᆞ리 져거 名相ᄋᆡ 봄놀요ᄆᆞᆯ 니부미 나ᄇᆡ ᄆᆞᅀᆞᆷ ᄀᆞᆮᄒᆞ니라(多是意在文字語言 以爲立身事業 少有照理照心 以求出離 被名相騰擲 如猿猴之心也).《원각 서:65》, ᄇᆡ호고 일우디 몯ᄒᆞ야도 오히려 人天ㅅ 福애 덥다 ᄒᆞ샴 ᄀᆞᆮᄒᆞ야 부텨 ᄃᆞ외욜 正ᄒᆞᆫ 因ᄋᆞᆯ 일티 아니ᄒᆞᄂᆞ니(學而不成 猶益人天之福 不失成佛之正因).《목우 43》. 선어말어미 '-오-'는 종결형과 연결형, 그리고 관형사형에서 형태소의 자격을 얻는다. 그 기능을 파악함에 있어서는 세 활용형에 나타나는 '-오-'를 동질시할 수도 있고[의미·화용론적 접근법, 의도법설], 종결형과 연결형의 '-오-'를 관형사형의 '-오-'와 분리하여 처리함으로써 이질시할 수도 있다[통사론적 접근법, 인칭·대상설]. 종결형과 연결형의 선어말어미 '-오$_1$-'은 일반적으로 주어 명사구가 제1인칭 대명사 '나, 우리' 등 화자일 때 나타난다. 따라서 이를 화자 표시법 선어말어미(고영근, 2020: 363) 또는 1인칭법 선어말어미(허웅, 1958: 124-197)라고 부른다. 그러나 '-오$_1$-'은 주어 명사구가 제3인칭이라고 하더라도 그것이 화자 자신을 가리키는 경우에는 쓰일 수 있다. 이런 점에서 1인칭법 선어말어미보다는 화자 표시법 선어말어미라는 용어가 나아 보인다. 누른 새ᄂᆞᆫ 져기 ᄂᆞ로ᄆᆞᆯ 任意로 ᄒᆞ노라.《두시언해 20:10》 여기서 '누른 새'는 두보 자신을 가리킨다고 주(註)에서 말하고 있으므로 화자가 주어로 되어 있는 것이다. 妾은 王ㅅ 義예 죽고 王ㅅ 즐교매 죽디 아니ᄒᆞ노이다.《내훈 2 상:324》. 월희(越嬉)가 왕에게 하는 말인데, 역시 화자 자신을 가리킨다. 화자 표시법 선어말어미 '-오$_1$-'가 쓰일 때에는 존경법의 '-시-'가 원칙적으로 나타나지 못하는데, 이는 화자가 자기 자신을 높일 수 없다는 공대법의 규칙 때문이다. 물론 2인칭과 3인칭 주어와도 함께 쓰일 수 없다. '-오$_1$-'은 부정법[내 ᄒᆞ마 命終호라.], 직설법[내 이ᄅᆞᆯ 爲ᄒᆞ야 어엿비 너겨 새로 스믈 여듧 字ᄅᆞᆯ ᄆᆡᆼᄀᆞ노니.]뿐만 아니라, 회상법, 추측법, 확인법, 감동법에서도 목격된다. 회상법은 '-더-'에 '-오$_1$-'이 화합되어 '-다-'로[내 롱담ᄒᆞ다라.], 추측법은 '-오리-'로[내 이제 分明히 너ᄃᆞ려 닐오리라.], 확인법은 '-거-'에 '-오$_1$-'이 화합되어 '-과-/-가-'로[내 이제 훤히 즐겁과라. ᄒᆞ가니(ᄒᆞ+거+오+니).], 감동법은 '-옷-'에 '-오$_1$-'가 붙어 '-옷오-'로[우리도 이 偈ᄅᆞᆯ 좃ᄌᆞᄫᅡ 외오노소라.] 나타난다. 여기서 '외오노소라'는 '외오(어간)+ᄂᆞ(직설법 선어말어미)+옷(감동법 선어말어미)+오(화자 표시법 선어말어미)+라(평서형 종결어미)'이다. '-오$_1$-'은 평서형뿐만 아니라, 의문형에 쓰이는 일도 있다. 부텨 니르시논 해탈을 우리도 득ᄒᆞ야 열반애 다ᄃᆞ론가 ᄒᆞ다소니.《석상 13:43》. 언제 새어든 부텨를 가 보ᅀᆞᄫᆞ려뇨.《석상 13:19》. 현마 칠보로 ᄭᆞ며도 됴타 호리잇가.《월곡 기:121》. 관형사형에 나타나는 선어말어미 '-오$_2$-'는 존경의 선어말어미와 결합될 수 있다는 점과 제1인칭은 물론 제2·3인칭도 주어가 될 수 있다는 점에서 종결형과 연결형에 나타나는 '-오$_1$-'과 문법 범주를 달리한다. 피한정 명사는 관형사형에 대하여 주어도 될 수 있고, 목적어와 부사어도 될 수 있다. 이때 관형사형을 평서형으로 전개할 때 피한정 명사가 목적어나 부사어의 기능을 띠면 선어말어미 '-오$_2$-'가 나타난다. 따라서 이를 대상 표시법 선어말어미로 부른다(고영근, 2020, 372). 須達이 지순 亭舍마다 드르시며.《석상 6:38》. 얻논 藥이 므스것고.《월석 21:215》. 이들은 피한정 명사가 관형사형의 목적어가 되는 예이다. 그림 그륜 ᄇᆞᄅᆞᄆᆞᆯ….《두시언해 6:34》. 옷 ᄲᆡ론 므를 먹고.《석상 11:25》. 이들은 피한정 명사가 관형사형의 부사어가 되는 예이다.

3 자뱃논: 잡아 있는. '잡(어간)+아(보조적 연결어미)+잇(在, '잇다'의 어간)+ᄂᆞ(현재시제 선어말어미)+오(대상 표시법 선어말어미)+ㄴ(관형사형 어미)'이다. 완료상은 보조적 연결어미 '-아/어'와 보조형용사 '잇다[在]'의 결합으로 표현된다. '아+잇→앳'이 완료상을 표현한다. 잡은 상태가 발화시를 전후하여 지속됨을 뜻한다. 뎌 王ᄃᆞᆯ히 一切 有情의그에 慈悲心ᄋᆞᆯ 내야 가도앳던 사ᄅᆞᆷ 노코 알ᄑᆡ 니르던 양다히 뎌 藥師瑠璃光如來ᄅᆞᆯ 供養ᄒᆞᅀᆞᄫᆞ면.《석상 9:33》, 福ᄋᆞᆯ 닷가 하ᄂᆞᆯ해 나앳다가 福이 다ᄋᆞ면 도로 ᄂᆞ리ᄂᆞ니라.《월석 1:42》.

4 샹셩(常性):상성(常性). 일반적인 성질.

5 ᄒᆞ야ᄂᆞᆯ: 하거늘. 'ᄒᆞ(어간)+야ᄂᆞᆯ(연결어미)'이다. '-야ᄂᆞᆯ'은 'ᄒᆞ다'의 어간이나 끝음절의 모음이 'ㅣ'인 어간 뒤에 붙어, '-거늘'을 뜻하는 어미이다. 西幸이 ᄒᆞ마 오라샤 角端이 말ᄒᆞ야ᄂᆞᆯ 術士ᄅᆞᆯ 從ᄒᆞ시니(西幸旣久 角端有語 術士之請 于以許之).《용가 42장》, 虛空애셔 닐오ᄃᆡ 이제 부톄 나아 겨시니라 ᄒᆞ야ᄂᆞᆯ 즉자히 니러 竹園으로 오더니.《석상 6:12》

6 아ᄂᆞ뎌: 아는구나. '아[알, 어간]+ᄂᆞ(현재 시제 선어말어미)+ㄴ(관형사형 어미)+ᄃᆞ(의존명사)+여(감탄 보조사)'이다. '-ㄴ뎌'는 공시적으로는 어미로 재구조화하여, '-구나'를 뜻한다. 슬프다 녯 사ᄅᆞᄆᆡ 마ᄅᆞᆯ 아디 몯ᄒᆞᄂᆞᆫ뎌(悲哉, 不悟昔人言).

《남명 하:30》, ᄒᆞ나 아닌 다른 教ᄅᆞᆯ 내시ᄂᆞ니 어긔요ᄃᆡ 다ᄅᆞ디 아니ᄒᆞ닌 오직 聖人ㅅ 마리신뎌(吐不一之殊教 乖而不可異者 其惟聖言乎).《영가 하:36》

7 이런ᄃᆞ로: 이러한 까닭으로. 뫼화 修行方便ᄋᆞᆯ 사ᄆᆞ실씨 이런ᄃᆞ로 일후믈 修道分이라 ᄒᆞ니라(摠爲修行方便 故名修道分).《능엄 1:21》, 우 업슨 道 일우믈 버려 뵈실씨 이런ᄃᆞ로 일후믈 證果分이라 ᄒᆞ니라(成無上道 故名證果分).《능엄 1:21》

8 샹고ᄒᆞ며: 상고(詳考)하며. 꼼꼼하게 따져서 검토하거나 참고하며. '샹고ᄒᆞ(어간)+며(연결어미)'이다.

9 ᄆᆡᇰᄀᆞ노라: 만든다. 'ᄆᆡᇰᄀᆞᆯ(어간)+ᄂᆞ(현재 시제 선어말어미)+오(화자 표시법 선어말어미)+라(평서형 종결어미)'이다. 종결형과 연결형의 선어말어미 '-오$_1$-'은 일반적으로 주어 명사구가 제1인칭 대명사 '나, 우리' 등 화자일 때 나타난다. 따라서 이를 화자 표시법 선어말어미(고영근, 2020: 363) 또는 1인칭법 선어말어미(허웅, 1958: 124-197)라고 부른다. 그러나 '-오$_1$-'은 주어 명사구가 제3인칭이라고 하더라도 그것이 화자 자신을 가리키는 경우에는 쓰일 수 있다. 이런 점에서 1인칭법 선어말어미보다는 화자 표시법 선어말어미라는 용어가 나아 보인다. 누른 새는 져기 ᄂᆞ로ᄆᆞᆯ 任意로 ᄒᆞ노라.《두시언해 20:10》 여기서 '누른 새'는 두보 자신을 가리킨다고 주(註)에서 말하고 있으므로 화자가 주어로 되어 있는 것이다. 妾은 王ㅅ 義예 죽고 王ㅅ 즐교매 죽디 아니ᄒᆞ노이다.《내훈 2 상:324》. 월희(越嬉)가 왕에게 하는 말인데, 역시 화자 자신을 가리킨다. 그리고 평서형 종결어미 '-다'는 선어말어미 '-오-/-우-' 뒤에서는 '-라'로 변한다. 右手 左手로 天地 ᄀᆞᄅᆞ치샤 ᄒᆞ오아 내 尊호라 ᄒᆞ시니.《월곡 상:8》, ᄀᆞ장 시르미 나그내를 벋호ᄆᆞᆯ 더으ᄂᆞ니 ᄯᅩ 늘구미 사ᄅᆞᆷ 조차오ᄆᆞᆯ 아로라(轉添愁伴客 更覺老隨人).《두시-초 10:2》. '만들다'의 옛말인 'ᄆᆡᇰᄀᆞᆯ다'의 어간 'ᄆᆡᇰᄀᆞᆯ-'은 치조음 'ㄴ' 앞에서 'ㄹ'이 탈락하여 'ᄆᆡᇰᄀᆞ'로 나타난다. 制ᄂᆞᆫ ᄆᆡᇰᄀᆞᄅᆞ실씨라.《훈언 3》, 主人이 므슴 차바ᄂᆞᆯ 손소 ᄃᆞᆫ녀 ᄆᆡᇰᄀᆞ노닛가.《석상 6:16》.

소언 詩시[모시 蒸증民민篇편이라]예 ᄀᆞᆯ오ᄃᆡ 하ᄂᆞᆯ히 모ᄃᆞᆫ ᄇᆡᆨ셩을 내시니 物믈[온갓 거시라]이 이심애 법이 잇도다 ᄇᆡᆨ셩의 자밧ᄂᆞᆫ 덛덛ᄒᆞᆫ 거시라 이 아름다온 德덕을 됴히 너긴다 ᄒᆞ야ᄂᆞᆯ 孔공子ᄌᆞㅣ ᄀᆞᆯᄋᆞ샤ᄃᆡ 이 詩시를 ᄒᆞᆫ 이여 그 도리를 안뎌 그러모로 物믈이 이시면 반ᄃᆞ시 법이 잇ᄂᆞ니 ᄇᆡᆨ셩의 자밧ᄂᆞᆫ 덛덛ᄒᆞᆫ 거시라 그러모로 이 아름다온 德덕을 됴히 너긴다 ᄒᆞ시니 傳뎐과 記긔[녯 글월들히라]를 녜며 보며 드른 거슬 브텨 아ᄅᆞᆷ다온 말ᄉᆞᆷ을 닷그며 어딘 ᄒᆡᇰ실을 긔록ᄒᆞ야 小쇼學ᄒᆞᆨ 外외篇편을 ᄆᆡᇰᄀᆞ노라

현대역 시[毛詩 烝民篇이라.]에 가로되, "하늘이 모든 백성을 내시니 物[온갖 것이라.]이 있음에 법이 있도다. 백성이 잡은 떳떳한 것이라. 이 아름다운 덕을 좋게 여긴다." 하거늘, 공자가 말씀하시되, "이 시를 한 이여. 그 도리를 아는구나. 그러므로 物이 있으면 반드시 법이 있으니, 백성이 잡은 떳떳한 것이라. 그러므로 이 아름다운 덕을 좋게 여긴다." 하시니, 傳과 記[옛 글월들이라.]를 섭렵하며, 보며 들은 것을 부쳐, 아름다운 말씀을 닦으며, 어진 행실을 기록하여, 《소학》 외편을 만든다.

1 덛덛ᄒᆞᆫ: 떳떳한. '덛덛ᄒᆞ(어간)+ㄴ(관형사형 어미)'이다. 후기중세국어(15~16세기)와 근대국어(17~19세기)의 '덛덛ᄒᆞ다>덧덧ᄒᆞ다>ᄯᅥᆺᄯᅥᆺᄒᆞ다'는 '늘 그러하다', '변함없이 같다'의 의미를 지녀서 현대국어(20세기 이후) '떳떳하다'의 의미인 '굽힐 것이 없이 당당하다'와는 차이가 있었다. 현대국어 '떳떳하다'의 옛말인 '덛덛ᄒᆞ다'는 15세기 문헌에서부터 나타난다. '덛덛ᄒᆞ다'는 어근 '덛덛'과 접미사 '-ᄒᆞ-'가 결합한 것이다. 16세기 이후로 음절 말 위치에서 'ㅅ'이 'ㄷ'과 소리가 같아지면서 표기의 혼란이 생겨 17세기에는 종성이 'ㅅ'으로 적힌 '덧덧ᄒᆞ다'가 나타났다. 18세기에는 '덧덧'이 된소리로 바뀐 'ᄯᅥᆮᄯᅥᆮᄒᆞ다', 'ᄯᅥᆺᄯᅥᆺᄒᆞ다'가 등장하였다. 근대국어 후기에 모음 'ㆍ'가 'ㅏ'와 소리가 같아지고, 현대국어에서는 'ㄷ'의 된소리를 'ㄸ'으로 표기하는 원칙에 따라 '떳떳하다'가 등장하게 되었다. 덛덛ᄒᆞ다(15세기~18세기)>덧덧ᄒᆞ다(17세기~19세기)>ᄯᅥᆺᄯᅥᆺᄒᆞ다(18세기~19세기)>떳떳하다(19세기~현재). 世尊하 우리ᄃᆞᆯ히 이제 二障애 ᄆᆡᅅᅩᄆᆞᆫ 괴외ᄒᆞ며 덛덛ᄒᆞᆫ 心性 아디 몯호ᄆᆞᆯ 브테니.《1461 능엄 1:94ㄴ》, 처ᅀᅥᄆᆡ ᄀᆞ장 ᄉᆡᇰ각ᄒᆞ며 말ᄒᆞ기ᄅᆞᆯ 모로매 ᄒᆡᇰ실ᄅᆞᆯ 도라보아 ᄒᆞ며 덛덛ᄒᆞᆫ 덕글 모로매 구디 자브며.《1518 번소 8:17ㄱ》

2 녜며: 섭렵(涉獵)하며. '녜(어간)+며(연결어미)'이다. '녜다'는 '많은 책을 널리 읽거나 여기저기 찾아다니며 경험하다.'를 뜻한다. '물을 건너 찾아다닌다.'는 뜻에서 나온 말이다.

【集說】朱子曰詩는大雅烝民之篇이라烝은衆也요物은事也요則은法也요彛는常也요懿는美也라有物必有法은如有耳目則有聰明之德하고有父子則有慈孝之心하니是는民所秉執之常性也라故로人之情이無不好此懿德者니라吳氏曰歷考前代之傳記하고承接近代之見聞하여凡言之善者則述之하고行之善者則紀之하여而爲小學之外篇也라

주자가 말하였다. "시는 〈大雅〉 烝民篇이다. 烝은 많음이요, 物은 일이요, 則은 법이요, 彛는 떳떳함이요, 懿는 아름다움이다. 사물이 있으면 반드시 법이 있음은 귀와 눈이 있으면 밝게 듣고 밝게 보는 덕이 있으며, 아버지와 아들이 있으면 사랑하고 효도하는 마음이 있음과 같으니, 이는 사람이 잡은[가지고 있는] 바의 떳떳한 性이다. 그러므로 사람의 情이 이 아름다운 덕을 좋아하지 않음이 없는 것이다." 오 씨가 말하였다. "전대의 전기를 두루[빠짐없이] 고찰하고, 근대의 견문을 이어 접하여, 무릇 말이 선한 것이면 그것을 기술하고, 행실이 선한 것이면 그것을 기록하여, 《소학》의 외편을 만들었다."

嘉言第五ㅣ라 外篇

●아름다운 말씀이니, 차례에 다섯째이다. 외편.

번소 아롬다온 말솜 긔록훈 다ᄉᆞᆺ잿 편이라

현대역 아름다운 말씀 기록한 다섯째 편이라.

긔룩훈: 바로 윗글의 '긔록ᄒᆞ야'와 비교해 볼 때, '긔록훈'의 오기인 듯하다.

소언 아롬다온 말솜이니 ᄎᆞ례예 다ᄉᆞᆺ재라

현대역 아름다운 말씀이니, 차례에 다섯째라.

【集說】吳氏曰嘉言은善言也니此篇은述漢以來로賢者所言之善言하여以廣立敎明倫敬身也라凡九十一章이라

오 씨가 말하였다. "嘉言은 좋은 말이니, 이 편은 漢나라 이래로 어진 이들이 말한 바의 좋은 말을 기술하여, 써 立敎·明倫·敬身을 넓혔다. 모두 91장이다."

〖一章〗

橫渠張先生이曰敎小兒호ᄃᆡ先要安詳恭敬이니今世에學不講ᄒᆞ야男女ㅣ從幼便驕惰壞了ᄒᆞ야到長益凶狠ᄒᆞᄂᆞ니只爲未嘗爲子弟之事ㅣ라則於其親에已有物我ᄒᆞ야不肯屈下ᄒᆞ야病根常在ᄒᆞ야又隨所居而長ᄒᆞ야至死只依舊ㅣ니라 《張子全書 橫渠語錄》

●橫渠 장 선생이 말하였다. "어린 아이를 가르치되, 먼저 안정되고 상세하며 공손하고 공경함을 요구하니, 지금 세상에는 학문이 가르쳐지지 않아, 남녀가 어릴 때부터 곧 교만하고 게으르고 무너져서, 자람에 이르러 더욱 흉하고 사나워지니, 다만 일찍이 자제의 일을 하지[爲] 않았기 때문[爲]이다. 곧 그 어버이에게 이미 남과 내가 있어, 굽혀 낮추기를 즐기지 않아, 병의 뿌리가 항상 있어, 또 거하는 바에 따라 자라나, 죽음에 이르도록 다만 옛것을 의지한다[따른다]."

漢字 渠(도랑 거), 要(요구할 요), 詳(자세할 상), 講(익힐 강), 從(부터 종), 便(곧 변, 편할 편, 말 잘할 편), 壞(무너질 괴), 了(마칠 료), 狠(사나울 한, 개 싸우는 소리 한), 物(남 물), 肯(즐길 긍), 屈(굽힐 굴), 依(의지할 의, 따를 의)

횡거(橫渠, 1020년~1077년): 북송(北宋) 봉상(鳳翔) 미현(郿縣) 사람이다. 이름은 장재(張載)이고, 자는 자후(子厚)이며, 호는 횡거(橫渠)이고, 시호는 명공(明公)이다. 인종(仁宗, 북송 제4대 황제) 가우(嘉祐, 인종의 아홉 번째 연호) 2년

(1058년)에 진사(進士)가 되고, 운암령(雲巖令)이 되었다. 신종(神宗, 북송 제6대 황제) 희녕(熙寧, 신종의 첫 번째 연호) 초에 숭문원교서(崇文院校書)에 올랐다. 얼마 뒤 병으로 사직하고 남산(南山) 아래서 지내면서 독서와 강학을 병행했다. 희녕 10년(1077년) 여대방(呂大防)의 천거로 지태상례원(知太常禮院)이 되었지만 병으로 사직하고 돌아오는 도중 죽었다. 문인들이 명성(明誠)이라 시호를 하려고 했지만, 나중에 헌(獻)으로 정해졌다. 영종(寧宗, 남송 제4대 황제) 가정(嘉定, 영종의 네 번째 연호) 때 명공(明公)이란 시호가 내려졌다. 송나라 이학(理學)을 창시한 오현(五賢) 가운데 한 사람이다. 관중(關中)에서 강학했기 때문에 학문을 관학(關學)이라 부른다. 정호(程顥)·정이(程頤) 형제와 함께 《주역》을 강론했고, 이단을 버리고 《주역》과 《중용》을 정밀히 탐구하여 신유학의 기초를 세웠다. 기일원론(氣一元論)은 왕정상(王廷相)·왕부지(王夫之)·대진(戴震) 등에 의해 계승 발전되었고, 인성론(人性論)은 주희(朱熹)에 의해 계승 발전되었다. 저서에 《정몽(正蒙)》·《횡거역설(橫渠易說)》·《경학이굴(經學理窟)》·《장자전서(張子全書)》가 있다(중국역대인명사전).

번소 橫휭渠거 先션生ᄉᆡᆼ이 ᄀᆞᄅᆞ샤ᄃᆡ 혀근 아ᄒᆡ롤 ᄀᆞᄅᆞ쵸ᄃᆡ 몬져 모로매 안졍ᄒᆞ고 샹심ᄒᆞ며 공경케 홀 디니 이 시져레ᄂᆞᆫ 學혹問문을 講강論논 아니홀ᄉᆡ 남진 겨지비 아ᄒᆡ 삐브터 곧 교만ᄒᆞ며 게을어 어딘 셩을 ᄒᆡ여ᄇᆞ려 ᄌᆞᄅᆞ매 니르러ᄂᆞᆫ 더욱 흉악ᄒᆞ고 강퍅ᄒᆞᄂᆞ니 오직 일즉 子ᄌᆞ弟뎨의 ᄒᆞ욜 이롤 ᄒᆞ디 아니홀ᄉᆡ 곧 그 어버싀거긔도 ᄒᆞ마 ᄂᆞ미며 내라 ᄒᆞᄂᆞᆫ ᄆᆞ숌미 이셔 구펴 ᄂᆞ작호려 ᄒᆞ디 아니ᄒᆞ야 그 볈 불휘 ᄆᆡ양 이셔 ᄯᅩ 간 ᄃᆡ마다 기러 주구매 니르러도 ᄒᆞᆫ가지라

현대역 횡거 선생이 말씀하시되, "작은 아이를 가르치되 먼저 모름지기 安靜하고 詳審하며 공경하게 할 것이니, 이 시절에는 학문을 강론 아니 하므로, 남자 계집이 아이 때부터 곧 교만하며 게을러 어진 성품을 헐어버려, 자람에 이르러는 더욱 흉악하고 강퍅(剛愎)하니, 오직 일찍 자제의 할 일을 하지 아니하므로, 곧 그 어버이에게도 이미 남이며 나라 하는 마음이 있어, 굽혀 나직이 하려 하지 아니하여, 그 병의 뿌리가 매양 있어 또 간 데마다 자라,

죽음에 이르러도 한가지라.

1 안졍ᄒᆞ고: 안정(安靜)하고. 육체적 정신적으로 편안하고 고요하고.

2 샹심ᄒᆞ며: 상심(詳審)하며. 꼼꼼하고 자세히 살피며.

3 홀 디니: 할 것이니. 할지니. 'ᄒᆞ(어간)+오(대상 표시법 선어말어미)+ㄹ(관형사형어미)+ᄃᆞ(의존명사)+이(서술격 조사 '이다'의 어간)+니(연결어미)'이다. 의존명사 'ᄃᆞ'는 '것'의 의미를 가진 보편성 의존명사이다. 의존명사를 꾸며주는 관형사형에 들어있는 선어말어미 '-오$_2$-'도 대상 표시법 선어말어미에 해당한다. 이런 형태소 구성을 고려하면, '홀 디니'처럼 띄어 쓰며, '-ㄹ 것이니'로 풀이할 수 있다. 그러나 'ㄹ+ᄃᆞ+이+니'는 '-ㄹ디니'의 형태로, 하나의 연결어미로 재구조화한 것으로 볼 수도 있다. 이때에는 해라할 자리에 쓰여, '홀디니'처럼 붙여 쓰며 '-ㄹ지니'로 풀이할 수도 있다. 物理ᄅᆞᆯ 子細히 推尋ᄒᆞ야 모로매 行樂홀 디니 엇뎨 ᄠᅳᆫ 일후믈 ᄡᅧ 이 모ᄆᆞᆯ ᄆᆡ야 두리오(細推物理須行樂 何用浮名絆此身).《두시-초 11:19》, 東녀그로 흘러가ᄂᆞᆫ 므를 묻디 마롤 디니 人生ᄋᆞᆯ 곧 ᄇᆞ리디 몯거니ᄯᆞ녀(莫問東流水 生涯未卽抛).《두시-초 14:10》

4 아니홀ᄉᆡ: 아니하므로. '아니ᄒᆞ(어간)+ㄹᄉᆡ(연결어미)'이다. '-ㄹᄉᆡ'는 동사, 형용사 어간 뒤에 붙어, '-(으)므로'를 뜻하는 어미이다. ᄒᆞ다가 둘헤 兼홇딘댄 物와 體왜 雜亂ᄒᆞ리니 物이 體의 아로미 아닐ᄉᆡ 펴니 이러 둘히 셔리어니 엇뎨 中이 ᄃᆞ외리오(若兼二者 物體雜亂 物非體知 成敵兩立 云何爲中).《능엄 1:72》, 蓄積홀ᄉᆡ 江漢ᄋᆞᆯ ᄉᆞ랑ᄒᆞ노니 어리며 疎拙ᄒᆞ야 町畦호ᄆᆞᆯ 疑惑ᄒᆞ노라(蓄積思江漢 頑踈惑町畦).《두시-초 7:8》

5 ᄢᅴ: 때. 내 져믄 ᄢᅴ브터 길어 사ᄅᆞᆷ ᄃᆞ외야 王ᄋᆡ ᄉᆞ랑ᄒᆞ샤미 ᄃᆞ외야ᄂᆞᆫ 도ᄅᆞᅘᅧ 나ᄅᆞᆯ ᄇᆞ리ᄂᆞ다 ᄒᆞ고.《석상-중 11:29》, 그ᄢᅴ 世尊이 金像ᄭᅴ 니ᄅᆞ샤ᄃᆡ.《석상-중 11:14》

6 강퍅ᄒᆞᄂᆞ니: 강퍅(剛愎)하니. '강퍅ᄒᆞ(어간)+ᄂᆞ(직설법 선어말어미)+니(연결어미)'이다. '강퍅ᄒᆞ다'는 '성격이 까다롭고 고집이 세다.'를 뜻한다.

7 어버ᅀᅵ의거긔도: 어버이에게도. '어버ᅀᅵ(명사)+의(관형격 조사)+거긔(부사성 의존명사)+도(조사)'이다. '의 거긔'는 특수 체언에 붙는 조사 'ᄋᆡ'와 같이, 동작이 닿는 처소를 표시한다. 大衆의 거긔 ᄂᆞᆷ 위ᄒᆞ야 ᄀᆞᆯᄒᆡ내 니르며.《석상 19:8》, 阿羅漢의 거긔 세옴 ᄆᆞᅀᆞᄆᆞᆯ 내시ᄂᆞ니.《월석 9:35 下》. 'ᄋᆡ'와 비슷한 기능을 하는 것에는 관형격 조사에 부사성 의존명사 '긔, 그에, 거긔, 손ᄃᆡ'가 붙은

‘씌, 익 그에, 의 거긔, 익 손딕’가 있다. 다만 ‘거긔, 그에’는 관형사형과 관형격 조사 아래 두루 쓰이고, ‘긔, 손딕’는 관형격 조사 아래에만 나타난다.

8 느작호려: 나직이 하려. ‘느작ᄒᆞ(어간)+오려(연결어미)’이다. ‘-오려’는 동사나 형용사 어간 뒤에 붙어, 희망·의도·목적의 ‘-려’를 뜻하는 어미이다. 六天八部鬼兵이 波旬의 말 드러와 모딘 쁘들 일우오려 터니.《월석 상:26》, 六師ᅵ 무리 閻浮提예 ᄀᆞᄃᆞᆨᄒᆞ야도 내 바랫 ᄒᆞᆫ 터리롤 몯 무으리니 므슷 이롤 겻고오려 ᄒᆞᄂᆞᆫ고 제 홀 양ᄋᆞ로 ᄒᆞ게 ᄒᆞ라.《석상 6:27》 ‘느ᄌᆞᆨᄒᆞ다’는 ‘나직하다’의 옛말이다. ‘느ᄌᆞᆨᄒᆞ다’는 15세기 문헌에서부터 나타난다. ‘느ᄌᆞᆨᄒᆞ-’는 ‘낮다’를 의미하는 형용사 ‘늦-’에 접사 ‘-옥’과 ‘-ᄒᆞ-’가 결합한 것이다. 16세기 후반에 제2음절 이하의 ‘ㆍ’는 ‘ㅡ’로 변하였는데 ‘느ᄌᆞᆨᄒᆞ-’도 이 변화를 겪어 17세기에 ‘느즉ᄒᆞ-’가 되었다. 이어서 18세기에는 제1음절의 ‘ㆍ’가 ‘ㅏ’로 변함에 따라 제1음절 ‘ᄂᆞ’가 ‘나’로 변하고, 근대국어 후기에 ‘ㅈ’ 아래에서 모음 ‘ㅡ’가 ‘ㅣ’로 바뀌는 전설모음화에 따라 ‘느즉ᄒᆞ-’가 ‘나직하-’로 나타나면서 현재에 이른 것으로 보인다. 느ᄌᆞᆨᄒᆞ다(15세기~18세기)〉느즉ᄒᆞ다(17세기)〉나직하다(20세기~현재). 嗔心 아니ᄒᆞ며 모딘 입 아니ᄒᆞ며 塔廟ᄅᆞᆯ 恭敬ᄒᆞ며 諸比丘의게 느ᄌᆞᆨᄒᆞ야 제 노ᄑᆞᆫ ᄆᆞᅀᆞᄆᆞᆯ 머리 여희오.《1463 법화 5:211ㄴ》, 곧 그 어버의 거긔도 ᄒᆞ마 느미며 내라 ᄒᆞᄂᆞᆫ ᄆᆞᅀᆞᆷ미 이셔 구펴 느ᄌᆞᆨ호려 ᄒᆞ디 아니ᄒᆞ야.《1518 번소 6:3ㄱ》, 지샹이 ᄃᆞ외야ᄂᆞᆫ 텬핫 어딘 사ᄅᆞᆷ의게 능히 느ᄌᆞᆨ디 아니ᄒᆞᄂᆞ니라.《1518 번소 6:4ㄱ》.

9 ᄆᆡ양: 매양. 매 때마다.

소언 橫횡渠거[짜 일홈이라] 張댱 先션生ᄉᆡᆼ[일홈은 載ᄌᆡ오 ᄌᆞᄂᆞᆫ 子ᄌᆞ厚후ᅵ니 宋송 적 대현이라]이 ᄀᆞᄅᆞ샤ᄃᆡ 져믄 아ᄒᆡᄅᆞᆯ ᄀᆞᄅᆞ치되 몬져 모ᄅᆞᆷ이 안졍ᄒᆞ고 샹심ᄒᆞ며 공슌ᄒᆞ고 조심케 홀 디니 이제 셰샹애 혹문을 강논티 아니ᄒᆞ야 ᄉᆞ나ᄒᆡ며 간나ᄒᆡ 아힌 제븓터 곧 교만ᄒᆞ며 게을어 ᄒᆡ야ᄇᆞ려 ᄌᆞ람애 니르러 더욱 흉악고 강퍅ᄒᆞᄂᆞ니 오직 일즉 子ᄌᆞ弟뎨의 일을 ᄒᆞ디 아니홈을 위ᄒᆞᆫ 디라 곧 그 어버의게 임읫 놈이며 내라 홈이 이셔 즐겨 굴복ᄒᆞ야 ᄂᆞ초디 아니ᄒᆞ야 病병 ᄲᅮᆯ휘 샹해 이셔 또 인ᄂᆞᆫ 바ᄅᆞᆯ 조차 기러 죽음애 니르러도 오직 녜 ᄀᆞᆮᄂᆞ니라 현대역 橫渠[땅 이름이라.] 장 선생[이름은 載요, 자는 子厚니, 宋 때 大賢이라.]이 말씀하시되, "작은 아이를 가르치되 먼저 모름지기 안정하고 상심하며 恭順하고 조심하게 할 것이니, 이제 세상에 학문을 강론하지 아니하여, 사나이며 여자 아이의 때부터 곧 교만하며 게을러 헐어버려, 자람에 이르러 더욱 흉악하고 강퍅하니, 오직 일찍 자제의 일을 하지 아니함을 위한 것이라[아니하였기 때문이다]. 곧 그 어버이에게 이미 남이며 나라 함이 있어, 즐겨 굴복하여 낮추지 아니하여, 병 뿌리가 늘 있어 또 있는 바를 좇아 자라, 죽음에 이르러도 오직 옛적 같으니라.

1 공슌ᄒᆞ고: 공순(恭順)하고. 공손하며 온순하고.

2 위ᄒᆞᆫ 디라: 위한 것이라. 위한지라. '위ᄒᆞ(어간)+ㄴ(관형사형 어미)+ᄃᆞ(의존명사)+이(서술격 조사 '이다'의 어간)+라(종결어미)'이다. 의존명사 'ᄃᆞ'는 '것'의 뜻을 가진 것인데, 주격은 '디', 목적격은 'ᄃᆞᆯ', 서술격은 '디라'로 실현된다. 본 예는 서술격으로 'ᄃᆞ+ㅣ라'의 형태이다. 이런 형태소 구성을 그대로 고려하면, '디라'는 '-ㄴ 것이라'로 풀이할 수 있다. 그러나 'ㄴ+ᄃᆞ+이+라'는 '-ㄴ디라'의 형태로, 하나의 종결어미로 재구조화한 것으로 볼 수도 있다. 이때에는 해라할 자리에 쓰여 '-ㄴ지라'로 풀이할 수도 있다. 性이 니러 相이 ᄃᆞ외욘 디라 境과 智왜 번득ᄒᆞ며 相이 性의 노교ᄆᆞᆯ 得ᄒᆞᆫ 디라(性起爲相 境智歷然 相得性融 身心廓爾).《원각 서:38》, 薰修ᄒᆞ여 나톤 디라(所言神通變化 依悟而修 漸熏所現 非謂悟時卽發現也).《목우 10》

3 ᄂᆞ초디: 낮추지. 'ᄂᆞ초(어간)+디(보조적 연결어미)'이다. 'ᄂᆞ초다'는 '아래에서 위까지의 높이를 기준이 되는 대상이나 보통 정도에 미치지 못하는 상태가 되게 하다.'를 뜻한다. 현대국어 '낮추다'의 옛말인 'ᄂᆞ초다'는 15세기 문헌에서부터 나타난다. 'ᄂᆞ초-'는 '낮다'의 의미인 'ᄂᆞᆽ-'과 접사 '-호-'가 결합한 파생어로서 'ᄂᆞᆽ-'의 종성 'ㅈ'과 접사 '-호-'의 초성 'ㅎ'이 축약되어 'ᄂᆞ초다'로 표기된 것이다. 17세기 이후 'ᄂᆞ초다'의 제1음절 종성에 'ㅅ'이 삽입된 'ᄂᆞᆺ초다'가 나타나는데, 이때의 'ㅅ'은 'ᄂᆞᆽ다'의 종성 'ㅈ'을 표기한 것으로 볼 수 있다. 15세기부터 종성에 'ㄱ, ㄴ, ㄷ, ㄹ, ㅁ, ㅂ, ㅅ, ㅇ'의 여덟 자음만을 쓸 수 있다는 팔종성법이 있었기 때문이다. 18세기에 제1음절의 'ㆍ'가 'ㅏ'로 변화하는 경향에 따라 'ᄂᆞᆺ초다'의 'ᄂᆞᆺ'이 '낫'으로 변화하고, 제2음절 모음 'ㅗ'가 'ㅜ'로 변화하여 19세기에는 '낫추

다'로 나타난다. 20세기 이후 원래의 형태를 밝혀 적는 표기 원칙에 따라 '낮추다'로 나타나서 현재에 이르렀다. ᄂᆞ초다(15세기~19세기)〉ᄂᆞᆽ초다(17세기~19세기)〉낫추다(19세기)〉낮추다(20세기~현재). 교죵ᄒᆞ고 能히 ᄂᆞ초며 ᄂᆞ초고 애ᄃᆞ디 아니ᄒᆞ며.《1587 소언 4:48ㄴ》, 머리롤 ᄂᆞᆽ초고 눈이 브으면 비경이 패홈이라.《17세기 마경 상:36ㄴ》

【集說】吳氏曰橫渠는地名이니在鳳翔郿縣하니라先生은名이載요字가子厚라安은謂安靜이요詳은謂詳審이요恭은謂恭莊이요敬은謂敬畏니此四者는敎童幼之所當先也라驕惰者는矜傲怠慢之謂요凶狠者는暴惡麤戾之謂라親은謂父母也라物我는猶言彼此也라病根은卽驕惰也라

오 씨가 말하였다. "橫渠는 지명이니, 봉상(鳳翔)의 미현(郿縣)에 있다. 선생은 이름이 載요, 자가 子厚이다. 安은 편안하고 고요함을 이름이요, 詳은 자세히 살핌을 이름이요, 恭은 공손하고 씩씩함을 이름이요, 敬은 공경하고 두려워함을 이름이니, 이 네 가지는 어린이를 가르침에 마땅히 먼저 해야 할 바다. 교만하고 게으르다는 것은 자랑하고 오만하며 태만함을 이르고, 凶恨이라는 것은 포악하고 거칠어 어그러짐을 이른다. 親은 부모를 이른다. 物我는 저것과 이것[제 각각]이라고 말함과 같다. 病根은 곧 교만하고 게으름이다."

漢字 翔(날개 상), 郿(고을이름 미), 矜(자랑할 긍, 불쌍히 여길 긍), 傲(오만할 오), 麤(거칠 추), 戾(어그러질 려)

爲子弟則不能安灑掃應對ᄒᆞ고接朋友則不能下朋友ᄒᆞ고有官長則不能下官長ᄒᆞ고爲宰相則不能下天下之賢이니라

● 자제가 되어서는 능히 물 뿌리고 쓸며 응하고 대함을 편안히 하지 못하고, 붕우를 접해서는 능히 붕우에게 낮추지 못하고, 官長[상급관원]이 있으면

능히 관장에게 낮추지 못하며, 재상이 되어서는 능히 천하의 어진 이에게 낮추지 못한다.

번소 子ᄌᆞ弟뎨 도외여셔 灑쇄掃소應응對ᄃᆡ를 편안히 너기디 아니ᄒᆞ고 버들 ᄃᆡ졉호ᄃᆡ 버듸게 능히 ᄂᆞ죽디 아니ᄒᆞ고 웃 관원니 잇거든 능히 웃 관원의게 ᄂᆞ죽디 아니ᄒᆞ고 ᄌᆡ샹이 ᄃᆞ외야ᄂᆞᆫ 텬핫 어딘 사ᄅᆞᆷ의게 능히 ᄂᆞ죽디 아니ᄒᆞᄂᆞ니라

현대역 자제 되어서 쇄소응대(灑掃應對)를 편안히 여기지 아니하고, 벗을 대접하되 벗에게 능히 나직하지 아니하고, 위 관원이 있거든 능히 위 관원에게 나직하지 아니하고, 재상이 되어는 천하의 어진 사람에게 능히 나직하지 아니하느니라.

1 쇄소응ᄃᆡ: 쇄소응대(灑掃應對). 물을 뿌려 비로 쓸고 응하고 대답함.

2 아니ᄒᆞᄂᆞ니라: 아니하느니라. '아니ᄒᆞ(어간)+ᄂᆞ(현재 시제 선어말어미)+니라(평서형 종결어미)'이다. '-ᄂᆞ니라'는 동사, 형용사 어간 뒤에 붙어, '-느니라'를 뜻하는 어미이다. 眷屬ᄋᆞᆫ 가시며 子息이며 죵이며 집앉 사ᄅᆞᄆᆞᆯ 다 眷屬이라 ᄒᆞᄂᆞ니라.《석상 6:5》, 댱가들며 셔방마조ᄆᆞᆯ 다 婚姻ᄒᆞ다 ᄒᆞᄂᆞ니라.《석상 6:16》

3 ᄃᆞ외야ᄂᆞᆫ: 되어는. 'ᄃᆞ외(어간)+야(연결어미)+ᄂᆞᆫ(보조사)'이다. '-야ᄂᆞᆫ'은 'ᄒᆞ다'의 어간이나 끝음절의 모음이 'ㅣ'인 어간 뒤에 붙어, '-어는'을 뜻하는 어미이다. 내 져믄 ᄢᅴ브터 길어 사ᄅᆞᆷ ᄃᆞ외야 王ᄋᆡ ᄉᆞ랑ᄒᆞ샤미 ᄃᆞ외야ᄂᆞᆫ 도ᄅᆞᅘᅧ 나ᄅᆞᆯ ᄇᆞ리ᄂᆞ다 ᄒᆞ고.《석상 11:30》. 현대국어 '되다'의 옛말인 'ᄃᆞᄫᆡ다'는 15세기 문헌에서부터 나타난다. 15세기 중엽 이후 'ㅸ'이 반모음 w로 변화하여 'ᄫᅬ'가 '외'로 변한 'ᄃᆞ외다'가 나타났다. 또한 15세기에는 'ᄃᆞ외다'에서 제1음절 모음 'ㆍ'가 제2음절의 원순모음 'ㅗ'의 영향으로 'ㅗ'로 바뀐 '도외다' 형태가 등장하였다. 16세기에는 '도외다'의 제1음절과 제2음절이 축약된 '되다' 형태가 등장하여 현재에 이르렀다. ᄃᆞᄫᆡ다(15세기)〉ᄃᆞ외다(15세기~17세기)〉도외다(15세기~17세기)〉되다(16세기~현재). 이형태: ᄃᆞᄫᆡ다, ᄃᆞ외다, 도외다, 되다. 臣下ㅣ 말 아니 드러 正統애 有心ᄒᆞᆯᄊᆡ 山ᄋᆡ 草木이 軍馬ㅣ ᄃᆞᄫᆡ니이다.《1447 용가 98》, ㅇᄅᆞᆯ 입시울쏘리 아래 니ᅀᅥ 쓰면 입시울 가ᄇᆡ야ᄫᆞᆫ 소리 ᄃᆞ외ᄂᆞ니라.《1446

훈언 12ㄱ》, 우리 어ᅀᅵ 아ᄃᆞ리 외ᄅᆸ고 입게 ᄃᆞ외야 人生 즐거ᄫᅳᆫ ᄠᅳ디 업고 주구믈 기드리ᄂᆞ니.《1447 석상 6:5ㄱ》, 오히려 눉믈옷 ᄀᆞᄅᆞ미 ᄃᆞ외여 하ᄂᆞᆯ홀 디나 ᄯᅩ 東ᄋᆞ로 흘러 가놋다 《1481 두시-초 8:30ㄱ》, ᄯᅩ 勝福ᄋᆞᆯ 어드릴ᄊᆡ 暫持 功德이 도외니 《1463 법화 6:3ㄱ》, 孝誠이 지극더니 어미 나히 닐흔아홉인 제 病이 되야 氣絶ᄒᆞ거늘.《1514 속삼 효:12ㄱ》

소언 子ᄌᆞ弟뎨 되야ᄂᆞᆫ 能능히 灑새掃소應응對ᄃᆡ를 편안히 너기디 몯ᄒᆞ고 번을 ᄃᆡ졉홈애ᄂᆞᆫ 能능히 번의게 ᄂᆞ리디 몯ᄒᆞ고 웃관원이 이심애ᄂᆞᆫ 能능히 웃관원의게 ᄂᆞ리디 몯ᄒᆞ고 宰지相샹이 되야ᄂᆞᆫ 能능히 天텬下하의 어딘 사ᄅᆞᆷ의게 ᄂᆞ리디 몯ᄒᆞᄂᆞ니라

현대역 자제 되어서는 능히 쇄소응대(灑掃應對)를 편안히 여기지 못하고, 벗을 대접함에는 능히 벗에게 내리지 못하고, 위 관원이 있음에는 능히 위 관원에게 내리지 못하고, 재상이 되어서는 능히 천하의 어진 사람에게 내리지 못한다.

ᄂᆞ리디: 내리지. 'ᄂᆞ리(어간)+디(보조적 연결어미)'이다. 'ᄂᆞ리다'는 15세기 문헌에서부터 나타난다. 18세기에 어두 음절의 'ㆍ'가 'ㅏ'로 변하는 'ㆍ'의 제2차 소실이 일어나 'ᄂᆞ리다>나리다'로 변화하였다. 근대국어 후기에 이중모음 'ㅐ[aj]'가 [ɛ]로 단모음화한 후, 뒤 음절의 모음 ㅣ의 영향으로 앞 음절의 모음 'ㅏ'가 전설모음 'ㅐ[ɛ]'로 변화하는 'ㅣ' 모음역행동화가 일어났는데, '나리다'도 이러한 변화를 겪어 19세기에는 현대국어와 같은 '내리다' 형태가 등장하게 되었다. 다만 문헌상으로는 '내리다' 대신 'ᄂᆡ리다'의 예가 나타나는데, 이 시기의 'ㆎ'는 'ㅐ'와 발음이 동일하였다. ᄂᆞ리다(15세기~19세기)>나리다(18세기)>ᄂᆡ리다(19세기)/내리다(20세기~현재). 金棺이 漸漸 오샤 七寶床애 ᄂᆞ리시니라.《1447 석상 23:26ㄱ》, 만이레 소음시기 모긔 ᄂᆞ리디 아니ᄒᆞ야 오라 여위오 곤븨ᄒᆞ야 병이 도욀가 십브거든.《1518 번소 7:18ㄴ》

【增註】安은謂安意爲之요下는謂屈己下之라此는言病根이隨所居而長也라

安은 뜻을 편안히 하여 그것을 함을 이르고, 下는 몸을 굽혀 낮춤을 이른다. 이는 병의 뿌리가 거하는 바에 따라 자람을 말한 것이다.

甚則至於徇松閏反私意ᄒᆞ야義理都喪也ᄒᆞᄂᆞ니只爲病根이不去ᄒᆞ야隨所居所接而長이니라

●심하면 사사로운 뜻을 따라 의리를 모두 잃음에 이르니, (이는) 다만 병의 뿌리가 제거되지 아니하여 거하는 바와 접하는 바에 따라 자라났기 때문이다."

漢字 徇(따를 순, 경영할 순, 두루 숨, 돌 순), 都(모두 도, 도읍 도, 모을 도), 喪(잃을 상)

번소 심히 ᄃᆞ외면 아름뎌 ᄠᅳ들 조차 ᄒᆞ야 어딘 이리 다 업게 ᄃᆞ외ᄂᆞ니 오직 그 병 불휘 업디 아니ᄒᆞ야 간 ᄃᆡ며 다ᄃᆞ룬 ᄃᆡ마다 기러 갈ᄊᆡ니라

현대역 심히 되면 사사로이 뜻을 좇아 하여 어진 일이 다 없게 되니, 오직 그 병의 뿌리가 없지 아니하여, 간 데며 다다른 데마다 자라 가기 때문이니라."

갈ᄊᆡ니라: 가기 때문이니라. '가(어간)+ㄹᄊᆡ(연결어미)+니라(평서형 종결어미)'이다. '-ㄹᄊᆡ니라'는 동사, 형용사 어간 뒤에 붙어, '-기 때문이니라'를 뜻하는 어미이다. 圓覺이 ᄒᆞᆫ 法이로ᄃᆡ 萬行ᄋᆞᆯ 펴 求ᄒᆞ샤ᄆᆞᆫ 엇뎨오 衆生ᄋᆡ 根器 다ᄅᆞᆯᄊᆡ니라(圓覺一法也 張萬行而求之者何 衆生之根器異也).《원각 서:12》, 一切 衆生이 다ᄉᆞᆺ 가지 性이 ᄀᆞ잘ᄊᆡ 모로매 三乘이 이셔ᅀᅡ 機ᄅᆞᆯ 니피샤미 비르서 足ᄒᆞᆯᄊᆡ니라(一切衆生 具五種性 須有三乘 被機方足).《원각 상 1-1:38~39》

소언 甚심ᄒᆞ면 ᄉᆞᄉᆞᆺ ᄠᅳᆮ을 조차 올ᄒᆞᆫ 도리 다 업슴애 니ᄅᆞᄂᆞ니 오직 病병 ᄲᅮᆯ휘 업디 아니ᄒᆞ야 인ᄂᆞᆫ 배며 다ᄃᆞᆫᄂᆞᆫ 바ᄅᆞᆯ 조차 길믈 위홈이니라

현대역 심하면 私事의 뜻을 좇아 옳은 도리를 다 없음에 이르니, 오직 병 뿌리가 없지 아니하여, 있는 바며 다다르는 바를 좇아 자람을 위함이니라."

1 ᄉᆞᄉᆞᆺ: 사사(私事)의. 'ᄉᆞᄉᆞ(명사)+ㅅ(관형격 조사)'이다. 'ᄉᆞᄉᆞ'는 '사사로운 일'을

뜻한다. 구의는 인신을 밋고 ᄉᆞᄉᆞ는 언약을 미듬 써시니(官憑印信 私憑要約.).《노언 하:17》.

2 다ᄃᆞᄅᆞᆫ: 다다르는. '다ᄃᆞᆮ(어간)+ᄂᆞ(현재 시제 선어말어미)+ㄴ(관형사형 어미)'이다. '다ᄃᆞᆮ다'는 15세기 문헌에서부터 확인된다. '다ᄃᆞᆮ다'는 자음으로 시작하는 어미와 결합할 때 '다ᄃᆞᆮ-'으로, 모음으로 시작하는 어미와 결합할 때에는 '다ᄃᆞᆯ-'로 나타나던 ㄷ불규칙용언이다. 16세기 후반에 제2음절 이하의 'ㆍ'가 다른 모음으로 변화하는 경향에 따라 19세기에는 '다닷다'로 나타난다. '다닷다'는 근대국어 시기에 종성 'ㄷ'을 'ㅅ'으로 표기하던 경향에 따라 나타난 '다ᄃᆞᆺ다'에서 변화한 것이다. 20세기 이후 모음으로 시작하는 어미와 결합할 때 나타나는 형태로 고정됨에 따라 '다다르다'로 나타나서 현재에 이르렀다. 16세기의 'ᄃᆞᄃᆞᆯ-'은 '다ᄃᆞᆮ-'의 제1음절 모음 'ㅏ'가 'ㆍ'로 나타난 것이며, '다ᄃᆞᆮ다'는 '다ᄃᆞᆮ다'의 제2음절 모음 'ㆍ'가 'ㅡ'로 변화한 것이다. 17세기의 '다ᄃᆞᆺ다'는 근대국어 시기에 종성 'ㄷ'을 'ㅅ'으로 표기하던 경향에 따라 나타난 것이다. 다ᄃᆞᆮ다(15세기~18세기)〉다닷다(19세기)〉다다르다(20세기~현재). 太子ㅣ 出家ᄒᆞ싫 時節이 다ᄃᆞᆮ고.《1447 석상 3:24ㄴ-25ㄱ》, 蔡暗ᄃᆞᆯ히 天竺國 이웃나라 月支國에 다ᄃᆞ라.《1459 월석 2:66ㄱ》, 나죄 다ᄃᆞᆮ거든 스승님 앏픠셔 사ᄉᆞᆯ ᄈᆡ혀 글 외오기 ᄒᆞ야.《1510년대 번노 상:3ㄴ》, 잠깐 더워ᄒᆞ며 ᄉᆞ이 업슨 디오기 아ᄆᆞ듸도 ᄃᆞᄃᆞᄅᆞᆫ ᄃᆡ 업서.《16세기 장수 10ㄱ》

【集解】徇은以身從物之謂라

徇은 몸으로써 물건[욕심]을 따름을 이른다.

【集說】葉氏曰後世에小學旣廢하고父母愛踰於禮하여恣之驕惰而莫爲禁止하니病根旣立에隨寓隨長하여卒至盡失其良心하니蓋有自來라學者所當察其病源하여力加克治하면則舊習日消하고而道心日長矣리라

섭 씨(葉氏)가 말하였다. "후세에 소학이 이미 폐지되고, 부모는 사랑이 예를 넘어, 방자하게도 교만하고 게으르되 금지하지 않으니, 병의 뿌리가

이미 섬에, 붙음에 따르고 자람에 따라서 마침내 그 양심을 다 잃음에 이르니, 대개 붙어서 옴이 있다. 배우는 자는 마땅히 그 병의 근원을 살펴, 힘을 다하고 이겨 다스릴 바이면, 곧 구습이 날로 사라지고 道心이 날로 자랄 것이다."

漢字 踰(넘을 유), 恣(방자할 자, 방종할 자), 寓(붙을 우, 부쳐 살 우, 부칠 우), 消(사라질 소)

【二章】

○楊文公家訓에曰童穉之學은不止記誦이라養其良知良能이니當以先入之言으로爲主ㅣ니라 《楊文公家訓》

●《양문공가훈》에 말하였다. "어린이의 배움은 기록하고 외움에 그칠 것이 아니라, 그 良知와 良能을 기를 것이니, 마땅히 먼저 들어가는 말[格言과 至論]로써 주장을 삼아야 한다.

漢字 穉(어릴 치, 어린 벼 치), 良(본래 량)

1 양지(良知): 본연의 앎. 타고난 지능.
2 양능(良能): 본연의 능함. 타고난 재능.

양문공(楊文公, 974년~1020년): 북송(北宋)의 관리이자 문학가로, 서곤체(西昆體) 시가의 주요 작가이다. 건주(建州) 포성(浦城) 사람으로, 이름은 양억(楊億)이고, 자는 대년(大年)이다. 순화(淳化) 3년(992년)에 진사(進士)가 되어, 벼슬은 저작좌랑(著作佐郎), 지제고(知制誥), 호부시랑(戶部郎中), 한림학사(翰林學士) 겸 사관수찬(史館修撰), 공부시랑(工部侍郎)을 역임했다. 사후에 시호는 문(文)이고, 당시 사람들은 양문공(楊文公)으로 일컬었다. 일찍이 《태종실록(太宗實錄)》의 편수에 참여했고 왕흠약(王欽若)과 더불어 《책부원귀(冊府元龜)》의 편찬을 주도했다. 저서로 《무이신집(武夷新集)》·《포성유서(浦城遺書)》·《양문공담원(楊文公談苑)》 등이 있다(중국역대인명사전).

번소 楊양文문公공의 집사ᄅᆞᆷ ᄀᆞᄅᆞ치ᄂᆞᆫ 글월에 ᄀᆞ로ᄃᆡ 져믄 아ᄒᆡ ᄇᆡ호ᄆᆞᆫ ᄆᆞᅀᆞᆷ애 다마 두며 외올 ᄯᆞᄅᆞ미 아니라 ᄌᆞ연이 알며 ᄌᆞ연이 잘 ᄒᆞ는 이ᄅᆞᆯ 길워 모로매 몬져 든 어딘 말로 읏드미 되에 ᄒᆞᆯ 디니라

현대역 楊文公이 집사람 가르치는 글월에 가로되, "젊은 아이 배움은 마음에 담아 두며 욀 따름이 아니라, 자연히 알며 자연히 잘 하는 일을 기르게 하여, 모름지기 먼저 든 어진 말로 으뜸이 되게 할 것이니라.

1 길워: 길러. '길우(어간)+어(연결어미)'이다. '길우다'는 '기르다'의 옛말이다. 種種앳 모ᄃᆞᆫ 罪業을 길워 샹녜 有益디 아니ᄒᆞᆫ 이ᄅᆞᆯ ᄒᆞ고.《석상 9:17》, 類ᄅᆞᆯ 觸ᄒᆞ야 길우며 機ᄅᆞᆯ 조차 應ᄒᆞ야 利行이 다ᄋᆞᆷ 업슬ᄊᆡ라(觸類而長 隨機而應 利行無盡).《능엄 8:30》

2 든: 든. '들(어간)+ㄴ(관형사형 어미)'이다. '들다'는 '밖에서 속이나 안으로 향해 가거나 오거나 하다.'를 뜻한다. 현대국어 '들다'는 15세기 문헌에서부터 나타나 현재까지 이어진다. '들다'는 치조음 'ㄴ'이나 'ㄷ'으로 시작하는 어미와 결합할 때 '드-'로 나타나며, 그 외의 어미와 결합할 때는 '들-'로 나타난다. 18세기부터 'ㄴ'과 'ㄷ'으로 시작하는 어미 외에도 선어말어미 '-시-'와 결합할 때[이때도 치조음 'ㅅ' 앞임.]에도 '드-'로 나타나게 되어 현재까지 이어진다. 들다(15세기~현재). 여슷 하ᄂᆞ래 그ᄃᆡ 가 들 찌비 불써 이도다 ᄒᆞ고.《1447 석상 6:35ㄴ》, 그ᄢᅴ 善友太子ㅣ 즉재 慈心三昧예 드니.《1459 월석 22:42ㄴ》

3 ᄒᆞᆯ 디니라: 할 것이니라. 할지니라. 'ᄒᆞ(어간)+오(대상 표시법 선어말어미)+ㄹ(관형사형 어미)+ᄃᆞ(의존명사)+이(서술격조사 '이다'의 어간)+니라(평서형 종결어미)'이다. 의존명사를 꾸며주는 관형사형에 들어있는 선어말어미 '-오$_2$-'도 대상 표시법 선어말어미에 해당한다. 이런 형태소 구성을 고려하면, 'ᄒᆞᆯ 디니라'처럼 띄어 쓰며, '-ㄹ 것이니라'로 풀이할 수 있다. 이때 의무와 당연의 의미가 포함되어 있으며, 장엄한 어감을 띤다. 그러나 'ㄹ+ᄃᆞ+이+니라'는 '-ㄹ디니라'의 형태로, 하나의 종결어미로 재구조화한 것으로 볼 수도 있다. 이때에는 해라할 자리에 쓰여, 'ᄒᆞᆯ디니라'처럼 붙여 쓰며 '-ㄹ지니라'로 풀이할 수도 있다. 알 리ᄂᆞᆫ 仔細히 ᄒᆞ야 ᄀᆞ초 버류믈 疑心 마롤 디니라(達者審之 勿嫌具列).《원각 상2-1:32》, 願ᄒᆞᆫᄃᆞᆫ 모ᄃᆞᆫ 道 닷ᄀᆞᆯ 사ᄅᆞ미 모ᄃᆡ 밧기 求티 마롤 디니라(願諸修道之人 切莫外求).《목우 3》

소언 楊양文문公공[일홈은 億억이니 宋송 적 사ᄅᆞᆷ이라]의 家가訓훈[집사ᄅᆞᆷ ᄀᆞᄅᆞ친 글월이라]에 ᄀᆞ로ᄃᆡ 아ᄒᆡ ᄇᆡ홈은 긔디ᄒᆞ며 외올만ᄒᆞᆯ 줄이 아니라 ᄌᆞ연히 알며 ᄌᆞ연히 能능히 ᄒᆞᄂᆞᆫ 거ᄉᆞᆯ 칠 디니 맛당히 몬져 든 말로ᄡᅥ 읏듬을 삼을 디니라

현대역 楊文公[이름은 億이니, 宋 때 사람이라.]의 가훈[집사람 가르친 글월이라.]에 가로되, "아이 배움은 기록하며 외울만할 줄이 아니라, 자연히 알며 자연히 능히 하는 것을 기를 것이니, 마땅히 먼저 든 말로써 으뜸을 삼을 것이니라.

【集說】**吳氏曰文公**의**名**은**億**이요**字**는**大年**이니**浦城人**이라**良知者**는**本然之知**요**良能者**는**本然之能**이니**愛親敬長**이**是也**라**程子曰人之幼也**에**知思未有所主**하니**則當以格言至論**으로**日陳於前**하여**使盈耳充腹**하여**久自安習**하여**若固有之者**면**後雖有讒說搖惑**이나**不能入也**니라

오 씨가 말하였다. "文公의 이름은 億이요, 자는 大年이니, 浦城 사람이다. 良知라는 것은 본연의 앎이요, 良能이라는 것은 본연의 능함이니, 어버이를 사랑하고 어른을 공경함이 이것이다." 정자가 말하였다. "사람이 어렸을 때에는 지식과 생각이 주장하는 바가 있지 않으니, 곧 마땅히 바른 말과 지극한 의론으로써 날마다 앞에[먼저] 베풀어, 하여금 귀를 가득히 하고 배를 채워서, 오래도록 스스로 편히 익혀서, 본디 둔 듯하면[고유한 것처럼 되면], 후에 비록 참소하는 말과 흔들고 미혹함이 있더라도, 능히 들어갈 수 없다."

漢字 **浦**(물가 포, 개 포), **格**(바를 격), **讒**(참소할 참), **搖**(흔들 요), **惑**(미혹할 혹)

若固有之: 《맹자》〈진심하(盡心下)〉 제6장에 나오는 말이다. "孟子曰 舜之飯糗茹草也 若將終身焉 及其爲天子也 被袗衣鼓琴 二女果 若固有之(맹자 가로되,

'순이 마른 밥을 먹고 나물을 먹음에, 장차 몸을 마칠 듯하더니, 그 천자가 됨에 미치어. 그림옷[채색옷]을 입고 거문고를 타고 두 딸이 모심을 본디 둔 듯하였다.')"

日記故事ᄒᆞ야不拘今古호ᄃᆡ必先以孝弟忠信禮義廉恥等事ㅣ니如黃香의扇枕과陸績의懷橘와叔敖의陰德과子路의負米之類를只如俗說이면便曉此道理니久久成熟ᄒᆞ면德性이若自然矣리라

● 날마다 옛 일을 기록하게 하여, 지금과 옛날 것에 거리끼지[구애받지] 않되, 반드시 효제·충신·예의·염치 등의 일로써 먼저 하게 해야 하니, 黃香의 선침(扇枕)과 陸績의 회귤(懷橘)과 叔敖의 남모르는 덕과 子路의 쌀 져 옴 같은 따위를 다만 속세의 말과 같이 하면, 곧 이 도리를 깨우칠 것이니, 오래오래 하여 성숙해지면, 덕성이 자연스러운 듯할 것이다."

漢字 拘(거리낄 구, 잡을 구), 廉(청렴할 렴), 恥(부끄러울 치), 扇(부채 선, 문짝 선), 枕(베개 침), 橘(귤 귤), 負(질 부), 便(곧 변), 曉(깨달을 효, 새벽 효, 밝을 효)

1 황향(黃香, 생몰 연대 미상): 후한(後漢) 강하(江夏) 안륙(安陸) 사람이다. 자는 문강(文强)이다. 지극히 효성스러웠고, 경전에 해박했으며, 문장에도 능해 '천하무쌍 강하황동(天下無雙 江夏黃童)'이란 말을 들었다. 처음에 낭중(郎中)에 올랐다. 화제(和帝, 후한 제4대 황제, 재위 88년~106년) 때 상서령(尙書令)이 되어 추기(樞機)를 관장하는 등 총애를 받았다. 위군태수(魏郡太守)로 옮겼는데, 고을이 수재를 당하자 녹봉과 포상으로 받은 물품을 내어 이재민들을 구제했다. 나중에 일에 연루되어 면직되었다. 9살 때 어머니를 여의고 아버지를 섬기는 자세가 지극히 효성스러워 여름에는 베갯머리에서 부채질을 하고 겨울에는 몸으로써 이불을 따뜻하게 했다고 한다. 이 고사가 '황향선침(黃香扇枕)'이다(중국역대인명사전).

2 육적(陸績, 188년~219년): 삼국시대 오(吳)나라 오군(吳郡) 오현(吳縣) 사람으로, 자는 공기(公紀)다. 어려서부터 이름이 났다. 박학다식했고, 성력산수(星曆算數) 등 정통하지 않은 분야가 없었다. 손권(孫權)이 강동(江東)을 장악했을 때

불려 주조연(奏曹掾)이 되었다. 직언(直言)을 잘 했다. 외직으로 나가 울림태수(鬱林太守)가 되고, 편장군(偏將軍)에 올랐다. 군진(軍陣)에 있으면서도 저작을 게을리 하지 않았다. 6살 때 구강(九江)에서 원술(袁術)을 만났는데, 그때 먹으라고 준 귤 세 개를 안 먹고 품에 간직했다가 물러나려고 인사할 때 떨어뜨렸다. 원술이 "육랑은 왜 그것을 먹지 않고 가지고 있었느냐?"고 물었더니 "돌아가 어머님께 드리려 했습니다." 하여 지극한 효심(孝心)을 칭찬받았다. 정사《삼국지》에는 '육적회귤(陸績懷橘)'로 나온다. 저서에《혼천도(渾天圖)》·《주역주(周易注)》·《태현경주(太玄經注)》 등이 있다. 24효(孝)의 한 사람으로 꼽힌다(중국역대인명사전).

3 원술(袁術, 155년~199년): 후한(後漢) 말기 여남(汝南) 여양(汝陽) 사람으로, 자는 공로(公路)고, 원봉(袁逢)의 적자(嫡子)이다. 얼자(孼子) 형 원소(袁紹)와 더불어 당대의 명문거족이었다. 젊어서부터 의협으로 이름이 났었다. 효렴[孝廉, 漢武帝가 제정한 鄕擧里選 과목 중 하나로, 부모에게 효도하는 몸가짐과 청렴한 자세를 말함]으로 천거되어 낭중(郎中)으로 벼슬길에 올랐다. 관위가 올라 하남윤(河南尹)으로 옮겼고, 호분중랑장(虎賁中郎將)을 지냈다. 동탁(董卓)이 집권하여 황제 폐립 계획을 세우고 가담시키려 하자 후환이 두려워 남양(南陽)으로 달아나 장사태수(長沙太守) 손견(孫堅)의 도움을 받아 그곳에 정착했다. 나중에 동탁을 격파하여 명성을 떨쳤다. 이런 와중에 패하여 양주(揚州)로 근거지를 옮기고, 헌제(獻帝) 건안(建安) 2년(197년) 구강(九江)에서 제위에 올라 국호를 중(仲)이라 했다. 그러나 2년도 채 못 되어 음탕하고 낭비가 심해졌으며, 잉첩(媵妾)을 수백 명 두는 등 방탕하게 살다가 세력이 쇠진해지자 제위를 원소에게 돌려주고 원소의 아들 원담(袁譚)에게 의탁하려 했지만, 유비의 방해로 뜻을 이루지 못했다. 수춘(壽春)에서 죽었다(중국역대인명사전).

4 손숙오(孫叔敖, 기원전 630년경~기원전 593년경): 기사현(期思縣) 반향 출신이다. 성이 미(芈), 씨(氏)는 위(蔿)이며 이름은 오(敖), 자는 손숙(孫叔)이다. 춘추전국시대 사람들은 습관적으로 자(字) 뒤에 이름을 썼기 때문에 손숙오라고 일컬어진다. 위오(蔿敖), 위애작(蔿艾獵), 위요(蔿饒)라고도 불린다. 아버지는 초(楚)나라 귀족 위고(蔿賈)인데 모함을 받아 해를 당할 위기 상황에서 충신의 도움을 받아 지금의 허난성 화이빈현으로 피신했다. 그의 아들이었던 위오가 그 일을 계기로 이름을 손숙오로 바꾼 것이다. 뛰어난 학식과 인품을 지닌 손숙오는 가산을 털어 회하(淮河, 淮水) 지역의 치수사업을 벌였고 3년만에

중국 역사상 최초의 수리 사업으로 불리는 기사피(期思陂)라는 보를 축조했다. 회하의 물길을 트고 제방을 쌓아 농지에 물을 댄 이 사업은 주변 백성들에게 큰 이익을 가져다주었다. 그는 저수지 안풍당(安豊塘)을 축조하는 등 수리사업을 계속했는데 이때 만든 저수지와 댐은 아직도 그 역할을 하고 있다. 수리와 병법에 능했던 그는 이 일들로 인해 초(楚)나라 장왕(莊王)의 눈에 띄었고, 기원전 601년에 영윤(令尹, 재상)이 되어 장왕을 보좌했다. 백성들을 교화하고 형벌을 완화했으며 경제를 발전시키는 등 업적이 뛰어났다. 백성을 근본으로 삼아야 한다고 주장하여 전쟁을 멈추고 백성들이 생업에 종사하도록 정책을 추진했다. 초나라는 경제가 발전하고 문화가 융성하여 패권 국가가 되었고 중국의 남방 문화 형성에 공헌했다. 이로 인해 장왕은 춘추오패 가운데 한 사람이 될 수 있었다. 전하는 이야기에 따르면, 그가 아이였을 때 야산에서 머리가 두 개 달린 뱀을 만났다. 당시 그곳의 미신에 따르면 이런 뱀을 만난 사람은 반드시 죽는다고 했기에, 그는 다른 사람이 피해를 입을까 걱정되어 그 뱀을 죽여 버렸다고 한다. 이 일화는 손숙오의 용기와 남을 배려하는 마음을 보여준다고 평가받는다. 역사적으로 많은 사람들이 그를 언급했고 여러 책에 기록이 남아 있지만, 가장 권위 있는 것은 《사기》 〈순리열전(循吏列傳)〉의 첫 인물로 기록된 행적이다. 《사기》 〈골계열전〉에도 초나라의 악사 우맹(優孟)과의 일화와 우정이 기록되어 있다. 제갈량은 "옛날 손숙오는 마차를 3년이나 타면서도 마차를 끄는 말이 암컷인지 수컷인지 몰랐다. 참으로 훌륭하다 할 것이다."라고 그를 평가한 바 있다. 모택동은 공산당 정권을 수립한 후 회하 지역을 시찰하며 여러 차례 그를 거론하고 대단한 치수 전문가라고 칭송했다. 관련 유적으로는 후베이성 징저우(荊州)시 중산공원(中山公園)에 있는 무덤이 대표적이다. 묘비에 '초영윤손숙오지묘(楚令尹孫叔敖之墓)'라고 새겨져 있는데 청나라 건륭(乾隆) 20년인 1757년에 세워졌다(중국인물사전). 《사기》 〈순리열전〉의 내용을 옮긴다. 「손숙오(孫叔敖)는 초(楚)나라에서 은둔해 있던 처사(處士)였다. 당시 재상(宰相)이었던 우구(虞丘)가 초장왕(楚莊王)에게 그를 추천하고, 자신의 직무를 대신하게 했다. 손숙오는 석 달만에 초나라의 재상이 되었는데, 정교(政敎)를 베풀어 백성을 다스렸다. 관리와 백성 사이가 화목하고, 풍속은 매우 순박하며 좋았다. 그가 집정을 느슨하고 가혹하게 하지 않아도 금하는 것은 반드시 지켜졌고, 관리들은 사악하게 속이지 않았으며, 민간에는 도적떼가 발생하지 않았다. 가을과 겨울철에는 백성들에게 산의 벌목을 권장했고, 봄과 여름에는 불어난 강물을 이용해 벌목한 목재를 산 밖으로 운반하게 하였다. 백성들은 각기 편리한 생업의 길을 걷게 하면서 백성들은 모두 생활에 안락했다. 초나라 장왕은 기존의 화폐가 너무 가볍다고 여겨 작은 동전을 큰 동전으로 바꾸었다. 백성들이 사용하기 불편하여 모두 자신들의 생업에 사용하지 않았다. 시장을 관리하는 시령(市令)이 이 상황을 재상 손숙오에게 이렇게 보고했다. "시장이 혼란해져서 백성들이 어디에서 장사해야 할 바를 모르고, 시장질서가 안정되지 않습니다." 손숙오가 그에게 물었다. "이런 정황은 얼마나 되었는가?" 시령이 회답했다. "이미 석 달 정도가 되었습니다." 이에 손숙오가 말했다. "더 이상 말을 하지 말거라! 내가 곧바로 이를 원상으로 회복해 놓겠다." 그 후 5일이 지나 그는 조정에서 장왕에게 이렇게 아뢰었다. "전일에 화폐를 바꾸려고 했던 것은 너무 가벼웠기 때문입니다. 지금 시령이 와서 고하기를 '시장이 혼란해져서 백성들이 어디에서 장사해야 할 바를 모르고, 시장질서가 안정되지 않습니다.'고 합니다. 신은 청컨대, 즉시 원상으로 회복해 준다는 명령을 하달하여 주십시오." 장왕은 이를 허락하니, 명령이 하달된 지 사흘 만에 시장은 바로 원상회복되었다. 초나라의 민속에는 낮은 수레인 비거(庳車)를 좋아했다. 그러나 초나라 왕은 비거가 말에게 불편하다고 여겨 정령(政令)을 내려 낮은 수레를 높이도록 하려고 했다. 이에 재상 손숙오가 이렇게 말렸다. "정령이 자주 하달되면 백성들은 어느 것을 따라야 할 바를 모르게 되므로 좋지 않습니다. 만약에 왕께서 반드시 수레의 높이를 올리고 싶으시다면, 신은 청컨대, 마을 사람들로 하여금 문지방을 올리게 하십시오. 수레를 타는 사람의 신분은 모두 군자들입니다. 그들은 문지방을 지나면서 번거롭게 수레에서 내릴 수 없습니다. 그러면 자연스럽게 수레의 높이가 높아지게 됩니다." 왕은 손숙오의 청을 허락했다. 반년이 지나자 백성들은 모두 자신이 앉아서 타던 수레를 높이게 되었다. 이것은 바로 손숙오가 직접 가르치지 않아도 백성들이 자연스럽게 감화되어 따른 것이다. 가까운 데 있는 자들은 직접 보며 본받고, 멀리 사는 자들은 주변에 있는 것의 변화를 관망하며 모방하게 되는 것이다. 손숙오는 세 차례나 재상 직위에 올랐어도 스스로 기뻐하지 않았는데, 이는 자기 재능으로 얻은 것을 알기 때문이었다. 또한 세 차례 파면되어도 후회하지 않았는데, 이는 자기의 잘못이 아니었다는 것을 알기 때문이었다.」(《사기열전》 권 119, 〈순리열전〉 손숙오).

5 자로(子路, 기원전 543년~기원전 480년): 성은 중(仲)이고, 이름은 유(由)이며,

자(字)는 자로(子路) 또는 계로(季路)다. 지금의 산둥성[山東省] 쓰수이현[泗水縣]인 노국(魯國) 변읍(卞邑) 출신이다. 공자의 제자들 가운데 가장 뛰어난 10인을 뜻하는 '공문십철(孔門十哲)' 가운데 한 사람으로 꼽히며, '공문칠십이현(孔門七十二賢)' 가운데 한 사람으로 공자의 사당에 배향되어 있다. 자세한 내용은 〈계고(稽古) 제3〉 제40장을 참조하라.

번소 날마다 녯 이롤 긔디ᄒᆞ여 이제며 녜예 븓들이디 마라 모로매 효되며 공슌ᄒᆞ며 튱심ᄃᆞ외며 유신ᄒᆞ며 례되며 올ᄒᆞᆫ 이리며 청념ᄒᆞ며 붓그리ᄂᆞᆫ 일돌ᄒᆞᆯ 몬져 뻐 ᄒᆞᆯ 디니 黃황香향의 어버ᅀᅴ 벼개 부춤과 陸륙績젹의 橘귤 푸몸과 叔슉敖오의 그ᅀᅳ기 어딘 일 ᄒᆞ욤과 子ᄌᆞ路로의 ᄡᆞᆯ 지던 톄옛 일돌ᄒᆞᆯ 셰쇽애 샹녯 말ᄀᆞ티 ᄒᆞ면 곧 이 도리ᄅᆞᆯ 알리니 ᄀᆞ장 오라 이러 니그면 어딘 셩이 ᄌᆞ연ᄒᆞᆫ ᄃᆞᆺᄒᆞ리라

현대역 날마다 옛 일을 기억하여 이제며 옛적에 붙들리지 마라. 모름지기 효되며 공순하며 忠心되며 有信하며 예되며 옳은 일이며 청렴하며 부끄러워하는 일들을 먼저 써 할 것이니, 黃香이 어버이의 베개 부침과 陸績이 귤 품음과 叔敖가 그윽이 어진 일 함과 子路가 쌀 지던 部類의 일들을 세속에 常例의 말같이 하면, 곧 이 도리를 알리니, 가장 오래 이루어 익으면, 어진 성품이 자연한 듯하리라."

1 긔디ᄒᆞ여: 기억하여. '긔디ᄒᆞ(어간)+여(연결어미)'이다. '긔디ᄒᆞ다'는 '기억하다'이다. 녜며 이제 술로 敗亡ᄒᆞᆫ 사ᄅᆞᆷ을 歷歷히 혀여 다 긔디홀 거시니라(古今傾敗者歷歷皆可記).《번소 6:23》, 날로 녯일올 긔디ᄒᆞ야 이제며 녜예 걸엇기디 아니호ᄃᆡ(日記故事 不拘今古).《소언 5:4~5》

2 븓들이디: 붙들리지. '븓들(능동사 어간)+이(피동접사)+디(보조적 연결어미)'이다. 현대국어 '붙들다'의 옛말인 '븓들다'는 15세기 문헌에서부터 나타난다. '븓들다'는 동사 어간 '븥-'과 '들-'이 결합한 합성어이다. '븥-'이 '븓-'으로 표기된 것은 팔종성법에 따른 것이다. 근대국어 시기에 양순음 'ㅁ, ㅂ, ㅍ' 아래에서 모음 'ㅡ'가 'ㅜ'가 되는 원순모음화가 일어났는데 '븓들다'도 이러한 변화를 경험하여 18세기에는 '붇들다' 형태가 나타났다. 현대국어에서는 원형을 밝혀

적는 원칙에 따라 '붙들다'로 표기하게 되어 현재에 이르렀다. 한편 16세기~19세기 문헌에는 '븟들다', '붓들다'의 예가 보이는데, 이는 16세기 이후로 종성의 ㅅ이 ㄷ과 소리가 같아지면서 표기의 혼란이 일어났기 때문이다. 븥들다(15세기~17세기)〉붇들다(18세기~19세기)〉붙들다(20세기~현재). 이형태: 븓들다, 붇들다, 븟들다, 붓들다. 자내 妃子와 서르 븓드러 城 밧긔 거러나니.《1447 석상 24:51ㄴ》, 제 아비 눈을 못보거늘 나며 들며 제 미양 붓들며 음식을 반드시 친히 이밧더니.《1581 속삼-중 효:31a》

3 튱심ᄃᆞ외며: 충성스러운 마음이 되며. '튱심ᄃᆞ외(어간)+며(연결어미)'이다. 'ᄃᆞ외-'는 형용사 파생접사 '-ᄃᆞ외다'의 어간이다. 현대국어 '되다'의 옛말인 'ᄃᆞᄫᆡ다'는 15세기 문헌에서부터 나타난다. 15세기 중엽 이후 'ㅸ'이 반모음 w로 변화하여 'ᄫᆡ'가 '외'로 변한 'ᄃᆞ외다'가 나타났다. 또한 15세기에는 'ᄃᆞ외다'에서 제1음절 모음 'ㆍ'가 제2음절의 원순모음 'ㅗ'의 영향으로 'ㅗ'로 바뀐 '도외다' 형태가 등장하였다. 16세기에는 '도외다'의 제1음절과 제2음절이 축약된 '되다' 형태가 등장하여 현재에 이르렀다. ᄃᆞᄫᆡ다(15세기)〉ᄃᆞ외다(15세기~17세기)〉도외다(15세기~17세기)〉되다(16세기~현재). 이형태: ᄃᆞᄫᆡ다, ᄃᆞ외다, 도외다, 되다. 臣下ㅣ 말 아니 드러 正統애 有心ᄒᆞᆯᄊᆡ 山ᄋᆡ 草木이 軍馬ㅣ ᄃᆞᄫᆡ니이다.《1447 용가 98》, ㅇ를 입시울쏘리 아래 니ᅀᅥ 쓰면 입시울 가ᄇᆡ야ᄫᆞᆫ 소리 ᄃᆞ외ᄂᆞ니라《1446 훈언 12ㄱ》, ᄯᅩ 勝福ᄋᆞᆯ 어드릴ᄊᆡ 暫持 功德이 도외니.《1463 법화 6:3ㄱ》

4 유신ᄒᆞ며: 유신(有信)하며. 신의가 있으며.

5 그ᅀᅳ기: 그윽이. 깊숙하여 아늑하고 고요하게. 현대국어 '그윽이'의 옛말인 '그ᅀᅳ기'는 15세기 문헌에서부터 나타난다. '그ᅀᅳ기'는 어근 '그ᅀᅳᆨ'에 부사 파생접사 '-이'가 결합한 것이다. 16세기 이후 'ㅿ'이 사라지면서 '그으기' 형태가 나타나기 시작하였다. 이 시기에 함께 보이는 '그윽이'는 '그으기'를 분철 표기한 것이다. 이것이 오늘날의 표기로 이어진다. 16세기 일부 문헌에서는 'ㅿ'이 'ㅅ'으로 바뀐 '그스기' 형태도 보인다. 한편 19세기 문헌에는 '그윽키'의 예가 나타나는데, 이것은 부사 파생접사 '-히'가 결합된 형태로, 현대 국어에서는 표준어로 인정하지 않는다. 그ᅀᅳ기(15세기~16세기)〉그으기(16세기~19세기)/그윽이(16세기~현재). 시혹 諸佛ㅅ 秘密ᄒᆞ신 말ᄊᆞ미 心術에셔 나샤 奇妙ᄒᆞᆫ 用ᄋᆞᆯ 그ᅀᅳ기 加ᄒᆞ시논 功이 시러 議論 몯ᄒᆞ리도 이시며.《1447 석상 21:22ㄴ》, 問을 答ᄒᆞᄂᆞᆫ 者도 이시며 그으기 淑으로 예ᄒᆞᄂᆞᆫ 者도 이시니.《1590 맹언 13:33ㄴ》, 隱 그윽이 諫홈이라.《1587 소언 2:72ㄱ》, 믄득 五오衰쇠 서르 나타 그ᅀᅳ기 어드운

딕 드러 네ᄀᆞ티 셜운 苦고ᄅᆞᆯ 受슈ᄒᆞ야 諸졔趣츄예 구우ᄂᆞ니라.《1567 몽육 16ㄱ》

6 샹넷: 상례(常例)의. 보통 사례의. '샹녜(명사)+ㅅ(관형격 조사)'이다.

소언 날로 녯 일ᄋᆞᆯ 긔디ᄒᆞ야 이제며 녜예 걸잇기디 아니호ᄃᆡ 반ᄃᆞ시 효도ᄒᆞ며 손슌ᄒᆞ며 튱셩되며 믿브며 례졀이며 올ᄒᆞᆫ 일이며 쳥렴ᄒᆞ며 붓그리ᄂᆞᆫ 일ᄃᆞᆯ로ᄡᅥ 몬져 홀 디니 黃황香향의 벼개 부춤과[黃황香향이 녀름에 어버의 벼개ᄅᆞᆯ 붓더니라] 陸륙績젹의 橘귤 품음과[陸륙績젹이 여ᄉᆞᆺ 설에 ᄂᆞᆷ의 집의 가 橘귤을 주어ᄂᆞᆯ 어미 주려 품으니라] 叔슉敖오의 그윽ᄒᆞᆫ 德덕과[叔슉敖오ㅣ 나 노다가 두 머리 가진 ᄇᆡ얌 보고 보니면 죽ᄂᆞ다 ᄒᆞ야ᄂᆞᆯ ᄂᆞᆷ도 볼가 ᄒᆞ야 죽겨 묻고 가 울어ᄂᆞᆯ 어미 닐오ᄃᆡ 그윽ᄒᆞᆫ 德덕은 하ᄂᆞᆯ히 福복으로 감ᄂᆞ니 네 아니 죽으리라 ᄒᆞ더니 후에 楚초ㅅ 지샹 되니라] 子ᄌᆞ路로의 ᄡᆞᆯ 짐[子ᄌᆞ路로ㅣ 어버이 위ᄒᆞ야 百ᄇᆡᆨ里리 밧긔 가 ᄡᆞᆯ 지더니라] ᄀᆞᄐᆞᆫ 類류ᄅᆞᆯ 다ᄆᆞᆫ 셰쇽의 말솜ᄀᆞ티 ᄒᆞ면 곧 이 道도理리ᄅᆞᆯ 알리니 오라며 오라셔 이러니그면 어딘 性셩이 自ᄌᆞ然연ᄒᆞᆫ ᄃᆞᆺᄒᆞ리라

현대역 날로 옛 일을 기억하여, 이제며 옛적에 거리끼지 아니하되, 반드시 효도하며 遜順하며 충성되며 미쁘며 예절이며 옳은 일이며 청렴하며 부끄러워하는 일들로써 먼저 할 것이니, 黃香이 베개 부침과[황향이 여름에 어버이 베개를 부치더니라.] 陸績이 귤 품음과[육적이 여섯 살에 남의 집에 가 귤을 주거늘, 어머니 주려 품느니라.] 叔敖의 그윽한 덕과[숙오가 나가 놀다가 두 머리 가진 뱀 보고 본 사람이면 죽는다 하거늘, 남도 볼까 하여 죽여 묻고 가 울거늘 어머니가 이르되, "그윽한 덕은 하늘이 복으로 갚으니, 네가 아니 죽으리라." 하더니, 후에 楚의 재상 되니라.] 子路가 쌀 짐[자로가 어버이 위하여 백리 밖에 가서 쌀 지더니라.] 같은 종류를 다만 세속의 말씀같이 하면, 곧 이 도리를 알리니, 오래이며 오래에서 이루어 익으면, 어진 성품이 자연스러운 듯하리라."

1 손슌ᄒᆞ며: 손순(遜順)하며. 남을 존중하고 자기를 내세우지 않는 태도가 있으며.

2 붓더니라: 부치더니라. '붓(어간)+더(회상법 선어말어미)+니라(평서형 종결어미)'이다. 현대국어 '부치다'의 옛말은 '붗다'이다. '붗다'는 자음 어미 앞에서는 팔종성법에 따라 '붓다'로 표기되었다. 그 ᄠᅳ디 誣罔ᄒᆞ며 그 ᄆᆞᅀᆞ미 ᄂᆞ로미 ᄇᆞᄅᆞ미 드트를 부처 사ᄅᆞᄆᆞ로 봄 업게 ᄐᆞᆺ ᄒᆞᆯᄊᆡ(其志誣罔 其心飛揚 如風鼓塵使人無見).《능엄 8:88》, 수미 ᄇᆞᄅᆞᆷ과 블와브터 나 煩惱濁ᄋᆞᆯ 부츨ᄊᆡ 이런ᄃᆞ로 그 야이 ᄂᆡ ᄀᆞᆮᄒᆞ니라(息由風火而起 鼓煩惱濁 故其狀如烟).《능엄 5:57》

【集說】吳氏曰故事는已往之事也라善事父母爲孝요善事兄長爲弟라盡己之謂忠이요以實之謂信이라禮者는天理之節文이요義者는人心之裁制라廉은卽辭讓之心이니禮之發也요恥는卽羞惡之心이니義之發也라黃香扇枕之類는卽孝弟等事也라德性은謂仁義禮智之性而爲本心之德者也라講說之熟이면則德性이自然而成矣리라德性은雖得於天이나而成熟則在人이니涵養成就則若自然矣리라○黃香은字가文强이니盡心養親하여暑則扇枕席하고冬則以身溫被하니라陸積은字가公紀니年六歲에見袁術한대術出橘이어늘積懷三枚라가拜辭墮地한대術曰陸郞아作賓客而懷橘乎아하니積跪答曰欲歸遺母라하니術이大奇之하니라叔敖는蔿委氏요名은艾니爲兒時에出遊라가見兩頭蛇하고殺而埋之하고歸而泣이어늘母問其故한대對曰聞見兩頭蛇者死라하니嚮者見之하니恐去母而死也니이다母曰蛇今安在오曰恐他人又見하여殺而埋之矣니이다母曰吾聞有陰德者는天報以福이라하니汝不死也리라하더니及長에爲楚相하니라子路嘗曰昔事二親에常食藜藿하고爲親負米百里之

外러니親沒之後에爲楚大夫하여從車百乘이요積粟萬鍾이며累茵而坐하고列鼎而食하니雖欲食藜藿하고爲親負米인들何可得也리오하니라

오 씨가 말하였다. "故事는 이미 지나간 일이다. 부모를 잘 섬김을 孝라 하고, 형과 어른을 잘 섬김을 弟라 한다. 몸을 다함을 忠이라 이르고, 성실로써 함을 信이라 이른다. 禮라고 하는 것은 하늘 이치의 알맞은 문체이며, 義라고 하는 것은 사람 마음의 마름질하여 제어함이다. 廉은 곧 사양하는 마음이니, 禮가 드러남이요, 恥는 곧 부끄러워하고 미워하는 마음이니, 義가 드러남이다. 黃香이 베개에 부채질한 따위는 곧 孝弟 등의 일이다. 德性은 仁義禮智의 性으로 本心의 덕이 된 것을 이른다. 강론하여 설명함이 익숙하면, 德性이 자연히 이루어진다.[德性은 비록 하늘에서 얻었으나, 이루어 익히게 되면 사람에게 있으니, 젖어 길러 이루어지면 자연스러운 듯하다.]" ○黃香은 자가 文强이니, 마음을 다해 어버이를 봉양하여 더우면 베개와 이부자리에 부채질하고, 겨울이면 몸으로써 이불을 따뜻이 하였다. 陸積은 자가 公紀이니, 나이 여섯 살에 袁術을 뵙자, 術이 귤을 내거늘, 積이 세 개를 품었다가 절하며 인사하다가 땅에 떨어뜨렸는데, 術이 이르길, "陸郎아, 손님이 되어 귤을 품었느냐?" 하니, 積이 꿇어앉아 답하여 이르길, "돌아가 어머니께 끼치고자[드리고자] 합입니다." 하니, 術이 그것을 크게 기특하게 여겼다. 叔敖는 蔿氏요, 이름은 艾니, 아이 되었을 때, 나가 놀다가 머리가 둘인 뱀을 보고, 죽여 그것을 묻고, 돌아와 울었는데, 어머니가 그 연고를 물으니, 대답하여 이르길, "들으니, 머리가 둘인 뱀을 본 사람은 죽는다 하니, 아까 그것을 보았으니, 어머니를 떠나 죽을까 두렵습니다." 하였다. 어머니가 이르길, "뱀이 이제 어디에 있느냐?" 하니, 이르되, "다른 사람이 또 볼까 두려워, 죽여서 그것을 묻었습니다." 하였다. 어머니가 이르길, "내가 들으니, 숨은 덕행이 있는 자는 하늘이 복으로써 갚는다 하니, 너는 죽지 않을 것이다." 하더니, 자람에 미쳐서 楚나라의 재상이 되었다. 子路는 일찍이 말하길, "옛날 양친을 섬김에, 늘 명아주 잎과 콩잎

을 먹고, 어버이를 위하여 백리 밖에서 쌀을 졌는데[배달을 했는데], 어버이가 돌아가신 후에 楚나라 대부가 되어, 따르는 수레가 백 대가 되고, 쌓인 곡식이 萬鍾이 되며, 깔개를 포개고 앉고, 솥을 벌려놓고 먹으니, 비록 명아주 잎과 콩잎을 먹으면서 어버이를 위해 쌀을 지고자 하나, 어찌 가히 얻을 수 있겠는가?" 하였다.

漢字 裁(마름질할 재), 被(이불 피), 袁(성 원, 옷이 길 원), 枚(낱개 매), 辭(인사할 사, 작별할 사), 墮(떨어질 타), 郞(사내 랑), 跪(꿇어앉을 궤), 蔿(성 위, 고을이름 위), 艾(쑥 애), 蛇(뱀 사), 嚮(아까 향, 접때 향, 지난번 향, 향할 향), 藜(명아주 려), 藿(콩잎 곽), 鍾(고대의 量名으로, 1種은 6斛 4斗에 해당함), 累(포갤 루, 거듭 루, 여러 루), 茵(깔개 인, 사철쑥 인)

1 향자(嚮者): 지난번. 접때.

2 여곽(藜藿): 명아주 잎과 뽕잎. 전(轉)하여 악식(惡食).

【三章】

○明道程先生이曰憂子弟之輕俊者는只教以經學念書ㅣ오不得令作文字ㅣ니라子弟凡百玩好ㅣ皆奪志ᄒᆞᄂᆞ니至於書札ᄒᆞ얀於儒者事애最近이언마ᄂᆞᆫ然이나一向好著直略反ᄒᆞ면亦自喪志니라 《二程全書 遺書》

●明道 정 선생이 말하였다. "子弟의 가볍고 준수함을 근심하는 자는 오직 經울 배우고 글 외움[즉, 독서]을 가르치고, 능히 하여금 文字[글]를 짓게 아니한다. 자제가 여러 가지 사물을 사랑하고 좋아함은 모두 뜻을 빼앗으니, 글씨와 편지에 이르러는 유생의 일에 가장 가깝지만, 그러나 한결같이 좋아하면, 또한 스스로 뜻을 잃는다."

漢字 念(욀 념, 생각할 념), 玩(사랑할 완, 장난할 완, 장난감 완), 札(편지 찰, 패 찰)

명도(明道, 1032년~1085년): 중국 북송(北宋) 중기의 유학자이다. 이름은 정호(程顥)이고, 자는 백순(伯淳)이며, 호는 명도(明道)이고, 시호는 순(純)이다. 허난성[河南省] 뤄양[洛陽] 출생으로, 존칭으로 명도 선생이라 불리고, 동생 정이(程頤: 伊川)와 함께 이정자(二程子)로 알려졌다. 아버지 정향(程珦)이 남안(南安: 江西省 大庾縣)의 판관이었을 때 주돈이(周敦頤: 濂溪)를 한번 보고 아들 형제를 그의 제자로 입문시켰다고 한다. 26세 때 진사가 되고, 산시성[陝西省] 후셴현[鄠縣]의 주부(主簿)로 출발하여 지방관을 역임하였다. 그가 택주(澤州: 山西省) 진청현[晉城縣]의 수령으로 있을 때는 '시민여상(視民如傷)'이라는 네 글자를 좌우명으로 삼고 큰 치적을 올렸으므로, 백성들이 그를 부모처럼 따랐다. 신종(神宗)의 부름을 받아 저작좌랑(著作佐郎)이 되었으나, 왕안석(王安石)과 뜻이 맞지 않았으므로 자청하여 지방관이 되었다. 철종(哲宗)이 즉위하고 사마광(司馬光)이 재상이 되자, 조정에 등용될 뻔하였으나 그 일이 이루어지기 전에 병사하였다. 그의 학문적 태도는 만물일체관(萬物一體觀)에 입각하여 혼일적(渾一的)으로 천지의 생의(生意)를 체험하는 데 있었다. 그는 제자(諸子)·노장(老莊)·불교(佛敎)도 공부하였으나, 결국 유학으로 복귀하여 자신의 학설을 확립하였다. 그는 다양한 자연현상을 질서지우는 우주의 근본원리를 '이(理)'라 부르고, 사람은 모름지기 이를 직관적으로 파악하여 순응하여야 한다는 이기일원론(理氣一元論)·성즉이설(性則理說)을 주창하였는데, 그의 사상은 동생 정이를 거쳐 주자(朱子)에게 큰 영향을 주어 송나라 새 유학의 기초가 되었고, 정주학(程朱學)의 중핵을 이루었다. 저서에 《정성서(定性書)》·《식인편(識仁篇)》, 시에 '추일우성(秋日偶成' 등이 있다. 그의 전기는 주자의 《이락연원록(伊落淵源錄)》에서, 유저(遺著)는 서필달(徐必達)의 《이정전서(二程全書)》에서 볼 수 있다(두산백과).

번소 明명道도 程뎡先션生ᄉᆡᆼ이 ᄀᆞᄅᆞ샤ᄃᆡ 子ᄌᆞ弟뎨ᄋᆡ 경박ᄒᆞ며 놀라니ᄅᆞᆯ 분별ᄒᆞ리ᄂᆞᆫ 오직 실혹오로 ᄀᆞᄅᆞ쳐 글 닐기ᄅᆞᆯ 좀탁ᄒᆞ게 ᄒᆞ고 글지ᅀᅵ란 아니케 홀 디니 ᄌᆞ뎨ᄋᆡ 믈읫 온가짓 맛드러 ᄒᆞ논 이리 다 ᄠᅳ들 애혀 이ᄂᆞ니 글ᄌᆞ 수매 니르러ᄂᆞᆫ 션ᄇᆡᄋᆡ 이레 ᄀᆞ장 갓갑건마ᄅᆞᆫ 그러나 ᄒᆞᆫᄀᆞᆯᄀᆞ티 향ᄒᆞ야 맛들면 ᄯᅩ 스싀로 ᄠᅳ들 일ᄂᆞ니라

현대역 명도 정 선생이 말씀하시되, "자제의 경박하며 날랜 이를 분별할 이는

오직 實學으로 가르쳐 글 읽기를 잠착(潛着)하게 하고, 글짓기는 아니 하게 할 것이니, 자제의 무릇 온갖 맛들이어 하는 일이 다 뜻을 빼앗기게 만드니, 글자 씀에 이르러는 선비의 일에 가장 가깝건마는, 그러나 한결같이 향하여 맛들이면 또 스스로 뜻을 잃는다."

1 놀라니를: 날랜[재주가 뛰어난] 이를. '놀라(어간)+ㄴ(관형사형 어미)+이(의존명사)+를(목적격 조사)'이다. '날래다'의 옛말인 '놀나다'는 15세기 문헌에서부터 나타난다. '놀나다'는 원래 '날래다[사람이나 동물의 움직임이 나는 듯이 빠르다.]'의 의미와 '재주가 뛰어나다.'나 '날카롭다'의 의미를 가지고 있었으나 현대국어에서는 '날래다'의 의미만을 가진다. '놀나다'는 어중의 'ㄹㄴ'이 'ㄹㄹ'로 표기되는 경향에 따라 16세기 이후에는 '놀라다'로 나타나지만, 19세기 말까지 어중의 'ㄹㄴ'을 유지하는 '놀나다', '놀내다', '날내다', '놀닋다', '날닋다', '놀닉다', '날네다', '날내다'와 어중의 'ㄹㄹ'을 유지하는 '놀라다', '놀래다'도 함께 나타나고 있어 상당히 혼란스러운 표기 양상을 보인다. 제2음절 모음 'ㅏ'가 'ㅐ' 혹은 'ㆎ'로 변화된 형태인 '놀내다', '놀닋다'는 18세기 이후에 보인다. 제1음절 모음 'ㆍ'가 'ㅏ'로 변화된 형태인 '날내다'는 18세기 말에 나타나지만, 활발하게 나타나는 것은 19세기 이후부터이다. 놀나다(15세기~19세기)〉놀내다(18세기~19세기)〉날내다(18세기~19세기)〉날래다(20세기~현재). 夜叉는 놀나고 모디다 혼 쁘디니.《1459 월석 1:14ㄴ》, 勇 놀랄 용.《1576 신합 하:1ㄴ》

2 분별ᄒᆞ리는: 분별할 이는. '분별ᄒᆞ(어간)+ㄹ(관형사형 어미)+이(의존명사)+는(보조사)'이다. '분별(分別)하다'는 '어떤 일에 대하여 배려하여 마련하다.'를 뜻한다. 섣달 초생에 평안 감영 예방 비장은 서울 보낼 세찬을 분별하느라고 여러 날 동안 분주하였다.《홍명희, 임꺽정》

3 실혹: 실학(實學). 같은 제3장을 번역한 《소학언해》에서, '자제의 부경하고 준매함을 근심하는 이는 오직 경(經)을 배워 글 욈으로써 가르치고, 능히 하여금 글짓기를 하게 아니할 것이니라.'라 한 것과 관련시켜 보면, 사장학(詞章學, 문장과 사부를 중시하는 학문)이 아닌, 경학(經學, 유교 경전을 중시하는 학문)을 가리키고 있는 듯하다. 실학(實學)은 '실제로 소용되는 참된 학문'이라는 뜻으로 '유학의 전통에서 공리공론(空理空論)에 기초한 헛된 학문'이라는 뜻의 허학(虛學)과 대립된 말로 폭넓게 쓰여 왔다. 중국 송(宋) 나라의 정이(程頤)가 '실학'이라는 용어를 처음으로 사용했으며, 주희(朱熹)는 노장사상(老莊思想)과 불교를

'무용한 학문'에 지나지 않는다고 비판하며 《중용(中庸)》의 가르침을 실학이라고 하였다. 명(明)의 나흠순(羅欽順)과 왕정상(王廷相) 등은 송·명 시대 이학(理學)의 학풍을 비판하며 인간의 실제 생활을 중시하였고, '실사구시의 학문'이라는 실학의 새로운 개념을 세웠다. 그 뒤 명(明)과 청(淸) 시대에는 황종희(黃宗羲), 고염무(顧炎武), 왕부지(王夫之) 등을 중심으로 실학의 학풍이 성행하였다. 일본에서는 실학이 에도시대[江戸時代]에 서구의 과학·기술의 수용을 강조하고 비실용적인 성리학을 비판하며 나타난 새로운 학문 경향을 가리키는 말로 쓰였다. 한국에서도 유학자들은 일찍부터 불교와 도교를 비판하면서 허학과 실학이라는 용어를 사용해왔다. 고려 초기에 최승로(崔承老)는 유교를 불교에 견주어 실학이라고 하였으며, 고려 말기에 불교 비판에 나선 성리학자들도 도교와 불교를 허무와 적멸에서 진리를 찾는 허학이라고 비판하며 자신들의 학문을 실학이라고 강조했다. 한편, 고려 후기 이제현(李齊賢)은 사장학(詞章學)에 대해 경학(經學)을 실학이라고 나타냈고, 조선 전기에도 실학은 유학의 본령에 충실한 학풍이라는 뜻에서 경학을 가리키는 말로 사용되기도 하였다. 이처럼 실학이라는 용어는 한국과 중국, 일본에서 17세기 이전부터 폭넓게 사용되어 왔다. 하지만 오늘날에는 17세기~19세기에 걸쳐 조선 후기 사회에서 유형원(柳馨遠), 이익(李瀷), 정약용(丁若鏞), 박지원(朴趾源), 홍대용(洪大容), 박제가(朴齊家), 김정희(金正喜), 최한기(崔漢綺) 등을 중심으로 나타났던 유학의 새로운 학풍이자 사상 조류를 가리키는 말로 쓰인다(두산백과).

4 줌탁ᄒᆞ게: 잠착(潛着)하게. 한 가지 일에만 정신을 골똘히 쓰게.

5 글지ᅀᅵ란: 글짓기는. '글지ᅀᅵ(명사)+란(보조사)'이다. '글지ᅀᅵ'는 '글짓기'의 옛말이다. '란'은 받침 없는 체언류나 'ㄹ' 받침으로 끝나는 체언류 뒤에 붙어, 주로 목적어 자리에 쓰여, '는'을 뜻하는 조사이다. 닐굽 아ᄃᆞ리러니 여슷 아ᄃᆞᆯ란 ᄒᆞ마 갓얼이고 아기아ᄃᆞ리 양ᄌᆡ 곱거늘 各別히 ᄉᆞ랑ᄒᆞ야《석상 6:13》, 두 부텨 ᄉᆞᆫᄌᆡ ᄒᆞᆫᄃᆡ 안자 겨샤ᄃᆡ 妙音이 釋迦란 보ᅀᆞᄫᆞ시고 多寶ᄅᆞᆯ 몯 보ᅀᆞᄫᆞ시다 ᄒᆞ니.《석상 20:44》

6 애혀: 빼앗기게. '애혀'는 중세국어에서 용례를 찾아보기 어렵다. 원문 '탈지(奪志)'에서 '탈(奪)'에 해당되는 바, 아마도 '앗다[奪]'의 피동형 '앗히다'와 관련된 어형이 아닌가 한다.

7 수매: 씀에, '스다[書]'의 파생형 '스매(슴+애)'의 오기가 아닌가 한다. 東都 白馬寺애 圓覺經 一部를 飜譯ᄒᆞ다 ᄒᆞ고 年月을 스디 아니ᄒᆞ얫ᄂᆞ니(於東都白馬寺

譯圓覺經一部 不載年月).《원각 상1-2:20》, 男子ᄂᆞᆫ 비로소 글字 스기ᄅᆞᆯ 니기고 女子ᄂᆞᆫ 비로소 女工의 효근 일을 ᄇᆡ호라(男子始習書字 女子始習女工之小者).《가언 2:24》

8 ᄒᆞᆫᄀᆞᆯᄀᆞ티: 한결같이. 처음부터 끝까지 변함없이 꼭 같이. ‘ᄒᆞᆫᄀᆞᆯᄀᆞ티’는 16세기 문헌에서부터 나타난다. 그러나 15세기 문헌에서부터 ‘ᄒᆞᆫᄀᆞᆯᄀᆞ티’에서 ‘ᄀᆞᇀ-’의 ‘ㄱ’이 약화된 형태인 ‘ᄒᆞᆫᄀᆞᆯᄋᆞ티’가 나타나므로 15세기에도 ‘ᄒᆞᆫᄀᆞᆯᄀᆞ티’가 존재했음을 알 수 있다. ‘ᄒᆞᆫᄀᆞᆯᄀᆞ티’는 형용사인 ‘ᄒᆞᆫᄀᆞᆯᄀᆞᇀ-’에 부사 파생접사 ‘-이’가 결합한 것인데, ‘ᄒᆞᆫᄀᆞᆯᄀᆞᇀ다’는 수관형사 ‘ᄒᆞᆫ’과 ‘결’의 의미를 지닌 명사 ‘ᄀᆞᆲ’, 용언 ‘ᄀᆞᇀ다’가 결합한 것이다. ‘ᄀᆞᆲ’이 형태소 경계의 휴지(休止) 앞에서 어간말 ㅂ이 탈락한 ‘ᄀᆞᆯ’로 나타난 것이다. 근대국어 시기에 ‘ㄷ, ㅌ’이 ‘ㅣ’나 ‘ㅣ’ 반모음 앞에서 ‘ㅈ, ㅊ’으로 변하는 구개음화가 일어나 18세기에는 ‘ᄒᆞᆫᄀᆞᆯᄀᆞ치’가 되었다. 근대국어 시기에 명사 ‘ᄀᆞᆲ’이 사라지면서 ‘ᄒᆞᆫᄀᆞᆯᄀᆞ치’에 결합한 ‘ᄀᆞᆲ’이 동일한 의미의 명사 ‘결’로 대체되어 19세기에는 ‘*ᄒᆞᆫ결ᄀᆞ치’가 되었을 것으로 추정된다. 실제 자료상으로는 ‘ᄒᆞᆫ결ᄀᆞ치’의 중철 표기인 ‘ᄒᆞᆫ결ᄀᆞᆺ치’로 나타난다. 18세기에 제1음절의 ‘ㆍ’가 ‘ㅏ’로 변하였는데, ‘ᄒᆞᆫ결ᄀᆞ치’ 또한 이러한 변화를 겪었다. 또한 20세기 이후에 원형을 밝혀 적는 표기법에 따라 현대국어의 ‘한결같이’가 되었다. 16세기 이후 나타나는 ‘ᄒᆞᆫᄀᆞᆯᄀᆞᆮ티’는 ‘ᄒᆞᆫᄀᆞᆯᄀᆞ티’를 중철 표기한 것이며, 근대국어 시기에는 음절말 ‘ㄷ’을 ‘ㅅ’으로 표기하는 경향에 따라 ‘ᄒᆞᆫᄀᆞᆯᄀᆞᆺ티’로 표기한 예도 나타난다. 18~19세기 문헌에 나타난 ‘ᄒᆞᆫᄀᆞᆯᄀᆞᆺ치’는 구개음화를 겪은 ‘ᄒᆞᆫᄀᆞᆯ가치’의 중철 표기이다. ᄒᆞᆫᄀᆞᆯᄀᆞ티(16세기~18세기)〉ᄒᆞᆫᄀᆞᆯᄀᆞ치(18세기~19세기)〉ᄒᆞᆫ결ᄀᆞᆺ치(19세기)〉한결같이(20세기~현재). 根源을 브터 보건댄 잢간도 일후미 업거늘 世옛 사ᄅᆞ미 ᄒᆞᆫᄀᆞᆯᄋᆞ티 倍히 더 보아 구틔여 分別을 내ᄂᆞ니.《1461 능엄 2:13ㄴ-14ㄱ》, 슬프다 됴ᄒᆞᆫ ᄡᅡ홀 머리 돌아 ᄇᆞ라오니 ᄒᆞᆫᄀᆞᆯᄋᆞ티 茫茫ᄒᆞ도다.《1481 두시-초 7:10ㄱ》, 그 독실ᄒᆞᆫ 효되 ᄒᆞᆫᄀᆞᆯᄋᆞᆫ티 지극호미 이러터라.《1518 번소 9:25ㄱ》, 가 너 도ᄋᆞᆯ 사ᄅᆞᄆᆞᆯ 마자 와 내 제ᄉᆞ홀 이ᄅᆞᆯ 니ᅀᅥ 힘뻐 공경오로 뻐 거느려 업스신 어마님 일 니수ᄆᆞᆯ 네 ᄒᆞᆫᄀᆞᆯᄀᆞ티 ᄒᆞ라.《1518 번소 3:12ㄴ》, 子弟의 믈윗 온가짓 완샹ᄒᆞ야 됴히 너기ᄂᆞᆫ 거시 다 ᄠᅳ들 안ᄂᆞ니 글시며 유무에 니르러ᄂᆞᆫ 션ᄇᆡ 일에 ᄀᆞ장 갓갑건마ᄂᆞᆫ 그러나 ᄒᆞᆫᄀᆞᆯᄀᆞᆮ티 됴히 너기면 ᄯᅩ 스스로 ᄠᅳ들 일ᄂᆞ니라.《1587 소언 5:6ㄱ》

소언 明명道도[표셕애 쓴 일홈이니 宋송 젹 대현이라] 程뎡 先션生

싱[일홈은 顥호ㅣ오 ᄌᆞᄂᆞᆫ 伯ᄇᆡᆨ淳슌이라]이 ᄀᆞᄅᆞ샤ᄃᆡ 子ᄌᆞ弟뎨의 부경ᄒᆞ고 쥰매홈을 근심ᄒᆞᄂᆞᆫ 이ᄂᆞᆫ 오직 經경을 ᄇᆡ화 글 외옴으로ᄡᅥ ᄀᆞᄅᆞ치고 시러곰 ᄒᆞ여곰 글지이ᄅᆞᆯ ᄒᆞ게 아니홀 디니라 子ᄌᆞ弟뎨의 믈읫 온가짓 완샹ᄒᆞ야 됴히 너기ᄂᆞᆫ 거시 다 ᄠᅳᆮ을 앋ᄂᆞ니 글시며 유무에 니르러ᄂᆞᆫ 션ᄇᆡ 일에 ᄀᆞ장 갓갑건마ᄂᆞᆫ 그러나 ᄒᆞᆫᄀᆞᆯᄀᆞᆮ티 됴히 너기면 ᄯᅩ 스스로 ᄠᅳᆮ을 일ᄂᆞ니라

현대역 明道[表石에 쓴 이름이니, 宋 때 大賢이라.] 정 선생[이름은 호(顥)요, 자는 백순(伯淳)이라.]이 말씀하시되, "자제의 부경(浮輕)하고 준매(俊邁)함을 근심하는 이는 오직 經을 배워 글 욈으로써 가르치고, 능히 하여금 글짓기를 하게 아니할 것이니라. 자제가 무릇 온갖 완상(玩賞)하여 좋게 여기는 것이 다 뜻을 앗으니, 글씨며 편지에 이르러는 선비 일에 가장 가깝건마는, 그러나 한결같이 좋게 여기면 또 스스로 뜻을 잃는다."

1 표석: 표석(表石). 무덤 앞에 세우는 푯돌. 죽은 사람의 이름, 생년월일, 행적, 묘주 따위를 새긴다. 문화재 용어 순화 고시자료는 '푯돌'로 순화하였다. 유의어: 묘갈(墓碣), 묘비(墓碑), 묘표(墓表), 비(碑).

2 대현(大賢): 매우 어질고 지혜로운 사람.

3 부경ᄒᆞ고: 부경(浮輕)하고. 하는 짓이나 태도가 들뜨고 경솔하고.

4 쥰매홈: 준매(俊邁)함. 재주와 지혜가 매우 뛰어남. '쥰매ᄒᆞ(어간)+ㅁ(명사형 어미)'이다.

5 완샹ᄒᆞ야: 완상(玩賞)하여. 즐겨 구경하여.

【集說】陳氏曰先生의名은顥요字는伯淳이니河南人이라文潞公이題其墓曰明道先生이라하니라蓋少年之輕浮俊秀者는惟敎以學經讀書하면則可以收其放心하여而於道에知所向이니若使作文字하면則心愈放而離道遠矣리라奪志는謂奪其求道之志라書는習字요札은簡札이니書札은固儒者之一事로되若

專攻乎此하면**亦喪其求道之志也**니라

진 씨가 말하였다. "선생의 이름은 顥요, 자는 伯淳이니, 河南 사람이다. 文潞公[文彦博]이 그의 묘에 쓰기를, '明道 선생이다.'라고 하였다. 대개 소년이 輕浮하고 준수한 자는 오직 經을 배우고 글을 읽음을 가르치면, 가히 써 그 놓은 마음을 거두어, 道에 향할 바를 알게 되니, 만약 하여금 文字를 짓게 하면, 마음이 더욱 방탕해져서 도를 떠남이 멀어진다. 奪志는 그 도를 구하는 뜻을 빼앗음을 이른다. 書는 글씨 쓰기를 익힘요, 札은 簡紙에 쓴 편지이니, 습자와 간찰은 진실로 儒者의 한 가지 일이나, 만일 이것만을 오로지 다스린다면, 또한 그 도를 구하는 뜻을 잃게 된다."

漢字 **顥**(클 호), **潞**(강 이름 로), **輕**(가벼울 경), **佻**(방정맞을 조), **浮**(뜰 부), **薄**(엷을 박), **愈**(더욱 유, 나을 유), **攻**(다스릴 공)

1 문언박(文彦博, 1006년~1097년): 중국 북송 때의 정치가, 재상이다. 자는 관부(寬夫)이고, 호는 이수(伊叟)이며, 시호는 충렬(忠烈)이다. 산시성[山西省] 제슈현[介休縣] 출생으로. 진사에 급제하여, 지현(知縣)·통판(通判) 등의 지방관을 역임하였다. 서하(西夏) 대책에 공을 세우고, 1047년 추밀부사(樞密副使)·참지정사(參知政事)가 되었다. 1048년 패주(貝州), 즉 허베이성[河北省] 난궁현[南宮縣] 왕칙(王則)의 난을 평정하고, 그 공으로 동중서문하평장사(同中書門下平章事)가 되었다. 용병(冗兵)의 정리를 단행하였고, 어사(御史) 당개(唐介)의 탄핵으로 한때 지방으로 쫓겨났으나, 재상으로 복귀되었다. 부필(富弼) 등과 함께 영종(英宗)의 옹립에 진력하여 그 공으로 추밀사(樞密使)가 되어 이후 9년 간 재직하였다. 왕안석(王安石)의 시역법(市易法)을 비난하였다가 쫓겨나 지방으로 나갔으나 철종(哲宗)이 즉위하고 구법당(舊法黨)이 부활되자 평장군국중사(平章軍國重事)가 되어 정계의 원로로서 중신(重臣)이 되었다. 전후 50년에 걸쳐 장상(將相)의 지위에 있으면서 사방의 이민족에게까지 명성을 떨쳤다. 노국공(潞國公)에 봉해졌고, 저서로 《문로공집(文潞公集)》이 있다.(두산백과).

2 경부(輕浮): 말이나 행동이 신중하지 못하고 가벼움. 유의어: 경조부박(輕佻浮薄). 경박부허(輕薄浮虛).

〖四章〗

○伊川程先生이曰教人호ᄃᆡ未見意趣면必不樂五教反學이니且教之歌舞ㅣ니라如古詩三百篇은皆古人이作之ᄒᆞ니如關雎之類는正家之始라故로用之鄉人ᄒᆞ며用之邦國ᄒᆞ야日使人聞之ᄒᆞ니此等詩ㅣ其言이簡奧ᄒᆞ야今人이未易曉ᄒᆞ니別欲作詩ᄒᆞ야略言教童子灑掃應對事長之節ᄒᆞ야令朝夕歌之ᄒᆞ노니似當有助ㅣ니라 《二程全書 遺書》

●伊川 정 선생이 말하였다. "사람을 가르치되, 뜻의 취향을 보게 하지 못하면, 반드시 배움을 좋아하지 않으니, 우선 그들에게 노래와 춤을 가르쳐야 한다. 古詩 삼백 편 같은 것은 모두 옛 사람이 그것을 지었으니, '관저(關雎)'와 같은 따위는 집안을 바로잡는 시초이다. 그러므로 그것을 마을 사람들에게 쓰며, 그것을 나라에 써서, 날로 사람들로 하여금 그것을 듣게 하였으니, 이들 詩는 그 말이 간략하면서도 심오하여, 지금 사람들이 쉽게 깨닫지 못하니, (나는) 따로 시를 지어, 아이들에게 灑掃應對하고 어른을 섬기는 예절 가르침을 간략히 말하여, 하여금 아침저녁으로 그것을 노래하게 하고자 하니, 마땅히 도움이 있을 듯하다."

漢字 趣(취향 취, 달릴 취), 且(우선 차, 또 차, 잠시 차), 關(빗장 관), 雎(물수리 저)

1 이천(伊川, 1033년~1107년): 중국 북송(北宋) 중기의 유학자이다. 이름은 정이(程頤)이고, 자는 정숙(正叔)이며, 호는 이천(伊川)이고, 시호는 정공(正公)이다. 허난성[河南省] 뤄양[洛陽] 출생이다. 이천백(伊川伯)에 봉하여졌으므로 이천 선생이라 존칭된다. 형 정호(程顥: 明道)와 함께 주돈이(周敦頤: 濂溪)에게 배웠고, 형과 아울러 '이정자(二程子)'라 불리며 정주학(程朱學)의 창시자로 알려졌다. 철종(哲宗) 초에 사마광(司馬光)·여공저(呂公著) 등의 추천으로 국자감 교수가 되었고, 이어서 비서성 교서랑(校書郎)·숭정전설서(崇政殿說書)로 발탁되었다. 그러나 왕안석(王安石)·소식(蘇軾) 등과 뜻이 맞지 않았고, 당화(黨禍)를 입어

쓰촨성[四川省] 푸저우[涪州]로 귀양간 일도 있다. 학자로서의 그는《역경(易經)》에 대한 연구가 특히 깊었고, '이기이원론(理氣二元論)'의 철학을 수립하여 큰 업적을 남겼다. 그의 사상은 "지미(至微: 隱)한 것은 이(理: 本體)요, 지저(至著: 顯)한 것은 상(象: 氣·用)이라 하여 일단 양자를 구별하고, 체(體)와 용(用)은 근원이 같으며 현(顯)과 미(微)에 사이가 없다."고 상관관계를 설명한 점에 특색이 있다. 그의 철학은 주자(朱子)에게 계승되어,《태극도설(太極圖說)》과《태극도설해(太極圖說解)》에 나타나 있다. 학문의 방법도 형은 오직 정좌(靜座)를 주장하였으나, 그는 '경(敬)'을 중히 여겨 '거경궁리(居敬窮理)'에 힘썼다. 이와 같은 일도 주자에 의하여 집대성되었고, 송대(宋代)의 신유학인 정주학의 주축이 되었다. 저서에《역전(易傳)》4권이 있으며, 그의 학설은 형의 학설과 함께 서필달(徐必達)의《이정전서(二程全書)》에 수록되었다. 또 그의 전기는 주자가 지은《이락연원록(伊落淵源錄)》에 실려 있다(두산백과).

2 취향(趣向): 하고 싶은 마음의 방향.

번소 伊이川쳔 程뎡 先션生ᄉᆡᆼ이 ᄀᆞᄅᆞ샤ᄃᆡ 사ᄅᆞᄆᆞᆯ ᄀᆞᄅᆞ쵸ᄃᆡ ᄠᅳᄃᆡ 지향ᄋᆞᆯ 몰라셔ᄂᆞᆫ 반ᄃᆞ시 ᄇᆡ호ᄆᆞᆯ 즐기디 아니ᄒᆞ리니 안즉 놀애며 춤과ᄅᆞᆯ ᄀᆞᄅᆞ치고져 식브니라 녜 詩시 三삼百ᄇᆡᆨ 篇편ᄂᆞᆫ 다 녯 사ᄅᆞ미 지ᄉᆞ니 關관雎져ᄀᆞᄐᆞᆫ 거슨 지블 正졍히요매 시작일ᄉᆡ 이런ᄃᆞ로 ᄆᆞᅀᆞᆯ 사ᄅᆞᆷ의게도 ᄡᅳ며 나래해도 ᄡᅥ 날마다 사ᄅᆞ모로 듣게 ᄒᆞ더니 이러ᄐᆞᆺᄒᆞᆫ 詩시ᄂᆞᆫ 그 말ᄉᆞ미 간략ᄒᆞ고 기퍼 이젯 사ᄅᆞ미 쉬 아디 몯ᄒᆞᄂᆞ니 각별히 詩시ᄅᆞᆯ 지ᅀᅥ 아ᄒᆡ의 ᄡᅳ리고 ᄡᅳᆯ며 ᄃᆡ답ᄒᆞ며 일운 셤골 절ᄎᆞ ᄀᆞᄅᆞ촐 일 대개로 닐어 아ᄎᆞᆷ나조호로 놀애 사마 브르면 반ᄃᆞ시 도올 주리 이실 ᄃᆞᆺᄒᆞ니라

현대역 伊川 정 선생이 말씀하시되, "사람을 가르치되 뜻의 志向을 몰라서는 반드시 배움을 즐기지 아니하리니, 아직 노래며 춤을 가르치고자 싶으니라. 옛 시 삼백 편은 다 옛 사람이 지으니, '관저(關雎)' 같은 것은 집을 바르게 함에 시작이므로, 이런 까닭으로 마을 사람에게도 쓰며 나라에도 써, 날마다 사람으로 듣게 하더니, 이러한 시는 그 말씀이 간략하고 깊어 이제의 사람이

쉬 알지 못하니, 各別히 시를 지어, 아이가 뿌리고 쓸며 대답하며 어른 섬길 절차 가르칠 일(을) 대개로 일러, 아침저녁으로 노래 삼아 부르면, 반드시 도울 줄이 있을 듯하니라."

1 지향: 지향(志向). 어떤 목표로 뜻이 쏠리어 향함. 또는 그 방향이나 그쪽으로 쏠리는 의지.

2 식브니라: 싶으니라. '식브(어간)+니라(평서형 종결어미)'이다. 중세국어의 보조 형용사는 그 수효가 많지 않다. 그 중 '식브다'는 그것이 기대고 있는 어미의 종류에 따라 희망과 추측으로 구분된다. '-고져 식브다'로 쓰이면 희망을, '-ㄴ/-ㄹ가 식브다'로 쓰이면 추측을 나타낸다. 위 예는 희망을 나타낸다. 현대국어 '싶다'의 옛말인 '식브다'는 15세기 문헌에서부터 나타난다. 16세기에는 '식브다'의 제1음절 종성 'ㄱ'이 'ㅂ'으로 바뀐 '십브다' 형태가 나타났다. 17세기에는 연속되는 동일 자음 'ㅂ' 중에서 제1음절의 종성 'ㅂ'이 탈락하여 '시브다' 형태가 나타나게 되었고, 또한 '시브다'의 'ㅂ'이 'ㅍ'으로 유기음화한 '시프다' 형태가 등장하였다. 19세기에 '시프다'에서 제2음절의 모음 'ㅡ'가 탈락한 '싶다' 형태가 등장하였는데, 다만 실제 문헌상으로는 자음으로 시작하는 어미 앞에서 어간 말 자음이 'ㅂ'으로 표기된 '십다'의 예만 보인다. 한편 18~19세기 문헌에는 양순음 'ㅂ' 아래에서 모음 'ㅡ'가 'ㅜ'로 바뀐 '시부다', '시푸다' 형태도 나타났다. 식브다(15세기~17세기)〉십브다(16세기)〉시브다(17세기~19세기)〉시프다(17세기~19세기)〉싶다(19세기~현재). 이형태: 식브다, 십브다, 싣브다, 시브다, 시프다, 십다, 시부다, 시보다, 시푸다. 나고져 식브녀 阿難일 브리신대 오샤ᅀᅡ 내 나리이다.《1447 월곡 48ㄱ》, 곤비ᄒᆞ야 병이 도월가 십브거든.《1518 번소 7:18ㄴ》, 디혜ᄂᆞᆫ 두려워 거틸 ᄃᆡ 업고져코 힝뎍은 모나 프러디디 말오져 싣븐 거시라.《1518 번소 8:1ㄴ》

3 각별(各別)히: 어떤 일에 대하여 유달리 특별한 마음가짐이나 자세로.

소언 伊이川쳔[ᄯᅡ 일홈이라] 程뎡 先션生ᄉᆡᆼ[일홈은 頤이오 ᄌᆞᄂᆞᆫ 正졍叔슉이니 명도 션ᄉᆡᆼ 아이니 대현엣 사ᄅᆞᆷ이라]이 ᄀᆞᆯᄋᆞ샤ᄃᆡ 사ᄅᆞᆷ을 ᄀᆞᄅᆞ츄ᄃᆡ ᄠᅳᆮ의 지ᄎᆔ를 보디 몯ᄒᆞ면 반ᄃᆞ시 ᄇᆡ홈을 즐기디 아니ᄒᆞ리니 아직 놀애와 춤을 ᄀᆞᄅᆞ칠 디니라 녜 詩시 三삼百ᄇᆡᆨ 篇편 ᄀᆞᄐᆞ니ᄂᆞᆫ

다 녯 사ᄅᆞᆷ이 지으니 關관雎져 ᄀᆞᆮᄐᆞᆫ 類류ᄂᆞᆫ 집을 正졍히 ᄒᆞᆷ애 비르슴이라 그러모로 ᄆᆞ올 사ᄅᆞᆷ의게 ᄡᅳ며 나라해 ᄡᅥ 날로 사ᄅᆞᆷ으로 ᄒᆞ여곰 듣게 ᄒᆞ니 이런 詩시ㅣ 그 말ᄉᆞᆷ이 간략ᄒᆞ고 기퍼 이젯 사ᄅᆞᆷ이 수이 아디 몯ᄒᆞᆯ 거시니 각별이 詩시ᄅᆞᆯ 지어 잠ᄭᆞᆫ 아ᄒᆡ 믈 ᄡᅳ리고 ᄡᅳᆯ며 應응ᄒᆞ며 對ᄃᆡᄒᆞ며 얼운 셤길 졀ᄎᆞ ᄀᆞᄅᆞ칠 일을 닐어 ᄒᆡ여곰 아ᄎᆞᆷ나죄로 브르게 ᄒᆞ고져 ᄒᆞ노니 맛당히 도올 줄이 이실 ᄃᆞᆺᄒᆞ니라

현대역 伊川[땅 이름이라.] 정 선생[이름은 이(頤)요, 자는 正叔이니, 明道 선생 아우니, 大賢의 사람이라.]이 말씀하시되, "사람을 가르치되 뜻의 旨趣를 보지 못하면 반드시 배움을 즐기지 아니하리니, 아직 노래와 춤을 가르칠 것이니라. 옛 시 삼백 편 같은 이[것]는 다 옛 사람이 지으니, '관저' 같은 종류는 집을 바르게 함에 비롯함이라. 그러므로 마을 사람에게 쓰며 나라에 써, 날로 사람으로 하여금 듣게 하니, 이런 시가 그 말씀이 간략하고 깊어 이제의 사람이 쉽게 알지 못할 것이니, 각별히 시를 지어, 잠깐 아이가 물 뿌리고 쓸며 응하며 대하며 어른 섬길 절차 가르칠 일을 일러, 하여금 아침 저녁으로 부르게 하고자 하나니, 마땅히 도울 줄이 있을 듯하니라."

지취: 지취(旨趣). 어떤 일의 근본이 되는 목적이나 긴요한 뜻. 유의어: 취의(趣意), 취지(趣旨).

【集說】陳氏曰伊川은地名이라先生의名은頤요字는正叔이니明道先生之弟라趣는指趣也요樂는喜好也라關雎는周南國風이니詩之首篇이라關雎等詩는爲教於閨門之內하니乃正家之始라故로當時에上下通用之라簡奥者는辭簡約而意深奥也라以灑掃等事로編爲韻語하여令朝夕詠歌之하면庶見意趣而好學矣리라朱子曰嘗疑曲禮에衣毋撥足毋蹶將上堂聲必揚將入戶視必下等語는皆古人教小兒之語也로라

진 씨가 말하였다. "伊川은 지명이다. 선생의 이름은 頤요, 자는 正肅이니, 明道 선생의 아우이다. 趣는 指趣고, 樂는 기뻐 좋아함이다. '關雎'는 周南 國風이니, 《詩經》의 머리편이다. '關雎' 등의 詩는 규문 안에서 가르치니, 이에 집안을 바로잡는 시초가 되었다. 그러므로 당시에 위아래[마을과 나라]가 그것을 통용했다. 簡奧라는 것은 말은 간약하되, 뜻은 깊고 오묘함이다. 물 뿌리고 쓰는 등 일로써 엮어 韻文으로 만들어, 하여금 아침저녁으로 그것을 읊고 노래하게 하면, 거의 意趣를 보아 배우기를 좋아하게 될 것이다. 주자가 말하였다. '일찍이, 〈곡례〉에 '옷을 풀어헤치지 말고, 발을 뛰지 말며, 장차 당에 오를 때에는, 소리를 반드시 드높이며, 장차 문에 들어갈 때에는, 시선을 반드시 아래로 내린다.'라는 등의 말은 모두 옛 사람이 어린이를 가르치는 말이라고 의심하였다."

漢字 頤(턱 이), 指(뜻 지, 가리킬 지), 趣(달릴 취), 閨(안방 규), 詠(읊을 영), 撥(뿌릴 발, 다스릴 발), 蹶(뛸 궐, 넘어질 궐, 움직일 궤)

1 간약(簡約): 복잡하지 아니함. 유의어: 간략(簡略).
2 皆古人敎小兒之語也: 모두 옛 사람이 어린이를 가르치는 말이라고 의심하였다. 즉 程伊川이 〈곡례〉의 내용을 운문으로 만들어 아이들이 부르게 했기 때문에 의심하였다.

〖五章〗

○陳忠肅公이曰幼學之士ㅣ先要分別人品之上下ㅣ니何者ㅣ是聖賢所爲之事ㅣ며何者ㅣ是下愚所爲之事오ᄒᆞ야向善背偑惡ᄒᆞ야去彼取此ㅣ此ㅣ幼學所當先也ㅣ니라 《了翁集》

●陳忠肅公이 말하였다. "어린 儒生의 선비는 먼저 반드시 인품의 높고 낮음을 분별해야 하니, 어느 것이 이 성현이 하는 바의 일이며, 어느 것이 이 下愚가 하는 바의 일인가 하여, 선을 향하고 악을 버려서, 저것[下愚의

일]을 버리고 이것[聖賢의 일]을 취함이 이것이 幼學이 마땅히 먼저 해야 할 바이다.

漢字 要(반드시 요, 요컨대 요), 背(버릴 패, 배척할 배, 위반할 패)

1 진충숙공[陳忠肅公, 1057년(또는 1060년)~1124년]: 북송(北宋) 남검주(南劍州) 사현[沙縣, 현재 복건성(福建省) 연평(延平)] 사람으로, 이름은 진관(陳瓘)이고, 자는 영중(瑩中)이며, 호는 요옹(了翁)·요재(了齋)·요당(了堂)이고, 시호는 충숙(忠肅)이다. 진세경(陳世卿)의 손자다. 신종(神宗) 원풍(元豊, 신종의 두 번째 연호) 2년(1079) 진사(進士)가 되고, 철종(哲宗) 소성(紹聖, 철종의 두 번째 연호) 초에 막직관(幕職官)과 태학박사(太學博士) 등을 지냈다. 채변(蔡卞) 등이 《자치통감》 판본을 훼손하는 것을 저지했다. 교서랑(校書郎)으로 옮겨 소술(紹述, 앞사람의 일을 이어받아 행함)에 대해 반대하다가 창주통판(滄州通判)으로 좇겨났다. 휘종(徽宗)이 즉위하자 좌사간(左司諫)에 발탁되고, 채변과 장돈(章惇)의 죄상을 극론하면서 《국용수지(國用須知)》와 《일록변(日錄辨)》을 올렸다. 휘종(徽宗) 숭녕(崇寧, 휘종의 두 번째 연호) 중에 당적(黨籍, 구법파와 신법파의 당쟁)으로 제명되고 원주(袁州), 염주(廉州), 침주(郴州) 등지로 유배를 갔다. 일찍이 선종(禪宗)에 관심을 두어 깨달은 바 있었다. 나중에 《화엄(華嚴)》을 읽고 깊이 그 법의(法義)를 이해해 자호를 화엄거사(華嚴居士)라 했다. 명지법사(明智法師)를 만나 천태(天台)의 종의(宗義)를 알게 되고 천착(穿鑿)했다. 대주(臺州)에 들어가 염불삼매(念佛三昧)에 전념해 《천태십의론(天台十疑論)》의 〈후서(後序)〉와 〈관당정토원기(觀堂淨土院記)〉를 지었다. 대주에서 5년 동안 있다가 승사랑(承事郎)으로 초주(楚州)로 옮겼다. 유안세(劉安世)의 학문을 종주로 하고, 사마광(司馬光)의 사숙제자(私淑弟子)가 되었으며, 소옹(邵雍)과 이정(二程)의 학문도 사숙했다. 유불도(儒佛道) 사상을 함께 취했고, 유불 이가(二家)의 큰 요지는 일치한다고 보았다. 저서에 《양한의론(兩漢議論)》·《사명존요집(四明尊堯集)》·《요재역설(了齋易說)》 등이 있다(중국역대인명사전).

2 하우(下愚): 어리석고 못난 사람. 자포자기(自暴自棄)하는 사람.

번소 陳딘忠듕肅슉公공이 ᄀᆞ로ᄃᆡ 져머셔 ᄇᆡ호ᄂᆞᆫ 사ᄅᆞ미 몬져 모로매 신품의 놉ᄂᆞᆺ가이를 ᄀᆞᆯᄒᆡ욜 디니 어늬 이 셩신 현신의 ᄒᆞ시논 이리며 어늬 ᄀᆞ장 어리니의 ᄒᆞ논 이린고 ᄒᆞ야 어딘 이레 향ᄒᆞ고 몹쁠 일란 ᄇᆞ려 뎔란 ᄇᆞ리고 일란 홀시 이 져믄 ᄇᆡ홀 사ᄅᆞ미 모로매 몬져 ᄒᆞ욜 배라

현대역 陳忠肅公이 가로되, "어려서 배우는 사람이 먼저 모름지기 인품의 높낮이를 가릴 것이니, '어느 것이 이 성인 현인의 하시는 일이며, 어느 것이 가장 어리석은 이의 하는 일인고?' 하여, 어진 일에 향하고 몹쓸 일일랑[일은] 버려, 저것일랑 버리고 이것일랑 할 것이, 이 어린 배울 사람이 모름지기 먼저 할 바라.

뎔란. 일란: 저것일랑. 이것일랑. '뎌(대명사)+ㄹ란(보조사)', '이(대명사)+ㄹ란(보조사)'이다. 'ㄹ란'은 현대국어 'ㄹ랑'에 해당하며, 'ㄹ랑'은 받침 없는 체언이나 조사 '에', '에서', 어미 '-고서', '-어서', '-지' 따위 뒤에 붙어, 구어체로, 어떤 대상을 특별히 정하여 가리키는 데 쓰는 보조사이다. 흔히 뒤에는 충고하는 말이 온다. 이 다ᄉᆞᆺ ᄇᆞᆶ 갈ᄒᆞᆯ 네 용심ᄒᆞ야 공부 드려 ᄆᆡᆼᄀᆞ라 일란 네 구틔여 니르디 말라(這五件兒刀子你用心下功夫打).《번박 상:17》, 내 조각 비단이 업세라 일란 네 근심 말라 내 명록비쳇 비단이 잇다(我沒裁帛 這的你休愁 我有明綠紵絲).《번박 상:47》 돈 꾸어 달라는 애길랑 내 앞에서 꺼내지도 마라. 할머니 댁에서 며칠 보내고설랑 또 고모 댁으로 가야지.

소언 陳딘忠튱肅슉公공[忠튱肅슉은 시회니 일홈은 瓘관이라 宋송적 사ᄅᆞᆷ이라]이 ᄀᆞᆯ오ᄃᆡ 져머셔 ᄇᆡ호ᄂᆞᆫ 션ᄇᆡ 몬져 모롬애 인품의 놉ᄂᆞᆺ가이ᄅᆞᆯ ᄀᆞᆯᄒᆡ욜 디니 어늬 이 셩인 현인의 ᄒᆞ시ᄂᆞᆫ 바 일이며 어늬 이 ᄀᆞ장 어린 이의 ᄒᆞᄂᆞᆫ 바 일인고 ᄒᆞ야 어딘 ᄃᆡ 向향ᄒᆞ고 사오나온 이ᄅᆞᆯ ᄇᆞ려 뎌ᄅᆞᆯ 더디고 이ᄅᆞᆯ 取취홈이 이 졈어셔 ᄇᆡ홀 이 맛당히 몬져 홀 배니라

현대역 陳忠肅公[충숙은 시호니 이름은 관(瓘)이라. 宋 때 사람이라.]이 가로되, "어려서 배우는 선비 먼저 모름지기 인품의 높낮이를 가릴 것이니, '어느 이[것이] 성인 현인의 하시는 바 일이며, 어느 이 가장 어리석은 이의 하는

바 일인가?' 하여, 어진 데 향하고 사나운 이를 버려, 저[저것]를 던지고 이를 취함이 이 어려서 배울 이 마땅히 먼저 할 바니라.

일인고: 일인가. '일(事, 명사)+이('이다'의 어간)+ㄴ(관형사형 어미)+고(의문 보조사)'이다. '고'는 의문 보조사로 ᄒᆞ라체 제1·3인칭 의문법 설명의문문을 만든다. 본래 '체언+고' 형태로 나타남이 원칙으로, '일+고'가 본래 모습이다. 의문사를 동반하며, 일정한 정보를 요구하고, '오' 형태의 모음으로 쓰인다.

【集說】吳氏曰公의名은瓘貫이요字는瑩中이요號는了翁이며忠肅은謚也니延平人이라言所當向而取者는上品聖賢也요所當背(패)而去者는下品下愚也라

오 씨가 말하였다. "공의 이름은 瓘이요, 자는 영중(瑩中)이요, 호는 了翁이며, 忠肅은 시호이니, 延平 사람이다. 마땅히 향하여 취할 바인 것은 상품의 성현이요, 마땅히 버려서 제거해야 할 바의 것은 하품의 하우임을 말하였다."

漢字 瓘(옥 관), 瑩(옥돌 영, 맑을 형)

顔子孟子는亞聖也ㅣ라學之雖未至ㅣ나亦可爲賢人이니今學者ㅣ若能知此則顔孟之事를我亦可學이니라

●顔子와 孟子는 亞聖이다. 그들을 배워 비록 이르지 못하나, 또한 가히 현인은 될 수 있으니, 오늘날 배우는 자가 만일 능히 이를 안다면, 안자와 맹자의 일을 나도 또한 가히 배울 것이다.

아성(亞聖): 버금 성인, 즉 공자 다음의 성인.

번소 顔안子ᄌᆞ와 孟ᄆᆡᆼ子ᄌᆞᄂᆞᆫ 버근 셩신이시니 ᄇᆡ호다가 비록 다ᄃᆞᆫ 디 몯ᄒᆞ야도 ᄯᅩ 가히 賢현人신이 ᄃᆞ외리니 이제 ᄇᆡ홀 사ᄅᆞ미 만이레

능히 이리 홀 주롤 알면 顏안子ᄌᆞ 孟밍子ᄌᆞㅅ 이롤 나도 또 가히 ᄇᆡ호리라

현대역 顏子와 孟子는 버금 성인이시니, 배우다가 비록 다다르지 못하여도 또 가히 현인이 되리니, 이제 배울 사람이 만일에 능히 이리 할 줄을 알면, 안자 맹자의 일을 나도 또 가히 배우리라.

소언 顏안子ᄌᆞ[일홈은 回회오 ᄌᆞ는 子ᄌᆞ淵연이니 孔공子ᄌᆞㅅ 뎨ᄌᆞ라]와 孟밍子ᄌᆞ는 버근 셩인이라 ᄇᆡ화 비록 니르디 몯ᄒᆞ나 또 可가히 賢현人인이 되리니 이제 ᄇᆡ호는 이 만일 能능히 이롤 알면 안ᄌᆞ 밍ᄌᆞ의 일올 나도 또 可가히 ᄇᆡ호리라

현대역 顏子[이름은 回요, 자는 子淵이니 공자의 제자라.]와 孟子는 버금 성인이라. 배워 비록 이르지 못하나 또 가히 현인이 되리니, 이제 배우는 이 만일 능히 이를 알면, 안자 맹자의 일을 나도 또 가히 배우리라.

【增註】此下는言聖賢之事를當向而取也라亞는次也라學之는謂學顏孟이라

이 아래는 성현의 일을 마땅히 향하여 취해야 함을 말한 것이다. 亞는 버금이다. 學之[그들을 배움]는 顏子와 孟子를 배움을 이른다.

言溫而氣和則顏子之不遷을漸可學矣오過而能悔ᄒᆞ며又不憚改則顏子之不貳를漸可學矣리라

● 말이 따뜻하고 기운이 화하면, 顏子가 (노함을) 옮기지 않음을 점점 가히 배울 수 있고, 잘못이 있음에 능히 뉘우치며 또 고치기를 꺼리지 않으면, 顏子가 (허물을) 다시 하지 않음을 점점 가히 배울 수 있다.

漢字 憚(꺼릴 탄), 貳[다시 이=復(부)]

불천(不遷), 불이(不貳): 위 대문(大文)에서, 불천(不遷)은 '불천노(不遷怒)'의, 불이(不貳)는 '불이과(不貳過)'의 줄임이다. "哀公問弟子 孰爲好學 孔子對曰 有顔回者好學 不遷怒 不貳過 不幸短命死矣 今也則亡(無무) 未聞好學者也(애공이 물었다. '제자에 누가 배우기를 좋아합니까?' 공자가 대답하여 말하였다. '안회라 하는 사람이 있어, 배우기를 좋아하여, 노여움을 옮기지 아니하며, 허물을 다시 하지 아니하더니, 다행치 못하여 명이 짧아 죽어 이제는 없으니, 배우기 좋아하는 이를 듣지 못했습니다.')"(《논어(論語)》 〈옹야(雍也)〉 제2장)

번소 말ᄉᆞ미 온공ᄒᆞ고 긔운이 화열ᄒᆞ면 顔안子ᄌᆞᄋᆡ 로ᄒᆞ욤 다ᄅᆞᆫ ᄃᆡ 옴기디 아니호ᄆᆞᆯ 졈졈 가히 ᄇᆡ홀 거시오 그ᄅᆞ혼 이ᄅᆞᆯ 능히 뉘웃처 ᄒᆞ고 ᄯᅩ 고툐ᄆᆞᆯ ᄭᅴ리디 아니ᄒᆞ면 顔안子ᄌᆞᄋᆡ 왼 일 다시 아니호ᄆᆞᆯ 졈졈 가히 ᄇᆡ호리라

현대역 말씀이 온공하고 기운이 和悅하면, 안자의 노함 다른 데 옮기지 아니함을 점점 가히 배울 것이오, 잘못한 일을 능히 뉘우쳐 하고 또 고침을 꺼리지 아니하면, 안자의 그른 일 다시 아니함을 점점 가히 배우리라.

1 화열ᄒᆞ면: 화열(和悅)하면. 마음이 화평하여 기쁘면.

2 ᄭᅴ리디: 꺼리지. 'ᄭᅴ리(어간)+디(보조적 연결어미)'이다. 'ᄭᅴ리다'는 '사물이나 일 따위가 자신에게 해가 될까 하여 피하거나 싫어하다.'를 뜻한다. 'ᄭᅴ리다'는 15세기 문헌에서부터 나타난다. 19세기에 'ㄱ'의 된소리 표기가 'ㅺ'에서 'ㄲ'으로 바뀌어 'ᄭᅴ리-'가 '꺼리-'로 나타나면서 현재에 이르렀다. 16세기에는 'ᄭᅴᆯ이-'로 나타나기도 했는데, 'ᄭᅴᆯ이-'는 'ᄭᅴ리-'의 과잉 분철 표기이다. ᄭᅴ리다(15세기~19세기)>꺼리다(19세기~현재). 揚子江南ᄋᆞᆯ ᄭᅴ리샤 使者ᄅᆞᆯ 보내신ᄃᆞᆯ 七代之王ᄋᆞᆯ 뉘 마ᄀᆞ리잇가.《1447 용가 15》, 이 은을 므스글 ᄭᅴᆯ이ᄂᆞ다.《1510년대 번노 상:65ㄱ》

소언 말ᄉᆞᆷ이 온후ᄒᆞ고 긔운이 화평ᄒᆞ면 顔안子ᄌᆞ의 노 옴기디 아니홈을 졈졈 可가히 ᄇᆡ홀 거시오 그ᄅᆞᄒᆞ고 能능히 뉘웃ᄎᆞ며 ᄯᅩ 고팀을 ᄭᅴ리디 아니ᄒᆞ면 顔안子ᄌᆞ의 허믈 다시 아니홈을 졈졈 可가히 ᄇᆡ호

리라

현대역 말씀이 溫厚하고 기운이 和平하면, 안자의 노여움 옮기지 아니함을 점점 가히 배울 것이오, 잘못하고 능히 뉘우치며 또 고침을 꺼리지 아니하면, 안자의 허물 다시 아니함을 점점 가히 배우리라.

1 온후ᄒᆞ고: 온후(溫厚)하고. 온화하고 덕이 많고.
2 화평ᄒᆞ면: 화평(和平)하면. 화목하고 평온하면.

【集說】**朱子曰遷**은**移也**요**貳**는**復也**라**怒於甲者**를**不移於乙**하고 **過於前者**를**不復於後**니라

주자가 말하였다. "遷은 옮김이요, 貳는 다시이다. (안자는) 갑에게 노한 것을 을에게 옮기지 않고, 앞에서 잘못한 것을 뒤에 다시 하지 않는다."

知埋鬻之戲ㅣ**不如俎豆**ᄒᆞ고**念慈母之愛**ㅣ**至於三遷**ᄒᆞ야**自幼至老**히**不厭不改**ᄒᆞ야**終始一意則我之不動心**이**亦可以如孟子矣**리라

● 묻고 물건 파는 놀이가 제기와 같지 못함을 알고, 자모의 사랑이 세 번 옮김에 이르렀음을 생각하여, 어릴 때부터 늙음에까지 (배우기를) 싫어하지 않고 (배움 지킴을) 고치지 않아, 처음부터 끝까지 한 뜻이면, 나의 부동심이 또한 가히 써 맹자와 같아질 것이다.

漢字 **埋**(묻을 매), **鬻**(팔 육, 죽 죽)

맹모삼천지교(孟母三遷之教): 〈계고(稽古) 제4〉 제2장에 자세히 보인다.

번소 무드며 홍졍ᄒᆞ논 노ᄅᆞ시 례옛 그르스로 노롬만 ᄀᆞᆮ디 몯ᄒᆞᆫ 주를 알며 어마니믜 ᄉᆞ랑ᄒᆞ샤미 세 고대 니르히 올ᄆᆞ시던 주를 ᄉᆡᆼ각ᄒᆞ야 아ᄒᆡ 시졀브터 늘고매 니ᄅᆞ히 아쳐티 아니ᄒᆞ며 가ᄉᆡ디 아니ᄒᆞ야 내

죵과 처ᅀᅡ미 ᄒᆞᆫ가짓 ᄠᅳ디면 내ᄋᆡ ᄆᆞᅀᆞᆷ 요동 아니 호미 ᄯᅩ 가히 孟ᄆᆡᆼ子ᄌᆞ ᄀᆞᆮᄒᆞ리라

현대역 묻으며 홍정하는 노릇이 禮의 그릇으로 놂만 같지 못한 줄을 알며, 어머님의 사랑하심이 세 곳에 이르게 옮으시던[옮기시던] 줄을 생각하여, 아이 시절부터 늙음에 이르게 싫어하지 아니하며 변하지 아니하여, 나중과 처음이 한가지의 뜻이면 나의 마음 요동 아니함이 또 가히 맹자 같으니라.

1 노ᄅᆞ시: 노릇이. 놀이가. 유희가. '노ᄅᆞᆺ(명사)+이(주격 조사)'이다. '노ᄅᆞᆺ'은 15세기 문헌에서부터 나타난다. '노ᄅᆞᆺ'은 '놀다'와 접사 '-ᄋᆞᆺ'이 결합한 것으로 추정된다. 16세기 이후 제2음절의 'ㆍ'가 'ㅡ'로 변화함에 따라 16세기에는 '노릇'이 나타나서 현재에 이르렀다. 15세기의 '노ᄅᆞᆺ'은 '놀이', '유희'의 의미만을 가지지만, 16세기부터 '역할', '맡은 바 구실'의 의미로 사용되는 예도 확인된다. 근대국어 이후로는 후자의 의미를 가진 '노릇'이 점차로 많이 쓰이기 시작하여 현재의 '노릇'으로 남았다. 17세기의 '노롯'은 '노ᄅᆞᆺ'의 제2음절 모음 'ㆍ'가 'ㅗ'로 변화한 형태이다. 노ᄅᆞᆺ(15세기~19세기)>노릇(16세기~현재). 世間이 無常ᄒᆞ야 구든 주리 업서 곡도 노ᄅᆞᆺ ᄀᆞᆮᄒᆞ야.《1459 월석 10:14ㄱ》, 어즈러이 변화ᄒᆞᆫ 일와 풍류며 노ᄅᆞ시며 노롬노리 이바디예과 ᄡᅧ 바독 쟝긔과 긔특ᄒᆞᆫ 보암즉ᄒᆞᆫ 거싀 니르히.《1587 소언 6:121ㄴ》

2 노롬만: 놂만. '놀(어간)+옴(명사형 어미)+만(보조사)'이다. 현대국어 '놀다'는 15세기 문헌에서부터 나타나 현재까지 이어진다. 寶琴 놀오 놀애 브르니《1447 석상 11:15ㄱ》, 노ᄅᆞᆺᄒᆞ며 홍쎠여 놀며 보피ᄒᆞᄂᆞᆫ 남진겨집돌 ᄒᆞ야《1510년대 번노 하:48ㄴ》

소언 묻으며 홍졍ᄒᆞᄂᆞᆫ 희롱이 俎조豆두만 ᄀᆞᆮ디 몯ᄒᆞᆫ 줄ᄋᆞᆯ 알오 어엿비 너기시ᄂᆞᆫ 엄의 ᄉᆞ랑홈이 세 적 올몸애 니ᄅᆞ신 줄ᄋᆞᆯ ᄉᆡᇰ각ᄒᆞ야 어린 제브터 늘곰애 니ᄅᆞ히 슬흐여 ᄒᆞ디 아니ᄒᆞ며 ᄀᆞᆯ티디 아니ᄒᆞ야 내죵과 처엄이 ᄒᆞᆫ가짓 ᄠᅳᆮ이면 내의 ᄆᆞᄋᆞᆷ 요동 아니홈이 ᄯᅩ 可가히 ᄡᅧ 孟ᄆᆡᆼ子ᄌᆞ ᄀᆞᆮᄒᆞ리라

현대역 묻으며 홍정하는 戲弄이 조두(俎豆)만 같지 못한 줄을 알고, 불쌍히

여기시는 어머니의 사랑함이 세 번 옮음에 이르신 줄을 생각하여, 어린 때부터 늙음에 이르게 싫어하여 하지 아니하며 바꾸지 아니하여, 나중과 처음이 한가지의 뜻이면 나의 마음 搖動 아니 함이 또 가히 써 맹자 같으니라.

1 희롱: 희롱(戲弄). 서로 즐기며 놀리거나 놂. 희롱을 하는지 두 나비가 한 뭉치 되어 공중으로 올라가다가 내려가다가 다시 오르락내리락하는데….《이인직, 모란봉》
2 조두(俎豆): 제사 때 음식을 담는 제기.
3 곧티다: 고치지. 바꾸지. '곧티(어간)+디(보조적 연결어미'이다. 현대국어 '고치다'의 옛말인 '고티다'는 15세기 문헌에서부터 나타난다. 근대국어 시기 'ㅣ' 모음 앞에서 'ㄷ, ㅌ'이 'ㅈ, ㅊ'으로 바뀌는 구개음화가 일어났는데 '고티다'도 그러한 변화를 경험하여 17세기부터 '고치다'로 나타난다. 그러나 17세기에 구개음화를 경험한 '고치다'가 일반적인 것은 아니어서 '고치다'가 본격적으로 쓰이기 시작한 것은 18세기에 들어서의 일이라고 볼 수 있다. 18세기에는 '고치다'의 이표기로 '곳치다' 등도 함께 보인다. 19세기에는 '곤치다'로 표기된 예도 보이는데 이는 '고치다'에 'ㄴ'이 첨가된 것으로 현대국어 일부 방언의 '곤치다'와 연결된다. 고티다(15세기~18세기)〉고치다(17세기~현재). 이형태: 고티다, 곧티다, 곳티다, 곳치다, 고치다, 곤치다. 龍王이 金剛杵 저허 모딘 ᄆᆞᅀᆞᆷ 고티니 羅刹도 쏘 고티니이다.1447 월천 71ㄴ》, 高允이 룽히 ᄒᆞ니 주구매 다ᄃᆞ라셔 말솜을 곧티디 아니호믄 믿브고.《1518 번소 9:47ㄱ》, 영낙적의 남진 댱문둥이 시드는 병을 어드니 약으로 곳티디 몯ᄒᆞ야 유시다려 닐오되.《1581 속삼-중 열:6ㄱ》
4 요동: 요동(搖動). 흔들리어 움직임.

【增註】埋는墓間之事요鬻은市中之事요俎豆는學宮之事니此則三遷之教也라不厭謂學不倦이요不改는謂守不變이라

매(埋)는 묘 사이의 일이요, 육(鬻)은 저자 가운데의 일이요, 조두(俎豆)는 학교의 일이니, 이들은 곧 세 번 옮기는 가르침이다. 不厭은 배우기를 게을리 하지 않음을 이르고, 不改는 지킴이 변하지 않음을 이른다.

若夫立志不高則其學이皆常人之事ㅣ라語及顔孟則不敢當也ᄒᆞ야其心에必曰我爲孩童이어니豈敢學顔孟哉리오ᄒᆞ리니此人은不可以語上矣니라先生長者ㅣ見其卑下ᄒᆞ고豈肯與之語哉리오先生長者ㅣ不肯與之語則其所與語ㅣ皆下等人也ㅣ라言不忠信이下等人也ㅣ오行不篤敬이下等人也ㅣ오過而不知悔ㅣ下等人也ㅣ오悔而不知改ㅣ下等人也ㅣ니聞下等之語ᄒᆞ고爲下等之事ᄒᆞ면譬如坐於房舍之中ᄒᆞ야四面이皆墻壁也ㅣ니雖欲開明이나不可得矣리라

●만약 무릇 뜻을 세움이 높지 못하면, 그 배움은 모두 보통 사람의 일이다. 말이 顔子와 孟子에 미치면, 감당하지 못하여, 그 마음에 반드시 이르길, '나는 어린아이가 되었으니, 어찌 감히 안자와 맹자를 배우겠는가?'라 할 것이니, 이런 사람은 가히 써 상등[높은 것]을 말할 수 없다. 선생과 장자는 그 자신을 낮춤[卑下]을 보고, 어찌 그와 더불어 말하기를 즐거워하겠는가? 선생과 장자가 그와 더불어 말하기를 즐거워하지 않는다면, 그가 더불어 말하는 바[사람]는 모두 하등인일 것이다. 말이 忠信하지 못함이 하등인이요, 행동이 도탑고[돈독하고] 공경스럽지 않음이 하등인이요, 허물이 있되 뉘우침을 알지 못함이 하등인이요, 뉘우치되 고침을 알지 못함이 하등인이니, 하등의 말을 듣고 하등의 일을 행하면, 비유컨대 마치 방 가운데에 앉아서 사면이 모두 담벽인 것과 같으니, 비록 열어 밝게 하고자 하나, 가히 얻을 수 없다."

漢字 孩(어린아이 해, 어릴 해), 篤(도타울 독), 譬(비유할 비), 墻(담 장), 壁(벽 벽)

1 해동(孩童): 어린아이.

2 방사(房舍): '방'을 전문적으로 이르는 말.

번소 만일에 닙지 놉디 몯ᄒᆞ면 그 ᄇᆡ호미 다 샹녯 사ᄅᆞᄆᆡ 이리라.

말ᄉᆞᆷ호매 顔안子ᄌᆞ 孟ᄆᆡᆼ子ᄌᆞᄭᅴ 다ᄃᆞᆮ거든 감히 당티 몯ᄒᆞ야 제 ᄆᆞᅀᆞ매 너규ᄃᆡ 나ᄂᆞᆫ 아ᄒᆡ어니 엇뎨 감히 顔안孟ᄆᆡᆼᄋᆞᆯ ᄇᆡ호료 ᄒᆞ리니 이 사ᄅᆞᄆᆞᆫ 더브러 노ᄑᆞᆫ 이ᄅᆞᆯ 니ᄅᆞ디 몯ᄒᆞ리라 先션生ᄉᆡᆼ이며 얼운ᄃᆞᆯ히 그 ᄂᆞᆽ가온 주ᄅᆞᆯ 보고 언제 ᄃᆞ려 말ᄉᆞᆷ호려 ᄒᆞ리오 先션生ᄉᆡᆼ이며 얼운ᄃᆞᆯ히 ᄃᆞ려 말ᄉᆞᆷ호려 아니ᄒᆞ면 그 ᄃᆞ려 말ᄉᆞᆷᄒᆞᄂᆞ니ᄂᆞᆫ 다 하등엣 사ᄅᆞ미라 말ᄉᆞᄆᆞᆯ 졍셩되오 유신히 아니호미 하등엣 사ᄅᆞ미며 ᄒᆡᆼ뎍글 돋가이 ᄒᆞ며 공경티 아니호미 하등엣 사ᄅᆞ미며 허므를 뉘읏븐 주ᄅᆞᆯ 아디 몯호미 하등엣 사ᄅᆞ미며 뉘으초ᄃᆡ 고틸 주ᄅᆞᆯ 아디 몯호미 하등엣 사ᄅᆞ미니 하등엣 마ᄅᆞᆯ 듣고 하등엣 이ᄅᆞᆯ ᄒᆞ면 가ᄌᆞᆯ비건댄 방 ᄭᅡ온ᄃᆡ 안자 ᄉᆞ면이 다 담이며 ᄇᆞᄅᆞᆷ이 ᄀᆞᄐᆞ니 비록 ᄀᆡ명코져 ᄒᆞ야도 득디 몯ᄒᆞ리라

현대역 만일에 立志가 높지 못하면, 그 배움이 다 常例의 사람의 일이라. 말씀함에 顔子와 孟子께 다다르거든[다다르면] 감히 감당하지 못하여 제 마음에 여기되, '나는 아이니 어찌 감히 顔孟을 배우리오.' 하리니, 이 사람은 더불어 높은 이를 말하지 못하리라. 선생이며 어른들이 그 낮은 줄을 보고 언제 더불어 말씀하려 하리오. 선생이며 어른들이 더불어 말씀하려 아니하면, 그 더불어 말씀하는 이는 다 하등(下等)의 사람이라. 말씀을 정성되고 有信하게 아니함이 하등의 사람이며, 行蹟을 도탑게 하며 공경하지 아니함이 하등의 사람이며, 허물을 뉘우쁠 줄을 알지 못함이 하등의 사람이며, 뉘우치되 고칠 줄을 알지 못함이 하등의 사람이니, 하등의 말을 듣고 하등의 일을 하면, 비유한즉슨 방 가운데 앉아 사면이 다 담이며 벽과 같으니, 비록 開明하고자 해도 얻지 못하리라."

1 닙지: 입지(立志). 뜻을 세움.
2 샹녯: 상례(常例)의. 보통 사례의. '샹녜(명사)+ㅅ(관형격 조사)'이다.
3 ᄇᆡ호료: 배우리오. 'ᄇᆡ호(어간)+리(추측법 선어말어미)+오(의문형 종결어미)'이다. '-료'는 ᄒᆞ라체 제1·3인칭 의문법 설명의문문의 요소로, 의문사와 함께

쓰여, 일정한 정보를 요구한다. '오' 계통의 모음으로 되어 있다. 出家ᄒᆞᆫ 사ᄅᆞᄆᆞᆫ 쇼ᄒᆡ ᄀᆞᆮ디 아니ᄒᆞ니 그에 精舍ㅣ 업거니 어드리 가료.《석상 6:22》, 太子ㅣ 우스며 닐오ᄃᆡ 내 므스거시 不足ᄒᆞ료.《석상 6:24》

4 하등(下等): 정도나 수준이 낮거나 뒤떨어짐.

5 유신(有信)히: 신의가 있게.

6 힝뎍글: 행적(行跡, 行績, 行蹟)을. 행위의 실적(實績)이나 자취를. '힝뎍ㄱ(명사)+을(목적격 조사)'이다. 명사가 중철 표기되었다.

7 뉘읏븐: 뉘우쁜. 뉘우치는 생각이 있는. '뉘읏브(어간)+ㄴ(관형사형 어미)'이다. '뉘읏브다'는 15세기 문헌에서부터 나타난다. '뉘읏브다'는 '뉘읓다'와 접사 '-브-'가 결합한 것이다. '뉘읓다'는 자음으로 시작하는 어미 앞에서는 '뉘읏-'으로 나타난다. 15세기부터 '뉘읏브다'의 제2음절 모음 'ㅡ'가 'ㅜ'로 변화한 '뉘웃브다'가 나타난다. '뉘웃브다'의 제2음절 종성 'ㅅ'의 영향으로 제3음절 초성이 된소리로 발음되고, 된소리 표기 'ㅄ'을 'ㅃ'로 표기하게 됨에 따라 20세기 이후 '뉘우쁘다'로 나타나서 현재에 이르렀다. '뉘읏브다'와 '뉘웃브다'의 제2음절 종성 'ㅅ'은 후행하는 초성과 함께 표기되기도 하였는데, 이에 따라 15세기에는 '뉘으ᄡᅳ다'가, 17세기에는 '뉘우ᄡᅳ다'가 나타난다. 뉘읏브다(15세기~17세기)〉뉘웃브다(15세기~18세기)〉뉘우쁘다(20세기~현재). 그딋 혼 조초 ᄒᆞ야 뉘읏븐 ᄆᆞᅀᆞᄆᆞᆯ 아니호리라.《1447 석상 6:8ㄴ-9ㄱ》, 내 ᄆᆞᅀᆞᄆᆞᆯ 노티 말라 後에 뉘으ᄡᅳ미 나리라.《1464 영가 상:6ㄱ》, 이제 ᄒᆞ마 大예 나ᅀᅡ가ᅀᅡ 기피 뉘웃븐 ᄃᆞᆯ 알씨.《1463 법화 2:253ㄱ》

8 뉘으초ᄃᆡ: 뉘우치되. '뉘읓(어간)+오ᄃᆡ(연결어미)'이다. '뉘읓다'는 '뉘우치다'의 옛말이다. 스스로 제 잘못을 깨닫고 마음속으로 꾸짖어 책망하는 감정을 느끼다. '뉘읓다'는 15세기 문헌에서부터 나타난다. '뉘읓다'는 자음으로 시작하는 어미 앞에서는 팔종성법에 따라 '뉘읏-'으로 나타났다. 16세기에는 제2음절의 모음 'ㅡ'가 'ㅜ'로 바뀐 '뉘웇다' 형태가 등장하였다. '뉘웇다'는 매개모음으로 시작하는 어미가 결합하면 '뉘우츠며' 등으로 나타났는데, 19세기에 마찰음과 파찰음 'ㅅ, ㅈ, ㅊ' 뒤에 오는 모음 'ㅡ'가 'ㅣ'로 변하는 전설모음화가 일어나 '뉘우츠며', '뉘우츠니' 등이 '뉘우치며', '뉘우치니'로 변화하였다. 이러한 활용형으로부터 유추하여 이 단어의 어간을 '뉘우치-'로 인식하게 됨에 따라 19세기에는 자음으로 시작하는 어미 앞에서도 '뉘우치-' 형태가 나타나게 되어 현재에 이르렀다. 뉘읓다(15세기~17세기)〉뉘웇다(16세기~19세기)〉뉘우치다(19세기~현재).

뉘으처 외요이다 호믄 네 그르 ᄒᆞ단 이를 뉘읏고 이제 得혼 이를 慶賀ᄒᆞ니라.《1459 월석 15:22ㄱ》, 大慈悲 世尊ㅅ긔 버릇업ᄉᆞᆸ던 일ᄋᆞᆯ 魔王이 뉘으츠니이다.《1447 월곡 27ㄴ》, 그ᄅᆞ혼 이를 능히 뉘읏처 ᄒᆞ고 ᄯᅩ 고툐ᄆᆞᆯ ᄡᅥ리디 아니ᄒᆞ면.《1518 번소 6:9ㄴ》, 부모 위ᄒᆞ야 이 경을 ᄡᅥ 닐그며 져ᄂᆡ 지슨 죄를 뉘우처 ᄒᆞ며 부텨 마지ᄒᆞ야 복글 닷그라.《1563 은중 22ㄴ》, 子ㅣ ᄀᆞᆯᄋᆞ샤ᄃᆡ 虎를 暴ᄒᆞ며 河를 憑ᄒᆞ야 죽어도 뉘읏츰이 업ᄂᆞᆫ 者를 내 더브러 아니호리니.《1590 논언 2:17ㄴ》, 君子ᄂᆞᆫ 中庸을 依ᄒᆞ야 世예 遯ᄒᆞ야 알옴을 보디 몯ᄒᆞ야도 뉘읏디 아니ᄒᆞᄂᆞ니 오직 聖子ㅣ사 能ᄒᆞᄂᆞ니라.《1590 중언 8ㄴ》, 그ᄅᆞᄒᆞ고 能히 뉘읃츠며 ᄯᅩ 고팀을 ᄡᅥ리디 아니ᄒᆞ면 顔子의 허믈 다시 아니홈을 졈졈 可히 ᄇᆡ호리라.《1588 소언 5:9ㄱ》, 뉘옷고 고틸 줄ᄋᆞᆯ 아디 몯홈이 下等ㅅ 사ᄅᆞᆷ이니.《1587 소언 5:11ㄱ》

9 가줄비건댄: 비유하건댄. 비유한즉슨. '가줄비(어간)+거(확인법 선어말어미)+ㄴ댄(연결어미)'이다. '-ㄴ댄'은 어간이나 어미에 붙어 '-은즉슨', '-(으)면'을 뜻하는 어미이다. 阿難아 ᄒᆞ다가 네 봃 時節에 이 네라 나 아닌댄 見性이 周遍커니 너 아니라 뉘리오(阿難 若汝見時 是汝非我 見性周徧 非汝而誰).《능엄 2:38》. '가줄비다'는 '비교하다', '비유하다'의 옛말이다. 다봇 ᄀᆞᄐᆞᆫ 구믿터리 드믈언디 오라니 힌 시레 가줄뵤ᄆᆞᆯ 잇비 아니ᄒᆞ리로다(蓬鬢稀疎久 無勞比素絲).《두시-초 11:8》, 하둥엣 마ᄅᆞᆯ 듣고 하둥엣 이ᄅᆞᆯ ᄒᆞ면 가줄비건댄 방 ᄭᅡ온ᄃᆡ 안자 ᄉᆞ면이 다 담이며 ᄇᆞᄅᆞᆷ이 ᄀᆞᄐᆞ니(聞下等之語 爲下等之事 譬如坐於房舍之中 四面皆墻壁也).《번소 6:12》

10 ᄀᆡ명코져: 개명하고자. 'ᄀᆡ명ᄒᆞ(어간)+고져(종속적 연결어미)'이다. 어간의 'ᄒᆞ'에서 'ㆍ'가 탈락하고 어미 'ㄱ'과 자음축약을 일으켰다. '-고져'는 주로 동사, 형용사 어간이나 어미 뒤에 붙어, '-고자'를 뜻하는 어미이다. ᄒᆞᆫ ᄉᆞ랑ᄒᆞᄂᆞᆫ 아기아ᄃᆞ리 양ᄌᆞ며 ᄌᆡ죄 ᄒᆞᆫ 그티니 그딋 ᄯᆞᄅᆞᆯ 맛고져 ᄒᆞ더이다.《석상 6:15》, 兜率天에 가아 兜率 天子ㅣ ᄃᆞ외야 世尊 뵈ᄉᆞᆸ고져 너겨.《석상 6:45》. 'ᄀᆡ명ᄒᆞ다'는 개명(開明)하다'의 옛말로, '지혜가 계발되고 문화가 발달하여 새로운 사상, 문물 따위를 갖다.'를 뜻한다.

소언 만일 ᄠᅳᆮ 셤이 놉디 아니ᄒᆞ면 그 ᄇᆡ홈이 다 샹녯 사ᄅᆞᆷ의 일이라 말이 顔안子ᄌᆞ 孟ᄆᆡᆼ子ᄌᆞᄭᅴ 믿츠면 敢감히 當당티 몯ᄒᆞ야 그 ᄆᆞ음애 반ᄃᆞ시 ᄀᆞᆯ오ᄃᆡ 내 아ᄒᆡ 되엿거니 엇디 敢감히 顔안孟ᄆᆡᆼ을 ᄇᆡ호리오 ᄒᆞ리니 이 사ᄅᆞᆷ은 可가히 ᄡᅥ 운층을 닐ᄋᆞ디 몯ᄒᆞ리라 先션生ᄉᆡᆼ이며 얼운이 그 ᄂᆞᆽ가옴을 보고 엇디 즐겨 더블어 말ᄒᆞ리오 先션生ᄉᆡᆼ이며 얼운이 즐겨 더블어 말 아니ᄒᆞ면 그 더블어 말ᄒᆞᄂᆞᆫ 배 다 下하等등ㅅ 사ᄅᆞᆷ이라 말ᄉᆞᆷ을 튱셩코 믿비 아니홈이 下하等등ㅅ 사ᄅᆞᆷ이오 ᄒᆡᆼ실을 돈독고 공경티 아니홈이 下하等등ㅅ 사ᄅᆞᆷ이오 그ᄅᆞᆺᄒᆞ고 뉘우ᄎᆞᆯ 줄ᄋᆞᆯ 아디 몯홈이 下하等등ㅅ 사ᄅᆞᆷ이오 뉘읏고 고틸 줄ᄋᆞᆯ 아디 몯홈이 下하等등ㅅ 사ᄅᆞᆷ이니 下하等등엣 말 듣고 下하等등엣 일ᄋᆞᆯ ᄒᆞ면 譬비컨댄 房방舍샤ㅅ 가온대 안자 四ᄉᆞ面면이 다 담이며 ᄇᆞᄅᆞᆷ이 ᄀᆞᄐᆞ니 비록 열어 ᄇᆞᆰ게 ᄒᆞ고져 ᄒᆞ나 可가히 얻디 몯ᄒᆞ리라

현대역 만일 뜻 세움이 높지 아니하면, 그 배움이 다 상례의 사람의 일이라. 말이 顔子와 孟子께 미치면 감히 감당하지 못하여 그 마음에 반드시 가로되, '내가 아이가 되었거니, 어찌 감히 顔孟을 배우리오.' 하리니, 이 사람은 가히 써 위층을 이르지 못하리라. 선생이며 어른이 그 낮춤을 보고 어찌 즐겨 더불어 말하리오. 선생이며 어른이 즐겨 더불어 말 아니하면, 그 더불어 말하는 바가 다 하등의 사람이라. 말씀을 충성되고 미쁘게 아니함이 하등의 사람이오, 행실을 돈독하고 공경하지 아니함이 하등의 사람이오, 잘못하고 뉘우칠 줄을 알지 못함이 하등의 사람이오, 뉘우치고 고칠 줄을 알지 못함이 하등의 사람이니, 하등의 말 듣고 하등의 일을 하면 비유한즉슨 房舍의 가운데 앉아 사면이 다 담이며 벽(壁) 같으니, 비록 열어 밝게 하고자 하나 가히 얻지 못하리라."

1 되엿거니: 되어 있거니. '되(어간)+여(보조적 연결어미)+잇(在, '잇다'의 어간)+거(확인법 선어말어미)+니(연결어미)'이다. 완료상은 보조적 연결어미 '-아/어'와 보조형용사 '잇다[在]'의 결합으로 표현된다. 그런데 '잇-'이 본동사와 한 음절을 이룰 때 이미 15세기에 'ㅣ'가 탈락되어 '여+ㅅ→엿'으로 나타나는 일이 많았다. 內豎ᄂᆞᆫ 뫼ᅀᆞ왓ᄂᆞᆫ 혀근 臣下ㅣ라.《내훈 1:39》, 내 바ᄅᆞ 닐오마 길 마갓ᄂᆞᆫ ᄒᆞᆫ 퍼깃 사미 비 오나든 곳 퓌오 ᄇᆞᄅᆞᆷ ᄀᆞᆯ겨든 여름 밋ᄂᆞᆫ 거셔(我猜着 當路一科麻

下雨開花 刮風結子).《번박 상:40》.

2 말ᄒᆞ리오: 말하리오. '말ᄒᆞ(어간)+리(추측법 선어말어미)+오(의문형 종결어미)'이다. '-오'는 ᄒᆞ라체 제1·3인칭 의문법의 설명의문문이다. 의문사 '엇디'를 동반하고, '오' 계통의 모음으로 되어 있으며, 일정한 정보를 요구하는 의문문이다.

3 방샤: 방사(房舍). '방'을 전문적으로 이르는 말.

【增註】此는言下愚之事를當背(패)而去也라下等之語와下等之事는皆蔽塞人心之墻壁也니開而明之는在立志以學聖賢而已니라

이는 下愚의 일을 마땅히 버려서 제거해야 함을 말한 것이다. 하등의 말과 하등의 일은 모두 사람 마음을 가리고 막는 담벽이니, 그것을 열어 밝게 함은 뜻을 세워 써 성현을 배움에 있을 따름이다.

漢字 蔽(가릴 폐), 塞(막힐 색, 변방 새)

【集解】言僞而行薄하고恥過而遂非면所聞所行이無一不歸於下愚之習이라耳目壅塞하고中心昏蔽하여一物無所見하고一步不可行이니欲求開明이나何可得哉리오

말이 거짓되고 행동이 경박하며, 잘못을 부끄러워하면서도 그릇됨에 이르면, 듣는 바와 행하는 바가 하나도 下愚의 익힘에 돌아가지 않음이 없을 것이다. 귀와 눈이 막히며 중심이 어둡고 가려 한 물건도 보이는 바가 없고, 한 걸음도 갈 수 없으니, 열어서 밝음을 구하고자 하나, 어찌 가히 얻을 수 있겠는가?

漢字 薄(엷을 박), 遂(이를 수), 壅(막을 옹), 昏(어두울 혼)

【六章】

○馬援의兄子嚴敦이並喜譏議而通輕俠協客ᄒᆞ더니援이在交趾ᄒᆞ야還書誡之曰吾欲汝曹ㅣ聞人過失ᄒᆞ고如聞父母之名ᄒᆞ야耳可得聞이언뎡口不可得言也ᄒᆞ노라 《後漢書 馬援列傳》

●馬援의 형의 아들 馬嚴과 馬敦이 나란히 기롱하고 의논하기를 좋아하고, 경박하고 호협한 손과 통하였더니, 마원이 교지(交趾)에 있어 글을 보내어, 그들을 경계하여 말하였다. "나는 너희 무리들이 남의 과실을 듣고 부모의 이름을 들은 듯하여, 귀로는 가히 능히 들을지언정, 입으로는 가히 능히 말하지 않고자 하노라.

漢字 **援**(당길 원), **譏**(기롱할 기, 나무랄 기, 비웃을 기), **俠**(호협할 협, 가벼울 협, 젊을 협, 의기로울 협), **趾**(발 지), **還**(돌려보낼 환, 돌아올 환), **曹**(무리 조)

1 마원(馬援, 기원전 14년~기원후 49년): 후한(後漢) 섬서성(陝西省) 흥평현(興平縣) 북동지방의 우부풍(右扶風) 무릉(茂陵) 사람으로, 자는 문연(文淵)이다. 어릴 때부터 큰 뜻을 품어 처음에 군독우(郡督郵)가 되었다. 녹림(綠林)과 적미(赤眉)가 반란을 일으킨 뒤, 왕망(王莽)의 부름을 받고 신성대윤(新城大尹)과 한중랑태수(漢中郎太守)가 되었다. 왕망이 망한 뒤 양주(凉州)로 달아났다가 외효(隗囂) 밑에서 벼슬하여 수덕장군(綏德將軍)이 되었다. 다시 광무제(光武帝, 후한의 제1대 황제)에게 귀순하여 외효를 격파했다. 태중대부(太中大夫)에 이어 건무(建武, 광무제 연호) 11년(35) 농서태수(隴西太守)가 되어 군대를 이끌고 선령강(先零羌)을 격파했다. 주민들에게 경목(耕牧)을 권장해 서변(西邊)을 안정시켰다. 건무 17년(41년) 이후에는 복파장군(伏波將軍)에 임명되어 교지(交阯, 북베트남) 지방에서 봉기한 징칙(徵側)과 징이(徵貳) 자매의 반란을 토벌하고, 하노이 부근의 낭박(浪泊)까지 진출하여 그곳을 평정했다. 일찍이 마혁과시(馬革裹屍)로 맹세하여 흉노(匈奴)와 오환(烏桓)에 출정했다. 건무 19년(43년) 신식후(新息侯)에 봉해졌다. 노령에도 불구하고 남방의 무릉만(武陵蠻)을 토벌하러 출정했지만, 열병환자가 속출하여 고전하다가 진중에서 병들어 죽었다. 장제(章帝, 후한 제3대 황제) 건초(建初, 장제의 첫 번째 연호) 초에

충성(忠成)에 추시(追諡)되었다. 저서에 《동마상법(銅馬相法)》이 있다(중국역대인명사전). 위 제6장 내용은 《후한서(後漢書)》 〈마원열전(馬援列傳)〉에 나오는 내용으로, 그의 맏형 마황(馬況)이 젊은 나이로 죽자 조카인 마엄(馬嚴)과 마돈(馬敦)에게 타일러 경계한 말이다. 윗글과 관련된 '화호불성반류구(畵虎不成反類狗)'는 '화호유구(畵虎類狗)'로도 쓰이는데, '섣불리 훌륭한 사람의 언행을 모방하려고 하면 도리어 경박한 사람이 되거나, 제 소양이나 능력을 돌보지 않고 큰 일을 꾀하다 실패함'을 비유하여 이르는 말이다. '각곡불성상류목(刻鵠不成尙類鶩)'은 '각곡류목(刻鵠類鶩)'으로도 쓰이는데, '몸가짐을 삼가는 선비를 본받으면 그와 같이는 못 될지라도 착한 사람이 될 수 있음'을 비유하여 이르는 말이다. 《후한서(後漢書)》 〈마원열전(馬援列傳)〉에는 '노익장(老益壯)'이란 말도 나오는데, '늙었지만 의욕이나 기력은 점점 좋아진다.'는 뜻이다. 마원이 부풍군(扶風郡) 독우관(督郵官) 벼슬에 있을 때, 명을 받들어 많은 죄수들을 압송하게 되었다. 그러나 도중에 죄수들이 고통에 못 이겨 애통하게 부르짖는 것을 보고는 동정심이 우러난 나머지 모두 풀어주어 제각기 제 살길을 찾아가도록 하고 자신도 북방으로 달아났다. 마원은 북방으로 가서 소·말·양 따위를 놓아먹이면서 지냈다. 부지런하고 수완이 좋은 그는 수년간 정성껏 가축을 길러 그 규모가 수천 두까지 이르렀다. 생활이 윤택해지고 많은 돈을 벌게 되자 가까운 친구나 이웃 사람들에게 돈을 나누어 주었고, 자기는 오히려 떨어진 양가죽 옷을 걸치고 소박한 식사를 하는 등 근검한 생활을 했다고 한다. 그는 항시 친구에게 말하되, "大丈夫爲者 窮當益堅 老當益壯(대장부가 된 자는 어려울수록 마땅히 더욱 굳세어야 하며, 늙을수록 더욱 건장해야 한다)." 하였다. 여기서 '노익장'이란 말이 사용되었다.

2 교지(交趾): 광동성, 광시 좡족 자치구, 하이난성 일대와 베트남 북부.

3 기롱(譏弄): 속이어 희롱하고 농락함.

번소 馬마援완ᄋᆡ 兄형의 아ᄃᆞᆯ 嚴엄과 敦돈이 다 ᄂᆞᆷ 긔롱ᄒᆞ며 의론ᄒᆞ기ᄅᆞᆯ 즐겨 경박ᄒᆞ고 호긔ᄅᆞ오냥ᄒᆞᄂᆞᆫ 사ᄅᆞᆷᄋᆞᆯ 사괴더니 馬마援완이 交교趾지 싸히 가셔 유무ᄅᆞᆯ 보내야 경계ᄒᆞ야 ᄀᆞ로ᄃᆡ 나ᄂᆞᆫ 너희 물로 사ᄅᆞᄆᆡ 허므를 듣고 부못 일훔 드른 ᄃᆞᆺᄒᆞ야 귀예 드ᄅᆞᆯ 분이언뎡 이베 니ᄅᆞ디 몯과뎌 ᄒᆞ노라

현대역 마원의 형의 아들 嚴과 敦이 다 남 기롱하며 의론하기를 즐겨, 경박하고 豪氣로운 양하는 사람을 사귀더니, 마원이 交趾 땅에 가서 편지를 보내어 경계하여 가로되, "나는 너희 무리로 사람의 허물을 듣고 부모의 이름 들은 듯하여, 귀에 들을 뿐일지언정 입에 이르지 못하고자 하노라.

1 긔롱ᄒᆞ며: 기롱(譏弄)하며. 실없는 말로 놀리며.

2 호긔ᄅᆞ오냥ᄒᆞᄂᆞᆫ: 호기로운 양하는. '호긔ᄅᆞ오(어간)+ㄴ(관형사형 어미)+양ᄒᆞ(보조형용사의 어간)+ᄂᆞᆫ(관형사형 어미)'이다. '호긔ᄅᆞ오-'는 '호긔ᄅᆞᆸ다'의 어간이 관형사형 어미 'ㄴ' 앞에서 교체된 것이다. '호긔ᄅᆞᆸ다'는 '호기(豪氣)롭다'의 옛말로, '씩씩하고 호방한 기상이 있다', '꺼드럭거리며 뽐내는 면이 있다.'를 뜻한다. 馬援ᄋᆡ 兄의 아ᄃᆞᆯ 嚴과 敦이 다 ᄂᆞᆷ 긔롱ᄒᆞ며 의론ᄒᆞ기ᄅᆞᆯ 즐겨 경박ᄒᆞ고 호긔ᄅᆞ오냥 ᄒᆞᄂᆞᆫ 사ᄅᆞᄆᆞᆯ 사괴더니(馬援兄子嚴敦 並喜譏議 而通輕俠客).《번소 6:12》, 셰쇽이 다 호긔ᄅᆞ와 사ᄅᆞᆷ ᄡᅳ류ᄅᆞᆯ 듕히 너겨 다 긔운 것고 어디다 일ᄏᆞᆮᄂᆞ니(擧世重游俠 俗呼爲氣義).《번소 6:25》. '양ᄒᆞ다'는 동사나 형용사, 또는 '이다' 뒤에서 '-은 양하다' 구성으로 쓰여, 앞말이 뜻하는 모양을 하고 있음을 나타내는 보조형용사이다.

3 ᄲᅮᆫ이언뎡: 뿐일지언정. 'ᄲᅮᆫ(의존명사)+이('이다'의 어간)+언뎡(연결어미)'이다. '-언뎡'은 끝음절의 모음이 'ㆍ, ㅏ, ㅗ'가 아닌 동사, 형용사 어간 뒤에 붙어, '-ㄹ지언정'을 뜻하는 어미이다. 太子ㅣ 닐오ᄃᆡ 그듸냇 말 ᄀᆞᆮ디 아니호니 오직 아바닚 病이 됴ᄒᆞ실시언뎡 모ᄆᆞᆯ 百千 디위 ᄇᆞ려도 어렵디 아니ᄒᆞ니.《월석-중 21:216》, 이 ᄠᅳ드로 보건댄 알ᄑᆡᆺ 드트리 제 어드울 ᄲᅮ니언뎡 보미ᅀᅡ 엇뎨 덜리오(以是義觀 前塵自暗 見何虧損).《능엄 1:100》

4 몯과뎌: 못하고자. '몯('ᄒᆞ' 탈락, 어간)+과뎌(연결어미)'이다. '-과뎌'는 주로 동사, 형용사 어간 뒤에 붙어, 희망, 의도, 목적의 '-고자'를 뜻하는 어미이다. 본예는 어간의 일부인 'ᄒᆞ'가 탈락되었다. 時節이 便安ᄒᆞ고 녀르미 ᄃᆞ외며 福이 오고 厄이 스러디과뎌 ᄒᆞ노니.《월석 서:25》, 이엔 ᄯᅩ 慧力이 定에 너머 다 서르 글우미 잇ᄂᆞᆫ 젼ᄎᆞ로 ᄀᆞᄐᆡ 가지과뎌 ᄒᆞ시니라(此又慧力過定 皆互有所失故欲等持也).《능엄 9:73》

소언 馬마援원[東동漢한 적 사ᄅᆞᆷ이라]의 兄형의 아ᄃᆞᆯ 嚴엄과 敦돈이 다 긔롱ᄒᆞ며 의론ᄒᆞ기롤 즐겨 경박ᄒᆞ고 호협ᄒᆞᆫ 손을 사괴더니 援원이 交교趾지예 이셔 유무 보내여 경계ᄒᆞ야 ᄀᆞᆯ오ᄃᆡ 내 너희 물이 사ᄅᆞᆷ의 허믈 듣고 父부母모ㅅ 일홈 드롬 ᄀᆞᆮ티 ᄒᆞ야 귀예 可가히 시러곰 드를 ᄯᅳᆫ이언뎡 입에 可가히 시러곰 닐ᄋᆞ디 몯ᄒᆞ과뎌 ᄒᆞ노라

현대역 마원[東漢 때 사람이라.]의 형의 아들 엄과 돈이 다 기롱하며 의논하기를 즐겨, 경박하고 豪俠한 손님을 사귀더니, 원이 교지에 있어 편지 보내어 경계하여 가로되, "내 너희 무리가 사람의 허물 듣고 부모의 이름 들음 같이 하여, 귀에 가히 능히 들을 뿐일지언정 입에 가히 능히 이르지 못하고자 하노라.

호협ᄒᆞᆫ: 호협(豪俠)한. 호방하고 의협심이 있는.

【集說】吳氏曰馬援의字는文淵이니茂陵人이라嚴敦은援兄二子名이라譏는譏誚요議는議論이라俠은謂以權力俠輔人이라

오 씨가 말하였다. "馬援의 자는 文淵이니, 茂陵 사람이다. 嚴과 敦은 원의 형의 두 아들 이름이다. 譏는 기롱하여 꾸짖음이요, 議는 의논함이다. 俠은 권세와 힘으로써 사람을 호기롭게 도움을 이른다."

漢字 誚(꾸짖을 초)

好議論人長短ᄒᆞ며妄是非政法이此吾所大惡也ㅣ니寧死ㅣ언뎡不願聞子孫이有此行也ᄒᆞ노라

● 남의 장단을 의논하기를 좋아하며 정사와 법을 망령되이 시비함은, 이것은 내가 크게 미워하는 바이니, 차라리 죽을지언정 자손이 이러한 행실이 있음을 듣기를 원하지 않는다.

번소 사ᄅᆞ미 어딜며 사오나오믈 즐겨 의론ᄒᆞ며 망량ᄋᆞ로 正졍法법

을 외니 올ᄒᆞ니 호미 이 내ᄋᆡ 기 아쳗논 배니 ᄎᆞᆯ하리 주긄 부니언뎡 ᄌᆞ손ᄋᆡ 이런 힝뎍 이슈믈 듣고져 아니ᄒᆞ노라

[현대역] 사람의 어질며 나쁨을 즐겨 의론하며, 妄靈으로 옳은 법을 그르니 옳으니 함이 이 나의 크게 싫어하는 바니, 차라리 죽을 뿐일지언정 자손의 이런 행적(行跡, 行績, 行蹟) 있음을 듣고자 아니하노라.

1 정법(正法): 《번역소학》 원문은 《소학집주》나 《소학언해》와 달리, '妄是非政法'이 '妄是非正法'으로 되어 있고, 번역문도 '正졍法법'으로 되어 있다. 따라서 현대역도 이에 맞추어 풀이하였다.

2 기: 《번역소학》의 '내ᄋᆡ 기 아쳗논 배니'에서 '기'는 《소학집주》 '此吾所大惡也'나 《소학언해》 '이 내의 크게 아쳐ᄒᆞᄂᆞᆫ 배니'와 비교해 볼 때, '키[크게]'의 오자로 보인다.

3 망량: 망령(妄靈). 늙거나 정신이 흐려서 말이나 행동이 정상을 벗어남.

[소언] 사ᄅᆞᆷ의 용ᄒᆞᆫ 곧과 낟ᄇᆞᆫ 곧을 즐겨 議의論론ᄒᆞ며 망녕도이 졍ᄉᆡ며 법녕을 올ᄒᆞ니 외니 ᄒᆞᆷ이 이 내의 크게 아쳐ᄒᆞᄂᆞᆫ 배니 ᄎᆞᆯ하리 죽을디언뎡 子ᄌᆞ孫손이 이런 ᄒᆡᆼ실이 이심 드롬을 願원티 아니ᄒᆞ노라

[현대역] 사람의 용한 곳과 부족한 곳을 즐겨 의론하며, 망령되이 政事며 법령을 옳으니 그르니 함이 이 나의 크게 싫어하는 바니, 차라리 죽을지언정 자손이 이런 행실이 있음 들음을 원하지 아니하노라.

용ᄒᆞᆫ: 용한. 기특하고 장한. '용ᄒᆞ다'는 16세기 문헌에서부터 나타난다. '용ᄒᆞ다'의 제1음절의 종성 'ᅌ'은 16세기 문헌 이후에는 'ㅇ'으로 적혀, 19세기까지 '용ᄒᆞ다'로 나타나게 되었다. 20세기 이후에는 'ㆍ'가 'ㅏ'와 완전히 구별되지 않게 되면서 '용하다'로 나타나 현재에 이르렀다. 요ᇰᄒᆞ다(16세기)〉용ᄒᆞ다(17세기~19세기)〉용하다(20세기~현재). 사ᄅᆞᆷ의 용ᄒᆞᆫ 곧과 낟ᄇᆞᆫ 곧을 즐겨 議論ᄒᆞ며.《1587 소언 5:12ㄴ》, 好人 용ᄒᆞᆫ 사ᄅᆞᆷ 歹人 사오나온 사ᄅᆞᆷ.《1690 역해 상:27ㄴ》

【集解】好議論人長短이면則招怨惡矣요妄是非政法이면則犯憲章矣라寧死不欲聞此者는甚戒之之辭也라

남의 장단을 의논하기를 좋아하면, 원망과 미워함을 부르고, 망령되이 정치와 법을 시비하면, 憲章을 범한다. 차라리 죽을지언정 이를 듣고자 하지 않는다는 것은 심히 그것을 경계하는 말이다.

헌장(憲章): 어떠한 사실에 대하여 약속을 이행하려고 정한 법적 규범.

龍伯高는敦厚周愼ᄒᆞ야口無擇言ᄒᆞ며謙約節儉ᄒᆞ며廉公有威ᄒᆞ니吾ㅣ愛之重之ᄒᆞ야願汝曹效之ᄒᆞ노라

● 龍伯高는 도탑고 후하며 찬찬하고 삼가서, 입에 가릴 말이 없으며, 겸손하고 줄이며 절약하고 검소하며, 청렴하고 공평하며 위엄이 있으니, 내가 그를 사랑하고 그를 중히 여겨, 너희 무리들이 그를 본받기를 원한다.

번소 龍룡伯빅高고ㅣ란 사ᄅᆞ문 긔운이 두터오며 쥬밀ᄒᆞ며 삼가 이베 ᄀᆞᆯ히욜 마리 업스며 ᄆᆞᅀᆞᄆᆞᆯ ᄂᆞᄌᆞ기ᄒᆞ야 조리혀 ᄒᆞ고 존졀ᄒᆞ야 샤치티 아니ᄒᆞ며 쳥렴ᄒᆞ고 공번ᄒᆞ고 위엄이 잇더니 내 ᄉᆞ랑ᄒᆞ며 듕히 너겨 너희돌히 본받과뎌 원ᄒᆞ노라

현대역 龍伯高란 사람은 기운이 두터우며 周密하며 삼가 입에 가릴 말이 없으며, 마음을 나직이하여 줄여 하고 존절(撙節)하여 사치하지 아니하며, 청렴하고 공변하고 위엄이 있더니, 내가 사랑하며 중히 여겨 너희들이 본받고자 원하노라.

1 쥬밀ᄒᆞ며: 주밀(周密)하며. 주도면밀(周到綿密)하며. 허술한 구석이 없고 세밀하며.

2 조리혀: 쪼그라뜨리거나 줄여. ᄆᆞᅀᆞᆷ 조리혀 내 모믈 ᄂᆞᄌᆞ기 ᄒᆞ며(小心黜己).《번소 8:28》, 約 조리혈 약 긔약 약.《신합 하:4》

3 존졀ᄒᆞ야: 존절(撙節)하여. 씀씀이를 아껴 알맞게 써서.

4 공번ᄒᆞ고: 공변하고. 행동이나 일 처리가 사사롭거나 한쪽으로 치우치지 않고 공평하고. '공번ᄒᆞ다'는 16세기 문헌에서부터 나타난다. 그리고 같은 뜻의 '공번되다'는 18세기 문헌에 보인다. '공번되다'는 '공번'에 '-되-'가 결합한 것이다. 19세기에 '공번되다'가 '公'에 대응하는 것으로 보아 '공번'의 '공'은 한자 '公'과 관련될 것으로 보인다. 그러나 '번'은 어디에서 온 것인지 명확하지 않다. 19세기에는 '공변되다'로 나타나는데, '공번'이 한자어 '공변(公辨)'에서 온 것으로 짐작하여 나타나게 된 것으로 보인다. 19세기에 '공번되다'와 '공변되다'가 함께 나타나다가, 이후 '공변되다'가 정착하면서 현재에 이르렀다. 공번ᄒᆞ다(16세기)〉공번되다(18세기~19세기)〉공변되다(19세기~현재). 쳥렴ᄒᆞ고 공번ᄒᆞ고 위엄이 잇더니.《1518 번소 본장》

5 본받과뎌: 본받고자. '본받(어간)+과뎌(연결어미)'이다. '-과뎌'는 주로 동사, 형용사 어간 뒤에 붙어, 희망, 의도, 목적의 '-고자'를 뜻하는 어미이다. 時節이 便安ᄒᆞ고 녀르미 ᄃᆞ외며 福이 오고 厄이 스러디과뎌 ᄒᆞ노니.《월석 서:25》, 이엔 ᄯᅩ 慧力이 定에 너머 다 서르 글우미 잇ᄂᆞᆫ 젼ᄎᆞ로 ᄀᆞ티 가지과뎌 ᄒᆞ시니라(此又慧力過定 皆互有所失故 欲等持也).《능엄 9:73》

소언 龍룡伯ᄇᆡᆨ高고ᄂᆞᆫ 돈독ᄒᆞ며 후듕ᄒᆞ며 쥬밀ᄒᆞ며 근신ᄒᆞ야 입에 ᄀᆞᆯ힐 말이 업스며 겸양ᄒᆞ며 간약ᄒᆞ며 존졀ᄒᆞ며 검박ᄒᆞ며 쳥념ᄒᆞ며 공번ᄒᆞ고 위엄이 이시니 내 ᄉᆞ랑ᄒᆞ고 重듕히 너겨 너희 물이 효측홈을 願원ᄒᆞ노라

현대역 용백고는 敦篤하며 厚重하며 주밀하며 謹愼하여, 입에 가릴[구분할] 말이 없으며, 謙讓하며 簡約하며 존절하며 儉朴하며 淸廉하며 공변되고 위엄이 있으니, 내가 사랑하고 중히 여겨, 너희 무리가 效則함을 원하노라.

1 돈독ᄒᆞ며: 원문 '敦厚周愼'의 '敦'에 해당한다. 따라서 '돈독ᄒᆞ며'의 오자인 듯하다. '돈독(敦篤)하다'는 '서로의 관계가 사랑이 깊고 성실하다.'를 뜻한다. 유의어: 독후(篤厚)하다, 돈후(敦厚)하다. 행정용어 순화편람(1993년 2월 12일)에 따르면, '돈독하다'와 '두텁다'를 함께 쓸 수 있다고 되어 있다.

2 후듕ᄒᆞ며: 후중(厚重)하며. 두텁고 중하며.

4 근신ᄒᆞ야: 근신(謹愼)하여. 말이나 행동을 삼가고 조심하여.

5 겸양ᄒᆞ며: 겸양(謙讓)하며. 겸손한 태도로 남에게 양보하거나 사양하며.
6 간약ᄒᆞ며: 간략(簡約)하며. 간단하고 짤막하며.
7 검박ᄒᆞ며: 검박(儉朴)하며. 검소하고 소박하며.
8 청념ᄒᆞ며: 청렴(淸廉)하며. 성품과 행실이 높고 맑으며 탐욕이 없으며.
9 효측홈: 효칙(效則)함. 본받아 법으로 삼음.

【集解】伯高의名은述이니京兆人이라敦厚는敦篤而重厚也요周愼은周密而謹愼也라口無擇言이면則言無口過矣요謙約節儉이면則不爲驕奢矣요廉公有威면則不爲私褻矣니此與好譏議事豪俠者相反이라故로欲其效之也하니라

伯高의 이름은 術이니, 京兆 사람이다. 敦厚는 도탑고 무겁고 도타움이요, 周愼은 周到綿密하고 삼감이다. 입에 가릴 말이 없으면, 말함에 말의 허물이 없을 것이요, 겸손하고 줄이며 절약하고 검소하면, 교만하고 사치스럽게 되지 않을 것이요, 청렴하고 공평하며 위엄이 있으면, 사사롭거나 무람없지 않을 것이니, 이는 기롱하고 꾸짖으며 의논하기를 좋아하고, 호탕하고 의협심을 일삼는 자와는 서로 반대이다. 그러므로 그가 그를 본받게 하고자 한 것이다,

漢字 褻[무람(버릇)없을 설), 속옷 설, 더러울 설]

주도면밀(周到綿密): 주의가 두루 미쳐 자세하고 빈틈이 없음

杜季良은豪俠好義ᄒᆞ야憂人之憂ᄒᆞ며樂洛下同人之樂ᄒᆞ야淸濁애無所失ᄒᆞ야父喪致客애數郡이畢至ᄒᆞ니吾ㅣ愛之重之어니와不願汝曹效也ᄒᆞ노라

●杜季良은 豪俠하고 의를 좋아해서, 남의 근심을 근심하며, 남의 즐거움을 즐거워하여, 맑고 흐림에 잃은 바가 없어서, 아버지 초상에 문상객이 이름에 몇 개 고을이 다 이르니, 내가 그를 사랑하고 그를 중히 여기거니와, 너희

무리가 본받기를 원하지는 않는다.

漢字 杜(막을 두)

번소 杜두季계良량이란 사ᄅᆞ문 호긔롭고 ᄂᆞᆷ ᄢᅵ려 어딘 ᄃᆞᆺᄒᆞᆫ 이ᄅᆞᆯ 즐겨 사ᄅᆞᄆᆡ 근심ᄃᆞ왼 이ᄅᆞᆯ 조차 근심ᄒᆞ며 사ᄅᆞᄆᆡ 즐겨 ᄒᆞᄂᆞᆫ 이ᄅᆞᆯ 조차 즐겨 사ᄅᆞ미 ᄀᆞᆺᄀᆞᆺᄒᆞ나 흐리나 다 일티 아녀 사괴야 아ᄇᆡ 거상애 소니 오ᄃᆡ 두서 ᄀᆞ올히 다 오니 내 ᄉᆞ랑ᄒᆞ며 듕히 너기건마ᄅᆞᆫ 너희ᄃᆞᆯ히 본받과뎌 아니ᄒᆞ노라

현대역 杜季良이란 사람은 호기롭고 남을 보호하여 어진 듯한 이를 즐겨, 사람의 근심된 이를 좇아 근심하며, 사람의 즐겨 하는 이를 좇아 즐겨, 사람이 깨끗하나 흐리나 다 잃지 아니하여 사귀어, 아버지의 거상에 손이 오되 두어 고을이 다 오니, 내가 사랑하며 중히 여기건마는 너희들이 본받고자 아니하노라.

1 ᄢᅵ려: 보호하여. 'ᄢᅵ리(어간)+어(연결어미)'이다. 'ᄢᅵ리다'는 '보호하다'이다. 뵈옷 니븐 두서열 사ᄅᆞ미 ᄯᅩ 오온 城을 ᄢᅵ려 사니라(布衣數十人, 亦擁專城居).《두시-초 6:38》

2 ᄀᆞᆺᄀᆞᆺᄒᆞ나: 깨끗하나. 마음씨나 행동 따위가 허물이 없이 떳떳하고 올바르나. 'ᄀᆞᆺᄀᆞᆺᄒᆞ다'는 15세기 문헌에서부터 나타난다. 'ᄀᆞᆺᄀᆞᆺᄒᆞ-'는 어근 'ᄀᆞᆺᄀᆞᆺ'과 접사 '-ᄒᆞ-'가 결합한 것이다. 근대국어 시기에 어두의 첫소리 'ㄱ'이 된소리가 되는 어두된소리화를 겪어 제1음절의 첫소리 'ㄱ'이 'ㅺ'이 되었다. 또한 이유는 정확히 알 수 없으나 제1음절 모음에 반모음 'ㅣ'가 첨가되고, 제1음절의 'ㅅ'이 탈락하여 'ᄀᆞᆺᄀᆞᆺᄒᆞ-'가 18세기에 'ᄭᆡᄀᆞᆺᄒᆞ-'로 나타나게 되었다. 19세기에 나타난 'ᄭᆡ긋ᄒᆞ-'는 16세기 후반에 제2음절 이하의 'ㆍ'가 'ㅡ'로 변한 것이다. 근대국어 후기에 제1음절의 'ㆍ'가 'ㅏ'로 변함에 따라 이중모음 'ㆎ'도 이중모음 'ㅐ[aj]'로, 이중모음 'ㅐ'는 다시 단모음 'ㅐ[ɛ]'로 변하고, 'ㄱ'의 된소리 표기가 'ㅺ'에서 'ㄲ'으로 변하여 제1음절 'ᄭᆡ'는 '깨'가 되었다. 더불어 제2음절의 첫소리 'ㄱ'이 된소리가 되어 'ㄲ'이 되었는데 이는 제1음절의 끝소리 'ㅅ'의 영향일 가능성이 있다. 근대국어 시기를 거치면서 '-ᄒᆞ-'가 '-하-'로 변함에 따라 20세기 이후 '깨끗하-'

로 나타나면서 현재에 이르렀다. 조조ᄒᆞ다(15세기~16세기)>ᄭᅵ조ᄒᆞ다(18세기)>ᄭᅵᄭᅳᆺᄒᆞ다(19세기)>깨끗하다(20세기~현재). 淸은 조조ᄒᆞᆯ씨오 暢은 ᄉᆡ훤ᄒᆞᆯ씨오 和ᄂᆞᆫ 溫和ᄒᆞᆯ씨오 雅ᄂᆞᆫ 正ᄒᆞᆯ씨라.《1447 석상 24:20ㄴ》, 사ᄅᆞᄆᆡ 즐겨 ᄒᆞᄂᆞᆫ 이를 조차 즐겨 사ᄅᆞ미 조조ᄒᆞ나 흐리나 다 일티 아녀 사괴야 아비 거상애 소니 오ᄃᆡ.《1518 번소 6:14ㄴ》

3 두ᅀᅥ: 두어. 일부 단위를 나타내는 말 앞에 쓰여, 그 수량이 둘쯤임을 나타내는 말이다. 현대국어 수관형사 '두어'의 옛말인 '두ᅀᅥ'는 15세기 문헌에서부터 나타났다. '두ᅀᅥ'는 수관형사 '두'와 '서'가 결합한 합성어 '두서'에서 모음 사이의 'ㅅ'이 'ㅿ'으로 변화한 것이다. 16세기에 유성 마찰음 'ㅿ'이 사라지면서 '두ᅀᅥ'는 '두어'로 변화하였는데, '두어'는 《소학언해》에 보이고, 17세기부터 본격적으로 보인다. 한편 근대국어 문헌에는 '두서'의 예도 보이는데, 이는 합성어 내부에서 'ㅅ>ㅿ'의 변화를 겪지 않은 방언 형태로 보인다. 두ᅀᅥ(15세기~16세기)>두어(17세기~현재). 耶輸ㅅ긔 가아 種種 方便으로 두ᅀᅥ 번 니르시니.《1447 석상 6:6ㄴ》, 잣 안햇 十萬戶ㅣ어니와 이 ᄯᅡ햇 두ᅀᅥ 지비로다.《1481 두시-초 7:7ㄴ》, 아비 상ᄉᆞ애 손을 닐윔애 두어 고올히 다 니ᄅᆞ니《1587 소언 본장》

소언 杜두季계良량은 호긔롭고 ᄂᆞᆷ올 ᄲᅮ려 올ᄒᆞᆫ 일올 즐겨 사ᄅᆞᆷ의 근심을 근심ᄒᆞ며 사ᄅᆞᆷ이 즐겨 홈을 즐겨 ᄆᆞᆰ으며 흐린 ᄃᆡ[ᄆᆞᆰ으니ᄂᆞᆫ 조ᄒᆞᆫ 사ᄅᆞᆷ이오 흐린 이ᄂᆞᆫ 사오나온 사ᄅᆞᆷ이라] 일흘 배 업서 아비 상ᄉᆞ애 손을 닐윔애 두어 고올히 다 니ᄅᆞ니 내 ᄉᆞ랑ᄒᆞ고 重듕히 너기거니와 너희 물이 효측홈을 願원티 아니ᄒᆞ노라

현대역 杜季良은 豪氣롭고 남을 보호하여 옳은 일을 즐겨, 사람의 근심을 근심하며, 사람의 즐겨 함을 즐겨, 맑으며 흐린 데[맑은 이는 깨끗한 사람이오, 흐린 이는 나쁜 사람이라.] 잃을 바가 없어, 아버지의 喪事에 손을 이룸에 두어 고을이 다 이르니, 내가 사랑하고 중히 여기거니와, 너희 무리가 효칙함을 원하지 아니하노라.

1 호긔롭고: 호기(豪氣)롭고. 씩씩하고 호방한 기상이 있고.

2 조ᄒᆞᆫ: 깨끗한. '조ᄒᆞ(어간)+ㄴ(관형사형 어미)'이다. '조ᄒᆞ다'는 '깨끗하다'의 옛말

이다. 위 《번역소학》에서는 'ᄀᆞᆺᄀᆞᆺᄒᆞ다'로 번역하였다. 조ᄒᆞᆫ 座 ᄭᆞᆯ오 고ᄫᆞᆫ 곳 것고 ᄌᆞᄌᆞᆺ 밥 더러내야 比丘ᄭᅴ 주시니.《석상-중 11:41》, 이런ᄃᆞ로 盡空如來 다 내 ᄆᆞᅀᆞᄆᆡ 變이시며 國土ᄋᆡ 조ᄒᆞ며 더러우미 ᄯᅩ 내 ᄆᆞᅀᆞᄆᆡ 變이라(故盡空如來 皆我心變 國土淨穢 亦我心變).《능엄 5:83》, 淨은 조ᄒᆞᆯ씨라.《석상 9:18》

3 상ᄉᆞ: 상사(喪事). 사람이 죽은 사고.

【集說】吳氏曰季良의名은保라人有憂에己亦爲之憂하고人有樂에己亦爲之樂하여不辨淸濁하고待之를皆無所失이라故로父喪致客에而數郡이畢至하니此正通輕俠客之事라故로不欲其效之也하니라

오 씨가 말하였다. "季良의 이름은 保다. 남이 근심이 있음에 자기 또한 그를 위하여 근심하고, 남이 즐거움이 있음에 자기 또한 그를 위하여 즐거워하여, 맑고 흐림[선인과 악인, 또는 현인과 우인 등]을 구별하지 않고, 그들 대하기를 모두 잃는 바가 없었다. 그러므로 아버지 상에 문상객이 옴에 몇 고을이 다 이르니, 이는 바로 경박한 협객과 통하는 일이다. 그러므로 그는 그를 본받고자 하지 않았다.

效伯高不得이라두猶爲謹敕勅之士ㅣ니所謂刻鵠斛不成이라두尙類鶩木者也어니와效季良不得ᄒᆞ면陷爲天下輕薄子ㅣ니所謂畫虎不成이면反類狗者也ㅣ니라

●伯高를 본받다가 얻지 못하더라도, 오히려 삼가고 조심하는 선비는 될 것이니, 이른바 '고니를 새기다 이루지 못하더라도, 그래도 집오리를 닮는다.'는 것이거니와, 季良을 본받다가 얻지 못하면, 천하의 경박한 사람이 되기에 빠질 것이니, 이른바 '호랑이를 그리다 이루지 못하면, 도리어 개를 닮는다.'는 것이다."

漢字 敕(=勅 삼갈 칙, 조서 칙, 경계할 칙), 鵠(고니 곡), 類(닮을 류), 鶩(집오리 목,

따오기 목), 反(도리어 반)

번소 伯ᄇᆡᆨ高고ᄂᆞᆫ 본받다가 몯ᄒᆞ야도 오히려 조심ᄒᆞᄂᆞᆫ 사ᄅᆞᆷ이 ᄃᆞ외리니 녜 닐온 곤이ᄅᆞᆯ 사기다가 이디 몯ᄒᆞ야도 오히려 다와기 ᄀᆞᆮᄒᆞ려니와 季계良량ᄋᆞᆯ 본받다가 몯ᄒᆞ면 ᄢᅥ디여 텬하앳 경박ᄒᆞᆫ 거시 ᄃᆞ외리니 녜 닐온 버믈 그리다가 일오디 몯ᄒᆞ면 도ᄅᆞ혀 가히 ᄀᆞᆮᄒᆞ리라

현대역 백고는 본받다가 못하여도 오히려 조심하는 사람이 되리니, 옛적 이른바 고니를 새기다가 만들지 못하여도 오히려 따오기 같으려니와, 계량을 본받다가 못하면 꺼지어 천하의 경박한 것이 되리니, 옛적 이른바 범을 그리다가 이루지 못하면 도리어 개 같으리라."

1 다와기: 따오기. 저어샛과의 겨울 철새. 몸은 희고 부리는 검다. 부리는 아래로 구붓하며 머리 뒤쪽의 깃털은 길어 도가머리를 이룬다. '따옥따옥' 하고 울며 참나무와 밤나무 따위의 큰 활엽수 가지에 덩굴로 둥지를 튼다. '다와기'는 16세기 문헌에 나타난다. 19세기에 둘째 음절에서 '와'의 반모음 'ㅗ/ㅜ[w]'가 탈락하여 단순모음 '오'로 바뀌고, 그 이후에 첫째 음절의 첫소리가 된소리가 되어 형성된 것이 오늘날의 '따오기'이다. 다와기(16세기~18세기)〉다오기(19세기)〉따오기(20세기~현재). 牧鳥 다와기 목.《1527 훈몽 상:8ㄴ》, 紅鶴 다와기.《1690 역해 하:27ㄴ》

2 ᄢᅥ디여: 꺼지어. 물체의 바닥 따위가 내려앉아 빠져. 'ᄢᅥ디(어간)+여(연결어미)'이다. 'ᄢᅥ디다'는 15세기 문헌에서부터 나타난다. 일반적으로는 근대국어 시기에 어두자음군이 사라지면서 'ᄢᅥ-'의 초성 'ㅴ'에서 'ㅂ'이 탈락하고 'ㄱ'의 된소리로 변화하여 'ᄭᅥ디-'로 나타나는데, 'ᄢᅥ디-'의 경우 15세기부터 'ᄭᅥ디-'와 공존하였다. 근대국어 시기에 'ㄷ, ㅌ'이 'ㅣ'나 'ㅣ' 반모음 앞에서 'ㅈ, ㅊ'으로 변하는 구개음화로 'ᄭᅥ디-'가 'ᄭᅥ지-'가 되어 18세기에는 'ᄭᅥ지-'가 나타나게 되었다. 18세기에 'ㄱ'의 된소리 표기가 'ㅺ'에서 'ㄲ'으로 바뀌어 '꺼지-'로 나타나기 시작하면서 현재에 이르렀다. ᄢᅥ디다(15세기~17세기)〉ᄭᅥ디다(15세기~18세기)〉꺼지다(18세기~현재). 다른 나라ᄒᆞᆫ 五道애 ᄢᅥ디여 결유믈 가줄비니 그럴ᄊᆡ 닐오ᄃᆡ 쉰히예 니르다 ᄒᆞ니라.《1463 법화 2:183ㄱ》, 셔ᄫᅳᆯ 賊臣이 잇고 ᄒᆞᆫ부니 天命이실ᄊᆡ ᄭᅥ딘 ᄆᆞᄅᆞᆯ 하ᄂᆞᆯ히 내시니.《1447 용가 37》

3 도ᄅᆞ혀: 도리어. 현대국어 '도리어'의 옛말인 '도ᄅᆞ ᅘᅧ'는 15세기 문헌에서부터 나타난다. '도ᄅᆞᅘᅧ'는 '돌-'에 접미사 '-ᄋᆞ-'가 결합된 '도ᄅᆞ-'에 다시 접미사 '-ᅘᅧ-'가 결합된 '도ᄅᆞᅘᅧ-'가 부사로 파생된 것이다. 'ᅘ'이 《원각경언해》(1465) 이후로 폐지됨에 따라 15세기부터 '도ᄅᆞ혀'로 나타난다. 또한 '도ᄅᆞ혀'의 제2음절 모음 'ᆞ'가 제1음절 모음 'ㅗ'의 영향으로 'ㅗ'로 변화한 '도로혀'도 15세기부터 나타난다. '도로혀'의 제3음절 초성 'ㅎ'은 모음 사이에서 탈락하여 19세기에는 '도로여'가 나타나며, 같은 시기에 '도로여'의 제2음절 모음 'ㅗ'가 'ㅣ'로 변화한 '도리여'가 나타난다. 20세기 이후 '도리여'의 제3음절 모음 'ㅕ'는 'j'의 탈락으로 '도리어'가 되어 현재에 이르렀다. 다른 형태에 나타나는 접미사 '-ᅘᅧ-'의 'ᅘ'은 'ㅋ'로도 변화하기도 하였는데(도ᄅᆞᅘᅧ->돌이키-), 이에 영향을 받아 '도ᄅᆞᅘᅧ'에서 변한 '도로혀'가 '도로켜'로 나타난 예가 17세기와 18세기에 일시적으로 보인다. 도ᄅᆞᅘᅧ(15세기~16세기)>도ᄅᆞ혀(15세기~18세기)>도로혀(15세기~19세기)> 도로여/도리여(19세기)>도리어(19세기~현재). 이형태: 도ᄅᆞᅘᅧ, 도ᄅᆞ혀, 도로혀, 도로여, 도리여, 도리어. 이제 도ᄅᆞᅘᅧ ᄂᆞᄆᆡ 어ᅀᅵ 아ᄃᆞᄅᆞᆯ 여희에 ᄒᆞ시ᄂᆞ니.《1447 석상 6:5ㄴ-6ㄱ》, 도ᄅᆞ혀 世間ᄋᆞᆯ 본ᄃᆡᆫ 夢中엣 일 ᄀᆞᆮ다 ᄒᆞ시니.《1465 원각 상2-2:57ㄱ》, 四時와 八節에 도로혀 禮예 걸위여.《1481 두시-초 8:28ㄱ》

소언 伯ᄇᆡᆨ高고ᄅᆞᆯ 효측ᄒᆞ야 得득디 몯ᄒᆞ야도 오히려 조심ᄒᆞᄂᆞᆫ 션ᄇᆡ 되리니 닐온바 곤이ᄅᆞᆯ 사겨 이디 몯ᄒᆞ야도 오히려 다와기 ᄀᆞᆮ홈이어니와 季계良량을 효측ᄒᆞ야 得득디 몯ᄒᆞ면 ᄢᅥ뎌 天텬下하읫 輕경薄박子ᄌᆞㅣ 되리니 닐온바 범을 그려 이디 몯ᄒᆞ면 도로혀 개 ᄀᆞᆮ홈이니라

현대역 伯高를 效則하여 얻지 못하여도 오히려 조심하는 선비 되리니, 이른바 고니를 새겨 이루지 못하여도 오히려 따오기 같음이거니와, 계량을 효칙하여 얻지 못하면 꺼져 천하의 輕薄子가 되리니, 이른바 범을 그려 이루지 못하면 도리어 개 같음이니라."

경박ᄌᆞ: 경박자(輕薄子). 말이나 몸가짐 따위가 방정맞고 독실하지 못한 사람.

【集解】謹敕은謂能修檢이요輕薄은謂不厚重이라鵠鶩은皆鳥而

略相似하고虎狗는皆獸而大不同이라故로刻鵠類鶩은人猶不以爲非어니와畵虎類狗면則人爭笑而招辱矣라終篇에以此設喩하니所以深警之也라

謹敕은 능히 닦고 검속함을 이름이요, 輕薄은 두텁고 무겁지 않음을 이름이다. 고니와 집오리는 모두 새인데 대략 서로 비슷하고, 호랑이와 개는 모두 짐승인데 크게 같지 않다[다르다]. 그러므로 고니를 새기다가 집오리를 닮음은 사람들이 오히려 그르다고 여기지 않으나, 호랑이를 그리다가 개를 닮으면 사람들이 다투어 비웃어 욕을 부른다. 끝 편에 이로써 비유를 베풀었으니, 써 그것을 깊이 경계하는 바이다.

〖七章〗

○漢昭烈이將終애勅後主曰勿以惡小而爲之ᄒᆞ며勿以善小而不爲ᄒᆞ라 《三國志 蜀志 先主傳註》

●漢昭烈이 장차 임종에, 後主에게 경계하여 말하였다. "써 악이 작다고 하여 그것을 하지 말며, 써 선이 작다고 하여 그것을 하지 아니하지 말라."

한소열(漢昭烈, 161~223, 재위 221년~223년): 삼국시대 촉한(蜀漢)의 제1대 황제인 유비(劉備)이다. 유비는 자가 현덕(玄德)이요, 묘호는 소열제(昭烈帝)이다. 전한(前漢) 경제(景帝)의 9남 중산정왕(中山靖王) 유순(劉勝)의 후손이다. 일찍 아버지를 여의고 신발·돗자리를 팔아 생계를 잇는 어려운 환경에서 자랐다. 15세 때 노식(盧植)에게 사사하여, 동문 공손찬(公孫瓚)과 교의를 맺었다. 그러나 학문을 즐겨 하지 않고 호협(豪俠)들과 교유했으며, 이때 관우(關羽)·장비(張飛)와 인연을 맺어 《삼국지연의(三國志演義)》에서는 도원결의(桃園結義)라는 고사로 이들의 인연을 소개하고 있다. 황건적의 난이 일어나자 무리를 모아 토벌군에 참가하여 전공을 세웠다. 이때의 공적으로 안희현위(安喜縣尉)라는 벼슬길에 올랐다. 하지만 그의 지위는 오랫동안 유지되지 못했고 적군에게 패해 달아났다가, 그 뒤 공손찬에게 의탁하였다. 이후 원소(袁紹)와의 대전에서 승리하여

공을 세웠다. 조조(曹操)와 서주목(徐州牧) 도겸(陶謙)과의 대전에서 도겸을 도왔으므로, 도겸이 죽자 서주목이 되었다. 하지만 여포(呂布)의 공격으로 서주(徐州)를 빼앗기고 그와 대립하게 되며 조조의 도움으로 여포를 물리쳤다. 196년 원술(袁術)의 공격을 받자 조조의 구원으로 원술을 물리치고, 진동장군의성정후(鎭東將軍宜城亭侯)에 임명되어 조조에게 의탁하였다. 그러나 조조 모살 계획에 참가하였다가, 이 계획이 사전에 누설되자 하비(下邳)로 탈주하였다. 원소와 조조가 관도대전(官渡對戰)에서 전쟁을 시작하자 원소와 동맹하였으나 이 전투에서 조조에게 패하게 되자 형주목(荊州牧) 유표(劉表)에게로 가서 객장(客將)이 되었다. 이 무렵 삼고초려로 제갈량(諸葛亮)을 맞아들여 그의 계략으로 형주에서 기반을 구축하던 중, 조조 휘하의 하우돈(夏候惇)과 우금(于禁)이 유표를 공격해 오자 이를 물리쳤다. 208년 유표가 죽고 그의 아들 유종(劉琮)이 조조에게 항복하자 조조는 대군을 거느리고 형주(荊州)를 공격해왔다. 유비는 오(吳)나라 손권(孫權)과 동맹하여 적벽전투(赤壁戰鬪)에서 조조를 대파하고 형주를 확보하였다. 조조가 한중(漢中) 침입을 기도하자, 두려움을 느낀 익주목(益州牧) 유장(劉璋)의 요청에 따라 명장 관우를 형주에 잔류시키고, 제갈량·장비·조운(趙雲)·방통(龐統) 등과 함께 익주(益州)로 갔다. 하지만 유장이 군수물자를 내어주지 않고 배신하자 그를 항복시키고 촉(蜀)을 수중에 넣었다. 이때 유비의 백말을 바꿔 탄 방통이 낙봉파(落鳳坡)에서 적의 화살을 맞고 유비 대신 사망하였다. 215년 형주 땅의 영유문제를 놓고 손권과 대립하였으며 결국 형주 동부의 강하((江夏)·장사(長沙)·계양(桂陽)을 오나라에 넘기게 되었다. 219년 유비는 한중을 공격하여 한중왕(漢中王)이 되었으며, 관우는 전장군(前將軍)에 임명되었으나 손권의 공격을 받아 죽게 된다. 220년 조비(曹丕)가 한나라 헌제의 양위(讓位)를 받아 위(魏)의 황제가 되자, 221년 그도 제위에 올라 한의 정통을 계승한다는 명분으로 국호를 한(漢, 蜀漢)이라 하였다. 다음해 장비가 그의 부하인 범강(范疆)과 장달(張達)에게 살해되어 그의 목을 가지고 오나라로 달아나자, 유비는 형주의 탈환과 관우와 장비의 복수를 위해 오나라 손권을 공격하였다. 이릉(夷陵)의 싸움에서 대패하여 백제성(白帝城)에서 후사를 제갈량에게 위탁하고, 223년 4월 63세의 나이로 병사하였다. 시호는 소열황제(昭烈皇帝)이고, 그 해 8월에 혜릉(惠陵)으로 이장되었다(두산백과).

번소 漢한나랏 昭쇼烈렬이란 님금이 업스실 제 後후主쥬를 경계ᄒᆞ

야 ᄀᆞᄅᆞ샤ᄃᆡ 사오나온 이리어든 져다ᄒᆞ고 ᄒᆞ디 말며 어딘 이리어든 져다ᄒᆞ고 아니ᄒᆞ디 말라 ᄒᆞ시니라

현대역 漢나라의 소열이란 임금이 죽으실 때 後主를 경계하여 말씀하시되, "나쁜 일이거든 적다하고 하지 말며, 어진 일이거든 적다하고 아니하지 말라." 하시니라.

업스실: 죽으실. '없(어간)+으시(주체 높임 선어말어미)+ㄹ(관형사형 어미)'이다. '없다(동사)'는 '없어지다', '죽다'의 옛말이다. 榮華ᄒᆞ며 이우루메 ᄃᆞᆫ뇨ᄆᆞᆯ 餘暇ㅣ 없서 별 보와 멍에 메여 便安히 빳규믈 몯ᄒᆞ니라(榮枯走不暇 星駕無安稅).《두시-초 24:29》, 正道ㅣ 모시 ᄃᆞ외야 그 ᄆᆞᆯ에 沐浴ᄒᆞᆯᄊᆡ 三毒이 업사 快樂이 ᄀᆞᆺ업스니.《월곡 상:45》. 지금도 북한에서는 '죽다'를 완곡하게 이르는 말로 쓰인다. 지난밤에 뜻하지 않게 건넌집 할아버지가 없었다는구만.《선대》

소언 漢한昭쇼烈렬[蜀쵹漢한 님금이라]이 쟝ᄎᆞᆺ 죽을 제 後후主쥬[昭쇼烈렬의 아ᄃᆞᆯ이라]ᄅᆞᆯ 경계ᄒᆞ야 ᄀᆞᆯᄋᆞ샤ᄃᆡ 사오나온 거시 져다ᄒᆞ야 ᄡᅧ ᄒᆞ디 말며 어딘 거시 져다ᄒᆞ야 ᄡᅧ ᄒᆞ디 아니티 말라

현대역 漢昭烈[蜀漢 임금이라.]이 장차 죽을 때 後主[소열의 아들이라.]를 경계하여 말씀하시되, "나쁜 것이 적다하여 써 하지 말며, 어진 것이 적다하여 써 하지 아니하지 말라."

【集解】昭烈은漢帝니名은備요字는玄德이라勅은戒也라後主는昭烈之子니名禪이라勿以惡小而爲之는謂禍之所生이不在大요勿以善小而不爲는謂慶之所積이由於小라朱子曰善必積而後成이요惡雖小而可懼라하시니亦此意也니라

昭烈은 漢나라의 황제이니, 이름은 備요, 자는 玄德이다. 勅은 경계함이다. 後主는 소열의 아들이니, 이름이 禪이다. 勿以惡小而爲之[써 악이 작다고 하여 그것을 하지 말라]는 화가 생기는 바가 큰데 있지 않음을 말함이요,

勿以善小而不爲[써 선이 작다고 하여 그것을 하지 아니하지 말라]는 경사가 쌓이는 바가 작은데서 말미암음을 말한 것이다. 주자가 말하였다. "선은 반드시 쌓인 뒤에 이루어지며, 악은 비록 작더라도 가히 두려워해야 한다." 하셨으니, 또한 이러한 뜻이다.

漢字 禪[봉선 선]

봉선(封禪): 땅을 닦고 깨끗이 하여 산천 신에게 지내는 제사.

【八章】

○諸葛武侯戒子書에曰君子之行은靜以修身이오儉以養德이니非澹泊이면無以明志오非寧靜이면無以致遠이니라 《武侯全書》

●諸葛武侯가 아들을 경계하는 글에 말하였다. "군자의 행실은 고요함으로써 몸을 닦고, 검소함으로써 덕을 기르니, 담박함이 아니면 써 뜻을 밝힐 수 없고, 편안하고 고요함이 아니면 써 먼데[원대함] 이를 수 없다.

漢字 葛(칡 갈), 靜(고요할 정), 澹(맑을 담), 泊(맑을 박, 배 댈 박), 寧(편안할 녕)

1 제갈무후(諸葛武侯, 181년~234년): 중국 삼한시대 촉한(蜀漢)의 재상이다. 이름은 제갈량(諸葛亮)이고, 자는 공명(孔明)이며, 자를 포함하여 제갈공명(諸葛孔明)이라고도 한다. 시호는 충무후(忠武侯)이며, 작위는 무향후(武鄕侯)이다. 낭야군 양도현(瑯琊郡 陽都縣: 山東省 沂南縣)에서 태어났다. 호족(豪族) 출신이었으나 어릴 때 아버지를 여의고 형주(荊州: 湖北省)에서 숙부 제갈현(諸葛玄)의 손에서 자랐다. 후한(後漢) 말의 전란을 피하여 출사(出仕)하지 않았으나 명성이 높아 와룡(臥龍) 또는 복룡(伏龍) 선생이라 일컬어졌다. 건안(建安) 12년(207년) 조조(曹操)에게 쫓겨 형주에 와 있던 유비로부터 '삼고초려(三顧草廬)'의 예로써 초빙되어 '천하삼분지계(天下三分之計)'를 진언(進言)하였다. 유비는 제갈량을 얻은 것을 물고기가 물을 만난 것[水魚之交]에 비유하였다. 이듬해 오나라의

손권(孫權)을 설득하여 유비와 연합하게 하여, 적벽의 싸움에서 조조의 대군을 물리쳤다. 소설인 《삼국지연의(三國志演義)》에서는 신기묘산(神機妙算)으로 조조의 대군을 격파하는 데 결정적 공을 세운 것으로 묘사되지만, 역사서인 《삼국지(三國志)》에는 별다른 활약상을 찾아볼 수 없으며, 형주와 익주 등 강남을 손에 넣은 유비가 제갈량을 군사중랑장(軍師中郎將)으로 삼아 영릉(零陵)·계양(桂陽)·장사(長沙) 등 3군(郡)을 감독하게 하였다고 기록되어 있다. 이처럼 세간에 구전하는 제갈량의 초인적 지략은 대부분 소설《삼국지연의》에서 기인하지만, 유비의 신임을 받아 중용된 것은 소설과 역사서의 기록이 일치한다. 건안(建安) 16년(211년) 유비는 성도(成都)를 평정하고 나서, 그를 군사장군(軍師將軍)으로 삼아 자신이 출병한 뒤 군량과 병사를 대도록 하였고, 촉한의 황제에 오른 뒤에는 그를 승상(丞相)으로 삼았으며, 죽음을 앞두고는 자신이 이루지 못한 대업을 이루도록 당부하였다. 유비는 제갈량에게 자신의 아들 유선(劉禪)을 보좌하되, 아들이 무능하면 몰아내고 황제의 자리를 취하여도 좋다고 유언하였으나 제갈량은 끝까지 후주(後主) 유선을 보필하였다. 재차 오(吳)나라와 연합하여 위(魏)나라와 항쟁하였으며, 생산을 장려하여 민치(民治)를 꾀하고, 윈난[雲南]으로 진출하여 개발을 도모하는 등 촉한의 경영에 힘썼다. 그러나 상승하는 위나라에 비하여 국력의 열세가 뚜렷한 가운데 오장원(五丈原)에서 위나라의 사마의(司馬懿)와 대치하다가 병이 들어 사망하였다. 위나라와 싸우기 위하여 출진할 때 올린《전출사표(前出師表)》와《후출사표(後出師表)》는 이를 읽고 눈물을 흘리지 않는 자는 충신이 아니라고 할 정도로 충정으로 가득한 천고의 명문으로 꼽힌다. 후인들이 중국 곳곳에 무후사(武侯祠)를 지어 그의 충절을 기리고 있다(두산백과).

2 담백(澹泊): 욕심이 없고 마음이 깨끗함.

번소 諸졔葛갈武무侯후ㅣ 아ᄃᆞᆯ 경계ᄒᆞ욘 그레 ᄀᆞ로ᄃᆡ 君군子ᄌᆞᄋᆡ 힝뎍ᄋᆞᆫ 안졍호ᄆᆞ로 모ᄆᆞᆯ 닷고 검박호ᄆᆞ로 德덕을 길을 디니 ᄆᆞᆰ고 조티 아니면 ᄠᅳ들 볼골 주리 업고 안졍티 아니면 먼ᄃᆡ 닐위욜 주리 업ᄉᆞ니라

현대역 諸葛武侯가 아들 경계한 글에 가로되, “군자의 행적은 安靜함으로 몸을 닦고 儉朴함으로 덕을 기를 것이니, 맑고 깨끗하지 아니하면 뜻을

밝힐 줄이 없고, 안정하지 아니면 먼데 이룰 줄이 없느니라.

1 안졍호ᄆᆞ로: 안정(安靜)함으로. '안졍ᄒᆞ(어간)+옴(명사형 어미)+ᄋᆞ로(조사)'이다. 육체적 또는 정신적으로 편안하고 고요하다.

2 검박호ᄆᆞ로: 검박(儉朴)함으로. '검박ᄒᆞ(어간)+옴(명사형 어미)+ᄋᆞ로(조사)'이다. 검소하고 소박하다. '담박(澹泊)ᄒᆞ다'와 거의 같은 뜻이다. '담박ᄒᆞ다'는 '욕심이 없고 마음이 깨끗하다.'를 뜻한다.

소언 諸제葛갈武무侯후[일홈은 亮냥이오 ᄌᆞᄂᆞᆫ 孔공明명이니 蜀쵹漢한 적 졍승이라] 아ᄃᆞᆯ 경계ᄒᆞᆫ 글에 ᄀᆞ로ᄃᆡ 君군子ᄌᆞ의 힝실은 안졍홈으로ᄡᅥ 몸을 닷고 검박홈으로ᄡᅥ 德덕을 칠 디니 ᄆᆞᆰ고 조홈이 아니면 ᄡᅥ ᄠᅳᆮ을 ᄇᆞᆰ킴이 업고 안졍티 아니면 ᄡᅥ 먼ᄃᆡ 닐윔이 업ᄉᆞ리라

현대역 諸葛武侯[이름은 亮이오 자는 孔明이니, 蜀漢 때 정승이라.] 아들 경계한 글에 가로되, "군자의 행실은 안정함으로써 몸을 닦고, 검박함으로써 덕을 기를 것이니, 맑고 깨끗함이 아니면 써 뜻을 밝힘이 없고, 안정하지 아니면 써 먼데 이룸이 없으리라.

【集說】吳氏曰武侯의名은亮이요字는孔明이요諸葛은其姓也라躬耕南陽이러니昭烈이三顧而後에起爲丞相하니謚는忠武라子의名은瞻이요字는思遠이라靜은謂安靜이요儉은謂儉約이니澹泊은卽儉也요寧靜은卽靜也라言靜則心不逐於物而可以修身이요儉則心不汩於欲而可以養德이니非澹泊이면則必昏昧而無以明其志也요非寧靜이면則必躁動而無以致其遠也라

오 씨가 말하였다. "武侯의 이름은 亮이요, 자는 孔明이요, 諸葛은 그 성이다. 몸소 남양에서 밭을 갈았는데 昭烈이 세 번 돌아본 뒤에 일어나

승상이 되었으니, 시호는 忠武다. 아들의 이름은 첨(瞻)이요, 자는 思遠이다. 靜은 편안하고 고요함을 이르고, 儉은 검약함을 이르니, 澹泊은 곧 검약함이요, 寧靜은 곧 고요함이다. 고요하면 마음이 外物을 쫓지 아니하여 가히 몸을 닦을 수 있고, 검소하면 마음이 욕심에 빠지지 아니하여 가히 써 덕을 기를 수 있으니, 담박함이 아니면 반드시 어둡고 어리석어 써 그 뜻을 밝힐 수 없고, 편안하고 고요함이 아니면 반드시 조급하게 움직여 써 그 먼데 이를 수 없음을 말한 것이다."

漢字 亮(밝을 량), 丞(정승 승, 도울 승), 瞻(볼 첨), 逐(좇을 축), 汨(빠질 골), 昏(어두울 혼), 躁(성급할 조)

夫學은**須靜也**ㅣ오**才**는**須學也**ㅣ라**非學**이면**無以廣才**오**非靜**이면**無以成學**이니**慆**滔**慢則不能研精**이오**險躁則不能理性**이니라**年與時馳**ᄒᆞ며**意與歲去**ᄒᆞ야**遂成枯落**이어사**悲歎窮廬**ㄴ들**將復**扶又反**何及也**ㅣ리오

● 무릇 배움은 모름지기 고요해야 하고, 재주는 모름지기 배워야 한다. 배움이 아니면 써 재주를 넓힐 수 없고, 고요함이 아니면 써 배움을 이룰 수 없으니, 방자하고 게으르면 능히 자세함을 연구할 수 없고, 험하고 조급하면 능히 성품을 다스릴 수 없다. 나이는 때와 더불어 달리며, 뜻은 해와 더불어 가버려, 드디어 마르고 떨어짐을 이루거든, 궁색한 오두막에서 슬피 탄식한들 장차 다시 어찌 미칠 수 있겠는가?"

漢字 慆(방자할 도, 기뻐할 도, 게으를 도), 慢(게으를 만), 研(갈 연), 精(쓿은 쌀 정), 險(험할 험), 遂(드디어 수), 枯(=槁 마를 고), 廬(오두막 려, 농막 려), 復(다시 부)

번소 ᄇᆡ호ᄆᆞᆫ 모로매 안졍ᄒᆞ야사 ᄒᆞ리오 ᄌᆡ조ᄂᆞᆫ 모로매 ᄇᆡ화사 ᄒᆞ리니 ᄇᆡ홈곳 아니면 ᄌᆡ조ᄅᆞᆯ 너플 주리 업고 안졍티 아니면 ᄇᆡ호ᄆᆞᆯ 일올 주리 업ᄉᆞ니 게으르고 프러디면 ᄀᆞ다ᄃᆞ마 졍히 몯ᄒᆞ고 험ᄒᆞ고 망령

ᄃᆞ외면 텬셩을 다ᄉᆞ리디 몯ᄒᆞ리니 나히 시졀와 다ᄆᆞᆺ ᄃᆞᄅᆞ며 ᄠᅳ디 ᄒᆡ와 다ᄆᆞᆺ 디나가 이우러 ᄠᅳ드로미 되어ᅀᅡ 궁ᄒᆞᆫ 지븨셔 슬허ᄒᆞᆫᄃᆞᆯ 쟝ᄎᆞᆺ 다시 어늬 미츠리오

현대역 배움은 모름지기 안정하여야 할 것이오, 재주는 모름지기 배워야 하리니, 배움만 아니면 재주를 넓힐 줄이 없고, 안정하지 아니하면 배움을 이룰 줄이 없으니, 게으르고 풀어지면 가다듬어 바로 못하고, 험하고 망령되면 천성을 다스리지 못하리니, 나이가 시절과 더불어 달리며, 뜻이 해와 더불어 지나가, 시들어 떨어짐이 되어야 궁한 집에서 슬퍼한들, 장차 다시 어느 것이[무엇이] 미치리오."

1 ᄒᆞ리오: 할 것이오. 'ᄒᆞ(어간)+리(추측법 선어말어미)+오(평서형 종결어미)'이다. '-오'는 '이다', '아니다'의 어간, 받침 없는 용언의 어간, 'ㄹ' 받침인 용언의 어간 또는 어미 '-으시-' 뒤에 붙어, 하오할 자리에 쓰여, 설명의 뜻을 나타내는 종결어미이다.

2 ᄒᆞ리니: 하리니. 'ᄒᆞ(어간)+리(추측법 선어말어미)+니(연결어미)'이다. '-리니'는 '이다'의 어간, 받침 없는 용언의 어간, 'ㄹ' 받침인 용언의 어간 또는 어미 '-으시-', '-으오-' 뒤에 붙어, 앞 절에 붙어 뒤 절의 조건이나 근거가 되는 추측의 뜻을 나타내는 연결어미이다. 곧 봄이 오리니 희망을 가지고 기다려라. 만나면 헤어지는 것은 정해진 운명이리니 이별을 서러워 마라.

3 ᄇᆡ홈곳: 배움만. 'ᄇᆡ홈(명사)+곳(보조사)'이다. '곳/옷'은 '단독' 뜻의 보조사이다. '옷'은 '곳'의 이형태로서, 모음이나 'ㄹ'로 끝나는 체언 아래 선택된다. 중세국어에는 현대국어의 '단독'의 보조사 '만'은 극히 드물게 나타났고 대신 '곳' 등으로 나타난다.

4 너퓰: '너피(어간)+오(대상 표시법 선어말어미)+ㄹ(관형사형 어미)'이다. 관형사형에 나타나는 선어말어미 '-오$_2$-'는 존경의 선어말어미와 결합될 수 있다는 점과 제1인칭은 물론 제2·3인칭도 주어가 될 수 있다는 점에서 종결형과 연결형에 나타나는 '-오$_1$-'과 문법 범주를 달리한다. 피한정 명사는 관형사형에 대하여 주어도 될 수 있고, 목적어와 부사어도 될 수 있다. 이때 관형사형을 평서형으로 전개할 때 피한정 명사가 목적어나 부사어의 기능을 띠면 선어말어미 '-오$_2$-'가 나타난다. 따라서 이를 대상 표시법 선어말어미로 부른다(고영근, 2020, 372).

須達이 지순 亭舍마다 드르시며.《석상 6:38》. 얻논 藥이 므스것고.《월석 21:215》. 이들은 피한정 명사가 관형사형의 목적어가 되는 예이다. 그림 그륜 ᄇᆞᄅᆞᄆᆞᆯ….《두시언해 6:34》. 옷 섀론 므를 먹고.《석상 11:25》. 이들은 피한정 명사가 관형사형의 부사어가 되는 예이다. 현대국어 '넓히다'의 옛말인 '너피다'는 15세기 문헌에서부터 나타난다. 15세기의 '너피다'는 형용사 '넙다'에 사동접사 '-히-'가 결합한 파생어이다. '넙다'는 18세기부터 '넙-'의 끝소리에 'ㄹ'이 첨가된 '넓다'로 나타나기 시작하는데 '넙다'가 결합되어 있는 '너피다'의 경우도 이와 같은 변화를 경험하였다. 그리하여 18세기부터 'ㄹ'이 첨가된 '넓다'에 사동접사 '-히-'가 결합한 '널피다'가 나타나기 시작하였다. 이후 '널피다'의 어간과 접사를 밝혀 적으면서 현재에 이르렀다. 18세기에 나타나는 '넙히다'는 '너피다'의 제2음절의 첫소리 'ㅍ'을 'ㅂ'과 'ㅎ'으로 나누어 적은 재음소화 표기이다. 너피다(15세기~17세기)〉넓히다(18세기~현재). 이형태: 너피다, 넙피다, 넙히다, 널피다, 넓히다. 佛寶ᄅᆞᆯ 너피시며 法寶ᄅᆞᆯ 너피시며.《1447 월천 35ㄱ》, 이 우ᄒᆞᆫ ᄀᆞᄅᆞ침 셰욤을 넙피니라.《1588 소언 5:34ㄴ》

5 이우러: 꽃이나 잎이 시들어. '이울(어간)+어(연결어미)'이다. '이울다'의 옛말 '이ᄫᅳᆯ다'는 15세기 문헌에서부터 나타난다. 'ᄫ'은 15세기까지 나타나다가 원순성이 있는 반모음 'w'로 바뀌게 된다. 그 결과 15세기부터 '이ᄫᅳᆯ다'는 '이울다'로 바뀌게 되고 현대국어에 이르게 된다. 이ᄫᅳᆯ다(15세기)〉이울다(15세기~현재). 四面에 블이 니러 갏 길히 이ᄫᅳᆯ씨 업더디여 사ᄅᆞ쇼셔 ᄒᆞ니.《1447 월곡 60ㄱ》, 모시 다 여위며 남기 다 이울며.《1459 월석 1:48ㄴ》

6 궁ᄒᆞᆫ: 궁(窮)한. 일이 난처하거나 막혀 피하거나 변통할 도리가 없는.

7 슬허ᄒᆞᆫᄃᆞᆯ: 슬퍼한들. '슬허ᄒᆞ(어간)+ㄴᄃᆞᆯ(연결어미)'이다. '-ㄴᄃᆞᆯ'은 어간이나 어미 뒤에 붙어, '-은들'을 뜻하는 어미이다. 城 밧긔 브리 비취여 十八子ㅣ 救ᄒᆞ시려니 가라 ᄒᆞᆫᄃᆞᆯ 가시리잇가(火照城外 十八子救 縱命往近 噬肯往就).《용가 69장》, 長生인 不肖ᄒᆞᆯᄊᆡ ᄂᆞᆷ이 나아간ᄃᆞᆯ 百姓ᄃᆞᆯ히 ᄂᆞᄆᆞᆯ 다 조ᄎᆞ니.《월곡 상:41》. '슬허ᄒᆞ다'는 '슬퍼하다'의 옛말이다. 海虞令何子平이 어믜 거상애 그 우시ᄅᆞᆯ ᄇᆞ리고 슬허호ᄆᆞᆯ 禮예 너모 ᄒᆞ야 ᄆᆡ샹 봄뇌야 우로매 다 주겟다가 ᄭᅵ더라(海虞令何子平 母喪去官 哀毁踰禮 每哭踊頓絶方蘇).《내훈 1:65》, 싀어미 죽거늘 ᄀᆞ장 슬허ᄒᆞ고 송장과 졔뎐을 녜다이 ᄒᆞ니라(姑歿哀毁 葬祭以禮).《동신속 열:14》

8 미ᄎᆞ리오: 미치리오. '및(어간)+ᄋᆞ(매개모음)+리(추측법 선어말어미)+오(의문

형 종결어미)'이다. '-오'는 ᄒᆞ라체 제1·3인칭 의문법 중 의문사 '어늬'를 동반하고, '오' 계통 모음으로 되어 있는, 정보를 요구하는, 설명의문문을 만드는 종결어미이다. 현대국어 '미치다'의 옛말은 '및다'인데 '및다'에 접미사 '-이'가 연결된 '미치다'도 15세기부터 현대국어까지 계속 쓰이고 있다. 받침의 표기법에 따라서 '밋다', '믿다' 등도 쓰였고, 중철 표기법 등의 영향으로 '밋츠다', '밋ᄎᆞ다' 등도 쓰였다. 미치다(15세기~현재). 이형태: 및다, 밋다, 믿다, 밋츠다, 미츠다, 미ᄎᆞ다, 미치다. 須彌山ᄋᆞᆯ 둘어 밧긔 土山 黑山이 이쇼ᄃᆡ 굳고 구미 鐵圍山ᄋᆞᆯ 몯 밋ᄂᆞ니라.《1447 석상 20:21ㄴ》, 不共ᄋᆞᆫ 二乘이 몯 미촐 씨라.《1447 석상 20:35ㄴ》, 이러ᄒᆞᆫ 種種앳 거스로 供養ᄒᆞᅀᆞᄫᅡ도 몯 미치리며.《1447 석상 20:11ㄱ》, 燕ᄒᆞ야 皇天에 밋쳐 능히 그 後를 昌ᄒᆞ샷다.《1613 시언 19:14ㄱ》

소언 ᄇᆡ홈ᄋᆞᆫ 모롬애 안졍ᄒᆞ야ᅀᅡ 홀 거시오 ᄌᆡ조ᄂᆞᆫ 모롬애 ᄇᆡ화야 홀디라 ᄇᆡ홈이 아니면 ᄡᅧ ᄌᆡ조ᄅᆞᆯ 넙핌이 업고 안졍홈이 아니면 ᄡᅧ ᄇᆡ홈ᄋᆞᆯ 일옴이 업ᄉᆞ리니 게으르고 프러디면 能능히 졍미ᄒᆞᆫ 곧ᄋᆞᆯ 궁구티 몯ᄒᆞ고 험ᄒᆞ고 조급ᄒᆞ면 能능히 性셩을 다ᄉᆞ리디 몯ᄒᆞ리니라 나히 시졀와 더블어 ᄃᆞᄅᆞ며 ᄠᅳᆮ이 ᄒᆡ와 더블어 가 드듸여 이우러 ᄠᅥ러딤이 되게야 궁ᄒᆞᆫ 집의셔 슬탈ᄒᆞᆫ돌 쟝ᄎᆞᆺ 쏘 엇디 밋치리오

현대역 배움은 모름지기 安靜하여야 할 것이오, 재주는 모름지기 배워야 할 것이다. 배움이 아니면 써 재주를 넓힘이 없고, 안정함이 아니면 써 배움을 이룸이 없으리니, 게으르고 풀어지면 능히 精美한 곳을 窮究하지 못하고, 험하고 조급하면 능히 성품을 다스리지 못하리니라. 나이가 시절과 더불어 달리며 뜻이 해와 더불어 가, 드디어 시들어 떨어짐 되어야 窮한 집에서 애달프게 슬퍼한들 장차 또 어찌 미치리오."

1 안졍ᄒᆞ야ᅀᅡ: 안정(安靜)하여야. '안졍ᄒᆞ(어간)+야ᅀᅡ(연결어미)'이다. '-야ᅀᅡ'는 'ᄒᆞ다'의 어간이나 끝음절의 모음이 'ㅣ'인 어간 뒤에 붙어, '-아야/-어야'를 뜻하는 어미이다. 아바님 니ᄅᆞ샤ᄃᆡ 뉘 ᄯᆞᄅᆞᆯ 골ᄒᆡ야ᅀᅡ 며늘이 ᄃᆞ외야 오리야.《월곡 상:14》, 모로매 모딘 ᄠᅳ들 그치고 慈悲ㅅ 힝뎌글 ᄒᆞ야ᅀᅡ ᄒᆞ릴씨 沙彌라 ᄒᆞ니라.《석상 6:2》, 그리 降服ᄒᆞ야ᅀᅡ 브리 즉자히 ᄢᅥ거늘 모다 닐오ᄃᆡ 舍利弗이

이긔여다.《석상 6:33》. '안졍(安靜)ᄒᆞ다'는 '육체적 또는 정신적으로 편안하고 고요하다.'를 뜻한다.

2 졍미ᄒᆞᆫ: 정미(精美)한. 정교하고 아름다운.

3 궁구티: 궁구(窮究)하지. 속속들이 파고들어 깊게 연구하지. '궁구ᄒᆞ(어간)+디(보조적 연결어미)'이다.

4 되게야: 되어야. '되(어간)+게야(연결어미)'이다. '-게야'는 주로 동사, 형용사 어간 뒤에 붙어, '-어야'를 뜻하는 어미이다. 당지치 다 디게야 ᄂᆞᆯ애ᄅᆞᆯ 고텨 드러 청텬 구름 속애 소소ᄡᅧ 오ᄅᆞᆫ 마리 싀훤코 훤출ᄒᆞᆫ 世界ᄅᆞᆯ 다시 보고 말외라. 《교시조 2527-송이》

5 슬탈ᄒᆞᆫᄃᆞᆯ: 슬퍼한들. '슬탏, 슬탈ᄒᆞ(어간)+ㄴᄃᆞᆯ(연결어미)'이다. '-ㄴᄃᆞᆯ'은 어간이나 어미 뒤에 붙어, '-(으)ㄴ들'을 뜻하는 연결어미이다. 城 밧긔 브리 비취여 十八子ㅣ 救ᄒᆞ시려니 가라 ᄒᆞᆫᄃᆞᆯ 가시리잇가(火照城外 十八子救 縱命往近 噬肯往就).《용가 69장》, 長生인 不肖ᄒᆞᆯᄊᆡ ᄂᆞᆷ이 나아간ᄃᆞᆯ 百姓ᄃᆞᆯ히 ᄂᆞᆷᄋᆞᆯ 다 조ᄎᆞ니. 《월곡 상:41》. '슬탏다/슬탈ᄒᆞ다'는 '슬퍼하다'의 옛말이다. ᄠᅳᆮ이 ᄒᆡ와 더블어 가 드듸여 이우러 ᄠᅥ러딤이 되게ᅀᅡ 궁ᄒᆞᆫ 집의셔 슬탈ᄒᆞᆫᄃᆞᆯ 쟝ᄎᆞᆺ ᄯᅩ 엇디 밋ᄎᆞ리오(意與歲去 遂成枯落 悲歎窮廬 將復何及也).《소언 5:15~16》, 제 남지니 나모ᄒᆞ라 가 버믜게 죽거늘 조이 슬탈하 ᄡᅢ만 잇더니.《속삼 열:24》

【集說】吳氏曰須는猶欲也요慆慢은猶云怠慢也라研은究也라險躁는猶云躁妄也라理는治也라枯落은猶物之枯槁搖落也라言學須欲靜而才須欲學也니才非學이면則拘於氣質而才無以廣이요學非靜이면則逐於物欲而學無以成이며怠慢則理之精微를不能研究하고躁妄則己之德性을不能理治라年與時而俱馳하고意與歲而俱往하여遂與草木同枯落하여而學無所成矣면雖悲歎인들將復何及哉리오眞氏曰孔明此書는眞格言也니라

오 씨가 말하였다. "須는 하고자함과 같고, 도만(慆慢)은 태만하다고 말

함과 같다. 硏은 궁구함이다. 험조(險躁)는 조급하고 허망하다고 말함과 같다. 理는 다스림이다. 枯落은 물건이 말라 흔들려 떨어짐과 같다. 말하되, '배움은 모름지기 고요하고자 하고 재주는 모름지기 배우고자 하니, 재주는 배움이 아니면 기질에 얽매어 재주가 써 넓혀질 수 없고, 배움은 고요하지 않으면 물욕을 쫓아 배움이 써 이루어질 수 없으며, 게으르면 이치의 자세함을 능히 연구할 수 없고, 조급하고 허망하면 자기의 덕성을 능히 다스릴 수 없다. 나이는 때와 더불어 함께 달리고, 뜻은 해와 더불어 함께 가서, 마침내 초목과 더불어 함께 시들어 떨어져, 배움이 이루어지는 바가 없으면, 비록 슬피 탄식한들 장차 다시 어찌 미칠 수 있겠는가?'라 하였다." 진 씨가 말하였다. "공명의 이 글은 진실로 격언[교훈이 될 만한 말]이다."

漢字 妄(허망할 망), 槁(마를 고), 搖(흔들릴 요), 微(작을 미), 馳(달릴 치)

〖九章〗

○柳玭蒲眠反이嘗著書ᄒᆞ야戒其子弟曰壞名災己ᄒᆞ며辱先喪家ㅣ其失尤大者ㅣ五ㅣ니宜深誌之니라 《柳氏家訓》

● 유변(柳玭)이 일찍이 글을 지어 그 자제에게 경계하여 말하였다. "이름을 무너뜨리고, 몸을 재앙에 빠뜨리며, 선조를 욕되게 하고, 집을 잃음이 그 과실이 더욱 큰 것이 다섯이니, 마땅히 그것을 깊이 기억해야 한다.

漢字 玭(옥 변, 옥 빈), 壞(무너질 괴), 災(재앙 재), 喪(잃을 상, 망할 상, 복 입을 상), 誌(기억할 지, 기록할 지)

1 柳玭: 인명(人名) 柳玭에서, 玭은 보통 '구슬이름 빈'으로 새긴다. 그러나 《소학집주》는 蒲眠反이라 하여 '변'으로, 《번역소학》과 《소학언해》 또한 모두 '변'으로 음을 달고 있다.

2 유변(柳玭)의 말: 유변의 말은 이하 〈선행(善行) 제6〉 제14장에 최산남(崔山南) 형제에 대한 내용이, 〈선행(善行) 제6〉 제64장에 왕애(王涯)에 대한 내용이, 〈선행(善行) 제6〉 제76장에 고시랑(高侍郞) 형제에 대한 내용이 또 나온다.

번소 柳류玭변이 일즉 글워ᄅᆞᆯ 밍ᄀᆞ라 그 子ᄌᆞ弟뎨ᄅᆞᆯ 경계ᄒᆞ야 ᄀᆞ로ᄃᆡ 일후믈 ᄒᆞ야ᄇᆞ리며 모ᄆᆞᆯ 해ᄒᆞ며 주근 어버이ᄅᆞᆯ 욕도이 ᄒᆞ며 지블 배아미 그 허므리 ᄆᆞᆺ 크니 다ᄉᆞ시니 기피 긔디홀 디니라

현대역 유변(柳玭)이 일찍 글월을 만들어 그 자제를 경계하여 가로되, "이름을 헐어버리며 몸을 해하며, 죽은 어버이를 욕되게 하며 집을 망침이 그 허물이 가장 큰 이[것이], 다섯이니 깊이 기억할 것이니라.

1 욕도이: 욕되이. '욕도이(어간)+ø(연결어미 '이' 생략)'이다. '욕도이다'는 '욕되다'의 옛말이다. 내 崔浩와 ᄉᆞ긔 이를 진실로 ᄒᆞᆫ가지로 호니 주그며 살며 영화로ᄋᆡ며 욕도요매 혼자 달오미 몯홀 거시니(臣與崔浩 實同史事 死生榮辱 義無獨殊).《번소 9:48》

2 배아미: 망침이. 없앰이. '배아(어간)+ㅁ(명사형 어미)+이(주격 조사)'이다. '배아다'는 '망치다', '없애다'의 옛말이다. 내죵애 그 위죵ᄒᆞ여 옥개 드러 셰간 배아고 원슈 지ᅀᅥ 서르 갑힐훠 말 저기 업스니.《정속-이 26》, 주근 어버이ᄅᆞᆯ 욕도이 ᄒᆞ며 지블 배아미 그 허므리 ᄆᆞᆺ 크니(辱先喪家 其失尤大者五).《번소 6:17》

3 ᄆᆞᆺ: 가장. 왼녀긔 ᄒᆞᆫ 點을 더으면 ᄆᆞᆺ 노ᄑᆞᆫ 소리오.《훈언 13》, 美音은 풍륫 소릿 中에 ᄆᆞᆺ 됴ᄒᆞᆯ 씨라.《석상 13:9》

소언 柳류玭변[唐당 적 사ᄅᆞᆷ이라]이 일즉 글을 지어 그 子ᄌᆞ弟뎨ᄅᆞᆯ 경계ᄒᆞ야 ᄀᆞᆯ오ᄃᆡ 일홈을 ᄒᆞ야ᄇᆞ리며 몸을 해하며 션셰ᄅᆞᆯ 슈욕ᄒᆞ며 집을 배암이 그 글롬이 더옥 큰 이 다ᄉᆞ시니 맛당히 깁히 긔디홀 디니라

현대역 유변[唐 때 사람이라.]이 일찍 글을 지어 그 자제를 경계하여 가로되, "이름을 헐어버리며 몸을 해하며, 先世를 受辱하며 집을 망침이 그 그름이 더욱 큰 이[것] 다섯이니, 마땅히 깊이 기억할 것이니라.

1 션셰: 선세(先世). '선대(先代)'와 같은 뜻임. 즉 조상의 세대.

2 슈욕ᄒᆞ며: 수욕(受辱)하며. 남에게 모욕을 당하게 하며.

3 글롬: 그름. '글르(어간)+옴(명사형 어미)'이다. 현대국어 '그르다'의 파생명사

'그름'이다. '그르다'는 '어떤 일이 사리에 맞지 아니한 면이 있다.'를 뜻한다. 현대국어에서 '글르다'를 쓰는 경우가 있으나, 규범표기는 '그르다'이다. 현대국어 '그르다'는 15세기 문헌에서부터 '그르다'로 나타나 현재까지 그대로 이어진다. 16세기부터 나타나는 '그ᄅᆞ다'는 16세기 후반에 제2음절 이하의 '·'가 'ㅡ'로 변한 것을 의식하여 '그르다'가 '그ᄅᆞ다'에서 변한 것으로 잘못 이해하여 과도 교정한 것이다. 그르다(15세기~현재). 法이 그른 ᄃᆡ 업수미 正이오 智 몯 ᄀᆞ존 ᄃᆡ 업수미 遍이오.《1459 월석 9:10ㄴ》, 그러모로 ᄇᆡ호ᄂᆞᆫ 이 반ᄃᆞ시 이롤 말미아마 ᄇᆡ호면 거의 그 그ᄅᆞ디 아니ᄒᆞ리라.《1587 소언 5:109ㄴ》

【集說】陳氏曰玭의字는直淸이니唐柳公綽之孫이요仲郢之子라 壞는敗也라誌는記也라

진 씨가 말하였다. "변(玭)의 字는 直淸이니, 唐나라 유공작(柳公綽)의 손자요, 유중영(柳仲郢)의 아들이다. 壞는 패함이다. 誌는 기억함이다."

漢字 綽(너그러울 작), 郢(땅이름 영), 敗(무너질 패, 깨뜨릴 패), 記(기억할 기, 기록할 기)

其一은自求安逸ᄒᆞ며靡甘澹泊ᄒᆞ야苟利於己어든不恤人言이니라

● 그 첫째는 스스로 편안함을 구하며, 맑고 깨끗함을 달게 여기지 아니하여, 구차하게 자기에게 이로우면, 남의 말을 근심하지 않음이다.

漢字 靡(아닐 미, 쓰러질 미, 다할 미, 없을 미, 말 미, 멸할 미), 甘(달게 여길 감, 달 감), 恤(근심할 휼, 구휼할 휼)

번소 그 ᄒᆞ나ᄒᆞᆫ 편안호몰 구ᄒᆞ야 ᄆᆞᆰ고 조호몰 ᄃᆞᆯ이 너기디 아니ᄒᆞ야 져그나 제 모매 리ᄒᆞ거든 ᄂᆞ미 닐올 주를 분별 아니홀시라

현대역 그 하나는 편안함을 구하여, 맑고 깨끗함을 달게 여기지 아니하여, 적으나 제 몸에 이롭거든, 남이 말할 줄을 分別 아니 하는 것이다.

1 분별호ᄆᆞᆯ: 분별(分別)함을. '분별ᄒᆞ(어간)+옴(명사형 어미)+ᄋᆞᆯ(목적격 조사)'이다. '분별ᄒᆞ다'는 '세상 물정에 대한 바른 생각이나 판단을 하다.'를 뜻한다. 유의어: 분변(分辨)하다. 명색이 사리 분별할 줄 안다고 자처하는 유생들인데, 우리와 싸워 이로울 게 없다는 것쯤은 깊이 요량하고 있을 거요.《현기영, 변방에 우짖는 새》

2 아니ᄒᆞᆯ시라: 아니하는 것이다. '아니ᄒᆞ(어간)+ㄹ시(연결어미)+라(평서형 종결어미)'이다. '-ㄹ시'는 동사, 형용사 어간 뒤에 붙어, '-ㄹ 것이'를 뜻하는 어미이다. 져머셔 아비 업슬시 孤ㅣ오 艱難ᄒᆞᆯ시 貧이니.《원각 서:77》. 따라서 '-ㄹ시라'는 동사, 형용사 어간 뒤에 붙어, '-는 것이다'나 '-ㄹ 것이다'를 뜻하는 어미로 풀이한다. 宜ᄂᆞᆫ 서르 마ᄌᆞᆯ시라.《원각 상1-1:2》, 도ᄌᆞᄀᆞᆫ 無明을 니ᄅᆞ니라 能히 ᄒᆞ몬 能히 業을 發힐시라.《원각 상1-1:2》

소언 그 ᄒᆞᆫ낫재ᄂᆞᆫ 스스로 편안홈을 求구ᄒᆞ며 ᄆᆞᆰ고 조홈을 ᄃᆞᆯ이 너기디 아니ᄒᆞ야 져그나 몸애 利리ᄒᆞ거든 사ᄅᆞᆷ의 말을 분별 아니 홈이니라

현대역 그 첫째는 스스로 편안함을 구하며, 맑고 깨끗함을 달게 여기지 아니하여, 적으나마 몸에 이롭거든, 사람의 말을 분별 아니 함이니라.

【增註】**此**는**言不勤儉之失**이라**靡**는**不也**요**恤**은**憂也**라

이는 부지런하고 검소하지 않은 과실을 말한다. 靡는 아님이요, 恤은 근심함이다.

其二ᄂᆞᆫ**不知儒術**ᄒᆞ며**不悅古道**ᄒᆞ야**懵**母總反**前經而不恥**ᄒᆞ고**論當世而解**蟹**頤**怡ᄒᆞ야**身旣寡知**오**惡**(오)**人有學**이니라

● 그 둘째는 선비의 재주[학문]를 알지 못하며, 옛 도를 기뻐하지 아니하여, 앞의 경서에 어두우면서도 부끄러워하지 않고, 지금 세상을 논하여 입이 벌어져, 자신은 이미 앎이 적고, 남이 배움이 있음을 미워함이다.

漢字 **懵**(=懞 어두울 몽, 어리석을 몽), **解**(풀 해), **頤**(턱 이)

1 해이(解頤): 입이 벌어짐. 즉 교묘하게 설명하여 듣는 사람이 입을 벌리고 감탄함.

이야기가 흥겨워 저절로 입을 벌리고 껄껄 웃음.

2 당세(當世): 바로 이 시대.

번소 그 둘ᄒᆞᆫ 션ᄇᆡᄋᆡ 이ᄅᆞᆯ 아디 몯ᄒᆞ며 녜 도ᄅᆞᆯ 즐기디 아니ᄒᆞ야 녜 셩신ᄋᆡ 그레 아ᄃᆞᆨ호ᄃᆡ 붓그리디 아니ᄒᆞ고 당셰옛 이ᄅᆞᆯ 의론ᄒᆞ요매ᄂᆞᆫ 깃거 우ᅀᅥ 제 모미 ᄒᆞ마 아ᄂᆞᆫ 이리 져고ᄃᆡ 사ᄅᆞᄆᆡ ᄇᆡ홈 이쇼ᄆᆞᆯ 아쳬러ᄒᆞᆯ시라

현대역 그 둘은 선비의 일을 알지 못하며 옛 도를 즐기지 아니하여, 옛 성인의 글에 어둡되 부끄러워하지 아니하고, 當世에의 일을 의논함에는 기뻐하여 웃어, 제 몸이 이미 아는 일이 적되 사람의 배움 있음을 싫어하는 것이다.

1 우ᅀᅥ: 웃어. 'ᄋᆕᇫ(어간)+어(연결어미)'이다. 현대국어 '웃다'는 15세기 문헌에서부터 '웃다'로 나타나 현재까지 이어진다. 그런데 16세기까지는 '웃다'는 자음으로 시작하는 어미 앞에서는 '웃-'으로, 모음으로 시작하는 어미 앞에서는 'ᄋᆕᇫ-'으로 교체하였다. 17세기부터는 모음으로 시작하는 어미 앞에서도 '웃-'으로 통일되었다. 웃다(15세기~현재). 이형태: 웃-, ᄋᆕᇫ-, 웃다. ᄂᆞ출 펴 도톼 아ᄅᆞᆷ다이 웃고 放逸ᄒᆞᆫ 바ᄅᆞᆫ ᄃᆞ톼 ᄲᆞᆯ리 녀ᄂᆞᆫ ᄃᆞᆺ도다.《1481 두시-초 3:18ㄱ》, 舍利弗이 젼ᄎᆞ 업시 우ᅀᅥ늘 須達이 무ᄅᆞᆫ대 對答호ᄃᆡ.《1447 석상 6:35ㄱ》

2 져고ᄃᆡ: 적되. '젹(어간)+오ᄃᆡ(연결어미)'이다. '-오ᄃᆡ'는 선행 음절의 모음이 'ㆍ, ㅏ, ㅗ, ㅣ, 반모음 ㅣ'인 경우에 붙어, '-(으)되'를 뜻하는 연결어미이다. 置陣이 ᄂᆞᆷ과 다ᄅᆞ샤 아ᅀᆞᄫᆞᄃᆡ 나ᅀᅡ오니 믈러가던뎬 목숨 ᄆᆞᄎᆞ리잇가(置陣異他 知亦進當 如其退避 性命奚戕).《용가 51장》, 淨飯이 무러시ᄂᆞᆯ 占者ㅣ 判ᄒᆞᅀᆞᄫᅩᄃᆡ 聖子ㅣ 나샤 正覺 일우시리.《월곡 상:6》. '젹다'는 '적다', '작다'의 옛말이다. 根源이 ᄂᆞᆯ카ᄫᅡ 聰明ᄒᆞ며 便安ᄒᆞ야 病이 젹고 귓거시 精氣 앗디 아니ᄒᆞ리라.《석상 9:26》, 婬欲앳 이ᄅᆞᆫ 즐거ᄫᅮ믄 젹고 受苦ㅣ 하ᄂᆞ니.《월석 7:18》

3 아쳬러ᄒᆞᆯ시라: 싫어하는 것이다. '아쳬러ᄒᆞ(어간)+ㄹ시(연결어미)+라(평서형 종결어미)'이다. '아쳬러ᄒᆞ다'나 '아쳐라ᄒᆞ다'는 '싫어하다'의 옛말이다. 俗人ᄋᆡ 양ᄌᆡ 오히려 아쳐라ᄒᆞᄂᆞ니 妖怪로왼 氣運이 믄듯 아ᅀᆞ라ᄒᆞ도다(俗態猶猜忌 妖氛忽杳冥).《두시-초 24:5》, 인히ᄅᆞᆯ 東都애 나그내 ᄃᆞ외야 디나 ᄃᆞᆫ니논 바애 機巧ᄒᆞᆫ 사ᄅᆞᄆᆞᆯ 아쳐라ᄒᆞ노라(二年客東都 所歷厭機巧).《두시-초 19:46》

소언 그 둘재ᄂᆞᆫ 션ᄇᆡ 일올 아디 몯ᄒᆞ며 녯 도리롤 깃거 아니ᄒᆞ야 녯 經경을 아독호ᄃᆡ 븟그리디 아니ᄒᆞ고 當당世셰롤 의론ᄒᆞ야 톡을 프러ᄇᆞ려[웃단 말이라] 몸이 이믯 알옴이 젹고 ᄂᆞᄆᆡ ᄇᆡ홈이심을 아쳐 ᄒᆞᄂᆞ니라

현대역 그 둘째는 선비 일을 알지 못하며 옛 도리를 기뻐 아니하여, 옛 經을 어둡되 부끄러워하지 아니하고, 당세를 의론하여 턱을 풀어버려[웃는다 하는 말이라.], 몸이 이미 앎이 적고 남의 배움 있음을 싫어한다.

【增註】此는言不好學之失이라懵은無知貌라頤는口旁也니人笑則口旁解라言其於前聖之經에無所知而不恥하고於當世之事에妄議之爲笑也라

이는 배움을 좋아하지 않는 과실을 말한다. 懵은 앎이 없는 모양이다. 頤는 입가이니, 사람이 웃으면 입가가 풀어진다. 그 앞의 성인의 경전에 아는 바가 없으면서도 부끄러워하지 않고, 당세의 일에 망령되이 의론하며 웃음거리로 삼음을 말한다.

其三은勝己者를厭之ᄒᆞ고佞己者를悅之ᄒᆞ야唯樂戲談ᄒᆞ고莫思古道ᄒᆞ야聞人之善ᄒᆞ고嫉之ᄒᆞ며聞人之惡ᄒᆞ고揚之ᄒᆞ야浸漬頗僻ᄒᆞ야銷刻德義ᄒᆞ면簪裾徒在ㄴ들廝養何殊ㅣ리오

● 그 셋째는 자기보다 나은 자를 그를 싫어하고, 자기에게 아첨하는 자를 그를 기뻐하여, 오직 戲談[戲言]을 좋아하고, 옛 도를 생각하지 아니하여, 남의 선함을 듣고는 그것을 시샘하며, 남의 악함을 듣고 그것을 들추어내어, 치우치고 그름에 빠져 덕성과 신의를 녹이고 깎으면, 비녀와 옷자락[의관]이 한갓 있은들, 노복과 어찌 다르겠는가?

漢字 勝(나을 승, 이길 승), 佞(아첨할 녕), 戲(희롱할 희), 嫉(시샘할 질), 揚(나타낼

양, 오를 양, 날릴 양), **浸**(빠질 침, 담글 침, 잠길 침), **漬**(젖을지, 담글 지), **頗**(치우칠 파, 자못 파), **僻**(후미질 벽), **銷**(녹일 소), **刻**(깎을 각, 새길 각), **簪**(비녀 잠), **裾**(옷자락 거), **徒**(한갓 도, 다만 도), **廝**(=厮 종 시, 천할 시), **殊**(다를 수)

1 희담(戲談): 웃음거리의 실없는 말.

2 파벽(頗僻): 치우치고 그름.

3 잠거(簪裾): 비녀와 옷자락, 즉 의관.

4 시양(廝養): 예전에, 군중(軍中)에서 나무를 해오거나 밥을 짓게 하는 천한 일.

번소 그 세ᄒᆞᆫ 저두군 더으니ᄅᆞᆯ 아쳐러ᄒᆞ고 저ᄅᆞᆯ 아당ᄒᆞᄂᆞ니ᄅᆞᆯ 깃거 오직 노ᄅᆞ샛 말ᄒᆞ요ᄆᆞᆯ 즐기고 녯 도리 ᄉᆞ랑호ᄆᆞᆯ 아니ᄒᆞ야 사ᄅᆞᄆᆡ 어디로ᄆᆞ란 듣고 믜여ᄒᆞ고 사ᄅᆞᄆᆡ 사오나온 일란 듣고 베퍼내여 브졍ᄒᆞ고 샤특ᄒᆞᆫ ᄃᆡ 졈졈 믈젓ᄃᆞᆺ ᄒᆞ야 어딘 덕을 노기며 ᄇᆞ리면 의관ᄋᆞᆯ ᄒᆞ야신ᄃᆞᆯ ᄌᆞᆼ과 엇디 다ᄅᆞ리오

현대역 그 셋은 저보다 더하는[나은] 이를 싫어하고, 저를 아첨하는 이를 기뻐하여, 오직 장난노릇의 말함을 즐기고, 옛 도리 사랑함을 아니하여, 사람의 어짊은 듣고 미워하고, 사람의 나쁜 일은 듣고 펴내어, 부정하고 사특한 데 점점 물젓듯 하여, 어진 덕을 녹이며 바르면, 의관을 하여 있은들 종과 어찌 다르리오.

1 ᄇᆞ리면: 바르면. 뼈다귀에 붙은 살을 걷거나 가시 따위를 추려내면. '노기며 ᄇᆞ리면'은 한문 '銷刻'에 대한 해석이니, '깎아 없애면' 정도로 풀이할 수 있다. 치위 ᄉᆞᆯᄒᆞᆯ ᄇᆞ리ᄂᆞᆫ ᄃᆞᆺᄒᆞᆫ 北녁 ᄇᆞᄅᆞ미 ᄂᆞᆯ캅도다(寒刮肌膚北風利).《두시-초 10:40》, 膾ᄂᆞᆫ ᄇᆞ릴씨라.《능엄 1:33》

2 ᄒᆞ야신ᄃᆞᆯ: 하여 있은들. 'ᄒᆞ(어간)+야(보조적 연결어미)+잇(在, '잇다'의 어간)+인ᄃᆞᆯ(연결어미)'이다. 완료상은 보조적 연결어미 '-야'와 보조형용사 '잇다[在]'의 결합으로 표현된다. 그런데 '잇다'의 어간 '잇-'이 본동사와 한 음절을 이룰 때 이미 15세기에 'ㅣ'가 탈락되어 '야+ㅅ→얏'으로 나타나는 일이 많았다. 본 예에서도 '얏'이 완료상을 나타내고 있다. '-인ᄃᆞᆯ'은 받침 있는 체언류 뒤에 붙어, '-인들'을 뜻하는 어미이다. 魔王이 말 재야 부텻긔 나ᅀᅡ 드니 현 날인ᄃᆞᆯ

迷惑 어느 플리.《월곡 상:27》, 觀世音菩薩와 大勢至왜 一切 고대 모미 衆生 곧ᄒᆞ니 오직 首相ᄋᆞᆯ 보면 觀世音인 둘 알며 大勢至ㄴ 둘 알리니.《월석 8:45~46》

소언 그 셋재ᄂᆞᆫ 제게 더으니ᄅᆞᆯ 아쳐ᄒᆞ고 제게 아당ᄒᆞᄂᆞᆫ 이ᄅᆞᆯ 깃거ᄒᆞ야 오직 희롱엣 말ᄋᆞᆯ 즐기고 녯 도리를 ᄉᆡᆼ각디 아니ᄒᆞ야 사ᄅᆞᆷᄋᆡ 어디롬으란 듣고 ᄆᆡ여ᄒᆞ며 사ᄅᆞᆷᄋᆡ 사오나옴으란 듣고 베퍼내여 브졍ᄒᆞ고 샤특ᄒᆞᆫ ᄃᆡ ᄌᆞᆷ기여 젓둣ᄒᆞ야 德덕義의ᄅᆞᆯ 슬워ᄒᆞ여 ᄇᆞ리면 의관을 ᄒᆞᆫ갓 둔돌 죵놈과 엇디 다ᄅᆞ리오

현대역 그 셋째는 저에게 더하는 이를 싫어하고, 저에게 아첨하는 이를 기뻐하여, 오직 戲弄의 말을 즐기고, 옛 도리를 생각하지 아니하여, 사람의 어짊은 듣고 미워하며, 사람의 나쁨은 듣고 펴내어, 不正하고 邪慝한 데 잠기어 젖듯하여, 德義를 스러지게 하여 손상되게 하면, 의관을 한갓 둔들 종놈과 어찌 다르리오.

1 희롱엣: 희롱(戲弄)의. '희롱(명사)+에(부사격 조사)+ㅅ(관형격 조사)'이다. 말이나 행동으로 실없이 놀림.

2 브졍ᄒᆞ고: 부정(不正)하고. 옳지 않고.

3 샤특ᄒᆞᆫ: 사특(邪慝)한. 요사스럽고 간특한.

4 슬워ᄒᆞ여: 스러지게 하여. '슬워ᄒᆞ(어간)+여(연결어미)'이다. '슬워ᄒᆞ다'는 '슬다'의 사동사로, '스러지게 하다'를 뜻한다. 그리고 '슬다'는 '형체나 현상 따위가 차차 희미해지면서 없어지다.'의 뜻이다. 그러나 小乘ᄋᆞᆫ 모로매 여스슬 슬운 後에ᅀᅡ ᄒᆞ나ᄒᆞᆯ 업게 ᄒᆞ고(然小乘 必銷六然後 亡一).《능엄 4:106》, 우리 시르믈 슬우며 답답ᄒᆞᆫ ᄆᆞᅀᆞ믈 헤와도ᄃᆡ 엇더ᄒᆞ뇨(咱們消愁解悶如何).《번박 상:1》

【集說】陳氏曰此는言不好善之失이라嫉은妬也라頗僻은謂偏頗邪僻之行이라浸漬頗僻은漸尖染於惡也요銷刻德義는斲喪其善也라簪裾는猶言衣冠이라廝養은謂奴僕이라徒는空也요殊는異也라

진 씨가 말하였다. “이는 선을 좋아하지 않는 과실을 말한다. 嫉은 시샘함이다. 頗僻은 치우치고 사악하고 후미진 행실을 이른다. 浸漬頗僻[치우치고 후미짐에 담가짐]은 점점 악에 물듦이요, 銷刻德義[덕의를 녹여 깎음]은 그 선을 깎아 없앰이다. 簪裾는 의관을 말함과 같다. 廝養은 노복을 이른다. 도는 한갓[부질없이]이요, 殊는 다름이다.”

漢字 偏(치우칠 편), 染(물들 염), 斲(깎을 착)

其四ᄂᆞᆫ崇好優游ᄒᆞ며耽嗜麯糵魚列反**ᄒᆞ야以啣盃로爲高致ᄒᆞ고以勤事로爲俗流ᄒᆞᄂᆞ니習之易荒이라覺已難悔니라**

●그 넷째는 한가로움을 높여 좋아하며, 술을 빠져 즐겨 술잔 머금음으로써 고상한 운치로 삼고, 일을 부지런히 함으로써[함을] 저속한 부류로 삼으니, 그것을 익힘이 쉬이 거칠어진다. 깨달아도 이미 뉘우치기 어렵다.

漢字 優(넉넉할 우, 도타울 우, 뛰어날 우, 희롱할 우, 광대 우), 游(놀 유, 헤엄칠 유), 耽(빠질 탐, 즐길 탐), 嗜(즐길 기), 麴(=麯 누룩 국), 糵(누룩 얼, 그루터기 얼), 啣(=銜 머금을 함, 재갈 함, 물 함, 받들 함), 致(운치 치, 이를 치, 이룰 치)

1 우유(優游): 한가로운 모양.

2 국얼(麴糵, 麯糵): 누룩. 즉 술을 빚는데 쓰는 발효제. 밀이나 찐 콩 따위를 굵게 갈아 반죽하여 덩이를 만들어 띄워서 누룩곰팡이를 번식시켜 만든다. 여기서는 ‘술’을 뜻함.

번소 그 네ᄒᆞᆫ 쇽졀업시 노로ᄆᆞᆯ 즐기며 수우를 맛드러 잔 머구모로 노ᄑᆞᆫ 이롤 삼고 일 ᄇᆞᄌᆞ러니 ᄒᆞᄆᆞ로 용쇽ᄒᆞᆫ 무리라 ᄒᆞ면 ᄇᆡ호시 수이 거츠러 아라도 ᄒᆞ마 뉘우조미 어려오니라

현대역 그 넷은 속절없이 놂을 즐기며, 술을 맛들이어, 잔 머금음으로 높은 일을 삼고, 일 부지런히 함으로 庸俗한 무리라 하면, 버릇이 쉽게 거칠어, 알아도 이미 뉘우침이 어려우니라.

1 용쇽ᄒᆞᆫ: 용속(庸俗)한. 평범하고 속되어 이렇다 할 특징이 없는.

2 ᄇᆡ호시: 버릇이. 'ᄇᆡ홋(명사)+이(주격 조사)'이다. 현대국어 '버릇'은 15세기에서부터 나타나 그대로 현재까지 이어진다. 18세기에는 '버릇'의 받침 '버릇ㅅ'의 형태로 'ㅅ'이 두 번 쓰이는 이른바 중철 표기가 많이 나오며 받침에서 'ㅅ'과 'ㄷ'의 발음이 구분되지 않았기 때문에 '버릇'의 받침을 'ㄷ'으로 적은 '버릗'도 보인다. 19세기에 나오는 '버ᄅᆞᆺ'은 'ㆍ'의 음가를 잃어버린 이후에 표기에 'ㆍ'가 적극적으로 반영된 용례이다. 버릇(15세기~현재). 이형태: 버릇, ᄇᆡ홋, 버릇ㅅ, 버릗, 버ᄅᆞᆺ. 그러나 이형태로, 본 예와 같은 'ᄇᆡ홋'이 15~16세기에 보인다. 須達ᄋᆡ 버릇 업순 주를 보고 네 사ᄅᆞ미 ᄃᆞ외야 와 世尊ᄭᅴ 禮數ᄒᆞᄉᆞᆸ고《1447 석상 6:21ㄱ》, 조ᄒᆞᆫ 業 ᄇᆞ리고 모딘 ᄇᆡ홋 기른 다시라《1463 법화 2:170ㄱ》, 狃 버릇 사ᄆᆞᆯ 류《1576 신합 하:30ㄱ》

소언 그 넨재ᄂᆞᆫ 놀기를 숭샹ᄒᆞ야 됴히 너기며 麴국櫱얼[술 빋ᄂᆞᆫ 거시니 술이란 말이라]을 耽탐ᄒᆞ야 즐겨 잔 먹움기로ᄡᅥ 노픈 허울을 삼고 일 브즈러니 홈ᄋᆞ로ᄡᅥ 용쇽ᄒᆞᆫ 뉴를 삼ᄂᆞ니 니김애 수이 거츠ᄂᆞᆫ 디라 ᄭᆡᄃᆞ라도 이믯 뉘웃기 어려우니라

현대역 그 넷째는 놀기를 숭상하여 좋게 여기며, 국얼(麴櫱)[술 빚는 것이니, 술이라는 말이라.]을 탐하여 즐겨, 잔 머금기로써 높은 허울을 삼고, 일 부지런히 함으로써 용속한 흐름을 삼으니, 익힘에 쉽게 거칠어진 것이다. 깨더라도 이미 뉘우치기 어려우니라.

1 허울: 실속이 없는 겉모양.

2 뉘웃기: 뉘우치기. '뉘웃(어간)+기(명사형 어미)'이다. 현대국어 '뉘우치다'의 옛말인 '뉘읓다'는 15세기 문헌에서부터 나타난다. '뉘읓다'는 자음으로 시작하는 어미 앞에서는 팔종성법에 따라 '뉘읏-'으로 나타났다. 16세기에는 제2음절의 모음 'ㅡ'가 'ㅜ'로 바뀐 '뉘웇다' 형태가 등장하였다. '뉘웇다'는 매개모음으로 시작하는 어미가 결합하면 '뉘우츠며' 등으로 나타났는데, 19세기에 치조음 'ㅅ, ㅈ, ㅊ' 뒤에 오는 모음 'ㅡ'가 'ㅣ'로 변하는 전설모음화가 일어나 '뉘우츠며', '뉘우츠니' 등이 '뉘우치며', '뉘우치니'로 변화하였다. 이러한 활용형으로부터 유추하여 이 단어의 어간을 '뉘우치-'로 인식하게 됨에 따라 19세기에는 자음으

로 시작하는 어미 앞에서도 '뉘우치-' 형태가 나타나게 되어 현재에 이르렀다. 뉘읓다(15세기~17세기)〉뉘웇다(16세기~19세기)〉뉘우치다(19세기~현재). 이형태: 뉘읓-, 뉘읏-, 뉘웇-, 뉘읏ㅊ-, 뉘읃ㅊ-, 뉘웃-, 뉘웃ㅊ-, 뉘욷ㅊ-, 뉘옷-, 뉘우치-, 뉘웃치-. 뉘으처 외요이다 호문 녜 그르 훈단 이를 뉘읏고 이제 得혼 이를 慶賀ᄒᆞ니라.《1459 월석 15:22ㄱ》, 大慈悲 世尊ㅅ긔 버릇업숩던 일올 魔王이 뉘으츠니이다.《1447 월곡 27ㄴ》, 君子ᄂᆞᆫ 中庸을 依ᄒᆞ야 世예 遯ᄒᆞ야 알옴을 보디 몯ᄒᆞ야도 뉘읏디 아니ᄒᆞᄂᆞ니 오직 聖子ㅣ사 能ᄒᆞᄂᆞ니라.《1590 중언 8ㄴ》

【增註】此ᄂᆞᆫ言好宴樂之失이라崇은尙也라

이는 잔치하고 즐기기를 좋아하는 과실을 말한다. 崇은 높임이다.

【集解】優游ᄂᆞᆫ閑逸自如之謂라麯糱은酒也라高致ᄂᆞᆫ謂高尙之風致요勤事ᄂᆞᆫ勤於事業也라言好逸嗜酒하여自以爲高하고反鄙勤事者하여爲流俗하니此心旣荒이라雖知而不能悔也라

優游는 한가하고 편안하여 자기 마음대로 함[自如]을 이른다. 麯糱은 술이다. 高致는 고상한 풍치를 이르고, 勤事는 일과 업에 부지런함이다. 편안함을 좋아하고 술을 즐겨 스스로 써 고상하다 여기고, 도리어 일을 부지런히 하는 것을 비루하다 하여, 流俗으로 삼음을 말하니, 이 마음은 이미 거칠어진다. 비록 알더라도 능히 뉘우칠 수 없다.

유속(流俗): 예로부터 전하여 오는 풍속.

其五ᄂᆞᆫ急於名宦ᄒᆞ야匿近權要ᄒᆞ야一資半級을雖或得之라두衆怒羣猜ᄒᆞ야鮮有存者ㅣ니라

●그 다섯째는 이름난 벼슬에 급하여, 권력이 있는 중요한 자리를 가만히 가까이 하여, 한 품계와 반 등급을 비록 혹 그것을 얻는다 하더라도, 뭇사람들이 성내고 무리가 시기하여, 보존하고 있는 자가 드물다.

漢字 宦(벼슬 환), 匿(숨길 닉), 資(품계 자, 밑천 자, 지위 자), 級(등급 급), 猜(시샘할 시)

1 명환(名宦): 중요한 자리에 있는 벼슬.
2 권요(權要): 권력이 있는 중요한 자리.

번소 그 다ᄉᆞᄉᆞᆫ 명리 구시레 시급히 ᄒᆞ야 유셔ᄒᆞᆫ ᄃᆡ ᄀᆞ마니 브트면 ᄒᆞᆫ가ᄌᆡ나 반ᄃᆞ리나 비록 어더도 모ᄃᆞᆫ 사ᄅᆞ미 로ᄒᆞ며 뭀사ᄅᆞᆷ미 믜여 디녀 두리 져그니라

현대역 그 다섯은 名利 있는 관리에 시급히 하여, 有勢한 데 가만히 붙으면, 한가지나 반 것이나 비록 얻어도, 모든 사람이 노하며 뭇사람이 미움을 받아 지니어, 둘[보존하는] 이 적으니라.

1 명리: 명리(名利). 명예와 이익.
2 유셔ᄒᆞᆫ: 유세(有勢)한. 세력이 있는.
3 브트면: 붙으면. '붙(어간)+으면(연결어미)'이다. 생활을 남에게 기대다. '븥다'는 15세기 문헌에서부터 나타난다. 이 단어는 'ㅂ' 뒤에서 모음 'ㅡ'가 'ㅜ'로 바뀌는 원순모음화에 따라 '븥'이 '붙'으로 바뀌었다. '븥다'는 받침 규칙에 따라 자음 어미가 오면 '븓고'와 같이 '븓-'의 형태로 쓰였고, 16세기 문헌에는 '븥다'의 분철 표기인 '븟트니' 등이 쓰이기 시작하였다. 근대국어 시기에 원순모음화를 경험하여 모음 'ㅡ'가 'ㅜ'로 바뀌었어도 받침의 표기는 여전히 다양하였는데 '붓다'의 형태로도 나타나기도 하며 '붙다'의 분철 표기인 '붓ㅌ-'도 나타나기도 한다. 븥다(15세기~18세기)〉붙다(20세기~현재). 어버ᅀᅵ 여희ᅀᆞᆸ고 ᄂᆞᄆᆞᆯ 브터 이쇼ᄃᆡ 어ᅀᅵ 아ᄃᆞᆯ이 입게 사노이다.《1447 월곡 52ㄱ》, 머리 우희 블 븓고 누니 핏무적 ᄀᆞᆮ고.《1447 석상 6:33ㄱ》, 着ᄋᆞᆫ 브티ᄃᆞᆼ길 씨라.《1447 석상 13:23ㄴ》, 거말이 두어히 손ᄶᅡ락애 븟터 나거늘.《1581 속삼-중 효:5ㄱ》
4 뭀사ᄅᆞᆷ미: 뭇사람이. 많은 사람이. 여러 사람이. '뭀사ᄅᆞᆷㅁ+이'이다. 명사가 중철 표기되었다. 현대국어 '뭇사람'의 옛말은 '뭀사ᄅᆞᆷ'이다. 이 단어는 '뭀'과 '사ᄅᆞᆷ'으로 이루어진 합성어인데 '뭀'은 '무리'를 의미하는 '물'에 사이시옷이 연결된 형태이다. '뭀사ᄅᆞᆷ'은 15세기~17세기까지 쓰이다가 '뭀'에서 'ㄹ'이 탈락한 '뭇'과 '뭇'에서 원순모음화를 잘못 해석한 형태인 '믓'이 18세기~19세기에 쓰이다

가 표기법상의 '·'의 정비로 현재에는 '뭇사람'으로 쓰이고 있다. 뭀사름(15세기~17세기)〉뭇사름(18세기)〉뭇사름(19세기)〉뭇사람(20세기~현재). 이형태: 뭀사름, 뭇사름, 뭇사름. 엇뎨 能히 뭀사ᄅᆞᄆᆡ 이블 ᄇᆡ화.《1481 두시-초 12:22ㄴ_6》, 비록 어더도 모든 사ᄅᆞ미 로ᄒᆞ며 뭀사ᄅᆞ미 믜여 디녀 두리 져그니라.《1518 번소 6:20ㄱ》

5 두리: 둘 이. '두(어간)+ㄹ(관형사형 어미)+이(의존명사)'이다. '두다'는 '어떤 대상을 일정한 상태로 있게 하다.'를 뜻한다. 현대국어 '두다'는 15세기 문헌에서부터 '두다'로 나타나 현재까지 이어진다. 後에 또 白氎을 ᄉᆞᅀᅵ예 노하 두고 보더시니.《1447 석상 3:15ㄱ》, 곧 有情이 그어긔 모ᄃᆞᆯ 두ᄂᆞ니.《1459 월석 11:52ㄱ》

소언 그 다ᄉᆞᆺ재ᄂᆞᆫ 일홈난 벼슬에 急급히 너겨 권셰와 종요로온 ᄃᆡ ᄀᆞ마니 갓가이 ᄒᆞ야 ᄒᆞᆫ가ᄌᆞ와 半반 품을 비록 或혹 어더도 모다 怒노ᄒᆞ고 물 져 믜여 두어시리 인ᄂᆞᆫ 이 젹으니라

현대역 그 다섯째는 이름난 벼슬에 급하게 여겨, 권세와 宗要로운 데 가만히 가까이 하여, 한가지와 반 품계를 비록 혹 얻어도, 모두 怒하고 무리 지어 꺼리어, 두심[보존함]이 있는 이 적으니라.

1 종요로온: 종요(宗要)로운. 없어서는 안 될 정도로 매우 긴요한. '종요롭(어간)+ㄴ(관형사형 어미)'이다.

2 물 져: 무리를 지어. '물(명사)+지(어간)+어(연결어미)'이다. 현대국어 '무리'의 옛말인 '물'은 15세기 문헌에서부터 나타난다. 16세기에는 '물'에 접사 '-이'가 결합한 '물이/무리' 형태가 등장하여 현재에 이르게 되었다(15세기 문헌에 나타나는 '무리'는 '물'에 주격 조사 '-이'나 서술격 조사 '-이-'가 결합한 것이다). 한편 18, 19세기 문헌에 나타나는 '므리'는 근대국어 시기에 일어난 원순모음화를 의식한 과도 교정 표기이다. 물(15세기~17세기)〉무리(16세기~현재). 이형태: 물, 무리, 므리, 물이. 舍利弗 目揵連의 물 五百ᄋᆞᆯ 濟渡ᄒᆞ시니 이 사ᄅᆞᆷ돌히 다 神足이 自在ᄒᆞ야.《1447 석상 6:18ㄴ》, 群 물 군.《1576 신합 상:14ㄴ》, 의론에도 그츰은 너희 물이의 보ᄂᆞᆫ 배니 요괴롭고 망녕된 일 ᄒᆞ디 말라.《1588 소언 5:56ㄱ》

【集說】陳氏曰此는言好奔競之失이라名宦은顯士也라匿近은陰附也요權要는有權而當要路者라資는猶品也라猜는恨也요鮮은少也라言雖或得官이나終必失之也라

진 씨가 말하였다. "이는 奔競을 좋아하는 과실을 말한다. 名宦은 현달한 벼슬이다. 匿近은 은밀히 붙음이요, 權要는 권세가 있어 요긴한 자리를 담당한 자이다. 資는 품계와 같다. 猜는 한함이요, 鮮은 적음이다. 비록 혹시 벼슬을 얻더라도 끝내 반드시 그것을 잃게 됨을 말함이다."

漢字 奔(달릴 분), 競(겨룰 경)

분경(奔競): 금품(金品), 연(緣)줄 등 온갖 방법으로 벼슬자리를 구함. 유의어: 엽관(獵官).

余見名門右族이莫不由祖先의忠孝勤儉ᄒᆞ야以成立之ᄒᆞ고莫不由子孫의頑率奢傲ᄒᆞ야以覆福下同墜之ᄒᆞᄂᆞ니成立之難은如升天ᄒᆞ고覆墜之易는如燎料毛ㅣ라言之痛心ᄒᆞ니爾宜刻骨이니라

● 내가 보니, 이름난 가문과 명문거족의 집안들은 선조의 충성과 효도와 부지런함과 검소함으로 말미암아 써 그것을 성립하지 않음이 없었고, 자손의 완악함과 경솔함과 사치함과 오만함으로 말미암아 써 그것을 전복하고 실추되지 않음이 없었다. 성립하기 어려움은 하늘에 오름과 같고, 전복하고 실추함의 쉬움은 털을 태움과 같다. 그것을 이르건대[말함에도] 마음이 아프니, 너희들은 마땅히 뼈에 새길지라."

漢字 頑(완악할 완), 率(경솔할 솔, 거느릴 솔, 가벼울 솔), 覆(뒤집힐 복), 墜(떨어질 추), 燎(태울 료, 화톳불 료)

1 우족(右族): 명문거족의 집안.
2 좌족(左族): 서자 자손의 혈족.

번소 내 보니 일훔난 가문과 노픈 족쇽이 죠샹ᄋᆡ 튱심ᄒᆞ며 효도ᄒᆞ며 브즈러니 ᄒᆞ며 검박호ᄆᆞ로 일워 셰디 아니리 업고 ᄌᆞ손ᄋᆡ 모딜며 경박ᄒᆞ며 샤치ᄒᆞ며 오만호ᄆᆞ로 업더디디 아니ᄒᆞ리 업ᄂᆞ니 일워 셰유ᄆᆡ 어려오ᄆᆞᆫ 하ᄂᆞ래 올옴 ᄀᆞᆮ고 업더디유ᄆᆡ 쉬오ᄆᆞᆫ 터럭 ᄉᆞ롬 ᄀᆞ톤 디라 니ᄅᆞ건댄 통심ᄃᆞ외니 너희 ᄲᅧ에 사겨 두미 맛당ᄒᆞ니라

현대역 내 보니, 이름난 가문과 높은 族屬이, 조상의 忠心하며 효도하며 부지런히 하며 검박함으로 이루어 세우지 아니할 이 없고, 자손의 모질며 경박하며 사치하며 오만함으로 엎드러지지 아니할 이 없으니, 이루어 세움에 어려움은 하늘에 오름 같고, 엎드러짐의 쉬움은 터럭 사름 같은 것이라. 말한즉슨 痛心되니 너희 뼈에 새겨 둠이 마땅하니라."

1 족쇽: 족속(族屬). 같은 문중이나 계통에 속하는 겨레붙이.

2 튱심ᄒᆞ며: 충심(忠心)하며. 충성스러운 마음을 하며.

3 업더디디: 엎드러지지. 엎어지지. 잘못하여 앞으로 넘어지지. '업더디(어간)+디(보조적 연결어미)'이다. 부텻 智力으로 魔王이 업더디니 二月ㅅ 八日에 正覺 일우시니.《월곡 상:27》, 버미 갓고로딘 ᄃᆞᆺᄒᆞ며 용이 업더딘 ᄃᆞᆺᄒᆞ야 가ᄉᆡ나모 서리예 ᄇᆞ렛ᄂᆞ니(虎倒龍顚委榛棘).《두시-초 6:41》

4 통심ᄃᆞ외니: 통심(痛心)되니. 몹시 마음이 상하니. '통심(어근)+ᄃᆞ외(형용사 파생접사)+니(연결어미)'이다. '-ᄃᆞ외-'는 일부 명사나 부사 뒤에 붙어, '-되-'의 뜻을 더하고 형용사를 만드는 접사이다. 辱ᄃᆞ왼 境이 ᄠᅳ데 當ᄒᆞ니 이슈믈 보미 곧 아니오 辱ᄃᆞ왼 境이 ᄠᅳ데 當호ᄆᆞᆯ 보디 몯호미 곧 이며(見有辱境當情 即非不見辱境當情 即是).《금언 79》, 孔子ㅣ 니ᄅᆞ샤ᄃᆡ 말ᄉᆞ미 忠心ᄃᆞ외며 有信히 ᄒᆞ고 힝뎌글 도타이 ᄒᆞ며 恭敬ᄒᆞ면 비록 蠻貊나라히라도 ᄃᆞᆫ니리어니와(孔子曰言忠信 行篤敬 雖蠻貊之邦 行矣).《내훈 1:16》

소언 내 보니 일홈난 가문과 놉픈 결에 조샹ᄋᆡ 튱셩ᄒᆞ며 효도ᄒᆞ며 브즈런ᄒᆞ며 검박홈으로 말ᄆᆡ암아 뼈 일워 셰디 아니리 업고 子ᄌᆞ孫손ᄋᆡ 모딜며 경솔ᄒᆞ며 샤치ᄒᆞ며 오만홈으로 말ᄆᆡ암아 뼈 업텨 뻐러ᄇᆞ리디 아니리 업ᄂᆞ니 일워 셰윰애 어려옴ᄋᆞᆫ 하ᄂᆞᆯ애 올옴 ᄀᆞᆮ고 업텨

뼈러ᄇᆞ림애 쉬옴ᄋᆞᆫ 털럭 ᄉᆞ롬 ᄀᆞᆮᄐᆞᆫ 디라 닐ᄋᆞ건댄 ᄆᆞ옴이 알ᄑᆞ니 너희 맛당히 쌔의 사길 디니라

[현대역] 내 보니, 이름난 가문과 높은 겨레(는) 조상의 충성하며 효도하며 부지런하며 검박함으로 말미암아 써 이루어 세우지 아니할 이 없고, 자손의 모질며 경솔하며 사치하며 오만함으로 말미암아 써 엎치어 떨어져버리지 아니할 이 없으니, 이루어 세움에 어려움은 하늘에 오름 같고, 엎치어 떨어져버림에 쉬움은 터럭 사름 같은 것이다. 이른즉슨 마음이 아프니, 너희가 마땅히 뼈에 새길 것이니라."

1 올옴: 오름. '올ㅇ(어간)+옴(명사형 어미)'이다. 현대국어 '오르다'의 옛말인 '오ᄅᆞ다'는 15세기 문헌에서부터 나타난다. '오ᄅᆞ다'는 자음이나 매개모음으로 시작하는 어미가 결합할 때에는 '오ᄅᆞ거늘', '오ᄅᆞ시고'와 같이 '오ᄅᆞ-'로, 모음으로 시작하는 어미가 결합할 때에는 'ᄋᆞ'가 줄고 대신 'ㄹ'이 앞 음절에 부착되고, 뒤의 음절에는 성문 마찰 유성음 'ㅇ'이 얹힌다. 즉 '올ㅇ+아', 올ㅇ+옴 '과 같이 '올ㅇ-'으로 실현되어 '오ᄅᆞ-/올ㅇ-'의 교체를 보였다. 16세기에 제2음절 이하의 'ㆍ'가 'ㅡ'로 변하였는데, '오ᄅᆞ다'도 이러한 변화를 겪어 '오르다'가 되었다. 16세기에는 '오ᄅᆞ다'가 '오르다'로 변한 것뿐 아니라 모음으로 시작하는 어미가 결합할 때 '올ㅇ-'으로 실현되던 활용형에도 변화가 생겼다. 16세기에 'ㄹ' 뒤에 오던 성문 마찰 유성음 'ㅇ[ɦ]'이 탈락하면서 'ㄹ'이 첨가되어 모음으로 시작하는 어미가 결합할 때에도 '올라'와 같이 '올ㄹ-'로 나타나기 시작한 것이다. 17세기까지 '올ㅇ-'과 '올ㄹ-'이 공존하다가 18세기부터 '올ㄹ-'로 통일되어 자음이나 매개모음으로 시작하는 어미가 결합할 때에는 '오르-', 모음으로 시작하는 어미가 결합할 때에는 '올ㄹ-'이 일반화되었다. 이로써 '오르-/올ㄹ-'의 교체를 갖게 되면서 현재에 이르렀다. 16세기에 나타나는 '올ᄋᆞ-'와 18, 19세기에 나타나는 '올으-'는 '오ᄅᆞ-', '오르-'의 과잉 분철 표기이다. 오ᄅᆞ다(15세기~19세기)>오르다(16세기~현재). 이형태: 오ᄅᆞ-, 올ㅇ-, 올ㄹ-, 오르-, 올으-, 올ᄋᆞ-. 리 病이 기퍼 山脊에 몯 오ᄅᆞ거늘 君子ᄅᆞᆯ 그리샤 金뢰ᄅᆞ 브수려 ᄒᆞ시니.《1447 용가 109》, 즉자히 神通力으로 樓 우희 ᄂᆞ라 올아 耶輸ㅅ 알ᄑᆡ 가 셔니.《1447 석상 6:3ㄱ》, 만난 거슬 ᄀᆞ초고 텽의 올라 안부를 묻ᄌᆞ오니.《1588 소언 6:92ㄱ》, 진지 오를 제 반ᄃᆞ시 시그며 더운 절ᄎᆞᄅᆞᆯ ᄉᆞᆯ펴 보시며.《1588 소언 4:12ㄱ》,

主人이 손과 더블어 올ᄋᆞ기를 ᄉᆞ양ᄒᆞ야 主人이 몬져 올ᄋᆞ거든.《1588 소언 2:69ㄱ》

2 닐ᄋᆞ건댄: 이른즉슨. 이르면. '닐(어간)+ᄋᆞ(매개모음)+거(확인법 선어말어미)+ㄴ댄(연결어미)'이다. '-ㄴ댄'은 어간이나 어미 뒤에 붙어, 조건·가정의 '-은즉슨', '-으면'을 뜻하는 연결어미이다. 阿難아 ᄒᆞ다가 네 봃 時節에 이 네라 나 아닌댄 見性이 周遍커니 너 아니라 뉘리오(阿難 若汝見時 是汝非我 見性周徧 非汝而誰).《능엄 2:38》. '이르다[謂]'의 옛말인 '니르다'는 모음으로 시작하는 어미 앞에서는 '닐-'로 나타난다. 이런 젼ᄎᆞ로 어린 百姓이 니르고져 홇 배 이셔도《훈언 2》, 世間 다 ᄉᆞ롤 마리며 싱계 사롤 일돌ᄒᆞᆯ 닐어도 다 正ᄒᆞᆫ 法에 順ᄒᆞ며.《석상 19:24》, 甚히 기픈 녜 업던 法을 일워 맛당ᄒᆞᆫ 고ᄃᆞᆯ 조차 니르논 마리 ᄠᅳᆮ 아로미 어려ᄫᅳ니라.《월석 11:96》

【集解】右族은族之貴者니蓋古人은以右爲尊也라夫忠孝勤儉者는先世成家之本이요頑率奢傲者는後人敗家之由라升天은喻至難하고燎毛는喻至易라刻骨은欲其記之不忘也라

右族은 겨레의 귀한 것이니, 대개 옛사람은 오른쪽으로써 높음을 삼았다. 무릇 충효와 근검이라는 것은 先世가 집안을 이룬 근본이요, 완악과 경솔과 사치와 오만이란 것은 後人이 집안을 망친 이유이다. 昇天[하늘에 오름]은 지극히 어려움을 비유함이요, 燎毛[털을 태움]은 지극히 쉬움을 비유함이다. 刻骨[뼈에 새김]은 그것을 기억하여 잊지 않고자 함이다.

【增註】刻骨은猶言銘心이라

刻骨은 마음에 새겨둠이라는 말과 같다.

漢字 銘(새길 명)

〖十章〗

○ 范魯公質이爲宰相이러니從子杲槁ㅣ嘗求奏遷秩이어늘質이作詩曉之ᄒᆞ니라 《宋史 范質列傳 宋文鑑》

● 范魯公質이 재상이 되었는데, 조카 고(杲)가 일찍이 벼슬 올라감을 구하여 아뢰거늘, 질이 시를 지어 깨우쳤다.

漢字 范(성 범, 풀이름 범), 杲(밝을 고, 높을 고), 奏(아뢸 주), 遷(올라갈 천), 秩(벼슬 질, 차례 질, 녹봉 질), 曉(깨우칠 효, 새벽 효)

범질(范質, 911년~964년): 오대십국(五代十國)시대 북송(北宋)의 재상이다. 후량(後梁) 대명부(大名府) 종성현(宗城縣)에서 범수우(范守遇)의 아들로 태어났다. 자는 문소(文素)고, 북송에서 노국공(魯國公)에 책봉되었다. 범질은 9살에 글을 지었고, 13살에 상서를 익히며 생도들을 가르쳤다. 이후 후당(後唐) 장흥 4년(933)에 진사로 급제하여 충무군(忠武軍) 절도추관(節度推官)이 되었고, 봉구현령(封丘縣令)으로 전임되었다. 이때 범질의 임용을 담당했던 대신 화응(和凝)이 범질을 총애하여 그를 13등으로 급제시켰다. 이는 화응이 과거에서 13등으로 급제하여 대신이 되었기 때문이다. 이 일화는 '전의발(傳衣鉢)'이라 칭한다. 전의발은 본디 불교에서 '제자에게 학문이나 도를 전한다.'는 뜻이다. 당(唐)나라 선종(禪宗)의 시조 달마(達磨)로부터 제6조 혜능(慧能)까지 의(衣)[가사(袈裟)]와 발(鉢)[바리때]를 전해준 데서 유래하였다(《전등록(傳燈錄)》). 그러나 여기서는 '지공거(知貢擧)와 같은 등급으로 급제한 사람'을 뜻하는 말이다. 후당이 멸하고 후진(後晉)이 들어서자 범질은 뛰어난 문장력으로 재상 성유한의 추천을 받아 감찰어사, 태령절도사, 진창절도사, 주객원외랑, 직사관, 한림학사, 비부낭중, 지제고의 직책을 역임하였다. 유지원(柳知遠)이 후한(後漢)을 건국한 뒤에는 중서사인, 호부시랑이 되었으며, 곽위(郭威)가 후주(後周)를 건국하자 문하시랑, 평장사, 감수국사가 되었다. 조광윤(趙匡胤)이 북송(北宋)을 건국하자, 범질은 시중이 되었다. 건덕(乾德) 2년(964년)에 54세를 일기로 북송 개봉부(開封府)에서 죽었다. 이와 같이 범질은 국적이 후당(後唐)·후진(後晉)·후한(後漢)·후주(後周)·북송(北宋)으로 바뀌었다.

번소 范범魯로公공質질이 宰ᄌᆡ相샹이 ᄃᆞ외옛거ᄂᆞᆯ 아ᄎᆞᆫ아ᄃᆞᆯ 杲고ㅣ 엳ᄌᆞ와 벼ᄉᆞᆯ 올오ᄆᆞᆯ 求구ᄒᆞᆫ대 質질이 그ᄅᆞᆯ 지ᅀᅥ 알외니라

현대역 범로공질이 재상이 되어 있거늘, 조카 고(杲)가 여쭈어 벼슬 오름을 구하니까, 질이 글을 지어 알리니라.

1 ᄃᆞ외옛거ᄂᆞᆯ: 되어 있거늘. ᄃᆞ외(어간)+여(보조적 연결어미)+잇(在, '잇다'의 어간)+거ᄂᆞᆯ(연결어미)'이다. 완료상은 보조적 연결어미 '-아/어/여'와 보조형용사 '잇다[在]'의 결합으로 표현된다. '여+잇→옛'이 완료상을 표현한다. 뎌 王ᄃᆞᆯ히 一切 有情의그에 慈悲心ᄋᆞᆯ 내야 가도앳던 사ᄅᆞᆷ 노코 알ᄑᆡ 니르던 양다히 뎌 藥師瑠璃光如來ᄅᆞᆯ 供養ᄒᆞᅀᆞᄫᆞ면.《석상 9:33》, 福ᄋᆞᆯ 닷가 하ᄂᆞᆯ해 나앳다가 福이 다ᄋᆞ면 도로 ᄂᆞ리ᄂᆞ니라.《월석 1:42》.

2 올오ᄆᆞᆯ: 오름을. 올라감을. '올ㅇ(어간)+옴(명사형 어미)+ᄋᆞᆯ(목적격 조사)'이다. 현대국어 '오르다'의 옛말인 '오ᄅᆞ다'는 15세기 문헌에서부터 나타난다. '오ᄅᆞ다'는 자음이나 매개모음으로 시작하는 어미가 결합할 때에는 '오ᄅᆞ거늘', '오ᄅᆞ시고'와 같이 '오ᄅᆞ-'로, 모음으로 시작하는 어미가 결합할 때에는 'ᄋᆞ'가 줄고 대신 'ㄹ'이 앞 음절에 부착되고, 뒤의 음절에는 성문 마찰 유성음 'ㅇ'이 얹힌다. 즉 '올ㅇ+아', 올ㅇ+옴 '과 같이 '올ㅇ-'으로 실현되어 '오ᄅᆞ-/올ㅇ-'의 교체를 보였다. 대문(大文) 遷을 《번역소학》은 '올오ᄆᆞᆯ[오름을. 올라감을]'로, 《소학언해》는 '올몸을[옮음을. 자리를 바꿈을]'로 번역하였다. 의미상 작은 차이가 있다. 물론 遷의 새김에는 '오르다[올라가다]'와 '옮기다[옮겨가다]'의 뜻이 다 들어 있다. 《소학》 대문을 볼 때, 조카 범고(范杲)가 숙부인 범질(范質)에게 遷秩을 구한 것은 단지 벼슬을 바꿔가기를 구한 것이 아니라, 승진하기를 구한 것이다. 따라서 이 대목에 관한 한 《번역소학》의 번역이 보다 정확한 것으로 판단된다.

3 알외니라: 알리니라. '알외(어간)+니라(평서형 종결어미)'이다. 현대국어 '알리다'의 옛말인 '알외다'는 15세기 문헌에서부터 나타난다. '알외-'는 동사 어간 '알-'에 선어말 어미 '-오-'가 결합되고 사동접사 '-이-'가 결합된 것이다. 17세기부터 19세기까지 보이는 '알뢰다'는 제1음절의 'ㄹ'이 중철 표기된 것이다. '알위다'는 선어말 어미 '-오-'가 '-우-'로 교체된 것이다. '알외다'는 '어떤 사실을 알게 하다.'라는 뜻과 함께 알게 되는 객체를 높여 '어떤 사실을 말씀드려 아시게 하다.'라는 뜻도 가지고 있었다. 현재는 전자를 '알리다'로 표현하고, 후자를

‘아뢰다’로 표현한다. 알외다(15세기~19세기)〉알리다(20세기~현재). 이형태: 알외다, 알뢰다, 알위다. 부텨 恭敬을 버디 다시 알외니.《1447 월곡 55ㄱ》, 존당이 몬져 사ᄅᆞᆷ브려 알외야.《1574 여씨-일 19ㄴ》

소언 范범魯로公공質질[周쥬ㅅ나라 ᄌᆡ샹으로 宋송 님금 셤겨 魯로 公공을 封봉ᄒᆞ니라]이 宰ᄌᆡ相샹이 되엿더니 아ᄎᆞᆫ아ᄃᆞᆯ 杲고ㅣ 일즉 엳ᄌᆞ와 벼슬 올몸을 求구ᄒᆞᆫ대 質질이 글을 지어 알외니라

현대역 범로공질[周나라 재상으로, 宋 임금 섬겨 魯公을 봉하니라.]이 재상이 되었더니, 조카 고(杲)가 일찍 여쭈어 벼슬 옮음[옮김]을 구하니까, 질이 글을 지어 알리니라.

올몸을: 옮음을. 자리를 바꿈을. 옮(어간)+옴(명사형 어미)+을(목적격 조사)‘이다. ‘옮다’는 ‘어떤 곳에서 다른 곳으로 움직여 자리를 바꾸다.’를 뜻한다.

【集解】**質**의**字**는**文素**니**大名人**이라**周平章事**러니**事宋**하여**封魯國公**하니라**從子**는**兄之子**요**杲**는**名也**라**遷秩**은**陞品也**라

質의 자는 文素니, 大名 사람이다. 後周 평장사였다가, 宋나라를 섬겨 魯國公에 봉해졌다. 從子는 형의 아들이요, 杲는 이름이다. 遷秩은 품계를 올림이다.

漢字 陞(오를 승)

其略曰戒爾學立身ᄒᆞ노니**莫若先孝悌**라**怡怡奉親長**ᄒᆞ야**不敢生驕易**라**戰戰復**(부)**兢兢**ᄒᆞ야**造**操**次必於是**ᄒᆞ라

● 그 대략에 말하였다. “너에게 몸 세움 배우기를 경계하니, 효도하고 공경함을 먼저 함만 같음이 없다. 기쁘고 기쁘게 어버이와 어른을 받들어 감히 교만함과 쉽게 함을 내서는 안 된다. 두려워하고 다시 삼가서 급할 때라도 반드시 이것[孝悌]에 하라.

漢字 怡(기쁠 이, 화할 이)

1 조차(造次): 짧은 시간. 아주 급한 때. 유의어: 조차간(造次間).

2 이하 범질(范質)의 시는 1구가 5자씩으로 되어 있다.

번소 그 대개는 ᄀᆞ로ᄃᆡ 너희 立립身신홀 일 ᄇᆡ호ᄆᆞᆯ 警경戒계ᄒᆞ노니 효도와 공슌올 몬져 홈만 ᄀᆞᄐᆞ니 업ᄉᆞ니라 어버이며 얼우ᄂᆞᆯ 화열히 셤겨 잠깐도 교만ᄒᆞᆫ ᄆᆞᅀᆞᆷ을 내디 마롤 디라 저흐며 ᄯᅩ 삼가 급거ᄒᆞᆫ 저기라도 모로매 이 이롤 ᄒᆞ라

현대역 그 대개는 가로되, "너희 立身할 일 배움을 경계하노니, 효도와 恭順을 먼저 함만 같은 이 없느니라. 어버이며 어른을 和悅하게 섬겨 잠깐도 교만한 마음을 내지 말 것이니라. 두려워하며 또 삼가 急遽한 때라도 모름지기 이 이를[이에] 하라.

1 립신홀: 입신(立身)할. '립신ᄒᆞ(어간)+오(대상 표시법 선어말어미)+ㄹ(관형사형 어미)'이다. 관형사형에 나타나는 선어말어미 '-오$_2$-'는 존경의 선어말어미와 결합될 수 있다는 점과 제1인칭은 물론 제2·3인칭도 주어가 될 수 있다는 점에서 종결형과 연결형에 나타나는 '-오$_1$-'과 문법 범주를 달리한다. 피한정 명사는 관형사형에 대하여 주어도 될 수 있고, 목적어와 부사어도 될 수 있다. 이때 관형사형을 평서형으로 전개할 때 피한정 명사가 목적어나 부사어의 기능을 띠면 선어말어미 '-오$_2$-'가 나타난다. 따라서 이를 대상 표시법 선어말어미로 부른다(고영근, 2020, 372). 須達이 지순 亭舍마다 드르시며.《석상 6:38》. 얻논 藥이 므스것고.《월석 21:215》. 이들은 피한정 명사가 관형사형의 목적어가 되는 예이다. 그림 그륜 ᄇᆞᄅᆞᄆᆞᆯ….《두시언해 6:34》. 옷 ᄲᆞ론 므를 먹고.《석상 11:25》. 이들은 피한정 명사가 관형사형의 부사어가 되는 예이다. '립신ᄒᆞ다'는 '세상에 떳떳한 자리를 차지하고 지위를 확고하게 세우다.'를 뜻한다.

2 공슌: 공순(恭順). 공손하고 온순함.

3 화열히: 화열(和悅)하게. 마음이 화평하고 기쁘게

4 급거ᄒᆞᆫ: 급거(急遽)한. 몹시 서둘러 급작스러운.

소언 그 대강은 ᄀᆞᆯ오ᄃᆡ 너를 몸 셰기 ᄇᆡ홈ᄋᆞᆯ 경계ᄒᆞ노니 孝효와 悌뎨를 몬져 홈만 ᄀᆞᄐᆞ니 업ᄉᆞ니라 怡이怡이히 어버이와 얼운을 봉양ᄒᆞ야 敢감히 교만ᄒᆞ고 쉽살홈을 내디 말라 저허ᄒᆞ고 또 조심ᄒᆞ야 밧ᄇᆞᆫ 적이라도 반ᄃᆞ시 이예 ᄒᆞ라

현대역 그 大綱은 가로되, "너를 몸 세우기 배움을 경계하노니, 孝와 悌를 먼저 함만 같은 이[것이] 없느니라. 이이(怡怡)하게 어버이와 어른을 봉양하여, 감히 교만하고 만만해함을 내지 말라. 두려워하고 또 조심하여 바쁜 때라도 반드시 이[이것]에 하라.

1 대강: 대강(大綱). 자세하지 않은, 기본적인 부분만을 따 낸 줄거리,

2 이이(怡怡)히: 이연(怡然)하게. 기쁘고 좋게.

3 쉽살홈: 만만해함. 매우 쉽게 함. '쉽살ᄒᆞ(어간)+옴(명사형 어미)'이다. '쉽살ᄒᆞ다'는 '매우 쉽다'. '만만해하다'를 뜻한다. 故로 힘뻐 簡략고 쉽살호믈 조출 디니라(故務從簡易).《가언 3:17》

【集解】怡怡는和悅也라驕는驕傲요易는慢易라戰戰은恐懼요兢兢은戒謹이라造次는急遽苟且之時라

怡怡는 화하고 기뻐함이다. 驕는 교만하고 오만함이요, 易는 게으르고 쉽게 여김이다. 戰戰은 두려워함이요, 兢兢은 경계하고 삼감이다. 造次는 급하고 구차한 때다.

漢字 急(급할 급), 遽(급히 거, 갑자기 거)

【增註】孝悌者는立身之本이니是는指孝悌也라

孝悌라는 것은 몸을 세우는 근본이니, ('造次必於是'의) 是는 孝悌를 가리킨다.

戒爾學干祿ᄒᆞ노니莫若勤道藝라嘗聞諸格言호니學而優則

仕ㅣ라ᄒᆞ니不患人不知오惟患學不至니라

●너에게 祿 간구함 배우기를 경계하니, 도리와 재주를 부지런히 함만 같음이 없다. 일찍이 격언을 들으니, 배우고 넉넉하면[여력이 있으면] 벼슬한다 하였으니, 남이 알아주지 않음을 근심하지 말고, 오직 배움이 지극하지 못함을 근심해야 한다.

漢字 干(간구할 간), 優(넉넉할 우, 도타울 우, 뛰어날 우, 희롱할 우, 광대 우)

不患人不知 惟患學不至: 물론 직접적인 관련은 없지만, 한(漢)나라 이광(李光)을 서술한 《사기열전(史記列傳)》 권109 〈이장군열전(李將軍列傳)〉의 다음 내용을 떠오르게 한다. "桃李無言下自成蹊(복숭아와 오얏은 말이 없는데, 밑에는 스스로 지름길을 이룬다)."

번소 너희 祿록 톨 일 ᄇᆡ호ᄆᆞᆯ 警경戒계ᄒᆞ노니 어딘 일와 ᄌᆡ조와ᄅᆞᆯ ᄇᆞᄌᆞ러니 홈만 ᄀᆞᄐᆞ니 업ᄉᆞ니라 아ᄅᆡ 지극ᄒᆞᆫ 마ᄅᆞᆯ 드로니 ᄇᆡ호미 유여커든 구실홀 디니 사ᄅᆞ미 날 어딘 줄 아디 몯호ᄆᆞ란 분별 마오 오직 내 ᄇᆡ호ᄆᆡ 지극디 몯호ᄆᆞᆯ 분별ᄒᆞ라

현대역 너희 祿 탈 일 배움을 경계하노니, 어진 일과 재주를 부지런히 함만 같은 이 없느니라. 전에 지극한 말을 들으니, 배움이 有餘하거든 벼슬할 것이니, 사람이 날 어진 줄 알지 못함일랑[못함은] 걱정하지 말고, 오직 내 배움에 지극하지 못함을 염려하라.

1 록: 녹(祿). 벼슬아치에게 일 년 또는 계절 단위로 나누어 주던 금품.
2 아ᄅᆡ: 아래. 예전. 千百億 變化ㅣ샤 正道ㅣ 노ᄑᆞ신 둘 아래브터 ᄆᆞᅀᆞᆷ애 아ᅀᆞ보ᄃᆡ.《월곡 상:39》, 부텨 ᄃᆞ외야 나라해 도라오샤도 ᄌᆞ올아ᄫᅵ 아니 ᄒᆞ샤 아랫 恩惠ᄅᆞᆯ 니저 ᄇᆞ리샤 길 넗 사ᄅᆞᆷ과 ᄀᆞ티 너기시니.《석상 6:4~5》
3 유여커든: 유여(有餘)하거든. 넉넉하거든. '유여ᄒᆞ(어간)+거든(연결어미)'이다. 어간 중 'ᄒᆞ'의 'ㆍ'가 탈락한 후, 'ㅎ'과 'ㄱ'이 자음축약을 일으켜 'ㅋ'이 되었다.
4 몯호ᄆᆞ란: 못함일랑. 못함은. '몯ᄒᆞ(어간)+옴(명사형 어미)+ᄋᆞ란(보조사)'이다. 'ᄋᆞ란'은 끝음절의 모음이 'ㆍ, ㅏ, ㅗ'인 체언류 뒤에 붙어, '일랑'이나 '은/는'을

뜻하는 조사이다. ᄆᆞᅀᆞᆷᄋᆞ란 아니 닷고 오ᄉᆞ로 빙오ᄅᆞᆯ 이ᄅᆞᆯ사 붓그리다니.《월곡 상:44》, ᄡᅡᄒᆞᆫ 그ᄃᆡᆺ 모ᄀᆡ 두고 남ᄀᆞ란 내 모ᄀᆡ 두어 둘히 어우러 精舍 ᄆᆡᇰᄀᆞ라.《석상 6:26》

5 분별ᄒᆞ라: 염려하라. '분별ᄒᆞ(어간)+라(명령형 종결어미)'이다. '-라'는 ᄒᆞ라체의 명령형 종결어미이다. 시킴이나 지시의 의미가 강하게 파악된다. '분별ᄒᆞ다'는 '염려하다'의 옛말이다. 金體 제 나ᄐᆞ리어니 엇데 得디 몯호ᄆᆞᆯ 분별ᄒᆞ리오(金體自現 何憂不得).《영가 상:105》, 너희ᄃᆞᆯ히 네 아바니ᄆᆞᆯ 분별ᄒᆞ야 神奇ᄒᆞᆫ 變化ᄅᆞᆯ 뵈야사 ᄒᆞ리라.《석상 21:36》

소언 너를 祿록 구ᄒᆞ기 ᄇᆡ홈ᄋᆞᆯ 경계ᄒᆞ노니 도리와 ᄌᆡ조ᄅᆞᆯ ᄇᆞᄌᆞ러니 홈만 ᄀᆞᄐᆞ니 업ᄉᆞ니라 일즉 지극ᄒᆞᆫ 말ᄋᆞᆯ 드로니 ᄇᆡ홈이 유여커든 벼슬홀 디라 ᄒᆞ니 사ᄅᆞᆷ이 아디 몯홈ᄋᆞ란 분별 마오 오직 내 ᄇᆡ홈이 지극디 몯홈ᄋᆞᆯ 분별홀 디니라

현대역 너를 祿 구하기 배움을 경계하노니, 도리와 재주를 부지런히 함만 같은 이 없느니라. 일찍 지극한 말을 들으니, '배움이 유여하거든 벼슬할 것이라.' 하니, 사람이 알지 못함일랑 걱정하지 말고, 오직 내 배움이 지극하지 못함을 걱정할 것이니라.

도리와 ᄌᆡ조ᄅᆞᆯ: 도리와 재주를. 《소학언해》는 접속항들을 접속조사로 연결할 경우, 마지막 접속항에는 접속조사를 개재시키지 않는다. 이에 비해 위《번역소학》은 '어딘 일와 ᄌᆡ조와ᄅᆞᆯ'로 번역하여 마지막 접속항 뒤에도 접속조사 '와'를 개재시키는, 집단곡용의 모습을 보이고 있다.

【集解】道는謂當行之理요藝는則禮樂射御書數之法也라格言은至言이요優는有餘力也니戒以當勤道藝而不患人之不知也라

道는 마땅히 행할 이치를 이르고, 禮는 禮·樂·射·御·書·數의 법이다. 格言은 지극한 말이요, 優는 여력이 있음이다. 마땅히 도리와 재주를 부지

런히 하고, 남이 알아주지 않음을 근심하지 말아야 함을 경계한 것이다.

戒爾遠恥辱ᄒᆞ노니**恭則近乎禮**라**自卑而尊人**ᄒᆞ며**先彼而後己**니**相鼠與茅鴟**에**宜鑑詩人刺**ㅣ니라

● 너에게 부끄럽고 욕됨을 멀리 함을 경계하니, 공손하면 예에 가깝다. 자신을 낮추고 남을 높이며, 저[남]를 먼저 하고 자기를 뒤에 할 것이니, 〈상서(相鼠)〉와 〈모치(茅鴟)〉에서 마땅히 시인의 풍자를 보아야 한다.

漢字 鼠(쥐 서), 茅(띠 모), 鴟(올빼미 치), 鑑(볼 감, 거울 감), 刺(풍자할 자, 찌를 자, 헐뜯을 자)

번소 너희 븟그러오며 욕ᄃᆞ왼 일 멀에 호ᄆᆞᆯ 警경戒계ᄒᆞ노니 溫온恭공ᄒᆞ면 禮례예 갓가오리라 제 모ᄆᆞ란 ᄂᆞᆽ가이 ᄒᆞ고 나ᄆᆞᆯ 尊존히 ᄒᆞ며 ᄂᆞ믈 몬져 ᄒᆞ고 제 모ᄆᆞᆯ 후에 ᄒᆞᆯ 디니 相샹鼠셔 편과 茅모鴟티 편에 이 글 지ᅀᅳᆫ 사ᄅᆞᄆᆡ 譏긔弄롱ᄋᆞᆯ ᄎᆞ려 보미 맛당ᄒᆞ니라

현대역 너희 부끄러우며 욕된 일 멀리 함을 경계하노니, 溫恭하면 예에 가까우리라. 제 몸일랑 낮게 하고 남을 높이 하며, 남을 먼저 하고 제 몸을 후에 할 것이니, 〈相鼠〉 편과 〈茅鴟〉 편에 이 글 지은 사람의 譏弄을 정신 차려 봄이 마땅하니라.

1 온공ᄒᆞ면: 온공(溫恭)하면. 성격, 태도 따위가 온화하고 공손하면.

2 긔롱: 기롱(譏弄). 실없는 말로 놀림.

3 ᄎᆞ려: 차려. 정신을 가다듬어 되찾아. '차리(어간)+어(연결어미)'이다. 현대국어 '차리다'의 옛말인 'ᄎᆞ리다'는 15세기 문헌에서부터 나타난다. 15세기에는 'ᄎᆞ리다'와 함께 '차리다' 형태도 나타나는데, 특히 후자는 '정신을 차리다'의 의미를 지니고 있었다. 16~18세기 문헌에는 '차리다'의 예가 보이지 않다가, 근대국어 시기에 제1음절의 모음 'ㆍ'가 'ㅏ'로 바뀌는 현상에 따라 'ᄎᆞ리다>차리다'로 변화하여 19세기에 현대 국어와 같은 '차리다'가 나타나게 되었다. ᄎᆞ리다(15세기~19세기)>차리다(19세기~현재). 이형태: ᄎᆞ리다, 차리다. 疏ᄂᆞᆫ 經 ᄠᅳ들 올오

리 ᄎᆞ릴 씨오.《1461 능엄 1:16ㄱ》, 세 버늘 請ᄒᆞ거니 어드리 아니 니르료 네 차려 드르라 내 ᄀᆞᆯᄒᆞ야 닐오리라.《1447 석상 13:46ㄱ》, 우리 다 례수 ᄎᆞ리디 말오 ᄒᆞᆫ 잔 수울 먹져.《1510년대 번노 상:64ㄴ》

소언 너를 븟그러오며 슈욕을 멀에 홈올 경계ᄒᆞ노니 공슌ᄒᆞ면 禮례에 갓가올 디라 스스로 ᄂᆞᆺ가이 ᄒᆞ고 사ᄅᆞᆷ을 尊존히 ᄒᆞ며 ᄂᆞᆷ올 몬져 ᄒᆞ고 몸올 후에 홀 디니 相샹鼠셔과 다ᄆᆺ 茅모鴟치[相샹鼠셔 茅모鴟치ᄂᆞᆫ 모시 편 일홈이라]예 맛당히 詩시 지은 사ᄅᆞᆷ의 긔롱을 볼 디니라

현대역 너를 부끄러우며 수욕(受辱)을 멀리 함을(함에 대해) 경계하노니, 恭順하면 예에 가까울 것이라. 스스로 낮게 하고 사람을 높이 하며, 남을 먼저 하고 몸을 후에 할 것이니, 〈상서〉와 더불어 〈모치〉[상서 모치는 毛詩 편 이름이라.]에 마땅히 시 지은 사람의 기롱을 볼 것이니라.

1 슈욕: '수욕(受辱)'의 옛말이다. 남에게 모욕을 당함

2 공슌ᄒᆞ면: 공순(恭順)하면. 공손하고 온순하면.

【集說】朱子曰恭은致敬也요禮는節文也니致恭而中其節이면則能遠恥辱矣라陳氏曰自卑尊人과先彼後己는皆致恭之事也라相鼠는詩篇名이라其辭曰相鼠有體하니人而無禮아人而無禮는胡不遄死오하니라茅鴟는逸詩也니二詩는皆刺無禮也라鑑은照也요刺는譏諷也라

주자가 말하였다. "恭은 공경을 지극히 함이요, 禮는 節文이니, 공경을 지극히 하면서 그 절도에 맞게 하면, 능히 치욕을 멀리 할 수 있다." 진씨가 말하였다. "自卑尊人[자신을 낮추고 남을 높임]과 先彼後己[저를 먼저 하고 자기를 뒤에 함]은 모두 공손을 지극히 하는 일이다. 〈相鼠〉는 《시경》 편 이름이다. 그 말에 이르기를, '쥐를 보건대 四體(四肢)가 있으니, 사람으로서 예가 없단 말인가? 사람으로서 예가 없으면 어찌 빨리 죽지

않는가?' 하였다. 〈茅鴟〉는 전해오지 않는 시이니, 두 시는 모두 예가 없음을 풍자한 것이다. 鑑은 비춰봄이요, 刺는 나무라 풍자함이다."

漢字 相(볼 상, 서로 상), 遄(빠를 천), 逸(없어질 일), 照(비출 조), 譏(나무랄 기), 諷(풍자할 풍)

절문(節文): 알맞은 문채(文彩).

戒爾勿放曠ᄒᆞ노니放曠이非端士ㅣ라周孔이垂名教ㅣ어시늘齊梁이尙淸議ᄒᆞ니南朝ㅣ稱八達ᄒᆞ야千載穢靑史ᄒᆞ니라

● 너에게 방탕하고 소홀하지 말 것을 경계하니, 방탕하고 소홀함은 단정한 선비가 아니다. 周公과 孔子가 名敎를 드리우셨거늘[남기셨거늘], 齊나라와 梁나라 때에 청허한 담론을 숭상하니, 南朝에서는 八達이라 일컬어 천년 동안 역사를 더럽혔다.

漢字 放(방탕할 방, 놓을 방), 曠(헛되이 지낼 광, 빌 광), 端(바를 단), 垂(드리울 수, 늘어질 수), 穢(더러울 예)

1 명교(名敎): 인륜의 가르침.

2 청의(淸議): 청담(淸談)·청언(淸言)·현언(玄言)이라고도 하는데, 세속의 명리(名利)를 떠난, 맑고 깨끗한 담화(談話)라는 뜻이다. 즉 위(魏)·진(晉) 시대에 크게 성행했고, 남조(南朝)의 제(齊)·양(梁) 시대까지도 그 영향이 계속되었다. 후한(後漢) 말기 이후 오랫동안 정치적 혼란이 거듭되면서 국가의 통치이념이었던 유가사상(儒家思想)을 대신해 노장사상(老莊思想)의 영향력이 커졌다. 특히 위(魏)나라 때의 하안(何晏)과 왕필(王弼)은 노장사상을 기초로 《논어(論語)》와 《주역(周易)》 등 유가의 경서를 새롭게 해석하며 무(無)와 유(有), 명교(名敎)와 자연 등 형이상학적인 주제들에 관한 철학적인 논의를 이끌었다. 이를 계기로 이른바 3현(三玄)이라고 불리는 《도덕경(道德經)》·《장자(莊子)》·《주역(周易)》의 연구와 해설을 중심으로 하는 현학(玄學)의 학풍이 크게 성행하였으며, 하후현(夏侯玄)·왕연(王衍)·완적(阮籍)·혜강(嵇康)·향수(向秀)·곽상(郭象)·배위(裵頠) 등을 중심으로 형이상학적 주제를 둘러싼 고도의 철학적인 논변이

전개되었다. 그리고 후한 말기에 잦은 왕조 교체를 겪으며 지식인과 귀족 사회에서는 정치에 실망하여 은둔하거나 신변의 위험을 피하기 위해 세속의 일이나 민생에 관한 논의를 피하는 경향이 나타났다. 그래서 노장사상에 기초해 세속적 가치를 초월한 정신적 자유를 강조하고, 명분과 형식에만 집착하는 유학을 비판하며 3현을 기초로 한 철학적이고 예술적인 논의를 중시하는 풍조가 나타났는데, 이를 청담이라고 한다. 산림에 은거하여 청정무위(淸淨無爲)의 담론을 나누었다는 산도(山濤)·왕융(王戎)·유영(劉伶)·완적·완함(阮咸)·혜강·향수 등 이른바 죽림칠현(竹林七賢)은 청담의 풍조를 대표하는 인물이다. 이들은 유가에서 강조하는 명교(名敎, 인륜의 가르침)를 초월해 무위자연(無爲自然)에 따라야 한다고 주장했다. 그리고 세속적인 명예나 이익, 예의를 초월하여 활달한 행동을 일삼았다. 서진(西晉) 초기까지 청담은 당시의 정치적 현실에 대한 지식인들의 일종의 의사 표현의 수단으로 나타났다. 특히 243년 사마의(司馬懿)가 고평릉(高平陵) 사변을 일으켜 조상(曹爽)을 제거하고 위나라의 전권을 장악하자, 정계를 떠나 은둔하는 지식인들을 중심으로 청담의 풍조는 더욱 확산되었다. 하지만 서진 후기 이후에 청담은 정치적 성격을 잃고 귀족과 지식인의 장식물처럼 되었다. 그리고 이러한 풍조의 유행은 서진이 오래 존속하지 못하고 멸망하게 된 원인이 되기도 하였다. 청담은 형이상학적인 주제에 대한 철학적 사유의 확대를 가져와 중국 철학의 이론적 수준을 발달시키는 데 크게 기여했다. 특히 동진(東晉) 후기에는 불교사상의 영향도 수렴하여 노장사상과 불교·유교가 융합될 수 있는 기초를 마련하였고, 이는 송(宋) 시대에 성리학이 출현하는 데 일정한 영향을 끼쳤다. 또한 노장사상에 기초해 탈속한 기풍을 강조하는 간결하고 정순한 예술적 풍조를 일으키는 데도 기여하였다. 나아가 명교(名敎)를 벗어난 각 개체 스스로의 전개와 발전을 강조함으로써 개인주의적인 자아의 자각과 개체 의식의 확대에도 영향을 끼쳤다. 그러나 세속적 가치를 벗어나 형이상적 주제에 관한 현리만을 논의하는 청담은 공론(空論)에 치우쳐 민생을 돌보지 않는 결과를 낳았다. 이 과정에서 삶에 대한 쾌락적이며 방관적인 태도를 만연시키기도 하였으며, 세속적 가치를 부정하는 허무와 은둔의 개인주의적인 경향을 낳기도 하였다(두산백과).

번소 너희 방탕티 마로몰 警경戒계ᄒᆞ노니 방탕호미 단경ᄒᆞᆫ 사ᄅᆞ미 아니라 周쥬公공과 孔공子ᄌᆞㅣ 법도 ᄀᆞᄅᆞ츄믈 드리우시고 齊졔梁량 시져레 간대옛 실업손 의론ᄋᆞᆯ 슝샹ᄒᆞ니 南남朝됴 시졀이 여듧 通통達달ᄒᆞᆫ 사ᄅᆞᆷ이라 ᄒᆞ야 일ᄏᆞ라 千쳔古고애 史ᄉᆞ記긔를 더러이니라

현대역 너희 방탕하지 맒을 경계하노니, 방탕함이 단정한 사람이 아니니라. 주공과 공자가 법도 가르침을 드리우시고, 齊梁 시절에 되는 대로의 실없는 의론을 숭상하니, 南朝 시절이 여덟 通達한 사람이라 하여 일컬어, 千古에 史記를 더럽혔니라.

1 드리우시고: 드리우시고. '드리우(어간)+시(주체 높임 선어말어미)+고(연결어미)'이다. '드리우다'는 '아랫사람에게 가르침을 주다.'를 뜻한다.

2 실업손: 실없는. '실없(어간)+ᄋᆞᆫ(관형사형 어미)'이다. 현대국어 '실없다'는 '말이나 하는 짓이 실답지 못하다.'의 뜻으로, 16세기 문헌에서부터 '실없다'로 나타나 현재까지 이어진다. '실없다'는 '실질이나 실상'을 뜻하는 '실(實)'에 '없다'가 결합된 것이다. 18세기, 19세기 문헌에 보이는 '실업다'는 받침에서 'ㅄ'이 모두 발음되지 않기 때문에 소리 나는 대로 'ㅂ'만 반영한 표기이다. 실없다(16세기~현재). 齊졔梁량 시져레 간대옛 실업손 의론ᄋᆞᆯ 슝샹ᄒᆞ니 南남朝됴 시졀이 여듧 通통達달ᄒᆞᆫ 사ᄅᆞᆷ이라 ᄒᆞ야.《1518 번소 본장》, 濫錢 실업시 쓰는 돈.《1775 역보 54ㄱ》, 이 ᄆᆞᄋᆞᆷ이 잇고 그 실이 업스면.《1746 자성 내:33ㄱ》, 일홈만 잇고 실이 업기 쉬오니.《1783 자휼 8ㄱ》

3 간대옛: 망령되거나 되는대로 함부로 하는. 또 世間앳 邪魔 外道앳 妖怪ᄅᆞᄫᆡᆫ 스스을 信ᄒᆞ야 간대옛 禍福ᄋᆞᆯ 닐어든 곧 두리븐 ᄠᅳ들 내야 ᄆᆞᅀᆞ미 正티 몯ᄒᆞ야.《석상 9:36》, 너는 니기 ᄃᆞᆫ니는 나그내니 우리 곧 내 집 ᄒᆞᆫ 가지니 내 어듸 ᄯᅩᆫ 간대옛 말 ᄒᆞ리오(你是熟客人 咱們便是自家裏一般 我怎麽敢胡說).《번노 상:18》

4 더러이니라: 더럽혔니라. '더러이(어간)+니라(평서형 종결어미)'이다. 현대국어 '더럽히다'의 옛말인 '더러ᄫᅵ다'는 15세기 문헌에서부터 나타난다. '더러ᄫᅵ다'는 '더럽-'에 사동접사 '-이-'가 결합한 것이다. '더럽다'가 모음으로 시작하는 어미와 결합할 때는 '더러ᄫ-'으로, 자음으로 시작하는 어미와 결합할 때는 '더럽-'으로 나타나는 불규칙용언이기 때문에 '더러ᄫᅵ다'로 나타났다. 그러나 'ㅸ'은 후음 'ㅇ'이나 'ㅿ'에 비하여 소실이 가장 빠르다. 15세기 세종대에 있어서조차 그

사용이 완전하지 않았으니 말이다. 따라서 15세기부터 'ㅸ'이 소멸된 '더러이다'도 함께 나타난다. 18세기에는 '더럽-'에 사동접사 '-히-'가 결합한 '더러히다'가 나타난다. 20세기 이후 분철 표기된 '더럽히다'로 나타나 현재에 이르렀다. 더러ᄫᅵ다(15세기)〉더러이다(15세기~19세기)〉더러히다(18세기~19세기)〉더럽히다(20세기~현재). 이형태: 더러ᄫᅵ다, 더러이다, 더러히다. 煩惱 惑 業이 ᄆᆞᅀᆞᄆᆞᆯ 더러ᄫᅧᆺ거든 二乘이 여러 가짓 觀ᄋᆞᆯ 지ᅀᅥ 더ᄂᆞ니.《1459 월석 13:21ㄱ》, 오직 사ᄅᆞ미 거츤 ᄃᆞ트릐 더러이며 無明의 두푸미 ᄃᆞ외야.《1459 월석 11:112ㄱ》, 부못 명셩을 더러이면 ᄂᆞ미 춤받고 구지즈리라.《1510년대 번노 하:48ㄱ》

소언 너를 방탕ᄒᆞ며 허소티 말라 경계ᄒᆞ노니 방탕ᄒᆞ며 허소홈이 단졍ᄒᆞᆫ 션ᄇᆡ 아니라 周쥬公공과 孔공子ᄌᆞㅣ 일홈 지어 ᄀᆞᄅᆞ치시믈 드리워 겨시거늘 齊졔와 梁량[나라 일홈이라] 적이 쳥허ᄒᆞᆫ 의론을 슝샹ᄒᆞ니 南남朝됴[晋진나라 적이라]ㅣ 여ᄃᆞᆲ 통달ᄒᆞᆫ 이라 ᄒᆞ야 일ᄏᆞ라 일쳔 ᄒᆡ예 ᄉᆞ긔ᄅᆞᆯ 더러이니라

현대역 너를 방탕하며 虛受하지 말라 경계하노니, 방탕하며 허수함이 단정한 선비 아니니라. 주공과 공자가 이름 지어 가르치심을 드리워 계시거늘, 齊와 梁[나라 이름이라.] 때가 淸虛한 의론을 숭상하니, 南朝[晋나라 때라.]가 여덟 통달한 이라 하여 일컬어 일천 년에 史記를 더럽혔니라.

1 허소티: 허수(虛受)하지. 자기 생각을 버리고 다른 사람의 말을 듣지. '허소ᄒᆞ(어간)+디(보조적 연결어미)'이다. 'ᄒᆞ'에서 'ㆍ'가 탈락되고 자음축약을 일으켰다.
2 쳥허ᄒᆞᆫ: 청허(淸虛)한. 잡된 생각이 없어 마음이 맑고 깨끗한.

【集說】陳氏曰放은放蕩이요曠는踈曠이라端士는正士也라周孔은謂周公孔子也라齊梁은皆都江南이라故로又稱南朝라淸議는淸虛之談也라八達은謂晉胡毋輔之謝鯤阮放畢卓羊曼桓彝阮孚光逸이니八人이終日淸談酣飮而爲達也라當時에雖稱之나而無禮無法하여得罪名敎하여其姓名이久汚史冊하

니**亦可賤矣**라**古史以竹**이라**故**로**曰青史**라

진 씨가 말하였다. "放은 방탕이요, 曠은 소홀함이다. 端士는 바른 선비이다. 周孔은 周公과 孔子를 이른다. 齊나라와 梁나라는 모두 강[揚子江] 남쪽에 도읍했다. 그러므로 또 南朝라 불린다. 淸議는 맑고 빈 담론이다. 八達은 晉나라의 호모보지(胡毋輔之)·사곤(謝鯤)·완방(阮放)·필탁(畢卓)·양만(羊曼)·환이(桓彝)·頑孚(완부)·광일(光逸)이니, 여덟 사람은 종일 맑은 담론을 하며 술을 즐기면서 통달했다고 여겼다. 당시에 비록 이들을 일컬었으나, 예도 없고 법도 없어 名教의 죄를 얻어 그들의 이름이 오랫동안 역사책을 더럽혔으니, 또한 가히 천히 여길 만하다. 옛날의 사기는 대나무를 썼다. 그러므로 青史라고 한 것이다."

漢字 **踈**(=疏, **踈** 소홀할 소, 성길 소, 트일 소, 멀리할 소, 드물 소), **談**(이야기 담), **鯤**(곤어 곤, 곤이 곤), **玩**(희롱할 완), **卓**(높을 탁), **曼**(끌 만, 길 만), **孚**(믿을 부), **酣**(즐길 감, 취할 감), **汚**(더러울 오), **以**[쓸 이=**用**(용)]

【增註】**名教**는**謂人倫之教**니**有實有名也**라

名教는 인륜의 가르침을 이르니, 실질이 있고 명분이 있다.

戒爾勿嗜酒ᄒᆞ노니**狂藥非佳味**라**能移謹厚性**ᄒᆞ야**化爲凶險類**ᄒᆞᄂᆞ니**古今傾敗者**ᄅᆞᆯ**歷歷皆可記**니라

●너에게 술 즐기지 말 것을 경계하니, 미치게 하는 약이요, 아름다운 맛이 아니다. 능히 삼가고 도타운 성품을 옮겨, 화하여 흉하고 험한 무리가 되게 하니, 고금에 기울어지고 패망한 자를 일일이 모두 가히 기록할 수 있다.

漢字 **嗜**(즐길 기), **傾**(기울 경), **歷**(지낼 력, 다할 력, 두루 력)

번소 너희 수울 즐기디 마로믈 警경戒계ᄒᆞ노니 미치ᄂᆞᆫ 藥약이라 아ᄅᆞᆷ다온 마시 아니니 어딘 性셩을 옮겨 고텨 凶흉險험ᄒᆞᆫ 무리 ᄃᆞ외에

ᄒᆞᄂᆞ니 녜며 이제 술로 敗패亡망ᄒᆞᆫ 사ᄅᆞᆷ을 歷력歷력히 혀여 다 긔디ᄒᆞᆯ 거시니라

현대역 너희 술 즐기지 맒을 경계하노니 미치는 약이라. 아름다운 맛이 아니니, 어진 성품을 옮겨, 고쳐 凶險한 무리로 되게 하느니, 옛적이며 이제 술로 패망한 사람을 歷歷히 세어 다 기록할 것이니라.

1 흉험ᄒᆞᆫ: 흉험(凶險)한. 마음이 흉악하고 음험한.
2 력력히: 역력(歷歷)히. 자취나 기미, 기억 따위가 환히 알 수 있을 정도로 또렷하게.
3 혀여: 세어. '혀(어간)+여(연결어미)'이다. '혀다'는 '세다'의 옛말이다. 若干ᄋᆞᆫ 一定의 아니ᄒᆞᆫ 數니 몯 니르 혤씨라.《석상 7:8》

소언 너를 술 즐기디 말라 경계ᄒᆞ노니 미치ᄂᆞᆫ 藥약이오 아름다온 마시 아니라 能능히 삼가고 둗터운 性셩을 옮겨 凶흉險험ᄒᆞᆫ 類류ㅣ 고텨 되ᄂᆞ니 녜며 이제 기우러뎌 敗패ᄒᆞ니ᄅᆞᆯ 歷력歷력히 다 可가히 긔록ᄒᆞᆯ디니라

현대역 너를 술 즐기지 말라 경계하노니, 미치는 약이요 아름다운 맛이 아니라. 능히 삼가고 두터운 성품을 옮겨, 흉험한 무리가(무리로) 고쳐 되니, 옛적이며 이제 기울어져 패한 이를 역력히 다 가히 기록할 것이니라.

기우러뎌: '기우러디(어간)+어(연결어미)'이다. '기우러디다'는 '기울어지다'의 옛말이다. 형세가 이전보다 못하게 되다. '기우러디다'는 15세기 문헌에서부터 나타난다. '기우러디-'는 동사 '기울-', 어미 '-어', '디-'가 결합한 것이다. 근대국어 시기에 'ㄷ, ㅌ'이 'ㅣ'나 'ㅣ' 반모음 앞에서 'ㅈ, ㅊ'으로 변하는 구개음화로 '디-'가 '지-'로 변하여 18세기에 '기우러지-'로 나타나게 되었다. 이후 20세기에 들어와서 어원을 밝혀 적는 표기 원칙에 따라 '기울어지-'로 나타나면서 현재에 이르렀다. 기우러디다(15세기~18세기)〉기우러지다(18세기~19세기)〉기울어지다(20세기~현재). ᄇᆡᄂᆞᆫ 기우러뎌 ᄲᆞᆯ리 가ᄂᆞ니.《1481 두시-초 13:25ㄱ》, 받과 집과ᄅᆞᆯ 사오나오니와 기우러디니ᄅᆞᆯ 가지며 닐오ᄃᆡ.《1518 번소 9:23ㄱ》

【集說】陳氏曰酒能亂性하니是狂藥也라古今에以之而傾覆喪敗者多矣라

진 씨가 말하였다. "술은 능히 성품을 어지럽히니, 이는 미치게 하는 약이다. 고금에 그것으로써 기울고 전복되고 잃고 패망한 자가 많다."

戒爾勿多言ᄒᆞ노니多言이衆所忌라苟不愼樞機면灾厄一作危이從此始라是非毁譽間애適足爲身累ㅣ니라

●너에게 말 많이 하지 말 것을 경계하니, 말이 많음은 여러 사람이 꺼리는 바다. 진실로 사물의 樞機를 삼가지 않으면, 재앙과 액운이 이를 좇아 시작된다. 옳다 그르다 하며 덜고 기리는 사이에 다만 족히 몸에 누가 될 뿐이다.

漢字 樞(지도리 추, 문장부 추, 수톨쩌귀 추), 機(오늬 기, 틀 기), 厄(재앙 액), 適[다만 적, 갈 적, 마침 적, 큰마누라(본처) 적], 累[더럽힐 루(누)]

추기(樞機): 몹시 중요한 사물. 또는 사물의 중요한 부분. 여기서는 '말'을 비유함.

번소 너희 말 해 마로믈 警경戒계ᄒᆞ노니 말 하미 모ᄃᆞᆫ 사ᄅᆞᆷ의 ᄭᅥ리ᄂᆞᆫ 거시라 진실로 문지두리 ᄀᆞᆮᄒᆞ며 소니옛술 ᄀᆞᄐᆞᆫ 거ᄉᆞᆯ 삼가디 아니ᄒᆞ면 災ᄌᆡ厄ᅌᅴᆨ이 일로브터 비릇ᄂᆞ니라 외니 올ᄒᆞ니 ᄒᆞ며 할아며 기리논 ᄉᆞᅀᅵ예 모맷 허므리 ᄃᆞ욀 ᄯᆞᄅᆞᆷ이니라

현대역 너희 말 많이 (하지) 맒을 경계하노니, 말 많음이 모든 사람의 꺼리는 것이라. 진실로 문지도리 같으며 쇠뇌의 오늬 같은 것을 삼가지 아니하면, 災厄이 이로부터 비롯하느니라. 그르니 옳으니 하며 비방하며 기리는 사이에 몸의 허물이 될 따름이니라.

1 소니: '쇠뇌'의 옛말이다. 弩 소니 노《훈몽 중:14》, 이ᄂᆞᆫ 문읫 지도리와 소니옛 술 ᄀᆞᄐᆞᆫ 거시라(矧是樞機).《번소 8:10》 쇠뇌는 활의 일종으로, 활보다 더 멀리 쏠 수 있고, 더 살상력이 더 강한 무기이다. 연달아 발사하는 형태도 있고,

긴 창을 화살 삼아 쏘는 천보노도 쇠뇌의 일종이다. 활보다 멀리 쏠 수 있는, 장거리 공격용 무기인 쇠뇌는 중국 전국시대부터 쓰였는데 '무려 600 걸음 밖을 쏠 수 있었다.'는 기록이 있다 . 쇠뇌의 촉은 아주 크고 청동으로 만들어져 살상력이 강했다 . 쇠뇌로 군대를 무장시킨 나라는 중국이 세계에서 처음인데, 진(秦)나라 보병 진영에서는 쇠뇌 입사수(서서 쏘는 사수)와 활 궤사수(꿇어앉아 쏘는 사수)가 교대로 일어섰다 앉았다 하며 활과 쇠뇌를 쏘았다고 전한다. 유럽에서는 10~11세기에 이탈리아에서 처음 개발된 이후 중세 때의 주 무기로 사용되었으나, 15세기 말 화승총이 나타나면서 점차 모습을 감추었다. 한국의 경우 삼국시대부터 사용된 흔적이 보인다. 서양의 투석기와 비슷한 고구려시대의 포차(抛車)는 쇠뇌를 개량한 것으로 크기가 크고 성 밖에서 성벽을 부수거나 성 안을 공격할 때 사용되었다. 또 성 안에서 돌을 발사하는 노포(弩砲) 역시 쇠뇌를 개량한 것이다. 신라시대의 천보노는 큰 활과 같은 기계에 날카롭고 긴 창(槍)으로 화살을 삼아서 쏘는 쇠뇌의 일종이며, 조선시대에 들어와 임진왜란 3대첩의 하나인 행주대첩에서도 비격진천뢰 등과 함께 쇠뇌를 사용했다는 기록이 전한다. 특히 조선 중기 정조(正祖)가 신도시로 건설한 경기도 수원 화성에는 쇠뇌를 쏠 수 있는 누대(樓臺, 서장대와 서노대)가 따로 세워질 정도로 전투에서 중요하게 쓰였던 무기임을 알 수 있다(두산백과). '소니'가 '쇠뇌'를 뜻한다 하더라도 문제가 있다. 《번소》의 '소니옛술'과 《소언》의 '손잇술'에서 '술'의 뜻이 분명하지 않기 때문이다. 그런데 《소학집주》의 아래 【增註】에 "戶之開闔 由於樞 弩之張弛 由於機(문의 열고 닫음은 지도리에 말미암고, 쇠뇌의 당김과 풂은 오늬에 말미암는다.)"라는 설명이 보인다. 또 《언해소학집주증해(諺解小學集註增解), 1994:550》에 "樞謂之梁門戶扉樞(樞는 문의 지도리를 이른다.)", "機弩牙也(機는 弩牙이다.)"라는 설명이 있다. 이들을 고려해 볼 때, 기(機)는 노아[弩牙, 쇠뇌의 시위를 거는 곳, 즉 오늬(화살의 머리를 활시위에 끼도록 에어 낸 부분)]에 해당한다 하겠다. 따라서 '소니옛술'과 '손잇술'은 '노아(弩牙)'나 '오늬'를 뜻한다고 볼 수 있다. 제10장의 이 글은 중국 원(元)나라 때 편찬된 《송사(宋史)》 〈범질열전(范質列傳)〉과 남송(南宋) 여조겸(呂祖謙)이 편찬한 《송문감(宋文鑑)》에서 인용하였다. 그러나 추기(樞機)는 원래 작자 미상의 《주역(周易)》 〈계사전(繫辭傳)〉의 "言行君子之樞機 樞機之發 榮辱之主也"에 처음 사용되었다. 그리고 본래 언(言)과 행(行)을 모두 말했으나 후대에는 일반적으로 언(言)만 가리키게 되었다. 언(言)을 추기(樞機)와 관련시킨 글은 〈가언(嘉言)

제5〉 제68장 《이정전서(二程全書)》 〈잡저雜著)〉에서 인용한 글에 한 번 더 나온다.

2 직익: 재액(災厄). 재앙으로 인한 불운.

3 할아며: 헐뜯으며. '할아(어간)+며(연결어미)'이다. '할아다'는 '헐뜯다'의 옛말이다. 如來 외다 ᄒᆞ샤ᄆᆞᆫ ᄆᆞᅀᆞ미 ᄀᆞ린 ᄃᆡ 업서 고ᄅᆞ디 아니타 ᄒᆞ논 疑心과 할아ᄂᆞ니를 업게 코져 ᄒᆞ시니(如來訶之 欲其心無遮限 而息不均之疑謗).《능엄 1:34》, 시혹 大小便이 두터운 石蜜 ᄀᆞᆮᄒᆞ리니 戒律올 할아고 出家ᄒᆞ닐 므더니 너기리라(或大小便 如厚石密 非毁戒律 輕賤出家).《능엄 9:111》

소언 너를 말 해 말라 경계ᄒᆞ노니 말 함이 모ᄃᆞᆫ의 ᄭᅴᄂᆞᆫ 배라 진실로 樞츄機긔[門문지도리와 손잇 술이니 다 말ᄆᆡ암아 動동ᄒᆞᄂᆞᆫ 거시니 사ᄅᆞᆷ의 말홈이 이 ᄀᆞᆮᄐᆞ니라]를 삼가디 아니ᄒᆞ면 ᄌᆡ화와 厄익이 일로조차 비롯ᄂᆞ니라 외니 올ᄒᆞ니 ᄒᆞ며 헐쓰리며 기리ᄂᆞᆫ ᄉᆞ이예 다ᄆᆞᆫ 足죡히 몸읫 험을이 되ᄂᆞ니라

현대역 너를 말 많이 말라 경계하노니, 말 많음이 모든 이의 꺼리는 바라. 진실로 樞機[문지도리와 쇠뇌의 오늬니, 다 말미암아 움직이는 것이니, 사람의 말함이 이 같으니라.]를 삼가지 아니하면, 災禍와 厄이 이로 좇아 비롯한다. 그르니 옳으니 하며 헐뜯으며 칭찬하는 사이에 다만 족히 몸의 허물이 된다.

1 ᄌᆡ화: 재화(災禍). 재앙이나 화난.

2 익: 액(厄). 모질고 사나운 운수.

3 헐쓰리며: 헐뜯으며. '헐쓰리(어간)+며(연결어미)'이다. '헐쓰리다'는 '헐뜯다'의 옛말이다. 간 ᄃᆡ마다 ᄂᆞᆷ 헐쓰리고 제 몸 쟈랑ᄒᆞ며 말ᄒᆞ논 이비 아당도의고 말 잘ᄒᆞ고 仁義 업슨 사ᄅᆞ미니(到處裏破別人誇自己 說口諂佞 不得仁義的人).《번박 상:25》, 사ᄅᆞᆷ의 가ᅀᆞᆷ열며 貴홈을 보고 可히 차탄ᄒᆞ여 블워ᄒᆞ며 ᄉᆞ죵ᄒᆞ여 헐쓰리디 아닐 거시니(見人富貴 不可歎羨詆毁.).《소언 5:102》

【增註】戶之開闔은由於樞하고弩之張弛는由於機하고人之禍

福榮辱은由於言이라故로比言於樞機라以言而是非毁譽人하여皆取禍召辱하니秖足自累而已니라

문의 열고 닫음은 지도리에 말미암고, 쇠뇌[활]의 당김과 풂은 오늬에 말미암고, 사람의 禍福과 榮辱은 말에 말미암는다. 그러므로 말을 樞機에 비유한 것이다. 말로써 하여 사람들을 옳다 그르다 하며 헐거나 기려 모두 화를 취하고 욕을 부르니, 다만 족히 스스로 더럽힐 따름이다.

漢字 弩(쇠뇌 노), 張(당길 장), 秖(다만 지, 공경할 지)

【集解】毁者는稱人之惡而損其眞이요譽者는揚人之善而過其實이니라

毁라는 것은 남의 악을 말하면서 그 진실을 덞이요, 譽라는 것은 남의 선을 드러내면서 그 실제를 넘음이다.

擧世重交游ᄒᆞ야擬結金蘭契ᄒᆞᄂᆞ니忿怨이容易生ᄒᆞ야風波ㅣ當時起라所以君子心이汪汪淡如水ㅣ니라

● 온 세상이 사귀어 놀음을 중히 여겨, 금란계를 비겨[본떠] 맺나니, 성냄과 원망함이 쉬이 나서, 풍파가 당시에[즉시] 일어난다. 써 군자의 마음은 넓고 넓어 맑기가 물과 같은 것이다.

漢字 擧(온 거, 모두 거), 擬(비길 의, 헤아릴 의), 契(모을 계), 汪(넓을 왕)

1 거세(擧世): 온 세상.

2 금란지계(金蘭之契): '금란지교(金蘭之交)'로도 쓰이는데, 글자대로 풀이하면 '금과 난초 같은 맺음' 또는 '금과 난초 같은 사귐'이란 뜻이다. 즉 '다정한 친구 사이의 정의(情誼)'를 뜻한다. 《역경(易經)》 〈계사(繫辭)〉에서는 "二人同心 其利斷金 同心之言 其臭如蘭(두 사람이 마음을 함께 하면, 그 날카로움이 쇠를 끊고, 마음을 함께 하는 말은 그 향취가 난과 같다.)"라 했고, 《범질(范質)》에서는 위 문장처럼, "擧世重交遊 擬結金蘭契(온 세상이 사귀어 놂을 중히 여겨, 금란계

를 비겨[본떠] 맺는다.)"라 했다.

3 왕왕(汪汪): 도량이 넓은 모양.

번소 셰쇽이 다 번 사괴유믈 듕히 ᄒᆞ야 사괴ᄂᆞᆫ 경셩이 쇠ᄅᆞᆯ 베티며 ᄆᆞᅀᆞ맷 말호미 곳다오미 蘭란草초 ᄀᆞᄐᆞᆫ 契계ᄅᆞᆯ 일웻논가 ᄒᆞᄂᆞ니 분로ᄒᆞ며 원망호미 수이 나 ᄇᆞᄅᆞ맷 믓겨리 ᄀᆞᄐᆞ야 즉시예 니러나ᄂᆞ니 이런ᄃᆞ로 어딘 사ᄅᆞᄆᆡ ᄆᆞᅀᆞ문 깁고 너버 ᄆᆞᆯᄀᆞᆫ 믈 ᄀᆞᄐᆞ니라

현대역 세속이 다 벗 사귐을 중히 하여, 사귀는 정성이 쇠를 베어버리며 마음의 말함이 꽃다우며 蘭草 같은 契를 이루어 있는가 하니, 분노하며 원망함이 쉽게 나, 바람의 물결이[물결과] 같아서 즉시에 일어나니, 이런 까닭으로 어진 사람의 마음은 깊고 넓어 맑은 물 같으니라.

1 베티며: 베어버리며. '베티(어간)+며(연결어미)'이다. '베티다'는 '베어 버리다', '마구 베다'의 옛말이다. 베텨도 모디로미 업고 쏘아도 怒ㅣ 업소니 이 벐을 ᄢᅢ혀리 없스니.《월석 10:30》, 王郎이 술 醉ᄒᆞ고 갈 ᄡᅢ혀 ᄯᅡᄒᆞᆯ 베티고(王郞酒酣拔劍斫地).《두시-초 25:53》

2 일웻논가: 이루어 있는가. '일우(어간)+어(보조적 연결어미)+잇(在, '잇다'의 어간)+ᄂᆞ(직설법 선어말어미)+오(화자 표시법 선어말어미)+ㄴ(관형사형 어미)+가(의문 보조사)'이다. 완료상은 보조적 연결어미 '-아/어'와 보조형용사 '잇다[在]'의 결합으로 표현된다. 여기서 '어+잇→엣'이 완료상을 나타낸다. 다만 '웻'이 비음화 되어 '웬'이 된 후 'ㄴ'이 탈락되었다. 또한 종결형과 연결형의 선어말어미 '-오$_1$-'은 일반적으로 주어 명사구가 제1인칭 대명사 '나, 우리' 등 화자일 때 나타난다. 따라서 이를 화자 표시법 선어말어미(고영근, 2020: 363) 또는 1인칭법 선어말어미(허웅, 1958: 124-197)라고 부른다. 그러나 '-오$_1$-'은 주어 명사구가 제3인칭이라고 하더라도 그가 화자 자신을 가리키는 경우에도 쓰일 수 있다. 이런 점에서 1인칭법 선어말어미보다는 화자 표시법 선어말어미라는 용어가 나아 보인다. 마지막으로 '-ㄴ가'는 관형사형 어미와 의문 보조사의 통합으로, 간접의문법 중 판정의문문이다. 의문사도 없고, '아' 계통의 모음으로 되어 있다. 그리고 상대방의 대답을 전제하지 않은 독백조의 말투이다.

소언 온 셰샹이 사괴야 놀옴을 重듕히 너겨 金금蘭난[사괴ᄂᆞᆫ 졍셩이 쇠ᄅᆞᆯ 긋드시 ᄒᆞ며 ᄆᆞᄋᆞᆷ앳 말ᄉᆞᆷ 곳다옴이 난초 ᄀᆞᆮ단 말이라] ᄀᆞᆮᄐᆞᆫ 契계ᄅᆞᆯ ᄆᆡ잔노라 ᄒᆞᄂᆞ니 분로ᄒᆞ며 원망홈이 수이 나 ᄇᆞᄅᆞᆷ의 믈결이 즉시예 니러나ᄂᆞᆫ 디라 ᄡᅧ 君군子ᄌᆞ의 ᄆᆞᄋᆞᆷ이 汪왕汪왕[깁고 너ᄅᆞᆫ 양이라]ᄒᆞ야 ᄆᆞᆰ옴이 믈 ᄀᆞᆮᄐᆞᆫ 배니라

현대역 온 세상이 사귀어 놂을 중하게 여겨, 金蘭[사귀는 정성이 쇠를 끊듯이 하며, 마음의 말씀 꽃다움이 난초 같다는 말이라.] 같은 契를 맺었노라 하니, 忿怒하며 원망함이 쉽게 나, 바람의 물결이 즉시에 일어나기 때문에, 써 군자의 마음이 왕왕(汪汪)[깊고 너른 모양이라.]하여 맑음이 물 같은 바니라.

분로ᄒᆞ며: 분노(忿怒)하며. 분개하여 몹시 성을 내며.

【集說】吳氏曰易曰二人同心이면其利斷金이요同心之言은其臭如蘭이라하니라契는合也라風波는比忿怨이라言世人結交에多以金蘭自比로되不知一言不合이면則忿怨之生이速如風波之起矣라汪汪은深廣貌라記曰君子之交는如水하고小人之交는如醴하여君子는淡以成하고小人은甘以壞라하니라

오 씨가 말하였다. "《주역》에 이르기를, '두 사람이 마음을 함께 하면, 그 날카로움이 쇠를 끊고, 마음을 함께 하는 말은 그 향취가 난과 같다.' 하였다. 契는 합함이다. 풍파는 성냄과 원망을 비유한 것이다. 세상 사람들이 사귐을 맺음을 말함에, 많이 金蘭으로써 스스로 비유하지만, 한 마디 말이 합하지 않으면 성냄과 원망의 생겨남이 마치 풍파가 일어나는 것처럼 빠름을 알지 못한다. 汪汪은 깊고 넓은 모양이다. 《예기》(〈表記〉)에 이르길, '군자의 사귐은 물과 같고, 소인의 사귐은 단술과 같아, 군자는 맑음으로써 이루고, 소인은 달음으로써 무너진다.' 하였다."

漢字 醴(단술 례)

1 주역(周易): 유교의 경전(經典) 중 3경(三經)의 하나인 《역경(易經)》이다. 단순히 《역(易)》이라고도 한다. 이 책은 점복(占卜)을 위한 원전(原典)과도 같은 것이며, 동시에 어떻게 하면 조금이라도 흉운(凶運)을 물리치고 길운(吉運)을 잡느냐 하는 처세상의 지혜이며 나아가서는 우주론적 철학이기도 하다. 주역(周易)이란 글자 그대로 주(周)나라의 역(易)이란 말이며 주역이 나오기 전에도 하(夏)나라 때의 연산역(連山易), 상(商)나라의 귀장역(歸藏易)이라는 역서가 있었다고 한다. 역이란 말은 변역(變易), 즉 '바뀐다'·'변한다'는 뜻이며 천지만물이 끊임없이 변화하는 자연현상의 원리를 설명하고 풀이한 것이다. 이 역에는 易簡(이간)·변역·불역(不易)의 세 가지 뜻이 있다. 이간이란 천지의 자연현상은 끊임없이 변하나 간단하고 평이하다는 뜻이며 이것은 단순하고 간편한 변화가 천지의 공덕임을 말한다. 변역이란 천지만물은 멈추어 있는 것 같으나 항상 변하고 바뀐다는 뜻으로 양(陽)과 음(陰)의 기운(氣運)이 변화하는 현상을 말한다. 불역이란 변하지 않는다는 뜻이다. 모든 것은 변하고 있으나 그 변하는 것은 일정한 항구불변(恒久不變)의 법칙을 따라서 변하기 때문에 법칙 그 자체는 영원히 변하지 않는다는 뜻이다. 《주역》은 8괘(八卦)와 64괘, 그리고 괘사(卦辭)·효사(爻辭)·십익(十翼)으로 되어 있다. 작자에 관하여는 여러 가지 설이 있는데, 왕필(王弼)은 복희씨(伏羲氏)가 황허강[黃河]에서 나온 용마(龍馬)의 등에 있는 도형(圖形)을 보고 계시(啓示)를 얻어 천문지리를 살피고 만물의 변화를 고찰하여 처음 8괘를 만든 뒤 이를 더 발전시켜 64괘를 만들었다고 하였다. 또 사마천(司馬遷)은 복희씨가 8괘를 만들고 문왕(文王)이 64괘와 괘사·효사를 만들었다 하였으며, 마융(馬融)은 괘사는 문왕이 만들고 효사는 주공(周公)이, 십익은 공자(孔子)가 만들었다고 하는 등 작자가 명확하지 않다. 역은 양(陽)과 음(陰)의 이원론(二元論)으로 이루어진다. 즉, 천지만물은 모두 양과 음으로 되어 있다는 것이다. 하늘은 양, 땅은 음, 해는 양, 달은 음, 강한 것은 양, 약한 것은 음, 높은 것은 양, 낮은 것은 음 등 상대되는 모든 사물과 현상들을 양·음 두 가지로 구분하고 그 위치나 생태에 따라 끊임없이 변화한다는 것이 주역의 원리이다. 달은 차면 다시 기울기 시작하고, 여름이 가면 다시 가을·겨울이 오는 현상은 끊임없이 변하나 그 원칙은 영원불변한 것이며, 이 원칙을 인간사에 적용시켜 비교·연구하면서 풀이한 것이 역이다. 태극(太極)이 변하여 음·양으로, 음·양은 다시 변해 8괘, 즉 건(乾)·태(兌)·이(離)·진(震)·손(巽)·감(坎)·간(艮)·곤(坤) 괘가 되었다. 건은 하늘·부친·건강을 뜻하며, 태는 못[池]·소녀·기쁨이며, 이는

불[火]·중녀(中女)·아름다움이며, 진은 우레·장남·움직임이며, 손은 바람·장녀, 감은 물·중남(中男)·함정, 간은 산·소남(少男)·그침, 곤은 땅·모친·순(順)을 뜻한다. 그러나 8괘만 가지고는 천지자연의 현상을 다 표현할 수 없어 이것을 변형하여 64괘를 만들고 거기에 괘사와 효사를 붙여 설명한 것이 바로 주역의 경문(經文)이다. 《주역》은 그 내용을 체계적으로 해석한 《십익》의 성립으로 경전으로서의 지위를 확립하였다. 《십익》은 공자(孔子)가 지은 것으로 알려져 왔지만, 전국시대부터 한(漢)나라 초에 이르는 시기에 유학자들에 의해 저작된 것이라고 추정된다. 십익이란 새의 날개처럼 돕는 열 가지라는 뜻으로, 즉 단전(彖傳) 상·하편, 상전(象傳) 상·하편, 계사전(繫辭傳) 상·하편, 문언전(文言傳)·설괘전(說卦傳)·서괘전(序卦傳)·잡괘전(雜卦傳)이 그것이다. 《주역》은 유교의 경전 중에서도 특히 우주철학(宇宙哲學)을 논하고 있어 한국을 비롯한 일본·베트남 등의 유가사상에 많은 영향을 끼쳤을 뿐만 아니라 인간의 운명을 점치는 점복술의 원전으로 깊이 뿌리박혀 있다(두산백과).

2 예기(禮記): 중국 고대 유가(儒家)의 경전으로, 49편(編)으로 이루어졌다. 오경(五經)의 하나로, 《주례(周禮)》·《의례(儀禮)》와 함께 삼례(三禮)라고 한다. 예경(禮經)이라 하지 않고 《예기》라고 하는 것은 예(禮)에 관한 경전을 보완(補完)·주석(註釋)하였다는 뜻이다. 그래서 때로는 《의례》가 예의 경문(經文)이라면 《예기》는 그 설명서에 해당한다고 이야기 되기도 했다. 하지만 마치 《예기》가 《의례》의 해설서라고만 여겨지는 것은 옳지 않다. 《예기》에서는 의례의 해설뿐 아니라 음악·정치·학문 등 일상생활의 사소한 영역까지 예의 근본정신에 대하여 다방면으로 서술하고 있기 때문이다. 그 성립에 관해서는 분명치 않으나, 전한(前漢)의 대성(戴聖)이 공자(孔子)와 그 제자를 비롯하여 한(漢)시대에 이르기까지 많은 사람들을 거쳐 이루어진 《예기》 200편 중에서 편찬한 것으로 알려졌다. 《예기》의 좀 더 자세한 편찬 과정은 다음과 같다. 공자와 그 후학들이 지은 책들에 대한 정리는 한 무제 때 하간(河間)과 선제 때 유향(劉向) 등에 의해 이루어졌다. 이를 대덕(戴德)이 85편으로 골라낸 것을 《대대예기(大戴禮記)》, 대성(戴聖)이 49편을 골라낸 것을 《소대예기(小戴禮記)》라고 한다. 대대와 소대는 숙질관계로 알려진 대덕과 대성을 구분하기 위한 것이다. 후한의 정현이 "대덕·대성이 전한 것이 곧 예기다."라고 하여 《예기》란 명칭이 나타났는데, 《대대예기》는 오늘날 40편밖에 그 내용을 알 수 없다. 따라서 일반적으로 《예기》라고 하면 대성이 엮은 《소대예기》를 지칭한다 할 것이다. 《예기》는 곡례(曲禮)·단궁(檀

弓)·왕제(王制)·월령(月令)·예운(禮運)·예기(禮器)·교특성(郊特性)·명당위(明堂位)·학기(學記)·악기(樂記)·제법(祭法)·제의(祭儀)·관의(冠儀)·혼의(婚儀)·향음주의(鄕飮酒儀)·사의(射儀) 등의 제편(諸篇)이 있고, 예의 이론 및 실제를 논하는 내용으로 되어 있다. 사서(四書)의 하나인 《대학(大學)》과 《중용(中庸)》도 이 가운데 한 편이다. 《예기정의(禮記正儀)》는 후한(後漢)의 정현(鄭玄)이 주석하고, 당(唐)나라의 공영달(孔穎達)이 이를 해석하여 소(疏)를 단 것으로, 《예기》의 주석서로 통용된다(두산백과).

擧世好承奉ᄒᆞ야昻昻增意氣ᄒᆞᄂᆞ니不知承奉者ㅣ以爾爲玩戲니라所以古人疾이籧渠篨除與戚施니라

●온 세상이 떠받듦을 좋아하여, 으스대면서 의기를 더하나니, 떠받드는 자가 너로써 노리개[놀림감]로 여김을 알지 못한다. 써 옛 사람의 미워함이 새가슴과 곱사등이인 것이다.

漢字 昻(=昂 오를 앙, 밝을 앙, 높을 앙), 玩(노리개 완, 장난할 완, 장난감 완), 戲(희롱할 희), 籧(새가슴 거, 대자리 거), 篨(새가슴 제, 대자리 저), 戚(겨레 척, 슬퍼할 척, 친할 척, 도끼 척), 施(곱사등이 이, 베풀 시)

1 앙앙(昻昻): 뽐내어 교만히 구는 양식.
2 거제(籧篨): 새가슴. 구부리지 못하는 병. 구부리지 못하는 병이므로 '오만한 태도가 있는 사람'을 비유한다. 아래 《소학언해》에는 '거뎨'로 나온다.
3 척이(戚施): 척추장애인. 젖히지 못하는 병. 위를 쳐다볼 수 없는 병이므로 '비굴하고 아첨하는 사람'을 비유한다. 아래 《소학언해》에는 '쳑이'로 나온다.

번소 셰쇽이 다 위와툐믈 즐겨 우두워리 ᄒᆞ거냥호믈 더으ᄂᆞ니 위와돌 사ᄅᆞ미 너를 희롱ᄒᆞᄂᆞᆫ 줄 아디 몯ᄒᆞᄂᆞᆺ다. 이런ᄃᆞ로 녯 사ᄅᆞ미 굽디 몯ᄒᆞᄂᆞᆫ 병과 울어디 몯ᄒᆞᄂᆞᆫ 병을 믜여ᄒᆞᄂᆞ니라

현대역 세속이 다 떠받듦을 즐겨, 으스대며 잘하는 양함을 더하니, 떠받들 사람이 너를 희롱하는 줄 알지 못하도다. 이런 까닭으로 옛 사람이 굽어지지 못하는 병과 우러러보지 못하는 병을 미워하느니라.

1 위와툐ᄆᆞᆯ: '위와티(어간)+옴(명사형 어미)+ᄋᆞᆯ(목적격 조사)'이다. '위와티다'는 '떠받들다'의 옛말이다. 세쇽이 다 위와툐ᄆᆞᆯ 즐겨 우두워리 ᄒᆞ거냥 호ᄆᆞᆯ 더으ᄂᆞ니(擧世好承奉 昻昻增意氣).《번소 6:25》, 온 셰샹이 위와팀을 됴히 너겨 昻昻 뒤우드러 ᄒᆞ건 양ᄒᆞᄂᆞᆫ 테라(擧世好承奉 昻昻增意氣).《소언 5:23》

2 ᄒᆞ거냥호ᄆᆞᆯ: 잘하는 양함을. 'ᄒᆞ거냥ᄒᆞ(어간)+옴(명사형 어미)+ᄋᆞᆯ(목적격 조사)'이다. 'ᄒᆞ거냥ᄒᆞ다'는 '잘 하는 양하다'이다. 前念 今念 後念을 브터 念念에 ᄒᆞ가냥ᄒᆞ야 소교ᄆᆡ 믈드로ᄆᆞᆯ 닙디 마오(從前念今念及後念 念念不被憍誑染).《육조 중:24》

3 위와ᄃᆞᆯ: '위왇(어간)+ᄋᆞᆯ(관형사형 어미)'이다. 떠받들. '위왇다'는 '떠받들다'의 옛말이다. 나히 쟝ᄎᆞ 여드니어늘 公이 위와도ᄃᆡ 아바님 ᄀᆞ티 ᄒᆞ고 安保호ᄃᆡ 져믄 아ᄒᆡᄀᆞ티 ᄒᆞ야(伯康年將八十 公奉之如嚴父 保之如嬰兒).《내훈 3:41》, 큰 道理ᄂᆞᆫ 하늘롯 몬져 나니 네브터 다 위와ᄃᆞ며 님금마다 고티디 몯ᄒᆞ시ᄂᆞ니.《월석 2:70》

4 울어디: 우러르지. '울어(어간)+디(보조적 연결어미)'이다. 어간 '울얼-'은 15세기의 '울월-'이 16세기에 교체된 어형이다. 현대국어 '우러르다'의 옛말인 '울월다'는 15세기 문헌에서부터 나타난다. 16세기에는 제1음절과 제2음절에 동일한 'ㅜ' 모음이 등장하는 것을 회피하는 이화현상에 따라 제2음절의 이중모음 'ㅝ'에서 'ㅜ'가 탈락하여 '울얼다' 형태가 등장하게 되었다. 16세기에 '울월다>울얼다'의 제2음절 초성인 성문 마찰 유성음 'ㅇ[ɦ]'이 사라지면서 17세기에는 연철 표기된 '우럴다'로 나타나게 되었다. 19세기에는 '우러르니'의 예를 통해 알 수 있듯이 어간이 '우럴-'에서 '우러르-'로 바뀌었다. 이는 '우럴-'이 모음어미 '-어'와 결합하여 '우러러'로 나타난 것을 '크다, 커'와 같이 어간 말 모음 'ㅡ'를 지닌 용언이 어미 '-어'와 결합할 때 'ㅡ'가 탈락하는 것과 같은 활용으로 잘못 분석한 결과이다. 울월다(15세기~18세기)>울얼다(16세기~19세기)>우럴다(17세기~19세기)>우러르다(19세기~현재). 이형태: 울월다, 울얼다, 우럴다, 우러르다. 眞觀과 淸淨觀과 넙고 큰 智慧觀과 慈觀ᄋᆞᆯ 샹녜 울월오져 願ᄒᆞᇙ디니《1447 석상 21:14ㄴ》, 仰 울월 앙.《1527 훈몽 하:12ㄱ》, 셩신ᄋᆡ ᄒᆞ시던 이를 울얼며 현신의 법을 조차 이 편을 ᄆᆡᇰᄀᆞ라 뻐.《1518 번소 4:1ㄴ-2ㄱ》

5 미여ᄒᆞᄂᆞ니라: 미워하느니라. '미여ᄒᆞ(어간)+ᄂᆞ(직설법 선어말어미)+니라(평서형 종결어미)'이다. '미워하다'의 옛말은 'ᄆᆡ다'에 '-어ᄒᆞ다'가 붙은 'ᄆᆡ여ᄒᆞ다'가 직접적인 소급형이며, 'ᄆᆡ여ᄒᆞ다'는 '미워하다'의 뜻인 'ᄆᆡ다'와 관련이 있다.

즉 현대국어 '미워하다'는 15세기에는 같은 뜻의 '믜다'가 있었지만 동시에 '믜다'에 '-어ᄒᆞ다'가 연결된 '믜여ᄒᆞ다'도 있었다. 파생동사인 '믜여ᄒᆞ다'는 계속 쓰였으나 파생의 출발이 된 '믜다'는 쓰이지 않게 되었다. '믜여ᄒᆞ다'는 18세기까지 쓰이다가, 17세기부터 등장한 '믜워ᄒᆞ다'에 밀리게 되었고 19세기에 단모음화를 경험하면서 '미워ᄒᆞ다'로, 다시 맞춤법에 의해서 '미워하다'로 정착되어 현재까지 쓰인다. '믜다'와 같이 '-어ᄒᆞ다'에 의해 파생되는 동사들이 점차 쓰이지 않게 되는 현상은 '둏다~됴하ᄒᆞ다', '슳다~슬허ᄒᆞ다' 등에서도 보인다. 믜다(15세기~18세기)>믜여ᄒᆞ다(15세기~18세기)>믜워ᄒᆞ다(19세기)>믜다(20세기~현재). 이형태: 믜다, 믜여ᄒᆞ다, 므여ᄒᆞ다, 믜워ᄒᆞ다, 미여ᄒᆞ다, 미워하다, 미워ᄒᆞ다, 뮈다, 미우다. 衆生ᄋᆞᆯ 念호디 믜디 아니ᄒᆞ며 ᄃᆞᆺ디 아니ᄒᆞ야 平等ᄒᆞᆫ ᄆᆞᅀᆞ미라《1459 월석 9:42ㄱ》, ᄠᅳᆯ 알ᄑᆡ 자ᄲᅡᆺᄂᆞᆫ 燭ᄋᆞᆯ 두 ᄇᆞᄅᆞᆯ 믜여ᄒᆞ노니《1481 두시-초 11:41ㄱ》, ᄆᆞᅀᆞ매 믜우며 ᄃᆞᆺ오ᄆᆞᆯ 내면 正을 일허 미ᄎᆞ미 ᄃᆞ외리라.《1517 몽산-고 법:11ㄴ》

소언 온 셰샹이 위와팀을 됴히 너겨 昻앙昻앙[뒤우드러 ᄒᆞ건양ᄒᆞᄂᆞᆫ 톄라]히 ᄠᅳᆮ과 긔운을 더으ᄂᆞ니 위완ᄂᆞᆫ 이 널로ᄡᅥ 완롱ᄒᆞ야 희이침 삼ᄂᆞᆫ 주를 아디 몯ᄒᆞᄂᆞ니라 ᄡᅥ 녯 사ᄅᆞᆷ의 믜여ᄒᆞᄂᆞᆫ 배 蘧거篨뎨[굽디 몯ᄒᆞᄂᆞᆫ 병이라]와 다ᄆᆺ 戚쳑施이[졋디 몯ᄒᆞᄂᆞᆫ 병이라]니라

현대역 온 세상이 떠받듦을 좋게 여겨, 앙앙(昻昻)[으스대어 잘하는 양하는 모양이라.]히 뜻과 기운을 더하니, 떠받드는 이가 너를 완롱(玩弄)하여 희롱함 삼는 줄을 알지 못한다. 써 옛 사람의 미워하는 바가 거저(蘧篨)[굽어지지 못하는 병이라.]와 더불어 척이(戚施)[젖히지 못하는 병이라.]니라.

1 톄: '모양'의 옛말이다. 놀리ᄂᆞᆫ 톄라.《소언 5:104》, 감동ᄒᆞᄂᆞᆫ 톄라.《소언 5:105》

2 완롱ᄒᆞ야: 완롱(玩弄)하여. 장남감이나 놀림감처럼 희롱하여.

3 희이침: '희이치(어간)+ㅁ(명사형 어미)'이다. '희이치다'는 '희롱하다'의 옛말이다. 위완ᄂᆞᆫ 이 널로ᄡᅥ 완롱ᄒᆞ야 희이침 삼ᄂᆞᆫ 주를 아디 몯ᄒᆞᄂᆞ니라(不知承奉者以爾爲玩戲).《소언 5:23》, 더 若衆들의게 밤새도록 거륵이 부소ᄅᆞᆯ 희이치더라 드러시니 이 ᄒᆞᆫ 허믈로 ᄉᆡᆼ각ᄒᆞᅀᆞᆸ거니와.《첩신-초 9:10》

【集說】吳氏曰疾은憎惡也라蘧篨는不能俯하니疾之醜者也요戚施는不能仰하니亦醜疾也라世人이好承奉하여自以爲得하니不知人之玩弄嬉戲하여不出中心之敬也라以蘧篨戚施二者로爲比하니盖深惡之也라

오 씨가 말하였다. "疾은 증오이다. 蘧篨는 능히 구부리지 못함이니 병 가운데 추악한 것이요, 戚施는 우러러보지 못함이니 또한 추악한 병이다. 세상 사람들이 떠받들기를 좋아하여 스스로 얻었다고 여기니, 남들이 놀리고 희롱하여 마음속의 공경에서 나오지 않음을 알지 못한다. 거저와 척이 두 가지로써 비유를 삼았으니, 대개 그것을 깊이 미워함이다."

漢字 俯(구부릴 부), 醜(추할 추), 弄(희롱할 롱), 嬉(즐길 희)

擧世重游俠ᄒᆞ야俗呼爲氣義라爲人赴急難ᄒᆞ야往往陷囚繫係ᄒᆞᄂᆞ니所以馬援書ㅣ殷勤戒諸子ㅣ니라

● 온 세상이 협객을 중히 여겨, 세속에서는 기개 있고 의리 있다 일컫는다. 남을 위하여 급하고 어려움에 달려가, 종종 갇히고 매임에 빠지니, 써 마원의 글이 은근히 여러 사람들을 경계한 것이다.

漢字 游(놀 유, 헤엄칠 유), 俠(호협할 협), 赴(달려갈 부), 囚(가둘 수), 繫(맬 계)

1 마원(馬援): 이 내용은 〈가언(嘉言) 제5〉 제6장 마원(馬援) 관련 내용을 참조하라.
2 유협(游俠): 호방하고 의협심이 있는 사람. 유의어: 협객(俠客).

번소 셰쇽이 다 호긔ᄅᆞ와 ᄅᆞᆷ ᄣᅧ류ᄅᆞᆯ 듕히 녀겨 다 긔운젓고 어디다 일ᄏᆞᆮᄂᆞ니 ᄂᆞᆷ 위ᄒᆞ야 시급히 어려운 이레 븓ᄃᆞ라 잇다감 가도이매 ᄲᅡ디ᄂᆞ니 이런ᄃᆞ로 馬마援완ᄋᆡ 그리 브즈러니 모ᄃᆞᆫ ᄌᆞ뎨ᄅᆞᆯ 警경戒계ᄒᆞ니라

현대역 세속이 다 호기로워 남 보호함을 중히 여겨, 다 기운차고 어질다 일컬

으니, 남 위하여 시급히 어려운 일에 붙어 달려, 이따금 가두임에 꺼지느니, 이런 까닭으로 馬援의 글이 부지런히 모든 자제를 경계하느니라.

1 뻘류믈: '뻘리(어간)+윰(명사형 어미)+올(목적격 조사)'이다. '뻘리다'는 '보호하다'의 옛말이다. 뵈옷 니븐 두서열 사르미 쏘 오온 城을 뻘려 사니라(布衣數十人, 亦擁專城居).《두시-초 6:38》, 衛 뻘릴 위.《훈몽 중:4》

2 긔운젓고: 기운차고. '긔운젓(어간)+고(연결어미)'이다. '긔운젓다'는 '기운차다'의 옛말이다. 셰쇽이 다 호긔르와 름 뻘류믈 듕히 너겨 다 긔운젓고 어디다 일콛느니(擧世重游俠 俗呼爲氣義).《번소 6:25》, 온 셰샹이 둔니며 놈 뻘리몰 重히 너겨 시쇽이 일크라 긔운젓고 올타 흐는디라(擧世重游俠 俗呼爲氣義).《소언 5:23》

3 일콛느니: 일컬으니. '일콛(어간)+느(직설법 선어말어미)+니(연결어미)'이다. '-느니'는 동사, 형용사 어간 뒤에 붙어, '-(으)니'를 뜻하는 어미이다. 金輪王 아드리 出家흐라 가느니 그듸내 各各 흔 아돌옴 내야 내 孫子 조차가게 흐라 흐시니《석 6:9》, 婆羅門이 安否 묻고 닐오듸 舍衛國에 흔 大臣須達이라 호리 잇느니 아르시느니잇가《석 6:14~15》

4 뻐디느니: 꺼지느니. '뻐디(어간)+느(직설법 선어말어미)+니(연결어미)'이다. 현대국어 '꺼지다'의 옛말인 '뻐디다'는 15세기 문헌에서부터 나타난다. 일반적으로는 근대국어 시기에 어두 자음군이 사라지면서 '뻐-'의 초성 'ㅄ'에서 'ㅂ'이 탈락하고 'ㄱ'의 된소리로 변화하여 '써디-'로 나타나는데, '뻐디-'의 경우 15세기부터 '써디-'와 공존하였다. 근대국어 시기에 'ㄷ, ㅌ'이 'ㅣ'나 'ㅣ' 반모음 앞에서 'ㅈ, ㅊ'으로 변하는 구개음화로 '써디-'가 '써지-'가 되어 18세기에는 '써지-'가 나타나게 되었다. 18세기에 'ㄱ'의 된소리 표기가 'ㅺ'에서 'ㄲ'으로 바뀌어 '꺼지-'로 나타나기 시작하면서 현재에 이르렀다. 뻐디다(15세기~17세기)>써디다(15세기~18세기)>꺼지다(18세기~현재). 이형태: 뻐디다, 써디다. 다른 나라흔 五道애 뻐디여 걸유믈 가줄비니 그럴씨 닐오듸 쉰히예 니르다 흐니라.《1463 법화 2:183ㄱ》, 셔블 賊臣이 잇고 흔 부니 天命이실씨 써딘 모롤 하늘히 내시니.《1447 용가 37》

소언 온 셰샹이 둔니며 놈 뻘리몰 重듕히 너겨 시쇽이 일크라 긔운젓고 올타 ᄒᆞᄂᆞᆫ 디라 사ᄅᆞᆷ을 위ᄒᆞ야 급ᄒᆞ고 어려운 ᄃᆡ ᄃᆞ라들어 잇다감 가도여 ᄆᆡ임애 ᄡᅡ디ᄂᆞ니 ᄡᅥ 馬마援원의 글월이 殷은勤근히 모ᄃᆞᆫ ᄌᆞ뎨ᄅᆞᆯ 경계ᄒᆞᆫ 배니라

현대역 온 세상이 다니며 남 보호함을 중히 여겨, 시속이 일컬어 기운차고 옳다 하는 것이다. 사람을 위하여 급하고 어려운 데 달려들어, 이따금 가두어 매임에 빠지니, 써 마원의 글월이 은근(殷勤)히 모든 자제를 경계한 바니라.

ᄃᆞ라들어: 달려들어. ‘ᄃᆞ라들(어간)+어(연결어미)’이다. 현대국어 ‘달려들다’의 옛말인 ‘ᄃᆞᆯ여들다’는 15세기 문헌에서부터 나타난다. ‘ᄃᆞᆯ여들다’는 ‘달리다’의 의미인 ‘ᄃᆞᆮ-’에 연결어미 ‘-어’가 결합한 ‘ᄃᆞᆯ여’와 ‘들어가다’의 의미인 ‘들다’가 결합한 것이다. 16세기 이후 성문 마찰 유성음 ‘ㅇ’이 소멸됨에 따라 어중의 ‘ㄹㅇ’이 ‘ㄹㄹ’로 표기됨에 따라 17세기에 ‘ᄃᆞᆯ려들다’가 나타난다. 18세기 중반 이후 제1음절 ‘ㆍ’가 ‘ㅏ’로 변화됨에 따라 20세기에는 ‘달려들다’가 나타나 현재에 이르렀다. 근대국어 시기에 어중의 ‘ㄹㄹ’은 ‘ㄹㄴ’으로 표기되는 경향이 있었는데, 이에 따라 ‘*ᄃᆞᆯ녀들다’도 문증되지 않지만, 존재했을 것으로 추정된다. 19세기의 ‘달녀들다’는 ‘*ᄃᆞᆯ녀들다’의 제1음절 ‘ㆍ’가 ‘ㅏ’로 변화한 형태이다. 본 예처럼, 15세기에 ‘ᄃᆞᆯ여들다’와 유사한 의미로 사용된 단어로는 ‘ᄃᆞ라들다’가 있다. ‘ᄃᆞ라들다’는 ‘달리다’의 의미인 ‘ᄃᆞᆮ-’에 연결어미 ‘-아’가 결합한 ‘ᄃᆞ라’와 ‘들어가다’의 의미인 ‘들다’가 결합한 것이다. ᄃᆞᆯ여들다(15세기~16세기)〉ᄃᆞᆯ려들다(17세기~19세기)〉달려들다(20세기~현재). 이형태: ᄃᆞᆯ여들다, ᄃᆞᆯ려들다, 달녀들다. 槍 들오 ᄢᅦ ᄃᆞᆯ여드라 두ᅀᅥ 사ᄅᆞᆷ 주기고 죽거늘.《1460년경 삼강-런던 충:31》, 임진왜난의 도적 딘의 ᄢᅦ터 ᄃᆞᆯ려드러 쉰나믄 도적을 ᄡᅩ와 주기고《1617 동신속 충1:58ㄴ》

【增註】游俠之徒輕身以徇人하여似乎有氣有義而非正이라故로馬援之書曰寧死언정不願聞子孫有此行也라하니라

협객의 무리는 몸을 가벼이 함으로써 남을 따라, 기개 있고 의리 있음에 비슷하나 바르지 않다. 그러므로 마원의 글에 이르기를, “차라리 죽을지언정, 자손들에게 이러한 행실이 있음을 듣기를 원하지 않는다.”라 했다.

漢字 徇(좇을 순, 경영할 순, 두루 순), 寧(차라리 녕)

舉世賤清素ᄒᆞ야奉身好華侈라肥馬衣輕裘ᄒᆞ야揚揚過閭里ᄒᆞᄂᆞ니雖得市童憐이나還爲識者鄙니라

●온 세상이 청렴하고 소박함을 천히 여겨, 몸 받들기를 화려하고 사치함을 좋아한다. 살찐 말에 가벼운 갖옷을 입고 의기양양하여 마을을 지나가니, 비록 시장아이들의 사랑함을 얻으나, 도리어 식자들이 더러움으로 여긴다.

漢字 侈(사치할 치), 憐(사랑할 련, 불쌍히 여길 련), 還(도리어 환, 돌아올 환)

번소 셰쇽이 다 쳥쇄코 닝담ᄒᆞ니롤 쳔히 너겨 내 몸 위호ᄃᆡ 빗나며 샤치호ᄆᆞᆯ 됴히 너겨 ᄉᆞᆯ진 ᄆᆞᆯ ᄐᆞ고 가ᄇᆡ야온 오ᄉᆞᆯ 니버 ᄒᆞ거냥ᄒᆞ야 ᄆᆞᅀᆞᆯᄒᆞᆯ 디나ᄃᆞᆫ니ᄂᆞ니 비록 져젯 아히ᄃᆞᆯ히 과ᄒᆞ여 ᄒᆞ나 도ᄅᆞ혀 일 아ᄂᆞᆫ 사ᄅᆞᄆᆡ 더러이 너교미 ᄃᆞ외ᄂᆞ니라

현대역 세속이 다 淸灑하고 冷淡한 이를 천히 여겨, 내 몸 위하되 빛내며 사치함을 좋게 여겨, 살찐 말 타고 가벼운 옷을 입어, 교만히 굴어 마을을 지나다니느니, 비록 시장의 아이들이 칭찬하여 하나, 도리어 일 아는 사람의 더럽게 여김이 되느니라.

1 청쇄코: 청쇄(淸灑)하고. 깨끗이 소제하고. '청쇄ᄒᆞ(어간)+고(연결어미)'이다.
2 닝담ᄒᆞ니롤: 냉담(冷淡)한 이를. '닝담ᄒᆞ(어간)+ㄴ(관형사형 어미)+이(의존명사)+롤(목적격 조사)'이다. '닝담ᄒᆞ다'는 '어떤 대상에 흥미나 관심을 보이지 않다.'를 뜻한다.
3 과ᄒᆞ여: 칭찬하여. '과ᄒᆞ(어간)+여(연결어미)'이다. '과ᄒᆞ다'는 '칭찬하다'의 옛말이다. 세 살로 세 샐 쏘시니 府中엣 遼使ㅣ 奇才롤 과ᄒᆞᅀᆞᄫᆞ니(爰發三箭 爰中三雀 府中遼使 奇材是服).《용가 57장》, 그 ᄡᅵ 法이 엇던고 ᄒᆞ야 ᄉᆞᆯ피고 苟且히 그 가ᅀᆞ멸며 벼슬 노ᄑᆞᆫ 이롤 과ᄒᆞ디 마롤 디니라(當先察其婿與婦之性行及家法何如 勿苟慕其富貴).《내훈 1:72》

소언 온 셰샹이 다 몱고 검소홈을 쳔히 너겨 몸 봉양홈을 빗나며 샤치홈올 됴히 너기는 디라 솔진 몰 트고 가비야온 갓옷 닙어 흐건양흐야 므올히 디나든니느니 비록 져젯 아히돌히 과홈올 어드나 도르혀 유식흐니의 더러이 너김이 되느니라

현대역 온 세상이 다 맑고 검소함을 천하게 여겨, 몸 봉양함을 빛내며 사치함을 좋게 여기는 것이다. 살찐 말 타고 가벼운 가죽옷 입어, 교만히 굴어 마을에 지나다니느니, 비록 시장에의 아이들에 칭찬함을 얻으나, 도리어 有識한 이의 더럽게 여김이 되느니라.

【增註】揚揚은自得之意라憐은猶愛也요鄙는猶賤也라

揚揚은 스스로 흡족히 여김의 뜻이다. 憐은 사랑함과 같고, 鄙는 천함과 같다.

我本羇旅臣으로遭逢堯舜理호야位重才不充이라戚戚懷憂畏호야深淵與薄冰을蹈之唯恐墜호노니爾曹ㅣ當憫我호야勿使增罪戾ㅣ어다閉門斂蹤跡호야縮首避名勢호라勢位難久居ㅣ니畢竟何足恃리오

● 나는 본래 나그네 신하로, 요순의 다스림을 만나 지위는 무겁고 재주는 충분하지 못했다. 슬프게도 근심과 두려움을 품어, 깊은 못과 얇은 얼음을 밟음에 오직 떨어질까 두려워하니, 너희 무리들은 마땅히 나를 민망히 여겨 하여금 죄[罪戾]를 더하지 말지라. 문을 닫고 종적을 거두어 머리를 움츠리고 명예와 권세를 피할지라. 권세와 지위는 오래 있기 어려우니 마침내 어찌 족히 믿겠는가?

漢字 羇(나그네 기, 나그네살이 기, 타관살이할 기), 旅(나그네 려), 遭(만날 조), 逢(만날 봉), 戚(슬플 척, 근심할 척), 蹈(밟을 도), 憫(민망할 민, 근심할 민, 불쌍할 민), 戾(죄 려, 어그러질 려), 斂(거둘 렴, 감출 렴), 蹤(자취 종), 跡(자취 적),

縮(오므릴 축), 恃(믿을 시)

기려(羇旅): 타향에 우거(寓居)함. 나그네.

번소 나ᄂᆞᆫ 본ᄅᆡ 나ᄀᆞ내로브터 왯ᄂᆞᆫ 臣신下하로셔 堯요舜슌ᄀᆞ티 다ᄉᆞ리샤ᄆᆞᆯ 맛나ᅀᆞ와 벼ᄉᆞᄅᆞᆫ 놉고 ᄌᆡ죄 맛디 몯ᄒᆞ야 ᄆᆞᅀᆞᆷ 구쳐 분별ᄒᆞ며 저픈 ᄠᅳ들 머거 기픈 못과 열운 어르믈 ᄇᆞᆯ오ᄃᆡ 뻐딜가 저훔ᄀᆞ티 ᄒᆞ노니 너희ᄃᆞᆯ히 나ᄅᆞᆯ 어엿비 너겨 죄ᄅᆞᆯ 더으게 마ᄅᆞᆯ 디어다 문 닫고 자최ᄅᆞᆯ 가다 머리 움치고 명리 유셔ᄅᆞᆯ 피ᄒᆞ라 유셔ᄒᆞᆫ 벼스른 오래 이쇼미 어려오니 ᄆᆞᄎᆞᄆᆞᆯ 엇디 죡히 미드리오

현대역 나는 본래 나그네로부터 와 있는 신하로서 堯舜 같이 다스리심을 만나, 벼슬은 높고 재주가 맡지 못하여, 마음을 궂혀 걱정하며 두려운 뜻을 품어, 깊은 못과 엷은 얼음을 밟되 떨어질까 두려워함같이 하노니, 너희들이 나를 불쌍히 여겨, 죄를 더하게 말 것이니라. 문 닫고 자취를 거두어 머리 움츠리고 名利와 有勢를 피하라. 유세한 벼슬은 오래 있음이 어려우니, 마침을 어찌 족히 믿으리오.

1 왯ᄂᆞᆫ: 와 있는. '오(어간)+아(보조적 연결어미)+잇(在, '잇다'의 어간)+ᄂᆞ(현재 시제 선어말어미)+ㄴ(관형사형 어미)'이다. 완료상은 보조적 연결어미 '-아/어'와 보조형용사 '잇다[在]'의 결합으로 표현된다. 본 예도 '아+잇→앳'으로 나타나 완료상을 표시하고 있다. 內竪ᄂᆞᆫ 뫼ᅀᆞ왓ᄂᆞᆫ 혀ᄀᆞᆫ 臣下ㅣ라.《내훈 1:39》, 내 바ᄅᆞ 닐오마 길 마갓ᄂᆞᆫ ᄒᆞᆫ 퍼깃 사미 비 오나든 곳 퓌오 ᄇᆞᄅᆞᆷ ᄀᆞᆯ겨든 여름 ᄆᆡᆺᄂᆞᆫ 거셔(我猜着 當路一科麻 下雨開花 刮風結子).《번박 상:40》

2 맛디: 맡지. '맛ᆮ(어간)+디(보조적 연결어미)'이다. '맛ᆮ다'는 '맡다'의 옛말이다. 어떤 일에 대한 책임을 지고 담당하다. '맛ᆮ다'는 15세기 문헌에서부터 나타난다. '맛ᆮ다'는 자음으로 시작하는 어미 앞에서는 '맛-', 모음으로 시작하는 어미 앞에서는 '맛ᆮ-'으로 어간이 교체되었는데, 실제 문헌상으로는 17세기까지 모음 어미와 결합한 예가 주로 나타난다. 본 예는 자음 어미 '디' 앞에서 '맛-'으로 나타난 것이다. 17세기에는 어간말 'ᆺᆮ'이 'ᆺᇀ'으로 바뀐 '맛ᇀ다' 형태가 등장하였고, 여기에서 'ㅅ'이 탈락하여 현대국어의 '맡다' 형태가 등장하게 되었다. 맛ᆮ다(15세기~18

세기)〉맡다(17세기~19세기)〉맡다(20세기~현재). 商德이 衰ᄒᆞ거든 天下ᄅᆞᆯ 맛ᄃᆞ시릴ᄊᆡ 西水ㅅ ᄀᆞᅀᅵ 져재 ᄀᆞᆮᄒᆞ니.《1447 용가 6》, 내 벼스를 맛다셔 ᄂᆞ미 벼슬엣 이를 아니ᄒᆞ며.《1518 번소 8:26》, 옷 고의 감토 훠ᄃᆞᆯᄒᆞ란 다 이 궤 안해 노하 두워 탕ᄌᆞ 맛ᄃᆞᆫ 사ᄅᆞᆷ 맛뎌 보라 ᄒᆞ고.《1510년대 번박 상:52ㄴ》

3 구쳐: 궂혀. 그르쳐. '궂(주동사 어간)+히(사동접사)+어(연결어미)'이다. '궂히다'는 '궂다'의 사동형이다. '궂히다'는 '일을 그르치게 하다.'를 뜻한다. 위 언해문의 '구쳐'는 '궂혀'의 옛말이다. 김이곤이 입에서는 소작 몇 마지기 가지고 동네 인심 궂히고 있다며 자기를 노골적으로 비난하더라는 소리까지 들어오고 있었다.《송기숙, 녹두 장군》.

4 뻐딜가: 떨어질까. '뻐디(어간)+ㄹ(관형사형 어미)+가(의문 보조사)'이다. '-ㄹ가'는 관형사형 어미와 의문 보조사의 통합으로, 간접의문법 중 판정의문문이다. 의문사도 없고, '아' 계통의 모음으로 되어 있다. 그리고 상대방의 대답을 전제하지 않은 독백조의 말투이다. '뻐디다'는 '떨어지다'의 옛말이다. ᄃᆞ리예 뻐딜 ᄆᆞᄅᆞᆯ 넌즈시 치ᅘᅧ시니(橋外隕馬 薄言挈之).《용가 87장》, 蓮못 ᄀᆞᅀᆡᆺ 큰 珊瑚 나모 아래 ᄒᆞᆫ 蓮花ㅣ 소사나아 므레 뻐디니 그 고지 ᄂᆞ올ᄇᆞᆰ고 貴ᄒᆞᆫ 光明이 잇더라.《석상-중 11:31》

5 마롤 디어다: 말 것이니라. 말지어다. '말(어간)+오(대상 표시법 선어말어미)+ㄹ(관형사형 어미)+ᄃᆞ(의존명사)+이(서술격 조사 '이다'의 어간)+어(확인법 선어말어미 '거'의 이형태)+다(평서형 종결어미)'로 나뉜다. 이런 형태소 구성을 고려하면, '마롤 디어다'처럼 띄어 쓰며, '-ㄹ 것이니라'로 풀이할 수 있다. 그러나 'ㄹ+ᄃᆞ+이+어+다'는 '-ㄹ디어다'의 형태로, 하나의 평서형 종결어미로 재구조화한 것으로 볼 수 있다. 이때에는 해라할 자리에 쓰여, '-ㄹ지어다'로 풀이할 수도 있다. 허웅(1989: 402)은 이를 강조·영탄법 종결어미로 명명한 바 있다. 믈읫 사ᄅᆞᄆᆞᆫ 失墜호ᄆᆞᆯ 삼갈 디어다(凡百愼失墜).《두시-초 6:23》, 믌결 ᄀᆞᆮᄒᆞᆫ 어딘 史臣의 부든 大庾嶺에 그쳐 ᄇᆞ라디 마롤 디어다(波濤良史筆 無絶大庾領).《두시-초 24:43》, 江淮옛 조ᄡᆞᆯ 옮교ᄆᆞᆯ 任意로 ᄒᆞ고 苑囿에 兵馬ᄅᆞᆯ 더으디 마롤 디어다(任轉江淮粟 休添苑囿兵).《두시-초 25:25》.

6 움치고: 움츠리고. '움치(어간)+(고)'이다. 움치는 '움츠리다'의 어간 '움치-'이다. 현대국어 '움치다'는 15세기 문헌에서부터 '움치다'로 나타나 현재까지 이어진다. 움치다(15세기~현재). 즁이 다 머리ᄅᆞᆯ 움치고 잇거늘 金氏 ᄒᆞ오ᅀᅡ 내ᄃᆞᄅᆞ니, 문 닫고 자최ᄅᆞᆯ 가다 머리 움치고 명리며 유셔ᄅᆞᆯ 피ᄒᆞ라.《1518 번소 6:27ㄱ》

소언 나ᄂᆞᆫ 본ᄃᆡ 나ᄀᆞ내 신하로 堯요舜순의 다ᄉᆞ리샴을 만나 벼ᄉᆞᄅᆞᆫ 重듕코 ᄌᆡ죄 ᄎᆞ디 몯ᄒᆞᆫ 디라 戚쳑戚쳑[근심ᄒᆞᄂᆞᆫ 양이라]히 근심과 저픔을 품어 기픈 못과 다ᄆᆞᆺ 열운 어름을 ᄇᆞᆯ옴애 오직 ᄣᅥ러딜가 두려ᄒᆞ노니 너희 물이 맛당히 날을 민망히 너겨 ᄒᆡ여곰 죄ᄅᆞᆯ 더으게 말올 디어다 門문 닫고 자최ᄅᆞᆯ 거두어 머리 움치고 일홈과 勢셰ᄅᆞᆯ 避피ᄒᆞ라 유셰ᄒᆞᆫ 벼스ᄅᆞᆫ 오래 이쇼미 어려오니 내죵내 엇디 足죡히 미드리오

현대역 나는 본디 나그네 신하로 요순의 다스리심을 만나, 벼슬은 중하고 재주가 차지 못한 것이다. 척척(戚戚)[근심하는 모양이라.]히 근심과 두려움을 품어, 깊은 못과 더불어 얇은 얼음을 밟음에 오직 떨어질까 두려워하노니, 너희 무리가 마땅히 나를 민망히 여겨, 하여금 죄를 더하게 말 것이다. 문 닫고 자취를 거두어 머리 움츠리고 이름과 勢를 피하라. 有勢한 벼슬은 오래 있음이 어려우니, 끝끝내 어찌 족히 믿으리오.

1 척척히: 척척(戚戚)히. 근심하는 빛이 있게. 본래 '척척(戚戚)하다'는 '사귀어 지내는 사이가 매우 가깝다.'를 뜻하고, '척척(慼慼)하다'는 '근심하는 빛이 있다.'의 뜻이다. 그러나 위 언해문에서 '척척(戚戚)'으로 쓰고 있어 이를 따랐다. 戚(겨레 척), 慼(근심할 척).

2 유세ᄒᆞᆫ: 유세(有勢)한. 세력이 있는.

【集說】陳氏曰羇는寄也요旅는寓也라理는治也라質은旣相周하고復(부)相宋이라故로自謂羇旅之臣이라戚戚은憂畏意라若蹈淵冰은言憂畏之甚也라戾는亦罪也니戒其勿求遷秩以增罪戾하고而又欲其深自斂避也라畢竟은終也니蓋富貴無常하여終不足恃也라

진 씨가 말하였다. "羇는 붙어삶이요, 旅는 寓居이다. 理는 다스림이다. 범로공 質은 이미 주나라에서 승상을 지냈고, 다시 송나라의 승상이 되었다. 그러므로 스스로 나그네 신하라고 일렀다. 戚戚은 근심하고 두려워하는

뜻이다. 연못과 얼음을 밟듯이 함은 근심과 두려움이 심함을 말한다. 戾는 또한 죄이니, 그 품계 올림을 구함으로써 죄를 더하지 말 것을 경계하고, 또 그 깊이 스스로 거두어 피하게 하고자 함이다. 畢竟은 '마침내'이니, 대개 부귀는 항상 함이 없어, 마침내 족히 믿을 수 없음이다."

漢字 寄(붙일 기, 부칠 기, 위탁할 기), 寓(붙일 우, 머무를 우)

우거(寓居): 임시로 붙어삶

物盛則必衰오有隆還有替니速成不堅牢ᄒᆞ고亟走多顚躓ᄒᆞᄂᆞ니라灼灼園中花는早發還先萎오遲遲澗畔松은鬱鬱含晚翠라賦命有疾徐ᄒᆞ니青雲難力致라寄語謝諸郎ᄒᆞ노니躁進徒爲耳니라

● 물건이 성하면 반드시 쇠하고, 융성함이 있으면 도리어 쇠퇴함이 있으니, 속히 이루면 견고하지 못하며, 빨리 달리면 엎어지고 넘어짐이 많으니라. 활짝 핀 정원 안의 꽃은 일찍 피나 도리어 먼저 시들고, 더디게 자라는 시냇가의 소나무는 울창하게 늦도록 푸름을 머금는다. 명을 줌에 빠르고 늦음이 있으니, 높은 지위나 벼슬은 힘으로 이르기 어렵다. 말을 붙여 여러 분에게 보내노니, 조급히 나아감은 한갓됨[헛됨]이 될 뿐이다."

漢字 替(쇠퇴할 체, 폐할 체), 還(도리어 환, 돌아올 환), 牢(굳을 뢰, 우리 뢰), 亟(빠를 극), 顚(엎어질 전, 꼭대기 전), 躓[넘어질 지], 灼(빛날 작, 사를 작, 밝을 작), 萎(시들 위), 遲(더딜 지), 澗(시내 간), 畔(밭두둑 반), 鬱(울창할 울, 답답할 울), 賦(줄 부, 구실 부), 謝(보낼 사), 徒(한갓 도, 걸어 다닐 도, 무리 도, 맨손 도, 다만 도)

1 견뢰(堅牢): 견고함. 단단함.
2 작작(灼灼): 꽃이 찬란하게 핀 모양. 빛나는 모양. 밝은 모양.
3 청운(青雲): 높은 지위나 벼슬.

번소 만믈이 셩ᄒᆞ면 모로매 쇠ᄒᆞ고 니러나미 이시면 도로 믈어듀미 이시며 ᄲᆞᆯ리 일면 굳디 몯ᄒᆞ고 ᄲᆞᆯ리 ᄃᆞᄅᆞ면 업드로미 하ᄂᆞ니라. 빗난 동산 안햇 고ᄌᆞᆫ 일 펴 도로 몬져 디고 더딘 냇ᄀᆞᇫ 소ᄅᆞᆫ 덦거츠러 늣도록 퍼러호ᄆᆞᆯ 머굼엇ᄂᆞ니라. 명을 타나미 ᄲᆞᄅᆞ며 더듸요미 잇ᄂᆞ니 프른 구룸ᄀᆞᆮ티 노ᄑᆞᆫ 벼스ᄅᆞᆫ 히모로 닐위요미 어려우니라 말ᄉᆞᄆᆞᆯ브터 여러 아기네ᄃᆞ려 니ᄅᆞ노니 ᄲᆞᆯ리 벼ᄉᆞᆯᄒᆞ고져 ᄒᆞ요미 거즛이리라

현대역 만물이 성하면 모름지기 쇠하고, 일어남이 있으면 도로 무너짐이 있으며, 빨리 되면 굳지 못하고, 빨리 달리면 엎드림이 많으니라. 빛나는 동산 안에의 꽃은 일찍 펴 도로 먼저 지고, 더딘 냇가에의 솔은 울울(鬱鬱)하여 늦도록 푸름을 머금었느니라. 명을 타고나감이 빠르며 더딤이 있느니, 푸른 구름같이 높은 벼슬은 힘으로 이룸이 어려우니라. 말씀을 의지하여 여러 아기네에게 이르노니, 빨리 벼슬하고자 함이 거짓이리라."

1 덦거츠러: 덤거칠어. 울울하여. '덦거츨(어간)+어(연결어미)'이다. '덦거츨다'는 '덤거칠다'의 옛말이다. 우울하고 답답하다. 四趣惡種과 生死業因은 ᄒᆞᆫ갓 덦거츠러 藥草ㅣ 아니라(若四趣惡種 生死業因 則徒爲無穢 非藥草矣.).《법화 3:3》(현대역: 만약 사취악종과 생사업인은 한갓 덩거칠어 약초가 아니라.) 여기서는 한문 '鬱鬱'에 대한 번역이니, '울울(鬱鬱)하다' 즉, '나무가 빽빽하게 들어서 매우 무성하다.'로 볼 수 있다.

2 아기네ᄃᆞ려: 아기네에게. '아기(명사))+네(접사)+ᄃᆞ려(조사)'이다. '-네'는 '몇몇 명사 또는 대명사 뒤에 붙어, 그러한 부류 또는 그러한 부류에 속하는 사람'의 뜻을 더하는 접미사이다. 동갑네. 아낙네. 여인네. 우리네. 당신네. 'ᄃᆞ려'는 'ᄃᆞ리-['데리다'의 옛말]'에 '어'가 붙어 파생조사를 이룬 것으로, 주로 유정 체언류 뒤에 붙어, '더러'를 뜻하는 낙착점 처소 부사격 조사이다. 부톄 目連이ᄃᆞ려 니ᄅᆞ샤ᄃᆡ 네 迦毗羅國에 가아 아바닚긔와 아ᄌᆞ마닚긔와 아자바님내ᄭᅴ 다 安否ᄒᆞᅀᆞᆸ고《석상 6:1》, 婆羅門이 보고 깃거 이 각시ᅀᅡ 내 얻니논 ᄆᆞᅀᆞ매 맛도다 ᄒᆞ야 그 ᄯᆞᆯᄃᆞ려 무로ᄃᆡ 그딋 아바니미 잇ᄂᆞ닛가.《석상 6:14》

소언 자ᄇᆞᆫ 거시 盛셩ᄒᆞ면 반ᄃᆞ시 衰쇠ᄒᆞ고 니러나미 이시면 도로

믈허딤이 인ᄂᆞ니 ᄲᆞᆯ리 일면 굳디 몯ᄒᆞ고 급히 ᄃᆞᄅᆞ면 업드롬이 하ᄂᆞ니라 빗난 동산 가온딧 고ᄌᆞᆫ 일 픠욤애 도로 몬져 이울고 더딘 냇ᄀᆞ잇 솔ᄋᆞᆫ 덤새츠러 늣도록 프르믈 머굼엇ᄂᆞ니라 命명을 타남이 ᄲᆞᄅᆞ며 더듸욤이 이시니 프른 구롬[노픈 벼슬을 비ᄒᆞᆫ 말이라]은 힘오로 닐위욤이 어려우니라 말ᄉᆞᆷ올 브터 여러 아기네ᄃᆞ려 니ᄅᆞ노니 조급히 나아가려 ᄒᆞᆷ이 쇽졀업시 ᄒᆞᆷ이라

현대역 잡은 것이 성하면 반드시 쇠하고, 일어남이 있으면 도로 무너짐이 있으니, 빨리 되면 굳지 못하고, 급히 달리면 엎드림이 많으니라. 빛나는 동산 가운데에 꽃은 일찍 핌에 도로 먼저 시들고, 더딘 냇가에의 솔은 울울하여 늦도록 푸름을 머금었느니라. 명을 타고나감이 빠르며 더딤이 있으니, 푸른 구름[높은 벼슬을 비유한 말이라.]은 힘으로 이룸이 어려우니라. 말씀을 의지하여 여러 아기네에게 이르노니, 조급히 나아가려 함이 속절없이 함이라."

쇽졀업시: 속절없이(부사). 헛되이(부사). '쇽졀업시'는 형용사 '쇽졀없다'에서 파생된 부사이다. 현대국어 '속절없다'의 옛말인 '쇽졀없다'는 15세기 문헌에서부터 나타난다. '쇽졀없다'의 제1음절 '쇽'은 근대국어 후기에 'ㅅ' 뒤에서 이중모음 'ㅑ, ㅕ, ㅛ, ㅠ' 등이 반모음 탈락으로 단모음화하는 현상에 따라 '속'으로 바뀐다. '쇽졀없다', '속졀없다'의 제2음절 '졀'은 치조음이었던 'ㅈ'이 경구개음으로 바뀌어 '져'와 '저'의 발음이 구별되지 않게 되면서 '절'로 나타나게 된다. '쇽졀없다'는 이러한 과정을 겪어 19세기에 '속절없다'로 변하여 현재까지 이어진다. 17세기 문헌에 보이는 '쇽뎔없다'는 근대국어 시기에 'ㄷ, ㅌ'이 'ㅣ'나 'ㅣ' 반모음 앞에서 'ㅈ, ㅊ'으로 변한 구개음화를 의식하여 '졀'의 'ㅈ'을 'ㄷ'이 구개음화를 겪은 것으로 잘못 이해하여 과도 교정하여 나타난 것이다. 쇽졀없다(15세기~19세기)>속절없다(19세기~현재). 이형태: 쇽졀없다, 쇽절없다, 쇽뎔업다, 쇽졀업다, 쇽절업다. 末法은 쇽졀업시 似量이라 實 업스니라.《1459 월석 9:7ㄴ》, 믈ᄀᆞᆫ ᄀᆞᄅᆞ매 녜 잡던 고기 쇽졀업시 잇고.《1481 두시-초 3:59ㄴ》, 末法의 가면 쇽졀업시 似量이 ᄃᆞᆫ녀.《1459 월석 12:15ㄱ》, 엇데 밧ᄀᆞᆯ 向ᄒᆞ야 쇽졀업시 ᄎᆞ자 어드리오.《1482 금삼 2:51ㄱ》

【集說】陳氏曰隆은興也요替는廢也라亟은急也라顚躓는蹉跌也라萎는枯也라疾은速也요徐는遲也라靑雲은比名位之高顯也라躁는急也요徒는空也라

진 씨가 말하였다. "隆은 일어남이요, 替는 폐함이다. 亟은 빠름이다. 顚躓는 넘어짐이다. 萎는 시듦이다. 疾은 빠름이요, 徐는 느림이다. 靑雲은 이름과 지위의 높고 드러남을 비유함이다. 躁는 조급함이요, 徒는 헛됨이다."

漢字 蹉(넘어질 차), 跌(넘어질 질)

【十一章】

○康節邵先生이誡子孫曰上品之人은不敎而善ᄒᆞ고中品之人은敎而後善ᄒᆞ고下品之人은敎亦不善ᄒᆞᄂᆞ니不敎而善이非聖而何ㅣ며敎而後善이非賢而何ㅣ며敎亦不善이非愚而何오

《邵子全書》

●康節 邵 先生이 자손에게 훈계하여 말하였다. "상품의 사람은 가르치지 않아도 선하고, 중품의 사람은 가르친 다음에 선하고, 하품의 사람은 가르쳐도 또한 선하지 못하니, 가르치지 않아도 선함은 성인이 아니고 무엇이며, 가르친 다음에 선함은 현인이 아니고 무엇이며, 가르쳐도 선하지 못함은 어리석은 사람이 아니고 무엇이겠는가?

漢字 邵(고을이름 소, 높을 소), 誡(=戒 훈계할 계, 경계할 계)

강절 소 선생(康節邵先生, 1011년~1077년): 중국 송나라의 사상가로, 범양(范陽) 출신이다. 이름은 소옹(邵雍)이고, 자는 요부(堯夫)며, 시호는 강절(康節)이다. 중국 북송의 5대 현자 중의 한 명으로 소강절(邵康節) 또는 소요부(邵堯夫)라고도 한다. 성리학의 이상주의 학파 형성에 큰 영향을 주었다. 소옹의 집은 대대로 은덕(隱德)을 본지로 삼아 벼슬하지 않았다. 그도 몇 번인가는 소명을

받았지만 끝내 관도(官途)에 나아가지 않았다. 학계를 보면 진박(陳搏)-충방-목수(穆脩)-이지재(李之才)-소옹으로 되어 있다. 학조(學祖)인 진박이 송 초의 도가였기 때문에 그의 학문은 도가사상의 영향을 받고 있다고 한다. 그러나 〈관물편(觀物篇)〉을 위시하여 그 저서를 세밀히 보면 도가적 논리보다도 오히려 《역경》의 논리에 기초를 둔 특색 있는 선천심학(先天心學)이라고 하겠다. 그에 의하면 현상계(現象界)의 구조는 결국 음양(陰陽)의 대대(對待)요, 그와 같이 되어 있는 궁극의 자기 원인은 일기(一氣)이며, 천지의 '중(中)'이며 일동일정(一動一靜)의 '간(間)'이다. 그리고 이와 같은 간이나 중은 바로 사람의 마음의 작용 그것이기 때문에 천지인(天地人) 3자가 이 세계구조의 전체를 나타내는 상응체계(相應體系)이다. 현상에 상즉(相卽)하는 현상 그 자체의 자기 원인이나 나(我) 속에 있다. 나의 마음의 작용 그 자체는 즉 세계 구조의 궁극적인 유일자(者)인 이 세계를 존재하게 하는 작용이라는 것이다. 대표적 저술인 《황극경세서(皇極經世書)》(62편)는 천지간 모든 현상의 전개를 수리로 해석하고 그 장래를 예시한 철학서이다. 《관물내외편(觀物內外編)》(2편)에서는 허심(虛心, 마음을 비움)과 내성(內省, 자기 성찰)의 도덕 수양법을 설명했다. 그 외 저서로 《선천도(先天圖)》·《어초문대(漁樵問對)》·《관물편(觀物篇)》, 시집인 《이천격양집(伊川擊壤集)》(20권)·《매화시(梅花詩)》 등이 있다. 허난성 뤄양시 이촨(伊川)현에 그의 무덤이 있는데, 청나라 때의 석조물과 중화민국 시기의 중수비 등이 남아 있다. 1963년에 허난성 중점문물보호단위로 지정되었고, 1986년에 무덤이 대대적으로 정비되었다(위키백과, 중국인물사전).

번소 康강節졀 昭쇼 先션生ᄉᆡᆼ이 子ᄌᆞ孫손ᄋᆞᆯ 警경戒계ᄒᆞ야 ᄀᆞ로ᄃᆡ 上샹品품엣 사ᄅᆞ믄 ᄀᆞᄅᆞ치디 아니ᄒᆞ야도 어딜오 中듕品품엣 사ᄅᆞ믄 ᄀᆞᄅᆞ친 後후에 어딜오 下하品품엣 사ᄅᆞ믄 ᄀᆞᄅᆞ쳐도 어디디 몯ᄒᆞᄂᆞ니 아니 ᄀᆞᄅᆞ쳐도 어디ᄂᆞ닌 聖현人신 아녀 엇더니며 ᄀᆞᄅᆞ친 後후에 어디ᄂᆞ닌 賢현人신 아녀 엇더니며 ᄀᆞᄅᆞ쳐도 어디디 몯ᄒᆞᄂᆞ닌 어린 것 아녀 엇더니리오

현대역 康節 昭 先生이 자손을 경계하여 가로되, "上品의 사람은 가르치지 아니하여도 어질고, 中品의 사람은 가르친 후에 어질고, 下品의 사람은 가

르쳐도 어질지 못하느니, 아니 가르쳐도 어진 이는 성인 아니고 어떤 이며, 가르친 후에 어진 이는 현인 아니고 어떤 이며, 가르쳐도 어질지 못한 이는 어리석은 것[사람] 아니고 어떤 이리오.

1 어디ᄂᆞ닌: 어진 이는. '어디(어간)+ᄂᆞᆫ(관형사형 어미)+이(의존명사)+ㄴ(보조사)'이다. 현대국어 '어질다'의 옛말인 '어딜다'는 15세기 문헌에서부터 나타난다. '어딜다'는 '-더-, -도-, -디, -다', '-ㄴ, -ㄹ'과 같은 어미 앞에서는 '어디-'로 나타난다. 근대국어 시기에 'ㄷ, ㅌ'이 'ㅣ'나 'ㅣ' 반모음의 영향으로 'ㅈ, ㅊ'으로 변하는 ㄷ구개음화 현상의 영향으로 17세기부터 '어질다' 형태가 등장하였다. 18세기까지 '어딜다'와 '어질다'가 공존하다가 '어질다'가 정착하면서 현재에 이르렀다. 어딜다(15세기~18세기)>어질다(17세기~현재). 이형태: 어딜다, 어질다. 法化ᄂᆞᆫ 부톄 큰 法으로 衆生ᄋᆞᆯ 濟渡ᄒᆞ샤 사오나ᄫᆞᆫ 사ᄅᆞ미 어딜에 ᄃᆞ욀씨라.《1447 석상 3:2ㄱ》, 君子ㅣ 싁싁ᄒᆞ고 공경ᄒᆞ면 나날 어디러 가고.《1518 번소 8:6ㄱ》, 賢 어딜 현.《1527 훈몽 하:11ㄱ》, 能 어딜 능.《1527 훈몽 하:13ㄴ》

2 아녀: 아니어. 아니고. '아니(어간)+어(연결어미)'이다. '-어'는 끝음절의 모음이 'ㅏ, ㅗ'가 아닌 용언의 어간 뒤에 붙어, 까닭이나 근거 따위를 나타내는 연결어미이다. 간식을 많이 먹어 배가 부르다. 개가 자꾸 짖어 나가 보았다. 그 여자가 너무 예뻐 자꾸 뒤돌아봤다.

소언 康강節졀 邵쇼 先션生ᄉᆡᆼ[康강節졀은 諡시號호ㅣ니 일훔은 雍옹ㅣ오 ᄌᆞᄂᆞᆫ 堯요夫부ㅣ라 宋송 적 어딘 사ᄅᆞᆷ이라]이 子ᄌᆞ孫손을 경계ᄒᆞ야 ᄀᆞᆯ오ᄃᆡ 上샹品품엣 사ᄅᆞᆷ은 ᄀᆞᄅᆞ치디 아니ᄒᆞ야셔 어딜고 中듕品품엣 사ᄅᆞᆷ은 ᄀᆞᄅᆞ친 後후에 어딜고 下하品품엣 사ᄅᆞᆷ은 ᄀᆞᄅᆞ쳐도 ᄯᅩ 어디디 몯ᄒᆞᄂᆞ니 ᄀᆞᄅᆞ치디 아니ᄒᆞ야셔 어디롬이 聖셩人인 아니오 므서시며 ᄀᆞᄅᆞ친 後후에 어디롬이 賢현人인 아니오 므서시며 ᄀᆞᄅᆞ쳐도 ᄯᅩ 어디디 몯홈이 어린 이 아니오 므섯고

현대역 康節 邵 先生[강절은 시호니 이름은 雍이요, 자는 堯夫라. 宋 때 어진 사람이라.]이 자손을 경계하여 가로되, "상품의 사람은 가르치지 아니해서 어질고, 중품의 사람은 가르친 후에 어질고, 하품의 사람은 가르쳐도 또

어질지 못하느니, 가르치지 아니해서 어짊이 성인 아니고 무엇이며, 가르친 후에 어짊이 현인 아니고 무엇이며, 가르쳐도 또 어질지 못함이 어리석은 이 아니고 무엇인가?

1 아니ᄒᆞ야셔: 아니해서. '아니ᄒᆞ(어간)+야(연결어미)+시('시다[在]'의 어간)+어(연결어미)'이다. '야+시+어'가 하나의 연결어미 '-야셔'로 재구조화되었다. '-야셔'는 'ᄒᆞ다'의 어간이나 끝음절의 모음이 'ㅣ'인 어간 뒤에 붙어, '-아서'를 뜻하는 어미이다. 어버ᅀᅵ며 아ᅀᆞ미며 버디며 아로리며 두루에 ᄒᆞ야셔 울어든.《석상 9:30》, 또 八相ᄋᆞᆯ 넘디 아니ᄒᆞ야셔 마ᄂᆞ니라.《월석 석서:3》

2 므섯고: 무엇인가. '므섯(대명사)+고(의문 보조사)'이다. '고'는 ᄒᆞ라체 제1·3인칭 의문법 중 정보를 요구하는 설명의문문을 이끄는 보조사이다. '체언+의문 보조사'의 형태로, 의문사를 동반하여, '오'의 모음 형태로 의문문을 이끈다. '고'는 서술격 조사를 매개로 체언에 붙는다면 어미가 될 수 있으나, 체언에 직접 붙는다면 보조사로 분류한다. 셜븐 잀 中에 離別이 甚ᄒᆞ니 어ᅀᅵ 아ᄃᆞᆯ 離別이 엇던고.《월곡 상:52》, 六師ᄋᆡ 무리 閻浮提예 ᄀᆞ득ᄒᆞ야도 내 바랫 ᄒᆞᆫ 터리를 몯 무으리니 므슷 이ᄅᆞᆯ 겻고오려 ᄒᆞᄂᆞᆫ고.《석상 6:27》 '므섯'은 지시대명사 '무엇'의 옛말이다. 현대국어 '무엇'의 옛말인 '므스것'은 15세기 문헌에서부터 나타난다. '므스것'은 '무엇'을 의미하는 '므스'와 명사 '것'이 결합한 것이다. 16세기에는 '므스것'에서 제2음절의 모음 'ㅡ'와 제3음절의 초성 'ㄱ'이 탈락한 후 축약된 '므섯' 형태가 나타났고, 여기에서 다시 모음 사이의 'ㅅ'이 약화되어 탈락한 '므엇' 형태가 나타났다. 또한 양순음 'ㅁ, ㅂ, ㅍ' 아래에서 모음 'ㅡ'가 'ㅜ'로 변하는 원순모음화에 따라 16세기에는 '므엇>무엇'으로 변화한 예도 나타나는데, 대체로 원순모음화가 17세기 이후에 일어난 것에 비해 이 경우는 다소 빠른 시기에 변화가 일어난 것이다. 18세기까지는 '무섯'과 '무엇'이 공존하다가, 19세기 이후로 '무엇'만 남아 현재에 이르렀다. 한편 중세국어에는 '무엇'을 의미하는 단어로 '므스것>므섯>므엇'과 함께 '므슥', '므슴'도 존재하였는데[예: 보도 몯ᄒᆞ며 듣도 몯거니 므스기 快樂ᄒᆞᄫᅳ리잇고.《1447 석상 24:28》, 世間ㅅ 드틀을 므슴만 너기시리.《1447 월곡 45ㄴ》], '므슴'은 '무슨'의 의미를 지닌 관형사로도 쓰였다는 점에서 차이가 있다. 므스것(15세기~18세기)>므섯(16세기~18세기)>므엇(16세기~18세기)>무엇(18세기~현재). 太子ㅣ 우스며 닐오ᄃᆡ 내 므스거시 不足ᄒᆞ료.《1447 석상 6:24ㄱ》, 대 번노 상:15ㄴ》, ᄀᆞᄅᆞ치디 아니ᄒᆞ

야셔 어디롬이 聖人 아니오 므서시며 ᄀᆞᄅᆞ친 後에 어디롬이 賢人 아니오 므서시며 ᄀᆞᄅᆞ쳐도 ᄯᅩ 어디디 몯홈이 어린 이 아니오 므섯고.《1588 소언 5:27ㄱ》, 남진이 죽고 ᄌᆞ식이 업ᄉᆞ니 혼자 사라셔 므엇 ᄒᆞ료.《1581 속삼-중 열:8ㄱ》, 계집이 ᄒᆞ나홀 좃차 죵신홀 거시니 아니 죽어셔 무엇 ᄒᆞ료.《1581 속삼-중 열:28ㄱ》

【集解】先生의名은雍이요字는堯夫요康節은諡也니河南人이라熊氏曰不教而善은生而知之者也요教而後善은學而知之者也요教亦不善은困而不學者也니라

선생의 이름은 雍이요, 자는 堯夫이며, 康節은 시호이니, 하남 사람이다. 웅 씨가 말하였다. "가르치지 않아도 선함은 나면서부터 그것을 아는 자요, 가르친 다음에 선함은 배워서 그것을 아는 자요, 가르쳐도 또한 선하지 못함은 곤해도 배우지 않는 자이다."

漢字 雍(누구러질 옹, 화할 옹)

是知善也者는吉之謂也ㅣ오不善也者는凶之謂也ㅣ니라

●이에 善이라는 것은 길함을 이르고, 不善이라는 것은 흉함을 이름을 알 수 있다.

번소 이럴ᄉᆡ 어디니ᄂᆞᆫ 吉길이라 닐오미오 어디디 몯ᄒᆞ니ᄂᆞᆫ 凶흉이라 닐오미니라

현대역 이러므로 어진 이는 吉이라 이름이고, 어질지 못한 이는 凶이라 이름이니라.

이럴ᄉᆡ: 이러므로. '이러(형용사 어근)+ㄹᄉᆡ(부사 파생접사)'이다. '-ㄹᄉᆡ'는 원래 동사, 형용사 어간 뒤에 붙어, '-으므로'를 뜻하는 종속적 연결어미이다. 그러나 본 예는 형용사 '그러ᄒᆞ다'에 파생접사화한 '-ㄹᄉᆡ[그럴ᄉᆡ], -면[그러면], -나[그

러나]'가 붙어 접속부사가 된 것이다.

소언 이에 어디롬이란 거슨 吉길홈을 닐옴이오 어디디 몯홈이란 거슨 凶흉홈을 닐옴인 줄을 알 디니라

현대역 이에 어짊이란 것은 길함을 이름이고, 어질지 못함이란 것은 흉함을 이름인 줄을 알 것이니라.

알 디니라: 알 것이니라. 알지니라. '알(어간)+ㄹ(관형사형 어미)+ᄃᆞ(의존명사)+이(서술격조사 '이다'의 어간)+니라(평서형 종결어미)'이다. 이런 형태소 구성을 고려하면, '알 디니라'처럼 띄어 쓰며, '-ㄹ 것이니라'로 풀이할 수 있다. 이때 의무와 당연의 의미가 포함되어 있으며, 장엄한 어감을 띤다. 그러나 'ㄹ+ᄃᆞ+이+니라'는 '-ㄹ디니라'의 형태로, 하나의 종결어미로 재구조화한 것으로 볼 수도 있다. 이때에는 해라할 자리에 쓰여, '알디니라'처럼 붙여 쓰며 '-ㄹ지니라'로 풀이할 수도 있다. 알 리ᄂᆞᆫ 仔細히 ᄒᆞ야 ᄀᆞ초 버류믈 疑心 마롤 디니라(達者審之 勿嫌具列).《원각 상2-1:32》, 願ᄒᆞᆫᄃᆞᆫ 모ᄃᆞᆫ 道 닷ᄀᆞᆯ 사ᄅᆞ미 모ᄃᆡ 밧ᄀᆡ 求티 마롤 디니라(願諸修道之人 切莫外求).《목우 3》

【增註】爲善者는爲吉人이요爲惡者는爲凶人이라

선을 행하는 자는 길한 사람이 되고, 악을 행하는 자는 흉한 사람이 된다.

吉也者는目不觀非禮之色ᄒᆞ며耳不聽非禮之聲ᄒᆞ며口不道非禮之言ᄒᆞ며足不踐非禮之地ᄒᆞ야人非善不交ᄒᆞ며物非義不取ᄒᆞ며親賢如就芝蘭ᄒᆞ며避惡如畏蛇蠍歇ᄒᆞᄂᆞ니或曰不謂之吉人이라두則吾不信也호리라

● 길한 자는 눈으로는 예 아닌 색을 보지 않으며, 귀로는 예 아닌 소리를 듣지 않으며, 입으로는 예 아닌 말을 말하지 않으며, 발로는 예 아닌 곳을 밟지 않아, 사람이 선하지 않으면 사귀지 않으며, 물건이 의롭지 않으면 취하지 않으며, 어진 사람 친하기를 지초와 난초에 나아가듯이 하며, 악한

사람 피하기를 뱀과 전갈을 두려워하듯이 하니, 혹자가 그를 길한 사람이라고 이르지 않더라도 나는 믿지 않겠다.

漢字 芝(지초 지), 蘭(난초 란), 蛇(뱀 사), 蝎(전갈 갈)

不謂之吉人: 그를 길한 사람이라고 이르지 않더라도. 즉 길하지 않은 사람이라고 이르더라도.

번소 吉길ᄒᆞᆫ 사ᄅᆞᄆᆞᆫ 누네 禮례 아닌 비ᄎᆞᆯ 보디 아니ᄒᆞ며 귀예 禮례 아닌 소리ᄅᆞᆯ 듣디 아니ᄒᆞ며 이베 禮례 아닌 마ᄅᆞᆯ 니ᄅᆞ디 아니ᄒᆞ며 바래 禮례 아닌 ᄡᅡᄒᆞᆯ ᄇᆞᆲ디 아니ᄒᆞ야 사ᄅᆞ미 어디디 아니커든 사괴디 아니ᄒᆞ며 物믈이 올ᄒᆞᆫ 거시 아니어든 가지디 아니ᄒᆞ며 어딘 사ᄅᆞᄆᆞᆯ 친히 호ᄃᆡ 靈령芝지와 蘭란草초애 나ᅀᅡ감ᄀᆞ티 ᄒᆞ고 사오나온 사ᄅᆞᄆᆞᆯ 避피호ᄃᆡ ᄇᆡ얌과 全젼蠍갈 저홈ᄀᆞ티 ᄒᆞᄂᆞ니 혹 ᄀᆞ로ᄃᆡ 吉길ᄒᆞᆫ 사ᄅᆞ미 아니라 ᄒᆞ야도 나ᄂᆞᆫ 믿디 아니호리라

현대역 길한 사람은 눈에 예 아닌 빛을 보지 아니하며, 귀에 예 아닌 소리를 듣지 아니하며, 입에 예 아닌 말을 이르지 아니하며, 발에 예 아닌 땅을 밟지 아니하여, 사람이 어질지 아니하거든 사귀지 아니하며, 물건이 옳은 것이 아니거든 가지지 아니하며, 어진 사람을 친하게 하되 靈芝와 蘭草에 나아감같이 하고, 나쁜 사람을 피하되 뱀과 전갈 두려움같이 하느니, 혹 가로되 길한 사람이 아니라 하여도, 나는 믿지 아니하리라.

1 아니커든: 아니하거든. '아니ᄒᆞ(어간)+거든(연결어미)'이다. 'ㆍ'가 탈락하면서 'ㅎ'과 'ㄱ'이 자음축약을 일으켰다. 여기서 주의할 점은 '거'는 대부분 교착적 선어말어미 중 확인법의 선어말어미로 분류하는데, '거든', '거늘'의 경우에는 전체가 하나의 종속적 연결어미라는 점이다. 왜냐하면, '거든'이나 '거늘'은 '거'가 빠진 '*늘', '*든'도 없고, '거' 자리에 다른 형태소가 대치된 '*ᄂᆞ든', '*더늘' 등도 없기 때문이다(고영근, 2020: 148~149). '-거든'은 '어떤 일이 사실이면', '어떤 일이 사실로 실현되면'의 뜻을 나타내는 연결어미이다.

2 사오나온: 사나운. 나쁜. '사오나오(어간)+ㄴ(관형사형 어미)'이다. '사납다'의 옛말 '사오납다'는 15세기 문헌에서부터 나타난다. '사오납다'는 모음으로 시작하는 어미 앞에서는 '사오낳-'으로 나타났는데, 15세기 중엽에 'ㅸ'이 반모음 'ㅜ'[w]로 변화하면서 '사오낳-'은 '사오나오-'로 바뀌었다. 19세기에는 '사오납다'에서 제2음절 모음 'ㅗ'가 탈락한 '사납다' 형태가 등장하였는데, 문헌상으로는 모음 어미 앞에 쓰인 '사나오-' 형태, 그리고 모음조화가 파괴된 '사나우-' 형태만 확인된다. 중세국어의 '사오납다'는' 열등하다', '모자라다', '나쁘다'의 의미를 지니고 있었다. 현대국어와 같이 '모질고 억세다', '(비나 바람 등이) 거칠다'의 의미로 쓰인 예는 17세기 이후의 문헌에서부터 나타난다. 사오납다(15세기~19세기))사납다(19세기~현재). 鼓摩王ㄱ 위두ᄒᆞᆫ 夫人ㅅ 아ᄃᆞᆯ 長生이 사오납고 녀느 夫人냇 아ᄃᆞᆯ 네히 照目과 聽目과 調伏象과 尼樓왜 다 어디더니.《1459 월석 2:4ㄴ-5ㄱ》, ᄒᆞ다가 믈읫 有情이 모미 사오나ᄫᅡ 諸根이 ᄀᆞᆽ디 몯ᄒᆞ야 미혹ᄒᆞ고.《1447 석상 9:6ㄴ》, 너희 等聲聞이 조ᄇᆞ며 사오나와 아로미 업서 能히 淸淨ᄒᆞᆫ 實相ᄋᆞᆯ 通達티 몯ᄒᆞᄂᆞ니.《1461 능엄 2:75ㄱ》, 이 가믄 뵈예 됴ᄒᆞ니ᄂᆞᆫ 갑시 언메며 사오나오니ᄂᆞᆫ 갑슬 언머에 ᄑᆞᆯ다.《1510년대 번노 하:59ㄴ》

3 아니호리라: 아니하리라. '아니ᄒᆞ(어간)+오(화자 표시법 선어말어미)+리(추측법 선어말어미)+라(평서형 종결어미)'이다. '-오$_1$-'나 이형태 '-우$_1$-'는 일반적으로 주어 명사구가 제1인칭 대명사 '나, 우리' 등 화자이거나 제3인칭이라 하더라도 그가 화자 자신일 때 나타난다. 이를 화자 표시법 선어말어미(고영근, 2020: 369) 또는 1인칭법 선어말어미(허웅, 1989: 312)로 부른다. '-리라'는 동사, 형용사 어간이나 어미 뒤에 붙어, '-하리라'를 뜻하는 어미이다. 추측법 선어말어미 '-리-' 뒤에서는 '-다'가 '-라'로 교체된다.

소언 吉길ᄒᆞᆫ 이ᄂᆞᆫ 눈에 禮례 아닌 빗찰 보디 아니ᄒᆞ며 귀예 禮례 아닌 소릐ᄅᆞᆯ 듣디 아니ᄒᆞ며 입에 禮례 아닌 말ᄋᆞᆯ 닐ᄋᆞ디 아니ᄒᆞ며 발애 禮례 아닌 짜ᄒᆞᆯ ᄇᆞᆲ디 아니ᄒᆞ야 사ᄅᆞᆷ이 어디니 아니어든 사괴디 아니ᄒᆞ며 物믈이 올ᄒᆞᆫ 거시 아니어든 가지디 아니ᄒᆞ며 어디니를 親친히 호ᄃᆡ 령지와 난초애 나아감 ᄀᆞᆮ티 ᄒᆞ며 사오나오니를 避피호ᄃᆡ 비얌과 젼갈 저홈ᄀᆞᆮ티 ᄒᆞᄂᆞ니 或혹 ᄀᆞᆯ오ᄃᆡ 吉길ᄒᆞᆫ 사ᄅᆞᆷ이라 닐ᄋᆞ디

아니ᄒᆞ야도 곧 나ᄂᆞᆫ 믿디 아니호리라

현대역 길한 이는 눈에 예 아닌 빛을 보지 아니하며, 귀에 예 아닌 소리를 듣지 아니하며, 입에 예 아닌 말을 이르지 아니하며, 발에 예 아닌 땅을 밟지 아니하여, 사람이 어질지 않거든 사귀지 아니하며, 물건이 옳은 것이 아니어든 가지지 아니하며, 어진 이를 친하게 하되 靈芝와 蘭草에 나아감 같이 하며, 나쁜 이를 피하되 뱀과 전갈 두려워함같이 하느니, 혹 가로되 길한 사람이라 이르지 아니해도, 곧 나는 믿지 아니하리라.

【增註】此一節은言爲善者爲吉人이라

이 한 절은 선을 행하는 자는 길한 사람이 됨을 말한 것이다.

凶也者ᄂᆞᆫ語言이詭譎ᄒᆞ며動止ㅣ陰險ᄒᆞ며好利飾非ᄒᆞ며貪淫樂洛禍ᄒᆞ야疾良善如讎隙ᄒᆞ며犯刑憲如飮食ᄒᆞ야小則隕身滅性ᄒᆞ고大則覆福宗絕嗣ᄒᆞᄂᆞ니或曰不謂之凶人이라두則吾不信也호리라

● 흉한 자는 말이 (남을) 속이며, 행동거지가 음험하며, 이익을 좋아하고 잘못을 꾸미며, 음란함을 탐하고 화를 즐겨서, 어질고 선한 사람 미워하기를 원수같이 하고, 형벌과 법을 범하기를 물마시고 밥 먹듯이 하여, 작게는 몸을 죽이고 性命을 멸하며, 크게는 종족을 뒤집고 후사를 끊나니, 혹자가 그를 흉한 사람이라고 이르지 않더라도, 나는 믿지 않겠다.

漢字 詭(속일 궤, 책망할 궤), 譎(속일 휼), 飾(꾸밀 식), 疾(미울 질), 讎(=讐 원수 수), 隙(원한 극), 隕(죽을 운, 떨어질 운, 잃을 운)

1 수극(讐隙): 원수.

2 不謂之凶人: 그를 흉한 사람이라고 이르지 않더라도. 즉 흉하지 않은 사람이라고 이르더라도.

번소 凶흉훈 사ᄅᆞ미란 기슨 말ᄉᆞ미 詭궤譎휼ᄒᆞ고 行ᄒᆡᆼ止지 그슥ᄒᆞ고 싀험ᄒᆞ며 니욕을 즐기며 왼 이롤 ᄭᅮ미고 음란ᄒᆞᆫ 이롤 탐ᄒᆞ고 ᄌᆡ화롤 즐기며 어딘 사ᄅᆞᄆᆞᆯ ᄆᆡ요ᄃᆡ 원슈ᄀᆞ티 ᄒᆞ고 죄롤 지수ᄃᆡ 음식ᄀᆞ티 ᄒᆞ야 져그면 모ᄆᆞᆯ 배아 목수ᄆᆞᆯ 망멸ᄒᆞ고 크면 宗종族족올 업더리텨 조샹 니수ᄆᆞᆯ 긋게 ᄒᆞᄂᆞ니 혹 ᄀᆞ로ᄃᆡ 흉ᄒᆞᆫ 사ᄅᆞ미 아니라 ᄒᆞ야도 나ᄂᆞᆫ 믿디 아니호리라

현대역 흉한 사람이란 것은 말씀이 간사하고 교묘하며, 내숭스럽고 시험(猜險)하며, 利慾을 즐기며, 그른 일을 꾸미고, 음란한 일을 탐하고, 재화를 즐기며, 어진 사람을 미워하되 원수같이 하고, 죄를 짓되 음식같이 하여, 적으면 몸을 멸하여[망쳐] 목숨을 亡滅하고, 크면 宗族을 엎어 쳐 조상 잇게 함을 그치게 하느니, 혹 가로되 흉한 사람이 아니라 하여도, 나는 믿지 아니하리라.

1 기슨: 위 문장은 '凶ᄒᆞᆫ 사ᄅᆞ미란 기슨 말ᄉᆞ미 詭궤譎휼ᄒᆞ고'으로 시작되는데, 여기서 '기슨'은 '거슨[것은]'의 오자인 듯하다.

2 궤휼ᄒᆞ고: 궤휼(詭譎)하고. 간사하며 교묘하고.

3 ᄒᆡᆼ지: 행지(行止). 행동거지(行動擧止). 즉 몸을 움직여 하는 모든 짓.

4 그슥ᄒᆞ고: 그윽하고. 깊숙하여 아늑하며 고요하고. 그러나 한문 '陰險'에서 '陰'에 해당하고, 《소학언해》에서는 '어둑하다'로 번역하였는데, 이에 맞추어 '내숭스럽다' 정도로 풀이한다. '그슥ᄒᆞ다/그슥다'는 15세기 문헌에서부터 나타난다. '그슥ᄒᆞ다'는 어근 '그슥'에 접사 '-ᄒᆞ-'가 결합한 것이다. '그슥ᄒᆞ다'와 같이 무성음으로 끝나는 어근과 'ᄒᆞ다'가 결합한 경우에는 '그슥ᄒᆞ다', '그슥다'나 '그슥ᄒᆞᆫ', '그ᅀᅳᆨᄒᆞᆫ' 등과 같이 '-ᄒᆞ-'가 수의적으로 탈락하기도 하였다. 16세기 이후 'ㅿ'이 사라지면서 '그윽ᄒᆞ다' 형태가 나타나기 시작하였다. 이후 근대국어 후기에 'ㆍ'가 본래의 소리를 잃고 'ㅏ'와 같아지면서, 19세기에는 '그윽하다'가 등장하여 오늘날에 이른다. 그슥ᄒᆞ다/그슥다(15세기~16세기)〉그윽ᄒᆞ다/그윽다(16세기~19세기)〉그윽하다(19세기~현재). 비록 根이 無量이 이시나 다 利益ᄒᆞ야 깃게 ᄒᆞ시니 이롤 닐온 그슥ᄒᆞᆫ 教化ㅣ라.《1459 월석 13:51ㄴ》, 凡夫는 날로 ᄡᅳᄃᆡ 아디 몯홀ᄉᆡ 닐오ᄃᆡ ᄀᆞ만 ᄒᆞ면 그슥다 ᄒᆞ니라.《1465 원각 상1-2:15ㄱ》, 陰賊은

그ᄉᆞ근 ᄢᅬ로 害홀씨라.《1461 능엄 8:93ㄴ》, 少儀예 ᄀᆞᆯ오ᄃᆡ ᄂᆞᆷᄋᆡ 그ᅀᅳᆨᄒᆞᆫ ᄃᆡ를 엿보디 아니ᄒᆞ며 셜압ᄒᆞᆫ ᄃᆡ 갓가이 아니ᄒᆞ며.《1587 소언 3:12ㄱ》

5 싀험ᄒᆞ며: 시험(猜險)하며. 시기하는 마음이 많고 엉큼하며.

6 니욕: 이욕(利慾). 사사로운 이익을 탐하는 욕심.

7 믜요ᄃᆡ: 미워하되. '믜(어간)+요ᄃᆡ(연결어미)'이다. 연결어미 '-요'는 '-오'의 이형태로, 어간의 이중모음 [oj]의 j 아래에서 교체된 것이다. 현대국어 '미워하다'의 옛말은 '믜다'에 '-어ᄒᆞ다'가 붙은 '믜여ᄒᆞ다'가 직접적인 소급형이다. '믜여ᄒᆞ다'가 '미워하다'의 뜻을 가짐은 '믜다'와 관련이 있다. 즉 현대국어 '미워하다'는 15세기에는 같은 뜻의 '믜다'가 있었지만 동시에 믜다'에 '-어ᄒᆞ다'가 연결된 '믜여ᄒᆞ다'도 있었다. 파생동사인 '믜여ᄒᆞ다'는 계속 쓰였으나 파생의 출발이 된 '믜다'는 쓰이지 않게 되었다. '믜여ᄒᆞ다'는 18세기까지 쓰이다가, 17세기부터 등장한 '믜워ᄒᆞ다'에 밀리게 되었고 19세기에 단모음화를 경험하면서 '미워ᄒᆞ다'로, 다시 맞춤법에 의해서 '미워하다'로 정착되어 현재까지 쓰인다. '믜다'와 같이 '-어ᄒᆞ다'에 의해 파생되는 동사들이 점차 쓰이지 않게 되는 현상은 '둏다~됴하ᄒᆞ다', '슳다~슬허ᄒᆞ다' 등에서도 보인다. 믜다(15세기~18세기)>믜여ᄒᆞ다(15세기~18세기)>믜워ᄒᆞ다(19세기)>믜다(20세기~현재). 이형태: 믜다, 믜여ᄒᆞ다, 므여ᄒᆞ다, 믜워ᄒᆞ다, 미여ᄒᆞ다, 미워하다, 미워ᄒᆞ다, 뮈다, 미우다. 衆生ᄋᆞᆯ 念호ᄃᆡ 믜디 아니ᄒᆞ며 ᄃᆞᆺ디 아니ᄒᆞ야 平等ᄒᆞᆫ ᄆᆞᅀᆞ미라.《1459 월석 9:42ㄱ》, ᄠᅳᆯ 알ᄑᆡ 자ᄫᅡᆺᄂᆞᆫ 燭ᄋᆞᆯ 두 ᄇᆞ를 믜여ᄒᆞᄂᆞ니.《1481 두시-초 11:41ㄱ》, ᄆᆞᅀᆞ매 믜우며 ᄃᆞᆺ오ᄆᆞᆯ 내면 正을 일허 미ᄎᆞ미 도위리라《1517 몽산-고 법:11ㄴ》

8 배아: 망치어. 없애어. '배(어간)+아(연결어미)'이다. '배다'는 '망치다', '없애다'의 옛말이다. 陰을 헐며 魔ᄅᆞᆯ 배야 僧祇ᄅᆞᆯ 디나디 아니ᄒᆞ야 寶王果ᄅᆞᆯ 일우게 ᄒᆞ시ᄂᆞᆫ 젼ᄎᆞ라(破陰褫魔 不歷僧祇 成寶王果故也).《능엄 10:92》, 네 내 利益을 앗ᄂᆞ니 내 네 나라ᄒᆞᆯ 배요리라.《월석 7:46》

9 망멸ᄒᆞ고: 망멸(亡滅)하고. 망하며 멸하고.

소언 凶흉ᄒᆞ니ᄂᆞᆫ 말ᄉᆞᆷ이 詭궤ᄒᆞ고 譎휼ᄒᆞ며 ᄒᆡᆼ지 어득ᄒᆞ고 싀험ᄒᆞ며 니욕을 즐기고 왼 일ᄋᆞᆯ ᄭᅮ미며 음탕ᄒᆞᆫ 일ᄋᆞᆯ 貪탐ᄒᆞ고 화란ᄋᆞᆯ 즐겨 어딘 사ᄅᆞᆷ 믜기를 원슈 ᄀᆞᆮ티 ᄒᆞ며 형벌과 법을 犯범홈을 飮음食식 ᄀᆞᆮ티 ᄒᆞ야 젹으면 몸ᄋᆞᆯ 업시 ᄒᆞ며 性셩을 망멸ᄒᆞ고 크면 종족을 업티며 嗣ᄉᆞ[조샹을 닛단 말이라]를 絶졀ᄒᆞᄂᆞ니 或혹 골오ᄃᆡ 凶흉ᄒᆞᆫ 사ᄅᆞᆷ이라 니ᄅᆞ디 아니ᄒᆞ야도 곧 나ᄂᆞᆫ 믿디 아니호리라

현대역 흉한 이는 말씀이 간사하고 교묘하며, 행동거지 어둑하고 시험하며, 이욕을 즐기고 그른 일을 꾸미며, 음탕한 일을 탐하고 禍亂을 즐겨, 어진 사람 미워하기를 원수 같이 하며, 형벌과 법을 범함을 음식 같이 하여, 적으면 몸을 없이하며 생명을 亡滅하고, 크면 종족을 엎치며 嗣[조상을 잇는다는 말이라.]를 끊으니, 혹 가로되 흉한 사람이라 이르지 아니해도 곧 나는 믿지 아니하리라.

1 어득ᄒᆞ고: 어둑하고. 되바라지지 아니하고 어수룩하고. '어득ᄒᆞ다'는 15세기 문헌에서부터 나타난다. '어득ᄒᆞ다'는 어근 '어득'과 접사 '-ᄒᆞ-'가 결합한 것이다. 15세기 문헌에는 간혹 '-ᄒᆞ-'가 탈락한 '어득다'의 예도 보인다. 근대국어 후기에 제2음절의 모음 'ㅡ'가 'ㅜ'로 바뀌고, 제1음절의 모음 'ㆍ'가 'ㅏ'로 변하여 소리의 구별이 사라짐에 따라 현대국어와 같은 '어둑하다' 형태가 등장하게 되었다. 한편 중세국어와 근대국어 시기에는 '어득ᄒᆞ다'와 모음 대립에 따른 의미 차이를 보이는 '아ᄃᆞᆨᄒᆞ다[까마득히 오래되다.]'도 존재하였는데, '아ᄃᆞᆨᄒᆞ다'는 현대국어 '아득하다'로 발전하였다. 어득ᄒᆞ다(15세기~18세기)〉어둑하다(20세기~현재). 五欲애 기피 貪着ᄒᆞ야 어득ᄒᆞ야 보디 몯ᄒᆞ야 부텨와 受苦 긊ᄂᆞᆫ 法을 求티 아니ᄒᆞ고 邪曲ᄒᆞᆫ 보매 기피 드러 이실ᄊᆡ.《1447 석상 13:57ㄱ》, 부톄 二乘 아ᄃᆞ리 五道애 오래 ᄡᅥ디여 性 ᄇᆡᄒᆞ시 어득고 녇가ᄫᅡ 어루 큰 일 몯 니르리로다 念ᄒᆞ샤.《1459 월석 13:10ㄴ》

2 화란(禍亂): 재앙과 난리.

【增註】此一節은言爲惡者爲凶人이라

이 한 절은 악을 행하는 자는 흉한 사람이 됨을 말한 것이다.

傳에有之ᄒᆞ니曰吉人은爲善호ᄃᆡ惟日不足이어든凶人은爲不善호ᄃᆡ亦惟日不足이라ᄒᆞ니汝等은欲爲吉人乎아欲爲凶人乎아

●傳[《書經》〈泰書篇〉]에 이런 말이 있으니, 이르기를, '길한 사람은 선을 행하되 오직 날이 부족하거늘, 흉한 사람은 불선을 행하되 또한 오직 날이 부족하다.' 하였으니, 너희들은 길한 사람이 되고자 하느냐, 흉한 사람이 되고자 하느냐?"

번소 녯 그레 잇ᄂᆞ니 ᄀᆞ로ᄃᆡ 길ᄒᆞᆫ 사ᄅᆞ문 어딘 이를 호ᄃᆡ 나를 不블足죡히 너겨 ᄒᆞ거든 흉ᄒᆞᆫ 사ᄅᆞ문 왼 이를 호ᄃᆡ ᄯᅩ 나를 不블足죡히 너겨 ᄒᆞᄂᆞ다 하니 너희돌ᄒᆞᆫ 길ᄒᆞᆫ 사ᄅᆞ미 ᄃᆞ외오져 ᄒᆞ녀 흉ᄒᆞᆫ 사ᄅᆞ미 ᄃᆞ외오져 ᄒᆞ녀

현대역 옛 글에 있느니 가로되, '길한 사람은 어진 일을 하되 날을 부족하게 여겨 하거든, 흉한 사람은 그른 일을 하되 또 날을 부족하게 여겨 한다.' 하니, 너희들은 길한 사람이 되고자 하느냐, 흉한 사람이 되고자 하느냐?"

1 ᄃᆞ외오져: 되고자. 'ᄃᆞ외(어간)+오져(연결어미)'이다. '-오져'는 'ㅣ'나 'ㄹ' 받침으로 끝나는 동사, 형용사 어간 뒤에 붙어, '희망', '의도', '목적'의 '-고자'를 뜻하는 종속적 연결어미이다. 오ᄉᆞᆯ ᄲᆞᆯ오져 ᄒᆞ시니 녜 업던 돌ᄒᆞᆯ 帝釋이 옮겨 오니.《월곡 상:38》, 내 ᄒᆞᄅᆞᆺ 內예 八萬四千 佛塔ᄋᆞᆯ 閻浮提예 셰오져 ᄒᆞ노이다.《석상 24:24》. 현대국어 '되다'의 옛말인 'ᄃᆞᄫᅵ다'는 15세기 문헌에서부터 나타난다. 15세기 중엽 이후 'ᄫ'이 반모음 w로 변화하여 'ᄫᅵ'가 '외'로 변한 'ᄃᆞ외다'가 나타났다. 또한 15세기에는 'ᄃᆞ외다'에서 제1음절 모음 '·'가 제2음절의 원순모음 'ㅗ'의 영향으로 'ㅗ'로 바뀐 '도외다' 형태가 등장하였다. 16세기에는 '도외다'의 제1음절과 제2음절이 축약된 '되다' 형태가 등장하여 현재에 이르렀다. ᄃᆞᄫᅵ다(15세기)〉ᄃᆞ외다(15세기~17세기)〉도외다(15세기~17세기)〉되다(16세기~현재). 이형태: ᄃᆞᄫᅵ다, ᄃᆞ외다, 도외다, 되다. 臣下ㅣ 말 아니 드러 正統애 宥心ᄒᆞᇙᄊᆡ 山ᄋᆡ 草木이 軍馬ㅣ ᄃᆞᄫᅵ니이다.《1447 용가 98》, ㅇ를 입시울쏘리 아래 니ᅀᅥ 쓰면 입시울 가ᄇᆡ야ᄫᆞᆫ 소리 ᄃᆞ외ᄂᆞ니라.《1446 훈언 12ㄱ》, 우리 어ᅀᅵ 아ᄃᆞ리 외ᄅᆞᆸ고 입게 ᄃᆞ외야 人生 즐거ᄫᅳᆫ ᄠᅳ디 업고 주구믈 기드리노니.《1447 석상 6:5ㄱ》, 오히려 눉믈옷 ᄀᆞᄅᆞ미 ᄃᆞ외여 하ᄂᆞᆯᄒᆞᆯ 디나 ᄯᅩ 東ᄋᆞ로 흘러 가ᄂᆞᆺ다.《1481 두시-초 8:30ㄱ》, ᄯᅩ 勝福ᄋᆞᆯ 어드릴ᄊᆡ 暫持 功德이 도외니.《1463 법화 6:3ㄱ》,

夫人이 呂氏의 집의 며느리 되여 오니.《1518 번소 9:7ㄱ》

2 ᄒᆞ녀: 하느냐. 'ᄒᆞ(어간)+녀(의문형 종결어미)'이다. '-녀'는 ᄒᆞ라체의 의문형 종결어미로, '-니야', '-니여', '-니아'로 나타나기도 하는데, 현대국어 의문형 어미 '-냐'의 직접적 소급형이다. '-녀'는 주어가 제1인칭과 제3인칭일 때 쓰인다. '-녀'는 어간에 직접 붙을 수도 있고, 선어말어미 '-ᄂᆞ-', '-더-', '-리-'를 앞세울 수도 있다. 의문사가 없는 판정의문문에 쓰인다. 나고져 식브녀 阿難일 ᄇᆞ리신대 오샤ᅀᅡ 내 나리이다.《월곡 상:48》, 부톄 니ᄅᆞ샤ᄃᆡ 내 니ᄅᆞ던 究羅帝 眞實로 그러터녀 아니터녀 對答ᄒᆞᅀᆞ보ᄃᆡ 實로 世尊 말 ᄀᆞᆮ더이다.《월석 9:36-2》

소언 녯 글에 이시니 ᄀᆞᆯ오ᄃᆡ 吉길ᄒᆞᆫ 사ᄅᆞᆷ은 어딘 일ᄋᆞᆯ 호ᄃᆡ 오직 날을 不블足죡히 너겨 ᄒᆞ거든 凶흉ᄒᆞᆫ 사ᄅᆞᆷ은 어디디 아닌 일ᄋᆞᆯ 호ᄃᆡ ᄯᅩ 오직 날을 不블足죡히 너겨 ᄒᆞᄂᆞ다 ᄒᆞ니 너희네ᄂᆞᆫ 吉길ᄒᆞᆫ 사ᄅᆞᆷ이 되고져 ᄒᆞᄂᆞ냐 凶흉ᄒᆞᆫ 사ᄅᆞᆷ이 되고져 ᄒᆞᄂᆞ냐

현대역 옛 글에 있으니 가로되, '길한 사람은 어진 일을 하되 오직 날을 부족하게 여겨 하거든, 흉한 사람은 어질지 않은 일을 하되 또 오직 날을 부족하게 여겨 한다.' 하니, 너희네는 길한 사람이 되고자 하느냐, 흉한 사람이 되고자 하느냐?"

1 되고져: 되고자. '되(어간)+고져(연결어미)'이다. '-고져'는 주로 동사, 형용사 어간이나 어미 뒤에 붙어, '-고자'를 뜻하는 보조적 연결어미이다.. ᄒᆞᆫ ᄉᆞ랑ᄒᆞᄂᆞᆫ 아기아ᄃᆞ리 양ᄌᆡ며 ᄌᆡ죄 ᄒᆞᆫ 그티니 그딋 ᄯᆞᆯ를 맛고져 ᄒᆞ더이다.《석상 6:15》, 兜率天에 가아 兜率 天子ㅣ ᄃᆞ외야 世尊 뵈ᅀᆞᆸ고져 너겨.《석상 6:45》

2 ᄒᆞᄂᆞ냐: 하느냐. 'ᄒᆞ(어간)+ᄂᆞ(직설법 선어말어미)+냐(의문형 종결어미)'이다. '-냐'는 ᄒᆞ라체의 의문형 종결어미로, 주어가 제1인칭과 제3인칭일 때 쓰인다. 의문사가 없는 판정의문문에서 가부(可否) 대답을 요구할 때 쓰인다.

【集解】吉人爲善以下四句ᄂᆞᆫ今見書泰書篇하니라惟日不足은言終日爲之而猶以爲不足也라上旣歷陳善惡吉凶禍福之明驗하고終篇則使其自擇而取舍之하니其警之也深矣로다

吉人爲善 이하 네 구절은 이제《書經》〈泰書篇〉에 보인다. 惟日不足[오직 날이 부족함]은 종일 그것을 행하고도 오히려 부족하게 여김을 말한다. 위에서는 이미 선악에 대한 길흉·화복의 분명한 증험을 일일이 말했고, 終篇[傳有之 以下]에서는 하여금 그 스스로 택해서 그것을 취하고 버리게 했으니, 그 경계함이 깊도다.

【十二章】

○節孝徐先生이訓學者曰諸君이欲爲君子而使勞己之力ᄒᆞ며費己之財ㄴ댄如此而不爲君子ᄂᆞᆫ猶可也ㅣ어니와不勞己之力ᄒᆞ며不費己之財어늘諸君은何不爲君子오鄕人이賤之ᄒᆞ고父母ㅣ惡之ㄴ댄如此而不爲君子ᄂᆞᆫ猶可也ㅣ어니와父母ㅣ欲之ᄒᆞ고鄕人이榮之어늘諸君은何不爲君子오 《童蒙訓, 宋史 隱逸傳》

●節孝 徐 先生이 배우는 사람에게 훈계하여 말하였다. "제군[여러분]이 군자가 되려고 하면서, 하여금 자기의 힘을 수고롭게 하며 자기의 재물을 써야 한다면, 이와 같고도 군자가 되지[되려 하지] 않음은 오히려 괜찮거니와, 자기의 힘을 수고롭게 하지 않으며 자기의 재물을 쓰지 않거늘, 제군은 어찌하여 군자가 되지 않는가[되려 하지 않는가]? 마을사람들이 그것[爲君子]을 천히 여기고 부모가 그것을 미워한다면, 이와 같고도 군자가 되지 않음은 오히려 괜찮거니와, 부모가 그것을 하고자 하고 마을사람들이 그를 영광으로 여기거늘, 제군은 어찌하여 군자가 되지 않는가[되려 하지 않는가]?"

漢字 費(쓸 비)

절효 서 선생(節孝徐先生, 1028년~1103년): 북송 초주(楚州) 산음(山陰) 사람으로, 이름은 서적(徐積)이고, 자는 중거(仲車)다. 휘종(徽宗) 정화(政和) 6년(1116년)에 절효처사(節孝處士)란 시호가 내려졌다. 효성이 지극했다. 처음에 호원(胡瑗)에게 수업했다. 영종(英宗) 치평(治平) 4년(1067년) 진사에 급제했다.

중년에 귀가 멀어 외부와의 교유를 단절하고 궁촌(窮村)에 살았지만 세상의 일을 잘 알았다. 어릴 때부터 늙어서까지 매일 시 한 수씩을 지었다. 마을 사람들 사이에 쟁송(爭訟)이 발생하면 그에게 와서 자문을 구했다. 철종(哲宗) 원우(元祐) 초에 천거를 받아 초주교수(楚州敎授)가 되어 학생들에게 군자의 도리를 가르치니 듣는 사람이 옷깃을 여미며 경청했다. 화주방어추관(和州防禦推官)과 양주사호참군(楊州司戶參軍)을 거쳐 선덕랑(宣德郞)이 되고, 중악묘(中岳廟)를 관리했다. 《시경(詩經)》, 《춘추(春秋)》, 《예기(禮記)》를 고증하고 주석했으며, 천도(天道)와 인도(人道)의 합일을 주장했다. 저서에 《효절집(節孝集)》·《효절어록(節孝語錄)》이 있다(중국역대인명사전).

번소 節졀孝효 徐셔 先션生ᄉᆡᆼ이 ᄇᆡ호ᄂᆞᆫ 사ᄅᆞᆷ을 ᄀᆞᄅᆞ쳐 ᄀᆞ로ᄃᆡ 그ᄃᆡ네 어딘 사ᄅᆞᆷ이 되오져 호매 제 힘을 잇브게 ᄒᆞ며 제 쳔량ᄋᆞᆯ 해자ᄒᆞᆯ 거시면 어딘 사ᄅᆞᆷ 도의디 아니호미 오히려 可가커니와 제 힘 잇브디 아니ᄒᆞ며 제 쳔량 해자 아니ᄒᆞᆯ 거시로ᄃᆡ 그ᄃᆡ내 엇뎨 어딘 사ᄅᆞᆷ 도의디 아니ᄒᆞᄂᆞ니오 ᄆᆞᅀᆞᆯ 사ᄅᆞ미 쳔히 너기며 父부母모ㅣ 아쳗비 너기면 어딘 사ᄅᆞ미 도의디 아니호미 오히려 可가커니와 父부母모ㅣ 어딜와뎌 ᄒᆞ며 ᄆᆞᅀᆞᆯ 사ᄅᆞ미 빗내 너기거든 그ᄃᆡ내 엇뎨 어딘 사ᄅᆞ미 도의디 아니ᄒᆞᄂᆞ뇨

현대역 節孝 서 선생이 배우는 사람을 가르쳐 가로되, "그대네[그대들] 어진 사람이 되고자 함에, 제 힘을 피곤하게 하며 제 재산을 폐 끼칠 것이면, 어진 사람 되지 아니함이 오히려 가하거니와, 제 힘 피곤하지 아니하며 제 재산 폐 끼치지 아니 할 것이로되, 그대네 어찌 어진 사람 되지 아니하느냐? 마을 사람이 천하게 여기며 부모가 싫게 여기면, 어진 사람이 되지 아니함이 오히려 가하거니와, 부모가 어질고자 하며 마을 사람이 빛나게 여기거든, 그대네 어찌 어진 사람이 되지 아니하느냐?"

1 ᄇᆡ호ᄂᆞᆫ: 배우는. '배호(어간)+ᄂᆞᆫ(관형사형 어미)'이다. 'ᄇᆡ호다'는 15세기 문헌에서부터 나타난다. 19세기에 모음 사이에서 'ㅎ'이 탈락한 'ᄇᆡ오다' 형태가 나타났

다. 또한 근대국어 후기에 제1음절의 'ㆍ'가 'ㅏ'와 소리가 같아지면서 이중모음 'ㆎ'도 'ㅐ[aj]'로 바뀌고, 'ㅐ[aj]'가 [ɛ]'로 단모음화하였는데, 이러한 현상이 반영된 '배오다' 형태가 19세기에 나타난다. '배오다'에서 제2음절의 모음 'ㅗ'가 'ㅜ'로 바뀐 '배우다' 형태도 등장하여 오늘날에 이르게 되었다. ᄇᆡ호다(15세기~19세기)〉ᄇᆡ오다(19세기)〉배우다(19세기~현재). 淨居天이 禮ᄅᆞᆯ 아라 세 ᄇᆞᆯ 값도라 늘 須達이 보아 ᄇᆡ호니.《1447 월곡 55ㄴ》, 네 뉘손ᄃᆡ 글 ᄇᆡ혼다 내 되ᄒᆞᆨ당의셔 글 ᄇᆡ호라.《1510년대 번노 상:2ㄴ》

2 그듸내, 그듸네: 그대네. '그듸(대명사)+내(접사)', '그듸(대명사)+네(접사)'이다. '-내'나 '-네'는 사람을 뜻하는 일부 명사 뒤에 붙어, '한 무리'라는 뜻을 더하는 접사이다. 아바ᇝ긔와 아ᄌᆞ마ᇝ긔와 아자바님내ᄭᅴ 다 安否ᄒᆞᅀᆞᆸ고 ᄯᅩ 耶輸陁羅ᄅᆞᆯ 달애야 恩愛ᄅᆞᆯ 그쳐.《석상 6:1》, 네 아ᄃᆞ리 各各 어마님내 뫼ᅀᆞᆸ고 누의님내 더브러 즉자히 나가니 力士와 百姓ᄃᆞᆯ히 만히 조차 가니라.《월석 2:6》, 녀느 夫人냇 아ᄃᆞᆯ 네히 照目과 聽目과 調伏象과 尼樓왜 다 어디더니.《월석 2:4~5》, 녯 聖人냇 보라ᄆᆞᆯ 보미 맛당컨뎡 모ᄃᆡ 杜選ᄋᆞᆯ 마롫디니 아란다(宜觀先聖標格 切忌杜撰 會麼).《몽법 20》

3 쳔량: 천량. 개인 살림살이의 재산. 중국어 '전량(錢糧)'에서 온 말이다.

4 아니ᄒᆞᄂᆞ니오: 아니하느냐. '아니ᄒᆞ(어간)+ᄂᆞ(직설법 선어말어미)+니(원칙법 선어말어미)+오(의문형 종결어미)'이다. 의문문에는 상대방에게 가부(可否)를 요구하는 판정의문문과 의문사를 써서 설명을 요구하는 설명의문문이 있다. 중세국어에서 제1·3인칭 판정의문문에서는 체언에 의문 보조사를 붙이는 경우에는 「체언+의문 보조사 '가/아'」의 형태이고, 활용형에서는 「용언+종결어미 '니여/녀, 리여/려'」의 형태이다. 제1·3인칭 설명의문문에서는 체언에 의문 보조사를 붙이는 경우에는 「체언+의문 보조사 '고/오'」의 형태이고, 활용형에서는 「용언+종결어미 '뇨/료'」의 형태이다. 한편 제2인칭 의문문은 판정의문문과 설명의문문 공히 「용언의 관형사형 '-ㄴ/-ᇙ'+의문 보조사 '다'」의 형태이다. 이밖에 수사의문문의 어미로서 '-이ᄯᆞᆫ', '-이ᄯᆞ녀', '-이ᄯᆞ니잇가'도 쓰였다. 본 예는 ᄒᆞ라체 제1·3인칭 설명의문문의 경우이다. ᄒᆡ 디ᄂᆞ 나조ᄒᆡ 몃 ᄂᆞᆯ개 가ᄂᆞ니오 뒷 수프리 ᄒᆞᆫ갓 절로 어듭도다(日暮歸幾翼 北林空自昏).《두시-초 6:5》, 日暮歸幾翼, 北林空自昏.긴 길히 ᄆᆞᅀᆞ매 거리ᄶᅧ시니 劍閣ᄋᆞᆯ 슬노라 片雲은 므슴 ᄠᅳ드로 琴臺ᄅᆞᆯ 바랫ᄂᆞ니오(長路關心悲劍閣 片雲何意傍琴臺).《두시-초 7:3》

5 아니ᄒᆞᄂᆞ뇨: 아니하느냐. '아니ᄒᆞ(어간)+ᄂᆞ(직설법 선어말어미)+뇨(의문형 종결어미)'이다. '-뇨'는 '니(원칙법 선어말어미)+오(의문형 종결어미)'로, '엇뎨'와 같은 의문사와 함께 쓰여, 정보를 요구하는 설명의문형을 나타낸다. 본 예는 ᄒᆞ라체 제1·3인칭 설명의문문이다. 王이 須達이ᄃᆞ려 닐오ᄃᆡ 네 스스의 弟子ㅣ 엇뎨 아니 오ᄂᆞ뇨《석상 6:29》, 時節이 바ᄃᆞ라온 제ᅀᅡ 世예 업슨 ᄌᆡ조ᄅᆞᆯ 비르소 알리로소니 뉘 옛귀ᄅᆞᆯ 쓰다 니ᄅᆞᄂᆞ뇨 ᄃᆞ로미 나ᅀᅵ ᄀᆞᆮ도다(時危始識不世才 誰謂荼苦甘如薺).《두시-초 8:18》

소언 節졀孝효 徐셔 先션生ᄉᆡᆼ[節졀孝효ᄂᆞᆫ 시회오 일홈은 積젹이니 宋송 적 은ᄉᆡ라]이 ᄇᆡ호ᄂᆞᆫ 이를 ᄀᆞᄅᆞ쳐 ᄀᆞᆯ오ᄃᆡ 그ᄃᆡ네 君군子ᄌᆞ를 되고져 호ᄃᆡ ᄒᆡ여곰 내의 힘을 글로ᄒᆞ며 내의 ᄌᆡ믈을 허비ᄒᆞᆯ딘댄 이러ᄐᆞ시ᄒᆞ고 君군子ᄌᆞㅣ 되디 아니홈은 오히려 可가커니와 내의 힘을 글로티 아니ᄒᆞ며 내의 ᄌᆡ믈을 허비티 아니ᄒᆞ거늘 그ᄃᆡ네ᄂᆞᆫ 엇디 君군子ᄌᆞㅣ 되디 아니ᄒᆞᄂᆞ뇨 ᄆᆞ올 사ᄅᆞᆷ이 賤쳔히 녀기고 父부母모ㅣ 아쳐ᄒᆞᆯ딘댄 이러ᄐᆞ시ᄒᆞ고 君군子ᄌᆞㅣ 되디 아니홈은 오히려 可가커니와 父부母모ㅣ ᄒᆞ과댜 ᄒᆞ고 ᄆᆞ올 사ᄅᆞᆷ이 영화로이 녀기거늘 그ᄃᆡ네ᄂᆞᆫ 엇디 君군子ᄌᆞㅣ 되디 아니ᄒᆞᄂᆞ뇨

현대역 節孝 徐 先生[節孝는 시호이고, 이름은 積이니, 宋 때 隱士라.]이 배우는 이를 가르쳐 가로되, "그대들 군자를 되고자 하되 하여금 나의 힘을 勤勞하며 나의 재물을 허비할진댄, 이렇듯이 하고 군자가 되지 아니함은 오히려 가하거니와, 나의 힘을 근로하지 아니하며 나의 재물을 허비하지 아니하거늘, 그대들은 어찌 군자가 되지 아니하느냐? 마을 사람이 천하게 여기고 부모가 싫어한다면, 이렇듯이 하고 군자가 되지 아니함은 오히려 가하거니와, 부모가 하고자 하고 마을 사람이 영화롭게 여기거늘, 그대들을 어찌 군자가 되지 아니하느냐?"

1 허비ᄒᆞᆯ딘댄: 허비할진댄. '허비ᄒᆞ(어간)+ㄹ(관형사형 어미)+ᄃᆞ(의존명사)+이(서술격 조사 '이다'의 어간)+ㄴ대(연결어미)+ㄴ(보조사)'이다. 'ㄹ+ᄃᆞ+이+ㄴ대

+ㄴ'이 '-ㄹ딘댄'으로 재구조화되었다. '-ㄹ딘댄'은 현대국어 '-ㄹ진댄'에 해당한다. '-ㄹ진댄'은 '-ㄹ진대'에 보조사 'ㄴ'이 결합한 말로, '-ㄹ진대'를 강조한다. '-ㄹ진대'는 '이다'의 어간, 받침 없는 용언의 어간, 'ㄹ' 받침인 용언의 어간 또는 어미 '-으시-' 뒤에 붙어, 앞 절의 일을 인정하면서, 그것을 뒤 절 일의 조건이나 이유, 근거로 삼음을 나타내는 연결어미이다. 장중한 어감을 띤다. 論語에 닐오ᄃᆡ 工匠바지ㅣ 이ᄅᆞᆯ 이대코져 홀딘댄 반ᄃᆞ기 몬져 그 그르슬 ᄂᆞᆯ나게 ᄒᆞᄂᆞ니라 ᄒᆞ니라(論語云 工欲善其事 必先利其器).《원각 서:80》, 輪廻ᄅᆞᆯ 免코져 홀딘댄 부텨 求홈 ᄀᆞᆮᄒᆞ니 업스니라 ᄒᆞ다가 부텨 求코져 홀딘댄 부톄 곧 이 ᄆᆞᅀᆞ미니 ᄆᆞᅀᆞᄆᆞᆯ 엇뎨 머리 어ᄃᆞ료(欲免輪廻 莫若求佛 若欲求佛 佛卽是心 心何遠覓).《목우 2》.

2 ᄒᆞ과뎌: 하고자. 'ᄒᆞ(어간)+과뎌(연결어미)'이다. '-과뎌'는 주로 동사, 형용사 어간 뒤에 붙어, 희망·의도·목적 '-고자'를 뜻하는 어미이다. 戊寅년 ᄎᆡᆨ애 사ᄅᆞᆷ이 수이 알과뎌 ᄒᆞ야 字 ᄠᅳᆮ 밧긔 註엣 말을 아오로 드려 사겨시모로(戊寅本欲人易曉字義之外 幷入註語爲解故).《소언 범:1》, 아ᄎᆞᆷ나죄로 나ᄅᆞᆯ 경계ᄒᆞ야 ᄀᆞᆯ오ᄃᆡ 반ᄃᆞ시 先人의 일을 廢티 말라 ᄒᆞ과뎌 ᄇᆞ라더니 네 이제 ᄀᆞᆯ오ᄃᆡ 엇뎨 ᄉᆞᄉᆞ로 편안티 아니ᄒᆞᄂᆞ뇨 ᄒᆞ니(吾冀而朝夕修我曰必無廢先人 爾今曰胡不自安).《소언 4:46》

3 글로ᄒᆞ며: 근로(勤勞)하며. 부지런히 일하며.

【集解】先生의名은積이요字는仲車요節孝는諡也니山陽人이라

선생의 이름은 積이요, 자는 仲車요, 節孝는 시호이니, 山陽 사람이다.

又曰言其所善ᄒᆞ며行其所善ᄒᆞ며思其所善이면如此而不爲君子ㅣ未之有也ㅣ오言其所不善ᄒᆞ며行其所不善ᄒᆞ며思其所不善이면如此而不爲小人이未之有也ㅣ니라

●또 말하였다. "그 선한 바를 말하며, 그 선한 바를 행하며, 그 선한 바를 생각하면, 이와 같고도 군자가 되지 않음은 있지 않았고, 그 선하지 않은 바를 말하며, 그 선하지 않은 바를 행하며, 그 선하지 않은 바를 생각하면,

이와 같고도 소인이 되지 않음은 있지 않았다."

번소 또 ᄀᆞ로ᄃᆡ 어딘 이ᄅᆞᆯ 니ᄅᆞ며 어딘 이ᄅᆞᆯ 힝ᄒᆞ며 어딘 이ᄅᆞᆯ ᄉᆞ랑ᄒᆞ고 이러콕 어딘 사ᄅᆞᆷ 도의디 아니ᄒᆞ리 잇디 아니ᄒᆞ며 왼 이ᄅᆞᆯ 니ᄅᆞ며 왼 이ᄅᆞᆯ 힝ᄒᆞ며 왼 이ᄅᆞᆯ ᄉᆞ랑ᄒᆞ고 이러코 小쇼人신 도의디 아니ᄒᆞ리 잇디 아니ᄒᆞ니라

현대역 또 가로되, "어진 일을 말하며, 어진 일을 행하며, 어진 일을 생각하고, 이러하고 어진 사람 되지 아니할 이 있지 아니하며, 그른 일을 말하며, 그런 일을 행하며, 그른 일을 생각하고, 이러하고 소인 되지 아니할 이 있지 아니하니라."

니ᄅᆞ며: 이르며[謂]. 말하며. '닐(어간)+ᄋᆞ며(연결어미)'이다. '니르다'는 '이르다'의 옛말이다. 모음으로 시작하는 어미 앞에서는 '닐-'로 나타난다. 이런 젼ᄎᆞ로 어린 百姓이 니르고져 홇 배 이셔도.《훈언 2》, 世間 다 ᄉᆞ롬 마리며 싱계 사롤 일돌홀 닐어도 다 正ᄒᆞᆫ 法에 順ᄒᆞ며.《석상 19:24》. 'ᄋᆞ며'는 끝음절의 모음이 'ㆍ, ㅏ, ㅗ'이고 받침 있는 동사, 형용사 어간이나 어미 뒤에 붙어, '-으며'를 뜻하는 연결어미이다. 三千大千이 ᄇᆞᆰᄀᆞ며 樓殿이 일어늘 안좀 걷뇨매 어마님 모ᄅᆞ시니.《월곡 상:6》, 諸王과 靑衣와 長者ㅣ 아ᄃᆞᆯ 나ᄒᆞ며 諸釋 아ᄃᆞᆯ도 ᄯᅩ 나니이다.《월곡 상:9》

소언 ᄯᅩ ᄀᆞᆯ오ᄃᆡ 그 어딘 바ᄅᆞᆯ 닐ᄋᆞ며 그 어딘 바ᄅᆞᆯ 行힝ᄒᆞ며 그 어딘 바ᄅᆞᆯ ᄉᆡᇰ각ᄒᆞ면 이러ᄐᆞᆺ ᄒᆞ고 君군子ᄌᆞ 되디 몯ᄒᆞ리 잇디 아니ᄒᆞ고 그 어디디 아닌 이를 닐ᄋᆞ며 그 어디디 아닌 이를 行힝ᄒᆞ며 그 어디디 아닌 이를 ᄉᆡᇰ각ᄒᆞ면 이러ᄐᆞᆺ ᄒᆞ고 小쇼人인 되디 아니리 잇디 아니ᄒᆞ니라

현대역 또 가로되, "그 어진 바를 말하며 그 어진 바를 행하며 그 어진 바를 생각하면, 이렇듯이 하고 군자 되지 못할 이 있지 아니하고, 그 어질지 않은 일을 말하며 그 어질지 않은 일을 행하며 그 어질지 않은 일을 생각하면

이렇듯이 하고 소인 되지 않을 이 있지 아니하니라.”

【集解】君子小人之分이在乎口之所言身之所行心之所思而已니言行은見乎外하고心思는存乎中하니三者皆善이면則爲君子也必矣요三者皆不善이면則豈不爲小人哉리오

군자와 소인의 구분은 입의 말하는 바와 몸의 행하는 바와 마음의 생각하는 바에 있을 따름이니, 말과 행실은 밖에 나타나고, 마음과 생각은 속에 있으니, 세 가지가 모두 선하면 군자 됨이 틀림없고, 세 가지가 모두 선하지 않으면 어찌 소인이 되지 않겠는가?

〖十三章〗

○胡文定公이與子書曰立志를以明道希文으로自期待ᄒᆞ며

《胡氏傳家訓》

●胡文定公이 아들에게 주는 글에 말하였다. “뜻 세움을 明道와 希文으로써, 스스로 기약하여 기다리며,

1 호문정공(胡文定公, 1074년~1138년): 중국 송(宋)나라의 유학자이다. 이름은 호안국(胡安國)이고, 자는 강후(康侯)이며, 시호는 문정(文定)이다. 푸젠성[福建省] 충안[崇安] 출생이다. 벼슬에 오르기는 하였으나 명예와 이익을 외면하고 고종(高宗) 때 급사(給事)에서 관을 떠났다. 출처진퇴(出處進退)가 엄격하고 도(道)를 굳게 지켰으며 이정자[二程子: 정명도(程明道)·정이천(程伊川)] 중 특히 정이천을 사숙(私淑)하여 거경궁리(居敬窮理)의 학문을 중히 여겼다. 정문(程門)의 제자 사상채(謝上蔡)·양구산(楊龜山) 등과 친분을 맺었고 정문의 학문을 명확히 구명하는 데 힘썼다. 왕안석(王安石)이 《춘추(春秋)》를 폐하여 학관(學官)의 대열에 끼지 못한 데서 《춘추》의 학문이 쇠퇴한 것을 탄식하고, 이 책을 연구하는 데 20여 년을 보내며 《춘추호씨전(春秋胡氏傳)》 30권을 저술하였다. 그 밖에 《자치통감거요보유(資治通鑑擧要補遺)》 100권, 《문집(文集)》 15권이

있다(두산백과).

2 범중엄(范仲淹, 989년~1052년): 장쑤성[江蘇省] 쑤저우[蘇州] 출생으로, 북송 때의 정치가, 문학가, 교육가이다. 자는 희문(希文)이고, 시호는 문정(文正)이다. 인종(仁宗)의 친정(親政)이 시작되자 부름을 받아 중앙에서 간관(諫官)이 되었다. 그러나 그 무렵 곽황후(郭皇后)의 폐립문제를 놓고 찬성파인 재상 여이간(呂夷簡)과 대립했기 때문에 다시 지방으로 쫓겨났다. 그 뒤로 구양수(歐陽修)·한기(韓琦) 등과 함께 여이간 일파를 비난하였으며, 자기들 스스로 군자의 붕당(朋黨)이라고 자칭하여 경력당의(慶曆黨議)를 불러일으켰다. 1038년에 이원호(李元昊)가 서하(西夏)에서 제위(帝位)에 오르자, 산시경략안무초토부사[陝西經略安撫招討副使]가 되어 서하 대책을 맡고, 그 침입을 막았다. 그 공으로 추밀부사(樞密副使)가 되고, 이어 참지정사(參知政事: 부재상에 해당)로 승진하여 내정개혁에 힘썼으나, 그를 미워하는 하송(夏悚) 일파의 저항이 강하여 다시 지방관(地方官)을 역임하다가 병으로 죽었다. 산문으로 유명한 '악양루기(岳陽樓記)'가 있고, 저서로는 《범문정공시여(范文正公詩余)》·《범문정공집(范文正公集)》(24권)이 전한다. 인종 경력(慶曆) 4년, 친구인 등종량(滕宗諒, 滕子京, 991년~1047년)이 파릉군(巴陵郡)의 태수로 좌천되었다. 이듬 해 악양루를 중수하였는데, 이때 범중엄을 초빙하여 글을 부탁한다. 현재 악양루의 2층에 있는 '악양루기'에서 다음의 시구는 천하의 명구로서 많은 정치인과 문인, 무인들의 귀감이 되고 있다. 말미의 명구는 다음과 같다. "嗟夫 予嘗求古仁人之心 或異二者之爲 何哉 不以物喜 不以己悲 居廟堂之高 則憂其民 處江湖之遠 則憂其君 是進亦憂 退亦憂 然則何時而樂耶 其必曰先天下之憂而憂 後天下之樂而樂歟 噫 微斯人 吾誰與歸(아아! 내가 일찍이 옛 어진 이들의 마음가짐을 추구해보니, 간혹 이 두 가지 경우의 행위와 다른 것은 어째서인가? 외물(外物) 때문에 기뻐하지도 않고 자신의 처지 때문에 슬퍼하지도 않아서, 조정의 높은 자리에 있으면 그 백성들을 걱정하였고 강호(江湖)의 먼 곳에 머물면 그 임금을 근심하였으니, 이것은 나아가서도 걱정하고 물러나서도 걱정한 것이다. 그렇다면 어느 때에나 즐거워할 수 있었겠는가? 그들은 반드시 말하기를, '천하 사람들의 근심에 앞서서 근심하고 천하 사람들의 즐거움에 뒤미처 즐거워한다.'라고 하였으리라. 아! 이런 사람들이 없었더라면 나는 누구를 따르겠는가?) "(두산백과, 중국의 명문장 감상).

번소 胡호文문定뎡公공이 子ᄌᆞ息식 준 글월레 ᄀᆞ로ᄃᆡ ᄠᅳᆮ 머고ᄆᆞᆯ 明명道도 先션生ᄉᆡᆼ과 范범希희文문과로ᄡᅥ 제 모ᄆᆞᆯ 긔약ᄒᆞ야 ᄀᆞᄐᆡ 되요려 홀 디니라

현대역 호문정공이 자식 준 글월에 가로되, "뜻 품음을 明道 선생과 范希文으로써, 제 몸을 기약하여 같이 되려 할 것이니라.

1 되요려: 되려. '되(어간)+요려(연결어미)'이다. '-요려'는 '-오려'의 이형태로, 희망·의도·목적의 '-려'를 뜻하는 연결어미이다. 'ㅣ'나 'ㅣ' 계열 이중모음으로 끝나는 동사, 형용사 어간 뒤에 붙는다. 네 몬져 聲聞 緣覺 모ᄃᆞᆫ 小乘法을 아쳐러 여희요려 ᄒᆞ야 發心ᄒᆞ야 우업슨 菩提를 브즈러니 求홀ᄊᆡ(汝先厭離聲聞緣覺諸小乘法 發心勤求無上菩提).《능엄 3:65》, 시혹 人法에 이긔요려 ᄒᆞ며 시혹 各別히 고텨 닐위려 ᄒᆞ며(或擬違背人法 或擬別爲調致).《원각 하3-1:55》

2 홀 디니라: 할 것이니라. 할지니라. 'ᄒᆞ(어간)+오(대상 표시법 선어말어미)+ㄹ(관형사형 어미)+ᄃᆞ(의존명사)+이(서술격조사 '이다'의 어간)+니라(평서형 종결어미)'이다. 이런 형태소 구성을 고려하면, '홀 디니라'처럼 띄어 쓰며, '-ㄹ 것이니라'로 풀이할 수 있다. 이때 의무와 당연의 의미가 포함되어 있으며, 장엄한 어감을 띤다. 그러나 'ㄹ+ᄃᆞ+이+니라'는 '-ㄹ디니라'의 형태로, 하나의 종결어미로 재구조화한 것으로 볼 수도 있다. 이때에는 해라할 자리에 쓰여, '홀디니라'처럼 붙여 쓰며 '-ㄹ지니라'로 풀이할 수도 있다. 알 리ᄂᆞᆫ 仔細히 ᄒᆞ야 ᄀᆞ초 버류믈 疑心 마롤 디니라(達者審之 勿嫌具列).《원각 상2-1:32》, 願ᄒᆞᆫᄃᆞᆫ 모ᄃᆞᆫ 道 닷ᄀᆞᆯ 사ᄅᆞ미 모ᄃᆡ 밧기 求티 마롤 디니라(願諸修道之人 切莫外求).《목우 3》. '-오$_2$-'나 이형태 '-우$_2$-'는 관형사형을 평서형으로 전개할 때 피한정 명사가 목적어나 부사어의 기능을 띠면 나타나는 대상 표시법 선어말어미(고영근, 2020: 372)이다.

소언 胡호文문定뎡公공[文문定뎡은 시회오 일홈은 安안國국이니 宋송 적 어딘 신해라]이 아ᄃᆞᆯ 준 글월의 ᄀᆞᆯ오ᄃᆡ ᄠᅳᆮ 셰욤을 明명道도[程뎡先션生ᄉᆡᆼ이라]와 希희文문[范범仲듕淹엄의 字ᄌᆞㅣ니 宋송 적 어딘 지샹이라]으로ᄡᅥ 스스로 긔약ᄒᆞ야 기들오며

현대역 胡文定公[文定은 시호이고, 이름은 安國이니, 宋 때 어진 신하라.]이 아들 준 글월에 가로되, "뜻 세움을 明道[程 선생이라.]와 希文[范仲淹의 자니, 宋 때 어진 재상이라.]으로써 스스로 기약하여 기다리며,

기들오며: 기다리며. '기들오(어간)+며(연결어미)'이다. '기들오다'나 '기들우다'는 '기다리다'의 옛말이다. 몰발 기들오는 ᄆᆞᅀᆞ미 업소라(無心得馬蹄).《두시-초 21:11》, 願ᄒᆞᆫᄃᆞᆫ 져기 기들워 아힛 거슬 져주디 마ᄅᆞ쇼셔(願且待 幸無刻兒).《내훈 3:34》, 이제 이 그를 져기 紀호미 왼 ᄃᆡ 하니 明哲ᄋᆞᆯ 기들우노니 왼 ᄃᆡ란 正히오라(今略紀斯文 多有謬誤 用俟明哲 非者正之).《영가 서:16》

【集解】公의名은安國이요字는康侯요文定은諡也니建安人이라三子니寅은字明仲이요寧은字和仲이요宏은字仁仲이라明道는程純公也니朱子稱其十四五歲에便學聖人이라하고鄒文忠公浩이稱其得志면能使萬物各得其所라하고藍田呂氏稱其自任之重하여寧學聖人而未至언정不欲以一善成名하며寧以一物不被澤으로爲己病이언정不欲以一時之利로爲己功이라하니此明道之志라希文은范文正公也니朱子稱其自做秀才時로其志便以天下爲己任이라하고歐陽文忠公이稱其少有大節하여於富貴貧賤毁譽歡戚에無一動其心이라하고嘗曰士當先天下之憂而憂하고後天下之樂而樂이라하니此文正公之志也니宜乎胡公敎子에立志를以二公自期待焉이니라

公의 이름은 安國이요, 자는 康侯요, 文定은 시호이니, 建安 사람이다. 아들이 셋이니, 寅은 자가 明仲이요, 寧은 자가 和仲이요, 宏은 자가 仁仲이다. 明道는 程純公[程顥]이다. 주자는 '그[명도]가 14~5세에 곧 성인을 배웠다.'고 칭찬하였고, 鄒文忠公[鄒浩]은 '그가 뜻을 얻었으면 능히 만물로 하여금 각각 그 제자리를 얻게 할 것이다.'고 칭찬했으며, 藍田呂氏[呂大臨]

는 '그가 自任하기를 무겁게 하여, 차라리 성인을 배우다가 이르지 못할지언정, 한 가지 선함으로써 명성을 이루고자 하지 않았으며, 차라리 한 사물[일]로써 은택을 입지 못함으로 자기의 병으로 삼을지언정, 한때의 이익으로써 자기의 공을 삼으려고 하지 않았다.'고 칭찬하였으니, 이는 명도의 뜻이다. 希文은 范文正公[범중엄(范仲淹)]이니, 주자는 '그[希文]가 秀才를 지은[수재가 된] 때로부터 그 뜻이 곧 천하로써 자기의 임무를 삼았다.'고 칭찬하였으며, 歐陽文忠公[歐陽脩]은 '그가 어려서부터 큰 절개가 있어 부함과 귀함, 가난함과 천함, 비방과 칭찬, 기쁨과 슬픔에 한결같이 그 마음을 동요하지 않았다.'고 칭찬하였으며, 일찍이 (문정공이 〈岳陽樓記〉에서) 말하기를, "선비는 마땅히 천하가 근심하기에 앞서 근심하고, 천하가 즐거워한 뒤에 즐거워해야 한다."라고 했으니, 이는 문정공의 뜻이었다. 胡公이 자식을 가르침에 뜻을 세움을 두 公으로써 스스로 기약하여 기다리게 함이 당연하다 하겠다.

漢字 宖(클 굉), 藍(쪽 람), 做(지을 주, 만들 주)

1 추호(鄒浩, 1060년~1111년): 북송 상주(常州) 진릉(晉陵) 사람이다. 자는 지완(志完)이고, 호는 도향거사(道鄉居士)다. 신종(神宗) 원풍(元豊) 5년(1082년) 진사(進士)가 되어 양주교수(襄州敎授)와 중서사인(中書舍人) 등을 지냈다. 좌정언(左正言)으로 옮긴 뒤 유후(劉后)를 세우라고 간했다가 삭관(削官)되어 신주(新州)로 내려갔다. 휘종(徽宗)이 즉위하자 복관되어 병부시랑을 거쳐 강녕부(江寧府)와 월주(越州), 항주(杭州)의 지주(知州)를 역임했다. 다시 유후를 세우라는 간언을 했다가 영주(永州) 등지로 폄적되었다. 숭녕(崇寧) 5년(1106년) 고향으로 돌아왔다. 송학(宋學)을 종주로 삼았다. 저서에 《논어해의(論語解義)》·《맹자해의(孟子解義)》·《도향집(道鄉集)》 등이 있다(중국역대인명사전).

2 여대림(呂大臨, 1046년~1092년): 북송 경조(京兆) 남전(藍田, 섬서성) 사람이다. 자는 여숙(與叔)이다. 여대균(呂大鈞)의 동생이다. 처음에 장재(張載)에게 배웠고 나중에 정이(程頤)에게 배웠는데, 사량좌(謝良佐), 유조(游酢), 양시(楊時)와 함께 '정문사선생(程門四先生)'으로 일컬어진다. 육경(六經)에 정통했고, 특히 《예기(禮記)》에 밝았다. 문음(門蔭)으로 관직에 올라 나중에 진사 시험에

합격했다. 철종(哲宗) 원우(元祐) 연간에 태학박사(太學博士)를 지냈고, 비서성정자(秘書省正字)로 옮겼다. 범조우(范祖禹)의 천거로 강관(講官)이 되었는데, 기용되기도 전에 죽었다. 예학(禮學)에 밝아 예의를 중시했으며, 정자의 예학을 계승하여 심성지학(心性之學)에 치중했다. 저서에 《역장구(易章句)》·《대역도상(大易圖象)》·《맹자강의(孟子講義)》·《대학중용해(大學中庸解)》·《노자해(老子注)》·《서명집해(西銘集解)》 등이 있었지만 대부분 없어지고, 지금은 《고고도(考古圖)》·《속고고도(續考古圖)》·《석문(釋文)》이 사고전서(四庫全書)에 수록되어 있다. 문집에 《옥계집(玉溪集)》이 있다(중국역대인명사전).

3 자임(自任): 임무를 자기가 스스로 맡음.

4 수재(秀才): '보통사람보다 뛰어난 재능, 또는 그러한 재능을 가진 사람'을 가리키는 말이다. 그러나 '수재'라는 두 자는 처음 《관자(管子)》에서 사용한 말로, 한(漢)나라 때는 과거(科擧)의 과목이 되었다. 그 후 광무제(光武帝) 때는 그의 휘(諱)가 '수(秀)'였으므로 이를 피하여 무재(茂才)라 하였다. 당대(唐代)에는 명경과(明經科)·진사과(進士科)와 나란히 수재과(秀才科)를 두었으며, 송대(宋代)에는 과거에 응시하는 선비를 모두 수재라 칭하였고, 명(明)·청대(淸代)에 이르러서는 현학(縣學)에 입학하는 생원(生員)까지도 수재라 칭하였다.

5 구양수(歐陽修, 1007년~1072년): 북송(北宋)시대 인물이다. 자는 영숙(永叔)이고, 호는 취옹(醉翁)이며, 만년에는 육일거사(六一居士)라고도 불렀다. 여릉[廬陵, 지금의 장시(江西)성 지안(吉安)시] 사람으로, 네 살 때 아버지를 여의고 가난하게 자랐다. 유년 시기의 구양수는 모친 정 씨(鄭氏)에게 교육을 받았다. 정 씨는 좋은 교육을 받고 식견이 높은 여성으로 자신의 아들을 교육시키는 것에 모든 것을 걸었다. 그녀는 남편의 탁월한 인품과 덕성을 앞세워서 아들을 교육시켰고, 아들이 너그럽고 어질며 단정하고 학식이 깊은 사람으로 성장하길 희망했다. 집안이 가난하여 지필묵을 살 수가 없었기 때문에 정 씨는 구양수로 하여금 갈대를 붓으로 삼아 땅에다가 글자를 써서 익히게 하였다. 그는 어려서부터 총명하여 얼마 지나지 않아 많은 글자를 익힐 수가 있었다. 정 씨는 또 그를 고인들의 시문을 암송하게 했고 시를 쓰는 연습을 시켰다. 이러한 모친의 교육열과 각고의 연마 속에 구양수는 어려서부터 호학(好學)의 습관을 가지게 되었다. 그는 항상 밤낮없이 연습하고 침식을 잊을 정도로 공부했다. 집안에 없는 책은 남에게 빌려 베꼈는데, 그 과정에서 이미 모두 외울 정도가 되었다. 한번은 이 씨(李氏) 성을 가진 집안에서 발견된 헤진 상자 속에서 《창려선생문집

(昌黎先生文集)》을 발견한 적이 있었는데, 이미 책이 다 찢어지고 순서가 다 뒤바뀐 상태였다. 그래도 구양수는 이 씨에게 자신에게 달라고 하여 그 책을 얻었다. 구양수는 이 책을 보배처럼 여기고 한유의 문장에 심취하여 마음을 다하여 정독했다. 그는 책 속에서 신천지가 열리는 것 같은 느낌을 받았다. 그래서 더욱 노력하여 한유(韓愈)와 어깨를 나란히 할 정도가 되겠다고 결심했다. 인종(仁宗) 천성(天聖) 연간(1023년~1031년)에 진사에 급제하여 관각교감(館閣校勘)으로 관직 생활을 시작했다. 인종 경력(慶曆) 초기(1041년 이후)에 범중엄(范仲淹)이 재상 여이간(呂夷簡)에 의해 좌천되자 윤수(尹洙, 1001년~1047년) 등과 이에 불복하다가 이릉(夷陵, 지금의 후베이성 이창(宜昌)시 이링구) 령(令)으로 좌천당했다. 이때 붕당(朋黨)으로 지목되자 그는 〈붕당론(朋黨論)〉이란 글을 써서 이에 반박했다. 경력 3년(1043년) 지간원(知諫院)에 임명되자 글을 올려 범중엄·부필(富弼)·한기(韓琦) 등을 기용할 것을 주장했다. 그러나 다시 정적으로부터 기피 대상으로 몰려 11년 동안 지방을 전전했다. 가우(嘉祐) 연간(1056년~1063년)에 용도각(龍圖閣) 학사·개봉부(開封府, 지금의 허난성 카이펑(開封市)시) 지부(知府, 행정수장)에 임명되었다. 《신당서(新唐書)》를 완성하자 예부시랑 겸 한림시독학사에 임명되었다. 가우 5년(1060년)에 추밀부사에 임명되었다가 이듬해에 참지정사에 올랐다. 신종 때는 박주[亳州, 지금의 안후이(安徽)성 보저우시], 청주[青州, 지금의 산둥(山東)성 칭저우]의 현령으로 나갔으며, 왕안석의 신법에 반대했다. 희녕 4년(1071년) 퇴직하여 이듬해에 죽었다. 구양수는 처음 윤수에게서 배웠고, 매요신(梅堯臣)·소순흠(蘇舜欽) 등과 함께 고문을 제창하여 문장은 뜻이 분명하고 실용적이어야 한다고 주장했다. 아울러 창작을 통해 종래의 '서곤체(西崑體)'를 비평함으로써 시문 혁신운동의 기수가 되었다. 그의 시문은 힘이 있으면서도 맑고 신선했으며, 산문은 조화로우면서도 깊이가 있다는 평가를 받는다. 사학에서의 성취도 탁월하여 송기(宋祁, 998년~1061년)와 함께 《신당서》를 편찬했고, 그 자신이 《신오대사(新五代史)》를 편찬하기도 했다. 《구양문충공집(歐陽文忠公集)》이란 문집이 남아 있다. 구양수는 형식화되고 번거로워지는 당시 문장을 비판하면서 의미가 분명하고 실제적인 고문 사용을 주장하여 문단에 새로운 바람을 불러 일으켰던 비교적 깨어있고 청렴한 지식인이었다. 허난성 정저우(鄭州) 신정(新鄭)현에 그의 무덤이 있고, 그밖에 관련 유적들이 적지 않다(중국인물사전).

6 士當先天下之憂而憂 後天下之樂而樂: 〈岳陽樓記〉에 나오는 말이다. 〈악양루

기〉에는 "不以物喜 不以己悲(外物로써 기뻐하지 아니하고, 自己로써 슬퍼하지 아니한다.)"라는 구절도 있다. 특히 이 문장은 '不喜以物 不悲以己'가 문법에 맞으나, 일부러 도치시킨 것으로 보인다.

立心을以忠信不欺로爲主本ᄒᆞ며

● 마음 세움을 충성스럽고 미더우며 속이지 않음으로써 주장과 근본을 삼으며,

번소 ᄆᆞ숨 머구몰 경셩ᄒᆞ고 유신ᄒᆞ야 소기디 아니호ᄆᆞ로뻐 읏듬 근원을 삼올 디니라

현대역 마음 품음을 정성스럽고 有信하여 속이지 아니함으로써 으뜸 근원을 삼을 것이니라.

유신(有信)하다: 신의가 있다.

소언 ᄆᆞ옴 셰욤올 튱셩코 믿버 소기디 아니홈ᄋᆞ로뻐 읏듬 근본을 삼으며

현대역 마음 세움을 충성스럽고 믿음직스러워 속이지 아니함으로써 으뜸 근본을 삼으며,

【集說】陳氏曰心者는身之主也라不欺는卽忠信之謂라人不忠信이면則事皆無實하여爲惡則易하고爲善則難이라故로立心을必以是爲主本焉이니라

진 씨가 말하였다. "마음이라는 것은 몸의 주장이다. 속이지 않음은 곧 忠信을 이른다. 사람이 忠信하지 않으면, 일이 모두 실상이 없어, 악을 하기는 쉽고 선을 하기는 어렵다. 그러므로 마음 세움을 반드시 이것[忠信不欺]으로써 주장과 근본을 삼는다."

行己를以端莊清愼으로見操執ᄒᆞ며

● 몸 행함을 단정하고 장엄하고 청렴하고 삼감으로써 지킴을 보이며,

漢字 操(잡을 조), 執(잡을 집)

번소 제 모몰 가져 ᄃᆞᆫ뇨ᄃᆡ 단졍ᄒᆞ며 싁싁ᄒᆞ며 쳥렴ᄒᆞ며 조심호ᄆᆞ로 ᄡᅥ 집심을 볼 디니라

현대역 제 몸을 가져 다니되, 단정하며 엄숙하며 청렴하며 조심함으로써, 執心을 볼 것이니라.

1 싁싁ᄒᆞ며: 씩씩하며. '싁싁ᄒᆞ(어간)+며(연결어미)'이다. '싁싁ᄒᆞ다'는 현대국어와 달리 '엄숙하다'나 '장엄하다'를 뜻한다, '싁싁ᄒᆞ다'는 15세기 문헌에서부터 나타난다. 19세기에는 '싁싁'의 첫소리가 된소리로 바뀐 '씍씍ᄒᆞ다' 형태가 등장하였다. 근대국어 후기에 모음 'ㆍ'가 'ㅏ'와 소리가 같아지고, 또한 자음 뒤에서 이중모음 'ㅢ'가 'ㅣ'로 바뀌는 경향에 따라 현대국어의 '씩씩하다' 형태가 나타나게 되었다. 중세국어 시기에 '싁싁ᄒᆞ다'는 '엄숙하다', '장엄하다'의 의미를 지녔는데, 근대국어 후기에는 의미가 변화하여 '굳세다'의 의미를 지니게 되었다. 싁싁ᄒᆞ다(15세기~19세기)>씍씍ᄒᆞ다(19세기)>씩씩하다(20세기~현재). 須達이 보니 여슷 하ᄂᆞ래 宮殿이 싁싁ᄒᆞ더라.《1447 석상 6:35ㄴ》, 오직 졍졔ᄒᆞ고 싁싁ᄒᆞ면 ᄆᆞᅀᆞ미 믄득 젼일ᄒᆞ고.《1518 번소 8:5》

2 집심(執心): 흔들리지 아니하게 한쪽으로 마음을 잡고 열중함. 또는 그 마음.

소언 몸 가져 ᄃᆞᆫ님을 단졍ᄒᆞ며 싁싁ᄒᆞ며 쳥렴ᄒᆞ며 삼가므로ᄡᅥ 잡앗ᄂᆞᆫ 거슬 보며

현대역 몸 가져 다님을 단정하며 엄하며 청렴하며 삼감으로써 잡아 있는 것을 보며,

잡앗ᄂᆞᆫ: 잡아 있는. '잡(어간)+아(보조적 연결어미)+잇(在, '잇다'의 어간)+ᄂᆞ(현재 시제 선어말어미)+ㄴ(관형사형 어미)'이다. 완료상은 보조적 연결어미 '-아/어'와 보조형용사 '잇다[在]'의 결합으로 표현된다. 그런데 '잇-'이 본동사와 한

음절을 이룰 때 이미 15세기에 'ㅣ'가 탈락되어 '아+ㅅ→앗'으로 나타나는 일이 많았다. 본 예에서도 '앗'이 완료상을 나타낸다. 內竪ᄂᆞᆫ 뫼ᅀᆞ왓ᄂᆞᆫ 혀ᄀᆞᆫ 臣下ㅣ라.《내훈 1:39》, 내 바ᄅᆞ 닐오마 길 마갓ᄂᆞᆫ ᄒᆞᆫ 퍼깃 사미 비 오나든 곳 퓌오 ᄇᆞᄅᆞᆷ 골겨든 여름 ᄆᆡᆺᄂᆞᆫ 거셔(我猜着 當路一科麻 下雨開花 刮風結子).《번박 상:40》.

【增註】操執은皆守也니端正莊肅淸白謹愼은惟有守者라야能之니라

操와 執은 모두 지킴이다. 端正·莊肅·淸白·謹愼은 오직 지킴이 있는 자라야 그것을 할 수 있다.

1 장숙(莊肅): 엄하고 엄숙함.
2 청백(淸白): 청렴하고 결백함.

臨事애以明敏果斷으로辨是非ᄒᆞ며

● 일 임함에 밝고 빠르고 과감하고 결단함으로써 옳고 그름을 분별하며,

1 명민(明敏): 총명하고 민첩함.
2 과단(果斷): 일을 딱 잘라서 결정함.

번소 이레 다ᄃᆞ라셔 ᄇᆞᆯ기 ᄒᆞ며 ᄲᆞᆯ리ᄒᆞ며 ᄡᅢᆨᄡᅢᆨ이 결단호ᄆᆞ로ᄡᅥ 올ᄒᆞ며 외요ᄆᆞᆯ ᄀᆞᆯᄒᆡ욜 디니라

현대역 일에 다다라서, 밝게 하며 빨리하며 쓱쓱 결단함으로써, 옳으며 그름을 가릴 것이니라.

ᄡᅢᆨᄡᅢᆨ이: 쓱쓱. 거침없이 일을 손쉽게 해치우는 모양을 뜻하는 부사.

소언 일에 다ᄃᆞ롬애 ᄇᆞᆰᄋᆞ며 민쳡ᄒᆞ며 강과ᄒᆞ며 결단홈ᄋᆞ로ᄡᅥ 올ᄒᆞ며 외욤ᄋᆞᆯ 분변ᄒᆞ며

현대역 일에 다다름에 밝으며 민첩하며 剛果하며 결단함으로써, 옳으며 그름을 分辨하며,

1 강과ᄒᆞ며: 강과(剛果)하며. 굳세고 결단력이 있으며.
2 분변ᄒᆞ며: 분변(分辨)하며. 세상 물정에 대한 바른 생각이나 판단을 하며.

【集說】**熊氏曰事有是非**하니**惟明敏**이라야**可以立見**이요**惟果斷**이라야**可以早決**이라

웅 씨가 말하였다. "일에는 옳고 그름이 있으니, 오직 명민해야 가히 써 즉시[곧] 알 수 있고, 오직 과단성이 있어야 가히 써 일찍 결단할 수 있다."

漢字 **立**(=卽 즉시 립, 곧 립)

又謹三尺ᄒᆞ야**考求立法之意而操縱之**ᄒᆞ면**斯可爲政**이**不在人後矣**리라

●또 法律을 삼가서, 법을 세운 뜻을 생각해 구하여 그것을 操縱하면, 이 가히 정치를 함이 남 뒤에 있지 않을 것이다.

漢字 **考**(생각할 고), **操**(잡을 조), **縱**(놓을 종), **斯**(이 사)

1 삼척(三尺): 법률. 옛날 중국에서 석 자 길이의 대쪽에 법률(法律)을 썼던 고사(故事)에서 나온 말이다. [용례] 司憲府復上疏曰 臣等聞 法猶規矩 爲天下國家者所共倚賴 古先哲王 固守三尺 良以此也 臣等以爲希達 不惟縱逸而埋沒所司 刦掠巷婦 恣淫無度 毆撻其妻 陵慢其姑 是其常事 實乖人倫(사헌부에서 다시 상소하기를, "신 등은 들으니, 법은 규구와 같아서 천하 국가를 다스리는 자가 함께 의뢰하는 것이니, 옛날의 어진 임금들이 삼척법을 굳게 지킨 것이 진실로 이 때문입니다. 신 등은 생각하기를, 권희달이 방종하여 유사를 능멸하였을 뿐만 아니라, 거리의 부녀자를 겁탈하여 방자하고 음란한 것이 도수가 없고 그 아내를 때리고 그 장모를 능욕하는 것이 그 상사이니, 실로 인륜에 어그러집니다.…" 하였다.)[정종실록 권제6, 9장 뒤쪽~10장 앞쪽, 정종 2년 12월 1일(신묘)]

2 조종(操縱): 다른 사람을 자기 마음대로 다루어 부림.

번소 쏘 나랏 법을 삼가 법 셰욘 ᄠᅳ들 ᄌᆞ셔히 ᄎᆞ려 자ᄇᆞ며 노ᄒᆞ며 ᄒᆞ면 졍ᄉᆞ호미 ᄂᆞᄆᆡ게 디디 아니ᄒᆞ리라

현대역 또 나라의 법을 삼가, 법 세운 뜻을 자세히 정신 차려 잡으며 놓으며 하면, 政事함이 남에게 떨어지지 아니하리라.

졍ᄉᆞ호미: 정사(政事)함이. '졍ᄉᆞᄒᆞ(어간)+옴(명사형 어미)+이(주격 조사)'이다. '졍ᄉᆞᄒᆞ다'는 '정치 또는 행정상의 일을 하다.'를 뜻한다.

소언 쏘 三삼尺쳑[법을 닐옴이니 녜 석 자 대뽁의 법을 쓰던이라]을 삼가 법 셴 ᄠᅳᆮ을 샹고ᄒᆞ야 춀혀 되오며 느초면 이 可가히 졍ᄉᆞ홈이 사ᄅᆞᆷ의 뒤헤 잇디 아니ᄒᆞ리라

현대역 또 三尺[법을 이름이니, 예전에 세 자 대쪽에 법을 쓰더니라.]을 삼가 법 세운 뜻을 상고하여 정신 차려 엄하게 하며 늦추면 이 가히 정사함이 사람의 뒤에 있지 아니하리라.

되오며: 되게 하며. 단단하고 팽팽하게 하며. 엄하게 하며. '되(어간)+오(사동접사)+며(연결어미)'이다. '되다'는 형용사로서, '줄 따위가 단단하고 팽팽하다.'를 뜻한다. 새끼줄로 되게 묶어라. 허리를 졸라맨 줄이 된지 배가 아프다.

【增註】此는言爲政之方이라操縱은謂本法意原人情하여而適寬嚴之宜也라

이는 정치를 하는 방법을 말함이다. 操縱은 법의 뜻에 근본하고 인정에 근원하여 관대함과 엄함의 마땅함을 적당히 함을 이른다.

漢字 適(적당할 적, 갈 적)

【集解】三尺은古者에以三尺竹簡으로書法律이라故로稱法律爲

三尺하니라

三尺은 옛날에 세 자의 죽간으로써 법률을 썼으므로 법률을 일컬어 삼척이라 한다.

죽간(竹簡): 중국에서 종이가 발명되기 전에 글자를 기록하던 대나무 조각. 또는 대나무 조각을 엮어서 만든 책.

汝ㅣ勉之哉어다治心修身을以飮食男女로爲切要ㅣ니從古聖賢이自這裏做工夫ᄒᆞ시니其可忽乎아

●너희들은 그것을 힘쓸지어다. 마음을 다스리고 몸을 닦음을 음식과 남녀로써 절실하고 긴요함을 삼아야 하니, 예로부터 성현이 이 속으로부터 공부를 지으셨으니, 그 가히 소홀히 하겠는가?"

漢字 這(이 저), 忽(소홀할 홀)

1 절요(切要): 절실하고 필요함.

2 自這裏做工夫: '這裏'는 飮食慾과 色慾을 가리킨 것으로, 이러한 욕심을 절제하여 공부를 지었음을 말한 것이다.

번소 네 힘뿔 디어다 ᄆᆞᅀᆞᆷ 다ᄉᆞ리며 몸 닺고미 음식과 남진 겨집 ᄉᆞ이로뼈 종요로 사몰 디니 녜로브터 聖셩人신 賢현人신이 일로브터 공부를 ᄒᆞ시니 그 가히 므더니 너기려

현대역 네가 힘쓸 것이니라. 마음 다스리며 몸 닦음이 음식과 남자 계집 사이로써 종요(宗要)를 삼을 것이니, 예로부터 성인 현인이 이로부터 공부를 하시니, 그 가히 소홀히 여기랴?"

1 힘뿔 디어다: 힘쓸 것이니라. 힘쓸지어다. '힘쓰(어간)+ㄹ(관형사형 어미)+ᄃᆞ(의존명사)+이(서술격 조사 '이다'의 어간)+어(확인법 선어말어미 '거'의 이형태)+다(평서형 종결어미)'로 나뉜다. 이런 형태소 구성을 고려하면, '힘뿔 디어다'처럼

띄어 쓰며, '-ㄹ 것이니라'로 풀이할 수 있다. 그러나 'ㄹ+ᄃᆞ+이+어+다'는 '-ㄹ디어다'의 형태로, 하나의 평서형 종결어미로 재구조화한 것으로 볼 수 있다. 이때에는 해라할 자리에 쓰여, '-ㄹ지어다'로 풀이할 수도 있다. 믈읫 사ᄅᆞᆷ
失墜호ᄆᆞᆯ 삼갈 디어다(凡百愼失墜).《두시-초 6:23》, 믌결 ᄀᆞᄐᆞᆫ 어딘 史臣의 부든 大庾嶺에 그쳐 ᄇᆞ라디 마롤 디어다(波濤良史筆 無絶大庾領).《두시-초 24:43》, 江淮옛 조ᄡᆞᆯ 옮교ᄆᆞᆯ 任意로 ᄒᆞ고 苑囿에 兵馬ᄅᆞᆯ 더으디 마롤 디어다(任轉江淮粟 休添苑囿兵).《두시-초 25:25》. 허웅(1989: 402)은 이를 강조·영탄법 종결어미로 명명한 바 있다.

2 너기려: 여기랴. '너기(어간)+려(의문형 종결어미)'이다. 의문문에는 상대방에게 가부(可否)를 요구하는 판정의문문과 의문사를 써서 정보 설명을 요구하는 설명의문문이 있다. 본 예는 ᄒᆞ라체 제1·3인칭 판정의문문의 경우이다. 아바닚 病이 기프시니 엇뎨ᄒᆞ려 臣下ㅣ 닐오ᄃᆡ 됴ᄒᆞᆫ 藥ᄋᆞᆯ 몯 어들씨 命이 아니 오라시리이다.《석상 11:18》, 人天ᄋᆞᆯ 거려 내시며 四生ᄋᆞᆯ 거려 濟度ᄒᆞ신 功德을 어루 이ᄅᆞ혀 기리ᅀᆞᄫᆞ려.《월석 서:9》

3 종요: 종요(宗要). 종지(宗旨). 요긴한 뜻.

소언 네 힘ᄡᅳᆯ 디어다 ᄆᆞᅀᆞᆷ 다ᄉᆞ리며 몸 닷금을 飮음食식과 남진 겨집으로ᄡᅥ 切졀ᄒᆞᆫ 종요ᄅᆞᆯ 삼ᄋᆞᆯ 디니 녜브터 셩인 현인이 이 가온ᄃᆡ로브터 工공夫부ᄅᆞᆯ ᄒᆞ시니 그 可가히 므던이 너길 것가

현대역 네가 힘쓸 것이니라. 마음 다스리며 몸 닦음을 음식과 남자 계집으로써 간절한 종요를 삼을 것이니, 예부터 성인 현인이 이 가운데로부터 공부를 하시니 그 가히 소홀히 여길 것인가?"

것가: 것인가. '것(의존명사)+가(의문 보조사)'이다. 본 예는 상대방에게 가부(可否)를 요구하는 ᄒᆞ라체 제1·3인칭 판정의문문으로, 체언에 의문 보조사를 붙인 경우이다.

【增註】飮食男女는人之大欲이存焉하니一念之偏에不能自克이면則陷其身於惡而不可振矣라故로治心修身을必以是爲

切要하니古之聖賢이如禹之菲飮食과湯之不邇聲色이皆從此做工夫者也라

음식과 남녀는 사람의 큰 욕망이 그것에 있으니[焉=於之], 한번 생각의 치우침에, 능히 스스로 이기지 못하면 그 몸을 악에 빠뜨려 가히 떨쳐내지 못한다. 그러므로 마음을 다스리고 몸을 닦음을 반드시 이것으로써 절실하고 긴요함으로 삼으니, 옛날의 성현이 禹가 음식을 박하게 함과 湯이 聲色을 가까이하지 않음과 같은 것이 모두 이로부터 공부를 지은 것이다.

漢字 偏(치우칠 편), 克(이길 극), 振(떨칠 진, 건질 진), 菲(박할 비, 엷을 비), 邇(가까울 이)

〖十四章〗

○古靈陳先生이爲仙居令ᄒᆞ야敎其民曰爲吾民者ᄂᆞᆫ父義母慈ᄒᆞ며兄友弟恭ᄒᆞ며子孝ᄒᆞ며夫婦ㅣ有恩ᄒᆞ며男女ㅣ有別ᄒᆞ며子弟有學ᄒᆞ며鄕閭ㅣ有禮ᄒᆞ며貧窮患難애親戚相救ᄒᆞ며婚姻死喪애隣保ㅣ相助ᄒᆞ며無墮惰農業ᄒᆞ며無作盜賊ᄒᆞ며無學賭博ᄒᆞ며無好爭訟ᄒᆞ며無以惡陵善ᄒᆞ며無以富呑貧ᄒᆞ며行者ㅣ讓路ᄒᆞ며耕者ㅣ讓畔ᄒᆞ며斑白者ㅣ不負戴於道路ᄒᆞ면則爲禮義之俗矣리라 《葉祖洽所撰 陳先生行狀》

●古靈 陳 先生이 仙居令이 되어 그 백성을 가르쳐 말하였다. "우리 백성이 된 자들은 아버지는 의롭고 어머니는 사랑하며, 형은 우애하고 아우는 공손하며, 자식은 효도하며, 부부는 은혜가 있으며, 남녀는 분별이 있으며, 자제는 배움이 있으며, 마을에는 예절이 있으며, 빈궁과 환난에 친척이 서로 구하며, 혼인과 死喪에 隣保가 서로 도우며, 농업을 떨어뜨리지 말며, 도적이 되지 말며, 도박을 배우지 말며, 다투고 송사함을 좋아하지 말며, 악으로

써 선을 능멸하지 말며, 부유함으로써 가난함을 삼키지 말며, 길 다니는 자는 길을 양보하며, 밭가는 자는 밭두둑을 양보하며, 斑白인 자는 도로에서 지거나 이지 않으면, 예의의 풍속이 된다."

漢字 隣(이웃 린), 保(지킬 보), 斑(반쯤 셀 반, 아롱질 반)

1 고령 진 선생(古靈陳先生, 1017년~1080년): 북송 복주(福州) 후관(候官) 사람이다. 이름은 진양(陳襄)이고, 자는 술고(述古)이며, 호는 고령(古靈)이다. 인종(仁宗) 경력(慶曆) 2년(1042년) 진사(進士)가 되고, 신종(神宗) 때 시어사(侍御史)로 여러 일을 처리했다. 청묘법(靑苗法)이 불편하다는 점을 지적했다가 진주(陳州)와 항주(杭州)의 지주(知州)로 내쫓겼다. 나중에 추밀직학사(樞密直學士)로 통진(通進)과 은대사겸시독(銀臺司兼侍讀), 지제고(知制誥), 판상서도성(判尙書都省) 등을 지냈다. 진열(陳烈), 주희맹(周希孟), 정목(鄭穆)과 함께 '민중사선생(閩中四先生)'으로 불렸다. 평생 학교 교육을 진흥시키고 인재를 양성하는 데 힘썼고, 소식(蘇軾)과 사마광(司馬光) 등 30여 명의 학자를 조정에 천거했다. 저서에 《중용의(中庸義)》와 《역의(易義)》, 《고령집(古靈集)》이 있다(중국역대인명사전).

2 인보(隣保): 가까운 이웃집이나 이웃사람. 중국 당나라 때 한 집의 이웃 네 집을 인(隣)이라 하고, 그 집을 보탠 다섯 집을 보(保)라 하는 주민 조직이 있었던 데서 유래한다.

번소 古고靈령 ᄯᅡᆺ 陳딘 先션生ᄉᆡᆼ이 仙션居거ㅅ ᄀᆞ올 원이 ᄃᆞ외여셔 그 ᄇᆡᆨ셩ᄋᆞᆯ ᄀᆞᄅᆞ쳐 닐오ᄃᆡ 내 ᄇᆡᆨ셩 ᄃᆞ외옛ᄂᆞᆫ 사ᄅᆞᄆᆞᆫ 아비ᄂᆞᆫ 싁싁고 법다이ᄒᆞ며 어미ᄂᆞᆫ 어엿비 너기며 형은 ᄉᆞ랑ᄒᆞ고 아ᅀᆞᆫ 온공ᄒᆞ며 ᄌᆞ식은 효도ᄒᆞ며 부쳐ᄂᆞᆫ 은혜 이시며 남진 겨집이 ᄀᆞᆯᄒᆡ요미 이시며 ᄌᆞ뎨 글 ᄇᆡ호미 이시며 ᄆᆞᅀᆞᆯ히 례법 이시며 간난ᄒᆞ며 어려운 이레 아ᅀᆞ미 서르 구ᄒᆞ며 혼인이며 상ᄉᆞ애 이우지 서르 도오며 녀름지ᅀᅵᄅᆞᆯ 게을이 말며 도ᄌᆞᄀᆞᆯ ᄒᆞ디 말며 나기 쟝긔 상륙을 ᄇᆡ호디 말며 ᄃᆞ토아 숑ᄉᆞᄅᆞᆯ 즐기디 말며 모디로ᄆᆞ로ᄡᅥ 어디니ᄅᆞᆯ 므더니 너기디 말며 가ᄉᆞ며로ᄆᆞ로 가난ᄒᆞ니ᄅᆞᆯ 뫼화드리디 말며 길 녈 사ᄅᆞ미 길ᄒᆞᆯ ᄉᆞ양ᄒᆞ며 받갈 사ᄅᆞ미 받 ᄀᆞᅀᆞᆯ ᄉᆞ양ᄒᆞ며 머리 반만 셴 사ᄅᆞ미 길헤 지며 이디 아니ᄒᆞ면 례의엣 풍쇽이 ᄃᆞ외리라

[현대역] 古靈 땅의 陳 선생이 仙居의 고을 원이 되어서 그 백성을 가르쳐 이르되, "나의 백성 된 사람은 아버지는 엄하고 법대로 하며 어머니는 불쌍히 여기며, 형은 사랑하고 아우는 溫恭하며, 자식은 효도하며, 夫妻는 은혜 있으며, 남자와 계집이 가림이 있으며, 자제 글 배움이 있으며, 마을이 예법 있으며, 가난하며 어려운 일에 친척이 서로 구하며, 혼인이며 喪事에 이웃이 서로 도우며, 농사를 게을리 말며, 도적을 하지 말며, 내기 장기 雙六을 배우지 말며, 다투어 訟事를 즐기지 말며, 모짊으로써 어진 이를 소홀히 여기지 말며, 부함으로 가난한 이[가난한 이의 재산]를 모아들이지 말며, 길 다닐 사람이 길을 사양하며, 밭 갈 사람이 밭가를 사양하며, 머리 반만 센 사람이 길에 지며 이지 아니하면, 예의의 풍속이 되리라."

1 온공ᄒᆞ며: 온공(溫恭)하며. 성격, 태도 따위가 온화하고 공손하며.

2 부쳐: 부처(夫妻). 남편과 아내.

3 상륙: '쌍륙(雙六)'의 옛말이다. 정초나 겨울철에 많이 놀았던 주사위 놀이이다. 이 놀이는 쌍륙판(雙六板, 말판)과 서른 개의 말[馬] 그리고 두 개의 주사위[骰子]를 가지고 승부를 겨루는 놀이로 대한제국 말기까지 널리 행해졌다. 악삭(握槊)·쌍륙(雙陸)·상륙(象陸, 이두식 표기)·상육이라고도 하였는데, 악삭은 길게 깎은 나무를 쥐고 놀았기 때문에 붙여진 이름이다. 고대(古代)의 쌍륙판은 바빌로니아·이집트·고대인도·고대그리스·로마제국 등 여러 유적지에서 발견되었는데, 가장 오래된 형태는 바빌로니아의 아브라함 성지(聖地)에서 발견된 것으로, 기원전 3,000년경에 제작된 것으로 추정된다. 중국에 쌍륙이 전해진 것은 남북조(南北朝)시대에 천축(天竺, 고대인도)을 통해서인데, 《오잡조(五雜俎)》·《보쌍(譜雙)》 등에 호왕(胡王)의 동생이 왕에게 악삭을 바쳐 목숨을 구했다는 고사(古事)가 전해지고 있다. 이후 쌍륙은 수(隋)·당(唐)시대에 전성기를 이루었으나 현재는 행해지지 않고 있다. 중국에서는 우리나라에서 사용하는 명칭 이외에도 쌍록(雙鹿)·박륙(博陸)·파라새희(波羅塞戲, 범어)·악소(握塑)·십이

기(十二棊)·선채(選采)·육갑(六甲)·육채(六采) 등 다양한 이름으로 불리었다. 당나라 학자 이연수(李延壽)가 편찬한 《북사(北史)》 권 94 〈백제전(百濟傳)〉을 보면 백제에 투호(投壺)·저포(樗蒲)·농주(弄珠)·악삭(握槊) 등의 잡희(雜戱)가 있었음을 기록하고 있다. 이것으로 보아 쌍륙이 우리나라에 전래된 것은 삼국시대 무렵이나 그 이전임을 알 수 있다. 쌍륙이 기록된 우리나라 문헌은 대부분 고려시대 이후의 것들인데, 고려시대 쌍륙의 형태는 알 수 없으나 이규보(李奎報)의 《동국이상국집(東國李相國集)》 권6 '고율시(古律詩)' 90에는 "한호옥국쟁쌍륙(閒呼玉局爭雙六)"이라는 시구(詩句)가 전해지고 있어 쌍륙 놀이가 고려시대에도 행해졌음을 알 수 있다. 조선시대의 기록은 《조선부(朝鮮賦)》·《견한잡록(遣閑雜錄)》·《조선왕조실록(朝鮮王朝實錄)》·《오주연문장전산고(五洲衍文長箋散稿)》·《성호사설(星湖僿說)》·《재물보(才物譜)》 등 다양하게 나타난다. 또한 조선시대 풍속화에는 실제 놀이 장면이 남아 있는데, 신윤복(申潤福), 김준근(金俊根) 등의 그림들을 통해 쌍륙이 민간에 널리 알려졌던 놀이였음을 알 수 있다. 쌍륙판은 정해진 크기는 없지만 대략 가로 80cm, 세로는 약 40cm 내외의 크기로 만들어졌으며 가장자리에 턱을 높이 세운 것과 턱이 없는 것, 두 종류가 있다. 전형적인 쌍륙용 주사위는 대략 1cm의 정육면체로 상아(象牙)나 기타 여러 뼈로 만들어졌으며, 대면(對面)의 합이 7이 되도록 주사위의 눈을 배열하였다. 특히 호랑이 뼈로 만든 주사위가 부르는 대로 나온다고 하여 선호되었다. 말판 안에는 검은 선으로 24칸의 밭[田]을 그려 넣는데 가운데 두 개의 큰 칸은 놀이에 사용되는 밭이 아니고 쫓겨난 말들이 쉬는 곳이다. 밭은 안육[內陸]과 바깥육[外陸]으로 구별된다. 말의 이동 방향을 그림을 통해 설명하면 다음과 같다. 백편의 말을 하얀 점으로 표시하였는데 이 말은 흑편의 안육에서 백편의 안육 방향으로만 이동할 수 있다. 그 이동 경로는 그림에서 화살표 하나(←)로 표시하였다. 그리고 흑편 말의 이동 경로는 화살표 두 개(←←)로 표시하였다. 말의 모양은 원반(原盤)에 기다란 추가 달린 모양으로, 가운데 선을 그어 아래와 위의 색깔을 다르게 칠하였다. 말의 색깔 배합을 달리하여 상대편의 말과 자신의 말을 구별하였는데 주로 흑백(黑白)이나 청홍(靑紅)을 대비시켜 사용하였다. 쌍륙판에 흑편의 말과 백편의 말을 형식에 따라 벌여 놓고 2개의 주사위를 굴려 나온 수만큼 말을 전진시켰는데 사용되는 규칙을 간단히 정리하면 다음과 같다. 첫째, 밭 한 개에 다섯 개 이상의 말이 들어갈 수 없다. 둘째, 상대방의 말이 둘 이상 있는 밭에는 한 개의 말을 옮겨 놓을 수 없다. 셋째, 같은 숫자가 나오면 말 두 개를 한꺼번에 옮길 수 있다. 넷째, 말들을 밖으로 내는 데는 주사위의 숫자가 지나쳐도 상관없다. 다섯째, 주사위를 던지지 않고 쉴 수 있다. 여섯째, 말을 뒤로는 옮길 수 없다. 일곱째, 밖으로 쫓겨난 말이 있으면 다른 말을 움직일 수 없다. 여덟째, 잡혀 나간 말은 반드시 처음부터 시작해야 한다. 대략적 규칙은 위와 같으나 상황마다 적용되는 세부 규칙은 잘 알려져 있지 않고 또 알려진 규칙도 지방마다 다르게 나타난다. 특히 북한학자가 쓴 쌍륙에 대한 설명과는 뚜렷한 차이를 보이는데 북한에서는 각기 열여섯 개의 말을 사용하며 처음에 말을 배치하는 방법도 다르다. 말을 움직이는 것을 행마(行馬)라 하고 밭에 혼자 남는 말은 바리라 한다. 바리는 혼자 있는 말이므로 잡힐 수 있는데 상대편에게 잡혀 놀이판 바깥으로 쫓겨난 말을 귀향말이라 부른다. 《광주의 민속놀이》에는 상대편 말을 잡아서 놀이판 밖으로 내보내는 것을 '때린다', 앞으로 진행할 곳이 없을 때는 '발디딜 데가 없어서 못 넘어간다'고 표현한다고 한다. 놀이에서 이기기 위해서는 나온 눈의 조합을 잘 이용해서 상대편 말을 많이 잡고 유리한 곳으로 행마해야 한다. 주사위를 던져 나올 수 있는 경우의 수는 모두 스물한 가지이며 각각의 경우를 부르는 명칭이 있다. 주사위 눈은 각기 부르는 이름이 있는데 1은 백(白), 2는 아(亞), 3은 삼(三), 4는 사(四), 5는 오(五), 6은 육(六)이라고 한다. 예를 들어 주사위 두 개를 던져 나온 눈이 순서쌍(1, 2), (5, 6)이면 각각 백아(白亞), 오육(五六)이라고 한다. 만약 같은 눈이 나오면 중(重)을 사용하여 중일(重一), 중아(重亞), 중오(重五), 중육(重六)이라고 한다. 그러나 (3, 3)과 (4, 4)만은 '주(朱)'를 사용하여 각각 주삼(朱三), 주사(朱四)라 부른다. 한편 순서쌍(1, 1)은 빽빽이, (6, 6)은 육육·줄륙이라고도 한다. 쌍륙은 외국에서 전래되었지만 천년 넘게 우리 조상들이 즐겨왔던 놀이이다. 특히 조선시대에는 다양한 문헌과 풍속화에 등장하고 있어 민간에 널리 알려졌던 놀이임을 알 수 있다. 일본에서도 '스코로구(雙六)'란 이름으로 이 놀이가 행해졌는데 《일본서기(日本書紀)》 권 30 지통천황(持統天皇) 3년조(689)에 '십이월기유삭병진 금단쌍육(十二月己酉朔丙辰禁斷雙六)'이라는 기록이 남아 있어 우리나라를 통해 7세기 중엽에 일본으로 전래된 것으로 본다. 일본에서도 스코로구는 주로 설날에 어린이들이 하는 놀이였다. 한편 미국과 유럽에서는 이와 같은 놀이가 오늘날까지 행해지고 있는데 그 명칭은 '백게몬(backgammon)'이라 한다. 백게몬의 규칙은 나라마다 약간씩 차이가 있는데 1920년 경에 현재의 규칙이 자리 잡기 시작하여

1931년에는 국제규칙이 제정되었으며, 1964년에는 첫 세계선수권대회가 개최되기까지 하였다(한국세시풍속사전).

4 모디로ᄆᆞ로ᄡᅥ: 모짊으로써. '모딜(어간)+옴(명사형 어미)+ᄋᆞ로(지향점 처소 부사격 조사)+ᄡᅥ(부사격 조사)'이다. 현대국어 '모질다'의 옛말인 '모딜다'는 15세기 문헌에서부터 나타난다. 근대국어 시기에 'ㅣ' 모음 앞에서 'ㄷ, ㅌ'이 'ㅈ, ㅊ'으로 변하는 ㄷ구개음화가 일어나, 18세기에는 '모질다' 형태가 등장하여 현재에 이르렀다. 모딜다(15세기~19세기)〉모질다(18세기~현재). 이형태: 모딜다, 모질다. 내그에 모딜언마른 제 님금 爲타 ᄒᆞ실ᄊᆡ 罪ᄅᆞᆯ 니저 다시 브려시니.《1447 용가 121》, 傍生ᄋᆞᆫ ᄂᆞᄆᆡ게 자펴 ᄀᆞᆺ가ᄒᆞ고 修羅ᄂᆞᆫ 性이 모디러 惡業을 ᄆᆡᆼᄀᆞᆯ고.《1569 칠대 16ㄱ》

5 가ᅀᆞ며로ᄆᆞ로: 가멸음으로. 부(富)함으로. '가ᅀᆞ멸(어간)+옴(명사형 어미+ᄋᆞ로(부사격 조사)'이다. '가ᅀᆞ멸다'는 '가멸다'의 옛말로, '재산이나 자원 따위가 넉넉하고 많다.'를 뜻한다. '가ᅀᆞ멸다'는 15세기 문헌에서부터 나타난다. '가ᅀᆞ멸다'는 모음으로 시작하는 어미나 '-니, -며, -리-', '-고' 등의 어미와 결합할 때에는 '가ᅀᆞ멸-'로, 그밖에 '-디, -다, -더-' 등이나 '-ㄴ, -ㄹ' 등의 어미와 결합할 때에는 '가ᅀᆞ며-'로 나타나 '가ᅀᆞ멸-/가ᅀᆞ며-'의 교체를 보였다. 16세기 이후 치조 마찰 유성음인 'ㅿ'[z]이 소멸함에 따라 '가ᅀᆞ멸다'는 '가ᄋᆞ멸다'로 변화하였다. 16세기 후반에 제2음절 이하의 'ㆍ'가 'ㅡ'로 변하였는데 '가ᄋᆞ멸다'도 이러한 변화를 겪어 '가으멸다'로 변화한 형태가 나타나기도 하였다. 그러나 18세기까지 '가ᄋᆞ멸다'가 '가으멸다'와 공존하였다. 19세기에는 현대국어와 같은 '가멸다'가 등장하였다. 이는 근대국어 후기에 모음 'ㆍ'의 소리가 'ㅏ'와 구별되지 않게 되면서 '가ᄋᆞ멸다'의 앞 두 음절이 축약된 것으로 추정된다. 한편 16세기 이후 문헌에는 '가ᄋᆞᆷ열다', '가ᄋᆞᆷ열다', '가음열다'와 같은 분철 표기도 보인다. 가ᅀᆞ멸다(15세기~16세기)〉가ᄋᆞ멸다(16세기~18세기)〉가멸다(19세기~현재). 舍衛國 大臣 須達이 가ᅀᆞ며러 쳔랴이 그지업고 布施ᄒᆞ기ᄅᆞᆯ 즐겨 艱難ᄒᆞ며 어엿븐 사ᄅᆞᄆᆞᆯ 쥐주어 거리칠ᄊᆡ.《1447 석상 6:13ㄱ》, 뎍댱아ᄃᆞᆯ과 모ᄃᆞᆫ 아ᄃᆞᆯ이 대종아ᄃᆞᆯ과 대종며ᄂᆞ리ᄅᆞᆯ 공경ᄒᆞ야 셤겨 비록 貴ᄒᆞ고 가ᅀᆞᆷ여나 敢히 貴ᄒᆞ며 가ᅀᆞᆷ여롬으로ᄡᅥ 대종아ᄃᆞᆯ의 집의 들어가디 아니ᄒᆞ야.《1587 소언 2:20ㄴ》, 가ᄋᆞᆷ여롬은 사람의 ᄒᆞ고져 ᄒᆞᄂᆞᆫ 배어늘 가ᄋᆞᆷ여롬이 天下를 두샤ᄃᆡ ᄆᆞᆫ히 ᄡᅧ 근심을 ᄑᆞ디 아니ᄒᆞ시며.《1587 소언 4:9ㄱ》, ᄀᆞᄃᆞᆨᄒᆞ여도 넘ᄶᅵ디 아니홈은 기리 가ᄋᆞ며롬을 딕희ᄂᆞᆫ 배니.《1590 효경 4ㄱ》

6 뫼화드리디: 모아들이지. 겸병(兼倂)하지. '뫼화드리(어간)+디(보조적 연결어미)'이다. '뫼화드리다'는 '둘 이상의 것을 하나로 합치어 가지다.'를 뜻한다. '뫼화드리다'는 '뫼호다'와 '드리다'의 합성동사이다. '뫼호다'는 15세기 문헌에서부터 나타난다. 17세기에 제1음절의 이중모음 'ㅚ'에서 반모음 'ㅣ'가 탈락한 '모호다' 형태가 등장하였다. 18세기에는 '모호다'에서 제2음절의 원순모음 'ㅗ'가 비원순모음 'ㅡ'로 변하여 '모흐다'가 되었고, 다시 모음 사이에서 'ㅎ'이 탈락하여 '모으다' 형태가 나타나 현재에 이르렀다. 뫼호다(15세기~18세기)>모호다(17세기~19세기)>모흐다(16세기~19세기)>모으다(18세기~현재). 이형태: 뫼호다, 모호다, 모흐다, 모으다. 이제 四方이 大平ᄒᆞ니 太子ㅣ 德과 지조왜 ᄀᆞᄌᆞ란ᄃᆡ ᄀᆞᆺ 나라해 보내샤 人心ᄋᆞᆯ 뫼호게 ᄒᆞ쇼셔.《1447 석상 24:49ㄴ》, ᄀᆞ올 사ᄅᆞ미 喪事애 ᄡᅳᆯ 거슬 뫼화 주워늘.《1514 속삼 효:26ㄴ》. '드리다'는 '들이다'의 옛말이다. 즉 '들다'의 사동사로, '밖에서 속이나 안으로 향해 가게 하거나 오게 하다.'를 뜻한다. '드리다'는 15세기 문헌에서부터 나타난다. '드리다'는 '들어가다' 혹은 '들어오다'의 의미인 '들-'과 사동접사 '-이-'가 결합한 것이다. 15세기에서부터 '드리다'를 분철 표기한 '들이다'도 '드리다'와 함께 나타나 현재에 이르렀다. 드리다(15세기~19세기)>들이다(15세기~현재). 내 옷 니피고 내 冠 쓰이고 내 宮의 드려.《1447 석상 24:27ㄴ》, ᄒᆞ마 命終ᄒᆞᇙ 사ᄅᆞᄆᆡ 耳根애 들이거나 시혹 本識에 들이면.《1459 월석 21:103ㄴ》

소언 古고靈령[짜 일홈이라] 陳딘 先션生싱[일홈은 襄양이니 宋송적 어딘 사ᄅᆞᆷ이라]이 仙션居거[고올 일홈이라]ㅅ 원이 되어셔 그 ᄇᆡᆨ셩ᄋᆞᆯ ᄀᆞᄅᆞ쳐 ᄀᆞᆯ오ᄃᆡ 내 ᄇᆡᆨ셩 되연ᄂᆞᆫ 이ᄂᆞᆫ 아비ᄂᆞᆫ 올히 ᄒᆞ고 어미ᄂᆞᆫ 어엿비 너기며 兄형은 ᄉᆞ랑ᄒᆞ고 아ᄋᆞᆫ 공슌ᄒᆞ며 ᄌᆞ식은 효도ᄒᆞ며 남진과 겨집이 은혜 이시며 ᄉᆞ나히와 간나히 ᄀᆞᆯ히욤이 이시며 子ᄌᆞ弟뎨 ᄒᆞᆨ문홈이 이시며 ᄆᆞ올히 례법이 이시며 가난ᄒᆞ며 어려운 일에 권당이 서르 求구ᄒᆞ며 婚혼姻인이며 상ᄉᆞ애 이우지 서르 도오며 녀름지이ᄅᆞᆯ 게을이 말며 盜도賊적을 ᄒᆞ디 말며 博박[바독 쟝긔라]으로 더느기ᄅᆞᆯ ᄇᆡ호디 말며 ᄃᆞ토와 숑ᄉᆞᄅᆞᆯ 즐기디 말며 사오나옴오로 ᄡᅥ 어딘 이ᄅᆞᆯ 업슈이너기디 말며 가옴여롬ᄋᆞ로ᄡᅥ 가난ᄒᆞᆫ 이ᄅᆞᆯ 뫼호디 말며 길 녈 이 길홀 ᄉᆞ양ᄒᆞ며 받 갈 리 ᄀᆞ올 ᄉᆞ양ᄒᆞ며 반만 셴 이 길헤 지며 이디 아니ᄒᆞ면 곧 禮례義의옛 풍쇽이 되리라

현대역 高靈[땅 이름이라.] 陳 선생[이름은 襄이니, 宋 때 어진 사람이라.]이 선거[고을 이름이라.]의 원이 되어서, 그 백성을 가르쳐 가로되, "내 백성 되어 있는 이는 아버지는 옳게 하고, 어머니는 불쌍히 여기며, 형은 사랑하고, 아우는 恭順하며, 자식은 효도하며, 남편과 아내는 은혜 있으며, 사나이와 여자 가림이 있으며, 자제 학문함이 있으며, 마을이 예법이 있으며, 가난하며 어려운 일에 친척이 서로 구하며, 혼인이며 상사에 이웃이 서로 도우며, 농사를 게을리 말며, 도적질을 하지 말며, 도박[바둑 장기라.]으로 내기를 배우지 말며, 다투어 송사를 즐기지 말며, 악함으로써 어진 이를 업신여기지 말며, 부함으로써 가난한 이를 모으지 말며, 길 다니는 이 길을 사양하며, 밭가는 이 가를 사양하며, 반만 센 이 길에서 지며 이지 아니하면, 곧 예의의 풍속이 되리라."

되연ᄂᆞᆫ: 되어 있는. '되(어간)+여(보조적 연결어미)+잇(在, '잇다'의 어간)+ᄂᆞ(현재시제 선어말어미)+ㄴ(관형사형 어미)'이다. 완료상은 보조적 연결어미 '-여'와 보조형용사 '잇다[在]'의 결합으로 표현된다. '잇'이 본동사와 한 음절을 이룰 때는 이미 15세기에 'ㅣ'가 탈락되는 일이 있었다. 본 예도 '여+ㅅ→엿'으로 나타나 완료상을 표시하고 있다. 되어 있는 상태가 발화시를 전후하여 지속됨을 의미한다. 內竪ᄂᆞᆫ 뫼ᅀᆞ왓ᄂᆞᆫ 혀근 臣下ㅣ라.《내훈 1:39》, 내 바ᄅᆞ 닐오마 길마갓ᄂᆞᆫ ᄒᆞᆫ 퍼깃 사미 비 오나든 곳 퓌오 ᄇᆞᄅᆞᆷ ᄀᆞᆯ겨든 여름 ᄆᆡᆺᄂᆞᆫ 거셔(我猜着當路一科麻 下雨開花 刮風結子).《번박 상:40》

【集說】陳氏曰古靈은地名이니在福州하니라先生의名은襄이요字는述古라仙居는台州屬邑이라義는謂能正其家라有恩는謂貧窮相守니若棄妻不養하며夫亡改嫁면是無恩也라有禮는謂歲時相往來及燕飲叙齒之類요患難은謂水火盜賊之類라墮는廢墜也라賭는博財也요博은局戲也라陵은侵欺也요呑은

兼幷也라讓路는謂少避長,輕避重之類요讓畔은謂地有界畔하여不相侵奪也라朱子曰古靈諭俗一文은平正簡易하여許多事를都說盡하니可見他一箇大胸襟이包得許多也니라

진 씨가 말하였다. "高靈은 지명이니, 福州에 있다. 선생의 이름은 襄이요, 자는 述古이다. 仙居는 台州에 屬한 邑이다. 義는 능히 그 집안을 바로 함을 이른다. 有恩은 가난하고 곤궁함에 서로 지켜줌을 이르니, 만약 아내를 버리고 기르지 않으며, 남편이 죽어 개가한다면, 이는 은혜가 없음이다. 有禮는 歲時에 서로 왕래함과 또 잔치하여 마실 적에 나이로 차례를 매기는 따위를 이르고, 患難은 수재와 화재와 도적 따위를 이른다. 墮는 폐하고 실추함이다. 賭는 재물을 노름함이요, 博은 장기판으로 놀이함이다. 陵은 침해하고 속임이요, 呑은 겸하여 아우름이다. 讓路는 젊은이가 어른을 피하고, (짐이) 가벼운 자가 무거운 자를 피하는 따위를 이르고, 讓畔은 땅에 경계 두둑이 있어서 서로 침해하여 빼앗지 않음을 이른다." 주자가 말하였다. "高靈이 풍속을 깨우친 한 글은 공평하고 올바르고[平正] 간략하고 쉬워 매우 많은 일을 모두 다 말했으니, 가히 저[他] 한 개의 큰, 마음속에 품은 생각이 능히 매우 많음을 포괄했음을 볼 수 있다."

漢字 燕(잔치 연, 제비 연), 敍(차례 매길 서, 차례 서), 賭(노름 도), 博(노름 박, 넓을 박), 局[장기판(바둑판) 국, 방 국, 판 국], 諭(깨우칠 유), 都(모두 도), 胸(가슴 흉), 襟(옷깃 금)

1 세시(歲時): 세시풍속(歲時風俗), 즉 명절.
2 흉금(胸襟): 마음속에 품은 생각.

右는廣立敎라

●이상은 입교를 넓힘이다.

번소 이 우흔 ᄀᆞᄅᆞ춈 셰요믈 너비 니ᄅᆞ니라

현대역 이 위는 가르침 세움을 넓게 이르니라.

소언 이 우ᄒᆞᆫ ᄀᆞᄅᆞ침 셰욤을 넙피니라

현대역 이 위는 가르침 세움을 넓힘이라.

이상 《소학》 〈가언(嘉言) 제5〉의 제1장~제14장이 《번역소학》 제6권이다.

飜번譯역小쇼學혹卷권之지七칠　外외篇편

【十五章】

司馬溫公이曰凡諸卑幼ㅣ事無大小히毋得專行ᄒᆞ고必咨稟於家長이니라 《溫公家儀》

● 사마온공이 말하였다. "무릇 모든 낮으며 어린 자는 일에 크고 작음이 없이, 능히 오로지 행하지 말고, 반드시 가장에게 물어 여쭈어야 한다."

漢字 咨(물을 자), 稟(여쭐 품, 녹미 름, 곳집 름, 받을 품)

1 《번역소학》 제7권은 《소학》 〈가언(嘉言) 제5〉 제15장~제55장에 해당한다.

2 사마광(司馬光, 1019년~1086년): 중국 북송(北宋)의 정치가·사학자이다. 자는 군실(君實)이고, 호는 우부(迂夫)·우수(迂叟)이며, 시호는 문정(文正)이다. 자세한 설명은 〈입교(立教) 제1〉 제2장을 참조하라.

번소 司ᄉᆞ馬마溫온公공이 니ᄅᆞ샤ᄃᆡ 믈읫 모ᄃᆞᆫ ᄂᆞᆽ가오며 져믄 사ᄅᆞ미 이리 크니 져그니 업시 ᄌᆞ젼ᄒᆞ야 ᄒᆞ디 말오 모로매 집 얼우늬게 무러 ᄒᆞᆯ 거시니라

현대역 司馬溫公이 말씀하시되, "무릇 모든 낮으며 어린 사람이 일이 큰 이[것] 작은 이[것] 없이, 自專하여 하지 말고, 모름지기 집 어른에게 물어

할 것이니라."

ᄌᆞ젼ᄒᆞ야: 자전(自專)하다. 자기 마음대로 결정하여 처리하여. 'ᄌᆞ젼ᄒᆞ(어간)+야(연결어미)'이다.

소언 司ᄉᆞ馬마溫온公공[일홈은 光광이니 溫온은 봉ᄒᆞᆫ 짜히라 宋송적 어딘 졍승이라]이 ᄀᆞᆯ오ᄃᆡ 믈읫 모ᄃᆞᆫ ᄂᆞᆽ가오며 졈은이 일ᄋᆞᆯ 크며 젹은 이 업시 시러곰 ᄌᆞ젼ᄒᆞ야 ᄒᆞ디 말고 반ᄃᆞ시 집 얼운의게 무러 취품홀 디니라

현대역 司馬溫公[이름은 光이니, 溫은 봉한 땅이라. 宋 때 어진 정승이라.]이 가로되, "무릇 모든 낮으며 어린 이는 일을 크며 작은 이[것] 없이, 능히 자전하여 하지 말고, 반드시 집 어른에게 물어 취품(取稟)할 것이니라."

취품홀 디니라: 취품(取稟)할 것이니라. 취품(取稟)할지니라. '취품ᄒᆞ(어간)+오(대상 표시법 선어말어미)+ㄹ(관형사형 어미)+ᄃᆞ(의존명사)+이(서술격조사 '이다'의 어간)+니라(평서형 종결어미)'이다. 관형사형을 평서형으로 전개할 때 피한정 명사가 목적어나 부사어의 기능을 띠면 대상 표시 선어말어미 –오[2]-가 나타난다. 본 예는 피한정 명사 '이[것]'가 목적어 기능을 띤다. '취품ᄒᆞ다'는 '취품(取稟)하다'의 옛말이다. 윗사람께 여쭈어서 그 의견을 듣다.

【集說】**陳氏曰公**의**姓**은**司馬**요**名**은**光**이요**字**는**君實**이니**陜州夏縣人**이라**贈溫國公**하고**諡文正**이라**咨**는**謀也**라

진 씨가 말하였다. "공의 성은 司馬요, 이름은 光이며, 자는 君實이니, 섬주(陜州) 夏縣 사람이다. 溫國公에 추증되었고, 시호는 文正이다. 咨는 꾀함이다."

漢字 **陜**(땅이름 섬), **贈**(추사할 증, 줄 증), **謀**(꾀할 모, 도모할 모)

〖十六章〗

○凡子ㅣ受父母之命에必籍記而佩之ᄒᆞ야時省醒而速行之ᄒᆞ고事畢則返命焉이니라 《溫公家儀》

● 무릇 자식이 부모의 명을 받음에, 반드시 장부에 기록하여 그것을 차서, 때로 살펴보고 그것을 빨리 행하고, 일을 마치면 명을 돌려야 한다.

漢字 籍[장부 적=簿(부)], 佩(찰 패), 返(돌려줄 반, 돌아올 반, 대답할 반)

번소 믈읫 ᄌᆞ시기 어버싀 니ᄅᆞ신 이를 듣ᄌᆞ와 모로매 글워릐서 모매 가져 ᄒᆞ니며 시시예 ᄎᆞ려 ᄲᆞᆯ리 ᄒᆡᆼᄒᆞ고 일ᄆᆞᆺ고 ᄒᆞ요이다 도로 ᄉᆞᆯ올 디니라

현대역 무릇 자식이 어버이의 이르신 일을 듣자와, 모름지기 글월에서 몸에 가져 행동하며, 때때로 정신 차려 빨리 행하고, '일마치고 합니다.'(라고) 도로 사뢸 것이니라.

1 ᄒᆞ요이다: 합니다. 'ᄒᆞ(어간)+요(화자 표시법 선어말어미)+이(존비법 ᄒᆞ쇼셔체 선어말어미)+다(평서형 종결어미)'이다. '-요-'는 '-오-'의 이형태이다. '-요이다'는 'ㅣ'나 'ㅣ' 계열 이중모음으로 끝나는 어간이나 'ᄒᆞ다'의 어간 뒤에 붙어, 주로 화자 주어와 함께 쓰여, '-ㅂ니다'를 뜻하는 어미이다. 尊者ᄉᆡ 닐오ᄃᆡ 尊者ᄂᆞᆫ 양ᄌᆡ 端正ᄒᆞ고 ᄉᆞᆯ히 보ᄃᆞ랍거시ᄂᆞᆯ 나ᄂᆞᆫ 양ᄌᆡ 덧굿고 ᄉᆞᆯ히 세요이다.《석상 24:35》, 對答호ᄃᆡ ᄒᆞ마 여희요이다.《남명 상:53》

2 ᄉᆞᆯ올 디니라: 사뢸 것이니라. 사뢸지니라. 'ᄉᆞᆯ오(어간)+ㄹ(관형사형 어미)+ᄃᆞ(의존명사)+이(서술격조사 '이다'의 어간)+니라(평서형 종결어미)'이다. 'ᄉᆞᆯ오+ㄹ+디니'이다. 'ᄉᆞᆲ다'는 '사뢰다'의 옛말이다. 웃어른에게 말씀을 올리다. 'ᄉᆞᆲ다'는 15세기 문헌에서부터 나타난다. 'ᄉᆞᆲ다'는 자음으로 시작하는 어미가 결합할 때에는 'ᄉᆞᆲ-'으로, 매개모음이나 모음으로 시작하는 어미가 결합할 때에는 'ᄉᆞᆯᄫᆞ-'으로 나타났다. 15세기 중엽 이후로 'ㅸ'이 반모음 w로 변화하면서 'ᄉᆞᆯᄫᆞ-'은 'ᄉᆞᆯ오-'로 변화하여, 'ᄉᆞᆲ-/ᄉᆞᆯ오-'의 이형태 교체를 하는 ㅂ불규칙용언이 되었다.

근대국어 시기에 '숣오-'가 자음으로 시작하는 어미 앞에서도 쓰이게 되어 '숣-/숣오-'의 교체가 사라지고 어간이 '숣오-'로 통일되었다. 또한 어두음절에서 모음 'ㆍ'가 'ㅏ'로 바뀌면서 '숣오다>살오다'로 변화하고, 현대국어에서는 정확한 이유는 알 수 없으나 제2음절에 반모음 'ㅣ'가 추가되어 '살오다>사뢰다'로 변화하게 되었다(이러한 변화는 유사한 의미를 지닌 동사 '알외다'에서 유추된 것일 가능성도 있다). 숣다(15세기~19세기)>살오다(18세기)>사뢰다(20세기~현재). 迦毗羅國에 가아 淨飯王씌 安否 숣더니 耶輸ㅣ 부텻 使者 왯다 드르시고.《1447 석상 6:2ㄱ》, 그 쁴 目連이 種種 方便으로 다시곰 솔바도 耶輸ㅣ 잠깐도 듣디 아니ᄒᆞ실쎠.《1447 석상 6:6ㄱ》, 如來ᄅᆞᆯ 恭敬ᄒᆞ야 받ᄌᆞ오ᄆᆞᆯ 慈嚴이라 ᄉᆞᆲ오ᄆᆞᆫ 慈ᄂᆞᆫ 恩惠로 숣고 嚴은 저프샤ᄆᆞ로 ᄉᆞᆲ오니라.《1461 능엄 1:29ㄴ》

소언 믈읫 ᄌᆞ식이 父부母모의 命명을 받ᄌᆞ옴애 반ᄃᆞ시 티부에 긔록ᄒᆞ야 차셔 시시로 ᄉᆞᆯ펴 ᄲᆞᆯ리 行ᄒᆡᆼᄒᆞ고 일이 ᄆᆞᆮ치든 命명을 도로 ᄉᆞᆯ올 디니라

현대역 무릇 자식이 부모의 명을 받자옴에, 반드시 치부(置簿)에 기록하여 차서, 때때로 살펴 빨리 행하고, 일이 마치면 명을 도로 사뢸 것이니라.

티부: 치부(置簿). 금전이나 물건 따위가 들어오고 나감을 기록함. 또는 그런 장부.

【增註】籍은簿也라佩는謂服於身이라省은察也며視也라

籍은 帳簿이다. 佩는 몸에 참을 이른다. 省은 살핌이며 봄이다.

漢字 服(옷 입을 복, 옷 복)

【集解】返命은復命也라

返命은 명을 돌림이다.

漢字 復(돌아올 복, 대답할 복, 다시 부)

或所命이有不可行者則和色柔聲ᄒᆞ야具是非利害而白之ᄒᆞ야待父母之許然後에改之ᄒᆞ고若不許ㅣ라두苟於事애無大害者ㅣ어든亦當曲從이니若以父母之命오로爲非而直行己志ᄒᆞ면雖所執이皆是라두猶爲不順之子ㅣ니況未必是乎ㅣ여

● 혹 명하신 바가 가히 행할 수 없는 것이 있으면, 낯빛을 온화하게 하고 목소리를 부드럽게 하여, 옳고 그름과 이롭고 해함를 갖추어 그것을 사뢰어, 부모의 허락을 기다린 뒤에 그것을 고치고, 만약 허락하지 않으시더라도, 진실로 일에 큰 해가 없는 것이면, 또한 마땅히 굽혀[곡진히] 따라야 하니, 만약 부모의 명으로써 그르다 하여 곧바로 자기의 뜻을 행한다면, 비록 잡은[집행한] 바가 모두 옳더라도, 오히려 순하지 못한 자식이 되니, 하물며 반드시 옳지 않음에랴(옳지 않음에 있어서겠는가)?

漢字 白(사뢸 백)

번소 或혹 시기신 이리 ᄒᆞ요매 올티 아니ᄒᆞ거든 ᄂᆞᆾ비ᄎᆞᆯ 화히 ᄒᆞ며 목소리ᄅᆞᆯ 부드러이 ᄒᆞ야 올ᄒᆞ며 외며 리ᄒᆞ며 해로오ᄆᆞᆯ 다 ᄉᆞᆯ와 어버ᅀᅵ 그리ᄒᆞ라 호ᄆᆞᆯ 기ᄃᆞᆯ운 후에ᅀᅡ 고티고 만이레 듣디 아니ᄒᆞ거시든 진실로 이레 큰 해 업스니란 ᄯᅩ 맛당이 곡지니 좇ᄌᆞ올 디니 만이레 어버ᅀᅴ 시기ᄂᆞᆫ 일로 외니라 ᄒᆞ야 내 ᄠᅳ들 바ᄅᆞ 힝ᄒᆞ면 비록 내 자바 ᄒᆞ논 이리 다 올홀디라도 오히려 공슌티 아니ᄒᆞᆫ ᄌᆞ식이 도외리니 ᄒᆞᄆᆞᆯ며 그 ᄒᆞ욘 이리 올티 아니호미ᄯᆞ녀

현대역 혹 시키신 일이 함에 옳지 아니하거든, 낯빛을 화하게 하며, 목소리를 부드러이 하여, 옳으며 그르며 이로우며 해로움을 다 사뢰어, 어버이 그리하라 함을 기다린 후에야 고치고, 만일에 듣지 아니하시거든, 진실로 일에 큰 해 없는 일이랑[일은] 또 마땅히 曲盡히 좇을 것이니, 만일에 어버이의 시키는 일로 그르니라 하여 내 뜻을 바로 행하면, 비록 내 잡아 하는 일이 다 옳을지라도 오히려 공순하지 아니한 자식이 되리니, 하물며 그 한 일이

옳지 아니한 것은 더 말할 나위 있으랴?

1 곡지니: 곡진(曲盡)히. 매우 정성스럽게.

2 아니호미ᄯᆞ녀: 아닌 것은 더 말할 나위가 있으랴. '아니ᄒᆞ(어간)+옴(명사형 어미)+이('이다'의 어간)+ᄯᆞ녀(의문형 종결어미)'이다. '-ᄯᆞ녀'는 '이다'의 어간 뒤에 붙어. '-뿐이랴'나 '-ㄴ 것은 더 말할 나위 있으랴'를 뜻하는 어미이다. 머리며 누니며 손바리며 모맷 고기라도 비ᄂᆞᆫ 사ᄅᆞᄆᆞᆯ 주리어니 ᄒᆞᄆᆞᆯ며 녀나믄 쳔랴이ᄯᆞ녀.《석상 9:13》(현대역: 머리며 눈이며 손발이며 몸의 고기라도 비는 사람을 줄 것이니 하물며 여남은 천량뿐이랴.), 이런 菩薩ᄋᆞᆫ 일후믈 드러도 그지 업슨 福ᄋᆞᆯ 어드리어니 ᄒᆞᄆᆞᆯ며 ᄉᆞ외 보미ᄯᆞ녀.《월석 8:37》(현대역: 이런 보살은 이름을 들어도 그지없는 복을 얻을 것인데 하물며 자세히 보는 것은 더 말할 나위 있으랴.)

소언 或혹 命명ᄒᆞ신 배 可가히 行힝티 몯ᄒᆞ염즉 홈이 잇거든 ᄂᆞᆺ빗ᄎᆞᆯ 和화히 ᄒᆞ며 소ᄅᆡᄅᆞᆯ 부드러이 ᄒᆞ야 올ᄒᆞ며 외며 利리ᄒᆞ며 害해로옴ᄋᆞᆯ ᄀᆞᆺ초와 ᄉᆞᆯ와 父부母모의 許허ᄒᆞ심을 기들운 후에 고티고 만일 許허티 아니ᄒᆞ실디라도 진실로 일에 큰 害해 업거든 ᄯᅩ 맛당이 곡진이 좃ᄎᆞᆯ 디니 만일 父부母모의 命명으로ᄡᅥ 외니라 ᄒᆞ야 내 ᄠᅳᆮ을 바ᄅᆞ 行힝ᄒᆞ면 비록 잡안ᄂᆞᆫ 배 다 올홀디라도 오히려 順슌티 아니ᄒᆞᆫ ᄌᆞ식이 될이니 ᄒᆞᄆᆞᆯ며 반ᄃᆞ시 올티 몯홈이ᄯᆞᆫ여

현대역 혹시 명하신 바가 가히 행하지 못함직 함이 있거든, 낯빛을 和하게 하며, 소리를 부드럽게 하여, 옳으며 그르며 이로우며 해로움을 갖추어 사뢰어, 부모의 허락하심을 기다린 후에 고치고, 만일 허락하지 아니하실지라도 진실로 일에 큰 해 없거든, 또 마땅히 곡진히 좇을 것이니, 만일 부모의 명으로써 그르니라 하여 내 뜻을 바로 행하면, 비록 잡은 바가 다 옳을지라도 오히려 순하지 아니한 자식이 되리니, 하물며 반드시 옳지 못한 것은 더 말할 나위 있으랴.

1 잇거든: 있거든. 원문 '或所命有不可行者則'에서 '有-則'을 번역한 것이므로,

'잇거든'의 오기로 보인다.

2 화히: 온화(溫和)하게.

【增註】備陳是非利害之兩端而稟白之하여欲父母自喩諭也라

是非와 利害의 두 끝을 갖추어 진술하여 그것을 사뢰어, 부모가 스스로 깨우치시게 하고자 함이다.

漢字 稟(사뢸 품)

【十七章】

○橫渠先生이曰舜之事親애有不悅者는爲父頑母嚚ᄒᆞ야不近人情이니若中人之性이其愛惡ㅣ若無害理어든必姑順之니라 《張子全書 橫渠雜記》

●橫渠 선생이 말하였다. "순이 부모를 섬김에, (부모가) 기뻐하지 않은 것이 있음은 아버지는 완악하고 어머니는 어리석어서 인정에 가깝지 않기 때문이니, (부모가) 만약 중등사람의 성품이어서 그 사랑하고 미워함이 만약 이치를 해함이 없다면, 반드시 우선 그[부모]에 순종해야 한다.

漢字 渠(도랑 거), 頑(완악할 완), 嚚(어리석을 은, 미련할 은), 姑(우선 고, 아직 고, 시어머니 고)

횡거(橫渠, 1020년~1077년): 중국 송(宋)나라의 철학자로, 이름은 장재(張載)요, 자는 자후(子厚)이며, 호는 횡거(橫渠)이다. 자세한 설명은 〈가언(嘉言) 제5〉 제1장을 참조하라.

번소 橫횡渠거 先션生ᄉᆡᆼ이 니ᄅᆞ샤ᄃᆡ 舜슌의 어버ᅀᅵ 셤교매 그 어버ᅀᅵ 깃거 아니ᄒᆞ요ᄆᆞᆫ 아비ᄂᆞᆫ ᄆᆞᅀᆞ미 슌티 아니ᄒᆞ고 어미ᄂᆞᆫ 말소미 올티 아니ᄒᆞ야 ᅀᅵᆫ졍에 ᄂᆡ도홀ᄉᆡ니 듕간ᄒᆞᆫ 사ᄅᆞᄆᆡ 셩이 그 ᄉᆞ랑ᄒᆞ며

앗쳐로미 ᄉᆞ리예 유해호미 업거든 모로매 안즉 좃촐 디니라

[현대역] 횡거 선생이 말씀하시되, "舜이 어버이 섬김에 그 어버이 기뻐하지 아니함은, 아버지는 마음이 순하지 아니하고 어머니는 말씀이 옳지 아니하여 인정에 무심하기 때문이니, (부모가) 중간 사람의 성품이[성품이어서] 그 사랑하며 싫어함이 事理에 有害함이 없거든, 모름지기 아직 좇을 것이니라.

1 ᄂᆡ도홀ᄉᆡ니: 무심하기 때문이니. 'ᄂᆡ도ᄒᆞ+ㄹᄉᆡ(연결어미)+니(연결어미)'이다. '-ㄹᄉᆡ'는 동사, 형용사 어간 뒤에 붙어, '-으므로', '-기 때문에'를 뜻하는 종속적 연결어미이다. ᄒᆞ다가 둘헤 兼홇딘댄 物와 體왜 雜亂ᄒᆞ리니 物이 體의 아로미 아닐ᄉᆡ 펴니 이러 둘히 셔리어니 엇뎨 中이 ᄃᆞ외리오(若兼二者 物體雜亂 物非體知 成敵兩立 云何爲中).《능엄 1:72》, ᄑᆞ리 기프니 市井을 迷失ᄒᆞ리로다 ᄯᅡ히 幽辟홀ᄉᆡ 옷 ᄀᆞ외 니부믈 게을이 ᄒᆞ노라(草深迷市井 地僻嬾衣裳).《두시-초 7:5》. 'ᄂᆡ도ᄒᆞ다'는 '멀거나 무심하다'의 옛말이다. 아비ᄂᆞᆫ ᄆᆞᅀᆞ미 슌티 아니ᄒᆞ고 어미ᄂᆞᆫ 말ᄉᆞ미 올티 아니ᄒᆞ야 ᅀᅵᆫ졍에 ᄂᆡ도홀ᄉᆡ니(爲父頑母嚚, 不近人情).《번소 7:3》, 편키와 어려오며 쉬옴이 ᄯᅩ 서로 ᄂᆡ도ᄒᆞ거ᄂᆞᆯ.《자초 15》, 셩의예 ᄂᆡ도ᄒᆞᆫ 주ᄉᆞᄅᆞᆯ 불패무샹ᄒᆞᆫ 구불가도의 말노 샹소ᄒᆞ오니.《계축 상:2》

2 안즉: 아직. 현대국어 '아직'은 15세기 문헌에서부터 나타나 현재까지 그대로 이어진다. '아직'과 같은 의미를 지닌 '안ᄌᆞᆨ' 역시 15세기 문헌에서부터 나타났는데, 16세기에는 제2음절 이하에서 모음 'ㆍ'가 'ㅡ'로 바뀐 '안즉' 형태도 나타난다. 18세기 문헌에 나타난 '아딕'은 구개음화 현상과 관련된 것이다. 즉 '아직'의 제2음절이 'ㄷ, ㅌ'이 'ㅣ'나 'ㅣ' 반모음의 영향으로 'ㅈ, ㅊ'으로 변하는 ㄷ구개음화를 겪은 것으로 잘못 인식하여 이를 이전 형태로 되돌리려는 경향에 따라 '아딕'으로 나타난 것이다. 16세기 문헌에 보이는 '안직'은 '안ᄌᆞᆨ'과 '아직'이 혼효형으로 파악되기도 하는데 명확하지는 않다. 안ᄌᆞᆨ(15세기~18세기)/아직(15세기~현재). 이형태: 안ᄌᆞᆨ, 안즉, 아직, 아딕, 안직. 이제 져믄 저그란 안ᄌᆞᆨ ᄆᆞᅀᆞᆷ ᄭᆞ장 노다가 ᄌᆞ라면 어루 法을 ᄇᆡ호ᅀᆞᄫᅩ리이다.《1447 석상 6:11ㄱ-ㄴ》, 녀느 굴근 比丘ㅣ ᄒᆞ마 오시리니 네 神奇ᄅᆞᆯ 내요려 ᄒᆞ거든 아직 내 밥 머글 ᄊᆞᆯ 기드리라.《1447 석상 24:22ㄴ》, 太子ㅣ 닐오ᄃᆡ 아ᄌᆞᆨ 그치라.《1459 월석 20:83ㄴ》, 사ᄅᆞᄆᆞᆯ ᄀᆞᄅᆞ쵸ᄃᆡ ᄠᅳ디 지향ᄋᆞᆯ 몰라셔ᄂᆞᆫ 반ᄃᆞ시 ᄇᆡ호ᄆᆞᆯ 즐기디 아니ᄒᆞ

리니 안즉 놀애며 춤과롤 ᄀᆞᄅᆞ치고져 식브니라.《1518 번소 6:7ㄱ-ㄴ》

소언 橫횡渠거 先션生ᄉᆡᆼ이 ᄀᆞᆯᄋᆞ샤ᄃᆡ 舜슌의 어버이 셤김애 깃거 아니홈이 이심은 아비ᄂᆞᆫ 완악ᄒᆞ고 어미ᄂᆞᆫ 몯ᄡᅳᆯ 말ᄒᆞ야 人인情졍의 갓갑디 아니홈으로 위ᄒᆞ예니 만일 듕간ᄒᆞᆫ 사ᄅᆞᆷ의 性셩이 ᄉᆞ랑ᄒᆞ며 아쳐홈이 만일 ᄉᆞ리예 해로옴이 업거든 반ᄃᆞ시 안즉 順슌홀 디니라

현대역 횡거 선생이 말씀하시되, "순이 어버이 섬김에 (어버이가) 기뻐하지 아니함이 있음은 아버지는 완악(頑惡)하고 어머니는 몹쓸 말하여 인정에 가깝지 아니함으로 위하여서이니, 만일 중간 사람의 성품이[성품이어서] 사랑하며 싫어함이 만일 사리에 해로움이 없거든, 반드시 아직 좇을 것이니라.

1 위ᄒᆞ예니: 위하여서이니. '위ᄒᆞ(어간)+예니(연결어미)'이다. '-예니'는 동사, 형용사 어간 뒤에 붙어, '-여서이니'를 뜻하는 어미이다. 飮食만 ᄒᆞᄂᆞᆫ 사ᄅᆞᆷ올 곧 사ᄅᆞᆷ이 賤히 너기ᄂᆞ니 그 져근 거슬 쳐 ᄡᅥ 큰 거슬 일홈을 爲ᄒᆞ예니라(飮食之人則人賤之矣 爲其養小以失大也).《소언 3:27》

2 완악ᄒᆞ다: '완악(頑惡)하다'의 옛말이다. 성질이 억세고 고집스럽고 사납다.

【集解】舜이盡事親之道하시니宜得親之悅矣로되而親猶不悅者는爲其頑嚚하여不近人情也일새라然이나舜克諧以孝하사終至瞽瞍底豫하니況中人之性者는人子可不姑順從以悅其心乎아

순이 어버이 섬기는 도리를 다 하셨으니, 마땅히 어버이의 기뻐함을 얻어야 했는데, 어버이가 오히려 기뻐하지 않은 것은 그 완악하고 미련하여 인정에 가깝지 않기 때문이다. 그러나 순이 능히 효도로써 화하시어, 마침내 고수(瞽瞍)가 기뻐함에 이르렀으니, 하물며 중등사람의 성품인 자라면, 자식이 가히 우선 순종함으로써 그[부모] 마음을 기쁘게 하지 않을 수 있겠는가?

漢字 克(능히 극, 이길 극), 諧(화할 해), 瞽(소경 고), 瞍(소경 수), 底[어조사(~에, 의) 저, 밑 저, 이를 저], 豫(기쁠 예, 미리 예, 즐길 예)

若親之故舊所喜를當極力招致ᄒᆞ며賓客之奉을當極力營辦ᄒᆞ야務以悅親爲事ㅣ오不可計家之有無ㅣ니라然이나又須使之不知其勉强勞苦ㅣ니苟使見其爲而不易則亦不安矣리라

●만약 부모의 옛 벗으로서 좋아하시는 분을 마땅히 힘을 다하여 불러 이르게 하며, 빈객 받듦을 마땅히 힘을 다하여 경영해 갖추어, 힘써 부모를 기쁘게 함으로써 일삼을 것이요, 집안에 있고 없음을 따져서는 안 된다. 그러나 또한 모름지기 (부모로) 하여금 그 힘써 수고함을 알지 못하시게 해야 하니, 만일 (부모로) 하여금 그 하되 쉽지 않음을 보시게 하면, 또한 편치 않으실 것이다."

漢字 招(부를 초), 營(경영할 영), 辦(갖출 판, 힘쓸 판)

번소 어버싀 벋에 됴히 너기ᄂᆞ니를 힘ᄭᆞ장 쳥ᄒᆞ야 오게 ᄒᆞ며 소ᄂᆡ게 받ᄌᆞ올 거슬 힘ᄭᆞ장 뫼화 장만ᄒᆞ야 어버ᅀᅵ 깃거호모로 힘서 일사마 ᄒᆞ고 지븨 이시며 업슨 주를 혜아리디 마롤 디니 그러나 ᄯᅩ 모로매 강면ᄒᆞ야 슈고로이 ᄒᆞᄂᆞᆫ 주를 어버ᅀᅵ 아디 몯ᄒᆞ시게 홀 디니 진실로 그 ᄒᆞᄂᆞᆫ 이리 쉽디 아니ᄒᆞᆫ 주를 보시면 ᄯᅩ 편안히 아니 너기시리라

현대역 어버이의 벗에 좋게 여기는 이를 힘껏 청하여 오게 하며, 손에게 받들어 올릴 것을 힘껏 모아 장만하여, 어버이 기뻐함으로 힘써 일삼아 하고, 집에 있으며 없는 줄을 헤아리지 말 것이니, 그러나 또 모름지기 强勉하여 수고로이 하는 줄을 어버이 알지 못하시게 할 것이니, 진실로 그 하는 일이 쉽지 아니한 줄을 보시면 또 편안히 아니 여기시리라."

1 강면ᄒᆞ야: 강면(强勉)하여. 힘써.

2 힘ᄭᆞ장: 힘껏. 님금 셤기ᅀᆞ보ᄆᆞᆯ 힚ᄀᆞ장 홀씨 忠이라.《월석 2:63》

소언 만일 어버의 녯 벋의셔 됴히 너기는 바를 맛당히 힘ᄭᆞ장 쳥ᄒᆞ야 오게 ᄒᆞ며 손ᄋᆡ게 받ᄌᆞ올 거슬 맛당히 힘ᄭᆞ장 뫼화 쟝만ᄒᆞ야 힘뻐 어버이를 깃기모로뻐 일삼고 可가히 집의 이시며 업슴을 혜아리디 아니홀 디니라 그러나 쏘 모롬애 ᄒᆡ여곰 그 힘ᄡᅴ워 구틔여 ᄒᆞ야 잇브고 고로운 줄을 아디 몯ᄒᆞ시게 홀 디니 진실로 ᄒᆡ여곰 그 호ᄃᆡ 쉽디 몯ᄒᆞᆫ 줄을 보시면 쏘 편티 몯ᄒᆞ시리라

현대역 만일 어버이의 옛 벗에서 좋게 여기는 바를[분을] 마땅히 힘껏 청하여 오게 하며, 손에게 받들어 올릴 것을 마땅히 힘껏 모아 장만하여, 힘써 어버이를 기쁘하게 함으로써 일삼고, 가히 집에 있으며 없음을 헤아리지 아니할 것이니라. 그러나 또 모름지기 하여금 그 힘써 구태여 하여 피곤하고 괴로운 줄을 알지 못하시게 할 것이니, 진실로 하여금 그 하되 쉽지 못한 줄을 보시면 또 편하지 못하시리라."

깃기모로뻐: 기뻐하게 함으로써. '깃기(어간)+ㅁ(명사형 어미)+오로(지향점 처소 부사격 조사)+뻐(부사격 조사)'이다. '으로'는 '오로'로도 실현되는데, 지향점 처소를 표시한다. 여기에 '뻐'가 붙은 것으로, '뻐'는 '쓰다'의 활용형이다. '오로뻐'는 도구의 부사격 조사로, '오로'만으로도 이러한 의미를 표시할 수 있다. '깃기다'는 '기뻐하게 하다'를 뜻한다. 耶輸를 깃교리라 쉰 아히 出家ᄒᆞ니 父王ㅅ 善心이 엇더ᄒᆞ시니.《월곡 상:53》, 長者ㅣ 실씨 秦民ᄋᆞᆯ 깃기시니(維是長者 悅秦民士).《용가 45장》

【集解】故舊所喜는謂親之故舊中所喜者요賓客之奉은謂酒殽之類라

故舊所喜[옛 벗으로서 좋아하시는 분]는 부모의 옛 벗 중 좋아하시는 바의 분을 이르고, 賓客之奉[빈객 받듦]은 술과 안주 따위를 이른다.

漢字 殽(안주 효)

【十八章】

○羅仲素ㅣ論瞽瞍ㅣ底止豫而天下之爲父子者ㅣ定ᄒᆞ야云只爲天下애無不是底(저)父母ㅣ라ᄒᆞ야놀 《伊洛淵源錄》

●羅仲素가, '고수(瞽瞍)가 기뻐함에 이르자, 천하의 父子된 자가 안정되었다.'는 (《孟子》〈離婁上〉 제28장의) 말을 논하여 이르기를, "다만 천하에 옳지 않은 부모가 없기 때문이다." 하거늘,

漢字 底(이를 지, 어조사 저)

나중소(羅仲素, 1072년~1135년): 송나라 검주(劍州) 검포(劍浦, 복건성 南平) 사람이다. 이름은 나종언(羅從彦)이고, 자는 중소(仲素)이며, 호는 예장(豫章)이고, 시호는 문질(文質)이다. 세칭 예장 선생(豫章先生)으로 불린다. 양시(楊時)에게 배웠고, 정이(程頤)에게 학문에 대해 물었다. 고종(高宗) 건염(建炎) 4년(1130년) 특과(特科)에 급제하여 박라현(博羅縣) 주부(主簿)에 임명되었다. 나중에 부라산(浮羅山)에 들어가 정좌(靜坐)하며 학문을 연구했다. 관직에 대한 생각을 끊어 주희(朱熹)로부터 존경을 받았다. 어려서 오의(吳儀)에게 배웠다. 양시, 이동(李侗)과 함께 남검삼선생(劍南三先生)으로 불렸다. 양시의 학문을 계승하여 문인(門人) 이동에게 전했고, 이동은 다시 주희에게 전했기 때문에, 정이로부터 주희에 이르는 학맥상 중요한 위치에 있다. 치심(治心)의 중요성을 강조하여 마음을 수양하는 근본 방법으로 정좌(靜坐)를 주장했고, 도덕 수양에 있어 무욕(無欲)이 가장 중요하다고 여겼다. 저서에 《준요록(遵堯錄)》·《춘추지귀(春秋指歸)》·《춘추해(春秋解)》·《중용설(中庸說)》·《논어해(論語解)》·《맹자해(孟子解)》·《모시해(毛詩解)》·《의론요어(議論要語)》·《예장문집(豫章文集)》 등이 있다(중국역대인명사전).

번소 羅라仲듕素소ㅣ 밍ᄌᆞ 니ᄅᆞ샨 瞽고瞍수ㅣ 깃거호매 니르게 ᄒᆞ니 텬하애 아비와 아ᄃᆞᆯ 되엿ᄂᆞᆫ 사ᄅᆞ미 일뎡ᄒᆞ다 ᄒᆞᆫ 마ᄅᆞᆯ 의론ᄒᆞ야 닐오ᄃᆡ 다ᄆᆞᆫ 텬하애 올티 아니ᄒᆞᆫ 부뫼 업슬시라 ᄒᆞ여ᄂᆞᆯ

현대역 나중소가, 맹자가 말씀하신 '고수(瞽瞍)가 기뻐함에 이르게 되니, 천하에 아버지와 아들 된 사람이 一定하다.' 한 말을 의론하여 이르되, "다만 천하에 옳지 아니한 부모가 없기 때문이다." 하거늘,

1 일뎡ᄒᆞ다: 일정(一定)하다. 하나로 고정되어 움직이지 않다.
2 업슬ᄉᆡ라: 없기 때문이다. '업스(어간)+ㄹᄉᆡ(연결어미)+라(평서형 종결어미)'이다. '-ㄹᄉᆡ라'는 동사, 형용사 어간 뒤에 붙어, '-기 때문이다'를 뜻하는 어미이다. 싸ᄒᆞᆫ 일후미 디뇨미니 百萬僧祇功德을 디닐ᄉᆡ오 ᄯᅩ 일후미 내며 일우미니 一切ㅅ 因果ᄅᆞᆯ 내며 일울ᄉᆡ라(地名爲持, 持百萬僧祇功德, 亦名生成, 生成一切因果).《원각 서:70》, 이 두 가ᄌᆞᆯ븀 ᄃᆞ로ᄆᆞᆫ 惑 그춤과 理ㅣ 證홈괏 두 相이 다ᄅᆞᆯᄉᆡ라.《원각 상1-1:111》

소언 羅라仲듕素소[仲듕素소ᄂᆞᆫ 字ᄌᆞㅣ니 일훔은 從죵彦언이라 宋송 적 어딘 션ᄇᆡ라]ㅣ 瞽고瞍수ㅣ 깃거홈애 니르매 天텬下하애 아비와 아ᄃᆞᆯ 되연ᄂᆞᆫ 이 定뎡ᄒᆞ다[孟ᄆᆡᆼ子ᄌᆞㅅ 말ᄉᆞᆷ이라] 홈을 의론ᄒᆞ야 닐오ᄃᆡ 담은 天텬下하애 올티 아니ᄒᆞᆫ 父부母모ㅣ 업슴을 위ᄒᆞ옐ᄉᆡ라 ᄒᆞ여ᄂᆞᆯ

현대역 羅仲素[중소는 자이니, 이름은 從彦이라. 宋 때 어진 선비라.]가 '고수가 기뻐함에 이르매, 천하에 아버지와 아들 된 이 定하다.'[맹자의 말씀이라.] 함을 의론하여 이르되, "다만 천하에 옳지 아니한 부모가 없음을 위하여서이기 때문이라." 하거늘,

니르매: 이르매. '니르(어간)+매(연결어미)'이다. '-매'는 '이다'의 어간, 받침 없는 용언의 어간, 'ㄹ' 받침인 용언의 어간 또는 어미 '-으시- 뒤에 붙어, 어떤 일에 대한 원인이나 근거를 나타내는 연결어미이다. 부왕의 환후가 차차 중하여 가매 본시 효성 많은 왕은 침식을 잊고 부왕의 간호를 하였다.《김동인, 대수양》, 어둑한 비탈길을 말을 채 쳐 달리매 주만은 훨훨 날 듯이 몸이 가뜬해짐을 느끼었다.《현진건, 무영탑》

【集說】陳氏曰仲素의名은從彦이니豫章人이라底(지)는致也요豫는悅樂也라定者는子孝父慈하여各止其所而無不安其位之意也라孟子嘗曰舜이盡事親之道하여而瞽瞍底豫하니瞽瞍底豫而天下之爲父子者定이라하시니羅氏讀之하고而謂云只爲天下에無不是底(저)父母라하니蓋孝子之心이與親爲一하니凡親之過皆己之過라自不見父母有不是處니라

진 씨가 말하였다. "仲素의 이름은 從彦이니, 豫章 사람이다. 底는 이름이다. 豫는 기뻐하고 즐거워함이다. 定이란 것은 자식은 효도하고 아버지는 사랑하여 각각 그곳[제자리]에 그쳐 그 자리에 편안하지 않음이 없다는 뜻이다. 맹자가 일찍이 말씀하시기를, '순이 부모 섬기는 도리를 다함에 고수가 기뻐함에 이르렀으니, 고수가 기뻐함에 이르자, 천하의 父子된 자가 안정되었다.'라고 하였다. 나 씨는 이것을 읽고 일러 이르기를, '다만 천하에 옳지 않은 부모가 없다고 여겼기 때문이다.' 하였으니, 대개 효자의 마음은 부모와 더불어 하나가 되니, 무릇 부모의 허물이 모두 자기의 허물로 하여, 스스로 부모에게 옳지 않은 곳이 있음을 보지 못함이다."

漢字 彦(선비 언)

了翁이聞而善之曰唯如此而後에사天下之爲父子者ㅣ定이니彼臣弑其君ᄒᆞ며子弑其父ᄂᆞᆫ常始於見其有不是處耳니라

●了翁이 듣고 훌륭하게 여겨 말하길, "오직 이와 같은 뒤에야 천하의 父子된 자가 안정되니, 저 신하가 그 임금을 죽이며, 자식이 그 아버지를 죽임은 항상 그 옳지 않은 곳이 있음을 봄에서 비롯할 따름이다." 하였다.

漢字 弑[죽일(아랫사람이 윗사람을 죽일) 시], 耳(따름 이, 즉 而已 두 자의 合音)

요옹[了翁, 1057년(또는 1060년)~1124년]: 북송 남검주(南劍州) 사현(沙縣) 사람이다. 이름은 진관(陳瓘)이고, 자는 영중(瑩中)이며, 호는 요옹(了翁)·요재

(了齋)·요당(了堂)이고, 시호는 충숙(忠肅)이다. 진세경(陳世卿)의 손자다. 자세한 내용은 〈가언(嘉言) 제5〉 제5장을 참조하라.

번소 了료翁옹이 듣고 어딜이 너겨 닐오ᄃᆡ 오직 이러트시 ᄒᆞᆫ 후에ᅀᅡ 텬하애 아비 아ᄃᆞᆯ 도엿ᄂᆞᆫ 사ᄅᆞ미 일뎡ᄒᆞ리니 뎌 신해 그 님금을 주기며 아ᄃᆞ리 그 아비 주기니ᄂᆞᆫ 샹해 그 올티 아니ᄒᆞᆫ 고ᄃᆞᆯ 보모로 브테니라

현대역 요옹이 듣고 어질게 여겨 이르되, "오직 이렇듯이 한 후에야 천하에 아버지 아들 된 사람이 일정하리니, 저 신하가 그 임금을 죽이며 아들이 그 아버지 죽인 이는 늘 그 옳지 아니한 곳을 봄으로부터니라."

어딜이: 어질게. '어딜(어간)+이(연결어미)'이다. 내 實로 미혹ᄒᆞ야 어딘 사ᄅᆞᄆᆞᆯ 몰라보아 夫人ᄋᆞᆯ 거슯지호이다.《석상-중 11:33》, 그듸와 다ᄆᆞᆺ 陶唐ㅅ 後孫이니 盛ᄒᆞᆫ 宗族애 그 어딘 사ᄅᆞ미 하도다(與君陶唐後 盛族多其人).《두시-초 8:52》

소언 了료翁옹[陳딘忠듕肅슉公공의 ᄌᆞ]라]이 듣고 올히 너겨 ᄀᆞᆯ오ᄃᆡ 오직 이러ᄐᆞᆺᄒᆞᆫ 후에ᅀᅡ 天텬下하애 아비와 아ᄃᆞᆯ 도엿ᄂᆞᆫ 이 定뎡ᄒᆞ리니 뎌 신해 그 님금 죽이며 아ᄃᆞᆯ이 그 아비 죽이ᄂᆞᆫ 이ᄂᆞᆫ 샹해 그 올티 아니ᄒᆞᆫ 곧이 이슘을 봄애 비릇ᄂᆞ니라

현대역 了翁[陳忠肅公의 字라.]이 듣고 옳게 여겨 가로되, "오직 이러한 후에야 천하에 아비와 아들 된 이 定하리니, 저 신하가 그 임금 죽이며 아들이 그 아비 죽이는 이는 늘 그 옳지 아니한 곳이 있음을 봄에서 비롯하느니라."

비릇ᄂᆞ니라: 바롯하느니라. '비릇(어간)+ᄂᆞ(직설법 선어말어미)+니라(평서형 종결어미)'이다. '-니라'는 더 이상 분리되지 않는 상태로, 평서형 종결어미가 된다. 고영근(2020: 152)에서는 '-니라'를 '-다'보다 보수성을 띤 어미로 보고, 이를 둘째 설명법 어미로 지칭하였다. 현대국어 '비롯하다'의 옛말인 '비릇다/비롯다'는 15세기 문헌에서부터 나타난다. 이 단어는 이후에 'ᄒᆞ-'가 결합하여 '비릇ᄒᆞ다', '비롯ᄒᆞ다'로 되며, 이 형태는 근대국어 후기에 둘째 음절 '릇/롯'이 '롯'으로 바뀌고, 문헌에 나타나지는 않지만 '비롯ᄒᆞ다'가 쓰였을 가능성이 있으

며, '비롯ᄒᆞ다'의 'ᄒᆞ-'가 '하-'로 바뀌면서 현재의 '비롯하다'가 형성되었다고 볼 수 있다. 17세기에는 '비릇다'가 쓰이는데 이것은 이 시기에 'ㅅ'과 'ㄷ'의 받침 표기가 문란해졌기 때문이다. 비릇다/비ᄅᆞᆺ다(15세기~18세기)〉비롯다/비릇ᄒᆞ다(19세기)〉비롯하다(20세기~현재). 이형태: 비릇다, 비ᄅᆞᆺ다, 비릇다, 비롯다, 비릇ᄒᆞ다, 비롯하다. 처엄 비릇는 거시 因이오.《1447 석상 13:41ㄱ》, 이 虛妄ᄋᆞᆯ 因ᄒᆞ야 닛고 ᄯᅩ 비ᄅᆞᆺᄂᆞ니라.《1461 능엄 4:32ㄴ》, 禮는 남진 겨집 삼가매 비릇ᄂᆞ니.《1588 소언 2:50ㄱ》

【集說】陳氏曰了翁은陳忠肅公也라了翁이聞羅氏之言하고又推其極而言之하니蓋臣子弑逆이常起於一念之差하여以君父所爲不是也하니若知天下無不是底君父면惡(오)有弑逆之事哉리오眞氏曰罪己而不非其親者는仁人孝子之心也요怨親而不反諸己者는亂臣賊子之心也니라

진 씨가 말하였다. "了翁은 陳忠肅公이다. 요옹이 나 씨의 말을 듣고, 또 끝을 미루어[덧붙여] 그것을 말함이니, 대개 신하와 아들이 죽이거나 반역함이 항상 한 생각이 어긋나서, 임금과 아버지가 하는 바로써 옳지 않다고 함에서 일어나니, 만약 천하에 옳지 않은 임금과 아버지가 없음을 안다면, 어찌 죽이고 반역하는 일이 있겠는가?" 眞氏가 말하였다. "자기에게 죄주고 그 부모를 그르다하지 않는 자는 仁人과 孝子의 마음이고, 부모를 원망하고 자기에게 돌리지 않는 자는 어지럽히는 신하와 해치는 아들의 마음이다."

漢字 差(어긋날 차), 賊(해칠 적)

〖十九章〗

○伊川先生이曰病臥於床이어든委之庸醫를比之不慈不孝ㅣ

니**事親者**ㅣ**亦不可不知醫**니라 《二程全書 外書》

●伊川 선생이 말하였다. “병들어 침상에 누워 있거든, 용렬한 의원에게 맡김을, 그것을 사랑하지 않고 효도하지 않음에 견주니, 부모를 섬기는 자는 또한 의술을 알지 않으면 안 된다.”

漢字 床(평상 상), 委(맡길 위), 庸(용렬할 용)

번소 伊이川쳔 先션生싱이 니ᄅᆞ샤ᄃᆡ 병ᄒᆞ야 자리예 누엇거든 사오나온 의원의게 맛뎌두ᄆᆞᆯ ᄉᆞ랑티 아니ᄒᆞᄂᆞᆫ 어버ᅀᅵ와 효도 아니ᄒᆞᄂᆞᆫ ᄌᆞ식에 가ᄌᆞᆯ비ᄂᆞ니 어버ᅀᅵ 셤길 사ᄅᆞᄆᆞᆫ 병 고툘 슈ᄅᆞᆯ 아디 몯호미 올티 아니ᄒᆞ니라

현대역 伊川 선생이 말씀하시되, “병하여[병들어] 자리에 누었거든 나쁜 의원에게 맡겨둠을, 사랑하지 아니하는 어버이와 효도 아니 하는 자식에 견주느니, 어버이 섬길 사람은 병 고칠 의술을 알지 못함이 옳지 아니하니라.”

가ᄌᆞᆯ비ᄂᆞ니: 견주느니. 비유하니. 비교하니. ‘ᄀᆞᄌᆞᆯ비(어간)+ᄂᆞ(직설법 선어말어미)+니(연결어미)’이다. ‘ᄀᆞᄌᆞᆯ비다’는 ‘비교하다’, ‘비유하다’의 옛말이다. 譬ᄂᆞᆫ 가ᄌᆞᆯ벼 니를씨오 喩는 알욀씨라.《월석 11:97》, 다봇 ᄀᆞᄐᆞᆫ 구믿터리 드믈언디 오라니 ᄒᆡᆫ 시례 가ᄌᆞᆯ뵤ᄆᆞᆯ 잇비 아니ᄒᆞ리로다(蓬鬢稀疎久 無勞比素絲).《두시-초 11:8》

소언 伊이川쳔 先션生싱이 ᄀᆞᆯᄋᆞ샤ᄃᆡ 病병ᄒᆞ야 床상의 누엇거든 샹의원의게 맛뎌둠ᄋᆞᆯ 어엿비 너기디 아니ᄒᆞ며 효도 아니홈애 比비ᄒᆞᄂᆞ니 어버이 셤기ᄂᆞᆫ 이 ᄯᅩ 可가히 의슐을 아디 아니티 몯홀 거시니라

현대역 伊川 선생이 말씀하시되, “병들어 침상에 누었거든 아무 의원에게 맡겨둠을, 불쌍히 여기지 아니하며 효도 아니 함에 비하니, 어버이 섬기는 이 또 가히 의술을 알지 아니하지 못할 것이니라.”

맛뎌둠: 맡겨둠. ‘맛디(어간)+어(연결어미)+두(어간)+ㅁ(명사형 어미)’이다. ‘맛

며두다'는 '맛디다'와 '두다'의 합성어이다. 현대국어 '맡기다'의 옛말인 '맛디다'는 15세기 문헌에서부터 나타난다. '맛디다'는 동사 '맜-'에 사동접사 '-이-'가 결합한 것이다. 근대국어 시기에 'ㄷ, ㅌ'이 'ㅣ'나 'ㅣ' 반모음 앞에서 'ㅈ, ㅊ'으로 변하는 구개음화로 18세기에는 '맛지다' 형태가 나타나게 되었다. 또한 같은 시기에 '맛지다'와 함께 '맛기다' 형태도 등장하였는데, 이는 남부방언에 보이는 'ㄱ'이 'ㅣ'나 'ㅣ' 반모음 앞에서 'ㅈ'으로 변하는 ㄱ구개음화 현상을 의식하여 '기'가 '지'로 변한 것으로 오해하고 과도 교정을 한 것이다. 현대국어의 '맡기다'는 동사 '맡다'와의 연관성을 고려하여 표기한 것으로 '맛기다'와 소리는 동일하다. 맛디다(15세기~18세기)〉맛지다(18세기~19세기)〉맛기다(18세기~19세기)〉맡기다(20세기~현재). 이형태: 맛디다, 맛지다, 맛기다, 맏기다. 羅睺羅ᄋᆡ 소놀 자바 目連일 맛디시고 울며 여희시니라.《1447 석상 6:9ㄱ-ㄴ》, 아비 일즉 은으로뻐 사ᄅᆞᆷ을 맛디디 아년ᄂᆞ니라 ᄒᆞ고.《1588 소언 6:76ㄱ》

【集說】陳氏曰委는猶付託也라夫病은死生所係어늘而委之庸醫면未有不致害者也라故로子有疾而委之庸醫를比之不慈요親有疾而委之庸醫를比之不孝니子能知醫면則可以養親이라故로曰事親者亦不可不知醫라하니라

진 씨가 말하였다. "委는 맡김과 같다. 무릇 병은 죽고 삶이 매인 바인데, 그것을 용렬한 의원에게 맡기면, 해침에 이르지 않는 자가 있지 않다. 그러므로 자식이 병이 있는데, 그를 용렬한 의원에게 맡김을 그것을 사랑하지 않음에 견주고, 부모가 병이 있는데, 그를 용렬한 의원에게 맡김을 그것을 효도하지 않음에 견주니, 자식이 능히 의술을 알면, 가히 써 부모를 봉양할 수 있다. 그러므로 '부모를 섬기는 자는 또한 가히 의술을 알지 못하면 안 된다.'고 말한 것이다."

漢字 付(맡길 부, 부탁할 부, 줄 부), 託(맡길 탁, 부탁할 탁), 係(맬 계, 끌 계)

【二十章】

○橫渠先生이嘗曰事親奉祭를豈可使人爲之리오 《張子全書 橫渠語錄》

●橫渠 선생이 일찍이 말하였다. “부모 섬김과 제사 받듦을 어찌 가히 남으로 하여금 그것을 하게 하겠는가?”

번소 橫횡渠거 先션生싱이 일즉 니ᄅᆞ샤ᄃᆡ 어버ᅀᅵ 셤기며 졔ᄉᆞᄒᆞ기를 엇디 ᄂᆞ모로 ᄒᆞ라 ᄒᆞ리오

현대역 橫渠 선생이 일찍 이르시되, “어버이 섬기며 제사하기를 어찌 남[他人]으로 하라 하리오.”

소언 橫횡渠거 先션生싱이 일즉 골ᄋᆞ샤ᄃᆡ 어버이 셤기며 졔ᄉᆞᄒᆞ기를 엇디 可가히 ᄂᆞᆷ으로 ᄒᆡ여곰 ᄒᆞ리오

현대역 橫渠 선생이 일찍이 말씀하시되, “어버이 섬기며 제사하기를 어찌 가히 남으로 하여금 하리오.”

【集說】陳氏曰事父母奉祭祀를皆當親爲之니라葉氏曰使人代爲면孝敬之心이安在哉오

진 씨가 말하였다. “부모를 섬기고 제사를 받듦을 모두 마땅히 친히 그것을 해야 한다.” 섭 씨가 말하였다. “남으로 하여금 대신 하게 하면, 효도와 공경의 마음이 어디에 있겠는가?”

【二十一章】

○伊川先生이曰冠昏喪祭는禮之大者ㅣ어늘今人이都不理會

ᄒᆞᄂᆞ니豺祡獺撻이 皆知報本이어늘 今士大夫家ㅣ 多忽此ᄒᆞ야 厚於奉養而薄於先祖ᄒᆞ니 甚不可也ㅣ니라 《二程全書 遺書, 近思錄》

● 伊川 선생이 말하였다. "관례·혼례·상례·제례는 예의 큰 것인데, 지금 사람은 모두 알지 못하니, 승냥이와 수달이 모두 근본 갚음을 아는데, 지금 사대부의 집안은 대다수 이를 소홀히 하여, (제 부모) 봉양에는 후하나 선조에는 엷으니, 심히 옳지 않다.

漢字 都(모두 도), 會(알 회), 豺(승냥이 시), 獺(수달 달), 薄(엷을 박)

1 이회(理會): 《어록해(語錄解)》 이자류(二字類)에 나오는 항목으로, 2자를 합하여 '깨달아 앎', '헤아리다'를 뜻한다. 《어록해》는 《어록(語錄)》의 주해서이다. 이에 대한 자세한 설명은 〈소학집주총론〉 '혹문(或問)'을 참조하라.

2 보본(報本): 하늘이나 조상에 제사함. 《소학언해》에 '시(豺)' 밑에 '구월이면 짐승을 잡아 하늘에 제사하는 짐승'이라 협주(夾註)하였고, '달(獺)' 밑에 '정월이면 물고기를 잡아 하늘에 제사하는 짐승'이라 협주하였다.

번소 伊이川쳔 先션生ᄉᆡᆼ이 니ᄅᆞ샤ᄃᆡ 처ᅀᅀᅀᅀ 곳갈 스ᄂᆞᆫ 일와 혼인과 상ᄉᆞ와 졔ᄉᆞᄂᆞᆫ 례도애 큰 이리어늘 이젯 사ᄅᆞ미 다 아라 ᄒᆞ디 몯ᄒᆞᄂᆞ니 일히란 거슨 즘승을 자바 졔ᄒᆞ고 슈달이란 거슨 고기롤 자바 졔ᄒᆞ야 다 믿 근원을 갑폴 이를 알어ᄂᆞᆯ 이제 士ᄉᆞ大태夫우의 지비 모다 이롤 므더니 너겨 제 몸 위와다 츄ᄆᆡ란 둗거이 ᄒᆞ고 조샹 졔ᄉᆞᄒᆞ요맨 박히 ᄒᆞᄂᆞ니 ᄀᆞ장 올티 아니ᄒᆞ니라

현대역 이천 선생이 이르시되, "처음 고깔 쓰는 일과 혼인과 상사와 제사는 예도에 큰일이거늘, 이제의 사람이 다 알아 하지 못하니, 이리란 것은 짐승을 잡아 제사하고, 수달이란 것은 고기를 잡아 제사하여, 다 본 근원을 갚을 일을 알거늘, 이제 사대부의 집이 모두 이를 소홀히 여겨, 제 몸 떠받들어 추켜듦이란 두껍게 하고, 조상 제사함엔 박(薄)하게 하니 가장 옳지 아니하니라.

1 므더니: 무던히. 현대국어 '무던히'의 옛말인 '므던히'는 15세기 문헌에서부터 나타난다. '므던히'는 '무던하다'의 의미인 '므던ᄒᆞ-'와 접사 '-이'가 결합한 것이다. 근대국어 시기에 'ㅁ' 뒤에서 모음 'ㅡ'가 'ㅜ'로 원순모음화 됨에 따라 17세기에 '무던히'가 나타나서 현재에 이르렀다. '무던히'는 15세기부터 '므던ᄒᆞ다'의 '므던'과 접사 '-이'가 결합된 '므더니'와(慢은 놈 {므더니} 너길 씨니 《1447 석상 9:13ㄴ》) 함께 사용되었다. '므더니'는 원순모음화의 영향으로 18세기에 '무더니'로 나타나다가(즁ᄉᆡᆼ이 져근 악을 {무더니} 너겨 무죄타 말을 디니 《1762 지장 중:3ㄱ》) 이후 쓰이지 않게 되었다. 므던히(15세기~16세기)>무던히(17세기~현재). 이형태: 므던히, 무던히. 네 가아 뎌 나라ᄒᆞᆯ 므던히 너겨.《1447 석상 20:37ㄴ》, 경뎐을 신티 아녀 내어냥 ᄒᆞ고 대승경을 므던히 너기니.《16세기 장수 69ㄴ》

2 박히: 박(薄)하게. 마음 씀이나 태도가 너그럽지 못하고 쌀쌀하게. '박(어근)+히(부사 파생접사)'이다. '박(薄)하다'는 '마음 씀이나 태도가 너그럽지 못하고 쌀쌀하다.'를 뜻한다.

소언 伊이川쳔 先션生ᄉᆡᆼ이 ᄀᆞᆯᄋᆞ샤ᄃᆡ 가관ᄒᆞ기와 혼인과 상ᄉᆞ와 졔ᄉᆞᄂᆞᆫ 례도 애 큰 거시어ᄂᆞᆯ 이제 사ᄅᆞᆷ이 다 아디 몯ᄒᆞᄂᆞ니 승냥이와[구월이면 즘승 잡아 하ᄂᆞᆯ씌 졔ᄒᆞᄂᆞᆫ 즘승이라] 슈달[졍월이면 믈쏘기 잡아 하ᄂᆞᆯ씌 졔ᄒᆞᄂᆞᆫ 즘승이라]이 다 근본 갑픔을 알거ᄂᆞᆯ 이제 士ᄉᆞ大대夫부의 집이 만히 이ᄅᆞᆯ 므던이 너겨 奉봉養양ᄒᆞ기ᄂᆞᆫ 두터이 호ᄃᆡ 조샹씌ᄂᆞᆫ 簿박히 ᄒᆞ니 甚심히 可가티 아니ᄒᆞ니라

현대역 이천 선생이 말씀하시되, "加冠하기와 혼인과 상사와 제사는 예도의 큰 것이거늘, 이제 사람이 다 알지 못하니, 승냥이와[구월이면 짐승 잡아 하늘에게 제사하는 짐승이라.] 수달[정월이면 물고기 잡아 하늘에게 제사하는 짐승이라.]이 다 근본 갚음을 알거늘, 이제 사대부의 집이 많이 이를 소홀히 여겨, 봉양하기는 두껍게 하되 조상께는 박하게 하니 심히 가하지 아니하니라.

【集說】陳氏曰冠以責成人하고昏以承宗事하고喪以愼終하고祭以追遠이라理會는謂講而行之라孟春에獺祭魚하고季秋에豺祭獸하여皆有報本之意하니可以人而不如獸乎아此字는指報本言이라奉養은謂奉養其親이라

진 씨가 말하였다. "관례로써 성인을 책임지고, 혼례로써 종사를 이으며, 상례로써 마침[初喪]을 삼가고, 제례로써 멂[조상]을 좇는다. 理會는 익혀서 그것을 행함을 이른다. 孟春[정월]에 수달이 물고기 잡아 제사하고, 季秋[구월]에 승냥이가 짐승 잡아 제사하여, 모두 근본을 갚는 뜻이 있으니, 가히 사람으로서 짐승보다 못해서야 되겠는가? (多忽此의) 此자는 근본 갚음을 가리켜 말함이다. 奉養은 그 부모를 받들어 모심을 이른다."

漢字 責(책임질 책, 꾸짖을 책, 구할 책, 바랄 책)

음력 정월은 맹춘(孟春), 2월은 중춘(仲春), 3월은 계춘(季春)이고, 4월은 맹하(孟夏), 5월은 중하(仲夏), 6월은 계하(季夏)이며, 7월은 맹추(孟秋), 8월은 중추(仲秋), 9월은 계추(季秋)이며, 10월은 맹동(孟冬), 11월은 중동(仲冬), 12월은 계동(季冬)이다. 맹월(孟月)은 맹동(孟朔), 사맹(四孟)이라고도 하며, 춘하추동의 각 첫 달인 맹춘[정월], 맹하[4월], 맹추[7월], 맹동[10월]을 통틀어 이르는 말이고, 중월(仲月)은 중삭(仲朔)이라고도 하며, 춘하추동의 각 가운데 달인 중춘[2월], 중하[5월], 중추[8월], 중동[11월]을 통틀어 이르는 말이며, 계월(季月)은 계삭(季朔)이라고도 하며, 춘하추동의 각 마지막 달인 계춘[3월], 계하[6월], 계추[9월], 계동[12월]을 통틀어 이르는 말이다.

某ㅣ嘗修六禮大略호ᄃᆡ家必有廟ᄒᆞ고廟必有主ᄒᆞ야月朔애必薦新ᄒᆞ며時祭를用仲月ᄒᆞ며冬至에祭始祖ᄒᆞ며立春애祭先祖ᄒᆞ며季秋애祭禰ᄒᆞ며忌日애遷主ᄒᆞ야祭於正寢이니凡事死之禮를當厚於奉生者ㅣ니라

● 내가 일찍이 六禮의 대략을 닦았는데, (사대부) 집안에는 반드시 사당이

있고, 사당에는 반드시 神主가 있어, 매월 초하루에는 반드시 새로운 것을 올리며, 사철제사는 仲月을 쓰며, 冬至에는 始祖를 제사하며, 立春에는 先祖를 제사하며, 季秋[음력 9월]에는 아버지사당[禰]에 제사하며, 忌日에는 神主를 옮겨, 正寢에서 제사하니, 무릇 죽은 사람을 섬기는 예를 마땅히 산 사람을 받듦보다 후하게 한다.

漢字 某(자기 겸칭 모, 아무 모), 廟(사당 묘), 主(신주 주), 薦(올릴 천, 천거할 천, 공물 천), 禰(아비 사당 녜, 사당에 모신 어버지 녜)

1 천신(薦新): 새로 난 과일, 농산물을 먼저 신위에 올림.

2 시제(時祭): 중월(仲月, 仲朔), 즉 중춘(仲春, 음력 2월), 중하(仲夏, 5월), 중추(仲秋, 8월), 중동(仲冬, 11월)의 네 달에 택일하여 지내는 사시제(四時祭)이다.

3 정침(正寢): 사전적 의미는 '제사를 지내거나 일을 보는 몸채의 방'으로, 입식생활을 하는 중국의 가옥구조에 입각하여 벽돌바닥 위에 침상을 둔 공간이다. 예서에서는 임종이 가까워지면 '천거정침(遷居正寢)'이라고 하여 병이 깊어진 환자를 정침으로 옮기도록 명시하고 있다. 특히 군주(제왕)의 경우 반드시 정침에서 승하하도록 규정하고 있는데, 이를 '정종(正終)'이라고 한다. 중국의 경우 천자·제후·경대부·사(士)에 이르기까지 모든 계층이 갖추고 있는 시설이지만, 온돌과 마루에서 좌식생활을 하는 우리나라의 가옥에는 중국의 정침에 해당하는 공간이 없다. 그래서 중국의 정침 개념을 수용할 때 적지 않은 혼란이 발생하기도 했다. 《조선왕조실록(朝鮮王朝實錄)》에 나타난 정침의 용례를 살펴보면 대략 세 가지로 분류된다. 첫째, 길례 등을 거행하는 제사청이나 재숙소(齋宿所)를 의미하는 것, 둘째, 연거(燕居)의 공간으로 정당(正堂)이나 안채를 의미하는 것, 셋째, 궁궐 내의 의례를 거행하는 전각이나 군주의 승하 장소를 의미하는 것 등이다. 이로 볼 때 정침은 일상의 거처공간이자 크고 작은 의례를 수행하는 행례 장소였음을 짐작할 수 있다. 퇴계(退溪) 이황(李滉) 역시 정침에 해당하는 공간으로 전당(前堂)을 언급하며 '집안에 제사상을 차리거나 손님을 맞이하는 공간'이라 했다. 참고로 우리 궁궐 건축에서 경복궁의 사정전(思政殿), 창덕궁의 선정전(宣政殿), 창경궁의 문정전(文政殿), 경희궁의 자정전(資政殿) 등이 정침에 해당한다. 총 다섯 칸으로 구성되어 있으며 중앙 세 칸, 양쪽으로 각각 한 칸씩 구분된 공간이다. 그런데 이들 정침은 역대 왕들의 승하 장소로 이용된

적이 전혀 없다. 왕들은 대부분 침전 용도의 공간에서 숨을 거두었다. 아울러 사정전의 바닥은 마루였기 때문에 추운 겨울철이 되면 온돌방이 있는 만춘전(萬春殿, 사정전 동쪽에 위치)과 천추전(千秋殿, 사정전 서쪽에 위치)을 왕의 집무실로 이용하였다. 이러한 현상은 바닥에 벽돌을 깔아 입식생활을 하는 중국의 가옥 구조와 달리 온돌방을 주된 거처 공간으로 삼았던 우리 생활 습속에서 비롯되었다. 특히 궁궐의 경우 비교적 이른 시기에 온돌이 확산된 민간 가옥과 달리 조선 중기까지만 하더라도 벽돌과 마루로 된 건물이 주를 이루었고 온돌이 마련된 곳은 내전에만 국한되었다. 그러다 보니 정침이 아닌, 온돌이 설치된 별도의 건물을 왕의 침전 및 승하 장소로 이용했던 것이다. 또한, 《성종실록(成宗實錄)》에는 심원(深源)이 온돌과 마루를 겸비한 전각을 건립하여 왕의 연거(燕居) 공간으로 삼을 것을 청하는 대목이 등장하기도 하는데, 고례에 의거하여 정침 제도를 수용했으나 생활 습속의 차이로 곤혹을 겪고 있었음을 짐작할 수 있다. 이처럼 우리나라의 정침은 중국과 달리 명확히 규정할 수 있는 공간이 없는 실정이었다. 다만, 중국의 정침과 유사한 기능을 수행하는 공간으로 제청·사랑채·안채가 있으며, 특히 천거정침(遷居正寢) 장소로서의 정침은 안방을 일컫는 듯하다. 즉, 중국의 정침은 접객과 행례, 천거정침이 모두 이루어지는 공간이지만, 한국에서는 마루가 깔린 대청에서 제례와 접객을 거행하여 천거정침을 수행하는 공간이 안방으로 되었던 것이다. 정침은 입식생활을 하는 중국의 가옥 구조에 근거하여 설정된 공간이었으므로, 좌식생활을 하는 우리나라의 가옥 구조에 적용하는 데에 큰 어려움이 뒤따랐다(한국일생의례사전).

번소 내 일즉 여ᄉᆞᆺ 가짓 례도의 대개ᄅᆞᆯ ᄆᆞᆫᄃᆞ로ᄃᆡ 지븨 모로매 ᄉᆞ당을 두며 ᄉᆞ당애 모로매 신쥬를 두며 ᄃᆞᆯ 초ᄉᆡᆼ애 쳔신ᄒᆞ며 시졔ᄅᆞᆯ 가온딧 ᄃᆞ래 ᄒᆞ며 동지예 처ᅀᅥᆷ 비르서 난 조샹을 졔ᄒᆞ며 닙츈에 조샹을 졔ᄒᆞ며 ᄀᆞᅀᆞᆯᄆᆞᆺ초매 아비 ᄉᆞ당애 졔ᄒᆞ며 긔일에 신쥬를 옮겨 대텽에 졔ᄒᆞᆯ 디니 믈읫 주그니 셤기ᄂᆞᆫ 례도를 사니 위왇기두곤 후히 ᄒᆞᆯ 거시니라

현대역 내 일찍이 여섯 가지의 예도의 大概를 만들되, 집에 모름지기 사당을 두며, 사당에 모름지기 신주를 두며, 달 초승(初生)에 천신(薦新)하며, 時祭를 가운데의 달에 하며, 동지에 처음 비로소 난 조상[始祖]을 제사하며, 입춘

에 조상을 제사하며, 가을마지막[계추]에 아버지의 사당에 제사하며, 기일에 신주를 옮겨 大廳에 제사할 것이니, 무릇 죽은 이 섬기는 예도를 산 이 떠받들기보다 후히 할 것이니라.

1 대개(大槪): 자세하지 않은, 기본적인 부분만을 따 낸 줄거리. 유의어: 대강령(大綱領), 대강(大綱), 대략(大略).

2 초싱: 초승(初生). 음력으로 그달 초하루부터 처음 며칠 동안.

3 쳔신: 천신(薦新). 철따라 새로 난 과실이나 농산물을 먼저 신위에 올리는 일.

4 시졔: 시제(時祭). 음력 2월, 5월, 8월, 11월에 가묘(家廟, 한 집안의 사당)에 지내는 제사.

5 ᄀᆞ술ᄆᆞᆺ초매: 가을마지막[季秋]에. 가을마침에. 'ᄀᆞ술(명사)+ᄆᆞᆺㅊ(어간)+옴(명사형 어미)+애(부사격 조사)'이다. 현대국어 '마치다'의 옛말인 'ᄆᆞᆾ다'는 15세기 문헌에서부터 나타난다. 'ᄆᆞᆾ다'는 자음으로 시작하는 어미 앞에서는 'ᄆᆞᆺ-'으로, 모음으로 시작하는 어미 앞에서는 'ᄆᆞᆾ-'으로 나타났다. 'ᄆᆞᆾ-'의 중철 표기 'ᄆᆞᆺㅊ-'은 16세기부터 나타나는데, 'ᄆᆞᆺㅊ-'는 'ᄆᆞᆺ츠다〉맛츠다〉맛치다〉마치다'의 변화 과정을 겪게 된다. 현재의 '마치다'에 이르는 중간 단계의 형태인 'ᄆᆞᆺ츠다', '맛츠다', '맛치다'는 모두 18세기에 나타난다. 'ᄆᆞᆺ츠다'는 'ᄆᆞᆺㅊ-'에 'ㅡ'가 추가되면서 2음절에서 3음절로 늘어난 형태이다. 18세기에 제1음절의 'ㆍ'가 'ㅏ'로 변화하였는데, 이 영향으로 'ᄆᆞᆺ츠다'는 '맛츠다'로 변화한다. 근대국어 후기에 'ㅈ' 아래에서 모음 'ㅡ'가 'ㅣ'로 바뀌는 전설모음화가 있었는데, 이 영향으로 '맛츠다'는 '맛치다'로 변화한다. 이후 '맛치다'의 종성 'ㅅ'이 탈락하면서 18세기에 '마치다'로 나타나서 현재에 이르렀다. 18세기의 '마츠다'는 '맛츠다'에서 종성 'ㅅ'이 탈락한 형태이다. 16세기 후반에 제2음절 이하의 'ㆍ'가 'ㅡ'로 변화하였는데, 이로 인해 'ㆍ'와 'ㅡ'의 표기가 혼동되는 일이 많았다. 18세기의 'ᄆᆞᆺᄎᆞ다'와 '마ᄎᆞ다'는 이러한 이유로 나타난 형태인데, 각각 'ᄆᆞᆺ츠다'와 '맛츠다'의 제2음절 모음 'ㅡ'가 'ㆍ'로 표기된 것이다. 18세기에 제1음절의 'ㆍ'가 'ㅏ'로 변화하였는데, 이로 인해 'ㆍ'와 'ㅏ'의 표기가 혼동되는 일이 많았다. 19세기의 'ᄆᆞ치다'와 'ᄆᆞᆺ치다'는 이러한 이유로 나타난 형태인데, 각각 '마치다'와 '맛치다'의 제1음절 모음 'ㅏ'가 'ㆍ'로 표기된 것이다. ᄆᆞᆾ다(15세기~18세기)〉ᄆᆞᆺ츠다(18세기~19세기)〉맛츠다(18세기)〉맛치다(18세기~19세기)〉마치다(18세기~현재). 이형태: ᄆᆞᆾ-, ᄆᆞᆺ-, ᄆᆞᆺㅊ-, ᄆᆞᆺᄎᆞ-, ᄆᆞᆺ츠-, 맛츠-, 맛치-, 마ᄎᆞ-, 마츠-, 마치-, ᄆᆞ치-, ᄆᆞᆺ치-. 내 本來ㅅ

誓願力으로 이 더러ᄫᅳᆫ ᄯᅡ해 나아 敎化ㅅ 因緣을 ᄆᆞᄎᆞᆯᄊᆡ.《1447 석상 23:10ㄱ》, 나그내 ᄃᆞ외요미 ᄆᆞᄎᆞᆯ ᄢᅵ 업스니 ᄀᆞᄋᆞᆯ 슬후믈 나조ᄒᆞᆯ 向ᄒᆞ야 ᄆᆞᆺ놋다.《1481 두시-초 10:38ㄴ》, 닙츈에 조샹을 졔ᄒᆞ며 ᄀᆞᄋᆞᆯᄆᆞᆺ초매.《1518 번소 7:7ㄴ》

5 대텽: 대청(大廳). 한옥에서 몸채의 방과 방 사이에 있는 큰 마루.

소언 내 일즉 여ᄉᆞᆺ 가짓 례도의 대강을 닷구ᄃᆡ 집의 반ᄃᆞ시 ᄉᆞ당이 잇고 ᄉᆞ당애 반ᄃᆞ시 신쥐 이셔 ᄃᆞᆯ 초ᄒᆞᄅᆡ 반ᄃᆞ시 薦쳔新신ᄒᆞ며 時시祭제ᄅᆞᆯ 가온댓ᄃᆞᆯ을 ᄡᅳ며 冬동至지예 처엄 조샹을 祭졔ᄒᆞ며 立립春츈에 조샹을 祭졔ᄒᆞ며 ᄆᆞᄎᆞᆷᄀᆞᄋᆞᆯᄒᆡ 아ᄇᆡ게 祭졔ᄒᆞ며 忌긔日일에 신쥬를 옮겨 대텽에 祭졔ᄒᆞ게 호니 믈읫 죽은 이 셤기ᄂᆞᆫ 례도를 맛당히 산 이 봉양키두곤 厚후히 ᄒᆞᆯ 거시니라

현대역 내 일찍이 여섯 가지의 예도의 대강을 닦되, 집에 반드시 사당이 있고, 사당에 반드시 신주가 있어, 달 초하루에 반드시 천신하며, 시제를 가운데 달을 쓰며, 동지에 처음 조상[시조]을 제사하며, 입춘에 조상을 제사하며, 마지막가을[계추]에 아버지에게 제사하며, 기일에 신주를 옮겨 대청에 제사하게 하니, 무릇 죽은 이 섬기는 예도를 마땅히 산 이 봉양하기보다 후하게 할 것이니라.

【集說】陳氏曰六禮는冠昏喪祭鄕飮酒士相見之禮也라主는木主니所以依神也라新은謂新物也라禰는父廟也라遷은徙也라正寢은猶正堂也라月朔은一月之始요四時는天道之變이요冬至는陽生之始요立春은物生之始요季秋는物成之始요忌日은親之死日이니君子於此에必有悽愴怵惕之心이라故로因之而行追遠之禮하니此는言祭禮之大略이니라司馬溫公曰國家時祭를用孟月하니私家不敢用이라故로用仲月이니라朱子曰始祖之祭는似國家之禘하고先祖之祭는似祫하니古無

此러니伊川이以義起하시니某當初에也祭러니後來覺得僭하여 今不敢祭也하노라

진 씨가 말하였다. "六禮는 冠禮, 婚禮, 喪禮, 祭禮, 鄕飮酒禮, 士相見禮이다. 主는 나무로 만든 신주이니, 신이 의탁하는 것이다. 新은 새로운 물건이다. 禰는 아버지 사당이다. 遷은 옮김이다. 正寢은 正堂과 같다. 月朔은 한 달의 처음이요, 四時는 天道의 변함이요, 冬至는 陽이 나오는 처음이요, 立春은 물건이 나오는 처음이요, 季秋는 물건이 이루어지는 처음이요, 忌日은 부모가 죽은 날이니, 군자가 이에 있어 반드시 슬퍼하고 두려워하는 마음이 있다. 그러므로 그에 인하여 멂을 좇는[조상을 추모하는] 예를 행하니, 이는 제례의 대략을 말한 것이다." 사마온공이 말하였다. "국가의 時祭는 孟月[정월, 4월, 7월, 10월]을 쓰니, 私家에서는 감히 못한다. 그러므로 仲月[2월, 5월, 8월, 11월]을 쓴다." 주자가 말하였다. "(私家에서의) 始祖의 제사는 국가의 체제(禘祭)와 같고, 先祖의 제사는 협제(祫祭)와 같으니, 옛날에는 이것이 없더니, 伊川이 의로써 일으키시니, 나도 당초에는 또한 제사했으나, 뒤에 능히 참람(僭濫)함을 깨달아 이제는 감히 제사하지 않는다."

漢字 悽(슬퍼할 처), 愴(슬퍼할 창), 怵(두려워할 출), 惕(두려워할 척), 禘(큰제사 체), 祫(합사할 협), 也(또 야), 僭(참람할 참)

1 향음주례(鄕飮酒禮): 향촌의 선비·유생들이 향교·서원 등에 모여 학덕과 연륜이 높은 이를 주빈으로 모시고 술을 마시며 잔치를 하는 일종의 유교의례이며 향촌의례이다. 향음주례는 어진 이를 존중하고 노인을 봉양하는 데 뜻을 둔다. 매년 음력 10월에 개성부(開城府), 각 도·주·부·군·현에서 길일을 택해 그 고을 관아가 주인이 되어, 나이가 많고 덕이 있으며 재주와 행실이 갖추어진 사람을 주빈으로 삼고 그 밖의 유생을 빈(賓)으로 하여, 서로 모여 읍양(揖讓)하는 예절을 지키며 주연(酒宴)을 함께 하고 계(戒)를 고했던 행사다. 《주례》의 지관(地官) 향대부조(鄕大夫條)에는 "향학(鄕學)에서 학업을 닦고 난 다음, 제후의 향대부가 향촌에서 덕행과 도예(道藝)를 고찰해 인재를 뽑아 조정에 천거할 때, 출향(出鄕)에 앞서 그들을 빈례(賓禮)로써 대우하고 일종의 송별 잔치를 베푼다."고 기록되어 있는데 이것이 향음주례이다. 향음주례에 대한 또 다른

기록인 《의례》 〈향음주의조(鄕飮酒義條)〉에 의하면, “향음주란 향대부가 나라 안의 어진 사람을 대접하는 것으로, 향음주례를 가르쳐야 어른을 존중하고(尊長) 노인을 봉양하는(養老) 것을 알며, 효제(孝悌)의 행실도 따라서 실행할 수 있으며, 귀천의 분수도 밝혀지며, 주석(酒席)에서는 화락하지만 지나침이 없게 되어, 자기 몸을 바르게 해 국가를 편안하게 하기에 족하게 된다.”고 한다. 후한 영평(永平) 2년인 59년에는 여러 국(國)·현(縣)·도(道)에서 향음주례를 교육기관에서 행하였다. 당(唐) 정관(貞觀) 6년인 633년에는 《향음례(鄕飮禮)》 1권을 천하에 반포하고, 매년 주·현의 관장(官長)에게 명해 어른과 젊은이를 거느리고 의례에 따라 행하게 하였다. 명나라 태조 때에는 중서성(中書省)으로 하여금 향음주례조식(鄕飮酒禮條式)을 상세히 규정하게 해 유사(有司)가 학관(學官)과 더불어 나이 많은 사대부를 거느리고 학교에서 행하였다. 민간의 이사(里社)에서도 100호 단위로 모여 이장(里長)이 주최했으며, 100호 내에서 최연장자를 정빈(正賓)으로 하고 나머지는 나이 순서로 좌정해 계절마다 마을에서 행하였다. 이는 청대까지 지속되었다. 우리나라에서는 언제부터 향음주례를 실시했는지 분명하지 않으나 1136년(고려 인종 14년)에 과거제도를 정비하면서 여러 주(州)의 공사(貢士)를 중앙으로 보낼 때 향음주례를 행하도록 규정한 일이 있다. 조선시대의 향음주례는 제도적으로 명나라 제도를 따랐으니, 세종이 집현전에 상정(詳定)하도록 명해 1474년(성종 5년)에야 편찬을 완성했던 《국조오례의(國朝五禮儀)》와 더불어 일반화되었다. 향음주례는 매년 맹동(孟冬)의 길진(吉辰)을 택해 한성부와 모든 도·주·부·군·현에서 행하였다. 주인(主人)이 유덕한 연장자 및 효행자를 택해 학당에 주탁(酒卓)을 마련하고 서민까지도 자리를 달리해 참석시켰다. 주인과 손님 사이에 절도 있게 술잔을 헌수(獻酬)해 연장자를 존중하고 유덕자를 높이며 예법과 사양의 풍속을 일으키도록 하였다. 주연이 끝나면 사정(司正)이 나아가 빈과 주인 및 서민까지 한자리에 앉은 가운데 독약(讀約)하였다. 즉, “우리 노소(老少)는 서로 권면해 나라에는 충성하고, 어버이에게는 효도하고, 가정에서는 화목하고, 향리에서는 잘 어울리고, 서로 교회(敎誨)하고 상규(相規)해 잘못이 있거나 게으름 펴서 삶을 욕되게 하는 일이 없도록 할 것이다.”라는 서사(誓詞)를 읽었다. 결국 향음주례는 수령이 앞장서서 마을에서 유덕자를 골라 베푸는 주연이며, 음주에서 그치는 것이 아니라 ‘효(孝)·제(悌)·목(睦)·린(隣)’을 권장하는 주례(酒禮)를 통한 훈련이기도 하였다. 그러나 실제 향음례에서는 ‘효·제·목·린’의 내용을 담은 약조 같은 것을 강석(講釋)해 흡사

향약의 강신례(講信禮) 같았고, 향음례와 향약을 서로 혼칭해 같은 사실을 가리키는 이칭처럼 사용되었다(한국민족문화대백과).

2 사상견례(士相見禮): 선비들이 공식적으로 만나 인사하는 예절이다. 사상견례는 청견(請見)·전지(傳贊)·반견(反見)·전언(傳言)·궤식(饋食)·빈출(賓出)·환지(還贊) 등의 절차로 나누어진다. 사상견은 연령·학문·덕망·지위 등이 서로 엇비슷한 사람들이 만나는 절차이므로 대등한 위치에서 대등한 대화로 이루어지는 것이 원칙이며, 신분·연령의 차이 등은 특별히 고려되지 아니한다. ①청견: 손님이 폐백을 가지고 주인의 집을 찾아가며 자기의 신분을 밝히고 만나고자 하는 사유를 전한다. 폐백으로는 꿩을 쓰는 것이 보통이다. ②전지: 손님은 가지고 온 폐백을 시중을 통하여 주인에게 전한다. ③반견: 시중이 주인의 뜻을 전하고 손님을 안으로 인도한다. 주인은 손님과 인사를 나누고 자리를 정해서 앉는다. ④전언: 주인과 손님이 자리를 정한 뒤, 누구의 소개로 왔으면 소개한 사람의 소개장을 제시하고 말을 전하며, 겸해서 찾아온 용건을 간단히 말한다. 만약 특별한 용건이 없고 인사차 왔으면 그 사유를 말하며 주인에게 존경하는 의사를 표한다. ⑤궤식: 주인과 손님 사이에 수인사가 끝나면 주인은 음식을 내어 손님을 접대하는데, 이 때 접대를 받는 손님은 주인에게 겸손한 사양의 태도를 잃지 아니하여야 한다. ⑥빈출: 용무가 끝나 손님이 돌아갈 것을 청하고 밖으로 나가면 주인은 손님의 뒤를 따라 나가 전송한다. ⑦환지: 주인은 손님이 돌아간 뒤 받은 폐백과 비슷한 폐백을 마련, 종자를 시켜 보내고 찾아준 고마움을 사례한다(한국민족문화대백과).

3 정당(正堂): 구역 내 여러 채의 집들 중 가장 중심이 되는 집채.

4 추원(追遠): 지나간 옛일을 생각함. 조상의 덕을 생각하여 제사에 정성을 다함.

5 체제(禘祭): 왕이 나라를 연 시조에게 5년마다 지내던 제사.

6 협제(祫祭): 천자나 제후가 여러 선조를 태조 묘에 올려 함께 지내던 제사.

7 참람(僭濫): 분수에 넘쳐 지나침.

人家ㅣ能存得此等事數件ᄒᆞ면雖幼者ㅣ라두可使漸知禮義니라

● 사람의 집에서 능히 이러한 등의 일 몇 가지를 보존해 얻으면, 비록 어린 자라도 가히 하여금 점점 예절과 의리를 알게 된다."

번소 사ᄅᆞ미 지비 이러ᄐᆞᆺᄒᆞᆫ 여러 가짓 이ᄅᆞᆯ 잘 두어 ᄒᆞ면 비록 져므니라도 가히 졈졈 례의를 알에 ᄒᆞ리라

현대역 사람의 집이 이러한 여러 가지의 일을 잘 두어 하면, 비록 어린 이라도 가히 점점 예의를 알게 하리라."

소언 사ᄅᆞᆷᄋᆡ 집이 能능히 ᄋᆡᆺ가지 일 두어 ᄇᆞᆯ을 두어 ᄒᆞ면 비록 졈은이라도 可가히 ᄒᆡ여곰 졈졈 禮례義의를 알리니라

현대역 사람의 집이 능히 이따위 일 두어 겹[가지]을 두어 하면, 비록 어린이라도 가히 하여금 점점 예의를 알게 하리라."

ᄇᆞᆯ: 겹. 의존명사 '겹'의 옛말이다. 어드워 내 옷 밧근 먼 ᄡᅡ히 ᄒᆞᆫ가지로 여러 ᄇᆞᆳ 陰氣로다(昏渾衣裳外, 曠絕同層陰).《두시-초 15:3》, 길ᄒᆞᆫ ᄌᆞᄆᆞᆫ ᄇᆞᆳ 돌서리예 그ᅀᅳᆨᄒᆞ얫고 ᄇᆡᆺ돗ᄀᆞᆫ 一片ㅅ 구루미 머므렛도다(逕隱千重石 帆留一片雲).《두시-초 10:32》

【增註】存은謂行之久而不廢也라

存은 그것을 행하기를 오래하여 폐하지 않음을 이른다.

【二十二章】

○ 司馬溫公이曰冠者는成人之道也ㅣ니成人者는將責爲人子ㅣ며爲人弟ㅣ며爲人臣이며爲人少者之行也ㅣ니將責四者之行於人이어니其禮를可不重與아 《溫公書儀》

● 사마온공이 말하였다. "冠이란 것은 이룬 사람[成人]의 도니, 이룬 사람이라는 것은 장차 사람의 자식이 되며, 사람의 아우가 되며, 사람의 신하가 되며, 사람의 젊은이가 된 자의 행실을 책임 지움이니, 장차 네 가지의 행실을 사람에게 책임지거니, 그 예를 가히 소중히 하지 않겠는가?

번소 司ᄉᆞ馬마溫온公공이 니ᄅᆞ샤ᄃᆡ 처ᅀᅥᆷ 곳갈 스ᄂᆞᆫ 례ᄂᆞᆫ 사ᄅᆞᄆᆞᆯ 일우ᄂᆞᆫ 되니 사ᄅᆞᆷ 일우믄 쟝ᄎᆞᆺ 사ᄅᆞᄆᆡ 아ᄃᆞᆯ ᄃᆞ외며 사ᄅᆞᄆᆡ 아ᅀᆞ ᄃᆞ외며 사ᄅᆞᄆᆡ 신하 ᄃᆞ외며 사ᄅᆞᄆᆡ 져므니 도여셔 ᄒᆞ욜 힝뎍을 ᄒᆞ게 호미니 쟝ᄎᆞᆺ 이 네 힝뎍을 사ᄅᆞᄆᆡ게 ᄒᆞ게 ᄒᆞ거니 그 례ᄅᆞᆯ 듕히 아니 ᄒᆞ염직ᄒᆞ랴

현대역 司馬溫公이 이르시되, "처음 고깔 쓰는 예는 사람을 이루는 도니, 사람 이룸은 장차 사람의 아들이 되며, 사람의 아우가 되며, 사람의 신하가 되며, 사람의 젊은이가 되어서, 할 行蹟을 하게 함이니, 장차 이 네 (가지의) 행적을 사람에게 하게 하거니, 그 예를 중히 아니함 직하랴?

아니ᄒᆞ염직ᄒᆞ랴: 아니함 직하랴. '아니ᄒᆞ(본용언 어간)+여(본용언 연결어미)+ㅁ(본용언 명사형 어미)+직ᄒᆞ(보조형용사 어간)+랴(보조형용사 의문형 종결어미)'이다. '직ᄒᆞ다'는 용언이나 '이다' 뒤에서 '-ㅁ/음 직ᄒᆞ다' 구성으로 쓰여, 앞말이 뜻하는 내용이 발생할 가능성이 많음을 나타내는 보조형용사이다. '-랴'는 ᄒᆞ라체 제1·3인칭 판정의문문을 만드는 종결어미이다. 따라서 가부(可否) 대답을 요구한다.

소언 司ᄉᆞ馬마溫온公공이 ᄀᆞᆯ오ᄃᆡ 가관ᄒᆞ기ᄂᆞᆫ 인 사ᄅᆞᆷ의 道도ㅣ니 인 사ᄅᆞᆷ이란 거ᄉᆞᆫ 쟝ᄎᆞᆺ 사ᄅᆞᄆᆡ 아ᄃᆞᆯ 되며 사ᄅᆞᄆᆡ 아ᄋᆞ 되며 사ᄅᆞᄆᆡ 신하 되며 사ᄅᆞᄆᆡ 졈은이 도월 힝실을 責칙호려 홈이니 쟝ᄎᆞᆺ 이 네 가짓 힝실을 사ᄅᆞᄆᆡ게 責칙호려 ᄒᆞ거니 그 禮례ᄅᆞᆯ 可가히 重듕히 아닐 것가

현대역 司馬溫公이 가로되, "加冠하기는 이룬 사람[成人]의 도이니, 이룬 사람이란 것은 장차 사람의 아들이 되며, 사람의 아우가 되며, 사람의 신하가 되며, 사람의 젊은이가 될 행실을 책임지게 하려 함이니, 장차 이 네 가지의 행실을 사람에게 책임지게 하려 하니, 그 예를 가히 중히 아니할 것인가?

【集解】所謂成人者는非謂膚革이異於童穉也라將責以孝悌

忠順之行也니 **豈不重乎哉**아

이른바 성인이란 것은 살가죽이 어린이와 다름을 이름이 아니라, 장차 孝悌忠順의 행실로써 책임짐이니, 어찌 소중하지 않겠는가?

漢字 膚(살갗 부), 穉(어릴 치)

1 대문(大文) 내용: 위 대문에서 '위인자(爲人子)'는 '효(孝)'와, '위인제(爲人弟)'는 '제(悌)'와, '위인신(爲人臣)'은 '충(忠)'과, '위인소자(爲人少者)'는 '순(順)'과 연결된다.

2 동치(童穉): 어린이.

冠禮之廢ㅣ **久矣**니 **近世以來**로 **人情**이 **尤爲輕薄**ᄒᆞ야 **生子猶飮乳**에 **已加巾帽**ᄒᆞ고 **有官者**ᄂᆞᆫ **或爲之製公服而弄之**라 **過十歲猶總角者**ㅣ **蓋鮮矣**니 **彼**ᄅᆞᆯ **責以四者之行**인ᄃᆞᆯ **豈能知之**리오 **故**로 **往往**애 **自幼至長**히 **愚騃**五駭反 **如一**ᄒᆞ니 **由不知成人之道故也**ㅣ니라

● 관례가 폐해진 지 오래이니, 근세 이래로 인정이 더욱 경박하게 되어 자식을 낳으면 아직 젖을 먹는데도 이미 두건과 모자를 씌우고, 벼슬 있는 자는 혹 그[子]를 위해 관복을 지어 그를 희롱한다. 열 살이 지나도록 오히려 總角한 자가 대개 적으니, 저들은 네 가지의 행실[孝悌忠順]로써 책임지라 한들, 어찌 능히 그것을 알겠는가? 그러므로 종종 어릴 때부터 장성할 때까지 어리석음이 한결같으니, 성인의 도를 알지 못함으로 말미암은 연고이다.

漢字 巾(두건 건), 帽(모자 모), 愚(어리석을 우), 騃(어리석을 애)

1 生子猶飮乳 已加巾帽: (巾帽는 관례 때에 가해야 하거늘) 자식을 낳으면 아직 젖을 먹는데도 이미 두건과 모자를 씌운다.

2 有官者 或爲之製公服而弄之: 벼슬 있는 자는 혹 자식을 위해 관복을 지어 그를 희롱한다. 즉 공복(公服)을 관례 전인 어릴 때부터 이미 지어 놓는다.

3 過十歲猶總角者 蓋鮮矣: (열 살이면 관례 전이라서 총각해야 하거늘) 열 살이 지나도록 오히려 총각(總角)한 자가 대개 적다.

4 총각(總角): 조선시대 남자 아이들의 머리를 가운데에서 두 갈래로 나누어 머리 양쪽에 마치 뿔[角]처럼 맨 모양을 이른다. 오늘날은 미혼 청년을 지칭하는 말로 쓴다. 본문에서는 '머리를 묶은'의 뜻이다.

번소 곳갈 스ᄂᆞᆫ 례도 아니ᄒᆞ연 디 오라니 요ᄉᆞᅀᅵ 사ᄅᆞᄆᆡ ᄆᆞᅀᆞ미 더욱 경박ᄒᆞ야 아ᄃᆞᆯ 나하 오히려 졋 머글 제 믄득 곳갈 스이고 벼슬 잇ᄂᆞᆫ 사ᄅᆞᄆᆞᆫ 혹 公공服복 지ᅀᅥ 니펴 희롱ᄒᆞ논 디라 열 설 남도록 아ᄒᆡ 머리 ᄒᆞ니 져그니 뎌를 네 가짓 힝뎌글 ᄒᆞ라 호매 엇디 잘 알료 이런 ᄃᆞ로 잇다감 져머셔브터 얼운 ᄃᆞ외도록 어류미 ᄒᆞᆫᄀᆞᆯ간ᄐᆞ니 사ᄅᆞᆷ 일울 도ᄅᆞᆯ 몰로모로 그러ᄒᆞ니라

현대역 고깔 쓰는 예도 아니한 지 오래니, 요사이 사람의 마음이 더욱 경박하여, 아들 낳아 오히려 젖 먹을 때 문득 고깔 씌우고, 벼슬 있는 사람은 혹 공복(公服) 지어 입혀 희롱하는 것이다. 열 살 넘도록 아이의 머리 한 이 적으니, 저를 네 가지의 행적을 하라 함에 어찌 잘 알리오? 이런 까닭으로 이따금 어려서부터 어른 되도록 어리석음이 한결같으니, 사람 이룰 도를 모르므로 그러하니라.

1 희롱ᄒᆞ논 디라: 희롱하는 것이라. 희롱하는지라. '희롱ᄒᆞ(어간)+ᄂᆞ(현재 시제 선어말어미)+오(대상 표시법 선어말어미)+ㄴ(관형사형 어미)+ᄃᆞ(의존명사)+이(서술격 조사 '이다'의 어간)+라(종결어미)'이다. 의존명사 'ᄃᆞ'는 '것'의 뜻을 가진 것인데, 주격은 '디', 목적격은 'ᄃᆞᆯ', 서술격은 '디라'로 실현된다. 본 예는 서술격으로 'ᄃᆞ+ㅣ라'의 형태이다. 이런 형태소 구성을 그대로 고려하면, '희롱하는 것이라'로 풀이할 수 있다. 그러나 'ㄴ+ᄃᆞ+이+라'는 '-ㄴ디라'의 형태로, 하나의 종결어미로 재구조화한 것으로 볼 수도 있다. 이때에는 해라할 자리에 쓰여 '희롱하는지라'로 풀이할 수도 있다. 性이 니러 相이 ᄃᆞ외욘 디라 境과 智왜 번득ᄒᆞ며 相이 性의 노교ᄆᆞᆯ 得ᄒᆞᆫ 디라(性起爲相 境智歷然 相得性融 身心廓爾).《원각 서:38》, 薰修ᄒᆞ여 나ᄐᆞᆫ 디라(所言神通變化 依悟而修 漸熏所現 非謂悟

時卽發現也).《목우 10》

2 어류미: 어리석음이. '어리(어간)+움(명사형 어미)+이(주격 조사)'이다. '어리다'는 '어리석다'의 옛말이다. 楚國엣 天子氣를 行幸ᄋᆞ로 마ᄀᆞ시니 님균 ᄆᆞᅀᆞ미 긔 아니 어리시니(楚國王氣 游幸厭之 維君之心 不其爲癡).《용가 39장》, 이런 젼ᄎᆞ로 어린 百姓이 니르고져 홇 배 이셔도.《훈언 2》

소언 가관ᄒᆞᄂᆞᆫ 禮례 廢폐ᄒᆞ연 디 오라니 요ᄉᆞ이로ᄡᅥ 옴으로 사ᄅᆞᆷᄋᆡ ᄠᅳᆮ이 더욱 輕경薄박ᄒᆞ야 아ᄃᆞᆯ 나하 오히려 졋 먹을 제 이믜 곳갈을 쓰이고 벼슬 잇ᄂᆞᆫ 이ᄂᆞᆫ 或혹 위ᄒᆞ야 公공服복[복두관ᄃᆡ라]을 지어셔 희롱ᄒᆞ논 디라 열 설 넘도록 오히려 總총角각ᄒᆞ여시리 젹으니 뎌를 네 가짓 힝실로ᄡᅥ 責칙ᄒᆞᆫᄃᆞᆯ 엇디 能능히 알리오 그러모로 잇다감 졈어셔브터 ᄌᆞ람애 니르히 어륨이 ᄒᆞᆫ골ᄀᆞᆮᄒᆞ니 인 사ᄅᆞᆷ의 도리ᄅᆞᆯ 아디 몯홈을 말ᄆᆡ암ᄋᆞᆫ 연괴니라

현대역 가관하는 예를 폐한 지 오래이니, 요사이에 옴으로 사람의 뜻이 더욱 경박하여 아들 낳아 오히려 젖 먹을 때 이미 고깔을 씌우고, 벼슬 있는 이는 혹시 위하여 공복[幞頭冠帶라.]을 지어서 희롱하는 것이다. 열 살 넘도록 오히려 總角한 이 적으니 저를 네 가지의 행실로써 책임지게 한들 어찌 능히 알리오. 그러므로 이따금 어려서부터 자람에 이르기까지 어리석음이 한결같으니, 이룬 사람의 도리를 알지 못함을 말미암은 까닭이니라.

1 복두(幞頭): 조선시대에, 과거에 급제한 사람이 홍패를 받을 때 쓰던 관(冠). 사모같이 두 단(段)으로 되어 있으며, 위가 모지고 뒤쪽의 좌우에 날개가 달려 있다.

2 관ᄃᆡ: '관디' 또는 '관대(冠帶)'의 옛말이다. 옛날 벼슬아치들의 공복(公服). 지금은 전통 혼례 때에 신랑이 입는다. 유의어: 관복(官服), 관의(官衣), 장복(章服)

3 총각: 총각(總角). 관례 전의 사내아이가 머리를 땋아 묶는 일.

【集解】巾帽는士庶所服者라有官은謂宋世에因父祖任朝官하

여或郊祀覃恩하고或遺表恩澤하여子孫이雖在襁褓나得授以官이라故로製公服而戲弄之也라鮮은少也요騃는癡也라

巾帽는 선비와 서인이 쓰던 바의 것이다. 有官은 송나라 시대에 아버지와 할아버지가 조정 벼슬을 맡음으로 인하여, 혹 郊祀에서 임금의 은혜를 받거나, 혹 遺表로 은택을 입어, 자손이 비록 포대기에 있으나, 능히 벼슬로써 줌을 이른다. 그러므로 관복을 지어 그것을 희롱함이다. 鮮은 적음이요, 애(騃)는 어리석음이다.

漢字 郊(성 밖 교), 覃(뻗을 담, 미칠 담), 襁(포대기 강), 褓(포대기 보), 癡(어리석을 치)

1 교사(郊祀): 교제(郊祭)라고도 한다. 옛날 중국에서 천자(天子)가 수도 100리 밖에서 행하던 제천의식(祭天儀式)이다. 기원은 분명하지 않으나 《서경(書經)》에 주(周)나라 때에 이미 교사를 행하였다는 기록이 있다. 춘추시대(春秋時代)에는 제후(諸侯)가 행한 경우도 있으나, 통일제국(統一帝國)이 형성된 이후에는 천자만이 행할 수 있는 의식이 되었다. 교사의 내용이나 시행 시기에 관해서는 여러 설(說)이 있으나, 한(漢)나라 때의 교사는, 천자가 서울의 남쪽 교외에 원구(圓丘)를 쌓고, 밤에 섶을 불태워 연기를 통해, 치정(治政)의 실적을 하늘에 보고한 것으로 추측된다. 이와 같은 전통에 따라, 한나라 이후의 역대 왕조(王朝)의 천자는 그 자리에 오르게 되면 교사를 행하는 것이 하나의 예가 되었다. 명(明)나라의 영락제(永樂帝)는 수도 베이징[北京]의 남교(南郊)에 천단(天壇)을 쌓은 후 교사를 행하였으며, 청(淸)나라 때에는 이것을 개수(改修)하여 원형(圓形) 3층 천단을 이룩하였다. 우리나라는 고려·조선시대에 행해졌는데, 교사 대상도 중국과 달리 천지·자연·농잠(農蠶) 등 다양하였다. 또 시행 장소도 서울의 동·서·남·북교(郊) 등으로 확대되었다(두산백과).

2 담은(覃恩): 은혜를 널리 베풂. 임금이 베푸는 상사(賞賜)나 사은(賜恩) 등의 은혜.

3 유표(遺表): 유차(遺箚)라고도 한다. 신하가 죽음에 임박하여, 죽어서도 그 임금을 잊지 않는다는 의리(義理)와 올바른 치도의 구현을 위해 임금에게 올리던 글이다. [용례] 豐原府院君 柳成龍子柳袗所志內 亡父病重時 遺箚起草 而病勢危劇 不能繕寫 (中略) 豐原府院君 臣柳成龍 伏以臣今年六十六歲 大命已盡 理難苟

延 伏蒙聖恩 遣醫治病 臣不勝感激悲懼 敢於垂死之際 罄此將死之哀鳴 以謝鴻恩 仍念古人 有遺表 以伸臣子死 不忘君父之義 臣雖無狀 竊有慕焉(下略)(풍원부원군 유성룡의 아들 유취의 소지에, "망부가 병이 중할 때에 유차를 기초하였는데, 병세가 위급하여 정서하지 못했습니다." 하였는데, (중략) 그 하나에는 "풍원부원군 신 유성룡은 삼가 아룁니다. 신은 금년 나이 예순여섯 살로 목숨이 이미 다하여, 이치로 보아 더 연장할 수가 없는데도 의관을 보내어 병을 치료해 주시는 성은을 입었으니 감격하고 슬프고 송구함을 금할 수가 없습니다. 감히 거의 죽게 된 즈음에 마지막 애절한 말씀을 다하여 큰 은혜에 사은하고, 옛사람들이 유표를 두어 신하로서 죽어도 군부를 잊지 않는 뜻을 폈던 사실을 생각하여, 신이 비록 무상하나 이를 본받고자 합니다." 하였다.)(하략)[선조실록 권제212, 1장 앞쪽, 선조 40년 6월 1일(임진)]

古禮예雖稱二十而冠ᄒᆞ나然이나世俗之弊를不可猝變이니若敦厚好古之君子ㅣ俟其子年十五以上이能通孝經論語ᄒᆞ야粗知禮義之方然後에冠之면斯其美矣리라

● 옛날 예에 비록 스물이 되어야 관 쓴다고 일컬었으나, 그러나 세속의 폐단[바로 위 문장에서 언급한 폐단]을 가히 갑자기 바꿀 수 없으니, 만약 敦厚하여 옛것을 좋아하는 군자가 그 아들 나이가 열다섯 이상으로 능히 《효경》과 《논어》에 통하여, 거칠게나마[대강] 예와 의의 방향을 알기를 기다린 뒤에, 그에게 관례를 한다면, 이 아마 아름다우리라."

漢字 猝(갑자기 졸), 俟(기다릴 사), 粗(대강 조, 거칠 조), 斯(이 사), 其(아마 기)

번소 녜 례도애 비록 스믈헤 곳갈 스라 ᄒᆞ여도 셰쇽의 폐ᄂᆞᆫ 믄득 고티디 몯홀 거시니 뎐셩이 둗터워 녜 일 됴히 너기ᄂᆞᆫ 어딘 사ᄅᆞ미 그 아ᄃᆞ리 나히 열다ᄉᆞᆺ 나마 능히 孝효經경과 論론語어를 ᄉᆞᄆᆞᆺ 아라 져기 례의 ᄒᆞ욜 이를 아로ᄆᆞᆯ 기드린 후에 곳갈 싀이면 이 아ᄅᆞᆷ다오리라

현대역 옛 예도에 비록 스물에 고깔 쓰라 하여도, 세속의 폐는 문득 고치지

못할 것이니, 천성이 두터워 옛 일 좋게 여기는 어진 사람이 그 아들이 나이 열다섯 넘어 능히 《효경》과 《논어》를 꿰뚫어 알아, 좀 禮義 할 일을 앎을 기다린 후에, 고깔 씌우면 이 아름다우리라."

ᄉᆞ뭇: 사뭇. 꿰뚫어. 'ᄉᆞ뭇'은 15세기 문헌에서부터 나타난다. 이 단어는 'ᄉᆞ뭇ᄒᆞ다[꿰뚫다]'와 관련되어 있을 듯하나, 어떤 단어가 먼저 존재했는지 분명하지 않다. 'ᄉᆞ뭇ᄒᆞ다'에 부사 'ᄉᆞ뭇'이 파생될 수도 있고, 'ᄉᆞ뭇'에서 접사 '-ᄒᆞ다'가 붙어 동사가 파생되었을 수도 있다. 여하튼 두 단어는 모두 15세기부터 보인다. 生類ㅅ 根元을 ᄉᆞ뭇ᄒᆞ야 本類中에 난 根元이 나ᄐᆞ닌뎌(窮生類本 於本類中生元露者 觀彼幽淸圓擾動元).《1462 능엄 10:5》 'ᄉᆞ뭇'은 근대국어 시기 'ㆍ'의 음가 변화로 '사뭇'이 되었다가, 현재 어형인 '사뭇'으로 정착되었던 것으로 보인다. ᄉᆞ뭇(15세기~19세기)>사뭇(18세기)>사뭇(20세기~현재). ᄆᆞᅀᆞᄆᆞᆯ 아라 根源을 ᄉᆞ뭇 볼 씨 일흐믈 沙門이라 ᄒᆞᄂᆞ니이다.《1447 석상 3:20ㄴ》, 드롤이를 ᄀᆞᄅᆞ쳐 大事를 ᄉᆞ뭇 알에 호리라.《1517 몽산-고 23ㄴ》

소언 녯 례도애 비록 스믈헤 가관ᄒᆞ라 일ᄏᆞ라시나 그러나 世셰俗쇽의 弊폐를 可가히 과글이 고티디 몯홀 거시니 만일 도탑고 후듕ᄒᆞ야 녜를 됴히 너기ᄂᆞᆫ 君군子ᄌᆞㅣ 그 아ᄃᆞᆯ이 나히 열다ᄉᆞᆺ스로ᄡᅥ 우히 能능히 孝효經경과 論론語어를 通통ᄒᆞ야 잠싼 禮례義의의 향방을 아롬올 기ᄃᆞᆯ운 후에 가관ᄒᆞ면 이 그 아ᄅᆞᆷ다오리라

현대역 옛 예도에 비록 스물에 가관하라 말하였으나, 그러나 세속의 폐를 가히 급하게 고치지 못할 것이니, 만일 도탑고 厚重하여 옛적을 좋게 여기는 군자가, 그 아들이 나이 열다섯으로써 위에[열다섯 이상] 능히 《효경》과 《논어》를 통하여 조금 예의의 向方을 앎을 기다린 후에, 가관하면 이 그 아름다우리라."

후듕ᄒᆞ야: 후중(厚重)하여. 두텁고 무거워.

【集解】猝은急也라溫公이以古禮를急難盡復이니若子弟年十

五以上으로能通孝經論語하여略知禮義然後에冠之可也라하니라

猝은 급함이다. 온공이 옛 예를 갑자기 다 회복하기 어렵다 여겼으니[以(爲)], 만약 자제 나이가 열다섯 이상으로 능히 《효경》과 《논어》에 통하여, 대략 예와 의를 안 뒤에 그에게 관례를 한다면 가하다고 하였다.

【二十三章】

○古者애父母之喪앤旣殯ᄒᆞ고食粥ᄒᆞ며齋咨衰崔옌疏疎下同食似下同水飮ᄒᆞ고不食菜果ᄒᆞ며 《溫公書儀》

● 옛날에 부모의 상에는 이미 빈소를 하고서 죽을 먹었으며, 齊衰[모친상이 아닌 재최]의 상에는 거친 밥과 물을 마셨고, 나물과 과일은 먹지 않았으며,

漢字 殯(빈소 빈, 염할 빈), 粥(죽 죽), 齊[상옷 자(아랫단을 한 상복), 옷자락 자], 衰(상옷 최), 疏(거칠 소, 성근 소), 菜(나물 채), 果(과일 과)

1 빈소(殯所): 상청(喪廳)·궤연(几筵)·빈실(殯室)이라고도 한다. 상중(喪中)에 죽은 이의 혼백(魂帛) 또는 신주(神主)를 모셔두는 장소로, 습(襲)을 마친 뒤에 설치한다. 옷걸이 [椸架] 를 시신 앞쪽에 마련하여 베로 덮고 그 앞에 교의(交椅)와 제상을 놓는다. 이것을 영좌(靈座)라고 한다. 흰 비단 또는 상포(喪布)로 혼백을 접고 종이로 그 중간을 싼 뒤 이를 종이로 만든 상자에 넣어 교의 위에 놓는다. 탁자 위에는 술잔에 술을 따라놓고 과일을 올려둔다. 제상 앞에 향안(香案)을 놓고 그 위에 향로와 향합을 놓는다. 향로는 서쪽에 두고 향합은 동쪽에 둔다. 그리고 이 신위를 모신 곳의 앞에 나무로 네모가 지게 묶고 그 나무기둥을 짚으로 돌려 싸서 여막(廬幕)을 만든다. 그리고 또 여막 안에 상주가 기거할 자리로서 짚으로 만든 고석(藁席)과 상주가 의지할 고침(藁枕), 즉 짚으로 만든 베개를 만든다. 그밖에 시도소(時到所)도 대체로 상청에 마련한다. 시도소에는 시도기(時到記)와 부의록(賻儀錄)을 마련한다. 시도기에는 문상 온 조문객의 성명을 기록하고 부의록에는 문상객들이 부의한 내용을 기록한다. 장례

때 신주를 마련하면 초상 때 만든 혼백은 묘 앞에 묻어버리고 반곡(反哭) 때 신주를 모시고 돌아와 영좌에 모시게 되나, 신주를 마련하지 못하면 장례 후 혼백을 그대로 모시고 돌아와 교의에 모신다. 영좌 옆에는 죽은 사람이 생전에 사용하던 일용품들을 진열해 놓고, 또 문상객이 지어온 만시(挽詞) 혹은 제문(祭文) 등도 걸어둔다. 빈소는 상기(喪期)를 마칠 때까지 존속되며 이곳에서 문상객들의 조문을 비롯하여 아침저녁으로 드리는 상식(上食)과 초하루·보름으로 행하는 삭망(朔望) 등이 행해진다. 빈소는 탈상 때에 철거된다. 한편, 지방에 따라 빈소를 차리는 곳이 다르다. 대청에 광목으로 칸을 막아 상청으로 삼는 곳도 있고, 사랑채의 방 하나를 비워 빈실로 하는 곳도 있으며, 마당에 방위를 보아 별도의 상막(喪幕)을 차리는 경우도 있다. 조선시대 유명반촌에서는 사랑채 옆에 따로 상청용의 건물을 짓는 경우도 있었다(한국민족문화대백과).

2 참최(斬衰): 옛 상례(喪禮)의 복상(服喪) 제도에서 상제가 상복을 입는 제도는 참최(斬衰)·재최(齋衰)·소공(小功)·시마(槨麻)·대공(大功)의 오복(五服)으로 나누어진다. 오복은 원래 상복의 재질이나 형태에서 나온 말인데, 참최(斬衰)의 참(斬)은 '마르지 않는다.'는 뜻이다. 즉 참최 또는 참최복은 생포의 아랫단을 마름질도 바느질도 하지 않은 채 만든 상복을 말한다. 참최에는 대나무로 만든 지팡이를 짚고, 짚신을 신는다. 참최는 외간상(外艱喪: 아버지나 할아버지의 상)에 입는 상복이다. 즉 정상적인 친족 관계에 있는 사람이 부친상을 당하였을 때, 혹은 아버지가 안 계시는 아들이 조부상을 당하였을 때, 3년 동안 입는 상복이다. 증조부·고조부상을 당하였을 때에도 같은 방식으로 상복을 입게 된다. 부친상을 당하였을 때에는 자녀 모두가 입었고, 아버지가 안 계실 경우 조부나 증조부의 상을 당하였을 때에는 장손이 입었다. 또한 시부모가 죽었을 때 며느리도 참최를 입었으며, 아버지가 안 계신 남편이 할아버지의 상을 당하였을 때 그 부인도 참최를 입는다.

3 재최(齋衰): '자최'라고도 하는데, 재최(齊衰)의 재(齊)는 '옷자락을 마름질하여 꿰맨다.'는 뜻이다. 즉 재최 또는 재최복은 옷의 끝단을 꿰맨 상복을 말한다. 재최는 올이 굵은 거친 베로 상복을 짓는다. 재최는 참최와 모양은 같으나 겨드랑이 밑에 다는 옷자락[衽]이 참최와 달리, 뒤의 것이 앞의 것을 가리도록 매단다. 재최 때 사용하는 지팡이는 오동나무로 만드는데, 아래는 네모지게 깎아서 땅을 상징한다. 삼신[麻履]을 신는다. 재최는, 어머니가 사망하였을 때는 자녀 모두가, 조모·증조모에 대하여는 장손이 3년 복을 입었다. 재최 역시

죽은 사람과의 관계에 따라 정복(正服)·가복(加服)·의복(義服)·강복(降服)의 형태로 입게 된다. 정복은 직계혈족이 입는 경우이고, 가복은 특별한 지위를 가진 친족을 다른 친족과 구별하기 위하여 입는 경우이며, 의복은 혼인이나 출계를 통해 맺어진 경우에 입고, 강복은 출가한 딸의 경우처럼 상복 입는 등급을 낮추는 것을 말한다. 또한, 이러한 복제 방식에 따라 상복 입는 기간도 3년(정복·가복·의복), 1년, 5개월(정복), 3개월(정복·의복)로 정해진다. 1년간 상복을 입을 때에는 기년복(朞年服)을 입는다고 하는데, 기년복을 입을 때에는 지팡이[杖]를 짚느냐 짚지 않아도 되느냐에 따라 장기(杖期, 정복·강복·의복)와 부장기(不杖期. 정복·가복·강복·의복)로 구분되기도 한다. 재최 3년복은 주로 어머니와 아들·며느리 간에 해당하고, 기년복 중 장기는 일상생활, 특히 생계를 같이하는 관계를 중심으로 규정된다. 부장기는 혈연적으로 삼촌 이내의 밀접한 관계를 가지는 친족에 한정된다. 또한 5개월간 재최복을 입는 것은 위로 3대를 기준으로 한 직계혈연을 주로 하고, 3개월간 재최복을 입는 것은 4대조 범위 안의 직계혈연의 상 때이다. 대략적으로 말해, 부모상에는 참최삼년(斬衰三年)과 재최삼년(齊衰三年)을, 조부모상에는 참최일년과 재최일년을, 증조부모상에는 참최오월과 재최오월을, 고조부모상에는 참최삼월과 재최삼월을, 처상에는 재최일년을 입는다. 윗글 '齋衰 蹠食水飮不食菜果'의 재최는 모친상이 아닌 재최를 말한다.

4 소사(疏食): 거친 밥.

번소 녜 부못 거상애ᄂᆞᆫ 빙소ᄒᆞ고ᅀᅡ 쥭 머그며 녀ᄂᆞᆫ 齊ᄌᆡ衰최ᄒᆞᆯ 거상애ᄂᆞᆫ 사오나온 밥과 물만 먹고 ᄂᆞ물와 과시ᄅᆞᆯ 먹디 아니ᄒᆞ더니라

현대역 옛 부모의 거상에는 殯所하고야 죽 먹으며, 다른 재최(齊衰)할 거상에는 나쁜 밥과 물만 먹고 나물과 과실을 먹지 아니하더니라.

소언 녜 父부母모 거상애ᄂᆞᆫ 이믜 빙소ᄒᆞ고 粥쥭 먹으며 齊ᄌᆡ衰최[기슭혼 최복이니 한어버이과 동싱 삼촌의 복이라]예ᄂᆞᆫ 사오나온 밥과 믈만 먹고 ᄂᆞ물와 과실ᄋᆞᆯ 먹디 아니ᄒᆞ며

현대역 옛 부모 거상에는 이미 빈소하고 죽 먹으며, 재최[옷깃을 한(꿰맨)

최복(衰服)이니, 조부모와 동생 삼촌의 복이라.]에는 나쁜 밥과 물만 먹고 나물과 과실을 먹지 아니하며,

최복(衰服): 부모, 조부모, 증조부모, 고조부모의 상중에 입는 상복.

【增註】衰는喪服也니緝其旁及下際曰齊衰라言父母之喪엔旣殯에始食粥하나니若齊衰之喪엔旣殯에得疏食水飮하여異於父母之喪也라

최(衰)는 상옷이니, 그 가장자리와 아랫단을 꿰맨 것을 재최(齊衰)라 이른다. 부모의 상엔 이미 빈소를 하고서 비로소 죽을 먹으니, 재최와 같은 상엔 이미 빈소를 하고서 거친 밥을 얻고[먹고] 물을 마셔, 부모의 상과 다름을 말함이다.

漢字 緝(꿰맬 즙, 실 자을 집, 이을 즙), 旁(곁 방), 際(즈음 제)

하제(下際): 아랫단.

【集解】疏食는謂以麤米爲飯이요水飮은謂不食漿酪也라

소사(疏食)는 거친 쌀로 밥을 지음을 이르고, 水飮은 음료와 우유를 먹지 않음을 이른다.

漢字 麤(거칠 추), 漿[마실 것(음료) 장, 미음 장], 酪(타락 락)

父母之喪애旣虞卒哭ᄒᆞ야는疏食水飮ᄒᆞ고不食菜果ᄒᆞ며期而小祥ᄒᆞ고食菜果ᄒᆞ며又期而大祥ᄒᆞ고食醯醬ᄒᆞ며

● 부모의 상엔 이미 三虞와 卒哭을 해서는, 거친 밥과 물을 마시고, 나물과 과일은 먹지 않았으며, 1년에 小祥하고, 나물과 과일을 먹었으며, 또 1년에 大祥하고 식초와 장류를 먹었으며,

漢字 虞(삼갈 우, 헤아릴 우), 醯(식초 혜), 醬(장 장)

1 우제(虞祭): 시체를 묻은 다음에 처음으로 지내는 제사이다. 우제는 처음에 무덤을 쓰면 죽은 사람의 영혼이 일정한 기간 땅 속에서 방황하기 때문에 그를 편안하게 하여야 한다는 관념에서 시작된 제사이다. 우제는 장사 당일 지내는 초우(初虞), 초우를 지낸 뒤 첫 번째 유일(柔日)에 지내는 재우(再虞), 그 다음날 지내는 삼우(三虞)가 있다. 초우는 장사지낸 날 꼭 지내도록 규정하고 있다. 초우는 한낮에 지내는 것이 상례로 되어 있으나 부득이한 경우에는 석양 무렵으로 그날의 해가 지기 전에 지내야 한다고 규정하고 있다. 오늘날과 같이 교통이 발달된 때에는 전국이 일일생활권이 되어 있으므로 못 돌아오는 일이 없지만, 옛날에는 먼 곳에 가서 장사를 지내고 당일에 반혼을 하지 못하는 경우가 가끔 있었는데, 그 때는 중간에 머무르는 지점에서 초우를 지내게 되어 있었다. 재우는 '강불재우(剛不再虞)'라 하여 반드시 유일(柔日)에 지내게 되어 있고, 삼우는 재우의 다음날인 강일(剛日)에 지내도록 되어 있다. 제례는 초우·재우·삼우가 모두 같고, 축문에서 글자가 두 자 다르다. 제사의 구분에서 초·재·삼의 차이가 있고, 끝에 있는 '상향(尙饗)'의 위에 초우는 '협사(祫事)', 재우는 '우사(虞事)', 삼우는 '성사(成事)'로 구분된다(한국민족문화대백과).

2 유일(柔日): 쌍일(雙日)이라고도 함. 천간(天干)이 짝수에 해당하는 을(乙)·정(丁)·기(己)·신(申)·계(癸)인 날.

3 강일(剛日): 척일(隻日)이라고도 함. 천간(天干)이 홀수에 해당하는 갑(甲)·병(丙)·무(戊)·경(庚)·임(壬)인 날.

4 졸곡(卒哭): 장사를 마치고 삼우제(三虞祭)를 지낸 뒤에 무시애곡(無時哀哭)을 끝내기 위하여 지내는 제사이다. 졸곡제는 장사를 마치고 삼우제(三虞祭)를 지내고 나서 석 달이 지난 뒤에 강일(剛日: 天干이 甲·丙·戊·庚·壬에 당하는 날)을 택하여 지낸다. 옛날에는 장사를 지내는 시기가 귀천에 따라 달랐으나 모두 죽은 뒤 3개월이 되어야만 장사를 지내도록 규정하고 있고, 만약 3개월 전에 장사를 지냈다고 하더라도 졸곡만은 꼭 3개월을 기다려서 지내도록 되어 있었다. 세월이 흐르면서 장사의 기간이 빨라짐에 따라 졸곡의 시기도 앞당겨져서, 지금은 초상으로부터 10일 내에 지내는 것이 통례이다. 이로부터는 수시로 하던 곡을 멈추고 아침, 저녁에만 한다. 비록 아침과 저녁 사이에 슬픔이 있어도 곡하지 않는다. 졸곡을 '성사(成事)'라고도 하며, 졸곡 이후의 제사는 '길제(吉祭)'

라 한다. 이는 상제(喪祭)가 대치되어 점차 길례가 행해지기 때문이다. 하지만 졸곡을 '길제'라고 하는 것은 우제에 비하여 길제라는 의미로서, 담제(禫祭) 이전은 모두 '상제'라 일컫는다(한국일생의례사전).

5 소상(小祥): 고인이 사망한 날로부터 1년이 지난 첫 기일에 지내는 상례의 한 절차이다. 초상(初喪) 때부터 계산하여 13개월 만에 지내는데 윤달은 계산하지 않는다. 처음에는 13개월이 되면 날을 받아서 지냈다고 하는데, 보통은 사망한 지 1주년이 되는 날 아침 해가 뜰 무렵에 지낸다. 기년상(朞年喪)인 경우, 즉 부재모상(父在母喪)과 처상(妻喪)은 11개월 만에 날을 받아 소상을 지내고, 13개월째 대상을 지내며, 15개월에 담제(禫祭)를 지내 상을 마친다(한국일생의례사전).

6 대상(大祥): 대상은 '크게 길한 날'이라는 뜻으로, 돌아가신 조상의 두 번째 기일에 지내는 제사이다. 초상부터 이 날까지 윤달을 계산하지 않으면 모두 25개월이다. 이 날 입는 옷은 담복(禫服)이다. 제사는 소상(小祥)의 의절대로 지낸다(한국일생의례사전).

번소 어버ᅀᅵ 거상애 우졔와 졸곡졔ᄒᆞ고ᄂᆞᆫ 사오나온 밥과 믈만 먹고 ᄂᆞᄆᆞᆯ와 과실 먹디 아니ᄒᆞ며 돌새 小쇼祥샹ᄒᆞ고ᄂᆞᆫ ᄂᆞᄆᆞᆯ와 과실 머그며 ᄯᅩ 돌새 大대祥샹ᄒᆞ고ᄂᆞᆫ 초와 쟝과 먹ᄂᆞ니라

현대역 어버이 거상에 虞祭와 卒哭祭하고는 나쁜 밥과 물만 먹고 나물과 과실 먹지 아니하며, 돌에 小祥하고는 나물과 과실 먹으며, 또 돌에 大祥하고는 식초와 醬을 먹느니라.

쟝: 장(醬). 간장

소언 父부母모의 거상애 이믜 우졔와 졸곡졔 ᄒᆞ야ᄂᆞᆫ 사오나온 밥과 믈만 먹고 ᄂᆞᄆᆞᆯ와 과실을 먹디 아니ᄒᆞ며 돌ᄲᅢ 쇼샹졔 ᄒᆞ고 ᄂᆞᄆᆞᆯ와 과실을 먹으며 ᄯᅩ 돌ᄲᅢ 대샹졔 ᄒᆞ고 초와 쟝을 먹으며

현대역 부모의 거상에 이미 우제와 졸곡제 해서는 나쁜 밥과 물만 먹고, 나물과 과실을 먹지 아니하며, 돌에 소상제 하고 나물과 과실을 먹으며, 또 돌에

대상제 하고 초와 장을 먹으며,

ᄒᆞ야ᄂᆞᆫ: 하여서는. ‘ᄒᆞ(어간)+야ᄂᆞᆫ(연결어미)’이다. ‘-야ᄂᆞᆫ’은 ‘ᄒᆞ다’의 어간이나 끝음절의 모음이 ‘ㅣ’인 어간 뒤에 붙어, ‘-어서는’을 뜻하는 어미이다. 내 져믄 ᄢᅴ브터 길어 사ᄅᆞᆷ ᄃᆞ외야 王ᄋᆡ ᄉᆞ랑ᄒᆞ샤미 ᄃᆞ외야ᄂᆞᆫ 도ᄅᆞᅘᅧ 나ᄅᆞᆯ ᄇᆞ리ᄂᆞ다 ᄒᆞ고.《석상 11:30》

【集說】吳氏曰虞는祭名이니葬之日에日中而虞하고遇柔日再虞하고遇剛日三虞하니虞之爲言은安也라以魂氣無所不之라故로三祭以安之라三虞後에遇剛日曰卒哭이니自是로哀至不哭하되猶朝夕哭也라期는周年也요祥은吉也니自喪至此히凡十三月이니爲初忌日也요又期而大祥하니自喪至此凡二十五月이니爲第二忌日也라醯는醋也라

오 씨가 말하였다. “虞는 제사 이름이니, 장례일에 그 날 중으로 初虞하고, 柔日을 만나 再虞하고, 剛日을 만나 三虞하니, 虞라 하는 말은 편안함이다. 써 영혼의 기운은 가지 않는 곳이 없으므로, 세 번 제사하여 편안하게 함이다. 三虞 후에 剛日을 만남을 卒哭이라 이르니, 이로부터는 슬픔이 지극해도 곡하지 않으나, 오히려 [아직은] 아침저녁으로 곡을 한다. 期는 1주년이요, 祥은 길함이니, 초상으로부터 여기까지 모두 13개월이니, 첫 기일이 되며, 또 1주년이 되면 大祥이니, 초상으로부터 여기까지 모두 25개월이니, 두 번째 기일이 된다. 醯는 식초이다.”

漢字 醋(식초 초)

中月而禫徒感反ᄒᆞ고禫而飮醴酒ᄒᆞᄂᆞ니始飮酒者ㅣ先飮醴酒ᄒᆞ고始食肉者ㅣ先食乾肉이니古人이居喪애無敢公然食肉飮酒者ᄒᆞ니라

●(한) 달 건너 禫祭를 지내고, 담제를 지내고 단술을 마시니, (상을 마치고) 처음 술을 마시는 자는 먼저 단술을 마시고, 처음 고기를 먹는 자는 먼저 마른고기를 먹었으니, 옛 사람은 거상에 감히 공공연히 고기를 먹거나 술을 마시는 자가 없었다.

漢字 禫(담제 담), 醴(단술 례), 乾[마른 건(간)]

담제(禫祭): 3년의 상기(喪期)가 끝난 뒤 상주가 일상의 생활로 되돌아감을 알리는 제례 의식이다. 담사(禫祀)라고도 한다. 부모상(父母喪)과 죽은 아버지를 대신하여 손자가 지내는 조부상(祖父喪) 및 부상(夫喪)·처상(妻喪)에만 행해진다. 일반적으로 부모상의 경우 대상재(大祥齋)를 치른 뒤 3개월째, 곧 초상을 치른 후 27개월이 되는 달의 정일(丁日) 또는 해일(亥日)을 택하여 지내고, 남편이 죽은 아내를 위하여 지내는 담제는 상후 15개월째 지낸다. 또한 부모 중 한분이 먼저 죽고 3년이 지나기 전에 다른 분이 또 죽으면 먼저 죽은 분의 담제를 지내지 못하며, 국상(國喪) 중에 졸곡(卒哭)을 치르지 않았을 경우에도 담제를 지내지 못하므로, 이럴 때에는 다만 허위(虛位)를 모셔 놓고 곡을 하는 것으로 담제를 대신한다. 제사 절차는 대상(大祥)과 같으나, 제사가 끝난 후 신주를 사당으로 모실 때에 곡을 하지 않으며, 담제가 끝나고 나면 그 때부터 음주와 육식을 해도 된다(한국고전용어사전).

번소 대상 후에 ᄒᆞᆫ ᄃᆞᆯ 디나거든 禫담祭졔ᄒᆞ고 ᄃᆞᆫ수를 먹ᄂᆞ니 처엄 술 머글 제 몬져 ᄃᆞᆫ수를 먹고 처엄 고기 머글 제 몬져 ᄆᆞᄅᆞᆫ 고기를 머굴 디니 녜 사ᄅᆞ미 거상애 편안히 고기와 술와를 머그리 업더니라

현대역 대상 후에 한 달 지나거든 담제(禫祭)하고 단술을 먹으니, 처음 술 먹을 때 먼저 단술을 먹고, 처음 고기 먹을 때 먼저 마른 고기를 먹을 것이니, 옛 사람이 거상에 편안히 고기와 술을 먹을 이 없더니라.

업더니라: 없더니라. '업(어간)+더(회상법 선어말어미)+니라(평서형 종결어미)'이다. '-더니라'는 '이다'의 어간, 용언의 어간 또는 어미 '-으시-', '-었-', '-겠-' 뒤에 붙어, 해라할 자리에 쓰여, 과거에 직접 경험하여 알게 된 사실을 회상하여

일러 주는 뜻을 나타내는 종결어미이다. 예전에는 이 산에 나무가 참 많더니라. 네 5대조 할아버지께서는 참판 벼슬을 지내셨더니라.

소언 돌을 가온대 두고 담졔ᄒᆞ고 담졔ᄒᆞ고 ᄃᆞᆫ술올 먹ᄂᆞ니 처엄 술 먹ᄂᆞᆫ 이 몬져 ᄃᆞᆫ술올 먹고 처엄 고기 먹ᄂᆞᆫ 이 몬져 ᄆᆞ른 고기ᄅᆞᆯ 먹을 디니 녯 사ᄅᆞᆷ이 居거喪상애 敢감히 公공然연히 고기 먹으며 술 먹던 이 업스니라

현대역 달을 가운데 두고 담제하고, 담제하고 단술을 먹으니, 처음 술 먹는 이 먼저 단술을 먹고, 처음 고기 먹는 이 먼저 마른 고기를 먹을 것이니, 옛 사람이 거상에 감히 公然히 고기 먹으며 술 먹던 이 없느니라.

공연히: 공연(公然)히. 세상에서 다 알 만큼 뚜렷하고 떳떳하게.

【集說】陳氏曰中月은間一月也라禫은祭名이니大祥之後에間一月而禫하니禫者는澹澹然平安之意라自喪至此凡二十七月也라酒一宿熟曰醴니醴酒는味薄이요乾肉은味澀也니始飮酒食肉而先飮醴酒食乾肉者는以人子之心이哀情未盡하여不忍遽御醇厚之味也니라

진 씨가 말하였다. "中月은 한 달을 사이함이다. 禫은 제사이름이니, 大祥 후에 한 달을 사이하여[건너] 禫祭를 지내니, 禫이란 것은 담박하고 평안한 뜻이다. 초상으로부터 여기까지 모두 27개월이다. 술이 한 번 재워 익은 것을 醴라 이르니, 단술은 맛이 엷고 말린 고기는 맛이 떫으니, 처음 술을 마시고 고기를 먹음에 먼저 단술을 마시고 마른고기를 먹음은 사람 자식의 마음이 슬픈 정이 다하지 않아 차마 갑자기 순후한 맛을 먹지 못하기 때문이다[以]."

漢字 澹(담박할 담, 맑을 담), 澀(떫을 삽), 遽(갑자기 거), 御(먹을 어, 다스릴 어, 모실

어), 醇(도타울 순, 진한 술 순), 厚(도타울 후)

중월(中月): '間一月' 즉 '한 달을 건너 뛴다.'는 뜻. 담제(禫祭)는 대상(大祥)을 치른 다음다음 달에 지내는 제사이다.

漢昌邑王이奔昭帝之喪홀시居道上ᄒᆞ야不素食이어늘霍光이數其罪而廢之ᄒᆞ니라

● 한나라 昌邑王이 昭帝의 초상에 달려갈 적에, 길 위에 거하여, 素食을 먹지 않아 곽광(霍光)이 그 죄를 數罪하여 그를 폐하였다.

漢字 奔(달릴 분), 霍(빠를 곽), 數(수죄할 수)

1 창읍왕(昌邑王, 기원전 92년~기원전 59년): 전한(前漢) 9대 황제로, 27일만에 폐위되어 묘호와 시호가 없다. 따라서 즉위 전 작위였던 창읍왕(昌邑王) 또는 폐위 후 강등된 해혼후(海昏侯)라 부른다. 휘는 하(賀)로, 후대에 '폐제 유하(廢帝 劉賀)'라고 불린다. 7대 황제 무제(武帝)의 막내아들 유불릉(劉弗陵, 기원전 94년~기원전 74년)은 기원전 87년, 8살의 나이로 8대 황제 소제(昭帝)에 올랐다. 이때 곽광은 대사마, 대장군이 되어 소제를 보필하였다. 그러나 기원전 74년 소제는 21살의 나이로 요절하였다. 소제가 죽자 곽광은 무제의 5남이며 소제의 형인 창읍애왕(昌邑哀王) 유박(劉髆)의 아들 유하[소제의 조카]를 9대 황제로 추대하였다. 이때 효소황후[孝昭皇后, 소제의 황후]는 자신의 외손녀였다. 유하는 황제가 되어 장안에 도착하자, 소제의 빈소에 가면서 슬퍼하는 기색이 없이 길 위에서 고기반찬을 먹었으며, 심지어 소제의 후궁 몽(夢)까지 취했다. 이에 곽광은 유하를 폐하고, 유병이[劉病已, 개명 유순(劉詢), 무제의 증손으로, 소제가 작은할아버지임]를 10대 선제(宣帝)로 세웠다. 효소황후는 창읍국을 없애고 그곳에 산양군(山陽郡)을 설치했다. 유하는 평민이 되었음에도 창읍왕가의 재물을 그대로 보전 받았고, 2천호의 탕목읍(湯沐邑)을 받았다. 이는 곽광이 만약 선제도 자신의 권력에 위협이 될 경우, 선제를 협박하거나 제거할 수단으로 남겨두기 위함이었다. 곽광이 죽은 후 선제 또한 유하를 잠재적 위협으로 여겨, 회유 수단으로 선제 11년(기원전 63년)에 유하를 산양군에서 멀리 떨어진 해혼현의 해혼후로 봉해 다시 제후의 지위를 복권시키고 식읍을

4천호로 늘려 주었다. 해혼후는 33세에 중풍으로 사망하였다. 2011년 장시성(江西省) 난창시(南昌市) 신젠구(新建區)에서 무덤이 발견되었는데, 동전 200만 개, 금붙이 수백kg과 함께 피장자 뱃속에서 멜론 씨앗이 발견되었다. 이로 인해 여름에 사망한 것으로 추정된다.

2 소식(素食): 고기반찬이 없는 밥. 유의어: 소(素)밥. 소반(素飯).

3 곽광(霍光, 미상~기원전 68년경): 전한(前漢, 西漢) 하동(河東) 평양(平陽) 사람으로, 자는 자맹(子孟)이다. 한(漢) 무제(武帝) 때의 명장 곽거병(霍去病)의 이복동생이다. 한 소제(昭帝) 유불릉(劉弗陵)의 황후 상관씨(上官氏)의 외할아버지이고, 한 선제의 황후 곽성군(霍成君)의 아버지이다. 무제 때 봉거도위(奉車徒尉)가 되어 신임이 두터웠고, 후원(後元) 2년(기원전 87년)에 대사마대장군(大司馬大將軍)이 되었다. 김일제(金日磾), 상홍양(桑弘羊)과 함께 무제의 유언을 받들어 어린 소제(昭帝)를 잘 보필했으나, 그 뒤 상관걸(上官桀), 상홍양과 권력을 다투다 틈이 벌어졌고, 나중에 연왕(燕王) 유단(劉旦, 소제의 형)과 결탁해 모반의 죄명을 씌워 상관걸 등을 살해한 뒤 조정을 장악했다. 소제가 죽은 후에는 그를 계승한 창읍왕(昌邑王) 유하(劉賀)의 제위를 박탈하고, 앞서 무고(巫蠱)사건 때 황태자인 여태자(戾太子)가 죽자 그의 손자 유병이(劉病已, 劉詢)를 옹립하여 선제(宣帝)로 즉위하게 하였으며, 그 공으로 작위가 추증되었다. 또한 선제의 황후로 있던 허(許) 씨를 독살하고 자신의 딸을 황후로 만듦으로써 일족의 권세를 강화하였다. 그러나 선제는 곽광이 죽은 후에 그의 일족을 반역죄로 몰아 모두 죽여 버렸다. 곽광이 정권을 장악한 20여 년 동안 한 치의 허물도 없었다고 전해진다. 그러나 《한서》 〈곽광전〉에서 "곽광은 학문이 모자라 커다란 이치에는 어두웠다."고 했는데, 이는 곽광이 대사마와 대장군 등 요직을 두루 거치면서 한나라를 위해 큰 공을 세웠지만, 자신의 공에 자만하고 학문을 게을리 하는 바람에 사리에 밝지 못했음을 지적한 것이다. 그러나 선제가 공신들의 초상을 그려 모셔놓은 기린각에서는 십일공신(十一功臣) 중 가장 윗자리에 위치하고 있다. 시호는 선성(宣成)이다. 곽광은 외모가 준수하였다고 하는데 특히 수염이 멋있어서 당시 사람들이 고대 정치가 이윤(伊尹)과 비교하여 '이곽(伊霍)'이라고 불렀다고 한다. 곽광이 창읍왕 유하를 폐위시킨 고사는 우리나라에도 알려져 조선 태조 이성계에게 활용되었다. 1388년 위화도 회군 직후 윤소종(尹紹宗)이 이성계에게 《한서》의 〈곽광전〉을 바쳤는데 이는 이성계에게 곽광이 창읍왕 유하를 폐위한 것처럼 우왕을 폐위하라고 권한 것이었다. 곽광과 관련된 유적으

로는 그의 무덤이 있는데, 산시(陝西)성 싱핑(興平)시 남쪽에 있다. 곽거병의 무덤과 마찬가지로 한 무제 무릉(茂陵)의 배장묘(딸린 무덤)이며, 무릉에서 서쪽으로 약 4km 떨어져 있다. 언덕을 사이에 두고 무릉과 마주보는 형상이다(중국인물사전).

4 수죄(數罪): 죄를 들추어 세어 냄.

번소 漢한 시절 昌챵邑읍王왕이 昭쇼帝뎨 주그시거늘 오ᄃᆡ 길헤셔 소음식 아니ᄒᆞ거늘 霍곽光광이 그 죄를 혜여 폐ᄒᆞ니라

현대역 한 시절 昌邑王이 昭帝 죽으시거늘 오되, 길에서 素飮食 아니하거늘, 곽광(霍光)이 그 죄를 헤아리어 폐하니라.

1 주그시거늘: 죽으시거늘. '죽(어간)+으시(주체 높임 선어말어미)+거늘(연결어미)'이다. '-거늘'은 '이다'의 어간, 용언의 어간 또는 어미 '-으시-', '-었-', '-겠-', '-으옵-' 따위의 뒤에 붙어, 까닭이나 원인을 나타내는 연결어미이다. 하루는 거룩하신 얼굴에 손톱자국이 있거늘 왕대비 크게 노하시어….《박종화, 금삼의 피》

2 소음식(素飮食): 육류 없이 채소류만 차린 음식.

소언 漢한昌창邑읍王왕[昌창邑읍은 디명이니 졔후왕으로셔 황뎨 되라 오던 이라]이 昭소帝뎨의 거상에 올시 길 우희 이셔 소음식 아니ᄒᆞ거늘 霍곽光광[漢한 적 대신이라]이 그 罪죄를 혜고 廢폐ᄒᆞ니라

현대역 漢 昌邑王[창읍은 지명이니, 제후 왕으로서 황제 되러 오던 이라.]이 昭帝의 거상에 오므로, 길 위에 있어 소음식 아니하거늘, 霍光[漢 때 대신이라.]이 그 죄를 혜고 폐하니라.

【集說】吳氏曰昌邑王의名은賀요霍光의字는子孟이라昭帝崩無子하여賀嗣位하니淫昏無度한대光이時爲大將軍하여奏太后하고廢賀爲海昏侯하니라

오 씨가 말하였다. "昌邑王의 이름은 賀요, 霍光의 자는 子孟이다. 昭帝가 죽고 아들이 없어, 賀가 자리를 이었는데, 음란하고 어두우며 법도가 없으니, 光이 때에 대장군이 되어, 태후에게 아뢰고 賀를 폐하여 海昏侯로 삼았다."

晉阮籍이**負才放誕**하여**居喪無禮**어늘**何曾**이**面質籍於文帝坐曰卿**은**敗俗之人**이라**不可長也**라하고**因言於帝曰公**이**方以孝治天下而聽阮籍**이**以重哀**로**飮酒食肉於公座**하니**宜擯四裔**하여**無令汚染華夏**라하니라

●晉나라 阮籍이 재주를 믿고 분수없이 큰소리를 쳐, 상중에 있으면서 예가 없거늘, 何曾이 文帝[太祖 文皇帝 司馬昭]가 앉은 자리에서 籍을 대면하여 質正하여 말하길, "卿[阮籍]은 풍속을 무너뜨리는 사람이니, (敗俗을) 가히 키워서는 안 된다." 하고, 인하여 文帝에게 말하여 가로되, "公께서는 바야흐로 효도로써 천하를 다스리고 있는데, 완적이 중한 슬픔[부모의 상]으로써 공석에서 술을 마시고 고기를 먹음을 허락하시니, 마땅히 사방 가[변방]에 물리쳐 하여금 중국을 오염시키지 말게 하소서." 하였다.

漢字 **負**(믿을 부, 질 부, 업을 부), **誕**[방종할 탄, 허탄할 탄. 거짓 탄, 거짓말 탄, 속일 탄, 날 탄], **質**(질정할 질, 모양 질, 바탕 질), **擯**(물리칠 빈), **裔**(가 예, 오랑캐 예, 후손 예, 옷자락 예, 남을 예)

1 완적(阮籍, 210년~263년): 중국 삼국시대 위(魏)나라 말의 시인이며, 자는 사종(嗣宗)이고, 진류인(陳留人)이다. 죽림칠현(竹林七賢)의 중심인물이었다. 완적은 사마소의 부중에서 문객으로 머무르며 연회에 빠지지 않고 참가했고, 사마소가 진공(晉公)에 봉해졌음에도 사양하자, 정충(丁沖)이 사신을 보내 권전문을 지어달라고 청했다. 마침 완적은 원준(袁準)의 집에서 밤새도록 술을 마신 터라 부축해서 일어났고, 단숨에 목찰에 써내려간 글이 손댈 곳이 없어 당시 사람들이 신필이라 칭했다. 사마소가 완적의 딸로 아들 사마염의 아내를 삼고자 했으나, 완적은 60일 동안 술에 취해 지냈다. 이로 인해 계획이 중지되

었다. 관리가 와서, 어떤 사람의 아들이 어머니를 살해했다고 하자, 완적은 "아버지를 죽였으면 다행인데, 어찌 어머니를 죽였느냐?"고 했다. 사마소와 주변인들이 아버지를 죽임 또한 극악무도한 자인데 어찌 다행이냐고 힐난하자, 금수는 어머니를 알지만 아버지는 모른다고 하면서, 아버지를 죽인 자는 금수와 같지만, 어머니를 죽인 자는 금수보다 못하다고 하자, 사람들이 그 말에 납득했다. 백안청안(白眼青眼)의 고사로도 유명하다. 이는 '하얀 눈과 푸른 눈'이란 뜻으로, 백안(白眼)은 '흘겨보는 눈초리'를, 청안(青眼)은 '정다운 눈초리'를 뜻한다. 어머니의 상에 조문 온 사람들을 검은 눈동자와 흰자위 두 가지 눈으로 봄으로써 자기의 마음을 표했다. 죽림칠현 중 혜강(嵇康)이란 사람이 있었는데, 형인 혜희(嵇喜)는 통속적인 예의범절을 차린다 하여 백안으로 노려보았고, 혜강은 술과 거문고를 싸들고 가자 검은 눈동자로 바라보았다 전한다. 여기서 백안시(白眼視)는 '남을 업신여기고 냉대하는 눈매'를, 청안시(青眼視)는 '친밀한 감정으로 대하는 눈매'를 뜻한다[《진서(晉書)》〈완적전(阮籍傳)〉]. 《소학》의 위 내용은 249년의 일로, 완적이 모친의 상중에도 아무렇지도 않은 듯, 사마소의 연회에 참석해 술을 마시고 고기를 먹자, 하증이 예법을 무시한 행동이라며 사마소에 일러바쳤다. 그러나 사마소는 완적이 쇠약해져 있다면서 오히려 하증을 나무랐다.

2 방탄(放誕): 분수없이 큰소리 침.

3 하증((何曾, 199년~278년): 위진(魏晉)시대 진국(陳國) 양하(陽夏) 사람으로, 자는 영고(穎考)이다. 위명제(魏明帝)가 평원후(平原侯)가 되었을 때 일찍이 문학(文學)이 되었다. 위나라 함희(咸熙) 중에 사도(司徒)에 올랐다. 조상(曹爽)이 정치를 좌우하고 있었을 때 병을 핑계로 물러났다가 조상이 복주(伏誅)되자 관직에 다시 나갔다. 사마씨(司馬氏)를 도와 위제(魏帝) 폐위를 도왔다. 진무제(晉武帝)가 선양을 받자 승상(丞相)과 태위(太尉)를 지내고, 낭릉공(朗陵公)에 봉해졌다. 태부(太傅)까지 올랐다. 성격이 호탕하고 사치를 좋아해 수레나 복식 등을 몹시 호사스럽게 했으며, 날마다 맛있고 좋은 음식을 차려 먹었다. 경비로 1만 전(錢)이 소모되었는데도 젓가락으로 집어먹을 만한 음식이 없다고 투정을 부렸다고 한다. 가충(賈充)에게 아부하여 사람들의 빈축을 샀다. 시호는 원(元)이다(중국역대인명사전).

4 사마소(司馬昭, 211년~265년): 중국 삼국시대 조위(曹魏, 魏)의 정치가로, 자는 자상(子上)이며, 하내군(河內郡) 온현인(溫縣人)이다. 위나라 대신 사마의(司

馬懿)의 둘째 아들로 태어났다. 형인 사마사(司馬師)가 죽은 뒤 정권을 장악했다. 이에 위협을 느낀 당시의 황제 조모(曹髦)는 사병 300명을 동원하여 사마소(司馬昭)를 제거할 계략을 펼쳤다. 하지만 이를 눈치 챈 사마소는 이 계략을 무마시키고 이를 빌미로 그를 폐위시켰다. 그 후 조환(曹奐)을 황제로 옹립함으로서 사실상 모든 전권을 갖게 되었고 이를 토대로 자신 스스로를 진왕(晋王)에 봉하였다. 후에 형에게 입양시킨 차남 사마유(司馬攸)를 자신의 후계자로 지명하려고 했으나, 가충(賈充)의 반대로 자신의 장남 사마염[司馬炎, 236년~290년. 서진(西晉) 초대 황제 世祖 武皇帝, 국호를 魏에서 晉으로 바꿈]을 후계자로 지명하게 되었다. 묘호는 진(晉) 태조(太祖), 시호는 문황제(文皇帝)로 추증되었다(두산백과).

5 공(公): 사마소(司馬昭)를 말한다. 사마소는 아들 사마염(司馬炎)이 초대 황제가 되자 추존된 황제이다. 이때는 생존 시이므로 하증이 진공(晉公)으로 부른 것이다.

번소 晉진 시절 阮완籍젹이 ᄌᆡ조 믿고 방탕ᄒᆞ고 간대로 와 거상애 무례ᄒᆞ거늘 何하曾증이 文문帝뎨 안ᄌᆞ신 ᄃᆡ셔 阮완籍젹이ᄅᆞᆯ ᄂᆞᆾ 보아셔 외다 ᄒᆞ야 닐오ᄃᆡ 그ᄃᆡᄂᆞᆫ 풍쇽을 허러ᄇᆞ리ᄂᆞᆫ 사ᄅᆞ미라 길우디 몯ᄒᆞᆯ 거시라 ᄒᆞ고 인ᄒᆞ야 文문帝뎨ᄭᅴ 엳ᄌᆞ오ᄃᆡ 公공이 보야호로 효도로 텬하ᄅᆞᆯ 다ᄉᆞ료ᄃᆡ 阮완籍젹이 큰 거상애 모다 안ᄌᆞᆫ ᄃᆡ셔 술와 고기ᄅᆞᆯ 먹게 ᄒᆞ니 머리 네 녁 ᄀᆞ새 내텨 나라ᄒᆞᆯ 더러히디 말에호미 맛당ᄒᆞ니라

현대역 晉 시절 阮籍이 재주 믿고 방탕하고 되는대로 와서 거상에 무례하거늘, 何曾이 文帝 앉으신 데에서 완적이를 낯을 보아서 그르다 하여 이르되, "그대는 풍속을 헐어버리는 사람이라서, 기르지 못할 것이라." 하고 인하여 문제께 여쭙되, "공이 바야흐로 효도로 천하를 다스리되, 완적이 큰 거상에 모두 앉은 데에서 술과 고기를 먹게 하니, 멀리 네 녘[四方] 가에 내쳐 나라를 더럽히지 말게 함이 마땅하니라."

1 간대로: 되는대로. 衆生ㅣ 迷惑ᄒᆞ야 能히 제 信티 몯ᄒᆞᆯᄊᆡ 記ᄅᆞᆯ 간대로 심기ᄂᆞ다

ᄒᆞ거늘.《월석 17:85》, 가줄비건댄 艱難ᄒᆞᆫ 사ᄅᆞ미 간대로 帝王이로라 일홈ᄒᆞ다가 제 誅滅을 取ᄒᆞᆺ ᄒᆞ니(譬如窮人 妄號帝王 自取誅滅).《능엄 6:112》

2 녁: '녘'의 옛말이다. 방향을 가리키는 말. 현대국어 '녘'의 옛말인 '녁'과 '녘'은 15세기 문헌에서부터 나타난다. 15세기부터 '녁'과 '녘'이 함께 나타나는데, 이들의 선후관계는 알기 어렵다. 이들의 표기는 '녁ㄱ', '녁ㅅ', '녁ㅎ', '녁ㅋ'으로 다양하게 나타난다. 현대국어에서는 '녘'과 '녁' 중에서 거센소리를 가진 '녘'을 표준어로 삼고 있다. 녁/녘(15세기~19세기)>녘(20세기~현재). 左右 梵志ᄂᆞᆫ 두 녀긔 좃ᄌᆞᄫᆞ ᄒᆞ니ᄂᆞᆫ 梵志라.《1447 석상 3:11ㄱ》, 밧긧 獼猴ㅣ 東 녁긔와 猩猩일 블러늘.《1463 법화 2:123ㄴ》, 기우루 올ᄒᆞᆫ 녁슬 메와소ᄆᆞᆫ ᄠᅳᆮ ᄂᆞ리와 法尊호ᄆᆞᆯ 뵈ᅀᆞ오미오.《1463 법화 2:178ㄱ》, 層層인 뫼ᄒᆞᆯ 구비 네 녀크로 도라보니 ᄆᆞᆯᄀᆞᆫ 내콰 묏골왜 여렛도다.《1481 두시-초 3:63ㄴ》, 無常이 ᄲᆞᆯ라 모ᄃᆞᆫ 아촘 이슬 ᄀᆞᆮ고 목수ᄆᆞᆫ 나죗 西ㅅ 녁히 ᄀᆞᆮᄒᆞ니.《1467 목우 43ㄴ》

소언 晋진阮완籍젹이 ᄌᆡ조 믿고 방탕ᄒᆞ고 간대로 와 거상애 無무禮례ᄒᆞ거늘 何하曾증이 籍젹을 文문帝뎨[魏위 적 권신이니 후제 튜존ᄒᆞ니라]의 안ᄌᆞᆫ ᄃᆡ셔 당면ᄒᆞ야 질졍ᄒᆞ야 ᄀᆞᆯ오ᄃᆡ 그ᄃᆡᄂᆞᆫ 풍쇽을 ᄒᆞ야ᄇᆞ리ᄂᆞᆫ 사ᄅᆞᆷ이라 可가히 길우디 몯ᄒᆞᆯ 거시라 ᄒᆞ고 인ᄒᆞ야 帝뎨ᄃᆞ려 닐어 ᄀᆞᆯ오ᄃᆡ 公공이 보야호로 효도로뻐 天텬下하ᄅᆞᆯ 다ᄉᆞ료ᄃᆡ 阮완籍젹이 重듕ᄒᆞᆫ 슬픔오로뻐 구읜 座좌의셔 술 마시고 고기 먹기를 허ᄒᆞ니 맛당히 네 녁 먼ᄃᆡ 내텨 ᄒᆡ여곰 華화夏하[듕국을 닐온 말이라]ᄅᆞᆯ 더러여믈 들이디 말에 홀 디라 ᄒᆞ니라

현대역 晉 阮籍이 재주 믿고 방탕하고 되는대로 와 거상에 무례하거늘, 하증이 적을 문제[魏 때 權臣이니, 후일에 追尊하니라.]의 앉은 데서 當面하여 質正하여 가로되, "그대는 풍속을 헐어버리는 사람이라. 가히 기르지 못할 것이라." 하고, 인하여 제(帝)에게 일러 가로되, "공이 바야흐로 효도로써 천하를 다스리되, 완적이 중한 슬픔으로써 공적인 자리에서 술 마시고 고기 먹기를 허락하니, 마땅히 네 녘 먼데 내쳐 하여금 華夏[중국을 이른 말이라.]를 더럽힘을 들이지 말게 할 것이라." 하니라.

1 당면ᄒᆞ야: 당면(當面)하여. 서로 얼굴을 보고 대하여.

2 더러여믈: 더럽힘을. '더러이(어간)+엄(명사형 어미)+을(목적격 조사)'이다. 어간 '더러이-' 아래에서는 명사형 어미가 '-움'이 되어야 하는데, '-엄'이 쓰였다. 오기인지 모르겠다. 현대국어 '더럽히다'의 옛말인 '더러ᄫᅵ다'는 15세기 문헌에서부터 나타난다. '더러ᄫᅵ다'는 '더럽-'에 사동접사 '-이-'가 결합한 것이다. '더럽다'가 모음으로 시작하는 어미와 결합할 때는 '더렇-'으로, 자음으로 시작하는 어미와 결합할 때는 '더럽-'으로 나타나는 불규칙 용언이기 때문에 '더러ᄫᅵ다'로 나타났다. 15세기 말 이후 'ㅸ'이 소멸됨에 따라 15세기부터 '더러이다'로 나타난다. 18세기에는 '더럽-'에 사동접사 '-히-'가 결합한 '더러히다'가 나타난다. 20세기 이후 분철 표기된 '더럽히다'로 나타나 현재에 이르렀다. 더러ᄫᅵ다(15세기)〉더러이다(15세기~19세기)〉더러히다(18세기~19세기)〉더럽히다(20세기~현재). 이형태: 더러ᄫᅵ다, 더러이다, 더러히다. 煩惱 惑 業이 ᄆᆞᅀᆞᄆᆞᆯ 더러ᄫᅧᆺ거든 二乘이 여러 가짓 觀ᄋᆞᆯ 지ᅀᅥ 더ᄂᆞ니.《1459 월석 13:21ㄱ》, 오직 사ᄅᆞ미 거츤 ᄃᆞ트릐 더러이며 無明의 두푸미 ᄃᆞ외야.《1459 월석 11:112ㄱ》, 부못 명셩을 더러이면 ᄂᆞ미 춤받고 구지즈리라.《1510년대 번노 하:48ㄱ》

【集說】吳氏曰阮籍의字는嗣宗이요何曾의字는穎考라質은謂正言之라文帝는司馬昭也라時爲晉公이러니後에其子武帝立하여始上尊號하니라卿은指籍이요公은指昭也라聽은猶許也라重哀는謂親喪이라擯은斥也라四裔는四夷요華夏는中國也라

오 씨가 말하였다. "완적의 자는 嗣宗이요, 하증의 자는 穎考이다. 質은 바르게 말함을 이른다. 文帝는 司馬昭이니, 당시에는 晉公이었는데, 뒤에 그 아들 武帝가 즉위하여, 비로소 존호를 올렸다. 卿은 籍을 가리키고, 公은 昭를 가리킨다. 聽은 허락함과 같다. 重哀는 부모상을 이른다. 擯은 물리침이다. 四裔는 사방의 오랑캐요, 華夏는 중국이다."

漢字 穎(이삭 영), 斥(물리칠 척)

宋廬陵王義眞이居武帝憂ᄒᆞ야使左右로買魚肉珍羞ᄒᆞ야於

齋內에別立廚帳이러니會長史劉湛沈下同이入이어늘因命臑暖酒炙車(차)鰲흔대湛이正色曰公이當今에不宜有此設이니라義眞이曰旦ㅣ甚寒ᄒᆞ니長史ᄂᆞᆫ事同一家ㅣ니望不爲異ᄒᆞ노라酒至커늘湛이起曰旣不能以禮自處ᄒᆞ고又不能以禮處人이라ᄒᆞ니라

● 송나라 廬陵王 義眞이 武帝의 상중에 있어, 좌우로 하여금 생선과 고기와 아름다운 반찬을 사오게 하여, 재실 안에 따로 휘장 친 주방을 세웠더니, 마침 長史 유침(劉湛)이 들어오거늘, 인하여 술을 데우고 바다조개를 굽도록 명한대, 유침이 낯빛을 바로하고 말하였다. "공이 이제를 당함에 이것을 베풂이 있음은 마땅치 않습니다." 의진이 말하였다. "아침이 매우 추우니, 장사는 일이 한 집안과 같으니, 달리 여기지 말기를 바라오." 술이 이르자, 유침이 일어나 말하였다. "(공은) 이미 능히 예로써 스스로 처하지도 못했고, 또 능히 예로써 남을 처하지도 못합니다."

漢字 **廬**(오두막 려), **珎**(=**珍** 보배 진, 맛좋은 음식 진), **羞**(반찬 수, 나아갈 수, 음식 드릴 수, 바칠 수, 맛있는 음식 수), **齋**(재계할 재, 집 재), **廚**(부엌 주), **帳**(휘장 장, 장막 장), **會**(마침 회), **湛**[①잠길 침=**沈**, ②장마 음=**霪**, ③맑을 잠, ④담글 점, ⑤물 괼 담], **臑**[①=**暖** 따뜻할 난, ②팔꿈치 노, ③육장(장조림) 눈, ④팔뼈 유, ④삶을 이], **炙**[구울 적(자)], **鰲**(차오 오, 조개 오), **旦**(아침 단)

1 유유(劉裕, 363년~422년): 남조 송나라의 초대 황제(재위, 420년-422년)이다. 조적(祖籍)은 팽성(彭城)이고, 동진(東晉) 때 경구(京口)로 옮겨와 살았다. 시호는 무제(武帝)이고, 묘호는 고조(高祖)이다. 자는 덕여(德輿)이고, 소자[小字, 어릴 때 이름]는 기노(寄奴)이다. 서주(徐州)의 가난한 집안에서 태어나 농사를 짓고 짚신을 팔고 물고기를 잡으면서 살았다. 처음에 북부병장령(北府兵將領)으로 유뢰지(劉牢之)를 따라 손은(孫恩)의 거병(擧兵)을 진압했다. 진안제(晉安帝) 의희(義熙) 원년(405년) 환현(桓玄)을 격파하고, 시중(侍中)과 거기장군(車騎將軍)을 거쳐 도독제군사(都督諸軍事)에 이르러, 조정을 장악했다. 이어 양주(揚州)를 중심으로 군사권을 장악하여 6년(410년) 남연(南燕)을 멸망시키고, 군사를 돌려 노순(盧循)과 서도복(徐道覆)을 격파했다. 다시 유의(劉毅)를 제거하고 서쪽으로 초종(譙縱)을 공격한 뒤 파촉(巴蜀)을 접수했다. 또 관중(關中)으로

출병하여 후진(後秦)을 멸망시켰다. 상국(相國)에 올라 송왕(宋王)에 봉해졌다. 나아가 집정(執政)이 되어 토단정책(土斷政策: 호적 개정)을 단행했다. 황제의 폐립을 행하고, 진(晉) 왕실의 반대파를 제거했다. 원희(元熙) 원년(419년) 공제(恭帝)의 선양으로 제위에 올라 국호를 송이라 하고 연호를 영초(永初)로 정했다. 정치를 하면서 검약을 숭상했고, 경술토단(庚戌土斷)을 시행해 중앙집권제를 강화했다. 즉위한 지 3년 만에 죽었다(중국역대인명사전).

2 유의진(劉義眞, 407년~424년): 남조(南朝) 유송(劉宋)의 개국 황제 무제(武帝) 유유(劉裕)의 차남이자, 2대 황제 소제(少帝) 유의부(劉義符, 송무제의 장남)의 이복형제이다. 유유(劉裕)가 유송 황제로 즉위한 후, 여릉왕(廬陵王, 재위 420년~424년)으로 책봉되어 동성(東城)에 주둔하였다. 421년에 사도(司徒)로 임명되었다. 422년에 사지절, 시중, 도독남예예옹사진병육주제군사(都督南豫豫雍司秦幷六州諸軍事), 거기장군, 개부의동삼사, 남예주자사로 임명되고 역양(歷陽)에 진수하려고 했으나 그 도중에 무제가 사망하였다. 역양에 부임한 뒤 유의진은 조정에 많은 물품들을 요구하기 시작했다. 하지만 서선지 일파가 매번 유의진이 요구하는 물품의 양을 줄여서 보내다보니 유의진은 조정을 매우 원망하여 조정으로 돌아가려고 했다. 한편 소제 유의부가 정사를 보지 않고 사치를 부리자, 서선지 등은 몰래 소제를 폐위하려고 했다. 그런데 소제가 폐위되면 다음 순위는 유의진인데 이들은 유의진이 경솔해서 사직을 맡을 수 없고 또한 유의진이 소제와 대립했기 때문에 조정에 상주하여 유의진을 폐서인하였다. 유의진은 폐서인된 뒤 신안군으로 옮겨졌는데, 장약지가 여기에 대해 상소를 올렸다가 양주(梁州) 참군으로 좌천된 뒤 살해되었다. 이후 서선지 일파가 소제를 죽일 때 신안군에 있던 유의진도 서선지가 보낸 사람에게 죽었다. 유의진 사후 유의륭[제3대 宋文帝, 송무제의 3남]이 즉위한다. 유의륭은 서선지 일파를 숙청한 뒤 유의진의 왕작을 추복하였고 효헌(孝獻)이라는 시호를 내렸다. 유의진은 슬하에 아들이 없어서 유의륭이 자신의 5남인 유소를 유의진의 양자로 입적시켰다.

3 유침(劉湛, 392년~440년): 남조 송나라 남양(南陽) 열양(涅陽) 사람이다. 자는 홍인(弘仁)이고, 소자(小字)는 반호(班虎)다. 역사서를 널리 읽었지만 문장에 마음을 두지는 않았고, 담론(談論)을 즐기지도 않았다. 처음에 유유(劉裕)의 밑에서 태위행참군(太尉行參軍)으로 있었다. 송나라가 들어서자 팽성왕(彭城王) 유의강(劉義康) 밑에서 장사(長史)가 되고, 역양태수(曆陽太守)를 지냈다.

사람 됨됨이가 강직하고 정직했으며, 법을 집행할 때는 엄정했다. 송나라 문제(文帝) 때 유의강이 정권을 장악했는데, 옛 정에 끌려 심복이 되었다. 황제가 이를 꺼려 투옥된 뒤 죽임을 당했다(중국역대인명사전).

4 차오(車螯): 대합 비슷한 조개.

번소 宋송 시절 려릉왕 義의眞진이 武무帝뎨ㅅ 거상애 左좌右우엣 사ᄅᆞᄆᆞᆯ ᄇᆞ려 됴ᄒᆞᆫ 고기 차반을 사다가 집안애 각벼리 ᄇᆞ석 ᄆᆡᆼᄀᆞ라 두고 먹더니 마초와 長댱史ᄉᆞㅅ 벼슬ᄒᆞᆫ 劉류湛팀이 드러니거ᄂᆞᆯ 인ᄒᆞ야 술 더이며 죠개 구우라 ᄒᆞ여ᄂᆞᆯ 湛팀이 正졍色ᄉᆡᆨᄒᆞ여 닐오ᄃᆡ 公공이 이제 이리ᄒᆞ요미 맛당티 아니ᄒᆞ니라 義의眞진이 닐오ᄃᆡ 아ᄎᆞ미 ᄀᆞ장 치우니 長댱史ᄉᆞᄂᆞᆫ 우리와 ᄒᆞᆫ 집 ᄀᆞᄐᆞ니 괴이히 너기디 마와뎌 ᄒᆞ노라 수리 오나ᄂᆞᆯ 湛팀이 니러나며 닐오ᄃᆡ ᄒᆞ마 례도로 모ᄆᆞᆯ 가지디 몯ᄒᆞ고 ᄯᅩ 례도로 사ᄅᆞᄆᆞᆯ ᄃᆡ졉디 몯ᄒᆞ놋다 ᄒᆞ니라

현대역 宋 시절 여릉왕 義眞이 무제의 거상에, 좌우에의 사람을 부리어, 좋은 고기 음식을 사다가, 집안에 각별이 부엌 만들어 두고 먹더니, 마침 長史의 벼슬한 유침(劉湛)이 들어가거늘, 인하여 술 데우며 조개 구우라 하거늘, 침이 정색하여 이르되, “공이 이제 이리함이 마땅하지 아니하니라.” 의진이 이르되, “아침이 가장 추우니, 장사는 우리와 한 집 같으니, 괴이하게 여기지 말고자 하노라.” 술이 오거늘 침이 일어나며 이르되, “이미 예도로 몸을 가지지 못하고, 또 예도로 사람을 대접하지 못하도다.” 하니라.

1 드러니거ᄂᆞᆯ: 들어거거늘. ‘들어니+거ᄂᆞᆯ’이다. ‘거ᄂᆞᆯ/어ᄂᆞᆯ/나ᄂᆞᆯ’은 동사의 종류에 따라 교체된다. ‘-거ᄂᆞᆯ’은 ‘ㅣ’ 계열 이중모음이나 ‘ㄹ’ 받침으로 끝나지 않는 어간 뒤에 붙어, 주로 동사, 형용사 어간 뒤에 붙어, ‘-거늘’을 뜻하는 연결어미이다. 드렛다가 나아 虛空ᄋᆞᆯ ᄆᆞᆫ지거ᄂᆞᆯ ᄂᆞ미 무로ᄃᆡ ᄆᆞᄉᆞ글 얻ᄂᆞᆫ다.《월석 1:36》, 鴛鴦夫人이 말 ᄃᆞᆱ 金바리예 ᄒᆡᆫᄡᆞᆯ ᄀᆞᄃᆞ기 다마 比丘ㅅ 알ᄑᆡ 나ᅀᆞ니거ᄂᆞᆯ.《월석 8:90》. ‘들어니다’는 ‘들다’와 ‘니다’의 합성동사이다. 현대국어 ‘들다’는 15세기 문헌에서부터 나타나 현재까지 이어진다. ‘들다’는 ‘ㄴ’으로 시작하는 어미와

결합할 때 '드-'로 나타나며, 그 외의 어미와 결합할 때는 '들-'로 나타난다. 18세기부터 'ㄴ'으로 시작하는 어미 외에도 선어말어미 '-시-'와 결합할 때 '드-'로 나타나게 되어 현재까지 이어진다. 들다(15세기~현재). 여슷 하ᄂᆞ래 그듸 가 들 찌비 볼쎠 이도다 ᄒᆞ고.《1447 석상 6:35ㄴ》, 太子ㅣ 바ᄆᆡ 王宮에 드르시니 光明이 두루 비취더시니.《1447 석상 3:21ㄱ》, 그ᄢᅴ 善友太子ㅣ 즉재 慈心三昧예 드니.《1459 월석 22:42ㄴ》. '니다'는 '가다', '다니다'의 옛말이다. 四征無敵ᄒᆞ샤 오샤ᅀᅡ 사ᄅᆞ시릴ᄊᆡ 東ᄋᆡ 니거시든 西夷 ᄇᆞ라ᅀᆞᄫᆞ니(四征無敵 來則活己 我東曰徂 西夷苦徯).《용가 38장》, 옷 ᄲᅡᆯ며 발 싯고 니거늘 ᄒᆞᆫ 암사ᄉᆞ미 와 옷 ᄲᆡ론 므를 먹고.《석상-중 11:25》

2 오나늘: 오거늘. '오(어간)+나늘(연결어미)'이다. '거늘/어늘/나늘'은 동사의 종류에 따라 교체된다. '-나늘'은 '오다'의 어간 뒤에 붙어, '-거늘'을 뜻하는 어미이다. ᄆᆞ리 사ᄅᆞᆯ 마자 馬廐에 드러오나ᄂᆞᆯ 聖宗ᄋᆞᆯ 뫼셔 九泉에 가려 ᄒᆞ시니(我馬孔瘏 于岡靡陟 言念君子 金罍欲酌).《용가 109장》, 그 ᄯᆞ리 드러 니ᄅᆞᆫ대 護彌長者ㅣ 나아오나ᄂᆞᆯ 婆羅門이 安否 묻고 닐오ᄃᆡ.《석상 6:14》

소언 宋송 廬녀陵릉王왕 義의眞진[武무帝뎨의 아ᄃᆞᆯ이라]이 武무帝뎨의 거상의 이셔 左좌右우로 ᄒᆡ여곰 믈고기 묻고기 귀ᄒᆞᆫ 차반돌ᄒᆞᆯ 사다가 ᄌᆡ실 안해 각별이 차반 달홀 ᄃᆡ를 ᄆᆡᆼ그랏더니 마초와 長댱史ᄉᆞ[벼슬 일홈이라] 劉류湛팀이 들어니거ᄂᆞᆯ 인ᄒᆞ야 ᄀᆡ결ᄒᆞ야 술 더이고 죠개 구으라 ᄒᆞᆫ대 湛팀이 正졍色식ᄒᆞ고 ᄀᆞᆯ오ᄃᆡ 公공이 이제 이 베픔을 둠이 맛당티 아니니라 義의眞진이 ᄀᆞᆯ오ᄃᆡ 아ᄎᆞᆷ이 ᄀᆞ장 ᄎᆞ니 長댱史ᄉᆞᄂᆞᆫ 일이 一일家가와 ᄒᆞᆫ가지니 괴이히 너기디 말와뎌 ᄇᆞ라노라 술이 오나ᄂᆞᆯ 湛팀이 니러나며 ᄀᆞᆯ오ᄃᆡ 이믜 能능히 禮례로ᄡᅥ 스스로 쳐신티 몯ᄒᆞ고 ᄯᅩ 能능히 禮례로ᄡᅥ 사ᄅᆞᆷ을 ᄃᆡ졉디 몯ᄒᆞᆫ다 ᄒᆞ니라

현대역 송 여릉왕 의진[무제의 아들이라.]이 무제의 거상에 있어, 좌우로 하여금 물고기와 뭍짐승의 고기 귀한 음식들을 사다가, 재실 안에 각별이 음식 다룰 데를 만들었더니, 마침 장사[벼슬 이름이라.] 유침이 들어가거늘, 인하

여 명령하여 술 데우고 조개 구우라 하니까, 침이 정색하고 가로되, "공이 이제 이 베풂을 둠이 마땅하지 아니니라." 의진이 가로되, "아침이 가장 차니, 장사는 일이 一家와 한가지니, 괴이하게 여기지 말게 하고자 바라노라." 술이 오거늘, 침이 일어나며 가로되, "이미 능히 예로써 스스로 처신하지 못하고, 또 능히 예로써 사람을 대접하지 못한다." 하니라.

1 묻고기: 뭍짐승의 고기. 左右엣 사ᄅᆞᄆᆞᆯ 히여 뭀고기며 묻고기며 貴ᄒᆞᆫ 차바ᄂᆞᆯ 사아(使左右買魚肉珍羞).《내훈 1:60》, 믈고기 므르니와 묻고기 서근 이ᄅᆞᆯ 먹디 아니ᄒᆞ시며(魚餒而肉敗 不食).《소언 3:25》
2 ᄒᆞᆫ대: 하니까. 'ᄒᆞ(어간)+ㄴ대(연결어미)'이다. '-ㄴ대'는 어간이나 어미 뒤에 붙어, '-니까'를 뜻하는 어미이다. 目連이 淨飯王ᄭᅴ 도라가 이 辭緣을 ᄉᆞᆯᄫᆞᆫ대 王이 大愛道ᄅᆞᆯ 블러 니ᄅᆞ샤ᄃᆡ.《석상 6:6》, 부톄 比丘 ᄃᆞ리시고 드러 안ᄌᆞ신대 鸚鵡ᄃᆞᆯ히 부텨를 보ᅀᆞᆸ고 깃븐 ᄆᆞᅀᆞᄆᆞᆯ 내야 ᄒᆞᆫ 날 命終ᄒᆞ야 忉利天에 나니라.《석상 6:41~42》
3 말와뎌: 말게 하고자. '말(어간)+와뎌(연결어미)'이다. '-와뎌'는 'ㅣ'나 'ㄹ' 받침으로 끝나는 동사, 형용사 어간 뒤에 붙어, '-고자'나 '-게 하고자'를 뜻하는 연결어미이다. 이런ᄃᆞ로 이제 略히 ᄒᆞ고 바ᄅᆞ 자최 드듸여 서르 돕ᄂᆞᆫ ᄠᅳ들 取ᄒᆞ야 사기노니 닷가 나ᅀᅡ가리 번드기 쉬이 알와뎌 ᄇᆞ라노니.(故今略之 直取躡迹相資之義而釋 庶修進者 煥然易悟耳).《능엄 8:44》, 지븨 이셔셔 샹녜 일 닐오 나랏일 시름ᄒᆞ야 ᄒᆡ 가ᅀᆞ멸와뎌 願ᄒᆞᄂᆞ다(在家常早起 憂國願年豊).《두시-초 8:52》

【集解】陳氏曰義眞은宋武帝裕之子라居憂는卽居喪이라珍羞는美食이라湛은字弘仁이라吳氏曰臑는當作㬉이니古暖字라炙은燒也요車螯는海蛤也라

진 씨가 말하였다. "義眞은 송나라 武帝 劉裕의 아들이다. 居憂는 곧 상중에 있음이다. 珍羞는 아름다운 음식이다. 침(湛)은 자가 弘仁이다." 오 씨가 말하였다. "난(臑)은 마땅히 난(㬉)으로 지음이니, 옛날의 난(暖)자이다. 적(炙)은 구움이요, 차오(車螯)는 바다조개이다."

漢字 裕(넉넉할 유), 暵(=暖 따뜻할 난), 燒(익힐 소, 불사를 소, 탈 소), 蛤(大蛤조개 합)

隋煬様帝ㅣ爲太子애居文獻皇后喪홀시每朝애令進二溢逸米而私令外로取肥肉脯鮓ᄒᆞ야置竹筒中ᄒᆞ야以蠟閉口ᄒᆞ고衣襆僕오로裹果而納之ᄒᆞ더라

● 수나라 煬帝가 태자가 되어 文獻皇后 상에 거할 적에, 매일 아침 하여금 두 웅큼의 쌀을 올리게 하고, 사사로이 외부사람으로 하여금 살찐 고기와 포와 젓갈을 취하여, 대통에 넣어 밀랍으로 입구를 막고, 옷보자기로 싸 그것을 들이게 하였다.

漢字 煬(별 쬘 양), 令(하여금 령, 부릴 령, 영 내릴 령), 溢(한웅큼 일, 넘칠 일, 큰물 일, 스물넉량쭝 일), 脯(포 포), 鮓(젓갈 자, 식해 자), 筒(대통 통), 蠟(밀초 랍), 襆(보자기 복, 두건 복), 裹[(보자기로) 쌀 과]

1 문헌황후(文獻皇后, 543년~602년): 중국 수나라 최초의 황후이며, 문제(文帝) 양견(楊堅))의 정실부인이다. 원래 이름은 독고가라(獨孤伽羅)이다. 서위(西魏)의 선비족 대도독 대사마(大司馬) 독고신(獨孤信)의 7녀로 태어났다. 독고신은 큰딸을 북주 명제 우문육의 황후로 보냈으며, 4녀를 당국공 이병에게 보냈는데, 그 사이에서 난 아이가 바로 당 고조 이연이다. 독고신의 4녀는 아들인 이연에 의해 원정황후로 추증되었다. 독고가라는 14세 때에 대사공 양충의 자제 양견과 가례를 올렸다. 이때 독고가라는 양견에게 조건을 내걸었는데, 자신 이외의 어떠한 여인에게서도 자식을 보지 말라는 약속이었다. 실제로 양견은 다섯 명의 아들들을 모두 독고가라에게서 얻었고, 신하들에게 "과인의 아들들은 모두 한 어미의 소생이라 자식들 간에 황제 자리를 놓고 다툴 일은 없을 것이다." 라고 자랑하기도 하였다. 581년, 양견이 외손자 정제를 몰아내고 나라를 세우려 할 때, 독고가라는 그에게 밀서를 보내 '당신은 이미 하루에 천 리를 달리는 호랑이 등에 올라탄 처지이니 이제는 내릴 수 없는 상황이다.'는 내용의 편지를 보냈다. 밀서를 본 양견이 결단을 내리고 북주를 무너뜨려 나라를 세우니 이 나라가 바로 수나라이다. 독고가라는 황후가 되어 양견을 옆에서 보좌하였으며, 평소 금욕적인 성격과 가례 때 맺은 약속 때문에 양견과 후궁 문제로 다투기도

하였다. 양견은 황후의 질투심 때문에 후궁을 셋 이상 두지 못하였다. 양견이 모반죄로 처형된 울지형(尉遲逈)의 딸 울지씨를 총애하자 독고가라는 그녀의 목을 베었고, 잘린 머리를 상자에 넣어 양견에게 보였다. 양견은 큰 충격과 분노로 궁을 뛰쳐나갔는데 재상 고경이 찾아와 일개 부인의 일로 천하의 정치를 버려둘 수 있겠냐며 양견을 설득하자 양견은 궁으로 돌아갔다. 그러나 독고가라는 자신을 '일개 부인'으로 표현한 고경에게 사약을 내렸다. 이처럼 질투심이 대단했던 독고가라는 첩을 총애하는 대신들에게 벌을 내리거나 파직시킬 것을 권하기도 하였다. 또한 아들들이 첩을 두는 것도 싫어하였는데, 아들 양용의 애첩 운소훈을 미워하여 양용에게 그녀를 폐할 것을 종용하였다. 양용이 말을 듣지 않자 독고가라는 아들을 미워하게 되었고, 자신이 추천한 태자비 원 씨가 급사하자 양용이 독살하였다고 믿었다. 한편 독고가라의 차남인 양광은 양용과는 달리 어머니의 비위를 잘 맞추었고 후궁을 두지 않는 등 처신을 잘 하여 마침내 독고가라는 양견에게 건의하여 태자를 폐출시키고 양광을 태자로 세웠다. 독고가라는 602년 8월에 영안궁에서 한질로 사망했다. 향년 60세였다. 자녀로는 5남 4녀가 있다. 독고가라는 정치적으로는 백성들에게 인자하고 존경받는 황후였다. 공과 사를 구분하여 형제들을 비롯한 친척들을 엄격하게 단속하였으며 자신의 피붙이라 해도 죄를 지은 경우에는 용서하지 않았다. 또한 원로대신들에게는 예를 갖추었고 딸들의 몸가짐에도 각별히 신경을 쓰도록 하였다. 수나라가 세워진 후 독고가라는 양견이 국사를 논할 때마다 그 내용을 유심히 듣다가 잘못된 점이 있으면 의견을 내었고, 문제는 황후의 건의를 대부분 받아들였다. 이에 조정 대신들은 양견과 독고가라를 가리켜 '두 황제'로 칭하기도 하였다. 나라가 안정기에 접어든 뒤 양견이 정사를 소홀히 하자 독고가라는 그를 끊임없이 설득하였고, 그녀가 죽고 나서 양견은 중병에 걸리자 독고가라가 살아 있었다면 이렇게까지는 되지 않았을 거라고 한탄하였다(위키백과).

2 수양제(隋煬帝, 569년~618년): 중국 수(隋)나라의 제2대 황제(재위 604년~618년)이다. 이름은 양광(楊廣)이고, 연호는 대업(大業)이며, 문제(文帝) 양견(楊堅)의 둘째아들이다. 어머니는 문헌독고황후(文獻獨孤皇后)이다. 시호 양제의 양(煬)은 '악랄한 황제'를 뜻한다고 한다. 그는 나이 13세에 진왕(晉王)이 되었고, 남조(南朝) 진(陳)을 토벌하는 데 크게 활약하였다. 계략에 능하여, 형인 황태자 양용(楊勇)을 살해하였고, 스스로 황태자가 되었다(600년). 권신인 양소(楊素)와 결탁하여 제위에 올랐는데, 그때 아버지 문제(文帝)를 살해하고, 그의 비(妃)를

범하였다고도 전한다. 즉위한 뒤에는 만리장성을 수축하였고, 뤄양[洛陽]에 동경(東京)을 조영하였으며, 남북을 연결하는 대운하를 완성하는 등 대규모의 토목공사를 자주 벌임으로써 백성에게 과중한 부담을 주었다. 그 자신은 이 대운하에 용주(龍舟)를 띄우고 화려한 순행(巡幸)을 하였지만, 대운하의 개통은 강남의 물자를 북으로 운반하게 하는 등 남북 융합에 크게 공헌하였다. 대외적으로는 북방에서 강성하던 돌궐(突厥)과 서방의 토욕혼(吐谷渾)을 공략하였으나, 전후 3회에 걸친 고구려 침입에서는 번번이 대패하였다. 612년 제1차 고구려 침공 때는 113만 8천 명의 대군을 끌고 침입하였다. 당시 양제의 사위였던 우문사급(宇文士及)의 아버지 우문술(宇文述)이 사령관이었으며, 양제도 직접 지휘하였다. 하지만 고구려의 장군 을지문덕(乙支文德)에게 살수(薩水)에서 대패하였다. 613년 제2차 침공 때는 후방에서 양현감(楊玄感)의 반란이 일어나 철수하였다. 2개월에 걸쳐 겨우 진압하였지만, 이후 각지에서 반란이 일어나 이른바 수나라 말의 반란기에 접어들었다. 614년 다시 고구려 원정에 나서지만 고구려에서 화해를 요청해와 이를 수락하였다. 이러한 3차에 걸친 고구려 원정은 양제가 백성을 과중하게 혹사시킨 데다 기근·수해까지 겹친 것이 원인이었다. 그러나 그는 단순한 폭군만은 아니었으며, 대업례(大業禮)·대업률령(大業律令)의 정비와 대운하의 완성과 같은 큰 업적을 남기기도 하였다. 만년은 전란을 외면하고 풍치가 아름다운 장두[江都: 揚州]로 옮겨 사치스런 생활을 하다가, 친위대 신하인 우문화급(宇文化及)에게 살해되었다(두산백과).

번소 隋슈煬양帝뎨 太태子ᄌᆞ 되어실 제 어마님 문헌황훗 거상애 ᄆᆡ양 아ᄎᆞᆷ마다 두 줌 ᄡᆞᄅᆞᆯ 드리라 ᄒᆞ야 쥭 먹ᄂᆞᆫ ᄃᆞ시ᄒᆞ고 아ᄅᆞᆷ뎌 밧고로 ᄉᆞᆯ진 고기와 보육과 젓과ᄅᆞᆯ 어드라 ᄒᆞ야 대통 가온ᄃᆡ 녀허 밀로 막고 보호로 빠 드리더라

현대역 수양제 태자 되었을 때, 어머님 文獻皇后의 거상에, 늘 아침마다 두 줌 쌀을 올리라 하여 죽 먹는 듯이 하고, 사사로이 밖으로 살찐 고기와 脯肉과 젓갈을 얻으라 하여, 대통 가운데 넣어 밀로 막고 보로 싸 들이더라.

1 보육: '포육(脯肉)'의 옛말이다. 얇게 저미어서 양념을 하여 말린 고기.

2 대통: '대통'의 옛말이다. 쪼개지 않고 짧게 자른 대나무의 토막.

3 밀: 벌집을 만들기 위해 꿀벌이 분비하는 물질.

소언 隋슈煬양帝뎨[일홈은 廣광이니 文문帝뎨의 아ᄃᆞᆯ이라]ㅣ 太태子ᄌᆞ 되여실 제 文문獻헌皇황后후[煬양帝뎨의 어마님이라] 거상의 이실ᄉᆡ ᄆᆡ양 아ᄎᆞᆷ에 ᄒᆡ여곰 두 줌 ᄡᆞᆯ을 들이게 ᄒᆞ고 ᄉᆞᄉᆞ로이 밧그로 ᄒᆡ여곰 ᄉᆞᆯ진 고기와 보육과 식혜를 가져다가 대통 가온ᄃᆡ 녀허 밀로 ᄡᅧ 입을 막고 옷보ᄒᆞ로 ᄡᅡ 들이더라

현대역 수양제[이름은 廣이니 文帝의 아들이라.]가 태자 되었을 때, 문헌황후[양제의 어머님이라.] 거상에 있으므로, 매양 아침에 하여금 두 줌 쌀을 들이게 하고, 사사로이 밖으로 하여금 살찐 고기와 포육과 젓갈을 가져다가, 대통 가운데 넣어 밀로써 입을 막고 옷보로 싸 들이더라.

옷보(褓)ㅎ: 옷을 싸는 데 쓰는 보자기. 또는 옷을 싼 보퉁이. '옷보ㅎ'는 ㅎ종성체언으로, 휴지(休止) 앞에서는 'ㅎ'이 탈락하여 '옷보'로 나타난다. 아ᄅᆞᆷ도이 밧글 ᄒᆡ여 ᄉᆞᆯ진 고기와 보ᅀᅲᆨ과 젓과ᄅᆞᆯ 가져다가 대롱 ᄭᅡ온ᄃᆡ 녀코 밀로 이플 막고 옷보ᄒᆞ로 ᄡᅳ리여 드리더라(而令外取肥肉脯鮓 置竹筒中 以蠟閉口 衣襆裹而納之).《내훈 1:61》, 밀로ᄡᅧ 입을 막고 옷보ᄒᆞ로 ᄡᅡ 들이더라(以蠟閉口 衣襆裹而納之.).《소언 5:48》

【集解】煬帝의名은廣이라文獻皇后는文帝后獨孤氏也라溢은謂二十四分升之一也라衣襆은卽今之袱也라

煬帝의 이름은 廣이다. 文獻皇后는 文帝 皇后 獨孤氏이다. 溢은 한 되의 24분의 1을 이른다. 衣襆은 곧 지금의 보자기이다.

漢字 袱(보자기 복)

【增註】溢은一手所握也

溢은 한 손으로 쥐는 것이다.

漢字 握(쥘 악)

湖南楚王馬希聲이葬其父武穆王之日에猶食雞臛郝이어늘其官屬潘起ㅣ譏之曰昔에阮籍ㅣ居喪애食蒸肫ᄒᆞ더니何代無賢이리오ᄒᆞ더라

●湖南의 楚王 馬希聲이 그의 아버지 武穆王을 장사지내는 날에 오히려 닭고기 국을 먹었거늘, 그의 관속 潘起가 譏弄하여 말하였다. "옛날에 완적이 상중 거함에 삶은 돼지고기를 먹었더니, 어느 시대인들 어진이가 없겠는가?"

漢字 穆(화목할 목), 臛(고깃국 학), 郝(땅이름 학), 潘(쌀뜨물 반), 譏(기롱할 기, 나무랄 기), 蒸(찔 증), 肫(돼지 돈, 광대뼈 순, 포 순)

1 무목왕(武穆王, 852년~930년): 오대십국(五代十國) 중 마초[馬楚, 남초(南楚)]의 초대국왕으로, 이름은 마은(馬殷)이고, 자는 패도(霸圖)이다. 허주(許州) 언릉(鄢陵) 사람으로, 진종권(秦宗權)의 항오(行伍) 출신이다. 유건봉(劉建鋒)을 따라 강서(江西)를 지나가면서 영북(嶺北)과 계관(桂管)의 땅을 모두 차지했다. 유건봉이 죽자 마침내 주수(主帥)가 되었다. 당(唐)나라에서 담주자사(潭州刺史)와 판호남군부사(判湖南軍府事)에 임명되고, 동평장사(同平章事)를 더했다. 후량(後梁) 태조가 즉위하자 사신을 보내 조공했고, 시중겸중서령(侍中兼中書令)과 천책상장군(天策大將軍)을 지낸 뒤 마초왕(馬楚王)에 봉해졌다. 후당(後唐)의 장종(莊宗)이 후량을 멸망시키자, 아들 마희범(馬希範)을 보내 조공했다. 직접 차를 팔고 주전(鑄錢)하여 나라가 점점 부강해졌다. 후당 명종(明宗) 천성(天成) 2년(927년) 초국왕(楚國王)에 봉해졌고, 마침내 담주(潭州)로 장사부(長沙府)를 삼았다. 시호는 무목(武穆)이다(중국역대인명사전).

2 마희성(馬希聲, 898년~932년): 마은의 차남으로, 마초의 2대왕이다. 930년에 마은이 죽고, 아들들 사이에 계승권 다툼이 일어났는데, 결국 차남인 마희성이 마은의 뒤를 잇게 되었다. 하지만 마희성은 세간에 암우(暗愚)하다는 평이 떠돌았고, 타국의 책략에 휘말려 신하 고욱을 죽이기도 하였다. 마희성은 932년에 사망하였는데, 왕을 칭하지 않았으며, 사후 형양왕(衡陽王)으로 추봉되었다. 마희성이 죽고 아우인 마희범(馬希範)이 뒤를 이었다. 마희성은 오대 후량(後梁)

의 개국 군주 주전충(朱全忠)을 흠모하였는데, 그 이유는 주전충이 닭고기를 좋아한다는 이야기를 들었기 때문이라고 한다. 그리고 즉위한 뒤에는 매일 음식으로 닭 50마리를 삶았다. 심지어 마은의 상중에는 마은의 죽음을 전혀 슬퍼하지 않았고, 닭고기를 찾는 모습만 보여서, 이것 때문에 신하 반기(潘起)가 마희성을 비판하기도 하였다(나무위키).

3 오대십국(五代十國, 907년~979년): 주전충(朱全忠)이 건국한 후량에 의해 당(唐)나라가 멸망한 907년부터 송(宋)나라가 십국을 통일한 979년까지 황하(黃河)를 중심으로 화북(華北)을 통치했던 5개 왕조[오대]와 화중(華中), 화남(華南)과 화북(華北) 일부를 지배했던 여러 지방 정권[십국]이 흥망을 거듭한 정치적 격변기를 가리킨다. 오대는 후량[後梁, 朱梁, 907년~923년, 주전충, 3황제, 개봉(開封, 카이펑)], 후당[後唐, 923년~936년, 이존욱(李存勖), 4황제, 낙양(洛陽, 뤄양)], 후진[後晉, 936년~947년, 석경당(石敬塘), 2황제, 개봉(開封, 카이펑)], 후한[後漢, 947년~951년, 유지원(劉知遠), 2황제, 개봉(開封, 카이펑)], 후주[後周, 951년~960년, 곽위(郭威), 3황제, 개봉(開封, 카이펑)]을 뜻하며, 십국은 오[吳, 902년~937년, 양행밀(楊行密), 4황제], 오월[吳越, 907년~978년, 전류(錢鏐), 5황제], 초[楚, 마초(馬楚), 907년~951년, 6황제], 형남[荊南, 남평(南平), 북초(北楚), 907년~963년, 고계흥(高季興), 5황제], 전촉[前蜀, 907년~925년, 왕건(王建), 2황제], 남한[南漢, 909년~971년, 유은(劉隱), 4황제], 민[閩, 909년~945년, 왕심지(王審知), 6황제], 후촉[後蜀, 934년~965년, 맹지상(孟知詳), 2황제], 남당[南唐, 937년~975년, 이변(李昪), 3황제], 북한[北漢, 951년~979년, 유숭(劉崇), 후한 건국 왕 유지원(劉知遠)의 아우, 4황제]을 뜻한다.

4 호남(湖南): 동정호(洞庭湖) 남쪽.

5 관속(官屬): 지방 관아의 아전과 하인을 통틀어 이르던 말.

6 기롱(譏弄): 나무라고 희롱함.

번소 湖호南남 楚초王왕 希희聲셩이 제 아비 武무穆목王왕 묻는 나래 둘기고기 징을 머거늘 아랫 관원 潘반起긔 긔롱ᄒᆞ야 닐오ᄃᆡ 녜 阮완籍젹이 거상애 삔 도틀 먹더니 어ᄂᆞ ᄃᆡ예 어딘 사ᄅᆞ미 업스료 ᄒᆞ더라

현대역 湖南 楚王 希聲이 제 아버지 武穆王 묻는 날에, 닭고기 국을 먹거늘, 아래의 관원 반기(潘起)가 譏弄하여 이르되, "옛날에 阮籍이 거상에 찐 돼지를 먹더니, 어느 대에 어진 사람이 없으리오." 하더라.

긔롱ᄒᆞ야: 기롱(譏弄)하여. 실없는 말로 놀려.

소언 湖호南남[디명이라] 楚초[나라 일홈이라] 王왕 馬마希희聲셩이 그 아비 武무穆목[시회라]王왕 영장ᄒᆞᄂᆞᆫ 날애 오히려 ᄃᆞᆰ깅을 먹거ᄂᆞᆯ 그 아랫 관원 潘반起긔 긔롱ᄒᆞ야 ᄀᆞᆯ오ᄃᆡ 녜 阮완籍젹이 居거喪상애 ᄲᅵᆫ 돋톨 먹더니 어ᄂᆡ 代ᄃᆡ에 어딘 사ᄅᆞᆷ이 업스리오 ᄒᆞ더라

현대역 湖南[지명이라.] 楚[나라 이름이라.] 왕 馬希聲이 그 아버지 武穆[시호라.]王 영장하는 날에 오히려 닭국을 먹거늘, 그 아래 관원 반기가 기롱하여 가로되, "옛날에 완적이 거상에 찐 돼지를 먹더니, 어느 대에 어진 사람이 없으리오." 하더라.

업스리오: 없으리오. '없(어간)+으(매개모음)+리(추측법 선어말어미)+오(의문형 종결어미)'이다. 종결어미 '-오'는 ᄒᆞ라체 제1·3인칭 의문법 중 의문사를 동반하여 일정한 정보를 요구하는 설명의문문을 만든다.

【集說】吳氏曰五代에馬殷이據湖南長沙之地하니武穆王은卽殷也라雞臛은雞肉羹也요蒸肫은蒸熟猪也라何代無賢은反辭以譏之也라

오 씨가 말하였다. "오대시대에 馬殷이 湖南의 長沙의 땅에 웅거하였으니, 武穆王은 곧 마은이다. 계학(雞臛)은 닭고기 국이요, 증돈(蒸肫)은 쪄서 익힌 돼지고기이다. 何代無賢[어느 시대인들 어진이가 없겠는가?]은 뒤집은 말로써 그것을 기롱함이다."

漢字 據(웅거할 거, 의거할 거), 羹(국 갱), 熟(익힐 숙), 猪(돼지 저)

然則五代之時예居喪食肉者를人이猶以爲異事ᄒᆞ니是流俗之弊ㅣ其來甚近也ㅣ니라今之士大夫ㅣ居喪애食肉飮酒를無異平日ᄒᆞ고又相從宴集ᄒᆞ야靦他典反然無愧어든人亦恬不爲怪ᄒᆞᄂᆞ니禮俗之壞를習以爲常ᄒᆞ니悲夫ㅣ라

● 그렇다면 五代의 때에는 상사 거함에 고기를 먹는 자를 사람들이 오히려 이상한 일로 삼았으니, 이 흐르는 풍속의 폐단이 그 옴이 매우 가깝다. 지금의 사대부들은 상사 거함에 고기를 먹고 술을 마시기를 평일과 다름이 없고, 또 서로 좇아 잔치하고 모여, 빤히 얼굴을 쳐다보며 부끄러움이 없거든, 사람들이 또한 편히 하여 괴이하게 여기지 않으니, 예절 풍속의 무너짐에 익숙해져 보통으로 여기니, 슬프도다!

漢字 宴(잔치 연), 靦(뻔뻔할 전, 부끄러워할 전, 무안해할 전), 愧(부끄러워할 괴), 恬(편안할 념), 怪(괴이할 괴, 의심할 괴)

전연(靦然): 빤히 상대의 얼굴을 보는 모양.

번소 그러ᄒᆞ면 오ᄃᆡ 시절에도 거상애 고기 먹ᄂᆞ니를 사ᄅᆞ미 오히려 고이ᄒᆞᆫ 이리라 ᄒᆞ니 이ᄂᆞᆫ 사오나은 풍쇽이 흘러오난 ᄃᆡ 아니 오라니라 이제 士ᄉᆞ大태夫우 거상애 고기와 술 머고ᄆᆞᆯ 샹해와 달이 아니ᄒᆞ고 또 서ᄅᆞ 조차 이바디 회집ᄒᆞ야 ᄂᆞᆾ 드러 븟그리디 아니ᄒᆞ거든 또 ᄂᆞᆷ도 고이히 아니 너기ᄂᆞ니 어딘 풍쇽이 허러디여 ᄇᆡ화 샹ᄉᆡ 도의니 슬프다

현대역 그러면 五代 시절에도, 거상에 고기 먹는 이를 사람이 오히려 괴이한 일이라 하니, 이는 나쁜 풍속이 흘러 온 지(가) 아니 오래니라. 이제 사대부가 거상에 고기와 술 먹음을 보통과 다르게 아니하고, 또 서로 좇아 잔치에 會集하여, 낯을 들어 부끄러워하지 아니하거든, 또 남도 괴이하게 아니 여기니, 어진 풍속이 무너뜨려져 익혀 常事가 되니, 슬프다!

1 이바디: '잔치'의 옛말이다. 간 고대 禮貌 업더니 盖天英氣실쎠 이바디에 머리를

좃ᄉᆞᄫᆞ니(所至之處 靡不蔑視 盖天英氣 當宴敬禮).《용가 95장》, 소니 닐오ᄃᆡ 그딋 褥 ᄆᆡᆼᄀᆞ로매 ᄎᆡ와 그듸의 이바디 ᄆᆞᆺᄃᆞ록 빗나믈 承奉ᄒᆞ노라(客云充君褥 承君終宴榮).《두시-초 22:19》

2 회집ᄒᆞ야: 회집(會集)하여. 여러 사람이 한곳에 많이 모여.

3 샹ᄉᆡ: 상사(常事)가. 일상일이. '샹ᄉᆞ(명사)+ㅣ(주격 조사)'이다.

소언 그러ᄒᆞ면 五오代ᄃᆡ 시절에 居거喪상애 고기 먹ᄂᆞᆫ 이ᄅᆞᆯ 사ᄅᆞᆷ이 오히려 ᄡᅧ 괴이ᄒᆞᆫ 일을 삼으니 이 흘러온 풍쇽의 弊폐 그 오난 디 심히 갓가오니라 이제 ᄉᆞ태위 居거喪상애 고기 먹으며 술 마시기를 샹해와 달옴이 업고 ᄯᅩ 서ᄅᆞ 조차 이바디 회집ᄒᆞ야 편편히 븟그림이 업거든 ᄂᆞᆷ도 ᄯᅩ 므던히 너겨 괴이히 너기디 아니ᄒᆞᄂᆞ니 녜도옛 풍쇽의 믈허딤을 니거 ᄡᅧ 샹ᄉᆞᄅᆞᆯ 삼ᄋᆞ니 슬프다

현대역 그러하면 오대 시절에, 거상에 고기 먹는 이를 사람이 오히려 써 괴이한 일을 삼으니, 이 흘러온 풍속의 폐(弊)가 그 온 지 심히 가까우니라. 이제 사대부가 거상에 고기 먹으며 술 마시기를 보통과 다름이 없고, 또 서로 좇아 잔치에 회집하여, 뻔뻔스럽게 부끄럼이 없거든, 남도 또 소홀히 여겨 괴이하게 여기지 아니하니, 예도의 풍속이 무너짐을 익혀, 써 일상 일을 삼으니, 슬프다!

업거든: 없거든. '업(어간)+거든(연결어미)'이다. '-거든'은 '어떤 일이 사실이면'이나 '어떤 일이 사실로 실현되면'의 뜻을 나타내는 연결어미이다. 그분을 만나거든 꼭 제 인사 말씀을 전해 주세요. 할아버지께서 편찮으시거든 내게 꼭 기별을 해라. 현대국어 '없다'는 15세기 문헌에서부터 '없다'로 나타나 현재까지 이어진다. 자음 어미 앞에서는 '업-'으로 나타난다. 아바ᅀᅵ 업슨 사ᄅᆞ미오 獨ᄋᆞᆫ 늘구ᄃᆡ 子息 업서 ᄒᆞ옷 모민 사ᄅᆞ미라.《1447 석상 6:13ㄱ》, 무덤 겨틔 믈 업서.《1514 속삼 효:1ㄱ》

【集說】陳氏曰承上文潘起之譏而言이라五代는梁唐晉漢周

也라覸은面見人之貌라恬은安也요怪는異也라

진 씨가 말하였다. "윗글 '潘起之譏'를 이어서 말함이다. 오대는 양, 당, 진, 한, 주이다. 전(覸)은 대면하여 사람을 보는 모양이다. 념(恬)은 편안함이요, 괴(怪)는 괴이함이다."

乃至鄙野之人은或初喪未斂에親賓이則齎酒饌往勞之어든主人이亦自備酒饌ᄒᆞ야相與飮啜ᄒᆞ야醉飽連日ᄒᆞ고及葬ᄒᆞ야亦如之ᄒᆞ며甚者는初喪애作樂以娛尸ᄒᆞ고及殯葬ᄒᆞ야則以樂導輀而車而號泣隨之ᄒᆞ며亦有乘喪卽嫁娶者ᄒᆞ니噫라習俗之難變과愚夫之難曉ㅣ乃至此乎ㅣ여

●이에 더럽고 거친 사람에 이르러서는 혹 초상에 염도 아니하여, 친한 손님이 술과 반찬을 가지고 가서 그를 위로하면, 주인이 또한 스스로 술과 반찬을 갖추어, 서로 더불어 마시고 먹어, 취하고 배부르기를 날을 이으며, 장례에 이르러 또한 그와 같이 하며, 심한 자는 초상에 음악을 지어 시신을 즐겁게 하고, 빈소하고 장례함에 이르러서는 음악으로써 상여를 인도하고 부르짖어 울면서 그를 따르며, 또한 상을 타서 곧 시집가고 장가가는 자도 있으니, 아! 익힌 풍속을 변화시키기 어려움과 어리석은 사람을 깨우치기 어려움이 이에 여기에 이르렀구나!

漢字 **鄙**(더러울 비), **野**(거칠 야), **斂**(염할 렴, 거둘 렴), **齎**(가져올 재), **饌**(반찬 찬), **啜**(먹을 철, 마실 철), **飽**(배부를 포), **連**(이을 련), **輀**(상여 이), **噫**(아 희, 탄식할 희)

1 연일(連日): 여러 날을 계속함.

2 이거(輀車): 상여(喪輿).

번소 더럽고 야쇽ᄒᆞᆫ 사ᄅᆞᆷ은 잇다감 초상애 대쇼렴도 몯ᄒᆞ야셔 아ᄉᆞ미며 소니 술와 차반 가져가 위로ᄒᆞ거든 쥬신도 ᄯᅩ 술와 차반 ᄀᆞ초와

서르 머거 취ᄒᆞ며 ᄇᆡ블오ᄆᆞᆯ 날포ᄒᆞ야 무들 제도 ᄯᅩ 그리ᄒᆞᄂᆞ니 심ᄒᆞ니ᄂᆞᆫ 초상애 풍류ᄒᆞ야 주거믈 즐기게 ᄒᆞ고 무드라 갈 제도 상옛 알ᄑᆡ 풍류ᄒᆞ고 우러 조차가며 ᄯᅩ 상듕에 혼인ᄒᆞ리 잇ᄂᆞ니 애왇브다 習습俗쇽의 고팀 어려옴과 어린 놈 알에 홈 어려오미 이러ᄒᆞᆯ셔

[현대역] 더럽고 野俗한 사람은 이따금 초상에 大小殮도 못하여서, 친척이며 손님이 술과 음식 가져가 위로하거든, 주인도 또 술과 음식 갖추어 서로 먹어 취하며, 배부름을 여러 날 계속하여, 묻을 때도 또 그리하니, 심한 이는 초상에 風流하여 주검을 즐겁게 하고, 묻으러 갈 때도 상여의 앞에 풍류하고 울어 좇아가며, 또 상중에 혼인할 이 있으니, 슬프다! 습속의 고침 어려움과 어리석은 놈[사람] 알게 함 어려움이 이러하구나.

1 야쇽ᄒᆞᆫ: 야쇽(野俗)한. '야쇽ᄒᆞ(어간)+ㄴ(관형사형 어미)'이다. '야쇽ᄒᆞ다'는 '무정한 행동이나 그런 행동을 한 사람이 섭섭하게 여겨져 언짢다.'를 뜻한다. '야쇽ᄒᆞ다'는 16세기 문헌에서부터 나타난다. '야쇽ᄒᆞ다'는 한자어 '야쇽(野俗)'에 형용사 파생접시 '-ᄒᆞ-'가 결합된 것이다. '야쇽ᄒᆞ다'는 근대국어 후기에 'ㅅ' 뒤에서 이중모음 'ㅑ, ㅕ, ㅛ, ㅠ' 등이 반모음 탈락으로 단모음화하는 현상에 따라서 제2음절의 '쇽'이 '속'으로 바뀌고, 'ㆍ'가 'ㅏ'로 변하면서 제3음절의 'ᄒᆞ'가 '하'로 바뀌는 변화를 겪어, '야속하다'로 나타나서 현재까지 이어진다. 야쇽ᄒᆞ다(16세기~19세기)〉야속하다(19세기~현재). 야쇽ᄒᆞᆫ 말ᄉᆞ믈 입 밧긔 내디 아니ᄒᆞ며.《1518 번소 10:23ㄱ》, 말ᄉᆞᆷ과 긔운 내욤애 이예 야쇽ᄒᆞ며.《1587 소언 3:6ㄱ》, 야쇽ᄒᆞᆯ셔 말셰풍쇽.《1776 염보-해 41ㄴ》, 親舊 ᄉᆞ이예 갑슬 ᄃᆞ토ᄂᆞᆫ 거ᄉᆞᆫ 야쇽ᄒᆞ오니.《1790 인어 9:18ㄴ》

2 소렴(小殮): 운명한 다음 날, 시신에 수의를 갈아입히고 이불로 쌈.

3 대렴(大殮): 소렴을 한 다음 날, 입관을 위해 수의를 갈아입히고 이불로 싼 시신을 베로 감싸서 매듭을 지음.

4 날포ᄒᆞ야: 여러 날 계속하여. 아래 《소학언해》에도 '날포ᄒᆞ고'로 나온다. 이는 《소학집주》의 '醉飽連日'의 '連日'에 해당하는 바, '여러 날 계속하여'로 풀고자 한다.

5 풍류ᄒᆞ야: 풍류(風流)하여. 멋스럽고 풍치가 있게 놀아.

6 이러ᄒᆞᆯ셔: 이러하구나. '이러ᄒᆞ(어간)+ㄹ셔(감탄형 종결어미)'이다. '-ㄹ셔'는

동사, 형용사 어간 뒤에 붙어, '-구나'를 뜻하는 어미이다. 우리 부톄 이를 證ᄒᆞ샤 物의 몰로ᄆᆞᆯ 어엿비 너기샤 奇異ᄒᆞᆯ셔 다시 嗟嘆ᄒᆞ시며(我佛證此 愍物迷之 再嘆奇哉).《원각 서:41》, 荒淫ᄒᆞᆯ셔 隋ㅅ 님그미여 이를 지ᅀᅥ 이제 믈어뎌 서겟도다(荒哉隋家帝 製此今頹朽).《두시-초 6:2》

소언 더럽고 야쇽ᄒᆞᆫ 사ᄅᆞᆷ애 니르러ᄂᆞᆫ 或혹 初초喪상애 대쇼렴도 몯ᄒᆞ여실 제 권당과 손돌히 곧 술과 차반 가지고 가 위로ᄒᆞ거든 主쥬人인도 ᄯᅩ 스스로 술 차반 ᄀᆞ초와 서르 더블어 머거 醉취ᄒᆞ며 비블옴을 날포ᄒᆞ고 무들 제 믿처 ᄯᅩ ᄀᆞ티 ᄒᆞ며 甚심ᄒᆞᆫ 이ᄂᆞᆫ 初초喪상애 풍뉴ᄒᆞ야 ᄡᅥ 주검을 깃씨고 빙소ᄒᆞ며 영장ᄒᆞᆯ 제 믿처 곧 풍뉴로ᄡᅥ 상여를 인도ᄒᆞ고 블으지져 울오 조차 가며 ᄯᅩ 거상을 타셔 곧 혼인ᄒᆞᆯ 이 이시니 슬프다 닉은 풍쇽의 變변키 어려움과 어린 놈의 알외기 어려옴이 이에 니롤셔

현대역 더럽고 야속한 사람에 이르러는, 혹시 초상에 대소렴도 못하였을 때, 친척과 손들이 곧 술과 음식 가지고 가 위로하거든, 주인도 또 스스로 술 음식 갖추어 더불어 취하며 배부름을 여러 날 계속하고, 묻을 때 미쳐 또 같이 하며, 심한 이는 초상에 풍류하여 써 주검을 기뻐하게 하고, 빈소하며 永葬할 때 미쳐 곧 풍류로써 상여를 인도하고 부르짖어 울고 쫓아가며, 또 거상을 타서 곧 혼인할 이 있으니, 슬프다. 익은 풍속의 변하기 어려움과 어리석은 놈의 알게 하기 어려움이 이에 이르렀구나.

1 깃씨고: 기뻐하게 하고. '깃씨(어간)+고(연결어미)'이다. 어간 '깃씨-'는 '깃기-'의 중철 표기이다. '깃기다'는 '기뻐하게 하다'의 옛말이다. 耶輸를 깃교리라 쉬ᄫᅵ 出家ᄒᆞ니 父王ㅅ 善心이 엇더ᄒᆞ시니.《월곡 상:53》, 長者ㅣ 실씨 秦民ᄋᆞᆯ 깃기시니(維是長者 悅秦民士).《용가 45장》

2 영장ᄒᆞᆯ: 영장(永葬)할. '영장ᄒᆞ(어간)+ㄹ(관형사형 어미)'이다. '영장ᄒᆞ다'는 '시신이나 유골을 편안하게 모시기 위하여 예를 갖추어 장례를 치르다.'를 뜻한다.

【集說】輀車는喪車也라

輀車는 喪車[喪輿]이다.

凡居父母之喪者는大祥之前에皆未可飮酒食肉이니若有疾이어든暫須食飮호ᄃᆡ疾止어든亦當復初ㅣ니라必若素食이不能下咽烟ᄒᆞ야久而羸憊ᄒᆞ야恐成疾者는可以肉汁及脯醢或肉少許로助其滋味언뎡不可恣食珍羞盛饌及與人燕樂洛이니是則雖被衰崔麻ㅣ나其實은不行喪也ㅣ니라唯五十以上애血氣旣衰ᄒᆞ야必資酒肉扶養者則不必然耳니라

●무릇 부모의 상중에 있는 자는 大祥 전에 모두 술을 마시거나 고기를 먹어서는 안 되니, 만약 병이 있거든 잠시 모름지기 (고기를) 먹고 (술을) 마시되, 병이 그치면 또한 마땅히 처음을 회복해야 한다. 반드시 만약 반찬 없는 밥이 능히 목구멍으로 내려가지 않아, 오래 되어 파리하고 피로해져서 병을 이룰까 두려운 자는 가히 고기즙과 포와 젓갈 혹은 고기 얼마 안 되는 분량으로써 그 음식 맛[좋은 맛, 입맛]을 돋울지언정, 가히 마음대로 진수성찬을 먹거나 남과 더불어 잔치를 즐길 수 없으니, 이렇게 하면 비록 베 상복을 입었으나, 그 실제는 상례를 행하지 않음이다. 오직 쉰 살 이상에 혈기가 이미 쇠하여 반드시 술과 고기를 바탕으로 도와서 기를 자는 반드시 그러하지 않을 뿐이다.

漢字 暫(잠시 잠), 咽(목구멍 인, 삼킬 인), 羸(파리할 리, 여윌 리), 憊(피곤할 비, 고달플 비, 앓을 비), 汁(즙 즙), 滋(맛있을 자, 맛있는 음식 자), 恣(마음대로 자, 방자할 자), 宴(잔치 연), 資(바탕 자)

1 소허(少許): 얼마 안 되는 분량. 얼마 안 되는 동안.

2 진수성찬(珍羞盛饌): 푸짐하게 잘 차린 맛있는 음식.

번소 믈읫 어버ᅀᅵ 거상애 大대祥샹 져네 다 술 고기 먹디 몯홀 거시니

ᄒᆞ다가 병ᄒᆞ야ᄃᆞᆫ 잠싼 먹고 병 됴커든 ᄯᅩ 마롤 디니라 만이레 소음시기 모긔 ᄂᆞ리디 아니ᄒᆞ야 오라 여위오 곤븨ᄒᆞ야 병이 도욀가 십브거든 고깃 즙과 보육과 젓과 혹 고기ᄅᆞᆯ 져기 뼈 마ᄉᆞᆯ 도올만ᄒᆞ고 됴ᄒᆞᆫ 차바ᄂᆞᆯ ᄆᆞᅀᆞᆷᄭᆞ장 머그며 사ᄅᆞᆷ과 이바디ᄒᆞ며 즐기디 몯ᄒᆞᆯ 거시니 이리ᄒᆞ면 비록 상복을 니버셔도 시른 거상을 아니ᄒᆞᄂᆞᆫ 디니라 오직 쉰 후에 긔우니 사오나와 모로매 술 고기ᄅᆞᆯ 머게ᅀᅡ 살리ᄂᆞᆫ 구틔여 그리 마라도 ᄒᆞ리라

현대역 무릇 어버이 거상에 대상 전에 다 술 고기 먹지 못할 것이니, 만일 병하거든[아프거든] 잠깐 먹고, 병(이) 좋거든 또 말 것이니라. 만일에 素飮食이 목에 내리지 아니하여, 오래 여위고 곤비(困憊)하여 병이 될까 싶거든, 고기의 즙과 脯肉과 젓갈과 혹 고기를 적게 써서 맛을 도울만하고, 좋은 음식을 마음껏 먹으며 사람과 연회하며 즐기지 못할 것이니, 이리하면 비록 상복을 입었어도 실은 거상을 아니 하는 것이니라. 오직 쉰 살 후에 기운이 나빠, 모름지기 술 고기를 먹여야 살 이는 구태여 그리 말아도 하리라.

1 곤븨ᄒᆞ야: 곤비(困憊)하여. 아무 것도 할 기력이 없을 만큼 지쳐 몹시 고단하여.
2 만ᄒᆞ고: 만하고. '마ᄉᆞᆯ 도올만ᄒᆞ고'의 '만ᄒᆞ고'는 기본형이 '만ᄒᆞ다'로 보조형용사이다. 앞말이 뜻하는 행동을 하는 것이 가능함을 나타내는 말이다.
3 머게ᅀᅡ: 먹여야. '먹(주동사 어간)+이(사동접사)+어ᅀᅡ(연결어미)'이다. '-어ᅀᅡ'는 'ㅣ'나 'ㄹ' 받침으로 끝나는 동사, 형용사 어간 뒤나 '이다' 어간 뒤에 붙어, '-어야'를 뜻하는 연결어미이다. 믈읫 字ㅣ 모로매 어우러ᅀᅡ 소리 이ᄂᆞ니.《훈언 13》, 눌 더브러 무러ᅀᅡ ᄒᆞ리며 뉘ᅀᅡ 能히 對答ᄒᆞ려뇨 ᄒᆞ시고.《석상 13:15》

소언 믈읫 父부母모ㅅ 거상에 인ᄂᆞᆫ 이ᄂᆞᆫ 大대祥샹 젼의 다 可가히 술 마시며 고기 먹디 몯ᄒᆞᆯ 거시니 만일 병이 잇거든 잠싼 모롬이 먹으며 마슈ᄃᆡ 병이 긋거든 ᄯᅩ 맛당이 처엄의 도로 ᄒᆞᆯ 디니라 반ᄃᆞ시 만일 소음식이 能능히 목의 ᄂᆞ리디 아니ᄒᆞ야 오라 여외고 곤븨ᄒᆞ야 병이 될가 저픈 이ᄂᆞᆫ 可가히 고기즙과 믿 포육과 젓과 或혹 고기

젹옴애로뻐 그 滋ᄌᆞ味미를 도을 ᄲᅮᆫ이언뎡 可가히 귀ᄒᆞᆫ 맏난 것과 盛셩ᄒᆞᆫ 차반을 방ᄌᆞ히 먹으며 믿 사ᄅᆞᆷ 더블어 이바디ᄒᆞ야 즐기디 몯홀 거시니 이리 ᄒᆞ면 비록 거상옷ᄉᆞᆯ 닙어시나 그 실로ᄂᆞᆫ 상녜를 行ᄒᆡᇰ티 아니홈이니라 오직 쉰으로뻐 우희 血혈氣긔 이믜 衰쇠ᄒᆞ야 반ᄃᆞ시 술 고기롤 ᄌᆞ뢰ᄒᆞ야 부디ᄒᆞ야 칠 이ᄂᆞᆫ 반ᄃᆞ시 그리 아니홀 디니라

현대역 무릇 부모의 거상에 있는 이는 대상 전에 다 가히 술 마시며 고기 먹지 못할 것이니, 만일 병이 있거든 잠깐 모름지기 먹으며 마시되, 병이 그치거든 또 마땅히 처음처럼 도로 할 것이니라. 반드시 만일 소음식이 능히 목에 내리지 아니하여 오래 여위고 곤비하여 병이 될까 걱정하는 이는 가히 고기즙과 및 포육과 젓갈과 혹시 고기 적음으로써 그 滋味를 도울 뿐일지언정, 가히 귀한 만난 것과 성대한 음식을 放恣히 먹으며, 및 사람 더불어 연회하여 즐기지 못할 것이니, 이렇게 하면 비록 거상 옷을 입었으나, 그 실제로는 상례를 행하지 아니함이니라. 오직 쉰 살 이상으로 혈기 이미 쇠하여, 반드시 술 고기를 자뢰(藉賴)하여 扶持하여 기를 이는 반드시 그렇게 아니할 것이니라.

1 ᄌᆞ미: 자미(滋味). 영양분이 많고 맛있는 음식.

2 ᄲᅮᆫ이언뎡: 뿐일지언정. 'ᄲᅮᆫ(의존명사)+이('이다'의 어간)+언뎡(연결어미)'이다. '-언뎡'은 끝음절의 모음이 'ㆍ, ㅏ, ㅗ'가 아닌 동사, 형용사 어간 뒤에 붙어, '-ㄹ지언정'을 뜻하는 어미이다. 太子ㅣ 닐오ᄃᆡ 그듸냇 말 ᄀᆞᆮ디 아니호니 오직 아바닚 病이 됴ᄒᆞ실시언뎡 모ᄆᆞᆯ 百千 디위 ᄇᆞ려도 어렵디 아니ᄒᆞ니.《월석-중 21:216》, 이 ᄠᅳ드로 보건댄 알ᄑᆡᆺ 드트리 제 어드울 ᄲᅮ니언뎡 보미ᅀᅡ 엇뎨 덜리오(以是義觀 前塵自暗 見何虧損).《능엄 1:100》

3 방ᄌᆞ히: 방자(放恣)히 어려워하거나 조심스러워하는 태도가 없이 무례하고 건방지게.

4 ᄌᆞ뢰ᄒᆞ야: 자뢰(藉賴)하여. 무엇을 빙자하여 의지하여.

5 부디ᄒᆞ야: 부지(扶持)하여. 상당히 어렵게 보존하거나 유지하여 나가.

【集解】羸는瘦也요憊는疲也니有病瘦憊하여恐致傷生이라故로權食肉汁及乾脯肉醬하여以助滋補하나니若肆意饗食珍美殽饌하고及預宴席이면則與無喪之人으로何異哉리오

리(羸)는 파리함이요, 비(憊)는 지침이니, 병이 있어 파리하고 지쳐서 생명을 상함에 이를까 염려되므로, 權道로 고기즙과 마른 포와 육장을 먹어 써 몸의 영양이 됨을 도울 것이니, 만약 방자한 뜻으로 진귀하고 아름다운 안주와 반찬을 누리어 먹고, 및 잔치자리에 참여하면, 상이 없는 사람과 더불어 어찌 다르겠는가?

漢字 **瘦**(파리할 수), **疲**(지칠 피, 가쁠 피), **權**(권도 권, 저울 권, 저울추 권), **滋**(붙을 자, 보탤 자), **補**(도울 보), **肆**(방자할 사, 마음대로 할 사), **饗**(누릴 향, 대접할 향, 제사지낼 향, 드릴 향, 잔치 향), **殽**(안주 효), **預**(참여할 예)

1 권도(權道): 목적 달성을 위하여 그때그때의 형편에 따라 임기응변으로 일을 처리하는 방도.

2 자보(滋補): 몸의 영양이 됨. 영양이 되는 음식. 유의어: 자양(滋養).

其居喪애聽樂及嫁娶者ᄂᆞᆫ國有正法이라此不復扶又反論ᄒᆞ노라

● 그 상사 거함에 음악을 듣고 시집가고 장가가는 자는 나라에 올바른 법이 있으니, 이는 다시 거론하지 않는다.

번소 그 거상애 풍류 드르며 혼인ᄒᆞᄂᆞ니ᄂᆞᆫ 나라희 졍ᄒᆞᆫ 버비 잇ᄂᆞᆫ 디라 여긔 다시 니ᄅᆞ디 아니ᄒᆞ노라

현대역 그 거상에 풍류 들으며 혼인하는 이는 나라의 정한 법이 있는 것이다. 여기 다시 이르지 아니하노라.

잇ᄂᆞᆫ 디라: 있는 것이라. 있는지라. '잇(어간)+ᄂᆞ(현재 시제 선어말어미)+오(대상 표시법 선어말어미)+ㄴ(관형사형 어미)+ᄃᆞ(의존명사)+이(서술격 조사 '이다'의 어간)+라(평서형 종결어미)'이다. 의존명사 'ᄃᆞ'는 '것'의 뜻을 가진 것인데, 주격

은 '디', 목적격은 '둘', 서술격은 '디라'로 실현된다.

소언 그 居거喪상애 풍뉴 드르며 믿 혼인ᄒᆞᄂᆞᆫ 이ᄂᆞᆫ 나라희 正졍ᄒᆞᆫ 法법이 인ᄂᆞᆫ 디라 이예 다시 의론티 아니ᄒᆞ노라

현대역 그 거상에 풍류 들으며 및 혼인하는 이는 나라에 바른 법이 있는 것이다. 이에 다시 의론하지 아니하노라.

【增註】法은謂法律이라

法은 법률을 이른다.

〖二十四章〗

○父母之喪애中門外예擇樸朴陋之室ᄒᆞ야爲丈夫喪次ᄒᆞ고斬衰崔ᄒᆞ며寢苫ᄒᆞ며枕塊ᄒᆞ며不脫絰迭帶ᄒᆞ며不與人坐焉ᄒᆞ고婦人은次於中門之內別室ᄒᆞ야撤去帷帳衾褥華麗之物이니라

《溫公書儀》

●부모의 상에는 중문 밖에 소박하고 좁은 방을 가려 남편의 喪次로 만들고, 참최(斬衰)하며 거적에서 자며, 흙덩이를 베며, 수질(首絰)과 요질(腰絰)을 벗지 아니하며, 사람과 더불어 앉지 아니하며, 부인은 중문 안 별실에 머물러, 휘장과 이불과 요 등의 화려한 물건을 걷어 버린다.

漢字 樸(소박할 박, 통나무 박), 陋(좁을 루, 못생길 루, 작을 루, 추할 루, 거칠 루, 낮을 루), 次(머무를 차, 버금 차), 寢(잠잘 침), 苫(거적 점, 덮을 점), 枕(베개 벨 침, 베개 침), 塊(흙덩이 괴), 絰(질 질), 撤(거둘 철), 帷(휘장 유), 帳(휘장 장), 衾(이불 금), 褥(요 욕)

1 상차(喪次): 상주가 머무는 방. 대개 중문 밖에 있는 소박한 방으로 정함.

2 참최(斬衰): 거친 베로 짓되, 아랫도리를 꿰매지 않고 접어 입는 상복. 아버지와

할아버지 상에 입음.

3 수질(首絰): 상복을 입을 때 머리에 두르는, 짚에 삼 껍질을 감은 둥근 테.

4 요질(腰絰): 상복을 입을 때 허리에 두르는, 짚에 삼 껍질을 감은 둥근 테.

번소 어버ᅀᅵ 죽거든 듕문 밧긔 사오납고 더러운 ᄃᆡᄅᆞᆯ ᄀᆞᆯᄒᆡ여 남진의 거상 니버 이실 ᄃᆡᄅᆞᆯ ᄒᆞ고 상복 니브며 거저긔 자며 ᄒᆞᆰ덩이ᄅᆞᆯ 볘며 삼 씌ᄅᆞᆯ 밧디 말며 사ᄅᆞᆷ과 ᄒᆞᆫᄃᆡ 안ᄶᅵ 말오 겨지븐 듕문 안 별시레 이셔 댱과 니블와 요ᄃᆞᆯ해 빗난 거슬 업게 ᄒᆞᆯ 디니라

현대역 어버이 죽거든, 中門 밖에 나쁘고 더러운 데를 가리어, 남편이 거상 입어 있을 데를 하고, 상복 입으며, 거적에 자며, 흙덩이를 베며, 삼 띠를 벗지 말며, 사람과 한데 앉지 말고, 아내는 중문 안 별실에 있어 휘장(揮帳)과 이불과 요들에 빛나는 것을 없게 할 것이니라.

1 댱: 휘장(揮帳). 피륙을 여러 폭으로 이어서 빙 둘러치는 장막.

2 요ᄃᆞᆯ해: 요들에. '요(명사)+ᄃᆞᆯㅎ(접사)+애(부사격 조사)'이다. 'ᄃᆞᆯㅎ'은 일부 명사 뒤에 붙어, '-들'을 뜻하는 접사이다. 모음이나 'ㄱ', 'ㄷ' 따위로 시작하는 조사 앞에서 나타나며, 그 밖에 자음으로 시작하는 조사 앞에서나 휴지(休止) 앞에서는 '-ᄃᆞᆯ'로 나타난다. 羅睺羅 더브러 노ᄑᆞᆫ 樓 우희 오ᄅᆞ시고 門ᄃᆞᆯᄒᆞᆯ 다 구디 ᄌᆞᆷ겨 뒷더시니.《석상 6:2》, 버거 舍利弗目揵連의 물 五百ᄋᆞᆯ 濟渡ᄒᆞ시니 이 사ᄅᆞᆷᄃᆞᆯ히 다 神足이 自在ᄒᆞ야.《석상 6:18》

소언 父부母모ㅅ 거상애 中듕門문 밧긔 사오납고 좁은 집을 ᄀᆞᆯᄒᆡ여 ᄉᆞ나ᄒᆡ 거상 닙어 이실 ᄃᆡᄅᆞᆯ ᄒᆞ고 斬참衰최[기ᄉᆞᆰ 호디 아니ᄒᆞᆫ 거상 오시라] 닙으며 거적의 자며 ᄒᆞᆰ덩이ᄅᆞᆯ 볘며 슈딜과 씌를 밧디 아니ᄒᆞ며 사ᄅᆞᆷ으로 더블어 안ᄶᅵ 아니ᄒᆞ고 婦부人인은 中듕門문 안 別별室실에 이셔 댱과 니블와 요ᄃᆞᆯ해 빗난 거슬 거더 업시 ᄒᆞᆯ 디니라

현대역 부모의 거상에 중문 밖에 나쁘고 좁은 집을 가리어, 사내 거상 입어 있을 데를 하고, 참최(斬衰)[옷깃을 하지[꿰매지] 아니한 거상 옷이라.] 입으

며, 거적에 자며, 흙덩이를 베며, 수질(首絰)과 띠를 벗지 아니하며, 사람으로 더불어 앉지 아니하고, 부인은 중문 안 별실에 있어 휘장과 이불과 요 등에 빛나는 것을 걷어 없이 할 것이니라.

슈딜: 수질(首絰). 상복을 입을 때에 머리에 두르는, 짚에 삼 껍질을 감은 둥근 테.

【集解】樸은樸素요陋는隘陋라斬衰는以極麤麻布爲之하고下邊不緝也라苫은藁薦이요塊는土墼이라

박(樸)은 소박(素樸)이요, 누(陋)는 좁음이다. 참최는 극히 거친 삼과 베로써 그것을 만들고, 아랫단은 꿰매지 않는다. 점(苫)은 짚자리요, 괴(塊)는 흙벽돌이다.

漢字 隘(좁을 애), 麤(거칠 추), 緝(꿰맬 즙, 실 자을 즙, 이를 즙, 모일 집), 藁(짚 고, 마를 고), 薦(자리 천, 드릴 천, 올릴 천, 천거할 천), 墼(날벽돌 격, 기와 격)

박소(樸素): 인공을 가하지 않음. 본새대로 있음.

【增註】麻在首曰絰이요在腰曰帶라撤은亦去也라皆哀痛之至하여有所不安而然이니라

삼이 머리에 있음을 질(絰)이라 하고, 허리에 있음을 帶라 한다. 철(撤)은 또한 버림이다. 모두 슬픔이 지극하여 편안하지 못한 바가 있어서 그렇게 함이다.

男子ㅣ無故ㅣ어든不入中門ᄒᆞ며婦人이不得輒至男子喪次ㅣ니라

● 남자는 연고가 없으면 중문에 들어가지 않으며, 부인은 능히 갑자기 남자의 상차에 이르지 않는다.

漢字 輒(갑자기 첩, 문득 첩)

번소 남지니 연고 업시 듕문 안해 드디 말며 겨지비 남지니 거상ᄒᆞ엿ᄂᆞᆫ ᄃᆡ 가디 마롤 디니라

현대역 남편이 연고 없이 중문 안에 들지 말며, 아내가 남편이 거상한 데 가지 말 것이니라.

소언 ᄉᆞ나ᄒᆡ 연괴 업거든 中듕門문 안해 드디 아니ᄒᆞ며 婦부人인이 시러곰 믄득 ᄉᆞ나ᄒᆡ 거상 닙어 인ᄂᆞᆫ 곧애 니르디 아니홀 디니라

현대역 사내가 연고가 없거든 중문 안에 들지 아니하며, 부인이 능히 문득 사내가 거상 입어 있는 곳에 이르지 아니할 것이니라.

【增註】居喪에內外之辨이當然也라

상사에 거함에 안팎[남편과 아내]의 분별이 당연하다.

晉陳壽ㅣ遭父喪ᄒᆞ야有疾이어늘使婢丸藥ᄒᆞ더니客이往見之ᄒᆞ고鄕黨이以爲貶議ᄒᆞ니坐是沈滯ᄒᆞ야坎坷終身ᄒᆞ니嫌疑之際ᄂᆞᆫ不可不愼이니라

● 晉나라 陳壽는 아버지 상을 만나 병이 있으므로, 계집종으로 하여금 환약을 짓게 하더니, 손님이 가서 그를 보고, 마을사람들이 폄하여 말함을 삼으니, 이에 연좌되어 침체하여, 세상에 쓰이지 못하고 몸을 마쳤으니, 의심받을 즈음은 삼가지 않으면 안 된다.

漢字 丸(알 환), 貶(폄할 폄, 덜 폄, 떨어뜨릴 폄), 坐(연좌할 좌), 沈(갈아 앉을 침), 滯(막힐 체), 坎(고생할 감, 구덩이 감, 험할 감), 坷(고생할 가, 구덩이 가, 험할 가)

1 진수(陳壽, 233년~297년); 자는 승조(承祚)이며, 촉한(蜀漢, 221년~263년)의 파서군(巴西郡) 안한(安漢, 지금의 四川省 南充) 출신이다. 촉한의 장수 진식(陳

式)의 아들이라는 이야기도 전해지지만 근거가 명확하지는 않다. 초주(譙周, 201년~270년)를 스승으로 삼아 학문을 배웠으며, 촉한에서 관각령사(觀閣令史)의 벼슬에 올랐다. 하지만 후주(後主) 유선(劉禪, 재위 223년~263년) 시기에 권세를 누리던 환관 황호(黃皓)에게 거스르다 쫓겨났다. 촉한이 멸망한 뒤, 진수는 서진(西晋, 265년~316년)에서 사공(司空) 장화(張華, 232년~300년)에게 효렴(孝廉)으로 천거되어 다시 관직에 올라 저작랑(著作郞) 등을 역임하였다. 그는 무제(武帝, 재위 265년~290년)에게 재능을 인정받아 익주(益州, 지금의 四川盆地와 漢中盆地 일대)의 역사인 《익부기구전(益部耆舊傳)》이나 촉한의 승상 제갈량(諸葛亮, 181년~234년)의 문집인 《제갈량집(諸葛亮集)》을 편찬하였다. 그리고 위(魏), 촉(蜀), 오(吳) 삼국의 역사를 깊이 탐구하여 기전체(紀傳體)의 《삼국지(三國志)》 65편을 완성하였다. 《삼국지》는 사람들에게 높은 평가를 받아 당대에 명문장가로 이름이 높던 하후담(夏侯湛, 243년~291년)은 진수의 《삼국지》를 보고 감탄하며 자신이 저술한 《위서(魏書)》를 부끄러워했다고 한다. 장화도 진(晋) 역사의 편찬도 진수에게 맡겨야 할 것이라며 감탄하였다. 결국 《삼국지》는 진수 개인이 편찬한 사서이지만, 무제의 뒤를 이은 혜제(惠帝, 재위 290년~306년) 때에 삼국시대의 정사로 인정되었다. 진수는 《삼국지》에서 사료들을 매우 엄격하게 선별하여 다루었으며, 문장도 매우 간결하고 명확하게 표현하였다. 특히 그는 삼국시대의 정치, 경제 등의 사실만이 아니라, 문학과 예술, 과학과 기술 등과 관련된 인물들이나 주변의 국가나 민족들과 관련된 사실들도 폭넓게 기록하였다. 그리고 그는 위의 선양을 받아 세워진 서진에서 벼슬을 했기 때문에 위를 정통으로 해서 《삼국지》를 서술하였다. 하지만 위를 정통으로 한 다른 사서들은 《위서》 등의 제목 아래 촉한과 오의 역사를 다루었지만, 진수는 제목도 《삼국지》로 하고, 본문도 위서, 촉서, 오서로 나누어 삼국을 상대적으로 대등하게 서술하였다. 진수는 치서시어사(治書侍御史)의 관직까지 올랐지만, 모친이 뤄양[洛陽]에서 죽자 유언에 따라 그곳에 장례를 치렀다가 불효자라는 비난을 받고 관직에서 물러났다. 고향에 장례를 치러야 한다는 당시의 관습에 어긋났기 때문이다. 그 뒤에 다시 태자중서자(太子中庶子)의 직위를 제수 받았지만, 명을 따르지 못하고 죽었다. 《진서(晉書)》에는 진수가 《삼국지》를 저술하면서 개인의 사사로운 원한으로 제갈량과 그의 아들인 제갈첨(諸葛瞻, 227년~263년)을 폄하했다거나, 위의 문인이었던 정의(丁儀, ?~220년)의 후손들에게 그의 전기를 쓰는 대신에 대가를 요구했다는 등의 이야기가 전해진다. 그리고 후대에는 촉한정통론(蜀漢正統論)이 강조되면서 촉한의 신하였다가 서진에서 다시 벼슬을 했으며 위를 정통으로 역사를 서술했다는 이유로 비난을 받기도 하였다. 하지만 진수는 제갈량의 정치가로서의 재능을 매우 높게 평가하고, 촉한에 대해서는 용어의 사용 등에서 오히려 우호적으로 다루었다. 그리고 정의(丁儀)도 위 문제(文帝, 220년~226년) 조비(曹丕)에게 주살되어 후손이 없었던 것으로 여겨지면서 《진서》의 기록은 비판을 받고 있다(두산백과).

2 감가(坎坷): 길이 험하여 다니기가 힘들다. 세상에 쓰이지 못하다.

번소 晋진 시절 陳딘壽슈ㅣ 아빈 거상애 병ᄒᆞ야 겨집죵 ᄒᆞ야 약 비븨더니 소니 가 보와놀 ᄆᆞᅀᆞᆷ히 외다ᄒᆞ야 일로 벼슬 몯ᄒᆞ야 죽도록 ᄡᅳ이디 몯ᄒᆞ니 혐의ᄅᆞ왼 ᄯᅡ흔 삼가디 아니티 몯홀 거시니라

현대역 晋 시절 진수가 아버지의 거상에 병하여(병이 나서) 계집종 하여금 약 비비더니[비벼오게 하더니], 손님이 가서 보거늘, 마을이 그르다하여 이로써 벼슬 못하여, 죽도록 쓰이지 못하니, 혐의쩍은 곳은 삼가지 아니하지 못할 것이니라.

1 비븨더니: 비비더니. '비븨(어간)+더(회상법 선어말어미)+니(연결어미)'이다. '비븨다'는 '어떤 재료에 다른 재료를 넣어 한데 버무리다.'를 뜻한다. 따라서 번역문의 '약 비븨더니'에서 '약'은 '비븨다'와 관련시켜 보면, '환약(丸藥)' 즉, '약재를 가루로 만들어 반죽하여 작고 둥글게 빚은 약'을 뜻한다. '비븨다'는 15세기 문헌에서부터 나타난다. 19세기에 자음 뒤에서 이중모음 'ㅢ'가 단모음 'ㅣ'로 바뀌는 경향에 따라 '비비다'가 되면서 현재에 이르렀다. 한편 15~17세기에는 '비븨다'와 함께 '비뷔다' 형태도 공존하였고, 15세기에는 어두 자음이 된소리인 'ᄢᅵ븨다' 형태도 보인다. 17세기 문헌에는 양순음 'ㅂ' 아래에서 모음 'ㅡ'가 'ㅜ'로 바뀌는 원순모음화의 영향으로 '비븨다'의 제2음절 모음 'ㅢ'가 'ㅟ'로 바뀐 '비뷔다'의 예도 나타난다. 비븨다(15세기~18세기)〉비비다(19세기~현재). 시혹 地獄이 이쇼ᄃᆡ 火槍ᄋᆞᆯ 만히 비븨며 시혹 地獄이 이쇼ᄃᆡ 가ᄉᆞᆷ과 등을 다디르며.《1459 월석 21:80ㄴ》, ᄶᅵ모롭 불휘를 더운 므레 닐굽 번 시서 ᄀᆞ라 콩만 케 비빅야 곳굼긔 부러 들에 ᄒᆞ라.《1489 구간 1:41ㄴ》, ᄯᅩ 밠혜

히미 옮거든 굴근 마ᄂᆞ를 밠바다애 ᄣᅵ븨여 두루 덥게 ᄒᆞ면 즉재 됴ᄂᆞ니라.《1466 구방 상:32ㄴ》

2 혐의ᄅᆞ온: 혐의쩍은. '혐의ᄅᆞ오(어간)+ㄴ(관형사형 어미)'이다, 어간 '혐의ᄅᆞᆸ-'이 어미 '-ㄴ' 앞에서 '혐의ᄅᆞ오-'로 교체되었다. '혐의ᄅᆞᆸ다'는 '혐의(嫌疑)쩍다'의 옛말로, '범죄를 저질렀을 것으로 의심할 만한 데가 있다.'를 뜻한다. ᄆᆡ여 아니ᄒᆞ니 눈 흘길 져기 업고 혐의론 ᄆᆞᅀᆞᆷ이 업스니 솜바리 니셧도다(不憎無怒目 不嫌手足攣).《1553 은중 9》

소언 쯥진 적 陳딘壽슈ㅣ 아비 거상 만나셔 병이 잇거늘 겨집죵으로 ᄒᆡ여곰 藥약 비븨이더니 손이 가 보고 ᄆᆞ올히 ᄡᅧ 외다 의론홈을 삼으니 일로 좌죄ᄒᆞ야 드리티여 어렵살ᄒᆞ야 몸을 ᄆᆞᄎᆞ니 嫌혐疑의로온 ᄉᆞ이ᄂᆞᆫ 可가히 삼가디 아니티 몯홀 거시니라

현대역 쯥 때 진수가 아버지의 거상 만나서 병이 있거늘, 계집종으로 하여금 약 비비더니, 손님이 가보고 마을이 써 그르다 의론함을 삼으니, 이로써 自罪하여 들이뜨리어 매우 어렵게 몸을 마치니, 혐의쩍은 사이[즈음]는 가히 삼가지 아니하지 못할 것이니라.

1 자죄ᄒᆞ야: 자죄(自罪)하여. 연좌(連坐)되여. 범죄에 연관이 되어.

2 드리티여: 들이뜨리어. '드리티(어간)+여(연결어미)'이다. '드리티다'는 '들다'의 옛말이다. 밖에서 속이나 안으로 향해 가거나 오거나 하다. 그러나 한문 '沈滯[벼슬이나 지위가 오르지 못한다]'에 대한 번역이므로, 그 뜻이 '들이뜨리다'에 가깝다. '들이뜨리다'는 '안쪽으로 아무렇게나 막 집어넣다.'를 뜻한다. 熱惱ᄂᆞᆫ 더버 셜블씨니 罪人ᄋᆞᆯ 글ᄂᆞᆫ 가마애 드리티ᄂᆞ니라.(현대역: 열뇌는 뜨거워 서러운 것이니 죄인을 끓는 가마에 집어넣는 것이다.)《월석 1:29》 제의 술 먹던 그릇과 저희 두던 상뉵쟝긔들흘 아ᅀᅡ 므레 드리티며 아젼과 군ᄉᆞ들히 그리 ᄒᆞ더니란 티고 닐오ᄃᆡ(乃命取其酒器蒱博之具 悉投之于江 吏將則加鞭扑曰)(현대역: 자기의 술 먹던 그릇과 저희들이 두던 쌍륙 장기들을 빼앗아 물에 들이치며 아전과 군사들이 그리 하는 이에게는 매를 치고 이르되)《번소 10:10》 그 즈싀를 사흘 후에 도로 우므레 드리티면 덥단 병긔를 크게 업시 ᄒᆞᄂᆞ니라.(현대역: 그 찌꺼기를 사흘 후에 도로 우물에 들이면 달궈진 병기운을 크게 없어지게

한다.)《분문 10》

【集解】陳壽의字는承祚니巴西人이라貶議는謂貶抑而論議也라 沈滯는淹滯也요坎坷는不遇也라

진수의 자는 承祚이니, 巴西 사람이다. 貶議는 깎아내려 억눌러 논함을 말한다. 沈滯는 잠겨 막힘이요, 감가(坎坷)는 불우함이다.

漢字 抑(누를 억), 淹(담글 엄, 적실 엄, 머무를 엄)

1 폄억(貶抑): 깎아내려 억누름.
2 엄체(淹滯) : 앞길이 열리지 않아 세상에 나서지 못하고 파묻혀 있음.

【二十五章】

○ 父母之喪애不當出이니若爲喪事及有故ᄒᆞ야不得已而出則乘樸馬ᄒᆞ고布裹鞍轡니라 《溫公書儀》

● 부모의 상에 마땅히 나가지 않아야 하니, 만약 상사 및 연고가 있어 능히 마지못하여 나가게 되거든, 소박한 말을 타고 베로 안장과 고삐를 싼다.

漢字 裹(쌀 과), 鞍(안장 안), 轡(고삐 비)

번소 어버싀 거상애 나ᄒᆞ뇨미 맛당티 아니ᄒᆞ니 ᄒᆞ다가 상ᄉᆡ어나 다ᄅᆞᆫ 연고ᄅᆞᆯ 위ᄒᆞ야 마디몯ᄒᆞ야 나갈 ᄃᆡ 잇거든 사오나온 ᄆᆞᄅᆞᆯ ᄐᆞ고 뵈로 기르마와 석술 ᄡᆞᆯ 디니라

현대역 어버이의 거상에 나다님이 마땅하지 아니하니, 만일 喪事나 다른 연고를 위하여 마지못하여 나갈 데 있거든, 나쁜 말을 타고 베로 길마와 고삐를 쌀 것이니라.

1 나ᄒᆞ뇨미: 나다님이. 원문 '不當出'에 대한 번역이다. 그러나 《소학언해》는

'맛당히 나가디 아니홀 디니'로 번역되어 있다. 따라서 '나ᄒᆞᆫ뇨미'는 '나ᄃᆞᆫ뇨미'의 오자인 듯하다. 현대국어 '나다니다'의 옛말인 '나ᄃᆞᆫ니다'는 15세기 문헌에서부터 나타난다. '나ᄃᆞᆫ니-'는 동사 '나-'와 'ᄃᆞᆫ니-'가 결합한 것이다. 'ᄃᆞᆫ니-'가 '든니-' 등을 거쳐 '다니-'로 변함에 따라 '나ᄃᆞᆫ니-'도 이러한 변화를 겪어 '나다니-'로 나타나면서 현재에 이른 것으로 보인다. 나ᄃᆞᆫ니다(15세기~17세기)>나든니다(16세기~18세기)>나다니다(20세기~현재). 늘근 아비ᄂᆞᆫ 나든니디 아니ᄒᆞ야셔 다봇과 뽁괘 기렛거늘.《1481 두시-초 12:16ㄴ》, 겨집이 열 히어든 나든니디 아니ᄒᆞ며 스승 어믜 ᄀᆞᄅᆞ치믈 유슌히 드러 조ᄎᆞ며.《1587 소언 1:7ㄱ》

2 마디몯ᄒᆞ야: 마지못하여. 마음이 내키지는 아니하지만 사정에 따라서 그렇게 하지 아니할 수 없어.

3 기르마: 길마. 짐을 싣거나 수레를 끌기 위하여 소나 말 따위의 등에 얹는 기구. 현대국어 '길마'의 옛말인 '기ᄅᆞ마', '기르마'는 15세기 문헌에서부터 나타난다. 19세기에 '기ᄅᆞ마', '기르마'의 제2음절 모음이 탈락하여 '길마'가 되면서 현재에 이르렀다. 기ᄅᆞ마(15세기~18세기)/기르마(15세기~19세기)>길마(19세기~현재). 가샤 山 미틔 軍馬 두시고 온 사ᄅᆞᆷ ᄃᆞ리샤 기ᄅᆞ말 밧기시니.《1447 용가 58》, 健陟이 기르마 지허 오라 ᄒᆞ시니.《1447 석상 3:29ㄴ》, 네 기ᄅᆞ매 굴에 고ᄃᆞᆯ개 가슴가리 ᄃᆞᆯ애.《1510년대 번노 하:30ㄱ》

소언 父부母모ㅅ 거상애 맛당히 나가디 아니홀 디니 만일 喪상事ᄉᆞ와 믿 연고 이심을 위ᄒᆞ야 시러곰 마디 몯ᄒᆞ야 나가거든 사오나온 몰 ᄐᆞ고 뵈로 기르마와 셕술 ᄡᆞᆯ 디니라

현대역 부모의 거상에 마땅히 나가지 아니할 것이니, 만일 상사와 및 연고 있음을 위하여 능히 마지못하여 나가거든 나쁜 말 타고 베로 길마와 고삐를 쌀 것이니라.

1 아니홀 디니: 아니할 것이니. 아니할지니. '아니ᄒᆞ(어간)+오(대상 표시법 선어말어미)+ㄹ(관형사형 어미)+ᄃᆞ(의존명사)+이(서술격 조사 '이다'의 어간)+니(연결어미)'로 나뉜다. 이런 형태소 구성을 고려하면, '아니홀 디니'처럼 띄어 쓰며, '-ㄹ 것이니'로 풀이할 수 있다. 그러나 'ㄹ+ᄃᆞ+이+니'는 '-ㄹ디니'의 형태로, 하나의 연결어미로 재구조화한 것으로 볼 수도 있다. 이때에는 해라할 자리에

쓰여, '아니ᄒᆞᆯ디니'처럼 붙여 쓰며 '-ㄹ지니'로 풀이할 수도 있다. 物理ᄅᆞᆯ 子細히 推尋ᄒᆞ야 모로매 行樂ᄒᆞᆯ 디니 엇뎨 ᄠᅳᆫ 일후믈 ᄡᅧ 이 모ᄆᆞᆯ ᄆᆡ야 두리오(細推物理須行樂 何用浮名絆此身).《두시-초 11:19》, 東녀그로 흘러가ᄂᆞᆫ 므를 묻디 마ᄅᆞᆯ 디니 人生을 곧 ᄇᆞ리디 몯거니ᄯᆞ녀(莫問東流水 生涯未卽拋).《두시-초 14:10》

2 ᄡᆞᆯ 디니라: 쌀 것이니라. 쌀지니라. 'ᄡᆞ(어간)+ㄹ(관형사형 어미)+ᄃᆞ(의존명사)+이(서술격조사 '이다'의 어간)+니라(평서형 종결어미)'이다. 이런 형태소 구성을 고려하면, 'ᄡᆞᆯ 디니라'처럼 띄어 쓰며, '-ㄹ 것이니라'로 풀이할 수 있다. 이때 의무와 당연의 의미가 포함되어 있으며, 장엄한 어감을 띤다. 그러나 'ㄹ+ᄃᆞ+이+니라'는 '-ㄹ디니라'의 형태로, 하나의 종결어미로 재구조화한 것으로 볼 수도 있다. 이때에는 해라할 자리에 쓰여, 'ᄡᆞᆯ디니라'처럼 붙여 쓰며 '-ㄹ지니라'로 풀이할 수도 있다. 알 리ᄂᆞᆫ 仔細히 ᄒᆞ야 ᄀᆞ초 버류믈 疑心 마ᄅᆞᆯ 디니라(達者審之勿嫌具列).《원각 상2-1:32》, 願ᄒᆞᆫᄃᆞᆫ 모ᄃᆞᆫ 道 닷ᄀᆞᆯ 사ᄅᆞ미 모ᄃᆡ 밧ᄀᆡ 求티 마ᄅᆞᆯ 디니라(願諸修道之人 切莫外求).《목우 3》

【集解】樸馬ᄂᆞᆫ樸素之馬라

樸馬는 소박한 말이다.

〖二十六章〗

○世俗이信浮屠誑古況反誘ᄒᆞ야凡有喪事애無不供佛飯僧ᄒᆞ야云爲死者ᄒᆞ야滅罪資福ᄒᆞ야使生天堂ᄒᆞ야受諸快樂洛이니不爲者ᄂᆞᆫ必入地獄ᄒᆞ야剉燒舂磨ᄒᆞ야受諸苦楚ㅣ라ᄒᆞᄂᆞ니殊不知死者ㅣ形旣朽滅ᄒᆞ고神亦飄散ᄒᆞ니雖有剉燒舂磨ㅣ라두且無所施니라又況佛法이未入中國之前에人固有死而復伏生者ᄒᆞ니何故로都無一人이誤入地獄ᄒᆞ야見所謂十王者耶오此其無有而不足信也ㅣ明矣니라 《溫公書儀》

● 세속이 붓다[浮屠]의 속임과 꾐을 믿어, 무릇 상사가 있음에, 부처를 공양

하고 중을 먹이지 않음이 없어, (스님이) 이르기를, "죽은 자를 위하여 죄를 없애고 복을 도와, 하여금 천당에 살게 하여, 쾌락을 받게 하니, 하지 않는 자는 반드시 지옥에 들어가, 베이고 태워지고 찧어지고 갈려 고초를 받는다." 하니, 죽은 자는 형체가 이미 썩어 없어지고, 정신도 또한 날려 흩어졌으니, 비록 베이고 태워지고 찧어지고 갈림이 있더라도, 또한 베풀 곳이 없음을 자못 알지 못함이다. 또한 하물며 불법이 아직 중국에 들어오지 않았던 전에도 사람이 진실로 죽었다가 살아 돌아온[復] 자가 있었는데, 무슨 까닭으로 모두, 한 사람도 잘못 지옥에 들어가 이른바 시왕을 보았다는 자가 없는가? 이는 그 있지 않아서 족히 믿을 수 없음이 분명하다.

漢字 浮(뜰 부), 屠(잡을 도), 誑(속일 광), 誘(꾈 유), 飯(밥 먹을 반, 밥 반), 資(도울 자, 재물 자, 바탕 자, 취할 자), 快(쾌할 쾌), 獄(옥 옥), 剉(벨 좌, 꺾을 좌, 깎을 자, 모서리 없앨 좌), 燒(불사를 소), 舂(찧을 용), 磨(갈 마), 苦(쓸 고, 괴로울 고), 楚(가시나무 초), 殊(자못 수, 벨 수, 끊을 수, 다를 수, 뛰어날 수, 특히 수, 유달리 수), 朽(썩을 후), 飄(날릴 표, 회오리바람 표, 나부낄 표, 떨어질 표), 都(모두 도)

부도(浮屠): 부처. 스님의 유골을 안치한 둥근 돌탑.

번소 世셰俗쇽이 즁의 소기며 달애유믈 미더 믈읫 상ᄉᆞ애 부텨 공양ᄒᆞ며 즁을 이바드며 닐우ᄃᆡ 주그니ᄅᆞᆯ 위ᄒᆞ야 죄ᄅᆞᆯ 업게 ᄒᆞ고 복을 도와 天텬堂당의 나 여러 가짓 ᄀᆞ장 즐거운 이ᄅᆞᆯ 받게 ᄒᆞ고 그리 아니ᄒᆞ면 地디獄옥애 드러 사ᄒᆞᆯ며 ᄉᆞᆯ며 디흐며 ᄀᆞᆯ며 여러 가짓 셜운 이ᄅᆞᆯ 님ᄂᆞ니라 ᄒᆞᄂᆞ니 주근 사ᄅᆞ미 얼구리 서거 업서디고 졍시니 흐러디여 비록 사ᄒᆞᆯ며 ᄉᆞᆯ며 디흐며 ᄀᆞᄂᆞᆫ 이리 이셔도 베플 ᄃᆡ 업슬 주를 ᄌᆞ모 모ᄅᆞᄂᆞᆺ다 ᄒᆞᄆᆞᆯ며 부텨의 이리 듕국에 아니 와신 져네 사ᄅᆞ미 진실로 주겻다가 다시 살 리 이쇼ᄃᆡ 엇디 ᄒᆞᆫ 사ᄅᆞᆷ도 그ᄅᆞ 地디獄옥의 드러가 十십王왕을 보니 업스뇨 이런 이리 업스니 즁의 마리 믿브디 아니호미 명ᄇᆡᆨᄒᆞ니라 현대역 세속이 중의 속이며 달램을 믿어, 무릇 喪事에 부처 공양하며, 중을 대접하며 이르되, "죽은 이를 위하여 죄를 없게 하고, 복을 도와 천당에 나서, 여러 가지의 가장 즐거운 일을 받게 하고, 그리 아니하면 지옥에 들어, 썰며 사르며 찧으며 갈며, 여러 가지의 서러운 일을 입는다." 하니, 죽은 사람이 형체가 썩어 없어지고 정신이 흩어져, 비록 썰며 사르며 찧으며 가는 일이 있어도, 베풀 데 없을 줄을 자못 모르도다. 하물며 부처의 일이 중국에 아니 온 전에, 사람이 진실로 죽었다가 다시 살 이 있으되, 어찌 한 사람도 그릇 지옥의 들어가 十王을 본 이 없느냐. 이런 일이 없으니 중의 말이 미쁘지 아니함이 명백하니라.

1 이바ᄃᆞ며: 대접하며. 봉양하며. '이받(어간)+ᄋᆞ며(연결어미)'이다. '이받다'는 '대접하다', '봉양하다'의 옛말이다. 주샨 글워ᄅᆞᆯ 父老 더브러 쟈랑ᄒᆞ고 獻壽ᄒᆞᄂᆞᆫ 술로 城隍ᄋᆞᆯ 이바ᄃᆞ리로다(賜書誇父老 壽酒賽城隍).《두시-초 23:25》, 神靈을 請ᄒᆞ고 즁ᄉᆡᆼ 주겨 夜叉羅刹 等을 이바ᄃᆞ며 믜본 사ᄅᆞᄆᆡ 일훔 쓰며 얼구를 ᄆᆡᆼᄀᆞ라 모딘 呪術로 빌며.《석상 9:17》

2 와신: 온. '오(來, 어간)+아신(관형사형 어미)'이다. '-아신'은 끝 음절의 모음이 'ㆍ, ㅏ, ㅗ'인 동사, 형용사 어간 뒤에 붙어 '-ㄴ, -(으)ㄴ'의 뜻을 지닌다. 구틔여 이 말 듣고 ᄠᅳ들 슬허티 말오 사라신 저긔 서르 마조 보매 술ᄋᆞᆯ 머굴 디니라《두시-초 15:38)

3 십왕(十王): 불교 용어이다. 저승에서 죽은 사람을 재판하는 열 명의 대왕을 말한다. 진광왕(秦廣王), 초강왕(初江王), 송제왕(宋帝王), 오관왕(五官王), 염라왕(閻羅王), 변성왕(變成王), 태산왕(太山王), 평등왕(平等王), 도시왕(都市王), 전륜왕(轉輪王)이다. 죽은 날부터 49일까지는 7일마다, 그 뒤에는 백일·소상(小祥)·대상(大祥) 때에 차례로 이들에 의하여 심판을 받는다고 한다. 불교에서는 중국식 발음을 따라 '시왕'으로 읽는다.

소언 世셰俗쇽이 즁의 소기며 달애욤을 믿어 믈읫 喪상事ᄉᆞ 이숌애 부텨 공양ᄒᆞ며 즁밥 먹이디 아니리 업서 닐우ᄃᆡ 죽은 이ᄅᆞᆯ 위ᄒᆞ야 罪죄ᄅᆞᆯ 업게 ᄒᆞ고 福복을 도와 ᄒᆡ여곰 天텬堂당[즁의 니ᄅᆞᄂᆞᆫ 부텨

인ᄂᆞᆫ 짜히라]의 나 여러 가짓 싀훤코 즐거움을 받게 ᄒᆞ노니 ᄒᆞ디 아니ᄒᆞᄂᆞᆫ 이ᄂᆞᆫ 반ᄃᆞ시 地디獄옥[즁의 니ᄅᆞᄂᆞᆫ 죄 지은 사ᄅᆞᆷ 가도ᄂᆞᆫ ᄃᆡ라]의 들어 싸홀며 ᄉᆞᆯ며 디흐며 ᄀᆞ라 여러 가짓 고롭고 셜움을 받ᄂᆞ니라 ᄒᆞᄂᆞ니 ᄌᆞ뭇 죽은 이 얼굴이 이믜 서거 업고 졍신이 ᄯᅩ ᄂᆞ라 흐터디니 비록 싸홀며 ᄉᆞᆯ며 디흐며 ᄀᆞ롬이 이셔도 ᄯᅩ 베플 ᄃᆡ 업슬 줄을 아디 몯ᄒᆞᄂᆞ니라 ᄯᅩ ᄒᆞᄆᆞᆯ며 부텨의 법이 中듕國국에 들어오디 아녀신 젼에 사ᄅᆞᆷ이 진실로 죽엇다가 도로 살 리 이시니 엇던 연고로 다 ᄒᆞᆫ 사ᄅᆞᆷ이 그ᄅᆞᆺ 地디獄옥에 들어가 닐온밧 十십王왕[즁의 니ᄅᆞᄂᆞᆫ 디옥 ᄀᆞ옴안 귓것ᄃᆞᆯ히라]을 보니 업스뇨 이 그 이숌이 업서 足죡히 믿엄즉디 아니홈이 분명ᄒᆞ니라

현대역 세속이 중의 속이며 달램을 믿어, 무릇 상사 있음에 부처 공양하며, 중 밥 먹이지 아니할 이 없어 이르되, "죽은 이를 위하여 죄를 없게 하고, 복을 도와 하여금 천당[중이 이르는, 부처 있는 곳이라.]에 나서, 여러 가지의 시원하고 즐거움을 받게 하노니, 하지 아니하는 이는 반드시 지옥[중이 이르는, 죄 지은 사람 가두는 데라.]에 들어 썰며 사르며 찧으며 갈아 여러 가지의 괴롭고 설움을 받느니라." 하니, 자못 죽은 사람이 형체가 이미 썩어 없고 정신이 또 날아 흩어지니, 비록 썰며 사르며 찧으며 갊이 있어도, 또 베풀 데 없을 줄을 알지 못하니라. 또 하물며 부처의 법이 중국에 들어오지 않은 전에, 사람이 진실로 죽었다가 도로 살 이 있으니, 어떤 연고로 다 한 사람이 그릇 지옥에 들어가 이른바 십왕[중이 이르는, 지옥 주관하는 귀신들이라.]을 본 이 없느냐? 이 그 있음이 없어, 족히 믿음직하지 아니함이 분명하니라.

아녀신: 않은. '아니(어간)+어신(관형사형 어미)'이다, '아니-'는 '아니다'의 어간이고, '-어신'은 관형사형 어미이다. '-어신'은 'ㅣ' 또는 'ㅣ' 계열 이중모음, 'ㄹ' 받침으로 끝나는 동사, 형용사 어간 뒤에 붙어, '-ㄴ, -(으)ㄴ'의 뜻을 지닌다. 어와 아븨 즈ᅀᅵ여 處容 아븨 즈ᅀᅵ여 滿頭 揷花 계오샤 기울어신 머리예.《악학 처용가》, 愛人 相見ᄒᆞ샤 오ᅀᆞᆯ어신 누네.《악학 처용가》

【集解】浮屠는釋氏也라刀剉火燒와碓舂碾磨는極言其苦之甚也라

浮屠는 釋氏이다. 칼에 베이고 불에 태워지고 방아에 찧어지고 맷돌에 갈림은 그 괴로움의 심함을 극도로 말함이다.

漢字 碓(방아 대), 碾(맷돌 년)

【增註】形은形體요神은神魂이라佛法入中國이始於漢明帝하니前此之時에人死而復生者固有矣로되未嘗聞有入地獄見十王者하니以未有佛法惑人이요本無天堂地獄故也라後世에有死而復生하여云入地獄見十王者는乃佛法所惑耳니라

形은 형체요, 神은 정신과 넋이다. 불법이 중국에 들어옴은 漢나라 明帝 때에 비롯되었으니, 이 앞의 때에 사람이 죽었다가 살아 돌아온 자가 진실로 있었으나, 일찍이 지옥에 들어가 시왕을 보았다는 자가 있음을 듣지 못했으니, (불법이 중국에 들어오기 전에는) 써 불법이 사람을 미혹하게 함이 있지 않았기 때문이고, 본래 천당과 지옥이 없기 때문이다. 후세에 죽었다가 살아 돌아와, 지옥에 들어가 시왕을 보았다고 이르는 자는 곧 불법이 미혹한 바일 따름이다.

한명제(漢明帝, 28년~75년): 이름은 유장(劉莊)으로, 초명은 유양(劉陽)이다. 후한(後漢)의 제2대 황제(재위 57년~75년)로, 광무제(光武帝)의 넷째 아들이다. 아버지의 뒤를 이어 한나라 회복 사업을 공고히 했다. 건무(建武, 광무제의 연호) 19년(43년) 황태자가 되었다. 일찍이 낭중(郎中) 채음(蔡愔) 등을 천축(天竺)에 보내 불법(佛法)을 구했고, 영평(永平, 명제의 연호) 10년(67년) 채음(蔡愔)과 사문(沙門) 섭마등(攝摩騰), 축법란(竺法蘭) 등을 낙양(洛陽)에 오게 하여 백마사(白馬寺)를 세우고, 두 스님에게 《42장경(章經)》을 편역(編譯)하게 하면서, 중국에 처음으로 불교가 전파되도록 했다. 《춘추(春秋)》와 《상서(尙書)》에 통달했고, 빈민 구제와 농업 진흥, 조세 및 형여자(刑餘者)의 감면에 주력하는

등 내치(內治)에 충실했다. 왕경(王京)과 왕오(王吳)를 보내 황하(黃河)를 정리하고 제방을 1천여 리에 걸쳐 쌓도록 했으며, 하수(河水)와 변수(汴水)의 흐름을 분리시켜 옛 모습을 되찾도록 했다. 형벌을 좋아해 법령이 엄격하고 냉혹했다. 아울러 유술(儒術)을 좋아해 직접 벽옹(辟雍)에 나가 경서를 강독했다. 대외적으로는 북쪽의 흉노를 평정하고, 무력과 회유책으로 대륙 아시아에 대한 지배력을 확립했다. 반초(班超)를 서역(西域)에 파견해서 친선을 도모했다. 많은 속국(屬國)을 두었고, 대월지국(大月氏國)에 사신을 보내 불전(佛典)을 구하기도 했다. 18년 동안 재위했다(중국역대인명사전).

〖二十七章〗

○顔氏家訓에曰吾家ㅣ巫覡刑欲反符章을絶於言議ᄂᆞᆫ女曹所見이니勿爲妖妄ᄒᆞ라 《顔氏家訓》

●《안씨가훈》에 말하였다. "우리 집안에서 무당과 부적을 말과 논의에서 끊음은 너희들이 본 바이니, 요망함을 행하지 마라."

漢字 巫(무당 무), 覡(박수 격), 符(부적 부, 부신 부), 章(글 장), 曹(무리 조, 마을 조), 妖(괴이할 요, 아리따울 요), 妄(허망할 망, 거짓될 망)

안지추(顔之推, 531년~591년): 자는 개(介)이며, 산둥성[山東省] 낭야(琅邪)에서 출생하였다. 자세한 내용은 〈입교(立敎) 제1〉 제2장을 참조하라.

번소 顔안氏시의 가문 ᄀᆞᄅᆞ치ᄂᆞᆫ 글월의 닐오ᄃᆡ 우리 지븨 스승이며 화랑이며 부작ᄒᆞ기를 말ᄉᆞ매도 아니ᄒᆞ요ᄆᆞᆫ 너희네 보ᄂᆞᆫ 이리니 요괴롭고 망녕도왼 이를 ᄒᆞ디 말라

현대역 顔氏의 가문 가르치는 글월에 이르되, "우리 집의 무당이며 사내무당이며 부적(符籍)하기를 말씀에도 아니 함은 너희들이 보는 일이니, 妖怪롭고 망령된 일을 하지 말라."

1 부작(符作): '부적(簿籍)'의 변한 말이다. 잡귀를 쫓고 재앙을 물리치기 위하여

붉은색으로 글씨를 쓰거나 그림을 그려 몸에 지니거나 집에 붙이는 종이. 기도하는 것과 부작 붙이는 것과 주문 읽는 것과….《독립신문》. 유의어: 보부(寶符), 신부(神符), 음부(陰符), 주부(呪符).

2 요괴(妖怪)롭고: 요사스럽고 괴이한 듯하고.

소언 顔안氏시[일홈ᄋᆞᆫ 之지推츄ㅣ니 北븍朝됴 魏위 적 사ᄅᆞᆷ이라] 家가訓훈[집 사ᄅᆞᆷ ᄀᆞᄅᆞ치ᄂᆞᆫ 글이라]에 ᄀᆞᆯ오ᄃᆡ 우리 집이 무당이며 화랑이며 부작과 주쟝[도ᄉᆡ 하ᄂᆞᆯ씌 글월을 올리ᄂᆞᆫ 일이라] ᄒᆞ기를 말ᄉᆞᆷ이며 의론에도 그츰ᄋᆞᆫ 너희 물이의 보ᄂᆞᆫ 배니 요괴롭고 망녕된 일 ᄒᆞ디 말라

현대역 顔氏[이름은 之推니, 北朝 魏 때 사람이라.] 가훈[집 사람 가르치는 글이라.]에 가로되, "우리 집이 무당이며 사내무당이며 부적과 주장(奏章)[도사가 하늘에 글월을 올리는 일이라.]하기를 말씀이며 의론에도 끊음은 너희 무리가 보는 바이니, 요괴롭고 망령된 일 하지 말라."

쥬쟝: '주장(奏章)'의 옛말이다. 본래는 '천자(天子)에게 아뢰어 올리는 문서'이다. 그러나 본 문장에서는 '도사가 하늘에 글을 올리다.'의 뜻으로 쓰였다.

【集說】陳氏曰顔氏의名은之推라北朝人이니作家訓하니라巫는女巫요覡은男巫요符章은卽書符拜章之術이니皆妖怪妄誕之事也라

진 씨가 말하였다. "顔氏의 이름은 之推이다. 北朝 사람이니, 《가훈》을 지었다. 巫는 여자 무당이요, 覡은 남자 무당이요, 符章은 곧 부적을 써서 글에 절하는 술수이니, 모두 괴이하고 거짓된 일이다."

漢字 怪(괴이할 괴), 誕(거짓 탄, 태어날 탄, 속일 탄)

【二十八章】

○伊川先生이曰人無父母ㅣ면生日에當倍悲痛이니更安忍置酒張樂ᄒᆞ야以爲樂洛이리오若具慶者ᄂᆞᆫ可矣니라 《二程全書 遺書》

●伊川 선생이 말하였다. "사람이 부모가 없으면 생일에 마땅히 곱절로 비통하니, 다시 어찌 차마 술자리를 마련하고, 음악을 베풀어 써 즐거움을 삼겠는가? 만약 부모가 모두 생존해 계신 자라면 괜찮다."

漢字 倍(곱 배), 更(다시 갱, 고칠 경), 張(베풀 장)

구경(具慶): 부모가 모두 살아 있음. 또는 그런 기쁨. 유의어: 구존(俱存).

번소 伊이川쳔 先션生ᄉᆡᆼ이 니ᄅᆞ샤ᄃᆡ 사ᄅᆞ미 어버ᅀᅵ 업스면 제 난 나래 더욱 슬허홀 거시니 ᄯᅩ 엇디 ᄎᆞ마 술 먹고 풍류ᄒᆞ야 즐겨ᄒᆞ료 어버ᅀᅵ 다 인ᄂᆞᆫ 사ᄅᆞᄆᆞᆫ 그리호미 므던ᄒᆞ니라

현대역 伊川 선생이 이르시되, "사람이 어버이 없으면 제 난 날에 더욱 슬퍼할 것이니, 또 어찌 차마 술 먹고 풍류하여 즐거워하리오. 어버이 다 있는 사람은 그리함이 무던하니라."

므던ᄒᆞ니라: 무던하니라. '므던ᄒᆞ(어간)+니라(평서형 종결어미)'이다. '므던ᄒᆞ다'는 '정도가 어지간하다.'를 뜻한다. '므던ᄒᆞ다'는 15세기 문헌에서부터 나타난다. 17세기에 양순음 'ㅁ, ㅂ, ㅍ' 아래 있는 'ㅡ'가 'ㅜ'로 변하는 원순모음화가 일어났는데 15세기의 '므던ᄒᆞ다'도 이러한 변화를 겪어 '무던ᄒᆞ다'가 되었다. 그러나 문헌상으로 확인되는 것은 17세기의 일이다. 한편 18세기에 제1음절의 모음 'ㆍ'가 'ㅏ'로 변함에 따라 '-ᄒᆞ-'도 '-하-'로 변하였다. 그리하여 19세기에 '무던하다'로 나타는 'ㆍ'의 제1차 소실이 일어나 '므던ᄒᆞ다'의 'ㆍ'도 'ㅏ'와 소리가 같아졌다. 그리하여 19세기에 '무던하다'로 나타나면서 현재에 이르렀다. 므던ᄒᆞ다(15세기~18세기)>무던ᄒᆞ다(17세기~19세기)>무던하다(19세기~현재). 그러ᄒᆞ야도 므던ᄒᆞ니 이제 어듸 잇ᄂᆞ니잇고《1447 석상 11:28ㄴ》, 대되 예슌 량이니 모도니

一百 兩이로소니 훙졍 ᄆᆞ차도 므던ᄒᆞ다.《1510년대 번노 하:12ㄱ》

소언 伊이川쳔 先션生ᄉᆡᇰ이 ᄀᆞᆯᄋᆞ샤ᄃᆡ 사ᄅᆞᆷ이 父부母모ㅣ 업스면 난 날애 슬프고 셜움이 맛당히 倍ᄇᆡ홀 거시니 ᄯᅩ 엇디 ᄎᆞᆷ아 술 장만코 풍뉴 ᄀᆞ초와 ᄡᅧ 즐기기를 ᄒᆞ리오 만일 具구慶경[냥친이 다 겨시단 말이라]ᄒᆞ니ᄂᆞᆫ 므던ᄒᆞ니라

현대역 伊川 선생이 말씀하시되, "사람이 부모가 없으면 난 날에 슬프고 설움이 마땅히 배가할 것이니, 또 어찌 차마 술 장만하고 풍류 갖추어 써 즐기기를 하리오. 만일 具慶[양친이 다 계시다는 말이라.]한 이는 무던하니라."

ᄇᆡ홀: 배(倍)할. 'ᄇᆡᄒᆞ(어간)+ㄹ(관형사형 어미)'이다. 'ᄇᆡᄒᆞ다'는 '배가(倍加)하다', '갑절 또는 몇 배로 늘어나다'의 뜻이다.

【集解】人子生日에思念父母鞠育之劬勞하면益增悲痛이니又安忍宴樂哉아具慶은謂二親俱存也라

사람 자식이 생일에 부모님께서 길러 주신 수고로움을 생각하면, 더욱더 비통하니, 또 어찌 차마 잔치하여 즐기겠는가? 具慶은 두 어버이가 모두 계심을 이른다.

漢字 鞠(기를 국, 국문할 국), 劬(수고로울 구), 勞(힘쓸 로, 일할 로)

1 국육(鞠育): 기름

2 구로(劬勞): 자식을 낳아 기르는 수고.

3 연락(宴樂): 잔치하여 즐김.

〖二十九章〗

○ 呂氏童蒙訓에曰事君如事親ᄒᆞ며事官長如事兄ᄒᆞ며與同僚如家人ᄒᆞ며待群吏如奴僕ᄒᆞ며愛百姓如妻子ᄒᆞ며處官事

如家事然後에사能盡吾之心이니如有毫末不至면皆吾心이 有所未盡也ㅣ니라 《童蒙訓》

● 여 씨의 《동몽훈》에 말하였다. "임금 섬김을 어버이 섬김과 같이 하며, 상관 섬김을 형 섬김과 같이 하며, 동료와 함께 함을 집안사람과 같이 하며, 여러 아전 대함을 사내종과 같이 하며, 백성 사랑함을 처자와 같이 하며, 벼슬일 처리함을 집안일 같이 한 뒤에야, 능히 나의 마음을 다한 것이니, 만일 털끝만큼이라도 지극하지 못함이 있으면, 모두 내 마음이 다하지 못한 바가 있음이다."

번소 몸녀氏시 아ᄒᆡ ᄀᆞᄅᆞ치논 글워릐 닐오ᄃᆡ 님금 셤교믈 어버ᅀᅵ 셤기ᄃᆞᆺᄒᆞ며 웃 관원 셤교믈 형 셤기ᄃᆞᆺᄒᆞ며 동관 향ᄒᆞ야 호믈 집사ᄅᆞᆷᄀᆞ티 ᄒᆞ며 모ᄃᆞᆫ 아젼 ᄃᆡ졉호믈 내 죵ᄀᆞ티 ᄒᆞ며 ᄇᆡᆨ셩 ᄉᆞ랑호믈 쳐ᄌᆞ식ᄀᆞ티 ᄒᆞ며 귓일 호믈 집일ᄀᆞ티 ᄒᆞᆫ 후에ᅀᅡ 내 ᄆᆞᅀᆞᆷᄭᆞ장 다 ᄒᆞ요미니 ᄒᆞ다가 터럭 귿마니나 지극디 몯호미 이시면 다 내 ᄆᆞᅀᆞ몰 다 몯ᄒᆞᆫ 싸히니라

현대역 여 씨 아이 가르치는 글월에 이르되, "임금 섬김을 어버이 섬기는 듯하며, 위의 관원 섬김을 형 섬기는 듯하며, 同官 향하여 함을 집 사람같이 하며, 모든 아전 대접함을 나의 종같이 하며, 백성 사랑함을 처자식같이 하며, 관청의 일 함을 집일같이 한 후에야, 내 마음껏 다 함이니, 만일 터럭 끝만큼이나 지극하지 못함이 있으면 다 내 마음을 다 못한 바이니라."

귓일: 관청일. 공무(公務). '그위(명사)+ㅅ(관형격 조사)+일(명사)'이다. '그위'는 '관청'의 옛말이다. 官屬ᄋᆞᆫ 그위예 좃ᄇᆞ튼 사ᄅᆞ미라.《석상 11:7》, 그위예셔 겻깃 虛費ᄅᆞᆯ 免ᄒᆞ고 므레ᄂᆞᆫ 말와매 잇ᄂᆞᆫ 고기 잇도다(官免供給費 水有在藻鱗). 《두시-초 24:24》

소언 몸려氏시[일홈ᄋᆞᆫ 本본中듕이니 宋송 적 사ᄅᆞᆷ이라] 童동蒙몽訓훈[아ᄒᆡ ᄀᆞᄅᆞ치 ᄂᆞᆫ 글이라]에 ᄀᆞᆯ오ᄃᆡ 님금 셤김을 어버이 셤기 ᄃᆞᆺᄒᆞ

며 웃 관원 셤김을 兄형 셤기 듯ᄒᆞ며 동관 향ᄒᆞ야 홈을 집 사ᄅᆞᆷ곧티 ᄒᆞ며 모든 아젼 ᄃᆡ졉홈을 죵곧티 ᄒᆞ며 百ᄇᆡᆨ姓셩 ᄉᆞ랑홈을 쳐ᄌᆞ식곧티 ᄒᆞ며 구의 일 쳐티홈을 집일곧티 ᄒᆞᆫ 연후에사 能능히 내 ᄆᆞ옴을 다 ᄒᆞ욤이니 만일 털억 근티나 지극디 몯홈이 이시면 내 ᄆᆞ옴이 다ᄒᆞ디 몯혼 배 이심이니라

현대역 여 씨[이름은 本中이니, 宋 때 사람이라.]《동몽훈》[아이 가르치는 글이라.]에 가로되, "임금 섬김을 어버이 섬기는 듯하며, 위 관원 섬김을 형 섬기는 듯하며, 동관 향하여 함을 집 사람같이 하며, 모든 아전 대접함을 종같이 하며, 백성 사랑함을 처자식같이 하며, 관청 일 처리함을 집일같이 한 연후에야, 능히 내 마음을 다 함이니, 만일 터럭 끝만큼이나 지극하지 못함이 있으면, 내 마음이 다하지 못한 바가 있음이니라."

【集說】**陳氏曰呂氏**의**名**은**本中**이요**字**는**居仁**이니**宋正獻公之曾孫**이니**作童蒙訓**하니라**盡吾之心**은**致其誠而已**라

진 씨가 말하였다. "呂氏의 이름은 本中이요, 자는 居仁이니, 송나라 정헌공의 증손이니, 《동몽훈》을 지었다. 盡吾之心[내 마음을 다함]은 그 정성을 다할 따름이다."

漢字 **致**(다할 치, 이를 치)

여본중(呂本中, 1084년~1145년): 남송 수주(壽州) 사람이다. 초명은 대중(大中)이고, 자는 거인(居仁)이며, 호는 동래(東萊)이고, 시호는 문청(文淸)이다. 여호문(呂好問)의 아들이다. 고종(高宗) 소흥(紹興) 6년(1136년) 진사 출신으로 인정받았다. 기거사인(起居舍人)을 거쳐 중서사인(中書舍人) 겸 시강(侍講), 권직학사원(權直學士院)을 지냈다. 일찍이 상서하여 국세를 회복할 계책을 올렸다. 진회(秦檜)가 재상이 되어 사사롭게 권력을 남용하자 제목(除目)을 봉해 돌려주었다. 조정(趙鼎)과 서로 가까웠는데 진회의 미움을 사서 탄핵을 받고 파직 당했다. 양시(楊時)와 유초(游酢), 윤돈(尹焞)을 사사했으며, 유안세(劉安世), 진권(陳瓘)에게도 배웠다. 시를 잘 써 황정견(黃庭堅)과 진사도(陳師道)의

구법(句法)을 터득했다. 쇄소응대(灑掃應對)의 일이 훈고(訓詁)보다 우선한다며 하학상달(下學上達)의 학문을 강조했다. 또한 유학과 불교의 사상적 요지가 크게는 같다고 보아 이가(二家)의 조화를 주장했다. 저서에 《춘추집해(春秋集解)》,《동몽훈(童蒙訓)》,《강서시사종파도(江西詩社宗派圖)》,《자미시화(紫薇詩話)》,《사우연원록(師友淵源錄)》,《동래선생시집(東萊先生詩集)》 등이 있다(중국역대인명사전).

【三十章】

○或이問簿ᄂᆞᆫ佐令者也ㅣ니簿所欲爲를令이或不從이어든奈何오伊川先生이曰當以誠意로動之니今에令與簿ㅣ不和ᄂᆞᆫ只是爭私意니라 《二程全書 遺書》

●혹자가 (이천 선생에게) 묻기를, "簿는 令[守令]을 돕는 자이니, 부가 행하고자 하는 것을 영이 혹 따르지 않으면 어찌합니까?" 이천 선생이 말하였다. "마땅히 성의로써 그[令]를 감동시킬 것이니, 이제 영이 부와 더불어 화합하지 못함은 다만 이는 사사로운 뜻을 다투어서이다.

漢字 簿[주부(主簿) 부, 장부 부], 佐(도울 좌), 奈(어찌 내)

번소 혹기 무로ᄃᆡ 主쥬簿부ㅣ란 관원ᄂᆞᆫ 縣현令령을 돕ᄂᆞᆫ 거시니 主쥬簿부의 ᄒᆞ고져 ᄒᆞᄂᆞᆫ 이ᄅᆞᆯ 縣현令령이 좃디 아니커든 엇디 ᄒᆞ료 伊이川쳔 先션生ᄉᆡᆼ이 니ᄅᆞ샤ᄃᆡ 졍셩 도읜 ᄠᅳ드로 감동케 홀 디니 이제 縣현令령이 主쥬簿부와로 화동티 몯호ᄆᆞᆫ 다ᄆᆞᆫ 아ᄅᆞᆷ뎌 ᄠᅳ드로 ᄃᆞ톨시니라

현대역 혹이[혹자가] 묻되, "主簿란 관원은 현령을 돕는 것이니, 주부가 하고자 하는 일을 현령이 좇지 아니하거든 어찌 하리오." 이천 선생이 이르시되, "정성된 뜻으로 감동하게 할 것이니, 이제 현령이 주부와 和同하지 못함은 다만 사사로운 뜻으로 다투기 때문이니라.

1 혹기: 혹이. 한문은 '或問'으로, 번역문은 '혹기'로 되어 있다. 《소학언해》는 '或혹이'로 번역되어 있음을 볼 때, '혹기'는 '호기(혹이)'의 오자인 듯하다, 아니면 중철 표기일 수도 있다.

2 묻호ᄆᆞᆫ: 못함은. 원문은 '令與簿不和'로, 번역문은 '縣현슈령이 主쥬簿부와로 화동티 묻호ᄆᆞᆫ'으로 되어 있다. 《소학언해》는 '현령과 다ᄆᆺ 쥬뷔 화동티 몯홈ᄋᆞᆫ'으로 번역되어 있음을 볼 때, '묻호ᄆᆞᆫ'은 '몯호ᄆᆞᆫ'의 오자인 듯하다, '몯ᄒᆞ(어간)+옴(명사형 어미)+ᄋᆞᆫ(주격 조사)'이다.

3 화동티: 화동(和同)하지. '회동ᄒᆞ다'는 '두 사람 사이가 멀어졌다가 다시 뜻이 잘 맞게 되다.'를 뜻한다. '화동ᄒᆞ(어간)+디(보조적 연결어미)'이다.

소언 或혹이 무로ᄃᆡ 쥬부ᄂᆞᆫ 현령을 돕ᄂᆞᆫ 거시니 쥬부의 ᄒᆞ고져 ᄒᆞᄂᆞᆫ 바ᄅᆞᆯ 현령이 或혹 좃디 아니커든 엇디 ᄒᆞ료 伊이川쳔 先션生ᄉᆡᆼ이 ᄀᆞᆯᄋᆞ샤ᄃᆡ 맛당이 졍셩된 ᄠᅳᆮ으로ᄡᅥ 감동케 홀 디니 이제 현령과 다ᄆᆺ 쥬뷔 화동티 몯홈ᄋᆞᆫ 오직 이 ᄉᆞᄉᆞ로온 ᄠᅳᆮ으로 ᄃᆞ톰이니라

현대역 혹자가 묻되, "주부는 현령을 돕는 것이니, 주부가 하고자 하는 바를 현령이 혹시 좇지 아니하거든 어찌 하리오." 이천 선생이 말씀하시되, "마땅히 정성된 뜻으로써 감동하게 할 것이니, 이제 현령과 더불어 주부가 화동하지 못함은 오직 이 사사로운 뜻으로 다툼이니라.

【集解】簿者는縣之佐요令者는縣之長이라誠意動之者는盡誠心以感之也라

簿라는 것은 縣의 보좌요, 令이라는 것은 현의 우두머리이다. 盛意動之[성의로써 그를 감동시킴]라는 것은 성심을 다함으로써 그를 감동시킴이다.

令은是邑之長이니若能以事父兄之道로事之ᄒᆞ야過則歸己ᄒᆞ고善則惟恐不歸於令ᄒᆞ야積此誠意ᄒᆞ면豈有不動得人이리오

● 令은 이 고을의 우두머리이니, 만약 능히 부형을 섬기는 도로써 그를

섬겨 허물인즉 자기에게 돌리고, 잘함인즉 오직 令에게 돌아가지 않을까 두려워하여, 이러한 성의를 쌓는다면, 어찌 능히 사람을 감동시키지 못함이 있겠는가?"

[漢字] 善(잘할 선)

[번소] 縣현令령은 ᄀᆞ을 위두 관원니니 만이레 부형 셤기ᄂᆞᆫ 도리로 셤겨 그른 이리어든 내게 오게 ᄒᆞ고 어딘 이리어든 縣현令령의게 가디 아닐가 저허ᄒᆞ야 이러ᄐᆞᆫ 졍셩도왼 ᄠᅳ디 하면 엇디 사ᄅᆞᄆᆞᆯ 감동티 몯ᄒᆞ리오

[현대역] 현령은 고을 우두머리 관원이니, 만일에 부형 섬기는 도리로 섬겨, 그른 일이거든 나에게 오게 하고, 어진 일이거든 현령에게 가지 아니할까 두려워하여, 이러한 정성된 뜻이[뜻으로] 하면 어찌 사람을 감동시키지 못하리오."

[소언] 현령은 이 고올희 읏듬이니 만일 能능히 父부兄형 셤기ᄂᆞᆫ 도리로ᄡᅧ 셤겨 그른 이리어든 내게 도라오게 ᄒᆞ고 어딘 이리어든 오직 현령의게 도라가디 아닐가 저허 이 졍셩된 ᄠᅳᆮ을 ᄊᆞᄒᆞ면 엇디 사ᄅᆞᆷ을 감동티 몯홈이 이시리오

[현대역] 현령은 이 고을의 으뜸이니, 만일 능히 부형 섬기는 도리로써 섬겨, 그른 일이거든 나에게 돌아오게 하고, 어진 일이거든 오직 현령에게 돌아가지 않을까 두려워, 이 정성된 뜻을 쌓으면 어찌 사람을 감동시키지 못함이 있으리오."

【集解】推事親事兄之道하여以事令이요又能引過於己하고推功歸之하여積誠之久하면彼豈有不感動者乎아

어버이를 섬기고 형을 섬기는 도리를 미루어, 써 令을 섬기고, 또 능히

허물을 자기에게 당기고, 공을 미루어 그에게 돌려, 성의를 쌓음이 오래 되면 저 어찌 감동하지 않는 자가 있겠는가?

【集成】**葉氏曰過則歸己**하고**善則歸令**은**非曰姑爲此以悅人**이라**蓋事長之道當如是也**니라

섭 씨(葉氏)가 말하였다. "허물인즉 자기에게 돌리고, 잘함인즉 영에게 돌림은 우선 이렇게 함으로써 사람을 기쁘게 함을 말함이 아니라, 대개 윗사람을 섬기는 도리는 마땅히 이와 같아야 함이다."

漢字 姑(우선 고)

【三十一章】

○ **明道先生**이**曰一命之士**ㅣ**苟存心於愛物**이면**於人**에**必有所濟**니라 《二程全書 明道行狀》

● 明道 선생이 말하였다. "一命의 선비가 진실로 마음을 사물 사랑함에 둔다면, 사람에게 반드시 도울 바가 있을 것이다."

漢字 濟(도울 제, 건널 제)

일명(一命): 처음으로 벼슬자리에 임명된 사람.

번소 明명道도 先션生싱이 니ᄅᆞ샤ᄃᆡ 처엄 벼슬ᄒᆞᆫ 됴ᄉᆡ 진실로 사ᄅᆞᆷ 어엿비 녀기ᄂᆞᆫ ᄆᆞᅀᆞᄆᆞᆯ 두면 사ᄅᆞᄆᆡ게 반ᄃᆞ시 거느리칠 주리 이시리라

현대역 明道 선생이 이르시되, "처음 벼슬한 朝士가 진실로 사람 불쌍히 여기는 마음을 두면, 사람에게 반드시 돌보고 보살펴서 살릴 줄이 있으리라."

1 됴ᄉᆞ: 조사(朝士). 조정에서 벼슬살이하는 신하. 유의어 조관(朝官), 조신(朝臣).

2 거느리칠: 돌보고 보살펴서 살릴. '거느치리치(어간)+ㄹ(관형사형 어미)'이다.

'거느리치다'는 '돌보고 보살펴서 살리다.'를 뜻한다. 時世를 거느리츄멘 英俊흔 사ᄅᆞᄆᆞᆯ 혀 ᄡᅮ미 맛당ᄒᆞ니라(濟世宜引英俊人).《두시-초 19:21》, 어려운 제 時節 거느리칠 ᄌᆡ조ᄅᆞᆯ 기피 依仗ᄒᆞᄂᆞ다(艱危深仗濟時才).《두시-초 23:31》

소언 明명道도 先션生ᄉᆡᆼ이 ᄀᆞᆯᄋᆞ샤ᄃᆡ 一일命명[처엄 벼슬ᄒᆞ단 말이라.]엣 됴ᄉᆡ 진실로 ᄆᆞᅀᆞᄆᆞᆯ 物믈 ᄉᆞ랑키예 두면 사ᄅᆞᆷᄋᆡ게 반ᄃᆞ시 거느리칠 배 이시리라

현대역 明道 선생이 말씀하시되, "一命[처음 벼슬한다는 말이다.]의 조사가 진실로 마음을 물건 사랑하기에 두면, 사람에게 반드시 건져낼 바가 있으리라."

벼슬ᄒᆞ단: 벼슬한다는. '벼슬ᄒᆞ(어간)+단(어미 '다'+ㄴ)'이다. '-단'은 용언의 어간 뒤에 붙어, '-다는'이 줄어든 말이다. 할아버지께서 편찮으시단 소식이 있었다. 꼭 참석하겠단 약속을 못 받았다.

【集解】熊氏曰周禮에一命受職이라하니卽今之第九品也라一命雖小나誠能以愛物爲心이면則惠利亦有以及人矣니라

웅 씨가 말하였다. "《주례》에 '일명의 직책을 받는다.' 하였으니, 곧 지금의 제9품이다. 일명은 비록 작으나 진실로 능히 사물 사랑함으로써 마음을 삼는다면, 은혜와 이익이 또한 써 사람에게 미침이 있을 것이다."

【增註】一命도猶然이어든況居大位者乎아

一命도 오히려 그러한데, 하물며 큰 지위에 있는 자이랴.

【三十二章】

○劉安禮問臨民한대明道先生曰使民으로各得輸其情이니라問御吏한대曰正己以格物이니라 《二程全書 明道行狀》

●劉安禮가 백성 임함을 묻자, 명도 선생이 말하였다. “백성으로 하여금 각각 능히 그들의 情을 다하게 해야 한다.” 아전을 다스림을 묻자, 말하였다. “자신을 바르게 하여 남을 바로잡아야 한다.”

漢字 輸(보낼 수, 알릴 수, 다할 수, 바칠 수), 格(이를 격, 바로잡을 격)

번소 劉류安안禮례 ᄇᆡᆨ셩 다ᄉᆞ릴 이를 무른대 明명道도 先션生ᄉᆡᆼ이 니ᄅᆞ샤ᄃᆡ ᄇᆡᆨ셩으로 각각 제 졍실을 다 니ᄅᆞ게 ᄒᆞᆯ 디니라 아젼 다ᄉᆞ릴 이를 므른대 니ᄅᆞ샤ᄃᆡ 내 모믈 졍케 ᄒᆞ야 사ᄅᆞ믈 졍케 ᄒᆞᆯ 디니라

현대역 劉安禮가 백성 다스릴 일을 물으니까 명도 선생이 이르시되, “백성으로 각각 제 情實을 다 말하게 할 것이니라.” 아전 다스릴 일을 물으니까 이르시되, “내 몸을 바르게 하여 사람을 바르게 할 것이니라.”

1 무른대: 물으니까. ‘묻(어간)+으(매개모음)+ㄴ대(연결어미)’이다. ‘-ㄴ대’는 어간이나 어미 뒤에 붙어, ‘-니까’를 뜻하는 어미이다. 目連이 淨飯王ᄭᅴ 도라가 이 辭緣을 ᄉᆞᆯᄫᆞᆫ대 王이 大愛道ᄅᆞᆯ 블러 니ᄅᆞ샤ᄃᆡ.《석상 6:6》, 부톄 比丘 ᄃᆞ리시고 드러 안ᄌᆞ신대 鸚鵡ᄃᆞᆯ히 부텨를 보ᅀᆞᆸ고 깃븐 ᄆᆞᅀᆞᄆᆞᆯ 내야 ᄒᆞᆫ 날 命終ᄒᆞ야 忉利天에 나니라.《석상 6:41~42》

2 졍실: 정실(情實). 사사로운 인정에 얽힌 사실.

소언 劉류安안禮례ㅣ ᄇᆡᆨ셩 디늘기를 무른대 明명道도 先션生ᄉᆡᆼ이 ᄀᆞᆯᄋᆞ샤ᄃᆡ ᄇᆡᆨ셩으로 ᄒᆡ여곰 각각 시러곰 그 情졍을 다ᄒᆞ게 ᄒᆞᆯ 디니라 아젼 다ᄉᆞ리기를 무른대 ᄀᆞᆯᄋᆞ샤ᄃᆡ 몸을 正졍케 ᄒᆞ야 ᄡᅥ 物믈을 졍케 ᄒᆞᆯ 디니라

현대역 劉安禮가 백성 임하기를 물으니까 명도 선생이 말씀하시되, “백성으로 하여금 각각 능히 그 정실을 다하게 할 것이니라.” 아전 다스리기를 물으니까 말씀하시되, “몸을 바르게 하여 써 물건을 바르게 할 것이니라.”

디늘기: 임하기. ‘디늘(어간)+기(명사형 어미)’이다. ‘디늘다’는 ‘임하다’의 옛말이

다. 놉픈 듸 오르디 아니ᄒᆞ며 깁픈 듸 디ᄂᆞ디 아니ᄒᆞ며 구챠히 헐쓰리디 아니ᄒᆞ며 구챠히 웃디 아니ᄒᆞᄂᆞ니라(不登高 不臨深 不苟訾 不苟笑).《소언 2:10》, 모시예 ᄀᆞᆯ오듸 저허ᄒᆞ며 조심ᄒᆞ야 깁흔 모ᄉᆞᆯ 디늘어심 ᄀᆞᆮ티 ᄒᆞ며 열운 어름을 ᄇᆞᆯ옴 ᄀᆞᆮ티 ᄒᆞ라 ᄒᆞ니(詩云 戰戰兢兢 如臨深淵 如履薄冰).《소언 4:24》

【集說】陳氏曰安禮의字〔名〕는立之니明道弟子라輸는猶盡也라平易近民하여使下情으로各得上達이면則所以處之者自無不當矣라御는治也요格은正也라范氏曰未有己不正而能正人者니라

진 씨가 말하였다. "安禮의 이름은 立之니, 明道의 제자이다. 輸는 다함과 같다. 平易하게 백성들에게 가까이 하여, 아랫사람의 정으로 하여금 각각 능히 윗사람에게 도달하게 하면, 써 처하는 바의 것이 저절로 마땅하지 않음이 없게 된다. 御는 다스림이요, 格은 바로잡음이다." 범 씨가 말하였다. "자신이 바르지 않으면서 능히 남을 바르게 하는 자는 있지 않았다."

安禮字立之: 원주(原註)에는 '安禮字立之'로 되어 있으나, 고정[考訂, 옛 문헌의 진위(眞僞)와 이동(異同)을 통해 바로잡음]에 의거하여 '安禮名立之'로 바로잡았다.

【三十三章】

○伊川先生이曰居是邦ᄒᆞ야不非其大夫ㅣ此理最好ᄒᆞ니라

《二程全書 遺書》

●伊川 선생이 말하였다. "이 나라에 거하여 그 대부를 비방하지 않음이 이 도리가 가장 좋다."

번소 伊이川쳔 先션生ᄉᆡᆼ이 니ᄅᆞ샤듸 이 나라해 이셔 大태夫우엣

사룸을 외다 아니호미 이 도리 ᄀᆞ장 됴ᄒᆞ니라

현대역 伊川 선생이 이르시되, "이 나라에 있어 大夫에의 사람(됨)을 그르다 아니함이 이 도리가 가장 좋으니라."

소언 伊이川쳔 先션生ᄉᆡᆼ이 ᄀᆞᆯᄋᆞ샤ᄃᆡ 이 나라ᄒᆡ 이셔 그 태우를 외다 아니홈이 이 도리 ᄀᆞ장 됴ᄒᆞ니라

현대역 伊川 선생이 말씀하시되, "이 나라에 있어 그 대부를 그르다 아니함이 이 도리 가장 좋으니라."

【集說】**朱氏**[子]**曰下訕上則無忠敬之心**이라하시니**不非之者**는 **謂不議其過惡也**라

朱子가 말하기를, "아랫사람이 윗사람을 헐뜯으면 충성하고 존경하는 마음이 없다." 하셨으니, 그[윗사람]를 헐뜯지 않는다는 것은 그의 허물과 악을 논의하지 않음을 이른다.

朱氏曰: 원주에는 '朱氏曰'로 되어 있으나, 고정에 의거하여 '朱子曰'로 바로잡았다.

漢字 訕(헐뜯을 산, 비방할 산)

〖三十四章〗

○**童蒙訓**에**曰當官之法**이**唯有三事**ㅣ니**曰清曰愼曰勤**이니**知此三者則知所以持身矣**리라 《童蒙訓》

●《동몽훈》에 말하였다. "벼슬을 담당하는 법이 오직 세 가지 일이 있으니, 청렴함과 삼감과 부지런함이다. 이 세 가지를 알면, 써 몸 가질 바를 알 것이다."

번소 아ᄒᆡ 가ᄅᆞ치ᄂᆞᆫ 글워릐 닐오ᄃᆡ 벼슬ᄒᆞ여셔 ᄒᆞ욜 법이 오직 세 이리 싯ᄂᆞ니 쳥렴홈과 조심홈과 브즈런홈괘니 이 세 이를 알면 내 몸 가지기를 알리라

현대역 아이 가르치는 글월에 이르되, “벼슬하여서 할 법이 오직 세 일이 있으니, 청렴함과 조심함과 부지런함이니, 이 세 일을 알면 내 몸 가지기를 알리라.”

브지런홈괘니: 부지런함이니. ‘브지런ᄒᆞ(어간)+옴(명사형 어미)+과(접속조사)+이(‘이다’의 어간+니(연결어미)’이다. 중세국어에서는 마지막 접속항 뒤에도 접속조사 ‘과/와’가 쓰인다. 이를 집단곡용으로 부르기도 한다.

소언 童동蒙몽訓훈에 ᄀᆞᆯ오ᄃᆡ 벼슬에 當당ᄒᆞ여셔 ᄒᆞ욜 法법이 오직 세 일이 인ᄂᆞ니 ᄀᆞᆯ온 쳥념홈과 ᄀᆞᆯ온 삼가기와 ᄀᆞᆯ온 브즈런홈이니 이 세 가지를 알면 ᄡᅥ 몸 가질 바를 알리라

현대역 《동몽훈》에 가로되, “벼슬에 당하여서 할 법이 오직 세 일이 있으니, 이르기는 청렴함과 이르기는 삼가기와 이르기는 부지런함이니, 이 세 가지를 알면 써 몸 가질 바를 알리라.”

【集解】淸은謂淸廉不汚요愼은謂謹守禮法이요勤은謂勤於職業이니能是三者면則能修己而可以治人矣리라

淸은 청렴하여 더럽히지 않음을 이르고, 愼은 예와 법을 삼가 지킴을 이르고, 勤은 직업에 부지런함을 이르니, 이 세 가지에 능하면, 능히 자신을 닦아 가히 써 남을 다스릴 수 있다.

【三十五章】

○當官者ㅣ凡異色人을皆不宜與之相接이니巫祝尼媼類之

類를**尤宜疎絶**이니**要以淸心省事**로**爲本**이니라 《童蒙訓》

● 벼슬을 담당하는 자는 무릇 색다른 사람을 모두 마땅히 그와 더불어 서로 접하지 말아야 하니, 여자 무당과 남자 무당과 비구니와 중매하는 노파 따위를 더욱 마땅히 멀리하여 끊어야 하니, 요컨대 마음을 맑게 하고 일을 덞으로써 근본을 삼아야 한다.

漢字 **巫**(여자 무당 무), **祝**[남자 무당 축, 빌 축], **尼**(비구니 니), **媼**(할미 온), **省**(덜 생, 살필 성)

번소 벼슬ᄒᆞ옛ᄂᆞᆫ 사ᄅᆞ미 빗다른 사ᄅᆞ믈 다 서르 ᄃᆡ졉호미 맛당티 아니ᄒᆞ니 무당과 화랑이와 승과 ᄉᆞ이ᄒᆞᄂᆞᆫ 할미 ᄀᆞᄐᆞ니ᄅᆞᆯ 더욱 소히 ᄒᆞ야 브티디 아니호미 맛당ᄒᆞ니 ᄆᆞᅀᆞ믈 조케 ᄒᆞ며 쇽졀업슨 이ᄅᆞᆯ 젹게 호모로 읏드믈 사ᄆᆞᆯ 거시니라

현대역 벼슬하여 있는 사람이 색다른 사람을 다 서로 대접함이 마땅하지 아니하니, (여자)무당과 남자무당과 중과 중매하는 할미 같은 이를 더욱 소원히 하여, 붙이지 아니함이 마땅하니, 마음을 깨끗하게 하며, 속절없는 일을 적게 함으로 으뜸을 삼을 것이니라.

1 벼슬ᄒᆞ옛ᄂᆞᆫ: 벼슬하여 있는. '벼슬ᄒᆞ(어간)+여(보조적 연결어미)+잇(在, '잇다'의 어간)+ᄂᆞ(현재 시제 선어말어미)+ㄴ(관형사형 어미)'이다. 완료상은 보조적 연결어미 '-아/어/여'와 보조형용사 '잇다[在]'의 결합으로 표현된다. 여기서 '여+잇→옛'이 완료상을 나타낸다. 內豎ᄂᆞᆫ 뫼ᅀᆞ왓ᄂᆞᆫ 혀근 臣下ㅣ라.《내훈 1:39》, 내 바ᄅᆞ 닐오마 길 마갓ᄂᆞᆫ ᄒᆞᆫ 퍼깃 사미 비 오나든 곳 퓌오 ᄇᆞᄅᆞᆷ ᄀᆞᆯ겨든 여름 ᄆᆡᆺᄂᆞᆫ 거셔(我猜着 當路一科麻 下雨開花 刮風結子).《번박 상:40》.

2 빗다른: 색다른. '빗다르(어간)+ㄴ(관형사형 어미)'이다. '빗다르다'는 '색다르다'의 옛말이다. 벼슬ᄒᆞ옛ᄂᆞᆫ 사ᄅᆞ미 빗다른 사ᄅᆞ믈 다 서르 ᄃᆡ졉호미 맛당티 아니ᄒᆞ니(當官者 凡異色人 皆不宜與之相接).《번소 7:27》. 현재도 북한에서는 '색다르다'를 '빛다르다'로 쓰고 있다.

3 쇽졀업슨: 속절없는. '쇽졀없(어간)+은(관형사형 어미)'이다. '쇽졀없다'는 '단념

할 수밖에 달리 어찌할 도리가 없다.'를 뜻한다. '쇽졀없다'는 15세기 문헌에서부터 나타난다. '쇽졀없다'의 제1음절 '쇽'은 근대국어 후기에 'ㅅ' 뒤에서 이중모음 'ㅑ, ㅕ, ㅛ, ㅠ' 등이 반모음 탈락으로 단모음화하는 현상에 따라 '속'으로 바뀐다. '쇽졀없다', '속졀없다'의 제2음절 '졀'은 치음이었던 'ㅈ'이 경구개음으로 바뀌어 '져'와 '저'의 발음이 구별되지 않게 되면서 '절'로 나타나게 된다. '쇽졀없다'는 이러한 과정을 겪어 19세기에 '속절없다'로 변하여 현재까지 이어진다. 17세기 문헌에 보이는 '속뎔없다'는 근대국어 시기에 'ㄷ, ㅌ'이 'ㅣ'나 'ㅣ' 반모음 앞에서 'ㅈ, ㅊ'으로 변한 구개음화를 의식하여 '졀'의 'ㅈ'을 'ㄷ'이 구개음화를 겪은 것으로 잘못 이해하여 과도 교정하여 나타난 것이다. 쇽졀없다(15세기~19세기)>속절없다(19세기~현재). 末法은 쇽졀업시 似量이라 實 업스니라.《1459 월석 9:7ㄴ》, 엇뎨 밧ᄀᆞᆯ 向ᄒᆞ야 쇽졀업시 ᄎᆞ자 어드리오.《1482 금삼 2:51ㄱ》

소언 벼슬을 當당ᄒᆞ연ᄂᆞᆫ 이 믈읫 빗다른 사ᄅᆞᆷ을 다 맛당이 더블어 서르 ᄃᆡ졉디 아니홀 디니 무당과 祝츅[귓것싀게 빌기 ᄒᆞᄂᆞᆫ 사ᄅᆞᆷ이라]과 숭과 ᄉᆞ이ᄒᆞᄂᆞᆫ 할미의 類류를 더옥 맛당이 疎소히 ᄒᆞ야 거졀홀 디니 모ᄅᆞᆷ이 ᄆᆞᄋᆞᆷ을 ᄆᆞᆰ게 ᄒᆞ며 일을 젹게 홈으로ᄡᅥ 근본을 삼ᄋᆞᆯ 디니라

현대역 벼슬을 담당한 이(는) 무릇 색다른 사람을 다 마땅히 더불어 서로 대접하지 아니할 것이니, 무당과 祝[귀신에게 비는 사람이라.]과 중과 중매하는 할미의 따위를 더욱 마땅히 소원히 하여 거절할 것이니, 모름지기 마음을 맑게 하며 일을 적게 함으로써 근본을 삼을 것이니라.

【集說】陳氏曰異色人은謂不務常業之人이라巫祝은皆事鬼神者라尼는女僧이요媼은牙婆也라

진 씨가 말하였다. "異色人은 일상의 업에 힘쓰지 않는 사람을 이른다. 巫祝은 모두 귀신을 섬기는 자이다. 尼는 여승이고, 媼은 중매하는 노파이다."

漢字 牙(중매쟁이 아, 어금니 아), 婆(할미 파, 범어 바)

아파(牙婆): 방물을 팔러 다니는 여자. 방물장수.

【增註】此輩를一接之면內則伺意以納賄하고外則誑人以行私하여善敗事害政이라故로當一切禁絶이니라淸心은謂不以物欲累心이요省事는謂不作無益之事니라

이러한 무리를 한 번 그들을 접하면, 안으로는 뜻을 엿봄으로써 재물을 들이게 하고, 밖으로는 사람을 속임으로써 사사로움을 행하여, 일을 무너뜨리고 정치를 해치기를 잘 한다. 그러므로 마땅히 일절 금하여 끊을 것이다. 淸心은 물욕으로써 마음을 묶지 않음을 이르고, 생사(省事)는 무익한 일을 만들지 않음을 이른다.

漢字 伺(엿볼 사), 賄(재물 회, 뇌물 회), 累(묶을 루, 누끼칠 루, 얽힐 루)

일절(一切): 부사. 아주, 전혀, 절대로의 뜻으로, 흔히 행위를 그치게 하거나 어떤 일을 하지 않을 때에 쓰는 말. 출입을 일절 금하다. 일절 간섭하지 마시오.

【三十六章】

○後生少年이乍到官守ᄒᆞ야多爲猾滑吏所餌ᄒᆞ야不自省醒察ᄒᆞ야所得이毫末而一任之間애不復扶又反敢擧動ᄒᆞᄂᆞ니大抵作官嗜利ㅣ所得이甚少而吏人所盜ㅣ不貲咨矣니以此被重譴ᄒᆞ니良可惜也ㅣ니라 《童蒙訓》

● 후생 젊은 사람이 잠깐[갓] 벼슬 직책에 이르러, 많이 교활한 아전의 미끼인 바가 되어, 스스로 살피지 아니하여, 얻은 것은 털끝인데 한 임기 사이에 다시 감히 거동하지 못하게 되니, 무릇 벼슬을 지어 이익을 즐기면, 얻은 바가 매우 적고 아전들이 훔친 바는 헤아리지 못하니, 이로써 무거운 꾸짖음을 입으니 진실로 가히 애석하다.

漢字 乍(잠깐 사, 언뜻 사), 猾(교활할 활), 餌(미끼 이, 먹이 이, 먹일 이), 抵(무릇 저, 거스를 저), 貲(헤아릴 자, 재물 자), 譴(꾸짖을 견, 허물 견), 惜(가여울 석, 아낄 석, 아까울 석)

관수(官守): 벼슬 직책.

번소 후의 난 져믄 사ᄅᆞ미 ᄀᆞᆺ 벼슬ᄒᆞ야 구의예 가 간활ᄒᆞᆫ 아젼ᄂᆡ게 고기 낫ᄂᆞᆫ 바비 ᄃᆞ외여 ᄉᆞᄉᆞ로 ᄉᆞᆯ피디 몯ᄒᆞ이 어든 거슨 터럭 귿만 호ᄃᆡ ᄒᆞᆫ 소심홀 ᄉᆞ이예 아젼ᄂᆡ게 자피어 다시 움즈기디 몯ᄒᆞᄂᆞ니 대뎌ᄒᆞᆫ디 벼슬ᄒᆞ여셔 모매 리ᄒᆞᆫ 일 즐겨 호매 제 어든 거슨 심히 젹고 아젼의 도ᄌᆞᆨᄒᆞᆫ 거슨 젹디 아니ᄒᆞ니 일로 큰 죄롤 니보미 진실로 에엿브니라

현대역 후에 난 어린 사람이 갓 벼슬하여 관청에 가, 奸猾한 아전에게 고기 낚는 밥이 되어, 스스로 살피지 못하여, 얻은 것은 터럭 끝만 하되, 한 所任을 할 사이에 아전에게 잡히어 다시 움직이지 못하니, 대체로 벼슬하여서 몸에 이로운 일 즐겨 함에 제 얻은 것은 심히 적고, 아전의 도둑질한 것은 적지 아니하니, 이로 큰 죄를 입음이 진실로 가련하니라.

1 간활ᄒᆞᆫ: 간활(奸猾)한. 간사하고 교활한.
2 소심: 소임(所任). 맡은 바 직책이나 임무. 죵용히 고티며 경계ᄒᆞᄂᆞ니ᄂᆞᆫ 버듸 소심이니 내 ᄠᅳ데 결단ᄒᆞ야(從容規戒者 朋友之任也 決意而往).《번소 8:36》, 侃의 본셩이 총명ᄒᆞ고 민달ᄒᆞ야 소심을 브즈러니 ᄒᆞ며(侃性聰敏 勤於吏職).《번소 10:8》
3 대뎌ᄒᆞᆫ디: 대체로. 아져ᄂᆡ게 자피어 다시 움즈기디 몯ᄒᆞᄂᆞ니 대뎌ᄒᆞᆫ디 벼슬ᄒᆞ여셔 모매 리ᄒᆞᆫ 일 즐겨 호매 제 어든 거슨 심히 젹고(而一任之間不復敢擧動 大抵作官嗜利 所得甚少).《번소 7:28》, 대뎌ᄒᆞᆫ디 젼 사ᄅᆞᆷ들희 일ᄒᆞ욤은 쥬밀ᄒᆞ며 ᄌᆞ세홈이 하고(大要 前輩作事 多周詳).《소언 5:95》

소언 後후生ᄉᆡᆼ 졈은 사ᄅᆞᆷ이 ᄀᆞᆺ 구의 ᄃᆡ킈ᄂᆞᆫ ᄃᆡ 니르러 만히 간활ᄒᆞᆫ

아젼이게 미쉰 배 되여 스스로 숣피디 몯ᄒᆞ야 어든 배 털억 귿티오 ᄒᆞᆫ 소임 ᄉᆞ이예 다시 敢감히 움즉이디 몯ᄒᆞᄂᆞ니 大대抵뎨ᄒᆞᆫ디 벼슬ᄒᆞ여셔 利리를 즐김이 어든 배 甚심히 젹고 아젼의 도즉ᄒᆞᆫ 배 혜아리디 몯ᄒᆞᆯ 디니 일로ᄡᅥ 重듕ᄒᆞᆫ 죄를 닙으니 진실로 可가히 앗가오니라

현대역 後生 어린 사람이 갓 관청 지키는 데 이르러, 많이 간활한 아전에게 먹힌 바가 되어, 스스로 살피지 못하여, 얻은 바가 터럭 끝이요, 한 소임 사이에 다시 감히 움직이지 못하니, 대체로 벼슬하여서 이익을 즐김이 얻은 바가 매우 적고, 아전의 도둑질한 바가 헤아리지 못할 것이니, 이로써 무거운 죄를 입으니 진실로 가히 아까우니라.

후ᄉᆡᆼ: 후생(後生). 뒤에 태어나거나 뒤에 생김. 또는 그런 사람.

【集說】陳氏曰猾은狡猾이요餌는釣餌라不敢擧動은爲吏所制也라不貲는不可量也라譴은罪責也라

진 씨가 말하였다. "猾은 교활함이요, 이(餌)는 낚싯밥이다. 감히 거동하지 못함은 아전의 제압하는 바가 됨이다. 부자(不貲)는 가히 헤아리지 못함이다. 견(譴)은 죄를 꾸짖음이다."

漢字 釣(낚시 조)

조이(釣餌): 낚시 끝에 꿰는 물고기의 먹이. 주로 지렁이, 새우, 밥알 따위를 사용한다. 유의어: 구이(鉤餌). 고기밥. 낚싯밥. 미끼.

【三十七章】

○當官者ㅣ先以暴怒爲戒ᄒᆞ야事有不可ㅣ어든當詳處之니必無不中ᄒᆞ리라若先暴怒ㅣ면只能自害니豈能害人이리오 《童蒙訓》

● 벼슬을 담당하는 자는 먼저 폭로(暴怒)로써 경계함을 삼아, 일이 가하지

못함이 있거든, 마땅히 상세하게 그것을 처리할 것이다. (이렇게 하면) 반드시 맞지 않음이 없거니와, 만약 먼저 갑자기 성내면, 단지 능히 스스로 해치니, 어찌 능히 남을 해치겠는가?

漢字 暴(갑자기 폭, 사나울 포), 怒(성낼 노)

폭로(暴怒): 갑자기 성냄. 유의어: 격노(激怒).

번소 벼슬ᄒᆞ옛ᄂᆞᆫ 사ᄅᆞ미 몬져 과글이 로ᄒᆞ요믈 경계홀 디니 올티 몯ᄒᆞᆫ 이리 잇거든 ᄌᆞ셰 혜아려 쳐티ᄒᆞ면 반ᄃᆞ시 맛디 아닌 이리 업스리니 만이레 몬져 과글이 로ᄒᆞ면 오직 제게 해홀 ᄯᆞᄅᆞ미니 엇디 ᄂᆞ믈 해ᄒᆞ리오

현대역 벼슬하여 있는 사람이 먼저 급히 화냄을 경계할 것이니, 옳지 못한 일이 있거든 자세히 헤아려 처치하면, 반드시 맞지 아니한 일이 없으리니, 만일에 먼저 급히 화내면, 오직 자기에게 해할 따름이니, 어찌 남을 해하리오.

벼슬ᄒᆞ옛ᄂᆞᆫ: 벼슬하여 있는. 벼슬ᄒᆞ(어간)+여(보조적 연결어미)+잇(在, '잇다'의 어간)+ᄂᆞ(현재 시제 선어말어미)+ㄴ(관형사형 어미)'이다. 완료상은 보조적 연결어미 '-아/어/여'와 보조형용사 '잇다[在]'의 결합으로 표현된다. 본 예에서 '여+잇→옛'이 완료상을 표현한다.

소언 벼슬을 當당ᄒᆞ연ᄂᆞᆫ 이 몬져 과글이 怒노홈으로ᄡᅥ 경계ᄅᆞᆯ 삼아 일 이 미가티 아니홈이 잇거든 맛당히 ᄌᆞ셔히 쳐티홀 디니 반ᄃᆞ시 맛디 아님이 업스리라 만일 몬져 과글이 怒노ᄒᆞ면 오직 能능히 스스로 害해홀 ᄲᅮᆫ이니 엇디 能능히 ᄂᆞᆷ을 害해ᄒᆞ리오

현대역 벼슬을 담당하여 있는 이 먼저 급히 화냄으로써 경계를 삼아, 일이 가하지 아니함이 있거든 마땅히 자세히 처치할 것이니, 반드시 맞지 않음이 없으리라. 만일 먼저 급히 화내면 오직 능히 스스로 해할 뿐이니, 어찌 능히 남을 해하리오.

【增註】暴怒는怒之暴也요中은中理也라

폭로(暴怒)는 성냄을 갑자기 함이요, 中은 이치에 맞음이다.

〖三十八章〗

○當官處事애但務著直略反實이니如塗擦㓚文字ᄒᆞ며追改日月ᄒᆞ며重易押字ㅣ萬一敗露ᄒᆞ면得罪反重이오亦非所以養誠心事君不欺之道也ㅣ니라 《童蒙訓》

● 벼슬을 담당하여 일을 처리함에, 다만 착실함을 힘쓸 것이니, 문자를 바르고 긁으며, 날과 달을 쫓아 고치며, 수결을 거듭 바꿈 같은 것이 만일 실패하여 드러나면, 죄 얻음이 도리어 무겁고, 또한 써 성심을 길러 임금을 섬김에 속이지 않는 바의 도리가 아니다.

漢字 著(붙을 착), 塗(바를 도), 擦(긁을 제), 押(수결 압, 누를 압), 露(드러날 로)

압자(押字): 예전에, 자기의 성명이나 직함 아래에 도장 대신에 자필로 글자를 직접 쓰던 일. 또는 그 글자. 유의어: 수결(手決). 수례(手例). 수압(手押). 판압(判押).

번소 벼슬ᄒᆞ여셔 일호매 오직 셩실히 호믈 힘슬 거시니 글워레 ᄌᆞ롤 브티며 떠이며 나ᄃᆞ롤 미조차 고티며 일홈 둔 거슬 다시 고텟다가 만이레 패ᄒᆞ여 나면 죄 니부믈 도로혀 크게 ᄒᆞᄂᆞ니 이리 호미 졍셩된 ᄆᆞᅀᆞ믈 길워 님금 셤교매 소기디 아니ᄒᆞᄂᆞᆫ 도리 아니니라

현대역 벼슬하여서 일함에, 오직 성실히 함을 힘쓸 것이니, 글월에 글자를 붙이며 떼며 나달[日月]을 뒤쫓아 고치며, 이름 둔 것을 다시 고쳤다가, 만일에 실패하여 드러나면, 죄 입음을 도리어 크게 하니, 이렇게 함이 정성된 마음을 길러 임금 섬김에 속이지 아니하는 도리 아니니라.

미조차: 뒤미처 좇아. 뒤좇아. '미좇(어간)+아(연결어미)'이다. '미좇다'는 '뒤미처 좇다'의 옛말이다. 摩訶迦葉이 狼蹟山애 드러 滅盡定에 들어든 阿難이도 果證올 得ᄒᆞ야 미조차 般涅槃애 들 쩌긔.《석상 23:32》, 뒤헤 ᄒᆞᆫ ᄆᆞᆯ ᄐᆞᆫ 도ᄌᆞ기 화살 ᄎᆞ고 미조차 가 산초림이라 ᄒᆞᆯ ᄯᅡ해 사ᄅᆞᆷ 업슨 ᄃᆡ 가(後頭有一箇騎馬的賊 帶着弓箭跟着 行到箇酸棗林兒無人處).《번노 상:29》

소언 벼슬을 當당ᄒᆞ야 일 쳐티홈애 다ᄆᆞᆫ 實실애 다ᄃᆞᆮ게 홈올 힘ᄡᅳᆯ 디니 글ᄌᆞ를 흐리오며 비븨며 나ᄃᆞᆯ을 조초 고티며 일홈 둔 ᄌᆞ를 여러 번 ᄀᆡ역홈 ᄀᆞᄐᆞᆫ 이리 萬만一일에 敗패ᄒᆞ여 드러나면 罪죄 어둠을 도ᄅᆞ혀 重듕히 ᄒᆞ고 ᄯᅩ ᄡᅧ 졍셩된 ᄆᆞᄋᆞᆷ을 치며 님금 셤김애 소기디 아니ᄒᆞᄂᆞᆫ 밧 도리 아니니라

현대역 벼슬을 담당하여 일 처치함에, 다만 성실에 다다르게 함을 힘쓸 것이니, 글자를 흐리게 하며 비비며, 나달을 좇아 고치며, 이름 둔 글자를 여러 번 개역(改易)함 같은 일이 만일에 실패하여 드러나면, 죄 얻음을 도리어 무겁게 하고, 또 써 정성된 마음을 기르며 임금 섬김에 속이지 아니하는 바의 도리 아니니라.

1 다ᄃᆞᆮ게: 다다르게. '다ᄃᆞᆮ(어간)+게(보조적 연결어미)'이다. 현대국어 '다다르다'의 옛말인 '다ᄃᆞᆮ다'는 15세기 문헌에서부터 확인된다. '다ᄃᆞᆮ다'는 자음으로 시작하는 어미와 결합할 때 '다ᄃᆞᆮ-'으로, 모음으로 시작하는 어미와 결합할 때 '다ᄃᆞᆯ-'로 나타나던 ㄷ불규칙 용언이다. 16세기 후반에 제2음절 이하의 'ㆍ'가 다른 모음으로 변화하는 경향에 따라 19세기에는 '다닷다'로 나타난다. '다닷다'는 근대국어 시기에 종성 'ㄷ'을 'ㅅ'으로 표기하던 경향에 따라 나타난 '다ᄃᆞᆺ다'에서 변화한 것이다. 20세기 이후 모음으로 시작하는 어미와 결합할 때 나타나는 형태로 고정됨에 따라 '다다르다'로 나타나서 현재에 이르렀다. 16세기의 'ᄃᆞᄃᆞᆯ-'은 '다ᄃᆞᆮ-'의 제1음절 모음 'ㅏ'가 'ㆍ'로 나타난 것이며, '다ᄃᆞᆮ다'는 '다ᄃᆞᆮ다'의 제2음절 모음 'ㆍ'가 'ㅡ'로 변화한 것이다. 17세기의 '다ᄃᆞᆺ다'는 근대국어 시기에 종성 'ㄷ'을 'ㅅ'으로 표기하던 경향에 따라 나타난 것이다. 다ᄃᆞᆮ다(15세기~18세기)>다닷다(19세기)>다다르다(20세기~현재). 이형태: 다ᄃᆞᆮ-/다ᄃᆞᆯ-, ᄃᆞᄃᆞᆯ-, 다

듣다, 다돗다, 다닷-/다달-. 太子ㅣ 出家ᄒᆞ싫 時節이 다ᄃᆞᆮ고.《1447 석상 3:24ㄴ-25ㄱ》, 부텨 니르시논 解脫ᄋᆞᆯ 우리도 得ᄒᆞ야 涅槃애 다ᄃᆞ론가 ᄒᆞ다소니.《1447 석상 13:43ㄴ》, 蔡暗ᄃᆞᆯ히 天竺國 이웃나라 月支國에 다ᄃᆞ라.《1459 월석 2:66ㄱ》, 나죄 다듣거든 스승님 앏픠셔 사슬 ᄲᅢ혀 글 외오기 ᄒᆞ야.《1510년대 번노 상:3ㄴ》, 잠깐 더워ᄒᆞ며 ᄉᆞ이 업슨 디오기 아ᄆᆞ듸도 ᄃᆞᄃᆞ론 ᄃᆡ 업서.《16세기 장수 10ㄱ》

2 ᄀᆡ역홈: 개역(改易)함. ‘ᄀᆡ역ᄒᆞ(어간)+옴(명사형 어미)’이다. 있던 것을 고치어 다른 것으로 바꾸다. 일홈 둔 ᄌᆞ를 여러 번 ᄀᆡ역홈 ᄀᆞᄐᆞᆫ 이리 萬一에 敗ᄒᆞ여 드러나면(重易押字 萬一敗露).《소언 5:62》

【集解】著實은謂不作僞라捺는挑取也니塗捺文字는謂塗挑舊字也요追改日月은謂去舊判而換之也요重易押字는謂去舊署而改之也라非惟得罪라實且欺心이니豈事上之道哉아

착실(著實)은 거짓을 짓지 않음을 이른다. 제(捺)는 긁어 취함이니, 塗捺文字[문자를 바르고 긁음]는 옛 글자를 바르고 긁음을 이른다. 追改日月[날과 달을 쫓아 고침]은 옛 판결을 버리고 그것을 바꿈을 이르고, 重易押字[수결을 거듭 바꿈]는 옛 서명을 없애고 그것을 고침을 이른다. 오직 죄를 얻을 뿐만 아니라, 실로 또한 마음을 속임이니, 어찌 윗사람을 섬기는 도리겠는가?

漢字 挑(긁을 도, 화 돋을 도, 꿜 도, 뛸 도, 멜 조, 후빌 조), 判(판결할 판, 가를 판), 署(서명 서, 관청 서)

【三十九章】

○王吉上疏에曰夫婦는人倫大綱이오天壽之萌也ㅣ니世俗이嫁娶太蚤ᄒᆞ야未知爲人父母之道而有子ㅣ라是以로敎化ㅣ不明而民多夭ᄒᆞᄂᆞ니라 《漢書 王吉傳》

●王吉이 상소하여 말하였다. "부부는 인륜의 큰 벼리요, 요절과 장수의 싹이니, 세속이 시집가고 장가듦을 너무 일찍 하여, 사람 부모가 되는 도리를 알지도 못하면서 자식을 둔다. 이로써 교화가 밝지 못하고, 백성들이 요절함이 많았다."

漢字 疏(=疎 상소할 소, 트일 소), 夭(어릴 요), 壽(장수 수, 목숨 수), 萌(싹 맹), 芽(싹 아), 嫁(시집갈 가), 娶(장가들 취), 蚤(일찍 조, 벼룩 조)

왕길(王吉, 미상~기원전 48년): 전한 낭야(琅邪) 고우(皐虞, 산동성 諸城) 사람이다. 자는 자양(子陽)이다. 오경(五經)에 정통했다. 효렴(孝廉)으로 낭관(郎官)이 되어 창읍왕중위(昌邑王中尉)를 지냈다. 창읍왕이 음란한 행동으로 위기에 빠졌을 때 그가 간언하여 죽음에서 구했다. 선제(宣帝) 때 익주자사(益州刺使), 박사(博士), 간대부(諫大夫)가 되었다. 글을 올려 시정의 득실을 논했지만 황제가 현실과는 어긋난다고 여겨 채택되지 않았다. 나중에 병으로 귀향했다. 원제(元帝)가 즉위하자 다시 간대부로 불렸는데, 경사(京師)에 닿기도 전에 죽었다. 춘추추씨학(春秋騶氏學)과 양씨역학(梁氏易學)에 능했고, 《시경(詩經)》과 《논어(論語)》를 가르쳤다. 그의 학문은 아들 왕준(王駿)이 계승했다(중국역대인명사전).

번소 王왕吉길이 上샹疏소ᄒᆞ야 닐오ᄃᆡ 남진 겨집은 人ᅀᅵᆫ倫륜의 큰 ᄆᆞᆯ리오 일 주그며 오래 사롤 ᄆᆡᆼ되니 셰쇽애 사ᄅᆞ미 혼인ᄒᆞ기ᄅᆞᆯ 너무 일 ᄒᆞ야 사ᄅᆞᄆᆡ 어버ᅀᅵ 되욀 도리ᄅᆞᆯ 아디 몯ᄒᆞ여셔 ᄌᆞ식을 나ᄒᆞ니 이런도로 ᄀᆞᄅᆞ쳐 어딜에 ᄃᆞ외ᄂᆞᆫ 풍쇽이 ᄇᆞᆰ디 몯ᄒᆞ고 사ᄅᆞ미 즐어 주그리 만ᄒᆞ니라

현대역 王吉이 상소하여 이르되, "남편 아내는 인륜의 큰 마루요, 일찍 죽으며 오래 살 징조이니, 세속에 사람이 혼인하기를 너무 일찍 하여, 사람의 어버이 될 도리를 알지 못하여서 자식을 낳으니, 이런 까닭으로 가르쳐 어질게 되는[교화되는] 풍속이 밝지 못하고, 사람이 지레[일찍] 죽을 이 많으니라."

ᄆᆞᆯ리오: 마루요. 'ᄆᆞᆯㄹ(명사)+이오(서술격 조사)'이다. 현대국어 '마루'의 옛말인 'ᄆᆞᄅᆞ'는 '어떤 사물의 첫째. 또는 어떤 일의 기준.'을 뜻하는데, 15세기 문헌에서부

터 나타난다. 이 단어는 15세기와 16세기에서, 단독으로 쓰이거나, 조사 '와'나 자음으로 시작하는 조사와 결합할 때에는 'ᄆᆞᄅᆞ'로, 그 밖의 모음으로 시작하는 조사와 결합할 때에는 'ᄆᆞᆯㄹ'로 형태 교체를 하였다. 17세기 이후 문헌에는 이 단어가 나타나지 않아, 'ᄆᆞᄅᆞ/ᄆᆞᆯㄹ'의 형태 교체가 사라지고 'ᄆᆞᄅᆞ>마루'의 변화 과정을 구체적으로 확인하기는 어렵다. 다만 16세기 이래 'ㆍ'의 제1단계 소실에 의해, 제2음절에서 'ㆍ'가 'ㅡ'로 바뀌었는데, 간혹 'ㆍ'가 'ㅏ'나 'ㅗ', 'ㅜ'로 바뀐 경우도 있어서, 'ᄆᆞᄅᆞ'도 근대국어 시기에 'ᄆᆞᄅᆞ>ᄆᆞ로'로 바뀐 것으로 추정된다. 또한 근대국어 시기에 'ㆍ'의 제2단계 소실에 의해, 제1음절에서 'ㆍ'가 'ㅏ'로 바뀌었는데, 이때 'ᄆᆞ로>마로'로 바뀌었고, 마지막으로 근대국어 후기에 제2음절의 양성모음 'ㅗ'가 음성모음 'ㅜ'로 바뀌어, 현대국어의 '마루'가 나타난 것으로 추정할 수 있다. ᄆᆞᄅᆞ(15세기~16세기)>마루(20세기~현재). 여스슨 髻珠喩ㅣ니 中道實相이 極果ᄋᆡ ᄆᆞᄅᆞ 사모ᄆᆞᆯ 가ᄌᆞᆯ비시니 安樂行品 中에 ᄇᆞᆯ기샤미 이니.《1463 법화 1:6ㄴ》, 그러나 이 ᄆᆞᅀᆞᆷ 發ᄒᆞᇙ 사ᄅᆞᄆᆞᆫ 慈悲心 뮈우ᄆᆞ로 ᄆᆞᆯᄅᆞᆯ 사ᄆᆞᆷ 디니 큰 悲心 發ᄒᆞᄆᆞᆫ 一切衆生ᄋᆞᆯ 너비 救ᄒᆞ려 큰 慈心 發ᄒᆞᄆᆞᆫ 一切世間ᄋᆞᆯ ᄒᆞᆫ가지로 도ᄇᆞ려 ᄒᆞᆯ씨니라.《1459 월석 9:22ㄱ》

소언 王왕吉길[漢한 적 사ᄅᆞᆷ이라]의 上샹疏소에 ᄀᆞᆯ오ᄃᆡ 남진 겨집은 人인倫륜의 큰 ᄆᆞᆯ리오 단명ᄒᆞ며 댱슈ᄒᆞᄂᆞᆫ 밍되니 世셰俗쇽이 혼인ᄒᆞ기ᄅᆞᆯ 너무 일 ᄒᆞ야 사ᄅᆞᆷ의 어버이 될 도리를 아디 몯ᄒᆞ여셔 ᄌᆞ식을 두ᄂᆞᆫ디라 일로ᄡᅧ ᄀᆞᄅᆞ쳐 化화ᄒᆞ게 ᄒᆞᄂᆞᆫ 일이 ᄇᆞᆰ디 몯ᄒᆞ고 ᄇᆡᆨ셩이 단명ᄒᆞ리 하ᄂᆞ니라

현대역 王吉[漢 때 사람이라.]의 상소에 가로되, "남편 아내는 인륜의 큰 마루요, 단명하며 장수하는 징조이니, 세속이 혼인하기를 너무 일찍 하여, 사람의 어버이 될 도리를 알지 못하여서 자식을 두는 까닭에, 이로써 가르쳐 교화하게 하는 일이 밝지 못하고, 백성이 단명할 이 많으니라."

【集說】陳氏曰吉의字는子陽이니琅邪(야)人이라夭壽는命之短長也라萌은芽也라古者에二十而嫁하고三十而娶러니後世에

反是하여嫁娶太蚤라故로民多夭하고未知爲人父母之道而有子라故로敎化不明하나니라

진 씨가 말하였다. "王吉의 자는 子陽이니, 낭야(琅邪) 사람이다. 夭壽는 명의 짧고 긺이다. 萌은 싹이다. 옛날에 스물에 시집가고 서른에 장가들었는데, 후세에는 이와 반대여서 시집가고 장가듦이 너무 일렀다. 그러므로 백성들이 요절함이 많았고, 사람 부모가 되는 도리를 알지도 못하면서 자식을 두었다. 그러므로 교화가 밝지 못했다."

漢字 琅(옥 랑), 邪(의문사 야, 간사할 사)

〖四十章〗

○文中子ㅣ曰婚娶而論財는夷虜之道也ㅣ라君子ㅣ不入其鄕ᄒᆞᄂᆞ니古者애男女之族이各擇德焉이오不以財爲禮ᄒᆞ더니라

《中說 事君》

●文中子가 말하였다. "시집가고 장가듦에 재물을 논함은 오랑캐의 도이다. 군자는 그 고을에 들어가지 않나니, 옛날에는 남자와 여자의 겨레가 각각 덕을 가렸고, 재물로써 예를 삼지 않았다."

漢字 虜(오랑캐 로, 포로 로), 婚(여자가 혼인할 혼), 娶(장가 들 취)

1 문중자(文中子, 584년~617년): 중국 수(隋)나라의 사상가로, 당(唐)나라 왕발(王勃)의 조부이다. 중국 허난[河南] 출신으로, 이름은 왕통(王通)이고, 자는 중엄(仲淹)이며, 시호는 문중자(文中子)이다. 어려서부터 준민(俊敏)하여 시·서·예·역(易)에 통달, 스스로 유자(儒者)임을 자부하고 강학(講學)에 힘을 쏟음으로써 문하에서는 당의 명신 위징(魏徵)·방현령(房玄齡) 등이 배출되었다. 문제(文帝)에게 《태평십책(太平十策)》을 상주하였으나 채택되지 않았고, 다음 양제(煬帝)로부터는 부름을 받았으나 응하지 않은 채 《문중자(文中子)》를 세상에 남겼다. 《당서(唐書)》와 《구당서(舊唐書)》에는 이렇게 전하나 청대(淸代)의 요제항

(姚際恒)이 《문중자》의 의경설(擬經說)을 주장하는 등 의견이 분분하여 송의 정자(程子)나 주자(朱子) 등은 그를 견유(犬儒)로 평가한다. 《문중자》는 《중설(中說)》이라고도 한다. 전(全) 10권으로, 왕도(王道)·천지(天地)·사군(事君)·주공(周公)·문역(問易)·예악(禮樂)·술사(述史)·위상(魏相)·입명(立命)·관랑(關朗)의 각 편이 있다. 왕도를 첫머리에 놓은 것은 문중자의 가르침이 소왕(素王: 왕위에는 있지 않으나 왕자의 덕을 갖춘 사람)을 계승하고 있기 때문이라고 말하고 있다. 이 책은 《논어(論語)》를 모방하여 대화의 형식으로 되어 있는데, 불교가 널리 성하였던 당시에 《논어》의 참뜻을 밝혔다는 점에서 높이 평가된다(두산백과).

2 혼취(婚娶): 시집가고 장가 듦. 유의어: 혼인(婚姻).

번소 文문中듕子ᄌᆞㅣ 닐오ᄃᆡ 혼인ᄒᆞ기예 쳔량 하며 져고믈 의론호ᄆᆞᆫ 되의 이리니 어딘 사ᄅᆞ미 그 ᄆᆞᄉᆞᆯ히 드러가디 아니ᄒᆞᄂᆞ니라 녜 남진 겨지븨 족친이 각각 어딘 덕을 ᄀᆞᆯᄒᆡ오 쳔량으로 례를 ᄒᆞ디 아니ᄒᆞ더니라

현대역 文中子가 이르되, "혼인하기에 재물이 많으며 적음을 의론함은 오랑캐의 일이니, 어진 사람이 그 마을에 들어가지 아니한다. 옛날 남편과 아내의 族親이 각각 어진 덕을 가리어, 재물로 예를 하지 아니하더니라."

족친(族親): 유복친(有服親) 안에 들지 않는, 같은 성을 가진 일가붙이. '유복친(有服親)'은 '복제(服制)에 따라 상복을 입어야 하는 가까운 친척'을 뜻한다.

소언 文문中듕子ᄌᆞ[隋슈ㄷ 적 션ᄇᆡ 王왕通통의 시회라]ㅣ ᄀᆞᆯ오ᄃᆡ 혼인에 ᄌᆡ믈 의론ᄒᆞ기ᄂᆞᆫ 오랑캐의 道도ㅣ라 君군子ᄌᆞㅣ 그 ᄆᆞ을ᄒᆡ 들어가디 아니ᄒᆞᄂᆞ니 녜 남진 겨집의 족뉘 각각 德덕을 ᄀᆞᆯᄒᆡ고 ᄌᆡ믈로ᄡᅧ 례믈ᄒᆞ디 아니ᄒᆞ더니라

현대역 文中子[隋 때 선비인 王通의 시호이다.]가 가로되, "혼인에 재물 의론하기는 오랑캐의 도이다. 군자가 그 마을에 들어가지 아니하니, 옛날 남편 아내의 族類가 각각 덕을 가리고, 재물로써 예물하지 아니하더니라."

족뉴ㅣ: 족류(族類)가. '족뉴(명사)+ㅣ(주격 조사)'이다. '족뉴'는 '일가(一家)붙이', '한집안에 속하는 겨레붙이'를 뜻한다..

【集說】陳氏曰文中子의姓은王이요名은通이요字는仲淹이니隋之大儒也라門人이私諡曰文中子라하니라南方曰夷요北方曰虜라不入其鄕은不與之共處也라德은謂男女之性行이요財謂男之聘財와女之資裝이라

진 씨가 말하였다. "문중자의 성은 王이요, 이름은 通이요, 자는 仲淹이니, 수나라의 큰 선비이다. 문인들이 사사로이 시호하여 문중자라 일렀다. 남쪽 방향 (오랑캐)을 夷라 부르고, 북쪽 방향 (오랑캐)을 虜라 부른다. 不入其鄕[그 고을에 들어가지 않음]은 그들과 더불어 함께 거처하지 않음이다. 德은 남녀의 성품과 행실을 이르고, 財는 남자의 맞이하는 재물과 여자의 혼수를 이른다."

漢字 淹(담글 엄, 적실 엄), 聘(맞을 빙, 부를 빙, 찾을 빙, 장가들 빙), 資(재물 자, 장만할 자), 裝(장만할 장, 차릴 장, 꾸밀 장)

1 빙재(聘財): 신랑이 신부 친정에게 증여하던 재물로, 견직물(絹織物), 수피(獸皮), 팔찌, 목걸이, 현금(現金) 등이 사용됨.
2 자장(資裝): 시집갈 때 가지고 가는 혼수(婚需).

〖四十一章〗

○早婚少聘은教人以偸ㅣ오妾媵無數는教人以亂이니且貴賤ㅣ有等ᄒᆞ니一夫一婦는庶人之職也ㅣ니라 《中說 魏相》

●일찍 혼인하고[시집가고] 어려서 아내를 맞이함[장가감은]은 사람에게 가벼움을 가르침이요, 첩과 잉첩이 셀 수 없음은 사람에게 어지러움을 가르침이다. 또 귀천에 등급이 있으니, 한 지아비에 한 지어미는 서인의 직분이다.

漢字 偸(가벼울 투, 훔칠 투), 媵(잉첩 잉, 줄 잉, 따라 보낼 잉), 數(셀 수)

번소 일 져머셔 혼인호믄 사ᄅᆞ믈 경박히 사오납게 ᄀᆞᄅᆞ츄미오 쳡을 수업시 호믄 사ᄅᆞ믈 어즈러우믈 ᄀᆞᄅᆞ츄미니 또 귀ᄒᆞᆫ 사ᄅᆞᆷ과 쳔ᄒᆞᆫ 사ᄅᆞ미 제등이 잇ᄂᆞ니 ᄒᆞᆫ 남진 ᄒᆞᆫ 겨집은 샹사ᄅᆞᄆᆡ 이리니라

현대역 일찍 어려서 혼인함은 사람을 輕薄히 나쁘게 가르침이요, 첩을 수없이 함은 사람을 어지러움을 가르침이니, 또 귀한 사람과 천한 사람이 여러 등급이 있으니, 한 남편 한 아내는 상사람의 일이니라.

1 경박히: 경박(輕薄)히. 언행이 신중하지 못하고 가볍게.
2 샹사ᄅᆞᄆᆡ: 상사람의. 서인(庶人)의. '샹사ᄅᆞᆷ(명사)+의(관형격 조사)'이다.

소언 일 혼인ᄒᆞ며 졈어셔 빙례홈은 사ᄅᆞᆷ을 투박홈오로ᄡᅥ ᄀᆞᄅᆞ침이오 妾쳡과 媵잉[혼인홀 제 조차온 쳡이라]이 數수ㅣ 업슴은 사ᄅᆞᆷ을 음란홈으로ᄡᅥ ᄀᆞᄅᆞ침이니 또 貴귀ᄒᆞᆫ 이와 賤쳔ᄒᆞᆫ 이 층이 이시니 ᄒᆞᆫ 남진 ᄒᆞᆫ 겨집은 샹ᄊᆞᄅᆞᆷ의 직분이니라

현대역 일찍 혼인하며 어려서 聘禮함은 사람을 투박(偸薄)함으로써 가르침이요, 첩과 잉(媵)[혼인할 때 쫓아온 첩이다.]이 수가 없음은 사람을 음란함으로써 가르침이니, 또 귀한 이와 천한 이 층이 있으니, 한 남편 한 아내는 상사람의 직분이니라.

1 빙례: 빙례(聘禮). 혼인의 예절.
2 투박홈오로ᄡᅥ: 투박(偸薄)함으로써. '투박ᄒᆞ(어간)+옴(명사형 어미)+오로(부사격 조사)+ᄡᅥ(부사격 조사)'이다. '투박ᄒᆞ다'는 '박정하고 불성실하다.'이다.
3 잉: 잉첩(媵妾). 예전에, 귀인에게 시집가는 여인이 데리고 가던 시첩(侍妾). 신부의 질녀와 여동생으로 충당하였다.

【集說】陳氏曰偸는薄也라媵은從嫁者라亂은眞氏謂內或陷子

弟於惡하고外或生僮僕之變이是也라等은謂妾媵之等數라

진 씨가 말하였다. "투(偸)는 가벼움이다. 잉(媵)은 시집올 때 따라온 자이다. 亂은 眞氏가 이르길, '안으로는 혹 자제를 악에 빠뜨리고, 밖으로는 혹 종들의 변을 일으킨다.'고 한 것이 이것이다. 等은 첩과 잉첩의 등급 수를 이른다."

漢字 薄(가벼울 박, 얇을 박), 僮(종 동, 아이 동), 僕(종 복), 等(등급 등)

등수(等數): 등급에 따른 수.

【四十二章】

○司馬溫公이曰凡議婚姻에當先察其壻與婦之性行과及家法何如ㅣ오勿苟慕其富貴니라 《溫公書儀》

●司馬溫公이 말하였다. "무릇 혼인을 의논함에 마땅히 먼저 그 사위와 며느리의 성품과 행실 및 가법이 어떠한가를 살필 것이요, 단지 그 부귀를 사모하지 말아야 한다.

漢字 苟(단지 구, 구차할 구, 진실로 구)

번소 司ᄉᆞ馬마溫온公공이 니ᄅᆞ샤ᄃᆡ 믈읫 혼인 의론호매 몬져 그 사회와 며느리의 텬셩과 힝뎍과 가무네 례법이 엇던고 ᄒᆞ야 ᄉᆞᆯ피고 그 가ᄉᆞ멸며 귀호믈 ᄒᆞᆫ갓 울워디 마롤 디니라

현대역 司馬溫公이 이르시되, "무릇 혼인 의론함에 먼저 그 사위와 며느리의 천성과 행적과 가문의 예법이 어떤가 하여 살피고, 그 부유하며 귀함을 한갓 우러르지 말 것이니라.

소언 司ᄉᆞ馬마溫온公공이 ᄀᆞᆯ오샤ᄃᆡ 믈읫 婚혼姻인 의론홈애 반ᄃᆞ시

몬져 그 사회와 다뭇 며느리의 텬셩과 힝실과 믿 집읫 法법이 엇더홈을 숣피고 그 가ᄋᆞ멸며 貴귀홈을 ᄒᆞᆫ갓 ᄉᆞ모티 말올 디니라

현대역 司馬溫公이 말씀하시되, "무릇 혼인 의론함에, 반드시 먼저 그 사위와 더불어 며느리의 천성과 행실 및 집의 법이 어떠함을 살피고, 그 부유하며 귀함을 한갓 思慕하지 말 것이니라.

ᄉᆞ모티: 사모(思慕)하지. 'ᄉᆞ모ᄒᆞ(어간)+디(보조적 연결어미)'이다. 'ᄉᆞ모ᄒᆞ다'는 '우러러 받들고 마음속 깊이 따르다.'를 뜻한다.

【增註】婦家曰婚이요婿家曰姻이라苟는但也라

며느리 집안을 婚이라 이르고, 사위 집안을 姻이라 이른다. 苟는 '다만'이다.

漢字 但(다만 단)

【集解】婚姻之道는不但擇婿婦之德이라尤須審其父祖以來之家法也니라

혼인의 도는 단지 사위와 며느리의 덕만을 가릴 뿐만 아니라, 더욱 모름지기 그 아버지 할아버지 이래의 가법을 살펴야 한다.

婿苟賢矣면今雖貧賤이나安知異時에不富貴乎ㅣ리오苟爲不肖ㅣ면今雖富盛이나安知異時에不貧賤乎ㅣ리오

● 사위가 진실로 어질면 지금은 비록 가난하고 천하나, 어찌 다른 때에 부하고 귀하지 않음을 알겠는가? 진실로 어질지 못함을 행한다면 지금은 비록 부하고 성하나, 어찌 다른 때에 가난하고 천하지 않음을 알겠는가?

漢字 安(어찌 안)

번소 사회 진실로 어딜면 이제 비록 가난ᄒᆞ고 미쳔ᄒᆞ야도 엇디 다룬

시져레 가ᄉᆞ멸며 귀티 아닐 주를 알리오 진실로 블쵸ᄒᆞ면 이제 비록 가ᄉᆞ며러 셩ᄒᆞ나 엇디 다룬 시져레 가난ᄒᆞ며 쳔티 아니홀 주를 알리오

현대역 사위 진실로 어질면 이제 비록 가난하고 미천하여도, 어찌 다른 시절에 부하며 귀하지 아니할 줄을 알리오. 진실로 불초하면 이제 비록 부하여 성하나, 어찌 다른 시절에 가난하며 천하지 아니할 줄을 알리오.

소언 사회 진실로 어딜면 이제 비록 가난ᄒᆞ고 미쳔ᄒᆞ나 엇디 다룬 시졀에 가ᄋᆞ멸며 貴귀티 아닐 줄을 알리오 진실로 不블肖쵸ᄒᆞ면 이제 비록 가ᄋᆞ멸고 盛셩ᄒᆞ나 엇디 다룬 시졀에 가난ᄒᆞ며 미쳔티 아닐 줄을 알리오

현대역 사위 진실로 어질면 이제 비록 가난하고 미천하나, 어찌 다른 시절에 부하며 귀하지 아니할 줄을 알리오. 진실로 불초하면 이제 비록 부하고 성하나, 어찌 다른 시절에 가난하며 미천하지 아니할 줄을 알리오.

【增註】此는言婿之性行을當察也라苟는誠也라

이는 사위의 성품과 행실을 마땅히 살펴야 함을 말하였다. 苟는 '진실로'이다.

漢字 誠(진실로 성)

婦者는家之所由盛衰也ㅣ니苟慕一時之富貴而娶之ᄒᆞ면彼ㅣ挾其富貴ᄒᆞ야鮮有不輕其夫而傲其舅姑ᄒᆞ야養成驕妬之性이니異日爲患이庸有極乎ㅣ리오

● 며느리라는 사람은 집안의 흥하고 쇠함이 말미암는 바이니, 다만 한때의 부하고 귀함을 사모하여 그에게 장가들면[며느리로 맞으면], 저[며느리]가 그 부하고 귀함을 껴서[藉勢하여] 그 지아비를 가벼이 여기고 그 시부모를 업신여겨, 교만하고 시샘하는 성품을 양성하지 않음이 있기 드무니, 다른

날에 근심이 됨이 어찌 다함이 있겠는가?

漢字 挾(낄 협), 庸[어찌 용=豈(기), 쓸 용, 어리석을 용], 極(마칠 극)

번소 며느리ᄂᆞᆫ 가무니 글로셔 셩ᄒᆞ며 쇠ᄒᆞᄂᆞ니 ᄒᆞᆫ갓 일시예 가ᅀᆞ멸며 귀호믈 울워러 겨집 사ᄆᆞ면 뎨 가ᅀᆞ멸며 귀호믈 미더 그 남지를 가ᄇᆡ야이 너기며 그 싀어버ᅀᅵ를 므더니 너기디 아니리 져거 교만ᄒᆞ며 새음ᄒᆞᄂᆞᆫ 셩을 길워 일우리니 후에 해로오미 엇디 그지 이시료

현대역 며느리는 가문이 그것[며느리]으로서 성하며 쇠하니, 한갓 일시에 부하며 귀함을 우러러 아내 삼으면, 저가 부유하며 귀함을 믿어 그 남편을 가벼이 여기며 그 시부모를 소홀히 여기지 아니할 이 적어, 교만하며 샘하는 성품을 길러 이루리니, 후에 해로움이 어찌 끝이 있으리오.

남지: 남편. 원문 '鮮有不輕其夫'에서 '夫'에 대한 번역이다. 《소학언해》는 '지아비'로 번역하였다. 따라서 '남지'는 '남진'의 오자인 듯하다,

소언 며느리ᄂᆞᆫ 집의 말ᄆᆡ아마 盛셩ᄒᆞ며 衰쇠ᄒᆞᄂᆞᆫ 배니 ᄒᆞᆫ갓 一일時시예 가옴열며 貴귀홈을 ᄉᆞ모ᄒᆞ야 어드면 뎨 그 가옴열며 貴귀홈을 ᄢᅧ셔 그 남진을 가ᄇᆡ야이 너기며 그 싀어버이를 업슈이너겨 교만ᄒᆞ며 새옴ᄒᆞᄂᆞᆫ 性셩을 길워 일우디 아니리 젹으니 다른 날애 환란 되옴이 엇디 그지 이시리오

현대역 며느리는 집이 말미암아 성하며 쇠하는 바이니, 한갓 일시에 부하며 귀함을 사모하여 얻으면, 저가 그 부하며 귀함을 껴서 그 남편을 가벼이 여기며 그 시부모를 업신여겨, 교만하며 샘하는 성품을 길러 이루지 아니할 이 적으니, 다른 날에 환란 됨이 어찌 끝이 있으리오.

ᄢᅧ셔: 껴서. 남의 힘을 빌리거나 이용하여. 'ᄢᅧ(어간)+어셔(연결어미)'이다. '-어셔'는 끝음절의 모음이 'ㆍ, ㅏ, ㅗ'가 아닌 동사, 형용사 어간 뒤에 붙어, '-어서'를 뜻하는 연결어미이다. 衛護ᄂᆞᆫ 둘어 더브러셔 護持ᄒᆞᆯ씨라.《석상 9:40》, 阿育王이

塔올 ᄒᆞ마 이르ᅀᆞᆸ고 幡을 몯 ᄃᆞ라셔 病ᄒᆞ야 누버셔 虛空애 비로ᄃᆡ 부톄 靈ᄒᆞ거시든 애 情誠을 ᄉᆞᆯ피쇼셔 ᄒᆞ니.《석상 24:32》. 'ᄢᅵ다'는 15세기 문헌에서부터 나타나, 16세기까지 이 형으로만 보인다. 그러다가 17세기에 어두자음군이 사라지면서 'ᄢᅵ-'의 초성에서 'ㅂ'이 탈락한 'ᄭᅵ-' 형과 원래의 어형인 'ᄢᅵ-' 형이 함께 나타난다[이때 'ᄣᅵ-'로 나타나기도 했는데, 이는 'ᄭᅵ-'의 다른 표기이다.]. 그리고 19세기에 'ㄱ'의 된소리 표기가 'ᄭ'에서 'ㄲ'으로 바뀜에 따라 '끼-'로 나타나면서 'ᄭᅵ-'와 '끼-'가 공존하였다. 이후 '끼-'로 정착하면서 현재에 이르렀다. ᄢᅵ다(15세기～17세기)〉ᄭᅵ다(17세기～19세기)〉끼다(19세기～현재). 紅顔인 저긔 서리와 이스리 階砌와 門의 어렛거든 되 ᄆᆞᆯ ᄐᆞ고 그륜 활 ᄢᅵ고 시울 울여 虛히 쏘디 아니ᄒᆞ다라.《1481 두시-초 8:59ㄱ》, 智伯의 豫讓이 위ᄒᆞ야 원슈를 갑고져 ᄒᆞ야 지은 사ᄅᆞᆷ이 되여 匕首를 ᄢᅵ고 襄子ㅅ宮 가온ᄃᆡ 들어 뒷간의 ᄒᆞᆰ ᄇᆞᄅᆞ거ᄂᆞᆯ.《1587 소언 4:31ㄱ》

【增註】**此**는**言婦之性行**을**當察也**라**婦賢則家道盛**하고**不賢則家道衰**라**故**로**曰所由盛衰**라하니라

이는 며느리의 성품과 행실을 마땅히 살펴야 함을 말함이다. 며느리가 어질면 집안의 도가 성하고, 어질지 못하면 집안의 도가 쇠한다. 그러므로 所由盛衰[성하고 쇠함이 말미암는 배]라 이름이다.

借使因婦財以致富ᄒᆞ며**依婦勢以取貴**라도**苟有丈夫之志氣者**ㅣ면**能無愧乎**아

●가령 아내의 재산에 인하여 써 부에 이르며, 아내의 세력에 의지하여 귀함을 취하더라도, 진실로 장부의 의지와 기개가 있는 자이면, 능히 부끄러움이 없겠는가?"

漢字 **借**(가령 차, 빌릴 차)

차사(借使): 가령.

번소 가령 겨지븨 쳔량을 가져셔 가ᄋᆞ멸며 겨지븨 셰를 의거ᄒᆞ야 귀히 도욀디라도 진실로 댱부의 ᄠᅳᆮ과 긔우니 이슐딘댄 능히 붓그러우미 업스려

현대역 가령 아내의 재물을 가져서 부하며 아내의 勢를 의거하여 귀히 될지라도, 진실로 장부의 뜻과 기운이 있을진댄, 능히 부끄러움이 없으리오."

이슐딘댄: 있을진댄. '이시(어간)+우(대상 표시법 선어말어미)+ㄹ(관형사형 어미)+ᄃᆞ(의존명사)+이(서술격 조사 '이다'의 어간)+ㄴ대(연결어미)+ㄴ(보조사)'이다. '-우-'는 '-오-'의 이형태로, 대상 표시법 선어말어미이다. 'ㄹ+ᄃᆞ+이+ㄴ대+ㄴ'이 '-ㄹ딘댄'으로 재구조화되어, 현대국어 '-ㄹ진댄'으로 이어진다. '-ㄹ진댄'은 '-ㄹ진대'에 보조사 'ㄴ'이 결합한 말로, '-ㄹ진대'를 강조한다. '-ㄹ진대'는 '이다'의 어간, 받침 없는 용언의 어간, 'ㄹ' 받침인 용언의 어간 또는 어미 '-으시-' 뒤에 붙어, 앞 절의 일을 인정하면서, 그것을 뒤 절 일의 조건이나 이유, 근거로 삼음을 나타내는 연결어미이다. 장중한 어감을 띤다. 論語에 닐오ᄃᆡ 工匠바지ㅣ 이ᄅᆞᆯ 이대코져 ᄒᆞᆯ딘댄 반ᄃᆞ기 몬져 그 그르슬 ᄂᆞᆯ나게 ᄒᆞᄂᆞ니라 ᄒᆞ니라(論語云 工欲善其事 必先利其器).《원각 서:80》, 輪廻ᄅᆞᆯ 免코져 ᄒᆞᆯ딘댄 부텨 求홈 ᄀᆞᆮᄒᆞ니 업스니라 ᄒᆞ다가 부텨 求코져 ᄒᆞᆯ딘댄 부톄 곧 이 ᄆᆞᅀᆞ미니 ᄆᆞᅀᆞᄆᆞᆯ 엇뎨 머리 어ᄃᆞ료(欲免輪廻 莫若求佛 若欲求佛 佛卽是心 心何遠覓).《목우 2》.

소언 가셜 ᄒᆞ여곰 겨집의 ᄌᆡ믈을 因인ᄒᆞ야 ᄡᅥ 가ᄋᆞᆷ여름을 닐위며 겨집의 勢셰를 의거ᄒᆞ야 ᄡᅥ 貴귀홈을 어ᄃᆞᆯ디라도 진실로 丈댱夫부의 ᄠᅳᆮ과 긔운을 둔ᄂᆞᆫ 이면 能능히 붓그러움이 업스랴

현대역 假設, 하여금 아내의 재물을 인하여 써 부함을 이르며 아내의 세를 의거하여 써 귀함을 얻을지라도, 진실로 장부의 뜻과 기운을 두는 이면 능히 부끄러움이 없으랴."

가셜: 가설(假設). 실제로 없는 것을 있는 것으로 침. 유의어: 가령((假令).

【集說】陳氏曰富貴有命하여不可必得이니假使因依於婦而得之인들豈丈夫之所爲乎아

진 씨가 말하였다. "부하고 귀함은 운수가 있어, 반드시 얻을 수는 없으니, 가령 아내에 인해 의지하여 그것을 얻은들, 어찌 장부가 할 바이겠는가?"

漢字 命(운수 명), 假(가령 가, 빌릴 가)

가사(假使): 가정하여 말하여. 유의어: 가령(假令). 가약(假若).

〖四十三章〗

○安定胡先生이曰嫁女를必須勝吾家者ㅣ니勝吾家則女之事人이必欽必戒니라娶婦를必須不若吾家者ㅣ니不若吾家則婦之事舅姑ㅣ必執婦道ㅣ니라 《宋名臣言行錄》

●安定 胡 선생이 말하였다. "딸 시집보냄을 반드시 모름지기 내 집안보다 나은 자일 것이니, 내 집안보다 나으면 딸이 사람을 섬김이 반드시 공경하고 반드시 경계할 것이다. 며느리 맞이하기를 반드시 모름지기 내 집안만 같지 못한 자일 것이니, 내 집안만 같지 못하면 며느리가 시부모 섬김이 반드시 며느리의 도를 지킬 것이다."

漢字 勝(나을 승, 이길 승), 欽(공경할 흠), 執(지킬 집, 잡을 집)

호원(胡瑗, 993년~1059년): 북송(北宋) 태주(泰州) 해릉(海陵, 강소성 泰縣) 사람이다. 또는 여고(如皐) 사람이라고도 한다. 자는 익지(翼之)고, 세칭 안정 선생(安定先生)으로 불린다. 인종(仁宗) 경우(景祐) 초에 아악(雅樂)을 다시 제정하고, 경술(經術)로 범중엄(范仲淹)의 초빙을 받아 소주부학(蘇州府學) 교수(教授)를 지냈다. 완일(阮逸)과 함께 종률(鐘律)을 교정하고 종경(鐘磬)을 제작했다. 호주(湖州)에서 교수(教授)로 있었는데, 제자가 수백 명에 이르렀다. 가르칠 때 원칙이 있었고, 규장제도(規章制度)를 모두 갖추었다. 경력(慶曆) 때 태학(太

學)이 중흥하자 즉시 그 법을 채택했다. 태학박사(太學博士)와 태자중윤(太子中允) 등을 역임했다. 황우(皇祐) 연간에 국자감직강(國子監直講)으로 옮겼는데, 무리가 대단히 많아 예부(禮部)에서 선비를 뽑을 때면 열에 네다섯 명은 그의 제자였다. 가우(嘉祐) 초에 천장각대제(天章閣待制)에 발탁되고, 태학을 맡았다. 태상박사(太常博士)로 치사(致仕)했다. 손복(孫復), 석개(石介)와 함께 학문을 강마하고 인의예악(仁義禮樂)을 제창하여 '송초삼선생(宋初三先生)'이라 불렸다. 당시의 부화(浮華)한 문풍(文風)을 반대하고 경의(經義)와 시무(時務)를 강조했으며, 육경을 바탕으로 삼아 명체달용지학(明體達用之學)을 주장했다. 성명(性命)에 대한 견해를 개진하여 송나라 이학(理學)의 발전에 선구적 역할을 했다. 고례(古禮)를 중시함으로써 정주학파의 예학 연구에 직접적인 영향을 미쳤다. 가정(嘉靖) 10년(1531) 공묘(孔廟)에 배향되어 선유호자(先儒胡子)로 일컬어졌다. 저서에 《논어설(論語說)》·《홍범구의(洪範口義)》·《주역구의(周易口義)》·《춘추구의(春秋口義)》·《황우신악도기(皇祐新樂圖記)》 등이 있다(중국역대인명사전).

번소 安안定뎡 胡호 先션生싱이 니ᄅᆞ샤ᄃᆡ ᄯᆞᆯ 남진 얼유믈 모로매 내 집두곤 더으니로 홀 디니 내 집두곤 더으면 ᄯᆞ리 남진 셤교믈 반ᄃᆞ시 공경ᄒᆞ며 반ᄃᆞ시 조심ᄒᆞ리라 며느리 어두믈 모로매 내 집만 몯ᄒᆞ니를 홀 디니 내 집만 몯ᄒᆞ면 며느리 싀어버ᅀᅵ 셤교믈 반ᄃᆞ시 며느리의 도리로 ᄒᆞ리라

현대역 安定 胡 선생이 이르시되, "딸을 남편(에게) 혼인함을 모름지기 내 집보다 더한 이로 할 것이니, 내 집보다 더하면 딸이 남편 섬김을 반드시 공경하며 반드시 조심하리라. 며느리 얻음을 모름지기 내 집만 못한 이를 할 것이니, 내 집만 못하면 며느리 시부모 섬김을 반드시 며느리의 도리로 하리라."

더으면: 더하면. '더으(어간)+면(연결어미)'이다. '더으다'는 '더하다'의 옛말이다. 五年을 改過 몯ᄒᆞ야 虐政이 날로 더을ᄊᆡ 倒戈之日에 先考ㆆ ᄠᅳᆮ 몯 일우시니(五年罔悛 虐政日深 倒戈之日 莫遂考心).《용가 12장》, 열 히 ᄃᆞ욼 ᄀᆞ장 조료ᄅᆞᆯ

滅이라 ᄒᆞ고 열 ᄒᆡ로셔 도로 더어 가ᄃᆡ 아ᄃᆞ리 아비 나해셔 곱기곰 사라 八萬 ᄒᆡ 다ᄋᆞᆯ ᄀᆞ장 더우믈 增이라 ᄒᆞᄂᆞ니.《월석 1:47》

소언 安안定뎡 胡호 先션生ᄉᆡᆼ[일훔은 瑗원이니 安안定뎡은 디명이라 宋송 적 사ᄅᆞᆷ이라]이 골오ᄃᆡ ᄯᆞᆯ 혼인홈을 반ᄃᆞ시 모롬애 내 집두곤 나ᄋᆞᆫ 이로 홀 디니 내 집두곤 나으면 ᄯᆞᆯ이 남진 셤굠이 반ᄃᆞ시 공경ᄒᆞ며 반ᄃᆞ시 조심ᄒᆞᄂᆞ니라 며느리 어둠을 반ᄃᆞ시 모롬애 내 집만 ᄀᆞᆮ디 몯ᄒᆞᆫ 이를 홀 디니 내 집만 ᄀᆞᆮ디 몯ᄒᆞ면 며느리 싀어버이 셤굠이 반ᄃᆞ시 며느리의 도리ᄅᆞᆯ 잡아 ᄒᆞᄂᆞ니라

현대역 安定 胡 선생[이름은 瑗이니, 安定은 지명이다. 宋 때 사람이라.]이 가로되, "딸 혼인함을 반드시 모름지기 내 집보다 나은 이로 할 것이니, 내 집보다 나으면 딸이 남편 섬김이 반드시 공경하며 반드시 조심하느니라. 며느리 얻음을 반드시 모름지기 내 집만 같지 못한 이를 할 것이니, 내 집만 같지 못하면 며느리 시부모 섬김이 반드시 며느리의 도리를 잡아 하느니라."

【集說】陳氏曰安定은地名이라先生의名은瑗이요字는翼之니泰州人이라欽은欽敬이요戒는戒謹이라吳氏曰女婦之性은大率畏慕富盛而厭薄貧賤이니라

진 씨가 말하였다. "安定은 땅이름이다. 선생의 이름은 瑗이요, 자는 翼之니, 태주 사람이다. 欽은 공경함이요, 戒는 경계하여 삼감이다." 오 씨가 말하였다. "부녀의 본성은 대개 부하고 성함을 두려워하고 사모하며, 가난하고 천함을 싫어하고 박하게 여긴다."

漢字 瑗(구슬 원), 翼(날개 익, 공경할 익), 欽(공경할 흠), 敬(공경할 경), 率(대개 솔, 따를 솔, 거느릴 솔, 비율 률, 우두머리 수, 장수 수)

대솔(大率): 대강, 대개, 대략, 대체로.

〖四十四章〗

○ 或ㅣ問孀霜婦를於理예似不可取通作娶下同니如何오伊川先生이曰然ᄒᆞ다凡取ᄂᆞᆫ以配身也ㅣ니若取失節者ᄒᆞ야以配身ᄒᆞ면是ᄂᆞᆫ己失節也ㅣ니라 《二程全書 遺書》

● 혹자가 물었다. "과부를 도리에, 가히 아내로 맞지 못할 듯하니(取는 娶와 통하여 쓰니, 아래도 같다.), 어떠합니까?" 이천 선생이 말하였다. "그러하다. 무릇 아내로 맞음은 써 몸[자신]을 짝함이니, 만약 절개 잃은 자를 아내로 맞아 써 몸[자신]을 짝하면, 이는 자기가 절개를 잃음이다."

漢字 孀(과부 상)

1 상부(孀婦): 과부.
2 청상(青孀): 청상과부(青孀寡婦), 즉, 젊은 과부.

번소 호기 무루ᄃᆡ 홀어미롤 겨집 사모미 ᄉᆞ리예 올티 아니ᄒᆞᆫ ᄃᆞᆺᄒᆞ니 엇더ᄒᆞᆫ고 伊이川쳔 先션生싱이 니ᄅᆞ샤ᄃᆡ 올타 믈읫 겨집 사모믄 내 모매 짜기 ᄃᆞ외ᄂᆞᆫ 거시니 만이레 뎡졀 일흔 거슬 겨집 사마 내 모매 짜골 도외에 ᄒᆞ면 이ᄂᆞᆫ 내 모미 뎡졀을 일ᄂᆞᆫ 디니라

현대역 혹자가 묻되, "홀어미를 아내 삼음이 사리에 옳지 아니한 듯하니, 어떠한가?" 이천 선생이 이르시되, "옳다. 무릇 아내 삼음은 내 몸에 짝이 되는 것이니, 만일에 정절 잃은 것을 아내 삼아 내 몸에 짝을 되게 하면, 이는 내 몸이 정절을 잃는 것이니라."

홀어미: 남편을 잃고 혼자 자식을 키우며 사는 여자. 현대국어 '홀어미'의 옛말인 'ᄒᆞ올어미'는 15세기 문헌에서부터 나타난다. 'ᄒᆞ올어미'는 명사 'ᄒᆞ올'과 '어미'가 결합한 합성어이다. 'ᄒᆞ올'이 15세기 이래로 '호올', '호을'을 거쳐 '홀'이 되었으므로 'ᄒᆞ올어미'도 이러한 변화과정을 거쳤을 것으로 추정된다. 그러나 문헌상으로 '*호올어미' 형태는 확인되지 않는다. 'ᄒᆞ올'이 '호올'이 된 것은 제2음절의 모음

'ㅗ'의 영향으로 제1음절의 모음 '·'가 원순모음 'ㅗ'로 동화된 것이고, '호올'이 '호을'이 된 것은 모음 중복을 피하기 위한 일종의 이화현상이며, '호을'이 '홀'이 된 것은 음절이 축약된 것이다. 현대국어와 같은 형태인 '홀어미'는 16세기 문헌에 등장하면서부터 현재에 이르렀다. ᄒᆞ올어미(15세기~17세기)〉호을어미(16세기)〉홀어미(16세기~현재). ᄒᆞ올어미와 뭀 盜賊괘 오ᄂᆞᆳ날 ᄀᆞᆮ디 아니터니 天下애 술위와 글월왜 ᄀᆞᄌᆞ히 ᄒᆞᆫ 지비러니라.《1481 두시-초 15:22ㄴ》, 남지니 죽거늘 제 아비 일 홀어미 도윈 줄 어엿비 너겨 남진 얼유려 ᄒᆞ거늘.《1514 속삼 열:16ㄱ》

소언 或혹이 무로ᄃᆡ 홀어미ᄅᆞᆯ 도리예 可가히 겨집 삼디 몯ᄒᆞᆯ ᄃᆞᆺᄒᆞ니 엇더뇨 伊이川쳔 先션生ᄉᆡᆼ이 ᄀᆞᆯᄋᆞ샤ᄃᆡ 그러ᄒᆞ다 믈읫 겨집 어둠은 ᄡᅧ 몸ᄋᆞᆯ ᄧᅡᆨ홈이니 만일 節졀 일흐니ᄅᆞᆯ 어더 ᄡᅧ 몸ᄋᆞᆯ ᄧᅡᆨᄒᆞ면 이ᄂᆞᆫ 몸이 節졀을 일홈이니라

현대역 혹자가 묻되, "홀어미를 도리에 가히 아내 삼지 못할듯하니 어떠하냐?" 이천 선생이 말씀하시되, "그러하다. 무릇 아내 얻음은 써 몸을 짝함이니, 만일 정절 잃은 이를 얻어 써 몸을 짝하면, 이는 몸이 정절을 잃음이니라."

엇더뇨: 어떠하냐. '엇더+뇨'이다. 의문문에는 상대방에게 가부(可否)를 요구하는 판정의문문과 의문사를 써서 설명을 요구하는 설명의문문이 있다. 중세국어에서 제1·3인칭 판정의문문에서는 체언에 의문 보조사를 붙이는 경우에는 「체언+의문 보조사 '가/아'」의 형태이고, 활용형에서는 「용언+종결어미 '니여/녀, 리여/려'」의 형태이다. 제1·3인칭 설명의문문에서는 체언에 의문 보조사를 붙이는 경우에는 「체언+의문 보조사 '고/오'」의 형태이고, 활용형에서는 「용언+종결어미 '뇨/료'」의 형태이다. 한편 제2인칭 의문문은 판정의문문과 설명의문문 공히 「용언의 관형사형 '-ㄴ/-ㅭ'+의문 보조사 '다'」의 형태이다. 이밖에 수사의문문의 어미로서 '-이ᄯᆞᆫ', '-이ᄯᆞ녀', '-이ᄯᆞ니잇가'도 쓰였다. 여기서 '엇더'는 '어찌, 어떠[何]'의 뜻이다. 化樂天에 엇더 업스리잇가.《월석 23:68》, 엇더 시르믈 ᄒᆞ시ᄂᆞ니잇고.《월석 10:4》. 본 예는 ᄒᆞ라체 제1·3인칭 설명의문문이다.

【集解】娶婦는共承宗廟하여以傳嗣續이니若娶失節者하여爲配하면則與己之失節로同矣니라

아내를 맞음은 함께 종묘를 받들어 써 嗣續을 전함이니, 만약 절개 잃은 자를 아내로 맞아 짝을 삼으면, 자기도 절개 잃음[잃은 자]과 더불어 같다.

漢字 嗣(이을 사, 자손 사), 續(이을 속)

사속(嗣續): 대를 이음. 또는 대를 이를 아들.

又問或有孤孀이貧窮無託者ㅣ어든可再嫁否아曰只是後世예怕寒餓死故로有是說ᄒᆞ니然이나餓死事ᄂᆞᆫ極小ᄒᆞ고失節事ᄂᆞᆫ極大ᄒᆞ니라

● 또 물었다. "혹 외로운 과부가 빈궁하여 의탁함이 없는 자가 있으면, 가히 다시 시집갈 수 있습니까[可], 없습니까[否]?" 말하였다. "단지 이는 후세에 춥고 굶어죽을까 두려우므로, 이런 말이 있음이다. 그러나 굶어죽는 일은 지극히 작은 것이고, 절개를 잃는 일은 지극히 큰 것이다."

漢字 託(의탁할 탁, 붙을 탁), 怕(두려울 파, 배댈 박, 머무를 박, 조용할 박, 얇을 박)

번소 ᄯᅩ 무로ᄃᆡ 힝여 어버ᅀᅵ 업고 홀어미 도외여 가난ᄒᆞ고 의탁ᄒᆞᆯ ᄃᆡ 업스니 잇거든 다시 남진어루미 올ᄒᆞᆯ가 만가 니ᄅᆞ샤ᄃᆡ ᄒᆞᆫ갓 후셰예 치우며 주려 주구믈 저허호모로 이 마리 잇ᄂᆞ니 그러ᄒᆞ나 주려 주글 이른 ᄀᆞ장 젹고 뎡졀 일ᄂᆞᆫ 이른 ᄀᆞ장 크니라

현대역 또 묻되, "행여 어버이 없고 홀어미 되어 가난하고 의탁할 데 없는 이 있거든, 다시 시집감이 옳을까 말까?" 이르시되, "한갓 후세에 추우며 굶주려 죽음을 두려워함으로 이 말이 있으니 그러하나, 굶주려 죽을 일은 가장 적고[적은 일이고] 정절 잃는 일은 가장 크니라[큰일이니라]."

1 남진어루미: 시집감이. '남진어르(어간)+움(명사형 어미)+이(주격 조사)'이다. '남진어르다'는 '시집가다'를 뜻한다. 그 後에사 놀애 브르며 춤 츠며 롱담ᄒᆞ야 남진어르기를 ᄒᆞ며.《월석 1:44》, 겨지븐 남진의 지블 제 집 사ᄆᆞᆯ싀 남진어루믈 도라가다 ᄒᆞᄂᆞ니라.《내훈 2:3》

2 만가: 말까. '말(어간)+ㄴ(관형사형 어미)+가(의문 보조사)'이다. '-ㄴ가'는 의문사가 없는 판정의문문에 쓰여, 간접의문문을 만든다. '-ㄴ가'가 어간에 바로 붙으면 '-ㄴ가'로, 선어말어미 '-ᄂᆞ-', '-더-', '-리-'를 앞세우면 각각 'ᄒᆞᄂᆞᆫ가', 'ᄒᆞ던가', '홀까(*ᄒᆞ린가)'가 된다. 安은 便安ᄒᆞᆯ씨오 否는 便安티 아니ᄒᆞᆯ씨니 安否는 便安ᄒᆞ신가 아니ᄒᆞ신가 ᄒᆞ논 마리라.《석상 11:4》, 도ᄌᆞ긴가 너기며 모딘 귀써신가 너겨 두리여 헤ᄃᆞ다가.《석상 11:34》.

소언 또 무로ᄃᆡ 혹 외로온 홀어미 이셔 가난ᄒᆞ고 窮궁ᄒᆞ야 의탁ᄒᆞᆯ ᄃᆡ 업ᄉᆞᆫ 이어든 可가히 두 번 남진븓트리잇가 말링잇가 ᄀᆞᄅᆞ샤ᄃᆡ 오직 이 後후世셰예 치우며 주려 죽음을 저흔 故고로 이 말이 인ᄂᆞ니 그러나 주려 죽ᄂᆞᆫ 일ᄋᆞᆫ ᄀᆞ장 젹고 節졀 일ᄂᆞᆫ 일은 ᄀᆞ장 크니라

현대역 또 묻되, "혹 외로운 홀어미 있어 가난하고 궁하여 의탁할 데 없는 이거든, 가히 두 번 시집가겠습니까, 말겠습니까?" 말씀하시되, "오직 이 후세에 추우며 주려 죽음을 두려워하는 고로 이 말이 있으니, 그러나 주려 죽는 일은 가장 적고 정절 잃는 일은 가장 크니라."

1 남진븓트리잇가: 시집가겠습니까. '남진븓ㅌ(어간)+으(매개모음)+리(추측법 선어말어미)+잇(존비법 ᄒᆞ쇼셔체 선어말어미)+가(의문형 종결어미)'이다. ᄒᆞ쇼셔체 판정의문문이다. '남진븓다'는 '시집가다'의 옛말로, 어간 일부인 ㅌ이 중철 표기된 형태이다. 《번역소학》이나 《소학언해》에는 중철 표기가 매우 흔하게 보이니, '세간닉', '곁틔', '겯트로', '겯틧', '믿틔' 등이 그것이다. 또한 존비법의 ᄒᆞ쇼셔체에 해당하는 선어말어미에는 '-이-'와 '-잇-'이 있다. 전자는 평서형 종결어미 '-다' 앞에 나타나고[ᄒᆞ+ᄂᆞ+이+다], 후자는 의문형 종결어미 '-니…가' 사이에 나타난다[ᄒᆞᄂᆞ+니+잇+가]. ᄉᆡᆼ심이나 어이 남기고 머그리잇가 ᄂᆞᆺ출 보쇼셔.《첩신-초 3:11》, 안ᄌᆞ라 니ᄅᆞ시니 술올 양이 업서이다 우리 이를 禮예 삼ᄉᆞ오리잇가.《첩신-초 3:8》

2 말링잇가: 말겠습니까. '말(어간)+리(추측법 선어말어미)+잇(존비법 ᄒᆞ쇼셔체 선어말어미)+가(의문형 종결어미)'이다. ᄒᆞ쇼셔체 판정의문문이다. '말-'은 '말다'의 어간이고, '-링잇가'는 '-리잇가'와 같은 표현으로, '-겠습니까'를 뜻하는 어미이다. 그 ᄢᅴᄂᆞᆫ 병이 됴ᄒᆞᆯ 일도 잇ᄉᆞ올 ᄡᅥ시니 아니 뵈오링잇가.《첩신-초 2:5~6》, 예셔 보매 잔을 남기ᄂᆞᆫ가 시버 뵈니 이 잔으란 브ᄃᆡ 다 자ᄋᆞᆸ소 엇디 남기링잇가.《첩신-초 3:5》

【集解】**餓死極小**는**謂人誰不死**리오**欲求守節**이**有甚於求生也**라**失節極大**는**謂失身再嫁**하면**中心羞愧**하여**無以自立於天地之間**이니**雖生**이나**何益哉**리오

餓死極小[굶어죽음은 지극히 작은 것임]는 사람이 누구인들 죽지 않겠는가? 절개 지키기를 구하고자 함이 삶을 구하는 것보다 심함이 있음을 이름이다. 失節極大[절개 잃음이 지극히 큰 것임]는 몸[절개]을 잃어 다시 시집가면, 마음속이 부끄러워, 써 스스로 하늘과 땅 사이에 설 수 없으니, 비록 산들 어찌 유익하겠는가를 이름이다.

〖四十五章〗

○**顔氏家訓**에**曰婦**는**主中饋**라**唯事酒食似衣服之禮耳**니**國不可使預政**이며**家不可使幹蠱**ㅣ니**如有聰明才智識達古今**이라두**正當輔佐君子**ᄒᆞ야**勸其不足**이니**必無牝**毗忍反**鷄晨鳴**ᄒᆞ야**以致禍也**ㅣ니라 《顔氏家訓》

●《안씨가훈》에 말하였다. "부인은 집안에서 공궤(供饋)함을 주로 한다. 오직 술과 밥과 의복의 예를 일삼을 뿐이니, 나라에서는 하여금 정치에 참예할 수 없고, 가정에서는 하여금 간고(幹蠱)할 수 없으니, 만약 귀 밝고 눈 밝으며 재주 있고 지혜로워서 고금을 알아 통달함이 있더라도, 바로 마땅히

남편을 보좌하여, 그[君子] 부족함을 권해야 하니, 반드시 암탉이 새벽에 울어 써 화에 이름이 없어야 한다."

漢字 饋[공궤할 궤, 음식 올릴 궤, 보낼 궤, 권할 궤, 먹일 궤, 식사 궤], 預(참여할 예, 미리 예), 幹(주간할 간, 몸 간, 줄기 간), 蠱(일 고, 독 고, 벌레 고, 좀먹을 고, 어지러울 고), 牝(암컷 빈)

1 공궤(供饋): 음식을 줌.
2 간고(幹蠱): 아들이 아버지의 실패한 사업을 회복함. 전(轉)하여 일을 주간함.

번소 顔안氏시 가문 ᄀᆞᄅᆞ치ᄂᆞᆫ 글워릐 닐오ᄃᆡ 겨지븐 집안해셔 음식ᄒᆞ기를 젼쥬ᄒᆞ야 오직 수리며 바비며 의복ᄒᆞᄂᆞᆫ 례도를 일사ᄆᆞᆯ ᄯᆞᄅᆞ미니 나라힌 졍ᄉᆞ애 참예티 몯게 ᄒᆞ며 지븨셔ᄂᆞᆫ 이를 읏듬ᄒᆞ여 몯ᄒᆞ게 홀 거시니 만이레 총명ᄒᆞ며 ᄌᆡ조 이시며 디혜로와 녜며 이제 이를 ᄉᆞᄆᆞᆺ 알리 이셔도 맛당이 남진을 도와 그 브죡ᄒᆞᆫ 이를 권홀 만ᄒᆞ면 반ᄃᆞ시 암ᄐᆞᆯ기 새배 우러 ᄌᆡ화ᄅᆞᆯ 닐위유미 업스리라

현대역 안 씨 가문 가르치는 글월에 이르되, "아내는 집안에서 음식하기를 專主하여 오직 술이며 밥이며 의복하는 예도를 일삼을 따름이니, 나라에는 정사에 참예(參預)하지 못하게 하며, 집에서는 일을 으뜸을 삼아 못하게 할 것이니, 만일에 총명하며 재주가 있으며 지혜로워 옛적이며 이제 일을 꿰뚫어 알 리 있어도, 마땅히 남편을 도와 그 부족한 일을 권할 만하면, 반드시 암탉이 새벽에 울어 災禍를 이루게 함이 없으리라."

1 젼쥬ᄒᆞ야: 전주(專主)하여. 혼자서 일을 주관하여.
2 참예티: 참예(參預)하지. 어떤 일에 끼어들어 관계하지.
3 ᄉᆞᄆᆞᆺ: 꿰뚫어. 이 말은 'ᄉᆞᄆᆞᆺᄒᆞ다[꿰뚫다]'의 어간이 부사로도 쓰였던 것으로 보인다. 光明이 世界를 ᄉᆞᄆᆞᆺ 비취샤 三世옛 이를 아ᄅᆞ실씨 부텨시다 ᄒᆞᄂᆞ닝다.《석상 6:18》(현대역: 광명이 세계를 꿰뚫어 비추셔서 삼세의 일을 아시기 때문에 부처이시다 하는 것입니다.), 두 늘그늬 骨髓를 ᄉᆞᄆᆞᆺ 보닌댄(見徹二老 骨髓者).《몽법 32》(현대역: 두 늙은이의 골수를 꿰뚫어 볼진대.), 生類ㅅ 根元을

ᄉᆞᄆᆞᆺᄒᆞ야 本類中에 난 根元이 나ᄐᆞ닌뎌(窮生類本 於本類中 生元露者 觀彼幽淸圓擾動元).《능엄 10:5》(현대역: 생류의 근원을 꿰뚫어 본류 중에 난 근원이 나타난 것이구나.)

4 ᄌᆡ화: 재화(災禍). 재앙(災殃)과 화난(禍難).

소언 顔안氏시家가訓훈에 ᄀᆞᆯ오ᄃᆡ 겨집은 안해셔 음식ᄒᆞ기를 젼쥬ᄒᆞᆯ 디라 오직 술이며 밥이며 衣의服복ᄒᆞᄂᆞᆫ 례도를 일삼ᄋᆞᆯ ᄯᆞᄅᆞᆷ이니 나라ᄒᆡ 미가히 ᄒᆞ여곰 졍ᄉᆞᄅᆞᆯ 참예케 몯ᄒᆞᆯ 거시며 집의 미가히 ᄒᆞ여곰 일을 젼쥬케 몯ᄒᆞᆯ 디니 만일 聰총明명ᄒᆞ며 ᄌᆡ조로오며 디혜로와 디식이 녜며 이제ᄅᆞᆯ ᄉᆞᄆᆞᆺᄎᆞ리 이셔도 正졍히 맛당이 君군子ᄌᆞ[君군子ᄌᆞᄂᆞᆫ 남진이라]ᄅᆞᆯ 도와 그 不블足죡ᄒᆞᆫ ᄃᆡᄅᆞᆯ 勸권ᄒᆞᆯ만 ᄒᆞᆯ 디니 반ᄃᆞ시 암ᄃᆞᆰ이 새배 울어 ᄡᅧ ᄌᆡ화ᄅᆞᆯ 닐위욤이 업스리니라

현대역 《안씨가훈》에 가로되, "아내는 안에서 음식하기를 전주할 것이라. 오직 술이며 밥이며 의복하는 예도를 일삼을 따름이니, 나라에 가히 하여금 정사를 참예하게 못할 것이며, 집에 가히 하여금 일을 전주하게 못할 것이니, 만일 총명하며 재주 있으며 지혜로워 지식이 옛날이며 이제를 사뭇 통달하고 있어도, 진정으로 마땅히 군자[군자는 남편이다.]를 도와 그 부족한 데를 권할만할 것이니, 반드시 암탉이 새벽에 울어 써 재화를 이르게 함이 없으리니라."

업스리니라: 없으리니라. '없(어간)+으(매개모음)+리(추측법 선어말어미)+니라(평서형 종결어미)'이다. '-으리니라'는 'ㄹ'을 제외한 받침 있는 용언의 어간 뒤에 붙어, 해라할 자리에 쓰여, 진리나 으레 있는 사실을 추측하여 일러 줄 때에 쓰는 어미이다. 곧 날이 밝으리니라.

【增註】進食曰饋니居中饋食을婦人主之라幹은猶主也요蠱는事也라牝鷄晨鳴은婦人預政幹蠱之喩也니婦人이預政幹蠱하면則有敗亡之禍矣니라

음식을 올림을 饋라 이르니, 안에 거하여 음식을 올림을 부인이 그것을 주관한다. 간(幹)은 주로 함과 같다. 고(蠱)는 일이다. 牝鷄晨鳴[암탉이 새벽에 욺]은 부인이 정치에 참여하고 일을 주간함을 비유함이니, 부인이 정치에 참여하고 일을 주간하면 패하고 망하는 화가 있다.

〚四十六章〛

○江東婦女는略無交遊ᄒᆞ야其婚姻之家ㅣ或十數年間애未相識者ㅣ오唯以信命贈遺로致慇懃焉ᄒᆞᄂᆞ니라 《顔氏家訓》

●江東의 부녀들은 약간도 사귀어 놂이 없어, 그 혼인한 집안끼리도 혹 십 수 년 동안에 서로 알지 못하는 자요, 오직 信命과 贈遺로써 慇懃함에 이른다.

漢字 略(간략할 략), 命(분부 명, 줄 명), 贈(보낼 증), 遺(끼칠 유), 慇(은근할 은), 懃(은근할 근)

1 강동(江東): 춘추전국시대의 오나라와 월나라 지역을 달리 이르던 이름. 양쯔강(揚子江) 동쪽의 땅인 데서 유래하였다.
2 신명(信命): 서신과 전언.
3 증유(贈遺): 선물.
4 은근(慇懃): 야단스럽지 아니하고 꾸준함.

번소 江강東동 ᄯᅡᇂ 겨집ᄃᆞᆯ흔 잠ᄭᅡᆫ도 사괴여 노뉴미 업서 그 혼인ᄒᆞᆫ 지비 혹 여라믄 ᄒᆡᆺ ᄉᆞ이예 서르 보디 아니ᄒᆞ야 오직 유뮈며 보낼 거스로 위곡ᄒᆞᆫ ᄠᅳ들 알외더라

현대역 강동 땅의 아내들은 잠깐도 사귀어 놂이 없어, 그 혼인한 집이 혹 十餘 해의 사이에 서로 보지 아니하여, 오직 편지며 보낼 것으로 委曲한 뜻을 알리더라.

1 여라ᄆᆞᆫ: 여남은. 열이 조금 넘는 수의. 현대국어 '여남은'의 옛말인 '열나ᄆᆞᆫ'은 15세기 문헌에서부터 나타난다. '열나ᄆᆞᆫ'은 '열+남+ᄋᆞᆫ'으로, '십'의 의미인 '열'과 '넘다'라는 뜻을 가진 '남-', 관형사형 어미 '-ᄋᆞᆫ'이 결합된 것이다. '열나ᄆᆞᆫ'에서 '나ᄆᆞᆫ'은 일종의 접미사로 볼 수 있다. '열나ᄆᆞᆫ'은 16세기 국어에서부터 두 가지 변화가 일어난다. 하나는 제2음절 치조음 'ㄴ' 앞에서 제1음절 치조음 'ㄹ'이 탈락하는 현상과 제2음절 이하에서 'ㆍ'가 'ㅡ'로 바뀌는 현상이다. 이 두 변화가 때로는 한 가지만, 때로는 두 가지 모두 적용되어 다양한 이형태가 나타난다. '여나ᄆᆞᆫ'은 첫째 변화만, '열나믄'은 두 번째 변화만, '여나믄'은 두 가지 모두 적용되어 나타난 어형이다. 16세기 이후에는 이들 변이형태들이 섞여 나타나다가, 20세기에 들어 '여남은'만이 쓰이기 되었다. 본 예 '여라ᄆᆞᆫ'은 '여나ᄆᆞᆫ'의 이형태이다. 그를 보내요ᄆᆞ로브터 ᄒᆞ마 여라ᄆᆞᆫ 히오.《두시-초 11:5》, 우루믈 그치디 아니ᄒᆞ더니 이리호미 여라ᄆᆞᆫ 열흐레 病勢 ᄒᆞ마 歇커늘(其間復撫柩哀臨不輟 如此十有餘旬 疫勢既歇).《내훈 3:43》. '열나ᄆᆞᆫ'에서 '나ᄆᆞᆫ'은 의존명사 '남짓'과 같은 뜻을 지니고 있다. '남짓'은 수량을 나타내는 말 뒤에 쓰여, 크기·수효·부피 따위가 어느 한도에 차고 조금 남는 정도임을 나타내는 말이다. 현대국어 '남짓'의 옛말인 '남ᄌᆞᆨ'은 15세기 문헌에서부터 나타난다. 16세기 이후 제2음절 이하의 'ㆍ'가 'ㅡ'로 변화함에 따라, 17세기에는 '남즉'이 나타난다. 그리고 20세기에는 '남짓'으로 나타나 현재에 이르렀다. 15세기의 '남ᄌᆞᆨ'은 '*남ᄌᆞᆺ'과 공존했을 것으로 추정되는데, '남ᄌᆞᆨ'과 파생 관계에 있는 '남ᄌᆞᆨᄒᆞ다'와 '남ᄌᆞ기'가 각각 '남ᄌᆞᆺᄒᆞ다', '남ᄌᆞ시'와 같이 제2음절 종성이 'ㅅ'인 형태를 보이기 때문이다. 따라서 현재의 '남짓'은 '*남ᄌᆞᆺ'에서 변화한 '*남즛'이 근대국어 시기에 'ㅈ' 아래의 'ㅡ'가 'ㅣ'로 변화하는 전설모음화의 영향으로 '남짓'으로 나타난 것으로 추정된다. 남ᄌᆞᆨ(15세기~17세기)〉남즉(17세기)〉남짓(20세기~현재). 이형태: 남ᄌᆞᆨ, 남ᄌᆞᆨ. 十里 남ᄌᆞᆨ 갈 만ᄒᆞ야 千戶ㅣ 梁氏ㅅ게 나ᅀᅡ간대.《1460년경 삼강-런던 열:22》, 믈 ᄒᆞᆫ 사발 브ᅀᅥ 달히니 반 남ᄌᆞᆨ 되어든.《1542 분문 26ㄱ》

2. 위곡ᄒᆞᆫ: 위곡(委曲)한. 찬찬하고 자세한.

소언 江강東동[디명이라] 녀편네ᄂᆞᆫ 잠싼도 사괴여 놀옴이 업서 그 婚혼姻인ᄒᆞᆫ 집이 或혹 여라ᄆᆞᆫ ᄒᆡᆺ ᄉᆞ이예 서르 아디 몯ᄒᆞ고 오직 유무 뎐갈이며 주어 기티기로뻐 殷은懃근홈을 닐위ᄂᆞ니라 현대역 강동[지명이다.] 여편네는 잠깐도 사귀어 놂이 없어 그 혼인한 집이 혹 여나믄 해의 사이에 서로 알지 못하고 오직 편지 전갈(傳喝)이며 주어 남김으로써 은근(慇懃)함을 이루느니라.

1 여편(女便)네: 결혼한 여자를 낮잡아 이르는 말.
2 뎐갈: 전갈(傳喝). 사람을 시켜 말을 전하거나 안부를 물음. 또는 전하는 말이나 안부.
3 은근홈: 은근(慇懃)함. '은근ᄒᆞ(어간)+옴(명사형 어미)'이다. '은근ᄒᆞ다'는 '겉으로 나타내지는 아니하지만 속으로 생각하는 정도가 깊고 간절하다.'를 뜻한다.

【增註】略無交遊는絶不與外人往還也라信命以言하고贈遺以物하니皆所以通慇懃之意라

略無交遊[약간도 사귀어 놂이 없음]는 절대로 외인과 더불어 가고 오지 않음이다. 信命은 말로써 하고, 贈遺는 물건으로써 하니, 모두 은근한 뜻을 통하는 바이다.

鄴下風俗은專以婦持門戶ᄒᆞ야爭訟曲直ᄒᆞ며造請逢迎ᄒᆞ며代子求官ᄒᆞ며爲夫訴屈ᄒᆞᄂᆞ니此ㅣ乃恒代遺風乎ㄴ뎌

● 업하(鄴下)의 풍속은 오로지 부녀로써 門戶를 가져[유지하여], 굽음과 곧음을 다투어 송사하며, 나아가 청하며 만나 맞이하며, 아들을 대신하여 벼슬을 구하며, 지아비를 위하여 굽음을 하소연하니, 이는 곧 恒과 代의 남겨진 풍속이구나.

漢字 鄴(땅이름 업), 持(가질 지, 유지할 지), 造(나아갈 조), 逢(만날 봉), 迎(맞이할 영), 訴(하소연할 소), 屈(굽을 굴, 굽힐 굴), 恒(항상 항)

1 문호(門戶): 대대로 내려오는 그 집안의 사회적 신분이나 지위.
2 조청(造請): 밖에서 사람을 뵘.
3 봉영(逢迎): 집에서 손님을 맞이함.

번소 鄴업下하 ᄯᅡ 풍쇽은 젼혀 겨지브로 가문을 디녯게 ᄒᆞ야 외며 올호믈 숑ᄉᆞᄒᆞ며 ᄂᆞᆷ 뵈여 쳥ᄒᆞ며 손ᄃᆞᆯ 간방ᄒᆞ며 ᄌᆞ식 위ᄒᆞ야 벼슬ᄒᆞ기를 소쳥ᄒᆞ며 남진 위ᄒᆞ야 민망ᄒᆞᆫ 이를 발괄ᄒᆞᄂᆞ니 이ᄂᆞᆫ 恒ᄒᆞᆼ과 代ᄃᆡ ᄯᅡᄒᆡ 기튼 사오나온 풍쇽인뎌

현대역 업하(鄴下) 땅 풍속은 전혀[오로지] 아내로 가문을 지니게 하여, 그르며 옳음을 송사하며, 남 뵈어 청하며, 손님들 뜻을 맞추어 주며, 자식 위하여 벼슬하기를 訴請하며, 남편 위하여 憫惘한 일을 청원하니, 이는 恒과 代 땅의 남은 나쁜 풍속이구나.

1 간방ᄒᆞ며: 남의 뜻을 맞추어 주며. 원문 '造請逢迎'이 《번역소학》에서는 'ᄂᆞᆷ 뵈여 쳥ᄒᆞ며 손ᄃᆞᆯ 간방ᄒᆞ며'로, 《소학언해》는 '나아가 뵈며 마자 ᄃᆡ졉ᄒᆞ며'로 번역되어 있다. 그런데 《번역소학》의 '간방ᄒᆞ며'가 다른 책에서는 예를 찾아볼 수 없다. 따라서 '逢迎'으로 보아, '남의 뜻을 맞추어 줌'으로 풀고자 한다.

2 소쳥ᄒᆞ며: 소청(訴請)하며. 하소연하여 청하며.

3 민망ᄒᆞᆫ: 민망(憫惘)한. 보기에 답답하고 딱하여 안타까운.

4 풍쇽인뎌: 풍속이구나. '풍쇽(명사)+이('이다'의 어간)+ㄴ뎌(감탄형 종결어미)'로 분석된다. '-ㄴ뎌'는 어간이나 어미 뒤에 붙어, '-구나'를 뜻하는 어미이다. 슬프다 녯 사ᄅᆞᄆᆡ 마ᄅᆞᆯ 아디 몯ᄒᆞ논뎌(悲哉 不悟昔人言).《남명 하:30》, ᄒᆞ나 아닌 다ᄅᆞᆫ 敎ᄅᆞᆯ 내시ᄂᆞ니 어긔요ᄃᆡ 다ᄅᆞ디 아니ᄒᆞ닌 오직 聖人ㅅ 마리신뎌(吐不一之殊教 乖而不可異者 其惟聖言乎).《영가 하:36》

소언 鄴업下하[디명이라]앳 風풍俗쇽은 오로 겨집으로ᄡᅥ 집을 잡피여 굽으며 곧옴을 ᄃᆞ토와 숑ᄉᆞᄒᆞ며 나아가 뵈며 마자 ᄃᆡ졉ᄒᆞ며 아ᄃᆞᆯ을 代ᄃᆡᄒᆞ야 벼슬ᄋᆞᆯ 求구ᄒᆞ며 남진을 위ᄒᆞ야 민망홈을 하ᄂᆞ니 이 恒ᄒᆞᆼ과 代ᄃᆡ[다 디명이니 燕연太태子ᄌᆞ 丹단이 겨집 ᄡᅳ며 사ᄅᆞᆷ 뫼호던 ᄃᆡ라]예 기틴 풍쇽인뎌

현대역 업하[지명이라.]의 풍속은 온전히 아내로써 집을 잡게 하여, 굽으며 곧음을 다투어 송사하며, (밖에) 나아가 뵈며 (안에) 맞아 대접하며, 아들을

대신하여 벼슬을 구하며, 남편을 위하여 憫惘함을 참소하니, 이 항과 대[다 지명이니, 연태자(燕太子) 丹이 계집 꾸며 사람 모이게 하던 데라.]에 남긴 풍속이구나.

연태자 단(燕太子丹, ?~기원전 226년): 연왕(燕王) 희(喜)의 아들로, 마지막 태자이다. 성은 희(姬)요, 휘는 단(丹)이다. 태자 희단은 어린 시절을 조(趙)나라에 볼모로 간 적이 있었는데 그때 진(秦)나라 안국공(安國君, 孝文王)의 아들 영이인(嬴異人, 嬴子楚, 莊襄王)도 볼모로 와 있었다. 그리고 영이인이 아들 영정(嬴政, 秦始皇)을 낳자, 연 태자 희단은 영정을 친동생처럼 아끼고 보살폈다. 기원전 251년에 9살이 된 영정은 여불위(呂不韋)의 도움으로 태자가 된 영이인과 함께 진나라로 돌아갔고, 희단도 얼마 후 연나라로 돌아왔다. 그리고 10여 년이 지난 후, 13살의 영정은 진나라의 왕으로 즉위하였고, 연왕 희는 당시 절대 강국이던 진과의 화친을 위해 태자 희단을 다시 진나라에 볼모로 보냈다. 진나라에 볼모로 간 희단은 진왕 영정을 만나자 매우 반가워했는데, 진왕은 희단을 볼모 중 한 사람으로 취급하였다. 힘든 볼모생활을 견디기 어려워 희단은 여러 차례 귀국을 요청했지만, 진왕은 '烏頭白馬生角[까마귀 머리가 희게 변하고, 말에 뿔이 생긴다]' 하면 허락하겠다며 귀국 요청을 거부하였다. 결국 태자 희단은 기원전 233에 연나라로 도망쳤다. 태자 희단은 진나라에 적개심이 있었다. 진나라 장군 왕전(王翦)이 초나라를 무너뜨리고 왕전의 아들 왕분(王賁)이 연나라를 공략하였다. 연나라 태자 희단은 연나라가 위험에 처하자 진시황을 암살하려고 위나라 출신의 자객 형가(荊軻)와 연나라 장수 진무양(秦舞陽)을 진나라에 보냈다. 형가는 본래 노구천을 대동할 생각이었으나, 태자 희단의 천거로 진무양을 대동했다. 번오기(樊於期)는 진나라 장수로, 진시황의 출생 비밀에 의혹을 제기하며 반란한 남자이다. 번오기는 진시황의 공격을 피하여 연나라로 도망쳤다. 연나라는 진나라의 공격을 막으려고 협상을 시도하고, 진나라는 번오기의 수급을 가져오라고 했다. 형가는 번오기의 수급을 가지고 진시황을 접견했다. 이 순간에 진무양은 진시황을 보자마자, 겁을 집어먹어 벌벌 떨기 시작하였다. 진무양은 13세에 사람을 죽이고도 당당했던 남자로 알려져 있었으나 실제로는 겁이 많았다. 진무양이 겁을 집어먹고 벌벌 떨자, 진시황은 상황을 눈치 챘으나, 형가가 임기응변으로 대처하였다. 진시황을 만난 형가는 진시황에게 지도를 보여주며 지도 안에 숨겨둔 비수로 공격하려고 하였으나, 들켜 다급해진 형가는 칼로 시황제를 공격하고자 하였으나, 그의 옷깃만을 베었다. 진시황은 겨우 칼을 꺼내 형가를 베었고, 형가는 마지막으로 칼을 던졌으나 구리 기둥에 맞아 암살을 실패하였다. 진시황은 형가와 진무양은 그 자리에서 죽였다. 진시황은 형가의 암살사건을 계기로 연나라를 상대로 삼아 대규모 전쟁을 시작하였다. 10개월 만에 연나라의 수도가 함락되고 연왕 희와 태자 희단은 요동으로 도망쳤다. 진나라가 연나라 잔존 세력을 계속 추격하자 연왕 희는 전쟁의 발단이 된 태자 희단을 죽이고 그 수급을 진시황에게 바쳤다. 하지만 진시황은 요동까지 연나라 잔존 세력을 추격하여 연나라를 멸망시켰다. 이상의 내용은 《통감절요(通鑑節要)》 〈후진기(後秦紀)〉 기사(己巳, 진왕 정 15년, 기원전 233년)에서 갑술(甲戌, 진왕 정 20년, 기원전 227년)까지에서 찾아볼 수 있다.

【集說】陳氏曰鄴下는古之相州라造請은謁人於外요逢迎은謂延客於家라恒代는燕趙之間地名이라

진 씨가 말하였다. "업하는 옛날의 相州이다. 造請은 밖에서 사람을 뵘이요, 逢迎은 집에서 손님을 맞이함을 이른다. 恒과 代는 연나라와 조나라 사이의 땅 이름이다."

漢字 謁(뵐 알), 延(맞이할 연, 이끌 연)

【集成】陳氏曰千里不同風하니其氣有剛柔하고百里不同俗하니其習有善惡하니라

진 씨가 말하였다. "천리에는 풍조가 같지 않으니, 그 기질이 강하고 부드러움이 있어서요, 백리에는 습속이 같지 않으니, 그 익힘이 착하고 악함이 있어서다.

【四十七章】

○夫有人民而後에有夫婦ᄒᆞ고有夫婦而後에有父子ᄒᆞ고有父子而後에有兄弟ᄒᆞ니一家之親은此三者而已矣니自茲以往오로至于九族히皆本於三親焉ᄒᆞ니故로於人倫에爲重也ㅣ니不可不篤이니라 《顔氏家訓》

●무릇 人民이 있은 뒤에 부부가 있고, 부부가 있은 뒤에 부자가 있고, 부자가 있은 뒤에 형제가 있으니, 한 집안의 친함은 이 세 가지일 뿐이니, 이로부터 나아가 九族에 이르기까지 모두 三親에 근본한다. 그러므로 인륜에 중요함이 되니, 가히 두텁게 하지 않으면 안 된다.

漢字 茲(이 자)

1 인민(人民): 국가를 구성하고 있는 자연인.
2 구족(九族): 고조・증조・조부・부친・자기・아들・손자・증손・현손까지의 동종(同宗) 친족을 통틀어 이르는 말. 자기를 본위로 직계친은 위로 4대 고조, 아래로 4대 현손에 이르기까지이며, 방계친은 고조의 4대손이 되는 형제・종형제・재종형제・삼종형제를 포함한다. 유의어: 구속(九屬).
3 삼친(三親): 가장 친한 세 가지 관계. 부부, 부자(父子), 형제 사이의 관계를 이른다.
4 이후(以後): 이제부터 뒤. 유의어: 이후(而後), 이왕(以往).

번소 사ᄅᆞ미 이신 후에ᅀᅡ 남진 겨집이 잇고 남진 겨집이 이신 후에ᅀᅡ 어버ᅀᅵ ᄌᆞ식이 잇고 어버ᅀᅵ ᄌᆞ식 이신 후에ᅀᅡ 형뎨 잇ᄂᆞ니 ᄒᆞᆫ 집안해 친ᄒᆞᆫ 거ᄉᆞᆫ 이 세 ᄡᆞᄅᆞ미니 일로브터 九구族족애 니르히 다 이 세 가짓 친ᄒᆞᆫ ᄃᆡ 믿드ᄃᆡ엿ᄂᆞ니 이런도로 人신倫륜에 듕ᄒᆞ니 후히 아니티 몯홀 거시니라

현대역 사람이 있은 후에야 남편 아내가 있고, 남편 아내가 있은 후에야 어버

이 자식이 있고, 어버이 자식 있은 후에야 형제 있으니, 한 집안에 친한 것은 이 세 따름이니, 이로부터 九族에 이르도록 다 이 세 가지의 친한 데 근본으로 삼아있으니, 이런 까닭으로 인륜에 중하니, 두터이 아니하지 못할 것이니라.

믿드ᄃᆡ엿ᄂᆞ니: 근본으로 삼아있으니. '믿드ᄃᆡ(어간)+여(보조적 연결어미)+잇(在, '잇다'의 어간)+ᄂᆞ(직설법 선어말어미)+니(연결어미)'이다. 완료상은 보조적 연결어미 '-아/어'와 보조형용사 '잇다[在]'의 결합으로 표현된다. 그런데 '잇-'이 본동사와 한 음절을 이룰 때 이미 15세기에 'ㅣ'가 탈락되어 '여+ㅅ→엿'으로 나타나는 일이 많았고, 이것이 완료상을 표현한다. 뎌 王ᄃᆞᆯ히 一切 有情의그에 慈悲心ᄋᆞᆯ 내야 가도앳던 사ᄅᆞᆷ 노ᄏᆞ 알ᄑᆡ 니르던 양다히 뎌 藥師瑠璃光如來ᄅᆞᆯ 供養ᄒᆞᅀᆞᄫᆞ면.《석상 9:33》, 福ᄋᆞᆯ 닷가 하ᄂᆞᆯ해 나앳다가 福이 다ᄋᆞ면 도로 ᄂᆞ리ᄂᆞ니라.《월석 1:42》. '믿드ᄃᆞ다'는 대문 '皆本於三親焉'이 《번역소학》에서는 '다 이 세 가짓 친ᄒᆞᆫ ᄃᆡ 믿드ᄃᆡ엿ᄂᆞ니'로, 《소학언해》는 '다 이 세 가짓 親친에 믿드ᄃᆡ연ᄂᆞ니'로 번역되어 있다. 그런데 《번역소학》과 《소학언해》의 '믿드ᄃᆡ엿ᄂᆞ니'나 '믿드ᄃᆡ연ᄂᆞ니'가 사전에 잡혀있지 있다. 따라서 원문의 '本'에 맞추어, '밑을 디디었으니', 즉 '근본으로 삼아있으니'로 풀고자 한다. 현대국어 '디디다'의 옛말인 '드듸다'는 15세기 문헌에서부터 나타난다. '드듸다'는 제2음절 모음 'ㅢ'가 'ㅣ'로 변화하고, 제1음절 모음 'ㅡ'가 'ㅣ'로 변화하여 20세기 이후 '디디다'로 나타나 현재에 이르렀다. 16세기의 '드ᄃᆡ다'는 '드듸다'의 제2음절 모음 'ㅢ'가 'ㆎ'로 나타난 것이다. 드듸다(15세기~19세기)〉디디다(20세기~현재). 이형태: 드듸다, 드ᄃᆡ다. 蓮花ㅅ 고지 나거늘 世尊이 드듸샤 四方 向ᄒᆞ샤 周行七步ᄒᆞ시니.《1447 월곡 8ㄱ》, 손이 조차 층을 드ᄃᆡ여 발ᄋᆞᆯ 모도와 거름을 니어 ᄡᅥ 올오ᄃᆡ.《1588 소언 2:69ㄱ》

소언 사ᄅᆞᆷ이 이신 後후에 남진 겨집이 잇고 남진 겨집 이신 後후에 어버이 ᄌᆞ식이 잇고 어버이 ᄌᆞ식 이신 後후에 兄형弟뎨 인ᄂᆞ니 一일家가의 親친ᄒᆞᆫ 이ᄂᆞᆫ 이 세 ᄯᆞᄅᆞᆷ이니 일로브터 ᄡᅥ 가모로 九구族족[고조로시 현손ᄭᆞ장 아홉 ᄃᆡ예 결권당 통ᄒᆞ야 닐옴이라]애 니르히 다 세 가짓 親친에 믿드ᄃᆡ연ᄂᆞ니 그러모로 人인倫륜에 重듕홈이 되니

可가히 후히 아니티 몯홀 디니라

[현대역] 사람이 있은 후에 남편 아내가 있고, 남편 아내 있은 후에 어버이 자식이 있고, 어버이 자식 있은 후에 형제 있으니, 일가의 친한 이는 이 세 따름이니, 이로부터 써 감으로 구족[고조로부터 현손까지 아홉 대에 방계 친척 통틀어 이름이다.]에 이르기까지 다 세 가지의 친한 데 근본으로 삼았으니, 그러므로 인륜에 중함이 되니, 가히 厚히 아니하지 못할 것이니라.

1 고조로시: 고조(高祖)로부터. '고조(명사)+로시(조사)'이다. '로시'는 '로부터'의 뜻이므로, '고조로셔'의 오자인 듯하다. 如來로셔 世尊애 니르리.《석 9:3》
2 후(厚)히: 마음 씀씀이나 태도가 너그럽게.

【集說】陳氏曰三親은夫婦父子兄弟也요九族은高曾祖父己身子孫曾玄九者及旁親也라篤은厚也라三親이於人倫爲重하니不厚면則無所不薄矣니라

진 씨가 말하였다. "三親은 부부, 부자, 형제요, 九族은 고조, 증조, 조, 부, 자신, 자, 손, 증손, 현손의 아홉 가지 및 방계친족이다. 篤은 두터움이다. 삼친이 인륜에 중요함이 되니, (이들에게) 두텁게 하지 않으면 얇지[박하지] 않는 바가 없다."

兄弟者는分形連氣之人也ㅣ니方其幼也애父母ㅣ左提右挈ᄒᆞ며前襟後裾ᄒᆞ야食則同案ᄒᆞ며衣則傳服ᄒᆞ며學則連業ᄒᆞ며遊則共方ᄒᆞ니雖有悖亂之人이라도不能不相愛也ㅣ니라

● 형제라는 사람은 몸을 나누되 기운을 이은 사람이니, 바야흐로 그 어릴 때에 부모가 왼쪽에서 끌고 오른쪽에서 끌며, (형제가) 앞에서 옷깃하고 뒤에서 옷자락하며, 먹은즉 밥상을 함께 하고, 입은즉 옷을 전하며, 배운즉 학업을 잇고, 논즉 방향을 함께 하니, 비록 어그러지고 어지럽히는 사람이 있더라도, 능히 서로 사랑하지 않을 수 없다.

漢字 連(이어질 련), 提(끌 제, 들 제, 거느릴 제), 挈(끌 설), 襟(옷깃 금), 裾(옷자락 거), 案(밥상 안, 책상 안), 悖(어그러질 패)

번소 형뎨ᄂᆞᆫ ᄒᆞᆫ 얼굴로셔 ᄂᆞᆫ화 ᄒᆞᆫ 긔운이 니ᅀᅥᆺᄂᆞᆫ 사ᄅᆞ미니 져머신 제 어버ᅀᅵ 왼소ᄂᆞ로 형을 자브며 올ᄒᆞᆫ소ᄂᆞ로 아ᅀᆞᆯ 잇들며 형은 앒프로 어버싀 옷기즐 잡고 아ᅀᆞᆫ 뒤호로 어버싀 옷기ᄉᆞᆯ글 잇드러 바블 ᄒᆞᆫ 상의 머그며 오ᄉᆞᆯ 서르 밧고와 니브며 글 ᄇᆡ홀 제 동혹ᄒᆞ며 노뉴믈 ᄒᆞᆫ 고ᄃᆡ ᄒᆞᄂᆞ니 비록 사오나온 사ᄅᆞ미라도 서르 ᄉᆞ랑티 아니리 업스니라

현대역 형제는 한 형체로서 나누어 한 기운이 이어있는 사람이니, 어렸을 때 어버이 왼손으로 형을 잡으며 오른손으로 아우를 이끌며, 형은 앞으로 어버이의 옷깃을 잡고 아우는 뒤로 어버이의 옷자락을 이끌어, 밥을 한 상에 먹으며 옷을 서로 바꾸어 입으며, 글 배울 때 동학하며 놂을 한 곳에 하니, 비록 나쁜 사람이라도 서로 사랑하지 아니할 이 없느니라.

1 잇들며: 《소학집주》의 '父母左提右挈'이 《번역소학》에서는 '어버ᅀᅵ 왼소ᄂᆞ로 형을 자브며 올ᄒᆞᆫ소ᄂᆞ로 아ᅀᆞᆯ 잇들며'로, 《소학언해》는 '父부母모ㅣ 왼 녁 겯ᄐᆞ로 잡고 올ᄒᆞᆫ 녁 겯ᄐᆞ로 들며'로 번역되어 있다. 그런데 《번역소학》의 '잇들며'는 《소학집주》의 '설(挈)'이나 《소학언해》의 '잡고'와 견주어 볼 때 '잇글며'의 오기로 보인다. 따라서 '잇글며'로 보아, '이끌며'로 풀고자 한다.

2 옷기즐: 옷깃을. '옷깆(명사)+을(목적격 조사)'이다. '옷깆'은 '윗옷에서 목둘레에 길게 덧붙여 있는 부분'을 말한다. 원문의 '前襟後裾'를 《번역소학》과 《소학언해》 모두 '襟'은 '옷깆', '옷깃'으로, '裾'는 '옷기ᄉᆞᆰ', '옷기슭'으로 번역하였다. '옷깆'은 15세기 문헌에서부터 나타난다. '옷깆'은 명사 '옷'과 '깆'의 합성어이다. 제2음절 말에 'ㅈ'을 갖는 '옷깆'은 15세기까지 주로 나타나고, 16세기부터는 제2음절 말에 'ㅅ'이 나타나는 '옷깃'으로 나타난다. 17세기 문헌 중 15세기 문헌을 중간한 《두시언해》에서는 제2음절 말에 'ㅈ'을 갖는 '옷깆'이 보인다. '옷깃'은 근대를 거쳐 현재까지 이르게 되었다. 옷깆(15세기~17세기)>옷깃(16세기~현재). 領은 옷기지오 袖ᄂᆞᆫ ᄉᆞ밋 그티라.《1463 법화 1:31ㄴ》, 옷기슬

글거 두드러 堂당ᄋᆡ 오ᄅᆞ실 저긔 모ᄆᆞᆯ 구피ᄃᆞ시 ᄒᆞ시며.《1518 번소 3:4ㄴ》

3 옷기슭: 옷자락. 옷의 아래로 드리운 부분. 裔 옷기슭 예.《신합 하:57》, 두 손ᄋᆞ로 옷술 잡아 옷기슭기 ᄒᆞᆫ 자만 ᄡᅳ게 ᄒᆞ며 옷술 헤여디게 말며(兩手摳衣去齊尺 衣毋撥).《소언 2:59》, 옷기슭을 거두들어 堂ᄋᆡ 오ᄅᆞ실ᄉᆡ 몸ᄋᆞᆯ 굽피ᄃᆞ시 ᄒᆞ시며 긔운을 갈므샤 숨을 쉬디 아니ᄂᆞᆫ ᄃᆞ시 ᄒᆞ더시다(攝齊升堂 鞠躬如也 屛氣 似不息者).《소언 2:39》. 물론 '옷기슭'과 같은 뜻을 지닌 '옷자락'도 존재했었다. 현대국어 '옷자락'의 옛말은 '오ᄌᆞ락'으로, 15세기 문헌에서부터 나타난다. '오ᄌᆞ락'은 명사 '옷'과 다른 어휘의 결합인 것은 분명하고, 이후 형태인 '옷쟈락'과도 상당한 관련을 맺고 있는 듯 보이나 더 이상 분석이 힘든 어휘이다. 다만 중세국어 시기에 다른 'ㅅ'계 어두자음군과는 달리 'ㅆ'만이 된소리였을 가능성이 높은데, 그 이유는 'ㅅ'과 'ㅈ'이 모두 치조음이라는 데서 그 이유를 찾을 수 있다. 'ㅅ'과 'ㅈ'의 연쇄가 발음이 어려웠다면 '옷'의 'ㅅ'이 제2요소의 'ㅈ'의 연쇄를 피하기 위해 탈락했을 가능성도 고려할 수 있을 것이다. 그러나 'ㆍ'가 소실되지 않은 16세기 초에 '쟈락'으로 나타나는 어휘가 15세기에 'ᄌᆞ락'으로 나타나는 것은 여전히 해결되지 않는 문제이다. 이후 시기에도 'ㅅ'과 'ㅈ'의 연쇄가 된소리로 발음되더라도 '옷쟈락', '옷ᄌᆞ락'과 같이 늘 '옷'의 형태를 밝혀 표기했는데, 유독 15세기 문헌에서만 '오ᄌᆞ락'으로 나타난 것도 설명이 어려운 부분이다. '오ᄌᆞ락'은 16세기부터는 '옷쟈락'으로 나타나기 시작했다. 현대국어 명사 '자락'에 대응되는 중세국어 명사가 '쟈락'의 형태로 등장하는 것도 16세기 문헌에서부터이다. '옷쟈락'은 18세기까지 나타나다가 19세기에 '옷ᄌᆞ락'으로도 나타났다. 'ㅈ'가 경구개음이 되면서 'ㅈ' 아래에서 'ㅏ'와 'ㅑ'의 구별이 없어지게 되고, 'ㆍ'가 완전히 소실되어 'ㅏ'와 'ㆍ'의 구별이 완전히 없어지면서 '옷쟈락'이 '옷ᄌᆞ락'으로 나타나게 된 것이다. 20세기 이후에는 'ㆍ'가 'ㅏ'로 표기되어 '옷자락'으로 나타나 현재에 이르렀다. 오ᄌᆞ락(15세기)>옷쟈락(16세기~18세기)>옷ᄌᆞ락(19세기)>옷자락(20세기~현재). 衣극은 곳 담ᄂᆞᆫ 거시니 오ᄌᆞ락 ᄀᆞᄐᆞᆫ 거시라.《1459 월석 7:65ㄴ》, ᄒᆞ마 업거니 안직 뵈옷쟈락으로 딥 가져가라.《1510년대 번노 상:33ㄱ》

소언 兄형弟뎨ᄂᆞᆫ 얼굴ᄋᆞᆯ ᄂᆞᆫ화 긔운이 니언ᄂᆞᆫ 사ᄅᆞᆷ이니 뵈야호로 그 져머신 제 父부母모ㅣ 왼녁 겯ᄐᆞ로 잡고 올ᄒᆞᆫ녁 겯ᄐᆞ로 들며 아프로 옷기슬 ᄃᆡᆼ긔고 뒤후로 옷기슬글 잇그러 밥이면 상을 ᄒᆞᆫ가지로 ᄒᆞ며 오시면 서르 닙으며 ᄇᆡ호면 소업을 ᄒᆞᆫ가지로 ᄒᆞ며 놀면 방소를 ᄒᆞᆫ가지로 ᄒᆞ니 비록 悖패亂란ᄒᆞᆫ 사ᄅᆞᆷ이 이셔도 能능히 서르 ᄉᆞ랑티 아니티 몯ᄒᆞᄂᆞ니라

현대역 형제는 형체를 나누어 기운이 이어있는 사람이니, 바야흐로 그 어렸을 때 부모가 왼쪽 곁으로 잡고 오른쪽 곁으로 들며, 앞으로 옷깃을 당기고 뒤로 옷자락을 이끌어, 밥이면 상을 함께 하며, 옷이면 서로 입으며, 배우면 所業을 함께 하며, 놀면 方所를 함께 하니, 비록 悖亂한 사람이 있어도 능히 서로 사랑하지 아니하지 못하니라.

1 밥이면, 오시면, ᄇᆡ호면, 놀면: 밥이면, 옷이면, 배우면, 놀면. '밥(명사)+이('이다'의 어간)+면(연결어미)', '옷(명사)+이('이다'의 어간)+면(연결어미)', 'ᄇᆡ호(어간)+면(연결어미)', '놀(어간)+면(연결어미)'이다. '-면'은 '이다'의 어간, 받침 없는 용언의 어간, 'ㄹ' 받침인 용언의 어간 또는 어미 '-으시-' 뒤에 붙어, 뒤의 사실이 실현되기 위한 단순한 근거 따위를 나타내거나 수시로 반복되는 상황에서 그 조건을 말할 때 쓰는 연결어미이다. 그녀는 눈만 뜨면 책을 읽는다. 그는 고향에 가면 항상 큰집에 들른다.

2 소업(所業): 업으로 삼는 일.

3 방소: 방소(方所). 공간의 어떤 점이나 방향이 한 기준의 방향에 대하여 나타내는 어떠한 쪽의 위치. 동서남북의 네 방향을 기준으로 하여 8방향, 16방향, 32방향으로 세분한다.

4 패란ᄒᆞᆫ: 패란(悖亂)한. 정의에 어그러지고 정도(正道)를 어지럽힌.

【集解】**兄弟**는**同出於父母**라**故**로**形分而氣同**이니라

형제는 함께 부모에게서 함께 나왔다. 그러므로 몸은 나뉘었으나 기운이 같다.

及其壯也ᄒᆞ얀**各妻其妻**ᄒᆞ며**各子其子**ㅣ라**雖有篤厚之人**이라

도**不能不少衰也**ㅣ니라

●그 장성함에 미쳐서는 각각 그 아내를 아내로 하며, 그 지식을 자식으로 한다. 비록 두터운 사람이 있더라도, 능히 조금은 쇠하지 않을 수 없다.

번소 ᄌᆞ라 각각 제 겨지블 겨집 사ᄆᆞ며 각각 제 ᄌᆞ식을 ᄌᆞ식 사마ᄂᆞᆫ 비록 순후ᄒᆞᆫ 어딘 사ᄅᆞ미라도 그 ᄆᆞᅀᆞ미 져기 고텨 도ᄋᆡ디 아니리 업스니라

현대역 자라서 각각 자기의 아내를 아내 삼으며, 각각 자기의 자식을 자식 삼아서는, 비록 순후한 어진 사람이라도 그 마음이 조금은 고쳐 되지 아니할 이 없느니라.

져기: 적게. 조금은. 현대국어 '적이'의 옛말인 '져기'는 15세기 문헌에서부터 나타난다. '져기'는 '적다'의 옛말인 '젹-'에 부사 파생접사 '-이'가 결합한 것이다. 근대국어 시기에 치조음이었던 'ㅈ, ㅊ'이 경구개음으로 변하면서 '져'와 '저'의 발음이 같아져서 18세기에는 '저기' 형태가 나타나고, 19세기에는 분철 표기된 '적이'로 나타나 현재에 이르렀다. 중세국어의 '져기'는 '조금'·'적게'의 의미로, 현대국어의 '적이[꽤 어지간한 정도로]'와는 의미 차이가 있었다. 한편 17세기의 중간본 《분류두공부시언해》에 나타난 '뎌기'는 'ㅣ' 모음이나 반모음 'ㅣ'에 선행하는 'ㄷ'이 'ㅈ'으로 변화하는 ㄷ구개음화 현상을 의식한 과도 교정 형태이다(ㄷ구개음화 현상은 17세기에 남부 지역에서 먼저 시작되어 18세기에 중부 방언에도 일어났는데, 중간본 《분류두공부시언해》는 남부 방언을 반영하고 있다). 져기(15세기~19세기)〉저기(18세기)〉적이(19세기~현재). 이형태: 져기, 저기, 적이, 뎌기. 바ᄅᆞᆳ ᄀᆞᅀᆡ 잇ᄂᆞᆫ 羯隨라 홇 새 우루미 부텻 목소리 져기 ᄢᅳᆺᄒᆞᅀᆞᄫᆞ니이다.《1447 석상 24:20ㄱ》, ᄆᆡ실 漢兒 션ᄇᆡᄃᆞᆯ콰 ᄒᆞ야 ᄒᆞᆫᄃᆡ셔 글 ᄇᆡ호니 이런 젼ᄎᆞ로 져기 아노라.《1510년대 번노 상:6a~6ㄴ》

소언 그 壯장홈애 미처ᄂᆞᆫ 각각 그 겨집을 겨집이라 ᄒᆞ며 각각 그 ᄌᆞ식을 ᄌᆞ식이라 ᄒᆞᄂᆞᆫ 디라 비록 도타이 후ᄒᆞᆫ 사ᄅᆞᆷ이 이셔도 能능히 젹기 衰쇠티 아니티 몯ᄒᆞᄂᆞ니라

현대역 그 자람에 미쳐서는, 각각 그 아내를 아내라 하며, 각각 그 자식을 자식이라 하는 것이다. 비록 도타이 후한 사람이 있어도 능히 적이 쇠하지 아니하지 못하니라.

【集說】吳氏曰及其有室家也하여는則各妻其妻하고有嗣息也하여는則各子其子하여物我相形하여偏私漸起하니雖有純篤謹厚之人이라도而親愛之情이不能不衰替也니라

오 씨가 말하였다. "그 가정을 둠에 미쳐서는 각각 그 아내를 아내로 하고, 後嗣를 둠에 있어서는 각각 그 자식을 자식으로 하여, 남과 내가 서로 몸 하여[남과 나라는 생각이 생겨나] 편벽되고 사사로움이 점차 일어나니, 비록 순수하고 두터우며 삼가고 두터운 사람이 있더라도, 친하고 사랑하는 정이 능히 쇠하지 않을 수 없다."

漢字 嗣(이을 사, 후사 사), 息(아들 식, 숨 쉴 식), 替(쇠할 체)

1 실가(室家): 집 또는 가정. 결혼 후 실가를 이룸. 유의어: 일가(一家). 한집. 한집안.

2 후사(後嗣): 대를 잇는 자식.

娣弟姒似之比兄弟則疏薄矣니今使疏薄之人而節量親厚之恩이면猶方底而圓蓋라必不合矣니唯友悌深至ᄒᆞ야不爲傍人之所移者ㅣ야免夫ㄴ뎌

● 제사(娣姒)를 형제에 비하면 소원하고 박하니, 이제 소원하고 박한 사람들[娣姒]로 하여금 친하고 두터운 은혜를 절제하고 헤아리게 한다면, 모난 밑과 둥근 덮개 같다. 반드시 합하지 않으니, (형제가) 오직 우애와 공경이 깊고 지극하여 곁 사람[娣姒]에게 옮길 바가 되지 않는 자라야 면할 수 있을 것이로구나.

漢字 娣(손아래동서 제, 손아래누이 제), 姒(손위동서 사, 동서 사, 언니 사), 底(밑 저), 蓋(덮을 개), 悌(공경할 제)

제사(娣姒): 형제의 아내 가운데, 손아래동서[娣]와 손위동서[姒].

번소 형뎨의 겨집을 내 형뎨와 견초건댄 소ᄒᆞ야 친티 아니ᄒᆞ니 그리 소ᄒᆞᆫ 사ᄅᆞᄆᆞ로 친후ᄒᆞᆫ 동ᄉᆡᆼ의 은의를 ᄀᆞ숨아라 쳐단케 호미 그르슬 아래란 모나게 ᄒᆞ고 둡게란 두렵게 홈 ᄀᆞᄐᆞᆫ 디라 반ᄃᆞ시 맛디 아니리니 오직 형뎨 ᄉᆞ랑호미 지극ᄒᆞ야 겨지븨 마릐 옮디 아니ᄒᆞ리ᅀᅡ 면ᄒᆞ린뎌

현대역 형제의 아내를 내 형제와 견주면 소원하여 친하지 아니하니, 그리 소원한 사람으로 親厚한 동생의 恩誼를 주관하여 처단하게 함이, 그릇을 아래란[아래는] 모나게 하고 덮개란[덮개는] 둥글게 함과 같은 것이다. 반드시 맞지 아니하리니, 오직 형제 사랑함이 지극하여 아내의 말에 옮기지 아니할 이야 면하는구나.

1 견초건댄: 견주면. 견준즉슨. '견초(어간)+거(확인법 선어말어미)+ㄴ댄(연결어미)'이다. '-ㄴ댄'은 어간이나 어미 뒤에 붙어, '-은즉슨', '-으면'을 뜻하는 어미이다. 阿難아 ᄒᆞ다가 네 봃 時節에 이 네라 나 아닌댄 見性이 周遍커니 너 아니라 뉘리오(阿難 若汝見時 是汝非我 見性周徧 非汝而誰).《능엄 2:38》. 현대국어 '견주다'의 옛말인 '견조다'는 15세기 문헌에서부터 나타난다. '견조다'의 제2음절 모음 'ㅗ'가 음성모음 'ㅜ'로 바뀐 '견주다'가 15세기부터 '견조다'와 공존하다가 현대국어에서는 '견주다'가 남게 된 것이다. 현대국어의 '견주다'는 '비교하다'의 의미를 갖는데 현대 이전의 '견조다'는 '비교하다'의 의미와 함께 '겨누다'의 의미도 지니고 있었다. '겨누다'의 의미를 갖는 '견조다'는 18세기까지 확인되는데 이후 '겨누다'의 용법은 사라지고 '비교하다'의 의미만이 남게 되었다. 견조다(15세기~19세기)〉견주다(15세기~현재). 이형태: 견조다, 견주다. 견초다. 律에 닐오ᄃᆡ 모ᄆᆞᆯ 견조아 니버 足ᄒᆞᆯ만 ᄒᆞ라 ᄒᆞ니.《1459 월석 25:20ㄴ》, 度ᄂᆞᆫ 기리 견주ᄂᆞᆫ 거시오.《1459 월석 9:7ㄴ》

2 아래란, 둡게란: 아래란, 덮개란. '아래+란', '둡게+란'이다. '란'은 받침 없는

체언 뒤에 붙어, 어떤 대상을 특별히 집어서 화제로 삼을 때에 쓰는 보조사이다. 친구란 어려울 때 도와주는 것이 참다운 친구야.

3 둡게: '덮개'의 옛말이다. 덮는 물건. '둡게'는 15세기 문헌에서부터 나타난다. '둡게'는 '덮다'의 옛말인 동사 '둪-'과 도구를 나타내는 명사 파생접사 '-게'가 결합한 것이다. '둪다'가 자음으로 시작하는 어미와 결합할 때에는 팔종성법에 의하여 '둡고', '둡ᄂᆞ니라', '둡게'로 표기하였다. 동사 '둪다'에서 어간의 모음이 'ㅓ'로 바뀐 '덮다' 형태가 15세기 중반 이후에 나타났는데, '둡게'의 경우는 '덥게'로 바뀐 어형이 16세기 문헌에서부터 확인된다. 19세기에는 접사 '-게'가 '-개'로 바뀐 '덥개'가 나타났고, 현대국어에서는 원형을 밝혀 적는 원칙에 따라 '덮개'로 표기하게 되었다. 한편 15~18세기 문헌에는 '둡게>덥게'와 동일한 의미를 지닌 단어로 '두ᄫᅦ>두웨>두에'도 존재하였다(예: ᄀᆞᆽ {ᄂᆞᇇ두ᄫᅦ} 므거ᄫᅳᆫ ᄃᆞᆯ 아라ᄃᆞᆫ.《1472 몽법 2ㄴ》, 蓋 {두웨} 개.《1575 천자-광 7ㄱ》, {가마ㅅ두웨} 덥허.《1790 몽노 2:3ㄴ》, 모난 믿틔 두렫ᄒᆞᆫ.{두에} ᄀᆞᆮᄐᆞᆫ 디라 반ᄃᆞ시 맛디 아니ᄒᆞ리니.《1588 소언 5:72ㄱ》, 둣거온 죠희과 {두에ᄅᆞᆯ} 사발 겻틔 둣다가 급급피 죠희로 덥고 그 우희 {두에ᄅᆞᆯ} ᄃᆞᆫᄃᆞᆫ 덥펴.《17세기 두경 51ㄱ》, 盖子 通稱 {두에} 盖罷 {두에} 더푸라 鍋盖子 가마 {두에}《1748 동해 하:14ㄱ》). '두ᄫᅦ'는 '둡게'의 'ㄱ'이 탈락하고 모음 사이에서 'ㅂ'이 'ㅸ'으로 약화된 형태이다. 15세기 중엽 이후 'ㅸ'이 반모음 w가 되면서 '두ᄫᅦ>두웨'로 변화하고, 여기에서 다시 제2음절의 모음 'ㅜ'가 탈락하여 '두에'가 된 것이다. 둡게(15세기~17세기)>덥게(16세기~18세기)덥개(19세기)>덮개(20세기~현재). 如來ᄅᆞᆯ 드ᅀᆞᄫᅡ 金棺애 녀ᅀᆞᆸ고 香油ᄅᆞᆯ ᄀᆞᄃᆞ기 브ᅀᆞᆸ고 곧 둡게ᄅᆞᆯ 닫ᄌᆞᄫᆞ니라.《1447 석상 23:23ㄱ》, 가슴거리 아래 드리여 잇ᄂᆞ니는 구슬로 ᄆᆡ자 희욘 덥게예 일희 ᄉᆞ리로 ᄆᆡᆼᄀᆞᆫ 간다개러라.《1510년대 번박 30ㄴ》

4 두렵게: 둥그렇거나 원만하게. '두렵(어간)+게(보조적 연결어미)'이다. '두렵다'는 '둥글거나 원만하다'의 뜻이다. 고히 길오 놉고 고ᄃᆞ며 ᄂᆞ치 두렵고 ᄎᆞ며 눈서비 놉고 길며 니마히 넙고 平正ᄒᆞ야.《석상 19:7》, 勝ᄒᆞᆫ 아로미 現ᄒᆞ야 두렵거든 내 부텻 모ᄆᆞᆯ 現ᄒᆞ야 爲ᄒᆞ야 說法ᄒᆞ야 解脫케 ᄒᆞ며(勝解現圓 我現佛身而爲說法 令其解脫).《능엄 6:8》

5 친후ᄒᆞᆫ: 친후(親厚)한. 서로 친하여 정이 두터운.

6 은의(恩誼): 은혜로운 정.

7 면ᄒᆞ린뎌: 면하는구나. 면하는구려. '면ᄒᆞ(어간)+리(추측 선어말어미)+ㄴ(관형

사형 어미)+ᄃᆞ(의존명사)+여(감탄 보조사)'이다. '-ㄴ뎌'는 공시적으로는 어미로 재구조화하였다. '-ㄴ뎌'는 어간이나 어미 뒤에 붙어, '-구나', '-구려'를 뜻한다. 슬프다 녯 사ᄅᆞᄆᆡ 마ᄅᆞᆯ 아디 몯ᄒᆞᄂᆞᆫ뎌(悲哉, 不悟昔人言).《남명 하:30》, ᄒᆞ나 아닌 다ᄅᆞᆫ 教ᄅᆞᆯ 내시ᄂᆞ니 어긔요ᄃᆡ 다ᄅᆞ디 아니ᄒᆞ닌 오직 聖人ㅅ 마리신뎌(吐不一之殊教 乖而不可異者 其惟聖言乎).《영가 하:36》

소언 娣뎨[아의 겨집이라] 姒ᄉᆞ[형의 겨집이라]ᄅᆞᆯ 兄형弟뎨의게 比비ᄒᆞ면 疎소ᄒᆞ고 薄박ᄒᆞ니 이제 疎소ᄒᆞ고 薄박ᄒᆞᆫ 사ᄅᆞᆷ오로 ᄒᆡ여곰 親친ᄒᆞ고 厚후ᄒᆞᆫ 은의ᄅᆞᆯ ᄆᆞᄅᆞ써흐러 혜아리게 ᄒᆞ면 모난 믿틔 두렫ᄒᆞᆫ 두에 ᄀᆞᆮᄐᆞᆫ 디라 반ᄃᆞ시 맛디 아니ᄒᆞ리니 오직 형뎨 ᄉᆞ랑홈이 깁고 지극ᄒᆞ야 겯툇 사ᄅᆞᆷ의 옴기ᄂᆞᆫ 배 되디 아닌ᄂᆞᆫ 이ᅀᅡ 免면ᄒᆞ린뎌

현대역 제(娣)[아우의 아내이다.] 사(姒)[형의 아내이다.]를 형제에게 비하면 소원하고 박하니, 이제 소원하고 박한 사람으로 하여금 친하고 후한 은의를 宰割하여 헤아리게 하면, 모난 밑에 둥근 덮개(와) 같은 것이다. 반드시 맞지 아니하리니, 오직 형제 사랑함이 깊고 지극하여, 곁의 사람에게 옮기는 바가 되지 아니하는 이야 면할 것이다.

ᄆᆞᄅᆞ써흐러: 재할(宰割)하여. 일을 주장하여 처리해서. 'ᄆᆞᄅᆞ써흘(어간)+어(연결어미)'이다. 'ᄆᆞᄅᆞ써흘다'는 '재할(宰割)하다', '일을 주장하여 처리하다.'의 뜻이다. 宰 ᄆᆞᄅᆞ서흘 직.《신합 하:10》, 직믈 ᄡᅳᄂᆞᆫ ᄆᆞᄃᆡ를 ᄆᆞᄅᆞ서흐러 드ᄂᆞᆫ 거슬 혜아려 ᄲᅧ 나ᄂᆞᆫ 거슬 ᄒᆞ며.《소언 5:81》

【集說】**吳氏曰娣姒**는**謂兄弟之妻**니**長婦曰姒**요**幼婦曰娣**라**節量**은**謂節制量度也**라**傍人**은**則娣姒也**라

오 씨가 말하였다. "娣姒는 형과 아우의 아내를 이르니, 맏며느리를 姒라 이르고, 작은며느리를 娣라 이른다. 節量은 절제하고 헤아림을 이른다. 傍人은 즉 娣姒이다."

漢字 量(헤아릴 량), 度(헤아릴 탁)

〖四十八章〗

○柳開仲塗ㅣ曰皇考ㅣ治家ᄒᆞ샤ᄃᆡ孝且嚴이러시니朝(므)望애弟婦等이拜堂下畢ᄒᆞ고卽上手低面ᄒᆞ야聽我皇考訓誡ᄒᆞ더니曰人家兄弟ㅣ無不義者ㅣ언마ᄂᆞᆫ盡因娶婦入門ᄒᆞ야異姓이相聚ᄒᆞ야爭長競短ᄒᆞ야漸漬日聞ᄒᆞ며偏愛私藏ᄒᆞ야以致背佩戾ᄒᆞ야分門割戶ᄒᆞ야患若賊讎ᄒᆞᄂᆞ니皆汝婦人所作이니라男子剛腸者幾人이能不爲婦人言의所惑고吾見이多矣니若等은寧有是耶ㅣ리오ᄒᆞ야시든退則惴惴ᄒᆞ야不敢出一語爲不孝事ᄒᆞ니開輩ㅣ抵此賴之ᄒᆞ야得全其家云ᄒᆞ소라 《柳仲途撰叔母穆夫人墓誌》

●柳開 仲途가 말하였다. "皇考께서 집안을 다스리시되, 효성스럽고 또 엄격하시더니, 초하루와 보름에 자제와 며느리들이 대청 아래에서 절하기를 마치고, 곧 손을 들어 얼굴을 숙여, 우리 황고의 훈계를 들었더니, 말씀하시길, '사람의 집에 형제들이 의롭지 않은 자가 없건마는, 모두 아내를 맞아 문에 들임으로 인하여, 다른 성이 서로 모여, 장점을 다투고 단점을 겨루어, 점점 젖어듦이 날로 들리며, 편벽되이 사랑하고 사사로이 감추어[저축하여], 써 등지고 어그러짐에 이르러, 문을 나누고 지게를 베어, 근심이 도적과 원수와 같아지니, 모두 너희 아내들이 지은 바이다. 남자로서 마음이 강한 자 몇 사람이 능히 부인의 말에 미혹되는 바가 되지 않겠는가? 내가 봄이 많으니, 너희들은 어찌 이런 일이 있을 수 있느냐?'라고 하시거든, (弟婦等이) 물러나와 두려워하여 감히 한 마디 말을 내어 불효한 일을 행하지 않으니, 開의 무리[우리]가 지금에 이르도록 그것에 힘입어 능히 그 집안을 보전하였다."

漢字 塗(바를 도, 길 도), 低(숙일 저, 낮을 저, 밑 저), 面(낯 면), 娶(아내 맞을 취), 漬(젖을 지, 담글 지, 물들 지), 腸(마음 장, 창자 장), 惴(두려워할 췌), 抵(다다

를 저, 닥뜨릴 저, 겨룰 저), **賴**(힘입을 뢰)

1 유개(柳開, 947년~1000년): 송나라 초기 대명(大名, 河北) 사람이다. 젊었을 때 한유(韓愈)의 글짓기를 흠모하여 이름을 견유(肩愈)라 했고, 자를 소원(紹元)이라 했다. 나중에는 스스로 '성도(聖道)의 길을 열었다.'고 여겨 이름을 개(開)라고 바꾸었고, 자를 중도(仲塗)라 했다. 책을 지을 때는 스스로 동교야부(東郊野夫)라 했고, 보망선생(補亡先生)이라고도 했다. 태조(太祖) 개보(開寶) 6년(973년) 진사(進士)에 급제하여 송주사구참군(宋州司寇參軍)이 되었다. 태종이 북한(北漢)을 정벌할 때 따라가 초주(楚州)와 사주(泗州) 등 여덟 주의 군량을 운반하는 일을 감독했다. 상주(常州)와 윤주(潤州)를 맡아 다스리다가 감찰어사(監察御史)로 옮긴 뒤 다시 전중시어사(殿中侍御史)에 임명되었다. 나중에 영변군(寧邊軍)과 전주(全州), 계주(桂州), 빈주(邠州) 등을 맡아 다스렸다. 진종(眞宗)이 즉위하자 대주지주(代州知州)가 되었다. 상서(上書)하여 서하(西夏)에 대한 방비를 더욱 강화할 것과 과다한 관리의 숫자를 줄이며 불필요한 낭비를 없앨 것을 주장했다. 함평(咸平) 2년(999년) 요나라의 군대가 송나라를 공격하자 글을 올려 진종이 직접 정벌에 나설 것을 요구했다. 다음해 창주(滄州)로 옮겼는데, 머리에 종양이 생겨 앓다가 죽었다. 사람됨이 당당하고 의리를 중시했으며, 담력(膽力)과 식견을 갖추었다. 한유와 유종원을 흠모하여 고도(古道)를 부흥시키고 경전(經典)을 술작(述作)하는 것을 자신의 임무로 삼아 송나라 고문부흥운동의 선구자가 되었다. 본래 문집 15권이 있었지만 지금은 《하동선생집(河東先生集)》 16권이 있다(중국역대인명사전).

2 황고(皇考): 선고(先考, 남에게 돌아가신 자기 아버지를 이르는 말)의 높임말.

3 '조망(朝望)'에서, '조(朝)'는 본래가 '단(旦)'이다. 그러나 《소학집주》에서는 선정전훈의본(宣政殿訓義本)에 이성계(李成桂)의 고친 이름이 이단(李旦)이므로, 피휘(避諱)하여 조(朝)로 고쳤다. 아래 【集說】 또한 같다. 그러나 《번역소학》과 《소학언해》에서는 단(旦)으로 쓰고, 피휘하여 '됴[조]'로 음을 달고 있다.

4 호(戶): 지게 호. '지게'는 '옛날식 가옥에서, 마루와 방 사이의 문이나 부엌의 바깥문'이다. 흔히 돌쩌귀를 달아 여닫는 문으로, 안팎을 두꺼운 종이로 싸서 바른다. 유의어 지게문.

5 문호(門戶): 대대로 내려오는 그 집안의 사회적 신분이나 지위. 유의어: 가격(家格). 가문(家門). 가벌(家閥). 문벌(門閥). 문지(門地).

번소 柳류開ᄀᆡ 仲듕塗도ㅣ 닐오ᄃᆡ 아바님이 집 다ᄉᆞ리ᄃᆡ 효도롭고 엄엄히 ᄒᆞ더시니 초ᄒᆞᄅᆞ 보로매 ᄌᆞ뎨의 겨집ᄃᆞᆯ히 텽 아래셔 절호믈 ᄆᆞᆺ고 손으란 들오 ᄂᆞᄎᆞ란 ᄂᆞᄌᆞ기 ᄒᆞ야 우리 아바님 ᄀᆞᄅᆞ치시ᄂᆞᆫ 마ᄅᆞᆯ 듣더니 니ᄅᆞ샤ᄃᆡ 사ᄅᆞ믜 형뎨 어디디 아니ᄒᆞ니 업건마ᄅᆞᆫ 다 겨집 어려기 무늬 드려 셩다ᄅᆞᆫ 사ᄅᆞ미 서르 모다셔 올ᄒᆞ니 외니ᄒᆞ야 서르 ᄃᆞ토와 할와티ᄂᆞᆫ 마리 날로 들여 각각 제 ᄉᆞ랑ᄒᆞᄂᆞ니ᄅᆞᆯ 일편도이 ᄒᆞ며 각각 제 ᄃᆞᆺᄂᆞᆫ 거슬 아ᄅᆞᆷ도이 ᄒᆞ야 거슯저 화동티[1] 아니ᄒᆞ야 각각 가ᄅᆞ ᄠᅳ더나 아쳐려 호믈 도ᄌᆞᆨ과 원슈ᄀᆞ티 너기ᄂᆞ니 다 너희 부신ᄃᆞᆯᄒᆡ 소작이라 남지니 ᄆᆞᄉᆞᆷ 구드니 몃 사ᄅᆞ미 겨지븨 마ᄅᆡ 혹디 아니ᄒᆞ료 내 본 이리 만ᄒᆞ니 너희ᄂᆞᆫ 엇디 이러ᄐᆞ슨 이리 이시료 ᄒᆞ야시든 믈러 저허 감히 ᄒᆞᆫ 마ᄅᆞᆯ 내여 브효앳 이를 아니ᄒᆞ니 우리 이제 니르히 힘니버 지블 보젼ᄒᆞ엿노소라

현대역 柳開 仲塗가 이르되, "아버님이 집 다스리시되, 효성스럽고 엄하게 하시더니, 초하루 보름에 자제의 아내들이 청 아래에서 절함을 마치고 손은 들고 낯은 나직이 하여 우리 아버님 가르치시는 말을 듣더니, 이르시되, '사람의 형제 어질지 아니한 이 없건마는, 다 아내 혼인하여 문에 들여, 성 다른 사람이 서로 모여 옳으니 그르니 하여 서로 다투어 헐뜯는 말이 날로 들려, 각각 제 사랑하는 이를 편벽되게 하며, 각각 제 둔 것[저축한 것]을 사사로이 하여, 거슬려 화동(和同)하지 아니하여, 각각 갈라 뜯어놓아, 싫어함을 도적과 원수같이 여기니, 다 너희 부인들의 소작(所作)이라. 남편이 마음 굳은 이 몇 사람이 아내의 말에 혹(惑)하지 아니하리오? 내 본 일이 많으니 너희는 어찌 이러한 일이 있으리오.' 하시거든, 물러나 두려워 감히 한 말을 내어 불효의 일을 아니하니, 우리 이제[지금에] 이르도록 힘입어 집을 보전하여 있느니라."

1 화동티: 화동(和同)하지. '화동ᄒᆞ(어간)+디(보조적 연결어미)'이다. '화동ᄒᆞ다'는 '두 사람이 사이가 멀어졌다가 다시 뜻이 잘 맞게 되다.'를 뜻한다.

2 소작(所作): 해놓은 짓.

3 혹(惑)디: 혹하지. 홀딱 반하거나 빠져서 정신을 못 차리지.

4 보젼ᄒᆞ엿노소라: 보전하여 있느니라. '보젼ᄒᆞ(어간)+여(보조적 연결어미)+잇(在, '잇다'의 어간)+ᄂᆞ(현재 시제 선어말어미)+옷(감동법 선어말어미)+오(화자 표시법 선어말어미)+라(감탄형 종결어미)'이다. 감동법 선어말어미는 '-돗-'이 대표적이고, 약간 보수적인 –옷-이 있으며, -ㅅ-도 확인된다. 본 예는 '–옷-'이 사용된 경우로, 종결형에 쓰였다. '-옷-'이 '-ᄂᆞ-'와 함께 사용되어 직설 감동법을 보이고 있다. 반면에 '하다소니[ᄒᆞ+더+옷+오+니]'는 회상 감동법을, '나시리로소니[나+시+리+옷+ᄋᆞ니]'는 추측 감동법을 보이는 점에서 본 예와는 대조된다. 이 단어는 완료상이 들어 있다. 완료상은 보조적 연결어미 '-아/-어/-여'와 상태의 보조형용사 '잇다'가 결합되어 표시된다. 그런데 '잇다'의 어간 '잇-'이 본동사와 한 음절을 이룰 때는 이미 15세기에 'ㅣ'가 탈락되는 일이 있었다. 본 예도 탈락된 'ㅅ'이 보조적 연결어미 '-여'와 한 음절을 이루어('여+ㅅ→엿') 완료상을 나타내고 있다. 따라서 그 뜻은 보전한 상태가 발화시를 전후하여 지속됨을 의미한다. 王이 ᄇᆡ호샤 ᄉᆞᄌᆞ 그치디 아니ᄒᆞ야 외오시ᄂᆞ니 우리도 이 偈를 좃ᄌᆞ바 외오노소라.《월석 8:100》, ᄀᆞᅀᆞᆯ 오매 서르 도라본ᄃᆡ 오히려 다봇 불여 ᄃᆞ니ᄃᆞᆺ ᄒᆞ니 丹砂애 나사가디 몯호ᄆᆞᆯ 葛洪을 붓그리노소라(秋來相顧尙飄蓬 未就丹砂愧葛洪).《두시-초 21:34》. 또한 화자 표시법 선어말어미 '-오$_1$-'가 쓰여, 주어 명사구가 제1인칭 대명사 '나'나 '우리'가 화자로 등장하였다.

소언 柳류開ᄀᆡ 仲듕塗도[仲듕塗도ᄂᆞᆫ 開ᄀᆡ의 ᄌᆞ니 宋송 적 사ᄅᆞᆷ이라]ㅣ ᄀᆞᆯ오ᄃᆡ 皇황考고[죽은 아비ᄅᆞᆯ 일ᄏᆞᆮᄂᆞᆫ 말이라]ㅣ 집을 다ᄉᆞ리샤ᄃᆡ 효도롭고 또 嚴엄히 ᄒᆞ더시니 초ᄒᆞᄅᆞ 보롬애 ᄌᆞ뎨와 며ᄂᆞᆯ이들히 堂당 알애셔 절홈을 ᄆᆞᆺ고 즉제 손을 들고 ᄂᆞᆫ촐 ᄂᆞᄌᆞ기 ᄒᆞ야 우리 皇황考고의 ᄀᆞᄅᆞ쳐 경계ᄒᆞ심을 듣더니 ᄀᆞᆯᄋᆞ샤ᄃᆡ 사ᄅᆞᆷ의 집 兄형弟뎨 올티 아니ᄒᆞ니 업건마ᄂᆞᆫ 다 겨집 어더 가문의 들여옴을 因인ᄒᆞ야 다ᄅᆞᆫ 姓셩이 서르 모다셔 길믈 ᄃᆞ토며 댜ᄅᆞᆷ을 결워 믈 젓듯ᄒᆞ야 날로 들리며 ᄉᆞ랑홈에 일편되며 셰간의 ᄉᆞᄉᆞ로이 ᄒᆞ야 뻐 어긔며 거슯즘을 닐위여 門문을 ᄂᆞᆫ호며 지게를 베혀 새려홈을 도ᄌᆞᆨ과 원슈ᄀᆞᆮ티

ᄒᆞᄂᆞ니 다 너희 婦부人인의 ᄆᆡᆼ그ᄂᆞᆫ 배니라 ᄉᆞ나ᄒᆡ애 세니 몃 사ᄅᆞᆷ이 能능히 겨집의 말의 或혹ᄒᆞᆫ 배 되디 아니ᄒᆞ료 내 봄이 하니 너희ᄂᆞᆫ 엇디 이럼이 이시리오 ᄒᆞ야시든 믈러오면 저허 敢감히 ᄒᆞᆫ 말ᄋᆞᆯ 내여 不블孝효앳 일을 ᄒᆞ디 몯ᄒᆞ니 開ᄀᆡ의 물이 이제 다ᄃᆞᆮ도록 힘닙어 시러곰 그 집을 오올완노소라

현대역 류개 중도[중도는 開의 자이니, 송나라 때 사람이다.]가 가로되, "皇考[죽은 아비를 일컫는 말이다.]가 집을 다스리시되, 효성스럽고 또 엄하게 하시더니, 초하루 보름에 자제와 며느리들이 堂 아래에서 절함을 마치고 곧 손을 들고 낯을 나직이 하여 우리 황고의 가르쳐 경계하심을 듣더니, 말씀하시되, '사람의 집 형제 옳지 아니한 이 없건마는, 다 아내 얻어 가문에 들여옴을 인하여, 다른 성이 서로 모여 긺을 다투며 짧음을 겨루어, 물 젖듯 하여 날로 들리며, 사랑함에 편벽되며, 재산에 사사로이 하여, 써 어기며 거스름을 이루어, 문을 나누며 지게를 베어, 꺼려함을 도적과 원수같이 하니, 다 너희 부인의 만드는 바이니라. 사내의 센 이 몇 사람이 능히 아내의 말에 혹한 바가 되지 아니하리오? 내가 봄이 많으니 너희는 어찌 이러함이 있으리오.' 하시거든, 물러나면 두려워 감히 한 마디 말을 내어 불효의 일을 하지 못하니, 開의 무리가 이제 다다르도록 힘입어 능히 그 집을 온전하여 있느니라."

1 당: '당(堂)'의 옛말이다. 한옥에서, 몸채의 방과 방 사이에 있는 큰 마루.

2 아니ᄒᆞ료: 아니하리오. '아니ᄒᆞ+료'이다. '아니ᄒᆞ(어간)+료(의문형 종결어미)'이다. 의문문에는 상대방에게 가부(可否)를 요구하는 판정의문문과 의문사를 써서 설명을 요구하는 설명의문문이 있다. 중세국어에서 제1·3인칭 판정의문문에서는 체언에 의문 보조사를 붙이는 경우에는 「체언+의문 보조사 '가/아'」의 형태이고, 활용형에서는 「용언+종결어미 '니여/녀, 리여/려'」의 형태이다. 제1·3인칭 설명의문문에서는 체언에 의문 보조사를 붙이는 경우에는 「체언+의문 보조사 '고/오'」의 형태이고, 활용형에서는 「용언+종결어미 '뇨/료'」의 형태이다. 한편 제2인칭 의문문은 판정의문문과 설명의문문 공히 「용언의 관형사형 '-ㄴ/-ㅭ'+의문 보조사 '다'」의 형태이다. 이밖에 수사의문문의 어미로서 '-이ᄯᆞᆫ', '-이ᄯᆞ녀',

'-이ᄯᅡ니잇가'도 쓰였다. 본 예는 ᄒᆞ라체 제1·3인칭 설명의문문의 경우이다. 出家ᄒᆞᆫ 사ᄅᆞ믄 쇼히 곧디 아니ᄒᆞ니 그에 精舍ㅣ 업거니 어드리 가료.《석상 6:22》, 太子ㅣ 우스며 닐오ᄃᆡ 내 므스거시 不足ᄒᆞ료.《석상 6:24》

3 오올완노소라: 온전하여 있느니라. '오올오(어간)+아(보조적 연결어미)+잇(在, '잇다'의 어간)+ᄂᆞ(현재 시제 선어말어미)+옷(감동법 선어말어미)+오(화자 표시법 선어말어미)+라(감탄형 종결어미)'이다. '오올오-'는 '오올오다[온전히 하다]'의 어간이다. 본 예는 감동법 선어말어미 '-옷-'이 종결형에 쓰였다. '-옷-'이 '-ᄂᆞ-'와 함께 사용되어 직설 감동법을 보이고 있다. 이 단어에는 완료상이 들어 있다. 완료상은 보조적 연결어미 '-아/-어/-여'와 상태의 보조 형용사 '잇다'가 결합되어 표시된다. 그런데 '잇다'의 어간 '잇-'이 본동사와 한 음절을 이룰 때는 이미 15세기에 'ㅣ'가 탈락되는 일이 있었다. 본 예도 탈락된 'ㅅ'이 보조적 연결어미 '-아'와 한 음절을 이루어('아+ㅅ→앗') 완료상을 나타내고 있다. 다만 '앗'이 비음화를 경험한 것을 표기에 반영하였고, 그 뜻은 온전한 상태가 발화시를 전후하여 지속됨을 의미한다. 王이 비호샤 순지 그치디 아니ᄒᆞ야 외오시ᄂᆞ니 우리도 이 偈를 좃ᄌᆞᄫᅡ 외오노소라.《월석 8:100》, ᄀᆞᄉᆞᆯ 오매 서르 도라본ᄃᆡ 오히려 다봇 불여 ᄃᆞᆫ니ᄃᆞᆺ ᄒᆞ니 丹砂애 나ᅀᅡ가디 몯호ᄆᆞᆯ 葛洪을 붓그리노소라(秋來相顧尙飄蓬 未就丹砂愧葛洪).《두시-초 21:34》. 또한 화자 표시법 선어말어미 '-오$_1$-'가 쓰여, 주어 명사구가 제1인칭 대명사 '나'나 '우리'가 화자로 등장하였다.

【集說】陳氏曰開의字는仲塗니大名人이라父沒에稱皇考라朝(므)는謂朔朝(므)라上手는擧手也라漸漬는謂讒言이如水之浸潤不驟也라偏愛는各有所厚也요私藏은各有所蓄也라若은汝也라惴惴는恐懼之貌라抵此는猶言至今이라云은語辭라

진 씨가 말하였다. "開의 자는 仲途니, 大名 사람이다. 아버지가 돌아가심에 皇考라 이른다. 朝는 초하루 아침을 이른다. 上手는 손을 듦이다. 점지(漸漬)는 참소하는 말이 물이 젖음과 같이 하여 빨리 하지 않음을 이른다. 偏愛는 각각 두터운 바가 있음이요, 私藏은 각각 쌓은[貯蓄] 바가 있음이다. 若은 너이다. 체체(惴惴)는 두려워하는 모양이다. 저차(抵此)는 至今

이라는 말과 같다. 云은 어조사이다.

漢字 朔(초하루 삭), 讒(참소할 참), 浸(젖을 침, 잠길 침), 潤(젖을 윤), 驟(빠를 취, 달리 취)

〖四十九章〗

○伊川先生이曰今人이多不知兄弟之愛로다且如閭閻小人이得一食ᄒᆞ면必先以食似父母ᄒᆞᄂᆞ니夫何故오以父母之口ㅣ重於己之口也ㅣ오得一衣ᄒᆞ면必先以衣父母ᄒᆞᄂᆞ니夫何故오以父母之體ㅣ重於己之體也ㅣ라至於犬馬ᄒᆞ야두亦然ᄒᆞ니待父母之犬馬를必異乎己之犬馬也ㅣ로ᄃᆡ獨愛父母之子를却輕於己之子ᄒᆞ야甚者ᄂᆞᆫ至若仇敵ᄒᆞ야擧世皆如此ᄒᆞ니惑之甚矣니라 《二程全書 遺書》

● 伊川 선생이 말하였다. "지금 사람들은 많이 형제의 사랑[우애]을 알지 못한다. 만일 마을의 소인[백성]이 한 음식을 얻으면, 반드시 먼저 써 부모를 먹이니, 무릇 무슨 까닭인가? 부모의 입이 자기의 입보다 중하기 때문이다. 한 옷을 얻으면, 반드시 먼저 써 부모를 입히니, 무릇 무슨 까닭인가? 부모의 몸이 자기의 몸보다 중하기 때문이다. 개와 말에 이르러서도 또한 그러하니, 부모의 개와 말을 대하기를 반드시 자기의 개와 말보다 달리 하되, 홀로 부모의 자식[즉 자기의 형제] 사랑함을 도리어 자기의 자식보다 가벼이 하여, 심한 자는 원수와 같음에 이르러, 온 세상이 모두 이와 같으니, 미혹함이 심하다."

漢字 且(만일 차), 如(만일 여), 閭(마을 려), 閻(마을 염), 食(먹일 사), 却(도리어 각, 물리칠 각), 仇(원수 구), 敵(원수 적)

번소 伊이川쳔 先션生ᄉᆡᆼ이 니ᄅᆞ샤ᄃᆡ 이제 사ᄅᆞ미 다 형뎨 ᄉᆞ랑ᄒᆞᆯ 주를 아디 몯ᄒᆞᄂᆞ다 ᄯᅩ ᄆᆞᅀᆞᆯ히 효ᄀᆞᆫ 사ᄅᆞ미 ᄒᆞᆫ 바ᄇᆞᆯ 어ᄃᆞ면 반ᄃᆞ시 몬져 어버ᅀᅵᄅᆞᆯ 머기ᄂᆞ니 엇뎨오 어버ᅀᅴ 이비 내 입두곤 듕ᄒᆞᆯᄉᆡ니라 ᄒᆞᆫ 오ᄉᆞᆯ 어드면 반ᄃᆞ시 몬져 어버ᅀᅵᄅᆞᆯ 니피ᄂᆞ니 엇뎨오 어버ᅀᅴ 모미 내 몸두곤 듕ᄒᆞᆯᄉᆡ니라 가히며 ᄆᆞᆯ게 니르러도 ᄯᅩ 그러ᄒᆞ니 어버ᅀᅴ 가히와 ᄆᆞᆯ ᄃᆡ졉호ᄆᆞᆯ 반ᄃᆞ시 내 가히와 ᄆᆞᆯ와애 달이 호ᄃᆡ 독혀 어버ᅀᅴ ᄌᆞ식 ᄉᆞ랑호ᄆᆞᆯ 내 ᄌᆞ식두곤 경히 ᄒᆞ야 심ᄒᆞᆫ 사ᄅᆞᄆᆞᆫ 원슈ᄀᆞᆮ티 ᄒᆞ야 시저리 다 이러ᄒᆞ니 미혹호미 심ᄒᆞ도다

현대역 伊川 선생이 이르시되, "이제 사람이 다 형제 사랑할 줄을 알지 못하는구나. 또 마을에 작은 사람이 한 밥을 얻으면, 반드시 먼저 어버이를 먹이니, 어째서요? 어버이의 입이 나의 입보다 중하기 때문이다. 한 옷을 얻으면 반드시 먼저 어버이를 입히니, 어재서요? 어버이의 몸이 나의 몸보다 중하기 때문이다. 개며 말에게 이르러도 또 그러하니, 어버이의 개와 말 대접함을 반드시 나의 개와 말에 달리 하되, 유별나게 어버이의 자식(을) 사랑함을 나의 자식보다 가벼이 하여, 심한 사람은 원수같이 하여 시절이 다 이러하니 미혹함이 심하도다."

듕ᄒᆞᆯᄉᆡ니라: 중하기 때문이다. '듕ᄒᆞ(어간)+ㄹᄉᆡ(연결어미)+니라(평서형 종결어미)'의 '-ㄹᄉᆡ니라'는 동사, 형용사 어간 뒤에 붙어, '-기 때문이다'를 뜻하는 어미이다. 圓覺이 ᄒᆞᆫ 法이로ᄃᆡ 萬行ᄋᆞᆯ 펴 求ᄒᆞ샤ᄆᆞᆫ 엇뎨오 衆生ᄋᆡ 根器 다ᄅᆞᆯᄉᆡ니라(圓覺一法也 張萬行而求之者何 衆生之根器異也).《원각 서:12》, 一切 衆生이 다ᄉᆞᆺ 가지 性이 ᄀᆞᄌᆞᆯᄉᆡ 모로매 三乘이 이셔ᅀᅡ 機ᄅᆞᆯ 니피샤미 비르서 足ᄒᆞᆯᄉᆡ니라(一切衆生 具五種性 須有三乘 被機方足).《원각 상1-1:38~39》

소언 伊이川쳔 先션生ᄉᆡᆼ이 ᄀᆞᆯᄋᆞ샤ᄃᆡ 이젯 사ᄅᆞᆷ이 해 兄형弟뎨 ᄉᆞ랑키ᄅᆞᆯ 아디 몯ᄒᆞᄂᆞ다 ᄯᅩ ᄆᆞᄋᆞᆯ 효근 사ᄅᆞᆷ ᄀᆞᆮᄐᆞᆫ 이 ᄒᆞᆫ 음식을 어ᄃᆞ면 반ᄃᆞ시 몬져 ᄡᅥ 어버이ᄅᆞᆯ 머기ᄂᆞ니 엇딘 연고오 어버의 입이 내 입에셔 重듕홈으로ᄡᅦ오 ᄒᆞᆫ 오ᄉᆞᆯ 어드면 반ᄃᆞ시 몬져 ᄡᅥ 어버이ᄅᆞᆯ 닙피ᄂᆞ

니 엇딘 연고오 어버의 몸이 내 몸애셔 重듕ᄒᆞᆷ으로뻬라 개며 말게 니르러두 ᄯᅩ 그러ᄒᆞ니 어버의 개와 ᄆᆞᆯ ᄃᆡ졉ᄒᆞᆷᄋᆞᆯ 반ᄃᆞ시 내 개와 ᄆᆞᆯ게셔 달리 호ᄃᆡ 독혀 어버의 ᄌᆞ식 ᄉᆞ랑ᄒᆞ기를 믄득 내 ᄌᆞ식에셔 輕경히 ᄒᆞ야 甚심ᄒᆞᆫ 이ᄂᆞᆫ 원슈 ᄀᆞᆮ틈애 니르러 온 셰샹이 다 이러ᄒᆞ니 미혹ᄒᆞᆷ이 甚심ᄒᆞ니라

현대역 伊川 선생이 말씀하시되, "이제의 사람이 많이 형제 사랑하기를 알지 못하는구나. 또 마을 작은 사람 같은 이 한 음식을 얻으면 반드시 먼저 써 어버이를 먹이니, 어떤 연고인가? 어버이의 입이 내 입보다 중하기 때문이다. 한 옷을 얻으면 반드시 먼저 써 어버이를 입히니, 어떤 연고인가? 어버이의 몸이 내 몸보다 중하기 때문이다. 개며 말에 이르러도 또 그러하니, 어버이의 개와 말 대접함을 반드시 내 개와 말보다 달리 하되, 유달리 어버이의 자식 사랑하기를 문득 내 자식보다 가벼이 하여, 심한 이는 원수 같음에 이르러, 온 세상이 다 이러하니 미혹함이 심하니라."

【增註】夫愛父母之口體犬馬를重於己之口體犬馬者는天理之明也요愛父母之子를輕於己之子者는人欲之蔽也니推其所明而達之於其所蔽하면則盡道矣니라

무릇 부모의 입과 몸과 개와 말 사랑하기를 자기의 입과 몸과 개와 말보다 중히 여기는 것은 하늘 이치의 밝음이요, 부모의 자식 사랑하기를 자기의 자식보다 가벼이 하는 것은 사람 욕심의 가림이니, 그 밝은 것을 미루어 그 가린 것에 통하게 하면, 도를 다함이다.

漢字 達(통할 달, 이를 달)

〖五十章〗

○橫渠先生이曰斯干詩예言兄及弟矣ㅣ式相好矣오無相猶

矣라ᄒᆞ니**言兄弟**ㅣ**宜相好**ㅣ오**不要相學**이니**猶**ᄂᆞᆫ**似也**ㅣ라**人情**이**大抵**ᄒᆞᆫ디**患在施之不見報則輟**이라**故**로**恩不能終**ᄒᆞᄂᆞ니**不要相學**이오**己施之而已**니라 《張子全書 橫渠經說》

●橫渠 선생이 말하였다. "斯干詩에 이르길, '형과 동생은 써[式=以] 서로 좋아하고, (나쁜 점에 대해) 서로 같아지지 말라.' 하였으니, 형과 동생이 마땅히 서로 좋아하고, (나쁜 점에 대해) 서로 배우기를 요구하지 말라는 말이다. 猶는 같음이다. 사람의 정은 대체로 근심이, 그것[은혜]을 베풂에 갚음을 보지 못하면, 그침에 있다. 그러므로 은혜를 능히 마치지 못하니[끝까지 못하니], 서로 배우기를 요구하지 말고, 자신이 그것[은혜]을 베풀 뿐이다."

[漢字] **渠**(도랑 거), **干**(물가 간, 방패 간, 간여할 간), **式**(=**以**, 어조사 식), **要**(요구할 요), **輟**(그칠 철)

無相猶矣: 장자(張子, 張載)는 위와 같이, 猶를 似로 보아, '서로 같아지지 말라.'고 해석하였다. 그러나 주자(朱子)는 《시경집전(詩經集傳)》에서 猶를 猷(꾀할 유)로 보아, '서로 (해치려고) 꾀하지 말라.'로 해석하여, 張子의 견해를 따르지 않았다.

[번소] 橫횡渠거 先션生ᄉᆡᇰ이 니ᄅᆞ샤ᄃᆡ 모시 斯ᄉᆞ干간詩시예 닐어쇼ᄃᆡ 형과 아ᅀᅵ 서ᄅᆞ ᄉᆞ랑ᄒᆞ고 서ᄅᆞ ᄀᆞᆮ디 말라 ᄒᆞ니 형뎨 서ᄅᆞ ᄉᆞ랑호미 맛당ᄒᆞ고 사오나온 일란 서ᄅᆞ ᄇᆡ호디 마로ᄆᆞᆯ 니ᄅᆞ니 猶유ᄂᆞᆫ ᄀᆞᄐᆞᆯ ᄉᆞ ᄌᆞ ᄠᅳ디라 인졍이 대뎌ᄒᆞᆫ디 됴ᄒᆞᆫ 이ᄅᆞᆯ ᄒᆞ고 갑디 아니ᄒᆞ야ᄃᆞᆫ 마ᄂᆞᆫ 거시라 그러호ᄆᆞ로 은혜ᄅᆞᆯ ᄆᆞᄎᆞᆷ내 몯ᄒᆞᄂᆞ니 서ᄅᆞ ᄀᆞ토려 말오 됴ᄒᆞᆫ 이ᄅᆞᆯ 내 베플 ᄯᆞᄅᆞ미니라

[현대역] 횡거 선생이 이르시되, "毛詩 斯干詩에 일러있되, '형과 아우가 서로 사랑하고, 서로 같지 말라.' 하니, 형제 서로 사랑함이 마땅하고, 나쁜 일은 서로 배우지 맒을 이르니, 猶는 같을 似자 뜻이라. 인정이 대저, 좋은 일을 하고 갚지 아니하거든 마는 것이라. 그러함으로 은혜를 마침내 못하니 서로

같아지려 말고, 좋은 일을 내가 베풀 따름이니라.”

1 니ᄅᆞ샤ᄃᆡ: 이르시되. ‘닐(謂, 어간)+ᄋᆞ샤(주체 높임 선어말어미)+오ᄃᆡ(연결어미)’이다. 주체 높임 선어말어미 ‘ᄋᆞ샤’는 매개모음 ‘ᄋᆞ’를 개재시킨 어형이다. ‘-샤-’는 ‘-시-’가 모음 어미 ‘-오ᄃᆡ’ 앞에서 실현된 것이다. 이에 대한 자세한 설명은 본서 제1권 〈소학제사(小學題辭)〉의 ‘슬허ᄒᆞ샤’를 참고하기 바란다. ‘-오ᄃᆡ’는 ‘-샤-’ 뒤에서 ‘오’가 탈락되었는데, 선행 음절의 모음이 ‘ㆍ, ㅏ, ㅗ, ㅣ, 반모음 ㅣ’인 경우에 붙어, ‘-(으)되’를 뜻하는 연결어미이다. 置陣이 ᄂᆞᆷ과 다ᄅᆞ샤 아ᅀᆞᄫᆞᄃᆡ 나ᅀᅡ오니 믈러가던덴 목숨 ᄆᆞᄎᆞ리잇가(置陣異他 知亦進當 如其退避 性命奚戕).《용가 51장》, 淨飯이 무러시ᄂᆞᆯ 占者ㅣ 判ᄒᆞᅀᆞᄫᆞᄃᆡ 聖子ㅣ 나샤 正覺 일우시리.《월곡 상:6》. ‘니르다’는 ‘이르다[謂]’의 옛말로, 모음으로 시작하는 어미 앞에서는 ‘닐-’로 나타난다. 이런 젼ᄎᆞ로 어린 百姓이 니르고져 홇 배 이셔도.《훈언 2》, 世間 다 ᄉᆞ롤 마리며 ᄉᆡᆼ계 사롤 일ᄃᆞᆯ홀 닐어도 다 正ᄒᆞᆫ 法에 順ᄒᆞ며.《석상 19:24》, 甚히 기픈 네 업던 法을 일워 맛당ᄒᆞᆫ 고ᄃᆞᆯ 조차 니르논 마리 ᄠᅳᆮ 아로미 어려ᄫᅳ니라.《월석 11:96》

2 닐어쇼되: 일러 있되. ‘닐(어간)+어(연결어미)+쇼ᄃᆡ(연결어미)’이다. ‘-쇼ᄃᆡ’는 동사나 형용사 어간 뒤에 붙어, ‘-있되’를 뜻하는 어미이다. 諸衆生이 엇뎨 如來 智慧ᄅᆞᆯ 다 두쇼ᄃᆡ 迷惑ᄒᆞ야 보디 몯거뇨 ᄒᆞ시니(此諸衆生云 何具有如來智慧 迷惑不見).《원각 서:41》, 소곰 넉 량을 믈 ᄒᆞᆫ 마래 열 소솜 글혀 멋디거든 그 므레 ᄃᆞᆷ가쇼ᄃᆡ 식거든 ᄀᆞ람ᄒᆞ라(鹽 四兩 水一斗 煮十沸 沸定 以湯浸 冷易之).《구간 6:50》

소언 横횡渠거 先션生ᄉᆡᆼ이 ᄀᆞᆯᄋᆞ샤ᄃᆡ 斯ᄉᆞ干간詩시[모시편 일홈이라]예 닐어쇼ᄃᆡ 兄형과 ᄆᆞᆮ 아이 서ᄅᆞ ᄉᆞ랑ᄒᆞ고 서ᄅᆞ 猶유티 말라 ᄒᆞ니 兄형弟뎨 맛당히 서ᄅᆞ ᄉᆞ랑ᄒᆞ고 서ᄅᆞ ᄇᆡ호려티 아니홈을 닐옴이니 猶유ᄂᆞᆫ ᄀᆞᆮ단 말이라 人인情졍이 大대抵뎨ᄒᆞᆫ디 患환이 베프고 갑픔을 보디 몯ᄒᆞ면 그침애 인ᄂᆞᆫ 디라 그러모로 은혜를 能능히 ᄆᆞᄎᆞᆷ내 몯ᄒᆞᄂᆞ니 서르 ᄇᆡ호려 요구티 아니코 내 베플 ᄯᆞᄅᆞᆷ이니라

현대역 횡거 선생이 말씀하시되, “사간시[모시편 이름이다.]에 일러있되, ‘형과

및 아우가 서로 사랑하고, 서로 猶하지 말라[같아지지 말라].' 하니, 형제 마땅히 서로 사랑하고, (나쁜 점을) 서로 배우려 하지 아니함을 이름이니, 猶는 같다는 말이다. 인정이 대저 근심이, 베풀고 갚음을 보지 못하면 그침에 있는 것이다. 그러므로 은혜를 능히 마침내 못하니, 서로 배우려 요구하지 아니하고 내가 베풀 따름이니라."

【集解】斯干은小雅篇名也라斯는此也라干은水涯也라好는愛也며和也라輟은止也라朱子曰此는築室旣成에宴飮以落之하고因歌其事也라不要相學은言不要相學其不好處也니如兄能友其弟로되弟却不恭其兄이어든兄豈可學弟之不恭而遂忘其友리오但當盡其友而已요如弟能恭其兄이로되兄却不友其弟어든弟豈可學兄之不友而遂忘其恭이리오但當盡其恭而已니라

斯干은 小雅篇 이름이다. 斯는 '이것'이다. 干은 물가이다. 好는 사랑하며 화함이다. 철(輟)은 그침이다. 주자가 말하였다. "이[斯干]는 집짓기를 이미 완성하고, 잔치하여 마시면서 그것을 落成하고, 인하여 그 일을 노래함이다. 不要相學[서로 배우기를 요구하지 맒]은 '그 좋지 않은 곳을 서로 배우기를 요구하지 않음'을 말함이니, 만일 형이 능히 그 동생을 우애하되, 동생이 도리어 그 형에게 공손하지 않거든, 형이 어찌 가히 동생의 공손하지 않음을 배워, 마침내 그 우애를 잊을 수 있겠는가? 다만 마땅히 그 우애를 다할 뿐이다. 만일 동생이 능히 그 형에게 공손하되, 형이 도리어 그 동생을 우애하지 않거든, 동생이 어찌 가히 형의 우애하지 않음을 배워, 마침내 그 공손함을 잊겠는가? 단지 마땅히 그 공손함을 다할 뿐이다."

漢字 涯(물가 애), 落(준공할 락, 떨어질 락, 이룰 락)

낙성(落成): 건물이 완공됨. 또는 건축물을 완공함.

【增註】式은語辭라

式은 어조사이다.

〖五十一章〗

○伊川先生이曰近世淺薄ᄒᆞ야以相歡狎으로爲相與ᄒᆞ며以無圭角으로爲相歡愛ᄒᆞᄂᆞ니如此者ㅣ安能久ㅣ리오若要久ᆫ댄須是恭敬이니君臣朋友ㅣ皆當以敬爲主也ㅣ니라 《二程全書 遺書》

●伊川 선생이 말하였다. "근세에 얕고 엷어서, 서로 기뻐하고 親狎함으로써 서로 친함을 삼고, 모남이 없음으로써 서로 기뻐하고 사랑함을 삼으니, 이와 같은 것이 어찌 능히 오래가겠는가? 만약 오래가기를 요구한다면, 모름지기 이 공경해야 하니, 군신과 붕우가 모두 마땅히 공경으로써 주장을 삼아야 한다."

漢字 狎(친압할 압, 익을 압, 업신여길 압), 與(친할 여), 圭(모날 규)

1 친압(親狎): 버릇없이 너무 지나치게 친함.
2 규각(圭角): 모서리. 말이나 행동이 모나서 서로 맞지 않음.

번소 伊이川쳔 先션生싱이 니ᄅᆞ샤ᄃᆡ 요ᄉᆞ이예 풍쇽이 여타오며 열워 서ᄅᆞ 즐겨 친압히 호ᄆᆞ로 서ᄅᆞ 사괴며 모 업ᄉᆞᄆᆞ로 서ᄅᆞ ᄉᆞ랑ᄒᆞᄂᆞ니 이ᄀᆞ티 ᄒᆞ리ᄂᆞᆫ 엇디 사괴요미 오라리오 오래 사괴오져 홀딘댄 모로매 공경ᄒᆞ욜 디니 님금과 신하와 벋괘 다 공경ᄒᆞ기로 웃드믈 사믈 디니라

현대역 伊川 선생이 이르시되, "요사이에 풍속이 열으며 엷어, 서로 즐겨 친압(親狎)하게 함으로 서로 사귀며, 모남이 없으므로 서로 사랑하니, 이같이 할 이는 어찌 사귐이 오래리오. 오래 사귀고자 할진댄[한다면] 모름지기

공경할 것이니 임금과 신하와 벗이 다 공경하기로 으뜸을 삼을 것이니라."

1 홀딘댄: 할진댄. 한다면. 'ᄒᆞ(어간)+오(대상 표시법 선어말어미)+ㄹ(관형사형 어미)+ᄃᆞ(의존명사)+이(서술격 조사 '이다'의 어간)+ㄴ대(연결어미)+ㄴ(보조사)'이다. '-오₂-'는 대상 표시법 선어말어미이다. 'ㄹ+ᄃᆞ+이+ㄴ대+ㄴ'이 '-ㄹ딘댄'으로 재구조화되었다. '-ㄹ딘댄'은 현대국어 '-ㄹ진댄'에 해당한다. '-ㄹ진댄'은 '-ㄹ진대'에 보조사 'ㄴ'이 결합한 말로, '-ㄹ진대'를 강조한다. '-ㄹ진대'는 '이다'의 어간, 받침 없는 용언의 어간, 'ㄹ' 받침인 용언의 어간 또는 어미 '-으시-' 뒤에 붙어, 앞 절의 일을 인정하면서, 그것을 뒤 절 일의 조건이나 이유, 근거로 삼음을 나타내는 연결어미이다. 장중한 어감을 띤다. 論語에 닐오ᄃᆡ 工匠바지ㅣ 이를 이대코져 홀딘댄 반ᄃᆞ기 몬져 그 그르슬 ᄂᆞᆯ나게 ᄒᆞᄂᆞ니라 ᄒᆞ니라(論語云 工欲善其事 必先利其器).《원각 서:80》, 輪廻를 免코져 홀딘댄 부텨 求홈 ᄀᆞᆮᄒᆞ니 업스니라 ᄒᆞ다가 부텨 求코져 홀딘댄 부톄 곧 이 ᄆᆞᅀᆞ미니 ᄆᆞᅀᆞᄆᆞᆯ 엇뎨 머리 어ᄃᆞ료(欲免輪廻 莫若求佛 若欲求佛 佛卽是心 心何遠覓).《목우 2》.

2 공경ᄒᆞ욜 디니: 공경할 것이니. 공경할지니. '공경ᄒᆞ(어간)+요(대상 표시법 선어말어미)+ㄹ(관형사형 어미)+ᄃᆞ(의존명사)+이(서술격 조사 '이다'의 어간)+니(연결어미)'이다. 이런 형태소 구성을 고려하면, '공경ᄒᆞ욜 디니'처럼 띄어 쓰며, '-ㄹ 것이니'로 풀이할 수 있다. 그러나 'ㄹ+ᄃᆞ+이+니'는 '-ㄹ디니'의 형태로, 하나의 연결어미로 재구조화한 것으로 볼 수도 있다. 이때에는 해라할 자리에 쓰여, '공경ᄒᆞ욜디니'처럼 붙여 쓰며 '-ㄹ지니'로 풀이할 수도 있다. '마땅히 그렇게 할 것이니', '마땅히 그러할 것이니'의 뜻을 나타내는 어미이다. 物理를 子細히 推尋ᄒᆞ야 모로매 行樂홀 디니 엇뎨 ᄠᅳᆫ 일후믈 ᄡᅧ 이 모ᄆᆞᆯ ᄆᆡ야 두리오(細推物理須行樂 何用浮名絆此身).《두시-초 11:19》, 東녀그로 흘러가ᄂᆞᆫ 므를 묻디 마롤 디니 人生을 곧 ᄇᆞ리디 몯거니ᄯᆞᆫ녀(莫問東流水 生涯未卽抛).《두시-초 14:10》. '-요₂-'는 대상 표시법 선어말어미이다.

소언 伊이川쳔 先션生ᄉᆡᆼ이 ᄀᆞᆯᄋᆞ샤ᄃᆡ 요ᄉᆞ이 셰쇽이 여타오며 열워 서르 즐겨 친압히 홈으로뻐 서르 여허홈을 삼으며 모 업슴으로뻐 서르 즐겨 ᄉᆞ랑홈을 삼ᄂᆞ니 이러ᄐᆞᆺᄒᆞᆫ 이 엇디 能능히 오라리오 만일

오라믈 요구홀딘댄 모로미 이 恭공敬경홀 디니 님금과 신하와 벋이 다 맛당히 敬경으로뻐 읏듬을 삼을 디니라

현대역 伊川 선생이 말씀하시되, "요사이 세속이 옅으며 엷어, 서로 즐겨 친압하게 함으로써 서로 더불어 허락함을 삼으며, 모남 없음으로써 서로 즐겨 사랑함을 삼으니, 이러한 이 어찌 능히 오래리오. 만일 오램을 요구한다면 모름지기 이 공경할 것이니, 임금과 신하와 벗이 다 마땅히 공경으로써 으뜸을 삼을 것이니라."

1 여허홈: 더불어 허락함. 원문 '爲相與'에서 '與'를 《번역소학》은 '사괴며'로, 《소학언해》는 '여허홈'으로 풀었다. 또 다음 제52장에서도 원문 '以相與'와 '日相親與'에서 '與'를 《번역소학》은 '사괴여'와 '친ᄒᆞ야'로, 《소학언해》는 '여허ᄒᆞ야'로 풀었다. 이런 점을 참고하여, '여허홈'은 '여허ᄒᆞ(與許, 어간)+옴(명사형 어미)'으로 보아, '더불어 허락함'으로 풀고자 한다.

2 요구홀딘댄: 요구할진댄. '요구ᄒᆞ(어간)+ㄹ(관형사형 어미)+ᄃᆞ(의존명사)+이(서술격 조사 '이다'의 어간)+ㄴ대(연결어미)+ㄴ(보조사)'이다. 'ㄹ+ᄃᆞ+이+ㄴ대+ㄴ'이 '-ㄹ딘댄'으로 재구조화되었다. '-ㄹ딘댄'은 현대국어 '-ㄹ진댄'에 해당한다. '-ㄹ진댄'은 '-ㄹ진대'에 보조사 'ㄴ'이 결합한 말로, '-ㄹ진대'를 강조한다. '-ㄹ진대'는 '이다'의 어간, 받침 없는 용언의 어간, 'ㄹ' 받침인 용언의 어간 또는 어미 '-으시-' 뒤에 붙어, 앞 절의 일을 인정하면서, 그것을 뒤 절 일의 조건이나 이유, 근거로 삼음을 나타내는 연결어미이다. 장중한 어감을 띤다. 論語에 닐오ᄃᆡ 工匠바치ㅣ 이ᄅᆞᆯ 이대코져 홀딘댄 반ᄃᆞ기 몬져 그 그르슬 ᄂᆞᆯ나게 ᄒᆞᄂᆞ니라 ᄒᆞ니라(論語云 工欲善其事 必先利其器).《원각 서:80》, 輪廻ᄅᆞᆯ 免코져 홀딘댄 부텨 求홈 ᄀᆞᆮᄒᆞ니 업스니라 ᄒᆞ다가 부텨 求코져 홀딘댄 부톄 곧 이 ᄆᆞᅀᆞ미니 ᄆᆞᅀᆞᆷ올 엇뎨 머리 어ᄃᆞ료(欲免輪廻 莫若求佛 若欲求佛 佛卽是心 心何遠覓).《목우 2》.

【增註】歡狎은謂歡好而褻狎也요無圭角은謂去方而爲圓也라

歡狎은 기뻐하고 좋아하며 설압(褻狎)함을 이르고, 無圭角[규각이 없음]은 모남을 없애 둥글게 됨을 이른다.

漢字 褻(무람없을 설, 속옷 설, 더럽힐 설)

설압(褻狎): 버릇없이 굶. 무람없음[예의를 지키지 않으며, 삼가고 조심함이 없음]

〖五十二章〗

○橫渠先生이曰今之朋友ㅣ擇其善柔以相與ᄒᆞ야拍肩執袂ᄒᆞ야以爲氣合ᄒᆞ고一言不合이어든怒氣相加ᄒᆞᄂᆞ니朋友之際ᄂᆞᆫ欲其相下不倦이라故로於朋友之間애主其敬者ㅣ사日相親與ᄒᆞ야得效ㅣ最速ᄒᆞᄂᆞ니라 《張子全書 橫渠語錄》

●橫渠 선생이 말하였다. "오늘날의 붕우는 그 부드러움을 잘하는 자를 가려 서로 친하여, 어깨를 치고 소매를 잡음으로써 기운의 합함을 삼고, 한 마디 말이라도 합하지 않으면 노기가 서로 더해지니, 붕우의 즈음[사이]에는 그 서로 낮춤을 게을리 하지 않고자 해야 한다. 그러므로 붕우의 사이에는 그 공경을 주장하는 자라야 날로 서로 친하여 효과를 얻음이 가장 빠르게 된다."

漢字 際(사이 제, 때 제, 사귈 제), 柔(부드러울 유), 拍(칠 박), 肩(어깨 견), 執(잡을 집), 袂(소매 몌)

번소 橫횡渠거 先션生싱이 니ᄅᆞ샤ᄃᆡ 이제 벙위 그 아당 잘 ᄒᆞᄂᆞ니로 골ᄒᆡ여 뼈 서르 사괴여 엇게 티며 ᄉᆞ매 자바 뼈 긔합다 ᄒᆞ고 ᄒᆞᆫ 마리나 합디 아니커든 로ᄒᆞᆫ 긔운을 서ᄅᆞ 더ᄋᆞᄂᆞ니 버듸 ᄉᆞ이예 서르 ᄉᆞ양호몰 게을이 마오져 ᄒᆞ요모로 벙우 ᄉᆞ이예 그 공경을 읏듬 삼을 재 날로 서르 친ᄒᆞ야 효험미 ᄀᆞ장 ᄲᆞᄅᆞᄂᆞ니라

현대역 橫渠 선생이 이르시되, "이제 붕우가 그 아첨 잘 하는 이로 가리어, 써 서로 사귀어, 어깨 치며 소매 잡아 써 마음이 맞다 하고, 한 (마디) 말이나

합하지 아니하거든, 성난 기운을 서로 더하니, 벗의 사이에 서로 사양함을 게을리 말고자 함으로, 붕우 사이에 그 공경을 으뜸 삼을 자가, 날로 서로 친하여 효험이 가장 빠르니라."

1 재: 자(者)가. '그 공경을 웃듬 삼을 재'의 '재'는 원문 '主쥬其기敬경者자ㅣ'로 보아, '者자'에 주격 조사 'ㅣ'가 합친 어형이다.

2 긔합다: '기합(氣合)다'의 옛말이다. 기운이 합하다.

소언 橫횡渠거 先션生ᄉᆡᆼ이 ᄀᆞᆯᄋᆞ샤ᄃᆡ 이제 벋븨 그 아당 잘 ᄒᆞᄂᆞᆫ 이로 ᄀᆞᆯᄒᆡ여 ᄡᅥ 서르 여허ᄒᆞ야 엇게ᄅᆞᆯ 티며 ᄉᆞ매ᄅᆞᆯ 잡아 ᄡᅥ 긔운이 슴합홈을 삼고 ᄒᆞᆫ 말이나 슴합디 아니커든 怒노ᄒᆞᆫ 긔운을 서르 더ᄋᆞᄂᆞ니 벋븨 ᄉᆞ이예ᄂᆞᆫ 그 서르 디몰 게을이 아니코쟈 ᄒᆞᄂᆞᆫ디라 그러모로 벋븨 ᄉᆞ이예 그 공경을 읃듬 삼ᄂᆞᆫ 이ᅀᅡ 날로 서르 親친ᄒᆞ야 여허ᄒᆞ야 효험 어ᄃᆞᆷ이 ᄀᆞ장 ᄲᆞᆯᄋᆞᄂᆞ니라

현대역 橫渠 선생이 말씀하시되, "지금 벗들(이) 그 아첨 잘 하는 이로 가리어, 써 서로 더불어 허락하여, 어깨를 치며 소매를 잡아, 써 기운이 합함을 삼고, 한 (마디) 말이나 합하지 아니하거든 노한 기운을 서로 더하니, 벗들 사이에는 그 서로 떨어뜨림(낮춤)을 게을리 아니하고자 하는 것이다. 그러므로 벗들 사이에 그 공경을 으뜸 삼는 이야[이라야] 날로 서로 친하여 더불어 허락하여 효험 얻음이 가장 빠르니라."

말이나: 말이나. '말(명사)+이나(보조사)'이다. '이나'는 받침 있는 체언이나 부사어, 합성동사의 선행요소 따위의 뒤에 붙어, 마음에 차지 않는 선택, 또는 최소한 허용되어야 할 선택이라는 뜻을 나타내는 보조사이다. 때로는 가장 좋은 것을 선택하면서 마치 그것이 마음에 차지 않는 선택인 것처럼 표현하는 데 쓰기도 한다. 그것이나 가져라. 굿이나 보고 떡이나 먹자.

【增註】善柔는謂善爲柔媚요氣合은謂意氣相合이요相下는謂

彼此相讓이라效는卽忠告善道之益也라

善柔는 부드럽게 아첨하기를 잘함을 이르고, 氣合은 의기가 서로 합함을 이르고, 相下는 저쪽이쪽이 서로 사양함을 이른다. 效는 곧 충심으로 말하고 선으로 이끄는 이익이다.

漢字 媚(아첨할 미)

【五十三章】

○童蒙訓에曰同僚之契와交承之分이有兄弟之義ᄒᆞ니至其子孫ᄒᆞ야亦世講之ᄒᆞ니前輩는專以此爲務ᄒᆞ더니今人은知之者ㅣ蓋少矣니라又如舊擧將과及嘗爲舊任按察官者를後에己官이雖在上이나前輩ㅣ皆辭避ᄒᆞ야坐下坐ᄒᆞ더니風俗이如此ㅣ면安得不厚乎ㅣ리오 《童蒙訓》

●《동몽훈》에 말하였다. "동료의 합함과 신임 구임이 교대하는 즈음은 형제의 의리가 있으니, 그 자손에 이르러서도 또한 대대로 이것을 익히게 해야 한다. 선배는 전적으로 이로써 힘씀을 삼았는데, 이제 사람은 그것을 아는 자가 대개 적다. 또 옛날에 추천해준 분과 및 일찍이 옛 소임에 안찰관이 되었던 분 같은 이를, 뒤에 자기 벼슬이 비록 위에 있더라도, 선배들은 모두 사양하고 피하여 아랫자리에 앉았으니, 풍속이 이와 같으면, 어찌 능히 후하지 않겠는가?"

漢字 契(합할 계, 문서 계, 모일 계, 맺을 계)

1 교승(交承): 교대하여 서로 주고받음.

2 거장(擧將): 조선시대에, 벼슬아치를 임명할 때에 삼망(三望)의 후보자를 천거하던 사람. 자격은 대개 당상관으로 제한되었으며, 만약 추천한 사람이 벼슬에 임명되어 죄를 저지르는 경우에는 공동의 책임을 지고 문책을 당함.

번소 아ᄒᆡ ᄀᆞᄅᆞ치ᄂᆞᆫ 글월릐 닐어슈ᄃᆡ 동관 ᄉᆞ이와 교ᄃᆡ ᄉᆞ이 형뎨지의 잇ᄂᆞ니 ᄌᆞ손애 니르러 또 셰셰로 강논ᄒᆞ니 녯 사ᄅᆞ문 젼혀 일로ᄡᅥ 힘ᄡᅳ믈 삼더니 이제 사ᄅᆞ문 알 리 져그니라 또 녜 쳔거ᄒᆞ던 사ᄅᆞᆷ과 밋 일즉 녜 검찰ᄒᆞᄂᆞᆫ 벼슬ᄒᆞ엿던 관원을 후에 내 벼슬이 비록 우희 이시나 녯 사ᄅᆞ미 다 ᄉᆞ양ᄒᆞ며 피ᄒᆞ야 아래 좌애 안ᄶᅥ니 풍쇽기 이러ᄒᆞ면 엇디 시러 후티 아니ᄒᆞ리오

현대역 아이 가르치는 글월에 일렀으되, "同官 사이와 交代 사이(에) 兄弟之義 있으니, (이를) 자손에 이르러 또 세세로 강론(해야) 하니, 옛 사람은 전혀 이로써 힘씀을 삼더니, 이제 사람은 알 이 적으니라. 또 옛적 천거하던 사람과 및 일찍이 옛적 檢察하는 벼슬하여 있던 관원[按察官]을 후에 내 벼슬이 비록 위에 있으나[있다고 해서], 옛 사람이 다 사양하며 피하여 아래 자리에 앉더니, 풍속이 이러하면 어찌 능히 후하지 아니하리오."

검찰ᄒᆞᄂᆞᆫ: 검찰(檢察)하는. 검사하여 살피는.

소언 童동蒙몽訓훈에 ᄀᆞᆯ오ᄃᆡ 동관 ᄌᆞ음과 교ᄃᆡ ᄊᆞ이 兄형弟뎨의 義의ㅣ 이시니 그 子ᄌᆞ孫손애 니르러 또 셰셰로 강구ᄒᆞ니 前젼 사ᄅᆞᆷ ᄃᆞᆯ흔 젼위 일로ᄡᅥ 힘ᄡᅳᆷ을 삼더니 이젯 사ᄅᆞᆷ은 알리 젹으니라 또 녜 擧거將쟝[제 몸 쳔거ᄒᆞ던 사ᄅᆞᆷ이라]과 믿 일즉 녯 소임에 按안察찰官관[관찰ᄉᆞ뎨엿 벼슬이라] 되여ᄡᅥ니 ᄀᆞᄐᆞᆫ 이ᄅᆞᆯ 後후에 내 벼슬이 비록 우희 이시나 前젼 사ᄅᆞᆷᄃᆞᆯ히 다 ᄉᆞ양ᄒᆞ야 避피ᄒᆞ야 아랫 坐좌애 안ᄶᅥ니 風풍俗쇽이 이러ᄒᆞ면 엇디 시러곰 厚후티 아니ᄒᆞ리오

현대역 《동몽훈》에 가로되, "同官 즈음과 교대하는 사이(에는) 형제의 의리가 있으니, 그 자손에 이르러 또 대대로 講究하니, 전 사람들은 전적으로 이로써 힘씀을 삼더니, 이제의 사람은 알 이 적으니라. 또 옛날에 擧將[자기 몸 천거하던 사람이다.]과 및 일찍 옛 소임에 按察官[관찰사 부류의 벼슬이다.] 되었던 이 같은 이를, 후에 내 벼슬이 비록 위에 있으나, 전 사람들이

다 사양하여 피하여 아래의 자리에 앉더니, 풍속이 이러하면 어찌 능히 후하지 아니하리오."

1 동관: 동관(同官). 한 관아에서 일하는 같은 등급의 관리나 벼슬아치.
2 강구ᄒᆞ니: 강구(講究)하니. 어떤 문제를 해결할 방법을 찾으니.

【集解】契는合也라交承은新舊交代也라分은際也라擧將은擧主也라

契는 합함이다. 交承은 신임과 전임이 교대함이다. 分은 즈음이다. 擧將은 추천해 준 사람이다.

〖五十四章〗

○范文正公이爲參知政事時예告諸子曰吾ㅣ貧時예與汝母로養吾親홀ᄉᆡ汝母ㅣ躬執爨取亂反而吾親甘旨ㅣ未嘗充也ㅣ러니今而得厚祿ᄒᆞ니欲以養親이나親不在矣오汝母ㅣ亦已早世ᄒᆞ니吾所最恨者ㅣ라忍令若曹로享富貴之樂洛也아 《宋名臣言行錄》

●范文正公이 참지정사가 되었을 때에, 여러 아들에게 고하여 말하였다. "내가 가난할 때, 네 어머니와 함께 우리 어버이[어머니]를 봉양했는데, 네 어머니가 몸소 불 때 밥을 지었으나, 우리 어버이가 단맛을 일찍이 충족하지 못하였더니, 지금이야 후한 녹봉을 얻으니, 써 어버이를 봉양하고자 하나, 어버이가 계시지 않고, 네 어머니 또한 이미 일찍 죽었으니, 내가 가장 한스러운 바다. 차마 너희들로 하여금, 부귀의 즐거움을 누리겠는가?

漢字 爨(불 땔 찬, 부뚜막 찬, 밥 지을 찬), 旨(맛있을 지), 享(누릴 향)

범문정공(范文定公, 989년~1052년): 장쑤성[江蘇省] 쑤저우[蘇州] 출생으로,

북송 때의 정치가, 문학가, 교육가이다. 이름은 범중엄(范仲淹)이고, 자는 희문(希文)이며, 시호는 문정(文正)이다. 자세한 내용은 〈가언(嘉言) 제5〉 제13장을 참조하라.

번소 范범文문正졍公공이 參참知디政졍事ᄉᆞᆺ 벼ᅀᆞᆯᄒᆞ여실 저긔 모ᄃᆞᆫ 아ᄃᆞᆯᄃᆞ려 니ᄅᆞ샤ᄃᆡ 내 가난ᄒᆞ야실 제 네 어미와로 내 어버이ᄅᆞᆯ 효양호ᄃᆡ 네 어미 손ᅀᅩ 블디더 반 봉ᄒᆞ야도 내 어버이 ᄃᆞᆯ오 맛난 거ᄉᆞᆯ ᄇᆡ브ᄅᆞ 몯 자시더니 이제ᄂᆞᆫ 만ᄒᆞᆫ 록을 ᄐᆞ니 어버ᅀᅵ 효양코져 ᄒᆞ나 어버ᅀᅵ 겨시디 아니ᄒᆞ며 네 어미도 ᄯᅩ 일 주그니 내 ᄀᆞ장 애ᄃᆞ라 ᄒᆞᄂᆞᆫ 이리라 ᄎᆞ마 너ᄒᆡᄃᆞᆯᄒᆞ로 가ᅀᆞ멸오 귀ᄒᆞᆫ 즐거온 이ᄅᆞᆯ 누리게 ᄒᆞ려

현대역 范文正公이 참지정사의 벼슬을 하였을 적에 모든 아들에게 이르시되, "내 가난했을 때, 네 어머니와 내 어버이를 孝養하되, 네 어머니 손수 불을 때어 飯[밥] 봉양하여도 내 어버이 달고 맛난 것을 배부르게 못 잡수시더니, 이제는 많은 祿을 타니 어버이 효양하고자 하나, 어버이 계시지 아니하며 네 어머니도 또 일찍 죽으니, 내 가장 애달아하는 일이라. 차마 너희들로 부하고 귀한 즐거운 일을 누리게 하랴.

효양호ᄃᆡ: 효양(孝養)하되. 어버이를 효성으로 봉양하되. '효양ᄒᆞ(어간)+오ᄃᆡ(연결어미)'이다. '-오ᄃᆡ'는 음성모음으로 된 어간 아래에서는 '-우ᄃᆡ'로, 서술격 조사 아래에서는 '-로ᄃᆡ'로 교체된다. '-오ᄃᆡ'는 선행 음절의 모음이 'ㆍ, ㅏ, ㅗ, ㅣ, 반모음 ㅣ'인 경우에 붙어, '-(으)되'를 뜻하는 연결어미이다. 置陣이 ᄂᆞᆷ과 다ᄅᆞ샤 아ᅀᆞ보ᄃᆡ 나ᅀᅡ오니 믈러가던덴 목숨 ᄆᆞᄎᆞ리잇가(置陣異他 知亦進當 如其退避 性命奚戕).《용가 51장》, 淨飯이 무러시ᄂᆞᆯ 占者ㅣ 判ᄒᆞᅀᆞ보ᄃᆡ 聖子ㅣ 나샤 正覺 일우시리.《월곡 상:6》

소언 范범文문正졍公공[文문正졍은 시회니 范범希희文문이라]이 參참知디政졍事ᄉᆞ[졍승에셔 버근 벼슬이라] ᄒᆞ여실 적의 모ᄃᆞᆫ 아ᄃᆞᆯ

ᄃᆞ려 告고ᄒᆞ야 ᄀᆞᆯ오ᄃᆡ 내 가난ᄒᆞ야실 제 네 어미로 더블어 내 어버이를 칠ᄉᆡ 네 어미 몸소 블ᄃᆡᆫ기를 잡드러 ᄒᆞ야도 내 어버이 ᄃᆞᆯ고 맛난 거시 일즉 ᄎᆞ디 몯ᄒᆞ더니 이제ᄂᆞᆫ 만ᄒᆞᆫ 祿록을 어ᄃᆞ니 뻐 어버이를 치고져 ᄒᆞ나 어버이 겨시디 아니ᄒᆞ고 네 어미 ᄯᅩ 이믜 일 죽으니 내의 ᄀᆞ장 恨ᄒᆞᆫᄒᆞᄂᆞᆫ 배라 ᄎᆞᆷ아 너희 물이로 ᄒᆡ여곰 富부貴귀의 즐거옴을 누리게 ᄒᆞ랴

현대역 范文正公[문정은 시호니, 范希文이다.]이 參知政事[정승에서 다음 가는 벼슬이다.] 했을 때에, 모든 아들에게 일러 가로되, "내가 가난했을 때 네 어머니로 더불어 나의 어버이를 봉양하므로, 네 어머니 몸소 불 때기를 잡아들어 하여도, 나의 어버이 달고 맛난 것이 일찍이 차지 못하더니, 이제는 많은 祿을 얻으니 써 어버이를 봉양하고자 하나, 어버이 계시지 아니하고 네 어머니 또 이미 일찍 죽으니, 나의 가장 한탄하는 바이다. 차마 너희 무리로 하여금 부귀의 즐거움을 누리게 하리오.

【集說】陳氏曰公의名은仲淹이요字는希文이니蘇州吳縣人이라公이二歲而孤하니親은謂母也라爨은炊爨也요甘旨는美味也라早世는早沒也요若曹는汝輩也라

진 씨가 말하였다. "공의 이름은 仲淹이요, 자는 希文이니, 蘇州 吳縣 사람이다. 공은 두 살에 아버지를 여위었으니, 親은 어머니를 이른다. 찬(爨)은 밥을 지음이요, 甘旨는 아름다운 맛이다. 早世는 일찍 죽음이요, 若曹는 너희 무리이다."

漢字 孤(아버지 없을 고), 炊(불 땔 취, 밥 지을 취)

취찬(炊爨): 밥 짓는 일.

吾吳中宗族이甚衆ᄒᆞ니於吾애固有親疎ㅣ어니와然吾祖宗이

視之則均是子孫이라固無親疎也ㅣ니苟祖宗之意예無親疎則饑寒者를吾ㅣ安得不恤也ㅣ리오自祖宗來로積德百餘年而始發於吾ᄒᆞ야得至大官호니若獨享富貴而不恤宗族이면異日애何以見祖宗於地下ㅣ며今何顏入家廟乎ㅣ리오於是예恩例俸賜를常均於族人ᄒᆞ고幷置義田宅云ᄒᆞ니라

● 우리 吳 땅 가운데 종족이 매우 많으니, 나에게는 진실로 친하고 멂이 있으나, 그러나 우리 조상이 그들을 보시면 고르게 이 자손이니, 진실로 친하고 멂이 없다. 진실로 조상의 뜻에 친하고 멂이 없다면, 주리고 추운 자들을 내가 어찌 능히 구휼하지 않겠는가? 조상으로부터 옴으로[이래로] 덕을 쌓은 지 백여 년 만에 비로소 나에게서 펴서 능히 큰 벼슬에 이르렀으니, 만약 홀로 부귀를 누리면서 종족을 구휼하지 않으면, 다른 날에 어찌써 조상을 지하에서 보며, 이제 무슨 낯으로 집안 사당에 들어가겠는가?" 이에 은혜로 주는 법식[상여금]과 녹으로의 줌[봉급]을 항상 족인에게 고르게 하고, 아울러 의전과 의택을 두었다.

漢字 均(고를 균), 饑(주릴 기), 恤(구휼할 휼), 例(법식 례), 俸(녹 봉), 賜(줄 사), 云(어조사 운)

1 의전(義田): 가난한 일가를 구제하기 위한 전지(田地). 유의어: 의장(義莊).
2 의택(義宅): 가난한 일가를 구제하기 위한 집.

번소 내 吳오中듕 짜해 아ᅀᆞ미 ᄀᆞ장 만ᄒᆞ니 내게는 진실로 친ᄒᆞ며 소호미 잇건마른 내 조샹오로 보건댄 ᄒᆞᆫ 가짓 ᄌᆞ소니라 친ᄒᆞ며 소호미 업스니라 진실로 조샹 ᄠᅳ데 친ᄒᆞ며 소호미 업스면 주리며 치워ᄒᆞᄂᆞ니롤 내 엇디 어엿비 아니 너기료 조샹브터 오ᄆᆞ로 어딘 덕 모토몰 일빅 히나마ᅀᅡ 내게 와브터 나타나 큰 벼슬호니 혼자 부귀롤 누리고 아ᅀᆞ몰 어엿비 아니 너기면 후에 엇뎨 조샹올 짜 아래 가 뵈ᅀᆞ오며

이제 어ᄂᆞ ᄂᆞ초로 ᄉᆞ당ᄋᆡ 드러가리오 ᄒᆞ고 샹감 주신 거시며 록 ᄐᆞᆫ 거슬 아ᅀᆞᄆᆡ거긔 골오 주며 또 아ᅀᆞᆷ 졔도ᄒᆞᄂᆞᆫ 받과 지블 부러 ᄒᆞ여 ᄃᆞᆺ더니라

[현대역] 내가 吳中 땅에 친척이 가장 많으니, 내게는 진실로 친하며 멂이 있건마는, 내 조상으로 보건댄, 한 가지의 자손이라 친하며 멂이 없느니라. 진실로 조상 뜻에 친하며 멂이 없으면, 주리며 추워하는 이를 내 어찌 불쌍히 아니 여기랴. 조상부터 옴으로 어진 덕 모음을 일백 해 넘어서 내게 와서부터 나타나 큰 벼슬하니, 혼자 부귀를 누리고 친척을 불쌍히 아니 여기면, 후에 어찌 조상을 땅 아래 가 뵈오며, 이제 어느 낯으로 사당에 들어가리오." 하고, 상감 주신 것이며 녹 탄 것을 친척에게 고루 주며 또 친척 濟度하는 밭과 집을 일부러 하여 두었더니라.

1 졔도ᄒᆞᄂᆞᆫ: 제도(濟度)하는. '졔도ᄒᆞ다'는 본래 불교 용어로, '미혹한 세계에서 생사만 되풀이하는 중생을 건져 내어 생사 없는 열반의 언덕에 이르게 하다.'를 뜻한다. 여기서는 '구제하여 기르다.'의 뜻이다.

2 부러 ᄒᆞ여: 일부러 하여. 원문 '幷置義田宅云'의 '置'를 번역한 것이다. '부러ᄒᆞ다'는 본래 '부러워하다(羨)'를 뜻한다. 부러ᄒᆞᆯ 션 羨.《1781-1787 왜해 하:35ㄴ》, 부러워ᄒᆞ다 羨.《1880 한불 343》. 불어ᄒᆞ다 羨.《1880 한불 343》. 그러나 '부러ᄒᆞ다'를 '부러워하다'로 보면, '置'와 맞지 않는다. 따라서 '일부러'를 뜻하는 부사 '부러'와 동사 'ᄒᆞ여'를 띄어서 '일부러 하여'로 풀이하고자 한다. '부러'는 '일부러. 즉 특별한 의도로. 또는 마음을 내어 굳이'의 뜻이다.

[소언] 우리 吳오中듕[디명이니 문졍공의 본향이라] 권당이 ᄀᆞ장 만ᄒᆞ니 내거긔 진실로 親친ᄒᆞ며 疎소홈이 잇거니와 그러나 우리 조샹이 보시면 ᄒᆞᆫ가짓 이 子ᄌᆞ孫손이라 진실로 親친ᄒᆞ며 疎소홈이 업스니 진실로 조샹 ᄠᅳᆮ에 親친ᄒᆞ며 疎소홈이 업스면 주리며 치워ᄒᆞᄂᆞᆫ 이를 내 엇디 시러곰 근심티 아니ᄒᆞ리오 조샹브터 옴ᄋᆞ로 德덕을 싸ᄒᆞᆫ 일ᄇᆡᆨ나ᄆᆞᆫ ᄒᆡ예ᅀᅡ 비로소 내거긔 나타나 시러곰 큰 벼슬에 니르런노

니 만일 혼자 富부貴귀를 누리고 권당을 근심티 아니 ᄒᆞ면 다ᄅᆞᆫ 날애 엇디 ᄡᅥ 조샹을 ᄯᅡ 아래 가 보ᄋᆞ오며 이제 어ᄂᆡ ᄂᆞᆾᄎᆞ로 ᄉᆞ당ᄋᆡ 들어 가리오 이에 은혜옛 별례옛 것과 녹봉으로 주신 거슬 샹녜 권당의게 골오 주고 아오로 義의田뎐宅틱[권당 거느리치ᄂᆞᆫ 받과 집이라]을 두니라

현대역 우리 吳中[지명이니, 문정공의 본향이라.] 친척이 가장 많으니, 내게 진실로 친하며 멂이 있거니와, 그러나 우리 조상이 보시면 한가지의 이 자손이라. 진실로 친하며 멂이 없으니, 진실로 조상 뜻에 친하며 멂이 없으면, 굶주리며 추워하는 이를 내 어찌 능히 근심하지 아니하리오. 조상부터 옴으로 덕을 쌓은 일백 남짓한 해에야 비로소 내게 나타나 능히 큰 벼슬에 이르러 있느니, 만일 혼자 부귀를 누리고 친척을 근심하지 아니 하면, 다른 날에 어찌 써 조상을 땅 아래 가 뵈오며, 이제 무슨 낯으로 사당에 들어가리오." 이에 恩惠의, 特例의 것과 녹봉으로 주신 것을 늘 친척에게 고루 주고 아울러 義田宅[친척 돌보고 보살펴서 살리는 밭과 집이라.]을 두니라.

1 일ᄇᆡᆨ나ᄆᆞᆫ: 일백 남짓. '일ᄇᆡᆨ(수사)+나ᄆᆞᆫ(접사)'이다. '-나ᄆᆞᆫ'은 일부 수사 뒤에 붙어, 그 수로부터 좀 더 됨을 나타내는 접사이다. 의미상 의존명사 '남짓'과 통한다. 이에 대한 자세한 설명은 〈가언(嘉言) 제5〉 제46장 '여라ᄆᆞᆫ'의 설명을 참조하라.

2 니르런ᄂᆞ니: 이르러 있느니. '니르(어간)+러(보조적 연결어미)+잇(在, '잇다'의 어간)+ᄂᆞ(직설법 선어말어미)+오(화자 표시법 선어말어미)+니(연결어미)'이다. 완료상은 보조적 연결어미 '-아/어/러'와 보조형용사 '잇다[在]'의 결합으로 표현된다. '잇'이 본동사와 한 음절을 이룰 때는 이미 15세기에 'ㅣ'가 탈락되는 일이 있었다. 따라서 본 예도 '러+ㅅ→럿'이 완료상을 표현한다. 다만 비음화를 경험하고 이를 표기에 반영하였다. 이른 상태가 지속되어 있다는 뜻이 들어있다. 뎌 王ᄃᆞᆯ히 一切 有情의그에 慈悲心ᄋᆞᆯ 내야 가도앳던 사ᄅᆞᆷ 노코 알ᄑᆡ 니르던 양다히 뎌 藥師瑠璃光如來ᄅᆞᆯ 供養ᄒᆞᅀᆞᄫᆞ면.《석상 9:33》, 福ᄋᆞᆯ 닷가 하ᄂᆞᆯ해 나앳다가 福이 다ᄋᆞ면 도로 ᄂᆞ리ᄂᆞ니라.《월석 1:42》. '-오$_2$-'는 화자 표시법 선어말어미이다.

3 의뎐튁: '의전택(義田宅)'의 옛말이다. 친척을 돌보고 보살펴서 살리는 밭과 집.

4 거느리치는: 돌보고 보살펴서 살리는. '거느리치(어간)+ㄴ(현재 시제 선어말어미)+ㄴ(관형사형 어미)'이다. '거느리치다'는 '돌보고 보살펴서 살리다.'를 뜻한다. 時世를 거느리츄멘 英俊흔 사르믈 혀 뿌미 맛당흐니라(濟世宜引英俊人).《두시-초 19:21》(현대역: 그 때의 세상을 돌보고 보살펴서 살리는 영리하고 준수한 사람을 가려 쓰는 것이 마땅하니라.), 어려운 제 時節 거느리칠 직조를 기피 依仗흐놋다(艱危深仗濟時才).《두시-초 23:31》(현대역: 어려운 때 시절을 돌보고 보살펴서 살리는 재주를 깊이 의지하는구나.), 궁흔 사르믈 거느리치며 업서흐는 사르믈 에엿비 너기던 주를 보고(觀…, 賙窮卹匱).《번소 8:27》(현대역: 궁한 사람을 보살피며 없는 사람을 불쌍히 여기던 줄을 보고.)

【增註】恩例는異數也요俸賜는常典也라

恩例는 특별한 대우요, 俸賜는 일정한 법이다.

漢字 典(법식 전)

이수(異數): 특별한 예우. 또는 보통과 구별되는 특별한 것.

【集說】范氏義莊에人日食米一升하고歲衣縑一匹하며嫁娶喪葬에皆有給하니라

범 씨의 義莊에서는 사람마다 하루에 쌀 한 되를 먹게 하고, 한 해에 비단 한 필을 입게 했으며, 시집가고 장가들고 상 치루고 장례 치름에 모두 줌이 있었다.

漢字 莊(별장 장), 縑(비단 겸), 給(줄 급, 넉넉할 급, 급여 급)

〖五十五章〗

○ 司馬溫公이曰凡爲家長은必謹守禮法흐야以御群子弟及

家衆이니分之以職ᄒᆞ며援之以事而責其成功ᄒᆞ며制財用之節ᄒᆞ야量入以爲出ᄒᆞ며稱家之有無ᄒᆞ야以給上下之衣食과及吉凶之費호ᄃᆡ皆有品節而莫不均一ᄒᆞ며裁省(생)冗費ᄒᆞ며禁止奢華ᄒᆞ야常須稍存羸餘ᄒᆞ야以備不虞ㅣ니라 《溫公家儀》

● 司馬溫公이 말하였다. "무릇 집안의 어른이 됨은 반드시 예와 법을 삼가 지켜, 써 여러 자제 및 집안 종들[家衆]을 거느려야 하니, 그들에게 직분으로써 나누어 주고, 그들에게 일로써 주어, 그 성공을 책임지우며, 재물 씀의 절도를 지어서, 수입을 헤아려 써 지출을 삼으며, 집안 재산의 유무를 저울질하여[헤아려] 써 윗사람 아랫사람의 의복과 음식 및 吉事와 凶事의 비용을 지급하되, 모두 마땅함[品節]이 있어 공평하지 않음이 없게 하며, 쓸데없는 비용을 마름질하여[헤아려] 덜고, 사치와 화려함을 금지하여, 늘 모름지기 조금은 남음이 있게 하여, 생각하지 못함에 대비해야 한다."

漢字 御(다스릴 어), 稱(저울질할 칭, 저울 칭, 헤아릴 칭, 알맞을 칭), 裁(마름질할 재, 헤아릴 재), 省(덜 생), 冗(쓸데없을 용), 羸(남을 영), 餘(남을 여), 虞(생각할 우, 헤아릴 우)

번소 司사馬마溫온公공이 니ᄅᆞ샤ᄃᆡ 믈읫 집 얼우ᄂᆞᆫ 반ᄃᆞ시 례법을 삼가 가져셔 모ᄃᆞᆫ ᄌᆞ뎨며 집사ᄅᆞᆷ돌ᄒᆞᆯ 졔어ᄒᆞᆯ 디니 소임을 ᄂᆞᆫ호며 이ᄅᆞᆯ 맛뎌 공을 일우게 ᄒᆞ며 쳔량 ᄡᅳᆯ 이ᄅᆞᆯ 존졀ᄒᆞ야 드ᄂᆞᆫ 거ᄉᆞᆯ 혜아려 내여 ᄡᅳ며 지븨 이신 것 업슨 거세 맛게 ᄒᆞ야 우와 아랫 사ᄅᆞᄆᆡ 옷과 밥과 길ᄉᆞ와 흉ᄉᆞ애 ᄡᅳᆯ 거ᄉᆞᆯ 죡게 호ᄃᆡ 다 전즈려 고ᄅᆞ게 ᄒᆞ고 쇽졀업슨 허비ᄒᆞᆫ 이ᄅᆞᆯ 짐쟉ᄒᆞ야 덜미 샤치ᄒᆞ고 빈난 이ᄅᆞᆯ 금지ᄒᆞ야 모로매 져기 나ᄆᆞᆫ 거ᄉᆞᆯ 두어 너기디 아니텬 일 나거든 ᄲᅮᄆᆞᆯ 예비ᄒᆞᆯ 디니라

현대역 司馬溫公이 이르시되, "무릇 집 어른은 반드시 예법을 삼가 가져서, 모든 자제며 집사람들을 制御할 것이니, 소임을 나누며 일을 맡기어, 공을 이루게 하며, 재물 쓸 일을 존절(撙節)하여, 드는 것을 헤아려 내어 쓰며,

집에 있는 것 없는 것에 맞게 하여, 위와 아래의 사람이 옷과 밥과 길사와 흉사에 쓸 것을 족하게 하되, 다 等差를 세워 고르게 하고, 속절없는 허비한 일을 짐작하여 덜며, 사치하고 빛나는 일을 금지하여, 모름지기 좀 남은 것을 두어, 생각하지 아니했던 일 나거든 씀을 豫備할 것이니라."

1 제어ᄒᆞᆯ 디니: 제어(制御)할 것이니. 제어할지니. '제어ᄒᆞ(어간)+오(대상 표시법 선어말어미)+ㄹ(관형사형 어미)+ᄃᆞ(의존명사)+이(서술격 조사 '이다'의 어간)+니(연결어미)'이다. '제어ᄒᆞ다'는 '상대편을 억눌러서 제 마음대로 다루다.'를 뜻한다. '-오$_2$-'는 대상 표시법 선어말어미이다.

2 존절ᄒᆞ야: 존절(撙節)하여. 씀씀이를 아껴 알맞게 써서.

3 이신: 있는. '이시(有, 어간)+ㄴ(관형사형 어미)'이다. '이시다'는 '있다'의 옛말로, 자음으로 시작하는 어미 앞에서는 '잇-'으로 바뀐다. 世尊ㅅ 말 ᄉᆞᆯᄫᆞ리니 千載上ㅅ 말 이시나 귀예 듣ᄂᆞᆫ가 너기ᅀᆞᄫᆞ쇼셔.《월곡 상:1》, 그ᄢᅴ 여슷 大臣이 이쇼ᄃᆡ 性이 모디러 太子를 새와 ᄒᆞ더라.《석상 11:18》

4 업ᄉᆞᆫ: 없는. '없(無, 어간)+ᄋᆞ(매개모음)+ㄴ(관형사형 어미)'이다.

5 전ᄌᆞ려: 후기중세국어 문헌에서 찾아보기 힘들다. 원문에서는 '皆有品節而不均一' 중 '有品節'이 이에 해당하고, 《소학언해》에서는 '다 충과 ᄆᆞᄃᆡ를 두어' 중 '충과 ᄆᆞᄃᆡ를 두어'가 이에 해당한다. '품절(品節)'은 '등차(等差)를 세움'이니, '等差를 세워'로 풀고자 한다. 여기서 등차(等差)는 '등급에 따라 생기는 차이.'를 뜻한다.

6 쇽졀업ᄉᆞᆫ: 속절없는. '쇽졀없(어간)+ᄋᆞᆫ(관형사형 어미)'이다. 단념할 수밖에 달리 어찌할 도리가 없다.

7 예비ᄒᆞᆯ 디니라: 예비(豫備)할 것이니라. 예비할지니라. '예비ᄒᆞ다'는 '필요할 때 쓰기 위하여 미리 마련하거나 갖추어 놓다.'를 뜻한다.

소언 司ᄉᆞ馬마溫온公공이 ᄀᆞᆯ오ᄃᆡ 믈읫 집 얼운 되욤은 반ᄃᆞ시 삼가 禮례法법을 딕킈여 ᄡᅥ 모ᄃᆞᆫ 子ᄌᆞ弟뎨와 밋 집 사ᄅᆞᆷᄃᆞᆯᄒᆞᆯ 거느릴 디니 소임으로ᄡᅥ ᄂᆞᆫ호며 일로ᄡᅥ 맛뎌 그 功공 일옴을 다와ᄃᆞ며 ᄌᆡ믈 ᄡᅳᄂᆞᆫ ᄆᆞᄃᆡ를 ᄆᆞᄅᆞ서 흐러드ᄂᆞᆫ 거슬 혜아려 ᄡᅥ 나ᄂᆞᆫ 거슬 ᄒᆞ며 집의 이신 업슴을 맛게 ᄒᆞ야 ᄡᅥ 上샹下하의 옷밥과 밋 길ᄉᆞ 흉ᄉᆞ애 ᄡᅳᄂᆞᆫ 거슬

족게 호ᄃᆡ 다 충과 ᄆᆞᄃᆡ를 두어 고ᄅᆞ고 ᄒᆞᆫ골ᄀᆞᆮ디 아님이 업게 ᄒᆞ며 쇽졀업슨 허비ᄅᆞᆯ 짐작ᄒᆞ야 덜며 샤치ᄒᆞ고 빈난 이ᄅᆞᆯ 금지ᄒᆞ야 샹녜 모로미 젹이 남ᄋᆞᆫ 거슬 두어 ᄡᅥ 혜아리디 아닌 일을 예비ᄒᆞᆯ 디니라

현대역 司馬溫公이 가로되, "무릇 집 어른 됨은 반드시 삼가 예법을 지키어, 써 모든 자제와 및 집 사람들을 거느릴 것이니, 소임으로써 나누며 일로써 맡기어, 그 공 이룸을 다그치며, 재물 쓰는 경우를 말라서, 흘러드는 것을 헤아려 써 나가는 것을 하며, 집에 있음 없음을 맞게 하여, 써 위아래의 옷, 밥과 및 길사 흉사에 쓰는 것을 족하게 하되, 다 층과 경우를 두어 고르고 한결같지 않음이 없게 하며, 속절없는 허비를 짐작하여 덜며, 사치하고 빛난 일을 금지하여, 늘 모름지기 좀 남은 것을 두어, 써 헤아리지 아니한 일을 예비할 것이니라."

1 ᄆᆞᄃᆡ: '마디'의 옛말이다. 경우. 'ᄆᆞᄃᆡ'는 15세기 문헌에서부터 나타난다. 17세기에는 'ᄆᆞ듸' 형태가 등장하였는데, 이는 16세기 이후로 제2음절 이하에서 모음 'ㆍ'가 'ㅡ'로 변화하는 경향에 따른 것이다. 근대국어 후기에 제1음절에서 모음 'ㆍ'가 'ㅏ'로 변화하는 경향에 따라 19세기에는 '마듸'가 나타난다. 19세기에는 현대국어와 같은 '마디'도 나타났는데, 이는 자음 뒤에서 모음 'ㅢ'가 'ㅣ'로 바뀌는 단모음화 경향에 따른 것이다. 한편 중세국어와 근대국어 시기에는 'ᄆᆞᄃᆡ〉ᄆᆞ듸〉마듸'가 '대, 갈대, 나무 따위의 줄기에서 가지나 잎이 나는 부분.'과 함께 '경우'의 의미로도 쓰여, 동음이의어였다. ᄆᆞᄃᆡ(15세기~19세기)〉ᄆᆞ듸(17세기~18세기)〉마듸(19세기)〉마디(19세기~현재). 肘는 ᄇᆞᆶ ᄆᆞᄃᆡ니 사ᄅᆞᄆᆞᆫ 周尺ᄋᆞ로 ᄒᆞᆫ 자 여듧 치오.《1459 월석 10:118ㄱ》, 節 ᄆᆞᄃᆡ 절.《1527 훈몽 상:1ㄱ》, 寸 ᄆᆞᄃᆡ 촌.《1527 훈몽 하:14ㄴ》

2 ᄆᆞᄅᆞ서: 말라서. 'ᄆᆞᆯㅇ(어간)+아서(연결어미)'이다. '-아서'는 끝음절의 모음이 'ㆍ', 'ㅏ', 'ㅗ'인 용언의 어간 뒤에 붙어, 수단이나 방법을 나타내는 연결어미이다. '마ᄅᆞ다'는 '옷감이나 재목 따위의 재료를 치수에 맞게 자르다.'를 뜻한다. 'ᄆᆞᄅᆞ다'는 15세기 문헌에서부터 나타난다. 'ᄆᆞᄅᆞ다'는 모음으로 시작하는 어미 앞에서는 'ᄆᆞᆯㅇ-'로, 그 외의 어미 앞에서는 'ᄆᆞᄅᆞ-'로 나타나는 ᄅᆞ불규칙용언이다. 15세기 문헌에서는 'ᄆᆞᆯㅇ-'의 예만 보이고, 'ᄆᆞᄅᆞ-'의 예는 보이지 않지만, 16세기의 'ᄆᆞᄅᆞ다'를 통해 15세기에도 'ᄆᆞᄅᆞ-'가 존재했음을 알 수 있다. 16세기 후반에

제2음절 이하의 '·'가 'ㅡ'로 변화하는 경향에 따라 18세기에는 'ᄆᆞ르다'가 나타난다. 18세기에 제1음절의 '·'가 'ㅏ'로 변화하는 경향에 따라 19세기에 '마르다'가 나타나서 현재에 이르렀다. 16세기 후반의 '·'의 변화로 인해 '·'와 'ㅡ'의 혼동 표기가 나타났었는데, 19세기의 '마ᄅᆞ다'는 이러한 영향 때문에 '마르다'의 'ㅡ'를 '·'로 표기한 형태이다. ᄆᆞᄅᆞ다(15세기~18세기)〉ᄆᆞ르다(18세기)〉마르다(19세기~현재). 雲霧를 ᄆᆞᆯ오사 화 님굼 오ᄉᆞᆯ 뮝ᄀᆞ라.《1481 두시-초 25:48ㄴ》, 裁 ᄆᆞᄅᆞᆯ 지.《1527 훈몽 하:9ㄱ》, ᄃᆞ른 놀카온 갈히 되여 나못 그름제를 ᄆᆞᄅᆞ고.《16세기 중엽 이후 백련-동 13ㄴ》

【集說】陳氏曰禮는先王之禮요法은國家之法이라御는統也라家衆은婢僕輩也라職은如主庖廩掌田園之類요事는如治産業給征役之類라量入以出은入多則出多하고入少則出少也요稱家以給은有則豊하고無則儉也라吉凶은謂冠婚喪祭之事라品節은言其當이요均一은言其平이라冗은雜也라贏은剩也라備는防也라不虞는謂不可虞度(탁)之事니如水火盜賊之類라此는皆制財用之節也라

진 씨가 말하였다. "禮는 先王의 예이고, 法은 국가의 법이다. 御는 거느림이다. 家衆은 계집종과 사내종의 무리이다. 職은 부엌과 곳집을 주관하고 논밭과 동산을 관장하는 따위와 같음이요, 事는 산업을 다스리고 조세와 부역을 공급하는 따위와 같음이다. 量入以出[수입을 헤아려 지출함]은 수입이 많으면 지출도 많게 하고, 수입이 적으면 지출도 적게 함이고, 稱家以給[집안을 저울질하여 지급함]은 있으면 풍족하게 하고, 없으면 검소하게 함이다. 吉凶은 관례와 혼례와 상례와 제례의 일을 이른다. 品節은 그 마땅함을 말하고, 均一은 그 공평함을 말한다. 冗은 '섞임'이다. 贏은 남음이다. 備는 대비함이다. 不虞는 가히 생각하여 헤아리지 못한 일을 이르니, 水害 火災 盜賊 따위와 같음이다. 이는 모두 재물 씀[財用]의 절도를 지음이다."

漢字 庖(부엌 포), 廩(곳집 름), 掌(맡을 장, 손바닥 장), 征[구실(租稅) 정, 갈 정], 役(부릴 역, 일꾼 역), 剩(남을 잉), 防(대비할 방, 막을 방)

右는廣明倫이라

●이상은 명륜을 넓힘이다.

번소 이 우흔 일륜 볼규믈 너비 니ᄅᆞ니라

현대역 이 위는 인륜 밝힘을 널리 이르니라.

일륜: 《번역소학》에는 '인륜'이 아닌, '일륜'으로 되어 있다.

소언 이 우흔 인륜 ᄇᆞᆰ규믈 너피니라

현대역 이 위는 인륜 밝힘을 넓힘이라.

이상 《소학》 〈가언(嘉言) 제5〉의 제15장~제55장이 《번역소학》 제7권이다.

飜번譯역小쇼學혹卷권之지八팔　外외篇편

【五十六章】

董仲舒ㅣ曰仁人者는正其誼義同不謀其利ᄒᆞ며明其道不計其功이니라 《漢書 董仲舒傳》

●董仲舒가 말하였다. "어진 사람이라는 이는 그 옳음을 바르게 하고 그 이익을 꾀하지 않으며, 그 도를 밝히고 그 공을 셈하지 않는다."

《번역소학》 제8권은 《소학》 〈가언(嘉言) 제5〉 제56장~제91장[〈가언〉

끝]에 해당한다.

[漢字] 誼(옳을 의)

동중서(董仲舒, 기원전 179년~기원전 104년): 중국 전한(前漢) 무제(武帝) 때의 재상으로, 광천군(廣川郡) 사람이다. 전한시대 유교를 중국의 국교로 만들고, 유학을 관학화하여 정치 철학의 토대로 삼는데 중추적인 역할을 한 유학자이다. 젊었을 때 《춘추공양전(春秋公羊傳)》을 익혔고 경제(景帝) 때에 박사가 되었으며, 무제(武帝)때 대책을 잘 세워 재상이 되었다. 3년 동안이나 정원에도 나가지 않을 정도로 학문에 정진했고, 장막을 치고 제자들을 가르쳤기 때문에 그의 얼굴을 모르는 제자들도 있었다고 한다. 중국 전통의 음양 사상과 유교 사상을 통합하여 음양의 원리를 도덕 원리로 해석했으며, 그 원리를 정치에 적용했다. 특히 그는 '사람은 하늘에 근본하여 만들어졌으며 하늘은 사람의 증조부'라고 하는 '천인감응설(天人感應說)'을 통해 하늘이 최고의 신이며 인간은 하늘이 창조했다고 주장하는데, 이는 기존의 천인합일사상에서 한 걸음 나아가 천을 인격적으로 해석한 것이다. 말년에는 《동자문집(董子文集)》·《춘추번로(春秋繁露)》 등의 저술에 힘쓰다가 사망했다 (원불교대사전).

[번소] 董동仲듕舒셔ㅣ 닐오ᄃᆡ 仁인ᄒᆞᄂᆞᆫ 사ᄅᆞᄆᆞᆫ 을ᄒᆞᆫ 이를 졍다이 ᄒᆞ고 리케 ᄒᆞ요ᄆᆞᆯ 쐬ᄒᆞ디 아니ᄒᆞ며 도리ᄅᆞᆯ ᄇᆞᆯ기고 공효ᄅᆞᆯ 혜아리디 아니 ᄒᆞᄂᆞ니라

[현대역] 董仲舒가 이르되, "어진 사람은 옳은 일을 정대하게 하고, 이롭게 함을 꾀하지 아니하며, 도리를 밝히고, 功效를 헤아리지 아니 하니라."

1 을ᄒᆞᆫ: 옳은. '을ᄒᆞᆫ 이를 졍다이 ᄒᆞ고'에서 '을ᄒᆞᆫ'은 '올ᄒᆞ다'의 관형사형 '올ᄒᆞᆫ'의 오기로 보인다. 《소학언해》에도 '올ᄒᆞᆫ'으로 나온다.

2 졍다이: 정대하게, 올바르게. '졍답다'의 파생부사이다. '졍답다'는 형용사로, '정대(正大)하고 올바르다'를 뜻한다. 세츠고 질긔우ᄃᆞ며 졍답고 고ᄃᆞ며 말ᄉᆞᆷ 세욤을 반ᄃᆞ시 믿비 ᄒᆞ며(強毅正直 立言必信).《소언 5:107》, 원文忠公 곧애 손이 되야셔 嚴ᄒᆞ고 거여우며 모나고 졍답거늘 正獻公이 블러 마자다가 ᄒᆡ여곰 모든 아ᄃᆞᆯ을 ᄀᆞᄅᆞ치더니(客文忠公所 嚴毅方正 正獻公招延之 使教諸子).《소언

6:4》

3 공효: 공효(功效). 공으로 들인 보람이나 효과

소언 董동仲듕舒셔[漢한 적 션비라]ㅣ ᄀᆞᆯ오ᄃᆡ 仁인ᄒᆞᆫ 사ᄅᆞᆷ은 그 올ᄒᆞᆫ 일을 正졍히 ᄒᆞ고 그 利리홀 일을 ᄭᅬᄒᆞ디 아니ᄒᆞ며 그 도리ᄅᆞᆯ ᄇᆞᆰ키고 그 공효ᄅᆞᆯ 혜아리디 아니 ᄒᆞᄂᆞ니라

현대역 董仲舒[漢 때 선비이라.]가 가로되, "어진 사람은 그 옳은 일을 정당하게 하고, 그 이로운 일을 꾀하지 아니하며, 그 도리를 밝히고, 그 공효를 헤아리지 아니 하니라."

【集解】**仲舒**는**廣川人**이라**仁者**는**心之德**이니**仁人者**는**心無私欲而有其德者也**라**義者**는**心之制事之宜**요**道者**는**事物當然之理也**라

仲舒는 廣川 사람이다. 仁이라는 것은 마음의 덕이니, 어진 사람이라는 이는 마음에 사사로운 욕심이 없어 그 덕을 둔 자이다. 의라는 것은 마음의 제재이며 일의 마땅함이고, 도라는 것은 사물의 당연한 이치이다.

【增註】**朱子曰道**는**是大綱說**이요**義**는**是就一事上說**이라**正誼**면**未嘗不利**요**明道**면**豈必無功**이리오**但不先以功利爲心耳**니라

주자가 말하였다. "道는 이 큰 벼리로 말함이요, 義는 이 한 가지 일 위에 나아가 말함이다. 옳음을 바르게 하면 일찍이 이롭지 않음이 없고, 도를 밝히면 어찌 반드시 공이 없겠는가? 단지 먼저 공과 이익으로써 마음을 삼지 않았을 뿐이다."

〖五十七章〗

○孫思邈이曰膽欲大而心欲小ᄒᆞ고智欲圓而行欲方이니라

《唐書 隱逸列傳》

●孫思邈이 말하였다. “담은 크고자 하되 마음은 작고자 하며, 지혜는 둥글고자 하되 행실은 방정하고자 한다.”

漢字 邈(멀 막, 아득할 막), 膽(담력 담, 쓸개 담)

손사막(孫思邈, 581년~682년): 당대(唐代)의 이름 난 의학자이다. 경조(京兆) 화원[華原: 지금의 섬서성(陜西省) 요현(耀縣)] 사람이다. 그는 당(唐)나라 태종(太宗) 등이 예를 갖추어 불러 맞아들여 국자박사(國子博士)로 앉히려고 하는 것을 마다하였다. 민간에 오랫동안 머물러 살면서 약재를 채취하고 의학을 연구하여 사람들의 병을 고쳐 주고 책을 지어 의학 이론을 세웠다. 당(唐)나라 이전의 중국 의학 발전의 풍부한 경험을 체계적으로 총결하고 개인의 80년간의 임상 경험을 결합하여 두 권의 유명한 의학책을 지었는데, 《천금요방(千金要方)》(30권)과 《천금익방(千金翼方)》(30권)이다. 손사막은 민간의 의료 경험을 중시하였는데, 이것을 총결하여 짐승의 갑상선으로 갑상선비대를 예방 치료하고, 짐승의 간(肝)으로 야맹증을 예방 치료하였으며, 총엽(葱葉)을 도뇨관(導尿管)으로 사용하여 요폐 환자에게 요도카테터법을 시행하고, 세상에 널리 퍼져 있는 아래턱탈구정복법을 적어 놓았는데 오늘날까지도 그대로 쓰이고 있다. 그는 유황복화법(硫黃伏火法)을 사용하였는데, 이것은 중국 최초의 화약배방(火藥配方)이다. 특히 중요하게 여길만한 것은 귀신이 곽란(霍亂)을 일으킨다는 것과 단약(丹藥)을 먹고 오래 살려고 하는 것 등에 대하여 비판적인 태도를 가졌으며, 곽란의 병인과 양생법(養生法)에 대하여 올바르게 말하였다는 것이다. 손사막은 의학을 배움에 있어서 옛것을 그대로 따르지 않았으며, 한 걸음 더 나아가서 장중경(張仲景)의 학설을 발전시켰다(한의학대사전).

번소 孫손思ᄉᆞ邈막이 닐오ᄃᆡ 膽담은 크고져 ᄒᆞ고 ᄆᆞᅀᆞᄆᆞᆫ 젹고져 ᄒᆞ며 디혜ᄂᆞᆫ 두려워 거틸 ᄃᆡ 업고져코 힝뎍은 모나 ᄇᆞ려디디 말오져

싣븐 거시라

현대역 孫思邈이 이르되, "膽은 크고자 하고, 마음은 적고자 하며, 지혜는 둥글어[온전하여] 거꾸러질 데 없고자하고, 행적은 모나 풀어지지 말고자 싶은 것이라."

1 담(膽): 겁이 없고 용감한 기운. 유의어: 간혼(肝魂), 담기(膽氣), 담력(膽力).

2 두려워: '두려우(어간)+어(연결어미)'이다. 어간 '두렵-'에서 'ㅂ'이 모음 어미 앞에서 반모음 '우[w]'로 교체되었다. '두렵다'는 '둥그렇다', '원만하다', '온전하다'의 옛말이다. 고히 길오 놉고 고ᄃᆞ며 ᄂᆞ치 두렵고 ᄎᆞ며 눈서비 놉고 길며 니마히 넙고 平正ᄒᆞ야.《석상 19:7》, 勝ᄒᆞᆫ 아로미 現ᄒᆞ야 두렵거든 내 부텻 모ᄆᆞᆯ 現ᄒᆞ야 爲ᄒᆞ야 說法ᄒᆞ야 解脫케 ᄒᆞ며(勝解現圓 我現佛身 而爲說法 令其解脫).《능엄 6:8》

3 업고져코: 없고자 하고. '없(어간)+고져(연결어미)+ᄒᆞ고(보조동사)'이다. '-고져'는 주로 동사, 형용사 어간이나 어미 뒤에 붙어, '-고자'를 뜻하는 연결어미이다. ᄒᆞᆫ ᄉᆞ랑ᄒᆞᄂᆞᆫ 아기아ᄃᆞ리 양ᄌᆞ며 ᄌᆡ죄 ᄒᆞᆫ 그티니 그딋 ᄯᆞᄅᆞᆯ 맛고져 ᄒᆞ더이다.《석상 6:15》, 兜率天에 가아 兜率 天子ㅣ ᄃᆞ외야 世尊 뵈ᅀᆞᆸ고져 너겨.《석상 6:45》. '-ᄒᆞ고'가 줄어들 때 'ᄒᆞ'의 'ᆞ'가 탈락하면서 자음축약을 일으켰다. 'ᄒᆞ고'는 '-고자 하다' 구성으로 쓰여, 앞말이 뜻하는 행동이나 상태를 의도하거나 바람을 나타내는 보조동사이다. 성공하고자 하는 사람은 그만큼 노력해야 한다.

4 모나: 방정(方正)하여. '모나+ø(연결어미 '아' 생략)'이다. 중세국어에서 현대국어에 이르기까지 '모나다'는 '방정하다', '사물의 모습에 모가 있거나 일에 드러난 표가 있다', '말이나 짓 따위가 둥글지 못하고 까다롭다', '물건이 쓰이는 데 유용한 구석이 있다' 등을 뜻하는 동음이의어였다. '모나다'는 15세기 문헌에서부터 나타나 현재까지 이어진다. '모나다'는 '귀퉁이'의 의미인 '뫃'와 접미사 '-나다'가 결합한 것이다. '뫃'는 모음이나 'ㄱ, ㄷ'으로 시작하는 조사와 결합할 때에는 종성 'ㅎ'이 나타나지만, 그 밖의 자음으로 시작하는 조사와 결합할 때나 단독으로 쓰일 때는 종성 'ㅎ'이 탈락하는 ㅎ종성 체언으로서, '뫃/모'의 이형태 교체를 보였다. 모나다(15세기~현재). 方正은 모나미 반ᄃᆞᆨ홀씨오.《1459 월석 2:41ㄴ》, 器ᄂᆞᆫ 모나며 두려우미 잇거니와.《1461 능엄 2:42ㄴ》, 그르슬 아래란 모나게 ᄒᆞ고 둡게란 두텹게 홈 ᄀᆞᄐᆞᆫ디라.《1518 번소 7:40ㄱ》

소언 孫손思ᄉᆞ邈막[唐당 적 사ᄅᆞᆷ이라]이 ᄀᆞᆯ오ᄃᆡ 膽담은 크고져ᄒᆞ고 ᄆᆞᄋᆞᆷ은 젹고져ᄒᆞ며 디혜ᄂᆞᆫ 두렫고져ᄒᆞ고 ᄒᆡᇰ실은 모나고져홀 디니라

현대역 孫思邈[唐 때 사람이라.]이 가로되, "담은 크고자하고, 마음은 작고자하며, 지혜는 둥글고자하고, 행실은 모나고자할 것이니라."

【集解】思邈는京兆人이라朱子曰膽大는是千萬人吾往之意요心小는只是畏敬이니蓋志不大則卑陋요心不小則狂妄이며圓而不方이면則流於譎詐하고方而不圓이면則執而不通矣니라葉氏曰膽大則敢於有爲하고心小則密於察理하며智圓則通而不滯하고行方則正而不流也니라

思邈은 京兆 사람이다. 주자가 말하였다. "膽大[담이 크다는 것]는 이 천만인이라도 내가 간다는 뜻이요, 心小[마음이 작다는 것]는 다만 이 두려워하고 공경함이니, 대개 뜻이 크지 않으면 비루하고, 마음이 작지 않으면 경망하고 망령되며, 둥글기만 하고 방정하지 않으면 속임에 흐르고, 방정하기만 하고 둥글지 않으면 고집스러워 통하지 않는다." 섭 씨가 말하였다. "담이 크면 행함이 있음에 용감하고, 마음이 작으면 이치를 살핌에 정밀하며, 지혜가 둥글면 통하여 막힘이 없고, 행실이 방정하면 발라서 흐르지 않는다."

千萬人吾往: '천만인이 있더라도 내가 가서 두려움 없이 상대한다.'는 뜻이다. 《맹자(孟子)》〈공손추상(公孫丑上)〉 제2장에 "自反而縮 雖千萬人吾往矣(스스로 반성하여 곧으면, 비록 천만의 사람이라도 나는 나갈 것이다)."로 보인다.

漢字 狂(경망할 광, 미칠 광), 妄(망령될 망), 譎(속일 휼), 詐(속일 사), 滯(막힐 체)

〖五十八章〗

○ 古語에云從善은如登이오從惡은如崩이니라 《國語 周語》

●《古語》에 말하였다. "善을 따름은 오름과 같고, 惡을 따름은 무너짐과 같다."

漢字 崩(무너질 붕)

번소 녜마리 닐오ᄃᆡ 어딘 일 조초미 노픈 ᄃᆡ 올옴 ᄀᆞᆮ고 사오나온 일 조초미 아래로 믈어딤 ᄀᆞᆮ다 ᄒᆞ니라

현대역 옛말에 이르되, "어진 일 좇음이 높은 데 오름 같고, 나쁜 일 좇음이 아래로 무너짐 같다 하니라."

소언 녯말에 닐오ᄃᆡ 어딘 일 조촘은 오ᄅᆞ기 ᄀᆞᆮ고 사오나온 일 조촘은 믈허딤 ᄀᆞᆮ다 ᄒᆞ니라

현대역 옛말에 이르되, "어진 일 좇음은 오르기 같고, 나쁜 일 좇음은 무너짐 같다 하니라."

【集說】陳氏曰古語는國語라升高曰登이요墜下曰崩이라朱子曰善者는天命所賦之本然이요惡者는物欲所生之邪穢라眞氏曰從善如登은善難進也요從惡如崩은惡易陷也니進於善이면則爲聖爲賢하여而日趨於高明하고陷於惡이면則爲愚爲不肖하여而日淪於汚下矣니라

진 씨가 말하였다. "《古語》는 《國語》이다. 높은 데 오름을 登이라 이르고, 아래로 떨어짐을 崩이라 이른다." 주자가 말하였다. "善이라는 것은 천명이 준 바의 본디 그대로의 모습이요, 惡이란 것은 물욕이 낳은 바의

사악함과 더러움이다.” 진 씨가 말하였다. “從善如登[선을 따름은 오름과 같다 함]은 선은 나아가기가 어려움이요, 從惡如崩[악을 따름은 무너짐과 같다 함]은 악은 빠지기가 쉬움이니, 善에 나아가면 성인이 되고 현인이 되어, 날로 높고 밝음에 나아가고, 惡에 빠지면 어리석은 자가 되고 못난 자가 되어, 날로 더럽고 낮은 데로 빠진다.”

국어(國語): 일명 《외전(外傳)》이다. 춘추시대 8국의 역사를 나라별로 적은 책으로, 노(魯)나라의 좌구명(左丘明)이 지었다. 좌구명은 노나라의 역사를 기술한 《좌씨전(左氏傳)》(일명 《내전(內傳)》)을 쓰기 위하여 각국의 역사를 모아 찬술했는데, 주어(周語, 3권), 노어(魯語, 2권), 제어(齊語, 1권), 진어(晉語, 9권), 정어(鄭語, 1권), 초어(楚語, 2권), 오어(吳語, 1권), 월어(越語, 2권)가 그것이다. 허신(許愼)은 《설문해자(說文解字)》에서 이를 《춘추국어(春秋國語)》라 적고 있다.

漢字 墜(떨어질 추), 賦(줄 부), 邪(간사할 사), 穢(더러울 예), 趨(나아갈 추, 종종걸음으로 걸을 추, 향할 추, 달릴 추), 淪(빠질 륜, 물놀이 륜), 汚(더러울 오)

〖五十九章〗

○孝友先生朱仁軌ㅣ隱居養親ᄒᆞ더니嘗誨子弟曰終身讓路ᄒᆞ야도不枉百步ᄒᆞ며終身讓畔ᄒᆞ야도不失一段이니라 《唐書 隱逸列傳》

●孝友 선생 朱仁軌가 숨어서 살며 어버이를 봉양했더니, 일찍이 자제를 가르쳐 말하였다. “종신토록 길을 양보해도 일백 걸음을 굽지[돌지] 않으며, 종신토록 밭두둑을 양보해도 한 조각[뙈기]을 잃지 않는다.”

漢字 軌(바퀴사이 궤, 바퀴굴대 궤, 법 궤, 좇을 궤), 誨(가르칠 회), 枉(굽을 왕, 그릇될 왕), 段(조각 단)

주인궤(朱仁軌, 생몰 연대 미상): 당(唐) 나라의 효자다. 자가 덕용(德容)이고,

박주(亳州) 사람이다. 벼슬을 사양하고 부모를 봉양하며 살았다. 주희(朱熹)의 《무원다원주씨세보서(婺源茶院朱氏世譜序)》에 의하면 금릉(金陵) 주 씨(朱氏)의 시조라고 한다.

번소 孝효友우 先션生싱 朱쥬仁인軌궤 수머 살며셔 어버ᅀᅵ를 효양ᄒᆞ더니 일즉 ᄌᆞ뎨를 ᄀᆞᄅᆞ쳐 닐오ᄃᆡ 모미 죽도록 길흘 ᄉᆞ양ᄒᆞ야도 일ᄇᆡᆨ 거르미도록 에디 아니ᄒᆞ며 모미 죽도록 받ᄀᆞᅀᆞᆯ ᄉᆞ양ᄒᆞ야도 ᄒᆞᆫ 귿도 일후미 업스리니라

현대역 孝友 先生 朱仁軌가 숨어 살면서 어버이를 효양하더니, 일찍이 자제를 가르쳐 이르되, "몸이 죽도록 길을 사양하여도 일백 걸음까지 돌지 아니하며, 몸이 죽도록 밭가를 사양하여도 한 끝도 잃음이 없으리니라."

1 거르미도록: 걸음까지. '걸음(명사)+이도록(조사)'이다. '이도록'은 조사로서, 받침 있는 체언류 뒤나 시간·장소와 관련되는 체언류 뒤에 붙어, '까지'나 '-이 지나도록'을 뜻한다. 샹녯 말ᄉᆞ매 닐오ᄃᆡ ᄒᆞᆫ ᄒᆡ옷 ᄇᆡ얌 믈이기 디내면 삼 년이도록 드렛줄도 저프다 ᄒᆞᄂᆞ니라.《번박 상 37》

2 에디: 돌지. '에(어간)+디(보조적 연결어미)'이다. '에다'는 '돌다'의 옛말이다. 모미 죽도록 길흘 ᄉᆞ양ᄒᆞ야도 일ᄇᆡᆨ 거르미도록 에디 아니ᄒᆞ며(終身讓路 不枉百步).《번소 8:2》(현대역: 목숨이 다하도록 길을 양보함에 일백 걸음이라도 돌지 않으며.)

소언 孝효友우 先션生싱 朱쥬仁인軌궤[唐당 적 사ᄅᆞᆷ이니 孝효友우ᄂᆞᆫ 시호ㅣ라] 隱은居거ᄒᆞ야셔 어버이를 치더니 일즉 子ᄌᆞ弟뎨를 ᄀᆞᄅᆞ쳐 ᄀᆞᆯ오ᄃᆡ 몸이 ᄆᆞᆺ도록 길흘 ᄉᆞ양ᄒᆞ야도 일ᄇᆡᆨ 거름을 에디 아니ᄒᆞ며 몸이 ᄆᆞᆺ도록 받ᄀᆞ올 ᄉᆞ양ᄒᆞ야도 ᄒᆞᆫ ᄯᅩ야기를 일티 아니ᄒᆞᄂᆞ니라

현대역 孝友 先生 朱仁軌[唐 때 사람이니, 孝友는 시호이라.]가 은거하여서 어버이를 봉양하더니, 일찍이 자제를 가르쳐 가로되, "몸이 마치도록 길을 사양하여도 일백 걸음을 돌지 아니하며, 몸이 마치도록 밭가를 사양하여도

한 뙈기를 잃지 아니하니라."

ᄠᅩ야기: '뙈기'의 옛말이다. 수량을 나타내는 말 뒤에 쓰여, 일정하게 경계를 지은 논밭의 구획을 세는 단위. 'ᄠᅩ야기'는 16세기 문헌에서부터 나타난다. 'ᄠᅬ야기'는 'ᄠᅩ야기>*ᄯᅩ야기>*ᄯᅬ아기>*ᄯᅫ기>뙈기'의 변화를 거쳐 현재의 '뙈기'로 나타난 것으로 추정된다. 근대국어 이후 'ㅂㄷ'은 'ㅅㄷ'으로 표기되는 경향이 있었으므로, 'ᄠᅩ야기'에서 '*ᄯᅩ야기'가 나타났을 것이다. 또한 '*ᄯᅩ야기'의 제2음절 모음 'ㅑ'의 영향으로 제1음절 모음 'ㅗ'가 고모음화되어 'ㅚ'로 나타나서 '*ᄯᅬ아기'가 되었을 것이다. 이후 'ᄯᅬ아기'는 제1음절 모음과 제2음절 모음이 축약하여 '*ᄯᅫ기'가 되었을 것이다. 20세기 이후 'ㅅㄷ'은 'ㄸ'으로 표기되는 경향이 있었으므로, '*ᄯᅫ기'는 '뙈기'로 나타났을 것이다. ᄠᅬ야기(16세기)>뙈기(20세기~현재). 몸이 ᄆᆞᆺ도록 받ᄀᆞᆯ ᄉᆞ양ᄒᆞ야도 ᄒᆞᆫ ᄠᅩ야기ᄅᆞᆯ 일티 아니ᄒᆞᄂᆞ니라.《1587 소언 5:83ㄱ》

【集解】仁軌의字는德容이니亳州人이라路는行路요畔은田界也라言人이終身讓路라도而終無百步之枉하고終身讓畔이라도而終無一段之失也라

仁軌의 자는 德容이니, 박주 사람이다. 路는 다니는 길이요, 畔은 밭 경계이다. 사람이 종신토록 길을 양보해도 마침내 일백 걸음의 굽음[돎]이 없고, 종신토록 밭두둑을 양보해도 마침내 한 조각[뙈기]의 잃음이 없음을 말함이다.

漢字 亳(땅이름 박)

【集成】李氏曰不枉不失은蓋引而進之之諭니非計功謀利之謂也니라

이 씨가 말하였다. "不枉不失[돌지 않고 잃지 않음]은 대개 이끌어 그것[덕]에 나가게 하는 깨우침이니, 공을 따지고 이로움을 꾀함을 이름이 아니다."

漢字 諭(깨우칠 유, 비유할 유)

〖六十章〗

○濂溪周先生이曰聖希天이오賢希聖이오士希賢이니 《通書》

●濂溪 周 先生이 말하였다. "성인은 하늘[天道]을 바라고, 현인은 성인을 바라고, 선비는 현인을 바라니,

漢字 濂(시내이름 렴, 엷을 렴)

주돈이(周敦頤, 1017년~1073년): 중국 북송 시대의 유학자로, 성리학의 기초를 닦았다. 자(字)는 무숙(茂叔)이고, 호(號)는 염계(濂溪)이다. 본래 이름은 돈실(敦實)이었으나 송나라 영종(英宗, 재위 1063년~1067년)의 초명인 종실(宗實)과 같은 글자를 피하기 위해 돈이(敦頤)로 이름을 바꾸었다. 주자(周子)라고도 부르는데, 성리학을 집대성한 주희(朱熹, 1130년~1200년)를 가리키는 주자(朱子)와 혼동되므로 일반적으로 널리 사용되지는 않는다. 죽은 뒤에 신종(神宗, 1067년~1085년)에게 '원(元)'이라는 시호를 받아 '원공(元公)'으로 불리기도 한다. 염계(濂溪)라는 호는 1072년 장시성[江西省]의 루산[廬山] 개울가에 집을 짓고 살면서, 그 개울을 염계라 하고 스스로를 염계선생이라고 부른 데서 비롯되었다. 도주(道州) 영도현(營道縣, 지금의 후난성[湖南省] 융저우시[永州市] 다오현[道縣]) 출신으로, 아버지는 현(縣)의 지사(知事)를 지낸 보성(輔成)이고 어머니는 정 씨(鄭氏)이다. 어려서 아버지를 잃어 8살 때인 1025년 모친과 함께 후난성 헝양[衡陽]에 사는 외삼촌 정향(鄭向)에게 가서 살았다. 1031년에는 모친과 함께 수도인 카이펑[開封]으로 거처를 옮겼다가, 1037년 외삼촌이 양절전운사(兩浙轉運使)로 임명되자 다시 모친과 함께 윤주(潤州)의 단도현(丹徒縣, 지금의 장쑤성 전장시)으로 옮겨 살았다. 그 뒤 용도각(龍圖閣) 학사(學士)로 있던 정향의 추천을 받아 분녕현(分寧縣)의 주부(主簿)를 거쳐 푸젠성[福建省] 난안[南安]의 사리참군(司理參軍)으로 임명되었다. 난안에 있을 때 대리사승(大理寺丞) 정향(程珦)의 두 아들인 정호(程顥, 1032년~1085년)와 정이(程頤, 1033년~1107년) 형제에게 학문을 가르쳤으며, 그 뒤 합주판관(合州判官), 건주통판(虔州通判) 등을 거쳐 신종이 즉위한 뒤에는 광동전운판관(廣東轉運判官)으로 발탁되었다. 만년에는 지남강군(知南康軍)으로 임명되어 장시성의 싱쯔현[星子縣]에 머무르다가 루산의 연화봉(蓮花峰) 아래에 집을 짓고 은거했다. 모친의 무덤도 루산으로

옮겨왔는데, 1073년 병으로 죽은 뒤 모친의 무덤 곁에 묻혔다. 주돈이는 중국 성리학의 틀을 만들고 기초를 닦은 인물로 평가된다. 그는 도가(道家)와 불교의 주요 인식과 개념들을 받아들여 우주의 원리와 인성에 관한 형이상학적인 새로운 유학 이론을 개척했고, 그의 사상은 정호·정이 형제와 주희 등을 거치며 이른바 정주학파(程朱學派)라고 불리는 중국 유학의 중심적 흐름을 형성했다. 때문에 그는 한(漢) 나라 때의 훈고학(訓詁學)을 거치며 끊어졌던 성(性)과 도(道)에 관한 철학적 논의를 되살려 유학을 새롭게 부흥시킨 인물이라는 평가를 받는다. 그의 저술은 7권의 《주자전서(周子全書)》로 전해지는데, 그 가운데 《태극도설(太極圖說)》과 《통서(通書)》가 가장 대표적인 저작으로 꼽힌다. 《태극도설》에서는 인성과 우주의 원리를 태극도(太極圖)를 중심으로 설명하고 있다. 그는 무극(無極)과 태극(太極)이 하나이며, 태극이 음양(陰陽)으로 나뉘고, 여기에서 다시 화(火)·수(水)·목(木)·금(金)·토(土)의 오행(五行)이 생겨난다고 하였다. 그리고 이를 근거로 인간의 선(善)·악(惡)과 인(仁)·의(義)·예(禮)·지(智)·신(信)의 오상(五常)을 설명하려 했다. 《태극도설》에는 무(無)에서 유(有)가 비롯된다는 도가와 불교 사상이 드러나기도 한다. 《태극도설》은 이기(理氣) 철학의 기본형식을 제시해 성리학의 발달에 큰 영향을 끼쳤다. 주희가 《태극도설해(太極圖說解)》를 지어 자신의 주된 이론적 근거로 삼는 등 《태극도설》의 해석은 후대의 유학 논쟁들에서도 매우 중요하게 다루어졌다. 《역통(易通)》·《주자통서(周子通書)》라고도 하는 《통서》는 도덕론을 중심으로 《태극도설》의 중심 내용을 설명하고 있는 책이다. 주돈이는 여기에서 '성(誠)'을 인간의 모든 덕(德)과 행위의 근본이 되어야 할 근본 규범으로 강조하였다. 그는 흔들리지 않는 고요한 마음의 상태(寂然不動)인 성(誠)을 순수지선(純粹至善)으로 보고, 그것을 완전하게 체득하면 5상(五常)의 덕도 완성할 수 있다고 하였다. 그리고 이러한 경지에 도달하려면 주정(主靜)과 무욕(無慾)의 태도가 필요하다고 하였다. 주희는 《통서》에 대해서도 주석을 붙여 《통서해(通書解)》를 남겼으며, 이는 성리학의 도덕론 형성에 큰 영향을 끼쳤다. 한편, 주돈이는 〈애련설(愛蓮說)〉이라는 글을 남기기도 했는데, 연꽃에 빗대어 군자의 덕을 이야기한 이 산문은 중국의 한문학(漢文學)을 대표하는 글 가운데 하나로 후대에 널리 읽혔다(두산백과).

번소 濂렴溪계 周쥬 先션生ᄉᆡᆼ이 니ᄅᆞ샤ᄃᆡ 셩신은 하ᄂᆞᆯ홀 ᄇᆞ라고

현신은 셩신을 ᄇᆞ라고 ᄉᆞᄂᆞᆫ 현신을 ᄇᆞ라ᄂᆞ니

현대역 濂溪 주 선생이 이르시되, "성인은 하늘을 바라고, 현인은 성인을 바라고, 선비는 현인을 바라니,

소언 濂렴溪계[디명이니 별회라] 周쥬 先션生ᄉᆡᆼ[宋송 적 대현이니 일홈은 敦돈頤이오 字ᄌᆞᄂᆞᆫ 茂무叔슉이라]이 골ᄋᆞ샤ᄃᆡ 셩인은 하ᄂᆞᆯ흘 ᄇᆞ라고 현인은 셩인을 ᄇᆞ라고 션ᄇᆡᄂᆞᆫ 현인을 ᄇᆞ라ᄂᆞ니

현대역 濂溪[지명이니, 별호이다.] 주 선생[宋 때 大賢이니, 이름은 敦頤요, 자는 茂叔이라.]이 말씀하시되, "성인은 하늘을 바라고, 현인은 성인을 바라고, 선비는 현인을 바라니,

【集說】**吳氏曰濂溪**는**地名**이라**先生**의**名**은**敦頤**요**字**는**茂叔**이니 **道州人**이라**朱子曰希**는**望也**라

오 씨가 말하였다. "濂溪는 땅 이름이다. 선생의 이름은 敦頤요, 자는 茂叔이니, 道州 사람이다." 주자가 말하였다. "希는 바람이다."

漢字 **敦**(도타울 돈), **頤**(턱 이), **茂**(우거질 무), **叔**(아재비 숙)

伊尹顏淵은**大賢也**ㅣ라**伊尹**은**恥其君不爲堯舜**ᄒᆞ며**一夫**ㅣ**不得其所**ㅣ어든**若撻于市**ᄒᆞ고**顏淵**은**不遷怒**ᄒᆞ며**不貳過**ᄒᆞ며**三月不違仁**ᄒᆞ니라

● 伊尹과 顏淵은 큰 현인이다. 이윤은 그 임금을 堯와 舜으로 만들지 못함을 부끄러워했으며, 한 사람이라도 그 살 곳을 얻지 못하면 시장에서 종아리 맞는 듯 여겼고, 안연은 성냄을 (다른 사람에게) 옮기지 않았으며, 허물을 거듭하지 않았으며, 3개월 동안 仁을 어기지 않았다.

漢字 **撻**(종아리 칠 달, 매질할 달), **貳**(거듭할 이), **違**(어길 위, 떠날 위)

1 서경(書經) 설명(說命): 이윤(伊尹)과 관련된 내용은 《서경(書經)》 〈설명(說命)〉에 보인다. "昔先正保衡 作我先王 乃曰 予不克俾厥后 惟堯舜 其心愧恥 若撻于市 一夫不獲則曰時予之辜[옛날 선현인 보형(保衡, 伊尹)이 선왕(先王, 湯王)을 진작시켜 이에 말하기를, '내가 능히 그 임금을 오직 요순으로 만들지 못하면, 그 마음 부끄럽기가 시장에서 종아리 맞는 것처럼 여겼다.' 하였고, 한 사람이라도 (살 곳을) 얻지 못한다면 말하기를, '이는 나의 잘못이다.'라고 하였다]." 이윤(기원전 1630년경~기원전 1550년경)은 공상(空桑) 사람으로 성은 이(伊)요 , 이름은 지(摯)이고, 아이 때 이름은 아형(阿衡)이다. 하말상초(夏末商初) 시기의 정치가이자 군사가, 사상가, 요리사이다. 윤(尹)은 우상(右相)의 벼슬을 뜻한다. 기원전 1600년경에 그는 탕(湯) 임금을 보좌하여 하(夏)나라를 멸망시키고, 상(商)나라를 건립하는 데 큰 공을 세웠다. 그 공으로 승상(丞相)이 되어 관리를 다스리고 민정(民情)을 잘 살펴서 경제를 부흥시켜 나라를 강성하게 만들었다. 일설에는 처음에 이윤이 탕 임금을 만날 길이 없자, 탕 임금의 처인 유신씨(有莘氏) 집의 요리사가 된 뒤, 솥과 도마를 등에 지고 탕왕을 만나 음식으로써 천하의 도리를 비유해 설명했다는 전설이 있다. 그래서 그를 중국요리의 창시자로 받들고 있다. 탕 임금이 죽은 뒤에도 아들인 외병(外丙)과 중임(中壬)을 보좌했고, 그 뒤 탕 임금의 적장손인 태갑(太甲)도 보좌했는데 태갑이 포학하게 굴자 동궁(桐宮)으로 축출했다가, 그가 개과천선하자 3년 뒤에 다시 영입하여 복위시켰다고 한다. 또 뒤이어 태갑의 아들 옥정(沃丁) 밑에서도 벼슬을 했다. 대표작으로 《여구(汝鳩)》, 《탕서(湯誓)》, 《이훈(伊訓)》이 있다(중국역대인물초상화).

2 논어(論語) 옹야(雍也) 제5장: 안연(顔淵)과 관련된 내용은 《논어(論語)》 〈옹야(雍也)〉 제5장에 보인다. "子曰 回也 其心三月不違仁 其餘則日月至焉而已矣(공자께서 말씀하시길, '안회는 그 마음이 3개월이 되어도 인에서 벗어나지 않는데, 그 나머지는 곧 하루나 한 달에 이에 이를 따름이다.'라고 하셨다.)" 여기서 3월은 그것이 오래됨을 말한 것이다. 인이라는 것은 마음의 덕이니, 마음이 인에서 벗어나지 않는다는 것은 사욕이 없고 그 덕이 있는 것이다. 日月至焉[하루나 한 달에 여기에 이름]은 혹 하루에 한 번 이르거나 혹은 한 달에 한 번 여기에 이르러서 그 경지에 이를 수는 있지만 오래 머물지 못하는 것이다. 주자가 말하길, "삼월은 그저 그것이 오랜 기간이라고 말한 것일 뿐이지, 3개월 이후에 반드시 어긴다는 것을 말한 것이 아니다. 옛사람은 3개월 동안 임금이 없으면 조문하였고, 나라를 떠난 지 3개월이면 되돌아갔다고 하고,

《시경》에서 '사람이 하루를 보지 못하면 마치 3개월을 보지 못한 것처럼 하였다.'거나, 공자께서 소악(昭樂)을 들으시고 3개월 동안 고기 맛을 모르셨다고 하신 것은 모두 다 오랜 기간이라는 뜻이다."라고 하였다. 조 씨가 말하길, "삼월은 잠시 이를 빌려서 그것이 '오랜 시간'임을 말한 것이고, 일월(日月)은 역시 이를 빌려서 그것이 '잠깐 동안'을 말한 것이다."라고 하였다. 정자(程子)가 말하길, "3월은 천도가 작게 변하는 절기이므로, 그 오래됨을 말한 것이니, 이를 지나면 곧 성인이 되는 것이다. 인에서 벗어나지 않는다는 것은 그저 실이나 터럭 하나의 사욕도 없는 것이니, 조금이라도 사욕이 있다면 곧 불인이 되는 것이다."라고 하였다. 정자가 말하길, "안자는 천도의 변화를 겪으면서까지 인을 행함이 이와 같았으니, 그가 능히 인에 오래 머무를 수 있었던 것이다. 이를 넘어서면 곧 마음이 하고자 하는 대로 따라도 법도를 넘어서지 않으니, 곧 성인의 경지인 것이다. 그래서 공자께서 그가 아직 여기에 이르지 못함을 안타까워하신 것이다."라고 하였다. 윤 씨가 말하길, "이는 안자가 성인에 비하여 한 칸을 못 미친 것이니, 만약 성인이라면 혼연(渾然)하여 조금도 끊어짐이 없을 것이다."라고 하였다. 안연(기원전 521년~기원전 490년)은 안회(顔回)로, 춘추시대 말기 노(魯)나라 사람이다. 자가 자연(子淵)·안연(顔淵)로, 안무요(顔無繇)의 아들이다. 공자가 가장 신임했던 제자로, 공자보다 30살 어렸지만 공자보다 먼저 죽었다. 학문과 덕이 높아서 공자도 그를 가리켜 학문을 좋아하는 사람이라고 칭찬했고, 또 가난한 생활을 이겨내고 도를 즐긴 점을 높이 샀다. 은일군자적인 성격 때문인지 그는 "자기를 누르고 예(禮)로 돌아가는 것[克己復禮]이 곧 인(仁)이다."라든가, "예가 아니면 보지도 말고, 듣지도 말고, 말하지도 말고, 행동하지도 말아야 한다."는 공자의 가르침을 지킨 사람임에도 불구하고 젊어서 죽었기 때문에 저술이나 업적은 남기지 못했다. 장자(莊子)와 같은 도가에게서도 높이 평가되었다. 《논어》에 〈안연편〉이 있고, 그 외 몇몇 서적에도 그를 현자(賢者) 또는 학문을 좋아하는 사람으로, 덕행(德行)이 뛰어난 사람이라고 전하는 구절이 보인다. 죽었을 때 공자가 통곡을 해 제자들의 빈축을 샀다. 후세에 복성(復聖)으로 불린다. 실제로 이루어놓은 업적도 없이 공자나 일부 제자들의 입을 통해 칭송의 대상이 된 것으로 보아 공자 당대나 후세에 유림(儒林)의 상징적 인물로 육성된 것이 아닌가 여겨진다. 자로(子路)나 자공(子貢)과 같은 현실 감각과 실무 능력이 뛰어난 제자들에 의해 정통이 계승되지 못한 것은 이후 유교(儒教)가 동양 정치사나 사상사에 몰고 온 엄청난 파탄의 원인이 되었다(중국역대인명사전).

번소 伊이尹윤과 顔안淵연은 큰 어딘 사ᄅᆞ미라 伊이尹윤ᄂᆞᆫ 제 님그미 堯요舜슌ᄀᆞ티 도이디 몯호믈 붓그려ᄒᆞ며 ᄒᆞᆫ 사ᄅᆞ미나 제곰 사롤 쳐소롤 얻디 몯ᄒᆞ엿거든 져제 가매 마좀ᄀᆞ티 너기고 顔안淵연은 노ᄒᆞᆫ ᄆᆞᅀᆞ물 옴기디 아니ᄒᆞ며 허므를 다시 아니ᄒᆞ며 석 ᄃᆞ를 仁인에 어그릇디 아니ᄒᆞ니라

현대역 伊尹과 顔淵은 큰 어진 사람이라. 이윤은 제 임금이 요순같이 되지 못함을 부끄러워하며, 한 사람이나 제각기 살 처소를 얻지 못하여 있거든, 시장에 감에 (매를) 맞음같이 여기고, 안연은 노한 마음을 옮기지 아니하며, 허물을 다시 아니하며, 석 달을 仁에 틀리지 아니하니라.

몯ᄒᆞ얏거든: 못하여 있거든. '몯ᄒᆞ(어간)+아(보조적 연결어미)+잇(在, '잇다'의 어간)+거든(연결어미)'이다. 완료상은 보조적 연결어미 '-아/어'와 보조형용사 '잇다[在]'의 결합으로 표현된다. '잇-'이 본동사와 한 음절을 이룰 때는 이미 15세기에 'ㅣ'가 탈락되는 일이 있었다. 본 예도 '아+ㅅ→앗'으로 나타나 완료상을 표시하고 있다. 內豎ᄂᆞᆫ 뫼ᅀᆞ왓ᄂᆞᆫ 혀근 臣下ㅣ라.《내훈 1:39》, 내 바ᄅᆞ 닐오마 길 마갓ᄂᆞᆫ ᄒᆞᆫ 퍼깃 사미 비 오나든 곳 퓌오 ᄇᆞᄅᆞᆷ 골겨든 여름 밋ᄂᆞᆫ 거셔(我猜着當路一科麻 下雨開花 刮風結子).《번박 상:40》. 못한 상태가 발화시를 전후하여 지속됨을 의미한다. '-거든'은 '어떤 일이 사실이면', '어떤 일이 사실로 실현되면'의 뜻을 나타내는 연결어미이다. 그분을 만나거든 꼭 제 인사 말씀을 전해 주세요. 할아버지께서 편찮으시거든 내게 꼭 기별을 해라.

소언 伊이尹윤[湯탕 적 어딘 신해라]과 顔안淵연은 큰 어딘 사ᄅᆞᆷ이라 伊이尹윤은 그 님금이 堯요舜슌 되디 몯홈을 붓그려ᄒᆞ며 ᄒᆞᆫ 사ᄅᆞᆷ이 그 쳐소를 얻디 몯ᄒᆞ엿거든 져제 가매 마좀ᄀᆞ티 녀기고 顔안淵연은 怒로를 옴기디 아니ᄒᆞ며 허믈을 다시 아니ᄒᆞ며 석 ᄃᆞᆯ을 仁인에 어그릇디 아니ᄒᆞ니라

현대역 伊尹[湯王 때 어진 신하이라.]과 顔淵은 큰 어진 사람이다. 이윤은 그 임금이 요순 되지 못함을 부끄러워하며, 한 사람이 그 처소를 얻지 못하였거든 시장에 감에 맞음같이 여기고, 안연은 노여움을 옮기지 아니하며, 허물을 다시 아니하며, 석 달을 인에 틀리지 아니하니라.

【集解】伊는姓이요尹은字也요名은摯니相湯伐桀하니라若撻于市는言恥之甚也라朱子曰遷은移也요貳는復也라三月은言其久라仁者는心之德이니不違仁者는無私欲而有其德也라此는皆賢人之事也라

伊는 성이요, 尹은 자요, 이름은 지(摯)니, 湯王을 도와 桀王을 쳤다. 若撻于市[시장에서 종아리 맞는 듯 여김]는 부끄러움의 심함을 말함이다. 주자가 말하였다. "遷은 옮김이요, 貳는 다시함[거듭함]이다. 三月은 그 오램을 말함이다. 仁이라는 것은 마음의 덕이니, 不違仁者[인을 어기지 않았다는 것]은 사욕이 없어 그 덕을 둠[간직함]이다. 이는 모두 현인의 일이다."

漢字 摯(잡을 지), 相(도울 상)

1 탕왕(湯王, 미상~기원전 1588년경): 허난(河南)성 상추(商丘) 사람으로 성은 자(子), 이름은 리(履), 묘호는 태조(太祖)이다. 상(商)나라의 개국 군주로 기원전 1617년부터 기원전 1588년까지 재위에 있었다. 무탕(武湯), 은탕(殷湯), 천을(天乙), 성탕(成湯), 성당(成唐)으로 불리기도 하고, 은허 갑골문에는 성(成) 또는 당(唐), 태을(大乙), 고조을(高祖乙)로 기재되어 있다. 고대 상족(商族) 부락의 우두머리였으며, 주계(主癸)의 아들이다.(《사기》에서는 제곡(帝嚳)의 후손 설(契)의 자손으로도 나온다.) 생몰 연도는 확실치 않고, 100세를 일기로 병으로 죽었다. 묻힌 곳에 대해서는 여섯 군데가 전하는데 박(亳, 지금의 허난성 상추 북쪽)을 지목하는 설이 가장 많다. 시호는 무왕(武王)이다. 역사 기록에 따르면 상족은 시조 설에서 탕에 이르기까지 전후 여덟 번 거처를 옮겼는데 탕에 이르러 박(亳) 지역에 정착했다고 한다. 하나라 말기 공갑(孔甲)에 이르자 국력이 약해지기 시작하더니 걸(桀)에 이르러 더욱 심각해졌다. 이러던 차에 탕이 박에

정착하면서 하나라를 멸망시키는데 유리한 조건이 마련되었다. 탕은 처음 이윤(伊尹)과 중훼(仲虺)를 재상으로 기용하여 함께 국사를 보조하게 하고, 이어 인근의 갈국(葛國, 지금의 허난성 영릉(寧陵)) 및 하나라와 연맹한 위(韋, 지금의 허난성 화(滑)현)·고(顧, 지금의 허난성 남범현)·곤오(昆吾, 지금의 허난성 쉬창) 등과 같은 부락과 국가를 멸망시켰다. 탕은 전후 열 한 차례 정벌을 단행하여 천하무적으로 부상했다. 그 뒤 〈탕서(湯誓)〉를 지어 하나라 정벌을 다짐했다. 탕과 걸은 명조(鳴條, 지금의 허난성 봉구 동쪽)에서 한바탕 크게 싸움을 벌였고, 걸은 대패하여 남소(南巢, 지금의 안후이성 소호)까지 도망쳤다. 탕은 걸을 내쫓고 박으로 되돌아 왔다. 이후 3천 제후가 대회를 갖고 탕을 천자에 추대했고, 탕은 세 번 사양했으나 제후들이 끝끝내 듣지 않자 마침내 천자 자리에 오르고 상 왕조를 세웠다. 탕은 건국 후 하나라가 멸망한 경험을 교훈으로 삼아 〈탕고(湯誥)〉를 지어 신하들에게 백성들을 위해 공을 세우고 나라 일에 힘쓸 것을 요구하는 한편, 그렇게 하지 않을 때는 극형으로 다스리겠다고 공언했다. 망한 하나라 백성들에 대해서는 계속 하나라 사직을 유지하게 하고, 그 담당자로는 후손들을 봉했다. 탕은 너그러움으로 백성을 다스리는데 신경을 썼고 그 결과 자신의 통치기간에는 계급모순이 비교적 누그러졌고 정권도 비교적 안정을 찾아 국력이 날로 커졌다. 《시경》의 〈상송(商頌)·은무(殷武)〉는 이런 상탕의 업적을 노래한 것이다. 13년 뒤 탕은 세상을 떠났고 큰아들 태정이 일찍 죽었기 때문에 둘째 아들 외병(外丙)이 왕위를 이었다. 탕은 후대에 후덕한 정치를 펼쳐 민심을 많이 얻은 어진 통치자의 대명사로 꼽힌다. 이와 관련해서는 다음과 같은 일화가 전한다. 한번은 외부로 순시를 나갔다가 나무 위에 그물을 쳐놓고 새를 잡는 농부(어부로 기록된 경우도 있다)를 보게 되었다. 그런데 농부는 "하늘에서 오는 것이든 땅에서 오는 것이든 사방팔방에서 오는 모든 새가 이 그물에 걸려라!"라고 중얼거렸다. 이 말을 들은 탕은 "정말 너무 하는구나. 어째서 이런 그물로 새들을 전부 없애려 하는가? 그물의 세 면을 뜯어내고 한 면만 남겨도 될 것이야!"라고 타일렀다. 농부는 이 말에 따랐다. 이에 탕은 "새들아! 왼쪽으로 가고 싶으면 왼쪽으로 가고 오른쪽으로 가고 싶으면 오른쪽으로 가거라. 다만 내 말을 듣지 않는 새만 그물 속으로 날아와라."라고 기원했다. 탕이 그물의 세 면을 터서 금수에게조차 은혜를 베풀었다는 소식이 전해지자 사람들은 그의 어질고 후덕한 인품을 칭찬하면서 너나할 것 없이 그를 감싸고돌았다. 탕의 명성은 한껏 높아졌고 민심은 그에게로 기울었다(중국인물사전).

2 걸왕(桀王, 생몰 연대 미상): 하(夏)나라의 제17대 왕이자, 마지막 국왕이다. 제16대 왕 발왕(發王)의 아들이며, 성은 사(姒), 이름은 이계(履癸)이다. 상(商)나라 최후의 왕인 주(紂)와 함께 포악한 임금의 상징으로 거론된다. 걸주(桀紂)라고도 하며, 흔히 이상적 천자로 추앙받는 요순(堯舜)과 대비된다. 웅장한 궁전을 건조하여 천하의 희귀한 보화와 미녀를 모았으며, 궁전 뒤뜰에 주지(酒池)를 만들어 배를 띄워 즐겼고, 장야궁(長夜宮)을 짓고 거기서 남녀 합환의 유흥에 빠졌다고 전한다. 《사기(史記)》에는, "걸왕 때 하(夏)나라의 국세는 이미 쇠약하여 많은 제후(諸侯)가 떨어져 나갔다. 걸왕은 부도덕하였고, 현신(賢臣) 관용봉(關龍逢)과 이윤(伊尹)의 간언을 듣지 않았으며, 백성을 억압하였을 뿐만 아니라 도덕군자로 알려졌던 은나라(상나라)의 탕왕(湯王)을 하대(夏臺)에서 체포하는 등 폭정을 자행하였다. 그가 탕왕의 토벌을 받고 도망가다가 죽음으로써 하나라는 멸망하였다."고 기록하고 있다(두산백과).

志伊尹之所志ᄒᆞ며學顔淵之所學ᄒᆞ면

● 伊尹이 뜻했던 바를 뜻하며, 顔淵이 배웠던 바를 배우면,

번소 伊이尹윤의 먹던 ᄠᅳ들 내 ᄠᅳ들ᄒᆞ며 顔안淵연의 ᄇᆡ호ᄂᆞᆫ 바롤 내 ᄇᆡ호면

현대역 이윤이 먹던 뜻을 나의 뜻을 하며, 안연이 배우는 바를 내가 배우면,

소언 伊이尹윤의 ᄠᅳᆮᄒᆞ던 바를 ᄠᅳᆮᄒᆞ며 顔안淵연의 ᄇᆡ호던 바를 ᄇᆡ호면

현대역 伊尹이 뜻하던 바를 뜻하며, 顔淵이 배우던 바를 배우면,

【集解】**朱子曰此**는**言士希賢也**라

주자가 말하였다. "이는 선비가 현인을 바람을 말함이다."

過則聖이오及則賢이오不及則亦不失於令名ᄒᆞ리라

● 지나면[넘으면] 성인이고, 미치면 현인이고, 미치지 못해도 곧 또한 아름

다운 이름을 잃지 않을 것이다."

번소 너므면 곧 셩신이 되오 미츠면 현신이 되오 밋디 몯ᄒᆞ야도 ᄯᅩ 어딘 일후믈 일티 아니ᄒᆞ리라

현대역 넘으면 곧 성인이 되고, 미치면 현인이 되고, 미치지 못하여도 또 어진 이름을 잃지 아니하리라."

소언 넘으면 셩인이오 믿츠면 현인이오 믿디 몯ᄒᆞ야도 곧 ᄯᅩ 어딘 일홈을 일티 아니ᄒᆞ리라

현대역 넘으면 성인이요, 미치면 현인이요, 미치지 못하여도 곧 또 어진 이름을 잃지 아니하리라."

【集成】朱子曰三者는隨其用力之淺深하여以爲所至之遠近이라不失令名은以其有爲善之實也라

주자가 말하였다. "세 가지는 그 힘씀의 얕고 깊음에 따라 이를 바의 멀고 가까움이 된다. 不失令名[아름다운 이름을 잃지 않음]은 그 선을 행한 실상이 있기 때문이다."

삼자(三者): 성인(聖人), 현인(賢人), 영명(令名).

【六十一章】

○聖人之道는入乎耳存乎心ᄒᆞ야蘊之爲德行이오行之爲事業이니彼以文辭而已者는陋矣니라 《通書》

●성인의 도는 귀로 들어와 마음에 두어, 그것을 쌓으면 덕행이 되고, 그것을 행하면 사업이 되니, 저 문장과 말로써만 할 따름인 자는 좁다.

漢字 蘊(쌓을 온), 陋(좁을 루)

번소 셩ᅀᅵᆫ의 도ᄂᆞᆫ 귀예 들며 ᄆᆞᅀᆞ매 다마 안해 사핫ᄂᆞᆫ 거시 德덕行ᄒᆡᇰ이 되오 밧ᄀᆡ ᄒᆡᇰᄒᆞᄂᆞᆫ 거시 事ᄉᆞ業업이 도ᄋᆡᄂᆞ니 뎌 ᄡᅥ곰 글지ᅀᅵ ᄯᆞ롬 ᄒᆞᄂᆞ니ᄂᆞᆫ 더러오니라

현대역 성인의 도는 귀에 들며 마음에 담아, 안에 쌓아 있는 것이 德行이 되고, 밖에 행하는 것이 事業이 되니, 저 써 글짓기 따름 하는 이는 더러우니라.

ᄡᅥ곰: 써. 'ᄡᅥ(부사)+곰(보조사)'이다. 'ᄡᅥ'는 '써'의 옛말로, '그것을 가지고', '그것으로 인하여'의 뜻을 지닌 접속부사이다. 한문의 '以'에 해당하는 말로 문어체에서 주로 쓴다. '곰'은 부사나 용언의 활용형에 붙어, 여운을 주는 보조사이다. 그ᄢᅴ 目連이 種種方便으로 다시곰 ᄉᆞᆯ바도 耶輸ㅣ 잠ᄭᅡᆫ도 듣디 아니ᄒᆞ실ᄊᆡ.《석상 6:6》, 열 ᄒᆡ로셔 도로 더어 가ᄃᆡ 아ᄃᆞ리 아비 나해셔 곱ᄀᆞ곰 사라 八萬 ᄒᆡ 다ᄋᆞᆳ ᄀᆞ장 더우믈 增이라 ᄒᆞᄂᆞ니.《월석 1:47》

소언 聖셩人인의 道도ᄂᆞᆫ 귀예 들어 ᄆᆞᄋᆞᆷ애 이셔 싸히여ᄂᆞᆫ 德덕行ᄒᆡᇰ이 되고 行ᄒᆡᇰᄒᆞ여ᄂᆞᆫ 事ᄉᆞ業업이 되ᄂᆞ니 뎌 글만 ᄡᅥ ᄒᆞᄂᆞᆫ 이ᄂᆞᆫ 조브니라

현대역 성인의 도는 귀에 들어와 마음에 있어, 쌓여서는 덕행이 되고, 행해서는 사업이 되니, 저 글만 써서 하는 이는 좁으니라.

【集解】蘊은積也라聖人之道는入耳存心하여積於中하여爲德行者는道之體也요發於外하여爲事業者는道之用也라若夫文은所以載道니苟徒騁葩藻하여以爲文辭면則其卑陋甚矣니라

蘊은 쌓음이다. 성인의 도가 귀로 들어와 마음에 두어, 속에 쌓여, 덕행이 되는 것은 도의 몸이요, 밖으로 펴서[나타나], 사업이 되는 것은 도의 쓰임이다. 무릇 글 같음은 써 도를 싣는 바이니, 구차하게 한갓 화려함과 꾸밈으로만 달려, 써 문장과 말만 이루면, 그 비루함이 심하다.

漢字 徒(한갓 도), 騁(달릴 빙), 葩(화려할 파, 꽃 파), 藻(꾸밀 조, 말 조, 무늬 조)

〚六十二章〛

○仲由ᄂᆞᆫ喜聞過ㅣ라令名이無窮焉ᄒᆞ더니今人은有過ㅣ어든不喜人規ᄒᆞᄂᆞᆫ디如護疾而忌醫ᄒᆞ야寧滅其身而無悟也ᄒᆞ니噫라《通書》

●仲由[子路]는 허물 듣기를 기뻐하였다. 아름다운 이름이 다함이 없었는데, 이제 사람들은 허물이 있으면, 남이 바로잡음을 기뻐하지 않으니, 병을 감싸고 의원을 꺼려, 차라리 그 몸을 멸할지언정, 깨달음이 없음과 같으니, 슬프다.

漢字 規(바로잡을 규, 그림쇠 규, 동그라미 규, 법 규, 살필 규), 護(감쌀 호, 지킬 호), 忌(꺼릴 기), 悟(깨달을 오), 寧(차라리 녕), 噫(탄식할 희, 아 희, 트림 애, 하품 애)

맹자(孟子) 공손추상(公孫丑上) 제8장: 윗글과 관련된 내용이 《맹자(孟子)》〈공손추상(公孫丑上)〉 제8장에 보인다. "子路人告之以有過則喜(자로는 사람들이, 허물이 있다고 그에게 말하면 기뻐했다.)" 중유(仲由, 기원전 542년~기원전 480년)는 노(魯)나라 변(卞) 사람으로, 자는 자로(子路) 또는 계로(季路)라 했다. 춘추 말기 공자의 제자이자 정치가이다. 중유에 대한 자세한 설명은 〈계고(稽古) 제4〉 제40장 '자로'를 참조하라.

번소 仲듕由유ᄂᆞᆫ 허므를 즐겨 듣ᄂᆞᆫ 디라 어딘 일후미 ᄀᆞᆺ업더니 이제 사ᄅᆞ믄 허믈이 잇거든 사ᄅᆞ믜 경계호믈 즐겨 아니호미 병을 앗겨 의원을 씌여 ᄎᆞᆯ하리 모미 주거도 ᄭᆡᄃᆞᆮ디 몯ᄒᆡ욤 ᄀᆞᄐᆞ니 슬프도다

현대역 仲由는 허물을 즐겨 들은 것이다. 어진 이름이 가없더니. 이제 사람은 허물이 있거든[있으면], 사람의 경계함을 즐겨 아니함이, 병을 아껴 의원을 꺼려, 차라리 몸이 죽어도 깨닫지 못함 같으니, 슬프도다.

1 ᄀᆞᆽ업더니: 가없더니. 끝이 없더니. 'ᄀᆞᆽ없(어간)+더(회상법 선어말어미)+니(연결어미)'이다. 현대국어 '가없다'의 옛말인 'ᄀᆞᇫ없다'는 15세기 문헌에서부터 나타난다. 'ᄀᆞᇫ없-'은 '끝'을 의미하는 명사 'ᄀᆞᇫ'과 형용사 '없-'이 결합한 것이다. 어간 'ᄀᆞᇫ없-'이 모음 어미 앞에서는 'ᄀᆞᇫ없-'으로, 자음 어미 앞에서는 'ᄀᆞᇫ업-'으로 나타난다. 그리고 16세기에 'ᄀᆞᇫ'의 끝소리인 유성마찰음 'ㅿ'[z]이 탈락하여 'ᄀᆞ없-'이 되었다. 이후 18세기에 제1음절의 'ㆍ'가 'ㅏ'로 변함에 따라 '가없-'으로 나타나면서 현재에 이르렀다. ᄀᆞᇫ없다(15세기)〉ᄀᆞ없다(16세기~18세기)〉가없다(19세기~현재). 이형태: ᄀᆞᇫ없다, ᄀᆞᆽ없다, ᄀᆞ없다, 가없다. 千世 우희 미리 定ᄒᆞ샨 漢水北에 累仁開國ᄒᆞ샤 卜年이 ᄀᆞᇫ업스시니 聖神이 니ᅀᆞ샤도 敬天勤民ᄒᆞ샤ᅀᅡ 더욱 구드시리이다.《1447 용가 125》, ᄒᆞ물며 네 이제 나ᄅᆞᆯ 친히 어더 보니 어딜샤 뎐되야 네 ᄀᆞ업ᄉᆞᆫ 디나간 거비쳬 쳐의 션근을 심거시니.《16세기 장수 18ㄴ》,

2 듣논 디라: 듣는 것이라. 듣는지라. '듣(어간)+ᄂᆞ(현재 시제 선어말어미)+오(대상표시법 선어말어미)+ㄴ(관형사형 어미)+ᄃᆞ(의존명사)+이(서술격조사 '이다'의 어간)+라(평서형 종결어미)'이다. 의존명사 'ᄃᆞ'는 '것'의 뜻을 가진 것인데, 주격은 '디', 목적격은 'ᄃᆞᆯ', 서술격은 '디라'로 실현된다. 본 예는 서술격으로 'ᄃᆞ+ㅣ라'의 형태이다. 이런 형태소 구성을 그대로 고려하면, '듣는 것이라'로 풀이할 수 있다. 그러나 'ㄴ+ᄃᆞ+이+라'는 '-ㄴ디라'의 형태로, 하나의 종결어미로 재구조화한 것으로 볼 수도 있다. 이때에는 해라할 자리에 쓰여 '듣는지라'로 풀이할 수도 있다. 性이 니러 相이 ᄃᆞ외욘 디라 境과 智왜 번득ᄒᆞ며 相이 性의 노교ᄆᆞᆯ 得혼 디라(性起爲相 境智歷然 相得性融 身心廓爾).《원각 서:38》, 薰修ᄒᆞ여 나톤 디라(所言神通變化 依悟而修 漸熏所現 非謂悟時卽發現也).《목우 10》

소언 仲듕由유ᄂᆞᆫ 허믈 듣기를 깃거ᄒᆞ논 디라 어딘 일홈이 그지 업더니 이젯 사ᄅᆞᆷ은 허믈이 잇거든 사ᄅᆞᆷ의 경계홈을 깃거 아니ᄒᆞ논 디 병을 ᄢᅳ리고 의원을 ᄭᅴ여 ᄎᆞᆯ하리 그 몸을 주겨도 ᄭᆡᄃᆞ름이 업ᄉᆞᆷ ᄀᆞᄐᆞ니 슬프다

[현대역] 仲由는 허물 듣기를 기뻐하는 것이다. 어진 이름이 끝이 없더니. 이제의 사람은 허물이 있거든, 사람의 경계함을 기뻐 아니하는 것이, 병을 안고

의원을 꺼려, 차라리 그 몸을 죽여도 깨달음이 없음 같으니, 슬프다.

【集說】朱子曰喜其得聞而改之라陳氏曰規는規諫이요悟는悔悟라噫는傷痛聲이라

주자가 말하였다. "그 얻어 듣고서 그것 고침을 기뻐하였다." 진 씨가 말하였다. "規는 바로잡아 간함이요, 悟는 뉘우쳐 깨달음이다. 噫는 상하여 아파하는 소리이다."

漢字 悔(뉘우칠 회), 傷(상할 상, 상처 상, 이지러질 상), 痛(아플 통, 슬플 통)

〖六十三章〗

○明道先生이曰聖賢千語萬語ㅣ只是欲人이將已放之心約之ᄒᆞ야使反復入身來니自能尋向上去ᄒᆞ야下學而上達也ㅣ니라 《二程全書 遺書》

●明道 선생이 말하였다. "성현의 천 마디 말씀과 만 마디 말씀은, 다만 사람들이 이미 놓아버린 마음을 가져다가 그것을 묶어서, 하여금 돌이켜 되풀이하여 몸에 들어오게 하고자 함이니, 스스로 능히 찾아 위를 향해 가서, 아래로 배우면서 위로 통달하게 한다."

漢字 將(가질 장), 約(묶을 약, 거둘 약), 反(돌이킬 반), 復(되풀이할 복, 다시 부), 尋(찾을 심)

下學而上達: 《논어(論語)》〈헌문(憲問)〉 제36장에 보인다. "子曰 不怨天 不尤人 下學而上達 知我者 其天乎(공자 가로되, '하늘을 원망 아니 하며, 사람에게 허물치 아니하고, 아래로 배워 위로 통달하나니, 나를 아는 자는 그 하늘일진저.')" 이 말은 낮고 쉬운 것을 배워 깊고 어려운 것을 깨닫는다는 뜻으로, 곧 인사(人事)를 먼저 깨달아 천리에 통함을 이르는 말이다.

번소 明명道도 先션生ᄉᆡᆼ이 니ᄅᆞ샤ᄃᆡ 셩현의 일쳔 마리며 일만 마리 다ᄆᆞᆫ 사ᄅᆞᆷ으로 ᄒᆞ마 노화ᄇᆞ렷ᄂᆞᆫ ᄆᆞᅀᆞ믈 가져다가 거두워 다시 모매 드려오게 코져 ᄒᆞᆯ ᄯᆞᄅᆞ미니 스스로 능히 우ᄒᆞ로 ᄎᆞ자가 쉬운 일브터 ᄇᆡ화셔 우후로 노ᄑᆞᆫ 리예 통달ᄒᆞᆯ 거시니라

현대역 明道 선생이 이르시되, "성현의 일천 말이며 일만 말이, 다만 사람으로 이미 놓아버린 마음을 가져다가 거두어서, 다시 몸에 들어오게 하고자 할 따름이니, 스스로 능히 위로 찾아가, 쉬운 일부터 배워서 위로 높은 이치에 통달할 것이니라."

소언 明명道도 先션生ᄉᆡᆼ이 ᄀᆞᆯᄋᆞ샤ᄃᆡ 聖셩賢현의 일쳔 말이며 일만 말이 오직 이 사ᄅᆞᆷ이 이믜 노한ᄂᆞᆫ ᄆᆞᄋᆞᆷ을 가져다가 거두워 ᄒᆡ여곰 도로 몸애 드려오게 콰댜 ᄒᆞᆷ이니 스스로 能능히 우ᄒᆞ로 ᄎᆞ자 向향ᄒᆞ야 가 아래로 ᄇᆡ화[자ᄇᆞᆫ 일들ᄒᆞᆯ ᄇᆡ홈이라] 우후로 통달[도리를 알옴이라]ᄒᆞᄂᆞ니라

현대역 明道 선생이 말씀하시되, "성현의 일천 말이며 일만 말이, 오직 이 사람이 이미 놓아 있는 마음을 가져다가 거두어서, 하여금 도로 몸에 들여오게 하고자 함이니, 스스로 능히 위로 찾아 향하여 가서, 아래로 배워[잡을 일들을 배움이라.] 위로 통달[도리를 앎이라.]하느니라."

1 노한ᄂᆞᆫ: 놓아 있는. '놓(어간)+아(보조적 연결어미)+잇(在, '잇다'의 어간)+ᄂᆞ(현재 시제 선어말어미)+ㄴ(관형사형 어미)'이다. 완료상은 보조적 연결어미 '-아/어'와 보조형용사 '잇다[在]'의 결합으로 표현된다. '잇-'이 본동사와 한 음절을 이룰 때는 이미 15세기에 'ㅣ'가 탈락되는 일이 있었다. 본 예도 '이+ㅅ→앗'으로 나타나 완료상을 표시하고 있다. 단 비음화 결과를 표기에 반영하였다. 內竪ᄂᆞᆫ 뫼ᅀᆞ왓ᄂᆞᆫ 혀ᄀᆞᆫ 臣下ㅣ라.《내훈 1:39》, 내 바ᄅᆞ 닐오마 길 마갓ᄂᆞᆫ ᄒᆞᆫ 퍼깃 사미 비 오나든 곳 퓌오 ᄇᆞᄅᆞᆷ ᄀᆞᆯ겨든 여름 ᄆᆡᆺᄂᆞᆫ 거셔(我猜着 當路一科麻 下雨開花 刮風結子).《번박 상:40》

2 드려오게콰댜: 들어오게 하고자. '드려오(어간)+게(연결어미)+ᄒᆞ(어간)+과뎌

(연결어미)'이다.'이다. '드려오다'는 '들여오다'의 연철 표기로, '밖에서 안으로 가져오다.'를 뜻한다. 현대국어 '들여오다'는 16세기 문헌에서부터 나타나 현재까지 이어진다. '들여오다'는 '들이다'와 연결 어미 '-어'가 결합한 것을 분철 표기한 '들여'와 '오다'가 결합한 것이다. '들이다'는 '들어가다'의 의미인 '들다'와 사동접사 '-이-'가 결합한 것이다. 16세기의 '드려오다'는 '들여오다'의 '들여'를 연철 표기한 것이다. 들여오다(16세기~현재). 짐ᄃᆞᆯ 다 옮겨 드려오고 ᄆᆞᆯᄃᆞᆯ 다 오랑을 서우니 ᄒᆞ고.《1510년대 번노 상:68ㄴ-69ㄱ》, 다 겨집 어더 가문의 들여옴을 因ᄒᆞ야.《1587 소언 5:73ㄱ》. '콰댜'는 어간 'ᄒᆞ-'에 어미 '-과댜'가 연결될 때, 'ᄒᆞ-'의 'ㆍ'가 탈락되면서 자음축약이 일어났다. '-과댜'는 주로 동사, 형용사 어간 뒤에 붙어, 희망·의도·목적의 '-고자'를 뜻하는 연결어미이다. 戊寅년 ᄎᆡᆨ애 사ᄅᆞᆷ이 수이 알과댜 ᄒᆞ야 字 ᄠᅳᆮ 밧긔 註엣 말을 아오로 드려 사겨시모로(戊寅本欲人易曉 字義之外 幷入註語爲解故).《소언 범:1》, 아ᄎᆞᆷ나죄로 나ᄅᆞᆯ 경계ᄒᆞ야 ᄀᆞᆯ오ᄃᆡ 반ᄃᆞ시 先人의 일을 廢티 말라 ᄒᆞ과댜 ᄇᆞ라더니 네 이제 ᄀᆞᆯ오ᄃᆡ 엇뎨 스스로 편안티 아니ᄒᆞᄂᆞ뇨 ᄒᆞ니(吾冀而朝夕修我曰必無廢先人 爾今曰胡不自安).《소언 4:46》

【集說】陳氏曰約은猶收也라下學而上達은下學人事而上達天理也라朱子曰所謂反復入身來는不是將已縱出底하여收拾轉來라只是知求면則心便在하니便是反復入身來니라又曰能求放心이면則志氣淸明하고義理昭著하여而可以上達이니라

진 씨가 말하였다. "約은 거둠과 같다. 下學而上達[아래로 배우면서 위로 통달하게 함]은 아래로 사람의 일을 배워 위로 천리에 통달함이다." 주자가 말하였다. "이른바, 反復入身來[돌이켜 되풀이하여 몸에 들어오게 함]는 이미 풀려나간 것을 가져 거두어주워 굴러오게 함이 아니라, 다만 (反復入身來를) 구함을 알면 마음이 곧 있음이니, 곧 이것[反復入身來의 결과 아닌, 마음]이 反復入身來이다." 또 말하였다. "능히 놓아버린 마음을 구하면, 志氣가 청명해지고, 의리가 밝게 드러나, 가히 써 위로 통달할 수 있다."

漢字 縱(풀 종, 놓을 종, 늘어질 종), 底(어조사 저), 收(거둘 수), 拾(주을 습), 便(곧 변), 昭(밝을 소), 著(드러날 저)

【集成】朱子曰求放心은乃爲學根本田地니能如此向上하여更做窮理工夫라야方見所存之心所具之理不是兩事라隨應自然中節이方是儒者事業이니라

주자가 말하였다. "놓아버린 마음을 구함은 곧 배움의 근본 밭과 땅[근본 터전]이 되니, 능히 이와 같이 위를 향하여 다시 궁리와 공부를 지어야, 바야흐로 보존한 바의 마음과 갖출 바의 이치가 이 두 가지 일이 아니라, 응함에 따라 자연히 절도에 맞음이 바야흐로 儒者의 일임을 볼 수 있다."

漢字 更(다시 갱)

〖六十四章〗

○心은要在腔子裏니라 《二程全書 遺書》

●마음은 요컨대 강자(腔子, 몸) 안에 있어야 한다.

漢字 要(요컨대 요), 腔(창자 강, 속 빌 강)

강자(腔子): 창자. 가슴. 몸.

번소 ᄆᆞᅀᆞᄆᆞᆫ 모로매 내 몸 얼굴 안ᄒᆡ 이실 거시니라

현대역 마음은 모름지기 내 몸 형체 안에 있을 것이니라.

소언 ᄆᆞᄋᆞᆷ은 모롬이 얼굴 안ᄒᆡ 이실 거시니라

현대역 마음은 모름지기 형체 안에 있을 것이니라.

【集說】朱子曰心之爲物이至虛至靈하여神妙不測하여常爲一身之主하여以提萬事之綱하니而不可有頃刻之不存者也니一不自覺而馳騖飛揚하여以徇物欲於軀殼之外하면則一身無主하고萬事無綱하여雖其俯仰顧眄之間이나蓋已不自覺其身之所在矣니라又曰敬이면便在腔子裏니라

주자가 말하였다. "마음의 물건됨[마음이란 물건은]은 지극히 비고 지극히 신령스러워, 신묘함을 헤아릴 수 없어, 늘 한 몸의 주장이 되어, 써 만사의 벼리[기강]를 끄니, 가히 잠깐이라도 존재하지 않음이 있어서는 안 되는 것이니, 한 번 스스로 깨닫지 못하여 (마음이) 달리고 날아올라, 써 몸 밖에서 물욕을 따른다면. 한 몸이 주장이 없고 만사가 벼리가 없어서, 비록 그 구부리고 우러르고 돌아보고 곁눈질하는 사이라도, 대개 이미 그 몸이 있는 곳을 스스로 깨닫지 못한다." 또 말씀하셨다. "공경하면 (마음이) 곧 강자(腔子) 안에 있게 된다."

漢字 馳(달릴 치), 騖(달릴 무), 揚(오를 양), 徇(따를 순), 軀(몸 구), 殼(껍질 각), 俯(구부릴 부), 仰(우러를 앙), 顧(돌아볼 고), 眄(곁눈질할 면, 애꾸눈 면)

구각(軀殼): 몸. 신체.

〖六十五章〗

○伊川先生이曰只整齊嚴肅則心便一이니一則自無非辟僻之干이니라 《二程全書 遺書》

●伊川 선생이 말하였다. "단지 (외면을) 가지런하고 엄숙히 하면, 마음이 곧 專一할 것이니, 전일하면 자연히 그릇되고 치우침의 간섭이 없게 된다."

漢字 整(가지런할 정), 齊(가지런할 제), 辟(치우칠 벽, 임금 벽, 법 벽, 허물 벽, 편벽할 벽), 干(간섭할 간, 방패 간, 범할 간)

번소 伊이川쳔 先션生싱이 니르샤딕 오직 정졔ᄒᆞ고 싁싁ᄒᆞ면 ᄆᆞᅀᆞ미 믄득 젼일ᄒᆞ고 젼일ᄒᆞ면 ᄌᆞ연히 왼 샤벽ᄒᆞᆫ 이리 간범호미 업스리니라

현대역 이천 선생이 이르시되, "오직 整齊하고 엄하면 마음이 문득 專一하고, 전일하면 자연히 그른 邪辟한 일이 干犯함이 없으리니라."

1 정졔ᄒᆞ고: 정제(整齊)하고. 정돈하여 가지런히 하고.
2 젼일ᄒᆞ고: 전일(專一)하고. 마음과 힘을 모아 오직 한 곳에만 쓰고.
3 샤벽ᄒᆞᆫ: 사벽(邪辟)한. 마음이 간사하고 한쪽으로 치우치는 데가 있는.
4 간범호미: 간범(干犯)함이. '간법ᄒᆞ(어간)+옴(명사형 어미)+이(주격 조사)'이다. '간범ᄒᆞ다'는 '남의 일에 간섭하여 권리를 침범하다.'를 뜻한다.

소언 伊이川쳔 先션生싱이 골ᄋᆞ샤딕 오직 整경齊졔ᄒᆞ고 싁싁ᄒᆞ면 ᄆᆞᄋᆞᆷ이 믄득 젼일홀 디니 젼일ᄒᆞ면 ᄌᆞ연히 외며 샤벽ᄒᆞᆫ 거시 간범홈이 업ᄂᆞ니라

현대역 伊川 선생이 말씀하시되, "오직 정제하고 엄하면 마음이 문득 전일할 것이니, 전일하면 자연히 그르며 사벽한 것이 간범함이 없느니라."

【集解】整齊嚴肅은如正衣冠尊瞻視之類라一은專一也라

정제와 엄숙은 의관을 바로 하고 시선을 높이 하는 따위와 같음이다. 一은 專一함이다.

漢字 瞻(볼 첨)

첨시(瞻視): 시선.

【增註】盧氏曰外面이整齊嚴肅이면則內面便一이요內面一이면則外面이便無非辟之干이니라

노 씨가 말하였다. "외면이 정제하고 엄숙하면 내면이 곧 전일하고, 내면이 전일하면 외면이 곧 그릇되고 치우친 간섭이 없게 된다."

〖六十六章〗

○伊川先生이甚愛表記예君子ㅣ莊敬日彊ᄒᆞ고安肆日偸之語ᄒᆞ더시니盖常人之情이纔放肆則日就曠蕩ᄒᆞ고自檢束則日就規矩ㅣ니라 《二程全書 外書》

●伊川 선생이 〈表記〉의 '군자는 장엄하고 공경하면 날로 강해지고, 안일하고 방자하면 날로 게을러진다.'는 말을 매우 아끼셨으니, 대개 보통사람의 정은 곧 방자하면 날로 비고 방탕함에 나아가고, 스스로 단속하고 묶으면 날로 規矩에 나아간다.

漢字 彊(굳셀 강), 疆(지경 강), 肆(방자할 사), 偸(게으를 투, 얇을 투, 훔칠 투, 가벼울 투, 구차할 투), 纔(곧 재, 겨우 재), 曠(빌 광, 공허할 광), 蕩(방탕할 탕, 쓸어버릴 탕, 흩어질 탕), 檢(단속할 검), 束(묶을 속), 規(법도 규, 둥글 규, 그림쇠 규), 矩(법도 구, 모질 구, 곱자 구, 모서리 구)

규구(規矩): '규구준승(規矩準繩)'의 준말이다. '목수가 쓰는 걸음쇠, 곱자, 수준기, 다림줄을 통틀어 이르는 말로, 일상생활에서 지켜야 할 법도'를 이른다. 準(수준기 준), 繩(먹줄 승)

번소 伊이川쳔 先션生ᄉᆡᆼ이 表표記긔란 글워릐 君군子ᄌᆞㅣ 싁싁ᄒᆞ고 공경ᄒᆞ면 나날 어디러 가고 편안ᄒᆞ고 펴뎌ᄒᆞ면 나날 사오납ᄂᆞ닷마롤 ᄀᆞ장 됴히 너기더시니 샹녜사ᄅᆞᄆᆡ ᄆᆞᅀᆞ미 잠깐이나 노하ᄇᆞ리면 나날 허탕호매 나ᅀᅡ가고 스스로 ᄆᆞᅀᆞᄆᆞᆯ 가도혀 ᄒᆞ면 나날 법다오매 나ᅀᅡ가ᄂᆞ니라

현대역 伊川 선생이 〈表記〉란 글월에, '군자가 엄하고 공경하면 날마다 어질

어 가고, 편안하고 퍼져하면 날마다 나빠진다.' 하는 말을 가장 좋게 여기시더니, 보통사람의 마음이 잠깐만 놓아버리면 날마다 虛蕩함에 나아가고, 스스로 마음을 가두어 하면 날마다 법다움에 나아가느니라.

1 사오남ᄂᆞ닷: 나빠진다 하는. '사오남ᄂᆞ(어간)+닷(어미 '다'+ㅅ) '이다. '-닷'은 용언의 어간 뒤에 붙어, '-다 하는'이 줄어든 말이다. 衆生이 기운 보ᄆᆞ로 제 써디옛거든 聖人도 뉘마다 아니 나시ᄂᆞ닷 ᄠᅳ디라.《석상 21:40》, 世尊ᄋᆞᆫ 世界예 ᄆᆞᆺ 尊ᄒᆞ시닷 ᄠᅳ디라.《월석 석서:5》. '사오남ᄂᆞ다'는 '사납다'의 옛말인 '사오납다'의 이형태로, '상황이나 사정 따위가 순탄하지 못하고 나쁘다.'를 뜻한다. 현대국어 '사납다'의 옛말인 '사오납다'는 15세기 문헌에서부터 나타난다. '사오납다'는 모음으로 시작하는 어미 앞에서는 '사오낳-'으로 나타났는데, 15세기 중엽에 'ㅸ'이 반모음 'ㅜ'[w]로 변화하면서 '사오낳-'은 '사오나오-'로 바뀌었다. 19세기에는 '사오납다'에서 제2음절 모음 'ㅗ'가 탈락한 '사납다' 형태가 등장하였는데, 문헌상으로는 모음 어미 앞에 쓰인 '사나오-' 형태, 그리고 모음조화가 파괴된 '사나우-' 형태만 확인된다. 중세국어의 '사오납다'는 '열등하다', '모자라다', '나쁘다'의 의미를 지니고 있었다. 현대국어와 같이 '모질고 억세다', '(비나 바람 등이) 거칠다'의 의미로 쓰인 예는 17세기 이후의 문헌에서부터 나타난다. 사오납다(15세기~19세기)〉사납다(19세기~현재). 鼓摩王ㄱ 위두ᄒᆞᆫ 夫人ㅅ 아ᄃᆞᆯ 長生이 사오납고 녀느 夫人냇 아ᄃᆞᆯ 네히 照目과 聽目과 調伏象과 尼樓왜 다 어디더니.《1459 월석 2:4ㄴ-5ㄱ》, ᄒᆞ다가 믈읫 有情이 모미 사오나ᄫᅡ 諸根이 ᄀᆞᆽ디 몯ᄒᆞ야 미혹ᄒᆞ고.《1447 석상 9:6ㄴ》, 너희 等聲聞이 조ᄇᆞ며 사오나와 아로미 업서 能히 淸淨ᄒᆞᆫ 實相ᄋᆞᆯ 通達티 몯ᄒᆞᄂᆞ니.《1461 능엄 2:75ㄱ》. '-닷'은 동사, 형용사 어간 뒤에 붙어, '-다 하는'을 뜻하는 어미이다. 衆生이 기운 보ᄆᆞ로 제 써디옛거든 聖人도 뉘마다 아니 나시ᄂᆞ닷 ᄠᅳ디라.《석 21:40》, 世尊ᄋᆞᆫ 世界예 ᄆᆞᆺ 尊ᄒᆞ시닷 ᄠᅳ디라.《月 석서:5》

2 허탕호매: 허탕(虛蕩)함에. '허탕ᄒᆞ(어간)+옴(명사형 어미)+애(부사격 조사)'이다. '허탕ᄒᆞ다'는 '언행이 허황하고 착실하지 못하며 주색에 빠져 행실이 추저분하다.'를 뜻한다.

소언 伊이川쳔 先션生ᄉᆡᆼ이 表표記긔[禮례記긔 편 일홈이라]예 君군

子ᄌᆞㅣ 싁싁ᄒᆞ고 공경ᄒᆞ면 날로 견강ᄒᆞ고 편안ᄒᆞ고 펴ᄇᆞ리면 날로 게으른다 ᄒᆞᄂᆞᆫ 말을 ᄀᆞ장 됴히 녀기더시니 샹녜사ᄅᆞᆷᄋᆡ ᄠᅳᆮ이 잠ᄭᅡᆫ 노하 펴ᄇᆞ리면 날로 허탕홈애 나아가고 스스로 거두잡으면 날로 規규矩구에 나아가ᄂᆞ니라

현대역 伊川 선생이 〈表記〉[《禮記》 편 이름이라.]의, '군자가 엄하고 공경하면 날이 갈수록 견강(堅剛, 堅強)하고, 편안하고 퍼져버리면 날이 갈수록 게으르다.' 하는 말을 가장 좋게 여기시더니, 보통사람의 뜻이 잠깐 놓아 퍼져버리면 날이 갈수록 허탕함에 나아가고, 스스로 걷어잡으면[다잡으면] 날로 規矩에 나아가느니라.

견강ᄒᆞ고: 견강(堅剛/堅強)하고. 성질 따위가 매우 굳세고 단단하고.

【集解】表記는禮記篇名이라偷는惰也라周氏曰莊敬엔可以言君子어니와安肆에亦言君子者는盖謂雖爲君子나果莊敬則日入於彊하고或安肆則日入於偷矣니라

〈表記〉는 《禮記》 편 이름이다. 偷는 게으름이다. 주 씨[주서(周諝)]가 말하였다. "장엄과 공경엔 가히 써 군자라 말할 수 있거니와, 안일하고 방자함엔 또한 군자라 말한 것은, 대개 비록 군자라 하더라도, 과연 장엄하고 공경하면 날로 강함에 들어가고, 혹 안일하고 방자하면 날로 게으름에 들어감을 이름이다."

漢字 諝(슬기 서)

【六十七章】

○人於外物奉身者애事事要好호ᄃᆡ只有自家一箇身與心을却不要好ᄒᆞᄂᆞ니苟得外物好時면却不知道自家身與心이已

自先不好了也ㅣ니라 《二程全書 雜著》

●사람이 외물로 몸을 받드는 것에는 일마다 좋음을 요구하되, 단지 자기의 한 개 몸과 마음을 도리어 좋게 됨을 요구하지 않음이 있으니, 진실로 외물을 좋은 것으로 얻었을 때면, 도리어 자기의 몸과 마음이 이미 스스로 먼저 좋게 되지 않음을 알지 못한다.

漢字 却(도리어 각), 了[어조사 료(결정이나 완료의 뜻을 나타내는 **助辭**), 마칠 료]

1 자가(自家): 자기 집. 자기.

2 지도(知道): 알다. 《어록해(語錄解)》 이자류(二字類)에 나오는 항목으로, 2자를 합하여 '알다'를 뜻한다. 《어록해》는 《어록(語錄)》의 주해서이다. 《어록》은 송(宋)나라 학자들이 후진 교육과 편지 왕래에 쓰기 위해, 당시의 이어(俚語), 곧 속어(俗語)를 모은 것이다. 《어록》은 이황(李滉, 1501년~1570년)에 의해 《계훈(溪訓)》으로 주해되었고, 유희춘(柳希春, 1513년~1577년)에 의해 《미훈(眉訓)》으로 주해되었다. 정양(鄭瀁, 1600년~1668년)은 효종 3년(1652년)에 《계훈》과 《미훈》 외에 기타 주해서에서 긴요한 것을 뽑아, 한글과 한자로 《어록해》를 편찬하였다. 그 후 현종 10년(1669년)에 남이성(南二星, 1625년~1683년)과 송준길(宋浚吉, 1606년~1672년)은 왕명에 의해, 이를 다시 교정·증보하였다. 이 책은 1책의 목판본으로, 권말에 한어집람자해(漢語集覽字解), 부록, 발문이 붙어 있다. 책의 구성은 어록해 44면, 한자집람자해 약 3면, 부록 약 8면, 발문 약 2면 등으로 되어 있다. 어휘는 자류(字類)로 배열하여 1자류 183어, 2자류 831어, 3자류 88어, 4자류 65어, 5자류 13어, 6자류 2어로 총 어휘 수는 1,182어이다. 주 밑에 《계훈》·《미훈》을 표시하여 각각 이황과 유희춘의 해석임을 나타냈고, 다른 사람들의 주에는 아무 표시도 하지 않아 구별하기 쉽도록 편집하였다. 이 책은 17세기 중반의 자료로서, 근세국어의 표기 및 음운상의 특징을 보여준다. 초간본으로 추정되는 오구라(小倉進平) 소장본과 서울대학교 가람문고본이 있다.

번소 사ᄅᆞ미 밧긧 거소로 내 몸 위호매 일일마다 됴히 ᄒᆞ고져 호ᄃᆡ 다ᄆᆞᆫ 내 ᄒᆞᆫ낫 몸과 ᄆᆞᅀᆞ므란 도로혀 됴히 ᄒᆞ고저 아니ᄒᆞᄂᆞ니 진실로 밧긧 것 됴호믈 득홀 저기면 도로혀 제 몸과 ᄆᆞᅀᆞ미 볼셔 스스로 몬져 사오나왯ᄂᆞᆫ 주를 아디 몯ᄒᆞᄂᆞ니라

현대역 사람이 밖의 것으로 내 몸 위함에 일마다 좋게 하고자 하되, 다만 내 한낱 몸과 마음은 도리어 좋게 하고자 아니하니, 진실로 밖의 것 좋음을 얻을 때면 도리어 제 몸과 마음이 벌써 스스로 먼저 나빠져 있는 줄을 알지 못하니라.

소언 사ᄅᆞᆷ이 밧씌 걷 몸 위완ᄂᆞᆫ 거세 일일마다 됴홈을 요구호ᄃᆡ 오직 제 ᄒᆞᆫ낫 몸과 다ᄆᆞᆺ ᄆᆞ옴을 도로혀 됴홈을 요구티 아니ᄒᆞᄂᆞ니 진실로 밧씌 걷 됴흘 적이면 도로혀 제 몸과 다ᄆᆞᆺ ᄆᆞ옴이 이믜 스스로 몬져 됴티 몯ᄒᆞᄂᆞᆫ 줄을 아디 몯ᄒᆞᄂᆞ니라

현대역 사람이 밖의 것(으로) 몸 떠받드는 것에 일마다 좋음을 요구하되, 오직 제 한낱 몸과 더불어 마음을 도리어 좋음을 요구하지 아니하니, 진실로 밖의 것 좋을 때면 도리어 제 몸과 더불어 마음이 이미 스스로 먼저 좋지 못하는 줄을 알지 못하느니라.

【集說】陳氏曰外物之奉身者는如飮食衣服宮室之類라身不好는謂身不檢이요心不好는謂心不收라

진 씨가 말하였다. "外物之奉身者[외물로 몸을 받드는 것]은 음식, 의복, 궁실 따위와 같음이다. 몸이 좋게 되지 않음은 몸이 단속되지 않음을 이르고, 마음이 좋게 되지 않음은 마음이 거둬지지 않음을 이른다."

〖六十八章〗

○伊川先生이曰顔淵이問克己復禮之目ᄒᆞᆫ대孔子ㅣ曰非禮勿視ᄒᆞ며非禮勿聽ᄒᆞ며非禮勿言ᄒᆞ며非禮勿動이라ᄒᆞ시니 《二程

全書 雜著》

●伊川 선생이 말하였다. "안연이 자기를 이겨[사욕을 이겨] 예로 돌아가는 조목을 물었는데, 공자께서 말씀하셨다. '예가 아니면 보지 말며, 예가 아니면 듣지 말며, 예가 아니면 말하지 말며, 예가 아니면 움직이지 말라.' 하시니,

漢字 克(이길 극), 復(돌아갈 복)

번소 伊이川쳔 先션生싱이 니ᄅᆞ샤ᄃᆡ 顔안淵연이 욕심을 이긔오 례예 도라갈 됴건을 묻ᄌᆞ온대 孔공子ᄌᆞㅣ 니ᄅᆞ샤ᄃᆡ 례 아니어든 보디 말며 례 아니어든 듣디 말며 례 아니어든 니ᄅᆞ디 말며 례 아니어든 닐뮈디 말라 ᄒᆞ시니라

현대역 伊川 선생이 이르시되, "안연이 욕심을 이기고 예에 돌아갈 조건을 묻자온데, 공자가 이르시되, '예 아니거든 보지 말며, 예 아니거든 듣지 말며, 예 아니거든 이르지 말며, 예 아니거든 동작하지 말라.' 하시니라.

소언 伊이川쳔 先션生싱이 ᄀᆞᆯᄋᆞ샤ᄃᆡ 顔안淵연이 ᄉᆞ욕을 이긔여 禮례예 도라갈 절목을 묻ᄌᆞ온대 孔공子ᄌᆞㅣ ᄀᆞᆯᄋᆞ샤ᄃᆡ 禮례 아니어든 보디 말며 禮례 아니어든 듣디 말며 禮례 아니어든 닐으디 말며 禮례 아니어든 움즈기디 말라 ᄒᆞ시니

현대역 伊川 선생이 말씀하시되, "안연이 사욕을 이기어 예에 돌아갈 절목을 묻사온데, 공자가 말씀하시되, '예 아니거든 보지 말며, 예 아니거든 듣지 말며, 예 아니거든 이르지 말며, 예 아니거든 움직이지 말라.' 하시니,

절목: 절목(節目). 법률이나 규정 따위의 낱낱의 조나 항.

【集說】朱子曰克은勝也요己는謂身之私欲也라復은反也요禮者는天理之節文也라目은條件也라非禮者는己之私也라勿者는

禁止之辭니是는人心之所以爲主而勝私復禮之機也니라

주자가 말하였다. "克은 이김이요, 己는 몸의 사욕을 이른다. 復은 돌아감이요, 禮는 하늘 이치의 알맞은 문체이다. 目은 조건[條目]이다. 예가 아닌 것은 몸의 사욕이다. 勿이란 것은 금지하는 말이니, 이는 사람의 마음이 주장이 되어 사욕을 이겨 예로 돌아가는 틀인 바다."

漢字 機(틀 기)

절문(節文): 알맞은 문체.

四者는身之用也ㅣ라由乎中而應乎外ᄒᆞᄂᆞ니制乎外는所以養其中也ㅣ라顔淵이事斯語ᄒᆞ니所以進於聖人이니後之學聖人者는宜服膺而勿失也ㅣ니라因箴以自警ᄒᆞ노라

●네 가지는 몸의 쓰임이다. 속[마음]에 말미암아 밖에 응하나니, 밖을 제재함은 그 마음을 기르는 바다. 안연이 이 말씀을 일삼아, 써 성인에게 나아간 바니, 뒤에 성인을 배우는 자는 마땅히 가슴에 담고 잃지 말아야 한다. 인하여 잠(箴)으로써 스스로 경계한다.

漢字 服(담을 복, 입을 복), 膺(가슴 응), 箴(경계할 잠, 바늘 잠, 침 잠)

1 사자(四者): 시청언동(視聽言動).
2 잠(箴): 훈계하는 뜻을 적은 글이다. 이하 네 가지 잠은 사물잠(四勿箴)이라 불리는데, 사물(四勿)에 대하여 정이(程頤)가 지은 잠언(箴言)이다. 시잠(視箴), 언잠(言箴), 청잠(聽箴), 동잠(動箴)을 이른다. 모두 4자씩 자수를 맞추어 적고 있다.

번소 네 이ᄅᆞᆫ 모매 ᄡᅳᄂᆞᆫ 거시라 안 ᄆᆞᅀᆞᆷ오로브터셔 밧긔 이를 ᄃᆡ졉ᄒᆞᄂᆞ니 밧긔 이를 졔단ᄒᆞ야 올케 호문 안 ᄆᆞᅀᆞᄆᆞᆯ 길워 됴케 호미니 顔안淵연이 이 말ᄉᆞ믈 일사마 ᄒᆞᆫ 디라 셩신에 나ᅀᅡ가니 후에 셩신

ᄇᆡ호리ᄂᆞᆫ 맛당이 가ᄉᆞ매 담아 일티 마롤 디니라 인ᄒᆞ야 그를 지ᅀᅥ 스싀로 경계ᄒᆞ노라

현대역 네 가지의 일은 몸에 쓰는 것이라. 안 마음으로부터 밖의 일을 대접하니, 밖의 일을 裁斷하여 옳게 함은 안 마음을 길러 좋게 함이니, 안연이 이 말씀을 일삼아 한 것이다. 성인에 나아가니 후에 성인 배울 이는 마땅히 가슴에 담아 잃지 말 것이니라. 인하여 글을 지어 스스로 경계하노라.

1 제단ᄒᆞ야: 재단(裁斷)하여. 옳고 그름을 가려 결정하여. 오로 제단ᄒᆞᆯ 義 업고(無專制之義).《소언 2:53》

2 일ᅀᅡ마: 임삼아. ‘일삼(어간)+아(연결어미)’이다. 일로 생각하고 하다. 娑婆學者ㅣ 해 ᄒᆞᆫ갓 强記호ᄆᆞᆯ 일ᅀᆞ마 邪애 디며 妄애 ᄡᅥ디여 本애 도라가ᄆᆞᆯ 아디 몯ᄒᆞᆯᄊᆡ(娑婆學者 多徒事强記 落邪淪妄 不知反本).《능엄 6:70》, ᄒᆞᆫ갓 구틔여 아로ᄆᆞᆯ 일ᅀᅡ마 외오 邪思애 듀미 엇데 소리 조ᄎᆞᆫ 허믈 아니리오(徒事强記 誤落邪思 豈非循聲之咎耶).《능엄 6:70》

소언 네ᄒᆞᆫ 몸에 ᄡᅳ이ᄂᆞᆫ 거시라 가온ᄃᆡ[ᄆᆞ음을 닐옴이라] 말ᄆᆡ아마 밧긔 應응ᄒᆞᄂᆞ니 밧긔 졔어홈ᄋᆞᆫ ᄡᅧ 그 가온ᄃᆡ를 치ᄂᆞᆫ 배라 顔안淵연이 이 말ᄉᆞᆷ을 일삼아 ᄒᆞ니 ᄡᅧ 聖셩人인에 나아간 배니 後후에 聖셩人인 ᄇᆡ호ᄂᆞ니ᄂᆞᆫ 맛당이 가ᄉᆞᆷ애 담아 일티 말올 디니라 因인ᄒᆞ야 箴즘[경계ᄒᆞᄂᆞᆫ 글이라] 지어 ᄡᅧ 스스로 경계ᄒᆞ노라

현대역 넷은 몸에 쓰이는 것이다. 가운데[마음을 말함이라.] 말미암아 밖에 응하니, 밖을 제어함은 써 그 가운데를 기르는 바이다. 안연이 이 말씀을 일삼아 하니, 써 聖人에 나아간 바이니, 후에 성인 배우는 이는 마땅히 가슴에 담아 잃지 말 것이니라. 인하여 잠(箴)[경계하는 글이라.]을 지어 써 스스로 경계하노라.

【增註】視聽言動은皆身之用이니由心而出者也라非禮勿視聽言動은所以制外而養心也라事는從事也라服은著也요膺은胸

也니奉持而著之心胸之間也라朱子曰由中應外는泛言其理如此耳요制外養中은方是說做工夫處니라

보고 듣고 말하고 움직임은 모두 몸의 쓰임이니, 마음에 말미암아 나오는 것이다. 예가 아니면 보지도 듣지도 말하지도 움직이지도 말라는 것은 써 밖을 제재하여 마음을 기르는 바다. 事는 종사함이다. 服은 붙임[둠]이요, 膺은 가슴이니, 받들어 가져 그것을 가슴 사이에 붙임이다. 주자가 말하였다. "마음에 말미암아 밖에 응함은 널리 그 이치가 이와 같음을 말했을 뿐이요, 밖을 제재하여 마음을 기름은 바야흐로 이 공부 짓는 곳을 말함이다."

漢字 著(붙을 착, 나타날 저), 胸(가슴 흉), 持(가질 지), 泛(넓을 범, 뜰 범)

심흉(心胸): 가슴속.

【集解】進於聖人은進步幾及之意라

進於聖人[성인에 나아감]은 나아가서 거의 미친다는 뜻이다.

漢字 幾(거의 기)

其視箴에曰心兮本虛ᄒᆞ니應物無迹이라操之有要ᄒᆞ니視爲之則이라蔽交於前ᄒᆞ면其中則遷이니制之於外ᄒᆞ야以安其內니라克己復禮ᄒᆞ면久而誠矣리라

●그 시잠(視箴)에 말하였다. '마음은 본래 비어 있으니, 사물에 응함에 자취가 없다. 그것을 잡음에 요점이 있으니, 봄이 법칙이 된다. 가림이 앞에서 교차하면 그 속[마음]이 옮겨지니, 그것[가림]을 밖에서 제재하여 써 그 안[마음]을 편안하게 해야 한다. 사욕을 이겨 예로 돌아가면 오래되면 저절로 된다.'

漢字 兮(어조사 혜), 迹(=跡 자취 적), 操(잡을 조), 蔽(가릴 폐), 誠(저절로 될 성, 참될 성)

시잠(視箴): 사물잠(四勿箴)의 하나이다. 예(禮)가 아니면 보지 말라는 경계이다.

번소 그 볼 일 경계ᄒᆞᆫ 그레 닐오ᄃᆡ ᄆᆞᅀᆞ미 본ᄃᆡ 뷘 거시라 밧긧 거ᄉᆞᆯ 조차 ᄃᆡ답호미 자최 업스니라 자바두미 종외 잇ᄂᆞ니 보ᄆᆞ로 법을 사몰 디니라 ᄀᆞ릴 거시 알픠와 섯거시면 그 안 ᄆᆞᅀᆞ미 조차 옮ᄂᆞ니 밧글 졔단ᄒᆞ야 그 안ᄒᆞᆯ 편안케 ᄒᆞ야 욕심을 이긔여 례예 도라가 오라면 셩실ᄒᆞ리라

현대역 그 볼 일 경계한 글에 이르되, '마음이 본디 빈 것이라, 밖의 것을 좇아 대답함이 자취가 없느니라. 잡아둠이 宗要가 있으니, 봄으로 법을 삼을 것이니라. 가릴 것이 앞과[앞에서] 섞이면 그 안 마음이 좇아 옮겨지니, 밖을 재단하여 그 안을 편안하게 해야, 욕심을 이기어 예에 돌아가 오래되면 성실하리라.'

1 ᄃᆡ답호미: 대답(對答)함이. 'ᄃᆡ답ᄒᆞ(어간)+옴(명사형 어미)+이(주격 조사)'이다. 부르는 말에 응하여 어떤 말을 하다.
2 종요: 종요(宗要). 종지(宗旨)의 요긴한 뜻.

소언 그 視시箴ᄌᆞᆷ애 ᄀᆞᆯ오ᄃᆡ ᄆᆞᄋᆞᆷ이 본ᄃᆡ 虛허ᄒᆞᆫ 거시니 物믈을 응졉홈이 자최 업스니라 잡음이 종요 인ᄂᆞ니 봄으로 법을 삼올 디니라 ᄀᆞ릴 거시 알픠와 섯그면 그 가온대 곧 옮ᄂᆞ니 밧긔 졔어ᄒᆞ야 뻐 그 안ᄒᆞᆯ 편안케 ᄒᆞᆯ 디니라 ᄉᆞ욕을 이긔여 禮례예 도라디면 오람애 셩실ᄒᆞ리라

현대역 그 시잠(視箴)에 가로되, '마음이 본디 빈 것이니, 사물을 應接함이 자취가 없느니라. 잡음이 종요가 있으니, 봄으로 법을 삼을 것이니라. 가릴 것이 앞에서 섞이면 그 가운데로 곧 옮겨지니, 밖을 제어하여 써 그 안을 편안하게 할 것이니라. 사욕을 이기어 예에 돌아가면 오래되면 성실하리라.'

1 응졉홈이: 응접(應接)함이. '응졉ᄒᆞ(어간)+옴(명사형 어미)+이(주격 조사)'이다.

어떤 사물에 접촉하다.

2 셩실ᄒᆞ리라: 성실(誠實)하리라. '셩실ᄒᆞ(어간)+리(추측법 선어말어미)+라(평서형 종결어미)'이다. 정성스럽고 참되다.

【增註】心之體는本自虛明이요而其用則隨物而應하여無有形迹하니操而存之之要는以視爲則而已라蓋物欲之蔽交接於前하면則心隨之以遷하나니此는非禮之視를所以當制也라誠者는從容不勉者也라朱子曰人之視聽言動이視最在先하니爲操心之準則이니라

마음의 몸은 본래 스스로 비고 밝으며, 그[마음의] 쓰임인즉 물건을 따라 응하여 형상과 자취가 있지 않으니, 잡아서 그것을 보존하는 요점은 보는 것으로써 법칙을 삼을 뿐이다. 대개 물욕의 가림이 앞에서 교차하여 접촉하면 마음이 그것을 따라서 써 옮겨지니, 이는 예가 아님을 봄을 마땅히 제재해야 하는 까닭이다. 誠이란 것은 조용하여 힘쓰지 않는 것이다. 주자가 말하였다. "사람의 보고 듣고 말하고 움직임 중에 봄이 가장 앞에 있으니, (봄을) 마음을 잡는 준칙으로 삼는다."

漢字 從(좇을 종)

종용(從容): 조용한 모양.

其聽箴애曰人有秉彛는本乎天性ᄒᆞ니知誘物化ᄒᆞ야遂亡其正ᄒᆞᄂᆞ니라卓彼先覺은知止有定이라閑邪存誠ᄒᆞ야非禮勿聽ᄒᆞᄂᆞ니라

●그 청잠(聽箴)에 말하였다. '사람이 잡은 떳떳함[秉彛]이 있음은 천성에 근본을 두었건만, 앎이 물건에 꾀여 변화하여, 마침내 그 바름을 잃는다. 높은 저 선각자는 그침을 알아 정함이 있다. 사악함을 막아 진실함을 보존하

여 예가 아니면 듣지 않는다.'

漢字 誘(꾈 유), 卓(높을 탁), 閑(막을 한)

청잠(聽箴): 사물잠(四勿箴)의 하나이다. 예(禮)가 아니면 듣지 말라는 경계이다.

번소 그 드롤 일 경계ᄒᆞᆫ 그레 닐오ᄃᆡ 사ᄅᆞ미 샹해 어딘 도리를 가져 이쇼미 하ᄂᆞᆯ 삼긴 셩으로브터 나니 혜아리ᄂᆞᆫ ᄆᆞᅀᆞ미 사오나온 이레 달애여 곧텨 도ᄋᆡ야 그 졍ᄒᆞᆫ 이를 업시ᄒᆞᄂᆞ니라 뎌 노픈 몬져 안 사ᄅᆞᄆᆞᆫ 갈 ᄃᆡ롤 아라 일뎡ᄒᆞᆫ ᄯᅡ히 이셔 샤특ᄒᆞᆫ 이를 막ᄌᆞᄅᆞ고 셩실ᄒᆞᆫ 이를 누어 례 아닌 이리어든 듣디 아니ᄒᆞᄂᆞ니라

현대역 그 들을 일 경계한 글에 이르되, '사람이 늘 어진 도리를 가져 있음이 하늘 생긴 성[천성]으로부터 나니, 헤아리는 마음이 나쁜 일에 꾀여 고쳐 되어, 그 바른 일을 없게 하니라. 저 높은, 먼저 안 사람은 갈 데를 알아 일정한 땅이 있어, 사특한 일을 잘라 막고, 성실한 일을 보존하여, 예가 아닌 일이거든 듣지 아니하니라.'

달애여: 달래여. '달애(어간)+여(연결어미)'이다. 현대국어 '달래다'의 옛말 '달애다'는 15세기 문헌에서부터 나타난다. '다래다'로 연철 표기 되지 않은 것으로 보아 '달애다'의 ㅇ은 성문 마찰 유성음 [ɦ]였는데, 16세기 이후에 성문 마찰 유성음 [ɦ]이 사라지게 되었다. 17세기에 사라진 성문 마찰 유성음 자리에 'ㄹ'이 추가되어 '달래다'가 나타나게 되었다. 18세기까지 '달애다'와 '달래다'가 공존하다가 '달래다'가 정착하면서 현재에 이르렀다. 달애다(15세기~18세기)〉달래다(17세기~현재). 이형태: 달애다, 달래다. 驪山 役徒ᄅᆞᆯ 일ᄒᆞ샤 지ᄇᆡ로 도라오ᇝ 제 열희 ᄆᆞᅀᆞᄆᆞᆯ 하ᄂᆞᆯ히 달애시니.《1447 용가 18》, 誘 달앨 유 訹 달앨 튤.《1527 훈몽 하:12ㄴ》

소언 그 聽쳥箴ᄌᆞᆷ애 ᄀᆞᆯ오ᄃᆡ 사ᄅᆞᆷ이 잡안ᄂᆞᆫ 뎓뎓ᄒᆞᆫ 거ᄉᆞᆯ 둠은 하ᄂᆞᆯ 삼긴 性셩에 믿드듸여시니 아ᄂᆞᆫ 거시 物믈의게 달애이여 고텨 되여

드듸여 그 正졍ᄒᆞᆫ 거슬 일ᄅᆞ니라 노픈 뎌 몬져 ᄊᆡᄃᆞ른 이ᄂᆞᆫ 그칠 ᄃᆡ를 아라 定졍홈이 인ᄂᆞᆫ디라 샤특ᄒᆞᆫ 거슬 막ᄌᆞᆯ라 졍셩을 두어 禮례 아니어든 듣디 마ᄂᆞ니라

현대역 그 청잠(聽箴)에 가로되, '사람이, 잡아 있는 떳떳한 것[병이(秉彝)]을 둠은, 하늘 생긴 성에 뿌리를 박았으니, 아는 것이 외물(外物)에게 꾀여 고쳐 되어, 드디어 그 바른 것을 잃느니라. 높은, 저 먼저 깨달은 이는 그칠 데를 알아 정함이 있는 것이다. 사특한 것을 잘라 막아 정성을 두어, 예가 아니거든 듣지 말아야 하느니라.'

1 잡안ᄂᆞᆫ: 잡아 있는. '잡(어간)+아(보조적 연결어미)+잇(在, '잇다'의 어간)+ᄂᆞ(현재 시제 선어말어미)+ㄴ(관형사형 어미)'이다. 완료상은 보조적 연결어미 '-아/어'와 보조 형용사 '잇다[在]'의 결합으로 표현된다. '잇-'이 본동사와 한 음절을 이룰 때는 이미 15세기에 'ㅣ'가 탈락되는 일이 있었다. 본 예도 '아+ㅅ→앗'으로 나타나 완료상을 표시하고 있다. 단 비음화 결과를 표기에 반영하였다. 內竪ᄂᆞᆫ 뫼ᅀᆞ왓ᄂᆞᆫ 혀근 臣下ㅣ라.《내훈 1:39》, 내 바ᄅᆞ 닐오마 길 마갓ᄂᆞᆫ ᄒᆞᆫ 퍼깃 사미 비 오나든 곳 퓌오 ᄇᆞᄅᆞᆷ ᄀᆞᆯ겨든 여름 ᄆᆡᆺᄂᆞᆫ 거셔(我猜着 當路一科麻 下雨開花 刮風結子).《번박 상:40》

2 막ᄌᆞᆯ라: 잘라 막아. '막ᄌᆞᄅᆞ(어간)+아(연결어미)'이다. '막ᄌᆞᄅᆞ다'는 '잘라 막다'를 뜻한다. 어간 '막ᄌᆞᄅᆞ-'는 모음으로 시작하는 어미 앞에서는 '막ᄌᆞᆯ-'로 나타난다. 사오나온 風俗ᄋᆞᆯ 사ᄅᆞᄆᆡ ᄂᆞᄎᆞᆯ 막ᄌᆞᄅᆞ고 몸 올에 호ᄆᆞ란 ᄆᆞᆯ 바ᄅᆞᆯ ᄇᆡ호노라(薄俗防人面 全身學馬蹄).《두시-초 15:17》, 곧 머리셔 오ᄂᆞᆫ 소ᄂᆞᆯ 막ᄌᆞᆯ오미 비록 이리 하나(卽防遠客雖多事).《두시-초 7:22》, 집 사ᄅᆞᆷ이 미더 막ᄌᆞᆯ오ᄆᆞᆯ 져기 게을이 ᄒᆞ여ᄂᆞᆯ(家以爲信 防之少懈).《번소 9:62》

【增註】性은卽理也라人之秉彝는乃得於天之正理也니聽非禮하면則心之知爲物所引誘하여與之俱化而正理遂亡矣라惟彼先覺之人은卓然自立하여知其所當止하여而志有定向이라故로能防閑其邪妄於外하고而存其實理於內하여自然非禮

勿聽也하나니라

性은 곧 도리이다. 사람의 秉彝는 바로 하늘에서 얻은 올바른 도리이니, 예가 아님을 들으면 마음의 앎이 물건에 유인되는 바가 되어, 그와 더불어 함께 화하여 올바른 도리가 마침내 망한다. 오직 저 선각자는 높이 자립하여 그 마땅히 그칠 바를 알아서, 뜻이 정한 방향이 있다. 그러므로 능히 그 사악함과 망령됨을 밖에서 막고, 그 진실한 이치를 안에서 보존하여, 자연히 예가 아님을 듣지 않는다.

其言箴애**曰人心之動**이**因言以宣**ᄒᆞᄂᆞ니**發禁躁妄**이라사**內斯靜專**ᄒᆞᄂᆞ니라**矧是樞機**라**興戎出好**ᄒᆞᄂᆞ니**吉凶榮辱**이**惟其所召**ㅣ니라**傷易則誕**이오**傷煩則支**ᄒᆞ며**己肆物忤**ᄒᆞ고**出悖來違**ᄒᆞᄂᆞ니**非法不道**ᄒᆞ야**欽哉訓辭**ᄒᆞ라

●그 언잠(言箴)에 말하였다. '사람 마음의 움직임은 말로 인하여 써 베풀어지니, 발함에 조급하고 망령됨을 금해야, 마음이 이에 고요하고 전일해진다. 하물며 이[말]는 지도리와 오늬라서 전쟁을 일으키고 友好를 내니, 길흉과 영욕이 오직 그것[말]이 부르는 바다. (말을) 쉽게 함에 상하면 虛誕하고, 번거롭게 함에 상하면 지리하며, 자기가 방자하면 남이 거스르고, 나감이 어그러지면 돌아옴이 어긋나니, 법이 아니면 말하지 말아, (이) 훈계한 말을 공경하라.'

漢字 **宣**(베풀 선), **躁**(조급할 조), **矧**(하물며 신), **樞**(지도리 추), **機**(오늬 기, 틀 기), **興**(일으킬 흥), **戎**(싸울 융, 오랑캐 융, 병기 융), **誕**(허탄할 탄), **煩**(번거로울 번, 괴로울 번), **支**(지리할 지), **忤**(거스를 오), **悖**(어그러질 패), **違**(어길 위), **欽**(공경할 흠)

1 언잠(言箴): 사물잠(四勿箴)의 하나이다. 예(禮)가 아니거든 말하지 말라는 경계이다.

2 추기(樞機): 추(樞)는 문의 지도리이고, 기(機)는 쇠뇌의 오늬이다. 《주역(周易)》

〈계사상전(繫辭上傳)〉 제8장에서 유래된 말이다. “言行 君子之樞機 樞機之發 榮辱之主也 言行 君子之所以動天地也 可不愼乎(언행은 군자의 추기이니 추기의 발함이 영욕의 주가 된다. 언행은 군자가 천지를 움직이게 하는 이유가 되니 어찌 삼가지 아니하랴.)” 추기는 원래 언(言)과 행(行)을 모두 말했으나, 후대에 와서 언(言)만 지칭하게 되었다. 언(言)을 추기(樞機)와 관련시킨 글은 〈가언(嘉言) 제5〉 제10장 《송사(宋史)》 〈범질열전(范質列傳)〉과 〈송문감(宋文鑑)〉에서 인용한 글에 이미 나온 바 있다.

번소 그 말ᄉᆞᆷ 경계ᄒᆞᆫ 그레 닐오ᄃᆡ 사ᄅᆞᄆᆡ ᄆᆞᅀᆞᆷ 뮈유미 말ᄉᆞ믈 인ᄒᆞ야 셔 베퍼 나ᄂᆞ니 말호매 ᄲᆞᄅᆞ며 망녕 도ᄋᆡ유믈 금지ᄒᆞ면 안히 이에 안졍ᄒᆞ며 젼일ᄒᆞᄂᆞ니라 ᄒᆞ믈며 이ᄂᆞᆫ 문읫 지도리와 소니옛 술ᄀᆞᄐᆞᆫ 거시라 사홈도 닐와ᄃᆞ며 됴ᄒᆞᆫ 일도 내요미ᄯᆞ녀 길ᄒᆞ며 흉ᄒᆞ며 영화로ᄋᆞᆫ 이리며 욕ᄃᆞ왼 이리 그 블른대로 ᄒᆞᄂᆞ니 너모 쉬오면 ᄀᆞᆮ 거즛되오 너모 하면 지리ᄒᆞ며 내 모미 펴뎌ᄒᆞ면 ᄂᆞ미 ᄢᅥ려ᄒᆞ고 나ᄂᆞᆫ 마리 거ᄉᆞᆲ즈면 오ᄂᆞᆫ 마리 어그릇ᄂᆞ니 법답디 아니ᄒᆞᆫ 마ᄅᆞᆯ 니ᄅᆞ디 마라 ᄀᆞᄅᆞ치ᄂᆞᆫ 마를 공경홀 디니라

현대역 그 말을 경계한 글에 이르되, ‘사람의 마음 움직임이 말씀을 인하여서 베풀어 나니, 말함에 빠르며 망령됨을 금지하면, 안이 이에 안정하며 전일하느니라. 하물며 이는 문의 지도리와 쇠뇌의 오늬 같은 것이라서, 싸움만 일으키고 좋은 일만 낼 뿐이겠는가? 길하며 흉하며 영화로운 일이며 욕된 일이 그 부른 대로 하니, 너무 쉬우면 곧 거짓되고, 너무 하면 지루하며, 내 몸이 펴져하면 남이 꺼려하고, 나가는 말이 거슬리면 오는 말이 틀리니, 법답지 아니한 말을 이르지 말아서 가르치는 말을 공경할 것이니라.’

1 나ᄂᆞ니, ᄒᆞᄂᆞ니, 어그릇ᄂᆞ니: 나니, 하니, 틀리니. ‘ᄂᆞ(직설법 선어말어미)+니(연결어미)’는 동사, 형용사 어간 뒤에 붙어, ‘-으니’를 뜻하는 어미이다. 金輪王 아ᄃᆞ리 出家ᄒᆞ라 가ᄂᆞ니 그듸내 各各 ᄒᆞᆫ 아ᄃᆞᆯ옴 내야 내 孫子 조차가게 ᄒᆞ라 ᄒᆞ시니.《석상 6:9》, 婆羅門이 安否 묻고 닐오ᄃᆡ 舍衛國에 ᄒᆞᆫ 大臣須達이라

ᄒᆞ리 잇ᄂᆞ니 아ᄅᆞ시ᄂᆞ니잇가.《석상 6:14~15》

2 내요미ᄯᆞ녀: 낼 뿐이겠는가. '내(어간)+욤(명사형 어미)+이('이다'의 어간)+ᄯᆞ녀(의문형 종결어미)'이다. '-ᄯᆞ녀'는 '이다'의 어간 뒤에 붙어, '-뿐이겠는가'나 '-ㄴ 것은 더 말할 나위 있으랴'를 뜻하는 어미이다. 머리며 누니며 손바리며 모맷 고기라도 비ᄂᆞᆫ 사ᄅᆞᄆᆞᆯ 주리어니 ᄒᆞᄆᆞᆯ며 녀나ᄆᆞᆫ 쳔량이ᄯᆞ녀.《석상 9:13》(현대역: 머리며 눈이며 손발이며 몸의 고기라도 비는 사람을 줄 것이니 하물며 여남은 천량뿐이랴.), 이런 菩薩ᄋᆞᆫ 일후믈 드러도 그지 업슨 福ᄋᆞᆯ 어드리어니 ᄒᆞᄆᆞᆯ며 ᄉᆞ외 보미ᄯᆞ녀.《월석 8:37》(현대역: 이런 보살은 이름을 들어도 그지없는 복을 얻을 것인데 하물며 자세히 보는 것은 더 말할 나위 있으랴.)

3 거슬ᄡᅳ면: 거슬리면. '거슬ᄡᅳ(어간)+면(연결어미)'이다. '거슬ᄡᅳ다'는 '거슯즈다'와 같은 표기로, '거슬리다'의 옛말이다. 남의 마음을 언짢게 하거나 기분을 상하게 하다. 엿은 畜性으로 제 좇ᄂᆞᆫ 젼ᄎᆞ로 거슬ᄢᅧ 좇디 아니코(狐以畜性自徇故 很戾不率).《능엄 8:127》, 그 어버ᅀᅵᄅᆞᆯ 恭敬 아니코 다ᄅᆞᆫ 사ᄅᆞᆷ 恭敬ᄒᆞ릴 닐오ᄃᆡ 거슬ᄡᅳᆫ 禮라 ᄒᆞᄂᆞ니라(不敬其親 而敬他人者 謂之悖禮).《내훈 1:40》

소언 그 言언箴잠애 ᄀᆞᆯ오ᄃᆡ 사ᄅᆞᆷ의 ᄆᆞ음 움즉임이 말ᄉᆞᆷ을 因인ᄒᆞ야 ᄡᅧ 베프ᄂᆞ니 發발홈애 조급ᄒᆞ며 망녕되욤을 금지ᄒᆞ여사 안히 이에 안졍ᄒᆞ며 젼일ᄒᆞᄂᆞ니라 ᄒᆞᄆᆞᆯ며 이ᄂᆞᆫ 樞츄ㅣ며 機긔라 싸홈도 니르혀며 됴ᄒᆞᆫ 일도 나ᄂᆞ니 吉길ᄒᆞ며 凶흉ᄒᆞ며 영홰며 辱욕이 오직 그 블으ᄂᆞᆫ 배니라 쉬움애 傷샹ᄒᆞ면 허탄ᄒᆞ고 번거홈애 傷샹ᄒᆞ면 지리ᄒᆞ며 내 방ᄉᆞᄒᆞ면 ᄂᆞᆷ이 거슬ᄡᅳ고 남이 패려ᄒᆞ면 옴이 어그릇ᄂᆞ니 法법이 아니어든 닐으디 아니ᄒᆞ야 ᄀᆞᄅᆞ치ᄂᆞᆫ 말을 공경ᄒᆞ라

현대역 그 언잠(言箴)에 가로되, '사람의 마음 움직임이 말씀을 인하여 써 베푸니, 발함에 조급하며 망령됨을 금지하여야, 안이 이에 안정하며 전일하느니라. 하물며 이는 추(樞)며 기(機)라서, 싸움도 일으키며 좋은 일도 내니, 길하며 흉하며 榮華로우며 욕됨이 오직 그 부르는 바니라. 쉬움에 상하면 虛誕하고, 번거로움에 상하면 지루하며, 내가 放肆하면 남이 거슬리고, 남이 悖戾하면 옴이 틀리니, 법이 아니거든 말하지 아니하여 가르치는 말을

공경하라.'

1 금지ᄒᆞ여사: 금지하여야. '금지ᄒᆞ(어간)+여(연결어미)+사(보조사)'이다. '사'는 '강조·의무·당연' 등을 뜻하는데, 어미·체언·조사 뒤에 쓰일 때에는 보조사이고, 선어말어미 '-거-' 뒤에 나타날 때에는 '-거-'와 어울려서 어말어미를 이룬다. 衆生이 고디듣디 아니ᄒᆞ야 惡道애 ᄠᅥ러디리니 출히 說法 마오 涅槃애 어셔 드사 ᄒᆞ리로다.《석상 13:58》, 節女ㅣ 너교ᄃᆡ 아니옷 드르면 아비 주그리오 드르면 남지니 주그리니 내 죽사 ᄒᆞ리로다 ᄒᆞ야(女念不聽則殺父不孝 聽則殺夫不義 不孝不義 雖生不可以行於世 欲以身當之).《삼강 열:5》

2 樞樞ㅣ며 機긔라: 추(樞)며 기(機)라서. '츄+ㅣ며, 긔+라'이다. '추기(樞機)'는 '몹시 중요한 사물. 또는 사물의 중요한 부분'을 뜻한다. 그리고 '機긔라'에서 '-라'는 '이다', '아니다'의 어간이나 어미 '-으시-' 뒤에 붙어, 까닭이나 근거 따위를 나타내는 '-라서'를 뜻하는 연결어미이다. 장마철이라 비가 자주 내린다. 제가 바보라 그렇습니다.

3 샹ᄒᆞ면: 상(傷)하면. '샹ᄒᆞ다'는 '근심, 슬픔, 노여움 따위로 마음이 언짢아지다.'를 뜻한다. '샹ᄒᆞ다'는 19세기 문헌에서부터 나타난다. 이 단어는 한자어 '상(傷)'과 'ᄒᆞ다'의 결합으로 이루어진 말인데, '샹'은 근대국어 후기에 'ㅅ' 뒤에서 이중모음 'ㅑ, ㅕ, ㅛ, ㅠ' 등이 단모음화하는 현상에 따라, '상'으로 바뀌었다. 'ᄒᆞ다'도 현대맞춤법이 확산됨에 따라 '하다'로 바뀌어 현재의 어형으로 정착되었다. 아기 ᄇᆡ여셔 ᄇᆡ욘 아기 샹ᄒᆞ야 피 얼의어 가슴 ᄇᆡ 알ᄑᆞ거든《1489 구간 7:6ㄴ》, 늘거셔 喪禮다이 ᄒᆞ면 샹ᄒᆞ리라 ᄒᆞ야 말인대《1514 속삼 효:6ㄱ》, 그 이를 열ᄌᆞ와ᄂᆞᆯ 나라히 샹ᄒᆞ시고 그 문ᄂᆡ 방 브티니라《1518 이륜 옥 14ㄴ》

4 허탄ᄒᆞ고: 허탄(虛誕)하고. 거짓되고 미덥지 아니하고.

5 방ᄉᆞᄒᆞ면: 방사(放肆)하면. 제멋대로 행동하며 거리끼고 어려워하는 데가 없으면.

6 패려ᄒᆞ면: 패려(悖戾)하면. 언행이나 성질이 도리에 어그러지고 사나우면.

【增註】宣은布也라人心이有動於內면因言以宣於外하나니所謂言者는心之聲也라發은發言也라言不煩躁則心安靜하고言不妄誕則心專一이라矧은況也라樞機는喩言이니說見范魯公

詩하니라**戎**은**兵也**요**好**는**善也**니**謂言能興戎出好**하고**且召吉凶榮辱也**라**傷於輕易則妄誕**하고**傷於煩多則支離**하며**己放肆則忤於人**하고**出者逆則來者違**하니**四者**는**言之病也**라

宣은 베풂이다. 사람 마음이 안에서 움직임이 있으면, 말에 인하여 써 밖으로 베풀어지니, 이른바 말이란 것은 마음의 소리이다. 發은 말을 발함이다. 말이 번거롭고 조급하지 않으면 마음이 안정되고, 말이 망령되고 허탄하지 않으면 마음이 전일해진다. 신(矧)은 '하물며'이다. 樞機는 말을 비유함이니, 설명이 范魯公 시에 나타난다. 戎은 전쟁이요, 好는 선함[우호]이니, 말은 능히 전쟁을 일으키고 우호를 내며, 또 길흉과 영욕을 부름을 이름이다. (말을) 가볍고 쉽게 함에 상하면 망령되고 허탄하며, 번거롭고 많음에 상하면 지리하며, 자기가 함부로 하면 남을 거스르고, 나가는 것이 거스르면 오는 것이 어긋나니, 네 가지는 말의 병통이다.

1 범질(范質, 911년~964년)의 시(詩): 〈가언(嘉言) 제5〉 제10장. "戒爾勿多言 多言衆所忌 苟不愼樞機 灾厄從此始 是非毁譽間 適足爲身累(너에게 말 많이 하지 말 것을 경계하니, 말이 많음은 여러 사람이 꺼리는 바다. 진실로 사물의 추기(樞機)를 삼가지 않으면, 재앙과 액운이 이를 좇아 시작된다. 옳다 그르다 하며 헐고 기리는 사이에 다만 족히 몸에 누가 될 뿐이다.)"

2 사자(四者): 傷於輕易則妄誕, 傷於煩多則支離, 己放肆則忤於人, 出者逆則來者違.

其動箴애**曰哲人**은**知幾**ᄒᆞ야**誠之於思**ᄒᆞ고**志士**는**勵行**이라**守之於爲**ᄒᆞᄂᆞ니**順理則裕**ㅣ오**從欲惟危**니**造次克念**ᄒᆞ야**戰兢自持**ᄒᆞ라**習與性成**ᄒᆞ면**聖賢同歸**ᄒᆞ리라

● 그 동잠(動箴)에 말하였다. '밝은 사람은 기미를 알아 생각함에 성실하고, 뜻 둔 선비는 행실을 힘써 일함에 지키니, 이치를 따르면 넉넉해지고, 욕심을 따르면 오직 위태로우니, 아주 급한 때라도 능히 생각하여, 두려워하고

조심하여 스스로 지켜라. 익힘이 천성과 더불어 이루어지면 성현과 한가지로[똑같이] 돌아갈 것이다.'"

漢字 幾(기미 기, 빌미 기, 거의 기, 바랄 기), 勵(힘쓸 려), 裕(넉넉할 유), 戰(두려워할 전), 兢(조심할 긍), 克(능히 극, 이길 극, 능할 극)

1 동잠(動箴): 사물잠(四勿箴)의 하나이다. 예(禮)가 아니면 움직이지 말라는 경계이다.

2 조차(造次): 얼마 안 된 짧은 시간. 아주 급한 때. 유의어: 조차간(造次間).

번소 그 닐뮐 일 경계ᄒᆞᆫ 그레 닐오ᄃᆡ 어딘 사ᄅᆞ믄 조각을 아라 일 ᄉᆡᆼ각호매 셩실케 ᄒᆞ고 ᄠᅳᆮ 둣ᄂᆞᆫ 사ᄅᆞ믄 힝뎍을 힘뻐 일ᄒᆞ요매 구디 가졋ᄂᆞ니 리예 슌케 ᄒᆞ면 편안ᄒᆞ고 욕시믈 조ᄎᆞ면 바ᄃᆞ랍ᄂᆞ니 져근덛 ᄉᆞ이예도 ᄉᆡᆼ각ᄒᆞ여 저허 조심ᄒᆞ야 스싀로 가져 이시라 ᄇᆡ호미 본셩ᄀᆞ티 도외면 셩신과 현신과로 ᄒᆞᆫᄃᆡ 가리라

현대역 그 동작할 일 경계한 글에 이르되, '어진 사람은 낌새를 알아 일 생각함에 성실하게 하고, 뜻 둔 사람은 행적을 힘써 일함에 굳게 가졌나니, 이치에 순하게 하면 편안하고, 욕심을 좇으면 위태로우니, 잠시 동안 사이에도 생각하여 두려워 조심하여 스스로 가져 있으라. 배움이 본성같이 되면 성인과 현인과 한데 가리라.'"

조각: '낌새'의 옛말이다. 어떤 일을 알아차릴 수 있는 눈치. 또는 일이 되어 가는 야릇한 분위기. 幾ᄂᆞᆫ 조가기니 님긊 이리 만ᄒᆞ실ᄊᆡ ᄒᆞᄅᆞᆺ 內예 一萬 조가기시다 ᄒᆞᄂᆞ니라.《월석 석서:16》, 어느 시러곰 危亂ᄒᆞᆫ 조가ᄀᆞᆯ 改變ᄒᆞ리오(焉得變危機).《두시-초 10:10》

소언 그 動동箴잠애 ᄀᆞᆯ오ᄃᆡ 명텰ᄒᆞᆫ 사ᄅᆞᆷ은 조각을 아라 ᄉᆞ려에 셩실케 ᄒᆞ고 ᄠᅳᆮ 둔ᄂᆞᆫ 션ᄇᆡᄂᆞᆫ ᄒᆡᆼ실을 힘ᄡᅳᄂᆞᆫ 디라 일ᄒᆞᆯ 제 디킈ᄂᆞ니 理리ᄅᆞᆯ 順슌ᄒᆞ면 어그럽고 욕심을 조ᄎᆞ면 위ᄐᆡᄒᆞ니 져근덛 즈음에도 능

히 ᄉᆞ렴ᄒᆞ야 저허 조심ᄒᆞ야 스스로 자바시라 니김이 性셩으로 더블어 일면 셩인과 현인과 ᄒᆞᆫ가지로 가리라

현대역 그 동잠(動箴)에 가로되, '명철한 사람은 낌새를 알아 사려(思慮)에 성실하게 하고, 뜻 둔 선비는 행실을 힘쓰는 것이다. 일을 자기가 지키니, 이치를 따르면 너그럽고 욕심을 좇으면 위태하니, 잠시 동안 즈음에도 능히 사념(思念)하여 두려워 조심하여 스스로 잡아 있으라. 익힘이 본성으로 더불어 이루면 성인과 현인과 함께 가리라.'"

1 힘ᄡᅳᄂᆞᆫ 디라: 힘쓰는 것이라. 힘쓰는지라. 힘ᄡᅳ(어간)+ᄂᆞ(현재 시제 선어말어미)+ㄴ(관형사형 어미)+ᄃᆞ(의존명사)+이(서술격 조사 '이다'의 어간)+라(평서형 종결어미)'이다. 의존명사 'ᄃᆞ'는 '것'의 뜻을 가진 것인데, 주격은 '디', 목적격은 'ᄃᆞᆯ', 서술격은 '디라'로 실현된다. 본 예는 서술격으로 'ᄃᆞ+ㅣ라'의 형태이다. 이런 형태소 구성을 그대로 고려하면, '힘쓰는 것이라'로 풀이할 수 있다. 그러나 'ㄴ+ᄃᆞ+이+라'는 '-ㄴ디라'의 형태로, 하나의 종결어미로 재구조화한 것으로 볼 수도 있다. 이때에는 해라할 자리에 쓰여 '힘쓰는지라'로 풀이할 수도 있다. 性이 니러 相이 ᄃᆞ외욘 디라 境과 智왜 번드ᄒᆞ며 相이 性의 노교ᄆᆞᆯ 得ᄒᆞᆫ 디라(性起爲相 境智歷然 相得性融 身心廓爾).《원각 서:38》, 薰修ᄒᆞ여 나톤 디라(所言神通變化 依悟而修 漸熏所現 非謂悟時卽發現也).《목우 10》

2 ᄉᆞ렴ᄒᆞ야: 사념(思念)하여. 근심하고 염려하는 따위의 여러 가지 생각을 하여.

3 자바시라: 잡아 있으라. '잡(어간)+아시라(명령형 종결어미)'이다. '-아시라'는 끝음절의 모음이 'ㆍ, ㅏ, ㅗ'인 동사, 형용사 어간 뒤에 붙어, '-아 있으라'를 뜻하는 어미이다. ᄃᆞᄉᆞᆫ 오조매 ᄃᆞᆷ가시라(溫小便【오좀】漬之).《구간 6:27》(현대역: 따듯한 오줌에 담가 두라.)

【增註】思者는動於心也니惟知幾之哲人이라야能誠之요爲者는動於身也니惟勵行之志士라야能守之라二者雖不同이나然皆順理則安裕하고從欲則危險也라

생각한다는 것은 마음에 움직임이니, 오직 기미를 아는 밝은 사람이라야 능히 그것[思者]을 성실하게 할 수 있고, 일한다는 것은 몸에 움직임이니,

오직 행실을 힘쓰는 뜻 둔 선비라야 능히 그것[爲者]을 지킬 수 있다. 두 가지가 비록 같지 않으나, 그러나 모두 이치를 따르면 편안하고 넉넉하며, 욕심을 따르면 위험하다.

【集解】朱子曰程子之箴이發明親切하니學者尤宜深玩이니라

주자가 말하였다. "程子의 箴은 깨달아 밝힘이 친절하니, 배우는 자는 더욱 마땅히 깊이 완미해야 한다."

漢字 玩(완미할 완, 희롱할 완, 익숙할 완)

1 발명(發明): 깨달아 밝힘.
2 완미(玩味): 깊이 음미함.

〖六十九章〗

○伊川先生이言人有三不幸ᄒᆞ니少年登高科ㅣ一不幸이오席父兄之勢ᄒᆞ야爲美官이二不幸이오有高才能文章이三不幸也ㅣ니라 《二程全書 遺書》

●伊川 선생이 말하였다. "사람에게는 세 가지 불행이 있으니, 소년으로 높은 과거에 오름이 첫째 불행이요, 부형의 권세를 깔아[빌어] 좋은 벼슬을 함이 둘째 불행이요, 높은 재능이 있어 문장에 능함이 셋째 불행이다."

漢字 科(과거 과), 席(깔 석, 자리 석)

번소 伊이川쳔 先션生ᄉᆡᆼ이 니ᄅᆞ샤ᄃᆡ 사ᄅᆞ미 세 가짓 됴티 아니ᄒᆞᆫ 이리 잇ᄂᆞ니 져머셔 노ᄑᆞᆫ 급뎨호미 ᄒᆞᆫ 됴티 아니ᄒᆞᆫ 이리오 부형의 권셔를 의거ᄒᆞ야 됴ᄒᆞᆫ 벼슬호미 두 가짓 됴티 아니ᄒᆞᆫ 이리오 노ᄑᆞᆫ ᄌᆡ조를 두고 글 잘 호미 세 가짓 됴티 아니ᄒᆞᆫ 이리라 현대역 伊川 선생이 이르시되, "사람이 세 가지의 좋지 아니한 일이 있으니, 어려서 높은 及第함이 한[한 가지의] 좋지 아니한 일이오, 부형의 권세를 의거하여 좋은 벼슬함이 두 가지의 좋지 아니한 일이오, 높은 재주를 두고 글 잘함이 세 가지의 좋지 아니한 일이라."

급뎨호미: 급제(及第)함이. '급뎨ᄒᆞ(어간)+옴(명사형 어미)+이(주격 조사)'이다. '급뎨ᄒᆞ다'는 '과거에 합격하다'를 뜻한다.

소언 伊이川쳔 先션生싱이 닐ᄋᆞ샤ᄃᆡ 사ᄅᆞᆷ이 세 不블幸힝홈이 인ᄂᆞ니 졈어셔 노ᄑᆞᆫ 급뎨홈이 ᄒᆞᆫ 不블幸힝홈이오 父부兄형의 권셰를 의지ᄒᆞ야 됴ᄒᆞᆫ 벼슬홈이 두 不블幸힝홈이오 노ᄑᆞᆫ ᄌᆡ조를 두고 글 잘홈이 세 不블幸힝홈이니라

현대역 伊川 선생이 이르시되, "사람이 세 불행함이 있으니, 어려서 높은 급제함이 한 불행함이요, 부형의 권세를 의지하여 좋은 벼슬함이 두 불행함이요, 높은 재주를 두고 글 잘함이 세 불행함이니라."

【增註】幸은猶慶也라少年登高科者는學未優하고藉勢爲美官者는人不稱하고有高才能文章者는恒無德以將之하니此三者는皆不足以致遠이라故로謂之不幸이니라

幸은 慶事와 같다. 소년으로 높은 과거에 오르는 자는 학문이 넉넉하지 못하고, 세력을 깔아[빌어] 좋은 벼슬을 하는 자는 사람들이 칭찬하지 않고, 높은 재능이 있어 문장에 능한 자는 항상 덕으로써 그를 받들지 못하니, 이 세 가지는 모두 족히 써 원대함에 이르지 못한다. 그러므로 그것을 불행이라 이른다.

漢字 優(넉넉할 우), 藉(깔 자, 깔개 자, 빌 자), 將(받들 장, 나아갈 장)

〖七十章〗

○橫渠先生이曰學者ㅣ捨禮義則飽食終日ᄒᆞ야無所猷爲ᄒᆞ야與下民一致라所事ㅣ不踰衣食之間과燕遊之樂洛耳니라 《張子全書 正蒙》

●橫渠 선생이 말하였다. “배우는 자가 예의를 버리면, 배불리 먹고 날을 마쳐, 꾀하여 하는 바가 없어, 下等의 사람과 더불어 한가지이다. 일삼는 바가 옷 입고 밥 먹는 사이와 잔치하고 노는 즐거움을 지나지 않을 뿐이다.”

漢字 捨(버릴 사), 飽(배부를 포), 猷(꾀할 유, 꾀 유), 踰(지날 유, 넘을 유)

번소 橫획渠거 先션生ᄉᆡᆼ이 니ᄅᆞ샤ᄃᆡ 글 ᄇᆡ홀 사ᄅᆞ미 禮례義의를 ᄇᆞ리면 ᄇᆡ브르 먹고 날 졈글워 ᄒᆞᄂᆞᆫ 이리 업스리니 하품엣 ᄇᆡᆨ셩으로 ᄒᆞᆫ 가지라 ᄒᆞ논 이리 옷밥 ᄉᆞ이와 노름 노리ᄒᆞ야 즐기매 넘디 아니ᄒᆞ니라

현대역 橫渠 선생이 이르시되, “글 배울 사람이 예의를 버리면, 배불리 먹고 날 저물어, 하는 일이 없으리니, 下品의 백성으로 한 가지라. 하는 일이 옷과 밥 사이와 놀음놀이하여 즐김에 넘지 아니하니라.”

ᄒᆞ논: 하는. ‘ᄒᆞ(어간)+ᄂᆞ(현재 시제 선어말어미)+오(대상 표시법 선어말어미)+ㄴ(관형사형 어미’이다.

소언 橫횡渠거 先션生ᄉᆡᆼ이 ᄀᆞᆯᄋᆞ샤ᄃᆡ 學혹者쟈ㅣ 禮례義의를 ᄇᆞ리면 ᄇᆡ브르 먹고 날을 졈글워 계교ᄒᆞ야 ᄒᆞᄂᆞᆫ 배 업서 하품 ᄇᆡᆨ셩으로 더블어 ᄒᆞᆫ 가지라 일삼ᄂᆞᆫ 배 옷 밥 ᄉᆞ이와 노롬놀이 즐김애셔 넘디 아니ᄒᆞ니라

현대역 橫渠 선생이 말씀하시되, “학자가 예의를 버리면, 배불리 먹고 날을

저물어, 計巧를 내어 하는 바가 없어, 하품 백성으로 더불어 한 가지이다. 일삼는 바가 옷 밥 사이와 놀음놀이 즐김에서 넘지 아니하니라."

1 계교(計巧): 요리조리 헤아려 보고 생각해 낸 꾀.
2 하품(下品): 하등의 품위.

【集說】陳氏曰捨는棄也라猷爲는謀猷作爲也라一致는猶言同歸라踰는過也라

진 씨가 말하였다. "捨는 버림이다. 猷爲는 도모하고 꾀하며 행함을 지음이다. 一致는 함께 돌아간다는 말과 같다. 踰는 지남이다."

〖七十一章〗

○范忠宣公이戒子弟曰人雖至愚ㅣ라도責人則明ᄒᆞ고雖有聰明이라도恕己則昏ᄒᆞᄂᆞ니爾曹ᄂᆞᆫ但常以責人之心으로責己ᄒᆞ고恕己之心으로恕人이면不患不到聖賢地位也ㅣ리라 《宋名臣言行錄》

●范忠宣公이 자제들을 경계하여 말하였다. "사람이 비록 지극히 어리석더라도 남을 꾸짖음에는 밝고, 비록 총명함이 있더라도 자기를 용서함에는 어두우니, 너희 무리는 다만 늘 남을 꾸짖는 마음으로 자기를 꾸짖고, 자기를 용서하는 마음으로 남을 용서하면, 성현의 지위에 이르지 못함을 근심하지 않을 것이다."

漢字 責(꾸짖을 책), 恕(용서할 서, 헤아릴 서), 昏(어두울 혼)

범순인(范純仁, 1027년~1101년): 북송 소주(蘇州) 오현(吳縣, 강소성 蘇州市) 사람으로, 자는 요부(堯夫)고, 범중엄(范仲淹)의 둘째 아들이다. 인종(仁宗) 황우(皇祐) 원년(1049년) 진사가 되었다. 아버지가 돌아가신 뒤 출사(出仕)하여

양성지현(襄城知縣)이 되었다. 이후 시어사(侍御史)와 동지간원(同知諫院)을 지냈다. 왕안석(王安石) 변법(變法)의 부당성에 대해 격렬하게 비판하다가 하중부지주(河中府知州)로 쫓겨났다. 성도로전운사(成都路轉運使)로 옮겼는데, 신법(新法)이 불편하다 하여 주현(州縣)이 급격하게 시행하지 못하도록 경계했다. 철종(哲宗) 때 급사중(給事中)이 되었다. 원우(元祐) 원년(1086년) 동지추밀원사(同知樞密院事)에 올랐다. 나중에 재상이 되었고, 철종이 친정(親政)하자 영주안치(永州安置)로 폄적되었다. 휘종(徽宗)이 즉위한 뒤 관문전대학사(觀文殿大學士)에 임명되어 즉시 입궐하여 뵈라고 재촉했지만 눈병 때문에 귀향을 청했다. 가학(家學)을 이어받고 호원(胡瑗), 손복(孫復)의 학문을 계승했다. 학문은 충신(忠信)을 체(體)로 삼고 육경(六經)을 공(功)으로 삼았고, 충서(忠恕)를 중시했다. 시호는 충선(忠宣)이다. 저서에 《범충선문집(范忠宣文集)》이 있다(중국역대인명사전).

번소 忠튱宣션公공 范범純슌仁인이 ᄌᆞ뎨를 경계ᄒᆞ여 닐오ᄃᆡ 사ᄅᆞ미 비록 지그기 어려도 ᄂᆞᆷ 외다 호ᄆᆞᆫ 곧 ᄇᆞᆯ기 ᄒᆞ고 비록 총명이 이셔도 내 몸 짐쟉ᄒᆞ야 보ᄆᆞᆫ 아ᄃᆞᆨᄒᆞ니 너희ᄂᆞᆫ 오직 샹녜사ᄅᆞᆷ 외다 ᄒᆞᄂᆞᆫ ᄆᆞᅀᆞᆷ으로 내 모믈 외다 ᄒᆞ며 내 몸 져버ᄒᆞᄂᆞᆫ ᄆᆞᅀᆞᄆᆞ로 사ᄅᆞᄆᆡ ᄆᆞᅀᆞᆷ 져버보면 셩현 디위예 몯갈가 분별 아니 ᄒᆞᆯ 거시리

현대역 忠宣公 范純仁이 자제를 경계하여 이르되, “사람이 비록 지극히 어리석어도 남 그르다 함은 곧 밝게 하고, 비록 총명이 있어도 내 몸 짐작하여 봄은 아득하니, 너희는 오직 보통사람 그르다 하는 마음으로 내 몸을 그르다 하며, 내 몸 용서하는 마음으로 사람의 마음 용서하면, 성현 지위에 못갈까 걱정 아니 할 것이리.”

1 짐쟉ᄒᆞ야: 짐작(斟酌)하여. ‘짐쟉ᄒᆞ(어간)+야(연결어미)’이다. 사정이나 형편 따위를 어림잡아 헤아리다. ‘짐쟉ᄒᆞ다’는 15세기 문헌에서부터 나타난다. ‘짐쟉ᄒᆞ다’는 한자어 ‘짐작(斟酌)’과 접사 ‘ᄒᆞ-’가 결합된 것으로 ‘짐작(斟酌)’을 당시 한자음 ‘짐쟉’으로 읽어 표기한 것이다. ‘짐쟉’의 제2음절 ‘쟉’은 치조음이었던 ‘ㅈ’이 경구개음으로 바뀌어 ‘쟈’와 ‘자’의 발음이 구별되지 않게 되면서 ‘작’으로

나타나게 되어 '짐작'이 된 것이다. 'ᄒᆞ-'는 일반적으로 18세기에 제1음절의 'ㆍ'가 'ㅏ'로 변하였는데 'ᄒᆞ-'도 이 변화를 겪어 '하-'가 된 것이다. 이러한 과정을 통해 '짐작ᄒᆞ다'가 19세기 문헌에서부터 '짐작하다'로 나타나 현재까지 이어진 갓이다. 짐작ᄒᆞ다(15세기~19세기)〉짐작하다(19세기~현재). 光ᄋᆞᆯ 도ᄅᆞ혀 도라 ᄉᆞᆯ펴 혜아리며 짐쟉ᄒᆞ면.《1482 남명 上:6ㄱ》, 無字ᄅᆞᆯ 보ᄃᆡ 혜아리며 짐쟉ᄒᆞ디 말며.《1517 몽산-고 법:2ㄱ》

2 거시리: 것이리. '것(의존명사))+이('이다'의 어간)+리(평서형 종결어미)'이다. '-리'는 '이다'의 어간, 받침 없는 용언의 어간, 'ㄹ' 받침인 용언의 어간 또는 어미 '-으시', '-으오' 뒤에 붙어, 예스런 표현으로, 해라할 자리나 혼잣말에 쓰여, 추측의 뜻을 나타내는 종결어미이다. 봄이 되면 제비도 돌아오리.

소언 范범忠듕宣션公공[일훔은 純슌仁인이니 宋송 적 졍승이라 忠듕宣션은 시회라]이 子ᄌᆞ弟뎨를 경계ᄒᆞ야 골오ᄃᆡ 사ᄅᆞᆷ이 비록 지극히 어린 이라도 사ᄅᆞᆷ 외다 ᄒᆞ기ᄂᆞᆫ ᄇᆞᆰ고 비록 聰춍明명이 이셔도 내 몸 져버봄ᄋᆞᆫ 아ᄃᆞᆨᄒᆞᄂᆞ니 너희 물이ᄂᆞᆫ 다믄 샹녜사ᄅᆞᆷ 외다 ᄒᆞᄂᆞᆫ ᄆᆞᄋᆞᆷ으로ᄡᅥ 몸을 외다 ᄒᆞ고 몸 져버보ᄂᆞᆫ ᄆᆞᄋᆞᆷ으로ᄡᅥ 사ᄅᆞᆷ을 져버보면 聖셩賢현 地디位위예 니르디 몯홈을 근심티 아니ᄒᆞ리라

현대역 范忠宣公[이름은 純仁이니, 宋 때 정승이라. 충선은 시호라.]이 자제를 경계하여 가로되, "사람이 비록 지극히 어리석은 이라도 사람[남] 그르다 하기는 밝고, 비록 총명이 있어도 내 몸[자기] 용서함은 아득하니, 너희 무리는 다만 보통사람 그르다 하는 마음으로써 몸을 그르다 하고, 몸 용서하는 마음으로써 사람을 용서하면, 성현 지위에 이르지 못함을 근심하지 아니하리라."

아ᄃᆞᆨᄒᆞᄂᆞ니: 아득하느니. '아ᄃᆞᆨᄒᆞ(어간)+ᄂᆞ(직설법 선어말어미)+니(연결어미)'이다. 보이는 것이나 들리는 것이 희미하고 매우 멀다. '아ᄃᆞᆨᄒᆞ다'는 15세기 문헌에서부터 나타난다. '아ᄃᆞᆨᄒᆞ다'는 어근 '아ᄃᆞᆨ'과 접사 '-ᄒᆞ-'가 결합한 것인데, 15, 17세기에는 간혹 '-ᄒᆞ-'가 탈락한 '아ᄃᆞᆨ-'의 예도 보인다. 16세기 이후로 제2음절 이하에서 모음 'ㆍ'가 'ㅡ'로 바뀌는 경향에 따라 16세기에는 '아득ᄒᆞ다'

형태가 등장하였다. 근대국어 후기에 제1음절의 모음 '·'가 'ㅏ'로 변하여 소리의 구별이 사라짐에 따라 '아득ᄒᆞ다'는 현대국어와 같은 '아득하다' 형태로 바뀌었다. 중세국어와 근대국어 시기에 '아ᄃᆞᆨᄒᆞ다'와 모음대립에 따른 의미 차이를 보이는 '어득ᄒᆞ다[제법 어둡다.]'도 존재하였는데, '어득ᄒᆞ다'는 현대국어 '어둑하다'로 발전하였다. 아ᄃᆞᆨᄒᆞ다(15세기~18세기)〉아득ᄒᆞ다(16세기~19세기)〉아득하다(19세기~현재). 모딘 길헤 ᄠᅥ러디면 恩愛ᄅᆞᆯ 머리 여희여 어즐코 아ᄃᆞᆨᄒᆞ야 어미도 아ᄃᆞᄅᆞᆯ 모ᄅᆞ며 아ᄃᆞᆯ도 어미ᄅᆞᆯ 모ᄅᆞ리니.《1447 석상 6:3ㄴ》, 훤ᄒᆞ야 ᄇᆞ튼 ᄃᆡ 업서 새 길히 아ᄃᆞᆨ도다. 《1482 금삼 4:34ㄴ》

【集說】陳氏曰公의名은純仁이요字는堯夫요忠宣은諡也니文正公之子라朱子曰恕는是推去的이니於己에不當下恕字라若欲脩潤其語인댄當曰以愛己之心愛人이니라吳氏曰恕字之義를范公이蓋以寬恕爲言也니라

진 씨가 말하였다. "공의 이름은 純仁이요, 자는 堯夫이며, 忠宣은 시호니, 文正公의 아들이다." 주자가 말하였다. "恕는 이 미루어 가는 것이니, 자기에게 恕자를 내림은 마땅하지 않다. 만약 그 말을 닦아 꾸미고자 한다면, 마땅히 '자기를 사랑하는 마음으로 남을 사랑하라.'고 말해야 한다." 오 씨가 말하였다. "恕자의 뜻을 范公은 아마도 너그럽게 용서함으로써 말을 삼은 것 같다."

漢字 的(=者 것 적), 下(내릴 하), 脩(닦을 수, 포 수), 潤(꾸밀 윤, 젖을 윤), 寬(너그러울 관)

1 범중엄(范仲淹, 989년~1052년): 장쑤성[江蘇省] 쑤저우[蘇州] 출생으로, 북송 때의 정치가, 문학가, 교육가이다. 자는 희문(希文)이고, 시호는 문정(文正)이다. 자세한 내용은 〈가언(嘉言) 제5〉 제13장을 참조하라.

2 서(恕): 본래 추거적(推去的)이나 추기급인(推己及人)의 뜻이다. 자기를 미루어 남에게 미친다. 자기의 처지에 비추어 다른 사람의 형편을 헤아린다. 따라서 남에게는 쓸 수 있으나, 자기에게는 쓸 수 없는 말이다. 예: 남을 배려하는

추기급인의 바탕 위에 이를 이끌어 낼 수 있는 소통의 리더십이 절실하다.《머니투데이 2013년 4월》, 나를 미루어 남을 생각하는 추기급인의 마음이 필요하다. 만약 자신이 을의 입장에 선다면 갑이 어떻게 해 주길 바랄 것인가를 자문하고 성찰해 보자.《중부매일 2015년 2월》

〖七十二章〗

○ 呂滎公이嘗言後生初學이且須理會氣象이니氣象好時옌百事ㅣ是當ᄒᆞᄂᆞ니氣象者ᄂᆞᆫ辭令容止輕重疾徐에足以見之矣니不惟君子小人이於此焉分이라亦貴賤壽夭之所由定也ㅣ니라 《呂滎公雜志, 童蒙訓》

● 여형공이 일찍이 말하였다. "후생의 초학자들은 우선 모름지기 氣象을 理會해야 하니, 氣像이 좋을 때에는 백 가지 일이 이 마땅하게 되니, 기상이란 것은 말과 행동거지의 가벼움과 무거움, 빠름과 느림에서 족히 써 그것을 볼 수가 있으니, 오직 군자와 소인이 여기에서 나뉠 뿐만 아니라, 또한 귀함과 천함, 장수함과 요절함이 (이로) 말미암아 정해지는 바다."

漢字 滎(물 이름 형, 실개천 형), 會(알 회, 깨달을 회), 令(말할 령, 이를 령)

1 기상(氣象, 氣像): 사람이 타고난 기개와 마음씨.
2 이회(理會): 헤아리다. 생각하다. 알다. 차리다. 성찰하다.《어록해(語錄解)》 이자류(二字類)에 나오는 항목이다. 자세한 설명은 〈소학집주총론(小學集註總論)〉 '理會'를 참조하라.
3 용지(容止): 행동거지(行動擧止).

번소 몸려滎영公공이 일즉 닐오ᄃᆡ 후에 난 사ᄅᆞ미며 처섬 비호ᄂᆞ닌 ᄯᅩ 모로매 제 氣긔象샹을 보와셔 고틸 거시라 氣긔象샹이 됴ᄒᆞᆫ 제ᄂᆞᆫ 일ᄇᆡᆨ 가지 이리 다 맛당ᄒᆞᄂᆞ니 氣긔象샹이란 거슨 말ᄉᆞᆷ과 거동이

가ᄇᆡ야오며 므거우며 ᄲᆞᄅᆞ며 랄호여 호매 유예 블 거시니 ᄒᆞᆫ갓 君군子ᄌᆞ 小쇼人신이 이에 와 갈아날 ᄲᅮᆫ이 아니라 ᄯᅩ 귀ᄒᆞ며 쳔ᄒᆞ며 댱슈ᄒᆞ며 단명호미 일로브터 일뎡ᄒᆞᄂᆞ니라

현대역 여영공이 일찍이 이르되, "후에 난 사람이며 처음 배우는 이는 또 모름지기 제 기상을 보아서 고칠 것이라. 기상이 좋은 때는 일백 가지 일이 다 마땅하니, 기상이란 것은 말씀과 거동이 가벼우며 무거우며 빠르며 천천히 함에서 넉넉히 볼 것이니, 한갓 군자 소인이 이에 와 갈라낼 뿐이 아니라, 또 귀하며 천하며 장수하며 단명함이 이로부터 일정하니라."

1 유예 블 거시니: 넉넉히 볼 것이니. 원문 '足以見之矣'를 번역한 것이다. 따라서 '블 거시니'는 '볼 거시니'의 오자인 듯하다.

2 갈아날: 갈라낼. '갈아나(어간)+ㄹ(관형사형 어미)'이다. 합쳐 있는 것을 각각 따로 떼어내다.

소언 呂려滎형公공[일홈은 希희哲텰이니 宋송 적 사ᄅᆞᆷ이라 滎형陽양 고을ᄒᆡ 봉ᄒᆞ엿더니라]이 일즉 닐오ᄃᆡ 후에 난 처엄 ᄇᆡ호ᄂᆞᆫ 이 아직 모로미 氣긔象샹을 출화홀 디니 氣긔象샹이 됴ᄒᆞᆫ ᄣᅢ옌 온갓 일이 이에 맛당ᄒᆞᄂᆞ니 氣긔象샹이란 거슨 말ᄉᆞᆷ과 거동이 가ᄇᆡ야오며 므거우며 ᄲᆞᄅᆞ며 날호여 홈애 足죡히 ᄡᅧ 볼이니 오직 君군子ᄌᆞ 小쇼人인이 이에 ᄂᆞᆫ호일 ᄲᅮᆫ이 아니라 ᄯᅩ 貴귀ᄒᆞ며 賤쳔ᄒᆞ며 댱슈ᄒᆞ며 단명홈의 말ᄆᆡ아마 定뎡ᄒᆞᄂᆞᆫ 배니라

현대역 여형공[이름은 希哲이니, 宋 때 사람이라. 滎陽 고을에 봉하여 있더니라.]이 일찍이 이르되, "후에 난 처음 배우는 이는 아직 모름지기 氣象을 준비할 것이니, 기상이 좋은 때에는 온갖 일이 이에 마땅하니, 기상이란 것은 말씀과 거동이 가벼우며 무거우며, 빠르며 천천히 함에서, 족히 써 볼 수 있으니, 오직 군자 소인이 이에서 나뉠 뿐이 아니라, 또 귀하며 천하며 장수하며 단명함에 말미암아 정하는 바이니라."

봉ᄒᆞ엿더니라: 봉하여 있더니라. '봉ᄒᆞ(어간)+여(보조적 연결어미)+잇(在, '잇다'의 어간)+더(회상시제 선어말어미)+니라(평서형 종결어미)'이다. 완료상은 보조적 연결어미 '-여'와 보조형용사 '잇다[在]'의 결합으로 표현된다. '잇-'이 본동사와 한 음절을 이룰 때는 이미 15세기에 'ㅣ'가 탈락되는 일이 있었다. 본 예도 '여+ㅅ→엿'으로 나타나 완료상을 표시하고 있다. 內竪ᄂᆞᆫ 뫼ᅀᆞᆸᄂᆞᆫ 혀근 臣下ㅣ라.《내훈 1:39》, 내 바ᄅᆞ 닐오마 길 마갓ᄂᆞᆫ ᄒᆞᆫ 퍼깃 사미 비 오나든 곳 퓌오 ᄇᆞᄅᆞᆷ 굴겨든 여름 ᄆᆡᆺᄂᆞᆫ 거셔(我猜着 當路一科麻 下雨開花 刮風結子).《번박 상:40》

【增註】理會는謂省察矯揉之라辭令은出諸(저)口하고容止는見諸身하니乃德之符也라故로端重安徐者는爲君子爲貴爲壽요輕浮躁疾者는爲小人爲賤爲夭니라

理會는 살펴서 그것을 바로잡음을 이른다. 말은 그것이 입에서 나오고, 행동거지는 그것이 몸에 나타나니, 곧 덕의 符信이다. 그러므로 단정하고 무거우며 편안하고 느리게 하는 자는 군자가 되고 귀하게 되며 장수하게 되고, 가볍고 뜨며 조급하고 빠른 자는 소인이 되고 천하게 되며 요절하게 되는 것이다.

漢字 矯(바로잡을 교), 揉(바로잡을 유, 주무를 유), 符(부신 부)

부신(符信): 나뭇조각이나 두꺼운 종이에 글자를 기록하고 증인(證印)을 찍은 뒤에, 두 조각으로 쪼개어 한 조각은 상대자에게 주고 다른 한 조각은 자기가 가지고 있다가 나중에 서로 맞추어서 증거로 삼던 물건.

〖七十三章〗

○攻其惡이오無攻人之惡이니蓋自攻其惡이면日夜의且自點檢ᄒᆞ야絲毫不盡이라도則慊苦簟反於心矣ㅣ니豈有工夫ㅣ點檢

他人耶ㅣ리오 《呂滎公雜志, 童蒙訓》

● 그[자기의] 악을 다스리고 남의 악을 다스리지 말아야 하니, 대개 스스로 자기의 악을 다스리면, 낮밤으로 우선 스스로 점검하여, 실오라기라도 다하지 못하더라도[못하면] 마음에 차지 않으니, 어찌 여가가 다른 사람을 점검함이 있겠는가?

漢字 攻(다스릴 공, 칠 공), 點(점검할 점, 점 점), 檢(단속할 검, 잡도리할 검), 慊(마음에 차지 않을 겸, 앙심먹을 겸, 찐덥지 않을 겸), 耶(어조사 야)

공부(工夫): 아래 【集說】 내용과 견주어 보면, '여가(餘暇)'로 새김이 좋다. 실제로 '공부(工夫)'에는 '시간', '때', '여가'의 뜻이 있다(단국대학교 동양학연구소(2007), 《한한대사전(漢韓大辭典) 4》 참조).

번소 내 사오나온 일란 고티고 ᄂᆞᄆᆡ 사오나온 일란 고티디 마ᄅᆞᆯ 디니 제 사오나온 이를 고텨 나져 바며 혜아려 ᄉᆞᆯ펴 실올 매나 터럭근 매나 다으디 몯호미 이시면 내 ᄆᆞᅀᆞ미 붓그럽거니 엇디 다ᄅᆞᆫ 사ᄅᆞᆷ 혜아려 검찰ᄒᆞᆯ 공뷔 이시리오

현대역 내 나쁜 일은 고치고, 남의 나쁜 일은 고치지 말 것이니, 제 나쁜 일을 고쳐 낮이며 밤이며 헤아려 살펴, 실올만큼 터럭 끝만큼 다하지[없어지지] 못함이 있으면 내 마음이 부끄럽거니, 어찌 다른 사람 헤아려 檢察할 餘暇가 있으리오.

검찰ᄒᆞᆯ: 검찰(檢察)할. 검사하여 살필.

소언 그 사오나옴을 다ᄉᆞ리고 사ᄅᆞᆷ의 사오나옴을 다ᄉᆞ리디 말올 디니 스스로 그 사오나옴을 다ᄉᆞ리면 나지며 밤의 아직 스스로 낟낟치 ᄎᆞᆯ화 실과 터럭만이나 다 ᄒᆞ디 몯ᄒᆞ야도 곧 ᄆᆞᄋᆞᆷ애 낟 브리니 엇디 工공夫부ㅣ 다ᄅᆞᆫ 사ᄅᆞᆷ을 낟낟치 ᄎᆞᆯ홈이 이시리오

현대역 그[나의] 나쁨을 다스리고, 사람의 나쁨을 다스리지 말 것이니, 스스로

그 나쁨을 다스리면, 낮이며 밤에 아직 스스로 낱낱이 준비하여, 실과 터럭만큼이나 다 하지 못하여도, 곧 마음에 나쁘리니, 어찌 여가가 다른 사람을 낱낱이 준비함이 있으리오.

터럭만이나: 터럭만큼이나. '터럭(명사)+만(보조사)+이나(보조사)'이다. '이나'는 받침 있는 체언이나 부사어, 합성동사의 선행 요소 따위의 뒤에 붙어, 마음에 차지 않는 선택, 또는 최소한 허용되어야 할 선택이라는 뜻을 나타내는 보조사이다. 때로는 가장 좋은 것을 선택하면서 마치 그것이 마음에 차지 않는 선택인 것처럼 표현하는 데 쓰기도 한다.

【集說】陳氏曰攻은專治也니攻其惡無攻人之惡은孔子之言也라蓋는發語辭라士之檢身에一念之惡을未盡去면卽有愧於心矣니何暇責人哉아

진 씨가 말하였다. "攻은 오로지 다스림이니, 攻其惡無攻人之惡[자기의 악을 다스리고 남의 악을 다스리지 말라 함]은 공자의 말씀이다. 蓋는 발어사이다. 선비가 몸을 검속함에 한 생각의 악을 다 제거하지 않으면, 곧 마음에 부끄러움이 있으니, 어느 겨를에 남을 꾸짖겠는가?"

漢字 暇(겨를 가)

攻其惡無攻人之惡: 《논어(論語)》〈안연(顔淵)〉 제21장에 나오는 내용이다. "先事後得 非崇德與 攻其惡 無攻人之惡 非修慝與 一朝之忿 忘其身 以及其親 非惑與(일을 먼저하고 소득을 뒤에 함이 덕을 높이는 것이 아니겠는가. 자신의 악을 다스리고 남의 악을 다스리지 않음이 간악함을 다스리는 것이 아니겠는가. 하루아침의 분노로 자신을 잊어서 (화가) 그 부모에게까지 미치게 함이 미혹됨이 아니겠는가.)" 이 말을 풀이하면 다음과 같다. 당연히 해야 할 바를 하고 그 공효를 계산하지 않는다면 덕이 날로 쌓여도 스스로는 알지 못할 것이요, 자기 몸을 다스림에 오로지 하고 남을 책하지 않는다면 자신의 악이 숨겨질 곳이 없을 것이요, 하루아침의 분노는 매우 작고 화가 그 부모에게까지 미침은 매우 큼을 안다면 미혹됨을 분별하여 그 분함을 징계함이 있을 것이다.

〖七十四章〗

○ 大要ᄒᆞᆫ디前輩作事ᄂᆞᆫ多周詳ᄒᆞ고後輩作事ᄂᆞᆫ多闕略ᄒᆞ니라

《呂榮公雜志, 童蒙訓》

● 대저 선배들이 일을 지음은 주밀하고 상세함이 많고, 후배들이 일을 지음은 빠뜨리고 간략함이 많다.

漢字 周(주밀할 주, 두루 주), 詳(상세할 상), 闕(빠질 궐, 대궐 궐), 略(간략할 략, 덜 략, 대략 략, 다스릴 략)

주밀(周密): 허술한 구석이 없고 세밀함.

번소 대뎌ᄒᆞᆫ디 녯 사ᄅᆞ믜 일ᄒᆞ요ᄆᆞᆫ 쥬밀ᄒᆞ며 ᄌᆞ셔호미 하고 후엣 사ᄅᆞ믜 일ᄒᆞ요ᄆᆞᆫ 허소ᄒᆞ고 홀략호미 하니라

현대역 대체로 옛 사람의 일함은 周密하며 자세함이 많고, 후의 사람의 일함은 虛疏하고 忽略함이 많으니라.

1 대뎌ᄒᆞᆫ디: '대체로'의 옛말이다. '대뎌ᄒᆞᆫ디'는 물론 한 단어로 된 부사지만, 그 형성은 '대뎌(大抵)+ᄒᆞᆫ디'로 분석된다. '대뎌(大抵)'는 '대체로 보아서'를 뜻하는 부사이고, '대뎌ᄒᆞᆫ디' 또한 같은 뜻의 부사이다. 여기서 '-ᄒᆞᆫ디'는 일부 의존형태소나 부사 뒤에 붙어, 부사를 만드는 접사이니, '대도ᄒᆞᆫ디[통틀어]', '그러나ᄒᆞᆫ디[그러나]', '대가(大家)ᄒᆞᆫ디[대개]', '대뎌(大抵)ᄒᆞᆫ디[대체로]' 등이 그 예이다. 法供養이 아닐ᄊᆡ 다 몯 밋ᄂᆞ니 대도ᄒᆞᆫ디 法 위ᄒᆞ야 몸 도라보디 아니호ᄆᆞᆫ 佛法ᄲᅮ니 아니라.《석상 20:12》(현대역: 법공양이 아니므로 다 못 미치니 통틀어 법 위하여 몸 돌아보지 아니함은 불법 때문이 아니다.), 이제 ᄯᅩ 내 모ᄆᆞᆯ ᄃᆞ려다가 維那ᄅᆞᆯ 사모려 ᄒᆞ실ᄊᆡ 듣ᄌᆞᆸ고 깃거ᄒᆞ가니와 그러나ᄒᆞᆫ디 ᄒᆞ녀고로 혜여 혼ᄃᆡᆫ.《월석 8:93》(현대역: 이제 또 내 몸을 데려다가 유나를 삼으려 하시므로 듣고 기뻐하거니와 그러나 한편으로 헤아려 보면.), 쇼 머길 아ᄒᆡ 쇼 노ᄒᆞᆯ 아ᄒᆡᄅᆞᆯ 다딜어 대가ᄒᆞᆫ디 ᄀᆞᄌᆞ기 囉囉哩ᄅᆞᆯ 브르ᄂᆞ니 이 엇던 曲調오(大家齊唱囉囉哩).《금삼 4:7》(현대역: 소 먹이는 아이 소 풀어놓는 아이를 쳐서 대개 가지런히 라라리를

부르니 이것이 어떤 곡조인가.), 아젼ᄂᆡ게 자피어 다시 움즈기디 몯ᄒᆞᄂᆞ니 대뎌ᄒᆞᆫ디 벼슬ᄒᆞ여셔 모매 리ᄒᆞᆫ 일 즐겨 호매 제 어든 거슨 심히 젹고(而一任之間不復敢擧動 大抵作官嗜利 所得甚少).《번소 7:28》(현대역: 아전에게 잡혀 다시 움직이지 못하니, 대체로 벼슬해서 자신에게 이로운 일을 즐겨 함에 자기가 얻은 것은 매우 적고)

2 허소ᄒᆞ고: 허소(虛疏)하고. 얼마쯤 비어서 허술하거나 허전하고.

3 홀략호미: 홀략(忽略)함이. '홀략ᄒᆞ(어간)+옴(명사형 어미)+이(주격 조사)'이다. 소홀하고 간략하다.

소언 대뎌ᄒᆞᆫ디 젼사ᄅᆞᆷ들희 일ᄒᆞ욤ᄋᆞᆫ 쥬밀ᄒᆞ며 ᄌᆞ셰홈이 하고 훗사ᄅᆞᆷ들희 일ᄒᆞ욤ᄋᆞᆫ 허소ᄒᆞ고 홀략홈이 하니라

현대역 대체로 앞사람들의 일함은 주밀하며 자세함이 많고, 뒷사람들의 일함은 허소하고 홀략함이 많으니라.

【集解】大要는猶言大抵라

大要는 大抵라는 말과 같다.

【增註】周則無闕하고詳則不略이라用心勤密이면則作事多周詳하고用心踈怠면則作事多闕略이니라

주밀하면 빠뜨림이 없고, 상세하면 간략하지 않다. 마음 씀이 부지런하고 정밀하면 일 지음이 주밀하고 상세함이 많고, 마음 씀이 성글고 게으르면 일 지음이 빠뜨리고 간략함이 많다.

漢字 踈(=疏 성글 소, 트일 소)

【七十五章】

○恩讎分明此四字는非有道者之言也ㅣ오無好人三字는非

有德者之言也ㅣ니後生戒之ᄒᆞ라 《呂榮公雜志, 童蒙訓》

●恩讎分明[은혜와 원수를 분명히 함]이란 이 네 글자는 도가 있는 자의 말이 아니요, 無好人[좋은 사람이 없음]이란 세 글자는 덕이 있는 자의 말이 아니니, 후생들은 그것들을 경계하라.

漢字 讎(=讐 원수 수)

번소 은덕이며 원슈를 분명히 ᄒᆞ라 ᄒᆞᄂᆞᆫ 이 네 ᄌᆞㅣ 有유道도ᄒᆞᆫ 사ᄅᆞ믜 마리 아니며 됴ᄒᆞᆫ 사ᄅᆞᆷ 업다ᄒᆞᄂᆞᆫ 세 ᄌᆞᄂᆞᆫ 有유德덕ᄒᆞᆫ 사ᄅᆞ믜 마리 아니니 후에 나ᄂᆞᆫ 사ᄅᆞ믄 경계ᄒᆞ라

현대역 은덕이며 원수를 분명히 하라하는 이 네 자는 도가 있는 사람의 말이 아니며, 좋은 사람 없다하는 세 자는 덕이 있는 사람의 말이 아니니, 후에 나는 사람은 경계하라.

소언 은혜며 원슈를 分분明명히 홀 거시라 ᄒᆞᄂᆞᆫ 이 네 字ᄌᆞᄂᆞᆫ 道도 둔ᄂᆞᆫ 의 말이 아니오 됴ᄒᆞᆫ 사ᄅᆞᆷ 업다 ᄒᆞᄂᆞᆫ 세 字ᄌᆞᄂᆞᆫ 德덕 둔ᄂᆞᆫ 의 말이 아니니 後후生싱둘흔 경계ᄒᆞ라

현대역 은혜며 원수를 분명히 할 것이라 하는 이 네 자는 도 둔 이의 말이 아니고, 좋은 사람 없다 하는 세 자는 덕 둔 이의 말이 아니니, 후생들은 경계하라.

【集解】孔子曰以德報德이요以直報怨이라하시니若有怨에必思報復이면豈有道者哉아孟子云人性皆善하니人皆可以爲堯舜이라하시니若鄙薄當世하여以爲無好人이라하면豈有德者哉아此後生小子當戒也니라

공자께서 말씀하시길, "덕으로써 덕을 갚고, 곧음[정직]으로써 원한을 갚

는다.” 하셨으니, 만약 원한이 있음에 반드시 앙갚음을 생각하면, 어찌 도 있는 자이겠는가? 맹자가 말하길, “사람의 본성은 모두 착하니, 사람이 모두 가히 써 요순이 될 수 있다.” 하였으니, 만약에 당세를 비루하고 박하게 여겨, 써 좋은 사람이 없다 한다면, 어찌 덕 있는 자이겠는가? 이것이 後生小子가 마땅히 경계해야 할 바다.

1 孔子曰 이하: 《논어(論語)》 〈헌문(憲問)〉 제35장에 나오는 말이다. “或曰 以德報怨 何如 子曰 何以報德 以直報怨 以德報德(어떤 사람이 말하였다. ‘은혜로 원한을 갚는 것을 어떻게 생각하십니까?’ 공자가 말씀하셨다. ‘그렇다면 무엇으로 은혜에 보답할 것인가? 정직함으로써 원한을 갚고, 은혜로써 은혜를 갚아야 한다.’)” 이 말의 뜻은 이러하다. 공자는 원한이 있는 상대에 대해 은혜로 갚는다고 한다면, 반대로 은혜에 대해서는 무엇으로 갚아야 할지 모르겠다고 한다. 그리고 자신이 생각하는 은혜와 원한을 갚는 옳은 방법은, 원한에는 정직함으로써 갚고 은혜에는 은혜로써 갚는 것이라고 하였다.

2 孟子云 이하: 《맹자(孟子)》 〈고자하(告子下)〉 제2장에 나오는 말이다. “曹交問曰 人皆可以爲堯舜 有諸 孟子曰 然(조교가 물었다. ‘사람은 다 요순이 될 수 있다 하니, 그러한 것이 있습니까?’ 맹자가 말하였다. ‘그러하다.’)” 그러나 맹자는 선(善)을 하고 악(惡)을 함이 모두 자신에게 달려 있을 뿐임도 말하고 있다.

【七十六章】

○ 張思叔의 座右銘에 曰 凡語를 必忠信ᄒᆞ며 凡行을 必篤敬ᄒᆞ며 飮食을 必愼節ᄒᆞ며 字畫을 必楷正ᄒᆞ며 《宋名臣言行錄》

● 張思叔의 좌우명에 말하였다. “무릇 말을 반드시 충성스럽고 믿음직스럽게 하며, 무릇 행동을 반드시 도탑고 공경하게 하며, 음식을 반드시 삼가고 절제하며, 글자의 획을 반드시 바르게 하며,

漢字 畫(=劃 그을 획), 楷(공자묘에 子貢이 심었다는 나무이름 해, 바를 해, 본받을 해, 해서 해, 곧을 해)

1 장사숙(張思淑, 생몰 연대 미상): 송나라 학자로, 하남(河南) 사람이다. 정이(程頤, 程伊川)의 제자로, 이름은 장역(張繹)이고, 자는 사숙(思淑)이다. 이 좌우명은 오언(五言)으로 되어 있고, 2,3. 2,3.으로 끊어 읽는다. 그리고 2, 4, 6, 8, 10, 12, 14구가 모두 운을 맞추고 있는 점도 보면서 읽으면 운율을 느낄 수도 있다.

2 좌우명(座右銘): 개인이나 단체, 국가 등에서 특별한 동기 부여를 위해 만드는 표어이다. 좌우명이라는 말은 후한(後漢)의 학자 최원(崔瑗)에서 시작되었다. 자리(座)의 오른쪽(右)에 일생의 지침이 될 좋은 글을 '쇠붙이에 새겨 놓고(銘)' 생활의 거울로 삼은 데서 유래되었다. 최원(崔瑗, 77년~142년)은 후한(後漢) 중기의 문장가로, 자는 자옥(子玉)이며, 탁군(涿郡) 안평현(安平縣) 사람이다. 학자 최인(崔駰)의 아들이다. 천문과 역학(易學)에 능통하였고, 마융(馬融)·장형(張衡)과 교류하면서 학문을 익혔다. 초서는 두탁(杜度)에게서 배웠다. 그의 저서로는 《좌우명(座右銘)》이 유명하다. 다른 저서 《초서세(草書勢)》는 위항(衛恒)의 《사체서세(四體書勢)》에 인용되었다. 한나라 후한 순제(順帝, 재위 125년~144년) 무렵에 제북국(濟北國)의 재상이 되었지만, 이내 졸하였다.

3 해정(楷正): 해서로 쓴 글자 모양이 똑똑하고 바름. 즉 자획이 바름.

번소 張댱思ᄉᆞ叔슉이 안잣ᄂᆞᆫ 올ᄒᆞᆫ 녀긔 경계ᄒᆞᄂᆞᆫ 그를 서 닐오ᄃᆡ 믈읫 말ᄉᆞ믈 모로매 튱후코 믿비ᄒᆞ며 힝뎍을 모로매 독실코 공경ᄒᆞ며 음식을 모로매 삼가고 존졀ᄒᆞ며 글ᄌᆞ 긋그ᅀᅵᄅᆞᆯ 모로매 반ᄃᆞᆨ반ᄃᆞᆨ이 졍히 ᄒᆞ며

현대역 張思叔이 앉아있는 오른 녘에 경계하는 글을 써 이르되, "무릇 말씀을 모름지기 忠厚하고 미쁘게 하며, 행적을 모름지기 독실하고 공경하며, 음식을 모름지기 삼가고 존절하며, 글자 획 긋기를 모름지기 반듯반듯하게 바르게 하며,

1 튱후코: 충후(忠厚)하고. 충직하고 온순하며 인정이 두텁고.

2 독실코: 독실(篤實)하고. 믿음이 두텁고 성실하고.

3 존졀ᄒᆞ며: 존절(撙節)하며. 알맞게 절제하며.

4 반ᄃᆞᆨ반ᄃᆞᆨ이: 반듯반듯하게. 반ᄃᆞᆨ반ᄃᆞᆨ이 졍히 ᄒᆞ며 양ᄌᆞᆺ고를 모로매 단졍ᄒᆞ고

엄정히 ᄒᆞ며(字畫必楷正 容貌必端莊).《번소 8:16》

소언 張댱思ᄉᆞ叔슉[일홈은 繹역이니 程뎡伊이川쳔 弟뎨子ᄌᆞㅣ라]의 안ᄂᆞᆫ 올ᄒᆞᆫ 녁흿 銘명[경계ᄒᆞ야 쓴 글이라]에 ᄀᆞᆯ오ᄃᆡ 믈읫 말ᄉᆞᆷ을 반ᄃᆞ시 튱후ᄒᆞ고 믿비ᄒᆞ며 믈읫 ᄒᆡᆼ실을 반ᄃᆞ시 독실ᄒᆞ고 공경ᄒᆞ며 飮음食식을 반ᄃᆞ시 삼가고 존졀ᄒᆞ며 글ᄌᆞᆺ ᄀᆞᄉᆞᆯ 반ᄃᆞ시 반ᄃᆞᆨᄒᆞ고 바ᄅᆞ게 ᄒᆞ며

현대역 張思叔[이름은 繹이니, 程伊川 제자라.]이 앉는 오른 녘의 銘[경계하여 쓴 글이다.]에 가로되, "무릇 말씀을 반드시 충후하고 미쁘게 하며, 무릇 행실을 반드시 독실하고 공경하며, 음식을 반드시 삼가고 존절하며, 글자의 획을 반드시 반듯하고 바르게 하며,

ᄀᆞᄉᆞᆯ: 획을. 'ᄀᆞᆺ(명사)+ᄋᆞᆯ(목적격 조사)'이다. 'ᄀᆞᆺ'은 '획'의 옛말이다. 字ㅅ ᄀᆞᄉᆞᆯ 모로매 고ᄅᆞ고 正히 ᄒᆞ며(字畫必楷正).《내훈 1:24》, 畫 ᄀᆞᆺ 획.《신합 상:1》, 東字ᄅᆞᆯ 어이 쓰ᄂᆞ뇨 ᄒᆞᆫ ᄀᆞᆺ 아ᄅᆡ 日字 ᄒᆞ고 ᄒᆞᆫ 고ᄃᆞᆫ ᄀᆞᆺ ᄒᆞ고 ᄒᆞᆫ ᄀᆞᆺ 밧그로 비티고 ᄒᆞᆫ ᄀᆞᆺ 안ᄒᆞ로 비틘 거시 곳 이라(東字怎的寫 一畫下曰子 一箇直老條一丿 一口便是).《박언 중:42》

【集說】陳氏曰思叔의名은繹이요河南人이니伊川弟子라銘者는自警之辭라愼은謂不苟食이요節은謂不恣食이라楷는謂不草率이요正은謂不偏邪라

진 씨가 말하였다. "思叔의 이름은 繹이요, 河南 사람이니, 伊川의 제자이다. 銘이란 것은 스스로 깨우치는 말이다. 愼은 구차하게[체면 없이] 먹지 않음을 이르고, 節은 방자하게[함부로] 먹지 않음을 이른다. 楷는 흘리거나 거칠게 쓰지 않음을 이르고, 正은 치우쳐 간사하지 않음을 이른다."

漢字 繹(실마리 역, 풀어낼 역, 다스릴 역), 警(깨우칠 경, 경계할 경), 恣(방자할 자), 草(거칠 초, 풀 초, 초서 초), 率(거칠 솔, 거느릴 솔, 좇을 솔, 제한 률, 우두머리 수, 장수 수)

容貌를**必端莊**ᄒᆞ며**衣冠**을**必肅整**ᄒᆞ며**步履**를**必安詳**ᄒᆞ며**居處**를**必正靜**ᄒᆞ며

● 용모를 반드시 단정하고 장엄하게 하며, 옷과 관을 반드시 엄숙하고 가지런하게 하며, 걸음걸이를 반드시 편안하고 상세하게 하며, 거처함을 반드시 바르고 고요하게 하며,

漢字 **端**(바를 단), **莊**(장엄할 장, 풀 성할 장, 별장 장), **肅**(엄숙할 숙), **整**(가지런할 정), **步**(걸음 보), **履**(밟을 리), **靜**(고요할 정)

보리(步履): 걸음걸이.

번소 양ᄌᆞᆺ고를 모로매 단졍ᄒᆞ고 엄졍히 ᄒᆞ며 오시며 관ᄃᆡᄅᆞᆯ 모로매 싁싁고 졍졔히 ᄒᆞ며 거름거리며 ᄇᆞᆲ드듸기를 모로매 안셔히 샹심ᄒᆞ야 ᄒᆞ며 잇ᄂᆞᆫ ᄯᅡᄒᆞᆯ 모로매 졍다이 ᄒᆞ며 젹졍히 ᄒᆞ며

현대역 모습을 모름지기 단정하고 엄정히 하며, 옷이며 관대를 모름지기 엄하고 整齊히 하며, 걸음걸이며 밟아 디디기를 모름지기 安舒히 詳審하여 하며, 있는 곳을 모름지기 정당하게 하며 寂靜히 하며,

1 졍졔히: 정제(整齊)하게. 정돈하여 가지런히 하게.
2 안셔히: 안서(安舒)하게. 마음이 편안하고 조용하게.
3 샹심ᄒᆞ야: 상심(詳審)하여. 꼼꼼하게 자세히 살펴.
4 젹졍히: 적정(寂靜)하게. 매우 괴괴하고 고요하게.

소언 얼굴 모양을 반ᄃᆞ시 단졍ᄒᆞ고 싁싁히 ᄒᆞ며 옷과 冠관을 반ᄃᆞ시 엄슉ᄒᆞ고 졍졔히 ᄒᆞ며 거ᄅᆞ며 ᄇᆞᆲ기를 반ᄃᆞ시 안셔코 샹심ᄒᆞ야 ᄒᆞ며 인ᄂᆞᆫ 곧을 반ᄃᆞ시 졍답고 안졍히 ᄒᆞ며

현대역 얼굴 모양을 반드시 단정하고 엄숙히 하며, 옷과 관을 반드시 엄숙하고 정제히 하며, 걸으며 밟기를 반드시 안서하고 상심하여 하며, 있는 곳을 반드시 정당하고 안정히 하며,

【集解】容貌는擧一身而言이요端莊은端正莊嚴也라衣冠은所以正容儀요肅整者는嚴肅齊整也라足容重이라故로當貴乎安詳이요居處恭이라故로必在乎正靜也라

容貌는 한 몸을 들어 말함이요, 端莊은 단정하고 장엄함이다. 衣冠은 써 얼굴과 거동을 바르게 하는 바요, 肅整이란 것은 엄숙하고 가지런함이다. 발 모양은 무거워야 한다. 그러므로 마땅히 편안하고 상세함을 귀하게 여기고, 거처함은 공손해야 한다. 그러므로 반드시 바르고 고요함에 있어야 한다.

1 구용(九容): 군자는 아홉 가지 용모가 있다. 《예기(禮記)》 〈옥조(玉藻)〉에 나오는 내용이다. 발 모양을 무겁게 하고(足容重), 손 모양을 공손히 하고(手容恭), 눈 모양을 단정히 하고(目容端), 입 모양을 그치고(口容止), 목소리를 조용히 하고(聲容靜), 머리 모양을 곧게 하고(頭容直), 숨 쉬는 모양을 엄숙히 하고(氣容肅), 서 있는 모양을 덕스럽게 하고(立容德), 얼굴 모양을 장엄하게 한다(色容莊). '구용(九容)'에 관한 내용이 〈경신(敬身) 제3〉 제16장에 소개되어 있다.

2 구사(九思): 군자는 아홉 가지 생각이 있다. 《논어(論語)》 〈계씨(季氏)〉 제10장에 나오는 내용이다. 볼 때에는 밝게 볼 것을 생각하고(視思明), 말을 들을 때에는 총명할 것을 생각하고(聽思聰), 안색은 온순하게 할 것을 생각하고(色思溫), 모양은 공손히 할 것을 생각하고(貌思恭), 말할 때에는 정성껏 할 것을 생각하고(言思忠), 일할 때에는 경건하게 할 것을 생각하고(事思敬), 의심날 때에는 질문할 것을 생각하고(疑思問), 화를 내면 하는 일이 어려워지므로 이성으로 억제할 것을 생각하고(忿思難), 재물을 얻을 때에는 의리에 합당한가를 생각한다(見得思義). 이들 아홉 가지 생각 중에서 앞의 네 개는 일신의 측면에서 말한 것이고, 뒤의 다섯 개는 사물의 측면에서 말한 것이다. 이들 가운데 가장 핵심이 되는 것은 시사명(視思明)과 청사총(聽思聰)이다. 보는 것이 밝지 않고 듣는 것이 총명하지 못하면, 옳고 그른 것을 분별할 수 없어서 나머지 일곱 가지의 생각을 객관적으로 생각할 수 없는 것이다. '구사(九思)'에 관한 내용이 〈경신(敬身) 제3〉 제7장에 소개되어 있다.

作事를必謀始ᄒᆞ며出言을必顧行ᄒᆞ며常德을必固持ᄒᆞ며然諾을必重應ᄒᆞ며見善如己出ᄒᆞ며見惡如己病이니

● 일 지음을 반드시 처음을 꾀하며[헤아려 하며], 말 냄을 반드시 행실을 돌아보며, 떳떳한 덕을 반드시 굳게 잡으며, '그렇게 하마.' 함[승낙함]을 반드시 무겁게 응하며, 선을 보면 자기에서 나옴과 같이 하고, 악을 보면 자기의 병인 것과 같이 할 것이니,

漢字 持(잡을 지, 가질 지)

번소 일ᄒᆞ기를 모로매 처ᅀᅥᄆᆡ ᄀᆞ장 ᄉᆡᇰ각ᄒᆞ며 말ᄒᆞ기를 모로매 ᄒᆡᇰ실를 도라보아 ᄒᆞ며 덛덛ᄒᆞᆫ 덕글 모로매 구디 자브며 그리 호마 호믈 모로매 ᄃᆡ답을 므거이 ᄒᆞ며 어딘 이를 보고 내게셔 나ᄂᆞᆫ ᄃᆞᆺ시 ᄒᆞ며 사오나온 이를 보고 내게 병ᄀᆞ티 홀 디니

현대역 일하기를 모름지기 처음을 가장 생각하며, 말하기를 모름지기 행실을 돌아보아 하며, 떳떳한 덕을 모름지기 굳게 잡으며, '그렇게 하마.' 함을 모름지기 대답을 무겁게 하며, 어진 일을 보고 나에게서 나온 듯이 하며, 나쁜 일을 보고 내게 병같이 할 것이니,

ᄀᆞ장: '가장'의 옛말이다. 여럿 가운데 어느 것보다 정도가 높거나 세게. 'ᄀᆞᆼ장'은 15세기 문헌에서부터 나타난다. 16세기에 'ㆁ'의 표기가 'ㅇ'으로 바뀌어 'ᄀᆞ장'으로 나타나게 되었다. 근대국어 시기에 제1음절의 'ㆍ'가 'ㅏ'로 변하여 '가장'으로 나타나면서 'ᄀᆞ장'과 '가장'이 19세기까지 공존하게 되었다. 이후 '가장'으로 정착하면서 현재에 이르렀다. ᄀᆞᆼ장(15세기~16세기)〉ᄀᆞ장(16세기~19세기)〉가장(17세기~현재). 그 ᄠᅳ를 받ᄌᆞᄫᆞ늘 菩薩이 바다다가 ᄉᆞᆺᄅᆞ시니 ᄡᅡ히 ᄀᆞᆼ장 드러치더라.《1447 석상 3:43ㄱ》, 믈인 ᄃᆡ ᄃᆞᆰ의 피 블로미 ᄀᆞ쟝 됴ᄒᆞ니라.《1489 구간 6:73ㄴ》, 어버이 겨시디 아니ᄒᆞ고 네 어미 ᄯᅩ 이믜 일 죽으니 내의 ᄀᆞ장 恨ᄒᆞᄂᆞᆫ 배라.《1587 소언 5:79ㄱ》

소언 일ᄒᆞ기를 반ᄃᆞ시 처엄의 혜아려 ᄒᆞ며 말 내욤을 반ᄃᆞ시 ᄒᆡᆼ실을

도라보며 덛덛훈 德덕을 반ᄃᆞ시 구디 잡으며 그리호마 홈을 반ᄃᆞ시 ᄃᆡ답을 므거이 ᄒᆞ며 어딘 일 보고 내게셔 나ᄂᆞᆫ ᄃᆞ시ᄒᆞ며 사오나온 일 보고 내 病병ᄀᆞᆮ티 홀 디니

현대역 일하기를 반드시 처음을 헤아려 하며, 말 냄을 반드시 행실을 돌아보며, 떳떳한 덕을 반드시 굳게 잡으며, '그렇게 하마.' 함을 반드시 대답을 무겁게 하며, 어진 일을 보고 나에게서 나오는 듯이하며, 나쁜 일을 보고 내 병같이 할 것이니,

【集說】陳氏曰事謀於始則無後悔하고言顧其行則非空言이라常德은平常之德이니持之固則不失이요然諾은皆應辭니應之重則思踐이라如己出은冀己亦有是善也요如己病은恐己亦有是惡也라

진 씨가 말하였다. "일은 처음을 꾀하면 후회가 없고, 말은 그 행실을 돌아보면 빈 말이 아니다. 常德은 평상의 덕이니, 그것 잡음이 굳으면 잃지 않고, 然과 諾은 모두 응답하는 말이니, 그것 응함이 무거우면 실천을 생각한다. 如己出[자기에서 나옴과 같이 함]은 자기도 또한 이런 善이 있기를 바람이요, 如己病[자기의 병인 것과 같이 함]은 자기 또한 이런 악이 있을까 두려워함이다."

漢字 顧(돌아볼 고), 冀(바랄 기)

凡此十四者를我ㅣ皆未深省이라書此當坐隅ᄒᆞ야朝夕視爲警ᄒᆞ노라

●무릇 이 열네 가지를 내가 모두 깊이 살피지 못했다. 이를 써서 앉는 모퉁이에 당하여[대하여], 아침저녁으로 보아 깨우침을 삼노라."

漢字 坐(앉을 좌), 隅(모퉁이 우, 구석 우), 當(당할 당, 대할 당)

십사자(十四者): 語忠信, 行篤敬, 飮食愼節, 字畫楷正, 容貌端莊, 衣冠肅整, 步履安詳, 居處正靜, 作事謀始, 出言顧行, 常德固持, 然諾重應, 見善如己出, 見惡如己病.

번소 므읫 이 열네 가지 이를 내 다 깁피 솔피디 몯ᄒᆞ논 디라 이룰 내 당ᄒᆞ여 안ᄂᆞᆫ 겨틔셔 두고 아ᄎᆞᆷ나죄로 보와 경계ᄒᆞ노라

현대역 무릇 이 열네 가지 일을 내가 다 깊이 살피지 못하는 것이다. 이를 내 當하여 앉는 곁에서 두고 아침저녁으로 보아 경계하노라."

당ᄒᆞ여: 당(當)하여. '당ᄒᆞ(어간)+여(연결어미)'이다. 어떤 때나 형편에 이르거나 처하여. 제철을 당하면 도루묵이 끼니마다 상에 올랐다.《조풍연, 청사 수필》, 시체도 많이 보고 부상자도 많이 봤지만 그런 일을 당하긴 처음이었거든요.《이상문, 황색인》

소언 므읫 이 열네 가지를 내 다 깁피 ᄉᆞᆲ피디 몯ᄒᆞ논 디라 이를 써 안ᄂᆞᆫ 모해 當당ᄒᆞ야 아ᄎᆞᆷ나죄로 보아 경계홈을 삼노라

현대역 무릇 이 열네 가지를 내가 다 깊이 살피지 못하는 것이다. 이를 써 앉는 모퉁이에 당하여 아침저녁으로 보아 경계함을 삼노라."

【集解】熊氏曰座右銘凡十四言은不過卽其日用言動之間出入起居之際하니大要는以敬爲主라曰愼節曰楷正曰端莊曰肅整曰安詳曰正靜曰固持曰重應이非敬이면其能然乎아作事謀始는一動不忘敬也요出言顧行은一語不忘敬也니程門敎人에以敬爲先하니思叔此銘을學者所當佩服而深省也니라

웅 씨가 말하였다. "좌우명 무릇 열네 가지 말은 그 날마다 쓰는 말과 행동의 사이와 나고 들며 일어나고 사는 즈음에 나아감에 지나지 않으니, 큰 요점은 공경으로써 주장을 삼는다. 愼節, 楷正, 端莊, 肅整, 安詳, 正靜,

固持, 重應이라 함은 공경이 아니면, 그 능히 그러하겠는가? 作事謀始[일을 지음에 처음을 꾀함]은 한 가지 행동이라도 공경을 잊지 않음이요, 出言顧行[말을 냄에 행실을 돌아봄]은 한 마디 말이라도 공경을 잊지 않음이니, 程子[程頤, 伊川]의 문하에서 사람을 가르침에 공경으로써 우선을 삼았으니, 思叔의 이 좌우명을 배우는 자들은 마땅히 가슴속에 간직하여 깊이 살펴야 할 바다."

漢字 佩(찰 패)

패복(佩服): 가슴속에 간직함.

〖七十七章〗

○胡文定公이曰人이須是一切世味예淡薄이라사方好ᄒᆞ니不要有富貴相이니라孟子ㅣ謂堂高數仞과食前方丈과侍妾數百人을我ㅣ得志不爲라ᄒᆞ시니學者ㅣ須先除去此等이오常自激昂ᄒᆞ야사便不到得墜墮ㅣ니라 《胡氏傳家錄》

●胡文定公이 말하였다. "사람이 모름지기 이 일체 세상의 맛에 담박해야 바야흐로 좋으니, 부귀한 모양이 있음은 필요하지 않다. 맹자가 일찍이 말하였다. '집의 높이가 몇 길이고, 음식이 앞에 方丈이며, 시중드는 첩이 수백 사람임을, 나는 뜻을 얻더라도[그런 지위에 있더라도] 하지 않겠다.' 하니, 배우는 자는 모름지기 먼저 이것들[부귀상]을 제거하고, 늘 스스로 激昂해야 곧 능히 떨어짐에 이르지 않으리라.

漢字 淡(묽을 담), 薄(엷을 박), 相(형상 상, 바탕 상, 용모 상), 仞(길 인=8尺), 丈(장 장=10尺), 尺(자 척=10寸), 寸(치 촌), 激(분발할 격, 부딪힐 격), 昂(오를 앙, 높을 앙), 墜(떨어질 추), 墮(떨어질 타)

1 호문정공(胡文定公, 1074년~1138년): 송(宋)나라 건주(建州) 숭안인(崇安人)

으로, 호연(胡淵)의 아들이다. 이름은 호안국(胡安國), 자는 강후(康侯), 시호는 문정(文定)이다. 자세한 내용은 〈가언(嘉言) 제5〉 제13장을 참조하라.

2 孟子謂 이하: 《맹자(孟子)》 〈진심하(盡心下)〉 제34장에 보인다. "孟子曰 說大人則藐之 勿視其巍巍然 堂高數仞 榱題數尺 我得志弗爲也 食前方丈 侍妾數百人 我得志弗爲也 般樂飮酒 驅騁田獵 後車千乘 我得志弗爲也 在彼者 皆我所不爲也 在我者 皆古之制也 吾何畏彼哉(맹자가 말하였다. '대인을 설득시킬 적에는 그를 가볍게 보되, 그의 높은 위세를 보지 말라. 높이가 여러 길이나 되고 서까래가 여러 척이 되는 집은 내가 뜻을 이루었더라도 하지 않는다. 사방 10자 음식상을 차려 놓고 첩 수백 명이 시중드는 짓은 내가 뜻을 이루었더라도 하지 않는다. 술을 마시며 즐기고, 말을 달리며 사냥하는 데 뒤따르는 수레가 1,000대나 되는 것은 내가 뜻을 이루었더라도 하지 않는다. 그들이 하는 것은 모두 내가 하지 않는 것이다. 내가 하는 것은 모두가 옛 법도이다. 내가 무엇 때문에 그들을 두려워하겠는가.')"

3 방장(方丈): 가로세로가 1장(丈)인 넓이.

4 격앙(激昂): 분발하여 높아짐.

번소 胡호文문定뎡公공이 니ᄅᆞ샤ᄃᆡ 사ᄅᆞᆷ미 모로매 이 ᄒᆞᆫᄀᆞᆯᄋᆞ티 셰ᄉᆞ애 마ᄉᆞᆯ 담박호미 보애호로 됴ᄒᆞ니 부귀ᄒᆞᆫ 샹 두믈 요구티 아니ᄒᆞᆯ 거시라 孟ᄆᆡᆼ子ᄌᆞㅣ 니ᄅᆞ샤ᄃᆡ 지비 ᄀᆞ장 노폼과 밥 바ᄃᆞᆫ 알ᄑᆡ 번 거시 만ᄒᆞᆷ과 뫼셧ᄂᆞᆫ 쳡이 이ᄇᆡᆨ 여신을 내 득지ᄒᆞ여나도 ᄒᆞ디 아니ᄒᆞᆯ 거시라 ᄒᆞ시니 ᄇᆡ홀 사ᄅᆞ미 모로미 몬져 이러ᄐᆞᆺᄒᆞᆫ 이ᄅᆞᆯ 업시ᄒᆞ야 샹녜 스싀로 ᄆᆞᅀᆞᄆᆞᆯ 닐와 다 노피 머거ᅀᅡ ᄂᆞᆺ가온 ᄃᆡ ᄠᅥ러듀매 니르디 아니ᄒᆞ리라

현대역 호문정공이 이르시되, "사람이 모름지기 이 한결같이 世事에 맛을 담박함이 바야흐로 좋으니, 부귀한 相 둠을 요구하지 아니할 것이라. 맹자가 이르시되, '집이 가장 높음과 밥 받은 앞에 벌린 것이 많음과 모셔 있는 첩이 이백 여인을 내 得志하여도 하지 아니할 것이라.' 하시니, 배울 사람이 모름지기 먼저 이러한 일을 없게 하여, 늘 스스로 마음을 일으켜 다 높이

먹어야, 낮은 데 떨어짐에 이르지 아니하리라.

1 셰ᄉᆞ: 세사(世事). 세상에서 일어나는 온갖 일.

2 담박호미: 담박(淡泊/澹泊/淡薄)함이. '담박ᄒᆞ(어간)+옴(명사형 어미)+이(주격 조사)'이다. 욕심이 없고 마음이 깨끗하다. 명예·사랑·미움 등에 끌리지 아니하는 담담하고 소박한 마음을 말한다. '담박ᄒᆞ다'는 16세기 문헌에서부터 나타난다. '담박ᄒᆞ-'는 한자어 '담박(淡泊)' 혹은 '담박(澹泊)'의 한글 표기인 '담박'에 접미사 'ᄒᆞ-'가 결합된 것이다. 18세기 이후 제1음절의 'ㆍ'가 'ㅏ'로 변화되는 경향에 따라 20세기 이후 'ㆍ'를 표기에 쓰지 않게 되었고, 이에 따라 '담박하다'로 나타나서 현재에 이르렀다. 담박ᄒᆞ다(16세기~19세기)〉담박하다(20세기~현재). 사ᄅᆞᆷ미 모로매 이 ᄒᆞᆫ골ᄋᆞ티 셰ᄉᆞ애 마ᄉᆞᆯ 담박호미 보야호로 됴ᄒᆞ니.《1518 번소 8:18ㄱ》, 오ᄂᆞᆯ 잠ᄭᆞᆫ 담박ᄒᆞᆫ 이레 ᄉᆞᆨ졀업시 아ᄉᆞᆷ들 쳥ᄒᆞ야.《1510년대 번노 하:35ㄱ》

3 뫼셧ᄂᆞᆫ: 모셔 있는. '뫼시(어간)+여(보조적 연결어미)+잇(在, '잇다'의 어간)+ᄂᆞ(직설법 선어말어미)+ㄴ(관형사형 어미)'이다. 완료상은 보조적 연결어미 '-여'와 보조형용사 '잇다[在]'의 결합으로 표현된다. '잇-'이 본동사와 한 음절을 이룰 때는 이미 15세기에 'ㅣ'가 탈락되는 일이 있었다. 본 예도 '여+ㅅ→엿'으로 나타나 완료상을 표시하고 있다. 內竪ᄂᆞᆫ 뫼ᅀᆞ왓ᄂᆞᆫ 혀근 臣下ㅣ라.《내훈 1:39》, 내 바ᄅᆞ 닐오마 길 마갓ᄂᆞᆫ ᄒᆞᆫ 퍼깃 사미 비 오나든 곳 퓌오 ᄇᆞᄅᆞᆷ 골겨든 여름 ᄆᆡᆺᄂᆞᆫ 거셔(我猜着 當路一科麻 下雨開花 刮風結子).《번박 상:40》

4 득지ᄒᆞ여나도: 득지(得志)하여도. 뜻대로 일이 이루어져도. '득지ᄒᆞ(어간)+여나도(연결어미)'이다. '-여나도'는 현대국어 '-여도'에 해당한다. '-여도'는 '하다'나 '하다'가 붙는 용언의 어간 뒤에 붙어, '-아도'나 '-어도'와 마찬가지로, 가정이나 양보의 뜻을 나타내는 연결어미이다. 공부는 아무리 하여도 끝이 없다. 지난 일은 후회하여도 아무 소용이 없다. 여기서 '득지(得志)하다'는 '뜻대로 일이 이루어지다.'의 뜻이다.

소언 胡호文문定뎡公공이 ᄀᆞᆯ오ᄃᆡ 사ᄅᆞᆷ이 모ᄅᆞᆷ이 이 ᄒᆞᆫᄀᆞᆯᄀᆞᆮ톤 셰샹 마새 淡담薄박ᄒᆞ야ᅀᅡ 보야호로 됴ᄒᆞ니 富부貴귀ᄒᆞᆫ 相샹 둠을 요구티 아니홀 거시니라 孟ᄆᆡᆼ子ᄌᆞㅣ 니ᄅᆞ샤ᄃᆡ 집 노ᄑᆡ 두어 仞잉[여ᄃᆞᆲ

자히라]이나 홈과 음식이 앏픠 모흐로 열 자히나 홈과 뫼신 妾쳡이 여러 百빅 사름을 내 뜯을 어더도 아니홀 거시라 ᄒᆞ시니 學혹者쟈ㅣ 모로미 몬져 이런 것들홀 덜텨 ᄇᆞ리고 샹녜 스스로 격녀ᄒᆞ야 니르와대야 믄득 뻐러딤애 니르디 아니ᄒᆞ리라

현대역 호문정공이 가로되, "사람이 모름지기 이 한결같은 세상맛에 담박(淡泊, 澹泊)하여야 바야흐로 좋으니, 부귀한 相 둠을 요구하지 아니할 것이니라. 맹자가 이르시되, '집 높이가 두어 잉(仞)[여덟 자라.]이나 함과 음식이 앞에 모로 열 자나 함과 모신 첩이 여러 백 사람을, 내 뜻을 얻어도 아니할 것이라.' 하시니, 학자가 모름지기 먼저 이런 것들을 덜어내 버리고, 늘 스스로 격려하여 일으켜야, 문득 떨어짐에 이르지 아니하리라.

仞(잉): 仞은 '길 인'이다. '길'은 흔히 고유어 수 뒤에 쓰여, 길이의 단위로 쓰이는 의존명사이다. 한 길은 여덟 자 또는 열 자로 약 2.4미터 또는 3미터에 해당한다. 《번역소학》과 《소학언해》에 '仞'의 음을 '잉'으로 달고 있는데, 이것이 단순한 '인'의 오자인지, 아니면 당시에 '仞'을 '잉'으로 읽었는지 알 수가 없다. 아마도 16세기 한자음으로 '잉'으로 읽힌 것이 아닌가 추정된다. 한자는 다르지만 '忍'을 '잉'으로 읽는 예가 없지는 않으니, '잉동 너출은(忍冬藤) 《辟新 4》' 이 그 예이다.

【集解】世味는如飲食衣服居室之類라淡薄은謂食取充腹하고衣取蔽形하고居室은取蔽風雨也라富貴相은卽所謂堂高數仞食前方丈侍妾數百人之類라八尺曰仞이라方丈은謂食饌列於前者方一丈也라除去此等은卽富貴相也라

세상맛은 음식, 의복, 집 따위와 같음이다. 淡薄은 음식은 배 채움을 취하고, 옷은 몸 가림을 취하며, 거실은 비바람 가림을 취함을 이른다. 富貴相은 곧 이른바 집 높이가 몇 길이고, 음식이 앞에 方丈이며, 시중드는 첩이 수백 사람인 따위이다. 여덟 자를 인(仞)이라 하고, 方丈은 음식과 반찬을

앞에 진열함이 사방 한 丈임을 이른다. 除去此等[이것들을 제거함]에서 此等은 곧 富貴相이다.

漢字 饌(반찬 찬, 음식 찬)

【增註】激昂은猶奮發也라墜墮는皆落也라不以富貴爲事하고常自激昂而爲善이면則不淪於汚下矣리라

激昂은 떨쳐 일어남과 같다. 墜와 墮는 모두 떨어짐이다. 부하고 귀함으로써 일삼지 않고, 늘 스스로 분발하여 선을 행하면, 더럽고 낮은 데에 빠지지 않는다.

漢字 奮(떨칠 분), 淪(빠질 윤), 汚(더러울 오)

嘗愛諸葛孔明이當漢末ᄒᆞ야躬耕南陽ᄒᆞ야不求聞達ᄒᆞ더니後來에雖應劉先主之聘ᄒᆞ니宰割山河ᄒᆞ야三分天下ᄒᆞ야身都將相ᄒᆞ야手握重兵ᄒᆞ니亦何求不得이며何欲不遂ㅣ리오마ᄂᆞᆫ乃與後主言호ᄃᆡ成都에有桑八百株와薄田十五頃ᄒᆞ니子孫衣食이自有餘饒이오臣身在外ᄒᆞ야別無調度ㅣ라不別治生ᄒᆞ야以長尺寸ᄒᆞ노니若死之日에不使廩有餘粟ᄒᆞ며庫有餘財ᄒᆞ야以負陛下ㅣ라ᄒᆞ더니及卒애果如其言ᄒᆞ니如此輩人ᄂᆞᆫ眞可謂大丈夫矣로다

● 항상[嘗=常] 사랑하노니, 諸葛孔明이 漢나라 말기를 당하여, 몸소 南陽에서 밭 갈아 영달을 구하지 않더니, 뒤에 옴에 비록 劉 先主[劉備]의 부름에 응하니, 산하를 주관하고 처리하여, 천하를 셋으로 나누어, 몸이 장수와 정승에 있어, 손에 무거운 병권을 쥐었으니, 또한 무엇을 구한들 얻지 못하며, 무엇을 하고자 한들 이루지 못할까마는, 이에 後主[劉禪]와 더불어 말하되,

'成都에 뽕나무 8백 그루와 척박한 밭 15경이 있으니, 자손의 의식이 스스로 넉넉함이 있었으며, 臣은 몸이 밖에 있어 따로 경영하고 헤아림이 없었습니다. 달리 생업을 다스려 써 한 자나 한 치도 늘리지 않았으니, 만일 (신이) 죽는 날에, 하여금 곳간에 남은 곡식이 있고, 창고에 남은 재물이 있게 해서, 써 폐하를 저버리지 않겠습니다.' 하더니, 죽음에 이르러 과연 그 말과 같으니, 이와 같은 무리의 사람은 참으로 가히 대장부라 이를 만하다."

漢字 **達**(통달할 달), **聘**(부를 빙, 찾아갈 빙), **宰**(주관할 재, 재상 재, 나눌 재, 다스릴 재), **都**(있을 도, 모두 도, 거느릴 도), **握**(쥘 악), **遂**(이룰 수), **頃**(백이랑 경), **饒**(넉넉할 요), **調**(살필 조, 고를 조), **度**(헤아릴 탁, 건널 도), **負**(저버릴 부, 질 부, 등질 부), **陛**(섬돌 폐)

1 제갈공명(諸葛孔明, 181년~234년): 중국 삼한시대 촉한(蜀漢)의 재상이다. 이름은 제갈량(諸葛亮)이고, 자는 공명(孔明)이며, 자를 포함하여 제갈공명(諸葛孔明)이라고도 한다. 시호는 충무후(忠武侯)이며, 작위는 무향후(武鄕侯)이다. 자세한 내용은 〈가언(嘉言) 제5〉 제8장을 참조하라.
2 문달(聞達): 지위가 높고 귀하게 됨. 유의어: 현달(顯達). 영달(榮達).
3 재할(宰割): 주장하여 처리함.

번소 샹해 과호이 너겨 ᄉᆞ랑ᄒᆞ노라 諸졔葛갈孔공明명이 漢한 시절 내죵애 이셔 몸소 南남陽양 ᄯᅡ해셔 받 가라 어디단 소ᄅᆡ 나ᄆᆞᆯ 구티 아니ᄒᆞ더나 후에 비록 劉류 先션主쥬의 블러오ᄆᆞᆯ 조차나도 뫼콰 믈을 베혀 天텬下하를 세헤 ᄂᆞᆫ호아 몸이 쟝슈며 ᄌᆡ샹 ᄃᆞ외여 손애 듕ᄒᆞᆫ 군ᄉᆞᄅᆞᆯ 자바시니 구ᄒᆞ면 므스 거슬 얻디 몯ᄒᆞ며 ᄒᆞ고져 ᄒᆞ면 므스 거슬 일우디 몯ᄒᆞ리오마ᄅᆞᆫ 後후主쥬ᄃᆞ려 닐오ᄃᆡ 成셩都도 ᄯᅡ해 ᄲᅩᆼ나모 팔ᄇᆡᆨ 듀와 사오나온 받티 열다엿 頃경이 이시니 ᄌᆞ손의 옷과 밥이 스싀로 유여ᄒᆞ리이다 내 모미 밧긔 이셔 각별히 보티홈도 업스며 각별히 사ᄅᆞᆯ 일 다ᄉᆞ려 죠고맛 일도 더으디 아니ᄒᆞ노니 죽은 나래 창애 나ᄆᆞᆫ 곡식이 이시며 고애 나ᄆᆞᆫ 쳔량을 두어 님금을 소기디 아니호리이다 ᄒᆞ더니 그 주구매 미처ᄂᆞᆫ 과연히 그 말와 ᄀᆞᄐᆞ니 이러ᄐᆞᆺᄒᆞᆫ 사ᄅᆞ믄 진실로 大대丈댱夫부ㅣ라 닐얼디로다

[현대역] 늘 가상하게 여겨 사랑하노라. 제갈공명이 漢 시절 나중에 있어, 몸소 南陽 땅에서 밭 갈아, 어질다는 소리가 나는 것을 구하지 아니하더니, 후에 비록 劉 先主의 불러옴을 좇아나도, 산과 물을 베어 천하를 셋으로 나누어, 몸이 장수며 재상 되어 손에 중한 군사를 잡았으니, 구하면 무슨 것을[무엇을] 얻지 못하며, 하고자 하면 무엇을 이루지 못 하랴마는, 後主에게 이르되, '成都 땅에 뽕나무 팔백 주와 나쁜 밭이 십오륙 頃이 있으니, 자손의 옷과 밥이 스스로 남음이 있겠습니다. 내 몸이 밖에 있어 각별히 管理함도 없으며, 각별히 살 일[生業] 다스려 조그마한 일도 더하지 아니하노니, 죽은 날에 창고에 남은 곡식이 있으며, 창고에 남은 재물을 두어 임금을 속이지 아니할 것입니다.' 하더니, 그 죽음에 미쳐서는 과연 그 말과 같으니, 이러한 사람은 진실로 대장부라 이를 것이로다."

1 어디단: 어질다는. '어디(어간)+단(어미 '다'+ㄴ) '이다. '-단'은 용언의 어간 뒤에 붙어, '-다는'이 줄어든 말이다. '어디단 소ᄅᆡ 나ᄆᆞᆯ 구티 아니ᄒᆞ더나'는 원문 '不求聞達'을 번역한 것이다. 따라서 '어디단'은 '達'에 해당한다. 현대국어 '어질다'의 옛말인 '어딜다'는 15세기 문헌에서부터 나타난다. '어딜다'는 치조음을 가진 선어말어미, 어밀어미인 '-더-, -도-, -디, -다', '-ㄴ, -ㄹ' 앞에서는 '어디-'로 나타난다. 같은 15세기 문헌에 '나ᄃᆞᆯ'과 '날ᄃᆞᆯ'(日月)이 공존함을 볼 때, 치조음 아래 치조음 탈락 현상은 15세기에 일어나기 시작했음을 시사한다. 나ᄃᆞ리 길어다(日月長).《두시-초 15: 23》, 날ᄃᆞ래 籠ㅅ소갯 새오 하ᄂᆞᆯ콰 ᄯᅡᆺ ᄉᆞᅀᅵ예 믈우흿 말왐 ᄀᆞᆮ호라(日月籠中鳥乾坤水上萍).《두시-초 8: 64》, 날ᄃᆞᆯ이 ᄎᆞ거늘 어마님이 삐毘람藍원園을 보라 가시니.《월곡 17》. '어딜다'는 근대국어 시기에 'ㄷ, ㅌ'이 'ㅣ'나 'ㅣ' 반모음의 영향으로 'ㅈ, ㅊ'으로 변하는 ㄷ구개음화 현상의 영향으로 17세기부터 '어질다' 형태가 등장하였다. 18세기까지 '어딜다'와 '어질다'가 공존하다가 어질다'가 정착하면서 현재에 이르렀다. 어딜다(15세기~18세기))〉어질다(17세기~현재). 이형태: 어딜다, 어질다. 法化ᄂᆞᆫ 부톄 큰 法으로 衆生ᄋᆞᆯ 濟渡ᄒᆞ샤 사오나ᄫᆞᆫ 사ᄅᆞ미 어딜에 ᄃᆞ욀 씨라.《1447 석상 3:2ㄱ》, 上品엣

사ᄅᆞᄆᆞᆫ ᄀᆞᄅᆞ치디 아니ᄒᆞ야도 어딜오 中品엣 사ᄅᆞᄆᆞᆫ ᄀᆞᄅᆞ친 後에 어딜오 下品엣 사ᄅᆞᄆᆞᆫ ᄀᆞᄅᆞ쳐도 어디디 몯ᄒᆞᄂᆞ니.《1518 번소 6:28ㄴ-29ㄱ》

2 아니ᄒᆞ더나: 아니하더니. '아니ᄒᆞ(어간)+더(회상법 선어말어미)+니(연결어미)'이다. '어디단 소ᄅᆡ 나ᄆᆞᆯ 구티 아니ᄒᆞ더나'에서 '아니ᄒᆞ더나'는 '아니ᄒᆞ더니'의 오자인 듯하다.

3 유여ᄒᆞ리이다: 남음이 있겠습니다. '유여(有餘)ᄒᆞ(어간)+리(추측법 선어말어미)+이(존비법 ᄒᆞ쇼셔체 선어말어미)+다(평서형 종결어미)'이다. 여기서 '-이-'는 상대 높임법 선어말어미로 불리기도 한다. '-리이다'는 동사, 형용사 어간 뒤에 붙어, '-겠습니다'를 뜻한다. 이 앏희 바르 디나 셤즉ᄒᆞᆫ 곳으란 ᄉᆞ양 아니ᄒᆞ셔도 島主ㅣ 아라셔 案內 ᄉᆞᆲ오링이다.《첩신-초 6:22》(현대역: 이 앞에 바로 지나 섬직한 곳은 사양 아니하셔도 도주가 알아서 안내 사뢰겠습니다.)

4 보티ᄒᆞ다: '관리(管理)하다'의 옛말이다. 어떤 일의 사무를 맡아 처리하다. 내 모미 밧긔 이셔 각별히 보티홈도 업스며 각별히 사롤 일 다ᄉᆞ려 죠고맛 일도 더으디 아니ᄒᆞ노니(臣身在外 別無調度 不別治生 以長尺寸.).《번소 8:20》

5 닐얼디로다: 이를 것이로다. '닐+얼디로다'이다. '니르다'는 '이르다[謂]'의 옛말로, 어간 '니르-'는 모음으로 시작하는 어미 앞에서는 '닐-'로 나타난다. 이런 젼ᄎᆞ로 어린 百姓이 니르고져 홇 배 이셔도.《훈언 2》, 世間 다 ᄉᆞ롤 마리며 싱계 사롤 일돌홀 닐어도 다 正ᄒᆞᆫ 法에 順ᄒᆞ며.《석상 19:24》. '-얼디니라'는 '-올디니라'의 이형태이고, '-올디니라'는 동사, 형용사 어간 뒤에 붙어, '-ㄹ 것이로다'를 뜻하는 어미이다. 一切 衆生ᄋᆡ 種種 幻化ㅣ 다 如來ㅅ 圓覺妙心에 나니라 ᄒᆞ시니 이 아롤디로다(一切衆生 種種幻化 皆生如來圓覺妙心 是知離此心外 無佛可成).《목우 3》

소언 샹해 ᄉᆞ랑ᄒᆞ노니 諸졔葛갈孔공明명이 漢한 내죵애 當당ᄒᆞ야 몸소 南남陽양애셔 밧 가라 들리여 현달홈을 求구티 아니ᄒᆞ더니 후에 비록 劉류 先션主쥬의 블롬을 應응ᄒᆞ나 山산河하[싸흘 닐옴이라]를 ᄆᆞᄅᆞ 서흐러 베혀 天텬下하를 세헤 ᄂᆞᆫ화 몸이 쟝슈며 지상애 이셔 손애 重듕ᄒᆞᆫ 군ᄉᆞ롤 잡아시니 ᄯᅩ 므어슬 求구ᄒᆞ여 얻디 몯ᄒᆞ며 므어슬 ᄒᆞ고쟈 ᄒᆞ여 일오디 몯ᄒᆞ리오마ᄂᆞᆫ 後후主쥬 더브러 닐오ᄃᆡ 成셩

都도에 ᄲᅩᇰ나모 八팔百ᄇᆡᆨ 株듀와 사오나온 받티 열다ᄉᆞᆺ 頃경[일ᄇᆡᆨ 이럼이 ᄒᆞᆫ 경이라]이 이시니 子ᄌᆞ孫손의 옷과 밥이 스스로 남아 요죡홈이 잇고 내 몸이 밧긔 이셔 각별이 계교홈이 업슨 디라 각별이 사ᄅᆞᆯ 일 다ᄉᆞ려 뻐 재며 치도 길오디 아니ᄒᆞ노니 만일 죽은 날애 ᄒᆞ여곰 창애 남ᄋᆞᆫ 곡셕이 이시며 庫고애 남ᄋᆞᆫ ᄌᆡ믈이 잇쎄 ᄒᆞ야 뻐 陛폐下하[황뎨를 닐옴이라]를 져ᄇᆞ리디 아니호리라 ᄒᆞ더니 믿 죽음애 과연히 그 말 곧ᄐᆞ니 이런 뉴엣 사ᄅᆞᆷ은 진실로 可가히 大대丈댱夫부ㅣ라 닐으리로다

현대역 늘 사랑하노니, 제갈공명이 漢 나중에 당하여, 몸소 남양에서 밭 갈아, 들리어 顯達함을 구하지 아니하더니, 후에 비록 유 선주의 부름을 응하나, 산하[땅을 이름이라.]를 잘라 구분하여 베어 천하를 셋으로 나누어, 몸이 장수이며 재상에 있어 손에 중한 군사를 잡았으니, 또 무엇을 구하여 얻지 못하며, 무엇을 하고자 하여 이루지 못할까마는, 후주와 더불어 이르되, '성도에 뽕나무 팔백 주와 나쁜 밭이 열다섯 頃[일백 이랑이 한 경이라.]이 있으니, 자손의 옷과 밥이 스스로 남아 요족(饒足)함이 있고, 내 몸이 밖에 있어 각별히 計較함이 없는 것이라, 각별히 살 일 다스려 써 한 자며 한 치도 기르지 아니하노니, 만일 죽은 날에 하여금 창고에 남은 곡식이 있으며, 창고에 남은 재물이 있게 하여, 써 폐하[황제를 이름이라.]를 저버리지 아니하리라.' 하더니, 및 죽음에 과연 그 말 같으니 이런 갈래에의 사람은 진실로 가히 대장부라 이르리로다."

1 ᄆᆞᄅᆞ: 말라. 'ᄆᆞᄅᆞ(어간)+ø(연결어미 '아' 생략)'이다. 현대국어 '마르다'의 옛말인 'ᄆᆞᄅᆞ다'는 '감이나 재목 따위의 재료를 치수에 맞게 자르다.'를 뜻한다. 'ᄆᆞᄅᆞ다'는 15세기 문헌에서부터 나타난다. 'ᄆᆞᄅᆞ다'는 모음으로 시작하는 어미 앞에서는 'ᄆᆞᆯㅇ-'로, 그 외의 어미 앞에서는 'ᄆᆞᄅᆞ-'로 나타나는 ᄅᆞ불규칙용언이다. 15세기 문헌에서는 'ᄆᆞᆯㅇ-'의 예만 보이고 'ᄆᆞᄅᆞ-'의 예는 보이지 않지만, 16세기의 'ᄆᆞᄅᆞ다'를 통해 15세기에도 'ᄆᆞᄅᆞ-'가 존재했음을 알 수 있다. 16세기 후반에 제2음절 이하의 'ㆍ'가 'ㅡ'로 변화하는 경향에 따라 18세기에는 'ᄆᆞ르다'가

나타난다. 18세기에 제1음절의 'ㆍ'가 'ㅏ'로 변화하는 경향에 따라 19세기에 '마르다'가 나타나서 현재에 이르렀다. 16세기 후반의 'ㆍ'의 변화로 인해 'ㆍ'와 'ㅡ'의 혼동 표기가 나타났었는데, 19세기의 '마르다'는 이러한 영향 때문에 '마르다'의 'ㅡ'를 'ㆍ'로 표기한 형태이다. ᄆᆞᄅᆞ다(15세기~18세기)〉ᄆᆞ르다(18세기)〉마르다(19세기~현재). 雲霧를 ᄆᆞᆯ오사 화 님금 오ᄉᆞᆯ ᄆᆡᇰᄀᆞ라.《1481 두시-초 25:48ㄴ》, ᄆᆞᆯ오사 화 바ᄂᆞᆯ 실 자최 업게 ᄒᆞᄂᆞ다.《1481 두시-초 25:50ㄱ-50ㄴ》, 裁 ᄆᆞᄅᆞᆯ ᄌᆡ,《1527 훈몽 하:9ㄱ》, ᄃᆞ른 ᄂᆞᆯ카온 갈히 되여 나못 그름제를 ᄆᆞᄅᆞ고.《16세기 중엽 이후 백련-동 13ㄴ》

2 므어슬: 무엇을. '므엇(대명사)+을(목적격 조사)'이다. 현대국어 '무엇'의 옛말인 '므스것'은 15세기 문헌에서부터 나타난다. '므스것'은 '무엇'을 의미하는 '므스'와 명사 '것'이 결합한 것이다. 16세기에는 '므스것'에서 제2음절의 모음 'ㅡ'와 제3음절의 초성 'ㄱ'이 탈락한 후 축약된 '므섯' 형태가 나타났고, 여기에서 다시 모음 사이의 'ㅅ'이 약화되어 탈락한 '므엇' 형태가 나타났다. 또한 양순음 'ㅁ, ㅂ, ㅍ' 아래에서 모음 'ㅡ'가 'ㅜ'로 변하는 원순모음화에 따라 16세기에는 '므엇〉무엇'으로 변화한 예도 나타나는데, 대체로 원순모음화가 17세기 이후에 일어난 것에 비해 이 경우는 다소 빠른 시기에 변화가 일어난 것이다. 18세기까지는 '무섯'과 '무엇'이 공존하다가 19세기 이후로 '무엇'만 남아 현재에 이르렀다. 한편 중세국어에는 '무엇'을 의미하는 단어로 '므스것〉므섯〉므엇'과 함께 '므슥', '므슴'도 존재하였는데(예: 보도 몯ᄒᆞ며 듣도 몯거니 므스기 快樂ᄒᆞᄫᆞ리잇고.《1447 석상 24:28》, 世間ㅅ ᄠᅳ틀을 므슴만 너기시리.《1447 월곡 45ㄴ》), '므슴'은 '무슨'의 의미를 지닌 관형사로도 쓰였다는 점에서 차이가 있다. 므스것(15세기~18세기)〉므섯(16세기~18세기)〉므엇(16세기~18세기)〉무엇(18세기~현재). 이형태: 므스것, 므섯, 므엇, 무엇, 무섯. 太子ㅣ 우스며 닐오ᄃᆡ 내 므스거시 不足ᄒᆞ료.《1447 석상 6:24ㄱ》, ᄀᆞᄅᆞ치디 아니ᄒᆞ야셔 어디롬이 聖人 아니오 므서시며 ᄀᆞᄅᆞ친 後에 어디롬이 賢人 아니오 므서시며 ᄀᆞᄅᆞ쳐도 ᄯᅩ 어디디 몯홈이 어린 이 아니오 므섯고.《1588 소언 5:27ㄱ》, 남진이 죽고 ᄌᆞ식이 업ᄉᆞ니 혼자 사라셔 므엇 ᄒᆞ료.《1581 속삼-중 열:8ㄱ》, 계집이 ᄒᆞ나ᄒᆞᆯ 졷차 죵신ᄒᆞᆯ 거시니 아니 죽어셔 무엇 ᄒᆞ료.《1581 속삼-중 열:28ㄱ》

3 몯ᄒᆞ리오마ᄂᆞᆫ: 못할까마는. '몯ᄒᆞ(어간)+리(추측법 선어말어미)+오(의문형 종결어미)+마ᄂᆞᆫ(보조사)'이다. '-리오'는 제1·3인칭 의문법 중 ᄒᆞ라체 설명의문문을 만드는 어미이다. 의문사 '므엇'을 동반하여 일정한 정보를 요구한다. 엇디

아니 조차 겨시리오마는.《한중 108》, 부녀의 ᄆᆞ음이 엇지 안년ᄒᆞ리오마는.《한중 146》.

4 요족홈: 요족(饒足)함. 살림이 넉넉함. '요족ᄒᆞ(어간)+옴(명사형 어미)'이다.

5 계교홈: 계교(計較)함. 서로 견주어 살펴봄. '계교ᄒᆞ(어간)+옴(명사형 어미)'이다.

6 닐으리로다: 이르리로다. '닐(어간)+으리(추측법 선어말어미)+로다(감탄형 종결어미)'이다. '니르다'는 '이르다[謂]'의 옛말로, 어간 '니르-'는 모음으로 시작하는 어미 앞에서는 '닐-'로 나타난다. '-도다'는 '-리-' 뒤에서는 '-로다'로 교체된다. '-(으)리로다'는 '이다'의 어간, 받침 없는 용언의 어간, 'ㄹ' 받침인 용언의 어간 또는 어미 '-으시-', '-으오-' 뒤에 붙어, 해라할 자리에 쓰여, 상대편에게 그렇게 하겠다는 의지를 나타내는 종결어미이다. '-리라'보다 장엄한 느낌을 나타낸다. 내가 책임지리로다. 그 일은 내가 처리하리로다.

【集說】**陳氏曰南陽**은**地名**이라**先主**는**漢昭烈也**니**嘗三顧武侯於草廬之中**하니라**宰**는**宰制**요**割**은**分割**이라**三分天下**는**謂昭烈居蜀**하고**曹操居中原**하고**孫權居江南**하여**分天下爲三國也**라**都**는**猶居也**요**握**은**猶掌也**라**成都**는**郡名**이라**百畝爲頃**이라**饒**는**亦餘也**라**躬耕南陽**하여**若將終身**이러니**及爲將相**하여는**志惟興漢**하니**孟子稱大丈夫**는**貧賤不能移**하며**富貴不能淫**이라하시니**武侯有之矣**로다

진 씨가 말하였다. "南陽은 지명이다. 先主는 漢나라 昭烈이니, 일찍이 武侯를 초가 가운데에서 세 번 찾아갔다. 宰는 다스리고 제어함이요, 割은 나눔이다. 三分天下[천하를 셋으로 나눔]은 소열은 蜀에 있고, 曹操는 中原에 있으며, 孫權은 江南에 있어, 천하를 나누어 세 나라로 만듦을 이른다. 都는 있음과 같고, 握은 맡음과 같다. 成都는 고을 이름이다. 백무(百畝)를 頃이라 한다. 요(饒)는 또한 남음이다. 몸소 南陽에서 밭을 갈아 장차 몸을 마칠 것처럼 하더니, 장수와 재상이 됨에 이르러서는 오직 漢나라를 일으킴에 뜻을 두었으니, 맹자께서 대장부라 일컬음은 '貧賤이 능히 (그 절개를)

옮기지 못하며, 富貴가 능히 (그 마음을) 음탕하게 하지 못한다.' 하신 것이니, 武侯에게 그것이 있었다."

漢字 顧(찾아갈 고), 廬(오두막 려), 掌(맡을 장), 畝[이랑 무(묘), 6척(尺) 사방을 보(步)라하고, 백 보를 무(畝)라 한다. 즉 한 무는 한 단(段)의 10분의 1, 곧 30평으로 약 99.174㎡에 해당한다. '무' 가 원말이다.]

1 유비(劉備, 161년~223년): 삼국시대 촉한(蜀漢)의 제1대 황제(재위 221년~223년)이다. 자는 현덕(玄德)이고, 묘호는 소열제(昭烈帝)이다. 전한(前漢) 경제의 황자(皇子) 중산정왕(中山靖王)의 후손이다. 이에 대한 자세한 내용은 〈가언(嘉言) 제5〉 제7장 '한소열(漢昭烈)'을 참조하라.

2 조조(曹操, 155년~220년): 자(字)는 맹덕(孟德), 아명(兒名)은 아만(阿瞞)·길리(吉利)이다. 패국(沛國) 초현(譙縣, 지금의 安徽省 亳州市) 사람으로 후한 헌제(獻帝, 재위 189년~220년) 때에 승상(丞相)을 지냈으며, 위왕(魏王)으로 봉해졌다. 아들인 조비(曹丕)가 위나라 황제의 지위에 오른 뒤에는 무황제(武皇帝)로 추존되었다. 조조는 후한 환제(桓帝, 재위 146년~168년) 때인 155년(永壽 원년)에 태위(太尉)를 지낸 조숭(曹嵩)의 아들로 태어났다. 조숭은 4대의 황제를 섬겨 환제 때에 비정후(費亭侯)로 봉해진 환관 조등(曹騰)의 양자였다. 배송지(裴松之)는 진수의 《삼국지》에 주석을 달며 양자가 되기 전 조숭의 본성은 '하후(夏侯)'였고, 따라서 조조와 하후돈(夏侯惇)이 종형제 관계라는 해석을 남기기도 했다. 조조는 어려서부터 책을 즐겨 읽었으며, 여러 분야에서 재능을 드러냈다. 고대 병법가의 저술을 연구하여 《손자병법(孫子兵法)》에 주석을 붙인 《위무주손자(魏武註孫子)》라는 저술을 남겼다. 그리고 시부(詩賦)에도 뛰어난 성취를 보여 두 아들인 조비(曹丕), 조식(曹植)과 함께 '삼조(三曹)'라 불리기도 한다. 조조는 20세 때인 174년 효렴(孝廉)으로 천거되어 낭관(郎官)으로 관직에 올랐으며 낙양북부위(洛陽北部尉), 돈구현령(頓丘縣令), 의랑(議郎) 등을 지냈다. 184년 황건의 난이 일어나자 기도위(騎都尉)로 임명되어 영천(潁川)에서 반란군 진압에 공을 세웠다. 그 공적으로 제남(濟南)의 동군태수(東郡太守)로 임명되었으나 병을 이유로 사직하고 귀향하였다. 189년 영제(靈帝)가 죽은 뒤, 소제(少帝)를 폐위하고 헌제(獻帝)를 세워 정권을 장악한 동탁(董卓)이 조조를 효기교위(驍騎校尉)에 임명했다. 그러나 그는 이를 받아들이지 않고 낙양을 탈출해 고향으로 돌아가 병사를 모았다. 그는 190년 원술, 손견 등과 연합하여 동탁 토벌을

주창하며 거병했으며, 발해태수(勃海太守) 원소(袁紹)가 맹주가 된 반동탁 연합군에서 분무장군(奮武將軍)의 직위를 맡았다. 192년 동탁이 살해된 뒤 조조는 연주(兗州)를 평정하여 연주목(兗州牧)으로 임명되었다. 그리고 195년 헌제가 장안(長安)을 탈출하였을 때, 순욱(荀彧)의 건의에 따라 황제를 보호하기 위해 군대를 보냈다. 이 일로 조조는 건덕장군(建德將軍), 진동장군(鎭東將軍) 등에 임명되었고, 양조부인 조등과 마찬가지로 비정후로 봉해졌다. 196년에는 자신의 근거지인 허현(許縣, 지금의 河南省 許昌)에 궁을 지어 헌제를 그곳으로 옮겼다. 그 뒤 조조는 대장군(大將軍)으로 임명되었으며, 무평후(武平侯)로 봉해졌다. 그는 헌제를 자신의 보호 아래 둠으로써 후한 조정을 장악하였을 뿐 아니라, 황실의 권위를 배경으로 세력을 크게 확대할 수 있었다. 조조는 한호(韓浩)의 건의를 받아들여 둔전제(屯田制)를 실시했으며, 제도를 정비하고 수많은 인재를 등용하여 위(魏) 건국의 기반을 마련했다. 조조는 202년 원소가 죽은 뒤 그의 아들들 사이에 내분이 일어나자 원소의 근거지인 하북(河北) 지방 공략에 나섰고 207년 중국 북부를 통일하였다. 208년 승상의 지위에 오른 뒤에는 중국 통일을 위한 남정(南征)에 나서 형주(荊州)를 점령하였으나, 적벽에서 손권(孫權)과 유비(劉備) 연합군에 패하여 형주의 일부를 도로 내주었다. 그 뒤로도 조조는 여러 차례 관중(關中)과 한중(漢中) 지역을 공략하며 중국 통일을 시도하였으나 번번이 실패했다. 213년 조조는 위공(魏公)으로 봉해졌으며, 216년에는 스스로를 위왕(魏王)으로 봉하고 황제와 마찬가지의 권력과 위세를 행사하였다. 그는 220년 3월 15일(建安 25년 1월 23일)에 병으로 낙양에서 죽었는데, 죽은 뒤 무왕(武王)의 시호를 받았으며, 4월 11일에 업성(鄴城)의 고릉(高陵)에 묻혔다. 조조가 죽자 그의 아들 조비(曹丕)가 위왕 지위를 계승했다. 이후 조비는 헌제에게 선양을 받아 위나라 황제가 되었으며, 조조는 무황제(武皇帝)로 추존되고 태조(太祖)라는 묘호(廟號)를 받았다(두산백과).

3 손권(孫權, 182년~252년): 중국의 삼국시대 오(吳)나라의 초대 황제이다. 자는 중모(仲謀), 시호(諡號)는 대황제(大皇帝)이다. 손견(孫堅)의 둘째 아들로, 200년에 형 손책(孫策)이 죽자 그 뒤를 이어 주유(周瑜) 등의 보좌를 받아 강남(江南)의 경영에 힘썼다. 당시 형주(荊州: 湖北省 襄陽縣)에는 유표(劉表)가 세력을 떨치고, 화북(華北)에는 조조(曹操)가 있어 남하할 기회를 엿보고 있었다. 208년 유표가 죽고 그 아들 유종(劉琮)이 조조에게 항복하자, 조조의 압력은 더욱 강화되어 국내에서도 화전양론(和戰兩論)이 대립했으나 주유 등의 주전론이

승리하였다. 이에 손권은 유비(劉備)와 손잡고 남하한 조조의 대군을 적벽(赤壁)에서 격파함으로써 강남에서 위상을 확고히 하였다. 그 뒤 형주의 귀속문제(歸屬問題)를 둘러싸고 유비와 대립하였으며, 이 때문에 219년 조조와 결탁하여 유비의 용장 관우(關羽)를 격파하고 형주를 공략하였다. 이때 손권은 관우의 목을 베어 조조에게 보냈다. 그 결과 위(魏)·오(吳)·촉(蜀) 3국의 영토가 거의 확정되었으며, 오나라는 장쑤[江蘇]·안후이[安徽]의 남부, 저장[浙江]·장시[江西]·후베이[湖北]·후난[湖南]·푸젠[福建], 그리고 광둥[廣東] 방면까지를 지배하게 되었다. 220년 조조가 죽고 그의 아들 조비(曹丕)가 한(漢)나라의 제위(帝位)를 찬탈하여 황제로 즉위하자 유비도 촉한(蜀漢)의 황제가 되었다. 손권도 이에 맞서서 황위에 올라 연호를 황룡(黃龍)이라 하고 도읍을 건업(建業: 南京)으로 정하였다. 위나라 문제(조비)가 손권의 아들을 신하로 등용한다는 명분으로 인질로 데려가려고 하자 손권이 이를 거부함으로서 위나라와 전쟁을 벌이게 되었다. 위나라와 관계를 청산한 손권은 이후 대체로 촉한과 결합하여 위나라에 대항하는 한편, 국내의 발전에 힘썼다. 안후이·후난을 비롯한 각 지방의 산월(山越) 민족과 그밖의 이민족(異民族)을 토벌 진무(鎭撫)하고, 타이완[臺灣]·하이난섬[海南島] 방면에도 원정군(遠征軍)을 보냈으며, 랴오둥[遼東]의 공손씨(公孫氏)와도 접촉을 시도하는 등 국내외의 경영에 노력하였다. 하지만 만년에 태자로 책봉한 큰아들 손등(孫登)이 죽자 후계 문제를 둘러싸고 권력투쟁이 일어났다. 손권은 둘째 아들 손화(孫和)를 태자로 책봉하여 후계자로 삼는 한편, 넷째 아들 손패(孫覇)를 노왕(魯王)에 봉하여 태자와 동등한 지위를 부여했다. 이로써 태자와 노왕 사이에 권력투쟁이 극심하게 일어나 국력이 소모되었다. 250년 손권은 결국 두 파벌을 모두 모조리 처형하고 겨우 10세인 막내아들 손량(孫亮)을 태자로 책봉하였고, 252년 사망하였다(두산백과).

【集解】調度은營計也라

調度는 경영하고 헤아림이다.

漢字 計(헤아릴 계, 셀 계, 꾀할 계)

〖七十八章〗

○范益謙의座右戒에曰一은不言朝廷利害와邊報差除ㅣ오二는不言州縣官員長短得失이오三은不言衆人所作過惡이오四는不言仕進官職趨時附勢ㅣ오五는不言財利多少厭貧求富ㅣ오六은不言淫媟屑戲慢評平論女色이오七은不言求覓人物干索酒食이라 《東萊辨志錄》

●范益謙의 座右戒에 말하였다. "첫째는 조정의 이해와 변방의 보고와 差使와 除授를 말하지 않으며, 둘째는 州縣 관원의 장단과 득실을 말하지 않으며, 셋째는 여러 사람이 만든 바의 허물과 악을 말하지 않으며, 넷째는 벼슬하여 관직에 나아가 때에 달려가 세력에 아부함을 말하지 않으며, 다섯째는 재산과 이익의 많고 적음과 가난을 싫어하고 부를 구함을 말하지 않으며, 여섯째는 음란하고 친압하며 희롱하고 게으르며 여색을 평론함을 말하지 않으며, 일곱째는 남에게 물건을 구하여 찾거나 술과 음식을 구하여 찾음을 말하지 않는다."

漢字 差(사신 갈 차, 어긋날 차, 틀릴 차), 除(제수할 제, 덜 제, 섬돌 제), 仕(벼슬할 사), 附(아부할 부, 붙을 부), 淫(음란할 음), 媟(친압할 설), 覓(찾을 멱, 구할 멱), 干(구할 간, 간여할 간), 索(찾을 색)

범익겸(范益謙, 1067년~1141년): 송(宋)나라 성도(成都) 화양(華陽) 사람이다. 이름은 범충(范冲)이고, 자는 원장(元長)으로, 범조우(范祖禹)의 아들이다. 철종(哲宗) 소성(紹聖) 원년(1094년)에 진사(進士)가 되었다. 고종(高宗)이 즉위하자 양회전운부사(兩淮轉運副使)를 역임했다. 소흥(紹興) 4년(1134년) 불려 종정소경겸직사관(宗正少卿兼直史館)이 되어 신종(神宗)과 철종 양조(兩朝)의 실록(實錄)을 중수했다. 한림시독학사(翰林侍讀學士)로 옮겼다가 얼마 뒤 용도각직학사(龍圖閣直學士)가 되어 봉사(奉祠)했다. 성격이 의리를 좋아하고 선행을 즐겨 사마광(司馬光)의 가속(家屬)들이 모두 그에게 의지했는데, 그도 잘 돌보았다(중국역대인명사전).

번소 范범益익謙겸ᄋᆡ 안잣ᄂᆞᆫ 올ᄒᆞᆫ 녁희 경계ᄒᆞᄂᆞᆫ 그를 서 닐오슈ᄃᆡ 뎨일에ᄂᆞᆫ 朝됴廷뎡의 리ᄒᆞᆫ 일이며 해로ᄋᆞᆫ 일와 변방의셔 알외ᄂᆞᆫ 긔별와 관원 브리며 벼슬ᄒᆞ이ᄂᆞᆫ 일ᄃᆞᆯ홀 니ᄅᆞ디 말며 둘재ᄂᆞᆫ 고ᄋᆞᆳ 관원의 어딜며 사오나오며 잘ᄒᆞᆫ 이리며 그르ᄒᆞᆫ 이를 니ᄅᆞ디 말며 셋재ᄂᆞᆫ 모ᄃᆞᆫ 사ᄅᆞᄆᆡ ᄒᆞ욘 허믈이며 사오나온 이를 니ᄅᆞ디 말며 넷재ᄂᆞᆫ 벼슬 나ᅀᅡ홈과 시절을 조차 유셔ᄒᆞᆫ ᄃᆡ 브터ᄒᆞ기ᄅᆞᆯ 니ᄅᆞ디 말며 다ᄉᆞᆺ재ᄂᆞᆫ 쳔량 하며 져곰과 가난호믈 앗쳐고 가ᅀᆞ며루믈 구호믈 니ᄅᆞ디 말며 여ᄉᆞᆺ재ᄂᆞᆫ 음탕ᄒᆞᆫ 더러온 마리며 희롱앳 일와 겨지븨 양ᄌᆞ 됴ᄒᆞ니 사오나오니 ᄒᆞᄂᆞᆫ 마ᄅᆞᆯ 니ᄅᆞ디 말며 닐굽재ᄂᆞᆫ ᄂᆞᄆᆡ게 잇ᄂᆞᆫ 거슬 구ᄒᆞ며 술와 밥을 구홀 마를 니ᄅᆞ디 마롤 디니라

현대역 范益謙의 앉아 있는 오른 녘에 경계하는 글을 써 일렀으되, "제일에는 조정의 이로운 일이며 해로운 일과 변방에서 알리는 기별과 관원 부리며 벼슬하게 하는[벼슬시키는] 일들을 이르지 말며, 둘째는 고을의 관원이 어질며 나쁘며 잘한 일이며 그른 일을 이르지 말며, 셋째는 모든 사람이 한 허물이며 나쁜 일을 이르지 말며, 넷째는 벼슬 나아감과 시절을 좇아 有勢한 데 붙어하기를 이르지 말며, 다섯째는 재물 많으며 적음과 가난함을 싫어하고 부유함을 구함을 이르지 말며, 여섯째는 음탕한 더러운 말이며 희롱의 일과 계집의 모양 좋으니 나쁘니 하는 말을 이르지 말며, 일곱째는 남에게 있는 것을 구하며 술과 밥을 구할 말을 이르지 말 것이니라."

1 안잣ᄂᆞᆫ: 앉아 있는. '앉(어간)+아(보조적 연결어미)+잇(在, '잇다'의 어간)+ᄂᆞ(직설법 선어말어미)+ㄴ(관형사형 어미)'이다. 완료상은 보조적 연결어미 '-아'와 보조형용사 '잇다[在]'의 결합으로 표현된다. '잇-'이 본동사와 한 음절을 이룰 때는 이미 15세기에 'ㅣ'가 탈락되는 일이 있었다. 본 예도 '아+ㅅ→앗'으로 나타나 완료상을 표시하고 있다. 內豎ᄂᆞᆫ 뫼ᅀᆞ왓ᄂᆞᆫ 혀근 臣下ㅣ라.《내훈 1:39》, 내 바ᄅᆞ 닐오마 길 마갓ᄂᆞᆫ ᄒᆞᆫ 퍼깃 사미 비 오나든 곳 퓌오 ᄇᆞᄅᆞᆷ ᄀᆞᆯ겨든 여름 ᄆᆡᆺᄂᆞᆫ 거셔(我猜着 當路一科麻 下雨開花 刮風結子).《번박 상:40》

2 유셔ᄒᆞᆫ: 유세(有勢)한. 세력이 있는.

소언 范범益익謙겸[일홈은 沖튱이니 宋송 적 사ᄅᆞᆷ이라]의 안ᄂᆞᆫ 올ᄒᆞᆫ 녁 경계에 ᄀᆞᆯ오ᄃᆡ ᄒᆞ난재ᄂᆞᆫ 朝됴廷뎡의 利리ᄒᆞ며 害해로옴과 변방 긔별와 관원 ᄇᆞ리며 벼슬ᄒᆞ임을 닐으디 아니홈이오 둘재ᄂᆞᆫ 고ᄋᆞᆳ 官관員원의 길며 댜르며 올히 ᄒᆞ며 그ᄅᆞ홈을 닐으디 아니홈이오 셴재ᄂᆞᆫ 모ᄃᆞᆫ 사ᄅᆞᆷ의 지은 밧 허믈이며 사오나온 이를 닐으디 아니홈이오 넨재ᄂᆞᆫ 벼슬 나아가기와 시절을 조차 勢셰의 븓틈을 닐으디 아니홈이오 다ᄉᆞᆺ재ᄂᆞᆫ ᄌᆡ믈의 하며 젹음과 가난홈을 슬희여ᄒᆞ고 가ᄋᆞᆷ열옴을 求구홈을 닐으디 아니홈이오 여ᄉᆞᆺ재ᄂᆞᆫ 음탕ᄒᆞ며 더러오며 희롱ᄒᆞ며 거만ᄒᆞ며 겨집의 양ᄌᆞ 의론홈을 닐으디 아니홈이오 닐곱재ᄂᆞᆫ ᄂᆞᆷ의 거슬 求구ᄒᆞ여 어드며 술와 음식을 쳥ᄒᆞ여 달라홈을 닐으디 아님이니라

현대역 범익겸[이름은 冲이니, 宋 때 사람이라.]의 앉는 오른 녘 경계에 가로되, "첫째는 조정의 이로움이라하며 해로움[즉 利害]과 변방 奇別과 관원 부리며 벼슬시킴을 말하지 아니함이요, 둘째는 고을의 관원의 길며 짧으며 옳게 하며 잘못함을 말하지 아니함이요, 셋째는 모든 사람이 지은 바의 허물이며 나쁜 일을 말하지 아니함이요, 넷째는 벼슬 나아가기와 시절을 조차 권세에 붙음을 말하지 아니함이요, 다섯째는 재물의 많으며 적음과 가난함을 싫어하고 부함을 구함을 말하지 아니함이요, 여섯째는 음탕하며 더러우며 희롱하며 거만하며 계집의 모양 의론함을 말하지 아니함이요, 일곱째는 남의 것을 구하여 얻으며 술과 음식을 청하여 달라함을 말하지 아니함이니라."

1 긔별: '기별(奇別)'의 옛말이다. 다른 곳에 있는 사람에게 소식을 전함. 또는 소식을 적은 종이.

2 벼슬ᄒᆞ이다: '벼슬하게 하다'의 옛말이다. 즉 벼슬을 시키다. '벼슬ᄒᆞ(주동사 어간)+이(사동접사)+다(평서형 종결어미)'이다. 왕슌니 어디리 너겨 쳔거ᄒᆞ여 듕랑간 태웃 벼슬ᄒᆞ이니라.《이륜-옥 44》[현대역: 왕순(王舜)이 어질게 여겨 천거하여 중랑간 태부의 벼슬 시키더라.]

【集說】陳氏曰益謙의名은冲이라利害는謂事有利有害也라邊報는邊境之報也라差는差使요除는除官이라無心失理爲過요有心悖理爲惡이라媟은狎也라淫媟戲慢은皆邪僻之事요覓干索은皆求也라

진 씨가 말하였다. "익겸의 이름은 冲이다. 利害는 일에 이로움이 있고 해로움이 있음을 이른다. 邊報는 변경의 보고이다. 差는 差使요, 除는 벼슬을 除授함이다. 마음이 없이 이치를 잃음이 허물이 되고, 마음이 있으면서 이치를 어김이 악이 된다. 설(媟)은 친압함이다. 淫·媟·戲·慢은 모두 간사하고 치우친 일이고, 覓·干·索은 모두 구함이다."

漢字 冲(=沖 빌 충, 깊을 충, 온화할 충), 悖(어그러질 패)

1 차사(差使): 임금이 중요한 임무를 위하여 파견하던 임시 벼슬. 또는 그런 벼슬아치.
2 제수(除授): 추천의 절차를 밟지 않고 임금이 직접 벼슬을 내리던 일.

又曰一은人附書信이어든不可開析沈滯ㅣ며

●또 말하였다. "첫째는 남이 서신을 부쳐 보내거든, 가히 열어 뜯어보거나 침체[지체]하지 않으며,

漢字 附(부쳐 보낼 부, 붙을 부, 붙일 부, 의탁할 부), 析(뜯어볼 탁, 터질 탁, 열 탁, 펼칠 탁), 沈(가라앉을 침, 잠길 침, 빠질 침), 滯(막힐 체)

1 개탁(開坼): 열어봄. 봉한 편지나 서류 따위를 뜯어보라는 뜻으로, 주로 손아랫사람에게 보내는 편지의 겉봉에 쓰는 말. 예: 그 표지에는 '이서구 개탁'이라 쓰여 있었다.《송기숙, 녹두 장군》
2 침체(沈滯): 어떤 현상이나 사물이 진전하지 못하고 제자리에 머무름.

번소 또 닐오ᄃᆡ 뎨일른 사ᄅᆞ미 유무를 맛뎌 보내여든 브틴 거슬 ᄣᅧ보

며 머믈워 두디 마롤 디니라

현대역 또 이르되, "제일은 사람이 편지를 맡기어 보내거든, 부친 것을 떼어 보며 머무르게 하여 두지 말 것이니라.

브틴: 부틴. '브티(어간)+ㄴ(관형사형 어미)'이다. '브티다'는 '부치다'의 옛말이다. 편지나 물건 따위를 일정한 수단이나 방법을 써서 상대에게로 보내다. '브티다'는 15세기 문헌에서부터 나타난다. 이 단어는 17세기에 일어나는 'ㅣ' 앞에서 'ㅌ'이 'ㅊ'으로 바뀌는 구개음화와 주로 18세기에 일어나는 'ㅂ' 아래 'ㅡ'가 'ㅜ'로 바뀌는 원순모음화의 결과, '브티다'가 '부치다'로 바뀌었다. 브티다(15세기~17세기)>부치다(18세기~현재). 遣은 付囑ᄒᆞ야 브티ᄂᆞᆫ ᄯᅳ디 잇ᄂᆞ니.《1463 법화 4:76ㄴ》, 남진 븓티고져 ᄒᆞ거늘 共姜이 許티 아니ᄒᆞ고.《1587 소언 4:36ㄱ》, 孝婦ᄃᆞ려 븓티며 닐오ᄃᆡ 내의 살며 주구믄 아디 몯홀 거시니.《1518 번소 9:55ㄱ》

소언 ᄯᅩ ᄀᆞᆯ오ᄃᆡ ᄒᆞᆫ낟재ᄂᆞᆫ 사ᄅᆞᆷ이 유무와 신믈을 맛뎌든 미가히 ᄠᅦ여 보며 머믈오디 아닐 거시며

현대역 또 가로되, "첫째는 사람이 편지와 信物을 맡기거든 가히 떼여보며 머무르지 아니할 것이며,

1 신믈: '신물(信物)'의 옛말이다. 뒷날에 보고 증거가 되게 하기 위하여 서로 주고받는 물건. 유의어: 신패(信牌), 신표(信標).

2 맛뎌든: 맡기거든. '맛디(어간)+어든(연결어미)'이다. '-어든'은 'ㅣ' 계열 이중모음이나 'ㄹ' 받침으로 끝나는 어간 뒤에 붙어, 주로 자동사나 형용사 어간 뒤, '이다' 어간 뒤, 또는 어미 '-으리-' 뒤에 붙어, '-거든'을 뜻하는 어미이다. 須達이 이 말 듣고 부텻긔 發心을 니ᄅᆞ와다 언제 새어든 부텨를 가 보ᅀᆞ보려뇨 ᄒᆞ더니.《석상 6:19》, 네 누는 ᄒᆞ마 알어든 모ᄆᆞᆫ 당다이 아디 몯ᄒᆞ리로다(汝眼已知身合非覺).《능엄 1:61》. '맛디-'는 '맛디다'의 어간이고, '맛디다'는 '맡기다'의 옛말이다. 자ᄒᆞ로 制度ㅣ 날씨 仁政을 맛됴리라 하ᄂᆞᆯ 우흿 金尺이 ᄂᆞ리시니.《용가 83장》, 내 쳔량 庫藏ᄋᆞᆯ 이제 맛듏 ᄃᆡ 잇거다.《월석 13:15》.

【集解】熊氏曰發人私書하고析人信物이면甚者는至爲仇怨이니凡人所附書物을當爲附至요及人託往問訊干求若或悖理어나或己力不及이어든則當至誠辭之요苟已諾其言이면則須與達之也니라

웅 씨가 말하였다. "남의 사사로운 글을 열고, 남의 信物을 뜯어보면, 심한 경우는 원수가 됨에 이르니, 무릇 남이 부쳐 보낸 바의 글과 물건을 마땅히 부쳐 보내 이르게 해야 하고, 및[그리고] 남이 부탁하여 가서 묻고 간구함이 만약에 혹 이치에 어긋나거나 혹 지기의 힘이 미치지 못하거든 마땅히 지극한 성의로 그것을 사양하고, 만일 이미 그 말을 허락했으면, 모름지기 주어 그것을 다다르게 해야 한다."

漢字 發(열 발), 仇(원수 구), 怨(원망할 원), 託(부탁할 탁, 맡길 탁), 訊(물을 신), 達(다다를 달, 이를 달)

1 구원(仇怨): 원한이 맺힐 정도로 자기에게 해를 끼친 사람이나 집단. 유의어: 원구(怨仇). 원수(怨讐). 적인(敵人).
2 문신(問訊): 안부를 물음.

【增註】開析則干人之私요沈滯則誤人之託이니라

열어 뜯어보면 남의 사사로움을 범함이요, 지체하면 남의 부탁을 그르침이다.

漢字 干(범할 간, 구할 간)

二는與人並坐애不可窺人私書ㅣ며

●둘째는 남과 더불어 나란히 앉음에 가히 남의 사사로운 글을 엿보지 않으며,

漢字 並(=竝, 幷 나란히 병, 아우를 병), 窺(엿볼 규)

번소 둘재ᄂᆞᆫ 사ᄅᆞᆷ과 ᄀᆞᆯ와 안자셔 사ᄅᆞ믜 아ᄅᆞᆷ뎟 유무를 여ᅀᅥ보미 아니ᄒᆞᆯ 디니라

현대역 둘째는 사람과 아울러 앉아서 사람의 사사로이 편지를 엿보지 아니할 것이니라.

여ᅀᅥ보미: 엿봄이. '여ᅀᅥ보(어간)+ㅁ(명사형 어미)+이(주격 조사)'이다. '여ᅀᅥ보다'는 '남이 보이지 아니하는 곳에 숨거나 남이 알아차리지 못하게 하여 대상을 살펴보다.'를 뜻한다. 현대국어 '엿보다'는 15세기 문헌에서부터 '엿보다'로 나타나 현재까지 이어진다. '엿보다'는 '살피다'의 뜻을 가진 '엿-'과 '보-'가 결합된 것이다. 이 '엿-'과 '보-'가 결합될 때 어미가 삽입된 형태가 '여ᅀᅥ보-'이다. 중세국어에는 '여ᅀᅳ다'도 보이는데 이는 '엿-'과 관련된 것으로 보인다. '여ᅀᅳ-'와 '여ᅀᅥ보-'는 중세국어 이후 'ㅿ'이 사라지면서 각각 '여으-', '여어보-'로 바뀐다. '엿ᄫᅩ-'는 '엿보-'의 'ㅂ'이 모음 앞에서 'ㅸ'으로 변한 것인데 'ㅸ'이 사라지면서 '엿오다', '엿우다'가 나타나게 되었다. 엿보다(15세기~현재). 이형태: 엿보다, 엿ᄫᅩ다, 여ᇫ오다, 엿오다, 엿우다, 여ᅀᅳ다, 여ᅀᅥ보다, 여어보다, 여으다. 蜀ㅅ 님그미 吳ᄅᆞᆯ 엿보아.《1481 두시-초 6:31ㄴ》, 측ᄒᆞᆫ 이ᄅᆞᆯ 더러 便安케 ᄒᆞ야 엿ᄫᅪ.《1447 석상 21:51ㄴ》, 佛祖도 여ᇫ올 分이 업스시니라.《1482 남명 上:3ㄴ》, 四面을 向ᄒᆞ야 窓牖ᄅᆞᆯ 엿오더니.《1463 법화 2:123ㄱ》, 됴ᄒᆞᆫ ᄆᆞᄅᆡ 그ᅀᅳ기 채 엿우미 ᄀᆞᆫ호ᄆᆞᆯ 免ᄒᆞ리라.《1482 금삼 2:2ㄱ》, 伺ᄂᆞᆫ 여ᅀᅥ 술필씨라.《1463 법화 7:114ㄱ》, 雪山애셔 盜賊 여ᅀᅥ보매.《1481 두시-초 21:3ㄴ》

소언 둘재ᄂᆞᆫ 사ᄅᆞᆷ으로 더블어 ᄀᆞᆯ와 안자심애 可가히 사ᄅᆞᆷ의 ᄉᆞᄉᆞ유무를 여어보디 아닐 거시며

현대역 둘째는 사람으로 더불어 아울러 앉아있음에 가히 사람의 사사로운 편지를 엿보지 아니할 것이며,

【增註】窺는竊視也라

窺는 훔쳐봄이다.

漢字 竊(훔칠 절)

【集解】熊氏曰凡見人得私書에切不可往觀及注目竊視요若幷坐에目力可及이면則移身以避하며或置几案이어든亦不當取觀이니若其人令看이라야方可一視로되書中之事를亦不可於他處說也니라

웅 씨가 말하였다. "무릇 남이 사사로운 글을 얻음을 봄에 절대로 가히 가서 보거나 및 주목하여 훔쳐보지 않으며, 만약에 나란히 앉음에 시력이 가히 미치면 몸을 옮겨 피하며, 혹 책상에 두었거든 또한 마땅히 취하여 보지 않아야 하니, 만약 그 사람이 하여금 보게 해야 바야흐로 가히 한 번 보되, 글 가운데의 일을 또한 가히 다른 곳에 말하지 않는다."

漢字 切(절대로 절, 끊을 절), 几(안석 궤), 案(책상 안), 令(하여금 령)

궤안(几案): 의자, 사방침(四方枕), 안석(案席) 따위를 통틀어 이르는 말.

三은凡入人家애不可看人文字ㅣ며

● 셋째는 무릇 남의 집에 들어감에 가히 남의 글을 보지 않으며,

번소 셋재ᄂᆞᆫ 믈읫 사ᄅᆞᄆᆡ 집의 드러가 사ᄅᆞᄆᆡ 글월을 보디 아니홀 거시라

현대역 셋째는 무릇 사람의 집에 들어가 사람의 글월을 보지 아니할 것이라.

소언 셋재ᄂᆞᆫ 믈읫 사름의 집의 들어감애 可가히 사름의 글월을 보디 아닐 거시며

현대역 셋째는 무릇 사람의 집에 들어감에 가히 사람의 글월을 보지 아니할 것이며,

【集解】熊氏曰文字는如書簡及記事錢穀簿冊之類니凡入人家에切不可翻看也니라

웅 씨가 말하였다. "文字는 편지 및 일기와 돈과 곡식의 장부책 따위와 같음이니, 무릇 남의 집에 들어감에 절대로 가히 두리번거리며 보지 않는다."

漢字 翻(두리번거릴 번, 날 번, 번드칠 번)

四는凡借人物애不可損壞不還이며

● 넷째는 무릇 남의 물건을 빌림에 가히 손괴하거나 돌려주지 않지 않으며,

漢字 損(덜 손), 壞(무너질 괴)

번소 넷재ᄂᆞᆫ ᄆᆞᆯ읫 사ᄅᆞᄆᆡ 거슬 비러다가 ᄒᆡ여ᄇᆞ리며 도로 보내디 아니호미 올티 아니ᄒᆞ니리

현대역 넷째는 무릇 사람의 것을 빌어다가 헐어버리며, 도로 보내지 아니함이 옳지 아니하니라.

올티 아니ᄒᆞ니리: 그 위와 아래에 관련된 문장들의 종결 방식과 비교해 보면, '올티 아니ᄒᆞ니라'의 오자인 듯하다.

소언 넨재ᄂᆞᆫ ᄆᆞᆯ읫 사ᄅᆞᆷ의 거슬 비롬애 可가히 ᄒᆡ여ᄇᆞ리며 도로 보내디 아니티 아닐 거시며

현대역 넷째는 무릇 사람의 것을 빌림에 가히 헐어버리며, 도로 보내지 아니하지 아니할 것이며,

【集解】熊氏曰凡借人書冊器用에當須愛護를過於己物하여畢卽歸還이요切不可損壞及沈沒也니라

웅 씨가 말하였다. "무릇 남의 서책과 그릇을 빌림에, 마땅히 모름지기

사랑하고 보호하기를 자기 물건보다 지나게 하여, 마침내 즉 돌려줄 것이고, 절대로 가히 손괴하거나 침몰하게 하지 않는다."

漢字 沈(빠질 침), 沒(빠질 몰)

침몰(沈沒): 물속에 가라앉음. 세력이나 기운 따위가 쇠함.

五는凡喫飮食애不可揀擇去取ㅣ며

● 다섯째는 무릇 음식을 먹음에 가히 가려서, 버리거나 취하지 않으며,

漢字 喫(먹을 끽, 마실 끽, 피울 끽), 揀(가릴 간), 擇(가릴 택), 去(갈 거), 取(취할 취)

거취(去取): 버리기와 취하기.

번소 다ᄉᆺ재ᄂᆞᆫ 믈읫 음식 머고매 ᄀᆞᆯᄒᆡ여 ᄇᆞ리며 머그며 호미 올티 아니ᄒᆞ니라

현대역 다섯째는 무릇 음식 먹음에 가리어, 버리며 먹으며 함이 옳지 아니하니라.

소언 다ᄉᆞᆺ재ᄂᆞᆫ 믈읫 飮음食식 먹옴애 可가히 ᄀᆞᆯᄒᆡ야 ᄇᆞ리며 取츄ᄒᆞ디 아닐 거시며

현대역 다섯째는 무릇 음식 먹음에 가히 가리어, 버리며 취하지 아니할 것이며,

【集解】謂揀擇하여以去其不可意者而取其可意者라

가려서, 써 그 가히 뜻하지 않은 것을 버리고, 그 가히 뜻한 것을 취함을 이른다.

【集解】熊氏曰凡飮食은若非生硬臭惡與犯己宿疾之物이면皆可食也니豈有不可食而揀擇哉아

웅 씨가 말하였다. "무릇 음식은 만약 잘 익지 않아 딱딱하거나, 냄새가 악하고 및 자기의 묵은 병을 범하는 물건이 아니면, 모두 가히 먹을 수 있으니, 어찌 가히 먹을 수 없다 하여 가림이 있겠는가?"

漢字 生(날 생), 硬(딱딱할 경, 단단할 경, 굳을 경), 與(및 여)

생경(生硬): 잘 익지 않아 딱딱함.

六은與人同處애不可自擇便利ㅣ며

●여섯째는 남과 더불어 같이 거처함에 가히 스스로 편리함을 가리지 않으며,

번소 여슷재ᄂᆞᆫ 사ᄅᆞᆷ으로 더브러 ᄒᆞᆫᄃᆡ 이쇼매 스싀로 편안코 리ᄒᆞᆫ ᄃᆡᄅᆞᆯ ᄀᆞᆯ히요미 올티 아니ᄒᆞ니라

현대역 여섯째는 사람으로 더불어 한데 있음에, 스스로 편안하고 이로운 데를 가림이 옳지 아니하니라.

소언 여슷재는 사ᄅᆞᆷ으로 더블어 ᄒᆞᆫᄃᆡ 이숌애 可가히 스스로 便편코 利리ᄒᆞᆫ ᄃᆡᄅᆞᆯ ᄀᆞᆯᄒᆡ디 아닐 거시며

현대역 여섯째는 사람으로 더불어 한데 있음에, 가히 스스로 편안하고 이로운 데를 가리지 아니할 것이며,

【集解】熊氏曰凡與人同處에夏則先擇凉處하고冬則先擇暖處하며及共食에多取先取는皆無德之一端也니라

웅 씨가 말하였다. "무릇 與人同處[남과 더불어 같이 거처함]에 여름인즉 먼저 서늘한 곳을 가리고, 겨울인즉 먼저 따뜻한 곳을 가리며, 및 함께 먹음에 많이 취하고 먼저 취함은 모두 덕이 없는 한 끝이다."

七은見人富貴ᄒᆞ고不可歎羨詆毁니

●일곱째는 남의 부귀를 보고 가히 탄식하고 부러워하거나 흉보고 헐뜯지 않을 것이니,

[漢字] 歎(탄식할 탄, 읊을 탄, 감탄할 탄), 羨(부러워할 선), 詆(흉볼 저, 꾸짖을 저), 毁(헐 훼, 헐뜯을 훼)

[번소] 닐굽재ᄂᆞᆫ 사ᄅᆞᄆᆡ 가ᅀᆞ멸며 귀호믈 보고 브러ᄒᆞ며 할아미 올티 아니ᄒᆞ니라

[현대역] 일곱째는 사람의 부유하며 귀함을 보고, 부러워하며 비방함이 옳지 아니하니라.

[소언] 닐굽재는 사름의 가음열며 貴귀홈을 보고 可가히 차탄ᄒᆞ여 블워ᄒᆞ며 ᄭᅮ죵ᄒᆞ여 헐쁘리디 아닐 거시니

[현대역] 일곱째는 사람의 부하며 귀함을 보고, 가히 嗟歎하여 부러워하며 꾸중하여 헐뜯지 아니할 것이니,

차탄ᄒᆞ여: 차탄(嗟歎/嗟嘆)하여. 탄식하고 한탄하여.

【集解】見人富貴하고若生歎羨이면則有貪欲之心이요若加詆毁면則有妬嫉之意니皆非君子之爲也니라

남의 부귀를 보고 만약 탄식함과 부러워함을 낸다면, 탐욕스런 마음이 있음이요, 만약 흉보고 헐뜯음을 더한다면, 질투하는 뜻이 있음이니, 모두 군자가 행함이 아니다.

[漢字] 妬(질투할 투), 嫉(질투할 질)

凡此數事를有犯之者ㅣ면足以見用意之不肖ㅣ니於存心修身애大有所害ㅣ라因書以自警ᄒᆞ노라

● 무릇 이 몇 가지 일을 그것을 범하는 것이 있으면, 족히 써 마음 씀의 어질지 못함을 볼 것이니, 마음을 보존하고 몸을 닦음에 크게 해로운 바가 있다. 인하여 써서 써 스스로 경계한다.”

번소 믈읫 이 일ᄃᆞᆯ해 干간犯범ᄒᆞ리 이시면 유예 ᄠᅳᆮ 머고믈 어디디 아니호ᄆᆞᆯ 볼 거시니 ᄆᆞᅀᆞᆷ머그며 ᄆᆞᆷ 닷고매 크게 해로오미 이실ᄉᆡ 인ᄒᆞ야 써서 스싀로 ᄭᆡ돋게 ᄒᆞ노라

현대역 무릇 이 일들에 干犯할 이 있으면, 넉넉히 뜻 먹음을 어질지 아니함을 볼 것이니, 마음먹으며 몸 닦음에 크게 해로움이 있으므로, 인하여 써서 스스로 깨닫게 하노라.”

1 간범ᄒᆞ리: 간범(干犯)할 이. ‘간법ᄒᆞ(어간)+ㄹ(관형사형 어미)+이(의존명사)’이다. ‘간범ᄒᆞ다’는 ‘남의 일에 간섭하여 권리를 침범하다.’를 뜻한다.

2 ᄆᆞᆷ 닷고매: 몸 닦음에. 원문 ‘修身’을 번역한 말이므로, ‘몸 닷고매’의 오자인 듯하다.

소언 믈읫 이 두어 일을 간범ᄒᆞᆯ 이 이시면 足죡히 ᄡᅧ ᄠᅳᆮ 먹옴의 不블肖쵸ᄒᆞᆷ을 볼 거시니 ᄆᆞᄋᆞᆷ 두며 몸 닷곰애 크게 害해로온 배 인ᄂᆞᆫ디라 因인ᄒᆞ야 써셔 스스로 경계ᄒᆞ노라

현대역 무릇 이 두어 일을 간범할 이 있으면, 족히 써 뜻 먹음의 不肖함을 볼 것이니, 마음 두며 몸 닦음에 크게 해로운 바가 있는지라, 인하여 써서 스스로 경계하노라.”

블쵸ᄒᆞᆷ을: 불초(不肖)함을. ‘블쵸ᄒᆞ(어간)+옴(명사형 어미)+을(목적격 조사)’이다. ‘블쵸ᄒᆞ다’는 ‘못나고 어리석다’를 뜻한다. ‘아버지를 닮지 않았다.’는 뜻에서 나온 말이다.

【集說】吳氏曰以上數者는雖若細事나然於存心修身에甚有

所害라故로書之以爲戒也라

오 씨가 말하였다. "이상의 몇 가지는 비록 작은 일 같으나, 그러나 마음을 보존하고 몸을 닦음에 매우 해로운 바가 있다. 그러므로 그것을 써서 써 경계를 삼은 것이다."

〖七十九章〗

○胡子ㅣ曰今之儒者ㅣ移學文藝干仕進之心ᄒᆞ야以收其放心而美其身則何古人之不可及哉리오父兄이以文藝로令其子弟ᄒᆞ고朋友ㅣ以仕進으로相招ᄒᆞ야往而不返則心始荒而不治ᄒᆞ야萬事之成이咸不逮古先矣니라 《胡氏知言》

●胡子가 말하였다. "지금의 선비들이 글과 재주를 배워 벼슬에 나아가기를 구하는 마음을 옮겨, 써 그 놓친 마음을 거두어 그 몸을 아름답게 하면, 어찌 옛 사람을 가히 미칠 수 없겠는가? 부형이 문예로써 그 자제들에게 명령하고, 벗들이 벼슬에 나아감으로써 서로 불러, 가서 돌아오지 않으면, 마음이 비로소 거칠어져 다스려지지 않아서, 모든 일의 이룸이 다 옛 사람[古先]에게 미치지 못하게 된다."

[漢字] 招(부를 초), 逮(미칠 체)

호굉(胡宏, 1106년~1161년): 남송 건녕(建寧) 숭안(崇安, 복건성) 사람으로, 자는 인중(仁仲)이고, 호는 오봉(五峰)이다. 호안국(胡安國)의 아들이고, 남송 호상학파(湖湘學派)의 개창자다. 어린 시절 양시(楊時)와 후중량(侯仲良)에게 배웠다. 아버지의 이학사상(理學思想)을 계승하여 도학 진흥을 평생의 임무로 여겼다. 형산(衡山) 아래에서 20여 년을 지냈는데, 장식(張栻)이 사사했다. 고종(高宗) 소흥(紹興) 연간에 음보로 관직에 나갔지만, 발령을 받지 못했다. 진회(秦檜, 1090년~1155년)가 죽은 뒤 관직에 불렸는데, 병으로 거절했다. 이(理)를 우주의 본체로 본 정주학파와 심(心)을 우주의 본체로 본 육구연파(陸九淵派)와는 달리, 성(性)을 우주의 본체로 보았다. 저서에 《지언(知言)》, 《오봉집(五峰集)》, 《황왕대기(皇王大紀)》 등이 있다(중국역대인명사전).

번소 胡호宏굉이 닐오듸 이젯 션비돌히 글지조롤 비회 벼슬흐기 구흐는 ᄆᆞᅀᆞᄆᆞᆯ 옴겨 가져다가 일헛는 ᄆᆞᅀᆞᄆᆞᆯ 거두어 그 모믈 아룸답게 흐면 엇디 녯 사ᄅᆞᄆᆡ게 몯 미츠리오 부형이 글지조로 그 ᄌᆞ뎨롤 긔걸흐고 벋이 벼슬흐기로 서르 블러 거긔 가 도라오디 아니흐면 ᄆᆞᅀᆞ미 비루소 기츠러 다ᄉᆞ리디 몯흐여 만ᄉᆞ앳 일 이루미 다 녯 사ᄅᆞᄆᆡ게 밋디 몯흐리라

현대역 호굉(胡宏)이 이르되, "이제의 선비들이 글재주를 배워 벼슬하기 구하는 마음을 옮겨 가져다가, 잃은 마음을 거두어 그 몸을 아름답게 하면, 어찌 옛 사람에게 못 미치리오. 부형이 글재주로 그 자제를 명령하고, 벗이 벼슬하기로 서로 불러 그곳에 가 돌아오지 아니하면, 마음이 비로소 거칠어 다스리지 못하여, 만사의 일 이룸이 다 옛 사람에게 미치지 못하리라."

비회, 기츠러: 배워, 거칠어. 원문 '學'과 '荒'을 각각 '비회'와 '기츠러'로 번역한 바, 이들은 '비화'와 '거츠러'의 오자인 듯하다.

소언 胡호子ᄌᆞ[일홈은 宏굉이니 宋송 적 션비라]ㅣ 골오듸 이젯 션비 글지조롤 비화 벼슬흐여 나아가기 구흐는 ᄆᆞ음을 옴겨 뻐 그 노흔 ᄆᆞ음을 거두어 그 몸을 아름답게 흐면 엇디 녯 사롬의게 可가히 밋디 몯흐리오 父부兄형이 글지조로뻐 그 子ᄌᆞ弟뎨롤 시기고 벋이 벼슬흐여 나아가기로뻐 서ᄅᆞ 블러가 도라오디 아니흐면 ᄆᆞ음이 비로소 거츠러 다ᄉᆞ리디 몯흐야 일만 일 일움이 다 녯 사롬의게 밋디 몯흐ᄂᆞ니라

현대역 호자[이름은 宏이니, 宋 때 선비라.]가 가로되, "이제의 선비가 글재주를 배워 벼슬하여 나아가기 구하는 마음을 옮겨, 써 그 놓은 마음을 거두어

그 몸을 아름답게 하면, 어찌 옛 사람에게 가히 미치지 못하리오. 부형이 글재주로써 그 자제를 시키고, 벗이 벼슬하여 나아가기로써 서로 불러가 돌아오지 아니하면, 마음이 비로소 거칠어 다스리지 못하여, 일만 일 이룸이 다 옛 사람에게 미치지 못하느니라."

사ᄅᆞᆷ의게: 사람에게. '사ᄅᆞᆷ(명사)+의(관형격 조사)+게(부사성 의존명사)'이다. '게'는 부사성 의존명사 '긔'와 수의로 교체되었다. 본 예 '의게'는 부사성 의존명사 '게'가 관형격 조사 '의'와 함께 쓰여 '에게'를 뜻한다. ᄒᆞ나ᄒᆞᆫ 衆生緣慈ㅣ니 一切 衆生의게 브튼 ᄆᆞᅀᆞᆷ 업수ᄃᆡ 衆生의게 自然히 利益을 나톨씨오.《월석 8:28》, 일후미 第十二觀이니 無量壽佛ㅅ 無數化身이 觀世音 大勢至와 샹녜 行人의게 오시리라.《월석 8:44》

【集解】胡子의名은宏이요字는仁仲이라

胡子의 이름은 宏이요, 자는 仁仲이다.

漢字 宏(클 굉)

【增註】言今之儒者學文藝而干仕進하여其用心最勤하니能移此心하여以存心修身이면雖古人이라도亦可及也라往而不返은謂心馳逐於文藝仕進而不知返也라心者는萬事之本이니心旣荒이라故로萬事之成이皆不及古之人矣니라

지금의 선비들은 문예를 배워 벼슬에 나감을 구하여[구함에] 그 마음 씀이 가장 부지런하니, 능히 이 마음을 옮겨 써 마음을 보존하고 몸을 닦으면, 비록 옛 사람이라도 또한 미칠 수 있음을 말한 것이다. 往而不返[가서 돌아오지 않음]은 마음이 문예와 벼슬길에 나아가는 데에 달려 쫓아가서 돌아올 줄을 모름을 이른다. 마음이란 것은 모든 일의 근본이니, 마음이 이미 거칠어졌다. 그러므로 모든 일의 이룸이 모두 옛 사람에게 미치지 못하는 것이다.

漢字 馳(달릴 치), 逐(쫓을 축)

〖八十章〗

○顔氏家訓에曰夫所以讀書學問은本欲開心明目ᄒᆞ야利於行耳니라 《顔氏家訓》

●《안씨가훈》에 말하였다. "무릇 써 책을 읽고 학문을 하는 바는 본래 마음을 열고 눈을 밝혀, 행함에 이롭고자 할 뿐이다.

번소 顔안氏시 가문 ᄀᆞᄅᆞ치ᄂᆞᆫ 글월의 닐어ᄉᆈ댜 ᄡᅥ곰 글 닐거 ᄇᆡ호며 무러호ᄆᆞᆫ 본ᄃᆡ ᄆᆞᅀᆞᄆᆞᆯ 열며 눈을 ᄇᆞᆯ겨 ᄒᆡᆼᄒᆞ요매 리콰댜 ᄒᆞ예니라

현대역 안 씨 가문 가르치는 글월에 일렀으되, "써 글 읽어 배우며 물음은, 본디 마음을 열며 눈을 밝혀, 행함에 이롭게 하고자 하여서이다.

ᄒᆞ예니라: 하여서이다. 'ᄒᆞ(어간)+예니라(평서형 종결어미)'이다. '-예니라'는 동사나 형용사의 어간 뒤에 붙어, '-여서이다'를 뜻하는 어미이다. 飮食만 ᄒᆞᄂᆞᆫ 사ᄅᆞᆷ을 곧 사ᄅᆞᆷ이 賤히 너기ᄂᆞ니 그 져근 거슬 쳐 ᄡᅥ 큰 거슬 일홈을 爲ᄒᆞ예니라. 《소언 3:27》

소언 顔안氏시家가訓훈에 ᄀᆞᆯ오ᄃᆡ 그 ᄡᅥ 글 닐거 ᄇᆡ호며 묻ᄂᆞᆫ 바ᄂᆞᆫ 본ᄃᆡ ᄆᆞᄋᆞᆷ을 열며 눈을 ᄇᆞᆰ켜 行ᄒᆡᆼᄒᆞ욤애 利리케코쟈 홈이니라

현대역 《顔氏家訓》에 가로되, "그 써 글 읽어 배우며 묻는 바는, 본디 마음을 열며 눈을 밝혀, 행함에 이롭게 하고자 함이니라.

【集解】熊氏曰夫學은在乎知行二者而已니能知而不能行이면與不學同이라然欲行之인댄必先知之也라故로必讀書學問하여開心明目而後에야可利於行耳니라

웅 씨가 말하였다. “무릇 배움은 앎[知]와 행함[行] 두 가지에 있을 뿐이니, 능히 알기만 하고 능히 행하지 않으면, 배우지 않음과 더불어 같다. 그러나 행하고자 한다면 반드시 먼저 알아야 한다. 그러므로 반드시 책을 읽고 학문을 하여 마음을 열고 눈을 밝힌 뒤에야 가히 행함에 이로울 뿐이다.”

未知養親者ᄂᆞᆫ欲其觀古人之先意承顔ᄒᆞ며怡聲下氣ᄒᆞ며不憚劬勞ᄒᆞ야以致甘腝軟ᄒᆞ고惕他歷反然慙懼ᄒᆞ야起而行之也ㅣ니라

●부모 봉양함을 알지 못하는 자는, 그 옛 사람[古人]들이 ‘(부모의) 뜻을 먼저 하고 안색을 받들며 소리를 화하게 하고 기운을 낮추며, 수고를 꺼리지 아니하여 써 달고 무른 것을 이름[바쳤음]’을 보고, 놀라 부끄럽고 두려워하여 일어나 그것을 행하고자 해야 한다.

漢字 怡(화할 이, 기쁠 이), 憚(꺼릴 탄), 劬(수고로울 구), 勞(일할 로), 腝(=輭, 軟 무를 연, 연할 연), 惕(놀랄 척, 두려울 척), 慙(부끄러울 참), 懼(두려워할 구)

1 구로(劬勞): 힘을 들이고 애를 씀.

2 척연(惕然): 두려워하고 삼가는 모양. 유의어: 척약(惕若).

번소 어버ᅀᅵ 효양ᄒᆞ기를 모ᄅᆞᄂᆞᆫ 사ᄅᆞᄆᆞᆫ 녯 사ᄅᆞᄆᆡ 어버ᅀᅴ ᄠᅳ들 몬져 아라ᄒᆞ며 양ᄌᆞᄅᆞᆯ 바다ᄒᆞ며 소릐ᄅᆞᆯ ᄂᆞᆺ가이 ᄒᆞ며 긔운을 ᄂᆞᄌᆞ기 ᄒᆞ야 잇부믈 ᄭᅥ리디 아니ᄒᆞ야 ᄃᆞᆯ며 연ᄒᆞᆫ 음식을 어더 이바도믈 보고 놀라이 븟그리며 저허 닐와 다 ᄒᆡᇰᄒᆞ과ᄃᆞ녜니라

현대역 어버이 효양하기를 모르는 사람은, 옛 사람이 어버이의 뜻을 먼저 알아 하며, 모습을 받들어 하며, 소리를 낮게 하며, 기운을 나직이 하여, 피곤함을 꺼리지 아니하여, 달며 연한 음식을 얻어 이바지함을 보고, 놀라서 부끄러워하며 두려워 일으키어 다 행하고자 (해야) 함이니라.

1 효앙: 원문 '養'을 번역한 말이므로, '효양'의 오자인 듯하다. '효양하다'는 '어버이를 효성으로 봉양하다.'를 뜻한다.

2 힝ᄒᆞ과ᄃᆞ녜니라: 행하고자 함이라. '힝ᄒᆞ+과ᄃᆞ녜니라'이다. '-과ᄃᆞ녜니라'는 주로 동사와 형용사 어간 뒤에 붙어, '-고자 함이니라'를 뜻하는 어미다. ᄃᆞᆯ며 연ᄒᆞᆫ 음식을 어더 이바도믈 보고 놀라이 붓그리며 저허 닐와다 힝ᄒᆞ과ᄃᆞ녜니라(以致甘腝 惕然慙懼 起而行之也).《번소 8:25》(현대역: 달며 연한 음식을 얻어드림을 보고 놀라서 부끄럽고 두려워 일으켜 행하고자 함이니라.)

소언 어버이 효양ᄒᆞ기를 아디 몯ᄒᆞᄂᆞᆫ 이ᄂᆞᆫ 그 녯 사ᄅᆞᆷ의 ᄠᅳᆮ의 몬져ᄒᆞ야 ᄂᆞᆺ빗ᄎᆞᆯ 받조오며 소ᄅᆡ를 화히 ᄒᆞ고 긔운을 ᄂᆞᄌᆞᆨ이 ᄒᆞ며 슈고로옴을 ᄭᅥ리디 아니ᄒᆞ야 ᄡᅥ ᄃᆞᆯ며 보ᄃᆞ라온 거슬 닐윔을 보고 惕텩然연[놀라ᄂᆞᆫ 톄라]히 붓그리며 저허 흥긔ᄒᆞ야 行힝ᄒᆞ과뎌 ᄒᆞᆷ이니라

현대역 어버이 효양하기를 알지 못하는 이는, 그 옛 사람이 뜻을 먼저 하여, 낯빛을 받자오며, 소리를 화하게 하고, 기운을 나직이 하며, 수고로움을 꺼리지 아니하여, 써 달며 보드라운 것을 이르게 함을 보고, 척연(惕然)[놀라는 모양이라.]히 부끄러워하며 두려워하여 興起하여 행하고자 (해야) 함이니라.

1 텩연히: 척연(惕然)히. 근심스럽고 두렵게.

2 흥긔ᄒᆞ야: 흥기(興起)하여. 떨치고 일어나.

3 힝ᄒᆞ과뎌: 행하고자. '힝ᄒᆞ+과뎌'이다. '-과뎌'는 '-과다'와 마찬가지로, 주로 동사, 형용사 어간 뒤에 붙어, '-고자'를 뜻하는 어미이다. 時節이 便安ᄒᆞ고 녀르미 ᄃᆞ외며 福이 오고 厄이 스러디과뎌 ᄒᆞᄂᆞ니.《월석 서:25》, 이엔 ᄯᅩ 慧力이 定에 너머 다 서르 글우미 잇ᄂᆞᆫ 젼ᄎᆞ로 ᄀᆞ티 가지과뎌 ᄒᆞ시니라(此又慧力過定 皆互有所失故 欲等持也).《능엄 9:73》

【集解】人子養親에先意而承順顏色하며怡聲而低下其氣는所謂養志也요不憚己之疲勞하여以營奉甘軟之飲食은所謂養口體也니此皆古人之所行者니今因讀書學問而知之라故로

必惕然慙懼하여興起而必欲行之也니라

사람의 자식이 부모를 봉양함에, (부모의) 뜻을 먼저 하고 안색을 받들어 따르며 소리를 화하게 하고 그 기운을 낮춤은 이른바 뜻을 봉양함이요, 자기의 피로함을 꺼리지 아니하여 써 달고 무른 음식을 장만하여 받듦은 이른바 口體를 봉양함이니, 이것은 모두 옛 사람들이 행한 바의 것이니, 이제 책을 읽고 학문함을 인하여 그것을 알았다. 그러므로 반드시 놀라 부끄럽고 두려워하여 떨쳐 일어나 반드시 그것을 행하고자 한다.

漢字 營(경영할 영)

未知事君者ᄂᆞᆫ欲其觀古人之守職無侵ᄒᆞ며見危授命ᄒᆞ며不忘誠諫ᄒᆞ야以利社稷ᄒᆞ고惻然自念ᄒᆞ야思欲効之也ㅣ니라

● 임금 섬김을 알지 못하는 자는, 그 옛 사람들이 '벼슬을 지켜 침해함이 없으며, 위태로움을 보고 목숨을 주며, 정성스럽게 간함을 잊지 않아, 써 사직을 이롭게 했음'을 보고, 측은하게 스스로 생각하여 그것을 본받고자 함을 생각하고자 해야 한다.

번소 님금 셤규믈 모ᄅᆞᄂᆞᆫ 사ᄅᆞᄆᆞᆫ 녜 사ᄅᆞᄆᆡ 내 벼스를 맛다셔 ᄂᆞᄆᆡ 벼슬엣 이를 아니ᄒᆞ며 나라히 바ᄃᆞ라온 주를 보고 내 목수믈 ᄇᆞ려 밧조오며 졍셩도이 간호믈 닛디 아니ᄒᆞ여 社사稷직을 리케 ᄒᆞ던 이를 보고 감동ᄒᆞ야 스싀로 혜아려 ᄇᆡ호과ᄃᆞ녜니라

현대역 임금 섬김을 모르는 사람은, 옛 사람이 내 벼슬을 맡아서 남의 벼슬의 일을 아니하며, 나라에 위태로운 줄을 보고 내 목숨을 버려 바치며, 정성스럽게 간함을 잊지 아니하여 사직을 이롭게 하던 일을 보고, 감동하여 스스로 헤아려 배우고자 (해야) 함이니라.

바ᄃᆞ라온: 위태로운. '바ᄃᆞ라오(어간)+ㄴ(관형사형 어미)'이다. '바ᄃᆞ랍다'는 '바

드럽다'. '위태롭다'의 옛말이다. 모음으로 시작하는 어미 앞에서는 '바드랍-'이나 '바드라오-'로 나타난다. 겨신 짜히 便安ᄒᆞ야 바드랍디 아니ᄒᆞ시며.《월석 2:56》, 世尊하 내 이젯 이 모미 ᄆᆞᄎᆞ매 變ᄒᆞ야 업수믈 조ᄎᆞ리이다 世間ᄋᆞᆫ 實로 바드라오며 보드라와 구드니 업스니라(世實危脆 無牢强者).《능엄 2:4》, 님금 ᄆᆞᅀᆞᄆᆡ 邪ᄒᆞ며 正호매 根源ᄒᆞ고 天下ㅣ 便安ᄒᆞ며 바드라오ᄆᆞᆫ 百姓의 ᄆᆞᅀᆞᄆᆡ 셜워ᄒᆞ며 즐겨호매 잇ᄂᆞ니이다(本君心之邪正 天下安危 係民情之苦樂).《내훈 2:111》

소언 님금 셤굠을 아디 몯ᄒᆞᄂᆞᆫ 이ᄂᆞᆫ 그 녯 사ᄅᆞᆷ의 벼슬을 딕킈여셔 침노[제소임 밧긔 ᄂᆞᆷ의 소임을 침노홈이라]홈이 업스며 위틔홈을 보고 목숨을 주며 졍셩도이 諫간홈을 닛디 아니ᄒᆞ야 ᄡᅧ 社사稷직을 利리케 홈을 보고 惻측然연[감동ᄒᆞᄂᆞᆫ 톄라]히 스스로 혜아려 효측고져 홈을 ᄉᆡᆼ각과댜 홈이니라

현대역 임금 섬김을 알지 못하는 이는, 그 옛 사람이 벼슬을 지켜서 침노[자기 소임 밖의 남의 소임을 침노함이라.]함이 없으며, 위태함을 보고 목숨을 주며, 정성스럽게 간함을 잊지 아니하여 써 사직을 이롭게 함을 보고, 惻然[감동하는 모양이라.]히 스스로 헤아려, 效則하고자 함을 생각하고자 (해야) 함이니라.

1 측연(惻然)히: '측연(惻然)히. 보기에 가엾고 불쌍하게.

2 효측고져: 효칙(效則)하고자. '효측(ᄒᆞ)(어간)+고져(연결어미)'이다. 파생접사 '-ᄒᆞ-'가 생략되었다. '-고져'는 주로 동사, 형용사 어간이나 어미 뒤에 붙어, '-고자'를 뜻하는 연결어미이다. ᄒᆞᆫ ᄉᆞ랑ᄒᆞᄂᆞᆫ 아기아ᄃᆞ리 양ᄌᆡ며 ᄌᆡ조 ᄒᆞᆫ 그티니 그듸 ᄯᆞ롤 맛고져 ᄒᆞ더이다.《석상 6:15》, 兜率天에 가아 兜率 天子ㅣ ᄃᆞ외야 世尊 뵈ᅀᆞᆸ고져 너겨.《석상 6:45》. '효측ᄒᆞ다'는 '본받아 법으로 삼다.'를 뜻한다. 季良을 효측ᄒᆞ야 得디 몯ᄒᆞ면 ᄲᅡ뎌 天下읫 輕薄 子ㅣ 되리니(效季良不得, 陷爲天下輕薄子).《소언 5:14》, 宜臼ᄂᆞᆫ 幽王의 아래 읻ᄂᆞᆫ 사ᄅᆞᆷ이 맛ᄡᅡᆼ이 伯奇ᄅᆞᆯ 효측ᄒᆞᆯ 디니.《여훈 하:19》

3 ᄉᆡᆼ각과댜: 생각하고자. 'ᄉᆡᆼ각(ᄒᆞ)(어간)+과댜(연결어미)'이다. 파생접사 '-ᄒᆞ-'가 생략되었다. '-과댜'는 '-과뎌'와 마찬가지로, 주로 동사, 형용사 어간 뒤에 붙어,

'-고자'를 뜻하는 어미이다. 戊寅년 췩애 사ᄅᆞᆷ이 수이 알과댜 ᄒᆞ야 字 ᄠᅳᆮ 밧긔 註엣 말을 아오로 드려 사겨시모로(戊寅本欲人易曉 字義之外 幷入註語爲解故).《소언 범:1》, 아ᄎᆞᆷ나죄로 나ᄅᆞᆯ 경계ᄒᆞ야 ᄀᆞᆯ오ᄃᆡ 반ᄃᆞ시 先人의 일을 廢티 말라 ᄒᆞ과댜 ᄇᆞ라더니 네 이제 ᄀᆞᆯ오ᄃᆡ 엇뎨 스스로 편안티 아니ᄒᆞᄂᆞ뇨 ᄒᆞ니(吾冀而朝夕修我曰 必無廢先人 爾今曰 胡不自安).《소언 4:46》

【增註】守職은有官守者修其職하고有言責者盡其忠也라見危授命은知有君而不知有身也라

守職[벼슬을 지킴]은 관리의 직책이 있는 자는 그 직책을 닦고, 말할 책임이 있는 자는 그 충성을 다함이다. 見危授命[위태로움을 보고 목숨을 줌]은 임금이 있음만 알고 자신이 있음을 알지 못함이다.

관수(官守): 관리의 직책.

素驕奢者ᄂᆞᆫ**欲其觀古人之恭儉節用**ᄒᆞ며**卑以自牧**ᄒᆞ며**禮爲教本**이며**敬者身基**ᄒᆞ고**瞿然自失**ᄒᆞ야**斂容抑志也**ㅣ니라

●본디 교만하고 사치한 자는, 그 옛 사람들이 '공손하고 검소하여 씀을 절약하며, 낮춤으로써 스스로 기르며, 예로써 가르침의 근본으로 삼으며, 공경이란 것으로 몸의 터전을 삼았음'을 보고, 놀라 스스로 잃어 용모를 거두고 뜻을 누르고자 해야 한다.

漢字 素(본디 소, 평소 소), 牧(기를 목), 瞿(놀랄 구, 두려울 구)

번소 본ᄃᆡ 교만ᄒᆞ고 샤치ᄒᆞᆫ 사ᄅᆞᄆᆞᆫ 녯 사ᄅᆞᄆᆡ 온공ᄒᆞ고 검박ᄒᆞ며 존졀ᄒᆞ야 ᄡᅳ며 스싀로 몸가쥬믈 ᄂᆞᄌᆞ기 ᄒᆞ며 禮례節졀이 ᄀᆞᄅᆞ치ᄂᆞᆫ ᄆᆡᆫ 근원이며 공경이 내 몸 셰ᄂᆞᆫ 터힌 주를 보고 놀라 ᄆᆞᅀᆞᆷ 일흔 ᄃᆞ시 ᄒᆞ야 양ᄌᆞᄅᆞᆯ 가도혀 ᄠᅳ들 ᄂᆞ리누르과ᄃᆞ녀니라

현대역 본디 교만하고 사치한 사람은, 옛 사람이 溫恭하고, 儉朴하며, 존절(撙

節)하여 쓰며, 스스로 몸가짐을 나직이 하며, 예절이 가르치는 밑 근원[근본]이며, 공경이 내 몸 세우는 터인 줄을 보고, 놀라 마음 잃은 듯이 하여, 모습을 가두어 단속하여 뜻을 내리누르고자 (해야) 함이니라.

1 온공ᄒᆞ고: 온공(溫恭)하고. 성격, 태도 따위가 온화하고 공손하고.
2 검박ᄒᆞ며: 검박(儉朴)하며. 검소하고 소박하며.
3 존졀ᄒᆞ야: 존절(撙節)하여. 알맞게 절제하여.
4 가도혀: '가도혀(어간)+ø(연결어미 '어' 생략)'이다. '가도혀다'는 '거두어 움츠리거나 단속하다.'를 뜻한다. 쉽사리 病ᄒᆞᆫ 허튀를 가도혀노라(容易收病脚).《두시-초 14:2》(현대역: 쉽게 병든 넓적다리를 거두어 움츠릴 것이다.), 스스로 ᄆᆞᅀᆞ믈 가도혀 ᄒᆞ면 나날 법다오매 나ᅀᅡ가ᄂᆞ니라(自檢束則日就規矩).《번소 8:6》(현대역: 스스로 마음을 가두어 단속하면 나날이 법다움에 나아가느니라.)
5 ᄂᆞ리누르과ᄃᆞ녜니라: 내리누르고자 함이니라. 'ᄂᆞ리누르(어간)+과ᄃᆞ녜니라(평서형 종결어미)'이다. '-과ᄃᆞ녜니라'는 주로 동사, 형용사 어간 뒤에 붙어, '-고자 함이니라'를 뜻하는 어미이다. ᄃᆞᆯ며 연ᄒᆞᆫ 음식을 어더 이바도믈 보고 놀라이 붓그리며 저허 닐와다 힝ᄒᆞ과ᄃᆞ녜니라(以致甘膜 惕然慙懼 起而行之也).《번소 8:25》(현대역: 달고 연한 음식을 얻어드림을 보고 놀라서 부끄럽고 두려워 일으켜 행하고자 함이니라.) 현대국어 '내리누르다'의 옛말인 'ᄂᆞ리누르다'는 15세기 문헌에서부터 나타난다. 'ᄂᆞ리누르다'는 '내리다'의 의미인 'ᄂᆞ리-'와 '누르다'가 결합한 것이다. 18세기 중반 이후 제1음절 모음 'ㆍ'가 'ㅏ'로 변화하고, 근대국어 시기에 제2음절 모음 'ㅣ'의 영향으로 'ㅏ'가 'ㅐ'로 변화하여, 20세기 이후 '내리누르다'로 나타나서 현재에 이르렀다. ᄂᆞ리누르다(15세기~16세기)〉내리누르다(20세기~현재). 이형태: ᄂᆞ리누르다. 當時예 ᄂᆞ리누르며 추실 ᄯᅳ든 미시니라.《1464 영가 下:70ㄴ》, 양ᄌᆞᄅᆞᆯ 가도혀 ᄠᅳ들 ᄂᆞ리누르과ᄃᆞ녜니라.《1518 번소 8:27ㄱ》

소언 본ᄃᆡ 교만ᄒᆞ고 샤치ᄒᆞᆫ 이ᄂᆞᆫ 그 녯 사ᄅᆞᆷ의 온공ᄒᆞ고 검박ᄒᆞ야 ᄡᅳ기ᄅᆞᆯ 존졀ᄒᆞ며 ᄂᆞ족이 홈으로ᄡᅥ ᄌᆞ쳐ᄒᆞ며 례되 ᄀᆞᄅᆞ침애 근본이 되며 공경이 몸 셰ᄂᆞᆫ 터힌 줄을 보고 瞿구然연[서머ᄒᆞᆫ 톄라]히 스스로 일ᄒᆞᆫ ᄃᆞᆺᄒᆞ야 용모ᄅᆞᆯ 슈렴ᄒᆞ며 ᄠᅳᆮ을 ᄂᆞ리누르과댜 홈이니라 현대역 본디 교만하고 사치한 이는, 그 옛 사람이 온공하고, 검박하여, 쓰기를 존절하며, 나직이 함으로써 자처하며, 예로써 가르침에 근본이 되며, 공경이 몸 세우는 터인 줄을 보고, 구연(瞿然)[서먹서먹한 모양이라.]히 스스로 잃은 듯하여, 용모를 收斂하며 뜻을 내리누르고자 (해야) 함이니라.

1 구연히: 구연(瞿然)히. 서먹서먹하게. 낯이 설거나 친하지 아니하여 자꾸 어색하게.
2 슈렴ᄒᆞ며: 수렴(收斂)하며. 방탕한 사람이 몸과 마음을 단속하며.
3 ᄂᆞ리누르과댜: 내리누르고자. 'ᄂᆞ리누르(어간)+과댜(연결어미)'이다. '-과댜'는 주로 동사, 형용사 어간 뒤에 붙어, '-고자'를 뜻하는 연결어미이다. 戊寅년 칙애 사ᄅᆞᆷ이 수이 알과댜 ᄒᆞ야 字 ᄠᅳᆮ 밧긔 註엣 말을 아오로 드려 사겨시모로(戊寅本欲人易曉 字義之外 幷入註語爲解故).《소언 범:1》, 아ᄎᆞᆷ나죄로 나를 경계ᄒᆞ야 ᄀᆞᆯ오ᄃᆡ 반ᄃᆞ시 先人의 일을 廢티 말라 ᄒᆞ과댜 ᄇᆞ라더니 네 이제 ᄀᆞᆯ오ᄃᆡ 엇뎨 스스로 편안티 아니ᄒᆞᄂᆞ뇨 ᄒᆞ니(吾冀而朝夕修我曰 必無廢先人 爾今曰 胡不自安).《소언 4:46》. 현대국어 '내리누르다'의 옛말인 'ᄂᆞ리누르다'는 15세기 문헌에서부터 나타난다. 'ᄂᆞ리누르다'는 '내리다'의 의미인 'ᄂᆞ리-'와 '누르다'가 결합한 것이다.

【增註】自牧은自處也라禮以律人하고敬以立己라瞿然은自失貌라收斂其容하고抑下其志면則不驕奢矣라

自牧[스스로 기름]은 스스로 처함이다. 예하여 써[예로써] 남을 다스리고, 공경하여 써[공경으로써] 자기를 세운다. 구연(瞿然)은 스스로 잃은 모양이다. 그 용모를 거두고 그 뜻을 아래로 누르면 교만하고 사치하지 않게 된다.

漢字 處(처할 처, 살 차), 律(다스릴 률)

素鄙恪吝者ᄂᆞᆫ欲其觀古人之貴義輕財ᄒᆞ며少私寡慾ᄒᆞ며忌盈惡(오)滿ᄒᆞ며賙周窮卹恤同匱ᄒᆞ고赧乃板反然悔恥ᄒᆞ야積而能散也ㅣ니라

●본디 좁고 인색한 자는, 그 옛 사람[古人]들이 '의를 귀히 하고 재물을 가벼이 하며, 사사로움을 적게 하고 욕심을 적게 하며, 가득함을 꺼리고 충만함을 싫어하며, 궁함을 구휼하고 다함[궁핍함]을 가엾이 여겼음'을 보고, 얼굴을 붉혀 후회하고 부끄러워하여 쌓되 능히 흩고자 해야 한다.

漢字 悋(인색할 린, 아낄 린), 盈(가득할 영, 찰 영), 賙(구휼할 주), 卹(가엾이 여길 휼 =恤), 匱(다할 궤, 함 궤, 없을 궤), 赧(얼굴 붉힐 란, 부끄러울 란)

번소 본ᄃᆡ 더럽고 앗기ᄂᆞᆫ 사ᄅᆞ믄 녯 사ᄅᆞ믜 어딘 의를 귀히 너기고 쳔량을 가ᄇᆡ야이 너기며 아ᄅᆞᆷ뎟 이리 젹고 욕심이 져그며 ᄎᆞᆫ 이ᄅᆞᆯ 새려ᄒᆞ며 ᄀᆞ독ᄒᆞᆫ 일ᄋᆞᆯ 앗쳐러ᄒᆞ며 궁ᄒᆞᆫ 사ᄅᆞ믈 거느리치며 업서ᄒᆞᄂᆞᆫ 사ᄅᆞ믈 에엿비 너기던 주를 보고 ᄂᆞᆾ블겨 뉘웃고 붓그려 만히 사히 ᄃᆞᆺᄂᆞᆫ 거슬 능히 흗과ᄃᆞ녜니라

현대역 본디 더럽고[비루하고] 아끼는 사람은, 옛 사람이 어진 의를 귀히 여기고 재물을 가벼이 여기며, 사사로운 일이 적고 욕심이 적으며, 찬[가득 찬] 일을 꺼려하며 가득한 일을 싫어하며, 궁한 사람을 구제하며, 없어하는 사람을 가련히 여기던 줄을 보고, 낯붉혀 뉘우치고 부끄러워하여, 많이 쌓아둔 것을 능히 흩고자 (해야) 함이니라.

앗쳐러ᄒᆞ며: 싫어하며. '앗쳐러ᄒᆞ(어간)+며(연결어미)'이다. '앗쳐러ᄒᆞ다'는 '아쳐라ᄒᆞ다'의 이형태로, '싫어하다'의 옛말이다. 俗人ᄋᆡ 양ᄌᆡ 오히려 아쳐라ᄒᆞᄂᆞ니 妖怪로왼 氣運이 믄듯 아ᄉᆞ라ᄒᆞ도다(俗態猶猜忌 妖氛忽杳冥).《두시-초 24:5》, 인ᄒᆡᄅᆞᆯ 東都애 나그내 ᄃᆞ외야 디나 ᄃᆞᆫ니논 바애 機巧ᄒᆞᆫ 사ᄅᆞᄆᆞᆯ 아쳐라ᄒᆞ노라(二年客東都 所歷厭機巧).《두시-초 19:46》

소언 본ᄃᆡ 더럽고 앗기ᄂᆞᆫ 이ᄂᆞᆫ 그 녯 사ᄅᆞᆷ의 올ᄒᆞᆫ 이ᄅᆞᆯ 貴귀히 너기고 ᄌᆡ믈을 가ᄇᆡ야이 너기며 ᄉᆞᄉᆞ로옴이 쟉고 욕심이 져으며 ᄎᆞᆫ 이ᄅᆞᆯ 새려ᄒᆞ고 ᄀᆞ독ᄒᆞᆫ 이를 아쳐ᄒᆞ며 窮궁ᄒᆞᆫ 이ᄅᆞᆯ 구ᄒᆞ고 업서ᄒᆞᄂᆞᆫ 이ᄅᆞᆯ 에엿비 너기던 줄을 보고 赧난然연[ᄂᆞᆾ븕ᄂᆞᆫ 톄라]히 뉘웃고 붓그려ᄒᆞ

야 싸한ᄂᆞᆫ 거슬 能능히 흗과뎌 홈이니라

[현대역] 본디 더럽고 아끼는 이는, 그 옛 사람이 옳은 일을 귀하게 여기고 재물을 가벼이 여기며, 사사로움이 적고 욕심이 적으며, 가득 찬 일을 꺼려하고 가득한 일을 싫어하며, 궁한 이를 구하고, 없어하는 이를 가련히 여기던 줄을 보고, 난연(赧然)[낯붉히는 모양이라.]히 뉘우치고 부끄러워하여, 쌓아 있는 것을 능히 흩고자 (해야) 함이니라.

1 난연히: 난연(赧然)히. 수줍어서 붉은 낯빛으로.
2 싸한ᄂᆞᆫ: 쌓아 있는. '쌓(어간)+아(보조적 연결어미)+잇(在, '잇다'의 어간)+ᄂᆞ(직설법 선어말어미)+ㄴ(관형사형 어미)'이다. 완료상은 보조적 연결어미 '-아'와 보조형용사 '잇다[在]'의 결합으로 표현된다. '잇-'이 본동사와 한 음절을 이룰 때는 이미 15세기에 'ㅣ'가 탈락되는 일이 있었다. 본 예도 '아+ㅅ→앗'으로 나타나 완료상을 표시하고 있다. 다만 비음화를 경험하고 이를 표기에 반영하고 있다. 內豎ᄂᆞᆫ 뫼ᅀᆞ왓ᄂᆞᆫ 혀근 臣下ㅣ라.《내훈 1:39》, 내 바ᄅᆞ 닐오마 길 마갓ᄂᆞᆫ ᄒᆞᆫ 퍼깃 사미 비 오나든 곳 퓌오 ᄇᆞᄅᆞᆷ 굴겨든 여름 밋ᄂᆞᆫ 거셔(我猜着 當路一科麻下雨開花 刮風結子).《번박 상:40》

【集說】陳氏曰盈則溢이라故可忌요滿則覆이라故可惡라匱는乏也라赧然은慚而面赤之貌라積財而能散施면則不鄙悋矣라

진 씨가 말하였다. "차면 넘친다. 그러므로 가히 꺼리고, 충만하면 엎어진다. 그러므로 가히 미워한다. 궤(匱)는 다함이다. 난연(赧然)은 부끄러워 얼굴이 붉어진 모양이다. 재물을 쌓되 능히 흩어 베풀면 좁거나 인색하지 않다."

[漢字] 溢(넘칠 일), 覆(엎을 복, 뒤집을 복), 乏(다할 핍, 가난할 핍)

素暴悍者ᄂᆞᆫ欲其觀古人之小心黜己ᄒᆞ며齒敝舌存ᄒᆞ며含垢藏疾ᄒᆞ며尊賢容衆ᄒᆞ고苶涅然沮喪ᄒᆞ야若不勝升衣也ㅣ니라

● 본디 포악하고 사나운 자는, 그 옛 사람[古人]들이 '마음을 작게 하고,

자기를 물리치며, (단단한) 이는 해져도 (부드러운) 혀는 남아 있으며, 때를 머금고 병을 감추며, 어진 이를 높이고 대중을 포용했음'을 보고, 나른하여 기운이 없고 꺾여 잃어 옷도 이기지 못할 듯이 하고자 해야 한다.

漢字 暴[사나울 포(폭)], 悍(사나울 한), 黜(물리칠 출), 敝(해질 폐), 含(머금을 함, 품을 함), 垢(때 구), 藏(감출 장), 疾(병 질), 苶(나른할 날), 沮(꺾일 저, 그칠 저, 막을 저), 喪(잃을 상)

1 치폐설존(齒敝舌存, 齒斃舌存): 단단한 이는 빠져도 부드러운 혀는 남는다. 즉 강한 자가 먼저 망하고 부드러운 자가 나중까지 남는다. 유의어: 치망설존(齒亡舌存).

2 함구장질(含垢藏疾) 때를 머금고 병을 감춘다. 남의 더러운 것을 허물로 삼지 않고, 남의 병통(病痛, 병으로 말미암은 아픔)을 감추어 준다.

3 존현용중(尊賢容衆): 어진 이를 높이고 많은 사람을 포용한다.

4 날연(苶然): 나른하여 기운이 없음.

5 저상(沮喪): 기운을 잃음.

번소 본ᄃᆡ 모딘 사ᄅᆞ믄 녯 사ᄅᆞ믜 ᄆᆞᅀᆞᆷ 조리혀 내 모믈 ᄂᆞᄌᆞ기 ᄒᆞ며 구든 니ᄂᆞᆫ ᄒᆡ여디고 부드러온 혀ᄂᆞᆫ 이시며 ᄂᆞᄆᆡ 더러온 이ᄅᆞᆯ 머구머시며 ᄂᆞᄆᆡ 사오나온 이ᄅᆞᆯ 뿜기며 어딘 사ᄅᆞᄆᆞᆯ 위ᄒᆞ며 모ᄃᆞᆫ 사ᄅᆞᄆᆞᆯ 용납ᄒᆞᄂᆞᆫ 주를 보고 추러히 모딘 긔운을 긋치 눌러 업시ᄒᆞ야 니븐 옷도 이긔디 몯ᄒᆞᄂᆞᆫ ᄃᆞ시 ᄒᆞ과ᄃᆞ녜니라

현대역 본디 모진 사람은, 옛 사람이 마음 오그라들어, 내 몸을 나직이 하며, 굳은 이[齒牙]는 해지고 부드러운 혀는 있으며, 남의 더러운 일을 머금어 있으며, 남의 나쁜 일을 숨기며, 어진 사람을 위하며, 모든 사람을 용납하는 줄을 보고, 추레하게 모진 기운을 그치게 눌러 없이하여, 입은 옷도 이기지 못하는 듯이 하고자 (해야) 함이니라.

1 머구머시며: 머금어 있으며. '머굼(어간)+어(보조적 연결어미)+잇(在, '잇다'의 어간)+으며(연결 어미)'이다. 완료상은 보조적 연결어미 '-어'와 보조형용사 '잇다

[在]'의 결합으로 표현된다. '잇-'이 본동사와 한 음절을 이룰 때는 이미 15세기에 'ㅣ'가 탈락되는 일이 있었다. 본 예도 '어+ㅅ→엇'으로 나타나 완료상을 표시하고 있다. 內豎ᄂᆞᆫ 뫼ᅀᆞ왓ᄂᆞᆫ 혀근 臣下ㅣ라.《내훈 1:39》, 내 바ᄅᆞ 닐오마 길 마갓ᄂᆞᆫ ᄒᆞᆫ 펴깃 사미 비 오나든 곳 퓌오 ᄇᆞᄅᆞᆷ 글겨든 여름 밋ᄂᆞᆫ 거셔(我猜着 當路一科麻下雨開花 刮風結子).《번박 상:40》. '머금다'의 옛말인 '머굼다'는 15세기 문헌에서부터 나타난다. 17세기 이후 '머굼다'의 제2음절 모음 'ㅜ'가 'ㅡ'로 변화한 '머금다'로 나타나서 현재에 이르렀다. 16세기의 '머곰다'는 '머굼다'의 제2음절 모음 'ㅜ'를 'ㅗ'로 바꾼 것이고, '먹움다'는 '머굼다'를 분철 표기한 것이다. 17세기 이후의 '먹음다'는 '머금다'를 분철 표기 한 것이다. 머굼다(15세기~18세기)〉머금다(17세기~현재). 이형태: 머굼다, 머곰다, 먹움다, 머금다, 머금다. 性이 一萬 德을 머굼고.《1459 월석 9:21ㄴ》, 가ᄉᆞ 사ᄅᆞ미 부모 위ᄒᆞ야 더운 쇠무저글 머곰고.《1563 은중 21ㄴ》, 숫글 먹움어 벙어리 되여 져제 ᄃᆞᆫ니며 비니.《1587 소언 4:31ㄴ》

2 용납ᄒᆞᄂᆞᆫ: 용납(容納)하는. '용납ᄒᆞ(어간)+ᄂᆞᆫ(관형사형 어미)'이다. '용납ᄒᆞ다'는 '너그러운 마음으로 남의 말이나 행동을 받아들이다.'를 뜻한다.

3 추러히: 추레히. 겉모양이 깨끗하지 못하고 생기가 없이.

4 ᄒᆞ과ᄃᆞ녜니라: 하고자 함이니라. 'ᄒᆞ(爲, 어간)+과ᄃᆞ녜니라(평서형 종결어미)'이다. '-과ᄃᆞ녜니라'는 주로 동사, 형용사 어간 뒤에 붙어, '-고자 함이니라'를 뜻하는 어미이다. ᄃᆞᆯ며 연ᄒᆞᆫ 음식을 어더 이바도믈 보고 놀라이 붓그리며 저허 닐와다 힝ᄒᆞ과ᄃᆞ녜니라(以致甘脥 惕然慙懼 起而行之也).《번소 8:25》(현대역: 달고 연한 음식을 얻어드림을 보고 놀라서 부끄럽고 두려워 일으켜 행하고자 함이니라.)

소언 본ᄃᆡ 모딜고 강한 이ᄂᆞᆫ 그 녯 사ᄅᆞᆷ의 ᄆᆞᄋᆞᆷ을 젹게 ᄒᆞ며 몸을 ᄂᆞᄌᆞᆨ이 ᄒᆞ며 나ᄂᆞᆫ ᄒᆡ여디고 혀ᄂᆞᆫ 이시며[굳센 양ᄒᆞᄂᆞᆫ 이ᄂᆞᆫ 샹ᄒᆞ고 부드러온 이ᄂᆞᆫ 보젼홈을 닐옴이라] 놈의 더러온 이ᄅᆞᆯ 포함ᄒᆞ며 놈의 사오나온 이ᄅᆞᆯ 숨기며 어딘 사ᄅᆞᆷ을 츄존ᄒᆞ고 모ᄃᆞᆫ 사ᄅᆞᆷ을 용납ᄒᆞ던 줄을 보고 薾날然연[추러ᄒᆞᆫ 톄라]히 그치텨 허우록ᄒᆞ야 오ᄉᆞᆯ 이긔디 몯홀 ᄃᆞ시 ᄒᆞ과댜 홈이니라 현대역 본디 모질고 강한 이는, 그 옛 사람이 마음을 적게 하며 몸을 나직이 하며, 이[치아]는 해지고 혀는 있으며[굳센 모양을 하는 것은 상하고, 부드러운 것은 보전함을 말함이라.], 남의 더러운 것을 包含하며, 남의 나쁜 것을 숨기며, 어진 사람을 推尊하고, 모든 사람을 용납하던 줄을 보고, 날연(薾然)[추레한 모양이라.]히 그쳐 허우룩하여, 옷을 이기지 못할 듯이 하고자(해야) 함이니라.

1 양ᄒᆞᄂᆞᆫ: 양하는. '양ᄒᆞ(어간)+ᄂᆞᆫ(관형사형 어미)'이다. '양ᄒᆞ다'는 동사나 형용사, 또는 '이다' 뒤에서 '-은 양하다'의 구성으로 쓰여, 앞말이 뜻하는 모양을 하고 있음을 나타내는 말이다. 휘파람을 부는 것을 보니, 기분이 매우 좋은 양하다. 소중하게 다루는 것을 보니, 귀한 물건인 양하다.

2 포함ᄒᆞ며: 포함(包含)하며. 어떤 사물이나 현상 가운데 함께 들어가게 하거나 함께 넣으며.

3 츄존ᄒᆞ고: 추존(推尊)하고. 높이 받들어 존경하고.

4 날연히: 날연(苶然)히. 피곤하여 기운이 없이. 나른히.

5 그치텨: 그치어, 끊어. '그치티(어간)+어(연결어미)'이다. '그치티다'는 '그치다', '끊다'의 옛말이다. 三聚戒ᄂᆞᆫ 세 가지 모든 警戒니 ᄒᆞ나ᄒᆞᆫ 法을 가졧ᄂᆞᆫ 警戒니 모딘 이ᄅᆞᆯ 그치틸씨오.《석상 9:6》(현대역: 삼취계는 세 가지 모든 경계이니 하나는 법을 갖추고 있는 경계이니 모든 일을 그치는 것이고.), 千差ᄅᆞᆯ 그치텨 안ᄌᆞ샤 凡과 聖과ᄅᆞᆯ 通티 아니ᄒᆞ시니(坐斷千差 不通凡聖).《금삼 2:3》(현대역: 수많은 차별을 끊어 앉으시어 凡과 聖을 통하지 아니하시니.)

【集說】陳氏曰暴는猛暴也요悍은强悍也라黜己는自退抑也라齒敝舌存은喩强死而弱生也라含垢는謂包含人之垢穢요藏疾은謂藏隱人之過惡이라苶然은沮喪貌니謂自沮喪其暴悍之氣也라

진 씨가 말하였다. "포(暴)는 사납게 포악함이요, 한(悍)은 강하게 사나움이다. 黜己[자기를 물리침]는 스스로 물러나 억제함이다. 齒敝舌存[이는 해져도 혀는 남아 있음]은 강함은 (먼저) 죽고, 약함은 (나중까지) 살아있음

을 비유함이다. 含垢[때를 머금음]는 남의 더러움[오점]을 싸서 머금음을 이르고, 藏疾[질병을 감춤]은 남의 허물과 악함을 감추고 숨김을 이른다. 날연(苶然)은 기운을 잃은 모양이니, 스스로 그 포악하고 사나운 기운을 꺾어 잃게 함을 이른다."

漢字 猛(사나울 맹), 穢(더러울 예)

素怯懦者ᄂᆞᆫ**欲其觀古人之達生委命**ᄒᆞ며**强毅正直**ᄒᆞ며**立言必信**ᄒᆞ며**求福不回**ᄒᆞ고**勃然奮厲**ᄒᆞ야**不可恐懼也**ㅣ니라

●본디 겁내고 나약한 자는, 그 옛 사람[古人]들이 '生에 통달하여 목숨을 맡기며, 강하고 굳세며 정직하며, 말 세움에 반드시 미덥게 하며, 복을 구함에 간사하지 않았음'을 보고, 우쩍 일어나 떨치고 힘써, 가히 두려워하지 않고자 해야 한다.

漢字 怯(겁낼 겁), 懦[나약할 나(유, 연)], 委(맡길 위), 剛(굳셀 강), 毅(굳셀 의), 回(간사할 회, 돌 회), 勃(우쩍 일어날 발, 갑작스러울 발, 발끈할 발, 성할 발), 奮(떨칠 분), 厲(힘쓸 려), 恐(두려울 공), 懼(두려워할 구)

발연(勃然): 왈칵 성을 내는 태도. 일어나는 모양이 세차고 갑작스러움.

번소 본ᄃᆡ 겁ᄒᆞ고 잔약ᄒᆞᆫ 사ᄅᆞ믄 녯 사ᄅᆞᄆᆡ 주굼 사로매 통달히 혜여 명에 ᄇᆞ려두며 강강ᄒᆞ고 질긔우더 올코 고다 말ᄉᆞ믈 ᄒᆞ요ᄃᆡ 반ᄃᆞ시 믿비 ᄒᆞ며 복을 구호ᄃᆡ 곱고뢰에ᄒᆞ디 아니ᄒᆞᄂᆞᆫ 주ᄅᆞᆯ 보고 믄득 분발ᄒᆞ며 닐와 다 저허 두려ᄒᆞ디 아니ᄒᆞ과ᄃᆞ녜니라

현대역 본디 겁내고 잔약(孱弱)한 사람은, 옛 사람이 죽음(과) 삶에 通達히 생각하여 명에 버려두며, 강하고 질기고 굳어 옳고 곧아, 말씀을 하되 반드시 미쁘게 하며, 복을 구하되 고부라지지[간사하지] 아니하는 줄을 보고, 문득 분발하며 일으켜, 다 겁내고 두려워하지 아니하고자 (해야) 함이니라.

1 잔약훈: 잔약(孱弱)한. 가냘프고 약한.

2 퉁달히: 통달(通達)히. 원문 '達'을 변역한 말이므로, '통달히'의 오자인 듯하다. '통달(通達)하다'는 '사물의 이치나 지식, 기술 따위를 훤히 알거나 아주 능란하다.'를 뜻한다.

3 강강ᄒᆞ고: 강강(强剛)하고. 마음이나 의지가 강하고.

4 질긔우더: 질기고 굳어, 꿋꿋하여. '질긔욷(어간)+어(연결어미)'이다. '질긔욷다'는 '질긔굳다'의 이형태이고, '질긔굳다'는 '질기고 굳다', '꿋꿋하다'의 옛말이다. 焦 先生 千之伯强이 文忠公의 고대 손 ᄃᆞ외얫더니 싁싁ᄒᆞ며 질긔구드며 方正홀 ᄉᆡ(焦先生千之伯强 客文忠公所 嚴毅方正).《내훈 3:17》

5 곱골외에ᄒᆞ디: 고부라지지. '곱골외에ᄒᆞ(어간)+디(보조적 연결어미)'이다. '곱골외에ᄒᆞ다'는 '곱골외다'의 이형태로, '고부라지다'의 옛말이다. 여러 가짓 믜우미 업스며 고히 平코 엷디 아니ᄒᆞ며 ᄯᅩ 곱골외디 아니ᄒᆞ며(無諸可惡 鼻不匾㔸 亦不曲戾).《법화 6:13》(현대역: 여러 가지의 미움이 없으며 코가 평평하고 얇지 아니하며 또 고부라지지 아니하며.)

소언 본ᄃᆡ 怯겁ᄒᆞ고 나약ᄒᆞᆫ 이ᄂᆞᆫ 그 녯 사ᄅᆞᆷ의 죽음 사ᄅᆞᆷ애 통달ᄒᆞ여 命명에 ᄇᆞ려두며 세ᄎᆞ고 질긔우ᄃᆞ며 졍답고 고ᄃᆞ며 말ᄉᆞᆷ 셰옴을 반ᄃᆞ시 믿비 ᄒᆞ며 福복 求구홈을 회곡히 아니턴 줄을 보고 勃불然연[믄득 변ᄒᆞᄂᆞᆫ 톄라]히 분발ᄒᆞ야 ᄀᆞ다둠아 可가히 저투리디 아니콰댜 홈이니라

현대역 본디 겁내고 나약한 이는, 그 옛 사람이 죽음과 삶에 통달하여 명에 버려두며, 세차고 질기고 굳으며 바르고 곧으며, 말씀 세움을 반드시 미쁘게 하며, 복을 구함을 回曲히 아니하던 줄을 보고, 勃然[문득 변하는 모양이라.]히 분발하여 가다듬어, 가히 두려워하지 아니하고자 (해야) 함이니라.

1 회곡히: 회곡(回曲)히. 휘어서 굽지.

2 불연히: 발연(勃然/艴然)히. 왈칵 성을 내는 태도나 일어나는 모양이 세차고 갑작스럽게. 처녀는 그의 짓궂은 농담에 발연히 성을 내며 쏘아붙였다. 왕의 얼굴빛은 발연히 변해졌다.《박종화, 다정불심》

【集說】陳氏曰怯은畏怯也요懦는懦弱也라達生委命은謂通達生死之常理而付之於命也라毅는强忍也라不回는不爲回邪之行也라勃然은奮厲貌니謂奮發振厲하여以去其怯懦也라

진 씨가 말하였다. "겁(怯)은 두려워하고 겁냄이요, 나(懦)는 나약함이다. 達生委命[생에 통달하여 목숨을 맡김]은 생사의 떳떳한 이치에 통달하여 천명에 그것을 붙임을 이른다. 毅는 강인함이다. 不回는 간사한 행동을 하지 않음이다. 勃然은 떨쳐 힘쓰는 모양이니, 분발하여 떨쳐 힘써, 써 그 겁내고 나약함을 제거함을 이른다."

漢字 付(붙일 부), 振(떨칠 진)

歷茲以往으로百行이皆然ᄒᆞ니縱不能淳이나去泰去甚ᄒᆞ면學之所知ㅣ施無不達ᄒᆞ리라世人이讀書호ᄃᆡ但能言之ᄒᆞ고不能行之ᄒᆞᄂᆞ니武人俗吏의所共嗤詆ㅣ良由是耳니라

●이를 지내 써 감으로, 모든 행실이 다 그러하니, (이 여섯 가지도) 비록 능히 純全하지는 못하나, 너무한 것을 없애고 심한 것을 없애면, 그것[여섯 가지]을 배워서 안 것을 베풂에 통달하지 않음이 없을 것이다. 세상 사람들이 글을 읽되, 다만 능히 그것을 말만 하고 그것을 능히 행하지는 않으니, (여섯 가지를 익히지 않는) 무인과 속된 아전들에게 함께 비웃고 비방할 바가 진실로 이[말만 하고 행하지 않음]로 말미암을 뿐이다.

漢字 茲(이 자), 縱(비록 종, 늘어질 종, 놓을 종, 세로 종, 가령 종), 淳(순전할 순, 순박할 순), 泰(너무 태, 클 태), 嗤(비웃을 치), 詆(비방할 저, 꾸짖을 저), 良(진실로 량, 본디 량)

1 역자이왕(歷玆以往): 이를 지내 써 감으로. 이 여섯 가지를 추념(追念, 지난 일을 돌이켜 생각함)하여.

2 순전(純全): 순수하고 완전함.

번소 일로 디나가모로 일빅 가짓 힝뎍이 다 그러ᄒᆞ니 비록 슌일티 몯ᄒᆞ나 ᄀᆞ장 심ᄒᆞᆫ 이롤 업시ᄒᆞ면 ᄇᆡ화 아ᄂᆞᆫ 배 베푸매 ᄉᆞᄆᆞ차 가디 아닐ᄃᆡ 업스리라 이젯 사ᄅᆞ미 글 닐구ᄃᆡ ᄒᆞᆫ갓 잘 니롤 만ᄒᆞ고 잘 힝티 몯ᄒᆞᄂᆞ니 호바니며 용쇽ᄒᆞᆫ 사ᄅᆞ미 모다 우스며 하패케 호믄 일로 그러ᄒᆞ니라

현대역 이것[윗글 여섯 가지]으로 지나감으로, 일백 가지의 행적이 다 그러하니, 비록 純一하지 못하나, 가장 심한 일을 없애면, 배워 아는 바가 베풂에 사무쳐, 가지 않을 데 없으리라. 이제의 사람이 글 읽되, 한갓 잘 말할 만하고 잘 행하지 못하니, 虎班이며 庸俗한 사람이 모두 웃으며 저욕(詆辱)하게 함은 이것으로 그러하니라.

1 슌일티: 순일(純一)하지. 다른 것이 섞이지 아니하고 순수하지.
2 호바니며: 호반(虎班)이며. '호반'은 '무관의 반열'을 뜻한다.
3 용쇽ᄒᆞᆫ: 용속(庸俗)한. 평범하여 속되어 이렇다 할 특징이 없는.
4 하패케: 저욕(詆辱)하게. 헐뜯어 욕되게 하게. '하패ᄒᆞ(어간)+게(연결어미)'이다. 'ᄒᆞ'의 'ㆍ'가 탈락하고, 'ㅎ'과 'ㄱ'이 자음축약을 일으켰다.

소언 일로 디나 ᄡᅧ 감오로 온갓 힝실이 다 그러ᄒᆞ니 비록 能능히 슌젼티 몯ᄒᆞ나 너믄 이롤 업시 ᄒᆞ며 심ᄒᆞᆫ 이롤 업시 ᄒᆞ면 ᄇᆡ화 아ᄂᆞᆫ 배 베품에 ᄉᆞᄆᆞᆺ디 아닐 ᄃᆡ 업스리라 셰샹 사ᄅᆞᆷ이 글올 닐구ᄃᆡ 다믄 能능히 닐올 만ᄒᆞ고 能능히 行힝티 몯ᄒᆞᄂᆞ니 호반이며 용쇽ᄒᆞᆫ 관원의 ᄒᆞᆫ가지로 우으며 헤ᄡᅳ리ᄂᆞᆫ 배 진실로 일로 말미암애니라

현대역 이것으로 지나 써 감으로, 온갖 행실이 다 그러하니, 비록 능히 純全하지 못하나, 넘는 일을 없애며 심한 일을 없애면, 배워 아는 바가 베풂에 사무치지 아니할 데가 없으리라. 세상 사람이 글을 읽되, 다만 능히 말할 만하고 능히 행하지 못하니, 호반이며 용속한 관원이 함께 웃으며 헐뜯어 욕하는 바가 진실로 이로부터 말미암는다.

1 슌젼티: 순전(純全)하지. 순수하고 완전하지.

2 헤쁘리는: 헐뜯는. '헤쁘리(어간)+는(관형사형 어미)'이다. '헤쁘리다'는 '함부로 헐뜯다'의 옛말이다. 셰샹 사름이 글을 닐구디 다믄 能히 닐올만 ᄒᆞ고 能히 行티 몯ᄒᆞᄂᆞ니 호반이며 용쇽ᄒᆞᆫ 관원의 ᄒᆞᆫ가지로 우으며 헤쁘리는 배 진실로 일로 말미암애니라(世人讀書 但能言之 不能行之 武人俗吏所共嗤詆 良由是耳). 《소언 5:108》

【增註】茲는指上文六者而言이라皆然은謂皆如此니取法古人也라人能勇於力行이면雖或未至盡善이나而氣習偏駁泰甚者를亦必克而去之니學之所知者를能力行之하여自無不達也라達은卽周子所謂行之利也라

茲는 위 글 여섯 가지를 가리켜 말한다. 皆然[다 그러함]은 모두 이와 같이 옛 사람을 법 받아[본받아] 취함을 이른다. 사람이 능히 힘써 행함에 용감하면, 비록 혹 다 선함에는 이르지 못하더라도, 기질과 익힘의 치우치고 섞임이 크고 심한 것을 또한 반드시 이겨서 그것[氣習偏駁泰甚者]을 제거할 것이니, 그것[여섯 가지]을 배워 아는 바의 것을 능히 힘써 행하여, 스스로 통달하지 않음이 없을 것이다. 達은 곧 周子[周敦頤]의, 이른바 행함이 이롭다는 것이다.

漢字 偏(치우칠 편), 駁(섞일 박, 얼룩말 박, 아롱질 박)

又有讀數十卷書ᄒᆞ고便自高大ᄒᆞ야凌忽長者ᄒᆞ며輕慢同列ᄒᆞ야人이疾之如讎敵ᄒᆞ며惡之如鴟梟ᄒᆞᄂᆞ니如此ㅣ면以學求益이어늘今反自損ᄒᆞ니不如無學也ㅣ니라

●또 수십 권의 책을 읽음이 있고, 곧 스스로 높고 크게 여겨, 장자를 업신여기고 소홀이 하며, 같은 줄[지위]을 가벼이 하고 업신여겨, 사람들이 그를 미워하기를 원수와 적과 같이 하며, 그를 미워하기를 올빼미와 같이 할 것이

니, 이와 같으면 배움으로써 유익함을 구하거늘, 지금 도리어 스스로 해치니, 배우지 않음과 같지 못하다."

漢字 凌(업신여길 능), 慢(업신여길 만, 게으를 만), 疾(미워할 질, 병 질, 앓을 질, 괴로워할 질), 惡(미워할 오), 鴟(올빼미 치), 梟(=鴞 올빼미 효), 損(해칠 손, 덜 손, 잃을 손, 상할 손)

번소 ᄯᅩ 스므나ᄆᆞᆫ 권 글 닐거셔 믄득 스싀로 놉고 큰 양ᄒᆞ야 얼우늘 므더니 너기며 동렬읫 사ᄅᆞ믈 경만히 너기면 사ᄅᆞ미 믜유믈 원슈와 피뎍ᄀᆞᆮ티 너기며 아쳐로ᄆᆞᆯ 쇼로기와 옫바미 ᄀᆞᆮ티 너기리니 이러ᄒᆞ면 글 ᄇᆡ호모로ᄡᅥ 유익호믈 구ᄒᆞ다가 이졔 도로혀 스싀로 해ᄒᆞᄂᆞᆫ 디라 글 ᄇᆡ호디 아니홈만도 ᄀᆞᆮ디 몯ᄒᆞ니라

현대역 또 이십 여 권 글 읽어서 문득 스스로 높고 큰 양하여, 어른을 소홀히 여기며. 同列의 사람을 輕慢히 여기면, 사람이 미워함을 원수와 적같이 여기며, 싫어함을 솔개와 올빼미 같이 여기리니, 이러하면 글 배움으로써 유익함을 구하다가, 이제 도리어 스스로 해하는 것이라, 글 배우지 아니함만도 같지 못하니라."

1 동렬: 동렬(同列). 같은 수준이나 위치.

2 경만히: 경만(輕慢)히. 교만한 마음에서 남을 하찮게 여기게.

3 쇼로기: 솔개. '솔개'의 옛말인 '쇠로기'는 15세기 문헌에서부터 나타난다. 16세기에는 제1음절의 이중모음 'ㅚ[oj]'가 'ㅛ[jo]'로 바뀐 '쇼로기' 형태가 등장하였다. 근대국어 후기에 'ㅅ' 뒤에서 이중모음 'ㅑ, ㅕ, ㅛ, ㅠ'가 단모음 'ㅏ, ㅓ, ㅗ, ㅜ'로 바뀌는 현상에 따라 '쇼>소'로 변화하였고, 정확한 이유는 알 수 없으나 제3음절 '기'가 '개'로 바뀌어 19세기에는 '소로개' 형태가 등장하게 되었다. 19세기에는 '소로개'에서 제2음절 모음 'ㅗ'가 'ㅣ'로 바뀐 '소리개' 형태와, 준말인 '솔개' 형태도 등장하였는데, 현대국어에서는 '솔개'만을 표준어로 인정하고 있다. 쇠로기(15세기~17세기)>쇼로기(16세기~18세기)>소로개(19세기)>솔개(19세기~현재). 이형태: 쇠로기, 쇼로기, 쇄로기, 소로개, 소루개, 소리개, 솔개. 彈子ᄂᆞᆫ 쇠로기 ᄀᆞᆮᄒᆞᆫ 새ᄅᆞᆯ 디놋다.《1481 두시-초 3:14ㄴ》, 여러 가짓

연이 잇ᄂᆞ니라 쇠로기ᄀᆞ티 ᄒᆞᆫ 연 메유기ᄀᆞ티 ᄒᆞᆫ 연.《1510년대 번박 17ㄴ》, 鵰 쇼로기 치.《1576 신합 상:12ㄴ》

4 온바미: 올빼미. '온바미'는 16세기 문헌에서부터 나타난다. 16세기에 '온바미'와 함께 '옷바미'도 나타나는데 16세기에 종성의 ㅅ이 ㄷ과 소리가 같아지면서 표기의 혼동이 일어났기 때문에 '온바미'와 '옷바미' 중 어느 것이 15세기 이전부터 존재했던 본래 형태인지는 정확히 알 수 없다. '온바미', '옷바미'의 제1음절 종성이 제2음절의 초성을 된소리가 되게 하고, 또 다른 한편으로는 제1음절 종성이 'ㄷ'에서 'ㄹ'로 바뀌어 19세기에 '올빰이' 형태가 나타나게 되었다. 그리고 '올빰이'에서 마지막 음절의 'ㅣ' 모음의 영향으로 제2음절의 'ㅏ'가 'ㅐ'로 바뀌는 ㅣ모음역행동화 현상에 따라 현대국어의 '올빼미' 형태가 등장하게 되었다. 온바미(16세기~19세기)〉올빰이(19세기)〉올빼미(20세기~현재). 이형태: 온바미, 옷바미, 옷밤이, 올밤이, 올빰이. 아쳐로ᄆᆞᆯ 쇼로기와 온바미 ᄀᆞ티 너기리니.《1518 번소 8:30ㄱ》, 鵂 옷바미 휴, 鶹 옷바미 류.《1576 신합 상:12ㄴ》, 뎌 놈들은 그저 옷밤이오 强盜ㅣ 아니라.《1677 박언 중:35ㄴ》

소언 쏘 두어열 권 글월 닑고 믄득 스스로 놉고 큰 양ᄒᆞ야 얼운을 므던이 너기며 同동列렬을 輕경慢만히 너겨 사ᄅᆞᆷ이 믜여홈을 원슈와 피뎍 ᄀᆞ티 ᄒᆞ며 아쳐홈을 쇼로기와 온바미 ᄀᆞ티 너기ᄂᆞ니 이러ᄒᆞ면 ᄇᆡ홈오로ᄡᅥ 유익홈을 求구ᄒᆞ거늘 이제 도로혀 스스로 해ᄒᆞ니 ᄇᆡ호디 아니홈만 곧디 몯ᄒᆞ니라

현대역 또 두어열 권의 글을 읽고 문득 스스로 높고 큰 양하여, 어른을 소홀히 여기며, 동렬을 경만히 여겨, 사람이 미워함을 원수와 적같이 하며, 싫어함을 솔개와 올빼미 같이 여기니, 이러하면 배움으로써 유익함을 구하거늘, 이제 도리어 스스로 해하니, 배우지 아니함만 같지 못하니라."

구ᄒᆞ거늘: 구하거늘. '구ᄒᆞ(어간)+거늘(연결어미)'이다. '-거늘'은 '이다'의 어간, 용언의 어간 또는 어미 '-으시-', '-었-', '-겠-', '-으옵-' 따위의 뒤에 붙어, 까닭이나 원인을 나타내는 연결어미이다. 하루는 거룩하신 얼굴에 손톱자국이 있거늘 왕대비 크게 노하시어….《박종화, 금삼의 피》

【集解】熊氏曰此는言借讀書爲名而矜己傲人者라夫不能使人親愛而使人疾惡면是는學本求益이어늘今反自損也라鴟梟는惡鳥也라

웅 씨가 말하였다. "이는 글 읽음을 빌려 명분을 삼고는 자기를 자랑하고 남에게 오만한 자를 말함이다. 무릇 능히 남으로 하여금 (자기를) 친애하지 못하게 하고, 남으로 하여금 (자기를) 미워하게 한다면, 이는 배움이 본래 이익을 구함이거늘, 지금은 도리어 스스로 해치는 것이다. 치효(鴟梟)는 나쁜 새이다."

漢字 矜(자랑할 긍)

치효(鴟梟): 올빼미. 밤에 나와서 닭이나 새 새끼를 잡아먹어 악조(惡鳥)로 알려졌다. 전(轉)하여 '흉악한 사람'의 뜻으로도 쓰인다. 특히 고래(古來)로 올빼미는 어미를 잡아먹는다고 오신(誤信)하여, 불효조(不孝鳥)로도 일컬었다. 따라서 이것을 목 베어 매달았다가 5월 5일에 그것을 끓인 국물을 관리들에게 본보기를 보이기 위해 먹였다 한다.

〖八十一章〗

○伊川先生이曰大學은孔氏之遺書而初學入德之門也ㅣ니於今에可見古人의爲學次第者ㅣ獨賴此篇之存而其他則未有如論孟者ㅎ니故로學者ㅣ必由是而學焉則庶乎其不差矣리라 《二程全書 遺書》

●伊川 선생이 말하였다. "《대학》은 공 씨[공자]의 남긴 글로, 초학자가 덕에 들어가는 문이니, 지금에 있어 가히 옛 사람이 학문하는 차례를 볼 수 있는 것은 유독 이 편[《대학》]의 있음에 힘입고, 그 나머지는 《논어》와 《맹자》만한 것이 있지 않으니, 그러므로 배우는 자는 반드시 이[《대학》]로

말미암아 배우면, 거의 그 어긋나지 않을 것이다."

漢字 賴(힘입을 뢰, 의뢰할 뢰), 庶(거의 서, 가까울 서), 差(어긋날 차)

대학 이하(大學 以下): 대학장구대전(大學章句大全) 첫머리에 나오는 글이다.

번소 伊이川쳔 先션生ᄉᆡᆼ이 니ᄅᆞ샤ᄃᆡ 大대學ᄒᆞᆨ은 孔공子ᄌᆞ의 기티신 글워리라 처ᅀᅥᆷ ᄇᆡ호ᄂᆞᆫ 사ᄅᆞ믜 덕의 드는 문이니 이제 녯 사ᄅᆞ믜 글 ᄇᆡ홀 ᄎᆞ례ᄅᆞᆯ 보미 혼자 이 글 이슈매 힘니벗고 그 나ᄆᆞ니ᄂᆞᆫ 론어와 ᄆᆡᆼᄌᆞ와 ᄀᆞᄐᆞ니 업스니 그런ᄃᆞ로 글 ᄇᆡ호ᄂᆞᆫ 사ᄅᆞ미 반ᄃᆞ시 이ᄅᆞᆯ 말ᄆᆡ사마 ᄇᆡ호면 거싀 그르디 아니ᄒᆞ리라

현대역 伊川 선생이 이르시되, "《대학》은 공자가 남기신 글월이라. 처음 배우는 사람이 덕에 드는 문이니, 이제 옛 사람의 글 배울 차례를 봄이, 혼자 이 글 있음에 힘입었고, 그 나머지는 《논어》와 《맹자》와 같은 이 없으니, 그러므로 글 배우는 사람이 반드시 이(《대학》)를 말미암아 배우면, 거의 그르지 아니하리라."

기티신: 남기신. '기티+시+ㄴ'이다. '기티다'는 '끼치다', '남기다'의 옛말이다. 오직 命 ᄆᆞᄎᆞᇙ 제 그ᅀᅳ기 기텨 付囑호ᄆᆞᆫ 더룸 디니라(唯除命終 陰有遺付).《능엄 6:111》, 이 ᄆᆞᆺ 後ㅅ 부텻 기티논 긔걸이니 모로매 모다 삼가라.《석상 23:13》

소언 伊이川쳔 先션生ᄉᆡᆼ이 ᄀᆞᆯᄋᆞ샤ᄃᆡ 大대學ᄒᆞᆨ은 孔공氏시의 기티신 글월이라 처엄 ᄇᆡ호ᄂᆞᆫ 의 德덕에 드는 門문이니 이제 可가히 녯 사ᄅᆞᆷ의 學ᄒᆞᆨᄒᆞ던 ᄎᆞ례ᄅᆞᆯ 볼 거시 홀로 이 글 이숌을 힘닙고 그 나ᄆᆞᆫ 이ᄂᆞᆫ 論론語어와 孟ᄆᆡᆼ子ᄌᆞ ᄀᆞᄐᆞᆫ 이 잇디 아니ᄒᆞ니 그러모로 ᄇᆡ호ᄂᆞᆫ 이 반ᄃᆞ시 이ᄅᆞᆯ 말ᄆᆡ아마 ᄇᆡ호면 거의 그 그ᄅᆞ디 아니ᄒᆞ리라

현대역 이천 선생이 말씀하시되, "《대학》은 공 씨가 남기신 글월이라. 처음 배우는 이가 덕에 드는 문이니, 이제 가히 옛 사람이 학문하던 차례를 볼 것이, 홀로 이 글 있음을 힘입고, 그 나머지 것은 《논어》와 《맹자》 같은

것이 있지 아니하니, 그러므로 배우는 이가 반드시 이(《대학》)를 말미암아 배우면, 거의 그 그르지 아니하리라."

【集說】陳氏曰大學之書는古之大(太)學所以教人之法이니孔子誦而傳之하사以詔後世하시니而初學入德之門也라爲學次第는謂格物致知誠意正心修身齊家治國平天下先後之序也라是는指大學而言이라朱子曰先讀大學하고去讀他經이라야方見得此是格物致知事며此是誠意正心事며此是修身事며此是齊家治國平天下事也니라

진 씨가 말하였다. "《대학》의 글은 옛날의 태학에서 써 사람을 가르치는 바의 법이니, 공자께서 외워 그것을 전하시어, 써 후세를 가르치시니, 초학자가 덕에 들어가는 문이다. 爲學次第[학문하는 차례]는 格物, 致知, 誠意, 正心, 修身, 齊家, 治國, 平天下의 앞뒤 차례를 이른다. (必由是而學焉의) 是는《대학》을 가리켜 말함이다." 주자가 말하였다. "먼저《대학》을 읽고, 다른 경서를 읽어 가야, 바야흐로 능히 이것[《대학》]이 格物, 致知의 일이며, 이것이 이 誠意, 正心의 일이며, 이것이 이 修身의 일이며, 이것이 이 齊家, 治國, 平天下의 일임을 보게 된다."

漢字 詔(가르칠 조, 고할 조)

【八十二章】

○凡看語孟애且須熟讀玩味ᄒᆞ야將聖人之言語ᄒᆞ야切己오不可只作一場話說이니看得此二書ᄒᆞ야切己ᄒᆞ면終身儘多也ㅣ리라 《二程全書 遺書》

● 무릇 語孟(《논어》와《맹자》)을 봄에, 우선 모름지기 熟讀하고 玩味하여,

성인의 말씀을 가져와서, 자기에게 切當할 것이요, 가히 단지 한바탕의 말이나 說로만 만들어서는 안 되니, 능히 이 두 글을 보아, 자기에게 절당하게 하면, 몸을 마치도록 진실로 많을[유여할] 것이다.

漢字 且(우선 차), 玩(익힐 완, 장난감 완, 장난할 완, 구경할 완, 사랑할 완), 將(가져올 장), 切(절당할 절, 절박할 절), 儘(진실로 진, 다할 진, 조금 진, 억지로 진)

1 숙독(熟讀): 반복하여 익숙하게 읽음.
2 완미(玩味): 음식을 잘 씹어서 맛봄, 시문 등의 의미를 보고 또 보고 의미를 새김.
3 절당(切當): 사리에 꼭 들어맞음.

번소 믈읫 論론語어와 孟밍子ᄌᆞ 보매 안직 모로매 니기 닑고 맛드려 셩신의 말ᄉᆞ믈 가져셔 내 모매 졀당케 ᄒᆞ고 다ᄆᆞᆫ ᄒᆞᆫ 바탕 말만 호미 맛당티 아니ᄒᆞ니 이 두 글워를 보와 모매 졀당케 ᄒᆞ면 죽도록 ᄡᅮ매 유여ᄒᆞ리라

현대역 무릇 《논어》와 《맹자》를 봄에, 아직 모름지기 익히 읽고 맛들이어, 성인의 말씀을 가져서 내 몸에 切當하게 하고, 다만 한바탕 말만 함이 마땅하지 아니하니, 이 두 글월을 보아 몸에 절당하게 하면, 죽도록 씀에 여유가 있으리라.

절당케: 절당(切當)하게. 사리에 꼭 들어맞게.

소언 믈읫 論론語어와 孟밍子ᄌᆞ를 봄애 안직 모롬애 니기 닑고 玩완味미ᄒᆞ야 聖셩人인의 말ᄉᆞᆷ을 가져다가 몸애 졀당케 ᄒᆞ고 可가히 오직 ᄒᆞᆫ바탕 말만 삼디 아니홀 디니 이 두 글월을 보와 몸애 졀당케 ᄒᆞ면 몸이 ᄆᆞᆺ도록 ᄀᆞ장 유여ᄒᆞ리라

현대역 무릇 《논어》와 《맹자》를 봄에, 아직 모름지기 익히 읽고 玩味하여, 성인의 말씀을 가져다가 몸에 절당하게 하고, 가히 오직 한바탕 말만 삼지

아니할 것이니, 이 두 글월을 보아 몸에 절당하게 하면, 몸이 마치도록 가장 여유가 있으리라.

완미ᄒᆞ야: 완미(玩味)하여. 시문 따위의 뜻을 잘 생각하며 음미하여.

【集解】朱子曰論語一書는無所不包而其示人者莫非操存涵養之要요孟子七篇은無所不究而其示人者類多體驗擴充之端하니須熟讀玩味하여以身體之라야方是切實也니라輔氏曰讀書者能將聖賢言語하여切己면則不枉費工夫요而終身行之有餘矣리라

주자가 말하였다. "《논어》 한 책은 포함하지 않는 바가 없어서, 그 사람에게 보여준 것이 잡아서 보존하고 젖어 기르는 요점이 아닌 것이 없고, 《맹자》 7편은 궁구하지 않는 바가 없어서, 그 사람에게 보여준 것이 대개 체험하고 확충하는 단서가 많으니, 모름지기 숙독 완미하여 몸으로써 그것을 체득해야만, 바야흐로 이 切實하게 된다." 보 씨가 말하였다. "글을 읽는 자가 능히 성현의 말씀을 가져와 자기에게 절당하게 하면, 공부를 헛되이 쓰지 않고, 종신토록 행함에 남음이 있을 것이다."

漢字 操(잡을 조), 類(대개 류), 枉(헛될 왕, 굽을 왕, 부질없을 왕), 費(쓸 비)

절실(切實): 적절하여 실제에 꼭 들어맞음.

【八十三章】

○讀論語者ㅣ但將弟子問處ᄒᆞ야便作己問ᄒᆞ며將聖人答處ᄒᆞ야便作今日耳聞ᄒᆞ면自然有得ᄒᆞ리니若能於論孟中에深求玩味ᄒᆞ야將來涵養成ᄒᆞ면甚生氣質ᄒᆞ리라 《二程全書 遺書》

●《논어》를 읽는 자는 다만 제자가 물은 곳을 가져와 곧 자기의 물음으로 지으며, 성인이 답한 곳을 가져와 곧 오늘 귀로 들은 것으로 지으면, 자연히 얻음이 있을 것이니, 만약 능히 《논어》와 《맹자》 가운데에서 깊이 구하고 완미하여, 가져 와 젖어 이루어지면 심상치 않은 기질이 나리라.

將來涵養成: 《번역소학》은 '쟝ᄎᆞᆺ 흐워기 길워 일우면(장차 흡족히 길러 이루면)'으로, 《소학언해》는 '가져셔 ᄌᆞᆷ겨쳐 일면(가져서 잠겨 이루어지면)'으로 번역하고 있다. 이런 차이는 대문(大文)의 '將'을 '장차'와 '가지다' 중 어느 쪽으로 볼 것인지에 따른 것이다. 앞의 문장 '若能於論孟中에深求玩味하여'와 연결시켜 보고, 또 《소학언해》가 직역 태도를 견지했음을 고려하여 《소학언해》의 해석을 따르고자 한다.

번소 論론語어 닑ᄂᆞᆫ 사ᄅᆞ미 오직 弟뎨子ᄌᆞ의 묻던 ᄯᅡᄒᆞᆯ 가져셔 ᄆᆞᆫ득 내 무루믈 사ᄆᆞ며 셩신의 ᄃᆡ답ᄒᆞ신 ᄯᅡᄒᆞᆯ 가져셔 ᄆᆞᆫ득 오ᄂᆞᆯ 내 귀예 드로ᄆᆞᆯ 사ᄆᆞ면 ᄌᆞ연히 어든 거시 이시리라 만실에 능히 論론語어 孟밍子ᄌᆞㅅ 가온ᄃᆡ 기피 구ᄒᆞ고 맛드려 쟝ᄎᆞᆺ 흐워기 길워 일우면 ᄀᆞ장 됴ᄒᆞᆫ 긔지리 나리라

현대역 《논어》를 읽는 사람이 오직 제자가 묻던 곳을 가져서 문득 내 물음을 삼으며, 성인이 대답하신 곳을 가져서 문득 오늘 내 귀에 들음을 삼으면, 자연히 얻은 것이 있으리라. 만일에 능히 《논어》와 《맹자》의 가운데 깊이 구하고 맛들이어, 장차 윤택하게 길러 이루면 가장 좋은 기질이 나리라.

흐워기: 윤택하게. '흐워기'는 '윤택하게'의 옛말이다. 論語 孟子ㅅ 가온ᄃᆡ 기피 구ᄒᆞ고 맛드려 쟝ᄎᆞᆺ 흐워기 길워 일우면 ᄀᆞ장 됴ᄒᆞᆫ 긔지리 나리라(若能於論孟中深求玩味 將來涵養 成甚生氣質).《번소 8:32》

소언 論론語어 닑ᄂᆞᆫ 이 다ᄆᆞᆫ 弟뎨子ᄌᆞ의 묻ᄌᆞ온 곧ᄋᆞᆯ 가져셔 ᄆᆞᆫ득 내 무룸을 삼ᄋᆞ며 聖셩人인의 ᄃᆡ답ᄒᆞ신 곧ᄋᆞᆯ 가져셔 ᄆᆞᆫ득 오ᄂᆞᆯ 귀예 드롬을 삼ᄋᆞ면 自ᄌᆞ然연히 얻으미 이시리니 만일 能능히 論론語어

孟밍子ᄌᆞᆺ 가온ᄃᆡ 깁히 求구ᄒᆞ고 玩완味미ᄒᆞ야 가져셔 ᄌᆞᆷ겨쳐 일면 ᄀᆞ장 됴ᄒᆞᆫ 氣긔質질이 나리라

현대역 《논어》를 읽는 이가 다만 제자의 묻자온 곳을 가져서 문득 내 물음을 삼으며, 성인이 대답하신 곳을 가져서 문득 오늘 귀에 들음을 삼으면, 자연히 얻음이 있으리니, 만일 능히 《논어》와 《맹자》의 가운데 깊이 구하고 완미하여 가져서, 잠겨 이루어지면 가장 좋은 기질이 나리라.

다믄: 다만. 현대국어 '다만'의 옛말인 '다ᄆᆞᆫ'은 15세기 문헌에서부터 나타난다. 16세기 이후 제2음절 이하의 'ㆍ'가 다른 모음으로 변화함에 따라 16세기에 '다만'으로 나타나 현재에 이르렀다. 16세기의 '다믄'은 '다ᄆᆞᆫ'의 제2음절 모음 'ㆍ'가 'ㅡ'로 변화한 것이다. 15세기에 '다ᄆᆞᆫ'과 같은 의미로 쓰인 '다ᄆᆡᆫ'도 있었는데, '다ᄆᆡᆫ'은 16세기까지 보인다. 다ᄆᆞᆫ(15세기~18세기)>다만(16세기~현재). 이형태: 다ᄆᆞᆫ, 다ᄆᆡᆫ, 다믄, 다만. 諸佛 世尊이 다ᄆᆞᆫ ᄒᆞᆫ 큰 잀 因緣으로 世間애 나시ᄂᆞ니.《1447 석상 13:47ㄴ》, 내 다ᄆᆡᆫ ᄒᆞᆫ 아ᄃᆞᆯ ᄅᆞᆯ 甚히 ᄉᆞ랑ᄒᆞ거니 네 ᄠᅳ들 거스디 아니호리라.《1459 월석 22:28ㄱ》, 우리 이 高麗ㅅ 말소믄 다믄 高麗ㅅ 짜해만 쓰ᄂᆞᆫ 거시오.《1510년대 번노 상:5ㄴ》, 다만 可가히 두 치만 ᄒᆞ고 얼구리 올히 부리 ᄀᆞᆺ게 홀 디니.《1598 무예제보 1ㄴ》

【集解】朱子曰孔門問答에曾子聞得之言을顏子未必與聞이요顏子聞得之語를子貢未必與聞이어늘今都聚在論語하니後世學者豈不大幸也리오輔氏曰若能將弟子問處하여作自己問하고聖人答處를作己所聞이면則不徒誦其言이라必將求其意요不徒求其意라必將見於行이니其進於聖賢也不難矣리라○葉氏曰甚生은猶非常也라

주자가 말하였다. "공자 문하에서 문답한 것[《논어》]에, 증자가 얻어 들은 말을 안자가 반드시 참여하여 듣지 못했고, 안자가 얻어 들은 말을 자공이 반드시 참여하여 듣지 못했는데, 지금은 모두 《논어》에 모여 있으니,

후세에 배우는 자는 어찌 큰 다행이 아니겠는가?" 보 씨가 말하였다. "만약 능히 제자가 물은 곳을 가져와 곧 자기의 물음으로 짓고, 성인이 답한 곳을 자기가 들은 바로 짓는다면, 한갓 그 말을 외울 뿐만 아니라 반드시 장차 그 뜻을 구할 것이고, 한갓 그 뜻을 구할 뿐만 아니라 반드시 장차 행함에 나타날 것이니, 그 성현에 나아감이 어렵지 않을 것이다." ○섭 씨가 말하였다. "甚生은 심상치 않음과 같다."

漢字 都(모두 도), 徒(한갓 도)

비상(非常): 심상치 않음. 예사롭지 않음. 《번역소학》와 《소학언해》는 위 대문(大文)을 '將來涵養成ᄒᆞ면甚生氣質ᄒᆞ리라'로 끊어 토를 붙이고 있는데, 【集解】의 본 설명에서 '심생(甚生)'이 '비상(非常)'과 같다고 하면 '생(生)'이 동사가 아니라서, 해석이 어렵다. 그렇다면 '將來涵養ᄒᆞ면成甚生氣質ᄒᆞ리라'로 끊어 토를 붙여야 할 것이 아닌가 한다. 즉 '함양하면 비상한 기질을 이룰 것이다.'

【八十四章】

○橫渠先生이曰中庸文字輩ᄂᆞᆫ直須句句理會過ᄒᆞ야使其言으로互相發明이니라 《張子全書 橫渠語錄》

●橫渠 선생이 말하였다. "《중용》의 문자들은 다만 모름지기 글귀마다 깨달아 알아 지나가서, 그 말로 하여금 서로 펴 밝혀야 한다."

漢字 直(다만 직)

1 이회(理會): 깨달아 앎. 이해(理解)와 같은 뜻. 자세한 설명은 〈소학집주총론(小學集註總論)〉 '이회(理會)'를 참조하라.

2 발명(發明): 새로 생각하거나 만들어 냄. 뜻을 깨달아 밝힘. 죄나 잘못이 없음을 말하여 밝힘[변명(辨明)].

번소 橫횡渠거 先션生ᄉᆡᆼ이 니ᄅᆞ샤ᄃᆡ 中듕庸용 文문字ᄌᆞ돌ᄒᆞᆫ 모로

매 句구句구마다 궁구ᄒᆞ야 아라 디나가 그 말ᄉᆞᆷ으로 서르 니타나 ᄇᆞᆰ게 ᄒᆞᆯ 거시라

[현대역] 횡거 선생이 이르시되, "《중용》 문자들은 모름지기 구구(句句)마다 궁구하여 알아 지나가, 그 말씀으로 서로 나타나 밝게 할 것이라."

니타나: 나타나. '나타나+ø(연결어미 '아' 생략)'이다. '서르 니타나 ᄇᆞᆰ게 ᄒᆞᆯ 거시라'의 '니타나'는 원문 '互相發明'에서 '發'을 번역한 것이다. 따라서 '나타나'의 오기로 보인다. 《소학언해》도 '나타나'로 번역되어 있다. 현대국어 '나타나다'는 15세기 문헌에서부터 '나타나다'로 나타나 현재까지 그대로 이어진다. '나타나-'는 동사 '낱-'에 어미 '-아'가 결합한 '나타'에 다시 동사 '나-'가 결합한 것이다. 나타나다(15세기~현재). 이형태: 나타나다, 나다나다, 낫타나다, 낟타나다. 阿難아 空ᄋᆡ 性이 얼굴 업서 色ᄋᆞᆯ 因ᄒᆞ야 나타나ᄂᆞ니.《1461 능엄 3:87ㄱ》, 四衆에 恭敬ᄒᆞᇙ 줄 모ᄅᆞ며 업시ᄋᆞᇙ 줄 몰라 妙行이 ᄀᆞᄃᆞ기 나다나아 億衆이 절로 化ᄒᆞ야 恭敬ᄒᆞ며.《1447 석상 19:37ㄱ》

[소언] 橫횡渠거 先션生ᄉᆡᆼ이 ᄀᆞᆯᄋᆞ샤ᄃᆡ 中듕庸용앳 文문字ᄌᆞ돌ᄒᆞᆫ 直딕히 모롬이 句구句구마다 출화 아라 디내여 그 말ᄉᆞᆷ으로 ᄒᆡ여곰 서르 나타나 ᄇᆞᆰ게ᄒᆞᆯ 거시니라

[현대역] 횡거 선생이 말씀하시되, "《중용》의 문자들은 다만 모름지기 구구마다 정신 차려 알아 지나가, 그 말씀으로 하여금 서로 나타나 밝게 할 것이니라."

【集解】**朱子曰張子此言**은**眞讀書之要法**이니**不但可施於中庸也**니라**熊氏曰一句**에**有一句之義**하니**其初**에**須是逐句理會**라**然**이나**一書前後之言**이**皆互相發**하니**又必參互考之**라야**方見大指也**니라

주자가 말하였다. "張子의 이 말은 참으로 글을 읽는 중요한 방법이니, 다만 가히 《중용》에서만 베풀어서는 안 된다." 웅 씨가 말하였다. "한 구에는 한 구의 뜻이 있으니, 그 처음에는 모름지기 이 글귀에 따라 이해해야

한다. 그러나 한 책의 앞뒤 말이 모두 서로 펴 밝혀지니, 또 반드시 참고하고 서로 그것을 살펴야, 바야흐로 큰 뜻을 보게 된다."

〖八十五章〗

○六經을須循環理會니儘無窮ᄒᆞ니待自家ㅣ長得一格則又見得이別ᄒᆞ리라 《張子全書 橫渠語錄》

●六經을 모름지기 따라 돌며 이해해야 하니, (이렇게 하면) 진실로 다함이 없으니, 자기가 한 격이 자라기를 얻음을 기다리면, 또 보기를 얻음이 각별할 것이다.

[漢字] 循(따를 순), 環(돌 환), 儘(진실로 진, 다할 진, 극진할 진), 別(각별할 격)

1 자가(自家): 자기(自己)

2 견득(見得): 보기를 얻음. 유의어: 소견(所見).

[번소] 六륙經경 모로매 골회 도는 ᄃᆞ시 다시곰 궁구ᄒᆞ여 알면 진실로 마시 ᄀᆞ업스리니 ᄇᆡ홀 사ᄅᆞ미 제 ᄒᆞᆫ 층을 길우매 니르면 ᄯᅩ 본 거시 각별ᄒᆞ리라

[현대역] 육경을 모름지기 고리 도는 듯이 다시금 궁구하여 알면, 진실로 맛이 가없으리니, (이렇게 하면) 배울 사람이 자신이 한 층을 기름에 이르면, 또 본 것[所見]이 각별하리라.

골회: 고리. 현대국어 '고리'의 옛말인 '골회'는 15세기 문헌에서부터 나타난다. 16세기에 '골회'는 '골희'로 나타나는데 이는 모음 'ㅗ'가 연속되어 나오는 것을 피하기 위한 것이다. 16세기에 제2음절의 'ㆍ'가 'ㅡ'로 변하였는데, 이러한 변화의 영향으로 '골희'도 '골희'로 변하여 17세기에 '골희'가 확인된다. '골회'와 '골희'가 18세기까지 공존하다가 19세기에 '골희'로 통일되었다. 19세기에 'ㄹ'과 모음 사이에서 'ㅎ'이 약화되고 자음 뒤에 나타나는 제2음절 모음 'ㅢ'가 'ㅣ'로

실현되면서 현대국어의 '고리'가 되었다. 골회(15세기~18세기)>골히(16세기)>골희(17세기~19세기)>고리(19세기~현재). 이형태: 골회, 골히, 골희, 골히, 고리. 杖은 막다히니 막다힛 머리예 골회 이셔 디퍼 둗닗 저긔 錫錫흔 소리 날씨 錫杖이라 호니라.《1447 석상 3:20ㄱ》, 環 골히 환.《1575 천자-광주 41ㄱ》

소언 六륙經경[周쥬易역 春츈秋츄 毛모詩시 尙샹書셔 周쥬禮례 禮례記긔라]을 모롬이 循슌環환호야 출화 알 디니 ᄀ장 그지 업스니 내 흔 층 길우믈 기들우면 쏘 본 거시 각별호리라

현대역 육경[주역·춘추·모시·상서·주례·예기라.]을 모름지기 循環하여 정신 차려 알 것이니, 가장 끝이 없으니 내가 한 층 자람을 기다리면 또 본 것이 각별하리라.

1 슌환호야: 순환(循環)하여. 주기적으로 자꾸 되풀이하여 돌아. '슌환호(어간)+야(연결어미)'이다.

2 기들우면: 기다리면. '기들우(어간)+면(연결어미)'이다. '기들우다'는 '기다리다'의 옛말이다. 願흔든 져기 기들워 아힛 거슬 져주디 마르쇼셔(願且待 幸無劾兒).《내훈 3:34》, 이제 이 그를 져기 紀호미 왼 디 하니 明哲을 기들우노니 왼 디란 正히오라(今略紀斯文 多有謬誤 用俟明哲 非者正之).《영가 서:16》

【集解】六經은易詩書周禮禮記春秋也라循環은謂周而復始也라儘無窮은謂義理無窮盡也라

육경은 《역경》, 《시경》, 《서경》, 《주례》, 《예기》, 《춘추》이다. 循環은 돌고 다시 시작함을 이른다. 儘無窮[진실로 다함이 없음]은 옳은 이치가 다하여 없어짐[끝]이 없음을 이른다.

漢字 周(돌 주, 두루 주)

【增註】長一格은謂學有進也니學進則所見益高矣라

長一格[한 격이 자람]은 배움이 나아감이 있음을 이르니, 배움이 나아가

면 보는 바가 더욱 높아진다.

【八十六章】

○呂舍人이曰大抵호ᄃᆡ後生이爲學호ᄃᆡ先須理會所以爲學者ㅣ何事오ᄒᆞ야一行一住一語一嘿을須要盡合道理니라 《呂舍人雜記, 童蒙訓》

●呂 舍人이 말하였다. "대체로 후생들은 학문을 함에, 먼저 모름지기 학문을 하는 바의 것이 무슨 일인가를 깨달아 알아, 한 번 가고 한 번 머물며 한 번 말하고 한 번 잠잠함을, 모름지기 모두 도리에 맞게 함을 요구해야 한다.

漢字 嘿(=黙 잠잠할 묵, 고요할 묵)

여본중(呂本中, 1084년~1145년): 남송 수주(壽州) 사람으로, 초명은 대중(大中)이고, 자는 거인(居仁)이며, 호는 동래(東萊)이고, 시호는 문청(文淸)이다. 여호문(呂好問)의 아들이다. 자세한 내용은 〈가언(嘉言) 제5〉 제29장을 참조하라.

번소 려려舍샤人ᅀᅵᆫ 本본中듕이 닐오ᄃᆡ 대뎌ᄒᆞᆫ디 후에 나ᄂᆞᆫ 사ᄅᆞ미 글 ᄇᆡ호ᄃᆡ 몬져 모로매 ᄡᅥ곰 ᄇᆡ호ᄂᆞᆫ 거시 므스 이린고 ᄒᆞ여 궁구ᄒᆞ여 아라 ᄒᆞᆫ 번 녀며 ᄒᆞᆫ 번 머믈며 ᄒᆞᆫ 번 말ᄒᆞ며 ᄒᆞᆫ 번 ᄌᆞᆷᄌᆞᆷᄒᆞ요ᄆᆞᆯ 모로매 다 도리예 맛게 ᄒᆞᆯ 거시니라

현대역 呂舍人 本中이 이르되, "대체로 후에 나는 사람이 글 배우되, 먼저 모름지기 써 배우는 것이 무슨 일인가 하여 궁구하여 알아, 한 번 가며 한 번 머물며 한 번 말하며 한 번 잠잠함을 모름지기 다 도리에 맞게 할 것이니라.

녀며: 가며. ‘녀(어간)+며(연결어미)’이다. ‘녀다’는 ‘가다’, ‘다니다’의 옛말이다. 훙졍바지ᄃᆞᆯ히 길ᄒᆞᆯ 몯 녀아 天神ㅅ긔 비더니이다.《월곡 상:31》, 이 道ᄅᆞᆯ 조차 발 뒷ᄂᆞ니 모다 녀게 ᄒᆞ니라.《월석 12:13》

소언 呂려舍샤人인[일홈은 本본中듕이오 舍샤人인은 벼슬이니 宋송 적 사ᄅᆞᆷ이라]이 ᄀᆞᆯ오ᄃᆡ 大대抵뎌ᄒᆞᆫ디 後후生ᄉᆡᆼ이 學ᄒᆞᆨ을 호ᄃᆡ 몬져 모롬이 ᄡᅧ 學ᄒᆞᆨ을 ᄒᆞᄂᆞᆫ 배 므스 일인고 ᄒᆞ여 ᄎᆞᆯ화 아라 ᄒᆞᆫ 번 ᄃᆞ니며 ᄒᆞᆫ 번 머믈며 ᄒᆞᆫ 번 말ᄉᆞᆷᄒᆞ며 ᄒᆞᆫ 번 ᄌᆞᆷᄌᆞᆷᄒᆞ욤ᄋᆞᆯ 모롬이 다 道도理리예 맛게 홈을 요구ᄒᆞᆯ 디니라

현대역 呂舍人[이름은 本中이요, 舍人은 벼슬이니, 宋 때 사람이라.]이 가로되, “대체로 후생이 학문을 하되, 먼저 모름지기 써 학문을 하는 바가 무슨 일인가 하여 정신 차려 알아, 한 번 다니며 한 번 머물며 한 번 말씀하며 한 번 잠잠함을 모름지기 다 도리에 맞게 함을 요구할 것이니라.

모르미: 모름지기(부사). 사리를 따져 보건대 마땅히. 또는 반드시. 규범 표기는 ‘모름지기’이다.

【集說】陳氏曰舍人은呂本中也니嘗爲中書舍人하니라理會者는猶言識得也라蓋學은所以爲道也니如下文行住語嘿을須要盡合道理하며及求古聖賢用心하여竭力從之是已니非爲作文章取官祿計也라後生爲學에先須識得此意然後에야志定而德業可成矣리라

진 씨가 말하였다. “舍人은 呂本中이니, 일찍이 中書舍人이 되었다. 理會라는 것은 알아 얻음이라 말함과 같다. 대개 학문은 써 도를 행하는 바니, 아래 글의 가고 머물며 말하고 잠잠함 같은 것을 모름지기 다 도리에 맞게 함을 요구하며, 및 옛날 성현의 마음 씀을 구하여 힘을 다해 그것을 따름이 이것[學]일 뿐이니, 문장을 짓거나 관록을 취하여 계산함을 행함이 아니다.

후생들이 학문을 함에는 먼저 모름지기 이 뜻을 알아 얻은 뒤에야, 뜻이 정해져서 덕업이 가히 이루어진다."

學業則須是嚴立課程이오**不可一日放慢**이니**每日**에**須讀一般經書一般子書**호ᄃᆡ**不須多**ㅣ오**只要令精熟**이니**須靜室危坐**ᄒᆞ야**讀取二三百遍**ᄒᆞ야**字字句句**ᄅᆞᆯ**須要分明**이니라**又每日**에**須連前三五授**ᄒᆞ야**通讀五七十遍**ᄒᆞ야**須令成誦**이오**不可一字放過也**ㅣ니라**史書**ᄂᆞᆫ**每日**에**須讀取一卷或半卷以上**이라사**始見功**이니**須是從人授讀**ᄒᆞ야**疑難處**ᄅᆞᆯ**便質問**ᄒᆞ야**求古聖賢用心**ᄒᆞ야**竭力從之**니라

●학업인즉, 모름지기 이 과정을 엄히 세우고, 가히 하루라도 놓거나 게을리 해서는 안 되니, 매일 모름지기 한 가지 經書나 한 가지 子書를 읽되, 모름지기 많이 하지 말고, 다만 하여금 정독하고 숙독함을 요구할 것이니, 모름지기 조용한 방에 바르게 앉아 이삼백 번을 읽어 취하여, 자자구구를 모름지기 분명함을 요구해야 한다. 또 매일 모름지기 전에 사흘 닷새 동안 받은 수업을 이어서, 쉰 번 내지 일흔 번 통독하여, 모름지기 하여금 외움을 이루고, 한 자라도 놓쳐 지나쳐서는 안 된다. 史書는 매일 모름지기 한 권 혹은 반 권 이상을 읽어 취하여야 비로소 공효를 보리니, 모름지기 이, 사람[師友]을 따라 수업 받고 읽어, 의심스럽고 어려운 곳을 곧 질문하여, 옛 성현의 마음 씀을 구하여, 힘을 다해 그것을 따라야 한다.

1 삼오수(三五授): 삼일수오일수(三日授五日授)의 준말로, 여기서 수(授)는 수업(授業)이다. 따라서 '사흘 닷새 동안 받은 수업'을 뜻한다.

2 위좌(危坐): 바르게 앉음, 무릎 꿇고 앉음. 유의어: 정좌(正坐).

漢字 **課**(매길 과), **程**(단위 정), **放**(놓을 방), **慢**(게으를 만, 오만할 만), **般**(가지 반), **危**[바를 위, 위태로울 위], **遍**(번 편, 두루 편), **授**(수업 받을 수)

번소 글 ᄇᆡ호기를 모로매 일과 ᄒᆞᄂᆞᆫ 법을 엄졍히 셰오 ᄒᆞᄅᆞ도 ᄆᆞᅀᆞᆷ 노하 프러디게 호미 올티 아니ᄒᆞ니 ᄆᆡ실에 모로매 ᄒᆞᆫ 가짓 經경書셔를 닑고 ᄒᆞᆫ 가짓 子ᄌᆞ書셔를 닐구ᄃᆡ 댱수란 해 호려 말오 오직 졍히 니기 닐글 디니 모로매 괴오ᄒᆞᆫ 지븨 졍다이 안자 ᅀᅵ삼ᄇᆡᆨ 번을 닐거 ᄌᆞᄌᆞㅣ며 구구를 모로매 분명케 ᄒᆞᆯ 거시니라 ᄯᅩ ᄆᆡ실에 모로매 이젼에 ᄇᆡ혼 사ᄒᆞᆯ 닷쇗 ᄉᆖᆯᄅᆞᆯ 니ᅀᅵ ᄢᅦ 쉰 닐흔 번을 닐거 모로매 외오게 ᄒᆞ고 ᄒᆞᆫ ᄌᆞ도 ᄆᆞᅀᆞᆷ 노하 디내요미 올티 아니ᄒᆞ니라 史ᄉᆞ記긔ᄂᆞᆫ ᄆᆡ실에 ᄒᆞᆫ 권이며 반 권 이샹을 닐거ᅀᅡ 비로소 공효를 볼 거시니 모로매 ᄂᆞ믈 조차 ᄇᆡ화 닐거 의심도왼 어려온 ᄃᆡ를 질졍ᄒᆞ야 무러 녯 聖셩賢현의 ᄆᆞᅀᆞᆷ ᄡᅳ시던 ᄃᆡ를 구ᄒᆞ야 힘ᄭᆞ장 다ᄒᆞ야 조ᄎᆞᆯ 거시니라

현대역 글 배우기를 모름지기 日課 하는 법을 엄정히 세워, 하루도 마음 놓아 풀어지게 함이 옳지 아니하니, 매일에 모름지기 한 가지의 經書를 읽고 한 가지의 子書를 읽되, 張數란 많이 하려 말고, 오직 精히 익히 읽을 것이니, 모름지기 고요한 집에 정당하게 앉아 이삼백 번을 읽어, 字字며 句句를 모름지기 분명하게 할 것이니라. 또 매일에 모름지기 이전에 배운 사흘 닷새의 글을 계속하여 꿰어, 쉰 일흔 번을 읽어, 모름지기 외우게 하고, 한 자도 마음 놓아 지나게 함이 옳지 아니하니라. 史記는 매일에 한 권이며 반 권 이상을 읽어야 비로소 功效를 볼 것이니, 모름지기 남을 좇아 배워 읽어, 의심스러운 어려운 데를 質正하여 물어, 옛 성현의 마음 쓰시던 데를 구하여 힘껏 다하여 좇을 것이니라.

1 댱수: 장수(張數). 종이나 유리 따위의 수효.

2 졍히: 정(精)하게. 정성을 들여서 거칠지 아니하고 매우 곱게.

3 ᄉᆖᆯ: 글. 원문 '須連前三五授'를 《번역소학》에서는 '모로매 이젼에 ᄇᆡ혼 사ᄒᆞᆯ 닷쇗 ᄉᆖᆯᄅᆞᆯ 니ᅀᅵ ᄢᅦ'로, 《소학언해》에서는 '모롬이 이젼에 사ᄒᆞᆯ 닷쇗 ᄀᆞᄅᆞ친 거슬 連연ᄒᆞ야 通통ᄒᆞ야'로 번역되어 있다. 즉 '授'가 《번역소학》에서는 'ᄉᆖᆯ'로, 《소학언해》에서는 'ᄀᆞᄅᆞ친 것'으로 번역되어 있는 것이다. 여기서 문제는 'ᄉᆖᆯ'이다. '授'는 '줄 수, 가르칠 수'이니, 'ᄉᆖᆯ'과 잘 연결되지 않는다. 아마도 '글'을

뜻하는 듯하다. '닷쇗 ᄭᅳᆯ'에서 '닷쇗'에 관형격 조사 'ㅅ'이 들어있음에도 불구하고 다시 관형격 조사 'ㅅ'을 후행 명사 초성에 덧붙여 'ᄭᅳᆯ'로 표기한 것으로 보인다. '어떤 생각이나 일 따위의 내용을 글자로 나타낸 기록'을 뜻하는 '글'은 15세기부터 현재까지 계속 '글'이었다. 글(15세기~현재). 이형태: 글. 學堂ᄋᆞᆫ 글 ᄇᆡ호ᇙ 지비라.《1447 석상 3:7ㄴ》, 너ᄂᆞᆫ 高麗ㅅ 사ᄅᆞ미어시니 漢人의 글 ᄇᆡ화 므슴ᄒᆞᆯ다.《1510년대 번노 상:5ㄱ》

4 공효: 공효(功效). 공을 들인 보람이나 효과.

5 질졍ᄒᆞ야: 질정(質正)하여. 묻거나 따져서 바로잡아.

소언 글 ᄇᆡ호ᄂᆞᆫ 공부ᄂᆞᆫ 모롬이 이예 일과 ᄒᆞᄂᆞᆫ 법을 嚴엄히 셰고 미가히 ᄒᆞᄅᆞ도 노하 프러ᄇᆞ리디 몯ᄒᆞᆯ 거시니 每ᄆᆡ日일에 모롬이 ᄒᆞᆫ 가짓 經경書셔[셩인ᄋᆡ 글월이라]와 ᄒᆞᆫ 가짓 子ᄌᆞ書셔[현인ᄋᆡ 글월이라]를 닑오ᄃᆡ 모롬이 해호려 말오 오직 ᄒᆡ여곰 精졍코 닉오믈 구ᄒᆞᆯ 디니 모롬이 괴오ᄒᆞᆫ 집의 危위坐좌[ᄭᅮ러안좀이라]ᄒᆞ야 二이三삼百ᄇᆡᆨ 번을 닑어 字ᄌᆞ字ᄌᆞㅣ며 句구句구를 모롬이 分분明명홈을 요구ᄒᆞᆯ 디니라 ᄯᅩ 每ᄆᆡ日일에 모롬이 이젼에 사ᄒᆞᆯ 닷쇗 ᄀᆞᄅᆞ친 거슬 連련ᄒᆞ야 通통ᄒᆞ야 쉰 닐흔 번을 닑어 모롬이 ᄒᆡ여곰 외옴이 일게 ᄒᆞ고 미가히 ᄒᆞᆫ 字ᄌᆞ도 노하디 내디 몯ᄒᆞᆯ 거시니라 史ᄉᆞ記긔ᄂᆞᆫ 每ᄆᆡ日일에 모롬이 ᄒᆞᆫ 권이어나 或혹 반 권으로ᄡᅥ 우흘 닑에ᅀᅡ 비로소 공효를 볼 거시니 모롬이 이 사ᄅᆞᆷ을 조차 ᄀᆞᄅᆞ쳐ᄃᆞᆫ 닑어 의심되야 론난ᄒᆞᆯ 곧ᄋᆞᆯ 믄득 질졍ᄒᆞ야 무러 녯 聖셩賢현의 ᄆᆞ옴 ᄡᅳ심을 求구ᄒᆞ야 힘을 다ᄒᆞ야 조ᄎᆞᆯ 디니라

현대역 글 배우는 공부는 모름지기 이에 일과 하는 법을 엄히 세우고, 가히 하루도 놓아 풀어버리지 못할 것이니, 매일에 모름지기 한 가지의 經書[성인의 글월이라.]와 한 가지의 子書[현인의 글월이라.]를 읽되, 모름지기 많이 하려 말고, 오직 하여금 精하고 익힘을 구할 것이니, 모름지기 고요한 집에 危坐[꿇어앉음이라.]하여 이삼백 번을 읽어, 字字며 句句를 모름지기 분명

함을 요구할 것이니라. 또 매일에 모름지기 이전에 사흘 닷새의 가르친 것을 계속하여 통하여, 쉰 일흔 번을 읽어, 모름지기 하여금 외움이 이루어지게 하고, 가히 한 자도 놓아 지나지 못할 것이니라. 史記는 매일에 모름지기 한 권이거나 혹은 반 권으로써 위를[이상을] 읽어야 비로소 공효를 볼 것이니, 모름지기 이, 사람을 조차 가르치거든 읽어, 의심되어 論難할 곳을 문득 질정하여 물어, 옛 성현의 마음 쓰심을 구하여, 힘을 다하여 좇을 것이니라.

1 위좌ᄒᆞ야: 위좌(危坐)하여. '위좌ᄒᆞ(어간)+야(연결어미)'이다. '위좌ᄒᆞ다'는 '몸을 바르게 하고 앉다.'를 뜻한다.

2 닑에ᅀᅣ: 읽어야. '닑(讀, 어간)+에ᅀᅣ(연결어미)'이다. '-에ᅀᅣ'는 '-어ᅀᅣ'의 이형태로 볼 수 있다. '-어ᅀᅣ'는 'ㅣ'나 'ㄹ' 받침으로 끝나는 동사, 형용사 어간 뒤나 '이다'의 어간 뒤에 붙어, '-어야'를 뜻하는 어미이다. 믈읫 字ㅣ 모로매 어우러ᅀᅡ 소리 이ᄂᆞ니.《훈언 13》, 눌 더브러 무러ᅀᅡ ᄒᆞ리며 뉘ᅀᅡ 能히 對答ᄒᆞ려뇨 ᄒᆞ시고.《석상 13:15》

3 ᄀᆞᄅᆞ쳐든: 가르치거든. 'ᄀᆞᄅᆞ치(어간)+어든(연결어미)'이다. '-어든'은 동사 어간 뒤에 붙어, '-거든'을 뜻하는 어미이다. 한 사ᄅᆞ미 막다히며 디새며 돌ᄒᆞ로 텨든 避ᄒᆞ야 ᄃᆞ라 머리 가 住ᄒᆞ야셔 손지 노ᄑᆞᆫ 소리로 닐오ᄃᆡ.《월석 17:85》, 뎌 사ᄅᆞᄆᆡ 體를 ᄇᆞ려든 弟子와 스승괘 다 王難애 ᄲᅡ디리니(去彼人體 弟子與師俱陷王難).《능엄 9:89》

4 론난ᄒᆞᆯ: 논란(論難)할. '론난ᄒᆞ(어간)+ㄹ(관형사형 어미)'이다. '론란ᄒᆞ다'는 '여럿이 서로 다른 주장을 내며 다투다.'를 뜻한다. 그들 형제의 쌀쌀한 태도를 생각해 보니 진정이고 뭐고 논란한다는 것부터가 천부당만부당한 일이었다.《홍명희, 임꺽정》

【增註】經書는聖人之書요子書는賢人之書요史書는紀事之書라質은正也라經書子書는必讀之精熟하여反覆玩味然後에文義可通이요史書는必讀一卷半卷以上然後에事之本末을可見이니皆必從師友하여授而讀之하여有疑難이면則取正審問이라야乃不差也라如是以求古聖賢所以用心하여而盡力從

之하면道將爲我有矣리라

經書는 성인의 글이고, 子書는 현인의 글이며, 史書는 일을 기록한 글이다. 質은 바로잡음이다. 경서와 자서는 반드시 그것들 읽기를 정독하고 숙독하여, 반복하고 완미한 뒤에 글 뜻이 가히 통하고, 사서는 반드시 한 권, 반 권 이상을 읽은 뒤에 일의 처음과 끝을 가히 볼 수 있으니, 모두 반드시 스승과 벗을 따라 수업 받고 그것을 읽어, 의심스럽고 어려움이 있으면 바로잡음을 취하여 자세히 물어야, 이에 어긋남이 없다. 이와 같이 하여 써, 옛 성현의 써 마음 쓴 바를 구하여, 힘을 다해 그것을 따르면, 도가 장차 나의 소유가 될 것이다.

漢字 紀(적을 기. 벼리 기, 실마리 잡을 기), 審(자세할 심, 살필 심), 差(어긋날 차)

夫指引者는師之功也ㅣ오行有不至어든從容規戒者는朋友之任也ㅣ니決意而往은則須用己力이라難仰他人矣니라

●무릇 가르쳐 끄는 것은 스승의 일이요, 행하되 이르지 못함이 있거든 조용히 바로잡아 경계하는 것은 벗의 소임이니, 뜻을 결단하여 감은 모름지기 내 힘을 쓸 것이므로, 다른 사람을 우러르기[믿기]는 어렵다."

漢字 指(가리킬지, 손가락 지), 功(일 공), 從(좇을 종), 容(얼굴 용), 規(바로잡을 규), 仰(우러를 앙)

종용(從容): 성격이나 태도가 차분하고 침착함. 보통 '조용'과 같은 뜻으로 쓰임.

번소 ᄀᆞᄅᆞ쳐 혀가ᄂᆞ니는 스승의 공이오 힝ᄒᆞ요매 니르디 몯ᄒᆞᆫ ᄃᆡ 잇거든 죵용히 고티며 경계ᄒᆞᄂᆞ니는 버듸 소임이니 내 ᄠᅳ데 결단ᄒᆞ야 가ᄆᆞᆫ 모로매 내히믈 뻐 ᄒᆞᆯ 거시라 ᄂᆞᄆᆡ게 미더 울어로미 어려우니라

현대역 가르쳐 끌어가는 이는 스승의 공이요, 행함에 이르지 못한 데 있거든 조용히 고치며 경계하는 이는 벗의 소임이니, 나의 뜻에 결단하여 감은 모름지기 나의 힘을 써 할 것이라. 남에게 믿어 우러름이 어려우니라."

울어로미: 우러름이. '울얼(어간)+옴(명사형 어미)+이(주격 조사)'이다. '울얼다'는 '마음속으로 공경하여 떠받들다.'를 뜻하는 '우러르다'의 옛말이다. '우러르다'의 15세기 형태는 '울월다'이다. 16세기에는 제1음절과 제2음절에 동일한 'ㅜ' 모음이 등장하는 것을 회피하는 이화현상에 따라 제2음절의 이중모음 'ㅝ'에서 'ㅜ'가 탈락하여 '울얼다' 형태가 등장하게 되었다. 16세기에 '울월다>울얼다'의 제2음절 초성인 성문 마찰 유성음 'ㅇ[ɦ]'이 사라지면서 17세기에는 연철 표기된 '우럴다'로 나타나게 되었다. 19세기에는 '우러르니'의 예를 통해 알 수 있듯이 어간이 '우럴-'에서 '우러르-'로 바뀌었다. 이는 '우럴-'이 모음 어미 '-어'와 결합하여 '우러러'로 나타난 것을 '크다', '커'와 같이 어간말 모음 'ㅡ'를 지닌 용언이 어미 '-어'와 결합할 때 'ㅡ'가 탈락하는 것과 같은 활용으로 잘못 분석한 결과이다. 울월다(15세기~18세기)>울얼다(16세기~19세기)>우럴다(17세기~19세기)>우러르다(19세기~현재). 이형태: 울월다, 울얼다, 우럴다, 우러르다. 眞觀과 淸淨觀과 넙고 큰 智慧觀과 慈觀ᄋᆞᆯ 샹녜 울월오져 願ᄒᆞᇙ 디니.《1447 석상 21:14ㄴ》, 셩신ᄋᆡ ᄒᆞ시던 이를 울얼며 현신의 법을 조차 이 편을 ᄆᆡᇰᄀᆞ라 ᄡᅧ.《1518 번소 4:1ㄴ-2ㄱ》

소언 ᄀᆞᄅᆞ쳐 인도ᄒᆞᆷᄋᆞᆫ 스승의 功공이오 行ᄒᆡᇰᄒᆞ욤애 닐으디 몯ᄒᆞᆷ이 잇거든 從죵容용히 규졍ᄒᆞ며 경계ᄒᆞᆷᄋᆞᆫ 벋의 소임이니 ᄠᅳᆮ을 결단ᄒᆞ야 가기ᄂᆞᆫ 모로미 내 힘을 ᄡᅳᆯ 거시라 다ᄅᆞᆫ 사ᄅᆞᆷ의게 울어롬이 어려우니라

현대역 가르쳐 인도함은 스승의 공이요, 행함에 이르지 못함이 있거든 從容히 規正하며 경계함은 벗의 소임이니, 뜻을 결단하여 가기는 모름지기 나의 힘을 쓸 것이라. 다른 사람에게 우러름이 어려우니라."

1 종용히: 종용(從容)히. 성격이나 태도가 차분하고 침착하게.

2 규졍ᄒᆞ며: 규정(規正)하며. 바로잡아서 고치며.

【集解】仰은恃也라指導汲引은則在於師하고切磋勸勉은則在於友어니와若夫勇往精進하여自强不息은則在於自己하니而

難倚恃師友矣니라

仰은 믿음이다. 지도하고 이끎은 스승에게 있고, 切磋하고 권면함은 벗에게 있거니와, 무릇 용감하게 나아가 정진하여 스스로 힘써 쉬지 않음과 같은 것은 자기에게 있으니, 스승과 벗에게 기대어 믿기가 어렵다.

漢字 **恃**(믿을 시), **導**(이끌 도), **汲**(이끌 급), **引**(이끌 인), **勸**(권할 권), **勉**(힘쓸 면), **倚**(기댈 의, 의지할 의)

절차탁마(切磋琢磨): '칼과 톱으로 끊고[切], 줄과 대패로 갈고[磋], 망치와 끌로 쪼고[琢], 모래와 돌로 갈다[磨].'는 뜻이다. 《시경(詩經)》 〈위풍(衛風)〉 '기욱(淇澳)'에서 유래한 말이다. '기욱' 3연 중 제1연은 다음과 같다. "瞻彼淇澳 菉竹猗猗 有斐君子 如切如磋 如琢如磨 瑟兮僩兮 赫兮咺兮 有斐君子 終不可諼兮(저 기수 모퉁이를 보니, 푸른 대나무가 무성하다, 문채 나는 군자여, 잘라놓은 듯하고 간 듯하며, 쪼아놓은 듯하고 간 듯하다. 엄밀하고 굳세며, 빛나고 점잖으니, 문채 나는 군자여, 끝내 잊을 수 없다.)" 또한 《논어(論語)》 〈학이(學而)〉 제15장에도 다음과 같은 내용이 들어 있다. "子貢曰 貧而無諂 富而無驕 何如 子曰 可也 未若貧而樂 富而好禮者也 子貢曰 詩云如切如磋 如琢如磨 其斯之謂與 子曰 賜也 始可與言詩已矣 告諸往而知來者(자공이 가로되, '선생님, 가난해도 아첨하지 않고, 부유해도 교만하지 않다면 어떻겠습니까?' 공자가 말씀하시되, '괜찮기는 하나, 가난하면서도 (도를) 즐기고 부유하면서도 예를 좋아하는 것만은 못하다.' 자공이 가로되, '《시경》에 이르기를, 「잘라놓은 듯하고 간 듯하며, 쪼아놓은 듯하고 간 듯하다.」 한 것은 이것을 이르는 것이군요?' 공자께서 말씀하시되, '사[자공의 이름]야, 비로소 너와 《시경》을 논할 수 있게 되었구나. 이미 얘기한 것을 설명해 주니까 아직 얘기하지 않은 것도 아는구나.'" 또 주자는 대학장구(大學章句) 전(傳)3장 '지지선장[止至善章, 일명 기욱장(淇澳章)]' 4절에서 "如切如磋者 道學也 如琢如磨者 自修也(여절여차는 학문을 말한 것이요, 여탁여마는 스스로 닦음이다.)"라 하여 '절차탁마'는 '학문을 닦고, 덕행을 수행함'을 뜻하는 말로 풀이하였다.

【增註】**高彦先云修學**이 **須是出於本心**이요 **不待父母先生督**

責하여**造次不忘**하며**寢食在念然後**라야**可成功**이니라

高彦先이 말하였다. “학문을 닦음은 모름지기 이 본심에서 나오고, 부모와 선생의 살핌과 꾸짖음을 기다리지 아니하여, 급한 때라도 잊지 않으며, 자고 먹음에도 생각이 있은 뒤에야, 가히 공을 이룰 수 있다.”

漢字 **督**(살필 독), **責**(꾸짖을 책)

고언선(顧彦先, 미상~312년경): 서진(西晋)시대의 명사(名士)이며 관리이다. 이름은 고영(顧榮)이고, 자는 언선(彦先)이다. 오군(吳郡) 오현(吳縣) 사람으로, 동오(東吳) 승상(丞相) 고옹(顧雍)의 손자이다. 서진(西晉) 말기에 사마씨(司馬氏) 정권(政權) 수립에 큰 공을 세웠다. 벼슬은 안동군사(安東軍司), 산기상시(散騎常侍)을 지냈다. 저서로 《고영집(顧榮集)》 5권이 있다(중국역대인물초상화).

〖八十七章〗

○ **呂氏童蒙訓**에**曰今日**에**記一事**ᄒᆞ고**明日**에**記一事**ᄒᆞ면**久則自然貫穿**ᄒᆞ며**今日**에**辨一理**ᄒᆞ고**明日**에**辨一理**ᄒᆞ면**久則自然浹洽**ᄒᆞ며 《童蒙訓》

●《여씨동몽훈》에 말하였다. “오늘 한 가지 일을 기억하고 다음날 한 가지 일을 기억하면, 오래 되면 자연히 꿰뚫게 되며, 오늘 한 가지 이치를 분별하고 다음날 한 가지 이치를 분별하면, 오래 되면 자연히 젖어들며,

漢字 **貫**(꿸 관), **穿**(뚫을 천), **辨**(분별할 변), **浹**(젖을 협), **洽**(젖을 흡, 넉넉할 흡)

번소 몸려氏시 아ᄒᆡ ᄀᆞᄅᆞ치ᄂᆞᆫ 글워레 닐어쇼ᄃᆡ 오ᄂᆞᆯ나래 ᄒᆞᆫ 이를 그디ᄒᆞ고 ᄂᆡ일 나래 ᄒᆞᆫ 이를 그디ᄒᆞ면 오라면 ᄌᆞ션히 ᄉᆞᄆᆞ차디게 알리라 오ᄂᆞᆯ 나래 ᄒᆞᆫ ᄉᆞ리를 ᄀᆞᆯᄒᆡ지버ᄒᆞ고 ᄂᆡ실 나래 ᄒᆞᆫ ᄉᆞ리를 ᄀᆞᆯᄒᆡ지버ᄒᆞ면 오라면 ᄌᆞ션히 ᄒᆞ웍ᄒᆞ리라

현대역 여 씨 아이 가르치는 글월에 일러 있되, "오늘날에 한 (가지) 일을 기억하고 내일 날에 한 일을 기억하면, 오래면 자연히 사무쳐지게 알리라. 오늘날에 한 사리를 가려내어하고 내일 날에 한 사리를 가려내어하면, 오래면 자연히 흡족(洽足)하리라.

1 닐어쇼되: 일러 있되. '닐(어간)+어(연결어미)+쇼ᄃᆡ(연결어미)'이다. '-쇼ᄃᆡ'는 동사나 형용사 어간 뒤에 붙어, '-있되'를 뜻하는 어미이다. 諸衆生이 엇뎨 如來 智慧ᄅᆞᆯ 다 두쇼ᄃᆡ 迷惑ᄒᆞ야 보디 몯거뇨 ᄒᆞ시니(此諸衆生云 何具有如來智慧 迷惑不見).《원각 서:41》, 소곰 넉 량을 믈 ᄒᆞᆫ 마래 열 소솜 글혀 멋디거든 그 므레 ᄃᆞᆷ가쇼ᄃᆡ 식거든 ᄀᆞ람ᄒᆞ라(鹽 四兩 水一斗 煮十沸 沸定 以湯浸 冷易之).《구간 6:50》

2 ᄉᆞᄆᆞ차디게: 사무쳐지게. 깊이 스며들거나 멀리까지 미치게. 'ᄉᆞᄆᆾ+아디게'이다. 'ᄉᆞᄆᆾ다'에 보조동사 '-아디다'가 붙어 앞말이 뜻하는 상태로 됨을 나타낸다. 그 나못 불휘ᄅᆞᆯ ᄢᅢ혀 그우리 부러 가지 것비쳐 드트리 ᄃᆞ외ᄋᆡ ᄇᆞᆺ아디거늘 모다 닐오ᄃᆡ.《석상 6:30~31》(현대역: 그 나무의 뿌리를 빼어 구르게 불어 가지가 꺾여 삐치어 티끌이 되게 부서지거늘 모아 이르되.). 'ᄉᆞᄆᆾ다'는 '사무치다'의 옛말이다. 通은 智慧 ᄉᆞᄆᆞ차 마근ᄃᆡ 입술씨라《월석 2:54》. 현대국어 '사무치다'의 옛말 중 하나인 'ᄉᆞ뭋치다'는 19세기 문헌에서부터 나타난다. 이 단어는 원래 중세국어 'ᄉᆞᄆᆾ다'에 사동접사 '-이-'가 결합한 것으로 보이는데 'ᄉᆞᄆᆾ다'는 소멸되고 사동접사가 결합한 어형만 남은 것으로 추측된다. 'ᄉᆞ뭋치다'의 둘째 음절과 셋째 음절 '뭋치'는 분철 표기로 보이며 발음상으로는 현재의 어형인 '사무치다'와 큰 차이가 없을 것으로 추정된다. 따라서 'ᄉᆞ뭋치다'와 '사무치다'는 둘째 음절의 모음의 차이가 'ㅗ'와 'ㅜ'인 것만 다른데 이 차이의 원인은 현재로서는 알 수 없다. 첫째 음절 'ᄉᆞ'는 현대맞춤법에 따라 '사'로 바뀌어 현재의 어형인 '사무치다'가 쓰이게 되었다. ᄉᆞ뭋지다(19세기)/ᄉᆞ뭋치다(19세기)〉사뭋치다(19세기)〉사무치다(20세기~현재). 이형태: ᄉᆞ뭋지다, ᄉᆞ뭋치다, 사뭋치다. ᄡᆞᆯ 그릇 셰 너허 ᄡᆞᆯ이 ᄉᆞ뭋지게 ᄇᆡ거든 평판에 건져 기오려 ᄡᆞᆯ 즙이 ᄲᅡ지.《1869 규합 17ㄴ》, 잘못ᄒᆞᆫ 니를 용셔ᄒᆞ며 널니 음덕을 힝ᄒᆞ야 우희로 하ᄂᆞᆯ에 ᄉᆞ뭋치니.《1867 남궁 5ㄴ》, 사뭋치다 透徹.《1895 국한 161》

3 호웍ᄒᆞ리라: 흡족(洽足)하리라. '호웍ᄒᆞ(어간)+리(추측법 선어말어미)+라(평서형 종결어미)'이다. '호웍ᄒᆞ다'는 '흡족하다', '윤택하다'의 옛말이다. ᄒᆞᆫ 구룸

비예 大千이 너비 흐웍호믄 흔 소리로 秘密히 불기샤매 大小ㅣ 골오 닙ᄉᆞ보믈 가졸비시니라.《월석 13:46》, 이 그리믈 對ᄒᆞ야셔 ᄆᆞᄉᆞ미 흐웍ᄒᆞ니 그듸의 붇과 깁과를 重히 너교믈 알와라(對此融心神 知君重毫素).《두시-초 16:29》

소언 몸려氏시童동蒙몽訓훈에 골오ᄃᆡ 오ᄂᆞᆯ날애 ᄒᆞᆫ 일을 긔디ᄒᆞ고 ᄂᆡ일 날애 ᄒᆞᆫ 일을 긔디ᄒᆞ면 오라면 自ᄌᆞ然연히 ᄉᆞᄆᆞ차디며 오ᄂᆞᆯ날애 ᄒᆞᆫ 도리를 분변ᄒᆞ고 ᄂᆡ일 날애 ᄒᆞᆫ 도리를 분변ᄒᆞ면 오라면 自ᄌᆞ然연히 흐웍ᄒᆞ며

현대역 《여씨동몽훈》에 가로되, "오늘날에 한 가지 일을 기억하고 내일 날에 한 가지 일을 기억하면, 오래면 자연히 사무쳐지며, 오늘날에 한 가지 도리를 分辨하고 내일 날에 한 가지 도리를 분변하면, 오래면 자연히 흡족하며,

분변ᄒᆞ고: 분변(分辨)하고. '분변ᄒᆞ다'는 '세상 물정에 대한 바른 생각이나 판단을 하다.'를 뜻한다. 유의어: 분별(分別)하다.

【增註】久는謂日日如此하여無間斷也라貫穿은通透也라理는卽事中之理요辨은謂辨其是非라浹洽은則心與理相涵矣라

久는 날마다 이와 같이 하여, 그치거나 끊어짐이 없음을 이른다. 貫穿은 통함이다. 理는 곧 일 가운데의 이치요, 辨은 그 옳고 그름을 분별함을 이른다. 협흡(浹洽)은 마음이 이치와 더불어 서로 젖어듦이다.

漢字 透(통할 투), 涵(젖을 함)

간단(間斷): 잠시 그치거나 끊어짐.

【集解】此는致知之事也라

이는 앎에 이르는 일이다.

今日에行一難事ᄒᆞ고明日에行一難事ᄒᆞ면久則自然堅固ㅣ니

●오늘 한 가지 어려운 일을 행하고, 다음날 한 가지 어려운 일을 행하면, 오래 되면 자연히 굳어지니,

漢字 堅(굳을 견), 固(굳을 고)

번소 오ᄂᆞᆯ나래 ᄒᆞᆫ 어려온 이를 ᄒᆡᇰᄒᆞ고 ᄂᆡ일 나래 ᄒᆞᆫ 어려온 이를 ᄒᆡᇰᄒᆞ면 오라면 ᄌᆞ연히 구드리라

현대역 오늘날에 한 가지 어려운 일을 행하고, 내일 날에 한 가지 어려운 일을 행하면, 오래면 자연히 굳으리라.

소언 오ᄂᆞᆯ날애 ᄒᆞᆫ 어려온 일을 行ᄒᆡᇰᄒᆞ고 ᄂᆡ일날애 ᄒᆞᆫ 어려온 일을 行ᄒᆡᇰᄒᆞ면 오라면 自ᄌᆞ然연히 구드리니

현대역 오늘날에 한 가지 어려운 일을 행하고, 내일 날에 한 가지 어려운 일을 행하면, 오래면 자연히 굳으리니,

【增註】堅固하면則身與事相安矣라

견고한즉 몸이 일과 더불어 서로 편안함이다.

【集解】此는力行之事也라

이는 힘써 행하는 일이다.

渙然冰釋ᄒᆞ며怡然理順은久自得之라非偶然也ㅣ니라

●환연(渙然)히 얼음이 풀리며, 이연(怡然)히 이치에 순함은 오래 되면 저절로 그것을 얻으니, 우연한 것이 아니다."

漢字 渙(풀릴 환, 흩어질 환), 釋(풀 석, 사라질 석), 怡(기쁠 이)

1 환연(渙然)히: 의혹이 풀리어 가뭇없이. '가뭇없이'는 '눈에 띄지 않게 감쪽같이'의

뜻이다. 요 며칠 동안 나에게 보여 주던 그 친절과 미소도 가뭇없이, 이때만은 새침한 침묵에 잠겨 있을 뿐이었다.《김동리, 까치 소리》, 너무도 희미해서, 확실한 실마리를 붙잡고자 추궁해 들어가면 그만 어디론가 가뭇없이 사라져 버릴 것만 같았다.《윤후명, 별보다 멀리》

2 환연빙석(渙然氷釋): 얼음이 풀리듯 의혹이 풀림.

3 이연(怡然)히: 기쁘고 좋게.

번소 헤여듀미 어름 프러듐 ᄀᆞᄐᆞ며 ᄌᆞ연히 ᄉᆞ리예 슌ᄒᆞ요ᄆᆞᆫ 오라면 스싀로 득ᄒᆞᆯ 거시라 우연ᄒᆞᆫ 이리 아니라

현대역 헤어짐이 얼음 풀어짐 같으며, 자연히 사리에 순함은 오래면 스스로 얻어질 것이라. 우연한 일이 아니라."

헤여듀미: 헤어짐이. '헤여디(어간)+움(명사형 어미)+이(주격 조사)'이다. '헤어디다'는 '헤어지다'의 옛말이다. 潼關앳 軍卒이 처섬 헤여딜 저긔 萬乘이 오히려 들리ᄃᆞᄅᆞ니라(潼關初潰散 萬乘猶辟易).《두시-초 24:12》, 구리 긷과 쇠 牀애 등이 누르며 애 믈어 피와 ᄉᆞᆯ쾌 헤여디여 알포미 ᄆᆞᅀᆞᆷ과 骨髓예 ᄉᆞᄆᆞᆺᄂᆞ니(銅柱鐵床 焦背爛腸 血肉糜潰 痛徹心髓).《영가 상:34》

소언 渙환然연[헤어디ᄂᆞᆫ 양이라]히 어름이 프러디ᄃᆞᆺ ᄒᆞ며 怡이然연[깃븐 ᄠᅳᆮ이라]히 理리ㅣ 順슌ᄒᆞ욤ᄋᆞᆫ 오라야 스스로 어들 거시라 偶우然연히 홈이 아니니라

현대역 환연(渙然)[헤어지는 모양이라.]히 얼음이 풀어지듯 하며, 이연(怡然)[기쁜 뜻이라.]히 사리가 순함은 오래야 스스로 얻을 것이라. 우연히 함이 아니니라."

【集說】陳氏曰釋은消也라林氏曰渙然解散하여如春冰之釋하고怡然喜悅而衆理皆順이니라

진 씨가 말하였다. "釋은 사라짐이다." 임 씨가 말하였다. "환연히 풀어

흩어져 봄 얼음이 풀리는 듯하고, 이연히 기뻐 뭇 이치가 다 순하다.”

漢字 消(사라질 소), 悅((기쁠 열)

【八十八章】

○前輩ㅣ嘗說後生이才性過人者ᄂᆞᆫ不足畏오惟讀書尋思推究者ㅣ爲可畏耳라ᄒᆞ고又云讀書ᄂᆞᆫ只怕尋思ㅣ라ᄒᆞ니蓋義理精深이라惟尋思用意라사爲可以得之니鹵魯莽母黨切厭煩者ᄂᆞᆫ決無有成之理니라 《童蒙訓》

●선배가 일찍이 말하기를, “후생 중에 재주의 성질이 남을 지나는 자는 족히 두렵지 아니하고, 오직 글을 읽어 찾아 생각하고 미루어 궁구하는 자가 가히 두려움이 될 뿐이다.”라 하였고, 또 이르기를, “글을 읽음에는 다만 찾아 생각함이 두렵다.”라 하였으니, 대개 옳은 이치는 정밀하고 깊으므로, 오직 찾아 생각하고 뜻을 써야 가히 써 그것[義理]을 얻게 되니, 거칠고 우거져 번거로움을 싫어하는 자는 결코 이룰 수 있는 이치가 없다.

漢字 怕(두려워할 파), 鹵(거칠 로, 노략질 할 로, 우둔할 로, 어리석을 로, 염밭 로, 소금 로, 황무지 로), 莽[거칠 망(무, 모), 아득할 망(무, 모), 우거질 망(무, 모), 풀 망(무, 모), 숲 망(무, 모)], 煩(번거로울 번, 괴로울 번)

莽: 독음이 《소학집주》와 《번역소학》 대문(大文)에는 ‘망’으로, 《소학언해》 대문에는 ‘모’로 달려 있다.

번소 몬져 얼운이 일즉 닐오ᄃᆡ 후에 나ᄂᆞᆫ 사ᄅᆞ미 ᄌᆡ조홀 셩이 ᄂᆞᆷ두곤 더으니ᄂᆞᆫ 저프디 아니ᄒᆞ고 오직 글 닐구매 ᄎᆞ자 ᄉᆡᆼ각ᄒᆞ야 궁구ᄒᆞᄂᆞ니사 저프니라 ᄯᅩ 닐오ᄃᆡ 글 닐구믄 다믄 ᄎᆞ자 ᄉᆡᆼ각ᄒᆞᄂᆞᆫ 사ᄅᆞ미 저프니 義의理리 졍ᄒᆞ고 기픈 디라 오직 ᄎᆞ자 ᄉᆡᆼ각ᄒᆞ야 ᄠᅳ들 ᄡᅧ사 어들

거시니 쉽사리 잠ᄭᅡᆫ ᄒᆞ야 어즈러오믈 아쳐라 ᄒᆞᄂᆞ니ᄂᆞᆫ 결연히 일우리 업스니라

[현대역] 먼저 어른이 일찍이 이르되, "후에 나는 사람이 재주부릴 성품이 남보다 더한 이는 두렵지 아니하고, 오직 글 읽음에 찾아 생각하여야 궁구하는 이야 두려우니라." 또 이르되, "글 읽음은 다만 찾아 생각하는 사람이 두려우니라." 하니, 의리는 精하고 깊은 것이다. 오직 찾아 생각하여 뜻을 써야 얻을 것이니, 쉽사리 잠깐 하여, 어지러움을 싫어하는 하는 이는 決然히 이룰 리 없느니라.

1 정ᄒᆞ고: 정(精)하고. 정성을 들여서 거칠지 아니하고 매우 곱고.
2 결연(決然)히: 마음가짐이나 행동에 있어 태도가 움직일 수 없을 만큼 확고하여, 즉 결단코.

소언 前젼읫 사ᄅᆞᆷᄃᆞᆯ히 일즉 닐오ᄃᆡ 後후生ᄉᆡᆼ이 ᄌᆡ질이 사ᄅᆞᆷ의게 넘은 이ᄂᆞᆫ 足죡히 두립디 아니ᄒᆞ고 오직 글 닑우매 ᄎᆞ자 ᄉᆡᆼ각ᄒᆞ며 미러 궁구ᄒᆞᄂᆞ니 미가히 두리우니라 ᄒᆞ고 ᄯᅩ 닐오ᄃᆡ 글 닑움은 오직 ᄎᆞ자 ᄉᆡᆼ각홈이 두리우니라 ᄒᆞ니 義의理리 졍ᄒᆞ고 깁픈 디라 오직 ᄎᆞ자 ᄉᆡᆼ각ᄒᆞ야 ᄠᅳᆮ을 ᄡᅥ ᄒᆞ야ᅀᅡ 미가히 ᄡᅥ 어들 거시니 쉽사리 잠ᄭᅡᆫᄒᆞ야 번거홈을 아쳐ᄒᆞᄂᆞ니ᄂᆞᆫ 결연히 일움이 이시리 업ᄉᆞ니라

[현대역] 앞의 사람들이 일찍이 이르되, "後生이 재질이 사람에게 넘는 이는 족히 두렵지 아니하고, 오직 글 읽음에 찾아 생각하며 미루어 궁구하는 이가 가히 두려우니라." 하고, 또 이르되, "글 읽음은 오직 찾아 생각함이 두려우니라." 하니, 의리는 精하고 깊은 것이다. 오직 찾아 생각하여 뜻을 써 하여야 가히 써 얻을 것이니, 쉽사리 잠깐 하여, 번거함을 싫어하는 이는 결연히 이룸이 있을 리 없느니라.

번거홈: 번거함. '번거ᄒᆞ(어간)+옴(명사형 어미)'이다. '번거ᄒᆞ다'는 '조용하지 못하고 자리가 어수선하다.'를 뜻한다. 천하 만물이 지극히 번거하고 지극히

많으니 어찌 천주의 지으심을 증험하리오.《한무숙, 만남》

【集解】鹵莽는輕脫苟且之謂라熊氏曰人有才면貴乎有學이니非學이면無以充其才요有學이면貴乎有思니非思면無以充其學이라故로後生可畏者는非以其才之難이요旣能學而又能思者爲難也라夫義理散在簡冊之中하니聖賢之言을不可以粗看이요不可以淺窺니若鹵莽厭煩이면則何由知聖賢用心而窮其義理乎아

노모(鹵莽)는 가볍고 소홀하며 구차함을 이른다. 웅 씨가 말하였다. "사람이 재주가 있으면 배움이 있음을 귀하게 여기니, 배움이 아니면 써 그 재주를 채울 수 없으며, 배움이 있으면 생각함이 있음을 귀하게 여기니, 생각함이 아니면 써 그 배움을 채울 수 없다. 그러므로 후생이 가히 두려운 것은 그 재주의 어려움 때문이 아니라, 이미 능히 배우고 또 능히 생각하는 것이 어려움이 된다. 무릇 옳은 이치는 簡冊 가운데 흩어져 있으니, 성현의 말씀을 가히 써 대강 보지 아니하고, 가히 써 얕게 엿보지 않아야 하니, 만약 거칠고 우거져 번거로움을 싫어하면, 무엇을 말미암아 성현의 마음 씀을 알아 그 옳은 이치를 궁구하겠는가?"

漢字 輕(가벼울 경), 脫(소홀할 탈, 벗을 탈), 粗(대강 조, 거칠 조), 淺(얇을 천), 窺(엿볼 규)

1 경탈(輕脫): 말이나 행동이 가볍고 소홀함. 경홀(輕忽)과 같은 뜻임.
2 간책(簡冊): 예전에, 종이 대신 글씨를 쓰던 대쪽. 또는 그것으로 엮어 맨 책. 유의어: 죽간(竹簡), 죽책(竹冊)

【八十九章】

○顔氏家訓에曰借人典籍에皆須愛護ᄒᆞ야先有缺壞어든就爲

補治ㅣ니此亦士大夫百行之一也ㅣ니라 《顏氏家訓》

●《안씨가훈》에 말하였다. "남의 책을 빌림에, 모두 모름지기 사랑하고 보호하여, 앞서 이지러지고 무너짐이 있으면, 곧 위하여 깁고 다스려야 하니, 이것은 또한 사대부의 많은 행실 중 한 가지이다.

漢字 **護**(보호할 호), **缺**(이지러질 결), **壞**(무너질 괴), **就**(곧 취), **補**(기울 보)

취(就); '곧'으로 해석한다. 아래 【集解】에서도 '즉(卽)'으로 바꾸어 주를 달았고, 《번역소학》은 '즉시예'로, 《소학언해》는 '즉제'로 번역하고 있기 때문이다.

번소 顏안氏시 가문 ᄀᆞᄅᆞ치ᄂᆞᆫ 글워레 닐이쇼ᄃᆡ ᄂᆞᄆᆡ ᄎᆡᆨ을 비러다가 다 모로매 ᄉᆞ랑ᄒᆞ며 간슈ᄒᆞ고 몬져 ᄒᆞ여딘 ᄃᆡ 잇거든 즉시예 슈보ᄒᆞ야 고텰 거시니 이 ᄯᅩ 士ᄉᆞ大태夫우의 일ᄇᆡᆨ ᄒᆡᆼ뎍에셔 ᄒᆞᆫ 가짓 이리라

현대역 안 씨 가문 가르치는 글월에 일러 있으되, "남의 책을 빌어다가 다 모름지기 사랑하며 간수하고, 먼저 해진 데 있거든 즉시에 修補하여 고칠 것이니, 이 또 사대부의 일백 행적에서 한 가지의 일이라.

1 닐이쇼ᄃᆡ: 일러 있되. 위 제87장의 '몸려氏시 아ᄒᆡ ᄀᆞᄅᆞ치ᄂᆞᆫ 글워레 닐어쇼ᄃᆡ'와 견주어 볼 때, '닐어쇼ᄃᆡ'의 오자인 듯하다. '닐어쇼되'는 '닐(어간)+어(연결어미)+쇼ᄃᆡ(연결어미)'이다. '-쇼ᄃᆡ'는 동사나 형용사 어간 뒤에 붙어, '-있되'를 뜻하는 어미이다.

2 슈보ᄒᆞ야: 수보(修補)하여. 허름한 데를 고치고 덜 갖춘 곳을 기워.

소언 顏안氏시家가訓훈에 ᄀᆞᆯ오ᄃᆡ 사ᄅᆞᆷ의 ᄎᆡᆨ을 비러옴애 다 모롬이 ᄉᆞ랑ᄒᆞ야 간슈ᄒᆞ야 몬져 ᄒᆞ여딘 ᄃᆡ 잇거든 즉제 위ᄒᆞ야 슈보ᄒᆞ야 다ᄉᆞ릴 디니 이 ᄯᅩ 士ᄉᆞ태우의 일ᄇᆡᆨ ᄒᆡᆼ실에 ᄒᆞ나히니라

현대역 《안씨가훈》에 가로되, "사람의 책을 빌려옴에 다 모름지기 사랑하여 간수하여, 먼저 해진 데 있거든 즉시에 위하여 수보하여 다스릴 것이니, 이 또 사대부의 일백 행실에 하나이니라.

【集解】借人器物에皆須保護니況書籍乎아或先損壞어든卽爲修補完好實士君子之一行也니라

남의 기물을 빌림에, 모두 모름지기 보호해야 하니, 하물며 서적임에랴. 혹 앞서 덜고 무너졌으면 곧 위하여 닦아 깁고 완전히 좋게 함이 실로 선비와 군자의 한 가지 행실이다.

漢字 損(덜 손)

濟陽江祿이讀書未竟에雖有急速이라두必待卷捲束整齊然後에得起故로無損敗ᄒᆞ니人不厭其求假焉ᄒᆞ더라

●濟陽의 江祿이 글 읽기가 다하지 않음에, 비록 급하고 빠름이 있더라도 반드시 말아 묶어 가지런하기를 기다린 뒤에 능히 일어났다. 그러므로 덜고 깨뜨림이 없었으니, 사람들은 그가 구하여 빌려 감을 싫어하지 않았다.

1 제양(濟陽): 중국 산동성(山東省) 제남(齊南)에 있는 현.
2 강록(江祿, 생몰 연대 미상): 양(梁)나라 사람. 강록에 대한 기록은 남사(南史)에 수록된 그의 고조부 강이(江夷)의 전(傳)에 부속(附屬)되어 있다. 강록은 자가 언하(彦遐)로, 어려서 학문에 열심이었고 문장을 잘 썼으며, 지위는 태자세마(太子洗馬)와 상동왕[湘東王, 梁元帝]의 녹사참군(錄事參軍)에 올랐으며, 뒤에 당후(唐侯)의 상(相)이 되었다가 죽었다. 《금루자(金樓子)》〈취서(聚書)〉에 일찍이 강록이 있는 곳에 가서 책을 베껴 써왔다고 기록되어 있다.

漢字 竟(다할 경), 急(급할 급), 速(빠를 속), 卷(책 권, 말 권=捲), 束(묶을 속), 整(가지런할 정), 齊(가지런할 제), 假(빌릴 가)

번소 濟졔陽양 짜 江강祿록이 글 닑다가 ᄆᆞᆺ디 몯ᄒᆞ여셔ᄂᆞᆫ 비록 ᄲᆞᄅᆞᆫ 이리 이셔도 칙을 더퍼 졍졔히 ᄒᆞᆫ 후에ᅀᅡ 닐러나모로 ᄒᆡ여듀미 업서 사ᄅᆞ미 빌이기를 아쳐러 아니ᄒᆞ더라

현대역 濟陽 땅 江祿이 글 읽다가 마치지 못하여서는, 비록 빠른 일이 있어도,

책을 덮어 整齊히 한 후에야 일어나므로, 해짐이 없어, 사람이 빌려주기를 싫어하지 아니하더라.

1 몯ᄒᆞ여셔ᄂᆞᆫ: 못하여서는. '몯ᄒᆞ(어간)+여(연결어미)+시('시다[在]'의 어간)+어(연결어미)+ᄂᆞᆫ(보조사)'이다. '여+시+어'가 하나의 연결어미 '-여셔'로 재구조화되었다. '-여셔'는 'ㅣ'나 'ㅣ' 계열 이중모음으로 끝나는 용언의 어간 뒤나 'ᄒᆞ다'의 어간 뒤에 붙어, '-어서'를 나타내는 어미이다. 우리 여라믄 형뎨ᄃᆞᆯ히 가도 족ᄒᆞ다 ᄒᆞᆫ 녀긔 다ᄉᆞᆺ식 분ᄒᆞ여셔 ᄡᅩ져 우리 므슴 나기ᄒᆞ료(咱十數箇弟兄們去時勾了 一邊五箇家分着射 咱賭甚麽).《번박 상:54》, 子弟 도외여셔 灑掃應對ᄅᆞᆯ 편안히 너기디 아니ᄒᆞ고(爲子弟則不能安灑掃應對).《번소 6:3》

2 경졔히: 정제(整齊)히. 정돈하여 가지런히 하게.

3 빌이다: '빌려주다'의 옛말이다. 그듸 가 들 찌비 불써 이도다 ᄒᆞ고 道眼ᄋᆞᆯ 빌여늘 須達이 보니 여슷 하ᄂᆞ래 宮殿이 싁싁ᄒᆞ더라.《석상 6:36》(현대역: 그대가 가서 들어갈 집이 벌써 생기도다 하고 도안을 빌려주거늘 수달이 보니 여섯 하늘에 궁전이 씩씩하더라.)

소언 濟졔陽양[짜 일홈이라] 江강祿록[梁냥 적 사ᄅᆞᆷ이라]이 글 닑다가 ᄆᆞᆺ디 못ᄒᆞ여실 제 비록 급ᄒᆞ고 밧븜이 이셔도 반ᄃᆞ시 ᄆᆞ라 뭇거 整졍齊졔홈을 기ᄃᆞ론 후에 시러곰 니러나ᄂᆞᆫ 故고로 ᄒᆞ여디미 업스니 사ᄅᆞᆷ이 그 求구ᄒᆞ야 비로믈 슬희여ᄒᆞ디 아니ᄒᆞ더라

현대역 濟陽[땅 이름이라.] 江祿[梁 때 사람이라.]이 글 읽다가 마치지 못하였을 때, 비록 급하고 바쁨이 있어도 반드시 말아 묶어 정제함을 기다린 후에 능히 일어나므로, 해짐이 없으니, 사람이 그 구하여 빌림을 싫어하지 아니하더라.

1 ᄆᆞᆺ디: 마치지. 'ᄆᆞᆺ(어간)+디(보조적 연결어미)'이다. 현대국어 '마치다'의 옛말인 'ᄆᆞᆾ다'는 15세기 문헌에서부터 나타난다. 'ᄆᆞᆾ다'는 자음으로 시작하는 어미 앞에서는 'ᄆᆞᆺ-'으로, 모음으로 시작하는 어미 앞에서는 'ᄆᆞᆾ-'으로 나타났다. 'ᄆᆞᆾ-'의 중철 표기 'ᄆᆞᆺㅊ-'은 16세기부터 나타나는데, 'ᄆᆞᆺㅊ-'는 'ᄆᆞᆺ츠다>맛츠다>맛치다>마치다'의 변화 과정을 겪게 된다. 현재의 '마치다'에 이르는 중간 단계의 형태인

'ᄆᆞᆺ츠다', '맛츠다', '맛치다'는 모두 18세기에 나타난다. 'ᄆᆞᆺ츠다'는 'ᄆᆞᆺㅊ-'에 'ㅡ'가 추가되면서 2음절에서 3음절로 늘어난 형태이다. 18세기에 제1음절의 'ㆍ'가 'ㅏ'로 변화하였는데, 이 영향으로 'ᄆᆞᆺ츠다'는 '맛츠다'로 변화한다. 근대국어 후기에 'ㅈ' 아래에서 모음 'ㅡ'가 'ㅣ'로 바뀌는 전설모음화가 있었는데, 이 영향으로 '맛츠다'는 '맛치다'로 변화한다. 이후 '맛치다'의 종성 'ㅅ'이 탈락하면서 18세기에 '마치다'로 나타나서 현재에 이르렀다. 18세기의 '마츠다'는 '맛츠다'에서 종성 'ㅅ'이 탈락한 형태이다. 16세기 후반에 제2음절 이하의 'ㆍ'가 'ㅡ'로 변화하였는데, 이로 인해 'ㆍ'와 'ㅡ'의 표기가 혼동되는 일이 많았다. 18세기의 'ᄆᆞᆺᄎᆞ다'와 '마ᄎᆞ다'는 이러한 이유로 나타난 형태인데, 각각 'ᄆᆞᆺ츠다'와 '맛츠다'의 제2음절 모음 'ㅡ'가 'ㆍ'로 표기된 것이다. 18세기에 제1음절의 'ㆍ'가 'ㅏ'로 변화하였는데, 이로 인해 'ㆍ'와 'ㅏ'의 표기가 혼동되는 일이 많았다. 19세기의 'ᄆᆞ치다'와 'ᄆᆞᆺ치다'는 이러한 이유로 나타난 형태인데, 각각 '마치다'와 '맛치다'의 제1음절 모음 'ㅏ'가 'ㆍ'로 표기된 것이다. ᄆᆞᆾ다(15세기~18세기)〉ᄆᆞᆺ츠다(18세기~19세기)〉맛츠다(18세기)〉맛치다(18세기~19세기)〉마치다(18세기~현재). 이형태: ᄆᆞᆾ-, ᄆᆞᆺ-, ᄆᆞᆺㅊ-, ᄆᆞᆺᄎᆞ-, ᄆᆞᆺ츠-, 맛츠-, 맛치-, 마ᄎᆞ-, 마츠-, 마치-, ᄆᆞ치-, ᄆᆞᆺ치-. 내 本來ㅅ 誓願力으로 이 더러ᄫᅳᆫ ᄯᅡ해 나아 教化ㅅ 因緣을 ᄆᆞᄎᆞᆯᄊᆡ.《1447 석상 23:10ㄱ》, 나그내 ᄃᆞ외요미 ᄆᆞᄎᆞᆯ ᄢᅴ 업스니 ᄀᆞᅀᆞᆯ 슬후믈 나조ᄒᆞᆯ 向ᄒᆞ야 ᄆᆞᆺᄂᆞᆺ다.《1481 두시-초 10:38ㄴ》, 넙츈에 조샹을 졔ᄒᆞ며 ᄀᆞᅀᆞᆯ ᄆᆞᆺ초매.《1518 번소 7:7ㄴ》

2 밧븜이: 바쁨이. '밧브(어간)+ㅁ(명사형 어미)+이(주격 조사)'이다. 현대국어 '바쁘다'의 옛말인 '밧ᄇᆞ다'는 15세기 문헌에서부터 나타난다. '밧ᄇᆞ다'는 '바빠하다'의 의미를 지닌 동사 '밫-'에 형용사 파생접사 '-ᄇᆞ-'가 결합한 것으로, 이때 '밫-'은 팔종성법에 따라 '밧-'으로 표기되었다. 16세기에는 '밧브다' 형태도 등장하였는데, 이는 16세기 이후에 제2음절 이하에서 모음 'ㆍ'가 'ㅡ'로 변화하는 현상에 따른 것이다. 한편 근대국어 시기에는 '밧부다' 형태도 보이는데 이는 'ㅂ' 뒤에서 'ㅡ'가 'ㅜ'로 바뀌는 원순모음화 현상을 반영한 것이다. 근대국어 시기에 제1음절의 종성 'ㅅ'의 영향으로 제2음절의 초성 'ㅂ'이 된소리가 되어 '바쁘다'가 되었으나 문헌상으로는 19세기까지도 '밧브다'의 예만이 나타난다. 밧ᄇᆞ다(15세기~18세기)〉밧브다(16세기~19세기)〉바쁘다(20세기~현재). 이형태: 밧ᄇᆞ다, 밧브다, 밧부다. 여스슨 比丘ᄭᅴ 經과 律와ᄅᆞᆯ 묻디ᄫᅵ 世間앳 밧ᄇᆞ디 아니ᄒᆞᆫ 이ᄅᆞᆯ ᄒᆞᆫᄃᆡ 니르디 아니ᄒᆞᆯ 씨오.《1459 월석 10:20ㄴ-21ㄱ》, 내 밧바

겨를 어디 가디 몯ᄒᆞ리로다.《1510년대 번노 상:67ㄴ》

【集解】濟陽은縣名이라讀書에雖遇急事나必整束而起하니此亦可見其處事敬謹이니宜乎人不厭其求借也라

濟陽은 고을 이름이다. 글을 읽음에 비록 급한 일을 만났으나 반드시 가지런히 묶고 일어났으니, 이것은 또한 가히 그가 일을 처리함에 공경스럽고 삼갔음을 볼 수 있으니, 사람들이 그가 구하여 빌려 감을 싫어하지 않음이 마땅하다.

或有狼藉几案ᄒᆞ며分散部秩(帙)ᄒᆞ야多爲童幼婢妾의所點汚ᄒᆞ며風雨虫鼠의所毀傷ᄒᆞ니實爲累德이라吾ㅣ每讀聖人書에未嘗不肅敬對之ᄒᆞ며其故紙예有五經詞義와及聖賢姓名이어든不敢他用也ᄒᆞ노라

● 혹 책상에 어지럽게 깔림이 있으며 부질(部帙)을 나누어 흩어, 어린이와 계집종과 첩의 더러운 바며 비바람과 벌레와 쥐의 덜고 상한 바가 됨이 많으니, 실로 덕에 누가 된다. 내[顏氏]가 매번 성인의 글을 읽음에, 일찍이 그것을 엄숙하고 공경히 대하지 않음이 없었으며, 그 옛 종이에 오경의 말뜻 및 성현의 성명이 있으면, 감히 다른 데 쓰지 않았다."

漢字 狼(어지러울 랑, 이리 랑), 藉(깔개 자), 籍(책 적), 几(안석 궤), 案(책상 안), 部(거느릴 부, 나눌 부), 秩(차례 질, 녹봉 질), 帙(책 질), 點(더러울 점, 점 점), 汚(더러울 오), 虫(벌레 충), 鼠(쥐 서), 累(더러울 루), 詞(말씀 사)

1 낭자(狼藉): 《소학집주》에는 대문과 【集解】 모두 '狼藉'로 나온다. 《번역소학》 대문에는 '狼籍'으로 나오면서 '랑쟈'로 독음하고 있고, 번역문은 의역하여 들어 있지 않다. 《소학언해》는 대문과 언해문 모두 '狼籍'으로 나오면서 '랑적'으로 독음하고 있다. 《소학집주》의 '狼藉'가 정확한 표현이다. 여기서 '낭자(狼藉)'는 '여기저기 흩어져 어지러움'을 뜻한다.

2 궤안(几案): 의자(椅子)·사방침(四方枕)·안석(案席)을 통틀어 이르는 말.
3 부질(部帙): 종류별로 나누어 놓은 서적.

번소 或혹 궤며 셔안의 흐러 이시며 ᄎᆡᆨ을 권권이 흐러ᄇᆞ려 만히 아ᄒᆡ며 죵의 더러이미 도ᄋᆡ며 ᄇᆞᄅᆞᆷ 비며 벌어지며 쥐의 ᄒᆞ여ᄇᆞ류미 ᄃᆞ외면 진실로 덕을 더러유미니 내 ᄆᆡ양 셩신 글워를 닐글 제 싁싁기 공경ᄒᆞ야 마조 안찌 아니ᄒᆞᆫ 저기 업스며 오란 죠ᄒᆡ예 五오經경읫 글 ᄠᅳᆮ과 셩현의 셩과 일후미 잇거든 다ᄅᆞᆫ ᄃᆡ ᄡᅳ기를 아니ᄒᆞ노라

현대역 혹 궤(几)며 書案에 흩어 있으며, 책을 卷卷이 흩어버려, 많이 아이며 종의 더럽힘이 되며, 바람(과) 비며 벌레며 쥐의 헐어버림이 되면, 진실로 덕을 더럽힘이니, 내가 매양 성인 글월을 읽을 때, 엄숙하게 공경하여 마주 앉지 아니한 때가 없으며, 오래된 종이에 오경의 글 뜻과 성현의 성과 이름이 있거든, 다른 데 쓰기를 아니하노라."

1 궤(几): 늙어서 벼슬을 그만두는 대신이나 중신(重臣)에게 임금이 주던 물건. 앉아서 팔을 기대어 몸을 편하게 하는 것으로, 양편 끝은 조금 높고 가운데는 둥글게 우묵하고 모가 없으며, 구멍이 있어 제면(綈綿)을 잡아매었다.
2 셔안: 서안(書案). 예전에, 책을 얹던 책상.
3 ᄒᆞ여ᄇᆞ류미: 헐어버림이. 'ᄒᆞ여ᄇᆞ리(어간)+움(명사형 어미)+이(주격 조사)'이다. 'ᄒᆞ여ᄇᆞ리다'는 'ᄒᆞ야ᄇᆞ리다'의 이형태로, '헐어 버리다', '손상되게 하다'의 옛말이다. ᄡᅥ도 내 쳔 ᄡᅳ며 ᄒᆞ야ᄇᆞ려도 내 짓 거슬 ᄒᆞ야ᄇᆞ리ᄂᆞ니 네게 므스 이리 브트뇨(使時使了我的錢 壞時壞了我的家私).《번노 하:49》, ᄌᆞ식이 올와 도라개사 可히 효되라 니ᄅᆞᆯ 거시니 그 얼굴을 ᄒᆞ야ᄇᆞ리디 아니며 그 몸을 辱ᄒᆞ디 아니ᄒᆞ면 可히 올오다 닐올 디라(子全而歸之 可謂孝矣 不虧其體 不辱其身 可謂全矣).《소언 4:18》

소언 혹 궤며 셔안의 狼랑籍젹[일히 누엇던 프리 어즈러우모로 흐튼 거슬 狼랑籍젹이라 ᄒᆞᄂᆞ니라]ᄒᆞ며 권딜을 흐터 만히 아ᄒᆡ와 죵돌ᄒᆡ 더러인 배며 ᄇᆞᄅᆞᆷ과 비와 버러지와 쥐의 ᄒᆞ여ᄇᆞ린 배 되ᄂᆞ니 실로

德덕을 더러이미 되ᄂᆞ니라 내 ᄆᆡ양 聖셩人인 글월을 닐글 제 일즉 엄슉히 공경ᄒᆞ야 샹ᄃᆡ티 아니티 아니ᄒᆞ며 그 녯 죠ᄒᆡ예 五오經경읫 말와 믿 聖셩賢현의 姓셩名명이 잇거든 敢감히 다ᄅᆞᆫ ᄃᆡ ᄡᅳ디 아니ᄒᆞ노라

현대역 혹 궤며 서안에 낭자(狼藉)[이리가 누었던 풀이 어지러우므로, 흩은 것을 낭자라 하느니라.]하며, 권질(卷帙)을 흩어, 많이 아이와 종들의 더럽힌 바이며, 바람과 비와 벌레와 쥐의 헐어버린 바가 되니, 실로 덕을 더럽힘이 되느니라. 내가 매양 성인 글월을 읽을 때, 일찍이 엄숙히 공경하여 상대하지 아니하지 아니하며, 그 옛 종이에 오경의 말과 및 성현의 성명이 있거든, 감히 다른 데 쓰지 아니하노라."

1 권딜: 권질(卷帙). 책을 낱개로 세는 단위인 '권'과 여러 책으로 된 한 벌을 세는 단위인 '질'을 아울러 이르는 말.

2 아니ᄒᆞ노라: 아니하노라. '아니ᄒᆞ(어간)+ᄂᆞ(직설법 선어말어미)+오(화자 표시법 선어말어미)+라(평서형 종결어미)'이다. 제1인칭 대명사 '나'가 화자이므로 화자 표시법 선어말어미 '-오$_1$-'가 들어가 있다,

【集解】狼이藉草而臥라가去則穢亂이라故로物之散亂曰狼藉라部秩은書冊卷帙也라汚毁經書는實累大德이라故로顔氏書에以爲世戒하니라且云舊紙에有經書之文과聖賢之姓名이어든皆不敢別用이라하니所以廣敬也니라

이리가 풀을 깔고 누워 있다가 가면 더럽고 어지럽다. 그러므로 물건이 흩어지고 어지러움을 낭자(狼藉)라 이른다. 부질(部秩)은 서책의 권질(卷帙)이다. 경서를 더럽히고 덞은 실로 큰 덕에 누가 된다. 그러므로 안 씨가 써서, 써 대대로 경계로 삼았다. 또 이르기를, "옛 종이에 경서의 글과 성현의 성명이 있으면, 모두 감히 다른 데 쓰지 않았다." 하였으니, 써 공경함을 넓힌 바다.

漢字 卷(책 권)

〖九十章〗

○明道先生이曰君子ㅣ敎人有序ㅣ라先傳以小者近者而後敎以大者遠者ㅣ니非是先傳以近小而後不敎以遠大也ㅣ니라《二程全書 遺書》

●明道 선생이 말하였다. "군자가 사람을 가르침에 차례가 있다. 먼저 작은 것과 가까운 것을 전하고, 뒤에 써 큰 것과 먼 것을 가르치니, 이는 먼저 가까운 것과 작은 것만 전하고, 뒤에 먼 것과 큰 것을 가르치지 않는 것은 아니다."

번소 明명道도 先션生싱이 니ᄅᆞ샤ᄃᆡ 君군子ᄌᆞㅣ 사ᄅᆞᆷ ᄀᆞᄅᆞ츄미 ᄎᆞ례 잇ᄂᆞ니 몬져 쟈그며 갓가온 이를 ᄀᆞᄅᆞ치고 후에 크며 먼 이를 ᄀᆞᄅᆞ칠 거시니 몬져 갓가으며 져그니를 ᄀᆞᄅᆞ치고 후에 멀며 크니를 ᄀᆞᄅᆞ치디 아니홀 거시 아니니라

현대역 明道 선생이 이르시되, "군자가 사람 가르침이 차례 있으니, 먼저 작으며 가까운 이[것]를 가르치고, 후에 크며 먼 것을 가르칠 것이니, 먼저 가까우며 작은 것을 가르치고 후에 멀며 큰 것을 가르치지 아니할 것이 아니니라."

소언 明명道도 先션生싱이 ᄀᆞᆯᄋᆞ샤ᄃᆡ 君군子ᄌᆞㅣ 사ᄅᆞᆷ ᄀᆞᄅᆞ침이 ᄎᆞ례 인ᄂᆞᆫ 디라 몬져 젹으며 갓가온 이로뻐 ᄀᆞᄅᆞ치고 후에 크며 먼 이로뻐 ᄀᆞᄅᆞ치ᄂᆞ니 이 몬져 갓가오며 젹은 이로뻐 ᄀᆞᄅᆞ칠만ᄒᆞ고 후에 멀며 큰 이로뻐 ᄀᆞᄅᆞ치디 아니홈이 아니니라

현대역 明道 선생이 말씀하시되, "군자가 사람 가르침이 차례가 있는 것이다. 먼저 작으며 가까운 것으로써 가르치고, 후에 크며 먼 것으로써 가르치니,

이 먼저 가까우며 작은 것으로써 가르칠만하고, 후에 멀며 큰 것으로써 가르치지 아니함이 아니니라."

ᄀᆞᄅᆞ칠만ᄒᆞ고: 가르칠만하고. 'ᄀᆞᄅᆞ치(본동사 어간)+ㄹ(관형사형 어미)+만ᄒᆞ고(보조형용사)'이다. '만ᄒᆞ고'는 기본형이 '만ᄒᆞ다'로, 용언 뒤에서 '-을 만하다' 구성으로 쓰여, 앞말이 뜻하는 행동을 하는 것이 가능함을 나타내는 보조형용사이다.

【增註】小者近者는謂灑掃應對之節이요大者遠者는謂明德新民之事라

小者[작은 것]와 近者[가까운 것]는 물 뿌리고 쓸며 응하고 대하는 예절[소학의 가르침]을 이르고, 大者[큰 것]와 遠者[먼 것]는 덕을 밝히고 백성을 새롭게 하는 일[대학의 가르침]을 이른다.

〖九十一章〗

○明道先生이曰道之不明은異端이害之也ㅣ니昔之害는近而易知러니今之害는深而難辨이로다昔之惑人也는乘其迷暗이러니今之入人也는因其高明이로다 《二程全書 明道行狀》

●明道 선생이 말하였다. "도가 밝지 않음은 이단이 그것[도]을 해치기 때문이니, 옛날의 해침[楊墨]은 가까워 알기가 쉬웠는데, 지금의 해침[佛氏]은 깊어 분별하기가 어렵다. 옛날의 사람을 의혹함[楊墨]은 그 미혹하고 어두움을 탔으나, 지금의 사람에 들어감[佛氏]은 그 고상하고 현명함을 인한다.

漢字 惑(미혹할 혹), 迷(미혹할 미), 暗(어두울 암), 明(현명할 명)

번소 明명道도 先션生ᄉᆡᆼ이 니ᄅᆞ샤ᄃᆡ 道도의 ᄇᆞᆰ디 아니호ᄆᆞᆫ 다ᄅᆞᆫ 귿텟 사오나온 道도ㅣ 해호ᄯᅵ니 녯 해ᄂᆞᆫ 갓가와 쉬 알리러니 이젯

해ᄂᆞᆫ 기피 ᄀᆞᆯᄒᆡ요미 어렵도다 녯 사ᄅᆞᆷ 혹게호ᄆᆞᆫ 미련ᄒᆞ고 아득아득 ᄒᆞᆫ 사ᄅᆞᄆᆞᆯ 인ᄒᆞ야 ᄒᆞ더니 이젯 사ᄅᆞᄆᆡ게 드로ᄆᆞᆫ 놉고 ᄇᆞᆯᄀᆞᆫ 사ᄅᆞᄆᆞᆯ 인ᄒᆞ여셔 ᄒᆞᄂᆞᆺ다

현대역 明道 선생이 이르시되, "도의 밝지 아니함은 다른 끝[異端]에의 나쁜 도가 해하기 때문이니, 옛날의 해로움은 가까워 쉽게 알겠더니, 이제의 해로움은 깊이 분별함이 어렵도다. 옛날에 사람을 미혹하게 함은 미련하고 아득아득한 사람을 인하여 하더니, 이제의 사람에게 들어옴은 높고 밝은 사람을 인하여서 하는구나.

1 역주자(譯註者)는 지금까지 홍문각(弘文閣)(1984), 《번역소학(飜譯小學)》(영인본)을 가지고 현대역을 해 왔는데, 제91장에는 몇 군데 알아보지 못할 부분이 있었다. 따라서 그 부분은 《소학집주(小學集註》와 《소학언해》를 참고하여 보충하였다.

2 알리러니: 알겠더니. '알(어간)+리(추측법 선어말어미)+러(회상법 선어말어미)+니(연결어미)'의 '-리러니'는 동사, 형용사 어간이나 어미 뒤에 붙어, '-겠더니'를 뜻하는 어미이다. 讒口ㅣ 만ᄒᆞ야 罪 ᄒᆞ마 일리러니 功臣ᄋᆞᆯ 살아 救ᄒᆞ시니 《용가 123장》

소언 明명道도 先션生ᄉᆡᆼ이 ᄀᆞᆯᄋᆞ샤ᄃᆡ 道도의 ᄇᆞᆰ디 몯홈은 異이端단[셩인과 다ᄅᆞᆫ 되니 楊양氏시 墨믁氏시 老노氏시 佛불家가ㅣ 라]이 害해홈이니 녯 害해ᄂᆞᆫ 갓가와 수이 알리러니 이젯 害해ᄂᆞᆫ 깁퍼 분변홈이 어렵도다 녜 사ᄅᆞᆷ을 惑혹게 홈ᄋᆞᆫ 그 미렬코 아득ᄒᆞᆫ 이를 타셔 ᄒᆞ더니 이제 사ᄅᆞᆷ의게 들기ᄂᆞᆫ 그 놉고 ᄇᆞᆰ은이를 因인ᄒᆞ여 ᄒᆞᄂᆞᆺ다

현대역 明道 선생이 말씀하시되, "도의 밝지 못함은 이단[성인과 다른 도이니, 양 씨·묵 씨·노 씨·불가라.]이 해함이니, 옛날의 해로움은 가까워 쉽게 알겠더니, 이제의 해로움은 깊어 分辨함이 어렵도다. 옛날에 사람을 미혹하게 함은 그 迷劣하고 아득한 이를 타서 하더니, 이제 사람에게 들어오기는 그 높고 밝은이를 인하여 하는구나.

1 분변홈: 분변(分辨)함. '분변ᄒ(어간)+옴(명사형 어미)'이다. 어간의 'ㆍ'와 선어말 어미 '-오-'의 모음 충돌을 회피하기 위해 'ㆍ'를 탈락시킨 것이다. 만약 모음 충돌을 회피하기 위해 j를 삽입시키면 명사형 'ᄒ욤'으로 실현된다. '분변ᄒ다'는 '세상 물정에 대한 바른 생각이나 판단을 하다.'를 뜻한다. 배돌석이는 어두운 밖을 내다보아서 복색을 겨우 분변하였지만 수교는 등잔불 켜진 방 안을 들여다본 까닭에 얼굴을 잘 볼 수 있었다.《홍명희, 임꺽정》

2 미렬코: 미렬(迷劣)하고. 미욱하여 변변치 못하고.

【集解】道者는聖人之道也요異端은非聖人之道而別爲一端이니如楊墨老佛이是也라葉氏曰昔之害는謂楊墨이요今之害는謂佛氏라淺近이라故로迷暗者爲所惑이요深微라故로高明者反陷其中이니라

道라는 것은 성인의 도요, 이단은 성인의 도가 아니고 별도로 한 가지 끝을 이룸이니, 楊朱와 墨翟과 老子와 佛教 같음이 이것이다. 섭 씨가 말하였다. "옛날의 해침은 楊朱와 墨翟을 이르고, 지금의 해침은 佛氏를 이른다. 얕고 가깝다. 그러므로 미혹하고 어두운 자가 의혹되는 바가 되고, 깊고 미묘하다. 그러므로 고상하고 현명한 자가 도리어 그 속에 빠진다."

漢字 翟(꿩 적), 微(미묘할 미, 작을 미)

1 양주(楊朱, 기원전 440년경~기원전 360년경): 자가 자거(子居)라는 설이 있으며, 그 전기는 명확하지 않고 겨우 《장자》, 《열자》에 그 언행이 남아 있을 정도이다. 맹자가, "양주·묵적(墨翟)의 말이 천하에 충만하였다."고, 이단성(異端性)을 지적한 것으로 미루어, 당시 이 학파는 대단히 융성한 것 같다. 중심사상은 자기 혼자만이 쾌락하면 좋다는 위아설(爲我說), 즉 이기적인 쾌락설인데, 지나침을 거부하고 자연주의를 옹호하였다. 이것은 노자사상(老子思想)의 일단을 발전시킨 주장이었다(두산백과).

2 묵자(墨子, 기원전 479년경~기원전 381년경): 이름은 적(翟)이다. 제자백가의 하나인 묵가(墨家)의 시조로 전국시대 초기에 활약한 사상가이다. 철기의 사용으

로 생산력이 발전하자, 농민, 수공업자, 상인 등은 그에 힘입어 신흥계급으로 성장하고 점차 종래의 지배계급이던 씨족 귀족보다 우월한 위치를 차지하게 된다. 이 시기에 그는 신흥계급의 입장에 서서 씨족 귀족의 정치와 지배에 정면으로 대결하면서 그의 사상을 전개했다. 그의 정치사상은 '천하(天下)에 이익 되는 것(利)을 북돋우고(興), 천하의 해가 되는 것(害)을 없애는(除)'것을 정치의 원칙으로 하고, 그 실현 방법으로서 유능하다면 농민이나 수공업자도 관리로 채용하는 '상현(尙賢)', 백성의 이익에 배치되는 재화·노동력의 소비를 금지하는 '절용(節用)', 지배자가 자신의 이익만을 추구하는 약탈이나 백성 살상의 전쟁에 반대하고, 타인을 사랑하고 자신과 타인의 이익을 서로 높이는 '비공'(非攻)'과 '겸애(兼愛)'를 주장했다. 또 이러한 원칙과 방법에 기초를 둔 현실비판 속에서, 논리적 용어, '유(類: 보편)', '고(故: 까닭, 이유)'의 개념 등을 발명, 구사하여 논리적 사고를 풍부히 했다(철학사전).

3 노자(老子, 기원전 571년경~기원전 471년경): 춘추시대 말기 초나라 고현(苦縣, 지금의 허난성 루이현(鹿邑縣)) 출신이다. 이름은 이이(李耳)이고 자는 담(聃)이며 호는 백양(伯陽)이다. 노자가 태어난 시기에 대해서는 정설이 없다. 현재 중국 학계에서는 기원전 571년에 태어나 기원전 471년에 죽은 것으로 기록하고 있지만 신빙성은 떨어진다. 혹자 중에는 기원전 5세기, 심하면 기원전 4세기로 보는 사람까지 있고, 심지어 존재 자체를 부정하는 견해도 있다. 그런가 하면 노래자와 노자를 동일인으로 보는 견해도 있다. 노자는 주[동주(東周)]나라의 도서관을 관장하는 책임자를 지냈는데, 주나라가 쇠퇴하자 이를 한탄하며 서쪽 산관(또는 함곡관)을 나가 은퇴했다고 한다. 고대 중국의 위대한 철학가이자 사상가로 평가받는 노자는 도가학파(道家學派)의 창시자이다. 기원전 519년 춘추시대 중기 무렵으로 추정되는 해에 공자는 동주(東周)의 도성이었던 뤄양(洛陽)을 방문한다. 평소 주의 문물제도를 흠모해왔던 공자로서는 뤄양 방문이 그야말로 꿈에도 그리던 일이었을 것이고, 주 무왕을 꿈에서도 그리워했던 공자였기에 흥분 그 자체였을 것이다. 공자는 우선 주 천자가 제후들을 맞이하고 대전을 거행하는 명당(明堂)을 비롯하여 왕성의 궁실, 주나라 조상 후직에게 제사를 드리는 태묘(太廟), 하늘에 제사를 올리는 천단(天壇) 등을 돌아보았다. 또 특별히 당시 이름난 음악가인 장홍을 방문하여 '악(樂)'에 관한 지식을 배웠다. 공자가 뤄양을 방문했다는 소식을 들은 노자는 그의 제자 강상초(康桑楚) 등과 함께 열렬히 공자를 환영했다. 뤄양의 각종 도서와 《주례》와 관련하여 얘기를

나누던 중에 노자는 공자에게 《사기》에 인용된 것처럼 자기 철학의 일단을 드러냈다. 그 대목을 보면 이렇다. "그대(공자)가 말하는 예란 이런 것이오. 그 사람과 뼈는 이미 다 썩었는데 오직 그 말만 남아 있을 뿐인 것. 군자는 때를 만나면 벼슬을 하지만, 때를 만나지 못하면 바람에 날리는 쑥대처럼 굴러다닌다고 합디다. 장사를 잘하는 상인은 물건을 깊숙이 간직하길 마치 그 물건이 없는 것처럼 하고, 군자는 덕이 넘치나 그 용모는 마치 어리석은 것처럼 보인다고 들었소이다. 그대의 교만한 기상과 넘치는 욕심, 얼굴과 모양새를 꾸미는 일, 갈피를 못 잡는 어지러운 뜻일랑 버리시오. 이런 것들은 그대에게 보탬이 되지 않습니다. 내가 드릴 수 있는 것은 이것뿐이외다." 노자의 이 말은 질문에 대한 답도 아니지만 공구의 아픈 곳을 정확하게 찌르고 있으며 동시에 노자의 사상을 잘 드러내고 있다. 공자는 돌아와 제자들에게 이렇게 말했다. "나는 새가 잘 난다는 것을 안다. 물고기가 헤엄을 잘 친다는 것도 알고 있다. 짐승이 달리기를 잘 한다는 것도 물론 잘 안다. 달아나는 자에게 그물을 칠 수 있고, 헤엄치는 것에게 낚시를 드리울 수 있으며, 나는 것을 향해 활을 쏠 수는 있다. 그러나 용이라면 나는 그것이 어떻게 바람과 구름을 타고 하늘에 올라가는지 알지 못한다. 내가 오늘 노자를 만났는데, 뭐랄까? 그는 용과 같았다."(《노자한비열전》) 또 《공자세가》에도 노자가 공자를 보내며 이렇게 말했다고 한다. "부귀한 자는 사람을 떠나보낼 때 재물을 딸려 보내고, 어진 자는 사람을 보낼 때 말로 한다고 합디다. 내 비록 부귀하지는 못하나 인자로 자처하길 좋아하니 이런 말로 그대를 떠나보낼까 합니다. '총명하여 깊이 관찰하는 사람에게는 죽음의 위험이 따르는데, 이는 남을 잘 비판하기 때문이요, 많은 지식을 지닌 재능이 뛰어난 사람은 그 몸이 위태로운데 이는 남의 결점을 잘 꼬집어내기 때문이다. 사람의 자식은 아버지뻘 되는 사람 앞에서 자기를 낮추고, 신하된 자는 임금 앞에서 자신을 치켜세우지 않는 법이다.'"(《공자세가》). 기원전 484년, 오자서가 '반란'이란 모함을 받고 자살한 바로 그 해, 노자는 홀연히 자리를 내던지고 푸른 소를 타고 서쪽으로 가버렸다. 진(秦)의 산관[散關, 산시(陝西)성 바오지시 서남]을 지날 때 관문을 지키던 사령관 윤희란 자가 "은거하시려는 모양인데 몇 글자만 남겨주시기 바랍니다."라고 부탁하자, 노자는 그 자리에서 저 유명한 《도덕경(道德經)》을 써준 다음 바람과 같이 관문을 나가 사라졌다. 《도덕경》은 《노자(老子)》라고도 부르는데, 5천 자밖에 안 되는 짧은 문장이다. 이 글에서 노자는 우주발전의 자연법칙을 '도(道)'라 불렀는데, 이것이 도가학파의 기원이다. 노자가 말하는 '도'는 성질이나 모양을 가지지 않으며, 변하거나 없어지지 않으며, 항상 어디에나 있다. 우리가 눈으로 볼 수 있는 여러 가지 형태의 우주 만물은 다만 도가 밖으로 나타나는 모습에 지나지 않는다는 것이다. 《도덕경》에 반영된 노자사상의 핵심은 '무위자연(無爲自然)'이라 할 수 있다. 노자는 법률·도덕·풍속·문화 등 인위적인 것에 얽매이지 말고 사람의 가장 순수한 양심에 따라, 있는 그대로의 모습을 지키며 살아갈 때 비로소 도에 이를 수 있다고 말한다. 노자의 사상은 횡포한 세상에 대한 소극적 반응이다. 인간이 이해할 수 없고 또 항거할 수 없는 압력에 부딪쳤을 때 취할 수 있는 일종의 자기이해와 자기위안의 심리상태이기도 했다. 그는 일찍이 자신의 친구 상종(常從)으로부터 큰 계시를 받았다. 한번은 상종이 큰소리로 느닷없이 "혓바닥이 아직 있나?"라고 물었다. 노자는 "있지."라고 대답했다. 그러자 상종은 "그럼 이빨은?"이라고 물었다. "없지." 그 순간 노자는 약자가 살아남고 강자가 멸망하는 이치를 깨달았다. 노자의 전체 사상은 청정(淸靜)과 억지로 하지 않으면서 사물의 자연적 발전에 맡기는 것이라 할 수 있다. 노자는 겉으로는 유약해 보이고 이내 무너질 것 같아 보이는 것이 실제로는 쓰러지지 않을뿐더러 더욱 강해진다고 말한다. 그것의 발전은 변증법적이기 때문에 지극히 약한 것이 지극히 강한 것이고, 후퇴가 곧 전진이다. 술잔이 차면 넘치고 달이 차면 기우는 것과 같은 이치다. 그래서 노자는 억지로 나가려 하지 말고 마음을 다 잡을 것이며, 일삼지 않는 것이 일하는 것이니 자연의 변화가 곧 규칙을 내포하는 것이라고 강조한다. 다시 말해, 무슨 일이든 억지로 하지 않는 것[무위(無爲)]이 바로 아주 중요한 일을 벌써 많이 한 것[유위(有爲)]이다. 노자는 중국 철학사와 사상사에서 우주의 기원과 우주 만물의 생성 등에 관해 처음으로 자신의 견해를 밝힌 인물로 평가 받는다. 노자의 사상은 노자 이후 장자에 이르러 '노장사상'으로 체계화 내지 심화되어 중국 철학사와 사상사는 물론 중국 문화 전반에 지대한 영향을 남겼다. 도가는 훗날 도교(道敎)라는 신앙체계로 발전되었는데, 도교에서는 노자를 시조로 받든다(중국인물사전).

4 석가모니(釋迦牟尼, 기원전 563년경~기원전 483년경): 최초로 불교를 세운 고대인도[지금의 네팔] 사람으로, 성(姓)은 고타마(Gautama)이고 이름은 싯다르타(Siddhārtha)이다. 석가모니란 석가족(釋迦族)에서 나온 성자(聖者)라는 뜻이다. 불타(佛陀, Buddha: 깨달은 사람이란 뜻), 여래(如來), 세존(世尊), 사주(師主) 등의 존호(尊號)가 있다. 왕족(王族)의 태자(太子)로 출생하여 결혼하고

아들까지 있었지만, 인생 문제에 깊이 괴로워하다가, 29세에 출가하여 수행(修行)하였다. 35세 때 크게 깨달음을 얻고(大悟成道), 각지에서 교화(教化)를 실시하였으며, 80세 때 입적(入寂)하였다. 그는 당시의 지나친 사변적 논리를 떠나, 인간 현실에 주목하였으며, 우선 인생의 무상과 고통과 무아(無我)를 이해하였다. 이것에 관한 그의 이야기는 허무(虛無)의 밑바닥까지 관철하고 있지만, 이것이 오히려 진실의 근거를 개시(開示)하는 것이 되었다. 다르마(法, dhama)가 그것이다. 그는 죽음에 즈음하여, 자기를 근거(根據)로 하여 다른 것을 규정하지 말고, 자기 스스로를 등불로 하고, 법을 등불로 할 것을 부탁하였다. 전자(前者)를 자등명(自燈明), 후자를 법등명(法燈明)이라 한다. 불타(佛陀)의 설교를 정리한 것으로 사제(四諦), 팔정도(八正道), 십이인연(十二因緣) 등이 있다(철학사전).

自謂之窮神知化而不足以開物成務ᄒᆞ며**言爲無不周徧**호ᄃᆡ**實則外於倫理**ᄒᆞ며**窮深極微而不可以入堯舜之道**ㅣ니**天下之學**이**非淺陋固滯則必入於此**ㅣ니라

●(불교는) 스스로 이르기를, '신묘함을 다하고 변화를 안다.'고 했으나. 족히 써 사물을 개발하여 일을 이루지 못하며, '말과 행위가 두루 걸치지 않음이 없다.'고 했으나, 실은 윤리에서 벗어나며, '깊음을 다하고 미묘함을 극진히 한다.'고 했으나, 가히 써 요순의 도에 들어갈 수 없으니, 천하의 학문이 얕고 좁으며 굳고 막히지 않으면, 반드시 여기[佛氏]로 들어간다.

漢字 **務**(일 무), **周**(두루 주), **偏**(=徧 걸칠 편, 치우칠 편, 두루 편), **外**(벗어날 외)

주편(周偏/周徧): 모든 면에 다 두루 걸침.

번소 스싀로 神신妙묘ᄒᆞᆫ 이ᄅᆞᆯ 궁구ᄒᆞ노라 ᄒᆞ며 텬디 변화를 아노라 호ᄃᆡ 사ᄅᆞᆷ 모로ᄂᆞᆫ 이를 여러내여 사ᄅᆞ믜 ᄒᆞ욜 댓 이를 일우디 몯ᄒᆞ며 ᄒᆞᄂᆞᆫ 말와 ᄒᆞᄂᆞᆫ 이리 두루 펴디디 아닌 ᄃᆡ 업스믈 말호ᄃᆡ 실로ᄂᆞᆫ 倫륜理리 밧긔 나며 ᄀᆞ장 기프고 ᄀᆞ장 미묘호라 호ᄃᆡ 堯요舜슌 도리예 드리디 몯ᄒᆞᄂᆞ니 天텬下하읫 ᄇᆡ호ᄂᆞᆫ 사ᄅᆞ미 쳔ᄒᆞ고 더러온 일와 고집

ᄒᆞ고 막딜인 이를 바르게 아니ᄒᆞᄂᆞ니면 반ᄃᆞ시 이러로 드러가리라

[현대역] (불교는) 스스로 '신묘한 일을 窮究한다 하며, 천지 변화를 안다.' 하되, 사람 모르는 일을 열어내어 사람의 할 때의 일을 이루지 못하며, '하는 말과 하는 일이 두루 퍼지지 아닌 데 없음'을 말하되, 실로는 윤리 밖에 나며[벗어나며], '가장 깊고 가장 미묘하다.' 하되, 요순 도리에 들어가지 못하니, (도가 밝지 못하므로) 천하의 배우는 사람이 천하고 더러운 일과 고집하고 막힌 일을 바르게 아니하는 이면, 반드시 여기로 들어가리라.

궁구ᄒᆞ노라, 아노라, 미묘호라: 궁구한다, 안다, 미묘하다. '궁구ᄒᆞ(어간)+ᄂᆞ(직설법 선어말어미)+오(화자 표시법 선어말어미)+라(평서형 종결어미)'이다, '아(어간)+ᄂᆞ(직설법 선어말어미)+오(화자 표시법 선어말어미)+라(평서형 종결어미)', '미묘ᄒᆞ(어간)+ᄂᆞ(직설법 선어말어미)+오(화자 표시법 선어말어미)+라(평서형 종결어미)'이다. -오$_1$-'는 주어 명사구가 제1인칭 대명사 '나, 우리' 등 화자일 때 나타난다. 이를 화자 표시법 선어말어미(고영근, 2020: 363) 또는 1인칭법 선어말어미(허웅, 1958: 124-197)라 부른다. 그리고 평서형 종결어미 '-다'는 '-오-/-우-' 뒤에서 '-라'로 변한다. 右手 左手로 天地 ᄀᆞᄅᆞ치샤 ᄒᆞ오ᅀᅡ 내 尊호라 ᄒᆞ시니.《월곡 상:8》, ᄀᆞ장 시르미 나그내ᄅᆞᆯ 번호ᄆᆞᆯ 더으ᄂᆞ니 ᄯᅩ 늘구미 사ᄅᆞᆷ 조차오ᄆᆞᆯ 아로라(轉添愁伴客 更覺老隨人).《두시-초 10:2》.

[소언] 스스로 닐오ᄃᆡ 신묘를 궁구ᄒᆞ며 변화를 아노라 호ᄃᆡ 足죡히 ᄡᅧ 사ᄅᆞᆷ을 일ᄭᆡ와 ᄒᆞᆯ 일을 일오디 몯ᄒᆞ며 말ᄉᆞᆷ이며 ᄒᆞᄂᆞᆫ 일이 周쥬徧변티 아님이 업수라 호ᄃᆡ 實실로ᄂᆞᆫ 인륜이며 텬리예 버서나며 기픈 ᄃᆡ를 궁구ᄒᆞ며 미묘ᄒᆞᆫ ᄃᆡ를 극진호라 호ᄃᆡ 可가히 ᄡᅧ 堯요舜슌ㅅ 道도에 드디 몯ᄒᆞ리니 天텬下하엣 學ᄒᆞᆨ이 여트며 좁으며 고집ᄒᆞ며 거리ᄭᅵᆫ 이 아니면 반ᄃᆞ시 이예 드ᄂᆞ니라

[현대역] (불교는) 스스로 이르되, '신묘를 궁구하며 변화를 안다' 하되, 족히 써 사람을 일깨워 할 일을 이루지 못하며, '말씀이며 하는 일이 주편(周徧)하지 아니함이 없다.' 하되, 실제로는 인륜이며 천리에 벗어나며, '깊은 데를

궁구하며 미묘한 데를 극진히 한다.' 하되, 가히 써 요순의 도에 들지 못하리니, (도가 밝지 못하므로) 천하의 학문이 옅으며 좁으며 고집하며 걸리는 이가 아니면, 반드시 여기에 드느니라.

1 쥬변티: 주편(周徧)하지. 모든 면에 두루 걸치지.

2 업수라: 없다. '업스+우(화자 표시법 선어말어미)+라(평서형 종결어미)'이다. 선어말어미 '-우$_1$-'는 '-오$_1$-'의 이형태로, 주어 명사구가 제1인칭 대명사 '나, 우리' 등 화자이거나 제3인칭이라 하더라도 그가 화자 자신일 때 나타난다. 이를 화자 표시법 선어말어미(고영근, 2020: 363) 또는 1인칭법 선어말어미(허웅, 1958: 124-197)라 부른다. 그리고 평서형 종결어미 '-다'는 '-오-/-우-' 뒤에서 '-라'로 변한다. 제 艱難혼 이룰 念호야 내 이것 업수라 터니(自念貧事我無此物).《법화 2:244》, 江漢애셔 내 늘구믈 ᄆᆞ초리니 구룸 낀 수프레 너희 무를 어두라(江漢終吾老 雲林得爾曹).《두시-초 7:30》

【集說】陳氏曰言爲는夏氏以爲所言所爲也라佛氏自謂通神明之德하고知變化之道하니語大인댄包法界요語小인댄入微塵이라하고或陳說道德하며指陳心性하니皆朱子所謂彌近理而大亂眞者也라開物은謂人所未知者를開發之요成務는謂人之欲爲者를成全之니如三皇五帝造書契敎稼穡制衣裳宮室之類是也라倫理는謂父子君臣夫婦長幼朋友之倫이니有親義別序信之理也라堯舜之道는卽倫理也라淺陋固滯는如刑名術數之說記誦詞章之習이皆是라道不明이라故로天下之學이不入於淺陋固滯면必入於佛氏之空寂이니라

진 씨가 말하였다. "言爲[말과 행위]는, 하 씨는 '말하는 바와 행하는 바라.'고 여겼다. 佛氏는 스스로 '신명한 덕을 통하고 변화의 도를 아니, 큰 것을 말하면 법계를 포괄하고, 작은 것을 말하면 미세한 먼지에 들어간다.'고 말하고, 혹자는 '도덕을 베풀어 말하며, 심성을 가리켜 베푼다.' 하였으니,

모두 주자께서 이른바 더욱 이치에 가까워[가까운 듯하여] 크게 참됨을 어지럽힌다는 것이다. 開物은 사람이 알지 못하는 바의 것을 그것을 개발함을 이르고, 成務는 사람이 하고자 하는 것을 이루어 그것을 온전히 함을 이르니, 삼황오제가 書契를 만들고, 稼穡을 가르치고, 의상과 궁실을 만든 따위와 같음이 이것이다. 윤리는 부자·군신·부부·장유·붕우의 차례를 이르니, 친함[부자유친]과 의리[군신유의]와 분별[부부유별]과 차례[장유유서]와 믿음[붕우유신]의 도리가 있다. 요순의 도는 곧 윤리이다. 淺陋固滯[얕고 좁으며 굳고 막힘] 형벌 이름과 권모술수의 말과 기억하여 욈과 시가와 문장의 익힘 같음이 모두 이것이다. 도가 밝지 않다. 그러므로 천하의 학문이 얕고 좁으며 굳고 막힘에 들어가지 않으면, 반드시 불씨의 비고 고요함에 들어간다."

漢字 包(쌀 포), 彌(더욱 미, 활 부릴 미, 퍼질 미, 기울 미, 결릴 미), 契(맺을 계), 稼(심을 가), 穡(거둘 색), 空(빌 공), 寂(고요할 적)

1 彌近理而大亂眞: 더욱 이치에 가까운 듯하여 크게 참됨을 어지럽히다. 주자의 《중용장구서(中庸章句序)》에 보인다. "異端之說 日新月盛 以至於老佛之徒出則彌近理而大亂眞矣(이단의 주장은 날로 새로워지고 달로 성해져서, 노자와 불씨의 무리가 나타남에 이르러서는 더욱 이치에 가까운 듯하여, 참된 것을 크게 어지럽혔다.)"

2 삼황오제(三皇五帝): 삼황은 복희(伏羲)·신농(神農)·황제(黃帝)이며, 오제는 소호(少昊)·전욱(顓頊)·제곡(帝嚳)·요(堯)·순(舜)을 가리킨다. 복희가 처음으로 서계(書契)를 만들고, 신농이 처음으로 농사법을 개발했다 전한다.

3 서계(書契): 사물을 나타내는 부호로서의 글자.

4 가색(稼穡): 쌀이나 보리, 밀 따위의 주식이 되는 곡물에 의거하여 경영하는 농업.

5 형명술수(刑名術數): 형명(刑名)은 법률을 뜻하는 바, 전국시대 상앙(商鞅), 한비자(韓非子) 등이 이 학문을 하였다. 술수(術數)는 권모술수(權謀術數)의 줄임말이다.

自道之不明(也)으로邪誕妖妄之說이競起ᄒᆞ야塗生民之耳目ᄒᆞ며溺天下於汚濁ᄒᆞ니雖高才明智라도膠於見聞ᄒᆞ야醉生夢死ᄒᆞ야不自覺也ㅣ니라

● 도가 밝지 못함으로부터 간사하고 거짓되고 요사스럽고 망령된 말이 다투어 일어나, 백성의 귀와 눈을 바르며[막으며], 천하를 더럽고 흐림에 빠뜨리니, 비록 높은 재주와 밝은 지혜일지라도, 보고 들음에 붙어서[집착하여] 취한 듯 살다가 꿈꾸듯 죽어서 스스로 깨닫지 못한다.

漢字 誕(거짓 탄, 태어날 탄, 속일 탄), 塗(바를 도, 진흙 도), 溺(빠질 닉), 膠(붙을 교, 집착할 교, 아교 교)

1 自道之不明也: 《소학집주》에는 也가 붙어 있으나, 《번역소학》과 《소학언해》에는 也가 붙어 있지 않다.

2 생민(生民): 살아있는 백성

번소 졍ᄒᆞᆫ 도리 ᄇᆞᆰ디 아니호모로브터 샤특ᄒᆞ며 허탄ᄒᆞ며 요괴로ᄋᆡ며 망녕도ᄋᆡᆫ 말ᄉᆞ미 ᄃᆞ토와 니러나 ᄇᆡᆨ셩의 귀눈을 마그며 天텬下하를 더러운 ᄃᆡ 빠디게 ᄒᆞ니 비록 노ᄑᆞᆫ ᄌᆡ죄며 ᄇᆞᆯᄀᆞᆫ 디혜엿 사ᄅᆞ미라도 듣보ᄂᆞᆫ 이레 거릿기여 사라셔도 취ᄒᆞᆫ ᄃᆞᆺᄒᆞ며 주굼도 ᄭᅮᆷᄀᆞᄐᆞ야 스싀로 ᄭᆡᄃᆞᆮ디 몯ᄒᆞᄂᆞ니라

현대역 바른 도리(가) 밝지 아니함으로부터 邪慝하며 虛誕하며 妖怪로우며 妄靈된 말씀이 다투어 일어나, 백성의 귀(와) 눈을 막으며, 천하를 더러운 데 꺼지게 하니, 비록 높은 재주며 밝은 지혜에의 사람이라도, 듣고 보는 일에 걸리어, 살아서도 취한 듯하며 죽음도 꿈같아서, 스스로 깨닫지 못하니라.

1 샤특ᄒᆞ며: 사특(邪慝)하며. 요사스럽고 간특하며.

2 허탄ᄒᆞ며: 허탄(虛誕)하며. 거짓되고 미덥지 아니하며.

3 요괴(妖怪)로ᄋᆡ며: 요괴(妖怪)로우며. 아래 《소학언해》와 마찬가지로 '요괴(妖怪)로오며'의 오자로 보인다. '요괴로오(어간)+ᄋᆞ며(연결어미)'이다. '-ᄋᆞ며'는

끝음절의 모음이 ‘ㆍ, ㅏ, ㅗ’이고 받침 있는 동사, 형용사 어간이나 어미 뒤에 붙어, ‘-으며’를 뜻하는 연결어미이다. 三千大千이 ᄇᆞᆯᄀᆞ며 樓殿이 일어늘 안좀 걷뇨매 어마님 모ᄅᆞ시니.《월곡 상:6》, 諸王과 靑衣와 長者ㅣ 아ᄃᆞᆯ 나ᄒᆞ며 諸釋 아ᄃᆞᆯ도 ᄯᅩ 나니이다.《월곡 상:9》. 어간 ‘요괴롭-’은 모음 어미와 만날 때 ‘ㅂ’이 ‘오[w]’로 바뀌어 ‘요괴로오-’가 된다. ‘요괴롭다’는 ‘요사스럽고 괴이하다’를 뜻한다.

4 망녕도읜: 망령(妄靈)된. ‘망녕(어근)+도외(접사 ‘되다’의 어간)+ㄴ(관형사형 어미)’이다. ‘되다’는 몇몇 명사, 어근, 부사 뒤에 붙어, 형용사를 만드는 접사이다. 현대국어 ‘되다’의 옛말인 ‘ᄃᆞᄫᆡ다’는 15세기 문헌에서부터 나타난다. 15세기 중엽 이후 ‘ㅸ’이 반모음 w로 변화하여 ‘ᄫᆡ’가 ‘외’로 변한 ‘ᄃᆞ외다’가 나타났다. 또한 15세기에는 ‘ᄃᆞ외다’에서 제1음절 모음 ‘ㆍ’가 제2음절의 원순모음 ‘ㅗ’의 영향으로 ‘ㅗ’로 바뀐 ‘도외다’ 형태가 등장하였다. 16세기에는 ‘도외다’의 제1음절과 제2음절이 축약된 ‘되다’ 형태가 등장하여 현재에 이르렀다. ᄃᆞᄫᆡ다(15세기)〉ᄃᆞ외다(15세기～17세기)〉도외다(15세기～17세기)〉되다(16세기～현재). 이형태: ᄃᆞᄫᆡ다, ᄃᆞ외다, 도외다, 되다. 臣下ㅣ 말 아니 드러 正統애 宥心ᄒᆞᆯᄊᆡ 山ᄋᆡ 草木이 軍馬ㅣ ᄃᆞᄫᆡ니이다.《1447 용가 98》, ㅇ를 입시울쏘리 아래 니ᅀᅥ 쓰면 입시울 가ᄇᆡ야ᄫᆞᆫ 소리 ᄃᆞ외ᄂᆞ니라.《1446 훈언 12ㄱ》, 우리 어ᅀᅵ 아ᄃᆞ리 외ᄅᆞᆸ고 입게 ᄃᆞ외야 人生 즐거ᄫᆞᆫ ᄠᅳ디 업고 주구믈 기드리노니.《1447 석상 6:5ㄱ》, 오히려 눉믈옷 ᄀᆞᄅᆞ미 ᄃᆞ외여 하ᄂᆞᆯᄒᆞᆯ 디나 ᄯᅩ 東ᄋᆞ로 흘러 가ᄂᆞᆺ다.《1481 두시-초 8:30ㄱ》, 孝誠이 지극더니 어미 나히 닐흔아홉인 제 病이 되야 氣絶ᄒᆞ거ᄂᆞᆯ.《1514 속삼 효:12ㄱ》

소언 道도ㅣ ᄇᆞᆰ디 몯홈으로브터 샤특ᄒᆞ며 허탄ᄒᆞ며 요괴로오며 망녕된 말ᄉᆞᆷ이 ᄃᆞ토와 니러나 ᄇᆡᆨ셩의 귀눈을 막으며 天텬下하ᄅᆞᆯ 더럽고 흐린 ᄃᆡ ᄲᅡ디게 ᄒᆞ니 비록 노ᄑᆞᆫ ᄌᆡ죄며 ᄇᆞᆰ은 디혜라도 보며 듣ᄂᆞᆫ ᄃᆡ 거릿기여 醉취ᄒᆞ야 사랏고 ᄭᅮᆷᄀᆞ티 죽어 ᄉᆞᄉᆞ로 ᄭᆡᄃᆞᆮ디 몯ᄒᆞᄂᆞ니라

현대역 도가 밝지 못함으로부터 사특하며 허탄하며 요괴로우며 망령된 말씀이 다투어 일어나, 백성의 귀와 눈을 막으며, 천하를 더럽고 흐린 데 빠지게 하니, 비록 높은 재주며 밝은 지혜라도, 보며 듣는 데 걸리어, 취하여 살았고

꿈같이 죽어, 스스로 깨닫지 못하느니라.

【增註】楊墨老佛은皆邪誕妖妄之說也라塗는猶塞也요溺은猶陷也요膠는猶泥也라覺은悟也이니言其迷溺之深이如醉如夢하여自生至死而不悟也라

楊墨老佛은 모두 간사하고 거짓되고 요사스럽고 망령된 말이다. 塗는 막음과 같다. 溺은 빠짐과 같다. 膠는 붙음과 같다. 覺은 깨달음이니, 그 미혹하고 빠짐의 깊음이 취한 듯하고 꿈꾸는 듯하여, 날 때부터 죽을 때까지 깨닫지 못함을 말함이다.

漢字 泥(붙을 니, 진흙 니)

是皆正路之蓁蕪ㅣ며聖門之蔽塞이라闢之而後에사可以入道ㅣ니라

● 이는 모두 바른 길의 우거짐이요, 성인 문의 가려 막힘이다. 이를 연 뒤에야 가히 써 도에 들어갈 수 있다."

漢字 蓁(우거질 진, 숲 진), 蕪(우거질 무, 거칠 무, 순무 무, 황무지 무), 蔽(가릴 폐, 덮을 폐), 闢(열 벽)

번소 이 다 졍ᄒᆞᆫ 길ᄒᆞᆯ 거츨에 ᄒᆞ며 셩신의 문을 가리우ᄂᆞᆫ 거시라 훤츨히 업게 ᄒᆞᆫ 후에사 맛당히 ᄒᆞᆫ 길헤 들리라

현대역 이 다 바른 길을 거칠게 하며, 성인의 문을 가리는 것이라. 환하게 없게 한 후에야 마땅히 한 길에 들리라."

훤츨히: 훤칠히(부사). 막힘이 없이 깨끗하고 시원스럽게. 갓ᄀᆞᆫ ᄆᆞᅀᆞᄆᆡ 緣ᄒᆞᄂᆞᆫ 그르메와 다ᄅᆞᆫ가 疑心ᄒᆞ야 分別ᄒᆞ던 ᄠᅳ디 훤츨히 업스리라(倒心緣影 疑異分別之情 豁然而蕩矣).《능엄 2:58》, 언제ᅀᅡ 世俗앳 ᄢᅵ를 ᄠᅥ러 ᄇᆞ리고 훤츨히 바ᄅᆞ래 ᄇᆡ 타 가려뇨(何當擺俗累 浩蕩乘滄溟).《두시-초 6:20》

소언 이 다 졍ᄒᆞᆫ 길희 거츠ᄂᆞᆫ 거시며 셩인의 門문의 ᄀᆞ리오ᄂᆞᆫ 거시라 헤틴 후에ᅀᅡ 可가히 ᄡᅧ 道도에 들 디니라

현대역 이 다 바른 길의 거친 것이며, 성인의 문의 가리는 것이라. 헤친 후에야 가히 써 도에 들 것이니라."

들 디니라: 들 것이니라. 들지니라. '들(어간)+ㄹ(관형사형 어미)+ᄃᆞ(의존명사)+이(서술격 조사 '이다'의 어간)+니라(평서형 종결어미)'이다. 이런 형태소 구성을 고려하면, '들 디니라'처럼 띄어 쓰며, '-ㄹ 것이니라'로 풀이할 수 있다. 이때 의무와 당연의 의미가 포함되어 있으며, 장엄한 어감을 띤다. 그러나 'ㄹ+ᄃᆞ+이+니라'는 '-ㄹ디니라'의 형태로, 하나의 종결어미로 재구조화한 것으로 볼 수도 있다. 이때에는 해라할 자리에 쓰여, '들디니라'처럼 붙여 쓰며 '-ㄹ지니라'로 풀이할 수도 있다. 알 리ᄂᆞᆫ 仔細히 ᄒᆞ야 ᄀᆞ초 버류믈 疑心 마롤 디니라(達者審之勿嫌具列).《원각 상2-1:32》, 願ᄒᆞᆫᄃᆞᆫ 모ᄃᆞᆫ 道 닷ᄀᆞᆯ 사ᄅᆞ미 모ᄃᆡ 밧ᄀᆡ 求티 마롤 디니라(願諸修道之人 切莫外求).《목우 3》

【集說】吳氏曰正路는喩聖道라蓁은草盛貌요蕪는荒也요闢은開也라言學者欲由聖道入聖門인댄必先除其蓁蕪하고開其蔽塞이면則大道廓如而人可得而行也라

오 씨가 말하였다. "正路[바른 길]는 성인의 도를 비유함이다. 蓁은 풀이 무성한 모양이고, 蕪는 거칢이고, 闢은 엶이다. 배우는 자가 성인의 도를 말미암아 성인의 문에 들어가고자 한다면, 반드시 먼저 그 우거짐을 제거하고, 그 가려 막힘을 열면 큰 길이 훵하여 사람이 가히 능히 하여 갈 수 있음을 말함이다."

漢字 廓[휑할 확(곽), 넓을 확(곽), 클 확(곽), 둘레 확(곽)]

확여(廓如): 휑한 모양

右는廣敬身이라

●이상은 몬 공경함을 넓힌 것이다.

번소 이 우ᄒᆞᆫ 몸 공경ᄒᆞᆯ 이ᄅᆞᆯ 너비 니ᄅᆞ니라

현대역 이 위는 몸 공경할 일을 널리 이르니라.

소언 이 우ᄒᆞᆫ 공경ᄒᆞᆷ을 넙피니라

현대역 이 위는 공경함을 넓힘이라.

참고 문헌

고영근(2020), 《표준 중세국어문법론》, 집문당.

김경남(2022), "율곡 이이의 《소학제가집주》의 저본 및 편찬 방법에 관한 고찰", 《태동고전연구》 49, 한림대학교 태동고전연구소.

김태곤(1981), 《소학언해의 국어학적 연구》, 인하대학교 석사학위논문.

김한숙(1987), 《번역소학과 소학언해의 비교 연구》, 성신여자대학교 석사학위논문.

남광우(1971), 《고어사전》, 일조각.

단국대학교 부설 동양학연구소(2007), 《한한대사전(漢韓大辭典)》.

성백효(1993), 《현토완역 소학집주》, 사단법인 전통문화연구회.

안병희(1979), "중세국어의 한글자료에 대한 종합적 고찰", 《규장각》 3, 규장각.

유창돈(1964), 《이조어사전》, 연세대학교 출판부.

이기문(1959), "16세기 국어의 연구", 서울대 문리대 논문집 4. 서울대학교.

이기문(1960), "소학의 언해에 대하여", 《한글》 127, 한글학회.

이숭녕(1973), "소학언해의 무인본과 교정청본의 비교 연구", 《진단학보》 36, 진단학회.

이영애(1986), 《번역소학과 소학언해의 비교 연구》, 효성여자대학교 석사학위논문.

이유기(2020), 《역주 번역소학 권3》, 세종대왕기념사업회.

이현희(1988), "소학의 언해에 대한 비교 연구", 《한신논문집》 3, 한신대학교.

이현희(1993), "《소학》의 언해본", 《국어사 자료와 국어학의 연구(안병희 선생 회갑기념논총)》, 문학과지성사.

이회문화사(1994), 《언해소학집주증해(진우회, 영인본)》.

임민규(1987), 《소학언해의 국어학적 고찰: 주로 번역소학과의 비교를 통하여》, 고려대학교 석사학위논문.

정재영(2000), "번역소학 권3·4에 대하여", 《서지학보》 24, 한국서지학회.

정혜린(2009), "《번역소학》과 《소학언해》의 구문 번역 양상 연구 -한문 원문의

'V_1V_2' 구성을 중심으로-", 서울대학교 석사학위논문.
정호훈(2014), 《조선의 소학》, 소명출판.
진원(2011), "주자의 소학론과 한국·중국에서의 변용", 인하대학교 박사학위논문.
학민문화사(1990), 《을해신간 춘방장판 소학(영인본)》.
학민문화사(2002), 《을해신간 춘방장판 소학(구결토판, 영인본)》.
허웅(1955), 《용비어천가》, 정음사.
허웅(1958), "삽입모음고", 《논문집》 7(인문사회과학편), 서울대학교.
허웅(1989), 《16세기 우리 옛말본》, 샘문화사.
홍윤표(1984a), "번역소학 해제", 《번역소학 8·9·10(영인본)》, 홍문각.
홍윤표(1984b) "번역소학 해제", 《번역소학 6·7(영인본)》, 홍문각.

사이트

국립국어원, 우리말샘(http://opendict.korean.go.kr/)
네이버 지식백과(http://terms.naver.com/)

어절 색인

≪번역소학≫

(1) 한자와 결합된 어절

ㄱ

可가커니와 169
干간犯범ᄒᆞ리 477
講강論논 29
江강東동 332
江강祿록이 530
康강節졀 155
警경戒계ᄒᆞ노니 120, 122, 124, 127, 130, 132
警경戒계ᄒᆞ니라 143
警경戒계ᄒᆞ야 155
經경書셔를 515
頃경이 456
契계를 136
季계良량ᄋᆞᆯ 87
古고靈령 189
瞽고瞍수ㅣ 208
杲고ㅣ 118
公공服복 229
公공이 248, 253
孔공子ᄌᆞ의 502
孔공子ᄌᆞㅣ 22, 127, 413
霍곽光광이 245
關관雎져ᄀᆞᄐᆞᆫ 58
交교趾지 77
句구句구마다 508
九구族족애 338
求구ᄒᆞᆫ대 118
君군子ᄌᆞ 435
君군子ᄌᆞᄋᆡ 93
君군子ᄌᆞㅣ 408, 536
詭궤譎휼ᄒᆞ고 163
橘귤 45
譏긔弄롱ᄋᆞᆯ 124
氣긔象샹을 435
氣긔象샹이 435
氣긔象샹이란 435
吉길이라 158
吉길ᄒᆞᆫ 160

ㄴ

南남朝됴 127
南남陽양 456
呂녀氏시 290

ㄷ

膽담은 382
禫담祭졔ᄒᆞ고 241
大대丈댱夫부ㅣ라 456
大대祥샹 268
大대祥샹ᄒᆞ고ᄂᆞᆫ 239
大대學ᄒᆞᆨ은 502
代ᄃᆡ 335
長댱史ᄉᆞᄂᆞᆫ 253
長댱史ᄉᆞᆺ 253
張댱思ᄉᆞ叔슉이 444
德덕을 22, 93
德덕行ᄒᆡᆼ이 399
程뎡 58
程뎡先션生ᄉᆡᆼ이 51
弟뎨子ᄌᆞ의 506
道도의 537
道도ㅣ 537
敦돈이 77
董동仲듕舒셔ㅣ 380
朝됴廷뎡의 466
杜두季계良량이란 84
仲듕塗도ㅣ 351
中듕庸용 508
仲듕由유ᄂᆞᆫ 400
中듕品품엣 155
地디獄옥애 282
地디獄옥의 282
陳딘 189

陳딘壽슈ㅣ 277
陳딘忠듕肅슉公공이 62

ㄹ

羅라仲듕素소ㅣ 208
蘭란草초 136
蘭란草초애 160
呂려舍샤人ᅀᅵᆫ 512
呂려氏시 521
呂려滎영公공이 435
歷력歷력히 130
濂렴溪계 390
靈령芝지와 160
禮례 160
禮례예 124
禮례義의를 430
禮례節졀이 486
祿록 122
論론語어 506
論론語어ᄅᆞᆯ 232
論론語어와 504
了료翁옹이 211
龍룡伯ᄇᆡᆨ高고ㅣ란 81
劉류 456
柳류開ᄀᆡ 351
柳류玭변이 101
劉류安안禮례 297
劉류湛팀이 253
六륙經경 510
陸륙績젹의 45
倫륜理리 543
立립身신ᄒᆞᆯ 120

ㅁ

馬마援완ᄋᆡ 77, 143
馬마援완이 77
孟ᄆᆡᆼ子ᄌᆞ 67, 504
孟ᄆᆡᆼ子ᄌᆞᄭᅴ 70
孟ᄆᆡᆼ子ᄌᆞᄂᆞᆫ 64
孟ᄆᆡᆼ子ᄌᆞㅅ 64, 506
孟ᄆᆡᆼ子ᄌᆞㅣ 452
明명道도 51, 176, 295, 297, 403, 536, 537
毛모詩시예 22
茅모鴟ᄐᆡ 124
武무帝뎨ㅅ 253
武무穆목王왕 261
文문帝뎨 248
文문帝뎨ᄭᅴ 248
文문中듕子ᄌᆞㅣ 313
文문字ᄌᆞ돌ᄒᆞᆫ 508
物믈이 160

ㅂ

潘반起긔 261
伯ᄇᆡᆨ高고ᄂᆞᆫ 87
范범魯로公공質질이 118
范범文문正졍公공이 369
范범純슌仁인이 432
范범益익謙겸ᄋᆡ 466
范범希희文문과로ᄡᅥ 176
本본中듕이 512
父부母모ㅣ 169
不블足죡히 166

ㅅ ㅿ

司사馬마溫온公공이 375
斯ᄉᆞ干간詩시예 358
史ᄉᆞ記긔ᄂᆞᆫ 515
史ᄉᆞ記긔ᄅᆞᆯ 127
司ᄉᆞ馬마溫온公공이 197, 227, 316
事ᄉᆞ業업이 399
士ᄉᆞ大태夫우 263
士ᄉᆞ大태夫우의 216, 529
三삼百ᄇᆡᆨ 58
社샤稷직을 484
相샹鼠셔 124
常샹性셩이라 22
常샹性셩이론ᄃᆞ로 22
上샹疏소ᄒᆞ야 310
上샹品품엣 155
徐셔 169
仙션居거ㅅ 189
先션生ᄉᆡᆼ 387
先션生ᄉᆡᆼ과 176
先션生ᄉᆡᆼ이 29, 58, 155, 169, 189, 203, 213, 215, 216, 288, 292, 295, 297, 298, 323, 325, 356, 358, 361, 364, 390, 403, 407, 408, 413, 428, 430, 502, 508, 536, 537
先션生ᄉᆡᆼ이며 70
先션主쥬의 456
成셩都도 456
聖셩人ᅀᅵᆫ 186

性셩을 130
聖셩賢현의 515
世셰俗쇽이 282
孫손思ᄉ邈막이 382
宋송 253
灑쇄掃소應응對ᄃᆡ롤 34
昭쇼 155
昭쇼帝뎨 245
昭쇼烈렬이란 90
小쇼祥샹ᄒᆞ고는 239
小쇼人ᄉᆡᆫ 173
小쇼人ᄉᆡᆫ이 435
小쇼學혹 22
隋슈煬양帝뎨 258
叔슉敖오의 45
舜슌의 203
習습俗쇽의 265
詩시 22, 58
詩시는 58
詩시롤 58
神신妙묘ᄒᆞᆫ 543
臣신下하로셔 148
十십王왕을 282
人ᄉᆡᆫ倫륜에 338
人ᄉᆡᆫ倫륜의 310

ㅇ

安안定뎡 323
顔안孟ᄆᆡᆼ올 70
顔안氏시 330, 481, 529
顔안氏시의 286
顔안淵연은 394
顔안淵연의 397
顔안淵연이 413, 414
顔안子ᄌᆞ 64, 70
顔안子ᄌᆞ이 66
顔안子ᄌᆞ와 64
藥약이라 130
楊양文문公공의 39
嚴엄과 77
鄴업下하 335
五오經경읫 534
吳오中듕 371
溫온恭공ᄒᆞ면 124
阮완籍젹이 261, 248
阮완籍젹이롤 248
王왕吉길이 310
外외篇편을 22
堯요舜슌 543
堯요舜슌ᄀᆞ티 148, 394
猶유는 358
有유德덕ᄒᆞᆫ 442
義의理리 526
義의眞진이 253
伊이尹윤과 394
伊이尹윤는 394
伊이尹윤의 397
伊이川쳔 58, 213, 216, 288, 292, 298, 325, 356, 361, 407, 408, 413, 428, 502
仁인에 394
仁인ᄒᆞ는 380

ㅈ

子ᄌᆞ弟뎨 34
子ᄌᆞ弟뎨롤 101
子ᄌᆞ弟뎨이 51
子ᄌᆞ弟뎨의 29
子ᄌᆞ路로의 45
子ᄌᆞ書셔를 515
子ᄌᆞ孫손올 155
子ᄌᆞ息식 176
宰ᄌᆡ相샹이 118
災ᄌᆡ厄익이 132
齊ᄌᆡ衰최홀 236
全젼蠍갈 160
節졀孝효 169
正졍法법을 79
正졍色ᄉᆡᆨᄒᆞ여 253
正졍히요매 58
諸졔葛갈孔공明명이 456
諸졔葛갈武무侯후ㅣ 93
齊졔梁량 127
濟졔陽양 530
尊존히 124
宗종族족올 163
左좌右우엣 253
周쥬 390
周쥬公공과 127
主쥬簿부와로 292
主쥬簿부의 292
主쥬簿부ㅣ란 292
朱쥬仁인軌궤 387
晋진 248, 277
質질이 118

ㅊ

參참知디政졍事ᄉᆞㅅ 369
昌창邑읍王왕이 245
千쳔古고애 127
楚초王왕 261

ㅌ

大태夫우엣 298
太태子ᄌᆞ 258
天텬堂당의 282
天텬下하를 456, 547
天텬下하읫 543
通통達달ᄒᆞᆫ 127
忠튱宣션公공 432
湛팀이 253

ㅍ

敗패亡망ᄒᆞᆫ 130
篇편ᄂᆞᆫ 58
表표記긔란 408
避피호ᄃᆡ 160

ㅎ

何하曾증이 248
下하品품엣 155
漢한 245, 456
漢한나랏 90
學ᄒᆞᆨ問문을 29
恒ᄒᆞᆼ과 335
行ᄒᆡᆼ止지 163
縣현令령은 294
縣현令령을 292
縣현令령의게 294
縣현令령이 292
賢현人신 155
賢현人신이 64, 186
兄형의 77
胡호 323
胡호宏굉이 479
湖호南남 261
胡호文문定뎡公공이 176, 452
或혹 201, 534
黃황香향의 45
橫횡渠거 29, 203, 215, 358, 364, 430, 508
孝효經경과 232
孝효友우 387
後후에 155
後후主쥬ᄃᆞ려 456
後후主쥬ᄅᆞᆯ 90
凶흉이라 158
凶흉ᄒᆞᆫ 163
凶흉險험ᄒᆞᆫ 130
希희聲셩이 261

(2) 한글로 표기된 어절

ㄱ ᄢ ᄭ

가 277, 304, 371, 479
가고 408
가난ᄒᆞ고 317, 327
가난ᄒᆞ니ᄅᆞᆯ 189
가난ᄒᆞ며 317
가난ᄒᆞ야실 369
가난호믈 466
가다 148
가도이매 143
가도혀 408, 486
가ᄃᆡ 275, 294, 497
가라 456
가ᄅᆞ 351
가ᄅᆞ치ᄂᆞᆫ 300
가령 321
가리라 426
가리우ᄂᆞᆫ 549
가ᄆᆞᆫ 518
가매 394
가무네 316
가무니 319
가문 286, 330, 481, 529
가문과 114
가문을 335
가ᄇᆞ야이 319
가ᄇᆡ야오며 435
가ᄇᆡ야온 146
가ᄇᆡ야이 489
가ᄉᆞ매 414
가ᄉᆡ디 67
가ᅀᆞ며러 317
가ᅀᆞ며로ᄆᆞ로 189
가ᅀᆞ며루믈 466
가ᅀᆞ멸며 316, 317, 319, 321, 476
가ᅀᆞ멸오 369

가셔 77
가온ᄃᆡ 258, 506
가온ᄃᆡᆺ 220
가줄비건댄 70
가줄비ᄂᆞ니 213
가져 182, 199, 419, 426
가져가 265
가져다가 403, 479
가져셔 321, 375, 504, 506
가졋ᄂᆞ니 426
가지 435, 450
가지기를 300
가지디 160, 253
가지라 430
가짓 22, 220, 226, 229, 282, 338, 371, 428, 497, 515, 529
가히 64, 66, 67, 87, 186, 226
가히며 356
가히와 356
ᄀᆞᄂᆞᆫ 282
ᄀᆞ다ᄃᆞ마 95
ᄀᆞ득ᄒᆞᆫ 489
ᄀᆞᄅᆞ샤ᄃᆡ 22, 29, 51, 58, 90
ᄀᆞᄅᆞ쳐 51, 169, 189, 310, 387, 518
ᄀᆞᄅᆞ쳐도 155
ᄀᆞᄅᆞ쵸ᄃᆡ 29, 58
ᄀᆞᄅᆞ춀 58
ᄀᆞᄅᆞ춈 196
ᄀᆞᄅᆞ츄믈 127
ᄀᆞᄅᆞ츄미 536
ᄀᆞᄅᆞ츄미니 315
ᄀᆞᄅᆞ츄미오 315
ᄀᆞᄅᆞ치고 536
ᄀᆞᄅᆞ치고져 58
ᄀᆞᄅᆞ치ᄂᆞᆫ 39, 286, 290, 330, 367, 422, 481, 486, 521, 529
ᄀᆞᄅᆞ치디 155, 536
ᄀᆞᄅᆞ치시ᄂᆞᆫ 351
ᄀᆞᄅᆞ친 155
ᄀᆞᄅᆞ칠 536
ᄀᆞ로ᄃᆡ 22, 39, 62, 77, 93, 101, 120, 155, 160, 163, 166, 169, 173, 176
ᄀᆞ릴 417
ᄀᆞ마니 111
ᄀᆞ새 248
ᄀᆞ술 189
ᄀᆞ술ᄆᆞᆾ초매 220
ᄀᆞ숨아라 346
ᄀᆞ올 189
ᄀᆞ올히 84
ᄀᆞ을 294
ᄀᆞ장 45, 51, 62, 216, 253, 282, 298, 327, 364, 369, 371, 408, 448, 452, 497, 506, 543
ᄀᆞ초와 265
ᄀᆞᄐᆞ니 70, 120, 122, 253, 400, 456, 502
ᄀᆞᄐᆞ니라 136
ᄀᆞᄐᆞ니를 301
ᄀᆞᄐᆞ며 525
ᄀᆞᄐᆞ야 136
ᄀᆞᄐᆞᆫ 132, 136, 346
ᄀᆞ토려 358
ᄀᆞ톤 114
ᄀᆞ티 176, 499
각각 297, 313, 344, 351
각벼리 253
각별ᄒᆞ리라 510
각별히 58, 456
간 29, 36
간난ᄒᆞ며 189
간대로 248
간대옛 127
간략ᄒᆞ고 58
간방ᄒᆞ며 335
간범호미 407
간슈ᄒᆞ고 529
간호믈 484
간활ᄒᆞᆫ 304
ᄀᆞᆯ고 114, 385
ᄀᆞᆯ다 385
ᄀᆞᆯ디 67, 358, 499
ᄀᆞᆯ틀ᄉᆞ 358
ᄀᆞᆯᄒᆞ려니와 87
ᄀᆞᆯᄒᆞ리라 67, 87
ᄀᆞᆯᄒᆞ며 132
갈 265, 419
갈ᄉᆡ니라 36
갈아날 435

ᄀᆞᆯ며 282
ᄀᆞᆯ와 471
ᄀᆞᆯᄒᆡ여 273, 364, 474
ᄀᆞᆯᄒᆡ오 313
ᄀᆞᆯᄒᆡ요미 189, 475, 537
ᄀᆞᆯᄒᆡ욜 62, 81, 183
ᄀᆞᆯᄒᆡ지버ᄒᆞ고 521
ᄀᆞᆯᄒᆡ지버ᄒᆞ면 521
감동케 292
감동티 294
감동ᄒᆞ야 484
감히 70, 351
갑디 358
갑폴 216
갓가오리라 124
갓가온 536
갓가와 537
갓가으며 536
갓갑건마른 51
ᄀᆞᆺ 304
ᄀᆞᆺᄀᆞᆺᄒᆞ나 84
ᄀᆞᆺ업더니 400
ᄀᆞᆺ업스리니 510
강강ᄒᆞ고 494
강논ᄒᆞ니 367
강면ᄒᆞ야 206
강퍅ᄒᆞᄂᆞ니 29
ᄀᆡ명코져 70
ᄀᆡᆼ을 261
거긔 479
거느리치며 489
거느리칠 295

거동이 435
거두어 479
거두워 403
거르미도록 387
거름거리며 446
거릿기여 547
거상 273
거상애 84, 239, 241, 248, 253, 258, 261, 263, 268, 271, 277, 279
거상애ᄂᆞᆫ 236
거상을 268
거상ᄒᆞ엿ᄂᆞᆫ 275
거술 132, 369, 375, 417
거세 375
거소로 411
거스로 332
거슨 58, 216, 304, 338, 435
거슬 206, 273, 307, 325, 351, 371, 375, 456, 466, 468, 473, 489
거슯저 351
거슯즈면 422
거시 87, 160, 399, 417, 452, 506, 510, 512, 536
거시니 232, 268, 288, 292, 307, 325, 330, 435, 477, 515, 526, 529, 536
거시니라 130, 197, 220, 277, 301, 338, 403, 405, 512, 515

거시라 132, 248, 358, 382, 414, 417, 422, 435, 452, 472, 508, 518, 525, 549
거시로ᄃᆡ 169
거시리 432
거시며 371
거시면 169
거시오 66
거싀 502
거저긔 273
거즛되오 422
거즛이리라 152
거츠러 108
거츨에 549
거틸 382
검박호ᄆᆞ로 93, 114
검박ᄒᆞ며 486
검찰ᄒᆞᄂᆞᆫ 367
검찰ᄒᆞᆯ 438
겹ᄒᆞ고 494
것 155, 375, 411
게으르고 95
게을어 29
게을이 189, 364
겨시디 369
겨지브로 335
겨지븐 273, 330
겨지블 344
겨지븨 313, 321, 346, 351, 466
겨지비 29, 275
겨집 186, 319, 325, 344,

351
겨집ᄃᆞᆯᄒᆞᆫ 332
겨집ᄃᆞᆯ히 351
겨집은 310, 315
겨집을 346
겨집이 189, 338
겨집쫑 277
겨ᄐᆡ셔 450
견초건댄 346
결단ᄒᆞ야 518
결단호ᄆᆞ로ᄡᅧ 183
결연히 526
경계ᄒᆞᄂᆞ니ᄂᆞᆫ 518
경계ᄒᆞᄂᆞᆫ 444, 466
경계ᄒᆞ노라 414, 450
경계ᄒᆞ라 442
경계ᄒᆞ야 77, 90, 101
경계ᄒᆞ여 432
경계ᄒᆞ욘 93
경계ᄒᆞᆫ 417, 419, 422, 426
경계호믈 400
경계홀 306
경만히 499
경박ᄒᆞ고 77
경박ᄒᆞ며 51, 114
경박ᄒᆞ야 229
경박ᄒᆞᆫ 87
경박히 315
경히 356,
고기 241, 253, 263, 268, 304
고기ᄅᆞᆯ 216, 241, 248, 268
고기와 241, 258, 263
고깃 268
고다 494
고ᄃᆞᆯ 211
고대 67
고ᄃᆡ 341
고ᄅᆞ게 375
고ᄋᆞᆹ 466
고애 456
고이ᄒᆞᆫ 263
고이히 263
고ᄌᆞᆫ 152
고집ᄒᆞ고 543
고텨 130, 344, 438
고텻다가 307
고툐ᄆᆞᆯ 66
고튤 213
고티고 201, 438
고티디 232, 438
고티며 307, 518
고틸 70, 435, 529
고팀 265
곡식이 456
곡지니 201
곤븨ᄒᆞ야 268
곤이ᄅᆞᆯ 87
곧 29, 45, 398, 422, 432
곧텨 419
골오 371
골회 510
곱고뢰에ᄒᆞ디 494
곳갈 216, 227, 229, 232
곳다오미 136
공경을 364
공경이 486
공경케 29
공경티 70
공경ᄒᆞ기로 361
공경ᄒᆞ며 323, 444
공경ᄒᆞ면 408
공경ᄒᆞ야 534
공경ᄒᆞ욜 361
공경ᄒᆞᆯ 551
공경홀 422
공번ᄒᆞ고 81
공부ᄅᆞᆯ 186
공뷔 438
공슌ᄋᆞᆯ 120
공슌티 201
공슌ᄒᆞ며 45
공양ᄒᆞ며 282
공을 375
공이오 518
공효ᄅᆞᆯ 380
공효를 515
과글이 306
과시ᄅᆞᆯ 236
과실 239
과션히 456
과ᄒᆞ여 146
과호이 456
관ᄃᆡᄅᆞᆯ 446
관워니니 294
관원 261, 290, 466

관원ᄂᆞᆫ 292
관원니 34
관원을 367
관원의 466
관원의게 34
괴오ᄒᆞᆫ 515
괴이히 253
교ᄃᆡ 367
교만ᄒᆞ고 486
교만ᄒᆞ며 29, 319
교만ᄒᆞᆫ 120
구구를 515
구드니 351
구드리라 524
구든 491
구디 426, 448
구ᄅᆞᆷᄀᆞ티 152
구시레 111
구실홀 122
구우라 253
구의예 304
구쳐 148
구틔여 268
구티 456
구펴 29
구ᄒᆞ고 506
구ᄒᆞᄂᆞᆫ 479
구ᄒᆞ다가 499
구ᄒᆞ며 189, 466
구ᄒᆞ면 456
구ᄒᆞ야 102, 515
구호ᄃᆡ 494
구호믈 466
구홀 466
군ᄉᆞᄅᆞᆯ 456
굳디 152, 140
궁구ᄒᆞᄂᆞ니ᅀᅡ 526
궁구ᄒᆞ노라 543
궁구ᄒᆞ야 508
궁구ᄒᆞ여 510, 512
궁ᄒᆞᆫ 95, 489
권 499, 515
권권이 534
권셔를 428
권이며 515
권홀 330
궤며 534
귀눈을 547
귀예 77, 160, 399, 506
귀티 317
귀ᄒᆞ며 435
귀ᄒᆞᆫ 315, 369
귀호믈 316, 319, 476
귀히 321, 489
귓일 290
그 22, 29, 36, 58, 70, 101, 102, 104, 106, 108, 111, 120, 186, 189, 201, 203, 206, 211, 227, 232, 245, 271, 313, 316, 319, 330, 332, 344, 364, 417, 419, 422, 426, 456, 479, 502, 508
그듸ᄂᆞᆫ 248
그ᄃᆡ내 169
그ᄃᆡ네 169
그ᄅᆞ 282
그ᄅᆞ혼 66
그ᄅᆞᆯ 118
그러나 51, 206
그러ᄒᆞ나 327
그러ᄒᆞ니 356, 497
그러ᄒᆞ니라 229, 497
그러ᄒᆞ면 263
그러호ᄆᆞ로 358
그런ᄃᆞ로 502
그레 93, 104, 166, 417, 419, 422, 426
그르디 502
그르스로 67
그르슬 346
그르혼 466
그른 294
그를 414, 444, 466
그리 143, 268, 282, 346, 448
그리다가 87
그리ᄒᆞᄂᆞ니 265
그리ᄒᆞ라 201
그리호미 288
그ᅀᅳ기 45
그슥ᄒᆞ고 163
그지 319
근심ᄃᆞ왼 84
근심ᄒᆞ며 84
근원을 181, 216

근원이며 486
귿도 387
귿마니나 290
귿만 304
귿텟 537
글 51, 124, 189, 341, 428, 430, 481, 497, 499, 502, 512, 515, 526, 530, 534
글로셔 319
글워를 101, 504
글워릐 330, 367
글워레 176, 307, 521, 529
글워를 534
글워릐 286, 290, 300, 408
글워릐서 199
글워리라 502
글월에 39
글월을 22, 472
글월의 481
글ᄌᆞ 51, 444
글ᄌᆡ조를 479
글ᄌᆡ조로 479
글지ᄉᆡ 399
글지ᄉᆡ란 51
금지ᄒᆞ면 422
금지ᄒᆞ야 375
급거ᄒᆞᆫ 120
급데호미 428
긋게 163
긋그ᄉᆡ를 444
긋치 491
긔걸ᄒᆞ고 479
긔디ᄒᆞ고 521
긔디ᄒᆞ면 521
긔디ᄒᆞ여 45
긔디ᄒᆞᆯ 130
긔디ᄒᆞᆯ 101
긔록ᄒᆞ야 22
긔롱ᄒᆞ며 77
긔롱ᄒᆞ야 261
긔룩ᄒᆞᆫ 27
긔별와 466
긔약ᄒᆞ야 176
긔우니 268, 321
긔운을 364, 482, 491
긔운이 66, 81, 341
긔운젓고 143
긔일에 220
긔지리 506
긔합다 364
기 79
기드린 232
기들운 201
기러 29, 36
기르마와 279
기리ᄂᆞᆫ 132
기ᄉᆞᆫ 163
기ᄎᆞ러 479
기튼 335
기티신 502
기퍼 58
기프고 543
기픈 148, 526
기피 101, 506, 537
길 189
길ᄉᆞ와 375
길우디 248
길우매 510
길워 39, 307, 319, 414, 506
길을 93
길ᄒᆞ며 422
길ᄒᆞᆫ 166
길ᄒᆞᆯ 189, 549
길헤 189, 549
길헤셔 245
길흘 387
깁고 136
깁피 450
깃거 104, 106, 203
깃거호매 208
깃거호모로 206
ᄢᅥ디게 547
ᄢᅥ디ᄂᆞ니 143
ᄢᅥ디여 87
ᄢᅦ 515
ᄧᅥ려 84
ᄧᅥ류믈 143
ᄧᅴ브터 29
ᄭᅡ온ᄃᆡ 70
ᄭᆡ둗게 477
ᄭᅢ둗디 547
ᄭᅴ둗디 400
ᄶᅥ려ᄒᆞ고 422
ᄶᅥ려ᄒᆞ며 489
ᄶᅥ리ᄂᆞᆫ 132

ᄡᅥ리디 66, 482
ᄡᅬᄒᆞ디 380
ᄉᆞ미고 163
ᄉᆞᆱᄀᆞᄐᆞ야 547
ᄉᆞᆯ롤 515
ᄡᆡ여 400

ㄴ

나 136, 282
나ᄀᆞ내로브터 148
나갈 279
나거든 375
나기 189
나ᄂᆞ니 422
나ᄂᆞᆫ 70, 77, 148, 160, 163, 422, 442, 448, 512, 526
나날 408
나니 419
나ᄃᆞ롤 307
나도 64
나라ᄒᆞᆯ 248
나라해 298
나라ᄒᆡ 484
나라ᄒᆡᆫ 330
나라희 271
나ᄅᆞᆯ 148, 166
나랏 185
나래 261, 288, 456, 521, 524
나래해도 58
나리라 506
나마 232
나ᄆᆞ니ᄂᆞᆫ 502
나ᄆᆞᆫ 375, 456
나ᄆᆞᆯ 124, 456
나며 543
나면 307
나ᅀᅡ가고 408
나ᅀᅡ가ᄂᆞ니라 408
나ᅀᅡ가니 414
나ᅀᅡ감ᄀᆞ티 160
나ᅀᅡ홈과 466
나져 438
나타나 371
나하 229
나ᄒᆞ뇨미 279
나ᄒᆞ니 310
나히 95, 232
ᄂᆞ리누르과ᄃᆞ네니라 486
ᄂᆞ리디 268
ᄂᆞᄆᆞᆯ 124
ᄂᆞᄆᆞᆯ와 236, 239
ᄂᆞᄆᆡ 438, 484, 491, 529
ᄂᆞᄆᆡ게 185, 466, 518
ᄂᆞ모로 215
ᄂᆞ믈 306, 515
ᄂᆞ미 102, 422
ᄂᆞ미며 29
ᄂᆞᄌᆞ기 351, 482, 486, 491
ᄂᆞᄌᆞ기ᄒᆞ야 81
ᄂᆞ작호려 29
ᄂᆞᄌᆞᆨ디 34
ᄂᆞᄎᆞ란 351
ᄂᆞ초로 371
난 220, 288, 304, 435
ᄂᆞᆫ호며 375
ᄂᆞᆫ호아 456
ᄂᆞᆫ화 341
날 122, 430
날로 351, 364
날마다 45, 58
날포ᄒᆞ야 265
ᄂᆞᆯ라니ᄅᆞᆯ 51
남도록 229
남지니 275, 351
남지를 319
남진 29, 186, 189, 310, 313, 315, 323, 335, 338
남진어루미 327
남진을 330
남진의 273
ᄂᆞᆷ 77, 84, 143, 335, 432
ᄂᆞᆷ도 263
ᄂᆞᆷ두곤 526
낫ᄂᆞᆫ 304
ᄂᆞᆾ 248, 263
ᄂᆞᆾ가오며 197
ᄂᆞᆾ가온 70, 452
ᄂᆞᆾ가이 124, 482
ᄂᆞᆾ블겨 489
ᄂᆞᆾ비출 201
내 22, 81, 84, 114, 122, 146, 189, 201, 220, 290, 297, 300, 323, 325, 346, 351, 356, 358, 367, 369, 371, 397, 405, 411, 422,

432, 438, 450, 452, 456, 484, 486, 491, 504, 506, 518, 534
내게 294, 371, 448
내게ᄂᆞᆫ 371
내게셔 448
내디 120
내라 29
내샤 22
내ᄋᆡ 67, 79
내여 351, 375
내요미ᄯᅳ녀 422
내ᄶᅩᇰ과 67
내ᄶᅩᇰ애 456
내텨 248
내히믈 518
ᄂᆡ도홀ᄉᆡ니 203
ᄂᆡ실 521
ᄂᆡ일 521, 524
냇ᄀᆞ싓 152
ᄂᆡᆼ담ᄒᆞ니ᄅᆞᆯ 146
너겨 22, 81, 146, 148, 166, 211, 216, 456
너교미 146
너규ᄃᆡ 70
너기거든 169
너기건마른 84
너기고 394, 489
너기ᄂᆞ니 263, 351
너기ᄂᆞ니를 206
너기ᄂᆞᆫ 232
너기더시니 408
너기던 489
너기디 34, 102, 189, 253, 319, 375
너기려 186
너기료 371
너기리니 499
너기며 169, 189, 319, 489, 499
너기면 169, 371, 499
너기시리라 206
너ᄅᆞᆯ 140
너모 422
너무 310
너므면 398
너버 136
너비 196, 379, 551
너플 95
너희ᄃᆞᆯᄒᆞ로 369
너희 77, 114, 120, 122, 124, 127, 130, 132, 351
너희ᄂᆞᆫ 351, 432
너희네 286
너희ᄃᆞᆯᄒᆞᆫ 166
너희ᄃᆞᆯ히 81, 84, 148
넘디 430
네 186, 227, 229, 248, 369, 414, 442
네ᄒᆞᆫ 108
넷재ᄂᆞᆫ 466, 473
녀겨 143
녀긔 444
녀기ᄂᆞᆫ 295
녀ᄂᆞ 236
녀름지ᅀᅵᄅᆞᆯ 189
녀며 512
녀허 258
녁 248
녁희 466
녈 189
녜 58, 87, 236, 261, 313, 367
녜로브터 186
녜며 130, 330
녜예 45
녯 22, 45, 58, 104, 106, 140, 166, 232, 241, 367, 440, 479, 482, 484, 486, 489, 491, 494, 502, 515, 537
녯마ᄅᆡ 385
노기며 106
노뉴믈 341
노뉴미 332
노ᄅᆞ샛 106
노ᄅᆞ시 67
노로믈 108
노롬만 67
노름 430
노리ᄒᆞ야 430
노ᄑᆞᆫ 70, 108, 114, 152, 385, 403, 428
노폼과 452
노픈 419, 547
노ᄑᆡ 452

노하 515
노하ᄇᆞ리면 408
노ᄒᆞ며 185
노ᄒᆞᆫ 394
노화ᄇᆞ렷ᄂᆞᆫ 403
놀라 486
놀라이 482
놀애 58
놀애며 58
놈 265
놉고 148, 499, 537
놉ᄂᆞᆺ가이ᄅᆞᆯ 62
놉디 70
누네 160
누리게 369
누리고 371
누어 419
누엇거든 213
눈을 481
눌러 491
뉘우조미 108
뉘웃고 489
뉘으초ᄃᆡ 70
뉘웃븐 70
뉘웃처 66
늘고매 67
늦도록 152
능히 34, 64, 66, 232, 321, 403, 489, 506
니그면 45
니기 504, 515
니ᄂᆞᆫ 491
니ᄅᆞ건댄 114
니ᄅᆞ게 297
니ᄅᆞ노니 152
니ᄅᆞ니 358
니ᄅᆞ니라 196, 379, 551
니ᄅᆞ디 70, 77, 160, 271, 413, 422, 466
니ᄅᆞ며 173
니ᄅᆞ샤ᄃᆡ 197, 203, 213, 215, 216, 227, 288, 292, 295, 297, 298, 316, 323, 325, 327, 351, 356, 358, 361, 364, 369, 375, 390, 403, 407, 413, 428, 430, 452, 502, 508, 536, 537
니ᄅᆞ샨 208
니ᄅᆞ신 199
니ᄅᆞ히 67
니ᄅᆞᆯ 497
니러나 547
니러나ᄂᆞ니 136
니러나며 253
니러나미 152
니르게 208
니르디 452, 518
니르러 367
니르러ᄂᆞᆫ 29, 51
니르러도 29, 356
니르며 173
니르면 510
니르히 67, 338, 351
니버 146, 273
니버셔도 268
니보미 304
니부믈 307
니브며 273, 341
니븐 491
니블와 273
니섯ᄂᆞᆫ 341
니수믈 163
니ᅀᅵ 515
니욕을 163
니타나 508
니펴 229
니피ᄂᆞ니 356
닐거 481, 515
닐거셔 499
닐거ᅀᅡ 515
닐구ᄃᆡ 497, 515
닐구매 526
닐구믄 526
닐굽재ᄂᆞᆫ 466, 476
닐글 515, 534
닐기ᄅᆞᆯ 51
닐러나모로 530
닐뮈디 413
닐뮐 426
닐어 58
닐어쇼ᄃᆡ 358, 481, 521
닐어슈ᄃᆡ 367
닐얼디로다 456
닐오ᄃᆡ 189, 208, 211, 248, 253, 261, 286, 290, 300, 310, 313, 330, 351, 380,

382, 385, 387, 417, 419, 422, 426, 432, 435, 444, 456, 468, 479, 512, 526
닐오미니라 158
닐오미오 158
닐오슈ᄃᆡ 466
닐온 87
닐올 102
닐와 452, 482, 494
닐와ᄃᆞ며 422
닐우ᄃᆡ 282
닐위요미 152
닐위욜 93
닐위유미 330
닐이쇼ᄃᆡ 529
닐흔 515
ᄂᆞᆰ고 504, 515
ᄂᆞᆰᄂᆞᆫ 506
ᄂᆞᆰ다가 530
님그미 394
님금 290, 307, 484
님금과 361
님금을 211, 456
님금이 90
님ᄂᆞ니라 282
닙지 70
닙츈에 220
닛디 484

ㄷ ㅲ ㅼ

다 36, 51, 58, 70, 77, 84, 130, 136, 140, 143, 146, 201, 216, 268, 288, 290, 297, 301, 338, 351, 356, 361, 367, 375, 435, 450, 452, 479, 482, 494, 497, 512, 529, 549
다ᄃᆞ라셔 183
다ᄃᆞᄅᆞᆫ 36
다ᄃᆞᆮ거든 70
다ᄃᆞᆮ디 64
다ᄅᆞ리오 106
다ᄅᆞᆫ 66, 279, 317, 438, 534, 537
다마 39, 399
다ᄆᆞᆫ 208, 292, 403, 411, 504, 526
다ᄆᆞᆺ 95
다ᄉᆞ려 456
다ᄉᆞ료ᄃᆡ 248
다ᄉᆞ리ᄃᆡ 351
다ᄉᆞ리디 95, 479
다ᄉᆞ리며 186
다ᄉᆞ리샤ᄆᆞᆯ 148
다ᄉᆞ릴 297
다ᄉᆞ시니 101
다ᄉᆞᄉᆞᆫ 111
다ᄉᆞᆺ재ᄂᆞᆫ 466, 474
다ᄉᆞᆺ잿 27
다시 66, 95, 271, 282, 304, 307, 327, 394, 403
다시곰 510
다와기 87
다ᄋᆞ디 438
다ᄒᆞ야 515
ᄃᆞᄅᆞ며 95
ᄃᆞᄅᆞ면 152
ᄃᆞ래 220
ᄃᆞ려 70
ᄃᆞᄅᆞᆯ 394
ᄃᆞ시 486, 491, 510
ᄃᆞ시ᄒᆞ고 258
ᄃᆞ외ᄂᆞ니 36
ᄃᆞ외ᄂᆞ니라 146
ᄃᆞ외ᄂᆞᆫ 310, 325
ᄃᆞ외도록 229
ᄃᆞ외리니 64, 87
ᄃᆞ외리라 189
ᄃᆞ외며 227
ᄃᆞ외면 36, 534
ᄃᆞ외야ᄂᆞᆫ 34
ᄃᆞ외에 130
ᄃᆞ외여 304, 456
ᄃᆞ외여셔 189
ᄃᆞ외옛거ᄂᆞᆯ 118
ᄃᆞ외옛ᄂᆞᆫ 189
ᄃᆞ외오져 166, 166
ᄃᆞ욀 132
ᄃᆞ토아 189
ᄃᆞ토와 351, 547
ᄃᆞ톨ᄉᆡ니라 292
단명ᄒᆞ미 435
단정ᄒᆞ고 446
단정ᄒᆞ며 182
단정ᄒᆞᆫ 127
ᄃᆞᆫ뇨ᄃᆡ 182

ᄃᆞ수ᄅᆞᆯ 241
ᄃᆞ수를 241
닫고 148
달애여 419
달애유믈 282
달이 263, 356
ᄃᆞᆯ 220, 241
ᄃᆞᆯᄀᆡ고기 261
ᄃᆞᆯ며 482
ᄃᆞᆯ오 369
ᄃᆞᆯ이 102
담박호미 452
담아 414
담이며 70
닷고 93
닷고매 477
닷고미 186
닷쇗 515
ᄃᆞᆺ시 448
ᄃᆞᆺᄒᆞ니 325
ᄃᆞᆺᄒᆞ니라 58
ᄃᆞᆺᄒᆞ리라 45
ᄃᆞᆺᄒᆞ며 547
ᄃᆞᆺᄒᆞ야 77
ᄃᆞᆺᄒᆞᆫ 84
당티 70
당ᄒᆞ여 450
대개ᄂᆞᆫ 120
대개로 58
대개ᄅᆞᆯ 220
대뎌ᄒᆞᆫ디 304, 358, 440, 512
대상 241
대쇼렴도 265
대뎡에 220
대통 258
ᄃᆡ 66, 111, 275, 279, 282, 327, 338, 382, 385, 452, 466, 518, 529, 534, 543, 547
ᄃᆡ답을 448
ᄃᆡ답ᄒᆞ며 58
ᄃᆡ답ᄒᆞ신 506
ᄃᆡ답호미 417
ᄃᆡᄅᆞᆯ 273, 419, 475
ᄃᆡ를 515
ᄃᆡ마다 29, 36
ᄃᆡ며 36
ᄃᆡ셔 248
ᄃᆡ예 261
ᄃᆡ졉디 253
ᄃᆡ졉ᄒᆞᄂᆞ니 414
ᄃᆡ졉호ᄃᆡ 34
ᄃᆡ졉호믈 290
ᄃᆡ졉호미 301
ᄃᆡ졉호ᄆᆞᆯ 356
댓 543
댱과 273
댱부의 321
댱셰옛 104
댱수란 515
댱슈ᄒᆞ며 435
더듸요미 152
더딘 152
더러오니라 399
더러온 466, 491, 543, 547
더러운 273
더러유미니 534
더러이 146
더러이니라 127
더러이미 534
더러히디 248
더럽고 265, 489
더브러 70, 475
더ᄋᆞᄂᆞ니 364
더욱 29, 229, 288, 301
더으게 148
더으ᄂᆞ니 140
더으니ᄂᆞᆫ 526
더으니로 323, 106
더으디 456
더으면 323
더이며 253
더퍼 530
덕 371
덕글 448
덕을 106, 313, 534
덕의 502
덛덛ᄒᆞᆫ 448
덜미 375
덤써츠러 152
뎌 211, 399, 419
뎌를 229
뎔란 62
뎡졀 325, 327
뎡졀을 325

뎨 319
뎨일론 468
뎨일에는 466
도는 399, 510
도라가 417
도라갈 413
도라보아 448, 479
도ᄅᆞ혀 87, 146
도ᄅᆞᆯ 104, 229
도로 152, 199, 473
도로혀 307, 411, 499
도리 106, 298, 307, 547
도리ᄅᆞᆯ 22, 45, 310, 380
도리로 294, 323, 419
도리예 512, 543
도ᄋᆡᄂᆞ니 399
도ᄋᆡ디 344, 394
도ᄋᆡ며 534
도ᄋᆡ야 419
도ᄋᆡ유믈 422
도읜 292
도여셔 227
도엿ᄂᆞᆫ 211
도오며 189
도올 58
도올만ᄒᆞ고 268
도와 282, 330
도외리니 201
도외면 426
도외에 325
도외여 327
도외여셔 34
도욜디라도 321
도의니 263
도의디 169, 173
도욀가 268
도ᄌᆞ골 189
도ᄌᆞᆨ과 351
도ᄌᆞᆨᄒᆞᆫ 304
도ᄐᆞᆯ 261
독실코 444
독혀 356
돋가이 70
돌새 239
돕ᄂᆞᆫ 292
동관 290, 367
동렬읫 499
동산 152
동싱의 346
동지예 220
동혹ᄒᆞ며 341
되니 227
되어실 258
되어ᅀᅡ 95
되에 39
되엿ᄂᆞᆫ 208
되오 398, 399
되오져 169
되욀 310
되요려 176
되의 313
됴건을 413
됴ᄉᆡᆨ 295
됴커든 268
됴케 414
됴티 428
됴ᄒᆞ니 452, 466
됴ᄒᆞ니라 298
됴ᄒᆞᆫ 22, 253, 268, 358, 422, 428, 435, 442, 506
됴호믈 411
됴히 22, 146, 206, 232, 408, 411
두 258, 428, 504
두고 253, 428, 450
두디 468
두려워 382
두려ᄒᆞ디 494
두렵게 346
두루 543
두리 111
두며 39, 220
두면 295
두믈 452
두미 114
두시고 22
두시니 22
두ᅀᅥ 84
두어 226, 375, 456
두터오며 81
둔 307
둗거이 216
둗터워 232
둘재ᄂᆞᆫ 466, 471
둘ᄒᆞᆫ 104
둡게란 346

듯ᄂᆞᆫ 351, 426
듯더니라 371
뒤호로 341
듀와 456
듕간ᄒᆞᆫ 203
듕국에 282
듕문 273, 275
듕ᄒᆞ니 338
듕ᄒᆞᆫ 456
듕ᄒᆞᆯᄉᆡ니라 356
듕히 81, 84, 136, 143, 227
드ᄂᆞᆫ 375
드는 502
드디 275
드러 263, 282
드러가 282, 472
드러가디 313
드러가리라 543
드러가리오 371
드러니거ᄂᆞᆯ 253
드려 351
드려오게 403
드로니 122
드로ᄆᆞᆫ 537
드로ᄆᆞᆯ 506
드롤 419
드르며 271
드른 77
드릀 77
드리더라 258
드리디 543
드리라 258
드리우시고 127
득디 70
득지ᄒᆞ여나도 452
득ᄒᆞᆯ 411, 525
든 39
듣게 58
듣고 70, 77, 106, 211
듣고져 79
듣논 400
듣더니 351
듣디 160, 201, 413, 419
듣보ᄂᆞᆫ 547
듣본 22
듣ᄌᆞ와 199
들리라 549
들며 399
들여 351
들오 351
듸 106
디 229, 263
디고 152
디나가 95, 508
디나가모로 497
디나거든 241
디나ᄃᆞᆫ니ᄂᆞ니 146
디내요미 515
디녀 111
디녯게 335
디니 29, 45, 51, 62, 93, 122, 124, 186, 201, 206, 220, 241, 292, 306, 323, 361, 375, 438, 448, 515
디니라 39, 101, 176, 181, 182, 183, 199, 203, 268, 273, 275, 279, 297, 316, 325, 361, 375, 414, 417, 422, 466, 468, 471
디디 185
디라 114, 120, 229, 271, 346, 400, 414, 450, 499, 526
디어다 148, 186
디위예 432
디혜ᄂᆞᆫ 382
디혜로와 330
디혜엿 547
디흐며 282
ᄠᅥ딜가 148
ᄠᅥ러듀매 452
ᄠᅥ보며 468
ᄠᅥ이며 307
ᄠᅳᄃᆡ 58
ᄠᅳ더나 351
ᄠᅳ데 371, 518
ᄠᅳ드로 292
ᄠᅳ드로미 95
ᄠᅳ들 36, 51, 93, 148, 185, 201, 332, 397, 482, 486, 526
ᄠᅳ들ᄒᆞ며 397
ᄠᅳ디 95, 294
ᄠᅳ디라 358
ᄠᅳ디면 67
ᄠᅳᆮ 176, 426, 477

ᄠᅳᆮ과 321, 534
ᄠᅵᆫ 261
ᄯᅡ 335, 371, 530
ᄯᅡᄒᆞᆫ 277
ᄯᅡᄒᆞᆯ 160, 446, 506
ᄯᅡ해 371, 456
ᄯᅡ해셔 456
ᄯᅡᄒᆡ 335
ᄯᅡ히 77, 419
ᄯᅡ히니라 290
ᄯᆞᄅᆞ미 39
ᄯᆞᄅᆞ미니 306, 330, 338, 403
ᄯᆞᄅᆞ미니라 358
ᄯᆞᄅᆞᆷ 399
ᄯᆞᄅᆞᆷ이니라 132
ᄯᆞ리 323
ᄯᅩᆯ 323
ᄯᅡᆺ 189, 332
ᄯᅡᆺᄒᆞᆯ 506
ᄯᅩ 29, 51, 64, 66, 67, 120, 166, 173, 185, 201, 206, 239, 253, 263, 265, 268, 315, 327, 356, 367, 369, 371, 398, 435, 468, 499, 510, 515, 526, 529
ᄯᅴᄅᆞᆯ 273

ㄹ

랄호여 435
ᄅᆞᆷ 143
려릉왕 253
례 413, 419
례ᄂᆞᆫ 227
례도 229
례도로 253
례도를 220, 330
례도애 216, 232
례도의 220
례되며 45
례ᄅᆞᆯ 227
례를 313
례법 189
례법을 375
례법이 316
례예 413, 417
례옛 67
례의 232
례의를 226
례의옛 189
로ᄒᆞ며 111
로ᄒᆞ면 306
로ᄒᆞ요믈 306
로ᄒᆞ욤 66
로ᄒᆞᆫ 364
록 371
록을 369
론어와 502
리 282, 367
리예 403, 426
리케 380, 484
리콰댜 481
리ᄒᆞ거든 102
리ᄒᆞ며 201
리ᄒᆞᆫ 304, 466, 475

ㅁ

마그며 547
마ᄂᆞᆫ 358
마디몯ᄒᆞ야 279
마라 45, 422
마라도 268
마ᄅᆞᆯ 70, 122, 208, 351, 408, 422, 466
마ᄅᆡ 351
마로ᄆᆞᆯ 127, 130, 132, 358
마롤 120, 148, 160, 206, 268, 275, 316, 414, 438, 466, 468
마를 422, 466
마릐 346
마리 81, 282, 327, 351, 403, 422
마리나 364
마리며 403, 466
마ᄉᆞᆯ 268, 452
마시 130, 510
마오 122
마오져 364
마와뎌 253
마ᄌᆞᆷᄀᆞ티 394
마조 534
마초와 253
ᄆᆞᄅᆞᆫ 241
ᄆᆞᄅᆞᆯ 279
ᄆᆞᅀᆞᄆᆞ로 432

ᄆᆞᅀᆞᄆᆞᆫ 136, 382
ᄆᆞᅀᆞᄆᆞᆯ 81, 290, 394, 452
ᄆᆞᅀᆞ매 70, 399
ᄆᆞᅀᆞ맷 136
ᄆᆞᅀᆞ므란 411
ᄆᆞᅀᆞ믄 405
ᄆᆞᅀᆞ믈 301, 307, 403, 408, 479, 481
ᄆᆞᅀᆞ미 203, 229, 344, 407, 408, 411, 417, 419, 438, 479
ᄆᆞᅀᆞᆯ 58, 169
ᄆᆞᅀᆞᆯ홀 146
ᄆᆞᅀᆞᆯ희 313, 356
ᄆᆞᅀᆞᆯ히 189, 277
ᄆᆞᅀᆞᆷ 67, 148, 181, 186, 351, 422, 432, 486, 491, 515
ᄆᆞᅀᆞᆷᄭᆞ장 268, 290
ᄆᆞᅀᆞᆷ머그며 477
ᄆᆞᅀᆞᆷ믈 295
ᄆᆞᅀᆞᆷ미 29
ᄆᆞᅀᆞᆷᄋᆞᆯ 414
ᄆᆞᅀᆞᆷ애 39
ᄆᆞᅀᆞᆷ오로브터셔 414
ᄆᆞᅀᆞᆷ으로 432
ᄆᆞᅀᆞᆷ을 120
ᄆᆞᄎᆞᄆᆞᆯ 148
ᄆᆞᄎᆞᆷ내 358
막고 258
막딜인 543
막ᄌᆞᄅᆞ고 419
만가 327
만믈이 152
만ᄉᆞ앳 479
만실에 506
만이레 64, 201, 268, 294, 306, 307, 325, 330
만일에 70
만ᄒᆞ고 497
만ᄒᆞ니 351, 371
만ᄒᆞ니라 310
만ᄒᆞ면 330
만ᄒᆞᆫ 369
만ᄒᆞᆷ과 452
만히 489, 534
ᄆᆞᆫᄃᆞ로ᄃᆡ 220
말 132
말ᄀᆞ티 45
말라 90, 286, 358, 413
말로 39
말만 504
말며 90, 189, 273, 275, 413, 466
말ᄆᆡ사마 502
말ᄉᆞ매도 286
말ᄉᆞᄆᆞᆯ 70, 152
말ᄉᆞ믈 414, 422, 444, 494, 504
말ᄉᆞ미 58, 66, 163, 547
말ᄉᆞᆷ 27
말ᄉᆞᆷ과 435
말ᄉᆞᆷ으로 508
말ᄉᆞᆷ을 22
말ᄉᆞᆷ호려 70
말ᄉᆞᆷ호매 70
말ᄉᆞᆷᄒᆞᄂᆞ니는 70
말소미 203
말에호미 248
말오 197, 273, 358, 515
말오져 382
말와 456, 543
말ᄒᆞ기ᄅᆞᆯ 448
말ᄒᆞ며 512
말ᄒᆞ요ᄆᆞᆯ 106
말호ᄃᆡ 543
말호매 422
말호미 136
말ᄒᆞᆯ 422
ᄆᆞᆯ 146, 356
ᄆᆞᆯ근 136
ᄆᆞᆯ게 356
ᄆᆞᆯ리오 310
ᄆᆞᆯ와애 356
ᄆᆞᆰ고 93, 102
맛게 375, 512
맛나ᅀᆞ와 148
맛난 369
맛다셔 484
맛당이 201, 330, 414
맛당티 253, 279, 301, 504
맛당ᄒᆞ고 358
맛당ᄒᆞᄂᆞ니 435
맛당ᄒᆞ니 301
맛당ᄒᆞ니라 114, 124, 248
맛당히 549

맛뎌 375, 468
맛뎌두믈 213
맛드러 51, 108
맛드려 504, 506
맛들면 51
맛디 148, 306, 346
뭊 101
뭊고 351
뭊디 530
망녕 422
망녕도인 547
망녕도왼 286
망량으로 79
망령드외면 95
망멸ᄒᆞ고 163
매나 438
ᄆᆡ실에 515
ᄆᆡ양 29, 258, 534
ᄆᆡᆼᄀᆞ노라 22
ᄆᆡᆼᄀᆞ라 101, 253
ᄆᆡᆼ되니 310
ᄆᆡᆼᄌᆞ 208
ᄆᆡᆼᄌᆞ와 502
머거 148, 265
머거늘 261
머거사 452
머게사 268
머고매 474
머고믈 176, 263
머고믈 477
머구믈 181
머구머시며 491
머구모로 108
머굴 241
머굼엇ᄂᆞ니라. 152
머그리 241
머그며 236, 239, 268, 341, 474
머글 229, 241
머기ᄂᆞ니 356
머리 148, 189, 229, 248
머믈며 512
머믈워 468
먹게 248
먹고 236, 239, 241, 268, 288, 430
먹ᄂᆞ니 241
먹ᄂᆞ니라 239
먹ᄂᆞ니를 263
먹ᄂᆞᆫ 258
먹더니 253, 261
먹던 397
먹디 236, 239, 268
먼 536
먼ᄃᆡ 93
멀며 536
멀에 124
며ᄂᆞ리 323
며ᄂᆞ리ᄂᆞᆫ 319
며ᄂᆞ리의 316, 323
면ᄒᆞ린뎌 346
몃 351
명리 111, 148
명빅ᄒᆞ니라 282
명에 494
명을 152
모 361
모긔 268
모나 382
모나게 346
모다 216, 248, 497
모다셔 351
모디로ᄆᆞ로뻐 189
모딘 491
모딜며 114
모ᄃᆞᆫ 22, 111, 132, 143, 197, 290, 369, 375, 466, 491
모ᄅᆞᄂᆞᆫ 482, 484
모ᄅᆞ놋다 282
모로ᄂᆞᆫ 543
모로매 29, 39, 45, 62, 95, 120, 152, 197, 199, 203, 206, 220, 268, 323, 361, 375, 405, 435, 444, 446, 448, 452, 504, 508, 510, 512, 515, 518, 529
모로미 452
모ᄆᆞ란 124
모믈 93, 101, 124, 163, 176, 182, 253
모매 102, 199, 304, 325, 403, 414, 504
모맷 132
모믈 297, 432, 479, 491
모미 104, 325, 356, 387,

400, 422, 456
모시 358
모토ᄅᆞᆯ 371
목소리ᄅᆞᆯ 201
목수ᄆᆞᆯ 163
목수믈 484
몬져 29, 39, 45, 62, 120, 124, 152, 241, 306, 316, 356, 411, 419, 452, 482, 512, 526, 529, 536
몯 369, 479
몯갈가 432
몯게 330
몯과뎌 77
몯ᄒᆞ게 330
몯ᄒᆞ고 95, 152, 253, 310
몯ᄒᆞ나 497
몯ᄒᆞᄂᆞ니 58, 155, 216, 304, 358, 497, 543
몯ᄒᆞᄂᆞ니라 411, 547
몯ᄒᆞᄂᆞ닌 155
몯ᄒᆞᄂᆞᆫ 140, 491
몯ᄒᆞ논 450
몯ᄒᆞ놋다 140, 253, 356
몯ᄒᆞ니 277
몯ᄒᆞ니ᄂᆞᆫ 158
몯ᄒᆞ니라 499
몯ᄒᆞ니ᄅᆞᆯ 323
몯ᄒᆞ리니 95
몯ᄒᆞ리라 70, 479
몯ᄒᆞ리오 294
몯ᄒᆞ리오마ᄅᆞᆫ 456
몯ᄒᆞ며 104, 456, 543
몯ᄒᆞ면 70, 87, 323
몯ᄒᆞ시게 206
몯ᄒᆞ야 70, 148, 277
몯ᄒᆞ야도 64, 87, 398
몯ᄒᆞ야셔 265
몯ᄒᆞ여 479
몯ᄒᆞ여셔 310
몯ᄒᆞ여셔ᄂᆞᆫ 530
몯ᄒᆞ엿거든 394
몯ᄒᆞ이 304
몯ᄒᆞᆫ 67, 290, 306, 518
몯ᄒᆞᆯ 232, 248, 268, 277, 338
몯ᄒᆡ욤 400
몯호ᄆᆞ란 122
몯호ᄆᆞᆯ 122
몯호믈 394
몯호미 70, 213, 290, 438
몰라셔ᄂᆞᆫ 58
몰로모로 229
몸 146, 186, 216, 300, 405, 411, 432, 486, 551
몸가쥬ᄆᆞᆯ 486
몸과 411
몸두곤 356
몸소 456
몸이 456
몹ᄡᅳᆯ 62
못과 148
뫼셧ᄂᆞᆫ 452
뫼콰 456
뫼화 206
뫼화드리디 189
무늬 351
무당과 301
무드라 265
무드며 67
무들 265
무러 197, 515
무러호믄 481
무레ᄒᆞ거늘 248
무로ᄃᆡ 292, 327
무루ᄃᆡ 325
무루믈 506
무른대 297
무리 130
무리라 108
문 148
문을 549
문이니 502
문잇 422
문지두리 132
문헌황훗 258
묻ᄂᆞᆫ 261
묻던 506
묻ᄌᆞ온대 413
묻호믄 292
물로 77
물만 236
뭀사ᄅᆞ미 111
뮈유미 422
므거우며 435
므거이 448

므더니 186, 189, 216, 319, 499
므던ᄒᆞ니라 288
므른대 297
므스 456, 512
믄득 229, 232, 407, 494, 499, 506
믈 136
믈러 351
믈만 239
믈어듀미 152
믈어딤 385
믈을 456
믈읫 51, 197, 199, 220, 268, 282, 316, 325, 375, 444, 450, 472, 473, 474, 477, 504
믈젓ᄃᆞᆺ 106
믐 477
믓겨리 136
믜여 111
믜여ᄒᆞ고 106
믜여ᄒᆞᄂᆞ니라 140
믜요ᄃᆡ 163
믜유믈 499
미더 282, 319, 518
미드리오 148
미련ᄒᆞ고 537
미묘호라 543
미조차 307
미처ᄂᆞᆫ 456
미쳔ᄒᆞ야도 317
미ᄎᆞ리오 95, 479
미ᄎᆞ면 398
미치ᄂᆞᆫ 130
미혹호미 356
민망ᄒᆞᆫ 335
믿 216, 486
믿고 248
믿드ᄃᆡ엿ᄂᆞ니 338
믿디 160, 163
믿브디 282
믿비 494
믿비ᄒᆞ며 444
밀로 258
밋 367
밋디 398, 479

ㅂ ㅄ

바다ᄒᆞ며 482
바ᄃᆞ라온 484
바ᄃᆞ랍ᄂᆞ니 426
바ᄃᆞᆫ 452
바ᄅᆞ 201
바ᄅᆞᆯ 397
바래 160
바르게 543
바며 438
바ᄇᆞᆯ 356
바블 341
바비 304
바비며 330
바탕 504
ᄇᆞ라고 390
ᄇᆞ라ᄂᆞ니 390
ᄇᆞᄅᆞᆷ 534
ᄇᆞᄅᆞᆷ앳 136
ᄇᆞᄅᆞ미 70
ᄇᆞ려 62, 484
ᄇᆞ려두며 494
ᄇᆞ리고 62
ᄇᆞ리며 474
ᄇᆞ리면 106, 430
박히 216
반 369, 515
반ᄃᆞ리나 111
반ᄃᆞ시 58, 295, 306, 323, 330, 346, 356, 375, 494, 502, 543
반ᄃᆞᆨ반ᄃᆞᆨ이 444
반만 189
받 189, 456
받갈 189
받게 282
받과 371
받ᄀᆞᄉᆞᆯ 387
받ᄌᆞ올 206
받티 456
발괄ᄒᆞᄂᆞ니 335
ᄇᆞᆯᄀᆞᆫ 537, 547
ᄇᆞᆯ겨 481
ᄇᆞᆯ골 93
ᄇᆞᆯ규믈 379
ᄇᆞᆯ기 183, 432
ᄇᆞᆯ기고 380
ᄇᆞᆯ셔 411

ᄇᆞᆯ오ᄃᆡ 148
ᄇᆞᆰ게 508
ᄇᆞᆰ디 310, 537, 547
ᄇᆞᆲ드듸기를 446
ᄇᆞᆲ디 160
밥 452
밥과 236, 239, 375
밥을 466
밥이 456
밧ᄀᆡ 399
밧고로 258
밧고와 341
밧글 417
밧긔 273, 414, 456, 543
밧긧 411, 417
밧디 273
밧조오며 484
방 70
방탕티 127
방탕ᄒᆞ고 248
방탕호미 127
배 497
배니 79
배라 62
배아 163
배아미 101
ᄇᆡ브ᄅᆞ 369
ᄇᆡ브르 430
ᄇᆡ블오ᄆᆞᆯ 265
ᄇᆡ얌과 160
ᄇᆡ호과ᄃᆞ녜니라 484
ᄇᆡ호기를 515
ᄇᆡ호ᄂᆞ닌 435
ᄇᆡ호ᄂᆞᆫ 62, 169, 397, 502, 512, 543
ᄇᆡ호다가 64
ᄇᆡ호디 189, 358, 499, 512
ᄇᆡ호료 70
ᄇᆡ호리ᄂᆞᆫ 414
ᄇᆡ호리라 64, 66
ᄇᆡ호ᄆᆞᆫ 39, 95
ᄇᆡ호ᄆᆞᆯ 58, 95, 120, 122
ᄇᆡ호ᄆᆡ 122
ᄇᆡ호며 481
ᄇᆡ호면 397, 502
ᄇᆡ호모로ᄡᅥ 499
ᄇᆡ호미 70, 122, 189, 426
ᄇᆡ호시 108
ᄇᆡ혼 515
ᄇᆡ홀 62, 64, 66, 341, 430, 452, 502, 510
ᄇᆡ홈 104
ᄇᆡ홈곳 95
ᄇᆡ화 263, 497, 515
ᄇᆡ화셔 403
ᄇᆡ화ᅀᅡ 95
ᄇᆡ회 479
ᄇᆡᆨ셩 189, 290, 297
ᄇᆡᆨ셩ᄋᆞᆯ 189
ᄇᆡᆨ셩으로 297, 430
ᄇᆡᆨ셩을 22
ᄇᆡᆨ셩의 547
ᄇᆡᆨ셩이 22
버근 64
버들 34
버듸 364, 518
버듸게 34
버믈 87
버비 271
번 452, 512
번을 515
번 136
번괘 361
번에 206
번이 479
벌어지며 534
법 185
법다오매 408
법다이ᄒᆞ며 189
법답디 422
법도 127
법을 22, 185, 417, 515
법이 22, 300
베티며 136
베퍼 422
베퍼내여 106
베푸매 497
베플 282, 358
베혀 456
벼개 45
벼ᄉᆞ론 148
벼ᄉᆞᆯ 118
벼ᄉᆞᆯᄒᆞ고져 152
벼ᄉᆞᆯᄒᆞ여실 369
벼스른 148, 152
벼스를 484

벼슬 229, 277, 466
벼슬엣 484
벼슬이 367
벼슬ᄒᆞ기 479
벼슬ᄒᆞ기로 479
벼슬ᄒᆞ기를 335
벼슬ᄒᆞ야 304
벼슬ᄒᆞ여셔 300, 304, 307
벼슬ᄒᆞ엿던 367
벼슬ᄒᆞ엿ᄂᆞᆫ 301, 306
벼슬ᄒᆞ이ᄂᆞᆫ 466
벼슬ᄒᆞᆫ 253, 295
벼슬호니 371
벼슬호미 428
변방의셔 466
변화를 543
별시레 273
병 213, 268
병ᄀᆞ티 448
병과 140
병을 140, 400
병이 268
병ᄒᆞ야 213, 277
병ᄒᆞ야든 268
볐 29, 36
볘며 273
보건댄 371
보고 70, 448, 476, 482, 484, 486, 489, 491, 494
보ᄂᆞᆫ 286
보내디 473
보내야 77
보내여든 468
보낼 332
보니 114, 282
보디 160, 332, 413, 472
보로매 351
보ᄆᆞ로 417
보ᄆᆞᆫ 432
보매 504
보모로 211
보미 124, 502
보시면 206
보아셔 248
보애호로 452
보야호로 248
보와 450, 504
보와ᄂᆞᆯ 277
보와셔 435
보육과 258, 268
보젼ᄒᆞ엿노소라 351
보티홈도 456
보호로 258
복을 282, 494
본 351, 510
본ᄃᆡ 417, 481, 486, 489, 491, 494
본ᄅᆡ 148
본받과뎌 81, 84
본받다가 87
본셩ᄀᆞ티 426
볼 182, 417, 477, 515
봉ᄒᆞ야도 369
뵈로 279
뵈ᄉᆞ오며 371
뵈여 335
부귀를 371
부귀ᄒᆞᆫ 452
부니언뎡 79
부드러온 491
부드러이 201
부러 371
부몯 77, 236
부뫼 208
부싄돌ᄒᆡ 351
부작ᄒᆞ기를 286
부쳐ᄂᆞᆫ 189
부춤과 45
부텨 282
부텨의 282
부형 294
부형의 428
부형이 479
분로ᄒᆞ며 136
분명케 515
분명히 442
분발ᄒᆞ며 494
분별 102, 122, 432
분별ᄒᆞ라 122
분별ᄒᆞ리ᄂᆞᆫ 51
분별ᄒᆞ며 148
분이언뎡 77
불휘 29, 36
붓그러오며 124
붓그러우미 321
붓그럽거니 438

붓그려 489
붓그려ᄒᆞ며 394
붓그리디 104
붓그리며 482
붕우 364
붕위 364
브러ᄒᆞ며 476
브려 253
브르면 58
브리며 466
브석 253
브졍ᄒᆞ고 106
브죡ᄒᆞᆫ 330
브즈러니 108, 114, 122, 143
브즈런홈ᄭᆡ니 300
브터ᄒᆞ기ᄅᆞᆯ 466
브테니라 211
브텨 22, 152
브트면 111
브티디 301
브티며 307
브틴 468
브효앳 351
븓ᄃᆞ라 143
븓들이디 45
블 435
블디더 369
블러 479
블러오ᄆᆞᆯ 456
블른대로 422
블쵸ᄒᆞ면 317
붓그리ᄂᆞᆫ 45
붓그리디 263
뷘 417
비러다가 473, 529
비로소 515
비록 64, 70, 111, 146, 201, 226, 232, 268, 282, 317, 341, 344, 367, 432, 456, 497, 530, 547
비루소 479
비르서 220
비륵 432
비릇ᄂᆞ니라 132
비며 534
비븨더니 277
비출 160
빈난 375
빌이기ᄅᆞᆯ 530
빗나며 146
빗난 152, 273
빗내 169
빗다른 301
빙소ᄒᆞ고ᅀᅡ 236
ᄲᆞᄅᆞᄂᆞ니라 364
ᄲᆞᄅᆞ며 152, 422, 435
ᄲᆞᄅᆞᆫ 530
ᄲᆞᆯ리 152, 199
ᄲᆞᆯ리ᄒᆞ며 183
ᄡᅢ에 114
ᄲᅩᆼ나모 456
ᄲᅮᆫ이 435
ᄲᅳ리고 58
ᄲᅢᆨᄲᅢᆨ이 183

ㅅ ㅄ ㅆ ㅿ

사겨 114
사괴ᄂᆞᆫ 136
사괴더니 77
사괴디 160
사괴며 361
사괴야 84
사괴여 332, 364
사괴오져 361
사괴요미 361
사괴유믈 136
사기다가 87
사니 220
사다가 253
사라셔도 547
사ᄅᆞᄆᆞ로 346
사ᄅᆞᆷ 70, 81, 84, 155, 160, 166, 189, 213, 229, 265, 288, 356, 367, 419, 482, 484
사ᄅᆞᄆᆞᆯ 58, 160, 163, 227, 253, 491, 537
사ᄅᆞᄆᆡ 70, 77, 79, 84, 104, 106, 124, 146, 203, 226, 227, 229, 375, 432, 466, 473
사ᄅᆞᄆᆡ게 227, 295, 479
사ᄅᆞ모로 58
사ᄅᆞᄆᆞᆫ 380, 400, 426, 442, 456, 486, 489, 491, 494

사ᄅᆞ믈 294, 297, 315, 489, 491, 499, 537
사ᄅᆞᄆᆡ 136, 310, 351, 400, 422, 440, 442, 471, 472, 476, 482, 484, 486, 489, 491, 494, 502, 543
사ᄅᆞᄆᆡ게 479, 537
사ᄅᆞ미 58, 62, 64, 84, 111, 122, 127, 140, 160, 163, 166, 169, 189, 197, 208, 211, 216, 232, 241, 261, 263, 282, 288, 301, 304, 306, 310, 313, 315, 338, 351, 356, 367, 411, 419, 428, 430, 432, 452, 468, 497, 499, 502, 506, 510, 512, 526, 530, 543
사ᄅᆞ미나 394
사ᄅᆞ미니 70, 341
사ᄅᆞ미라 70, 248, 394
사ᄅᆞ미라도 341, 344, 547
사ᄅᆞ미란 163
사ᄅᆞ미며 70, 435
사ᄅᆞᆷ 169, 169, 173, 227, 229, 295, 438, 442, 536, 537, 543
사ᄅᆞᆷ과 268, 273, 315, 367, 471
사ᄅᆞᆷ도 282
사ᄅᆞᆷ미 452
사ᄅᆞᆷ올 77
사ᄅᆞᆷ으로 403, 475
사ᄅᆞᆷ을 130, 169, 298
사ᄅᆞᆷ의 132
사ᄅᆞᆷ의게 34
사ᄅᆞᆷ의게도 58
사ᄅᆞᆷ이 87, 169
사ᄅᆞᆷ이라 127
사ᄅᆞᆷ이여 22
사로매 494
사롤 310, 394, 456
사르믈 301
사마 58, 325
사마ᄂᆞᆫ 344
사ᄆᆞ며 344, 506
사ᄆᆞ면 319, 506
사ᄆᆞᆯ 301
사모믄 325
사모미 325
사몰 186, 417
사믈 361
사오나오니 466
사오나오ᄆᆞᆯ 79
사오나오며 466
사오나온 90, 106, 160, 213, 236, 239, 279, 335, 341, 358, 385, 419, 438, 448, 456, 466, 491, 537
사오나와 268
사오나왯ᄂᆞᆫ 411
사오나은 263
사오남ᄂᆞ닷 408
사오납게 315
사오납고 273
사핫ᄂᆞᆫ 399
사ᄒᆞᆯ 515
사ᄒᆞᆯ며 282
사홈도 422
사회 317
사회와 316
사히ᄃᆞᆺᄂᆞᆫ 489
ᄉᆞᄂᆞᆫ 390
ᄉᆞ당애 220
ᄉᆞ당ᄋᆡ 371
ᄉᆞ당을 220
ᄉᆞ랑티 213, 341
ᄉᆞ랑ᄒᆞ고 173, 189, 358
ᄉᆞ랑ᄒᆞᄂᆞ니 361
ᄉᆞ랑ᄒᆞᄂᆞ니ᄅᆞᆯ 351
ᄉᆞ랑ᄒᆞ노라 456
ᄉᆞ랑ᄒᆞ며 81, 84, 203, 529
ᄉᆞ랑ᄒᆞ샤미 67
ᄉᆞ랑ᄒᆞᆯ 356
ᄉᆞ랑호ᄆᆞᆯ 106, 356
ᄉᆞ랑호믈 290
ᄉᆞ랑호미 346, 358
ᄉᆞ롬 114
ᄉᆞ리를 521
ᄉᆞ리예 203, 325, 525
ᄉᆞᄆᆞ차 497
ᄉᆞᄆᆞ차디게 521
ᄉᆞ뭇 232, 330
ᄉᆞ매 364
ᄉᆞ면이 70
ᄉᆞᅀᅵ예 132
ᄉᆞ양ᄒᆞ며 189, 367

ᄉᆞ양ᄒᆞ야도 387
ᄉᆞ양호ᄆᆞᆯ 364
ᄉᆞ이 367
ᄉᆞ이로ᄡᅥ 186
ᄉᆞ이예 304, 332, 364
ᄉᆞ이예도 426
ᄉᆞ이와 367, 430
ᄉᆞ이ᄒᆞᄂᆞᆫ 301
살 282
살리ᄂᆞᆫ 268
살며셔 387
ᄉᆞᆯ며 282
ᄉᆞᆯ올 199
ᄉᆞᆯ와 201
ᄉᆞᆯ진 146, 258
ᄉᆞᆯ펴 438
ᄉᆞᆯ피고 316
ᄉᆞᆯ피디 304, 450
삼 273
삼가 81, 120, 185, 375
삼가고 444
삼가디 132, 277
삼고 108
삼긴 419
삼더니 367
삼올 181, 364
상듕에 265
상륙을 189
상복 273
상복을 268
상ᄉᆞ애 189, 282
상ᄉᆞ와 216
상ᄉᆡ어나 279
상옛 265
상의 341
새배 330
새음ᄒᆞᄂᆞᆫ 319
ᄉᆡᆼ각ᄒᆞᄂᆞᆫ 526
ᄉᆡᆼ각ᄒᆞ며 448
ᄉᆡᆼ각ᄒᆞ야 67, 526
ᄉᆡᆼ각ᄒᆞ여 426
ᄉᆡᆼ각호매 426
샤벽ᄒᆞᆫ 407
샤치티 81
샤치ᄒᆞ고 375
샤치ᄒᆞ며 114
샤치ᄒᆞᆫ 486
샤치호ᄆᆞᆯ 146
샤특ᄒᆞ며 547
샤특ᄒᆞᆫ 106, 419
샹 452
샹감 371
샹고ᄒᆞ며 22
샹녜 452
샹녜사ᄅᆞᆷ 432
샹녯 45, 70
샹례사ᄅᆞᄆᆡ 408
샹사ᄅᆞᄆᆡ 315
샹ᄉᆡ 263
샹심ᄒᆞ며 29
샹심ᄒᆞ야 446
샹해 211, 419, 456
샹해와 263
서 444, 466
서거 282
서ᄅᆞ 263, 358, 361, 364
서르 189, 265, 301, 332, 341, 351, 364, 479, 508
석 394
석술 279
설 229
섯거시면 417
성ᄉᆡᆫ은 390
세 67, 300, 338, 428, 442
세헤 456
셋재ᄂᆞᆫ 466, 472
셔를 321
셔안의 534
션비ᄃᆞᆯ히 479
션비ᄋᆡ 51, 104
셜운 282
셤겨 120, 294
셤교매 203, 307
셤교믈 290, 323
셤골 58
셤규ᄆᆞᆯ 484
셤기ᄂᆞᆫ 220, 294
셤기ᄃᆞᆺᄒᆞ며 290
셤기며 215
셤길 213
셩과 534
셩다른 351
셩실케 426
셩실ᄒᆞ리라 417
셩실ᄒᆞᆫ 419
셩실히 307

셩ᄉᆡᆫ 62, 414, 534
셩ᄉᆡᆫ과 426
셩ᄉᆡᆫ에 414
셩ᄉᆡᆫ을 390
셩ᄉᆡᆫ의 399, 504, 506, 549
셩ᄉᆡᆫ이 398
셩ᄉᆡᆫᄋᆡ 104
셩ᄉᆡᆫ이시니 64
셩으로브터 419
셩을 29, 319
셩이 45, 203, 526
셩ᄒᆞ나 317
셩ᄒᆞ며 319
셩ᄒᆞ면 152
셩현 432
셩현의 403, 534
셰ᄂᆞᆫ 486
셰디 114
셰ᄉᆞ애 452
셰셰로 367
셰쇽애 45, 310
셰쇽의 232
셰쇽이 136, 140, 143, 146
셰오 515
셰요ᄆᆞᆯ 196
셰욘 185
셰유ᄆᆡ 114
셰ᄒᆞᆫ 106
셴 189
소기디 181, 307, 456
소기며 282
소ᄂᆡ게 206
소니 84, 265, 277
소니옛 422
소니옛술 132
소ᄅᆞᆫ 152
소ᄅᆡ 456
소ᄅᆡᄅᆞᆯ 482
소리ᄅᆞᆯ 160
소ᄉᆡᆷ을 375
소ᄉᆡᆷ이니 518
소ᄉᆡᆷ홀 304
소음시기 268
소음식 245
소작이라 351
소청ᄒᆞ며 335
소ᄒᆞ야 346
소ᄒᆞᆫ 346
소호미 371
소히 301
손ᄃᆞᆯ 335
손소 369
손애 456
손으란 351
쇠ᄅᆞᆯ 136
쇠ᄒᆞ고 152
쇠ᄒᆞᄂᆞ니 319
쇼로기와 499
쇽절업슨 301, 375
쇽절업시 108
숑ᄉᆞᄅᆞᆯ 189
숑ᄉᆞᄒᆞ며 335
수리 253
수리며 330
수매 51
수머 387
수업시 315
수우를 108
수울 130
수이 108, 136
술 241, 253, 263, 268
술ᄀᆞ튼 422
술로 130
술와 248, 265, 466
술와ᄅᆞᆯ 241
쉬 58, 537
쉬오ᄆᆞᆫ 114
쉬오면 422
쉬운 403
쉰 268, 515
쉽디 206
쉽사리 526
슈고로이 206
슈달이란 216
슈ᄅᆞᆯ 213
슈보ᄒᆞ야 529
슌일티 497
슌케 426
슌티 203
슌ᄒᆞ요ᄆᆞᆫ 525
슌후ᄒᆞᆫ 344
슝샹ᄒᆞ니 127
스ᄂᆞᆫ 216, 227, 229
스라 232
스ᄆᆞ나ᄆᆞᆫ 499
스ᄆᆞᆯ헤 232

스스로 304, 403, 408, 411
스승의 518
스승이며 286
스싀로 51, 414, 426, 452, 456, 475, 477, 484, 486, 499, 525, 543, 547
스이고 229
슬프다 263
슬프도다 400
슬허ᄒᆞᆫ돌 95
슬허ᄒᆞᆯ 288
승과 301
싀어버ᅀᅵ 323
싀어버ᅀᅵ를 319
싀이면 232
싀험ᄒᆞ며 163
싁싁고 189, 446
싁싁기 534
싁싁ᄒᆞ고 408
싁싁ᄒᆞ며 182
싁싁ᄒᆞ면 407
시급히 111, 143
시기ᄂᆞᆫ 201
시기신 201
시러 367
시른 268
시시예 199
시작일ᄉᆡ 58
시저레 317
시저리 356
시절 245, 248, 253, 277, 456
시절에도 263
시절을 466
시져레 127, 317
시져레ᄂᆞᆫ 29
시절브터 67
시졀와 95
시졀이 127
시졔ᄅᆞᆯ 220
식브니라 58
신쥬를 220
신하 227
신하와 361
신해 211
싣븐 382
실로ᄂᆞᆫ 543
실업ᄉᆞᆫ 127
실올 438
실ᄒᆞᆨ오로 51
심ᄒᆞ니ᄂᆞᆫ 265
심ᄒᆞ도다 356
심ᄒᆞᆫ 356, 497
심히 36, 304
십브거든 268
ᄡᅡ 258
ᄡᆞᄅᆞᆯ 258
ᄡᆞᆯ 45, 279
ᄡᅧ 45, 58, 268, 364, 518
ᄡᅧ곰 399, 481, 512
ᄡᅧᅀᅡ 526
ᄡᅮ믈 375
ᄡᅮ매 504
ᄡᅩᆷ기며 491
ᄡᅳ기를 534
ᄡᅳᄂᆞᆫ 414
ᄡᅳ며 58, 375, 486
ᄡᅳ시던 515
ᄡᅳ이디 277
ᄡᅳᆯ 375
ᄡᅳᆯ며 58
쎠서 477
쇽ᄃᆞ왼 124
ᅀᅵ삼빅 515
ᄉᆡᆫ졍에 203
ᄉᆡᆫ품의 62
ᄉᆡᆺᄂᆞ니 300

ㅇ

아기네ᄃᆞ려 152
아ᄂᆞᆫ 146, 497
아ᄂᆞᆫ뎌 22
아녀 84, 155
아노라 543
아논 104
아니 67, 155, 206, 263, 282, 371, 380, 432
아니니 130, 442
아니니라 307, 536
아니라 39, 127, 160, 163, 435, 525
아니리 114, 319, 341, 344
아니리니 346
아니며 442
아니면 93, 95
아니어든 160, 413

아니커든 160, 292, 364
아니케 51
아니턴 375
아니티 277, 338
아니ᄒᆞ거늘 245
아니ᄒᆞ거ᄃᆞᆫ 263
아니ᄒᆞ거든 201
아니ᄒᆞ거시든 201
아니ᄒᆞ고 34, 104, 203, 263, 526
아니ᄒᆞ과ᄃᆞ녜니라 494
아니ᄒᆞᄂᆞ뇨 169
아니ᄒᆞᄂᆞ니 411
아니ᄒᆞᄂᆞ니라 34, 313, 419
아니ᄒᆞᄂᆞ니면 543
아니ᄒᆞᄂᆞ니오 169
아니ᄒᆞᄂᆞᆫ 213, 307, 494
아니ᄒᆞ노니 456
아니ᄒᆞ노라 79, 84, 271, 534
아니ᄒᆞ논 268
아니ᄒᆞ니 279, 301, 304, 346, 351, 504, 515
아니ᄒᆞ니라 173, 213, 216, 253, 394, 430, 474, 475, 476, 515
아니ᄒᆞ니리 473
아니ᄒᆞ더나 456
아니ᄒᆞ더니라 236, 313
아니ᄒᆞ더라 530
아니ᄒᆞ디 90
아니ᄒᆞ료 351
아니ᄒᆞ리 114, 173
아니ᄒᆞ리니 58
아니ᄒᆞ리라 185, 398, 452, 502
아니ᄒᆞ리ᅀᅡ 346
아니ᄒᆞ리오 367
아니ᄒᆞ며 67, 81, 160, 169, 173, 239, 369, 380, 387, 394, 484
아니ᄒᆞ면 66, 70, 132, 189, 282, 479
아니ᄒᆞ야 29, 36, 67, 102, 104, 106, 160, 203, 268, 332, 351, 482
아니ᄒᆞ야도 155
아니ᄒᆞ야ᄃᆞᆫ 358
아니ᄒᆞ여 484
아니ᄒᆞ연 229
아니ᄒᆞ염직ᄒᆞ랴 227
아니ᄒᆞ요ᄆᆞᆫ 203, 286
아니ᄒᆞᆫ 201, 206, 208, 211, 325, 422, 428, 534
아니ᄒᆞᆯ 169, 317, 452, 472, 536
아니ᄒᆞᆯᄉᆡ 29
아니ᄒᆞᆯ시라 102
아니호리라 160, 163
아니호리이다 456
아니호ᄆᆞ로ᄡᅥ 181
아니호ᄆᆞᆯ 66, 477
아니호모로브터 547
아니호ᄆᆞᆫ 537
아니호미 70, 169, 282, 298, 301, 400, 473
아니호미ᄯᆞ녀 201
아니홀 471
아니홈만도 499
아닌 160, 306, 419, 543
아닐 317
아닐가 294
아닐ᄃᆡ 497
아ᄃᆞ리 211, 232
아ᄃᆞᆨᄒᆞ니 432
아ᄃᆞᆨ호ᄃᆡ 104
아ᄃᆞᆯ 77, 93, 208, 211, 227, 229
아ᄃᆞᆯᄃᆞ려 369
아당 364
아당ᄒᆞᄂᆞ니ᄅᆞᆯ 106
아득아득ᄒᆞᆫ 537
아ᄃᆡ 58, 70, 104, 122, 140, 206, 213, 310, 356
아라 216, 232, 419, 426, 508, 512
아라도 108
아라ᄒᆞ며 482
아ᄅᆞᆷ다오리라 232
아ᄅᆞᆷ다온 27, 130
아ᄅᆞᆷ답게 479
아ᄅᆞᆷ뎌 36, 258, 292
아ᄅᆞᆷ뎟 471, 489
아ᄅᆞᆷ도이 351
아래 367, 371
아래란 346

아래로 385
아래셔 351
아랫 261, 375
아ᄅᆡ 122
아로ᄆᆞᆯ 232
아바님 351
아바님이 351
아ᄇᆡ 84, 220, 277
아비 211, 261
아비ᄂᆞᆫ 189, 203
아비와 208
아ᅀᆞ 227
아ᅀᆞᄆᆞᆯ 371
아ᅀᆞᄆᆡ거긔 371
아ᅀᆞ미 189, 371
아ᅀᆞ미며 265
아ᅀᆞᆫ 189, 341
아ᅀᆞᆯ 341
아ᅀᆞᆷ 371
아ᅀᅵ 358
아져ᄂᆡ게 304
아젼 290, 297
아젼의 304
아ᄎᆞ미 253
아ᄎᆞᆫ아ᄃᆞᆯ 118
아ᄎᆞᆷ나조ᄒᆞ로 58
아ᄎᆞᆷ나죄로 450
아ᄎᆞᆷ마다 258
아쳐라 526
아쳐러 530
아쳐러ᄒᆞ고 106
아쳐려 351
아쳐로ᄆᆞᆯ 499
아쳐티 67
아쳗논 79
아쳗비 169
아쳬러ᄒᆞᆯ시라 104
아ᄒᆡ 29, 39, 67, 229, 290, 300, 367, 521
아ᄒᆡᄅᆞᆯ 29
아ᄒᆡ며 534
아ᄒᆡ어니 70
아ᄒᆡ의 58
아히ᄃᆞᆯ히 146
안 273, 414, 417, 419
안ᄂᆞᆫ 450
안ᄯᅥ니 367
안ᄯᅵ 273, 534
안셔히 446
안자 70, 515
안자셔 471
안ᄌᆞ신 248
안ᄌᆞᆫ 248
안잣ᄂᆞᆫ 444, 466
안졍티 93, 95
안졍ᄒᆞ고 29
안졍ᄒᆞ며 422
안졍ᄒᆞ야ᅀᅡ 95
안졍호ᄆᆞ로 93
안즉 58, 203
안직 504
안ᄒᆞᆯ 417
안해 275, 399
안햇 152
안ᄒᆡ 405
안히 422
알 367
알료 229
알리 330
알리니 45
알리라 300, 521
알리러니 537
알리오 317
알며 39, 67
알면 64, 300, 510
알어ᄂᆞᆯ 216
알에 226, 265
알외니라 118
알외ᄂᆞᆫ 466
알외더라 332
알ᄑᆡ 265, 452
알ᄑᆡ와 417
앏프로 341
암ᄐᆞᆰ기 330
앗겨 400
앗기ᄂᆞᆫ 489
앗쳐러ᄒᆞ며 489
앗쳐로미 203
앗쳗고 466
애ᄃᆞ라ᄒᆞᄂᆞᆫ 369
애왇브다 265
애혀 51
야쇽ᄒᆞᆫ 265
약 277
양ᄌᆞ 466
양ᄌᆞᄅᆞᆯ 482, 486

양줓고를 446
양ᄒᆞ야 499
어그릇ᄂᆞ니 422
어그릇디 394
어ᄂᆞ 261, 371
어늬 62, 95
어ᄃᆞ면 356
어더 482
어더도 111
어두믈 323
어드라 258
어드면 356
어든 304, 506
어들 526
어디ᄂᆞ닌 155
어디니ᄂᆞᆫ 158
어디니ᄅᆞᆯ 189
어디다 143
어디단 456
어디디 155, 158, 160, 351, 477
어디러 408
어디로므란 106
어딘 22, 29, 34, 36, 39, 45, 62, 84, 90, 106, 122, 130, 136, 160, 163, 166, 169, 173, 232, 261, 263, 294, 313, 344, 371, 385, 394, 398, 400, 419, 426, 448, 489, 491
어딜며 79, 466
어딜면 317
어딜에 310
어딜오 155
어딜와뎌 169
어딜이 211
어려기 351
어려도 432
어려오니 148
어려오니라 108
어려오믄 114
어려오미 265
어려온 515, 524
어려옴과 265
어려우니라 152, 518
어려운 143, 189
어렵도다 537
어류미 229
어르믈 148
어름 525
어리니의 62
어린 155, 265
어마니믜 67
어마님 258
어미 369
어미ᄂᆞᆫ 189, 203
어미도 369
어미와로 369
어버싀 45, 199, 201, 206, 279, 341, 356, 482
어버싀거긔도 29
어버ᅀᅵ 201, 203, 206, 213, 215, 239, 268, 273, 288, 290, 310, 327, 338, 341, 369, 482
어버ᅀᅵᄅᆞᆯ 356
어버ᅀᅵ를 387
어버ᅀᅵ와 213
어버이 369
어버이ᄅᆞᆯ 101, 369
어버이며 120
어엿비 148, 189, 295, 371
어즈러오믈 526
어즈러우믈 315
언제 70
얻디 394, 456
얼구리 282
얼굴 405
얼굴로셔 341
얼우ᄂᆞᆫ 375
얼우ᄂᆞᆯ 120
얼우늘 499
얼우늬게 197
얼운 229
얼운ᄃᆞᆯ히 70
얼운이 526
얼유믈 323
엄엄히 351
엄졍히 446, 515
업거든 203
업건마른 351
업게 36, 273, 282, 549
업고 93, 95, 114, 327
업고져코 382
업ᄂᆞ니 114
업다ᄒᆞᄂᆞᆫ 442

업더니라 241
업더디디 114
업더디유믜 114
업더리 163
업드로미 152
업디 36
업ᄉᆞ니 95
업ᄉᆞ니라 93, 120, 122
업ᄉᆞ므로 361
업서 332, 530
업서디고 282
업서ᄒᆞᄂᆞᆫ 489
업스뇨 282
업스니 282, 327, 502
업스니라 341, 344, 371, 417, 526
업스니란 201
업스려 321
업스료 261
업스리니 306, 430
업스리니라 387, 407
업스리라 330, 497
업스며 81, 456, 534
업스면 288, 371
업스믈 543
업스실 90
업슨 206, 375
업슬 282
업슬시라 208
업시 197, 275
업시ᄒᆞᄂᆞ니라 419
업시ᄒᆞ면 497
업시ᄒᆞ야 452, 491
엇게 364
엇더니리오 155
엇더니며 155
엇더ᄒᆞᆫ고 325
엇던고 316
엇뎨 70, 169, 371
엇뎨오 356
엇디 106, 148, 215, 229, 282, 288, 292, 294, 306, 317, 319, 351, 361, 367, 371, 438, 479
에디 387
에엿브니라 304
에엿비 489
여긔 271
여듧 127
여라믄 332
여러 22, 152, 226, 282
여러내여 543
여슷 220
여슷재ᄂᆞᆫ 466, 475
여ᅀᅥ보미 471
여신을 452
여위오 268
여타오며 361
연고 275
연고를 279
연ᄒᆞᆫ 482
염ᄌᆞ오ᄃᆡ 248
염ᄌᆞ와 118
열 229
열네 450
열다ᄉᆞᆺ 232
열다엿 456
열며 481
열운 148
열워 361
영화로온 422
예비홀 375
오게 206, 294
오나ᄂᆞᆯ 253
오ᄂᆞᆫ 422
오ᄂᆞᆯ 506, 521
오ᄂᆞᆯ나래 521, 524
오니 84
오ᄃᆡ 84, 245, 263
오라 45, 268
오라니 229
오라니라 263
오라리오 361
오라면 417, 521, 524, 525
오란 534
오래 148, 310, 361
오만ᄒᆞᄆᆞ로 114
오ᄆᆞ로 371
오ᄉᆞᆯ 146, 341, 356
오시며 446
오직 29, 36, 51, 106, 122, 211, 268, 300, 306, 307, 330, 332, 346, 407, 432, 506, 515, 526
오히려 87, 169, 201, 229, 263

온가짓 51
온공ᄒᆞ고 66, 486
온공ᄒᆞ며 189
온바미 499
올ᄆᆞ시던 67
올오믈 118
올옴 114, 385
올이며 22
올케 414
올코 494
올타 325
올티 201, 203, 208, 211, 213, 216, 306, 325, 473, 474, 475, 476, 515
올ᄒᆞ니 79, 132, 351
올ᄒᆞ며 183, 201
올ᄒᆞᆫ 45, 160, 444, 466
올ᄒᆞᆫ소노로 341
올ᄒᆞᆯ가 327
올호믈 335
올홀디라도 201
옮겨 130
옮ᄂᆞ니 417
옮디 346
옴겨 220, 479
옴기디 66, 394
옷과 375, 456
옷기슬글 341
옷기즐 341
옷도 491
옷밥 430
와 248, 435
와브터 371
와신 282
왯ᄂᆞᆫ 148
외니 79, 132
외니라 201
외니ᄒᆞ야 351
외다 248, 298, 432
외다ᄒᆞ야 277
외며 201, 335
외오게 515
외올 39
외요믈 183
왼 66, 163, 166, 173, 407
왼소노로 341
요괴로ᄋᆡ며 547
요괴롭고 286
요구티 452
요ᄃᆞᆯ해 273
요동 67
요ᄉᆞᄉᆡ 229
요ᄉᆞ이예 361
욕도이 101
욕ᄃᆞ왼 422
욕시믈 426
욕심을 413, 417
욕심이 489
용납ᄒᆞᄂᆞᆫ 491
용쇽ᄒᆞᆫ 108, 497
우두워리 140
우러 265, 330
우리 286, 351
우리와 253
우ᅀᅥ 104
우ᅀᅳ며 497
우연ᄒᆞᆫ 525
우와 375
우제와 239
우ᄒᆞᆫ 196, 379, 551
우희 367
우후로 403
울어디 140
울어로미 518
울워디 316
울워러 319
움즈기디 304
움치고 148
웃 34, 290
원망호미 136
원슈ᄀᆞ티 163, 351
원슈ᄀᆞᆮ티 356
원슈를 442
원슈와 499
원이 189
원ᄒᆞ노라 81
위곡ᄒᆞᆫ 332
위두 294
위로ᄒᆞ거든 265
위엄이 81
위와다 216
위와ᄃᆞᆯ 140
위와툐믈 140
위완기두곤 220
위ᄒᆞ며 491
위ᄒᆞ야 143, 279, 282, 335

위호딕 146
위호매 411
유무롤 77, 468
유무를 471
유뮈며 332
유셔롤 148
유셔훈 111, 148, 466
유신ᄒᆞ며 45
유신ᄒᆞ야 181
유신히 70
유여커든 122
유여ᄒᆞ리라 504
유여ᄒᆞ리이다 456
유예 435, 477
유익호믈 499
유해호미 203
은덕이며 442
은의를 346
은혜 189
은혜롤 358
을훈 380
음란훈 163
음식 474
음식과 186
음식ᄀᆞ티 163
음식을 444, 482
음식ᄒᆞ기를 330
음탕훈 466
웃드몰 361
웃드믈 301
웃드미 39
웃듬 181, 364
웃듬ᄒᆞ여 330
의거ᄒᆞ야 321, 428
의관올 106
의론올 127
의론ᄒᆞ기롤 77
의론ᄒᆞ며 79
의론ᄒᆞ야 208
의론ᄒᆞ요매는 104
의론호믄 313
의론호매 316
의롤 489
의복ᄒᆞ는 330
의심도왼 515
의원을 400
의원의게 213
의탁홀 327
읠로브터 132
이 22, 29, 45, 62, 70, 79, 120, 124, 196, 227, 232, 298, 300, 327, 338, 379, 414, 442, 450, 452, 477, 502, 504, 529, 549, 551
이ᄀᆞ티 361
이긔디 491
이긔여 417
이긔오 413
이ᄂᆞ니 51
이논 263, 325, 335, 422
이디 87, 189
이론 414
이롤 22, 29, 39, 45, 64, 66, 70, 84, 104, 108, 120, 163, 166, 173, 173, 216, 226, 232, 282, 292, 358, 369, 375, 448, 450, 452, 489, 491, 497, 502, 543, 551
이러 45
이러로 543
이러코 173
이러콕 173
이러ᄐᆞᆫ 351
이러ᄐᆞᆺ훈 58, 226, 294, 452, 456
이러트시 211
이러ᄒᆞ니 356
이러ᄒᆞ면 367, 499
이러홀셔 265
이런 79, 282
이런ᄃᆞ로 22, 58, 136, 140, 143, 229
이런도로 310, 338
이렬식 158
이레 51, 62, 143, 183, 189, 201, 419, 547
이루미 479
이른 327
이를 199, 216, 286, 297, 300, 301, 330, 335, 351, 380, 414, 419, 438, 466, 484, 521, 524, 536, 543
이리 22, 36, 51, 64, 104, 197, 201, 206, 282, 300, 306, 307, 351, 407, 422,

428, 430, 435, 489, 525, 530, 543
이리니 286, 313
이리니라 315
이리라 70, 263, 369, 428, 529
이리며 45, 62, 422, 466
이리어ᄂᆞᆯ 216
이리어든 90, 294, 419
이리오 428
이리ᄒᆞ면 268
이리ᄒᆞ요미 253
이린고 62, 512
이바도ᄆᆞᆯ 482
이바ᄃᆞ며 282
이바디 263
이바디ᄒᆞ며 268
이ᄇᆡ 452
이베 77, 81, 160
이비 356
이샹ᄋᆞᆯ 515
이셔 29, 273, 298, 419, 456
이셔도 282, 330, 432, 530
이쇼ᄃᆡ 282
이쇼ᄆᆞᆯ 104
이쇼매 475
이쇼미 148, 419
이슈매 502
이슈ᄆᆞᆯ 79
이ᄉᆞᆲ딘댄 321
이시나 367
이시니 456
이시라 426
이시료 319, 351
이시리라 295, 506
이시리오 438
이시며 152, 189, 206, 330, 456, 491, 534
이시면 22, 152, 290, 438, 477
이신 338, 375
이실 58, 273, 405
이실ᄉᆡ 477
이에 422, 435
이우러 95
이우지 189
이제 64, 130, 216, 253, 263, 292, 317, 330, 351, 356, 364, 367, 371, 400, 502
이제ᄂᆞᆫ 369
이제며 45
이젯 58, 216, 479, 497, 537
이젼에 515
이졔 499
인ᄂᆞᆫ 288
인졍이 358
인ᄒᆞ야 248, 253, 414, 477, 537
인ᄒᆞ야셔 422
인ᄒᆞ여셔 537
일 22, 45, 58, 66, 108, 120, 122, 124, 146, 152, 232, 304, 310, 315, 369, 375, 385, 417, 419, 426, 456, 479
일과 515
일ᄂᆞ니라 51
일ᄂᆞᆫ 325, 327
일ᄃᆞᆯ홀 45, 466
일ᄃᆞᆯ해 477
일뎡ᄒᆞᄂᆞ니라 435
일뎡ᄒᆞ다 208
일뎡ᄒᆞ리니 211
일뎡ᄒᆞᆫ 419
일도 422, 456
일란 62, 106, 358, 438
일로 201, 277, 304, 497
일로브터 186, 338, 435
일로ᄡᅧ 367
일륜 379
일마다 22
일만 403
일ᄆᆞᆾ고 199
일면 152
일ᄇᆡ 371, 387, 435, 497, 529
일브터 403
일사마 206
일사ᄆᆞᆯ 330
일시예 319
일ᅀᅡ마 414
일ᄋᆞᆯ 489
일오디 87

일올 95
일와 122, 216, 466, 543
일우게 375
일우ᄂᆞᆫ 227
일우디 456, 543
일우리 526
일우리니 319
일우ᄆᆞᆫ 227
일우면 506
일운 58
일울 229
일워 114
일웨논가 136
일이며 466
일일마다 411
일즉 29, 101, 215, 220, 367, 387, 435, 526
일쳔 403
일ᄏᆞ라 127
일ᄏᆞᆫᄂᆞ니 143
일티 84, 398, 414
일편도이 351
일ᄒᆞ기를 448
일ᄒᆞ요매 426
일ᄒᆞ요ᄆᆞᆫ 440
일헛ᄂᆞᆫ 479
일호매 307
일후믈 101, 398
일후미 387, 400, 534
일훔 77, 307
일훔난 114
일흔 325, 486
일히란 216
입두곤 356
잇거든 34, 279, 306, 327, 400, 518, 529, 534
잇건마ᄅᆞᆫ 371
잇고 338
잇ᄂᆞ니 22, 152, 166, 265, 315, 327, 338, 367, 417, 428, 536
잇ᄂᆞᆫ 229, 446, 466
잇논 271
잇다감 143, 229, 265
잇더니 81
잇드러 341
잇들며 341
잇디 173
잇부믈 482
잇브게 169
잇브디 169

ㅈ ᄧ

자리예 213
자며 273
자바 201, 216, 364
자바두미 417
자바시니 456
자ᄇᆞ며 185
자뱃논 22
자브며 341, 448
자시더니 369
자최 417
자최ᄅᆞᆯ 148
자피어 304
ᄌᆞ 358
ᄌᆞᄂᆞᆫ 442
ᄌᆞ뎨 189
ᄌᆞ뎨ᄅᆞᆯ 143, 479
ᄌᆞ뎨를 387, 432
ᄌᆞ뎨며 375
ᄌᆞ뎨의 351
ᄌᆞ뎨ᄋᆡ 51
ᄌᆞ도 515
ᄌᆞ라 344
ᄌᆞᄅᆞ매 29
ᄌᆞᄅᆞᆯ 307
ᄌᆞ모 282
ᄌᆞ셔호미 440
ᄌᆞ셔히 22, 185
ᄌᆞ셰 306
ᄌᆞ소니라 371
ᄌᆞ손애 367
ᄌᆞ손ᄋᆡ 79, 114
ᄌᆞ손의 456
ᄌᆞ시기 199
ᄌᆞ식 335, 338, 344, 356
ᄌᆞ식두곤 356
ᄌᆞ식에 213
ᄌᆞ식은 189
ᄌᆞ식을 310, 344
ᄌᆞ식이 201, 338
ᄌᆞ셴히 506, 521
ᄌᆞ연이 39
ᄌᆞ연히 407, 524, 525
ᄌᆞ연ᄒᆞᆫ 45

ᄌᆡ 442
ᄌᆞ젼ᄒᆞ야 197
ᄌᆞᄌᆡ며 515
잔 108
잔약ᄒᆞᆫ 494
잘 39, 226, 229, 364, 428, 497
잘혼 466
잠ᄭᅡᆫ 268, 526
잠ᄭᅡᆫ도 120, 332
잠ᄭᅡᆫ이나 408
ᄌᆞᆷᄌᆞᆷᄒᆞ요믈 512
ᄌᆞᆷ탁ᄒᆞ게 51
잡고 341
ᄌᆡ샹 456
ᄌᆡ샹이 34
ᄌᆡ조 248
ᄌᆡ조ᄂᆞᆫ 95
ᄌᆡ조ᄅᆞᆯ 95
ᄌᆡ조를 428
ᄌᆡ조와ᄅᆞᆯ 122
ᄌᆡ조ᄒᆞᆯ 526
ᄌᆡ죄 148, 330
ᄌᆡ죄며 547
ᄌᆡ화ᄅᆞᆯ 163, 330
쟈그며 536
쟝과 239
쟝긔 189
쟝만ᄒᆞ야 206
쟝싊며 456
쟝ᄎᆞᆺ 95, 227, 506
재 364
저긔 369
저기 534
저기라도 120
저기면 411
저두군 106
저ᄅᆞᆯ 106
저프니 526
저프니라 526
저프디 526
저픈 148
저허 351, 426, 482, 494
저허ᄒᆞ야 294
저허호모로 327
저홈ᄀᆞ티 160
저홈ᄀᆞ티 148
저흐며 120
전ᄌᆞ려 375
절호믈 351
젓과 268
젓과ᄅᆞᆯ 258
제 70, 90, 102, 104, 124, 169, 176, 182, 216, 229, 241, 258, 261, 288, 297, 304, 341, 344, 351, 369, 394, 411, 435, 438, 510, 534
제게 306
제곰 394
제ᄂᆞᆫ 435
제도 265
제등이 315
져거 319
져고ᄃᆡ 104
져고믈 313
져곰과 466
져그나 102
져그니 197, 229
져그니라 111, 367
져그니ᄅᆞᆯ 536
져그며 489
져그면 163
져근덛 426
져기 232, 268, 344, 375
져네 268, 282
져머셔 62, 315, 428
져머셔브터 229
져머신 341
져므니 227
져므니라도 226
져믄 39, 62, 197, 304
져버보면 432
져버ᄒᆞᄂᆞᆫ 432
져제 394
져젯 146
젹게 301
젹고 304, 327, 489
젹고져 382
젹다ᄒᆞ고 90
젹디 304
젹졍히 446
젼일ᄒᆞ고 407
젼일ᄒᆞᄂᆞ니라 422
젼일ᄒᆞ면 407
젼쥬ᄒᆞ야 330

젼혀 335, 367
졀당케 504
졀ᄎᆞ 58
졈글워 430
졈졈 66, 106, 226
졋 229
졍히 444
졍다이 380, 446, 515
졍ᄉᆞ애 330
졍ᄉᆞ호미 185
졍셩 292
졍셩도왼 294
졍셩도이 484
졍셩되오 70
졍셩된 307
졍셩이 136
졍셩ᄒᆞ고 181
졍시니 282
졍실을 297
졍제히 446
졍졔ᄒᆞ고 407
졍졔히 530
졍케 297
졍ᄒᆞ고 526
졍ᄒᆞᆫ 271, 419, 547, 549
졍히 95, 515
졔단ᄒᆞ야 414, 417
졔도ᄒᆞᄂᆞᆫ 371
졔ᄉᆞᄂᆞᆫ 216
졔ᄉᆞᄒᆞ기를 215
졔ᄉᆞᄒᆞ요맨 216
졔어홀 375
졔ᄒᆞ고 216
졔ᄒᆞ며 220
졔ᄒᆞ야 216
졔홀 220
조각을 426
조리혀 81, 491
조샹 163, 216, 371
조샹브터 371
조샹올 371
조샹오로 371
조샹을 220
조심ᄒᆞᄂᆞᆫ 87
조심ᄒᆞ리라 323
조심ᄒᆞ야 426
조심호ᄆᆞ로ᄡᅥ 182
조심홈과 300
조차 22, 36, 84, 263, 417, 466, 515
조차가며 265
조차나도 456
조ᄎᆞ면 426
조출 515
조초미 385
조케 301
조티 93
조호ᄆᆞᆯ 102
족쇽이 114
족친이 313
존졀ᄒᆞ며 444
존졀ᄒᆞ야 81, 486
졸곡졔ᄒᆞ고ᄂᆞᆫ 239
좃디 292
좃ᄌᆞ올 201
좃출 203
종요ᄅᆞᆯ 186
종외 417
좌애 367
죄 307
죄ᄅᆞᆯ 148, 163, 282, 304
죄를 245
죠개 253
죠고맛 456
죠샹ᄋᆡ 114
죠히예 534
죡게 375
죡히 148
죤졀ᄒᆞ야 375
죵ᄀᆞ티 290
죵과 106
죵용히 518
죵의 534
주거도 400
주거믈 265
주겻다가 282
주구매 29, 456
주구믈 327
주굼 494
주굼도 547
주그니 220, 369
주그니ᄅᆞᆯ 282
주그리 310
주그며 310
주그시거ᄂᆞᆯ 245
주근 101, 282

주글 327
주긄 79
주기니ᄂᆞᆫ 211
주기머 211
주ᄅᆞᆯ 64, 67, 70, 102, 494
주려 327
주를 67, 206, 282, 317, 356, 411, 484, 486, 489, 491
주리 58, 93, 95, 295
주리며 371
주며 371
주신 371
죽거든 273
죽도록 277, 387, 504
죽은 456
준 176
줄 122, 140
줌 258
쥐의 534
쥬밀ᄒᆞ며 81, 440
쥬ᅀᅵᆫ도 265
쥭 236, 258
즁을 282
즁의 282
즉시예 136, 529
즐거ᄋᆞᆫ 369
즐거운 282
즐겨 77, 79, 84, 140, 304, 361, 400
즐겨ᄒᆞ료 288
즐기게 265
즐기고 106
즐기디 58, 104, 130, 189, 268
즐기매 430
즐기며 108, 163
즐어 310
즘승을 216
즙과 268
지그기 432
지극디 122, 290
지극ᄒᆞ야 346
지극ᄒᆞᆫ 122
지던 45
지도리와 422
지리ᄒᆞ며 422
지며 189
지블 58, 101, 351, 371
지븨 206, 220, 286, 375, 515
지븨셔 95
지븨셔ᄂᆞᆫ 330
지비 216, 226, 332, 452
지ᄉᆞ니 58
지ᄉᆞᆫ 124
지ᅀᅥ 58, 118, 229, 414
지수ᄃᆡ 163
지슨 22
지향ᄋᆞᆯ 58
진실로 132, 201, 206, 282, 295, 304, 317, 321, 371, 411, 456, 510, 534
질긔우더 494
질졍ᄒᆞ야 515
짐쟉ᄒᆞ야 375, 432
집 197, 253, 351, 375
집두곤 323
집만 323
집사ᄅᆞᆷ 39
집사ᄅᆞᆷᄀᆞ티 290
집사ᄅᆞᆷᄃᆞᆯ홀 375
집심을 182
집안애 253
집안해 338
집안해셔 330
집의 472
집일ᄀᆞ티 290
ᄡᅡᄀᆞᆯ 325
ᄡᅡ기 325

ㅊ

차바ᄂᆞᆯ 268
차반 265
차반을 253
ᄎᆞ려 124, 185, 199
ᄎᆞ례 536
ᄎᆞ례ᄅᆞᆯ 502
ᄎᆞ마 288, 369
ᄎᆞ자 526
ᄎᆞ자가 403
ᄎᆞᆫ 489
출하리 79, 400
참예티 330
창애 456
칙을 529, 530, 534

처ᅀᅡ미 67
처ᅀᅡᆷ 216
처ᅀᅥ믜 448
처ᅀᅥᆷ 220, 227, 241, 295, 435, 502
청념ᄒᆞ며 45
쳐단케 346
쳐소ᄅᆞᆯ 394
쳐ᄌᆞ식ᄀᆞ티 290
쳐티ᄒᆞ면 306
쳔거ᄒᆞ던 367
쳔량 169, 313, 375, 466
쳔량ᄋᆞᆯ 169
쳔량으로 313
쳔량을 321, 456, 489
쳔신ᄒᆞ며 220
쳔티 317
쳔ᄒᆞ고 543
쳔ᄒᆞ며 435
쳔ᄒᆞᆫ 315
쳔히 146, 169
쳡을 315
쳡이 452
청렴ᄒᆞ고 81
청렴ᄒᆞ며 182
청렴ᄒᆞᆷ과 300
청쇄코 146
청ᄒᆞ며 335
청ᄒᆞ야 206
초상애 265
초ᄉᆡᆼ애 220
초와 239
초ᄒᆞᄅᆞ 351
총명이 432
총명ᄒᆞ며 330
추러히 491
춤과ᄅᆞᆯ 58
츄ᄆᆞ란 216
취ᄒᆞ며 265
취ᄒᆞᆫ 547
층을 510
치우니 253
치우며 327
치워ᄒᆞᄂᆞ니ᄅᆞᆯ 371
친압히 361
친티 346
친ᄒᆞ며 371
친ᄒᆞ야 364
친ᄒᆞᆫ 338
친후ᄒᆞᆫ 346
친히 160

ㅋ

코져 403
크게 307, 477
크고져 382
크니 101, 197
크니라 327
크니ᄅᆞᆯ 536
크며 536
크면 163
큰 201, 216, 248, 304, 310, 371, 394, 499

ㅌ

타나미 152
ᄐᆞ고 146, 279
ᄐᆞ니 369
ᄐᆞᆫ 371
ᄐᆞᆯ 122
탐ᄒᆞ고 163
터럭 114, 290, 304
터럭근 438
터힌 486
텨 163
텬디 543
텬셩과 316
텬셩을 95
텬셩이 232
텬하ᄅᆞᆯ 248
텬하애 208, 211
텬하앳 87
텬핫 34
텽 351
톄옛 45
통달ᄒᆞᆯ 403
통달히 494
통심ᄃᆞ외니 114
튱심ᄃᆞ외며 45
튱심ᄒᆞ며 114
튱후코 444
티며 364

ㅍ

팔ᄇᆡᆨ 456
패ᄒᆞ여 307

퍼 152
퍼더ᄒᆞ면 408, 422
퍼러호ᄆᆞᆯ 152
펴디디 543
편과 124
편안케 417
편안코 475
편안ᄒᆞ고 408, 426
편안호ᄆᆞᆯ 102
편안히 34, 206, 241
편에 124
편이라 27
폐ᄂᆞᆫ 232
폐ᄒᆞ니라 245
푸몸과 45
풍류 271
풍류ᄒᆞ고 265
풍류ᄒᆞ야 265, 288
풍쇽기 367
풍쇽은 335
풍쇽을 248
풍쇽이 189, 263, 310, 361
풍쇽인뎌 335
프러듀 525
프러디게 515
프러디디 382
프러디면 95
프른 152
피뎍ᄀᆞ티 499
피ᄒᆞ라 148
피ᄒᆞ야 367

ㅎ

하고 440
하ᄂᆞ니라. 152
하ᄂᆞ래 114
하ᄂᆞ리 22
하ᄂᆞᆯ 419
하ᄂᆞᆯ홀 390
하니 166
하니라 440
하ᄃᆞᆼ엣 70
하며 313, 466
하면 294, 422
하미 132
하패케 497
하품엣 430
ᄒᆞ거냥ᄒᆞ야 146
ᄒᆞ거냥호ᄆᆞᆯ 140
ᄒᆞ거니 227
ᄒᆞ거든 166
ᄒᆞ게 227
ᄒᆞ고 51, 66, 81, 124, 160, 163, 206, 216, 248, 265, 273, 282, 294, 346, 358, 364, 371, 375, 380, 382, 426, 432, 504, 515
ᄒᆞ고져 292, 411, 456
ᄒᆞ과ᄃᆞ녜니라 491
ᄒᆞ나 146, 369
ᄒᆞ나흔 102
ᄒᆞᄂᆞ니 130, 136, 160, 163, 216, 282, 307, 341, 422
ᄒᆞᄂᆞ니ᄂᆞᆫ 399, 526
ᄒᆞᄂᆞ니라 380
ᄒᆞᄂᆞ니로 364
ᄒᆞᄂᆞ다 22, 166
ᄒᆞᄂᆞᆫ 29, 84, 206, 292, 430, 432, 442, 466, 515, 543
ᄒᆞ녀 166
ᄒᆞ노니 148
ᄒᆞ노라 77, 253, 477
ᄒᆞ논 51, 62, 201, 430
ᄒᆞᄂᆞᆺ다 537
ᄒᆞᄂᆞᆫ 39
ᄒᆞ니 208, 229, 248, 263, 358, 547
ᄒᆞ니라 253, 385
ᄒᆞ니며 199
ᄒᆞ다가 268, 279, 290
ᄒᆞ더니 58, 456, 537
ᄒᆞ더라 261
ᄒᆞ더시니 351
ᄒᆞ던 484
ᄒᆞ디 29, 90, 189, 197, 216, 286, 313, 452
ᄒᆞ라 120, 215, 229, 442
ᄒᆞᄅᆞ도 515
ᄒᆞ려 369
ᄒᆞ료 292
ᄒᆞ리ᄂᆞᆫ 361
ᄒᆞ리니 70, 95
ᄒᆞ리라 226, 268, 323
ᄒᆞ리오 70, 95, 215
ᄒᆞ마 29, 104, 108, 253, 403

ᄒᆞᄆᆞ로 108
ᄒᆞᄆᆞᆯ며 201, 282, 422
ᄒᆞ며 70, 101, 114, 124, 132, 169, 183, 201, 206, 220, 290, 301, 330, 351, 375, 382, 432, 444, 446, 448, 482, 486, 491, 494, 543, 549
ᄒᆞ면 45, 70, 108, 185, 226, 325, 408, 426, 456, 479, 504
ᄒᆞ시ᄂᆞᆫ 62
ᄒᆞ시니 22, 186, 452
ᄒᆞ시니라 90, 413
ᄒᆞ야 36, 62, 106, 111, 127, 136, 163, 201, 248, 258, 277, 297, 301, 310, 316, 335, 351, 356, 375, 417, 482, 486, 526
ᄒᆞ야ᄂᆞᆯ 22
ᄒᆞ야도 70, 160, 163
ᄒᆞ야ᄇᆞ리며 101
ᄒᆞ야시든 351
ᄒᆞ야신ᄃᆞᆯ 106
ᄒᆞ여 371, 512
ᄒᆞ여ᄂᆞᆯ 208, 253
ᄒᆞ여도 232
ᄒᆞ여ᄃᆞᆫ 529
ᄒᆞ여ᄇᆞ류미 534
ᄒᆞ예니라 481
ᄒᆞ요ᄃᆡ 494
ᄒᆞ요ᄆᆞᆯ 380
ᄒᆞ요매 201
ᄒᆞ요모로 364
ᄒᆞ요미 152
ᄒᆞ요미니 290
ᄒᆞ요이다 199
ᄒᆞ욘 201, 466
ᄒᆞ욜 22, 29, 62, 227, 232, 300, 543
ᄒᆞ욤과 45
ᄒᆞᆫ 208, 211, 241, 253, 282, 290, 304, 315, 338, 341, 351, 356, 364, 371, 387, 394, 428, 430, 504, 510, 512, 515, 521, 524, 529, 530, 549
ᄒᆞᆫ가ᄌᆡ나 111
ᄒᆞᆫ가지라 29
ᄒᆞᆫ가짓 67
ᄒᆞᆫᄀᆞᆯᄀᆞ티 51
ᄒᆞᆫᄀᆞᆯ간ᄐᆞ니 229
ᄒᆞᆫᄀᆞᆯᄋᆞ티 452
ᄒᆞᆫ갓 316, 319, 327, 435, 497
ᄒᆞᆫ낫 411
ᄒᆞᆫ다 22
ᄒᆞᆫᄃᆡ 273, 426, 475
ᄒᆞᆯ미 301
ᄒᆞᆯ아며 132
ᄒᆞᆯ아미 476
ᄒᆞᆯ와티ᄂᆞᆫ 351
ᄒᆞᆯ 64, 197, 220, 330, 403, 432, 508, 512, 515, 518
ᄒᆞᆯ시 62
ᄒᆞᆰ덩이ᄅᆞᆯ 273
합디 364
해 132, 201, 515
해ᄂᆞᆫ 537
해로ᄋᆞᆫ 466
해로오ᄆᆞᆯ 201
해로오미 319, 477
해자 169
해자ᄒᆞᆯ 169
해ᄒᆞᄂᆞᆫ 499
해ᄒᆞ리오 306
해ᄒᆞ며 101
해ᄒᆞᆯ 306
해ᄒᆞᆯᄉᆡ니 537
ᄒᆡ나마ᅀᅡ 371
ᄒᆡ여듀미 530
ᄒᆡ여디고 491
ᄒᆡ여ᄇᆞ려 29
ᄒᆡ여ᄇᆞ리며 473
ᄒᆡ와 95
ᄒᆡᆺ 332
ᄒᆡᆼ뎌글 229
ᄒᆡᆼ뎍 79
ᄒᆡᆼ뎍과 316
ᄒᆡᆼ뎍글 70
ᄒᆡᆼ뎍ᄋᆞᆫ 93
ᄒᆡᆼ뎍에셔 529
ᄒᆡᆼ뎍은 382
ᄒᆡᆼ뎍을 22, 227, 426, 444
ᄒᆡᆼ뎍이 497
ᄒᆡᆼ실ᄅᆞᆯ 448

힝여 327
힝티 497
힝ᄒᆞ고 199, 524
힝ᄒᆞ과ᄃᆞ녜니라 482
힝ᄒᆞᄂᆞᆫ 399
힝ᄒᆞ며 173
힝ᄒᆞ면 201, 524
힝ᄒᆞ요매 481, 518
향ᄒᆞ고 62
향ᄒᆞ야 51, 290
허러디여 263
허러ᄇᆞ리ᄂᆞᆫ 248
허므를 70, 77, 394, 400
허므리 101, 132
허믈이 400
허믈이며 466
허비ᄒᆞᆫ 375
허소ᄒᆞ고 440
허탄ᄒᆞ며 547
허탕호매 408
험ᄒᆞ고 95
헤여듀미 525
혀가ᄂᆞ니ᄂᆞᆫ 518
혀근 29
혀ᄂᆞᆫ 491
혀여 130
현신과로 426
현신은 390
현신을 390
현신의 62
현신이 398
혐의ᄅᆞ온 277
형 290
형과 358
형뎨 338, 346, 351, 356, 358
형뎨ᄂᆞᆫ 341
형뎨와 346
형뎨의 346
형뎨지의 367
형은 189, 341
형을 341
혜아려 306, 375, 438, 484
혜아리ᄂᆞᆫ 419
혜아리디 206, 380
혜여 245, 494
호긔ᄅᆞ오냥ᄒᆞᄂᆞᆫ 77
호긔ᄅᆞ와 143
호긔롭고 84
호기 325
호ᄃᆡ 160, 166, 304, 356, 375, 411, 543
호려 515
호마 448
호ᄆᆞ로 361
호ᄆᆞᆫ 414, 432
호ᄆᆞᆯ 124, 201
호매 169, 229, 304, 435
호모로 301
호믄 315, 497
호믈 290, 307, 351, 448
호미 67, 79, 307, 346, 428, 474, 504, 515
호미니 227, 414
호바니며 497
혹 160, 163, 229, 268, 332
혹게호믄 537
혹기 292
혹디 351
혼 414
혼인 316
혼인과 216
혼인이며 189
혼인ᄒᆞ기ᄅᆞᆯ 310
혼인ᄒᆞ기예 313
혼인ᄒᆞᄂᆞ니ᄂᆞᆫ 271
혼인ᄒᆞ리 265
혼인ᄒᆞᆫ 332
혼인호믄 315
혼자 371, 502
홀 29, 39, 45, 51, 124, 176, 206, 273, 292, 297, 323, 448
홀딘댄 361
홀략호미 440
홀어미 327
홀어미ᄅᆞᆯ 325
홈 265, 346
홈만 120, 122
화동티 292, 351
화랑이며 286
화랑이와 301
화열ᄒᆞ면 66
화열히 120
화히 201
회집ᄒᆞ야 263

효ᄀᆞᆫ 356
효도 213
효도로 248
효도롭고 351
효도와 120
효도ᄒᆞ며 114, 189
효되며 45
효양ᄒᆞ기를 482
효양코져 369
효양ᄒᆞ더니 387
효양호ᄃᆡ 369
효험미 364
후세예 327
후에 124, 232, 241, 268, 319, 367, 371, 414, 435, 442, 456, 512, 526, 536
후에ᅀᅡ 201, 211, 290, 338, 530, 549
후엣 440
후의 304
후티 367
후히 220, 338
훤츨히 549
흉ᄉᆞ애 375
흉악ᄒᆞ고 29
흉ᄒᆞ며 422
흉ᄒᆞᆫ 163, 166
흐러 534
흐러디여 282
흐러ᄇᆞ려 534
흐리나 84
흐워기 506
흐웍ᄒᆞ리라 521
흔과ᄃᆞ네니라 489
흘러오난 263
홍졍ᄒᆞ논 67
희롱앳 466
희롱ᄒᆞᄂᆞᆫ 140
희롱ᄒᆞ논 229
히모로 152
힘 169
힘ᄭᆞ장 206, 515
힘니버 351
힘니벗고 502
힘ᄡᅥ 426
힘ᄡᅳᆯ 186
힘ᄡᅳ믈 367
힘서 206
힘슬 307
힘을 169

≪소학언해≫

(1) 한자와 결합된 어절

ㄱ

可가커니와 171
可가티 217, 306
家가訓훈에 40, 287
可가히 65, 66, 68, 74, 79, 131, 185, 187, 202, 207, 213, 215, 226, 227, 233, 249, 269, 270, 278, 305, 326, 328, 331, 340, 459, 469, 471, 472, 473, 474, 475, 476, 479, 495, 502, 504, 516, 527, 544, 550
諫간홈을 485
敢감히 73, 74, 121, 242, 305, 353, 535
江강東동 333
江강祿록이 531
康강節졀 156
康강節졀은 156
開ᄀᆡ의 352, 353
蘧거篨뎨와 142
居거喪상애 242, 262, 264, 272
擧거將장과 367
怯겁ᄒᆞ고 495
輕경慢만히 500
輕경薄박子ᄌᆞㅣ 88
輕경薄박ᄒᆞ야 230

經경書셔와 516
敬경으로써 363
經경을 55, 105
頃경이 459
輕경히 357
季계良량을 88
契계를 137
古고靈령 194
故고로 328, 531
瞽고瞍수ㅣ 209
庫고애 459
杲고ㅣ 119
告고ᄒᆞ야 370
功공 376
恭공敬경홈 363
孔공明명이니 94
公공服복을 230
工공夫부를 187
工공夫부ㅣ 438
孔공氏시의 502
公공然연히 242
公공이 249, 254
功공이오 519
孔공子ᄌᆞㅅ 65
孔공子ᄌᆞㅣ 25, 129, 413
霍곽光광이 245
官관員원의 467
冠관을 446
瓘관이라 63
關관雎져 60
光광이니 198
廣광이니 259
宏굉이니 479
交교趾지예 79
具구慶경ᄒᆞ니는 289
句구句구를 516
句구句구마다 509
瞿구然연히 487
九구族족애 339
求구티 458
求구ᄒᆞ거늘 500
求구ᄒᆞ고 507
求구ᄒᆞ며 103, 194, 335
求구ᄒᆞ야 516, 531
求구ᄒᆞ여 458, 467
求구ᄒᆞᆫ대 119
求구홈을 467, 495
麴국蘗얼을 109
君군子ᄌᆞ 173, 436
君군子ᄌᆞ는 331
君군子ᄌᆞ를 331
君군子ᄌᆞ를 171
君군子ᄌᆞ의 94, 137
君군子ᄌᆞㅣ 171, 233, 313, 409, 536
窮궁ᄒᆞ야 328
窮궁ᄒᆞᆫ 489
勸권홈만 331
詭궤ᄒᆞ고 164
貴귀티 318
貴귀ᄒᆞ며 436
貴귀ᄒᆞᆫ 315
貴귀홈을 317, 319, 321, 476
貴귀히 489
規규矩구에 410
橘귤 47
橘귤을 47
金금蘭난 137
急급히 112
機긔라 423
記긔를 26
氣긔象샹을 436
氣긔象샹이 436
氣긔象샹이란 436
忌긔日일에 222
氣긔質질이 507
吉길ᄒᆞ며 423
吉길ᄒᆞᆫ 161, 167
吉길홈을 159

ㄴ

赧난然연히 489
薾날然연히 492
南남朝됴ㅣ 129
南남陽양애셔 458
梁냥 531
亮냥이오 94
廬녀陵릉王왕 254
老노氏시 538
怒노ᄒᆞ고 112
怒노ᄒᆞ면 306
怒노ᄒᆞᆫ 365
怒노홈으로써 306
能능히 35, 40, 65, 66, 98, 131, 226, 230, 233, 254,

269, 291, 294, 306, 321, 343, 344, 353, 359, 362, 403, 490, 497, 506

ㄷ

丹단이 335
淡담薄박ᄒᆞ야ᅀᅡ 453
膽담은 384
唐당 101, 384, 387
堂당 352
當당世셰ᄅᆞᆯ 105
當당티 73
當당ᄒᆞ야 308, 450, 458
當당ᄒᆞ여셔 300
當당ᄒᆞ연ᄂᆞᆫ 302, 306
大대丈댱夫부ㅣ라 459
大대抵뎌ᄒᆞᆫ디 513
大대抵뎨ᄒᆞᆫ디 305, 359
大대祥샹 269
大대學혹은 502
代ᄃᆡ예 262, 335
對ᄃᆡᄒᆞ며 60
代ᄃᆡᄒᆞ야 335
張댱 31
丈댱夫부의 321
長댱史ᄉᆞ 254
長댱史ᄉᆞᄂᆞᆫ 254
張댱思ᄉᆞ叔슉의 445
德덕 442
德덕과 47
德덕에 502
德덕은 47
德덕을 25, 26, 94, 313, 372, 449, 535
德덕義의ᄅᆞᆯ 107
德덕行ᄒᆡᆼ이 399
傳뎐과 26
程뎡 54, 59
程뎡先션生ᄉᆡᆼ이라 176
程뎡伊이川쳔 445
定뎡ᄒᆞᄂᆞᆫ 436
定뎡ᄒᆞ다 209
定뎡ᄒᆞ리니 211
娣뎨 348
帝뎨ᄃᆞ려 249
悌뎨를 121
弟뎨子ᄌᆞ의 506
弟뎨子ᄌᆞㅣ라 445
道도 442
道도ᄂᆞᆫ 399
道도理리ᄅᆞᆯ 47
道도理리예 513
道도에 544, 550
道도의 538
道도ㅣ 548
道도ㅣ니 227
道도ㅣ라 313
盜도賊적을 194
敦돈이 78
敦돈頤이오 391
董동仲듕舒셔ㅣ 381
同동列렬을 500
童동蒙몽訓훈에 290, 300, 367
動동箴즘애 426
冬동至지예 222
動동ᄒᆞᄂᆞᆫ 134
東동漢한 78
朝됴廷뎡의 467
杜두季계良량은 85
株듀와 459
中듕國국에 284
仲듕塗도ᄂᆞᆫ 352
仲듕塗도ㅣ 352
中듕門문 273, 275
仲듕素소ᄂᆞᆫ 209
中듕庸용앳 509
仲듕由유ᄂᆞᆫ 401
重듕코 150
中듕品품엣 156
重듕ᄒᆞᆫ 249, 305, 458
重듕홈으로ᄡᅦ라 357
重듕홈으로ᄡᅦ오 356
重듕홈이 339
重듕히 82, 85, 137, 144, 227, 308
得득디 88
地디獄옥에 284
地디獄옥의 284
地디位위예 433
直딕히 509
陳딘 194
陳딘壽슈ㅣ 278
陳딘忠튱肅숙公공의 211
陳딘忠튱肅숙公공이 63

ㄹ
羅라仲듕素소ㅣ 209
狼랑籍적이라 534
狼랑籍적ᄒᆞ며 534
粱량 129
呂려舍샤人인이 513
呂려氏시 290
呂려氏시童동蒙몽訓훈에 523
呂려滎형公공이 436
歷력歷력히 131
連련ᄒᆞ야 516
濂렴溪계 391
禮례 161, 230, 413, 420
禮례記긔 409
禮례記긔라 511
禮례롤 227
禮례로써 254
禮례法법을 376
禮례에 125
禮례예 413, 417
禮례義의를 226, 430
禮례義의옛 195
禮례義의의 233
魯로公공을 119
怒로를 394
祿록 123
祿록을 370
論론語어 506
論론語어롤 233
論론語어와 502, 504
了료翁옹이 211
龍룡伯빅高고ᄂᆞᆫ 82
劉류 458
柳류開기 352
類류ᄂᆞᆫ 60
類류롤 47
類류를 302
柳류玭변이 101
劉류安안禮례ㅣ 297
類류ㅣ 131
劉류湛팀이 254
六륙經경을 511
陸륙績적의 47
陸륙績적이 47
理리롤 426
利리를 305
理리ㅣ 525
利리케 485
利리케코쟈 481
利리ᄒᆞ거든 103
利리ᄒᆞ며 202, 467
利리ᄒᆞᆫ 475
利리ᄒᆯ 381
立립春츈에 222

ㅁ
馬마援원의 78, 145
馬마希희聲셩이 262
萬만一일에 308
每ᄆᆡ日일에 516
孟ᄆᆡᆼ子ᄌᆞ 68, 502
孟ᄆᆡᆼ子ᄌᆞ씌 73
孟ᄆᆡᆼ子ᄌᆞᄂᆞᆫ 65
孟ᄆᆡᆼ子ᄌᆞ를 504
孟ᄆᆡᆼ子ᄌᆞㅅ 209, 507
孟ᄆᆡᆼ子ᄌᆞㅣ 453
免면ᄒᆞ린뎌 348
明명道도 54, 296, 297, 403, 536, 538
明명道도와 176
銘명에 445
命명에 495
命명으로써 202
命명을 153, 200
命명ᄒᆞ신 202
毛모詩시 511
茅모鴟치ᄂᆞᆫ 125
茅모鴟치예 125
武무帝뎨의 254
無무禮례ᄒᆞ거늘 249
武무穆목王왕 262
茂무叔슉이라 391
墨믁氏시 538
門문 150
文문定뎡은 176
文문帝뎨의 249, 259
文문中듕子ᄌᆞㅣ 313
門문을 352
門문의 550
門문이니 502
文문字ᄌᆞ돌ᄒᆞᆫ 509
文문正졍은 369
門문지도리와 134
文문獻헌皇황后후 259
物믈 296

物믈을 297, 417
物믈의게 419
物믈이 25, 161

ㅂ

博박으로 194
薄박ᄒᆞ니 348
薄박ᄒᆞᆫ 348
半반 112
潘반起긔 262
發발홈애 423
勃블然연히 495
房방舍샤ㅅ 74
倍ᄇᆡ홀 289
百ᄇᆡᆨ 454
伯ᄇᆡᆨ高고ᄅᆞᆯ 88
百ᄇᆡᆨ里리 47
百ᄇᆡᆨ姓셩 291
伯ᄇᆡᆨ淳슌이라 55
范범仲듕淹엄의 176
范범魯로公공質질이 119
范범文문正졍公공이 369
范범益익謙겸의 467
范범忠튱宣션公공이 433
犯범홈을 164
范범希희文문이라 369
法법이 272, 300, 317, 423
變변키 267
別별室실에 273
病병 31, 36
病병곤티 449
病병ᄒᆞ야 213

福복 495
福복으로 47
福복을 283
本본中듕이니 290
本본中듕이오 513
奉봉養양ᄒᆞ기ᄂᆞᆫ 217
封봉ᄒᆞ니라 119
簿박히 217
富부貴귀를 373
富부貴귀의 370
富부貴귀ᄒᆞᆫ 453
父부母모 236
父부母모ㅅ 79, 269, 273, 280
父부母모의 200, 202, 239
父부母모ㅣ 171, 209, 289, 342
婦부人인은 273
婦부人인의 353
婦부人인이 275
父부兄형 294
父부兄형의 429
父부兄형이 479
不블足죡ᄒᆞᆫ 331
不블足죡히 167
不블肖쵸ᄒᆞ면 318
不블肖쵸홈을 477
不블幸ᄒᆡᆼ홈이 429
不블幸ᄒᆡᆼ홈이니라 429
不블幸ᄒᆡᆼ홈이오 429
不블孝효앳 353
北븍朝됴 287

分분明명홈을 516
分분明명히 442
佛불家가ㅣ라 538
譬비컨댄 74
比비ᄒᆞᄂᆞ니 213
比비ᄒᆞ면 348

ㅅ

斯ᄉᆞ干간詩시예 359
史ᄉᆞ記긔ᄂᆞᆫ 516
士ᄉᆞ大대夫부의 217
嗣ᄉᆞ를 165
姒ᄉᆞ를 348
司ᄉᆞ馬마溫온公공이 198, 227, 316, 376
四ᄉᆞ面면이 74
事ᄉᆞ業업이 399
士ᄉᆞ태우의 529
山산河하를 458
三삼百ᄇᆡᆨ 59
三삼尺쳑을 185
喪상事ᄉᆞ 283
床상의 213
灑새掃소應응對ᄃᆡ를 35
舍샤人인은 513
社사稷직을 485
相샹 453
喪상事ᄉᆞ와 280
尙샹書셔 511
相샹鼠셔 125
相샹鼠셔과 125
上샹疏소에 311

上샹品품엣 156
上샹下하의 376
傷샹ᄒᆞ면 423
徐셔 171
勢셔를 321
勢셔의 467
仙션居거ᄉᆞ 194
先션生ᄉᆡᆼ 387
先션生ᄉᆡᆼ이 31, 54, 59, 156, 171, 194, 205, 213, 215, 217, 289, 293, 296, 297, 299, 324, 326, 356, 359, 362, 365, 391, 403, 407, 409, 413, 429, 430, 502, 509, 536, 538
先션生ᄉᆡᆼ이며 74
先션主쥬의 458
成셩都도에 458
姓셩名명이 535
性셩에 419
性셩으로 427
性셩을 98, 131, 164, 319
姓셩이 352
性셩이 47, 205
聖셩人인 156, 415, 535
聖셩人인에 415
聖셩人인의 399, 504, 506
盛셩ᄒᆞ나 318
盛셩ᄒᆞ며 319
盛셩ᄒᆞ면 152
盛셩ᄒᆞᆫ 270
聖셩賢현 433
聖셩賢현의 403, 516, 535
勢세를 150
世셰俗쇽의 233
世셰俗쇽이 283, 311
昭소帝뎨의 245
疎소ᄒᆞ고 348
疎소홈이 372
疎소히 302
邵쇼 156
昭쇼烈렬의 91
小쇼人인 173
小쇼學혹 26
孫손思ᄉᆞ邈막이 384
宋송 31, 40, 54, 63, 119, 156, 171, 176, 194, 198, 209, 254, 290, 324, 352, 391, 433, 436, 467, 479, 513
衰쇠티 344
衰쇠ᄒᆞ고 152
衰쇠ᄒᆞᄂᆞᆫ 319
衰쇠ᄒᆞ야 270
小쇼人인이 436
數수ㅣ 315
隋슈ㄷ 313
隋슈煬양帝뎨ㅣ 259
叔슉傲오의 47
叔슉傲오ㅣ 47
舜슌의 205
純슌仁인이니 433
順슌티 202
順슌ᄒᆞ면 426
順슌ᄒᆞ욤은 525
順슌홈 205
循슌環환ᄒᆞ야 511
詩시 59, 125
詩시를 25, 60
詩시예 25
詩시ㅣ 60
視시箴잠애 417
時시祭제를 222
諡시號호ㅣ니 156
實실로ᄂᆞᆫ 544
實실애 308
甚심ᄒᆞ니라 357
甚심ᄒᆞ면 36
甚심ᄒᆞᆫ 267, 357
甚심히 217, 305
十십王왕을 284

ㅇ

安안國국이니 176
安안定뎡 324
安안定뎡은 324
顔안孟ᄆᆡᆼ을 74
顔안氏시 287
顔안氏시家가訓훈에 331, 481, 529
顔안淵연은 394
顔안淵연의 397
顔안淵연이 413, 415
顔안子ᄌᆞ 73
顔안子ᄌᆞ와 65
顔안子ᄌᆞ의 66

按안察찰官관 367
昻앙昻앙히 142
厄익이 134
藥약 278
藥약이오 131
煬양帝뎨의 259
楊양文문公공의 40
楊양氏시 538
襄양이니 194
億억이니 40
言언箴즘애 423
嚴엄과 78
嚴엄히 352, 516
鄴업下하앳 335
繹역이니 445
燕연太태子ᄌᆞ 335
五오經경읫 535
五오代ᄃᆡ 264
吳오中듕 372
溫온은 198
雍옹ㅣ오 156
玩완味미ᄒᆞ야 504, 507
阮완籍젹이 249, 262
王왕 262
王왕吉길의 311
汪왕汪왕ᄒᆞ야 137
王왕通통의 313
外외篇편을 26
堯요夫부ㅣ라 156
堯요舜슌 394
堯요舜슌ㅅ 544
堯요舜슌의 150
辱욕이 423
偶우然연히 525
援원이 79
瑗원이니 324
願원티 80, 85
願원ᄒᆞ노라 82
魏위 249, 287
危위坐좌ᄒᆞ야 516
猶유는 359
猶유티 359
隱은居거ᄒᆞ야셔 387
慇은懃근홈을 333
殷은勤근히 145
飮음食식 164, 474
飮음食식과 187
飮음食식을 445
應응ᄒᆞ나 458
應응ᄒᆞᄂᆞ니 415
應응ᄒᆞ며 60
義의田뎐宅ᄐᆡᆨ을 373
議의論론ᄒᆞ며 80
義의理리 527
衣의服복ᄒᆞ는 331
義의ㅣ 367
義의眞진이 254
異이端단이 538
二이三삼百ᄇᆡᆨ 516
怡이然연이 525
頤이오 59
伊이尹윤과 394
伊이尹윤은 394
伊이尹윤의 397
怡이怡이히 121
伊이川쳔 59, 213, 217, 289, 293, 299, 326, 356, 362, 407, 409, 413, 429, 502
人인倫륜에 339
人인倫륜의 311
仁인에 394
人인情졍의 205
人인情졍이 359
因인ᄒᆞ야 321, 352, 415, 423, 477
因인ᄒᆞ여 538
仁인흔 381
一일家가와 254
一일家가의 339
一일命명엣 296
一일時시예 319
滕잉이 315
仍잉이나 453

ㅈ

字ᄌᆞ는 391, 442
子ᄌᆞ弟뎨 35, 194
子ᄌᆞ弟뎨ᄅᆞᆯ 101, 479
子ᄌᆞ弟뎨를 387, 433
子ᄌᆞ弟뎨와 376
子ᄌᆞ弟뎨의 31, 55
字ᄌᆞ도 516
子ᄌᆞ路로의 47
子ᄌᆞ路로ㅣ 47
滋ᄌᆞ味미를 270

子ᄌᆞ書셔를 516
子ᄌᆞ孫손애 367
子ᄌᆞ孫손ᄋᆡ 114
子ᄌᆞ孫손을 156
子ᄌᆞ孫손의 459
子ᄌᆞ孫손이 80
子ᄌᆞ孫손이라 372
子ᄌᆞ淵연이니 65
自ᄌᆞ然연ᄒᆞᆫ 47
自ᄌᆞ然연히 506, 523, 524
字ᄌᆞㅣ니 176, 209
字ᄌᆞ字ᄌᆞㅣ며 516
子ᄌᆞ厚후ㅣ니 31
箴ᄌᆞᆷ 415
壯장ᄒᆞᆷ애 344
宰ᄌᆡ相샹이 35, 119
載ᄌᆡ오 31
齊ᄌᆡ衰최예ᄂᆞᆫ 236
籍젹을 249
積젹이니 171
前젼 367
前젼읫 527
節졀 326, 328
節졀을 326
絶졀ᄒᆞᄂᆞ니 165
切졀ᄒᆞᆫ 187
節졀孝효 171
節졀孝효ᄂᆞᆫ 171
正졍色ᄉᆡᆨᄒᆞ고 254
正졍叔슉이니 59
情졍을 297
整졍齊졔ᄒᆞ고 407
整졍齊졔ᄒᆞᆷ을 531
正졍케 297
精졍코 516
正졍ᄒᆞᆫ 272, 420
定졍ᄒᆞᆷ이 420
正졍히 60, 331, 381
諸졔葛갈孔공明명이 458
諸졔葛갈武무侯후 94
濟졔陽양 531
齊졔와 129
祭졔ᄒᆞ게 222
祭졔ᄒᆞ며 222
俎조豆두만 68
尊존히 125
坐좌애 367
左좌右우로 254
座좌의셔 249
罪죄 308
罪죄ᄅᆞᆯ 283
罪죄를 245
足족히 134, 150, 284, 436, 477, 527, 544
從죵彦언이라 209
從죵容용히 519
周쥬 391
周쥬公공과 129
周쥬禮례 511
周쥬徧변티 544
周쥬ㅅ나라 119
周쥬易역 511
朱쥬仁인軌궤 387
主쥬人인도 267
粥쥭 236
蒸증民민篇편이라 25
之지推츄ㅣ니 287
晋진 278
晋진나라 129
晋진阮완籍젹이 249
質질이 119

ㅊ

參참知디政졍事ᄉᆞ 369
斬참衰최 273
昌창邑읍은 245
責ᄎᆡᆨᄒᆞᆫᄃᆞᆯ 230
責ᄎᆡᆨᄒᆞ려 227
賤쳔ᄒᆞᆫ 315
戚쳑施이니라 142
戚쳑戚쳑히 150
天텬堂당의 283
薦쳔新신ᄒᆞ며 222
賤쳔ᄒᆞ며 436
賤쳔히 171
妾쳡과 315
妾쳡이 454
聽텽箴ᄌᆞᆷ애 419
楚초 262
楚초ㅅ 47
初초喪상애 267
總총角각ᄒᆞ여시리 230
聰총明명이 433
聰총明명ᄒᆞ며 331
蜀쵹漢한 91, 94
樞츄機긔를 134

樞츄ㅣ며 423
祝츅과 302
春츈秋츄 511
取취ᄒᆞ디 474
醉취ᄒᆞ며 267
醉취ᄒᆞ야 548
取취홈이 63
惻측然연히 485
親친에 339
親친ᄒᆞ고 348
親친ᄒᆞ며 372
親친ᄒᆞ야 365
親친ᄒᆞᆫ 339
親친히 161

ㅌ

貪탐ᄒᆞ고 164
耽탐ᄒᆞ야 109
湯탕 394
太태子ᄌᆞ 259
惕텩然연히 483
天텬下하ᄅᆞᆯ 249
天텬下하를 458, 548
天텬下하애 209, 211
天텬下하엣 544
天텬下하의 35
天텬下하읫 88
通통ᄒᆞ야 233, 516
忠튱宣션은 433
忠튱肅숙은 63
冲튱이니 467
湛팀이 254

ㅍ

八팔百ᄇᆡᆨ 459
悖패亂란ᄒᆞᆫ 343
敗패ᄒᆞ니ᄅᆞᆯ 131
敗패ᄒᆞ여 308
篇편 59
便편코 475
弊폐 264
弊폐를 233
廢폐ᄒᆞ니라 245
廢폐ᄒᆞ연 230
陛폐下하를 459
表표記긔예 409
風풍俗쇽은 335
風풍俗쇽이 367
避피ᄒᆞ라 150
避피ᄒᆞ야 367
避피호ᄃᆡ 161

ㅎ

下하等등ㅅ 74
下하等등엣 74
何하曾증이 249
下하品품엣 156
學혹을 513
學혹이 544
學혹者쟈ㅣ 430, 454
學혹ᄒᆞ던 502
漢한 245, 311, 381, 458
漢한昭쇼烈렬이 91
漢한昌창邑읍王왕이 245
恨ᄒᆞᆫᄒᆞᄂᆞᆫ 370
合합디 365
合합홈을 365
恒ᄒᆞᆼ과 335
害해 202
害해ᄂᆞᆫ 538
害해로ᄋᆞᆫ 477
害해로옴과 467
害해로옴ᄋᆞᆯ 202
害해ᄒᆞ리오 306
害해ᄒᆞᆯ 306
害해홈이니 538
行ᄒᆡᆼ티 202, 270, 497
行ᄒᆡᆼᄒᆞ고 200, 524
行ᄒᆡᆼᄒᆞ과뎌 483
行ᄒᆡᆼᄒᆞ며 173
行ᄒᆡᆼᄒᆞ면 202, 524
行ᄒᆡᆼᄒᆞ여ᄂᆞᆫ 399
行ᄒᆡᆼᄒᆞ욤애 481, 519
向향ᄒᆞ고 63
向향ᄒᆞ야 403
許허티 202
許허ᄒᆞ심을 202
虛허ᄒᆞᆫ 417
賢현人인 156
賢현人인이 65
血혈氣긔 270
嫌혐疑의로온 278
兄형 291
兄형과 359
兄형弟뎨 339, 352, 356, 359
兄형弟뎨ᄂᆞᆫ 342

兄형弟뎨의 367
兄형弟뎨의게 348
滎형陽양 436
兄형은 194
兄형의 78
胡호 324
湖호南남 262
胡호文문定뎡公공이 176, 453
顥호ㅣ오 55
胡호子ᄌㅣ 479
或혹 112, 161, 165, 202, 230, 267, 269, 293, 333, 516
惑혹게 538
或혹이 293, 326
或혹ᄒᆞᆫ 353
婚혼姻인 316
婚혼姻인이며 194
婚혼姻인ᄒᆞᆫ 333
華화夏하ᄅᆞᆯ 249
化화ᄒᆞ게 311
和화히 202
渙환然연히 525
患환이 359
皇황考고의 352
皇황考고ㅣ 352
黃황香향의 47
黃황香향이 47
回회오 65
橫횡渠거 31, 205, 215, 359, 365, 430, 509
孝효經경과 233
孝효와 121
孝효友우 387
孝효友우ᄂᆞᆫ 387
後후生ᄉᆡᆼ 304
後후生ᄉᆡᆼ둘흔 442
後후生ᄉᆡᆼ이 513, 527
後후世셰예 328
後후에 156, 339, 367, 415
後후主쥬 458
後후主쥬ᄅᆞᆯ 91
厚후티 367
厚후ᄒᆞᆫ 348
厚후히 222
譎휼ᄒᆞ며 164
凶흉ᄒᆞ니ᄂᆞᆫ 164
凶흉ᄒᆞ며 423
凶흉ᄒᆞᆫ 165, 167
凶흉險험ᄒᆞᆫ 131
凶흉홈을 159
希희文문으로ᄡᅥ 176
希희哲텰이니 436

(2) 한글로 표기된 어절

ㄱ ㅄ ㅅ

가 47, 98, 267, 278, 373, 403
가관ᄒᆞ기ᄂᆞᆫ 227
가관ᄒᆞ기와 217
가관ᄒᆞᄂᆞᆫ 230
가관ᄒᆞ라 233
가관ᄒᆞ면 233
가기ᄂᆞᆫ 519
가난ᄒᆞ고 318, 328
가난ᄒᆞ며 194, 318
가난ᄒᆞ야실 370
가난ᄒᆞᆫ 194
가난홈을 467
가도ᄂᆞᆫ 284
가도여 145
가라 458
가리라 427
가매 394
가며 267
가모로 339
가문과 114
가문의 352
가ᄇᆡ야오며 436
가ᄇᆡ야온 147
가ᄇᆡ야이 319, 489
가숨애 415
가셜 321
가ᄋᆞ멸고 318
가ᄋᆞ멸며 317, 318
가음여롬ᄋᆞ로ᄡᅥ 194
가음여름을 321
가음열며 319, 476
가음열움을 467
가온대 74, 242, 417
가온댓둘을 222
가온ᄃᆡ 259, 415, 507
가온ᄃᆡ로브터 187

가온ᄃᆡ를 415
가온ᄃᆡᆺ 153
가져 182
가져다가 259, 403, 504
가져셔 506, 507
가지고 267
가지디 161
가지라 430
가지를 300, 450
가진 47
가질 300
가짓 222, 227, 230, 284, 339, 516
ᄀᆞ다ᄃᆞᆷ아 495
ᄀᆞᄃᆞᆨᄒᆞᆫ 489
ᄀᆞ라 284
ᄀᆞᄅᆞ쳐 171, 194, 311, 352, 519
ᄀᆞᄅᆞ쳐도 156
ᄀᆞᄅᆞ쳐ᄃᆞᆫ 516
ᄀᆞᄅᆞ츄ᄃᆡ 59
ᄀᆞᄅᆞ치 290
ᄀᆞᄅᆞ치고 536
ᄀᆞᄅᆞ치ᄂᆞ니 536
ᄀᆞᄅᆞ치ᄂᆞᆫ 287, 423
ᄀᆞᄅᆞ치디 156, 536
ᄀᆞᄅᆞ치시믈 129
ᄀᆞᄅᆞ친 156, 516
ᄀᆞᄅᆞ칠 59, 60
ᄀᆞᄅᆞ칠만ᄒᆞ고 536
ᄀᆞᄅᆞ침 197
ᄀᆞᄅᆞ침애 487
ᄀᆞᄅᆞ침이 536
ᄀᆞᄅᆞ침이니 315
ᄀᆞᄅᆞ침이오 315
ᄀᆞᄅᆞᆷ이 284
ᄀᆞ리오ᄂᆞᆫ 550
ᄀᆞ릴 417
ᄀᆞ마니 112
ᄀᆞᄋᆞᆯ 195
ᄀᆞᄋᆞᆷ안 284
ᄀᆞ장 55, 63, 254, 299, 328, 365, 370, 372, 410, 504, 507, 511
ᄀᆞ초와 289
ᄀᆞᄐᆞ니 401
ᄀᆞᄐᆞ니ᄂᆞᆫ 59
ᄀᆞᄐᆞᆫ 367
ᄀᆞ티 500
각각 297, 313, 344
각별이 60, 254, 459
각별ᄒᆞ리라 511
간나ᄒᆡ 31, 194
간대로 249
간략ᄒᆞ고 60
간범ᄒᆞᆯ 477
간범홈이 407
간슈ᄒᆞ야 529
간약ᄒᆞ며 82
간활ᄒᆞᆫ 304
ᄀᆞᆫ고 114, 385
ᄀᆞᆫᄂᆞ니라 31
ᄀᆞᆫ다 385
ᄀᆞᆫ단 137, 359
ᄀᆞᆫ디 68, 324, 500
ᄀᆞᆫ초와 202, 267
ᄀᆞᆫᄐᆞ니 74, 121, 123, 459
ᄀᆞᆫᄐᆞ니라 134
ᄀᆞᆫᄐᆞᆫ 47, 60, 115, 137, 308, 348, 356, 502
ᄀᆞᆫᄐᆞᆷ애 357
ᄀᆞᆫ티 79, 161, 164, 267
ᄀᆞᆫᄒᆞ리라 68
ᄀᆞᆫ홈이니라 88
ᄀᆞᆫ홈이어니와 88
갈 195
ᄀᆞᆯᄋᆞ샤ᄃᆡ 25, 31, 55, 59, 91, 205, 213, 215, 217, 289, 293, 296, 297, 299, 316, 326, 328, 352, 356, 359, 362, 365, 391, 403, 407, 413, 430, 502, 509, 536, 538
ᄀᆞᆯᄋᆞ쳐 387
ᄀᆞᆯᄋᆞ치고 55
ᄀᆞᆯᄋᆞ치되 31
ᄀᆞᆯᄋᆞ친 40
ᄀᆞᆯ오ᄃᆡ 25, 40, 63, 74, 79, 94, 101, 121, 156, 161, 165, 167, 171, 173, 176, 194, 198, 211, 227, 249, 254, 262, 287, 290, 300, 311, 313, 324, 331, 352, 367, 370, 376, 381, 384, 387, 417, 419, 423, 426, 433, 445, 453, 467, 469,

479, 481, 513, 523, 529
ᄀᆞᆯ온 300
ᄀᆞᆯ와 471
ᄀᆞᆯ히고 313
ᄀᆞᆯ히디 475
ᄀᆞᆯ히야 474
ᄀᆞᆯ히여 273, 365
ᄀᆞᆯ히욜 63
ᄀᆞᆯ히욤이 194
ᄀᆞᆯ힐 82
감ᄂᆞ니 47
감동케 293
감동티 294
감동ᄒᆞᄂᆞᆫ 485
감오로 497
갑픔을 217, 359
갓가오니라 264
갓가오며 536
갓가온 536
갓가올 125
갓가와 538
갓가이 112
갓갑건마ᄂᆞᆫ 55
갓갑디 205
갓옷 147
ᄀᆞᆽ 304
강과ᄒᆞ며 183
강구ᄒᆞ니 367
강논티 31
강퍅ᄒᆞᄂᆞ니 31
강한 492
개 88
개며 357
개와 357
ᄀᆡ역홈 308
거느리치ᄂᆞᆫ 373
거느리칠 296
거느릴 376
거더 273
거동이 436
거두어 150, 479
거두워 403
거두잡으면 410
거ᄅᆞ며 446
거름을 387
거리ᄶᅵᆫ 544
거릿기여 548
거만ᄒᆞ며 467
거상 273, 275, 278
거상애 239, 249, 273, 280
거상애ᄂᆞᆫ 236
거상에 245, 269
거상옷ᄉᆞᆯ 270
거상을 267
거상의 254, 259
거ᄉᆞᆫ 159, 227
거ᄉᆞᆯ 40
거세 412
거슨 436
거슬 26, 182, 207, 273, 373, 376, 377, 419, 420, 467, 473, 483, 490, 516, 534
거슬ᄡᅳ고 423
거ᄉᆞᆲ즘을 352
거시 55, 91, 152, 161, 370, 407, 417, 419, 502, 511
거시니 60, 109, 134, 233, 269, 270, 289, 293, 417, 476, 477, 516, 527
거시니라 213, 222, 278, 405, 453, 509, 516
거시라 25, 249, 415, 442, 454, 519, 525, 550
거시며 331, 469, 471, 472, 473, 474, 475, 550
거시어ᄂᆞᆯ 217
거시오 66, 98
거의 502
거적의 273
거절홀 302
거츠ᄂᆞᆫ 109, 550
거츠러 479
걷 412
걸잇기디 47
검박ᄒᆞ며 82
검박ᄒᆞ야 487
검박홈으로ᄡᅧ 94
검박홈으로 114
검소홈을 147
것가 187, 227
것과 270, 373
것들홀 454
게으르고 98
게으른다 410
게을어 31

게을이 194, 365
겨시거늘 129
겨시단 289
겨시디 370
겨집 326, 335, 339, 352
겨집으로ᄡᅥ 187, 335
겨집은 311, 315, 331
겨집을 344
겨집의 313, 321, 353, 467
겨집이 194, 339
겨집이라 344, 348
겨집죵으로 278
격녀ᄒᆞ야 454
견강ᄒᆞ고 410
견권당 339
견ᄐᆞ로 342
견ᄐᆡᆺ 348
결단ᄒᆞ야 519
결단홈ᄋᆞ로ᄡᅥ 183
결에 114
결연히 527
결워 352
겸양ᄒᆞ며 82
경계ᄅᆞᆯ 306
경계에 467
경계ᄒᆞᄂᆞᆫ 415
경계ᄒᆞ노니 121, 123, 125, 129, 131, 134
경계ᄒᆞ노라 415, 477
경계ᄒᆞ라 442
경계ᄒᆞ심을 352
경계ᄒᆞ야 79, 91, 101, 156, 433, 445
경계ᄒᆞᆫ 94, 145
경계홈ᄋᆞᆫ 519
경계홈을 401, 450
경박ᄒᆞ고 79
경솔ᄒᆞ며 114
경이라 459
계교ᄒᆞ야 430
계교홈이 459
고기 242, 249, 264, 269
고기ᄅᆞᆯ 242, 270
고기와 259
고기즙과 269
고ᄃᆞ며 495
고ᄅᆞ고 377
고로운 207
고롭고 284
고ᄋᆞᆯ 194
고ᄋᆞᆶ 467
고을ᄒᆡ 436
고올희 294
고올히 85
고ᄌᆞᆫ 153
고조로시 339
고집ᄒᆞ며 544
고텨 131, 419
고티고 202
고티디 233
고티며 308
고틸 74
고팀을 66
곡셕이 459
곡진이 202
곤븨ᄒᆞ야 269
곤이ᄅᆞᆯ 88
곧 31, 47, 162, 165, 195, 267, 398, 417, 438
곧과 80
곧ᄋᆞᆯ 98, 506, 516
곧ᄋᆞᆷ을 335
곧애 275
곧을 80, 446
곧이 211
곧티디 68
골오 373
곳갈을 230
곳다옴이 137
공경을 365
공경이 487
공경티 74
공경ᄒᆞ라 423
공경ᄒᆞ며 324, 445
공경ᄒᆞ면 410
공경ᄒᆞ야 535
공경홈을 551
공번ᄒᆞ고 82
공부ᄂᆞᆫ 516
공슌ᄒᆞ고 31
공슌ᄒᆞ며 194
공슌ᄒᆞ면 125
공양ᄒᆞ며 283
공효ᄅᆞᆯ 381
공효를 516
과글이 233, 306

과실올 236
과실을 239
과연히 459
과홈올 147
관원 262, 291, 467
관원의 497
관찰ᄉᆞ톄엿 367
괴오흔 516
괴이흔 264
괴이히 254, 264
교딕 367
교만ᄒᆞ고 121, 487
교만ᄒᆞ며 31, 319
구드리니 524
구디 449
구롬은 153
구월이면 217
구으라 254
구의 291, 304
구읜 249
구틔여 207
구ᄒᆞ고 489
구ᄒᆞ기 123
구ᄒᆞᄂᆞᆫ 479
구홀 516
군ᄉᆞ롤 458
굳디 153
굳센 492
굴복ᄒᆞ야 31
굽디 142
굽으며 335
궁구티 98
궁구ᄒᆞᄂᆞ니 527
궁구ᄒᆞ며 544
궁흔 98
권 500
권당 373
권당과 267
권당을 373
권당의게 373
권당이 194, 372
권딜을 534
권셔를 429
권세와 112
권신이니 249
권으로뻐 516
권이어나 516
궤며 534
귀눈을 548
귀예 79, 161, 399, 506
귀흔 254, 270
귓것둘히라 284
귓것싀게 302
규졍ᄒᆞ며 519
그 25, 31, 60, 73, 74, 101, 103, 105, 107, 109, 112, 121, 173, 187, 194, 207, 211, 227, 233, 245, 262, 264, 270, 272, 284, 297, 299, 313, 317, 319, 331, 333, 342, 344, 353, 365, 367, 376, 381, 394, 401, 415, 417, 419, 420, 423, 426, 438, 459, 479, 481, 483, 485, 487, 489, 492, 495, 502, 509, 531, 535, 538
그듸ᄂᆞᆫ 249
그듸네 171
그듸네ᄂᆞᆫ 171
그ᄅᆞ 284
그ᄅᆞ디 502
그ᄅᆞᄒᆞ고 66, 74
그ᄅᆞ홈을 467
그러나 55, 207, 233, 328, 372
그러모로 25, 60, 230, 339, 359, 365, 502
그러ᄒᆞ니 357, 497
그러ᄒᆞ다 326
그러ᄒᆞ면 264
그려 88
그른 294
그리 270
그리호마 449
그슬 445
그윽흔 47
그지 319, 401, 511
그츰은 287
그치텨 492
그칠 420
그침애 359
극진호라 544
근본 217
근본을 181, 302
근본이 487

근신ᄒᆞ야 82
근심과 150
근심을 85
근심티 372, 373, 433
근심ᄒᆞᄂᆞᆫ 55, 150
근심ᄒᆞ며 85
귿티나 291
귿티오 305
글 55, 429, 481, 502, 516, 527, 531
글로티 171
글로ᄒᆞ며 171
글롬이 101
글만 399
글시며 55
글ᄋᆞᆯ 497
글에 94, 167
글월들히라 26
글월ᄋᆞᆯ 504
글월을 287, 472, 535
글월의 176
글월이 145
글월이라 40, 502, 516
글을 101, 119
글이라 287, 290, 415, 445
글ᄌᆞ를 308
글ᄌᆞᆺ 445
글ᄌᆡ조ᄅᆞᆯ 479
글ᄌᆡ조로ᄡᅥ 479
글지이ᄅᆞᆯ 55
금지ᄒᆞ야 377
금지ᄒᆞ여사 423
급뎨홈이 429
급ᄒᆞ고 145, 531
급히 153
긋거든 269
긋드시 137
긔걸ᄒᆞ야 254
긔디ᄒᆞ고 523
긔디ᄒᆞ며 40
긔디ᄒᆞ면 523
긔디ᄒᆞ야 47
긔디ᄒᆞᆯ 101
긔록ᄒᆞ야 26, 200
긔록ᄒᆞᆯ디니라 131
긔롱을 125
긔롱ᄒᆞ며 79
긔롱ᄒᆞ야 262
긔별와 467
긔약ᄒᆞ야 176
긔운을 142, 321, 365, 483
긔운이 66, 342, 365
긔운젓고 144
기들오며 176
기들온 531
기들우면 511
기들운 202, 233
기러 31
기르마와 280
기리ᄂᆞᆫ 134
기슭 273
기슭혼 236
기우러뎌 131
기티기로ᄡᅥ 333
기티신 502
기틴 335
기퍼 60
기픈 150, 544
길 195, 245
길며 467
길믈 36, 352
길ᄉᆞ 376
길오디 459
길우디 249
길우믈 511
길워 319
길헤 195
길ᄒᆞᆯ 195
길흘 387
길희 550
깁고 137, 348
깁퍼 538
깁픈 527
깁픠 450
깁ᄒᆡ 507
깁히 101
깃거 105, 205, 401
깃거ᄒᆞᄂᆞᆫ 401
깃거ᄒᆞ야 107
깃거홈애 209
깃기모로ᄡᅥ 207
깃ᄭᅵ고 267
깃븐 525
ᄡᅥ뎌 88
ᄡᅧ셔 319
ᄡᅳ려 85

ᄣᅳ리고 401
ᄣᅳ리ᄆᆞᆯ 144
ᄭᅵᄃᆞ라도 109
ᄭᅵᄃᆞ론 420
ᄭᅵᄃᆞᄅᆞᆷ이 401
ᄭᅵᄃᆞᆮ디 548
ᄡᅥ려ᄒᆞ고 489
ᄡᅥ려홈을 352
ᄡᅥ리디 66, 483
ᄯᅬᄒᆞ디 381
ᄭᅮ러안ᄌᆞᆷ이라 516
ᄭᅮ며 335
ᄭᅮ미며 164
ᄭᅮ즁ᄒᆞ여 476
ᄭᅮᆷᄀᆞ티 548
ᄭᅳᆯᄋᆞᆯ 500
ᄭᅴᄂᆞᆫ 134
ᄭᅴ여 112, 401

ㄴ

나 47, 137, 284
나가거든 280
나가디 280
나ᄀᆞ내 150
나ᄂᆞ니 423
나ᄂᆞᆫ 150, 162, 165, 376, 449
나ᄃᆞᆯ을 308
나도 65
나라 129, 262
나라해 60
나라희 299, 331
나라희 272
나리라 507
나ᄆᆞᆫ 502
나아가 335
나아가고 410
나아가기 479
나아가기로뼈 479
나아가기와 467
나아가ᄂᆞ니라 410
나아가려 153
나아간 415
나아감 161
나약ᄒᆞᆫ 495
나으면 324
나ᄋᆞᆫ 324
나지며 438
나타나 372, 509
나하 230
나히 98, 233
ᄂᆞ라 284
ᄂᆞ리누르과댜 487
ᄂᆞ리디 35, 269
ᄂᆞᄆᆞᆯ와 236, 239
ᄂᆞᄌᆞ기 352
ᄂᆞ죽이 483, 487, 492
ᄂᆞ초디 31
난 289, 436
난초 137
난초애 161
ᄂᆞᆫ 290
ᄂᆞᆫ호며 352, 376
ᄂᆞᆫ호일 436
ᄂᆞᆫ화 342, 458
낟 438
낟낟치 438
낟븐 80
ᄂᆞᆫᄎᆞ로 373
ᄂᆞᆫ출 352
날로 47, 60, 352, 365, 410
날애 262, 289, 319, 373, 459, 523
날을 150, 167, 430
날포ᄒᆞ고 267
날호여 436
남아 459
남ᄋᆞᆫ 377, 459
남이 423
남진 187, 311, 313, 315, 324, 339
남진과 194
남진븓트리잇가 328
남진을 319, 335
남진이라 331
ᄂᆞᆷ 144
ᄂᆞᆷ도 47, 264
ᄂᆞᆷᄋᆞᆯ 85, 125
ᄂᆞᆷᄋᆡ 105
ᄂᆞᆷ으로 215
ᄂᆞᆷ을 306
ᄂᆞᆷ의 47, 467, 485, 492
ᄂᆞᆷ이 423
ᄂᆞᆷ이며 31
ᄂᆞᆽ가오며 198
ᄂᆞᆽ가옴을 74

ᄂᆞᆺ가이 125
ᄂᆞᆺ븕ᄂᆞᆫ 489
ᄂᆞᆺ빗출 202, 483
내 74, 79, 82, 85, 114, 123, 194, 202, 222, 291, 324, 353, 356, 357, 359, 367, 370, 372, 423, 433, 449, 450, 454, 459, 506, 511, 519, 535
내거긔 372
내게 294
내게셔 449
내디 121, 516
내라 31
내시니 25
내여 353
내욤을 448
내의 68, 80, 171, 370
내죵과 68
내죵내 150
내죵애 458
내텨 249
ᄂᆡ일 523
ᄂᆡ일날애 524
냇ᄀᆞ잇 153
냥친이 289
너겨 82, 112, 137, 142, 144, 147, 150, 167, 211, 217, 264, 500
너기거니와 85
너기고 489
너기ᄂᆞ니 500
너기ᄂᆞᆫ 55, 147, 207, 233
너기던 489
너기디 35, 103, 213, 254, 264
너기며 109, 194, 319, 489, 500
너기면 55
너기시ᄂᆞᆫ 68
너긴다 25, 26
너길 187
너김이 147
너른 137
너를 121, 123, 125, 129, 131, 134
너무 311
너믄 497
너피니라 379
너희 79, 82, 85, 115, 150, 287, 353, 370, 433
너희ᄂᆞᆫ 353
너희네ᄂᆞᆫ 167
널로뻐 142
넘도록 230
넘디 430
넘으면 398
넘은 527
넙피니라 197, 551
넙핌이 98
네 47, 187, 227, 230, 249, 370, 442
네흔 415
녣재ᄂᆞᆫ 109, 467, 473
녀기거늘 171
녀기고 171, 394
녀기더시니 410
녀름지이를 194
녀름에 47
녀편네ᄂᆞᆫ 333
녀허 259
녁 249, 467
녁횟 445
녈 195
녜 31, 59, 185, 236, 262, 313, 367, 538
녜도옛 264
녜를 233
녜며 26, 131, 331
녜브터 187
녜예 47
녯 26, 47, 60, 105, 107, 142, 167, 207, 233, 242, 367, 479, 483, 485, 487, 489, 492, 495, 502, 516, 535, 538
녯말에 385
노 66
노다가 47
노롬놀이 430
노픈 109, 429
노프 153, 420, 548
노피 453
노하 410, 516
노하디 516
노한ᄂᆞᆫ 403

노흔 479
녹봉으로 373
놀기를 109
놀라ᄂᆞᆫ 483
놀면 343
놀애와 59
놀옴을 137
놀옴이 333
놈ᄂᆞᆽ가이ᄅᆞᆯ 63
놈의 267
놉고 500, 538
놉디 73
놉ᄑᆞᆫ 114
누리게 370
누리고 373
누엇거든 213
누엇던 534
눈에 161
눈을 481
뉘옷고 74
뉘우출 74
뉘운츠며 66
뉘웃고 489
뉘웃기 109
뉴를 109
뉴엣 459
느초면 185
늘곰애 68
늣도록 153
능히 426
니거 264
니그면 47
니기 504
니김애 109
니김이 427
니ᄂᆞᆫ 492
니ᄅᆞᄂᆞ니 36
니ᄅᆞᄂᆞᆫ 283, 284
니ᄅᆞ노니 153
니ᄅᆞ니 85
니ᄅᆞ디 165
니ᄅᆞ샤ᄃᆡ 453
니ᄅᆞ신 68
니ᄅᆞ히 68
니ᄅᆞᆯ셔 267
니러나 548
니러나ᄂᆞᆫ 137, 531
니러나며 254
니러나미 152
니르디 65, 275, 433, 454
니르러 31, 304, 357, 367
니르러ᄂᆞᆫ 55, 267
니르러도 31
니르러두 357
니르런노니 372
니르매 209
니르와대야 454
니르혀며 423
니르히 230, 339
니블와 273
니언ᄂᆞᆫ 342
니욕을 164
닉오믈 516
닉은 267
닐거 481
닐구ᄃᆡ 497
닐굽재ᄂᆞᆫ 467
닐굽재는 476
닐글 535
닐ᄋᆞ건댄 115
닐ᄋᆞ디 74, 79, 161
닐ᄋᆞ며 173
닐ᄋᆞ샤ᄃᆡ 429
닐ᄋᆞᆯ 497
닐어 60, 249
닐어쇼ᄃᆡ 359
닐오ᄃᆡ 47, 209, 385, 436, 458, 527, 544
닐온 249
닐온바 88
닐온밧 284
닐옴이니 185, 359
닐옴이라 339, 415, 458, 459, 492
닐옴이오 159
닐옴인 159
닐우ᄃᆡ 283
닐위ᄂᆞ니라 333
닐위며 321
닐위여 352
닐위욤이 153
닐위욤이 331
닐윔애 85
닐윔을 483
닐윔이 94
닐으디 413, 423, 467, 519

닐으리로다 459
닐흔 516
늙고 500, 504
늙ᄂᆞᆫ 506
늙다가 531
늙어 516
늙에ᅀᅣ 516
늙오ᄃᆡ 516
늙우매 527
늙움은 527
님금 119, 211, 290, 308, 485
님금과 363
님금이 394
님금이라 91
닙어 147, 273, 275
닙어시나 270
닙으니 305
닙으며 273, 343
닙피ᄂᆞ니 356
닛단 165
닛디 485

ㄷ ㅶ ㅵ ㅼ

다 36, 55, 60, 73, 74, 79, 85, 131, 134, 147, 202, 217, 269, 284, 289, 291, 302, 335, 339, 352, 353, 357, 363, 367, 377, 438, 450, 479, 497, 513, 529, 550
다ᄃᆞ롬애 183
다ᄃᆞᆮ게 308
다ᄃᆞᆮᄂᆞᆫ 36
다ᄃᆞᆮ도록 353
다ᄅᆞ리오 107
다ᄅᆞᆫ 318, 319, 352, 373, 438, 519, 535, 538
다ᄆᆞᆫ 47, 134, 308, 433
다ᄆᆞᆺ 125, 142, 150, 293, 412
다믄 497, 506
다믓 317
다ᄉᆞ려 459
다ᄉᆞ료ᄃᆡ 249
다ᄉᆞ리고 438
다ᄉᆞ리기를 297
다ᄉᆞ리디 98, 438, 479
다ᄉᆞ리며 187
다ᄉᆞ리면 438
다ᄉᆞ리샤ᄃᆡ 352
다ᄉᆞ리샴을 150
다ᄉᆞ릴 529
다ᄉᆞ시니 101
다ᄉᆞᆺ재ᄂᆞᆫ 112, 467
다ᄉᆞᆺ재라 27
다슷재ᄂᆞᆫ 474
다시 66, 272, 305, 394
다와기 88
다와ᄃᆞ며 376
다ᄒᆞ게 297
다ᄒᆞ디 291
다ᄒᆞ야 516
ᄃᆞ라들어 145
ᄃᆞᄅᆞ며 98
ᄃᆞᄅᆞ면 153
ᄃᆞ시 492
ᄃᆞ시ᄒᆞ며 449
ᄃᆞ토며 352
ᄃᆞ토와 194, 335, 548
ᄃᆞ톰이니라 293
단명ᄒᆞ리 311
단명ᄒᆞ며 311
단명홈의 436
단졍ᄒᆞ고 446
단졍ᄒᆞ며 182
단졍ᄒᆞᆫ 129
ᄃᆞᆫ니며 144, 513
ᄃᆞᆫ님을 182
ᄃᆞᆫ술ᄋᆞᆯ 242
닫고 150
달라홈을 467
달리 357
달애욤을 283
달애이여 419
달옴이 264
달홀 254
ᄃᆞᆯ 222
ᄃᆞᆯ고 370
ᄃᆞᆯ며 483
ᄃᆞᆯ을 242, 394
ᄃᆞᆯ이 103
ᄃᆞᆰ깅을 262
담아 415
담은 209
담이며 74

담졔ᄒᆞ고 242
닷고 94
닷곰애 477
닷구ᄃᆡ 222
닷그며 26
닷금을 187
닷쇗 516
ᄃᆞᆺᄒᆞ니 326
ᄃᆞᆺᄒᆞ니라 60
ᄃᆞᆺᄒᆞ리라 47
ᄃᆞᆺᄒᆞ며 290, 291
ᄃᆞᆺᄒᆞ야 487
당면ᄒᆞ야 249
ᄃᆞᆼ긔고 343
대강은 121
대강을 222
대뎌ᄒᆞᆫ디 441
대쪽의 185
대샹졔 239
대쇼렴도 267
대신이라 245
대텽에 222
대통 259
대현엣 59
대현이니 391
대현이라 31, 54
ᄃᆡ 63, 85, 112, 145, 284, 304, 328, 497, 529, 535, 548
ᄃᆡ답을 449
ᄃᆡ답ᄒᆞ신 506
ᄃᆡ라 284
ᄃᆡᄅᆞᆯ 273, 331, 475
ᄃᆡ를 254, 420, 544
ᄃᆡ셔 249
ᄃᆡ예 339
ᄃᆡ졉디 254, 302
ᄃᆡ졉ᄒᆞ며 335
ᄃᆡ졉홈애ᄂᆞᆫ 35
ᄃᆡ졉홈ᄋᆞᆯ 357
ᄃᆡ졉홈을 291
댜ᄅᆞᆷ을 352
댜르며 467
댱과 273
댱슈ᄒᆞᄂᆞᆫ 311
댱슈ᄒᆞ며 436
더ᄂᆞ기ᄅᆞᆯ 194
더듸욤이 153
더듼 153
더디고 63
더러여믈 249
더러오며 467
더러온 492
더러이 147
더러이니라 129
더러이미 535
더러인 534
더럽고 267, 489, 548
더브러 458
더블어 74, 98, 267, 270, 273, 302, 370, 427, 430, 471, 475
더ᄋᆞᄂᆞ니 365
더옥 101, 302
더욱 31, 230
더으게 150
더으ᄂᆞ니 142
더으니ᄅᆞᆯ 107
더이고 254
덛덛ᄒᆞᆫ 25, 419, 449
덜며 377
덜텨 454
덤써츠러 153
뎌 211, 399, 420
뎌ᄅᆞᆯ 63
뎌를 230
뎐갈이며 333
뎨 319
뎨ᄌᆡ라 65
도라가디 294
도라갈 413
도라디면 417
도라보며 449
도라오게 294
도라오디 479
도ᄅᆞ혀 147, 308
도로 152, 153, 200, 269, 284, 403, 473
도로혀 88, 412, 500
도리 36, 299, 308
도리로ᄡᅥ 294
도리ᄅᆞᆯ 25, 105, 230, 324, 381
도리를 107, 311, 403, 523
도리예 326
도리와 123

도ᄉᆡ 287
도옛ᄂᆞᆫ 211
도오며 194
도ᄋᆞᆯ 60
도와 283, 331
도월 227
도을 270
도ᄌᆞᆨ과 352
도ᄌᆞᆨᄒᆞᆫ 305
도타이 344
도탑고 233
독실ᄒᆞ고 445
독혀 357
돈독고 74
돈독ᄒᆞ며 82
돋ᄐᆞᆯ 262
돌쌔 239
돕ᄂᆞᆫ 293
동관 291, 367
동산 153
동ᄉᆡᆼ 236
되게야 98
되고 399
되고져 167, 171
되ᄂᆞ니 131, 399, 534
되ᄂᆞ니라 134, 147, 535
되니 339, 538
되니라 47
되디 171, 173, 348, 353, 394
되라 245
되리니 65, 88
되리라 195
되며 227, 487
되야ᄂᆞᆫ 35
되어셔 194
되여 305, 419
되여실 259
되여ᄡᅥ니 367
되연ᄂᆞᆫ 194, 209
되엿거니 74
되엿더니 119
되오며 185
되옴이 319
되욤은 376
될 311
될가 269
될이니 202
됴ᄉᆡ 296
됴티 412
됴ᄒᆞ니 453
됴ᄒᆞ니라 299
됴ᄒᆞᆫ 423, 429, 436, 442, 507
됴홈을 412
됴흘 412
됴히 25, 26, 55, 109, 142, 147, 207, 233, 410
두 47, 259, 328, 429, 504
두고 242, 429
두ᄂᆞᆫ디라 311
두니라 373
두려ᄒᆞ노니 150
두렫고져ᄒᆞ고 384
두렫ᄒᆞᆫ 348
두리우니라 527
두립디 527
두며 477
두면 296
두어 85, 226, 377, 420, 453, 477
두어시리 112
두어열 500
두에 348
두터이 217
둔 308
둔ᄂᆞᆫ 321, 426, 442
둔ᄃᆞᆯ 107
둔터운 131
둘재ᄂᆞᆫ 105
둝재ᄂᆞᆫ 467, 471
둠ᄋᆞᆫ 419
둠을 453
둠이 254
뒤우드러 142
뒤헤 185
뒤후로 343
듕간ᄒᆞᆫ 205
듕국을 249
드ᄂᆞ니라 544
드ᄂᆞᆫ 502
드듸여 98, 420
드디 275, 544
드롬 79
드러나면 308
드려오게 403

드로니 123
드롬을 80, 506
드르며 272
드른 26
드를 79
드리워 129
드리티여 278
든 40
든는 548
듣게 60
듣고 74, 79, 107, 211
듣기를 401
듣더니 352
듣디 161, 413, 420
들 550
들고 352
들기는 538
들리며 352
들리여 458
들며 342
들어 284, 399
들어가 284
들어가디 313
들어가리오 373
들어감애 472
들어니거늘 254
들어오디 284
들여옴을 352
들이게 259
들이더라 259
들이디 249
듸 107
듸라 335
디 230, 264, 401
디나 497
디나든니ᄂᆞ니 147
디내여 509
디늘기를 297
디니라 40, 55, 59, 101, 115, 123, 125, 159, 198, 200, 205, 207, 269, 270, 273, 275, 280, 297, 302, 317, 340, 363, 377, 384, 415, 417, 513, 516, 550
디니 31, 40, 47, 63, 94, 125, 187, 202, 207, 242, 280, 293, 302, 305, 306, 308, 324, 331, 363, 376, 407, 436, 438, 449, 504, 511, 516, 529
디라 31, 109, 115, 123, 125, 137, 145, 147, 150, 230, 249, 272, 331, 344, 348, 359, 401, 426, 450, 459, 527, 536
디명이니 245, 335, 372, 391
디명이라 262, 324, 333, 335
디몰 365
디식이 331
디어다 150, 187
디옥 284
디킈ᄂᆞ니 426
디혜는 384
디혜라도 548
디혜로와 331
디흐며 284
딕킈는 304
딕킈여 376
딕킈여셔 485
ᄢᅥ러딜가 150
ᄢᅥ러딤애 454
ᄢᅥ러딤이 98
ᄢᅥ러ᄇᆞ리디 114
ᄢᅥ러ᄇᆞ림애 115
ᄢᅦ여보며 469
ᄯᅩ야기를 387
ᄠᅳᆮ 73, 176, 426, 477
ᄠᅳᆮ과 142, 321
ᄠᅳᆮ에 372
ᄠᅳᆮ으로 293
ᄠᅳᆮ으로ᄡᅥ 293
ᄠᅳᆮ을 36, 55, 94, 185, 202, 294, 454, 487, 519, 527
ᄠᅳᆮ의 59, 483
ᄠᅳᆮ이 98, 230, 410
ᄠᅳᆮ이라 525
ᄠᅳᆮ이면 68
ᄠᅳᆮᄒᆞ던 397
ᄠᅳᆮᄒᆞ며 397
ᄠᅵᆫ 262
ᄢᅢ옌 436
ᄡᅡ 31, 59, 194, 373, 531
ᄡᅡ홀 161
ᄡᅡ흘 458

ᄯᅡ히라 198, 284
ᄯᆞ롬이니 331, 339
ᄯᆞ롬이니라 359
ᄯᆞᆯ 324
ᄯᆞᆯ이 324
ᄯᅩ 31, 55, 65, 66, 68, 98, 121, 156, 167, 173, 185, 202, 207, 213, 239, 254, 264, 267, 269, 284, 289, 308, 315, 328, 352, 356, 357, 367, 370, 398, 436, 458, 469, 500, 511, 516, 527, 529
ᄯᅴ를 273

ㄹ

령지와 161
례도 217
례도를 222, 331
례도애 233
례도의 222
례되 487
례믈ᄒᆞ디 313
례법이 194
례졀이며 47
론난ᄒᆞᆯ 516
리 195, 284

ㅁ

마ᄂᆞ니라 420
마디 280
마슈ᄃᆡ 269
마시 131
마시고 249
마시기를 264
마시며 269
마오 123
마자 335
마즘ᄀᆞ티 394
마초와 254
ᄆᆞᄃᆡ를 376, 377
ᄆᆞ라 531
ᄆᆞᄅᆞ 458
ᄆᆞᄅᆞ서 376
ᄆᆞᄅᆞ써호러 348
ᄆᆞᄅᆞᆫ 242
ᄆᆞ올 60, 171, 356
ᄆᆞ올ᄒᆡ 147
ᄆᆞ올히 194, 278
ᄆᆞᄋᆞᆷ 68, 181, 187, 423, 477, 516
ᄆᆞᄋᆞᆷ애 73, 399, 438
ᄆᆞᄋᆞᆷ앳 137
ᄆᆞᄋᆞᆷ으로ᄡᅥ 433
ᄆᆞᄋᆞᆷ은 384, 405
ᄆᆞᄋᆞᆷ을 291, 296, 302, 308, 403, 412, 415, 479, 481, 492
ᄆᆞᄋᆞᆷ이 115, 137, 291, 407, 412, 417, 479
ᄆᆞ을ᄒᆡ 313
ᄆᆞᄎᆞ니 278
ᄆᆞᄎᆞᆷᄀᆞ올ᄒᆡ 222
ᄆᆞᄎᆞᆷ내 359
막고 259
막으며 548
막즐라 420
만나 150
만나셔 278
만일 65, 73, 202, 205, 207, 233, 269, 280, 289, 291, 294, 306, 326, 331, 362, 373, 459, 506
만ᄒᆞ고 497
만ᄒᆞ니 372
만ᄒᆞᆫ 370
만히 217, 304, 534
맏난 270
몯치ᄃᆞᆫ 200
말 74, 134, 448, 459
말게 357
말고 198
말라 91, 121, 129, 131, 134, 287, 359, 413
말로ᄡᅥ 40
말링잇가 328
말만 504
말ᄆᆡ아마 319, 415, 436, 502
말ᄆᆡ암아 114, 134
말ᄆᆡ암ᄋᆞᆫ 230
말ᄆᆡ암애니라 497
말며 91, 194, 195, 413
말ᄉᆞᆷ 137, 495
말ᄉᆞᆷ과 436
말ᄉᆞᆷᄀᆞ티 47

말ᄉᆞᆷᄋᆞᆯ 153
말ᄉᆞᆷ으로 509
말ᄉᆞᆷ을 26, 74, 415, 423, 445, 504
말ᄉᆞᆷ이 60, 66, 164, 548
말ᄉᆞᆷ이니 27
말ᄉᆞᆷ이라 209
말ᄉᆞᆷ이며 287, 544
말ᄉᆞᆷᄒᆞ며 513
말ᄋᆞᆯ 123, 161, 353
말에 249
말오 516
말올 150, 317, 415, 438
말와 535
말와뎌 254
말을 103, 107, 410, 423
말의 353
말이 73, 82, 328, 403, 442
말이나 365
말이라 105, 109, 137, 153, 165, 249, 289, 296, 352, 359
말이며 403
말ᄒᆞᄂᆞᆫ 74
말ᄒᆞ리오 74
말ᄒᆞ야 205
말홈이 134
ᄆᆞᆯ 147, 280, 357
ᄆᆞᆯ게셔 357
ᄆᆞᆯ리오 311
ᄆᆞᆰ게 302
ᄆᆞᆰ고 94, 103, 147
ᄆᆞᆰ옴이 137
ᄆᆞᆰ으니ᄂᆞᆫ 85
ᄆᆞᆰ으며 85
맛게 376, 513
맛난 370
맛당이 202, 269, 293, 302, 331, 415
맛당티 254
맛당ᄒᆞᄂᆞ니 436
맛당히 40, 60, 63, 101, 115, 125, 150, 207, 222, 249, 280, 289, 306, 359, 363
맛뎌 376
맛뎌둠ᄋᆞᆯ 213
맛뎌든 469
맛디 306, 348
ᄆᆞᆽ고 352
ᄆᆞᆽ도록 387, 504
ᄆᆞᆽ디 531
망녕도이 80
망녕되욤을 423
망녕된 287, 548
망멸ᄒᆞ고 164
ᄆᆡ양 259, 535
ᄆᆡ임애 145
ᄆᆡ잔노라 137
ᄆᆡᆼᄀᆞ노라 26
ᄆᆡᆼ그랏더니 254
ᄆᆡᆼᄌᆞ의 65
ᄆᆡᆼ그ᄂᆞᆫ 353
ᄆᆡᆼ되니 311
머거 267
머굼엇ᄂᆞ니라 153
머기ᄂᆞ니 356
머리 47, 150
머믈며 513
머믈오디 469
먹거늘 262
먹고 236, 239, 242, 430
먹기를 249
먹ᄂᆞ니 242
먹ᄂᆞᆫ 242, 264
먹더니 262
먹던 242
먹디 236, 239, 269
먹옴애 474
먹옴의 477
먹움기로ᄡᅥ 109
먹으며 236, 239, 242, 264, 269, 270
먹을 230, 242
먹이디 283
먼 536
먼ᄃᆡ 94, 249
멀며 536
멀에 125
며느리 324
며느리ᄂᆞᆫ 319
며느리의 317, 324
며늘이들히 352
몃 353
명도 59
명텰ᄒᆞᆫ 426

모 362
모나고져홀 384
모난 348
모다 112
모다셔 352
모든 25, 145, 198, 291, 369, 376, 467, 492
모든의 134
모딜고 492
모딜며 114
모로미 363, 377, 436, 454
모롬애 63, 98, 207, 324, 504
모롬이 31, 269, 302, 405, 453, 509, 511, 513, 516, 519, 529
모시 25, 125
모시편 359
모양을 446
모해 450
모호로 454
목숨을 485
목의 269
몬져 31, 40, 47, 63, 121, 125, 153, 242, 306, 317, 356, 412, 420, 454, 483, 513, 529, 536
몬쌀 205
몬ᄒᆞ고 35, 98, 153, 254, 311, 333
몬ᄒᆞ과뎌 79
몬ᄒᆞ나 65, 497
몬ᄒᆞᄂᆞ니 156, 217, 305, 359, 497
몬ᄒᆞᄂᆞ니라 35, 142, 284, 343, 344, 412, 479, 548
몬ᄒᆞᄂᆞᆫ 142, 412, 483, 485
몬ᄒᆞ논 450
몬ᄒᆞ놋다 356
몬ᄒᆞ니 353
몬ᄒᆞ니라 500
몬ᄒᆞ더니 370
몬ᄒᆞ리 173
몬ᄒᆞ리니 544
몬ᄒᆞ리니라 98
몬ᄒᆞ리라 74
몬ᄒᆞ리오 479
몬ᄒᆞ리오마ᄂᆞᆫ 458
몬ᄒᆞ며 105, 458, 544
몬ᄒᆞ면 59, 88, 324, 359
몬ᄒᆞ시게 207
몬ᄒᆞ시리라 207
몬ᄒᆞ야 73, 280, 305, 479
몬ᄒᆞ야도 88, 398, 438
몬ᄒᆞ여셔 311
몬ᄒᆞ여실 267
몬ᄒᆞ염즉 202
몬ᄒᆞ엿거든 394
몬ᄒᆞᆫ 68, 150, 207, 324
몬ᄒᆞᆫ다 254
몬ᄒᆞᆯ 60, 213, 233, 249, 269, 270, 278, 305, 326, 331, 340, 492, 516
몬ᄒᆞᆷᄋᆞ란 123
몬ᄒᆞᆫ 291
몬홈ᄋᆞᆫ 293
몬홈ᄋᆞᆯ 123
몬홈으로브터 548
몬홈은 538
몬홈을 230, 394, 433
몬홈이 74, 156, 291, 294, 519
몬홈이란 159
몬홈이ᄯᆞ녀 202
몸 121, 147, 182, 187, 300, 367, 412, 433, 477, 487
몸과 412
몸소 370, 458
몸ᄋᆞᆯ 125, 164, 278, 326
몸애 103, 403, 504
몸애셔 357
몸에 415
몸을 94, 101, 297, 401, 433, 479, 492
몸읫 134
몸이 105, 326, 357, 387, 458, 459, 504
못과 150
못ᄒᆞ여실 531
뫼신 454
뫼호던 335
뫼호디 194
뫼화 207
무당과 302
무당이며 287
무들 267

무러 198, 516
무로ᄃᆡ 293, 326, 328
무룸을 506
무른대 297
문ᄂᆞᆫ 481
문졍공의 372
묻고 47
묻고기 254
묻으며 68
묻ᄌᆞ온 506
묻ᄌᆞ온대 413
물 112
물이 79, 82, 85, 150, 353
물이ᄂᆞᆫ 433
물이로 370
물이의 287
므거우며 436
므거이 449
므던이 187, 217, 500
므던히 264
므던ᄒᆞ니라 289
므서시며 156
므섯고 156
므스 513
므어슬 458
믄득 275, 357, 407, 454, 495, 500, 506, 516
믈 60, 137, 352
믈고기 254
믈ᄭᅩ기 217
믈ᄭᅧᆯ이 137
믈러오면 353
믈만 236, 239
믈읫 55, 198, 200, 222, 269, 283, 302, 316, 326, 376, 445, 450, 472, 473, 474, 477, 504
믈허딤 385
믈허딤을 264
믈허딤이 153
믓거 531
믜기를 164
믜여ᄒᆞᄂᆞᆫ 142
믜여ᄒᆞ며 107
믜여홈을 500
미ᄶᅵᆫ 305
미드리오 150
미러 527
미렬코 538
미묘ᄒᆞᆫ 544
미처ᄂᆞᆫ 344
미쳔티 318
미쳔ᄒᆞ나 318
미치ᄂᆞᆫ 131
미혹홈이 357
민망홈을 335
민망히 150
민쳡ᄒᆞ며 183
믿 269, 270, 272, 280, 317, 359, 367, 376, 459, 535
믿고 249
믿드ᄃᆡ연ᄂᆞ니 339
믿드듸여시니 419
믿디 162, 165, 398
믿버 181
믿브며 47
믿비 74, 495
믿비ᄒᆞ며 445
믿어 283
믿엄즉디 284
믿처 267
믿츠면 73, 398
믿틔 348
밀로ᄡᅧ 259
밋디 479
밋치리오 98

ㅂ ㅄ

바 63
바는 481
바독 194
바ᄅᆞ 202
바ᄅᆞ게 445
바룰 31, 36, 173, 293
바를 207, 300, 397
ᄇᆞ라고 391
ᄇᆞ라노라 254
ᄇᆞ라ᄂᆞ니 391
ᄇᆞ롬과 534
ᄇᆞ롬의 137
ᄇᆞ롬이 74
ᄇᆞ려 63
ᄇᆞ려두며 495
ᄇᆞ리고 454
ᄇᆞ리며 474
ᄇᆞ리면 107, 430

반 516
반ᄃᆞ시 25, 47, 59, 74, 121, 152, 198, 200, 202, 205, 222, 269, 270, 284, 296, 306, 316, 324, 331, 348, 356, 357, 376, 445, 446, 448, 449, 495, 502, 531, 544
반ᄃᆞᆨᄒᆞ고 445
반만 195
반 195, 458
반게 284
반과 373
반ᄀᆞ올 387
반ᄂᆞ니라 284
반ᄌᆞ올 207
반ᄌᆞ옴애 200
반조오며 483
반티 459
발애 161
ᄇᆞᆯ옴애 150
ᄇᆞᆯ을 226
ᄇᆞᆰ게 74
ᄇᆞᆰ게홀 509
ᄇᆞᆰ고 433
ᄇᆞᆰ규믈 379
ᄇᆞᆰ디 311, 538, 548
ᄇᆞᆰᄋᆞ며 183
ᄇᆞᆰ은 548
ᄇᆞᆰ은이를 538
ᄇᆞᆰ켜 481
ᄇᆞᆰ키고 381
ᄇᆞᆰ킴이 94
ᄇᆞᆱ기를 446
ᄇᆞᆱ디 161
밤의 438
밥 430
밥과 236, 239
밥이 459
밥이며 331
밥이면 343
밧 308, 467
밧그로 259
밧긔 47, 273, 415, 417, 459, 485
밧씌 412
밧디 273
밧븐 121
밧븜이 531
방ᄉᆞᄒᆞ면 423
방소ᄅᆞᆯ 343
방ᄌᆞ히 270
방탕ᄒᆞ고 249
방탕ᄒᆞ며 129
배 74, 85, 142, 202, 291, 296, 305, 348, 353, 430, 477, 497, 513, 534
배니 80, 287, 319, 415
배니라 63, 137, 145, 353, 423, 436
배라 134, 370, 415
배며 36, 534
배암이 101
ᄇᆡ브르 430
ᄇᆡ블옴을 267
ᄇᆡ얌 47
ᄇᆡ얌과 161
ᄇᆡ호ᄂᆞ니ᄂᆞᆫ 415
ᄇᆡ호ᄂᆞᆫ 63, 65, 171, 436, 502, 516
ᄇᆡ호던 397
ᄇᆡ호디 194, 500
ᄇᆡ호려 359
ᄇᆡ호려티 359
ᄇᆡ호리라 65, 66
ᄇᆡ호리오 74
ᄇᆡ호며 481
ᄇᆡ호면 343, 397, 502
ᄇᆡ홀 63, 66
ᄇᆡ홈ᄋᆞᆫ 98
ᄇᆡ홈ᄋᆞᆯ 98, 121, 123
ᄇᆡ홈ᄋᆞ로ᄡᅥ 500
ᄇᆡ홈은 40
ᄇᆡ홈을 59
ᄇᆡ홈이 73, 98, 123
ᄇᆡ홈이라 403
ᄇᆡ홈이심을 105
ᄇᆡ화 55, 65, 403, 479, 497
ᄇᆡ화야 98
ᄇᆡᆨ셩 194, 297
ᄇᆡᆨ셩ᄋᆞᆯ 194
ᄇᆡᆨ셩으로 297, 430
ᄇᆡᆨ셩을 25
ᄇᆡᆨ셩의 25, 548
ᄇᆡᆨ셩이 311
버근 65, 369

버러지와 534
버서나며 544
번 308, 328, 513
번거홈애 423
번거홈을 527
번을 516
번븨 365
번을 35
번의 519
번의게 35
번의셔 207
번이 363, 479
범을 88
법 185
법녕을 80
법을 164, 185, 417, 516
법이 25, 284
베퍼내여 107
베품에 497
베프고 359
베프ᄂᆞ니 423
베플 284, 359
베픔을 254
베혀 352, 458
벼개 47
벼개를 47
벼ᄉᆞ룬 150
벼스룬 150
벼슬 119, 230, 254, 467
벼슬올 335
벼슬에 112, 300, 372
벼슬을 153, 302, 306, 308, 485
벼슬이 367
벼슬이니 513
벼슬이라 367, 369
벼슬ᄒᆞ단 296
벼슬ᄒᆞ여 479
벼슬ᄒᆞ여셔 305
벼슬ᄒᆞ임을 467
벼슬홀 123
벼슬홈이 429
변방 467
변ᄒᆞᄂᆞᆫ 495
변화를 544
별례옛 373
별회라 391
병을 401
병이 269, 278
병이라 142
볘며 273
보고 47, 74, 278, 449, 476, 483, 485, 487, 489, 492, 495
보ᄂᆞᆫ 287
보내디 473
보내여 79
보니 114, 284
보니면 47
보ᄃᆞ라온 483
보디 59, 161, 359, 413, 472
보롬애 352
보며 26, 182, 548
보시면 207, 372
보아 450
보ᄋᆞ오며 373
보야호로 249, 453
보와 504
보육과 259
보젼홈을 492
복두관ᄃᆡ라 230
복이라 236
본 511
본ᄃᆡ 150, 417, 481, 487, 489, 492, 495
본향이라 372
볼 125, 477, 502, 516
볼가 47
볼이니 436
봄애 211, 504
봄으로 417
봄이 353
봉양키두곤 222
봉양ᄒᆞ야 121
봉ᄒᆞ엿더니라 436
봉ᄒᆞᆫ 198
봉양홈을 147
뵈로 280
뵈며 335
뵈야호로 342
부경ᄒᆞ고 55
부드러온 492
부드러이 202
부디ᄒᆞ야 270
부작과 287

부춤과 47
부텨 283
부텨의 284
분로ᄒᆞ며 137
분명ᄒᆞ니라 284
분발ᄒᆞ야 495
분변ᄒᆞ고 523
분변ᄒᆞ며 183
분변ᄒᆞ면 523
분변ᄒᆞᆷ이 538
분별 103, 123
분별ᄒᆞᆯ 123
붓그러오며 125
붓그러움이 321
붓그려ᄒᆞ며 394
붓그려ᄒᆞ야 489
붓그리ᄂᆞᆫ 47
붓그리디 105
붓그리며 483
붓그림이 264
붓더니라 47
브르게 60
브리니 438
브리며 467
브정ᄒᆞ고 107
브즈러니 109, 123
브즈런ᄒᆞ며 114
브즈런ᄒᆞᆷ이니 300
브텨 153
븐텨 26
븐틈을 467
블딘기ᄅᆞᆯ 370
블러가 479
블롬을 458
블워ᄒᆞ며 476
블으ᄂᆞᆫ 423
블으지져 267
비러옴애 529
비로믈 531
비로소 372, 479, 516
비록 65, 74, 112, 147, 202, 226, 233, 270, 284, 318, 343, 344, 367, 433, 458, 497, 531, 548
비롬애 473
비르슴이라 60
비른ᄂᆞ니라 211
비릇ᄂᆞ니라 134
비븨며 308
비븨이더니 278
비와 534
비ᄒᆞᆫ 153
빈ᄂᆞᆫ 109
빈난 377
빌기 302
빗나며 147
빗난 153, 273
빗다른 302
빗출 161
빙례ᄒᆞᆷ은 315
빙소ᄒᆞ고 236
빙소ᄒᆞ며 267
ᄲᅡ디게 548
ᄲᅡ디ᄂᆞ니 145
ᄲᆞᄅᆞ며 153, 436
ᄲᆞᆯ리 153, 200
ᄲᆞᆯᄋᆞᄂᆞ니라 365
ᄲᅢ의 115
ᄲᅩᆼ나모 459
ᄲᅮᆫ이 436
ᄲᅮᆫ이니 306
ᄲᅮᆫ이언뎡 79, 270
ᄲᆞᆯ휘 31, 36
ᄲᅳ리고 60

ㅅ ㅄ ㅆ

사겨 88
사괴ᄂᆞᆫ 137
사괴더니 79
사괴디 161
사괴야 137
사괴여 333
사길 115
사다가 254
사랏고 548
사ᄅᆞᆷ 164, 270, 284, 287, 335, 356, 433, 442, 536
사ᄅᆞᆷᄀᆞᆮ티 291
사ᄅᆞᆷᄃᆞᆯᄒᆞᆫ 367
사ᄅᆞᆷᄃᆞᆯᄒᆞᆯ 376
사ᄅᆞᆷᄃᆞᆯ히 367, 527
사ᄅᆞᆷᄋᆞᆫ 156, 167, 367, 381
사ᄅᆞᆷ애 267
사ᄅᆞᆷᄋᆡ 85, 107, 205, 226, 227, 230
사ᄅᆞᆷᄋᆡ게 227, 296

사ᄅᆞᆷ오로 348
사ᄅᆞᆷ으로 60, 273, 471, 475
사ᄅᆞᆷ은 74, 401, 426, 459
사ᄅᆞᆷ을 59, 125, 145, 254, 294, 302, 315, 433, 438, 454, 492, 516, 538, 544
사ᄅᆞᆷ의 73, 79, 80, 85, 103, 125, 134, 142, 185, 227, 230, 311, 348, 352, 401, 423, 438, 467, 471, 472, 473, 476, 483, 485, 487, 489, 492, 495, 502, 529
사ᄅᆞᆷ의게 35, 60, 479, 519, 527, 538
사ᄅᆞᆷ이 60, 123, 161, 167, 171, 217, 242, 262, 264, 284, 289, 304, 339, 343, 344, 353, 356, 394, 403, 412, 419, 429, 433, 453, 469, 497, 500, 531
사ᄅᆞᆷ이니 74, 342, 387
사ᄅᆞᆷ이라 40, 59, 63, 74, 78, 85, 101, 156, 161, 165, 194, 249, 287, 290, 302, 311, 324, 352, 367, 384, 394, 436, 467, 513, 531
사ᄅᆞᆷ이란 227
사ᄅᆞᆷ이오 74, 85
사ᄅᆞᆯ 459
사롬애 495
사오나오니를 161
사오나온 63, 85, 91, 236, 239, 280, 385, 449, 459, 467, 492
사오나옴오로ᄡᅥ 194
사오나옴으란 107
사오나옴을 438
사오납고 273
사홀 516
사회 318
사회와 317
ᄉᆞ긔ᄅᆞᆯ 129
ᄉᆞ나ᄒᆡ 273, 275
ᄉᆞ나ᄒᆡ며 31
ᄉᆞ나ᄒᆡ애 353
ᄉᆞ나ᄒᆡ와 194
ᄉᆞ당애 222
ᄉᆞ당ᄋᆡ 373
ᄉᆞ당이 222
ᄉᆞ랑키ᄅᆞᆯ 356
ᄉᆞ랑키예 296
ᄉᆞ랑티 343
ᄉᆞ랑ᄒᆞ고 82, 85, 194, 359
ᄉᆞ랑ᄒᆞ기를 357
ᄉᆞ랑ᄒᆞ노니 458
ᄉᆞ랑ᄒᆞ며 205
ᄉᆞ랑ᄒᆞ야 529
ᄉᆞ랑홈이 68
ᄉᆞ랑홈에 352
ᄉᆞ랑홈을 291, 362
ᄉᆞ랑홈이 348
ᄉᆞ려에 426
ᄉᆞ렴ᄒᆞ야 427
ᄉᆞᄅᆞᆷ 115
ᄉᆞ리예 205
ᄉᆞᄆᆞ차디며 523
ᄉᆞᄆᆞᆺ디 497
ᄉᆞᄆᆞᆺᄎᆞ리 331
ᄉᆞ매ᄅᆞᆯ 365
ᄉᆞ모티 317
ᄉᆞ모ᄒᆞ야 319
ᄉᆞᄉᆞ로온 293
ᄉᆞᄉᆞ로옴이 489
ᄉᆞᄉᆞ로이 259, 352
ᄉᆞᄉᆞ유무를 471
ᄉᆞᄉᆞᆺ 36
ᄉᆞ양ᄒᆞ며 195
ᄉᆞ양ᄒᆞ야 367
ᄉᆞ양ᄒᆞ야도 387
ᄉᆞ욕을 413, 417
ᄉᆞ이ᄂᆞᆫ 278
ᄉᆞ이예 134, 305, 333, 365
ᄉᆞ이예ᄂᆞᆫ 365
ᄉᆞ이와 430
ᄉᆞ이ᄒᆞᄂᆞᆫ 302
ᄉᆞ태위 264
산 222
살 284
ᄉᆞᆯ며 284
ᄉᆞᆯ올 200
ᄉᆞᆯ와 202
ᄉᆞᆯ진 147, 259
ᄉᆞᆯ펴 200
ᄉᆞᆯ피고 317

ᄉᆞᆯ피디 305
ᄉᆞᆲ피디 450
삼가 185, 376
삼가고 131, 445
삼가기와 300
삼가디 134, 278
삼가므로ᄡᅥ 182
삼고 109, 365
삼긴 419
삼ᄂᆞ니 109, 362
삼ᄂᆞᆫ 142, 365
삼노라 450
삼더니 367
삼디 326, 504
삼아 306
삼ᄋᆞ니 264
삼ᄋᆞ며 506
삼ᄋᆞ면 506
삼ᄋᆞᆯ 302
삼올 187, 417
삼으니 264, 278
삼으며 181, 362
삼을 40, 363
삼촌의 236
상녜를 270
상ᄉᆞ애 85, 194
상ᄉᆞ와 217
상여ᄅᆞᆯ 267
상을 343
새배 331
새옴ᄒᆞᄂᆞᆫ 319
ᄉᆡᆼ각과댜 485
ᄉᆡᆼ각디 107
ᄉᆡᆼ각ᄒᆞ며 527
ᄉᆡᆼ각ᄒᆞ면 173
ᄉᆡᆼ각ᄒᆞ야 68, 527
ᄉᆡᆼ각홈이 527
샤벽ᄒᆞᆫ 407
샤치ᄒᆞ고 377
샤치ᄒᆞ며 114
샤치ᄒᆞᆫ 487
샤치홈ᄋᆞᆯ 147
샤특ᄒᆞ며 548
샤특ᄒᆞᆫ 107, 420
샹녯 73
샹의원의게 213
샹고ᄒᆞ야 185
샹녜 373, 377, 454
샹녜사ᄅᆞᆷ 433
샹녜사ᄅᆞᆷᄋᆡ 410
샹ᄃᆡ티 535
샹ᄉᆞᄅᆞᆯ 264
샹심ᄒᆞ며 31
샹심ᄒᆞ야 446
샹싸ᄅᆞᆷ의 315
샹ᄒᆞ고 492
샹해 31, 211, 458
샹해와 264
서거 284
서ᄅᆞ 264, 359, 479
서르 194, 267, 302, 333, 343, 352, 359, 362, 365, 509
서머ᄒᆞᆫ 487
셔흐러 458
셕 185, 394
셜 230
셜에 47
셧그면 417
셰 68, 300, 339, 429, 442
셰니 353
셰츠고 495
셰혜 458
셴재ᄂᆞᆫ 107, 467, 472
셔안의 534
셕술 280
션ᄇᆡ 55, 63, 88, 105, 129, 313, 479
션ᄇᆡᄂᆞᆫ 391, 426
션ᄇᆡ라 209, 381, 479
션셰ᄅᆞᆯ 101
션ᄉᆡᆼ 59
셜움을 284
셜움이 289
셤겨 119, 294
셤굠이 324
셤굠을 485
셤기 290, 291
셤기ᄂᆞᆫ 213, 222, 294
셤기며 215
셤길 60
셤김애 205, 308
셤김을 290, 291
셩실케 426
셩실ᄒᆞ리라 417
셩인 63, 187

셩인과 427, 538
셩인ᄋᆡ 516
셩인ᄋᆞᆫ 391
셩인ᄋᆞᆯ 391
셩인의 550
셩인이라 65
셩인이오 398
셰간의 352
셰고 516
셰기 121
셰ᄂᆞᆫ 487
셰디 114
셰샹 497
셰샹마새 453
셰샹애 31
셰샹이 137, 142, 144, 147, 357
셰셰로 367
셰쇽의 47
셰쇽이 362
셰욤ᄋᆞᆯ 181
셰욤을 176, 197, 495
셰욤애 114
셴 185, 195
셤이 73
소기디 181, 308
소기며 283
소ᄅᆡᄅᆞᆯ 161, 202
소ᄅᆡ를 483
소업을 343
소음식 245
소음식이 269
소임 305
소임에 367
소임으로써 376
소임을 485
소임이니 519
손ᄃᆞᆯ히 267
손슌ᄒᆞ며 47
솔ᄋᆞᆫ 153
손애 458
손ᄋᆡ게 207
손을 79, 85, 352
손이 278
손잇 134
쇠ᄅᆞᆯ 137
쇼로기와 500
쇼샹제 239
쇽졀업슨 377
쇽졀업시 153
숑ᄉᆞᄅᆞᆯ 194
숑ᄉᆞᄒᆞ며 335
수이 60, 109, 137, 538
술 109, 131, 242, 249, 254, 264, 267, 269, 270, 289
술과 267
술와 467
술이 254
술이니 134
술이란 109
술이며 331
숨기며 492
쉬옴ᄋᆞᆫ 115
쉬움애 423
쉰 516
쉰으로써 270
쉽디 207
쉽사리 527
쉽살홈을 121
슈고로옴을 483
슈달이 217
슈딜과 273
슈렴ᄒᆞ며 487
슈보ᄒᆞ야 529
슈욕을 125
슈욕ᄒᆞ며 101
슌젼티 497
슝샹ᄒᆞ니 129
슝샹ᄒᆞ야 109
스믈헤 233
스스로 55, 103, 125, 176, 254, 267, 305, 306, 403, 410, 412, 415, 427, 438, 454, 459, 475, 477, 485, 487, 500, 525, 544, 548
스승의 519
슬워ᄒᆞ여 107
슬탈ᄒᆞᆫᄃᆞᆯ 98
슬프고 289
슬프다 264, 267, 401
슬픔오로써 249
슬흐여 68
슬희여ᄒᆞ고 467
슬희여ᄒᆞ디 531
승과 302
승냥이와 217

싀어버이 324
싀어버이를 319
싀험ᄒᆞ며 164
싀훤코 284
싁싁히 446
싁싁ᄒᆞ고 410
싁싁ᄒᆞ며 182
싁싁ᄒᆞ면 407
시기고 479
시러곰 55, 79, 198, 275, 280, 297, 353, 367, 372, 531
시쇽이 144
시시로 200
시절에 264, 318
시절을 467
시졀에 318
시졀와 98
시회니 63, 369
시회라 262, 313, 387, 433
시회오 171, 176
식혜를 259
신묘를 544
신믈을 469
신쥬를 222
신쥐 222
신하 227
신하로 150
신하와 363
신해 211
신해라 176, 394
실과 438
실로 534
실로ᄂᆞᆫ 270
심ᄒᆞᆫ 497
심히 264
ᄡᅡ 259
ᄡᆞᆯ 47, 280
ᄡᆞᆯ을 259
ᄡᅧ 60, 68, 74, 91, 94, 98, 114, 137, 142, 145, 264, 267, 278, 289, 297, 300, 308, 321, 326, 331, 339, 352, 356, 365, 370, 373, 376, 377, 399, 415, 417, 423, 436, 459, 477, 479, 481, 483, 485, 497, 513, 527, 544, 550
ᄡᅳ기ᄅᆞᆯ 487
ᄡᅳᄂᆞᆫ 376
ᄡᅳ디 535
ᄡᅳ며 60, 222
ᄡᅳ심을 516
ᄡᅳ이ᄂᆞᆫ 415
ᄡᅳᆯ 519
ᄡᅳᆯ며 60
싸한ᄂᆞᆫ 490
싸ᄒᆞ면 294
싸ᄒᆞᆫ 372
싸홀며 284
싸홈도 423
싸히여ᄂᆞᆫ 399
ᄊᆞ이 367
써 450
써셔 477
쓰던이라 185
쓰이고 230
쓴 54, 445

ㅇ

아기네ᄃᆞ려 153
아ᄂᆞᆫ 419, 497
아녀신 284
아노라 544
아니 47, 103, 373, 381
아니니 442
아니니라 254, 308, 525, 536
아니라 40, 129, 131, 436
아니리 114, 173, 283, 319
아니면 94, 98, 544
아니어든 161, 413, 420, 423
아니오 156, 442
아니커든 293, 365
아니코 359
아니코쟈 365
아니콰댜 495
아니턴 495
아니티 91, 213, 278, 340, 343, 344, 473, 535
아니ᄒᆞ거늘 171, 245
아니ᄒᆞ고 105, 173, 273, 370, 527
아니ᄒᆞᄂᆞ뇨 171
아니ᄒᆞᄂᆞ니 264, 313, 412

아니ᄒᆞᄂᆞ니라 387
아니ᄒᆞᄂᆞᆫ 284, 308
아니ᄒᆞ노니 459
아니ᄒᆞ노라 80, 85, 272, 535
아니ᄒᆞ논 401
아니ᄒᆞ니 352, 502
아니ᄒᆞ니라 173, 217, 394, 430
아니ᄒᆞ더니 458
아니ᄒᆞ더니라 313
아니ᄒᆞ더라 531
아니ᄒᆞ료 353
아니ᄒᆞ리니 59, 348
아니ᄒᆞ리라 185, 398, 433, 454, 502
아니ᄒᆞ리오 367, 372
아니ᄒᆞ며 68, 161, 171, 213, 236, 239, 273, 275, 381, 387, 394, 535
아니ᄒᆞ면 66, 73, 74, 134, 195, 479
아니ᄒᆞ실디라도 202
아니ᄒᆞ야 31, 36, 68, 103, 105, 107, 161, 269, 423, 483, 485
아니ᄒᆞ야도 162, 165
아니ᄒᆞ야셔 156
아니ᄒᆞᆫ 202, 209, 211, 273
아니ᄒᆞᆯ 270, 453, 454
아니ᄒᆞᆷ을 31, 66
아니ᄒᆞᆷ이 68
아니호ᄃᆡ 47
아니호리라 162, 165, 459
아니홀 55, 207, 275, 280, 302, 504
아니홈만 500
아니홈ᄋᆞ로ᄡᅥ 181
아니홈은 171
아니홈애 213
아니홈으로 205
아니홈을 359
아니홈이 74, 205, 284, 299, 306, 536
아니홈이니라 270
아니홈이오 467
아닌 161, 167, 173, 377
아닌ᄂᆞᆫ 348
아닐 227, 318, 469, 471, 472, 473, 474, 475, 476, 497
아닐가 294
아님이 306, 377, 544
아님이니라 467
아당 365
아당ᄒᆞᄂᆞᆫ 107
아ᄃᆞᆨᄒᆞᄂᆞ니 433
아ᄃᆞᆨ호ᄃᆡ 105
아ᄃᆞᆯ 78, 94, 176, 209, 211, 227, 230
아ᄃᆞᆯᄃᆞ려 369
아ᄃᆞᆯ을 335
아ᄃᆞᆯ이 211, 233
아ᄃᆞᆯ이라 91, 254, 259
아득ᄒᆞᆫ 538
아ᄃᆡ 60, 74, 105, 123, 142, 207, 213, 217, 230, 284, 311, 333, 356, 412, 483, 485
아라 420, 426, 509, 513
아ᄅᆞᆷ다오리라 233
아ᄅᆞᆷ다온 25, 26, 27, 131
아ᄅᆞᆷ답게 479
아래 373
아래로 403
아랫 262, 367
아롬ᄋᆞᆯ 233
아ᄇᆡ 85, 278
아ᄇᆡ게 222
아비 211, 262
아비ᄂᆞᆫ 194, 205
아비ᄅᆞᆯ 352
아비와 209, 211
아ᄋᆞ 227
아ᄋᆞᆫ 194
아오로 373
아의 348
아이 359
아이니 59
아젼 291, 297
아젼ᄋᆡ게 305
아젼의 305
아직 59, 436, 438
아ᄎᆞᆫ아ᄃᆞᆯ 119
아ᄎᆞᆷ나죄로 60, 450
아ᄎᆞᆷ에 259

아츰이 254
아쳐ᄒᆞ고 107
아쳐ᄒᆞᄂᆞ니ᄂᆞᆫ 527
아쳐ᄒᆞᄂᆞ니라 105
아쳐ᄒᆞᄂᆞᆫ 80
아쳐ᄒᆞ며 489
아쳐ᄒᆞᆯ딘댄 171
아쳐홈ᄋᆞᆯ 500
아쳐홈이 205
아ᄑᆞ로 342
아ᄒᆡ 40, 60, 74, 290
아ᄒᆡᄃᆞᆯᄒᆡ 147
아ᄒᆡᄅᆞᆯ 31
아ᄒᆡ와 534
아ᄒᆡᆫ 31
아홉 339
안 273
안ᄂᆞᆫ 445, 450, 467
안뎌 25
안ᄯᅧ니 367
안ᄶᅵ 273
안셔코 446
안자 74
안ᄌᆞ 65
안존 249
안졍티 94
안졍ᄒᆞ고 31
안졍ᄒᆞ며 423
안졍ᄒᆞ야ᅀᅡ 98
안졍홈으로ᄡᅥ 94
안졍홈이 98
안졍히 446
안즉 205
안직 504
안ᄒᆞᆯ 417
안해 254, 275
안해셔 331
안ᄒᆡ 405
안히 423
안ᄂᆞ니 55
알 159, 511
알거늘 217
알리 367
알리니 47
알리니라 226
알리라 300
알리러니 538
알리오 230, 318
알며 40
알면 65, 300
알애셔 352
알오 68
알옴이 105
알옴이라 403
알외기 267
알외니라 119
알ᄑᆞ니 115
ᄋᆞᆶᄑᆡ 454
알ᄑᆡ와 417
암ᄃᆞᆰ이 331
앗가오니라 305
앗기ᄂᆞᆫ 489
애 217
야쇽ᄒᆞᆫ 267
양이라 137, 150, 525
양ᄌᆞ 467
양ᄒᆞᄂᆞᆫ 492
양ᄒᆞ야 500
어그럽고 426
어그릇ᄂᆞ니 423
어그릇디 394
어긔며 352
어ᄂᆡ 262, 373
어늬 63
어ᄃᆞ니 370
어ᄃᆞ면 356
어ᄃᆞᆯ디라도 321
어ᄃᆞᆷ이 365
어더 326, 352
어더도 112, 454
어둠ᄋᆞᆫ 326
어둠ᄋᆞᆯ 308, 324
어드나 147
어드며 467
어드면 319, 356
어득ᄒᆞ고 164
어든 305
어들 525, 527
어디니 161
어디니를 161
어디디 156, 159, 167, 173
어디롬으란 107
어디롬이 156
어디롬이란 159
어딘 26, 35, 47, 63, 91,

156, 164, 167, 173, 176, 194, 198, 209, 262, 294, 385, 394, 398, 401, 449, 492
어딜고 156
어딜면 318
어려오니 150
어려온 524
어려옴은 114
어려옴이 267
어려우니라 109, 153, 519
어려운 145, 194
어려움과 267
어렵도다 538
어렵살ᄒᆞ야 278
어룸이 230
어름을 150
어름이 525
어린 63, 68, 156, 267, 433
어마님이라 259
어미 47, 370
어미ᄂᆞᆫ 194, 205
어미로 370
어버싀 47, 207, 356, 357
어버싀게 31
어버이 47, 205, 213, 215, 290, 311, 339, 370, 483
어버이ᄅᆞᆯ 207, 356, 370
어버이를 387
어버이와 121
어엿비 68, 194, 213
어즈러우모로 534
얻디 74, 394, 458
얻으미 506
얼굴 405, 446
얼굴ᄋᆞᆯ 342
얼굴이 284
얼운 60, 376
얼운을 121, 500
얼운의게 198
얼운이 74
엄슉ᄒᆞ고 446
엄슉히 535
엄의 68
업거든 202, 205, 264, 275
업건마ᄂᆞᆫ 352
업게 283, 377
업고 94, 98, 114, 264, 284
업ᄂᆞ니 114
업ᄂᆞ니라 407
업다 442
업더니 401
업드롬이 153
업디 36
업ᄉᆞ니라 121, 123, 527
업ᄉᆞ리니 98
업ᄉᆞ리라 94
업ᄉᆞᆫ 328
업ᄉᆞᆷ 401
업서 85, 283, 284, 333, 430
업서ᄒᆞᄂᆞᆫ 489
업수라 544
업슈이너겨 319
업슈이너기디 194
업스뇨 284
업스니 372, 511, 531
업스니라 242, 417
업스랴 321
업스리니라 331
업스리라 306, 497
업스리오 262
업스며 82, 485
업스면 289, 372
업슨 459
업슬 284
업슴애 36
업슴으로써 362
업슴은 315
업슴을 207, 209, 376
업시 164, 198, 273, 497
업텨 114
업티며 164
엇게ᄅᆞᆯ 365
엇더뇨 326
엇더홈을 317
엇디 74, 98, 107, 150, 171, 215, 230, 289, 293, 294, 306, 318, 319, 353, 362, 367, 372, 373, 438, 479
엇딘 284, 356, 357
에디 387
에엿비 489
여ᄃᆞᆲ 453
여듧 129
여라믄 333

여러 153, 284, 308, 454
여ᄉᆞᆺ 47
여슷 222
여슷재ᄂᆞᆫ 467
여슷재는 475
여어보디 471
여외고 269
여타오며 362
여트며 544
여허ᄒᆞ야 365
여허ᄒᆞᆷ을 362
연고 280
연고로 284
연고오 356, 357
연괴 275
연괴니라 230
연후에ᅀᅡ 291
연ᄌᆞ와 119
열 230, 454
열네 450
열다ᄉᆞᆺ 459
열다ᄉᆞᆺ스로ᄡᅥ 233
열며 481
열어 74
열운 150
열워 362
영장ᄒᆞᄂᆞᆫ 262
영장ᄒᆞᆯ 267
영화로이 171
영홰며 423
예비ᄒᆞᆯ 377
오게 207
오나ᄂᆞᆯ 254
오난 264
오ᄂᆞᆯ 506
오ᄂᆞᆯ날애 523, 524
오던 245
오라 269
오라니 230
오라리오 362
오라며 47
오라면 523, 524
오라믈 363
오라셔 47
오라야 525
오ᄅᆞ기 385
오람애 417
오랑캐의 313
오래 150
오로 335
오만ᄒᆞᆷ으로 114
오ᄉᆞᆯ 356
오슬 492
오시라 273
오시면 343
오올완노소라 353
오직 31, 36, 55, 107, 123, 150, 167, 211, 270, 293, 294, 300, 306, 328, 331, 333, 348, 403, 407, 412, 423, 436, 504, 516, 527
오히려 88, 171, 202, 230, 262, 264
온 137, 142, 144, 147, 357
온가짓 55
온갓 25, 436, 497
온공ᄒᆞ고 487
온후ᄒᆞ고 66
온바미 500
올리ᄂᆞᆫ 287
올몸애 68
올몸을 119
올ᄉᆡ 245
올옴 114
올타 145
올티 202, 209, 211, 352
올ᄒᆞ니 80, 134
올ᄒᆞ며 183, 202
올ᄒᆞᆫ 36, 47, 85, 161, 381, 445, 467, 489
올ᄒᆞᆫ녁 342
올ᄒᆞᆯ디라도 202
올히 194, 211, 467
옮ᄂᆞ니 417
옴겨 131, 222, 479
옴기ᄂᆞᆫ 348
옴기디 66, 394
옴ᄋᆞ로 372
옴으로 230
옴이 423
옷 430
옷과 446, 459
옷기ᄉᆞᆯ글 343
옷기슬 343
옷밥과 376
옷보흐로 259

와 249
완롱ᄒᆞ야 142
완샹ᄒᆞ야 55
완악ᄒᆞ고 205
외니 80, 134
외니라 202
외다 278, 299, 433
외로온 328
외며 202, 407
외올만홀 40
외옴으로뼈 55
외옴이 516
외욤올 183
윈 164
윈녁 342
요괴로오며 548
요괴롭고 287
요구티 359, 412, 453
요구호ᄃᆡ 412
요구홀 513, 516
요구홀딘댄 363
요ᄃᆞᆯ해 273
요동 68
요ᄉᆞ이 362
요ᄉᆞ이로뼈 230
요족홈이 459
욕심을 426
욕심이 489
용납ᄒᆞ던 492
용모ᄅᆞᆯ 487
용쇽ᄒᆞᆫ 109, 497
용ᄒᆞᆫ 80
우리 287, 352, 372
우으며 497
우졔와 239
우ᄒᆞᆫ 197, 379, 551
우ᄒᆡ 245
우후로 403
우흘 516
우희 270, 367
우히 233
운층을 74
울어 331
울어ᄂᆞᆯ 47
울어롬이 519
울오 267
움즈기디 413
움즉이디 305
움즉임이 423
움치고 150
옷 291
옷관원의게 35
옷관원이 35
옷단 105
원망홈이 137
원슈 164, 357
원슈ᄀᆞᆮ티 352
원슈를 442
원슈와 500
원이 194
위로ᄒᆞ거든 267
위엄이 82
위와텸을 142
위완ᄂᆞᆫ 142, 412
위틱ᄒᆞ니 426
위틱홈을 485
위ᄒᆞ야 47, 145, 230, 280, 283, 335, 529
위ᄒᆞ예니 205
위ᄒᆞ옐ᄉᆡ라 209
위ᄒᆞᆫ 31
위홈이니라 36
유무 79, 333
유무에 55
유무와 469
유셰ᄒᆞᆫ 150
유식ᄒᆞ니의 147
유여커든 123
유여ᄒᆞ리라 504
유익홈을 500
은ᄉᆡ라 171
은의ᄅᆞᆯ 348
은혜 194
은혜를 359
은혜며 442
은혜옛 373
은듬 365
음란홈으로뼈 315
음식을 356, 467
음식이 454
음식ᄒᆞ기를 331
음탕ᄒᆞ며 467
음탕ᄒᆞᆫ 164
옷듬 181
옷듬을 40, 363
옷듬이니 294

웅졉ᄒᆞᆷ이 417
의 442, 502
의거ᄒᆞ야 321
의관을 107
의론에도 287
의론을 129
의론티 272
의론ᄒᆞ기ᄂᆞᆫ 313
의론ᄒᆞ기ᄅᆞᆯ 79
의론ᄒᆞ야 105, 209
의론ᄒᆞᆷ애 316
의론ᄒᆞᆷ을 278, 467
의술을 213
의심되야 516
의원을 401
의지ᄒᆞ야 429
의탁ᄒᆞᆯ 328
이 25, 47, 63, 65, 74, 80, 101, 112, 134, 142, 156, 185, 187, 195, 197, 198, 209, 211, 213, 222, 227, 233, 242, 254, 264, 267, 284, 293, 294, 299, 300, 302, 306, 315, 328, 335, 339, 356, 362, 363, 372, 379, 403, 415, 436, 442, 450, 453, 477, 502, 504, 506, 516, 529, 536, 544, 550, 551
이긔디 492
이긔여 413, 417
이ᄂᆞᆫ 55, 85, 161, 194, 211, 230, 267, 269, 270, 272, 284, 326, 339, 357, 399, 420, 423, 483, 485, 487, 489, 492, 495, 502, 527
이디 88, 195
이라 129, 245
이라도 433
이ᄅᆞᆯ 63, 65, 107, 194, 217, 264, 283, 367, 377, 450, 489, 492, 497, 502
이러 47
이러ᄐᆞᆺ 173
이러ᄐᆞᆺᄒᆞ고 171
이러ᄐᆞᆺᄒᆞᆫ 211, 362
이러ᄒᆞ니 357
이러ᄒᆞ면 367, 500
이런 60, 80, 454, 459
이럼이 353, 459
이로 324, 365
이로ᄡᅥ 536
이를 171, 173, 324, 372, 467, 489, 538
이리 270, 308
이리어든 294
이면 321
이믜 230, 254, 270, 284, 370, 403, 412
이ᄆᆞᆺ 105, 109, 236, 239
이바디 264
이바디ᄒᆞ야 270
이셔 31, 79, 222, 245, 254, 273, 299, 328, 399, 458, 459
이셔도 284, 331, 343, 344, 433, 531
이쇼미 150
이숌애 283, 475
이숌을 211
이숌이 284
이슘을 502
이시나 367
이시니 82, 153, 167, 267, 284, 315, 367, 459
이시리 527
이시리니 506
이시리라 296
이시리오 294, 319, 353, 438
이시며 194, 207, 459, 492
이시면 25, 152, 291, 477
이신 339, 376
이실 60, 273, 405
이실ᄉᆡ 259
이심 80
이심애 25
이심애ᄂᆞᆫ 35
이심은 205
이심을 280
이심이니라 291
이ᅀᅡ 348, 365
이어든 328
이에 373, 423
이여 25
이예 121, 159, 267, 272,

436, 516, 544
이와 315
이우러 98
이우지 194
이울고 153
이의 63
이제 31, 65, 131, 217, 254, 264, 293, 318, 348, 353, 365, 373, 500, 502, 538
이제는 370
이제를 331
이제며 47
이젯 60, 356, 367, 401, 479, 538
이젼에 516
인 227, 230
인ᄂᆞ니 153, 300, 328, 339, 417, 429
인ᄂᆞᆫ 31, 36, 112, 269, 272, 275, 284, 359, 446, 536
인ᄂᆞᆫ디라 420, 477
인도ᄒᆞ고 267
인도홈ᄋᆞᆫ 519
인륜 379
인륜이며 544
인품의 63
인ᄒᆞ야 249, 254
일 109, 153, 226, 287, 291, 306, 308, 311, 315, 370, 385, 449, 459, 479
일게 516
일과 516
일ᄭᅴ와 544
일ᄂᆞ니라 55
일도 423
일돌로ᄡᅥ 47
일들흘 403
일ᄅᆞ니라 420
일ᄅᆞᆫ 328
일로 134, 278, 497
일로브터 339
일로ᄡᅥ 305, 311, 367, 376
일만 403, 479
일면 153, 427, 507
일빅 387, 459, 529
일빅나ᄆᆞᆫ 372
일삼고 207
일삼ᄂᆞᆫ 430
일삼아 415
일삼올 331
일ᄋᆞᆫ 328
일올 47, 65, 74, 85, 105, 164, 167, 198
일에 55, 183, 194, 202
일오디 458, 544
일옴을 376
일옴이 98
일우디 319
일움이 479, 527
일워 114
일은 328
일을 31, 60, 264, 302, 331, 353, 377, 381, 477, 523, 524, 544
일이 200, 254, 300, 311, 436, 544
일이라 73, 287
일이며 47, 63
일인고 63, 513
일일마다 412
일즉 31, 101, 119, 123, 215, 222, 367, 370, 387, 436, 527, 535
일쳔 129, 403
일ᄏᆞ라 129, 144
일ᄏᆞ라시나 233
일ᄏᆞᆮᄂᆞᆫ 352
일티 387, 398, 415
일편되며 352
일ᄒᆞ기를 448
일ᄒᆞ욤은 441
일ᄒᆞᆫ 487
일ᄒᆞᆯ 426
일홈 79, 129, 308
일홈과 150
일홈난 112, 114
일홈ᄋᆞᆫ 171, 209, 287, 290
일홈은 31, 40, 54, 59, 63, 65, 94, 156, 176, 194, 198, 259, 324, 391, 433, 436, 445, 467, 479, 513
일홈을 101, 398
일홈이 401
일홈이니 54
일홈이니라 326
일홈이라 31, 59, 125, 129,

194, 254, 262, 359, 409, 531
일흐니를 326
일흘 85
일히 534
임읫 31
입에 79, 82, 161
입에셔 356
입을 259
입이 356
잇가지 226
잇거늘 278
잇거니와 372
잇거든 269, 306, 401, 519, 529, 535
잇거든 202
잇고 222, 339, 459
잇쎄 459
잇그러 343
잇ᄂᆞ니 25
잇ᄂᆞᆫ 230
잇다감 145, 230
잇도다 25
잇디 173, 185, 502
잇브고 207

ㅈ ㅉ
자 185
자며 273
자바시라 427
자밧ᄂᆞᆫ 25
자븐 152, 403
자최 417
자최를 150
자히나 454
자히라 454
ᄌᆞᄂᆞᆫ 31, 55, 59, 65, 94, 156
ᄌᆞ뎨를 145
ᄌᆞ뎨와 352
ᄌᆞ람애 31, 230
ᄌᆞ뢰ᄒᆞ야 270
ᄌᆞ를 308
ᄌᆞ뭇 284
ᄌᆞ셔히 306
ᄌᆞ셰홈이 441
ᄌᆞ식 339, 357
ᄌᆞ식에셔 357
ᄌᆞ식은 194
ᄌᆞ식을 311, 344
ᄌᆞ식이 200, 202, 339
ᄌᆞ식이라 344
ᄌᆞ연히 40, 407
ᄌᆞ젼ᄒᆞ야 198
ᄌᆞ쳐ᄒᆞ며 487
잔 109
잘 365
잘홈이 429
잠깐 60, 233, 269, 410
잠깐도 333
잠깐ᄒᆞ야 527
좀겨쳐 507
좀기여 107
좀좀ᄒᆞ욤올 513
잡고 342
잡드러 370
잡아 217, 324, 365
잡아시니 458
잡안ᄂᆞᆫ 182, 202, 419
잡으며 449
잡음이 417
잡피여 335
재며 459
ᄌᆡ니 352
ᄌᆡ라 211
ᄌᆡ믈 313, 376
ᄌᆡ믈로뻐 313
ᄌᆡ믈을 171, 321, 489
ᄌᆡ믈의 467
ᄌᆡ믈이 459
ᄌᆡ샹 47
ᄌᆡ샹애 458
ᄌᆡ샹으로 119
ᄌᆡ샹이라 176
ᄌᆡ실 254
ᄌᆡ조 249
ᄌᆡ조ᄂᆞᆫ 98
ᄌᆡ조로오며 331
ᄌᆡ조를 98, 123
ᄌᆡ조를 429
ᄌᆡ죄 150
ᄌᆡ죄며 548
ᄌᆡ질이 527
ᄌᆡ화를 331
ᄌᆡ화와 134
쟉고 489

쟝 194
쟝만코 289
쟝만ᄒᆞ야 207
쟝쉬며 458
쟝을 239
쟝춧 91, 98, 227
저투리디 495
저픈 269
저픔을 150
저허 294, 353, 427, 483
저허ᄒᆞ고 121
저혼 328
저홈ᄀᆞ티 161
적 31, 40, 54, 63, 68, 78, 94, 101, 156, 171, 176, 194, 198, 209, 245, 249, 278, 287, 290, 311, 313, 324, 352, 381, 384, 387, 391, 394, 433, 436, 467, 479, 513, 531
적의 369
적이 129
적이라 129
적이라도 121
적이면 412
절홈을 352
젓과 269
젓ᄃᆞᆺᄒᆞ야 107
젓ᄃᆞᆺᄒᆞ야 352
제 91, 230, 259, 267, 315, 342, 367, 370, 412, 426, 531, 535
제게 107
제ᄇᆞᆯ터 31, 68
제소임 485
져 112
져그나 103
져근덜 426
져머셔 63
져머신 342
져ᄇᆞ리디 459
져버보는 433
져버보면 433
져버봄은 433
져제 394
져젯 147
젹게 302, 492
젹고 105, 305, 328
젹고져ᄒᆞ며 384
젹기 344
젹다ᄒᆞ야 91
젹옴애로뻐 270
젹으니 230, 319
젹으니라 112, 367
젹으며 489, 536
젹으면 164
젹은 31, 198, 536
젹음과 467
젹이 377
젼갈 161
젼사름들희 441
젼에 284
젼위 367
젼의 269
젼일ᄒᆞᄂᆞ니라 423
젼일ᄒᆞ면 407
젼일홀 407
젼쥬케 331
젼쥬홀 331
졀 230
졀당케 504
졀목을 413
졀ᄎᆞ 60
졈글워 430
졈어셔 63, 315, 429
졈어셔ᄇᆞᆯ터 230
졈은 304
졈은이 198, 227
졈은이라도 226
졈졈 66, 226
졋디 142
졍답고 446, 495
졍미ᄒᆞᆫ 98
졍ᄉᆞ롤 331
졍ᄉᆞ홈이 185
졍ᄉᆡ며 80
졍셩도이 485
졍셩된 293, 294, 308
졍셩을 420
졍셩이 137
졍승에셔 369
졍승이라 94, 198, 433
졍신이 284
졍월이면 217
졍제히 446
졍케 297

졍ᄒᆞ고 527
졍ᄒᆞᆫ 550
졔ᄉᆞᄂᆞᆫ 217
졔ᄉᆞᄒᆞ기를 215
졔어ᄒᆞ야 417
졔어홈ᄋᆞᆫ 415
졔ᄒᆞᄂᆞᆫ 217
졔후왕으로셔 245
조각을 426
조급ᄒᆞ며 423
조급ᄒᆞ면 98
조급히 153
조브니라 399
조샹 372
조샹씌ᄂᆞᆫ 217
조샹브터 372
조샹을 165, 222, 373
조샹ᄋᆡ 114
조샹이 372
조심케 31
조심ᄒᆞᄂᆞ니라 324
조심ᄒᆞᄂᆞᆫ 88
조심ᄒᆞ야 121, 427
조차 31, 36, 134, 264, 267, 467, 516
조차온 315
조ᄎᆞ면 426
조출 516
조초 308
조춤은 385
조ᄒᆞᆫ 85
조홈이 94
조홈을 103
족뉘 313
존졀ᄒᆞ며 82, 445, 487
졸곡졔 239
좁으며 544
좁ᄋᆞᆫ 273
좃디 293
좃출 202
죵요ᄅᆞᆯ 187
죵요로온 112
죵외 417
죵족을 164
좌죄ᄒᆞ야 278
죄 284
죄ᄅᆞᆯ 150
죄를 305
죠개 254
죠ᄒᆡ예 535
죡게 377
죵ᄀᆞ티 291
죵놈과 107
죵ᄃᆞᆯ히 534
주검을 267
주겨도 401
주고 373
주려 47, 328
주를 142
주리며 372
주며 485
주신 373
주어 333
주어ᄂᆞᆯ 47
주쟝 287
죽겨 47
죽ᄂᆞ다 47
죽ᄂᆞᆫ 328
죽어 548
죽엇다가 284
죽으니 370
죽으리라 47
죽은 222, 283, 284, 352, 459
죽을 91
죽을디언뎡 80
죽음 495
죽음애 31, 459
죽음을 328
죽이ᄂᆞᆫ 211
죽이며 211
준 176
줄ᄋᆞᆯ 68, 74
줄을 159, 207, 284, 318, 412, 487, 489, 492, 495
줄이 40, 60
줌 259
쥐의 534
쥬밀ᄒᆞ며 82, 441
쥬부ᄂᆞᆫ 293
쥬부의 293
쥬뷔 293
쥰매홈을 55
즁밥 283
즁의 283, 284
ᄌᆞ음과 367

즈음에도 426
즉시예 137
즉제 352, 529
즐거옴을 370
즐거움을 284
즐겨 31, 74, 79, 80, 85, 109, 164, 362
즐기고 107, 164
즐기기를 289
즐기디 59, 131, 194, 270
즐김애셔 430
즐김이 305
즘승 217
즘승이라 217
지게를 352
지극디 123, 291
지극ᄒᆞ야 348
지극ᄒᆞᆫ 123
지극히 433
지더니라 47
지리ᄒᆞ며 423
지며 195
지어 60, 101, 119, 129, 415
지어셔 230
지으니 60
지은 125, 284, 467
지취ᄅᆞᆯ 59
직분이니라 315
진실로 134, 202, 207, 284, 296, 305, 318, 321, 372, 412, 459, 497
질긔우ᄃᆞ며 495
질졍ᄒᆞ야 249, 516
짐 47
짐쟉ᄒᆞ야 377
집 198, 287, 291, 352, 376, 453
집두ᄀᆞᆫ 324
집만 324
집사ᄅᆞᆷ 40
집을 60, 101, 273, 335, 352, 353
집의 47, 207, 222, 319, 331, 376, 472, 516
집의셔 98
집읫 317
집이 217, 226, 287, 333
집이라 373
집일ᄀᆞᆫ티 291
빡ᄒᆞ면 326
빡ᄒᆞᆷ이니 326

ㅊ

차반 254, 267
차반ᄃᆞᆯᄒᆞᆯ 254
차반을 270
차셔 200
차탄ᄒᆞ여 476
ᄎᆞ니 254
ᄎᆞ디 150, 370
ᄎᆞ례 536
ᄎᆞ례ᄅᆞᆯ 502
ᄎᆞ례예 27
ᄎᆞ자 403, 527
ᄎᆞᆫ 489
출하리 80, 401
출혀 185
출ᄒᆞᆷ이 438
출화 438, 509, 511, 513
출화ᄒᆞᆯ 436
참예케 331
ᄎᆞᆷ아 289, 370
창애 459
ᄎᆡᆨ을 529
처엄 222, 242, 296, 436, 502
처엄의 269, 448
처엄이 68
쳐소를 394
쳐신티 254
쳐ᄌᆞ식ᄀᆞᆫ티 291
쳐티ᄒᆞᆯ 306
쳐티ᄒᆞᆷ애 308
쳐티ᄒᆞᆷ을 291
쳔거ᄒᆞ던 367
쳔히 147
쳡이라 315
쳥념ᄒᆞ며 82
쳥념ᄒᆞᆷ과 300
쳥렴ᄒᆞ며 47, 182
쳥ᄒᆞ야 207
쳥ᄒᆞ여 467
쳥허ᄒᆞᆫ 129
초와 239
초ᄒᆞᄅᆞ 352

초ᄒᆞᆯᄅᆡ 222
최복이니 236
추러ᄒᆞᆫ 492
춤을 59
츄존ᄒᆞ고 492
취품ᄒᆞᆯ 198
충 511
충과 377
충이 315
치고져 370
치ᄂᆞᆫ 415
치더니 387
치도 459
치며 308
치우며 328
치워ᄒᆞᄂᆞᆫ 372
친압히 362
칠 40, 94, 270
칠ᄉᆡᆨ 370
침노ᄒᆞᆷ이 485
침노ᄒᆞᆷ이라 485

ㅋ

쾌댜 403
크게 80, 477
크고져ᄒᆞ고 384
크니라 328
크며 198, 536
크면 164
큰 101, 202, 217, 311, 372, 394, 500, 536

ㅌ

타남이 153
타셔 267, 538
ᄐᆞ고 147, 280
ᄐᆞᆨ을 105
태우를 299
터럭만이나 438
터힌 487
텰력 115
텰억 291, 305
텬리예 544
텬셩과 317
톄라 142, 483, 485, 487, 489, 492, 495
통달ᄒᆞᄂᆞ니라 403
통달ᄒᆞ여 495
통달ᄒᆞᆫ 129
통ᄒᆞ야 339
투박ᄒᆞᆷ오로ᄡᅥ 315
튜존ᄒᆞ니라 249
튱셩되며 47
튱셩코 74, 181
튱셩ᄒᆞ며 114
튱후ᄒᆞ고 445
티며 365
티부에 200

ㅍ

패려ᄒᆞ면 423
편편히 264
펴ᄇᆞ리면 410
편 125, 409
편안케 417
편안ᄒᆞ고 410
편안ᄒᆞᆷ을 103
편안히 35
편티 207
포육과 269
포함ᄒᆞ며 492
표셕애 54
품어 150
품으니라 47
품을 112
품음과 47
풍뉴 272, 289
풍뉴로ᄡᅥ 267
풍뉴ᄒᆞ야 267
풍쇽을 249
풍쇽의 264, 267
풍쇽이 195
풍쇽인뎌 335
프러디ᄃᆞᆺ 525
프러디면 98
프러ᄇᆞ려 105
프러ᄇᆞ리디 516
프르믈 153
프른 153
프리 534
픠욤애 153
피뎍 500

ㅎ

하고 441
하ᄂᆞ니 335

하ᄂᆞ니라 153, 311
하ᄂᆞᆯ 419
하ᄂᆞᆯ씌 217, 287
하ᄂᆞᆯ애 114
하ᄂᆞᆯ홀 391
하ᄂᆞᆯ히 25, 47
하니 353
하니라 441
하며 467
하품 430
ᄒᆞ거니 227
ᄒᆞ거든 167
ᄒᆞ건양ᄒᆞᄂᆞᆫ 142
ᄒᆞ건양ᄒᆞ야 147
ᄒᆞ게 55
ᄒᆞ고 125, 171, 173, 194, 239, 249, 259, 273, 283, 294, 308, 381, 426, 433, 483, 504, 516, 527
ᄒᆞ고쟈 458
ᄒᆞ고져 60, 74, 293
ᄒᆞ과댜 171, 492
ᄒᆞ기ᄂᆞᆫ 433
ᄒᆞ기를 287
ᄒᆞ나 74, 370
ᄒᆞ나히니라 529
ᄒᆞᄂᆞ냐 167
ᄒᆞᄂᆞ니 137, 161, 284, 353
ᄒᆞᄂᆞ니라 324, 381, 534
ᄒᆞᄂᆞ다 167
ᄒᆞᄂᆞᆫ 40, 63, 145, 293, 302, 311, 344, 365, 399, 410, 430, 433, 442, 513, 516, 544
ᄒᆞᄂᆞᆫ디라 365
ᄒᆞ낟재ᄂᆞᆫ 467, 469
ᄒᆞ낫재ᄂᆞᆫ 103
ᄒᆞ노니 60, 284
ᄒᆞ노라 79
ᄒᆞ놋다 538
ᄒᆞ니 60, 123, 167, 217, 343, 359, 415, 527, 548
ᄒᆞ니라 249, 254, 385
ᄒᆞ더니 47, 459, 538
ᄒᆞ더라 262
ᄒᆞ더시니 352
ᄒᆞ디 31, 68, 91, 194, 198, 284, 287, 353, 438
ᄒᆞ라 121
ᄒᆞᄅᆞ도 516
ᄒᆞ랴 370
ᄒᆞ료 293
ᄒᆞ리니 74
ᄒᆞ리오 215, 289
ᄒᆞ며 125, 134, 137, 161, 164, 202, 207, 267, 291, 302, 343, 344, 376, 377, 445, 446, 448, 449, 467, 483, 492, 495, 497, 500, 525
ᄒᆞ면 47, 74, 226, 270, 348, 373, 479, 497, 504
ᄒᆞ물며 202, 284, 423
ᄒᆞ시니 26, 187, 413, 454
ᄒᆞ시ᄂᆞᆫ 63
ᄒᆞ야 47, 63, 79, 112, 129, 164, 202, 207, 297, 302, 311, 352, 357, 376, 459, 483
ᄒᆞ야ᄂᆞᆫ 239
ᄒᆞ야ᄂᆞᆯ 25, 47
ᄒᆞ야도 370
ᄒᆞ야ᄇᆞ리ᄂᆞᆫ 249
ᄒᆞ야ᄇᆞ리며 101
ᄒᆞ야시든 353
ᄒᆞ야ᅀᅡ 527
ᄒᆞ여 458, 513
ᄒᆞ여곰 55, 60, 321, 331, 459
ᄒᆞ여ᄂᆞᆯ 209
ᄒᆞ여디미 531
ᄒᆞ여딘 529
ᄒᆞ여ᄇᆞ린 534
ᄒᆞ여실 369
ᄒᆞ욜 300
ᄒᆞ욤이니 291
ᄒᆞᆨ문을 31
ᄒᆞᆨ문홈이 194
한어버이과 236
ᄒᆞᆫ 25, 284, 291, 305, 315, 353, 356, 365, 387, 394, 429, 430, 459, 511, 513, 516, 523, 524
ᄒᆞᆫ가ᄌᆞ와 112
ᄒᆞᆫ가지니 254
ᄒᆞᆫ가지로 343, 427, 497

ᄒᆞᆫ가짓 68, 372
ᄒᆞᆫ갓 107, 317, 319
ᄒᆞᆫᄀᆞᆯᄀᆞᄐᆞᆫ 453
ᄒᆞᆫᄀᆞᆯᄀᆞᆮ디 377
ᄒᆞᆫᄀᆞᆯᄀᆞᆮ티 55
ᄒᆞᆫᄀᆞᆯᄀᆞᆮᄒᆞ니 230
ᄒᆞᆫ낫 412
ᄒᆞᆫ대 254
ᄒᆞᆫᄃᆡ 475
ᄒᆞᆫ바탕 504
할미의 302
ᄒᆞᆯ 31, 63, 98, 222, 417, 442
ᄒᆞᆯ디라 98
ᄒᆞᆰ덩이ᄅᆞᆯ 273
함이 134
ᄒᆞᆷᄋᆞ로ᄡᅧ 109
ᄒᆞᆷ이 31, 80
해 134, 356
해로옴이 205
해하며 101
해ᄒᆞ니 500
해호려 516
ᄒᆡ야ᄇᆞ려 31
ᄒᆡ여곰 60, 150, 171, 207, 215, 226, 249, 254, 259, 278, 283, 297, 348, 370, 403, 509, 516
ᄒᆡ여디고 492
ᄒᆡ여ᄇᆞ리며 473
ᄒᆡ예 129
ᄒᆡ예ᅀᅡ 372
ᄒᆡ와 98
ᄒᆡᆺ 333
힝실과 317
힝실로ᄡᅧ 230
힝실에 529
힝실은 94, 384
힝실을 26, 74, 227, 426, 445, 448
힝실이 80, 497
힝지 164
향방을 233
향ᄒᆞ야 291
허믈 66, 79, 401
허믈을 394
허믈이 401
허믈이며 467
허비ᄅᆞᆯ 377
허비티 171
허비ᄒᆞᆯ딘댄 171
허소티 129
허소ᄒᆞ고 441
허소홈이 129
허우록ᄒᆞ야 492
허울을 109
허탄ᄒᆞ고 423
허탄ᄒᆞ며 548
허탕홈애 410
허ᄒᆞ니 249
헐ᄡᅳ리디 476
헐ᄡᅳ리며 134
험을이 134
험ᄒᆞ고 98
헤ᄡᅳ리ᄂᆞᆫ 497
헤어디ᄂᆞᆫ 525
헤틴 550
혀ᄂᆞᆫ 492
현달홈을 458
현령과 293
현령은 294
현령을 293
현령의게 294
현령이 293
현손ᄉᆡᆺ장 339
현인과 427
현인ᄋᆡ 516
현인은 391
현인을 391
현인의 63
현인이 187
현인이오 398
형뎨 348
형벌과 164
형의 348
혜고 245
혜아려 376, 448, 485
혜아리게 348
혜아리디 207, 305, 377, 381
호긔롭고 85
호니 222
호ᄃᆡ 161, 167, 171, 207, 217, 357, 377, 513, 544
호디 273
호반이며 497

호협훈 79
혹 328, 534
혼인과 217
혼인에 313
혼인ᄒᆞ기를 311
혼인ᄒᆞᄂᆞᆫ 272
혼인ᄒᆞ며 315
혼인홀 267, 315
혼인홈을 324
혼자 373
홀 47, 125, 207, 249, 269, 273, 293, 297, 324, 331, 449, 544
홀략홈이 441
홀로 502
홀어미 328
홀어미롤 326
홈과 454
홈만 121, 123
홈은 538
홈올 125, 308
홈애 60, 436
홈으로뻐 302, 362, 487
홈을 85, 209, 291, 449, 485, 513
홈이 153, 202, 525
홈이니 227, 403
홈이니라 103, 481, 483, 485, 487, 490, 492, 495
홈이라 153
화동티 293
화란올 164
화랑이며 287
화평ᄒᆞ면 66
화히 483
환란 319
황뎨 245
황뎨를 459
회곡히 495
회집ᄒᆞ야 264
효근 356
효도 213
효도로뻐 249
효도롭고 352
효도ᄒᆞ며 47, 114, 194
효양ᄒᆞ기를 483
효측고져 485
효측ᄒᆞ야 88
효측홈을 82, 85
효험 365
후듕ᄒᆞ며 82
후듕ᄒᆞ야 233
후에 47, 125, 202, 233, 436, 458, 531, 536
후에사 211, 550
후제 249
후혼 344
후히 340
훗사롬들희 441
흉ᄉᆞ애 376
흉악고 31
흐러드ᄂᆞᆫ 376
흐리오며 308
흐린 85, 548
흐웍ᄒᆞ며 523
흐터 534
흐터디니 284
흐튼 534
흗과다 490
흘러온 264
흥긔ᄒᆞ야 483
흥졍ᄒᆞᄂᆞᆫ 68
희롱엣 107
희롱이 68
희롱ᄒᆞ논 230
희롱ᄒᆞ며 467
희이침 142
힘ᄉᆡᆺ장 207
힘ᄯᅴ워 207
힘닙고 502
힘닙어 353
힘뻐 207
힘ᄡᅳᄂᆞᆫ 426
힘쁠 187, 308
힘ᄡᅳᆷ을 367
힘오로 153
힘을 171, 516, 519